中央编译局文库
Central Compilation and
Translation Bureau Literature

海外当代中国研究丛书
Overseas Studies on Contemporary China Series
丛书主编：魏海生

民主的长征

海外学者论中国政治发展

吕增奎 主 编
李桂兰 张利军 赵 超 副主编

THE LONG MARCH TO DEMOCRACY

Overseas Academics on China's Political Development

全国百佳出版社
中央编译出版社
CCTP
Central Compilation & Translation Press

总序

近年来，随着中国的迅速崛起，海外中国问题研究急剧扩展，世界上到处都在述说着“中国故事”。2009年，英国的中国问题研究专家马丁·雅克在他的《当中国统治世界：中国的崛起和西方世界的终结》一书中为我们描绘了“可能的未来景象”，提出“世界将按照中国概念重新塑造”；与此相反，2010年，美国国际投资分析师麦嘉华、华尔街著名对冲基金经理查诺斯、哈佛大学经济学家罗戈夫等人纷纷发表文章认为，中国经济的泡沫即将破裂，中国甚至将走向崩溃。至此，关于中国的“统治说”与“崩溃说”在全球文化语境中各执一端、相持不下，这其中包含多少学理上的探究和现实中的策略尚待更进一步的讨论，然而，有一个事实不可否认：在当代全球体系下，“中国”已成为全球学者共同关注的热门词汇，“中国研究”正牵动着世界相关领域专家的问题意识。

正是在这样的背景下，中共中央编译局海外理论信息研究中心与中央编译出版社共同推出了《海外当代中国研究丛书》，力图让海外学者的视角、眼光更多地投射到我们的视界，使我们听到更多的来自世界的各种声音，而这种眼光与声音越真切清晰，越有利于我们的判断与辨析，同时也可以成为我们以多重向度理解自身的借镜。

当代世界的政治经济结构已深置于全球范围的互动关系中，各个领域的跨国化进程使本土与世界的关系显得愈加紧密复杂，作为现代性的民族国家正在以某种有别于其传统功能的方式，全面介入当代世界的关系体系。而历史上两大阵营的关系模式，以及后来的三个世界模式、中心/边缘理论等都无法诠释当代世界的复杂图景，因此，从这个意义上讲，如何建构一个更为广阔开放的参照系，多向度地反观时代，主动寻求异质文明间的对话与精神资源，既是各国经历现代性进程中的共同命题，同时，作为现代性共同体，藉此过程辨清自身的方位也更显必要。康德曾用“先验幻象”的概念指涉一种先入为主的思维定势，作为学术研究的文化使命，我们也有责任对某种封闭的执信保持警惕。今年适逢中国共产党成立90周年，在国内外一片赞誉声中，中国领导人保持着清醒的头脑，充满着强烈的忧患意识。在庆祝中国共产党成立90周年大会上的讲话中，胡锦涛同志警示全党：世情、国情、党情正在发生深刻变化，执政考验、改革开放考验、市场经济考验、外部环境考验将是长期的、复杂的、严峻的。精神懈怠的危险，能力不足的危险，脱离群众的危险，消极腐败的危险，更加尖锐地摆在全党面前。面对“四种考验”、“四种危险”，中国共产党人需要更加理性地、更加包容地听取不同的声音，关注来自国内外各方学者的思想成果。这是一种开放的胸怀，更是一种自信的表现。海外学者对中国问题的研究无疑提供了这样一重思想话语与认识维度，使我们有可能在固有的视域之外窥到自身的盲点，有助于深化我们对自身所处国家的认识；另一方面，研究方法与研究范式上的差异，也有助于我们观察和掌握不同文明视角下的内在逻辑，从而更有效地思考自身相应的策略，同时，这种认识上的互补性也可导向多种精神资源共同面对和审理对于当代世界的多层意义的解读，进而与当代全球体系达成一种良性互馈。

从某种意义上说，《海外当代中国研究丛书》的编纂既是基于现实的需要，也是当今学术研究与社会现实之间的互文关系的表征：理论探讨已越来越深入地参与到复杂的现实问题之中，并将随着现实的变迁而

更加全面地展开。在这套首批推出的丛书中，我们选取了如下四个主题："海外学者论中国政治发展"、"海外学者论中国经济发展"、"海外学者论中国模式"、"海外学者论中国共产党的建设"。显然，书中所涉及的都是当下中国最前沿也最具现实感的重大命题，它们延伸并跨越了过去时代的震荡与沉思，同时，又面临并深入到全球互动关系的新型结构中。无论相对于自身的历史变迁抑或全球化的世界体系，转型中的中国已呈现出既断裂又重叠、既竞争又融合的复杂图景，因此，对于中国社会政治、经济的发展模式，中国共产党作为执政党的政策组织及自我建设等这些我们一向耳熟能详的范畴都需要被重新审视和界定，从而在新的历史语境和世界秩序中加以关照。

可以说，《海外当代中国研究丛书》提供的是一个多角度的理论棱镜，所折射出的不仅是海外学者对于当下中国几个重要问题领域的观察与回应，同时，也从知识论、方法论的层面带来了多元化的问题线索和认识方式。丛书所选论著的诸位专家学者来自东西方不同的国度，分属于不同的思想派别，有着各自不同的经验背景和知识背景，所秉持的理念、意识也迥然有别。因此，其观点本身既包含着深刻的见地，也存在一定的局限；在观点与观点之间，既有共识，又有对立，既有交叉点，也有相悖处。事实上，这些又恰恰反映出问题对象的当下性与可讨论性。另一方面，在对同一问题的不同看法甚至相互抵牾的结论之间，也构成了一种对话关系，而对现实问题的理论阐发也的确需要经受这样的一种检验。就当代中国的发展轨迹与复杂结构而言，很难以某种单一固定的结论将问题进行整体性化约，因此，编选这套海外学者的学术论丛，我们着力呈现的正是这种丰富多元的论证角度和对问题的探寻过程，从而在比较宽阔的视域内发掘更多的可能性。将这些不同的研究成果并置于一个开放式结构中，既是对各种思想资源的审慎和兼容，也力图为读者提供更多的参考与思维向度。

我们看到，由中国引发的世界回响仍在持续，我们的丛书也将逐步拓展领域，成为一个陆续编选、出版的系列，以期更加多元化、多层面

地展现海外专家学者的研究成果和思考语境。另外，该丛书所选文章的观点均为作者观点的客观呈现，不代表丛书编者的认识倾向。

谨序。

魏海生

2011 年 7 月 5 日于北京

目　录 >>>>

◆ 政治发展与前景 ◆

◆ 人民代表大会制度与法治建设 ◆

◈ 农村与城市基层民主 ◈

◈ 公民社会与政治参与 ◈

导言　海外视阈下的中国政治发展研究

改革开放以来，我国在经济、社会和文化领域发生了巨大的变化，取得了长足的发展。不仅如此，我国的政治生活也正在发生明显的变化：村民选举普遍推行，公民社会蓬勃发展，法治建设取得明显进步，人大政治地位和作用日益提高，公民政治参与不断扩大，等等。这些变化引起了西方学者的高度关注，他们运用不同的概念和理论框架从不同的角度对我国的政治发展进行宏观的理论探讨，对具体的变化进行实证剖析。这些西方学者的研究为我们提供了一个不同的理论视野，或许有助于我们深化对我国社会主义民主政治发展的认识。正是基于这样一种角度，我们选编了西方学者研究我国政治发展与前景、人民代表大会制度与法治建设、农村与城市基层民主、公民社会与政治参与等方面的文章，介绍给国内的读者和研究人员。

一、中国政治发展与前景

改革开放以来，我国不断推进社会主义民主政治和政治文明的建设，在人民代表大会、政治协商、党内民主、基层民主、法制建设和政府改革等六个领域取得了明显的进步[①]，已经进行了一种渐进、有序的政治变革，形成了中国特色社会主义政治发展的道路。然而，西方许多民众、媒体乃至一些学者无视中国政治 30 多年来所取得的发展和进步，要么认为中国的政治基本上停滞不前，要么认为中国的民主化进程缓慢。对于这种错误的看法，德国杜伊斯堡 - 埃森大学东亚研究所所长**托马斯·海贝勒**指出，那种认为中国只有经济改革而没有政治改革的说法是不符合事实的。因为中国的经济改革进程无论在过去还是现在都无可避免地与社会政治变革紧密相连。改革措施和政治变革并不意味着体制的改变，也不是西方所谓的民主化。[②] 西方之所以会对中国政治形成这样的误解，其原因就像俄罗斯科学院远东研究所教授 B. Я. **波尔加科夫**（B. Я. Портяков）所说的那样："一是中国没有实行国家首脑的普选制，也没有确立居民对决策和执行权力的实际影响的机制；二是党和国家对大众媒体的监督极为严格。实际上，西方不接受中国的政治体制是由于执政的共产党垄断权力，中国坚持走社会主义的发展道路。"[③]

倘若不采用典型的西方政治评价标准——多党制、普选制和三权分立——来评价，中国政治的发展和进步是显而易见的。美国布鲁金斯学会董事会主席**约翰·桑顿**认为，在选举、法治和监督等三个方面，中国都取得了长足的进步。这些进展是中国社会转变和个人自由扩大的一部分。"中国今天还不是一个西方式民主政体……但是中国正在发生很多变化，在政府中、在共产党内、在经济领域和在一般社会生活中，这些变化可能改变中国人对民主的看法，并进而塑造中国政治的未来。"[④] 美国卫斯理大学哲学系教授**史蒂芬·C. 安格尔**（Stephen C. Angle）运用美国著名政治哲学家约翰·罗尔斯的"合宜政体理论"对中国的民主集中制进行了分析，认为当前的中国政治没有满足内部的合法性标准和罗尔斯的外

---

① 关于具体的论述，参见俞可平：《中国政治发展三十年》，载《河北学刊》2008 年第 5 期，第 1—6 页。

② 见本书第 36 页。

③ 见本书第 75—76 页。

④ 参见本书第 4 页。

部合法性标准，即民主集中制缺乏公民的充分参与和法治尚未充分地保护民主集中制所需要的平等发言权。托马斯·海贝勒认为，中国的政治变革实质上包含六个方面的因素：经济结构和所有制结构的改变、社会变革和社会自由化、司法制度的增强、政治的经济化、基层参与的扩大和国际信任的建立。[①] 俄罗斯学者 K. A. **科卡廖夫**（K. A. Кокарёв）认为，中国的社会主义政治制度的改革有其特点，这些特点与这个国家的政治体制和概念及其变化不无关系。中国政治体制的突出特点是非常灵活，在不同的阶段实行不同的政治体制。俄罗斯科学院远东研究所教授 B. Я. 波尔加科夫认为，根据 1987 年确立的一些目标，中国的政治改革在后来稳步发展，在完善政治体制方面确实取得很大成绩，尤其是在各级人大、多党合作和基层民主建设方面。德国图宾根大学教授**舒耕德**指出，西方学者普遍采取的"经济表现、民族主义和国际声誉"等三个合法性因素未能充分解释中国共产党为什么能够长期具有执政合法性。他从信任的角度分析了中国政治制度的合法性，认为中国共产党"为保障整个体系的稳定性而获得了充足的合法性和创造信任的能力"[②]。

尽管中国政治在许多领域取得了进展，但也面临许多困难和挑战，未来的发展前景也存在诸多的不确定性。桑顿认为，尽管中国普遍推行了村民选举，并且上升到乡镇乃至县市一级，但是选举实验的意义不应夸大。在法治领域中，尽管立法和司法领域都取得了巨大的进步，但是司法公正仍然面临诸多障碍。在监督领域中，尽管设立了层层反腐败机制，官员腐败问题仍然非常严重。对于中国民主政治建设的探索，桑顿认为，"到底这个探索会走向何方，对这个问题的回答尚没有固定的答案"，但是中国现在必须完成最近几年前开始的转型，从一个依靠一人或数人的权威和判断治理的国家体制，转变到靠共同规则管理的政府体

① 参见本书第 43—44 页。

② 参见本书第 83 页。

制。[①] 安格尔认为中国探索出一种不同于西方自由民主政体的、既合法又可行的政治制度，即“合宜的”民主集中制。这种民主集中制拥有根本的政治合法性，与自由民主制共享“良序的人民”的称号，与自由民主制立足于同样的基础之上，谁也不比谁更良序。“当代中国的各种各样的特点或许使真正的民主集中制成为一种具有吸引力和较为可行的选择，或许是一种吸引力和可行性在中国得到最佳结合的选择”[②]。海贝勒指出，中国的政治改革面临着失业和不稳定、腐败、收入差距扩大和法治建设落后等四大问题，现代化的困境、稳定性的困境、合法性的困境和执政的困境等四大困境以及政治敏感性、缺乏改革共识和对政治改革后果的担忧等三大困难。对于中国政治改革的前景，他认为，政治改革必须建立在稳定的发展基础上，建立公民社会的基本结构、独立的司法体制和合格的公民，将会朝着民主的方向前进。

二、人民代表大会制度与法治建设

由于中国不走西方国家的议会道路，实行独特的人民代表大会制度，因此人民代表大会制度遭到了一些西方学者的误解，被称为“政治花瓶”、“投票机器”和“橡皮图章”等。然而，也有不少西方学者已经注意到改革开放以来人民代表大会地位和作用所发生的变化。日本学者**加茂具树**认为，自20世纪80年代以来，人民代表大会的功能得到了改善和加强，活动日益活跃，权威性得到了提高，全国人大改变了被人称为“橡皮图章”和“党委挥手、政府动手、人大举手”的尴尬角色，在中国政治中的作用不断得到加强，如今已经成为中国政治权力的中心之一。尽管如此，这些并没有改变中国共产党与人民代表大会之间的领导和被领导关系，就人大的未来而言，在较长一段时间内，中国仍然维

---

① 参见本书第17—18页。

② 参见本书第34页。

持党对国家的领导，人大在中国共产党的领导下更加制度化、科学化，对中国政治生活的作用会不断增强，中国共产党与人大之间的关系“会从中国共产党中的人大转变为人大中的中国共产党”[①]。韩国首尔大学副教授**赵英男**认为，“全国人大和地方人大的立法政治活动已成为一种重大决策过程。在地方的立法政治活动中，党委领导和政府管理的单一时代已经结束。地方立法机构在立法上能够更加坚决，也能够更加稳妥，巩固了自身被赋予的立法权力。自从20世纪90年代末稳固立法权力后，省级人大扮演了两种截然不同的角色：利益冲突的协调者和各种社会群体意见的代言者。从总体上来看，“中国立法机构的作用得到了加强，但是不均衡：立法权已经被看做是它们的正当权力，而且中国的立法机构稳定地运用这种权力；地方人大，而不是全国人大，已经开始运用实质性的权力来监督政府机构，而在代表方面，它们的作用仍然十分有限。因此，虽然中国立法机构的立法作用得到加强，但我们不能由此认为代议制政治已经形成”[②]。德国特里尔大学中国和东亚中心政治学教授**塞巴斯蒂安·海尔曼**（Sebastian Heilmann）认为，人民代表大会最重要的变化是通过的正式法律不断增加和立法程序的调整。自20世纪80年代后期以来，各级人大的政治作用明显改变了。党的领导运用对经济变革的指导和调整，通过人大及其常委会不断增加立法的数量。同时，下属的各级人大相对于地方政府在对贪污腐化和财政监督方面显示出更大的作用。全国人大具有除党中央和国务院之外的第三权力中心的潜力。

中国的法律制度是西方学者最关注的政治领域之一，不仅因为法律制度是中国改革开放以来最大的变化之一，而且中国法律制度的形成过程是法律制度研究的最有趣实例之一。在他们看来，中国的法律现代化或现代性的真正开端是在30年前。当时中国正从“文化大革命”法律

---

① 参见本书第107页。
② 参见本书第123页。

真空走出来，恢复法制成为迫切的需要之一。[①] 巴黎第一大学教授**米雷耶·戴尔马-马蒂**（Mireille Delmas-Marty）认为，自从1978年以后，中国重新回归法治道路。这次重新开始的法治建设主要表现在立法上，特别是1992年宣布建立"社会主义市场经济"以来，立法活动更是不断增加，因而最近几年被视为世界历史上最为活跃的立法时期之一。在他看来，更重要的是，中国的法治建设正在走出法律工具主义范式，区分了"法制"和"法治"，确立了社会主义法治国家的目标，所谓"法制"是指创建一种"法律体系"，遵循既定的目标，即只要我们愿意就可以将法律工具化，而"法治"则是指"按照法律进行管理"，更接近政府服从法律的西方理念。由于中国加入了全球化进程，中国的理论界又开始关注外国模式，关注中国法律与西方标准、国际标准之间的和谐问题。中国重新回到了国际舞台，主要表现为中国通过了越来越多的国际文本，包括保护人权公约以及环境保护等其他重要领域的协定。[②] 然而，全球化也给中国的法治建设带来了挑战，面临着民主与法治的危机，面临着经济优先与普世价值之间的对立。尽管如此，但是戴尔马-马蒂对中国的法治建设表现出乐观的态度，认为"中国的法治建设正在摆脱变化不定的国内外因素的混合约束，不断向前发展"[③]。法国国家科学研究中心高级研究员**让-皮埃尔·卡贝斯唐**（Jean-Pierre Cabestan）也认为，中国的法治建设取得了一些成功，基本上实现了法律制度的现代化。但是，中国要建立独立的司法体系和"社会主义法治"面临着两类障碍。第一类障碍源于官僚机构或个人对中央批准和建立的新法律法规和制度的抵制，因为这些法规和制度直接触动了相关机构和个人的利益。第二类障碍来源于中国政治制度所施加的法规、程序和限制。后一

① 沃尔特·盖尔霍恩（Walter Gellhorn）认为，中国法律制度的"现代化"始于19世纪末和20世纪初清朝末年，但他同时也认为在"文化大革命"时期，中国实际上处于没有法律的状态。参见"China's Quest for Legal Modernity", *Journal Of Chinese Law*, Vol. 1, No. 1, 1987, p. 3, 8。

② 参见本书第142页。

③ 参见本书第151页。

类障碍好像更难以克服，但事实上很难清楚地区分开这两类障碍，原因恰恰是在中国如同在其他国家一样，法律实践和司法严重依赖它们发展的政治、经济、社会和文化环境。在这些障碍中，有三种障碍由于难以找到简易和迅速的解决办法而非常突出：资金和人力资源的短缺、腐败、地方保护主义。[①] 卡贝斯唐认为，尽管中国的法治建设面临着这些障碍，但是由于国内外的压力，中国法律制度的现代化将会继续下去，缩小与所要实现的目标——即“法治”或“法治国”——之间的距离。

三、农村与城市基层民主

选举被西方学者视为民主的标志之一。在他们看来，没有选举，就没有真正的民主。在中国的各项选举改革（人大代表选举、社区选举和村民选举）中，最受关注的是村民选举。这不仅是因为他们认为村民选举与中国的民主前景存在联系，而且是因为在他们看来中国的村民选举最接近西方的民主选举制度和实践。因而，村民选举被誉为“20 世纪 90 年代以来中国最重要的政治改革之一”[②]。芬兰国际事务研究所高级研究员**琳达·雅克布森**（Linda Jakobson）认为，村庄政治改革提高了村庄治理中的责任感和透明度，调动了农民的政治积极性，改变了农村党支部和村委会之间的权力关系。更为重要的是，村民选举带来了乡镇竞选的要求。在她看来，中国的基层治理改革具有深远的意义。首先，基层治理改革正在把一种基层的检查和均衡机制制度化；其次，村民选举使至少有 1 亿中国人已经获得了多个候选人直选实践的经验，给予村民一种真实的选择是中国历史上前所未有的事情。“村民选举已经提供了充足的培训场所，使民主成为一种可行的选项”[③]。日本东京大学综合文

① 参见本书第 160 页。

② Anne F. Thurston, *Muddling toward Democracy Political Change in Grassroots China*, Washington, D. C.: United States Institute of Peace, 1998.

③ 参见本书第 204 页。

化系副教授**田原史起**分析了企业家、宗族和大社员等农村政治舞台上出现的新角色以及村干部政治角色的变化。他认为，村干部政治角色除了上级政权的“代理人”和村庄的“当家人”的双重身份，还增加了一个新的角色：“经营者”，而一般村民通过各种途径参与村政并行使一定的影响力已经成为可能。美国堪萨斯大学副教授**约翰·詹姆斯·肯尼迪**（John James Kennedy）把竞选和不确定性程度结合起来考察选举制度，从候选人提名方式的角度对村民选举的质量进行了实证研究。他通过研究发现，村民提名的村主任大多数是非党员，乡镇提名的村主任大多数是党员，而村党支部提名的村主任则不到一半是党员，因此候选人选择的不确定性程度，村民提名的候选人最高，村支部提名的次之，而乡镇提名和任命的则近乎于零。在实行村民提名的村庄，村民对选举过程满意度最高，实行村党支部提名的则次之，实行乡镇官员提名的则最低。在他的研究中，最明显的发现是村民充分意识到了政治环境的重要性，在选举中显示出高超的投票技巧，能够识别真实选举与虚假选举之间的不同。此外，村民能够把经济因素与政治制度区分开来，并根据它们各自的作用加以评价。因此，村民选举的发展是一个复杂的过程，而农民也是复杂的选民。

与以村民选举为代表的中国农村基层民主发展相比，以社区建设为表现形态的中国城市基层民主建设也成为西方学者关注的领域。澳大利亚悉尼大学中国研究和东南亚研究系高级讲师**戴维·布雷**（David Bray）认为，中国城市社区的发展经历了从“社区服务”思想向“社区建设”概念的转变，“社区”的概念不再仅仅局限于提供服务和福利的问题，而是拓宽为包括文化、卫生、环境、教育、道德、治安、基层民主和“党的建设”，从纯粹的经济领域扩大到包括道德和精神领域。社区成为一个非常具体的基层组织形式、城市治理的新的基本单位和全新形式的城市制度。由于规则、准则、过程和标准日益渗透到社区中，社区的自治能力明显增强。“社区建设”为中国政府减轻了相当大的负担，使这种充满道德色彩的“自我管理”模式成为可能，为意义深远的“通过社区进行治理”制度的产生提供了框架和基本理论，也提供了一套混合型的社区治理战略。美国学者**詹姆斯·德勒斯**和加拿大学者**丹尼尔·R. 柯丹**也注意到了中国社区发展的逻辑和性质的变化，认为对于中国未来的政治发展而言，更有意义的是社区领导人的直接选举方法，这是一种政治突破，可以看做是走向更民主的选举过程所迈出的重要一步。这两位学者还指出，中国自治社区的发展存在着许多障碍，包括熟练行政管理人员的缺乏、官僚政治的障碍、过多的工作负担、资金来源的缺乏、法律地位上的模糊和公民的不关心等。中国社区的发展必须解决如下问题：第一个问题是社区的定义；第二个问题是社区应该提供什么服务；第三个问题是定义未来党、政府和人民的关系。因此，社区仍处于初级发展阶段。即使最“先进”社区仍然有一段漫长的道路要走，才能实现它们的目标。然而，无论如何，社区实验的成败有助于洞察中国城市的政治发展进程，其结果将会具有重大的意义。

四、公民社会与政治参与

在过去的10年里，中国最重要的变革之一是公民社会的壮大和非政府组织的发展。近年来，数量日益增长的中国非政府组织建立了广泛的国际网络；它们现在参加国际大会并且在国际运动中提出了中国人的关切。一种观点认为，中国的公民社会是西方自由主义公民社会的一种翻版，另一种观点认为，公民社会是政府利益的延伸。澳大利亚国立大学亚太研究院研究员**凯瑟琳·莫顿**（Katherine Morton）认为，这两种观点都存在着误导性，实际上，中国的公民社会是“国家支持的社会控制和自主的草根活动之间的一种混合物”①，更自主、更自愿和多元的非政府组织对中国的政治未来具有重要的意义。非政府组织是中国民主化的一个助推器，它们与草根联系紧密，因此它们在政府和公民之间扮演着

① 参见本书第321页。

十分重要的调解者的角色。非政府组织能促进民主改革，这至少表现在四个重要的方面：第一，它们在社区内扮演着重要的教育者的角色；第二，它们为提高公民的参与程度提供了重要的激励；第三，如果有一个良好的合作机制，通过帮助提高透明度和责任感等方式，非政府组织能充当反腐败的壁垒；第四，它们为引进国际民主思想和实践提供了渠道。非政府组织和中国其他公民社会组织在政治上的真正价值在于，它们为创建一个更为公正和民主的社会创造了有利的条件。

私营企业主是改革开放以来新兴的社会阶层之一。私营企业主不仅正在推动产品和服务的供应，而且正在推动就业机会的创造和有助于解决失业问题，被视为中国经济发展的一支重要力量。不仅如此，私营企业主的政治意识日益高涨，政治参与不断扩大。他们采取各种各样的方式进行政治参与。一些私营企业主要么在经商前就是党员，要么在经商后成为党员。一些私营企业主是地方（全国）人大代表或政协委员；一些企业主在基层当选为村委会主任或委员；大部分企业主是企业协会的会员，而这些企业协会则旨在成为国家与私有部门之间的中介。法国巴黎第七大学教授纪野（Gilles Guiheux）认为，私营企业主的参与政治有各种各样的动机。一些私营企业主想获得特殊的物质资源（土地或银行贷款）或非物质资源（关于法规和新政策的信息）。他们参与地方政治的目的是更好地为自己的私人利益服务。其他的私营企业主则把这视为回报和提高社会地位的一种方式。还有一些私营企业主被政府推到前台，觉得对地方社会负有责任，想把参与公共事务作为回报社会的一种方式。然而，一直以来，政府和私营企业主彼此之间的关系是合作而不是冲突。私营企业主为了提高自己的实力和对政府施加影响，试图与现存的政治体制更紧密地结合在一起。在微观的层面上，个别企业主与政府之间的密切关系可能导致不公平和腐败。在宏观的层面上，私营企业主已经发展成为一个越来越能够影响决策的游说集团。从长期来看，私营企业主最多可能有助于加强法治和促进市场自由化，但不可能推动民主化。从短期来看，关键的问题是如果私营企业主发展成为一个能够影响政府政策的游说集团，那么他们几乎不可能成为消费者、农民或下岗工人利益的代表。①

1988 年广泛实行村民选举以来，妇女在村级治理结构中的政治参与水平不断下降和持续走低。英国伦敦政治经济学院公民社会研究中心主任、教授**郝秋笛**（Jude Howell）指出，不仅如此，这种妇女在权力岗位的代表人数不足的模式以及改革时期妇女参政比例的下降，并不是中国农村所特有的现象。在各级政治机构中，上到国家，下到县乡，都存在领导岗位的妇女代表人数不足的问题。② 郝秋笛认为，中国妇女的政治参与之所以出现下降的趋势，原因是多方面的。其中，主要原因是妇女政治参与的性别歧视态度在中国农村依然根深蒂固。提名和选举过程中的男性偏见、党员身份的重要性、名额规定模糊的“竹幕效应”、通过不同薪水和退休金体现出来的对妇女的制度性歧视以及事业发展上的性别差异等制度因素也影响到了妇女的政治参与。家务劳动的性别分工、婚姻习俗、女童的受教育机会较少、妇女在雇佣经济中的地位以及流动的性别界线等结构因素制约了妇女的政治参与。男性占统治地位的政治文化对把妇女排斥在政治之外也起了重要作用，例如像豪饮、祝酒和吸烟这样的政治文化习惯。③ 郝秋笛认为，中国近年来开始改变这些因素的努力和推进民主选举工作的尝试，为妇女提供了一线曙光，使她们有望看到将来的状况会得到改善。这就要实行名额规定和积极的量化标准，以改善妇女地位，更严肃地面对干部录用和提拔过程中，特别是村级组织和各级政府机构中歧视妇女的现象，及时分析解决农村妇女面临的一些结构性的限制因素，需要对政治文化进行审视。

---

① 参见本书第 337—338 页。
② 参见本书第 343—344 页。
③ 参见本书第 345—348 页。

五、简短的结语

通过以上的简要介绍，我们可以发现，海外学者的中国政治研究表现出新的特点：首先，从研究方法上来说，他们不再仅仅把中国同西方或其他发展中国家进行横向的比较，而是也对中国政治进行从历史到现状的纵向比较，试图把当代的中国政治纳入到历史的视野中，找出中国政治发展的独特逻辑；其次，从研究的领域上来说，他们既注重研究村民选举和城市社区建设等我国民主政治建设的微观基础，又从政治体制、人民代表大会制度、法治等领域对我国民主政治建设进行宏观上的分析，力图从微观到宏观对我国民主政治建设进行全方位的立体把握；最后，从研究的态度上来看，他们不再把西方的自由民主制度视为唯一具有普世性的制度，而是认为中国可以并且必须建设具有自身特色的民主制度。简而言之，他们对中国政治的研究表现出“同情的理解”的态度。

海外中国政治研究的这些新特点成为我们选编海外学者研究论著的原则。一方面，不论文章的作者是否著名，只要富有洞见，能够为我国民主政治建设提供参考和借鉴，我们都将其收录进来。另一方面，尽管美国是海外中国政治研究的重镇，并且拥有众多的著名中国问题专家，但是我们尽量从全球的视野来审视海外的中国政治研究，从世界各国学者的论著进行选择。我们的愿望是力图较为全面地介绍海外学者关于中国政治的代表性研究。当然，与海外学者关于中国政治研究的大量著述相比，本书所收录的论文仅及其中之一二。同时，还应指出的是，尽管这些学者的一些观点相对客观，但其坚持的立场和视角、研究的方法和目的以及得出的判断和结论仍然无法摆脱其政治、文化和社会环境的影响，因而自然存在着这样或那样的问题。我们相信读者对此自有辨别能力。

本文集的编选和翻译得到了中央编译局海外理论信息研究中心同仁

的大力协助。海外理论信息研究中心对“海外当代中国研究”进行了长期跟踪，积累了不少的研究成果，为本文集的编选提供了重要的帮助。当然，没有本书全体译者的辛劳，本文集不可能呈现在读者面前。中央编译出版社总编室贾宇琰同志和本书责任编辑侯天保同志为本文集的编选提供了不少建议和帮助。此外，本文集还得到其他许多人的帮助，在此一并表示感谢。由于编者水平有限，书中的错误和疏漏自然在所难免，恳请读者予以批评指正。

吕增奎

2011 年 8 月 20 日

海外当代中国研究丛书
Overseas Studies on Contemporary China Series

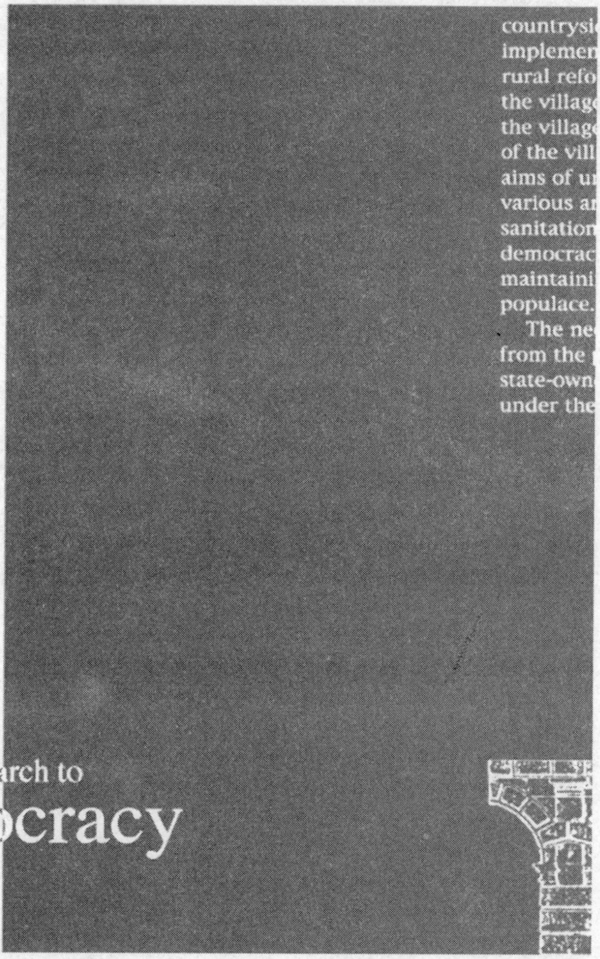

政治发展与前景

The Long March to Democracy

民主的长征*

〔美〕约翰·桑顿

近一个世纪以来，中国历届领导人一直对国民许以某种形式的民主。1911 年中国最后一个王朝清朝被推翻后，孙中山就建议首先进行三年的临时“军政”期，然后是一个六年的“训政”期，以使国家过渡到全面的“宪政”共和国；毛泽东在 1940 年提出了“新民主主义国家”的概念，在这个概念里，共产党的领导将确保革命各阶层对阶级敌人的“民主专政”；而邓小平在带领中国走出“文化大革命”的无政府状态时，也提出民主是“解放思想的重要条件”。

当孙中山、毛泽东和邓小平这三位领导人使用“民主”一词时，他们头脑中的民主概念各不相同。孙中山的定义预见了宪政政府，包括全民普选权、自由选举和分权，因此最接近西方所熟悉的民主定义。毛泽东和邓小平则用他们的行动显示，尽管他们使用了民主这类词语。然而，孙中山、毛泽东和邓小平都认同，民主本身并不是目的，而是为了实现使中国不再受列强欺凌这一真正目标的一种机制。

---

* 本文原题为“Long Time Coming: The Prospects for Democracy in China”，载 *Foreign Affairs*，Vol. 87，No. 1，January/February 2008，pp. 2 – 22。作者简介：约翰·桑顿（John L. Thornton），清华大学经济管理学院和公共管理学院教授、全球领导力项目主任，美国著名智库布鲁金斯学会（Brookings Institution）董事会主席。——译者注

然而，当孙中山在1925年去世时，中国的很多地区仍然是军阀混战、国家分裂。而在毛泽东时代，这位领导人更关心的是阶级斗争、群众运动、持续革命。邓小平在一些场合（最令人印象深刻的一次是在1989年“天安门事件”时）表示，他不能让群众的民主运动超越了党的领导或者破坏了他的国家发展计划。

当然，中国今天还不是一个西方式民主政体。国内和国外的许多人士仍然对中国进行政治体制改革的前景持怀疑态度。但是中国正在发生很多变化，在政府中、在共产党内、在经济领域和在一般社会生活中，这些变化可能改变中国人对民主的看法，并进而塑造中国政治的未来。

不论是公开还是私下场合，中国领导人又开始谈论民主了，而且谈论的频率更高、内容也更加具体（本文就是根据过去14个月中与中国各界人士的广泛谈话而撰写的，其中包括中共中央委员、政府高层官员、学者、法官、律师、记者和非政府组织的领导人）。胡锦涛主席把民主称为“人类共同的追求”。在2006年访美时，胡锦涛主席似乎刻意在他停留的每一站都提及“民主”这一议题。温家宝总理在2007年全国人民代表大会的报告中，对民主和法治的关注是他在历届人民代表大会报告中的两倍以上。温总理宣布：“发展民主，健全法制，是社会主义制度的基本要求。”

正如以往的领导人一样，这一代领导人头脑中民主的定义与西方不同。高层官员强调，必须保持中国共产党的领导。尽管他们看到了选举在基层的重要作用，但他们坚称，一种“协商性”的政治形式可以使个人和团体表达意见、参与决策过程，因此要比多党公开竞争获取国家执政权力的制度更适合中国。他们经常提到“择优录用”，包括用考试来衡量候选人的工作能力等。这些都反映出一个传统的信念，即政府应该由最有能力的人来治理。中国领导人并不喜欢那种被西方视为理所当然的言论、出版和集会自由。他们说，他们支持有序地扩大这些权利，但是更关注集体和社会的和谐，因为和谐有益于整个社会。

“引导式的民主”将是目前中国政治演变的终点，还是向更标准的自由民主模式过渡？对这个问题，最高领导层以下的中国官员意见并不一致，而最高层的领导人则常照本宣读，口径一致。东亚地区提供了可供借鉴的几种模式：日本数十年来由自由民主党长期执政，新加坡有限新闻自由下的繁荣和韩国的自由多党制，等等。有些人揣测，中国会选择其中一个模式，或者另辟蹊径。

布鲁金斯学会的一个代表团（我是成员之一）2006 年下半年访问中国时与温家宝总理会面。会谈中温总理被问及，他和其他中国领导人使用“民主”这个词时到底是什么意思，在中国民主将可能采取什么形式，以及会在多长时间内实现民主。温总理回答说：“当我们谈论民主时，我们一般指的是三个关键的组成部分：选举、司法独立和以制衡为基础的监督。”关于第一个组成部分，他预见直接和间接的选举会逐渐从村一级发展到镇级、县级，甚至省级。至于那以后会怎么样，他并没有谈及。谈到腐败充斥的司法制度，温总理强调有必要进行改革，以确保司法的“尊严、正义和独立”。他解释说，有必要实施“监督”以限制官员滥用权力。他呼吁党内权力制衡并要求官员对民众承担更大的责任。他还说，媒体和中国近两亿的网民也应该适当参与对政府工作的监督。温总理的结论是：“我们必须朝民主这个方向前进。我们有很多问题，但是我们知道我们前进的方向。”

选　举

一方面像胡锦涛和温家宝这样的领导人表明他们有实现民主的渴望，另一方面西方对他们的民主表述却又疑虑重重，如此巨大的反差使我们有必要更好地了解中国今日的民主化进程到底处于什么状态。通过检视温总理民主定义中的三个支柱（选举、司法独立和监督）也许能为上述问题找到一些答案。

中国的宪法要求用直接选举和间接选举相结合的方法来选择政府领导人。在实践中，尽管群众竞选仅仅普遍存在于 70 多万个村庄，却有 7

亿以上的农民生活在这些村子里，所以村一级的选举并不是一件微不足道的小事，而且实际操作的细节还显示出这种选举很复杂，有时甚至很矛盾的现象。

村一级选举始于20世纪80年代早期，其原动力是提拔有能力的基层领导人，以发展农村经济、落实全国性的首要议题，如一胎化政策。由于“文化大革命”后抛弃了集体化政策，农村出现了一个很大的权力真空。一般认为，早期的选举得到了中央政府的积极支持，且总的来说选举也属公平。但在90年代早期，据说因为数字表明当选的村级领导人中仅有40%是共产党员，当局对地方选举的支持程度开始减弱。今天，绝大多数的村一级领导人又是党员了，尽管这个“大多数”的程度因地区不同而有很大差别。在广东、湖北和山东这些省份，90%以上的村长是党员，而在福建和浙江省则降至60%—70%。但即便是这样的数字也夸大了当选村领导人中党员的比例，因为当非党员候选人当选后，共产党几乎总是把他们发展成共产党员，以确保农民能选举他们喜欢的领导人，而同时共产党仍然能够主政。

村级选举实际上存在着严重的问题，包括裙带关系、贿买选票、无能或腐败的人当选，等等。支持者认为，这样的选举可以被看做是在基层培养民主习惯的训练场。实际上，中国最强烈反对村级选举的人通常是乡镇领导人，因为如果中央政府决定将直接选举向上推广一个层次，他们自己的位置就会受到威胁。

过去十年中国最令人感兴趣的一些选举试验实际上就是发生在乡镇一级。由于肩负着管理人民生活所依赖的众多社会事务和福利项目，乡镇一级政府常常是社会不稳定和情绪集中的地方。于是，乡镇一级的有效领导就是保持社会稳定的关键，而社会稳定正是中国领导人最为关心的问题。最早在1995—1996年期间就出现了几个乡镇竞选的典型。最大胆的一次选举试验发生在1998年，地点是四川省边远地区的步云乡。步云乡地方政府举行了一次竞争性的直接选举，大约有6 000个有资格的成年人投了票。选举过程在国内广为报道，但在官方的媒体上却被批评为违反了宪法，因为宪法将选择乡镇长的权力授予地方人民代表大会。令人惊奇的是，中央政府既没有认可步云乡的选举结果，也没有宣布选举无效，当选的谭晓秋继续就任乡长。然而在2001年，中共中央委员会重申乡镇领导直接选举是违宪的。步云乡后来对选举程序做了修改，以便与法律的文字保持一致（尽管并没有与法律精神保持一致），这回该乡的乡民直接选举出一个乡长候选人，然后由地方党委推荐，并经人民代表大会在无人反对的情况下当选为乡长。

可能部分原因是基于步云乡选举所遇到的法律问题，后来大部分的乡镇选举试验都采取了一种不太激进的模式，称为“公推公选”。该选举制度容许任何成年居民参与竞选乡镇长，由社区领导组成的委员会将候选人筛选到只剩两位，最后由当地人民代表大会作出最后选择。该制度不是直选，但却意在将竞争性和透明度引入地方领导人的选拔过程。截至2001—2002年度，在大约2 000个乡镇选举中存在某种形式的竞争选举机制，占全国乡镇选举的5%。

但是乡镇选举的意义不应该被夸大。乡镇是中国政府结构中最低一级的行政机构，并且即便是选举的支持者都承认，这种选举过程还远未成熟。然而，如果选举成功完成，这样的试验可以给当选的乡镇领导人一定程度的民意基础。选举试验在干部之间引入了竞争，甚至在党员和非党员之间也引入了一点竞争，这在过去是绝对没有的。人们期待通过选举能提高政府治理水平。有的中国学者还发现了一个值得注意的现象：有些当选的乡镇领导人工作起来更有信心了，因为他们知道他们有大众的授权，因此也更愿意挑战基层党委书记的权威。一位中央政府的研究员注意到，这可能会带来麻烦，但却可能是中国权力制衡文化的第一粒种子。

中国共产党和政府也密切地关注着这类选举试验。受到始于20世纪80年代初期市场化改革所激发出来的活力的影响，现在中央又一次鼓励在基层政府治理方面做些改革实验，当然是在严格规定的范围内进行。比如，中央党校的一位高级官员对我说，在富庶的江苏省就有一个试点计划，让所有的乡镇都进行竞争性选举，各地将尝试不同的办法，中央党校将对结果进行研究。

乡镇上一级的行政机构——县级的选举试验也引起了人们的广泛注意。从2000年开始，湖北和江苏有11个县采用了“公推公选”的选举方式来选拔副县长。尽管这个数字仅仅代表不到全国0.5%的县和县级市，但是因为每个县的平均人口多达45万人，任何县级领导人选举的改革都应视为重大事件。

有限度的选举实验也在城市一级出现。2003年，深圳有12位普通公民作为独立候选人竞选区人大代表，其中两人成功当选。还有一些独立候选人参选北京市海淀区这一中国著名大学云集的行政区的人民代表大会席位。虽然几乎所有竞选人大代表的候选人都失败了，但是根据李凡的观察，全国此类独立候选人的人数却在持续增加，从2003年的不到100人，增加到2006年和2007年的4万人。李凡是前政府官员，目前正在积极倡导选举改革。他预测，到2011和2012年，独立候选人的数目会达到几十万，并认为随着中国社会的多元化和不断开放，民众参与政治的要求会继续提高。

最近几年，中国的领导人也在努力扩大党内竞争性选举的范围。一些专家相信，对于中国长期的政治改革来说，“党内民主”的发展甚至要比基层政府的选举试验更有意义。他们认为中国共产党能够接受公开辩论、实行党内领导人选举和投票决策机制是民主在全国范围得以实现的先决条件。胡主席和温总理经常号召党内要有更多的讨论、协商和集体决策。党内民主是胡锦涛在中共十七大所作报告的核心内容。党的十七大会后不久，新任命的中央组织部部长李源潮在《人民日报》上发表了一篇长达7 000字的文章，更详尽地论述了胡锦涛提出的党内深化改革的号召。胡锦涛本人要依靠由九人组成的政治局常委的共识，这一事实本身从纠正国家权力过度集中方面来看，被认为是一个进步。

中国共产党引进党内民主的一个办法是为一个职位提出多个候选人。在党的十七大上，15%的候选人在选举中落选。据官方媒体报道，在2006—2007年全国选举周期中，有16个省的296个乡镇试点通过党员直接投票选举地方党委负责人。一位政府的学者告诉我，县委书记也开始通过直接投票的办法选出。

一些学者预测，如果党内民主能够确立，那就会逐渐形成一种趋势：在党内会出现由想法相同的干部组成的独特的利益团体。中央党校的一位资深官员告诉我们布鲁金斯学会代表团，“利益集团”已不再是党内的“禁忌”，不过有组织的“派系”仍是不允许的。但也有分析家预测，中国共产党可能有一天会像日本执政的自由民主党那样，允许正规的、有组织的派系争夺高层政治职位，并宣扬不同的政治立场。

2007年6月，胡锦涛在中央党校的一次重要讲话中强调要“完善党内民主制度”，使“党的创造活力充分发挥”。接着，似乎是要示范一下胡锦涛所倡导的党内民主，在数百位出席会议的高层领导人中进行了一次没有约束力的民意测验，了解他们对下一届政治局和政治局常委候选人的意向。换句话说，就是在问他们，未来的五年应该由谁来治理中国。

一些分析人士认为，胡锦涛在中央党校的讲话是在预示一种新的政策取向。胡锦涛向与会者指出：“解放思想，是党的思想路线的本质要求，是我们应对前进道路上各种新情况、新问题，不断开创事业新局面的一大法宝，必须坚定不移地加以坚持。”分析人士认为胡锦涛要求他的同事们摆脱僵化思想的束缚，是在鼓励他们，在中国政治逐渐演变的过程中，思想应该更加务实。具体地说，胡锦涛一方面是在向党内持正统观念的思想家们暗示，毛泽东的看法不是界定民主的唯一方法，另一方面也是在向中央委员会中思想开明的人发出信号，告诉他们简单地照搬西方模式也不是解决方案。

法　治

在温家宝民主定义的三个支柱（选举、司法独立和监督）中，司法独立可以说是最引人注目的。到底是党为法服务，还是法为党服务，这个问题一直使得司法独立成为中国的一个棘手议题。

中国的司法系统在过去30年里取得了长足的进步，但是仍然有很长的路要走。在1980年，司法系统在“文化大革命”的大破坏后正处于重建之中，当时全中国的法院总共接受了80万个案件。到2006年，这个数字增加了10倍，反映了法律地位在社会中的变化。在过去30年的时间里，中国颁布了250多个新法律，并正在毫无基础的情况下创建一部完整的国家法典。

在20世纪80年代中期前，中国的法官和检察官大多数是转业军官，很少受过正规教育，更不用说法律方面的训练了。司法独立非但不是这样一个系统的目标，反倒是要刻意避免的。鉴于法院的目的是要贯彻党的路线，法官和检察官深受意识形态影响也就不足为奇了。但从80年代中期开始，大学毕业生被国家分配去当法官和检察官。到90年代后期，有法学硕士学位成了担任高级法官和检察官的不成文的先决条件。

法官和检察官素质提高的同时，中国律师的状况也发生了变化。在80年代后期以前，所有的律师都是国家的雇员，律师私人营业的情况并不存在。第一个“合伙制律师事务所”首次出现于1988—1989年间，而今天中国已经有1.2万个律师事务所，共有注册律师11.8万名（对比美国：美国人口仅是中国人口的1/4，但律师人数是中国律师的8倍以上）。私营律师行业的成长进一步促进了司法系统总体的专业化，这其中的一个原因是律师必须为客户打赢官司（或至少获得较轻的刑期）才能赚到钱。检察官虽然仍在90%以上的案件中获胜，但随着律师水平的提高，法庭辩论更加复杂，检察官，还有法官都不得不加强他们自己的能力。有现象表明一些案件的司法过程受到各种各样的干扰，但是大多数观察家都同意，随着法律纠纷变得越来越复杂，这种干预的频率和程度正在下降。

中国已经通过了几个主要的法令，意在保护公民免遭政府错误行为的伤害。2005年通过的《公务员法》，为政府官员的行为设定了很高的标准。1994年通过的《国家赔偿法》，也是旨在为因政府的失职而向公民作出赔偿。可能最有意义的是1989年通过的《行政诉讼法》，该法允许公民将国家告上法庭。该法颁布后的第1年就有1.3万个行政诉讼案件立案。现在，每年大约有15万个状告政府的案子，而且有几个状告政府成功的案例在媒体上得到很高评价。

然而，中国的官员们承认，司法过程仍然存在很多问题，其中影响公正判决的一个最严重的障碍就是个人的关系网络。这种关系网络是多年来相互照应和帮忙铸就的，而许多判决的结果又都是以这种关系为基础的。这种关系能对检察机构和法院的判决起到特殊的束缚作用。中国的法官总会与案件的双方私下交谈，结果关系网络和腐败就很容易玷污司法过程。有些专家建议，处理这一弊病的解决方案是提高法官的工资并采取其他步骤，以形成一个有别于其他政府工作人员的司法精英团体。

当今，中国的主要挑战已经不再是缺少完整的法典，而是法律条文和实际执法之间存在的巨大差距，特别是在基层和政治敏感性强的案件中。由1996年颁布的那部里程碑式的《刑事诉讼法》确保的权利，如及时获得律师帮助和辨明无罪证据的权利，常常被拒绝或者置之不理。有一小部分私人开业的律师（常称为“维权律师”）开始接受敏感的和不公正起诉的案例，这样做部分是要用实例显示司法系统本身也违法。这类律师的数目正在增加。虽然维权律师很少能打赢官司，有时他们自己也会遭到骚扰，甚至惹来牢狱之灾，但这些律师相信，在建立一个公正的司法体系的官方目标和司法现实之间存在的反差中，如能坚持不懈地指出这一问题所在，定能逐渐缩小这一目标与现实之间的差异。

影响司法公正的另一个主要障碍是地方官员继续在实际上掌控法院。地方党委在任命法官和检察官的过程中起关键性的作用，而地方政府则有权决定整个司法系统的工资和预算。这种情况和10年前中国银行系统的情况有相似之处。当时地方官员对当地的支行有类似的影响，结果造成“政策性”贷款泛滥，不良贷款激增，最后迫使北京从中央政府的银库中拿出价值600亿美元的资金使银行渡过危机。因此，当时的总理朱镕基推动了银行重组，将人事和贷款的决定权转移到银行的总行。银行的改革是一个很有希望的模式，可供司法系统的结构改革参照。

根据1999年的宪法修正案，中国现在是一个正式的依法治国的国家。但是，是党而不是政府掌握着最终的权力，所以有越来越多的学者认为，这个国家现在需要的是党和党员清楚地意识到他们不能凌驾于法律之上。一位提倡这一观点的人是中央党校的卓泽渊教授。2006年卓教授应邀为政治局所有24个委员作了两小时的报告，阐述他在这个问题上的观点。一位中央党校的领导人后来告诉我，执政党和宪法之间的正确关系是清楚明白的：共产党也受法律约束。但是就像中国许多其他的事情一样，问题是理论和实践之间有差距。

最近有迹象表明，党可能开始意识到在动用党内这个惩处系统时应该更注重司法程序。纽约大学的科恩教授是西方国家研究中国法律体系的权威。他注意到，在至少20个省中，地方党组织都建立了针对党员的纪律检察体系，该制度确保在处理党员错误时能够对被指控的错误进行通告，让当事人有机会为自己申辩（包括有权召集支持自己申辩的证人）、陈述作出最后决定的理由，并有机会上诉。这些权利其实不少原本就存在于共产党的党章中，只是一直没有认真执行罢了。

中国领导人似乎意识到2008年的中国已经相当复杂，远不是仅凭政府的一个命令就控制得了的，而是需要由一个受到群众信任的健全的司法系统来依法治理。对法院缺乏信心是人民走上街头的一个原因，政府的统计数据显示，中国每年大约有数万起群众抗议事件发生。所以像温家宝总理那样的领导人呼吁党和国家不要干预日常司法事务就不足为奇了。当然，领导层最终仍然坚持对敏感案件和司法的宏观局面有控制权。问题在于党是否能成功地建立起一个公正、独立的司法系统，而同时又能在最上层保有控制权。

监督

中国并不缺乏意在保持官员正直诚实的制度。其中最古老的可以追溯到封建王朝时代的请愿制度，人民能够直接向上一级表达自己的冤屈和不平。现在北京每个部委都有一个办公室来处理这类申诉。但请愿被认为是最后的手段，而且圆满解决问题的例子很少，因为整个过程不公开，完全要看处理案情的官员是否有解决问题的善意，而主事的官员又是匿名的。

另外一个监督机构是党的中央纪律检查委员会，由政治局常委任书记，并有 8 名副书记和 120 名资深纪检委员。纪检委授权打击党员贪腐和其他不良行为。在政府方面与纪律检查委员会对应的部门是监察部和最高人民检察院下属的反贪局，反贪局负责起诉犯错误的政府官员。最后，官方的新华社的作用之一就是在全国收集官员腐败的信息，并为中央领导人提供内部报告。

但是尽管设立了层层反腐败机制，官员腐败问题仍然非常严重，领导人总是强调道德败坏是党面临的一个主要挑战。由于经济突飞猛进已有 20 年以上，贪污腐败的机会当然随之上升。令社会震惊的案件时有发生，更使人们觉得腐败已近泛滥，如原国家食品药品监督管理局局长郑筱萸因从医药公司收取贿赂，2007 年 7 月被执行死刑就是一例。根据中国共产党的官方数字，2006 年有 9.7 万多名官员受到纪律处罚，其中 80% 犯有渎职、收受贿赂或违反金融法规等罪名。在地方上，监督系统的结构性弊端与法院系统如出一辙：纪检委负责人是地方领导任命的，可以想象，后者总会倾向选择自己的亲朋好友、自己的手下人或者自己的同事。直到 2006 年才实施了一项规定，要求省级纪检委的负责人必须由中央政府任命。

胡锦涛主席和温家宝总理面临一个基本的难题：他们知道人民正是因为腐败才对一党统治冷嘲热讽，因此铲除腐败是治国的第一要务；然而，他们既要采取行动整治腐败，又不能失去地方官员对他们的忠诚，因为党正是借助他们来治理整个国家的。为了增加正式的监督机制，政府正越来越多地启用其他办法。北京有些区正在采用民意测验的办法了解大众对各政府部门的满意程度；北京市城市规划委员会聘用了一个咨询公司帮助他们更好地吸收民众对城市发展计划的意见。

另一个很有希望的趋势是中国传媒的快速商业化。尽管政府由于实际拥有传媒机构并可以进行新闻检查而对传媒实施广泛的控制，新闻记者不可逾越的红线也仍然存在，但情况正在发生变化。随着独立的中国出版物开始寻求读者和广告客户，出版商也必须出版人们喜闻乐见的东西。和他们在西方的同事一样，这些出版商发现调查性的新闻报道销量很好。一个受到广泛讨论的例子是，《中国经济时报》的一位资深记者在2002年写了一篇有关北京出租车系统的深度报道。据称公司业主和政府监管机构串通一气，迫使出租车司机每天工作超长时间，但所付薪资微薄。刊载这则消息的报纸被抢购一空。文章刊出8天后，当时的副总理温家宝发表了一个官方声明，支持出租车司机，并指示有关方面写报告给当时的朱镕基总理。

一个引起许多中国人关注的实验是，政府决定从2007年1月到2008年奥运会期间，允许外国记者在除西藏以外的中国各地自由旅行、自由报道。一位中国报纸的编辑说："这显然是一个实验，看看外国传媒会怎样利用这个新的自由。除非出现非常糟糕的事件，否则很难想象政府会在奥运会过后又实施旧制度。"令人并不奇怪的是，已经出现了不少小问题：去年7月，几名外国记者前去报道一个国际人权组织举行的反政府示威，被拘留了几个小时。然而，在北京的外国记者报道说，总的来看，自从新政策公布以来，对他们活动的限制明显减少了。

在过去几年里，因特网和移动电话开始挑战传统传媒，成为民众表达不满的渠道，有时甚至能够迫使政府采取行动。一个最著名的例子是重庆市的"钉子户"事件。一对中产夫妇坚持三年，拒绝把房子卖给房地产开发商，而开发商已经得到市政府批准，计划将这片土地开发成商业区。其他的邻居早就搬走了。开发商试图恐吓这对夫妇，他们在这座孤立的房子四周挖了达三层楼深的大沟。但这个做法招来了强烈的反击，危房的照片被贴在了因特网上，一时间激起了全国民众的愤慨。几周内，数万个帖子贴在了网络上，斥责重庆市政府让这样的事件发生。记者们在危房外露宿抢拍新闻，甚至官方的报纸也认为这对夫妇有道理。最后，这对夫妇得到了一幢新房子和超过 11 万美元的补偿才了结此案。读者群很大的《新京报》刊登了一个评论，而这样的评论在十年前的中国报纸上是无法想象的。评论说，"这是民权兴起的时代里对中国公众的一个鼓舞，传媒对这一事件的报道是理性和有建设性的。这件事说明，公民依法保护自己权利的前景令人鼓舞"。

另一个公民行动与新科技结合的案例是，南方沿海城市厦门的愤怒居民 2007 年 5 月组织行动，迫使市政府停止建造该市郊区的大型化工厂。他们以手机为武器，在几天内，数十万反对建厂的短信就像病毒一样在全国到处迅速传播。厦门当局此前没有重视民众的反对意见，但此时突然宣布暂停兴建，待新的环境影响报告完成后再作决定。民众不满这种不彻底的处理办法，于是再用短信网络组织了 7 000 人的"散步"，要求彻底停止兴建工厂。虽然当地的党报将这次"散步"说成"违法"，政府却没有出面阻止，也没有发生冲突，使得这次"散步"成为近年来中国最大的和平的公民行动之一。

中国的民主

最近在选举、司法独立和监督方面取得的进展是中国社会转变和个人自由扩大的一部分，而这些都是伴随着 30 年来快速的经济改革和发展而来的。政府仍然会插手社会生活的许多方面，但与过去相比已经少多了。

在过去的 20 年里，几亿中国人从农村移居到城市，这是人类历史上规模最大的城市化浪潮。仅仅 10 年前，政府还严格控制国内人口的迁移；但今天，官员们说在未来20年，还将会有3亿农民移居城市，而这被看做是有助于缩小城乡差别的一个积极因素。过去，国家为城市的居民分配工作和住房；而现在，住在城市的中国人可以到国外学习、工作或旅游。10年前，一个中国公民若要申请出国护照，必须得到上级、单位党委书记和当地公安局的批准，整个过程可能长达六个月，况且还不知道护照最终能否获批；而今天，护照申请过程不超过一星期，且申请基本都能获批，和美国一样方便。近20年前，在北京的所有外国人都被强制安排在指定的地方居住，如宾馆或由军警守卫的大院等地；而今天，外国人和中国人毗邻而居。当中国人被问及社会的民主化时，他们不仅会提及选举或司法改革，也会提及上面这些变化。他们可能是把自由和民主的概念混为一谈了，但若把他们个人自由的扩大视为无足轻重，那就错了。

一位我熟悉的中共高层领导人私下对我说，10年前，像他那样地位的人居然能与一个美国人公开谈论民主，是完全不可想象的。现在中国人辩论的已不再是要不要民主，而是什么时候以及如何达到民主。他认为，共产党亟需做的一件事就是改革全国人民代表大会，使它不再成为官员的“退休之家”。全国人大应该吸收有能力的专业人士，并最终成为真正的立法机构。他继续说，政府应该把直选实施到省一级。当然不是西方的多党选举，但至少得真有候选人参与竞争。

中国一家大公司的董事长（同时也是一位中央候补委员）对我说，像他那样的大企业的股票都在海外上市，所以他们必须遵守国际规范，这样，大公司的管理水平随之提高，这也是中国“民主习惯”扩大的又一范例。虽然公司管理在中国仍然是一项未竟之业，但他说，争取更大透明度、加强独立董事会的作用以及用国际共同接受的规则来管理企业，毕竟是国有企业（特别是已在国外上市的国有企业）的发展趋势。在这样的环境中工作，久而久之，中国的商业精英就会形成更民主的思维模式，同时不少身兼国企董事会成员的高层政府官员也会受到影响，逐渐形成民主思维。

在过去一个世纪里，没有人比中国人自己更多地思考中国民主的前景，也没有人比他们因民主难产而更为失望。一次又一次，他们目睹了国人掀起的民主热潮，或是归于失败，或是在未成熟前被镇压下去。慈禧太后扼杀了1898年由光绪皇帝的一批幕僚发起的“百日维新”。孙中山1912年1月任中华民国临时大总统就职典礼时所激起的乐观情绪马上被军阀袁世凯打得烟消云散——袁世凯在1915年试图建立新王朝而称帝。30年代，国民党和共产党中的进步人士都憧憬着民主形式的政府，这种理想却早已毁于日本侵华和其后的国共内战之中。1949年中华人民共和国的成立预告了自立、繁荣和民主时代的到来，但是新中国成立初期的各项政治运动，以至最终导致的“文化大革命”，使建国初期的希望又一次破灭。

与那些时期相比，今天中国领导人在谈论民主时似乎显得很谨慎。批评者们说，这反映了政府缺乏政治改革的真正承诺。而对前景乐观的人则相信，渐进模式会使目前自由宽松的局面持续更长时间，远比过去的一时欣快、最终失败的激进模式要好。一位中国的元老高官（他熟悉所有自毛泽东以来的国家高层领导人）坚持说，民主历来是中国人民“共同的向往”。他说：“请让中国人实验，请让我们探索。”

到底这个探索会走向何方，对这个问题的回答尚没有固定的答案。对民主需要多长时间才能在中国扎根，这个问题在中国人中尽管有各种不同的观点，但他们也有共识。一位官员这么说：“没有人预测5年后会有民主，有人说10到15年，有人说30到35年，但没有人说需要60年”。另外，还有人预测要想实现民主，党的领导层至少得换两代，也就是说大约在2022年左右。

2004年，在参加某省培训项目的700名地方官员中间进行了一项调查。60%以上被调查的官员对当前国家的民主状况不满意；63%的人认为中国政治改革的步伐太慢。另一方面，59%的官员认为经济改革应该先行于政治改革。而且67%的干部支持群众选举村领导人，41%的人支持选举县级领导人，但不同的是，仅仅有13%的干部支持选举省级主要领导人，而只有9%的受访人支持直接选举国家主席。

有些中国人喜欢指出，美国用了几乎200年才赢得全民普选权。在早期的几次美国总统选举中，大多数的州都作出限制，只有拥有土地的白人男性才可以投票，而他们只占当时美国成人人口的不到10%。妇女要等到20世纪才能投票，而黑人真正获得选举权已是上个世纪60年代的事了。北京的一位编辑开玩笑说："在这个问题上中国人可要比美国人更不能耐心等待。"

2007年春天，一篇题目颇具煽动性的文章《民主是个好东西》在中国引起了不小的轰动。发表该文的杂志与中共关系紧密，文章的作者俞可平是一个智库的负责人，而该智库可直接向中共中央报告。虽然作者并未忽视民主的弊端（他说民主"会使一些夸夸其谈的政治骗子有可乘之机，成为其蒙蔽人民的工具"），但他认同民主的言辞却坦率明确："在人类迄今发明和推行的所有政治制度中，民主是弊端最少的一种。也就是说，相对而言，民主是人类迄今最好的政治制度。"

作者认为在中国实行民主并非易事。他写道："在民主政治条件下，官员要通过公民的选举产生，要得到多数人的拥护与支持；其权力要受到公民的制约，他不能为所欲为，还得与老百姓坐下来谈判协商。单这两点，很多人就不会喜欢。因此，民主政治不会自发运转，它需要人民自己和代表人民利益的政府官员去推动和实践。"

显然在中国国家体系的核心内有人正在积极地思考这些基本的问题。现在的问题是这些想法是否将付诸实践和怎样将它们付诸实践。中国现在必须完成最近几年前开始的转型，从一个依靠一人或数人的权威和判断治理的国家体制，转变到靠共同规则管理的政府体制。权力制度化是所有成功转型到民主体制的国家的共同特征。中国目前开展的地方选举、司法改革和加强监督都是转变到以共同规则为基础的国家体系的一部分。中国社会继续开放、更加多元，慢慢地创建起一个公民社会，这些也是向民主转变的一个侧面。

接下来的几年中，制度化最能在对中国政治演变有决定作用的领域里取得进展，这个领域就是领导人的接班问题。一个国家如何在最高层完成权力移交将会向下面各个层次发出准确无误的信息。在这一点上，中国已经取得了一些进展。

一位高层领导人告诉我，接班人问题已经不能像过去那样由个人意志来决定了。中国和世界都发生了很大的变化。选择国家领导人的程序必须制度化。这位高层官员解释说，问题是一个可接受的新程序仍有待建立，而在这样的程序没有建立之前，放弃旧做法是不现实的。中国意识到其国家现在正处在一个不确定的转型期之中。有些党员甚至认为，2012 年中共中央总书记的接班人可能通过中央全会选举产生。选择胡锦涛接班人的方法将会是一个明确无误的标志，从中可以看出中国这一代领导人所预想的政治未来，表明他们是否也像一个世纪前孙中山那样，相信民主——这一中国人民为之奋斗和牺牲多年的制度——最能促成繁荣、独立和自由。

合宜的民主集中制*

〔美〕史蒂芬·C. 安格尔

今天，流行的观点把中国的社会和政治说成是“转型的”社会和政治：在民主化的道路上，中国正处在一个复杂和不稳定的位置上。一些理论家批评这种“转型学”（transitology），认为它“与其说是一种理论的努力，不如说是一种意识形态的企图”。还有一些分析家开始探索自由民主制度的可替代性，这要么是特别针对中国的，要么是更普遍针对非西方社会的。他们问道：对于这些社会来说，是否存在既合法又切实可行的政治制度？或者在目前的境况下，是否存在比自由民主制度要么更合法、要么更切实可行的政治制度？

合法性问题可以从两种不同的视角提出，认真对待这两种视角都是非常重要的。一方面，我们能够提出一种特定的政治方案从当代自由民主派的视角来看是否合法的问题。也就是说，如果中国追求某种不同于自由民主制度的选择，那么中国国内的自由民主制度的信奉者会有理由尊重和支持中国人的这种努力吗？另一方面，我们能够提出如下问题：从那种努力推行所讨论的政治替代的社会内部来看，事情看起来究竟会

---

* 本文原题为“Decent Democratic Centralism”，载 *Political Theory*, Vol. 33, No. 4, August 2005, pp. 518 - 546。作者简介：史蒂芬·C. 安格尔（Stephen C. Angle），中文名为安靖如，美国卫斯理大学哲学系教授。——译者注

如何？新制度具有内在的一致性吗？它将立足于哪些被社会成员所接受的价值观？它与现存的政治和社会方案有何种关系呢？

在本文中，我将从这两种关于改革民主集中制的可能性的视角进行反思。民主集中制至少在理论上是中国社会主义社会在中国共产党的领导下组织起来的原则。我先从外部的视角开始，运用罗尔斯的非自由但合宜的（decent）政体观念来阐明民主集中制可能呈现出来的面貌。在阐明民主集中制理论之后，我将提出如下问题：从民主集中制和相关的中国理论的角度来看，中国当前的政治制度是应该被判断为合法的吗？我对外部和内部视角的讨论将围绕如下三个方面：协商（consultation）、法律和多元主义。这三个方面的问题都具有重要性和复杂性。

一、罗尔斯的合宜政体

在《万民法》中，罗尔斯论证说，所有的良序社会都应该赞同他所说的“万民法”（the Law of Peoples）。这切合本文的目标，因为罗尔斯明确地把“良序的”（ordered-well）人民范畴扩大到自由民主的社会之外。他声称，在其他的可能性中，“合宜等级制的”人民——有一种“合宜的协商等级制”作为它的基本结构——也可能认可相同的“万民法”，包括认可人权。我将努力表明，尽管中国共产党肯定会拒绝“等级制的”人民的观念，但我们能够建构这样一种理念：一种得到“合宜民主集中制”认可的“合宜的社会主义人民”。罗尔斯可能会论证说，由于一种合宜民主集中制在各个方面上实现了社会合作——它使一个集团可以算做是人民——的观念，因此我们自由主义者应该认为它是合法的。

中国人有多大的动机去追求起码的“合宜性”（decency）呢？人们的需要可能不仅仅是“不完全是非理性的”，这样一种想法是很自然的；而且事实上，从中国人的各种内部视角来看，我们将会看到追求一种改革了的民主集中制的一系列理由。罗尔斯的论证主要是针对他的自由主义同行，而且目的在于说服他们尊重非自由但合宜的人民。像自由社会一样，合宜的社会是社会合作机制的例证，它所依赖的也是把自己的成员当做社会生活中理性的和负责的参与者。更具体地说，罗尔斯认为，合宜的社会必须满足两个标准：（1）它们不应该有进攻性的目标；（2）它们必须拥有包括法律制度在内的各种制度，这种法律包含关于正义的共同善观念，保证所有成员的人权，而施加给所有成员的是真正的义务，而不仅仅是一组由暴力所强加的命令。在某种重要的意义上，罗尔斯相信第一个标准只不过是自由社会或合宜社会借以相互作用的各种方式的结果：这就是其著名的“民主和平”命题。我将集中讨论第二个标准的各个部分。

第二个标准的三个方面共同充实了社会合作观念，而且相互联系紧密。罗尔斯把社会的“共同目标”定义为“整个社会努力为自身或其成员实现的东西”。让我们就从它开始。并非所有的社会都有共同的目标，但是很清楚，社会主义人民会有共同的目标，并且社会主义制度的集中制的主要目标之一就是要努力尽可能快地和有效地实现这些目标——事实上，如果没有集中制，实现它们根本是不可能的。罗尔斯对“关于正义的共同善观念”和共同目标的区分如下：

> 在关于正义的共同善观念中，对这种共同目标的追求应该受到鼓励，但不可扩展到自身的最大限度，而是扩大到符合尊重协商程序各步骤所确定的约束之最大限度，这种程度为保护人民成员的权利和义务提供了制度基础。[①]

如果“协商程序”使共同目标得到无条件的认可，那么对关于正义的共同善观念的追求或许可以等同于对共同目标的追求。但是，如果对共同目标的专门追求没有得到协商程序的批准，关于正义的共同善观念

① John Rawls, The Law of Peoples, Cambridge, MA: Harvard University Press, 1999, p. 71.

就会脱离共同目标，而且罗尔斯说，只有认为关于正义的共同善观念比共同目标更可取的社会才是“合宜的”。

接下来开始讨论关于真正的道德义务的观念。罗尔斯认为，真正的道德义务来自对这样一种社会合作体系的参与：这种社会合作体系同一个由权势者的命令所控制的社会是对立的，后者实际上是一种奴隶社会。在合宜的社会中，因为法律在各个方面是公共知识并且是通过协商产生出来的，所以法律制度是一种包含真正的道德义务而不是命令的制度的典型表现。这样一种制度把个人视为“合宜的和理性的以及负责任的而且能够在社会生活中发挥作用”，因此人民“承认（自己的）义务和责任符合他们关于正义的共同善观念”。

剩下的合宜性标准是人权，而罗尔斯对它的解释相当狭隘。他说，人权包括生存和安全的权利、基本自由权（摆脱奴隶制、农奴制和强迫性职业的自由，确保宗教和思想自由之良心自由的有效措施）、财产权和形式平等权（即类似情况类似处理的权利）。然而，人权是任何协商程序的必要条件。除非它们实际上受到保护，否则就没有理由期望人民会说出自己的心声：安全、生存、基本自由或财产所受到的威胁全都能够轻易地使人民保持沉默。因此，倘若人权得不到制度的充分保护，任何人都无法参与协商。然而，协商需要的不只是这一点，因为协商把每一个人都当做有理性的、应该聆听的对象加以认真对待。除了允许人民言说之外，协商还意味着他们必须得到聆听、注意和回答。罗尔斯说，一旦异议者得到了官员的聆听和回应，“异议者不一定要接受给予自己的答案；他们可以重新进行抗议，只要他们解释出他们仍然感到不满的原因，接下来他们的解释应该得到更深刻和更全面的回应”。

安全、生存、基本自由或财产所受到威胁的人们有充分的理由缄默不语，因而这些必须受到保护。官员也必须聆听和回答如此进行表达的人们。尽管罗尔斯没有补充，但我们可以补充的是，各种制度必须规定应该定期地以这种或那种方式征询人们的意见：这似乎是“协商”的基本含义的一部分。但是，是否仍然有某种东西被忽略了？令人惊讶的是，罗尔斯没有提到公民自由（言论、出版、集会和结社的自由），而其他一些理论家则对之给予了高度的重视。罗尔斯提到了“异议者”，好像他们可以成为一个集团，但是没有规定要保护那些组成集团的个人的权利。设想被逐个“协商”的个人与罗尔斯所说的条件是一致的，因为只有官员才意识到各种各样的对话。公开和众多力量的相应可能性依赖公民的自由，更不用说非官员之间争论的价值了。简而言之，因为协商具有他所渴望的影响，所以罗尔斯似乎也必须要求保护公民自由。为了把公民自由包括在内，他的理论就必须加以修正，而这样做的最明确方式就是扩大他的最低限度的人权观念，把公民自由纳入进来。

广泛和持续的协商证明是使社会具备“合宜性”的关键。“合宜的”人民并不是自由民主制的，但就像我刚才论证的，他们仍然必须是完全自由的，也就是说，全体公民的许多自由得到承认和保护。社会成员不应该被强制接受人民的共同利益，尽管他们事实上可以被强制服从法律。合宜的社会必须建立在一种真正的、被选择的共同善之上，这一事实意味着能够在这种社会中存在的多元主义在数量上受到限制。这个问题对于中国能否被视为一个合宜的社会来说至关重要。我将在下文中对此进行讨论。

二、民主集中制

民主集中制是列宁主义的核心原则。虽然民主思想和集中制思想都可以追溯到马克思和恩格斯，而且它们可以被证明是来源于工人组织行为的理论和实践，但正是列宁辩证地把这两种思想结合成一种政治组织原则。但是，民主和集中之间可能存在相当多的冲突。在《关于正确处理人民内部矛盾的问题》这篇著名的文章中，毛泽东指出，民主和集中——即自由与纪律——之间存在着矛盾，但他认为只要这种矛盾能够在共同致力于社会主义建设的人民内部解决，那么这种矛盾就是非对抗性的，而且个别的事例始终能够以非强制的方式加以解决。正如我们在下文中会详细看到的，民主集中制必定面临着一个至关重要的问题：它是否以及在哪些方面能够以一种稳定和可预见的方式实现制度化？

另一个问题是民主集中制的范围。在大多数的论述中，民主集中制仅仅适用于党，但是这给绝大多数非党员群众留下了何种民主或参与的角色？在这里，一个可能的发展方向是诉诸群众路线思想。安东尼·赛奇（Anthony Saich）写道，群众路线“来源于列宁的‘民主集中制思想’，但毛泽东补充了一个重要的特征，即民主集中的过程不仅适用于党，而且适用于整个社会”。马克·布莱彻（Marc Blecher）曾经论证过，至少在农村地区，群众路线得到广泛执行，使许多普通群众积极参与地方决策。必须承认，关于民主集中的方法并没有得到阐明，更不用说该过程得以持续进行的任何制度化保证了。还有，群众路线思想正在中国的政治思维中复兴，得到了“三个代表”重要思想的激励。

最后一个问题是民主集中制在何种意义上是民主的。那种认为“少数服从多数”的主张，绝不是理解民主集中制中的“民主”的唯一方式。民主集中制之所以是民主的，是因为它对所有参与者的意见给予同等的重视。但是，作为“集中制”，它要求从决策过程中得出一个所有参与者都要遵守的唯一决定。显然，对唯一决定以及有纪律性地坚持该结果的强调非常符合那种认为由单一政党来领导社会的思想。事实上，它也非常符合那种“先锋队”政党的思想，也就是说，一个政党把自己的意识形态纲领看做该社会人民总体利益的代表。如果该政党要成为民主的政党，那么它的纲领就必须源自于并且接受成员的广泛意见——即协商。但是，“民主地”吸收意见并不必然产生出得到支持最多的结果。意见“集中”的核心是党的领导人根据民主程序所收集的证据而作出的客观科学的判断。毕竟，协商并不是投票；它更接近于给出建议。因此，这些判断的合法性基础在于它们的正确性：即它们成功地推动社会尽可能快地走向一个更美好的未来。

民主集中制只是仁慈的绝对主义吗？民主集中制和仁慈的绝对主义之间存在各种重要的区别。正是人民对自己利益的表达，成为领导人所重视的那种证据的关键部分；更重要的是，人民能够支配和评价合法的领导，并且能够积极、明确地反抗一个未能满足合法性标准的政权。民主与集中制之间充满了紧张，并且很容易失去平衡。本文的重要目标之一就是指出这种关系在哪些方面可以通过制度和概念的改革而得以建立在一种更为稳固的基础上。因此，一种改革了的民主集中制能够既满足内部的合法性标准，又满足罗尔斯的合宜性标准。

三、现状

通过运用我对罗尔斯和民主集中制理论的讨论，我认为可以在两个领域说明当前的中国政治没有满足内部的合法性标准和罗尔斯的外部合法性标准。第一，民主集中制理论应该需要在政策形成之初的重要参与。但是，当前的证据表明公民几乎没有从事初始和最终阶段的参与。我们将会看到，不同类型的参与比预想的要多，但初始—最终阶段（front-end）的参与特别重要，却不够充分。第二，法治是一个关键的前提条件。虽然过去20年里法治在中国社会中获得了一种越来越突出的地位，但它迄今尚未充分地保护民主集中制——更不用说罗尔斯所理解的合理性——所需要的平等发言权。

（一）初始—最终阶段的参与

在罗尔斯和中国的民主集中制理论家看来，协商是政治程序的关键组成部分。民主集中制理论和群众路线理论都依赖这样一个过程：借助该过程，大量的、常常是不同的信息得以整合或集中为一个单一的政策结果。然后，该政策结果受到两种进一步的处理：（1）适应地方的状况；（2）受到指责、控诉和调整。因此，民主集中制可分为三个主要阶段：信息输入、政策制定和政策调整。广泛的参与只有在第一和第三阶段才有可能。事实上，正如民主集中制理论所明确承认的，第一阶段是最重要的。最后阶段上过多的灵活性可能破坏整个集中制思想。换句话说，适应地方的状况不可能是让地方的人们为所欲为，因为这还能给中央政策留下什么内容呢？同样，虽然指责、控诉和调整都是重要的步骤，但是不可能允许它们控制整个过程，否则就使集中制的目标屈从于任意性的问题，例如那些受到指责最多的问题。如果人们在第一阶段无法成功地阐明自己的不同观点，那么民主集中制和群众路线似乎都不可能取得成功。这样说，并不是支持如下主张：民主集中制要求的是一项决策一旦作出就不应该受到任何公开的批评。民主集中制确实要求，人民应该遵守领导人的决定，但公开的批评与同时遵守法律和政府的政策完全没有冲突。从政策制定过程是一个不确定的循环过程来看，这一点尤为重要：也就是说，对一项既定政策的公开批评完全能够成为下一轮三阶段过程的初始—最终阶段的信息输入。换句话说，言论受到遏制的人们对一项既定政策的反应，可能要间接地阻止初始—最终阶段的参与。

有证据表明，至少在农村地区，群众路线理论多年前就已经付诸实施。但是，农村的参与体制已经发生了急剧的变化，而且现在围绕的中心至少既是村委会，又是当地的党委。村委会不是国家的机关，而是自治的群众组织。根据一些分析家的看法，村委会选举已经对地方农村生活产生了值得称道的影响，尽管政治参与仍然存在着一些限制：非居民不能参与，妇女在委员会中的代表不够充分，而且一些选举行为存在着问题。此外，在许多村庄中，党的影响仍然超过村委会。

许多观察家也已经指出，地方人大开始在政策制定过程中发挥更积极的作用。地方人大的当前状况相当多地揭示了中国政治体制生态的复杂性。通过赢得党对自己目标的支持和与政府的合作，地方人大已经形成了合适的生存环境。而且，这些地方立法机构逐渐获得了监督政府的权力。然而，根据一位分析家的看法，直到并且除非地方人大和党的关系分开，否则就会有前者仅仅成为后者的另一种工具的风险。

村委会和地方人大提供了初始—最终阶段参与的可能性。这些可能性仍然是初步的，但却很吸引人。如果我们转向城市的参与，证据就是很确定的了。一方面，城市有较高的政治参与。另一方面，在很大程度上，参与的类型几乎不符合民主集中制的范式。总之，尽管有一些充满希望的迹象，但我们不能断定，在目前中国的城市或乡村中，符合民主集中制范式的参与已经制度化。

（二）法治

中国政体合法性的第二个关键障碍是中国法律的状况。让我们回想一下罗尔斯所强调的观点。他说，任何良序的人民都可能拥有一个满足下列标准的法律体系：它必须包含一种“关于正义的共同善观念”，保证人民全体成员的人权，并且施加给人民成员以一种真正的道德义务，而不是简单地用暴力强加给他们一组命令。

我们在今天的中国能够发现非常相似的主张。在1978年毛泽东之后的改革之初，中国几乎没有法律体系可言。只有少数几部法律载入名册，司法部在1959年被撤销，全国也只有少数律师。在25年后，中国的领导人和社会已经作出了大量的承诺来发展法治。这种承诺不仅是口头上的，而且是在制度建设上的。无论如何，中国已经沿着这个方向取得了许多进步。不过，仍然有相当长的路要走。

今天，中国的法学家区分了“法治”（the rule of law）和纯粹的“依法治国”（rule by law）。依法治国是“一种工具主义形式，其中法律仅仅是国家用来控制其他人而不会给国家自身带来重要限制的工具”。相比之下，对“法治”的准确描述是一个存在着相当多分歧的问题。但是，所有的法治形式都是要通过法律的至高无上性和法律面前人人平等的思想来对国家施加重要的限制。这样一些理论可能是“浅度的”，这意味着它们在很大程度上是程序性的定义；这样一些理论也可能是“深度的”，这意味着广泛的道德和政治价值进入到定义之中，因此，好的法律能够与坏的法律区分开来，例如因为后者未能支持一种适当的正义概念。对于社会应该以特别深度的理论还是仅仅以浅度的理论为目标这个问题，中国的学者没有任何分歧。

罗尔斯对“良序的法律”的理解接近于在狭隘的法治定义下的适当性：他坚持法律应该贯穿一种关于正义的共同善观念，这意味着共同目标受到了协商程序的约束；罗尔斯的这种主张可能具有裴文睿（Randall Peerenboom）为浅度的理论所列举的一个程序特征，即“法律对绝大多数人来说必须是合理的、可以接受的”。[①] 但是，罗尔斯的要求——可接受的法律必须保护人权——可能将其推入“深度的”范畴。无论如何，罗尔斯显然赞同法治的必要性，而不是纯粹的依法治国。罗尔斯和中国的学者都不可能认为法治在今天的中国已经实现，因此我们必须再次断定，一种合宜的或具有完全合法性的民主集中制尚未产生。

四、多元主义

虽然海内外的一些华人知识分子认为中国的最佳选择是接受完全的竞争性民主，但是这些声音在当代中国的政治理论中是独特的少数派。更确切地说，即使在没有明确借助民主集中制的时候，改革者和理论家们所设想的政治改革通常停留在民主集中制范围之内。今天，各种关于社会和政治多元主义的思想正在中国产生，它们都认为国家与社会应该分离。所有这些思想都拒绝一种关于所有利益应该统一以及国家与社会应该统一的强命题。拒绝这些统一性命题代表着“文化大革命”时期和以前的政治正统发生了重要的转变，但是这并不需要接受那些认为冲突只有通过竞争才能得到解决的强主张。相反，许多人现在正在走向协商、协作和协调。

相关的多元主义问题之所以成为焦点，是因为它对如下方面提出了一种潜在的挑战：民主集中制的内在合法性证明；罗尔斯的合宜性在中国的适用性；合宜性本身的一致性和吸引力。在最近 20 年里，中国值

① Randall Peerenboom, *China's Long March toward Rule of Law*, Cambridge: Cambridge University Press, 2002, p. 65.

得注意的趋势之一是社会团体的发展，这些社会团体代表着广泛的各类地方性和全国性利益群体。应该清楚的是，人民将逐渐增加在决策过程初始一最终阶段中的参与。

为了产生一种充满活力的协商，国家必须承认、支持和保护多元的社会利益集团。但是，就与民主集中制和罗尔斯的合宜性相一致的多元主义而言，具体地说明其数量是一个困难的问题。迈出的重要一步是澄清统一、协调和冲突之间的差别。许多中国领导人近年来已经要求过统一。另一方面，协调不仅符合差异性，而且事实上也需要一种多元性。协调也不同于无法解决的冲突，但它的地位介于统一和冲突之间，有时却被忽视了。但是，如果多元主义泛滥，那么我们就很难理解中国人为什么应该继续支持“中国共产党的领导”和民主集中制本身。如果多元主义泛滥，我们就很难理解一个罗尔斯式的合宜政体能够借以组织自身的“共同善”是否存在。然而，我建议，从经验和理论的基础上来看，为了证明民主集中制的合法性，一种充满足够活力的共同善观念确实并且应该继续存在于中国。记住这一点对中国共产党来说将非常重要，因为如果党和政府开始靠近一种中立的、自由放任的政体，那么民主集中制的所有合法性证明都将失去。因此，罗尔斯的合宜性和合法性本身都依赖于多元主义和共同性之间的一种谨慎均衡。

在中国的环境中，协商程序主要包括在各种各样的制度化环境中与流动的、开放的和受到保护的社会利益集团进行的广泛协商。由此自然产生的问题是，罗尔斯是否在说社会中的所有人民为了被认为有一种“共同善”而不得不致力于追求共同目标。毕竟，如果人民在协商的时候不同意所谓的共同目标，关于共同善的思想不就消失了吗？用罗尔斯主要是在其他著作中提出的术语来说，难道全体（或大多数）人民为了有一种共同善而必须信奉相同的“完备性学说”吗？如果是这样，那么怎么看待中国呢？

在《万民法》中，罗尔斯并没有更多地谈论共同目标和共同善。但是，他确实阐述了一个紧密相关的概念，即“特殊优先性”（special priority)。在讨论共同目标之后，罗尔斯立即补充说："许多社会没有一个共同目标，而是有我所说的'特殊优先性'。同样，在这种情形中，对这些优先性的追求必须以符合协商程序规定的约束的方式进行。"罗尔斯考察了一个虚构的事例：一种以伊斯兰思想为基础的"合宜的等级制人民"，他将其称为"卡赞尼斯坦"（Kazanistan）的社会。卡赞尼斯坦社会是一个等级制组织，某些集团在决策中比其他的集团拥有更多的发言权。但是，罗尔斯论证说，它构成了一个"合宜的协商等级制"，与他为一般的合宜政体所施加的所有约束相一致。如果详细地说明他的事例，就可能使我们走得太远；重要的是特殊优先性在卡赞尼斯坦的决策中所发挥的作用。在列举了几个与协商和包容有关的指导方针之后，罗尔斯说：

> 第五，决策的作出应该依据关于卡赞尼斯坦特殊优先性的观念。在这些特殊优先性中，其中之一是要造就一个尊重其内部宗教少数派群体的合宜而理性的穆斯林人民。在这里，我们可以期望非穆斯林少数派群体所享有的某些优先性不会少于穆斯林；但是我相信，我们可以合理地推测，穆斯林和非穆斯林都理解这些优先性，并认为其具有重要意义。第六也是最后——这一点非常重要，这些优先性必须适合一种全面的合作体制，而该集团据以进行合作的公平条款应该得到明确的规定。①

应该注意到罗尔斯在这里所阐明的特殊优先性的本质：例如，它并不是要"建立一个确保所有公民都遵守伊斯兰教法规的穆斯林政体"，而是要"建立一个尊重其内部宗教少数派的合宜的、理性的穆斯林人民"。换句话说，人民应该使对协商、开放性和真正地尊重（某些数量的）多元主义的信奉成为"特殊优先性"本身。由于记住了这一点，我

---

① John Rawls, *The Law of Peoples*, Cambridge, MA: Havvard University Press, 1999, p. 77.

认为罗尔斯的下述推测是相当合理的：即卡赞尼斯坦的非穆斯林公民也可能认为这种优先性是重要的。也就是说，一个人可能对成为卡赞尼斯坦人民的犹太人成员感到自豪：在这里，我们发现了一种我们在其中能够相互尊重地生活在一起的框架。毫无疑问，这个框架是一个穆斯林框架，但是，如果它事实上是成功的，那么这完全可能使一个人尊重他的穆斯林邻居，因为他的邻居找到了从其传统内部来建立一个合宜社会的道路。

这如何应用于中国呢？显然，寻找表述特殊优先性的地方是中国的宪法。在《中华人民共和国宪法》的“序言”中，我们找到了下述表述：

> 今后国家的根本任务是集中力量进行社会主义现代化建设。中国各族人民将继续在中国共产党领导下，在马克思列宁主义、毛泽东思想指引下，坚持人民民主专政，坚持社会主义道路……完成统一祖国的大业是包括台湾同胞在内的全中国人民的神圣职责……国家尽一切努力，促进全国各民族的共同繁荣。①

社会主义现代化、统一和全国各民族的共同繁荣，这些是中国人民的特殊优先性的实例。这些优先性应该在中国共产党的领导下和在民主集中制的框架内来寻求。在《中华人民共和国宪法》的其他部分中，法律、平等和全国各民族的相互尊重、各种公民权利与人权（2004 年 3 月补充）全都被奉为圭臬。另外，《中华人民共和国宪法》几乎没有提及罗尔斯的“协商程序”；它勾画了各级国家机构的基本结构，但没有描述或赞同一般的协商原则。1987 年，中国共产党的第十三次代表大会对“协商对话”的重要性进行了大量的讨论。但是，到目前为止，这种优先性尚未被明确包含在宪法之中。

---

① 《中华人民共和国宪法》，人民出版社 1982 年版，第 5—7 页。

不管是从协商和法律实践中的实际不足（就像前文在初始—最终阶段的参与的环境中所描述的那样）来看，还是从刚才在原则性声明中所指出的不足来看，都有理由让人担心的是，中国人民有一系列的“共同目标”，但这些“共同目标”不能算做是共同善或特殊优先性，因为它们未曾充分地经历过一种协商的过程。在这些条件下，这些目标的合法性，不管是从那些不赞同它们的中国公民的视角来看，还是从局外人的视角来看，都遭到了严重的质疑。问题并不在于民主集中制本身，也与多元主义在中国的发展程度无关。问题是一种支配社会合作的规则体系缺乏原则性的赞同和制度化的实践，而协商则是这种规则体系的关键部分。

人们也有可能出于不同的考虑而担心中国政党—国家体制的合法性，特别是其内在的合法性。当我介绍上文的民主集中制的时候，我提到了它与先锋队的正当思想之间的自然联系。在那里，我指出，“科学的”判断应该是党的领导人根据民主程序收集的证据来作出的。这些判断合法性的基础是它们的正确性，也就是说，它们成功地推动社会尽可能快地走向一个更美好的未来。所谓“更美好的未来”应该根据政党—国家体制和大多数人民所赞同的共同善或特殊优先性来理解，其中我们曾把“社会主义现代化”视为这样一种优先性的假定例证。因此，除非党—政府确实致力于实现某种特殊形式的更美好的未来——非常类似于被广泛共享的罗尔斯的共同善，否则一个一党制的、民主集中制的政府的合法性证明就会消失殆尽。民主集中制中的一党不可能中立和放任于不同的和竞争性的良善生活观念之间：如果所有中国公民都一致同意他们想要一个中立的、程序性的政府来保证公共产品竞争中的某种公平，那么就没有理由禁止政治竞争。因此，如果民主集中制要继续在中国行得通，那么中国人可能必须既继续支持特殊的、至善主义的目标——如社会主义现代化（假定它不仅仅是一个空洞的口号）——又实行具有广泛包容性的协商机制。

五、结　论

中国现在没有而且可能从未有过一种合宜的民主集中制，也从未完全在国内实行过民主集中制模式。相对于自由民主制度而言，一种合宜的政体仅仅是次优的选择吗？或许是走向那个最终目标所迈出的一步？假如我们自由主义者采用了罗尔斯的外交政策准则，那么就有一种民主集中制形式可能应该得到我们的尊重。如果中国的民主集中制主义者想得到我们的尊重，他们就应该为一种“合宜的”民主集中制努力。事实上，自由主义者不会认为合宜的民主集中制优于乃至等同于自由民主制度。然而，他们会认为合宜的民主集中制拥有根本的政治合法性；自由民主制和合宜的民主集中制将共享“良序人民”的称号。此外，从这个更加宽泛的范畴来看，自由主义者和民主集中制主义者都立足于同样的基础之上，谁也不比谁更良序。

中国的理论家本身已经阐述了一种真正的民主集中制，它需要沿着那些满足了罗尔斯标准的非常相似的路线进行改革。如果中国的民主集中制主义者想得到他们自己所说的合法性，那么他们就应该努力沿着已经指明的方向前进。历史、传统和文化并没有强迫中国人选择民主集中制作为自己的政治组织形式。但是，当代中国的各种各样的特点或许使真正的民主集中制成为一种具有吸引力和较为可行的选择，或许是一种吸引力和可行性在中国得到最佳结合的选择。此外，肯定没有任何保证使实现民主集中制之类的东西必然会通向自由民主制度。与自由民主制度不同，合宜的民主集中制的连续性和合法性依赖的不只是对程序的尊重：它们取决于领导人是否具有令人满意的实现社会共同目标的能力。因此，倘若一种合宜的民主集中制最终得到实现，那么只要它能够成功，它很可能属于我们。

（刘智利　吕增奎　译）

论中国政治改革的演变*

〔俄〕K. A. 科卡廖夫

完善中国政治制度问题在中国现代化的进程中占有重要位置。自中国共产党十一届三中全会（1978）以来，党的历次代表大会必定要讨论政治改革问题、改进权力机构的工作问题、理顺由于行使政治权力而在社会上形成的各种关系问题。

中国社会主义政治制度的改革有其特点，这些特点与这个国家的政治体制的概念及其变化不无关系。因此，在谈论政治改革在中国现代化不同阶段的主要目标和内容之前，最好先简要地谈谈政治体制的范畴，以及中国学者对政治体制诠释的某些特点。在我们看来，这样做之所以必要，还因为在俄罗斯学者的著作中，这个问题尚未引起关注，而中国学者近些年来在研究国家作为社会主义政治制度主体的过去和现在的内外政策时愈来愈频繁地运用政治体制这个概念。

众所周知，政治制度是一个“非常广的学术范畴，涵盖了政治行为、制度、机制、准则的相互作用、相互依存的所有类型和形态”。制度的直接发展是通过政治体制的演变被具体化的，而政治体制反映的是

---

* 本文原题为“К вопросу об эволюции политической реформы в Китае”，载 Проблемы Дальнего Востока，№5，2004 г.。作者简介：K. A. 科卡廖夫（K. A. Кокарёв），历史学副博士。——译者注

现实的政治进程和“政治制度实际运行中最本质的特点”。政治体制的突出特点是非常灵活，在许多内外部因素的作用下经常发生变化，以保障政治制度的稳定性。因此，同政治制度相比，政治体制具有其临时性的变数，这就有可能使同一个政治制度在不同体制下发挥作用成为可能，而这些不同的政治体制是由专家将其作为政治权力在这一政治制度框架内发挥作用的各特殊时期加以确定的。例如，在社会主义制度框架内，中国的“文化大革命”时期（1966—1976）和现代化时期（自1978 年开始）实行的是不同的政治体制。换句话说，政治体制是政治制度职能的临时断面。

同时应当指出，政治体制的演变反映了整个政治制度发展的趋势，因为社会经济生活中的量变（体制会对其作出及时反应）最终往往会导致政治制度本身一些质的指标发生改变，体现为政治制度的基础和主要内容发生某种程度的转变。

在中国通常把对政治体制的理论和实践的研究划分为两个阶段：第一阶段从 1949 年到 1985 年，第二阶段从 1985 年至今。在第一阶段，中国学者实际上一致认为，“政治制度是政权的组织形式（政体），及其相应的体系”。政治制度还被视为“统治阶级为实行专政而建立和运用的管理形式和方式的结合”。同时，政治制度和政治体制被融为一体，政治体制在这一阶段并未作为独立的范畴而被分离出来。

中国首次正式运用“政治体制”这个术语是在 1982 年 9 月召开的中国共产党第十二次代表大会上，代表大会指出，“继续改革和完善国家的政治体制和领导体制”。然而，当时对政治体制的概念在理论方面尚无具体的阐释。只是在 1985 年 8 月，在《国外政治学》杂志上出现了张宪阳的一篇文章，作者强调指出，政治制度和政治体制是两个独立的概念，各有其含义和内容。在作者看来，如果把政治制度和政治体制等同起来，那么政治体制的改革也就意味着改变社会主义政治制度的性质，而这在中国是根本不允许的。此后，中国的许多学者就这一问题著书立说，所得出的结论是：政治制度和政治体制具有不同的含义，尽管有许多共同点。与此同时，他们也承认，对政治制度和政治体制概念的具体内容尚未形成共识，主要有三种观点：

第一，政治制度是政权的组织形式，它决定某个阶级在具体社会条件下实行某种统治的方式和方法。这种对政治制度的理解在中国实行改革前占有主流地位，并不包含与政治体制相关的任何释义。

第二，政治制度是一个包括国体、政体和社会政治行为准则在内的一个范畴。政治体制则在特定的条件下和一定的时段是政治制度的“外在的具体表现形式”。它包括政权组织形式、“国家管理形式”和领导人为达到政治目的而实施的具体措施。政治制度是“基础范畴，而政治体制是政治制度在政治生活过程中的具体表现形式”。中国有资料表明，同政治制度相比较，“政治体制更具灵活性，对国家的社会、政治、经济和文化生活的各个方面产生直接的影响”。中国学者对政治制度和政治体制所持的这种理解总体说来同俄罗斯和西方学者的观点是相一致的。

第三，政治制度被视为政治体制的组成部分，是作为已被检验和确立的准则和规则而固定下来的。同时，政治体制起“中心”，即“政治机制”的作用，“负责分配政治权力、实行管理、通过政治决定”。它比政治制度和政权的具体制度具有更深刻的内容和影响力。因此，政治体制包含“政治制度、政治职能、政治过程和政治文化”。

在所列举的观点中，在中国最为流行的一种观点是：政治制度是一个范畴。它包括：国体——工人阶级领导的（实际上是通过中国共产党来实现的），以工农联盟为基础的人民民主专政；政体即人民代表大会制度——权力代表机构；所有参与政治过程的主体必须遵循的政治生活的各种准则和原则。持这一立场的学者们的论述具有许多特点，值得详细研究，因为这些论述诠释了中国对政治改革所持态度的特点。

中国学者还认为，政治制度应当处于“动态稳定”的状态之中。政治制度是由必须履行的法律和准则来得以保证，而这些法律和准则就其定义而言具有相当的稳定性。与此同时，稳定并不意味着政治制度完全一成不变。今天的中国认为，中国长期以来对完善政治体制的问题未予以应有的关注，使人们看不到人民民主制度的优势，阻碍了社会主义的发展，甚至导致严重的错误和混乱。政治体制的改革应当促使上层建筑中所存在的非对抗性矛盾的解决，为国家经济改革的顺利展开提供保证。

根据所提到的政治体制的特点和内容，以及俄罗斯、西欧和中国研究人员对政治体制的理解，我们来看一下中国在1978年开始实行现代化之后政治体制改革的理论和实践演变的几个主要阶段。这些改革不应当仅仅是否定“文化大革命”时期的政治体制，而且还要建立完全符合中国现代化要求的社会主义政治制度的“外壳”。

70年代中期，中国经历了深刻的政治危机和经济危机，危机表明中国的政治制度既是极权主义的，又是衰败的。“衰败”是所谓的“伟大的无产阶级文化大革命”的后果，它使当时的权力机构遭到破坏，使中国领导层思想不一致，使中国社会尤其是知识分子和青年产生了深刻的“信仰危机”。集权加衰败使政治制度极不稳定，必然要求实行政治改革，实际上在毛泽东逝世（1976）后立刻就提出了这个问题。

在揭示了“文化大革命”的悲剧性后果后，中国所有的人都清楚，原先的领导体制和方法未必能够使今后不再发生类似的事件。显而易见，在当时的形势下，使经济制度和政治制度以渐进的、自发演变的方式去适应新的要求和条件对中国是不合时宜的。因此，提出了改革的方针，根据中央领导的倡议，实行一系列措施，在预期内达到下列目标：不允许类似于“文化大革命”的事件重演；逐步取消当时建立的一系列管理环节，以能够在现代化的意识形态、经济和组织基础上稳定体制的权力机构取而代之；振兴国家经济，使其摆脱萧条和停滞状态，为以后的发展创造经济条件和政治条件；通过实现与中国社会的经济和科学技术发展有联系的基层机构和主体的工作的民主化来调动公民的积极性；重新审视政治思想方针，要把它同总的经济潜力增长问题，以及解决加强国家统一和各社会阶层与居民团体的团结的任务一并考虑。

所有这些措施要在政治制度改革的框架内实现，而实行政治改革就是对现行的政治体制进行实质性修正，以消除破坏社会主义制度稳定的各种“错误”和“不相适应的现象”。改革应当“充分发挥社会主义的优越性”，促进具有中国特色的社会主义制度的“自我完善”，拒绝照搬西方或其他国家的政治管理的方式和方法。

中国改革的设计师邓小平在1980年8月18—23日的中国共产党中央政治局会议上第一次全面地论证了政治改革的必要性，这次会议决定着手对党和国家的管理机构进行改革。实际上，他的讲话是纲领性的，并包含了“文化大革命”后对中国的政治体制改革的具体建议。这些建议后来在中国通过的关于政治改革的所有文件中都有不同程度的反映。

邓小平列举了在他看来妨碍中国社会主义社会顺利发展的最为“深刻的矛盾”，如官僚主义现象、社会生活中的家长制现象、权力过分集中在某些领导人手中的现象、各级干部领导职务终身制现象和形形色色的特权现象。邓小平指出，中国的官僚主义无论在国家的内部事务中，或是在国际交往中，都已达到令人无法容忍的地步。① 社会舆论调查的结果证明，必须实行管理层的改革。对中国23座城市2518人的调查表明，当时绝大多数人对党和国家官员的营私舞弊、腐败堕落表示强烈不满。

邓小平认为，在中国的社会主义和计划管理体制条件下官僚主义的产生是因为大权在握的中央掌控着经济、政治、文化和社会。在现实中，这个权力掌握在党委及其第一书记们的手中。因此，在谈到中国政治改革的主要方向时，邓小平首先提出，权力不能过分集中在中央和地方的某些领导人手中，并特别强调指出，党的主席和中央政府首脑的职位、党的机构的领导职位和国务院副总理职位不得兼任。过去，权力往往过分集中在某些领导人的手中，这恰恰是导致“文化大革命”时期恣意妄为的主要原因之一。改革的结果就是要使管理过程更为民主，尽管

① 参见《邓小平文选》第2卷，人民出版社1994年版，第327页。

西方的观察家们当时推测，似乎“改革者们打算在统治阶层中恢复风险更小，为其所习惯的一系列游戏规则”。

政治改革的拥护者们提出要“党政分开”，以消除“党对政府的越俎代庖”现象。党政分开就是使党的机构领导人把精力集中在对党的管理、制定和实施党中央的“路线和方针”上，而政府机构的领导人把精力集中在对执行机构的管理上。邓小平要求在改革党和国家的领导体制时禁止利用政治运动即大规模宣传运动的方式，不能把与不良现象作斗争的矛头指向广大干部和人民群众的讲话，具有极其重要的意义。这个讲话重新审视了在中国现代化条件下，实现政治体制职能的方法。

邓小平认为党和政府工作中最为重要的就是改变新体制下干部的选拔机制，逐步将领导权交给中国更为年轻一代的领导人。他要求把“年轻化、知识化、专业化”的干部积极吸纳到管理层中。邓小平提出的这项任务对中国具有极其重要的战略意义，因为它能够“让比较年轻的同志走上第一线，老同志当好他们的参谋，支持他们的工作，这是保持党和政府正确领导的连续性、稳定性的重大战略措施”①。这个问题的解决就能够逐渐消除以往的领导职务的终身制。因此，提议对中共十一届五中全会（1980 年 2 月 23—28 日）关于上述问题的决定加以补充，即规定“健全干部的选举、招考、任免、考核、弹劾、轮换制度”②。

中共中央政治局会议还提议修改宪法，使其更加完备、周密、准确，能够切实保证人民真正享有管理国家各级组织和各项企业事业的权力，享有充分的公民权利，要使各少数民族聚居的地方真正实行民族区域自治，要改善人民代表大会制度，等等。关于不允许权力过分集中的原则，也将在宪法上表现出来。③

会议建议在党中央已设立纪律检查委员会的同时设立一个顾问委员会。要明确规定中央委员会和中央顾问委员会的任务和权限。一方面，

---

① 《邓小平文选》第 2 卷，人民出版社 1994 年版，第 321 页。

② 同上，第 331 页。

③ 同上，第 339 页。

为了国家的利益要充分利用老一代领导人的经验和知识；另一方面，也便于使各级领导班子更加精干，逐步实现年经化。①

中共中央政治局会议通过的提议旨在加强政府机构的作用，使政府机构在提高对所通过的决定及执行这些决定的责任意识的同时，具有更多的独立性。会议指出，凡属政府职权范围内的工作，不再由党中央和地方各级党委发指示、作决定。但同时强调指出，“政府工作当然是在党的领导下进行的”②。

会议建议逐步改革在党委领导下的领导者和经济或其他主体的管理者的现行责任机制。这种改革的意义在于，使党委不再干涉企业的日常事务，集中力量做好思想政治工作和组织监督工作。③ 为此，就要使领导者不是对党委负责，而是对行政管理委员会或经济活动的主体的理事会负责。与此同时，企业的领导者应当“努力学习各种有关管理和技术专业，再不能长期泡在各种会议里”④。建议采取具体措施对部门、机关、企业及其他经济生产组织中的职工代表大会（委员会）进行改革，使职工代表有权讨论重大的生产问题、有权在一定范围内选拔领导人，以及向上级机关建议罢免不称职的行政领导。关于重大问题的决定只能通过集体讨论决定，在得到多数人的同意后，所有的人，其中包括对这个决定投反对票的人都必须执行。在投票程序上，应遵循“一人一票”的规则，即使是党委书记也应如此。

邓小平的讲话之所以重要，还因为他提出的许多意见具有理论性。例如，他指出，“基本制度”和“具体制度”具有本质差别。在他看来，基本制度是在中国革命胜利后较为迅速地确立起来的，具体制度存在许多弊端，不能够成功地利用和发挥社会主义制度的优势。换句话说，政治体制（或者像邓小平所表述的，叫具体制度）必须改革。

---

① 参见《邓小平文选》第2卷，人民出版社1994年版，第339页。

② 同上，第339—340页。

③ 同上，第340页。

④ 同上。

从上述可以看出，中国在改革的初期阶段对于必须进行政治改革的内涵就已有非常具体的说法。然而，复杂的国内政治形势，以及中央和地方领导层面的各派在关于改革的内容和策略的问题上的争论，导致1980年提出的所有措施实际上在当时未能实现。邓小平在评论形势时指出，实行制度改革非常不易，很少有人会公开反对改革，但是，一旦改革涉及某些人的利益，他们就会由改革的促进者变为改革的拦路人。许多高级领导人也认为，在中国政治制度基本上符合经济改革的要求，只是某些方面需要进一步完善。

80年代中期，中国领导人不得不再次回到政治体制改革的话题上来。1986年4月，在省级领导人的会议上，邓小平继1980年之后再次提出要讨论中国政治改革的问题，例如，“限制党对政府和经济主体的工作的干预”，以及“实行基层企业经理个人负责制”。后来，邓小平的许多讲话都强调实行政治改革的必要性和重要性，认为中国其他方面的所有改革，其中包括战胜腐败和克服消极现象能否实现都取决于政治改革。在1986年6月28日的中共中央政治局会议上，邓小平建议，政治体制改革要从党政分开和权力下放开始。他向中共中央书记处提议，用一年时间搞调查研究，提出具体措施。政治体制改革同经济体制改革应该相互依赖，相互配合。①

中共中央宣传部号召社会科学工作者“对理论问题不要沉默，要着手研究政治改革和经济改革的问题”。党中央的刊物明确指出，参加争论，在争论中就政治问题阐发不同的观点，这是宪法规定的每位公民神圣不可侵犯的权利。在得到官方支持后，1986年春、秋中国召开了几次大型会议，专门讨论政治改革问题。有学者认为，经济改革必须与“政治制度、文化和意识形态的现代化”同步，以“促进中国社会的进一步发展和团结”。他们深信，经济改革步履维艰，原因不在于实行市场机制，而是在于公民积极参与政治过程的权利没有保证，在于存在着封建

① 参见《邓小平文选》第3卷，人民出版社1994年版，第164页。

主义的影响，在于中国的民主传统薄弱。

参加讨论的学者们认为，现时政治体制所存在的问题在于：政治权力过于集中；党对人大、政府和司法体系实行专制式的监督；对政治领导工作缺乏监督的条件和机制；官僚主义和政府工作的效率低下；一方面党干预政府的工作，另一方面政府干预企业的工作，结果阻碍了经济改革的实施；人们还没有全面地享受宪法规定的权利和自由；人民没有机会广泛参与政治决策过程；立法机构对权力执行机构的监督职能薄弱；司法机构对立法机构和执法机构的监督不力。

为了消除政治体制改革的弊端，讨论中提出要切实保证言论自由，并以相应的法律形式确定下来；保证公民有参与政治问题争论的权利，以及自由发表有关政治问题的文章和其他资料的权利；为大众媒体能够更全面、更深刻地对党和政府机构的工作予以"批评监督"创造条件；明确分清各级党组织和政府之间的任务和职能，以及党和立法机关的任务和职能；划分政府和企业之间的职能；实行决策权的下放；为吸引相关的专家和学者对所要通过的政治决定进行深入的科学论证创造条件；加强作为政府监督机构的人民代表大会及其常务委员会的作用；加强在中国共产党领导下的民主党派的工作；精简管理机构，减少行政管理环节，缩小编制；完善法律体系；提高司法权的独立性，保证司法权的"人民性"，所有公民在法律面前真正平等；制定行政法典、行政诉讼法，建立行政法庭制度。这一切表明讨论提出的措施不仅直接涉及政治制度的"外壳"，而且还涉及其"核心"，正如中国领导人所认为的那样，这可能会破坏政治制度的稳定性。

政治体制改革讨论的激化导致对已筹谋好的中国政治改革的内容和方法作一定的修正。邓小平不得不承认，"政治体制改革的内容现在还在讨论"，而实行政治体制改革，"需要审慎从事。我们首先要确定政治体制改革的范围，弄清从哪里着手。要先从一两件事上着手，不能一下子大干，那样就乱了”。①

结果，由于担心匆忙行事和措施准备不足会破坏国内局势的稳定、动摇社会主义政治制度的基础，对改革就更加慎之又慎了。党刊强调指出，政治体制改革比经济改革更为复杂，需要付出努力的不仅仅是一代人，而要实行政治体制改革就必须坚持“四项基本原则”（无产阶级专政，马列主义、毛泽东思想，社会主义道路，共产党的领导），维护国家的统一和稳定。1986 年秋召开的中共中央十二届六中全会把关于政治体制改革问题的争论只局限于学术研究范围之内，实际上禁止在党组织和学术界以外讨论这个问题。全会所通过的《关于社会主义精神文明建设的决议》指出，搞资产阶级自由化，即否定社会主义制度、主张资本主义制度，是根本违背人民利益和历史潮流，为广大人民所坚决反对的。

然而，积累必要的经验，并主要是在行政管理领域加以总结，这项工作仍在继续，以纠正那种对理论问题的细化和对实行在共产党领导下的中国政治体制改革的一系列措施所抱的过于“审慎”的态度。

由专家制定了中国政治体制改革的总体设想草案。这个草案共分十个部分：政治体制改革的目标；党政分开；党的建设；权力下放；机构改革；干部人事制度改革；建立社会协商对话制度；完善社会主义民主政治的若干制度，加强法制建设；坚持政治体制改革的原则。1987 年 10 月，这一草案在中共中央政治局会议上通过后，提交中共中央十二届七中全会讨论。全会批准的《政治体制改革总体设想》写入了中共十三大的报告。

在中共十三大确定了中国政治体制改革的纲领后不久，国内政治形势尖锐化，这实际上终止了已在计划中的改革。中国领导人认为，对政治体制改革，首先是对共产党在社会中的地位和作用的重新审视应格外谨慎，要循序渐进，不能破坏国内政治体制的稳定。因此，后来政治上

---

① 参见《邓小平文选》第 3 卷，人民出版社 1994 年版，第 176—177 页。

的改革是在逐步地、深思熟虑地调整好具体的政治制度和程序，以使其与经济改革的要求完全相适应的框架内进行的。

1992 年中国共产党第十四次代表大会，从中国当时形势的特点出发并根据建立社会主义市场经济的需要，阐述了中国政治体制改革的近期任务。例如，提出在 3—5 年内集中力量继续完善全国人民代表大会制度，完善中国共产党领导的多党合作和政治协商制度（在中国人民政治协商会议的框架内），推进中国社会主义法制建设，以保证市场改革和社会政治的稳定。此外，要从结构和职能上改革行政管理机构，在这一过程中重新界定部门的权力，精简机构，使机构发生质的变化，提高整个管理工作的效率。党政分开的问题在政治体制改革的纲领中被删除了。

党的十五次代表大会（1997）提出了实现中国政治体制现代化的任务，旨在保证建立和完善“具有中国特色的社会主义政治制度”。这意味着延续了上次党代表大会所确定的方针，即进一步发展具有中国特色的民主管理形式（在进一步加强中国共产党的领导作用下，依靠全国人民代表大会和中国人民政治协商会议），加强法制，划分行政权力和执行权力的职能，进一步缩减管理机构的编制，完善各领域的监督工作，维护社会的稳定和团结。完善民主生活形式的问题只限于“基层”：在乡镇实行民主选举制，实行政务和财务公开，让群众参与讨论和决定基层公共事务和公益事业。为此，中共中央办公厅和国务院办公厅于 1998 年 4 月 18 日通过（1998 年 6 月 11 日公布）的文件具体阐述了有关农村民主管理的一些问题。

中共十五大和十六大（2002）的文献再次强调逐步、有序地实现政治改革的重要性。同时，发展民主首先就要保证和维护社会秩序和安定团结，应当服从国家经济发展的利益，并在中国共产党的领导下实现。实现民主化必须完善中国的社会主义法制。

中共十六大确定的中国的政治体制改革是“社会主义政治制度的自我完善和发展”。它应当有利于增强党和国家的活力，发挥社会主义制度的特点和优势；充分调动人民群众的积极性和创造性；维护国家统一、民族团结和社会稳定；促进经济发展和社会全面进步。与此同时，文件强调绝不照搬“西方政治制度的模式”。文件还指出，要着重加强制度建设，实现中国特色社会主义民主政治的“制度化、规范化和程序化”。①

中国政治体制改革要求进一步加强人民代表大会制度、改进人民代表大会常务委员会的工作；加强中国共产党领导下的“多党”合作制，坚持“长期共存、互相监督、肝胆相照、荣辱与共”的方针；扩大基层民主；到2010年，形成“中国特色社会主义法律体系”，这个体系除解决其他任务外，应当成为防止地方和部门保护主义产生的可靠屏障。

党的十六大特别强调改革和完善党在新形势下的领导工作的重要性。中国共产党应当实现总体的政治、思想和组织领导，制定大政方针，提出立法建议，推荐重要干部。② 要按照党总揽全局的原则，对立法机构、政府机构和社会机构的工作予以关注和监督。应当把体制建设的主要精力集中在建设中国小康社会上，通过加强政治制度的物质基础来保证其稳定。

总而言之，中国政治改革的理论和经验决定了能够保证维护和完善中国特色社会主义政治制度的长期存在。作为政治制度“外壳”的政治体制的改革受到严格限制：从法制上保证经济改革；维护安定团结和社会秩序，尤其是在社会急剧分化的形势下；扩大中国共产党在中国现代化条件下的社会基础。

（李桂兰　译）

---

① 《在中国共产党第十六次全国代表大会上的报告》（2002年11月8日），第五部分“政治建设和政治体制改革”。

② 同上。

中国政治改革的困境*

〔德〕托马斯·海贝勒

一、挑战和问题

1. 经济改革是社会政治变革的开路先锋

20世纪50、60、70年代的各种运动（例如，“反胡风运动”、“反右运动”、“社会主义教育运动”和“文化大革命”），其目的就是让人们同头脑中潜在的思想认识偏差和所有被批判的思想决裂，使之在思想上同执政党的意识形态保持一致。毛泽东的去世、“文化大革命”的终结和经济改革的前奏结束了强制一致的时代。经济变革的指导方针是“四个现代化”的纲领，这个现代化的纲领只有经济和技术的要素令人振奋。经济的现代化不可避免地形成了社会政治变革的要求，它既没有可遵循的思想体系，又没有可参照的所谓模式，问题很多，思想争论的

---

* 本文原题为“Das Dilemma Politischer Reformen in China”，是作者于2003年撰写的一篇论文，资料来源：http://www. uni-duisburg. de/Institute/OAWISS/Publikation en/index. html。2007年10月作者又对本文作了补充。作者简介：托马斯·海贝勒（Thomas Heberer），德国杜伊斯堡－埃森大学政治学研究所所长、东亚研究所所长，教授，博士，曾担任德中友协主席，主要从事当代中国和东亚其他国家的政治、社会与文化研究。——译者注

焦点是应该如何迅速地构建中国社会正在变化的政体。在此期间，执政党至少要在口头上接受，能够让各种各样关于市场的想法一起竞争。

尽管“文化大革命”的结束和经济改革的前奏在本质上改变了政治话语和政治改革的框架条件，鉴于自20世纪80年代以来的社会和人文科学中所有决定性的排外的思想体系的结束和自由化政治的引入状况，政治精英想要运用建设性的、理智的想法重新掌控经济、社会和政治，生产绝对是首要的前提条件。现在，政治不再被理解为阶级斗争和“路线斗争”，而更多的是作为形式交替的对话和处理问题的过程。政治精英需要具备解决社会问题和保护合法性的专门才能。另外，与之相关的因素是一部分从社会脱离出来的群体形成了一种公众的空间。知识分子现在不再必须为国家服务，他们可以自谋职业，可以成立研究机构、智囊团、协会、咨询公司并且出版刊物。经济上的独立在这里也是国家和党更加独立的先决条件。

随着这种新情况的出现，作为为国家服务的知识分子表面上的“统一”不存在了，处于一种分化和支离破碎的境况。这种分化暗示了政治精英和知识分子之间以及知识分子阶层内部的紧张关系。

2. 政治变革

中国只有经济改革而没有政治改革的说法是不符合事实的。尽管在经济建设中，从计划经济到市场经济是改革进程中的重点，但它是伴随着政治变革的。另一方面，在中国政治社会的高层，政治变革的要素一直伴随着经济改革和经济自由化。政治的经济化，不再是阶级斗争，而是将经济目标移入政治行动的中心。废止大集体（比如人民公社）、以市场经济结构置换计划经济、经济的民营化进程、接纳外国的直接投资、融入世界市场、弱化僵硬意识形态的作用都是毋庸置疑的政治变革的严肃过程。虽然官方关于政治变革过程的声明并没有引起普遍重视，但是经济进程无论是在过去还是在现在都无可避免地与社会政治变革紧密相连。

现在，有这样一种争论，当改革形势迫在眉睫时，政治精英自己绝不会主动地选择改革措施。布荣（Hardy Bouillon）认为这有四个原因：个人利益、社会组织的压力、缺乏知识和自发的但灾难性的发展历程①，因此政治家会放弃改革。这在很大程度上完全符合毛泽东时代及其之后一段时间的实际情况。然而，现在这一代领导人把握住了国际和国内错综复杂的变化过程，并且越来越寄希望于知识和思想的生产者。因此，人们能够为自己的利益争辩，社会组织的压力（共产党之外的社会团体形式）、缺乏知识和自发性的发展过程在中国目前的关键时刻并没有导致放弃改革，相反，它吸引了不同社会阶层的参与者，首先是知识分子和智囊团。②

目前，改革措施和政治变革并不意味着体制的改变。当我们在这里谈论政治变革的时候，我们想提一下阿尔蒙德（Gabriel A. Almond）的看法，政治制度特有的特性（性能）的发展，引导了政治结构和政治文化的改变。③ 这种特性的发展不仅显示出一种均衡的状态，而且一直是经济和社会变化和转变过程的反映。对此又必须区分它是完全彻底的转变还是循序渐进的转变。彻底的转变的后果在通常情况下是执政者对这种转变的极力抵抗，如果是这样的话，要想转变就必须动员集体的力量来反对这种抵抗，相反，渐进的转变是有条件的，执政者针对转变的抵抗并不是要选择对立，而是可以通过协商的方式来解决问题。④

这样一种政治变革或者是政治改革不能与西方的民主化概念相提并论。民主化指的是民主机制的创立和制度化的过程。政治改革，确切地说政治变革是改变一种体制，不是体制改变，或者是民主化必须经历的一个过程。政治变革是想要改善管理，也就是提高党和国家的工作效率

① Hardy Bouillon, "Gebote für künftige Reformen", *Frankfurter Allgemeine Zeitung*, Vol. 5, No. 10, 2002.

② 关于中国智囊团的现状，参见 Barry Naughton, "China's Economic Think Tanks: Their Changing Role in the 1990s", *The China Quarterly*, September 2002, pp. 625 - 635。

③ Gabriel A. Almond, "Political Systems and Political Change", in: Bendix, Reinhard et al., eds., *State and Society: A Reader in Comparative Political Sociology*, Berkeley, Los Angeles, London, 1973, pp. 28 - 42.

④ 参见 Luther P. Gerlach, Vriginia H. Hine, *People, Power, Change: Movements of Social Transformation*, Indianapolis, New York, 1970。

及合理性，使得整个体制更加透明，减少腐败并增加参与度。作为政党统治形式的政治体制不应该在原则上被改变，即使是它的结构和机构。虽然“民主”不仅被政党领导而且被许多讨论的参与者作为努力争取达到的一个不确定目标，然而，它还没有被进一步界定。

知识分子对于政治改革的十分重要的建议同时包括了民主化最重要的元素（权力的分割、司法的独立性、新闻自由、选举制度等）。

3. 社会的改革压力

深入进行政治改革的压力不仅来自知识分子和智囊团，还来自共产党本身。共产党的口号“没有民主就没有社会主义”现在更多的是被理解为民主化的必要性。① 一份在中国知识分子中的调查显示，政治改革被认为是目前改革发展中的核心问题。② 北京大学马克思主义经济学教授商德文这样总结道：

> 继续蔓延的腐败……将直接导致的后果是老的政治机制不再能有效地控制新的经济体制。一个多元的市场也需要一个多元的上层建筑。现代化也将因此在中国导致民主化。……但是，这个进程会走一条什么样的路，现在没有人说得清。我个人认为，民主建设必须由党来推动，这样才能避免大的灾难。③

在经过必不可少的改革之后，2002 年对 100 位厅级干部的问卷调查显示，超过 1/3 的受访者认为政治改革是最紧迫的改革问题（见表

---

① 张国、林善浪主编：《中国发展问题报告》，中国社会科学出版社 2002 年版，第 399 页。

② 汝信、陆学艺、单天伦主编：《社会蓝皮书：2000 年中国社会形势分析与预测》，社会科学文献出版社 2000 年版，第 114 页。

③ “Schmerzen der Gesellschaft”, *Die Zeit*, Vol. 10, No. 5, 2001.

1)。[①] 在2002年对领导干部的一个后续调查显示，79.8%的受访者认为，政治体制改革是今后10年内经济和社会发展中的中心要素。[②] 我个人认为，人们对于建立民主制度的想法还不成熟将是向中国的理论工作者们提出的问题。[③]

表1　最紧迫的改革问题（来自100位厅级干部的问卷调查）

	2000年	2001年	2002年
政治改革	19.4	33.6	39.2
国家机构改革	30.1	25.0	18.6
收入体制改革	2.9	9.4	15.9
国有企业改革	33.0	14.1	9.8

来源：谢志强、青连斌：《21世纪初社会形势走向的若干判断》

我们从表1中可以看出，相对于"政治改革"，对其他问题的关注度显然在下降。其原因在于：一方面，没有政治改革，其他一些问题几乎不能得到解决；另一方面，国家机构改革和国有企业改革正在进行中。另外，日益增大的收入差距会成为未来要面对的主要问题。

按照官方的习惯说法，出于政治上保持一致的原因，通常的说法是"政治体制改革"，因为政治改革也被理解为政治制度的改变。因此，我们要注意它的内容实质。《中国社会蓝皮书》把下列内容归于政治体制改革：引入监督机制、惩治腐败、政治民主化和政治现代化。[④] 这确实

---

① 谢志强、青连斌：《21世纪初社会形势走向的若干判断》，载《中国党政干部论坛》，2001年第1期，第10—14页；丛日云：《民主制度的公民教育功能》，载《中共天津市委党校学报》，2001年第1期，第43页。

② 青连斌：《领导干部对2002—2003年社会形势的基本看法》，见汝信、陆学艺、李培林主编：《社会蓝皮书：2003年中国社会形势分析与预测》，社会科学文献出版社2003年版，第124—139页。

③ 丛日云：《民主制度的公民教育功能》，载《中共天津市委党校学报》，2001年第1期，第39—43页。

④ 谢志强：《党政领导干部对2001—2002年社会形势的基本看法》，见汝信、陆学艺、李培林主编：《社会蓝皮书：2000年中国社会形势分析与预测》，社会科学文献出版社2002年版，第31—38页。

符合政治改革的概念。

来自人民的政治改革的压力也在增长。这一方面显示了官方的说法，证实了不满情绪在居民中有相当程度的增长。另一方面，中国社会学家的调查（比如 2001 年的调查）显示，普遍的不满在增加，人们在寻求透明度和参与的新方式。城市和农村的被调查者回答了采取什么样的措施解决“社会的不稳定因素”这个问题：73.9% 的城市居民和 57.4% 的农村居民希望求助于媒体；72.5% 的城市居民和 56.7% 的农村居民赞成通过法律途径。①

国际方面的压力（维护人权、民主化）和全球与地区发展（亚洲危机、苏联解体）引起了对有关预防措施的思考。比如 2001 年，也就是苏联解体 10 年后，在知识分子当中进行了关于苏联解体的原因的讨论。党和政府的重要顾问提出论证认为，需要以迅速的政治改革、民族自立和加强与西方的合作来防止中国发生类似的事情。②

二、20 世纪 80 年代以来政治改革的进度

1. 推和拉的过程

自 20 世纪 80 年代以来政治改革的进程分为推动措施和拉动措施两部分：改革过程中的推动因素指的是党的领导人在经济和社会需求的基础上进行的领导机制的改变；拉动因素指的是在社会发展过程中基于自发行为而取得的，并且随后被党的领导作为改革措施所认可的成果。这种区别是重要的，一方面可以更好地评估政治精英的原动力，另一方面也可以更好地评估这些精英中的社会活动家的压力。下面我们想概括一下这些因素。

---

① 丁元竹、周永平：《中国居民社会心态跟踪分析》，见汝信、陆学艺、李培林等主编：《社会蓝皮书：2002 年中国社会形势分析与预测》，社会科学文献出版社 2002 年版，第 19—30 页。

② Bruce Gilley, “New Lessons”, *Far Eastern Economic Review*, Vol. 21, No. 6, 2001, p. 26.

推动措施

- 党政分开（比如给人民代表大会在选举和事项决定以及法律提案的呈递或者修订方面以更大的自由）
- 政企分开
- 建立健全法律体系，同时促进公众的法律意识进而增强司法保障。这也包括了政治领域的法律法规，比如行政诉讼法确立了公民向国家的起诉权
- 机构调整和行政制度的改革以及确立国家工作人员的框架条件（任职制度、公务员退休制度以及下属行政职位的求职程序、优秀行政人员的评审资格等）
- 接受外国资本
- 分权，也就是给省、市、自治区更大的决定权
- 在村一级和社区引入普选
- 接收新阶层比如私营企业主入党
- 在至少口头上接受党和政府的领导的前提下给予知识分子讨论和辩论的极大自由
- 在政治决策中吸收专家和智囊团的意见，允许提出政策的替代性提案

拉动措施

- 政策上接受取消人民公社，恢复家庭经营
- 政策上接受各种所有制形式的平等权利
- 政策上接受农村人口向城市的迁移
- 认可乡镇的普选
- 认可村民对村党支部书记的选举
- 承认社会组织及其分支机构
- 认可农民为了广泛经营的利益，出售其土地使用权
- 保护个人产权
- 把马克思列宁主义的意识形态转变为强有力的、一体化的国家意

识形态，从而由一个阶级党转变为全民党（按照“三个代表”重要思想所确定的说法，中国共产党代表的不是一个阶级的利益，而是全体中国人民的利益）。

2. 经济、社会和政治变革的相互依赖性

政治变革实质上与经济和社会的变革是分不开的，在其变革之前，政治领域中的变革也是绝对必要的。

我们试着用下图来对经济、社会和政治变革的相互依赖性加以说明，并希望它能准确表达这种依赖性。①

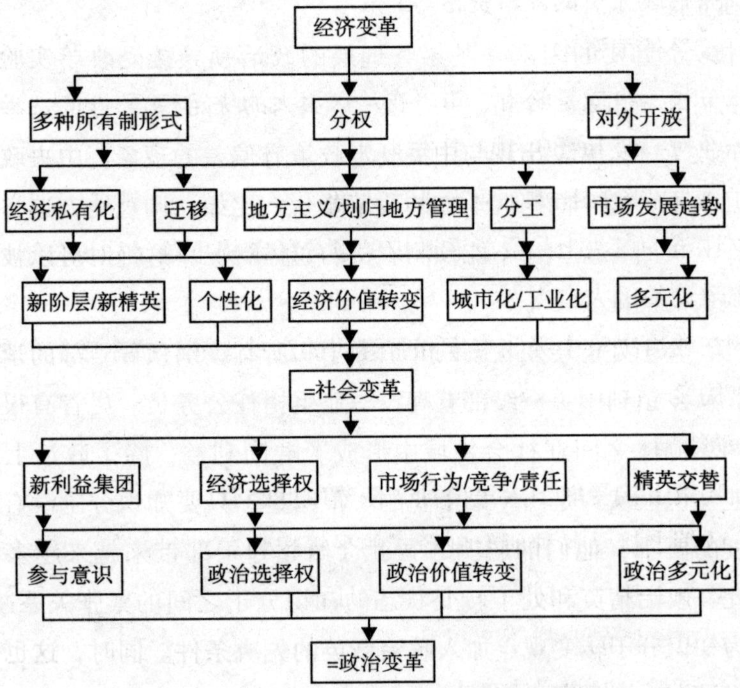

图 1　经济、社会和政治变革的相互依赖性

制图：海贝勒

① 参见 Thomas Heberer, Claudia Derichs, eds., *Einführung in die politischen Systeme Ostasiens. VR China, Hongkong, Japan, Nordkorea, Südkorea, Taiwan*, Wiesbaden, 2008。

上图 1 模拟了理想的模式，描绘出来的变革进程并非是均匀有规律的和直线进行的，危机现象的影响被忽略了。我们认为这种进程是符合发展趋势的。因为（经济领域）繁杂的可变因素，必然会影响到其他领域（社会和政治领域）。

直到 20 世纪 90 年代末，政治改革的进程实质上只涉及个别领域（管理机构、法制、基层民主、意识形态等），它最初是作为对社会、经济领域的回应，也就是说起一些作用。首先是智囊团和知识分子迎接挑战，像经济改革一样，提出总体计划，从体制结构着手，带动民主化的推行（如党组织内部的民主化、党政分开、给媒体更多的自由、给司法更大的独立性等）。

其中一个重要的因素是基层管理层的政治领导接受改革实验。现在，在农村和城市的一个市、一个县、一个乡进行的实验性的选举和管理机构的改革中，常常出现与中央既定政策有偏差的现象。中央政府部门因此几乎不可能全面把握地方的改革步伐。比如，调查地方选举的民政部工作人员回答说，还不能预测农村的总体状况。这绝对可以被理解为权力缺失的例证。

此外，鉴于处于转变状态的知识分子和所有级别领导干部的学识水平相近，从乡镇到中央一级都有高校毕业生担任公务员。尽管有很多差异，这两个群体之间在社会领域中形成了共同利益，除了政治上的忠心，专业知识被认为是当今最重要的。很明显，只要知识分子没有转变政治制度的要求，他们的聪明才智就会给领导干部带来越来越多的好感。由此，政治精英和处于转变状态的知识分子之间的紧张关系减弱，并且成为知识分子转变观点加入政治精英的先决条件。同时，这也是政治精英增设在知识分子之间的鸿沟，而 20 世纪 80 年代数量庞大的智慧型政治评论家现在明显地减少了。

3. 政治改革的现状

过去 20 年的转变，实质上包含六个方面的因素：经济结构和所有制结构的改变、社会变革和社会自由化、司法制度的增强、政治的经济化、基层参与的扩大和国际信任的建立。

第一，经济改革导致经济结构的根本改变：缩减国营部门，增加私营经济的企业形式。亚诺什·科尔奈认为，社会主义制度在所有制关系方面不会发生激进的改革。① 事实上几乎所有小企业和大多数中型企业现在都是私营企业，只有在一些大企业中依然是国家所有制占主导地位。在这些企业中产生的新的企业家在经济行为中显示了他们的自信和高水平。另外，不同于苏联那样“从上层”禁止私有化，中国的私有化是“从下层”开始的，也就是说，它来自群众自己经营和创办企业的运作的需求。

第二，经济改革带来了社会变革的一个快速阶段。国家从许多领域中撤出。经济的自由化也带来了社会的自由化：人们决定着自己的生活方式，年轻人的个性化程度大增，人们的价值观在转变。社会团体和社会组织被允许存在，其数量在国家的各个领域中大幅度增长。非政府组织也出现了。

第三，国家寻求司法制度的帮助。以法律为准绳，限制独断专行和减少权利的不确定性。有一句口号叫做“依法治国”。虽然我们对“法治国家”的概念理解不同，但是公民们为了获得他们的权利，已经卓有成效地运用了法律程序。

第四，政治中的经济思想。中国发展的经济目标、进入世界市场和人民生活水平的普遍提高都是由政治决定的或由政治决策所带来的。

第五，政治领导所进行的尝试，就是通过在农村地区和城市社区的普选，加强了村民自治并提高了城市居民对公共事务的参与。虽然选举过程可能在许多地方仍然存在问题，但是我自己的调查证明，这样的选举使人们越来越意识到他们的权利，并由此提高了他们的参与意识。

① Janos Kornai, *The Socialist System: The Political Economy of Communism*, Princeton, 1992, p. 433.

第六，成功申办2008年奥林匹克运动会和加入世界贸易组织的努力。一方面，中国成为被国际社会所接受的一员；另一方面，中国树立起了正面形象，作为一个值得信赖的合作者被接纳，且已做好遵守国际竞赛规则的准备。

在这里我概括叙述的不是点而是面。同时，迅速改变的进程所带来的问题也不能被忽略，这对政治领导和政治制度来说意味着巨大的挑战。

- 所有制结构在经济中的重建和提高企业效益所带来的工厂倒闭和人员裁减。社会保障还不能充分覆盖许多因此而受到影响的家庭，这些影响给他们的生活带来了严重问题。失业现象和社会的不安定越来越令人担忧。
- 不断蔓延的腐败现象侵蚀着国家和党的合法性。[①]
- 地区之间、城乡之间以及地区和阶层内部的收入差距拉大。
- 司法制度的建设跟不上经济和社会的要求。

此外，加入世界贸易组织为负债累累、状况令人沮丧的国有企业带来新的挑战。日益增长的预算赤字已经超过国内生产总值的3%，这是世界银行可以容忍的底线。[②] 分析人士也指出存在财政赤字陷阱以及生态和环境被破坏的问题。由此可以看出，已经出现体制发生合法性危机的明显征兆。不过，这并不是因为发展失败，相反，正是发展成功的原因。

三、政治改革的困境

20世纪80年代和90年代初有过一场关于从计划经济到市场经济重

① 参见Thomas Heberer, “Korruption in China”, in: Ulrich von Alemann, ed., Dimensionen politischer Korruption. Beiträge zum Stand der internationalen Forschung. *Politische Vierteljahresschrift*, Sonderheft 35, Wiesbaden, 2005, pp. 328 – 349。

② 参见David Lague, “Public Spending Explodes”, in: *Far Eastern Economic Review*, Vol. 30, No. 1, 2003, pp. 24 – 26。

建的基本路线的争论，争论的焦点是建立市场经济结构。自从90年代中期以来，争论主要围绕经济发展过程所带来的社会和政治后果而展开。中国共产党的领导层今天面对着四大困境：现代化的困境、稳定性的困境、合法性的困境和执政的困境。这四大困境和巨大的挑战对于政治改革、发展进程和有关这种改革的争论都产生着重大的影响。下面我们一一加以说明。

1. 现代化的困境

首先谈的是没有现代性的现代化，也就是说，在经济和社会现代化的同时保持着对社会组织和政治思想的严格控制。生机勃勃的经济变革带来的不仅是更多的财富以及政治和社会自由，而且还有严重的社会和政治后果：社会组织和社会控制的传统形式（村庄和单位结构）开始解体，旧的僵硬的意识形态不再适应社会关系和社会的转变。新的社会团体和利益集团形成，它们要求参与关于社会问题的决策。地区和部门都在发展和追求地方主义的利益。在人们的意识中，政治变成了争取经济利益的工具，举个简单的例子就是，人的思想和行为更趋于个性化。现代化过程也因此相对于党和国家更增强了社会化和个性化。

这样一种“现代性的辩证法”（哈贝马斯）与成功和失败联系在一起，早在20世纪60年代末，塞缪尔·亨廷顿就在他的权威性著作《变化社会中的政治秩序》中对其进行了分析并将之称为冲突结构，它出现在现代化进程的过程中并首先导致了动荡。它包含了传统社会结构（家庭、阶级、宗派、村庄、社区）的解体、暴发户阶层的形成（他们在此基础上追求其经济地位和政治权利）、活动空间增加和从农村向城市的快速迁移、贫富差别加大、因不满足现状而导致的对提高教育水平和与大众传媒接触的期望、地区和种族间在投资和消费品配置方面的冲突加剧以及财富日益增长的群体组织和因此而强大的利益集团与对还不能满足它们的政府之间的抗衡。亨廷顿认为，物质的改善伴随着社会的挫折。[①] 这的确在中国发生了。举一个例子：基尼系数——社会物质占有的分配不均的指数——在中国急剧上升，据官方报道，90 年代末几乎达到国际上的临界点 0.4（1999 年为 0.397）。在 20% 的最高收入人群和 20% 的最低收入人群之间的差别在 1990 年还只是 4.2 倍，到 1998 年已达到 9.6 倍。20% 最低收入人群在 1990 年的收入占总收入的 9%，1998 年只占到 5.5% 多。相反，20% 的最高收入人群同期的占有数从 39.1% 上升到 52.3%。1998 年已经有 10% 的最高收入者占到总收入的 38.4%。[②] 2006 年的统计数字显示，20% 的最低收入人群的收入仅占总收入的 4.7%，而 20% 的最高收入人群的收入占总收入的 50.0%。[③] 记者和社会学家何清涟提出论证，把 80% 的人划分到边缘层是过分夸大了。[④]

由于大部分收入被划归为“灰色”收入，不能列入统计中，所以收入差别实际上有可能高于统计数字。就特别令人担忧的地区之间和城乡之间日益拉大的收入差别而言，人口流动大潮被认为是原因所在。朱镕基曾经在 2002 年讲道，我最头痛的是农民的收入低于其他社会群体这个后遗症。另外，就是工人们在社会和物质方面的不安全感，首先是老工业区，它们中大部分城市企业一蹶不振或者债台高筑。很多“失去工作岗位”的人被称为下岗工人，据说，他们可以继续获得社会的基本保障，而真正的失业工人是没有任何补偿的。为此国家不得不对日益增多的群体性事件和上升的犯罪率作出解释。

---

① Samuel P. Huntington, *Political Order in Changing Societies*, New Haven and London, 1996, pp. 49 – 50.

② 中共中央组织部课题组：《正确认识和处理新形势下人民内部矛盾》，见中共中央组织部课题组编：《2000—2001 年中国调查报告：新形势下人民内部矛盾研究》，中央编译出版社 2001 年版，第 62—120 页。

③ 《南方周末》，2007 年 8 月 30 日。

④ He Qinglian, “China’s Listing Social Structure”, *The New Left Review*, 5, 2000, pp. 69 – 99.

2. 稳定性的困境

政治领导强调稳定优先。这种稳定概念遵循的是加强（政治）系统制度稳定的概念，也就是说，这种制度有能力把混乱的局面拉回到均衡状态，确保其效率、合法性、国民秩序的恒定性。[①] 承认和接受执政的合法性，也就是政治制度的合法性是稳定的中心要素。

社会学家康晓光（清华大学）对稳定性提出了四个主要方面的观点：（1）政治领导核心的稳定；（2）主要指导方针的稳定；（3）政府的稳定；（4）政治制度的稳定。[②] 这种稳定的定义不仅是政治领导的理想，有利于政治的合法化，而且在很大程度上也符合普通民众的想法和愿望。在经历了1949年政治制度的更替之后，人们最初关注的是富裕、社会和政治的稳定，而并非政治方面的实验或者激进的政治变革。然而，由于工作岗位的不稳定、（以前由单位提供的）社会保障（医疗和退休金）网络的瓦解、腐败、犯罪率上升以及传统社区的解体，在人们的意识中，社会不稳定的感觉不断增长。同时，城乡之间和地区之间收入剪刀差的两极分化引起了各个阶层的不安全感。

政治领导一直代表政党作为稳定的重要保证，尤其是党组织的横向网络覆盖整个国家，因此有可能被视为重要的稳定因素。私营企业按要求建立党的基层组织，这不仅是管理普通员工的保证，也是稳定的保证。“三个代表”重要思想，力求成为思想上的楷模，党不仅是一个阶级的代表，而且是全中国人民的代表。从领导和人民的联系中，我们可以看到“全体人民的党”是拓展社会基础的重要机制。理想主义者，也就是政治精英应该为了国家的强大和现代化与全体人民团结在一起，跟随在人民的先锋队即党的身后。共产党的含义就是代表中国的先进生产

---

① 参见邓伟志、徐觉哉、沈永林：《变革社会中的政治稳定》，上海人民出版社1998年版。

② 康晓光：《未来3—5年中国大陆政治稳定性分析》，载《战略与管理》，2002年第3期，第1—15页。

力、先进文化和全中国人民的根本利益。

3. 合法性的困境

首先是党政干部的腐败侵蚀着党的合法性。这种腐败并不只是表明个人或者组织滥用职权，而是涉及整个体制，它说明了体制存在着许多腐败。另外，党的某些干部与犯罪团伙的关系日益紧密。[①] 除此之外，由于税收的增长加剧了民众与官员之间的冲突。再有就是苏联和东欧社会主义的解体也给党提出了合法性的问题。从阶级党向全民党的转变应该因此帮助党扩展合法性的基础。关于这一点，在2001年7月1日纪念中国共产党建党80周年的讲话中，江泽民指出，党组织将来应该向私营企业家开放。他们也像工人、农民、知识分子、干部和士兵一样是“中国特色社会主义事业的建设者”。2002年11月党的十六大以后，私营企业主被正式接受入党。[②]

毋庸置疑，像私人企业家一样的新阶层首先试图获得地方的社会和政治参与机会。[③] 他们中不仅参加村长竞选的人数在增加，而且地方人大代表的人数也在增加，并且试图以他们的方式影响当地的政治。中央组织部的一份调查报告显示，2000年浙江省台州市404位市人大代表中有95位是私人企业家。这只是一种个别情况。2000年的另一份调查报告证明，企业家买通党的官员或者他们的子女，“花钱买来”乡镇和村庄的领导职位，商人甚至通过“关系”或者投其所好贿赂本系统的人大和政协代表，寻求代表名额。[④]

最成问题的是干群之间的关系。在上面提到的中央组织部的民意调查中，只有7.9%的被访者认为党员起到了“模范作用”。有超过2/3的

---

① 黄仁宗：《中国的政治体制改革关》，载《战略与管理》，2002年第2期，第72—82页。

② 参见江泽民报告，载《求是》，2002年第22期。

③ Thomas Heberer, “Private Entrepreneurs in China und Vietnam”, *Social and Political Functioning of Strategic Groups*, Leiden, 2003.

④ 参见李定、保育钧：《中国私营经济年鉴》，华文出版社2000年版，第369页。

人没有看到模范作用。[①] 湖南省的一份民意调查结果显示，只有5%的被访者认为干群关系很好，66%的被访者发表意见，认为干群关系总体上是在恶化。[②] 造成这些问题的原因是腐败、经济上的贫困、乡镇超高的债务以及地方管理机构急剧膨胀、税收和更高一级管理机构因干部增加而费用激增等。城里人讽刺这些干部为“三水干部”：早晨茶水、中午酒水、晚上药水（为了从过度的酒精中恢复过来）。在农村人们称他们为“三要干部”：要钱、要食、要命（计划生育指标）。

在农村，农民们提出，土地已经分田到户，不再需要党支部了。[③] 在这里最主要的矛盾就是村长与非选举产生的党支部书记之间的矛盾，后者依然试图掌控村庄，限定村长的工作范畴。村党支部书记常常想当然行事，首先是经验主义；也有一部分村党支部书记是不得不通过群众选举出来的。这种做法迅速地传开，最终被上层领导作为减少村民对村党支部书记不满的试验性手段。[④]

4. 执政的困境

一般的社会监督要求不再那么简单地由政党贯彻实施。各种地方利益被排在第一位。中国自己的报道同时显示，人们的集体反抗开始增加。有统计数字显示，抗议事件逐年增加。政府官员原本被作为党和国家权力的化身而受到尊敬，但是他们的道德败坏与日益增长的公开的和集体的抵抗不无关系。

社会学家于建嵘在一份关于农民状况的分析报告中指出，农民抗议

① 中共中央组织部课题组：《正确认识和处理新形势下人民内部矛盾》，见中共中央组织部课题组编：《2000—2001 年中国调查报告：新形势下人民内部矛盾研究》，中央编译出版社 2001 年版，第 159 页。

② 中共湖南省委组织部课题组：《新形势下党群干群关系的调查和思考》，见中共中央组织部课题组编：《2000—2001 年中国调查报告：新形势下人民内部矛盾研究》，中央编译出版社 2001 年版，第 121—139 页。

③ 中共安徽省委组织部课题组，2001 年。

④ 参见 Charles Hutzler，“Winding Road to Reform”，*Far Eastern Economic Review*，Vol. 5，No. 12，2002，pp. 28 – 31。

活动的形式已经发生了变化，20 世纪 90 年代以前，他们自发的反抗形式是“合法抗争”（他们所遇到的困难和痛苦是由于县乡政府或村级干部不按法律和中央文件办事造成的），1998 年以后，他们的抗争形式则是“主动地运用法律为自己的合法权益而斗争”。在涉及为政治权力和现行法律法规的实施而斗争时，于建嵘指出，这种对抗主要是针对地方官员的违规行为，而并非反对现行的政治制度。农民们以村为单位向外扩展形成网络，以示威游行或静坐抗议的方式达到自己的目的。他们的做法是一种被“法律认可”的但被“政治禁止”的行为。于建嵘认为，将来农民会在扩大社会参与方面形成一股强大的动力。①

在城市中，抗议行为具有新的特征。20 世纪 80 年代至 90 年代，大批失业工人呼唤“道德经济”中的社会价值，呼唤现存的社会准则并要求公正。国有企业通过有能力的管理人员变相私有化②，有人将国有资产变为私有财产，其手段是低估企业的资产价值或者将资产价值转移到私人组建的公司，这导致工人们的抗议之声日益增长。由此造成了企业经营的频繁停业，大批解雇工人。同时，工人中“合法抗争”的因素也在增长。政治领导人口头上一直表示反对“私有化”，工人们利用官方的社会主义口号，以政治方针为名极力阻止一直被当做“全民所有的”国家财产被暗中掏空。劳动条件的恶化使得工人与私有者更加对立，并将他们的剥削行为视为“资本家”的恶行。工人们引证党的指示或者说是党的正式文件反对私有化并要求必须维护工人的权利。③ 有一个工厂的工人们甚至打出标语“改革不搞私有化”④。

同时，因特网也越来越被用于发表对统治状况的不满。在网络上匿名公开批评社会现象已形成势头。例如，2002 年夏，陕西省的法院因为

---

① Yu Jianrong, “Social Conflict in Rural china Today: Observations and Analysis on Farmers' Struggles to Safeguard Their Rights”, *Social Sciences in China*, Autumn, 2005, pp. 125 - 136.

② 国营企业的冷私有化在这里指的是一种潜行的国有企业私有化过程。

③ Chen Feng, “Privatization and its Discontents in Chinese Factories”, *The China Quarterly*, March 2006, pp. 42 - 60.

④ Ibid., p. 54.

一次明显的错判，对一名工人执行了死刑，由此引发了中国关于死刑和法律程序的公众辩论，参与其中的不仅有律师和党报，而且在因特网上有上千人对此表达了他们的愤怒。这显示了网络被越来越多地用于传递信息和发泄不满的作用，并因此使全国的代表性观点和潮流变得透明了。[①]

另一个明显的例子是孙志刚事件。孙志刚是一位高校毕业生，2003年春在广州市因没有暂住证被警察收容后遭到毒打致死。事后，围绕着警察的行为，以及新闻自由和司法制度改革的大辩论迅速在因特网上展开。法律专家就有关暂住人口管理问题致信全国人大，要求修订相关法律，对事件展开调查，追究执法人员的责任。

公安部登记在案的“群体性事件”数量，从1994年的1万件上升到2005年的8.7万件。社会学家孙力平指出，超过100人参与的抗议事件，2005年平均每天在城市发生120—250宗、农村发生90—160宗。[②]根据国际劳工组织（ILO）的报告，同期劳资纠纷的数字从2001年的15.5万件上升到2005年的30万件。[③]

虽然抗议事件的数量增加，但是大多数抗议事件是针对地方官员的，而不是对政治制度发泄不满。对城市和农村的调查显示，人们对地方官员的信任度低，对中央领导的信任度比较高。[④]因此，这些抗议活动体现了对社会发展的不理解，但对政治制度并不构成危害。

就如何摆脱这种困境的问题在党内和在学者中间爆发了大讨论。同时，党的领导作出反应，一方面对领导干部加强监督（轮流上党校学习、对新的指导思想的学习、对干部思想的约束），另一方面加强对出

---

① *Die Welt*, 9, 9, 2002.

② *The Economist*, 31, 12, 2006, http://www.economist.com/displaystory.cfm?story_id=4462719.

③ Bezlova Antoaneta, “China grapples with a labor dragon”, *Asia Times*, http://www.atimes.com/atimes/China_Business/HD27Cb06.html.

④ Thomas Heberer, Gunter Schubert, “Political Reform and Regime Legitimacy in Contemporary China”, *ASIEN*, 11, 2006, pp. 9-28.

版物和网络的定期审查制度。但是他们也知道，维护稳定和统治，仅仅通过监督是解决不了问题的。相关讨论清楚地显示出三个关键性部位急需进行深入的政治改革：(1) 扩展基层民主（村、镇和城市居民委员会领导干部的普选）；(2) 健全法制（包括司法机构），不仅有“法治国家”的理想，还要有依法治国的形式，也就是在法律的帮助下治理国家；(3) 通过新闻自由、类似非政府组织的机构、利益集团和扩大权力（中国还在讨论“公民社会”的话题），增加更多的透明度和参与度。

毋庸置疑，这三个方面已经部分地实现了。然而，目的并不是“民主”，而只是通过最大限度地约束自治权，从根本上实行社会监督和克服社会冲突的一种新的、间接的方式。这的确是所谓“自治的基础单元”的重要功能（管理村庄、居民区）。同时，安排任何一级党组织作为控制机构，能够消除过分的自主。执政的新形式就是想做到不能在根本上损害党的领导。

四、党内民主化的愿望

由于腐败之风在地方官员中间广泛传播，大多数知识分子不再设法实现自下而上的深化政治改革，而是希望从上开始，也就是通过政治精英首先在党内扩大民主和逐渐实现民主化。现有的“各民主党派”不可能选择其他型态的多党制，在这些政党中如果出现与中国共产党的政治路线不同的意见，它们很快就会受到中国共产党的批评并且会调整自己去适应。①

党的领导认为，党的民主化正在被提上议事日程。党的报纸《人民日报》写道，应该建立党内的普选制度。② 然而，什么是“发扬党内民

① 尽管如此，这些政党的领导人仍不断提出建议，这些政党应该承担社会的监督任务。参见全国人大常委会副委员长、农工民主党中央主席蒋正华文章，载《人民日报》，2002 年 3 月 27 日。

② 《人民日报》，2002 年 9 月 9 日。

主”呢？党员的平等权利问题在党的委员会中（从中央政治局、省、市、县直至乡镇党委会）得到了讨论。不能再由一个人，也就是说任何一位党的领导或者书记（第一把手）说了算，应该形成集体领导，实行集体平等的讨论决定，并且允许有不同意见。中央宣布开始实行党内民主抉择程序，担任领导职务前要进行公示并实行一年的试用期。① 地方政府的党领导越来越赞成建立党政主要领导干部的选举体系，扩大群众参与和给予群众更大的监督权利。② 因此，2001 年和 2002 年对领导干部的调查得出的结论是，23.5%（2001）和 33.8%（2002）的意见认为党内改革是政治体制改革的重点。③

在学术讨论中学者们对党内个人绝对权力的危害和原则上“书记不点头办不了事”的状况进行了辩论。改革的赞成者以邓小平关于集体领导的讲话为依据提出“民主集中制”的组织原则必须加强民主的要素以对抗集中制，这样的民主集中制才能变成民主制度。④

在党的领导人内部，关于制度的民主化也存在着各种不同的想法。有一种观点认为，党必须从一个执政党向民主体制内的执政党转变，它的内部结构应该从政治权力中心向具有正常程序的民主制度转变。全国人民代表大会……应该向专职性的议会转变，其成员不是因政治提名而获得，它所作出的决定应该以民主的方式达成。⑤

虽然个别人可能对民主的含义理解不同，但是 2000 年 10 月党的十五届五中全会上通过的《中共中央关于制定国民经济和社会发展第十个五年计划的建议》就已经提出加强人民代表大会的立法和监督工作，推进决策科学化、民主化，实行民主选举、民主决策，保证人民依法享有

---

① 《人民日报》，2002 年 7 月 24 日。

② 《人民日报》，2002 年 9 月 10 日。

③ 青连斌：《领导干部对 2002—2003 年社会形势的基本看法》，见汝信、陆学艺、李培林主编：《社会蓝皮书：2003 年中国社会形势分析与预测》，社会科学文献出版社 2003 年版，第 124—139 页。

④ 参见《人民日报》，2002 年 7 月 23、24、25、29 日。

⑤ Op. cit.，*China aktuell*，Juli 2002，p. 731.

广泛的权利和自由，尊重和保障人权。① 2001 年 3 月，朱镕基在他的工作报告中又强调了这一点。② 即使这种说法被广泛接受，它也仅仅是停留在口头上的。但总的来说，这种说法是领导人内部作出的一种让步的表示，同时也唤起了党外的期盼。这是党不可能永久逃避的。

五、当前争论的主流

多年来，知识分子和智囊团一直要求进行机构改革和政治体制改革，而他们得到的回应与他们改革的愿望相去甚远。在 2006 年的一次有关政治体制改革的研讨会上，一些知识分子发表了他们的看法，认为经济改革在很大程度上已经完成，更深层次的改革是司法制度的改革和政治改革。

重要的问题仍然是迄今为止没有关于政治改革的统一的概念。基本定位可以分为三点：（1）这种改革带来的不同利益应该是有序的经济发展和为发展前景创造相适应的机制；（2）进行政治改革必须防止经济停滞，控制腐败；（3）政治改革和民主化必须以成功的市场经济为先决条件，党内民主化必须先于社会民主化。一些年轻知识分子认为，"渐进民主"在一定程度上是自发地产生于经济重建及其相连的社会转变的基础之上。③ 这种观点符合亚当·普热沃斯基的最低限度民主理论，确切地说，就是逐步地扩大政治参与和政治透明度对政治稳定性没有负面影

① 《人民日报》，2000 年 10 月 19 日。

② 《人民日报》，2001 年 3 月 17 日。

③ Yu Keping, "Toward an Incremental Democracy and Governance: Chinese Theories and Assessment Criteria." *Project Discussion Paper* No. 3 (Orange Reihe: Discourses on Political Reform and Democratization in East and Southeast Asia in the Light of New Processes of Regional Community Building), Institut für Ostasienwissenschaften, Duisburg, 2000.

响。[①] 政府顾问郑必坚曾经说过，实现“民主政治”的伟大目标可能需要25年。[②]

在中国，关于当前发展的问题十分关键并处于激烈的争论中。底层人群的状况、收入差距拉大、缺乏法律观念的社会弱势人群、腐败的原因、司法独立和废除死刑的问题等仅仅是众多被争论的论题中的一小部分。有关抑制早期资本主义现象，消除社会不平等的呼声甚高。

1. 解决主要问题，民主化是长期目标

康晓光（清华大学）认为，在政治精英、经济精英和知识分子精英之间没有根本的矛盾。经济精英（资本家和经理）感兴趣的是稳定的商业活动和利润，而不是民主。经济的发展和与此联系在一起的发展合法性、苏联解体的负面影响和紧随其后的国家的内部发展的后果、美国的“反华政策”以及知识分子参与在内的政策制定和讨论改变了知识分子对党的态度。没有大众对腐败、失业和日益拉大的社会差距的极为不满，就不会形成政治变革的潜在可能性。由于知识分子日趋保守和听从党的指示，他们几乎不期待什么民主运动。但是，持续的经济衰退、金融危机和通货膨胀将损害政治的稳定。目前的权威体制在很大程度上是可接受的，大众的兴趣首先在于解决眼前的日常生活问题。民主虽然被列入议事日程，但要变为现实那是将来的事。[③]

---

① Wu Guoguang, “From Partial Liberty to Minimal Democracy: The political Agenda of Post-Reform Mao”, Paper presented to the international conference “The Responses of Intellectuals to the Challenges of the 21st Century in China and Eastern Europe-A Comparative Approach”, Hong Kong, 2000, December 15 – 16.

② Zheng Bijian, “China's Peaceful Rise to Great-Power Status”, *Foreign Affairs*, 2005, 18 (Sept. /Oct.), pp. 18 – 24. 郑必坚：《中国共产党在21世纪的走向》，载《人民日报》，2005年11月22日。

③ 康晓光：《未来3—5年中国大陆政治稳定性分析》，载《战略与管理》，2002年第3期，第1—15页。

2. 党内民主化先于社会民主化

黄仁宗（北京大学）赞成立即进行政治改革，因为一旦经济停滞的危险上升，腐败就会侵蚀制度的合法性。苏联的经验教训中最危险的因素就是“失去民心”。腐败促成了苏联迅速解体的事实。黄仁宗认为，关于政治改革的目标主要有如下六种观点：（1）通过民主化、扩大民主权利和限制国家权力达到政治稳定；（2）通过政治改革（包括科学化、民主化、透明化和专业化）促进经济发展；（3）法制是民主化的先决条件；（4）提高政治体制的效率；（5）打破集权；（6）把政治民主化作为最终目标。黄仁宗认为，政治改革的目标应该分为近期目标和长远目标。首先必须把有效的国家行为和有限的国家权力作为具体目标，把政治民主化作为根本目标。毛泽东、邓小平、江泽民都曾经谈到过这一点。此外，民主化还能够加强政党的合法性和政治的稳定性。亚洲危机证明了“东亚模式”——独裁政治加市场经济的联合形式——的失败。政治民主才是要努力争取达到的基本的和总的目标。①

黄卫平（深圳大学）认为现代民主是市场经济的重要前提，这个先决条件正在中国形成。首先促进党内民主，然后才有可能在党外建立民主体制。接下来，逐步进行的政治改革应该加强全国人大的权威、司法的独立、新闻自由和公众监督。②

胡鞍钢（清华大学）赞成党代会上言论自由，中央政治局由中央委员会实施有效监督，党内的重要决定实行无记名投票，最终实现大众媒体对党的监督。③

---

① 黄仁宗：《中国的政治体制改革关》，载《战略与管理》，2002 年第 2 期，第 72—82 页，参见韩玲梅：《民主，作为一种生活方式——民主实现的社会基础》，载《社会》，2002 年第 11 期，第 30—32 页。

② 黄卫平：《全球化与中国政治体制改革》，见黄卫平主编：《当代中国政治研究报告》I，社会科学文献出版社 2002 年版，第 21—30 页。

③ 胡鞍钢：《中国的战略构想》，浙江人民出版社 2002 年版；《第二次转型：以制度建设为中心》，载《战略与管理》，2002 年第 3 期，第 34—38 页。

3. 政治稳定优先，民主化自下渐行

汪永成（深圳大学）对不同结构层之间的差别进行了分析：

- 党内民主化优先于社会民主化；
- 基层民主的发展优先于政治高层的民主；人们通过学到的民主建立起对地方官员的监督体制；
- 比政治民主发展更重要的是抑制腐败；
- 国家能力的增强优先于扩大政治参与。①

民主化作为政治改革的最终目标在党的领导层内部是被接受的，讨论主要围绕着政治改革下一步的优先权问题展开。比较一致的观点是，民主化是一个渐进的过程，它绝不能损害政治、社会和经济的稳定性。意见分歧在于哪些是有可能存在的促进或损害稳定性的因素问题。

在这个争论中，还有一个关于逐步地实现民主化或者最低限度的民主化问题。赞成者希望逐步地引入民主化的程序规则和制度，建立社会组织和非政府组织，并不断增强其地位和作用。② 亚当·普热沃斯基的最低限度民主理论被争论的支持者所接受，主张保持政治稳定的同时，逐渐扩大政治参与和政治透明度。③

重要的是，在国外的中国学者中间，反对这一观点的呼声极高。何包钢在澳大利亚的讲学中提及中国的知识分子时争辩道，党支持民族主义并把敌视党也就是敌视社会制度与反国家反人民相提并论，这最终导

---

① 汪永成：《论当前政治发展目标的次序和实现策略》，载黄卫平主编：《当代中国政治研究报告》I，社会科学出版社2002年版，第40—48页。

② Wu Guoguang, "From Partial Liberty to Minimal Democracy: The political Agenda of Post-Reform Mao", Paper presented to the international conference "The Responses of Intellectuals to the Challenges of the 21st Century in China and Eastern Europe – A Comparative Approach", Hong Kong, 2000, December 15 – 16.

③ Zheng Bijian, "China's Peaceful Rise to Great-Power Status", *Foreign Affairs*, 2005, 18 (Sept. /Oct.), pp. 18 – 24. 郑必坚：《中国共产党在21世纪的走向》，载《人民日报》，2005年11月22日。

致了知识分子站在中国共产党领导下的国家一边。[①] 然而，这种国家爱国主义最终成为了权威体制的一种支架。只要他们不摆脱这种想法，他们就不能变成民主化的主角。[②] 持相同观点的还有戈德曼（Merle Goldman）齐克（Timothy Cheek），他们认为："虽然现代的知识分子已从为他们的文化服务转换成为他们的国家服务，这种为国家服务的态度严重限制了他们的智力和精神的自主性。"[③]

何包钢进一步指出，中国社会的商业化和经济化造成了知识分子越来越不关心政治和社会问题，而只是关心商业事务和他们收入的增加。何包钢称其为"知识分子的腐败"，并惋惜他们的这种沉沦。他们当中的很多人从有影响的知识分子发展成为技术专家，只关心技术，不关心社会问题。[④]

许多知识分子希望在一个没有历史创伤的、没有沉重负担的、富有活力的年代，一个比较自由的环境中富有个性地成长，同时拥有一个富裕的、飞黄腾达的未来。

六、结　论

政治改革和有关政治改革的对话是在一种特定的情况下发生的。在中国，这种改革的前奏和相对开放的对话是以一定的历史记忆、政治领导人内部在改革问题上最大限度地达成政治上的一致以及一种比较稳定

① 参见 Neil Renwick, Qing Cao, "China's Political Discourse towards the 21st Century: Victimhood, Identity, and Political Power", *East Asia*, Winter, 1999, pp. 111 – 138。

② 参见 He Baogang, "Why Establishing Democracy so Difficult in China? The Challenge of China's National Identity Question", Paper presented to the international conference "The Responses of Intellectuals to the Challenges of the 21st Century in China and Eastern Europe—A Comparative Approach", Hong Kong, 2000。

③ Merle Goldman, Timothy Cheek, "Introduction: Uncertain Change", in: M. Goldman, Cheek, T., Hamrin, Carol Lee, eds., *China's Intellectuals and the State: In Search of a New Relationship*, Cambridge/Mass and London, 1987, pp. 1 – 22.

④ He Baogang, "The Chinese Idea of the Intellectual: Facing the Challenges of the New Century", in: Edward Gu, Merle Goldman, eds., *Between the State and the Market*, London, 2003.

的经济、政治和社会环境为先决条件的。因此，关于政治改革和政治变革的讨论，我们可以概括为：经济和社会的自由化和多元化进程导致了诸多问题，也就是我在上面提到过的四种困境的一切后果。虽然现代化和重建过程相对稳定，但这种表面现象的背后涌动着社会和经济的不稳定因素。然而，这种不稳定不是改革政策失败的后果，而是这种政策成功的结果。就像亨廷顿在前面提到过的，是改革进程中不稳定因素出现的必然性。现在的领导人在继续进行改革的进程中和在政治领域中是团结一致的。看来，在改革的深度和速度上可能存在着不一致。这种犹豫不决是出于对稳定的考虑，与体制改革的包袱有关。政治改革如果找不到支撑，就有可能像苏联和东欧那样经济衰落、社会动乱，最终导致政治制度的崩溃。在这里，苏联被当做了一个警示。领导人担心，由政治改革带来的越来越多的问题（贫富之间、地区之间、阶层之间的差距）有可能像燎原之火迅速蔓延。

虽然如此，政治领导人也知道，政治领域中的改革是绝对必要的。因为他们也没有万能药，允许在学术界进行公开的讨论是希望从中获得推动力。这样做无疑是为知识分子的建议和想法提供了一个机会。同时这也是目前进行和可能进行政治讨论的一个基础。

2002 年底，与香港接壤的深圳经济特区被宣布为政治改革实验区。那里应该首先通过实验被证明是一种新的管理体系，地方政府分管的工作领域应该分为三部分：政治形象、执政能力和监督水平。制定发展战略、财政方面的决策应该是党的任务，当然也是地方人大的任务。而地方政府的任务就是实施。同时，媒体应该具有较强的监督功能，政治过程应该透明。[①] 目前这种转变的方式和方法还是不确定的：这样的改革实验，首先是三权分立的小心尝试，其重要性在于它将是继续政治改革方向的一个信号。此外，深圳具有象征意义，这个地方从 20 世纪 80 年代初就已经是经济特区，并向全国展示了它成功进行的经济改革。深圳

① 《南方周末》，2002 年 12 月 19 日。

市长已经公开宣称，深圳政治改革的成功经验已传播到中国其他城市。[1]

然而，必须考虑到政治领域中改革的困难：（1）政治改革是一个极其敏感的领域，因为它包含了党和国家功能的再定位；基本的政治改革有可能迅速地导致对党的地位和政治体制的究根问底；（2）在政治精英内部，没有关于这样改革的任何共识，这将导致对权力之争的片面决定；（3）各级官员对政治改革的结果的担忧，特别是当他们的利益受到极大的损害时，诸如权力、收入、升迁等。其后果将使党失去这些政治精英的支持。

关于“三个代表”的讨论和党的现代化包含的前景是经济、社会的巨大改变，同时必须伴随着政党的转变及其社会基础的拓宽。然而，这种发展出现了一个有趣的现象，与党的十六大相关的一种联系被忽略了：比如，冯崇义对此指出，80 年代曾经展开的关于社会民主主义的讨论 2002 年又开始复活。学院派支持者提出了中国社会民主主义方向的论证，社会民主主义也是社会主义的一个分支，它始终赞成平等、社会公正和社会福利。

当然，这样的讨论并不意味着中国将朝着民主的多党制的方向前进。2002 年 11 月党的十六大重申：绝不照搬西方政治制度的模式。[2]“社会主义的企业家”、“社会主义的股份制”和“社会主义的市场经济”现在不会被放弃，今后会被作为官方的政策。

中国知识分子对进展缓慢的政治改革表示不满，并要求加快民主化进程。一些西方国家也不断提出，中国应该尽可能快地实现民主化。但是，人们常常忘记，稳定的民主不是一种简单的输入，而是以稳定的发展作为基础的。欧洲的民主就是政治和社会长期发展的结果。撇开经济不谈，是否可以说，人均收入提高到4 000美元，民主就有存在的可能性，民主的研究者就有权暗示，贫穷国家的民主就是比较薄弱的。另

① James Kynge, “For 20 years we have made economic reforms. Now we need corresponding reforms to our political system”, *Financial Times*, 13, 1, 2003.

② 《求是》，2002 年第 22 期。

外，与民主国家不同，在威权体制下，政治领导人的改变、政治反对派、罢工和示威游行都会对经济发展产生不利的影响。[①] 然而，仅仅有经济条件是不够的，一个稳定的民主必须以多种机制为基础，比如：

• 公民社会的基本结构，包括给媒体、非政府组织更多的自由，逐渐形成支持民主的价值观和观点。

• 独立的司法体制，保护个人和群体利益不受国家机构权力滥用的损害。

• 我认为，最重要的是逐渐培养"促进文明的能力"，产生公民，发展公民意识，使其思想和行为自觉地以社会为出发点，到目前为止，人们仍然把原始的关系群，比如家庭、家族、村民和劳动小组放在首位。社会承诺和公民意识最重要的因素就是民主。国家和个人学习接受不同意见、接纳持不同政见者以及和平解决冲突也是促进文明能力的一部分。

俞可平是目前中国最有影响力的一位学者，他在《民主是个好东西》一文中提到，民主虽然是人类迄今最好的政治制度，但是它取决于人们怎样和采取什么样的方式来实现。在目前复杂和不协调的转型进程结构下，实现民主似乎还是很困难的。[②]

（刘建设　译）

① Adam Przeworski, Michael E. Alvarez, José A. Cheibub, Fernando Limongi, *Democracy and Development: Political Institutions and Well-Being in the World, 1950 - 1990*, Cambridge, 2000.

② 俞可平：《民主是个好东西》，社会科学文献出版社 2006 年版。在 2009 年出版的《让民主造福中国》一书中俞可平进一步阐释了他的观点，中央编译出版社 2009 年版，第 33 页。

论完善中国政治体制*

〔俄〕B. Я. 波尔加科夫

在中国共产党十六大召开之前的几个月间，国外及中国的政治家们常常提出这样一个问题：完善中国政治体制问题在党的代表大会的文件和决定中会占据怎样的位置？这次代表大会是会成为中国更加彻底地实行政治制度现代化、权力体系和社会生活民主化的起点，抑或是在这一方面不会有任何实质性的进展？

众所周知，关于不仅要实行经济改革而且要实行政治改革的问题是邓小平早在1980年提出来的。1987年召开的中国共产党第十三次代表大会所提出的政治改革的纲领在中国看来是极为激进的。然而，这个纲领未能得以施行。

根据1987年确立的一些目标，尽管政治改革得以稳步发展，但从整体上讲，西方一直认为中国当今的政治体制是不民主的，也不符合时代的要求。这种评价首先基于以下两点：一是中国没有实行国家首脑的普选制，也没有确立公民对决定执行权力发挥实际影响的机制；二是党

---

* 本文选自俄罗斯科学院远东研究所编写的《文明对话中的中国——纪念季塔连科院士诞辰70周年》（Китай в диалоге цивилизаций. К 70-летию академика М. Л. Титаренко）一书，莫斯科2004年出版。作者简介：B. Я. 波尔加科夫（B. Я. Портяков），俄罗斯科学院远东研究所教授，中俄关系预测研究中心主任。——译者注

和国家对大众媒体的管理很严格。实际上，西方不接受中国的政治体制是由于执政的共产党垄断权力，中国坚持走社会主义的发展道路。

很显然，中国领导人对加速国家民主化的思想持谨慎态度，直言不讳地声明，西方的多党制原则和立法权、行政权和司法权的三权分立原则不适宜中国。中国共产党第十五届中央委员会政治局委员、中国社会科学院院长李铁映的《论民主》一书（2000 年用中文发表，2002 年用英文发表）证明，西方的民主只不过是保证资产阶级政治统治的工具。

当代中国完善政治体制的思想，或按中国的说法，建立“社会主义民主政治”，在 2002 年 8 月江泽民关于建设具有中国特色的社会主义的专题摘编中表述得很清楚。

这个观点基于无条件地坚持社会主义的社会制度，不接纳西方的多党制和议会制模式，提出要改进人民代表大会制度；完善中国共产党同加入中国人民政治协商会议的各党派和社会组织的政治协商机制；在社会中确立法律至上的原则；实行国家公务员公开竞争选拔制度；逐步扩大“基层民主”；在中国共产党内实行领导差额选举制；为行政机构减负。与此同时，在这一观点看来，稳定国内政治局势、加强民族统一、改善人民生活是顺利实施政治改革的标准。

必须指出，中国在实践中始终不渝地在完善国家政治体制的思想。在中国共产党十六大召开前夕，中国刊物发表的关于国家建设、党的建设和法治建设的宣传资料证明，在江泽民时期，中国在完善政治体制方面确实取得了很大成绩。

各级人大，首先是全国人民代表大会及其常务委员会（即国家议会）是在一种和谐、稳定的体制下展开工作的。在江泽民担任总书记的 13 年（自 1989 年 6 月起）中，通过了 125 项新法规，并对原有的 56 项法规进行了重新修订。国家立法机制的框架基本搭建，从宪法和立法上保证了经济向市场转轨的有利条件，加深了同世界经济的相互作用，为加强公民的法制意识、维护法律的权威打下了法律基础。部分法律草案提交社会讨论。加强了人民代表大会的监督职能。包括乡镇在内的基层人大的作用明显加强。

所谓的基层民主得到了一定的发展。基层民主指的是基层权力机关的选举即乡镇人民代表大会（13 年来进行了 5 次选举）、农村居民委员会（共 69 万个）和村长、城市居民委员会（共 9 万个）和城市社区管理委员会的选举。在 16 个省和自治区中实行村长直选，并在 20 座城市的 88 个社区中实行社区主任直选。

中国政治体制的一个明显特点是存在着 8 个“民主党派”，这 8 个民主党派早在中华人民共和国宣布成立前就创建了。目前总共有 58 万人，它们积极参加中国人民政治协商会议——统一战线机构的工作。虽然民主党派绝不会同共产党争夺领导地位，但客观上却促使中国的政治生活更加丰富多彩，在北京同海外华人华侨的联系中发挥明显作用。据 2002 年统计，有 12 万名党外人士进入了各级人大，24 万人进入中国人民政治协商会议。13 位党外人士担任副部长和国务院副总理，27 人担任副省长和自治区副主席以及直辖市副市长。

国家政治体制的普遍完善还取决于实行了更加灵活的干部政策以及在 1998 年行政改革框架内实行的党和国家机关的编制压缩（各级党委和政府官员的人数现有 580 万人，缩减了 43.5 万人）。

从整体上可以说，中国领导人在经济上采取的“摸着石头过河”的方法被证明是正确的，今后也将依据这一方法稳步实行政治改革。

与此同时，这种方法本身也存在许多问题，其严重性可从不同角度加以分析。据中国一些研究人员预测，中国要实行市长直接选举至少需要 10 年，实行国家主席直接选举大约需要 20 年。[①] 许多社会学家认为，不应当过分夸大所谓基层民主的作用。例如，农村居民委员会和村长的直选只是调节了社会内部的某种关系[②]，并不涉及对政治体制来说更为重要的国家和社会之间、国家机器某些环节之间的关系。西方的评价则

---

① “A Survey of China”, *The Economist*, London, June 15th, 2002, p. 8.

② 刘亚伟主编：《无声的革命：村民直选的历史、现实和未来》，西北大学出版社 2002 年版，第 328—329 页。

更绝对。英国《经济学家》杂志认为中国必须实行“更加多元的政治体制”，政治上不实行改革，中国就会停滞不前。已过去的政治上相对稳定的13年并不能保证下一个13年也会稳定发展。[①] 我们认为，尽管这段话说得过于绝对，但总的说来，不能不承认，在中国已能感觉得到对当今政治体制的不满。

目前，这种不满在报纸杂志上尚未呈现出大规模的、公开的批判势头，然而，关于政治改革的一些具体建议的论述在专门的刊物上已经出现。通常，关注点放在执政党的职能问题上。例如，所谓民主集中制实际上存在着明显的问题即忽视了少数人的利益，权力过分集中。要提高中国共产党作为执政党的能力，党内生活必须民主化，首先就要提高党的代表大会的作用。例如，许多刊物提出，应当按照党的八大（1956年）的决定实行党代表大会年会制度。

然而，还有更为激进的意见。著名学者胡鞍钢提出，在不久的将来，应当把“党和国家的工作重心”从经济转到“制度建设”上，即实行国家政治体制改革。[②] 他认为，第一，在市场条件下，党如果继续把精力集中在经济上，党和国家机构实际上就势必会不合理地干涉微观经济活动，这反过来又会滋长腐败行为的发生。第二，中国改革的经验表明，经济繁荣绝不会自动地实现社会公正、平等和社会稳定。中国已进入社会不稳定时期。如今，对于共产党来说，实现小康就意味着切实巩固党的合法基础。第三，中国共产党首先作为执政党（即把经济发展视为党的主要任务）的职能在先前完全是合乎情理的，而在当今就需要认真地加以修正。在全球化和市场化条件下，既然经济增长的因素愈来愈不取决于党和政府，那就不能指望把经济发展作为执政党的合法基础。第四，要实现创建高度民主的法制社会的任务就必须实现国家的现代化方针，而现代化绝不仅仅只是经济发展。

---

① *The Economist*, London, June 15th, 2002, p. 11.

② 胡鞍钢：《第二次转型：以制度建设为中心任务》，载《战略与管理》，2002年第3期，第34—38页。

胡鞍钢认为，政治民主绝不是资产阶级的“专利品”，社会主义的中国为未来创建高度发达的民主准备了一切必要的先决条件。制度建设也是中国政治体制民主化的主要途径。他提出在具体计划中把党和国家的工作重心转移到建立一系列基础性的现代国家机制中去，从总体上保证中国克服所面临的种种社会危机。这些机制包括：强制机制（实现外部保护和内部秩序的职能），具有普遍意义的教育和宣传机制（爱国主义、对公民权利的尊重和保护），监督机制，协调机制，情况通报机制，各团体和社会阶层利益相一致的机制，为保障公民平等的经济权利和社会权利的再分配机制等。

在中共十六大召开前不久，中国官方进行了不同寻常的社会舆论问卷调查，问卷调查在几座大城市展开，有3 000人参加。问卷调查结果表明，公民对权利的要求很高，而且关注政治体制的改革。据香港报刊报道，83%的被询问者赞成对国家领导人实行公开选举，而91%的人抱怨现行司法程序体制不公正。43%以上的公民希望中共十六大推进中国社会政治体制的改革。①

党的十六大并未完全实现公民的期望。江泽民的总结报告强调的仍然是发展经济是维持共产党执政能力的主要和唯一的基础。报告中关于政治建设部分基本上重复了先前的政治体制改革的思想（完善人民代表大会和中国人民政治协商会议的职能，扩大“基层民主”，加强社会主义法制等），强调摒弃西方的政治体制模式。

党的十六大报告也提出了一些新观点：必须加强制度建设和“使社会主义民主的政治制度程序化”，必须考虑到“人类政治文明的有益成果”。提出的任务是：必须改革决定的通过机制，以及“加强对权力的限制和监督”。报告在党的建设部分提出了关于积极探索代表大会之后代表如何发挥作用的形式和方法的论点，规定在城乡更广泛地尝试实行党代表大会长期发挥作用的机制（这是对重新实行中国共产党第八次代

---

① 《财经时报》，2002年11月1—7日，第A2版。

表大会相关决定的建议作出的回应)。

目前，尚难预测中国在政治改革领域的创新前途如何。一方面，这些创新并不过于激进，但与此同时证明，社会要求加速政治改革的情绪已经引起国家领导人的关注。

北京在小心谨慎地研究欧洲社会民主党，尤其是斯堪的纳维亚的社会民主党（该党享有高度民主的声誉），仍在缜密地研究苏联和东欧国家共产党失败的教训及权力过于集中、在通过极为重要的决定时非民主机制的消极后果，寻找论据以证明其所采取的立场是正确的（如访问伊朗，伊朗的经验表明，国家总统直接普选是与民主不相一致的)。中国还有时间，然而，将现行国家政治体制在不确定的长时期内维持下去挑战很大，该体制因其本身的原因或迫于形势的压力迟早要改革，这是势在必行的，但面临的困难极其严峻。

（李桂兰　译）

中国的信任与合法性*

〔德〕舒耕德

一、引言：当代中国研究语境下合法性问题概述

近十几年来，合法性问题一再被新闻报道、学术分析所广泛讨论。可参看的观点如：

- 众多来自破产国有企业的下岗工人和领不到工资的工人，或者农民针对乱收费或地方干部非法土地征收的间或的暴力抗议；
- 各级共产党官员的腐败丑闻，尽管这些官员受到了不同程度的处罚；
- 与所宣称的建立有效的公共服务的目标相悖的僵化的干部名单制度；
- 使人注意到一个一个不平等社会正在形成的城乡之间及城市居民内部日益增长的社会经济差异；
- 富裕的沿海省份与贫困的内陆省份之间的显著差别，带来的后续

* 原载德国杂志 *China aktuell*, 2006/2。作者简介：舒耕德（Gunter Schubert），德国图宾根大学教授。——译者注

影响是农民持续迁入大城市，以及在这些城市积累起来的基础设施匮乏问题和沉重的移民社会整合问题；

- 农村地区资金投入长期不足；
- 在失业不断上升和社会日益边缘化时期仍然覆盖极低的国家福利保障网络；
- 尽管努力建设一个法治的国家，但仍然存在警察和保安肆意妄为和刑讯迫害；
- 由地方政府拨款并依附于它们的司法；
- 真正的民主参与的缺乏，特别在全国的层面。

长期以来在大多数观察者眼里，现政权的国家能力——它与合法性问题直接联系在一起，已经被认为不再足以解决现代化过程中的众多问题。近来，系统腐败动摇了民众的信心，并日益损害政治体系的合法性和稳定性。

不管这些不仅仅是怀疑的评述，中国共产党却能继续维持其统治，而且毫无疑问，在这一方面它的情况略优于朝鲜、印度支那和古巴的共产主义政权。按照主流观点，其原因在于共产党政权在经济子系统中显著的改革政策成就。中国市场转型所带来的统治合法性效果尚能暂时抵消其他子系统和整个系统的功能紊乱以及由此带来的合法性的流失，因此不至于跌落到整个系统崩溃的困境。

其他观察者们把中国体制的生命力更为经验性地归结于经济表现和有效政治控制的结合。而且，中国领导人懂得一方面以民众主义的民族主义宣传，另一方面以对国际承认的成功追求，弥补传统意识形态的不足和民众与“抽象的”中国特色社会主义的疏远：只要在政治上重要的大众群体——也就是新的城市中产阶级、知识分子和学生，尤其是部分农民——能够从经济改革中获益，并“爱国地”与中国共产党联结在一起，他们就能不顾其反对者和部分不满的民众实现自己的意志，并维持一种稳定。因此，在主流中国观察家看来，这一政权的合法性仍然是存在的，尽管有其困难之处。

共产党政权众所周知的“坚韧性”，用黎安友（Andrew Nathan）的话说，权威主义弹性（authoritarian resilience），近年已经成为中国研究的一个新重点。一些中国研究者现在深入探讨其优点，或者说“中国特色社会主义”的统治弹性的解释因子，而不是强调当前体制的弱点。以此为重点的中国研究，其努力准确理解中华人民共和国政治体系活力的中心不再是它“何时”转型，而是“为何”这种或那种转型至今还不到来。

现在，可以提出一种挑战性的、多层面的假设，即中国共产党的一党统治可能十分合法，并因此也可能长期稳定；这种合法性用前面所说的“经济表现—民族主义—国际声誉”三解释因子无法完全阐明；为了找到整个系统的合法性，我们必须把观察中华人民共和国的宏观政治视角扩展为一种微观政治的视角；为弄清中华人民共和国合法和稳定统治的程度，需要一种对合法性的复杂理解。这种背景下，信任这一概念起了一种重要的作用，它与各种合法性相联系，然而在分析上和系统功能上又必须分开进行考察。在政治系统及其机构和政治活动者中，信任是系统稳定的基本前提条件。① 一方面，它由一个政治系统内部的合法性或者说众多促成合法性的因素生成。另一方面，信任造就了一种政治秩序合法性的前提。

在这样的背景下，共产主义统治的弹性的第二个假设是这样的，不仅仅归因于强大的经济改革的受益者合乎理性地（zweckrational）关注于维持现行体制，而且，共产党政权的生命力在更大程度上基于它为保障整个体系的稳定性而获得充足的合法性和创造信任的能力。在这一方面，民众向系统表达的信任，削弱了具体的否定整个系统的去合法化影响。同时，这一系统的机构和政治活动者也善于在修复或者创造集体身份、团结和权威（在马克斯·韦伯的理论中这可被理解为合法行使和受

---

① 在此我以戴维·伊斯顿为代表的功能上的稳定概念为基础：一个政治系统的稳定基于其机构和活动者的合法性，基于其效率（在处理来自系统世界的要求方面）、个人的效能感（能够实际上影响政治系统的感觉，或者对政治系统实际上对来自系统环境的要求作出反应的信念）及信任（政治信任）。

到承认的统治）的过程中发挥积极作用，也就创造了合法性——这样在政治秩序中新的信任又重新产生。这种尚需更准确的解释的关联，可用图 1 说明。

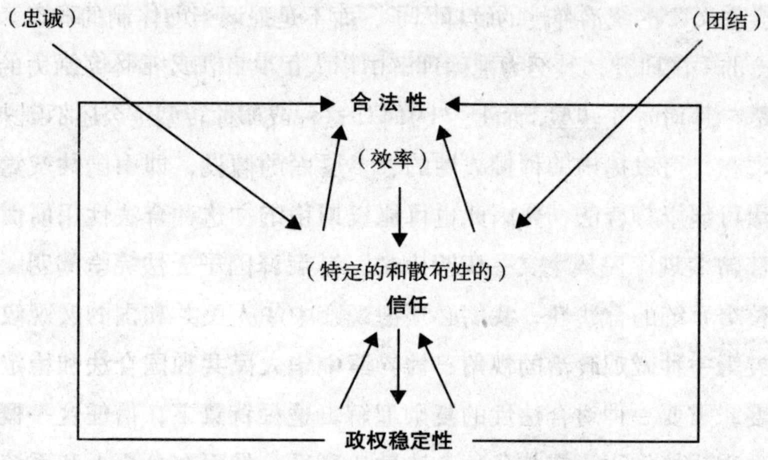

图 1　稳定的政治秩序的相互依赖模型

注：忠诚和团结作为系统稳定和系统信任的其他重要参数在这一背景下没有得到单独的讨论

出处：作者自绘

在此，本文首先探讨对于论证至关重要的合法性和信任概念，阐明具体能用来分析共产党政权内部活力的理论框架。接下来，批评性地援引了有关合法性的概念。然后，介绍一些部分成果和认识，它们来自一个正在进行的关于政治参与及其对中国城乡政治意识影响的研究项目，可能适宜用来证明这里提出的“合法性假说”。

二、合法性

众所周知，合法性作为定义和概念，是马克斯·韦伯的统治社会学的核心，大多数对共产党政权统治的合法性的评价都以此为背景。某一制度的合法性——韦伯明确地援引了习俗和权利——或者是“纯粹内在的”保证，也就是取决于情绪（“感情”）、价值合乎理性（wertrational）（现代用词：意识形态）或者宗教；或者由利害关系决定，也就是“由对特定的外部结果的预期”决定，它们“有特殊的性质”，无论在任何一种特定的意义上都因此是目的合乎理性的。① 但按照韦伯的说法，可能“习俗或利害关系，如同联合的纯粹情绪的动机或纯粹价值合乎理性的动机一样……不可能构成一种统治的可靠基础”。更确切地说，还必须加上一种对合法性的信仰，因为“一切经验表明，没有一种统治自愿满足于仅仅以物质的动机，或者仅仅以情绪的动机，或者仅仅以价值合乎理性的动机作为其继续存在的机会。毋宁说，每一种统治都企图唤起并维持对它的‘合法性’的信仰”。② 就此而言，合法性不仅仅建立在对一种统治形式的客观绩效的总评的基础上，或者说建立在被统治者们的情感纽带或意识形态信念的基础上，也不仅仅建立在目的合乎理性的基础上。相反，“在我们统治这一词语的技术意义上的任何‘统治’的存在，都不言而喻地以最可设想的强烈方式，依仗通过召唤合法性原则③。在韦伯看来，合法统治的这些原则（或者适用原因）是：

- 作为具有普遍约束力的准则的理性规则；
- 由信奉“传统的神圣性”，或者历来如此的东西的神圣性而来的个人权威；
- 作为献身于一种“某人现时的启示和善举”、献身于“各种各样的救世主、先知和英雄”的魅力（韦伯从这些原则中推导出他的“纯粹的”统治结构的基本类型：官僚统治、家长式统治和魅力型统治）。

① Max Weber, *Wirtschaft und Gesellschaft*, *Kap. I*, Tübingen: Mohr, 1980, p.17，参考［德］马克斯·韦伯：《经济与社会》，林荣远译，商务印书馆2006年版。

② Max Weber, *Wirtschaft und Gesellschaft*, *Kap. III*, Tübingen: Mohr, 1980, p.122，参考［德］马克斯·韦伯：《经济与社会》，林荣远译，商务印书馆2006年版。同时，韦伯这样认为，一种特定的“最低限度的服从愿望，即从服从中获取（外在的或者内在的）利益……”属于“任何一种真正的统治关系”。

③ Max Weber, *Wirtschaft und Gesellschaft*, *Kap. IX*, Tübingen: Mohr, 1980, p.549.

有趣的是，韦伯将统治的适用要求追溯到其合法性要求。统治要成为合法的统治，或者被认为是合法的，就必须追溯到前面提到的某一适用原则。统治之所以按历史背景追求成为合理的（依法的）、传统的或者魅力型的统治，是为了能够证明自己是合法的并将长期如此。同时，被统治者期望，对他们行使的统治或者合乎法律，或者令人信赖地以传统为基础，或者得到魅力支持。在此，韦伯自己区分了三种“纯粹的合法统治类型”，他提到了：

- 合理的，也就是依法的（合法的）统治（服从制定成章程的合理规则的原则）；
- 传统的，也就是以留传下来的神圣观念为基础的统治（服从个人的、由传统授命的权威的原则）；
- 魅力型的，仅与个人相联系的统治（服从魅力型权威的原则）。

现在，统治常常只有在它来自人民，也就是说是民主的统治时，才被认为是合法的。实际上，在这里韦伯式的合法性原则与自由选举的原则结合到了一起，或者说理性统治被置放到了一种民主论证框架的背景之下。在一种统治的合法性不仅与制定成章程的规则的客观适用性相联系，而且同时与通过选举表明的人民的同意相联系的时候，统治的合法性因此也就最终服从于人民。

当人们用韦伯提出的三种统治类型来分析当代中国时，不少人认为，它从毛泽东时代结束以来处在从魅力型统治向合法统治转轨的道路上。确切地说，从毛泽东、邓小平、江泽民到胡锦涛——用韦伯的话说——“魅力”由于理性化而逐渐“平凡化”了。邓小平交班给江泽民时，这种平凡化仍然“通过迄今为止的魅力体现者对接班人的指定，并由该社团承认”起作用，而在胡锦涛就任时，它实现了“具有魅力的行政管理班子对接班人的指定，并由该社团予以承认”①。因此，合法性在中华人民共和国是通过指定，即不是通过自由选举或者通过“多数表

---

① Max Weber, *Wirtschaft und Gesellschaft*, *Kap. Ⅲ*, Tübingen: Mohr, 1980, p. 143.

决”获得；而是通过“严格受义务约束的挑选”、“正确的提名”或者通过“选择正当的人，选择真正的魅力体现者——这种人少数派也能中肯地挑选出”获得。（同上）因此，中华人民共和国的合法统治——至少这一政权的前景也一样——仍然一直坚决地与个人（共产党总书记）或与共产党高层人士（中共中央政治局常委）相联系。然而，对他们的挑选此间遵循某些非正式的绩效标准和程序上的规则，以顾及“制度和行政管理班子适应行政管理正常的日常要求和条件的客观必要性”①。

然而在西方，共产党政权的这种统治合法性被认为是艰难的，因为它没有获得大多数中国人的接受。法治之路在结构上遭到这样的阻挠：在现今一党体制的框架内，被统治者无法相信一般的制定成章程的规则和规范的约束力，也无法信任与之“不休戚相关的”干部官僚对它们的执行。因为在这种努力中，共产党遇到了一条从民主原则中引申出来的、通向法治不可逾越的界限：司法独立和职业行政要求公众的控制，其最直接的结果是把民主参与作为制裁违法行事的活动者的最重要工具。因此，共产党政权不断需要对其统治的合法性进行“魅力掩护”，不过这种魅力统治也因其“平凡化了的”形式而失去力度。缺乏魅力型和合理统治之间的“民主结合处”，在从韦伯角度出发的主流分析看来，共产党政权的合法性努力在目前的政治框架条件下是十分困难的。

对现代政治学中的理论和概念建构作出决定性贡献的李普塞特（Seymour M. Lipset），提供了另一种合法性理论的着手点。他把合法性直接归因于政治制度的作用。在他看来，合法性包含“系统创造和维护此种信念的能力，即现行的政治制度对社会是最适合的”②。因此，一个政治系统——或者更确切些说，由它设立的机构——能对其自身的合法性积极施加影响，此间这种影响在系统内部种种不同的位置得到发挥。在类别上与统治定义相联系的韦伯式定义不同，从这一视角出发的合法

① Max Weber, *Wirtschaft und Gesellschaft*, *Kap. III*, Tübingen: Mohr, 1980, p. 147.

② Seymour M. Lipset, *Soziologie der Demokratie*, Neuwied: Luchterhand, 1964, p. 64.

性获得了一种决定性的经验性特征；它可能也必须在研究过程中被查明和分解，因为一个系统生产种种不同量的合法性，它们汇聚为一种总的合法性。某一位置缺乏的合法性因此可能被另一位置的合法性弥补，甚至满溢。这一点在中华人民共和国的政治体制，特别是在垂直方面，也就是从全国与地方层级区别的角度看，发挥了作用。

对于系统论理论家戴维·伊斯顿来说，合法性或者合法性信任是各种系统所需的政治支持的基本条件。个人的合法性信任证明了统治者（或者说权威，具体行使统治的人）的个人能力，结构性的合法性信任涉及一种被认为是正当的统治结构（也就是制度机构），而意识形态上的合法性信任源于个人对于某种政治秩序的道德正当性的信服。因此，总的看来，在伊斯顿那里，合法性指的是一个体系所要求的及制度方面所公开的规范和价值与被统治者的规范和价值相一致。合法性生产出支持，并从输入方面促进一个政治系统解决问题的能力。在此，伊斯顿区分了特定的和散布性的（sepzifische und diffuse Unterstürtzung）支持。前者即由对具体的绩效满意而产生的支持，也就是由对系统的输出表现满意而产生的支持；后者作为一种“系统的信任预支”首先取决于输出，主要从对政治秩序的道德正当性的信服中生长出来。[①] 区分特定的和散布性的支持对于一个政治系统具有关键的意义。它也许仅能生产出有限的具有重要意义的输出，因而只是相对有效率的；但它可能通过充分的散布性支持而获得足够的输入，致使它维持基本的运行条件，保持稳定。反过来，高的输出效率能提高散布性的支持，正如它在中国从共产党政权的宏观经济表现看一直得到维系一样。也许其中存在着解释中国特色社会主义的弹性的一个重要因素，但在此仍需澄清，对这一系统的散布性的支持基于哪一种具体情况。

① 系统支持因此是对政治系统，或者更确切些说对政权合法性的信赖。David Easton，*A Systems Analysis of Political Life*，New York：Wiley，1965，p. 267ff.

三、信　任

伊斯顿的支持概念，可被视为长久以来人们在社会科学的理论建构中称为信任及在英美政治学中专用的政治信任的系统论的对应物。一般性地定义——如福山认为——信任指的是“一个社会内部产生的对诚实及符合规则的行为的期望，以受到共同体成员尊重的共同规范为基础”①。就这点而言，信任对于系统合法性和系统稳定是根本性的。它是原则上愿意合作的一种表现，由个人、团体（集体）或机构表达。总的说来，在系统信任中强调的是：

- 个人的合作经验及以此为基础的对系统的期望；
- 个人对合法性的信任及对系统或其代表的效能感（efficacy），和系统及其活动者不断对其可信性和积极表现的信任证明（效率）。

就中国而言，特定的系统信任是通过与地方干部合作的经历、有关其反应度和效率的经验而产生的人际信任。散布性的系统信任是一般性的信任，它通过把在地方环境中积累的具体经验传送或抽象——用社会资本文献的术语，桥接——到整个体系的层级而产生。共产党政权的合法性通过特殊的方式受到宏观政治和微观政治的支配，或者由其组成，这种相似的思考与上述观念是一致的。在这个方面，对于个人而言，宏观政治的合法性可能相当抽象；它与核心政治系统的机构和活动者联系在一起，主要生产出散布性的系统信任。微观政治的合法性与人们和其直接的周边生活环境的机构及活动者的具体经历相联系，又反过来生产出特定的信任，因此与地方共同体的（传统）道德经济存在密切的关系（见下）。微观政治层面的特定信任可能转化为宏观政治层面的散布性信任，就此而言，两种合法性是相互关联的。同时，对中央国家的机构或活动者的散布性或一般性信任，有助于使对地方领域不足的或者完全被

---

① Francis Fukuyama, *Konfuzianismus und Marktwirtschaft*, München: Kindler, 1995, p. 43.

破坏了的特定信任不至于立即影响到整个系统的稳定性和合法性。

两者对共产党政权都具有直接的重大意义，在此讨论背景下，第二个方面——在地方层级生产特定的信任，从而增加对整个体制的散布性信任——具有特别的意义。正是特定和散布性的信任之间的相互关系能使中国的一党统治维持相对稳定，并且使这种状况可能在更长的时期保持。中国政治系统（在地理、社会经济和制度方面）的复杂性在此也发挥了重要作用，因为它使高效处理关系到系统中可找出的、各种不同的子合法性的系统内部的巨大差异成为可能。这种复杂性主要由城市与农村的分离和城市与农村内部极强的异质性决定。因此，关于整个体系的合法性和稳定性，从对中国单个的实际现象——主要是地方的群众抗议和社会骚动、地方干部腐败或（严重的）警察和司法的肆意妄为——的观察中得出的结论，可能比观察其他体系的同样现象所得出的结论更缺乏可靠性。

所以，像国际上中国研究中流行的一样，仅仅通过对中央政治机构的观察来研究中华人民共和国统治的合法性问题，看来是成问题的。共产党政权在地方政府领域中取得的改革成果对于系统合法性的重要意义，这样一个切入点却恰恰没有被西方的中国研究者选取。

四、调查的难题

在一个像中国那样的环境中，怎样才能从方法上把握和度量散布性和特定的信任，特别是政治信任呢？政治信任的经验性证明是社会科学中的一个难题，但新近的公民文化研究——主要以世界价值观调查（World Values Survey）所获得的数据为基础——仍然发展出切实可行并常常被人引用的方法。这些研究涉及从宏观社会层次查明一个社会中人际的、一般性的信任，并解释信任与民主的关联。有趣的是，中华人民共和国在信任的存在这一点上的排名一直高居前列。曾有一次即2001

年世界价值观调查的结果表明了高度的政治信任。[①] 这一结果之所以值得关注的原因，在于在公民文化研究中信任主要是与民主体制联系在一起提出的，或者更为确切些说是把它归因于民主的，尽管它们的因果关系并没有被确证。与此同时，中华人民共和国——按照每年制定的自由之家指数的标准——经常被视为自由程度低的国家。因此，不禁产生了这样一个问题，为什么看起来中国有很多的信任，然而民主匮乏？总的说来，在迄今为止所收集数据的基础上可以假设，信任的产生显然与政权类型无关。它既在民主制度，也在其他制度内发挥作用。因此，它不仅加强了民主政权，而且在一定的前提下也有利于专制政权的合法性和稳定性。

然而，中国社会的信任来自何方？执教美国的中国政治学者唐文方（Tang Wenfang）最近在对这一问题的定量经验性研究中，按照三种类型区分了在中华人民共和国对于地方领域特别重要的人际信任。这三种类型可通过统计学的因子分析证明，在一定程度上描绘了三个集中的圈子。[②] 其中家族的信任（parochial trust）指的是对近亲和远亲的信任，因此指向中国社会中特别是传统上在地方环境中意义重大的亲戚关系。法团性的信任（corporate trust）投入直接的社会（而不是家庭）环境中，也就是如朋友、邻居、同学、其他村民（农村居民）、同乡或者同事。法团性的信任亦是一种超越了直接的宗族归属的信任，对把乡村生活组织进生产大队和把乡村共同体与其环境区分出来起了重要的作用。在毛泽东时代被清理的农村宗教组织，现在重新成为所谓地方国家（local state）中交往和政治决策的中心。它们一跃成为法团性信任的代表机构或参照系统。最后，公民性信任指的是对城市居民、商人、市外居民（out of towners）、外国人和陌生人的信任。就此而言，这种类型是个人信任中最抽象的形式，在西方社会中被认为是内在化了的民主和“公民文化”的一种主要表达。

---

① 对世界价值观调查项目的介绍，见 http://www. worldvaluessurvey. org/。

② 在这一研究中用以评估的数据，来自北京大学当代中国研究中心在中国公民思想道德观念状况调查中得出的数据。

唐文方的分析首先表明，法团性信任比起其他两种人际信任的类型显然更突出地对支持共产党政权作出贡献。[①] 与此同时，在如社会宽容、政治效能感（political efficacy）[②] 及采取民间形式解决争端的偏好等被公民文化范式明确地纳入民主价值立场的因子的统计关系中，法团性信任还占据主导地位。这一当前对中国社会中大部分成员的生活现实可能最为重要的信任类型应该具有两方面的作用：一方面，显而易见，法团性信任保障了共产党政权；另一方面它又表达了广大居民既有的对民主政治制度的偏好。从这种考察中唐文方推导出结论，人际信任这一公民文化的核心组成部分不只是在民主国家中才能获得。民主因此既不是信任的一个必要条件，也不是其充分条件。相反，在各种系统中都能培育信任，因此这种体系也会类似民主统治秩序一样获得稳定。

如何用传统的民主化研究的视角来解释这种制约性的关联？唐文方对此没有说明，正如他没有说明人际信任的源泉一样。这一问题最终只能借助定量的实地调查和在地方背景下对居民的开放提问来研究。这又不禁产生另一个问题：怎样来把握和解释这种对地方领域的具体的人际信任向对整个体系的抽象的、制度化了的信任的转化。对此，公民文化研究已经拥有两种与社会资本这一概念密切相关的解释范式。第一个范式将转化归因于特定的社会机制。按照这一范式，在其成员与特定的社会组织经历和具体的社会互动强度这两个方面的决定下，一个社会生产出一般性的信任。参加自愿协会或者地方背景下的其他非正式的直接交往（Miteinanders），生产出对整个体系的信任。第二个范式强调制度对社会资本，或者对一般性信任产生的影响。按照这一范式，政策或者特定的政治机制如选举，生产出这样的信任。

美国政治学家拉塞尔·哈丁（Russel Hardin）代表的信任理性理论在这种背景下具有特别重要的意义。对于哈丁来说，信任离开利益是无

---

① 唐文方以被调查者对中国政治制度的一系列机构，包括法院、检察院、全国人民代表大会、政府、公安局、工会、工作单位，特别是共产党的信任指数来度量政权支持。

② 政治效能感指个人对自己的政治参与的有效性，或者说政治体制对这种参与的反应性的信念。

法想象的，它完全与之联系在一起。我在某事上信任某人，因为我可以预期，这人有合适的理由，在这件事上代表我的利益处理。有意识地代表我自己的利益而实现他的利益，或者如哈丁所说："我对你的信任浓缩在你对履行这种信任的利益之中。"① 这种特定的信任关系通过如爱、友谊或者某种交换产生。这一模式首先针对的是人际信任，但也解释了一般性和分散的信任。连接的纽带是个人的社会学习（das soziale Lernen）以及对这些系统信任层次上的人际信任的主观经验的抽象。其中社会互动的特定形式和某些权威和合作的观念起了重要的作用——在这点人们可能提到一个社会的道德资源，或者说受信任者的道德义务。公共领域中还包括制度安排：当 A 为市民，B 为干部或者公职候选人，A 对 B 的信任就建立在某种特定的令 B 代表 A 的利益行事的机制或者激励的基础之上。再次当选的目标，或者落选的制裁不断促使 B 这样行事。

人们觉得琐细的东西未必了无意义。撇开其理性基础不谈，由于 A 对 B 的信任首先与 B 作出的合作承诺相联系，与它是否涉及某个人、某官员或者某机构无关。信任在此尽管是理性权衡的结果，但给出一种信任，并不一定要直接带来效益。这使信任与纯粹的目的合乎理性，或者说投桃报李的关系区别开来。在后一种关系中，为了使 A 与 B 的关系保持稳定，预期的效益必须被尽快兑现。与之相反，信任始终看来像一种奖励，是 A 主动预期的 B 带来的一种效益，因为它在一定程度上是可以计算的，但最终并没有保障。对 B 而言，从中产生了一个可以利用的时间差，以积极对这种期待作出反应。这种时间差可能目前对共产党政权在中国农村地区的合法性变成了一个重要的因素，因为它为政治行动开辟了活动空间，因此使适应变化了的框架条件成为可能。所以，至少有一些人认为，在农村直选——中华人民共和国政治体制改革的一个关键的制度改革——的影响下，农民和地方干部的关系将这样改变，以致理性的信任产生、共产党政权的微观政治合法性增强。虽然各地情况不尽

① Russel Hardin, "Conceptions and Explanations of Trust", in K. S. Cook (Ed.), *Trust in Society*, New York: The Russel Sage Foundation, p. 3.

然如此，但被良好执行的村级选举也一样不可能到处导致公开的挑战，或者导致村民与当地党员干部的对抗。除了经济因素，看来由参与决定的理性信任的产生，对于解释为什么一些村的直接选举比起另一些村给共产党政权带来更多的稳定性和微观政治的合法性这一现象，是一个核心因素。此外，这种微观政治的合法性看来可能转化成宏观政治的合法性，因为在地方层级获得的特定信任至少暂时增强，或者证实此前显然已经存在的村民对中央国家的散布性信任。这样，起初提出的论点，其他地区的去合法化现象在这一体制内被弥补，成为可能。

五、经验调查结果

自1998年起，村民直选——于80年代末试验性地实行之后——在中华人民共和国全国范围具有法律效力。它在一些地区已被多次举行，总的来说，可以认为村民直选已在全国牢固地建立起来了。实行选举的主要目标是，通过农民积极参与其村庄的发展和稳定，增强村民自治。同时，它也被考虑为一种使在许多地方由于腐败和权力化的结构而丧失活动能力和失去合法性的地方党委活跃起来的工具，也可以说就是引入了一种新的干部责任制。毫无疑问，党的领导人用这种行动把他们稳定中国农村的直接目标与强化其排他性的统治结合起来。后者在极大程度上取决于成功克服改革过程对农村的负面影响。

在这一背景下，村民直选对农民的政治意识发挥了什么样的影响？它是否实际上有利于地方政治的稳定和基层共产党统治的巩固？或者会不会出现一种底层的政治化，带来可能危及共产党的后果，即农民利用其选举权越来越广泛地要求民主的控制的参与，形成公民意识，最终要求整个体系的改变？这些问题恰恰是主导正在进行的关于在中华人民共和国的地方直选影响下农民政治意识的形成这一研究项目的中心问题。在此项目框架内，江西、吉林和经济特区深圳各有两个村于2002—2004年间受到调查。其中超过200名农民、村干部及乡、县、地区级的更高级党政干部被系统问及他们对村民直选的作用和意义的评价。

对吉林省梨树县梨树镇的有趣调查可以作为有关这种令人关注的关联的参考。与经济繁荣的深圳和较为贫困的江西不同，吉林是一个中等发达的地区，拥有较为赢利的集体经济。同时，从村民选举的实行这方面看，梨树在中国被认为是模范县，因为在90年代早期，它已经按照法律被有意识地制度化了。经过一系列的投票选举过程之后，它目前被认为是没有什么问题的。尽管梨树无论如何都不能被当做中国村民选举执行力度的代表，但由于中国农村在这个方面的异质性，关于代表性的论断本来也几乎是不可能的。但更为重要的是，梨树表明在一种不肆意妄为的统治和有限参与扩大的条件下，对于共产党政权合法性和稳定性的产生，有什么是可能的。

梨树的调查表明，村民认为选举对其村庄的经济发展具有重要意义。此外，多数村民还表达了一种个人获得权力的感觉，权力来自他们不再愿意放弃的选举权。当地干部被称为是专业的、有能力的。在村民看来，这既可以从当地基础设施扩建的进步和普遍的经济发展上，也可以从实行直选以来干部对农民的更大的反应度上看出。除了对当地合作社信贷发放的怨言，村民与地方干部没有更大的冲突。信贷发放显然特别受到限制，引起许多希望对自己企业进行投资的村民的不满。然而，这些冲突没有破坏干部和村民选举的名声。令人吃惊的是，村民自己并不觉得有必要通过选举积极参与村务。

同时，政治权力集中在存在已久的村干部阶层手里。他们中多数已任职多年。然而，“干部连任”的现实显然并不是由于对村务的了无兴趣，或者可能由于对权力化的干部结构失望的结果，或者由于地方宗族超强的影响力结果，或者在农村繁荣地区通过用集体经济分发丰厚的息金的途径对村民成功收买的结果造成的冷漠。相反，村民热情地参加村级选举，同时显然对那些迄今没有更大过错的干部们感到满意。反过来，这些干部也像更具影响力的村支书和更高一级的乡镇官员一样认真地对待选举。在各地，选举的实行和结果都被当做对干部表现和合法性进行自我评价和他人评价的重要标准。使村民相信村干部把作出成绩、把选举结果作为对其领导质量的评判当做自己提出的义务接受，对于村民始终选他任职，似乎比其经济成绩更具决定性。

从村民特别强调其得到权力的这种感觉中能够推出假说：干部对于直选所表现出的决心，对于其合法性比他们事实上在经济方面的表现具有更重要的意义。但这也不能低于一个关键的底线，一个——按假设——主要以干部的易腐败程度为标尺的底线。在这一假说中强调了这样的假设，即只要村干部能够使村民相信，他会把他们当做选民（和公民）认真对待，为村民的利益服务——或者换一种说法：只要村干部能赢得村民的理性信任，他们的行动始终是为了维护村民的利益，其排他性的政治地位就会在很大程度上仍然不被触动。

在这个方面，一个对中国农村具有重要意义、近来愈来愈受到人类学研究关注的侧面——地方政治——发挥了作用。显然由于上述情况，梨树镇的干部享有村民的一种“信任预支”：只要在关键的责任性和公平上不越过底线，他们作为稳固的政治阶级的特权地位在村子里就不成问题。这种信任预支从政治学的角度看是成问题的，因为它承认了一定的干部特权，按照理性选择的法则，它必然真的会被干部用于（或者滥用于）牟取自己的利益。然而，这种看法低估了村庄道德经济（moral economy）[①] 这一秩序因素的意义。比起改革以前和改革早期，现在这种道德经济——通过机构改革披上了现代的外衣——再度更有力地决定着许多村庄的生活。

自从公社时代结束以来，传统村庄共同体互惠关系和相互责任的意义在市场原则的影响下已经显著上升。这在不同的层级上表现出来，但方方面面都证明，村庄精英——无论是传统上重要的宗族或家族长老，还是具有魅力的、或（现在起）具有法律上的合法性的村干部——与责

① 一般而言，道德经济可被理解为一个地域狭小的经济社会秩序，其中互相认识的人们的行为以互惠、公平和正义的原则为准绳，权力的行使与传统的相互负责的观念相联系。

任相结合的权威，是村庄的社会整合的根本。原则上并不对称的村民和其领袖的关系结构，对于村庄的道德经济至关重要：后者负有代表村民利益的义务，因为其权威完全源于此。然而，这种义务并没有导向双方权力关系的一种完全的平等化。相反，村庄精英的权力优势被有意识地承认，因为这增强了与责任相联系的互惠性。直选的引入也不会改变这一点。这些仅仅是实现一种原本古老的原则的新工具，在此，党以新的形式成为了村庄微观政治环境的一部分，并从中获得巨大的对其宏观政治合法性的好处。如果地方干部实际上利用了这一工具，并且不损害村民的理性信任，也就无需害怕梨树那样的自由选举。如果他们长期违反这一原则，村民选举就会丧失其合法的性质，直接导致忠于系统的反抗（合法的反抗①），然而这种反抗可能迅速增强到危及系统。

六、合法性的两个世界

理性（人际）信任及地方层级的微观政治合法性是否和怎样转化为普遍性的信任和宏观政治的合法性，这一问题当前只能得到推测性或假说性的回答。对中国农村反抗的研究总会得出，在许多与梨树的基本条件不同的村庄，村民较高的准备冲突的决心还没有造成共产党合法性的大火，对此起决定性的作用是对中央国家的信任（这里又可特别参看O'Brien/Li 的论著）。即使这种对中央国家的信仰是有限的，并且在中国农村的危机地区只能起有限的作用，但纯粹从逻辑上看，这种信任在村民与“他们的”干部拥有正面经历的情况下，应该能被增强。尽管出现众多的关于“危机村庄”、村民零星的或有组织的集体反抗，甚至出现这种反抗越来越“专业化”的研究和报道，上述研究项目的部分结果证明，存在着这样的正面经历。

---

① 关于“合法的反抗”（rightful resistance）的概念，即农民通过策略性地利用上级政府和党组织的有法律效力的规定、法律或者政治方针对当地干部和行政机构的有组织的集体反抗。

从中可以得出这样的推测，即在中华人民共和国政治系统的某些地方，（通过参与）公平和责任会发挥作用，这显然对整个系统的合法性和稳定性产生积极影响。更清楚的表述：如果共产党越来越依赖类似梨树镇那样水平的干部，巩固其统治就不会有什么障碍。在当今的中国，这种“有道德的”干部可能与其腐败的同事一样众多。这可能被视为一种大胆的假设，但鉴于尚需不断探究对中国农村极其贫乏的经验认识状况，这种假设并不因身处包括中国的媒体社会在内的条件下，许多村庄的腐败和反抗现在越来越为人们耳闻目睹而站不住脚。因为，与此同时，一种“悄然的”地方治理却得不到与前者相当的关注。

显然，有关中国一党统治的存活能力和合法性的讨论，不是抽象地对一个西方自由民主国家的优越效能和规范性向往的理论化的问题。相反，它涉及共产党能否扩大其迄今为止通过合法性策略取得的成果这一需要经验研究的问题。分化的社会及收入丰厚的中产阶级的历史经验否定了这点。而对此提出佐证的是，中国是一个非常异质的国家，其中农村的情况将继续对整个社会的发展方向起决定性作用——从政治上看亦如此。除了腐败和掠夺性的干部政权，还存在另一个世界，这一点尚未得到认真的研究。在这个世界里，如村民直选之类的制度创新与复苏的道德经济的组织原则结合起来，它们有利于与腐败和掠夺成性的干部全然不同的、忠于系统的地方干部这样的战略性群体的产生。他们赢得村民的信任，在履职中以一种使村民得利的方式实现自己的利益。

这一论点是否经得起考验，对此的研究应至少同样试图弄清楚政治反抗在中国农村的村、镇、县的未来。关于这点，理性信任的概念与村庄道德经济的参照点相结合的切入，比起局限于对地方危机地区的反抗的分析——且不谈一味宏观政治的合法性分析，可能得到对共产党合法性的新的、更为充分的认识。

（童建挺　译）

海外当代中国研究丛书
Overseas Studies on Contemporary China Series

人民代表大会制度与法治建设

countrysi
implemen
rural refo
the village
the village
of the vill
aims of ur
various ar
sanitation
democrac
maintaini
populace.
The ne
from the
state-own
under the

The Long March to Democracy

人民代表大会的职能改革及其与中国共产党的关系*

〔日〕加茂具树

当代中国政治的一个重要特征是中国共产党和国家之间存在领导与被领导的关系。虽然中国的宪法将全国人大的地位定义为最高的权力机关和立法机关，但现实是中国的行政机关行使了国家权力。本文意在探讨自20世纪80年代，特别是90年代以来，人民代表大会的职能改革、在中国政治中地位的提高以及和中国共产党之间领导与被领导关系的变化。讨论人民代表大会作用的增强是否会改变中国共产党与国家之间的领导关系及其将对中国政治的未来产生怎样的影响。

一、人大的改革

20世纪80年代以来，在“将各级人民代表大会及其常设机构作为具有权威性的人民权力机构来建设”的目标下，人民代表大会的功能得到了改善和加强，在中国的政治生活中，其活动日益活跃，权威性得到

---

* 本文选自《现代中国政治与人民代表大会》，加茂具树，庆应义塾大学出版社2006年3月版一书部分章节。作者简介：加茂具树，任教于日本庆应义塾大学法学部，主要研究中国政治。——译者注

提高。其具体表现如下：

1. 从全国人民代表大会召开时间的制度化来看，20 世纪 80 年代以前，特别是从 1957 年“反右派斗争”到“文化大革命”结束前这段时间内，全国人民代表大会几乎没有定期召开会议。1954 年的宪法规定，全国人民代表大会的任期是 4 年，但第一届的任期是 4 年 7 个月，第二届为 5 年 7 个月，第三届达 10 余年。此外，宪法规定每年召开一次全国人民代表大会，然而，第二届人民代表大会第二次会议的召开曾三度被推延，距离第一次会议的时间间隔为 1 年 11 个月，第四次会议距离第三次会议已经是 1 年 7 个月后，第三届和第四届全国人民代表大会都只召开了一次会议。但是，自从 20 世纪 80 年代以来，这种违反宪法的情况再也没有发生。

2. 20 世纪 80 年代之前，全国人民代表大会对国家的重大决策和政治议题进行审议，进而作出决定的情况较少，作为国家决策机构的不是宪法所规定的全国人民代表大会，而是由党代替。与此前连宪法都不是由全国人民代表大会制定而是由党决定的情况相比，近些年各级人大活动日益活跃不能不说是一种相对的进步。

3. 人民代表大会的政治权威性得到提高。以全国人大委员长为例，第六届和第七届全国人大委员长是政治局委员，但其地位列于其监督对象国务院总理之下。但从八届人大开始，全国人大委员长就由中央政治局常委担任，并且在党内排名第二位，第八届的乔石、第九届的李鹏和本届的吴邦国都是如此。此外，在各省人大中，2003 年 3 月，除西藏自治区党委书记和几个兼任中央政治局委员的省委书记外，其他省份均由省委书记兼任省人大主任，可见中国共产党对人民代表大会的重视，并加强领导。

4. 人大的立法活动日益活跃。这不仅表现在人大代表提出的法律议案和建议增加，人大通过的法律、法规和决定的数量显著增加，而且人大否决法律草案的数量也明显增加，如第八届全国人大代表提出的议案和建议分别为 3369 件、11730 件，第九届全国人大提出的议案和建议分别为4739件、26914件。从人大的监督职能来看，2002年8月，《全国人民代表大会及其地方各级人民代表大会监督法》（草案）被提交至全国人大常委会第19次会议审议，作为90年代以来政治改革重要内容之一的人大职能改革备受关注，这被认为是人大监督职能制度化的一个重要步骤。虽然自从1990年3月十三届六中全会提出人大监督职能制度化后，这一过程经过了漫长的时间，但最终结果是实现了。

5. 媒体对于人大的报道与关注程度加强。以《人民日报》为例，20世纪90年代以来，对人大的报道无论是数量还是质量都不断提高。

自20世纪80年代以来，中国的政治过程逐步发生了变化，人大改变了对政府提案不进行修正、只是简单表示承认的局面，而逐步扩大在中国政治过程中的作用，积极对国务院的提案进行审议和修正，改变了被人称为“橡皮图章”和“党委挥手、政府动手、人大举手”的尴尬角色。毫无疑问，人大在中国政治中的作用不断得到加强，如今人大已经成为中国权力的中心之一。

二、人大与中国共产党的关系

日本学术界对中国目前的政治体制有如下观点：以党治国论、由党领导的代议独裁论、党等于国家说、政党国家说。任何一种说法都认为中国共产党目前对中国行使绝对领导权，中国共产党明确表明自己对国家行使领导权是在1956年的中共八大上，在此之前相当于宪法的《中国人民政治协商会议共同纲领》和1954年第一次全国人民代表大会通过的宪法中都没有明确的规定。党实现对国家的领导，其中最重要的一个环节便是党对人大的领导。自20世纪80年代以来，为建设高度民主的社会主义政治制度，最重要内容之一就是要完善人民代表大会制度，这也是中国共产党在总结新中国成立以来的教训后得出的结论，人大作用的加强是避免政治运动和失误的必然选择。因此，党对人大职能的改革采取了积极的态度，尤其是20世纪90年代以来，人大积极行使宪法所赋予的立法与监督权的例子越来越多，引人注目。此外，人大将法律草案的起草权掌握在手中，改变了以前由行政机构起草法律草案、人大只是无条件给予认可的被动地位，逐步掌握了立法的主导权，并且积极进行立法规划，不仅仅只是将党的意志转换为国家意志的场所。这可以说是党对人大改革的积极成果，但中国共产党要实现对国家的领导就自然要加强对人大的领导，所以党对人大作用的提高一方面采取了积极支持的态度，另一方面也强化了对人大的领导，这主要是通过在全国人大常委会和地方各级人大中设立党组和由省委书记兼任省级人大主任来实现的。当前，中国共产党对人大的领导关系主要体现在三个方面：

1. 按照党管干部的原则，党中央决定全国人大领导干部的人事推荐权和人事任免权。对全国人大常委会委员长、副委员长、秘书长、副秘书长与各个专门委员会主任和副主任的任命均要得到党中央的推荐。而且除了部分副委员长的职位由民主党派名人出任外，其他所有领导岗位的担任者必须是中国共产党员。

2. 党对人大实行领导的第二个途径是人大代表的半数为党员代表，从各届全国人大代表及全国人大常务委员会委员的情况来看，党员所占的比率从55%到70%不等，如第一届全国人大代表和常务委员会委员中党员比例是55.5%和50.6%，而第九届时已经达到71.5%和74%，各级地方人大的党员比例也一直是超过半数。如此一来就保证了全国人大常委会审议过的法案比较容易得到全国人大代表过半数的赞成，地方人大同样如此。另外，中国宪法修改所规定的需要2/3以上的多数赞成也很容易获得。党员代表的过半数优势可以轻而易举地保证党的意志转变为国家意志。另外，在选举代表的过程中，可以使支持党的人较容易当选，而反对者则毫无可能性。在候选人的确定上，有明确界限，宪法规定中国共产党是执政党，而企图与共产党进行竞争、获得政权的政治势力则根本不允许存在。虽然中国现在也有8个民主党派，但他们都在党纲中明确表明接受和拥护中国共产党的领导，所以反对共产党的人不可能成为人大代表的候选人。

3. 党对人大进行领导的第三个手段是在全国人大机关中设立党组，从1993年3月开始，在第八届全国人大中设立全国人大常委会党组和全国人大常务委员会机关党组，党组的重要工作内容便是对常委委员的行为发挥影响力和对非党员委员进行说服和影响，使其接受中国共产党的意志。全国人大常委会党组直接由中央政治局领导，而全国人大常务委员会机关党组则直接由中央国家机关工作委员会领导，全国人大常务委员会党组书记和副书记分别由全国人大委员长和副委员长担任。中国共产党不仅在全国人大中设立党组，在地方人大中也设立党支部。不言而喻，党组的设立使中国共产党对全国人大的领导发挥了重要作用。

纵观20世纪80年代以来中国人大的情况可以发现，一方面，人大在中国政治生活中的作用增强了，人大的影响力得到扩大；另一方面，中国共产党强化了对人大的领导，意欲使其在党的领导下为党的执政服务。中国共产党一贯强调“从群众中来，到群众中去”的群众路线，而长期以来作为国家权力机关的人大正扮演了这种路线的执行者。党通过人大代表实现利益和意见的集中和表达，并且通过人大代表宣传党的政策和推行自己的意志。然而，随着中国经济的持续高速发展，社会结构日益呈现多元化，不同的利益阶层出现，而目前的中国共产党已经转变为全民性的政党，党员代表在行使自己的权力时，与其说首先考虑党的利益，倒不如说是首先考虑自己所代表的选区、所代表的阶层的利益，这已经成为党员代表中普遍存在的现象，而且也被认为是理所当然的事情。

三、人民代表大会制度与中国政治的未来

20世纪80年代以来，党在强化对人大的领导方面可以说是煞费苦心。若要确立党与人大之间领导与被领导关系的一个重要前提是人大对党的无条件的广泛支持，但现在这个前提出现了巨大的危机，以前只不过是将党的意志转变为国家意志的人大和人民代表正发生变化，这是中

国共产党必须面对的一个重要问题。人大作为中国国家权力机关的作用日益重要，在中国政治生活中的角色不可替代。人民代表对党的决议也不再是无条件地表示支持，而是积极进行讨论，许多情况下甚至提出了不支持的意见。中国共产党对人大与人民代表的这种变化采取了默认的态度，毕竟人大是中国共产党与人民大众之间进行沟通的重要桥梁，是缓解民众日益高涨的民主意识、参与意识的重要途径，而且也是扩大政治参与的重要渠道。应该说，人大的这种变化对党集中民意、决策更加科学化等方面具有积极作用，也是中国代议制走向成熟的必经过程。

人大的变化与中国政治的未来密切相关。从目前的情况来看，人大的前途有两种趋向。一种趋向是中国共产党一方面扩大人大的作用，另一方面强化对人大的领导，人大地位的提高仍被完全置于中国共产党的领导之下。在较长一段时间内，中国仍然维持党对国家的领导，人大在中国共产党的领导下更加制度化、科学化，其作用扩大到一定阶段便会停滞不前，成为仍然为党服务的机构。这种情况符合东京大学教授藤原归一所提出的东亚国家的政党国家论的情况，即一个政党长期掌握政权并能够维持。

人大的前途另外一种趋向便是与中国共产党之间的区别不断扩大，笔者赞同先行研究成果，即认为人大对中国政治生活的作用会不断增强的观点。当前，人大已经掌握了中国的立法主导权，并行使监督权。人大已经成为表达民意、调整不同群体利益的重要机构。中国共产党对人大的改革本来是将其作为国家机关改革的一个环节，并希望其改革不能超越党的领导这一底限，但是伴随经济高速增长，人民参政意识的提高，人大顺应这种趋势，权力不断得到加强，在一定程度上表现出更大的自主性。如此前出现了全国人大对国家行政部门进行监督，并要求其改善领导的情况。以《环境保护法》为例，全国人大对环保行政部门提出一些改善的要求，并得到彻底执行。人大应该以怎样的身份在中国政治舞台上发挥作用呢？实际上党可以通过各级党委实现与民众的交流，实行自己的群众路线。可以预见，随着中国政治的发展，人大最终会走向成熟。中国共产党与其之间的关系，会从中国共产党中的人大转变为人大中的中国共产党，这或许是中国共产党与人大之间关系的正常状态。此外，国民日益提高的纳税意识、政治参与意识、民主观念都将是中国共产党不得不面对的经济增长所带来的结果。从国际政治的历史来看，一个国家只有代议制度成熟，其政治改革与发展才会顺利进行，中国或许也会符合这一规律。

（张利军　译）

中国地方人大的立法政治活动*

〔韩〕赵英男

随着中国推行市场经济，实施依法治国，法律日益重要起来，它既是政府治理国家的工具，又是百姓维护自身权利和利益的手段。因此，全国人大和地方人大的立法政治活动已成为一种重大决策过程。同时，正如泰纳（Tanner）成功证明的那样，中国的立法体系已经从一元的、等级性的体系转变成“多级、多舞台”的体系，这一体系主要由中国共产党、国务院和全国人大组成。立法体系中的权力也分配给不同的个体和组织。① 事实上，正如泰纳等人所表明的那样，即使在20世纪80年代，全国人大也在两个立法案例中发挥了决定性作用，即1986年的《企业破产法》和1988年的《中华人民共和国全民所有制工业企业法》。②

---

* 本文原题为“The Politics of Lawmaking in Chinese Local People's Congresses”，载 *The China Quarterly*, 187, September 2006, pp. 592 – 609。作者简介：赵英男，韩国首尔大学国际关系研究生院副教授。——译者注

① Murray Scot Tanner, *The Politics of Lawmaking in China*: *Institutions*, *Processes*, *and Democratic Prospects*, Oxford: Oxford University Press, 1999, pp. 34, 132, 234—235.

② Tanner, *The Politics of Lawmaking in China*, pp. 135 – 205; Ta-kuang Chang, “The Making of the Chinese Bankruptcy Law: A Study in the Chinese Legislative Process”, *Harvard International Law Journal*, Vol. 28, No. 2, 1987, pp. 370 – 371；曹思源：《破产风云》，中央编译出版社1996年版，第1—169页。

省级人大开展立法政治活动的模式与全国人大的发展模式相似吗？鉴于全国人大在某些领域尚未制定相关法律，全国的地方立法机构就率先制定地方法规，以满足本地区经济改革和发展的迫切要求。与立法监督相比，地方立法机构在立法上能够更加坚决，也能够更加稳妥，因为在改革时代，它们逐渐被承认是适当的立法机构。在这种情况下，地方人大可能试图把立法程序制度化，拓展自身的组织能力，在必要时与政府抗衡，而不是驯服地让步或与政府合作，从而巩固被赋予的立法权力。

本文分析了中国省级人大的立法政治活动，说明了改革时代政治进程中的变化。为此，本文简要地考察了党、政府与立法机构之间的关系变化，以及20世纪90年代以来立法机构自身的变化。然后，本文通过分析两个立法案例，考察了各种主要力量——包括政府机构、立法委员会和各种社会组织——的具体作用和活动。

由于推行市场经济和依法治国政策，中国共产党被迫开放立法政治领域。这时，中国的政治尽管仍然是一种政党—国家（party-state）体制，但其进程却变得更具协商性和愈加复杂，同时政治行为者也变得更加多样化和更具竞争意识。在地方的立法政治活动中，党委领导和政府管理的单一时代已经结束，因为政府机构、立法委员会与各种社会组织开始自由辩论，为了增加各自组织的利益，它们时常就事论事而发生冲突，也时常互相合作。自从20世纪90年代末稳固立法权力后，省级人大扮演了两种截然不同的角色：利益冲突的协调者和各种社会群体意见的代言者。此外，社会组织逐渐成为立法中的新生力量。这些组织努力抵抗政府在立法政治活动中的主宰地位，并得到地方立法机构的支持。

本文选取上海市人大作为研究个案。尽管上海人大不能被视为中国地方人大具有代表性的个案，但它在加强人大的立法职能方面进行了创新，成为一个开拓者，也成为其他地方人大的可能典范。作为中国经济改革和发展的主要地区之一，上海加强了人大的立法职能。尤其是在全国人大没有制定相关领域的法律时，上海人大颁布了大量“创新性的地方法规”，成为立法舞台上的开拓者。上海的一些地方法规后来成为全国人大和其他地方人大制定法律法规时效仿的模本。[①]

一、立法机构与党委的关系：并非地方立法政治活动中的关键问题

原则上，在所有重要的立法事务上，中国的立法机构应该向党委汇报，并且得到党委的预先批准。但实际上，党的领导层完全改变了做法，不再直接参与具体法律的制定，改为发挥监督整个立法过程这样一种间接和全面的作用。从这种意义上来说，与全国人大和党中央的关系不同，立法机构和党委的关系不再是地方立法政治活动中的关键问题。[②]在地方，立法部门和行政部门之间的关系是关键问题，下文对此有更加详细的讨论。

直到20世纪90年代初期，上海人大还必须向上海市委汇报几乎全部的法律提案，确保在法律草案审议前获得批准。然而，从那以后，除了少数法律提案，上海人大已经能够在不经过上海市委预先审查的情况下制定大部分地方法规。现在，上海人大只是在每年年初编写和汇报年度立法计划和五年立法规划，五年立法规划是在上海的政府机构、立法委员会及其委员的提案的基础上制定出来的。20世纪90年代，上海人大仍然提请上海市委审议一些立法个案，但是数量很少。笔者的文件和访谈资料显示，在1990年到2000年上海制定的153件地方法规中，上海人大只向上海市委汇报了5件。一名立法委员会的资深领导证明，2000年以来上海人大没有向上海市委汇报过一项法规草案。[③] 此外，上海市委主要是应上海人大的请求过问了上述五个立法提案。

---

① 许祖雄、朱言文主编：《民主法制与人大制度》，复旦大学出版社1999年版，第236—245、266—272页；与上海立法机构资深领导的访谈，2003年8月13日，上海。

② 关于党和立法机构关系的更具体的描述，参见拙著 *From "Rubber Stamps" to "Iron Stamps"*, pp. 726 – 731。

③ 与上海立法机构资深领导的访谈，2003年8月13日，上海。

上海人大向上海市委汇报的五个立法提案可以分成三类。第一类是重要法律法规，如1995年提出的《上海市工会条例》。第二类是需要慎重对待的法律法规，如1995年的《上海市宗教事务条例》。该条例被认为极其敏感，因为中国有威望的天主教和新教领袖都集中在上海，同时上海还有100多万宗教信徒。在讨论《上海市宗教事务条例》时，上海的政府机构和宗教组织对该条例的目的存在完全不同的看法：前者强调控制，而后者强调保护。① 1994年的《上海市征兵工作条例》和1999年的《上海市民防条例》也被认为是需要慎重对待的法规，因为它们直接与军事有关。因此，上海市委被要求参与进来。第三类是难以解决的法律法规，也就是说，上海人大无力解决严重的分歧，进而要求上海市委作出最终的决定。1994年的《上海市烟花爆竹安全管理条例》就属于这一类。当颁发严禁节假日期间在城市燃放烟花爆竹的地方法规时，上海人大遭到了上海市民的强烈反对。因此，上海人大把这项草案交给上海市委，请求它来决定是否颁布该条例。②

现在，在制定新的法规时，上海市委参与的越来越少，可能是上海市委的精力所限。20世纪90年代以来，上海人大制定的法律法规数量大幅增加。如表1所示，1990年至2000年间，上海人大制定了153件地方法规，而1980年至1989年这10年间仅制定了50件法规。因此，实际上上海市委没有精力审查所有的立法提案。此外，多数与经济政策有关的地方法规，就政治敏感性来说不需要上海市委的参与。例如，上海人大在1980年至1998年间制定了136件地方法规，其中59件（43%）属于这一类。在其他地区的省人大也可以发现大致相同的情况：50%以上的地方法规与经济改革有关。在制定此类地方法规时，解决技术问题与协调政府机构和社会群体的分歧是关键任务，这需要地方人大的深入调查和全面协调，而不是政府党委的政治决定。

---

① 许祖雄、朱言文主编：《民主法制与人大制度》，复旦大学出版社1999年版，第266—272页。

② 与上海立法机构资深领导的访谈，2003年8月13日，上海。

表 1 1980—2000 年上海地方法律和行政法规的数量

年份	总数	地方法规		行政条例	
		数量	百分比	数量	百分比
1980—1989	451	50	11.08	401	88.92
1990—1996	408	84	20.58	324	79.42
1996—2000	183	69	37.71	114	62.29
合计	1042	203	19.48	839	80.52

注：地方法规由上海人大制定，行政条例由上海市政府制定。

来源：应松年、袁曙宏编：《走向法治政府》，法律出版社 2001 年版，第 506 页。

二、立法机构和行政机构的关系：立法过程制度化对“部门主义”

在中国的立法体系中，“部门主义”被认为是整个改革时代最关键、最需慎重对待的问题，在第十届全国人大期间（2003—2007）也是如此。部门主义一般来说指政府，尤其指政府机构努力通过立法来扩展组织利益，回避相应的责任。① 政府部门之所以能够这样做，是因为与立法机构相比，它们控制着立法过程，尤其是准备立法方案和起草法规。这缘于政府部门在能力上拥有明显的决定性优势（信息、组织和人力支持）。因此，中国立法机构所面临的最具挑战性的任务就是克服“部门主义”，并且已经提出和采用了一些措施来解决这个问题。下文会具体地讨论这些措施。

20 世纪 80 年代，上海的立法进程几乎完全由上海市政府而不是上海人大主导。严格来讲，在 20 世纪 80 年代中期以前，上海人大并不制

① Murray Scot Tanner, *The Politics of Lawmaking in China*, pp. 120 - 121。中国批评“部门主义”问题的文章数量众多，不一一引用。

定而只是通过由上海市政府起草、审议和宣布的地方法规。[1] 20 世纪 90 年代以后，上海市政府仍然提议和起草大部分的地方法律法规。例如，2000 年至 2002 年间，编入上海人大年度立法计划中的地方法规有 41 件，其中上海市政府提议的有 35 件（85.4%）。[2] 在 1998 年至 2002 年间，上海制定的 40 件地方法规中，其中 34 件（85%）法规是由上海市政府起草的。这表明上海立法和行政的关系也与“90% 统治”模式完全一致。“90% 统治”模式适用于世界上的多数立法机构：内阁提议至少 90% 的立法议程，而且其中至少有 90% 的立法议程被通过。

正如“90% 统治”模式所表明的那样，与其他国家的立法机构一样，在当代的行政主导的情况下，上海人大不能也无法控制立法过程。特别是，上海人大的作用被局限于制定经济决策方面的法律法规。因此，在评估人大在立法过程中的作用时，焦点应该放在人大在何种程度上能够通过驳回或修改政府提议的草案来约束政府机构并阻止其单方面制定政策。20 世纪 90 年代后期以来，上海人大确实在向这方面发展。

最重要的是，上海立法机构的法律—政治环境已经得到改善。由于 20 世纪 90 年代依法治国政策得到坚决执行，相对于上海市政府颁布的行政规章，地方法律法规更加重要。如表 1 所示，地方法规在所有法规中所占的比例从 1980 年至 1989 年间的 11.08% 上升到 1996 年至 2000 年间的 37.71%。这表明上海行政机构的立法权力减弱，上海人大的立法权力得到增强。随着 2001 年中国加入世界贸易组织（WTO）和 2004 年《中华人民共和国行政许可法》的实施，这种趋势已经有所强化。[3]

此外，上海人大的组织能力也得到加强。例如，在上海人大常委会

---

① 徐向华主编：《新时期中国立法反思》，学林出版社 2004 年版，第 276 页，关于在此期间具体的立法案件，参见蔡秉文编：《上海人民代表大会志》，上海社会科学院出版社 1998 年版，第 259—269 页。

② 上海市人大法制工作委员会：“上海市人大常委会年度审议法规草案计划（2000，2001，2002）”，参见 www.spcsc.sh.cn。

③ Dali L. Yang, *Remaking the Chinese Leviathan: Market Transition and the Politics of Governance in China*, Stanford: Stanford University Press, 2004, pp. 161 – 164。

的65名常委中，约有半数为专职委员，与前一时期（1998—2002年）相比，提高了大约10%。专职委员比例的增加具有重要意义，因为专职委员对法律草案的调查和审议负有更多责任。相比之下，上海法工委全部6名委员和上海法制委的9名委员中有6名都是专职委员。上海立法人员的数量也增加了。现在，160名工作人员直接或间接从事与立法有关的工作，其中的30名专门研究立法，多数是法律专业毕业生。[①]

最后，在努力消除“部门主义”时，上海人大还建立了一些新制度，因而提高了自身的立法权力。这些制度包括：把立法的指导方针从“经验立法”转变为“超前立法”；加强人大在立法计划中的主动性；更加多元化的起草人员；引进“开门立法”以及更严格地审议立法草案。根据自身经验，全国人大已经努力消除全国民众对改进立法体系的疑虑，地方人大也一直欣然接受全国人大的建议。2000年的《中华人民共和国立法法》可以被认为是先前经验的总结，而且它的颁布成为中国立法体系制度化的分水岭。在为数不多的重要创新中，最重要的是如下两个创新。

1. 更严格地审议立法草案。应对“部门主义”最有效的措施就是按照立法机构自己规定的规章制度，更彻底地审议法律草案。这是因为立法机构在立法审议阶段行使了自己的权力，而政府有更好的方法来安排议事日程和起草法律。

在这方面，有两种新制度应该指出来。第一是建立“两审三读”制。直到20世纪90年代初期，多数地方立法机构仅仅在一审后就通过起草的法律。因此，政府提议和起草的法律法规没有经过实质性的修改就被通过了，而且立法审议往往被认为是一种必要的程序。自从1998年上海人大建立“两审三读”制后，除对少数措辞进行较小的修正外，所有的法律草案都必须在全体会议上或常委会上至少经过两审三读。因

① 与上海立法机构资深领导的访谈，2004年2月17日，上海。

为人大每两个月举行一次常委会例会，审议草案的时间至少要四个月。①

第二是建立统一调查和审议制度。与多数自由民主国家中的立法机构一样，上海人大的专门委员会过去是审议立法草案的主要机构。一方面，这个制度有其优点，即相关的委员会可以在审议过程中发挥自己的特殊能力。另一方面，这个制度也存在几个问题。例如，因为负责审议的专门委员会和负责起草法律的上海政府机构关系密切，上海人大几乎无法解决“部门主义”的问题。此外，专门委员会往往更关注法律草案的内容，而不是法律程序，因此专门委员会审议的地方法规有时候与“母法”和其他地方法规发生冲突。

1998 年，为了解决这些问题，上海人大建立了法工委，该委员会对全部法律草案进行统一审议。同样为了纠正这些问题，根据《中华人民共和国立法法》的条款，2001 年上海成立了法制委，而且上海人大把法工委变成法制委的一个工作机构。因而，法制委和其他专委会的工作分工得以实现。专委会对法律草案进行初步的审议，并向一审会议提交书面审议报告。作为不投票观察员，专委会委员可以参与法制委的统一审议。然后，法制委在一审后负责统一审议，并在二审开始时向人大提交书面的审议意见报告和法律草案修改建议。上海人大通常会尊重法制委的意见。这样，作为人大“有威望的委员会”，法制委在审议法律草案过程中担任领导，并且帮助纠正部分“部门主义”问题。

2. “开门立法”。解决“部门主义”的另一项创新是“开门立法”或“民主立法”。与政府相比，立法机构能力较弱，为了弥补这种差距，立法机构采取措施鼓励社会组织和公众积极参与法律提案的起草和审议。如下两项制度非常重要：召开立法听证会和通过公布草案征求公众意见。

1999 年，广东召开了中国的第一次立法听证会，当时广东人大常委

① 上海人大常委会研究室编：《实践与探索》，复旦大学出版社 2002 年版，第 128—147 页；王宗炎：《关于地方立法审议制度的若干问题》，载《上海人大月刊》，2002 年第 10 期，参见 www. spcsc. sh. cn；与上海立法机构资深领导的访谈，2004 年 2 月 17 日，上海。

会制定了《广东省建设工程招标投标管理条例》。2000 年，《中华人民共和国立法法》确定了听证程序。现在，大部分省级人大在颁布重要的地方法规时都举行立法听证会。2001 年，全国人大在修改《中华人民共和国婚姻法》时同样举行了立法听证会。上海人大也召开立法听证会。自从 2001 年引进立法听证后，上海举行了四次立法听证会。通过立法听证会，人大可以以公众意见的名义纠正部分的"部门主义"：立法听证为人大回避政府机构的要求提供了基础。

自从 20 世纪 90 年代后期起，全国广泛采用征求公众意见这一制度。最近，中国的各个立法机构经常把那些可能对百姓生活产生严重影响的法律草案公布在当地报纸上，并且收集公众的评论和建议。例如，从 1998 年起，上海立法机构共有 10 件法规草案公开征求市民意见。此外，立法机构几乎把所有法律草案送到下一级人大和社会组织，征求它们的意见和建议。最近，立法机构在审议时更关注公众建议。从这个意义上讲，20 世纪 90 年代末期以来，公众意见在立法过程中变得尤为重要。

三、两项立法个案研究

在以下两个个案中，因各自利益不同，上海的社会组织、立法委员会和政府机构在立法时时而发生冲突，时而合作。在协调利益冲突和代表不同团体的心声方面，上海人大发挥了关键作用。最后，上海市委不参与立法，而且上海政府机构的作用也比预想的要有限。

1.《上海市劳动合同条例》。2001 年，在上海人大制定《上海市劳动合同条例》时，上海政府机构、立法委员会和社会组织之间发生了激烈冲突。这是因为地方法规与各个社会群体的利益息息相关：如何制定该条例将严重地影响劳资双方。因此，上海工会和商业组织——例如，工商联和行业协会——全力以赴使立法过程朝着对自己有利的方向发展。此外，作为某些社会群体利益的促进者和利益冲突的协调者，上海市的执行机构（劳动局和经济委员会）和立法委员会（财经委和法制委）都深深地介入到立法过程中。

该条例的起草小组由三个执行机构、两个立法委员会和上海市总工会组成。三个执行机构是上海市劳动局、经济委员会和法制办公室。两个立法委员会是上海市人大法工委和财经委。根据上海市总工会一位领导的说法，在实际起草过程中，上海市劳动局和总工会发挥了核心作用，而其他参与成员只是阅读草案并提出建议。在起草阶段，上海市总工会竭力保护工人的利益，而作为政府代表的上海市劳动局尽力照顾劳资双方的意见。上海市劳动局和上海市总工会应该结盟，以对抗另一个联盟，即由与商业有关的上海行政机构和社会组织组成的联盟，这是普遍认同的看法。与此看法相反，在起草过程中，上海市劳动局和上海市总工会发生激烈冲突，因为一名工会领导坚决认为劳动局在关键问题上袒护企业界。结果，从总体上来看，草案满足了企业界的要求。①

在立法过程中有三个主要问题。第一个问题是立法的目的。1994 年颁布的《劳动法》第一条——即《上海市劳动合同条例》的“母法”——规定：“为了保护劳动者的合法权益，调整劳动关系，建立和维护适应社会主义市场经济的劳动制度，制定本法。”在此基础上，上海市总工会认为《上海市劳动合同条例》也应该把“保护劳动者的合法权益”作为首要目标。相比之下，上海企业组织和与经济有关的上海市政府机构则认为首要目标应该是“保护劳动合同当事人双方的合法权益”。它们认为，该条例保护用人企业和劳动者双方的利益是合理的，因为企业是劳动合同中的主要当事人。

第二个问题是该条例是否应当维持“10 + 3 条款”，这对企业界来说尤为重要。1994 年（应为 1995 年——译者注）出台的《上海市劳动合同规定》中有一条规定：在本单位工作满 10 年、距法定退休年龄 3 年以内的，企业不能取消劳动合同或予以解雇。上海市总工会坚决要求

① 上海人大常委会法工委编：《〈上海劳动合同条例〉释义》，上海人民出版社 2002 年版，第 104—109 页；与上海市总工会和工商联资深领导的访谈，2004 年 2 月 17、18 日，上海。

保留该条规定，以保护年老劳动者的权益，而上海市工商联则批评“10+3条款”是计划经济的残留物，已经过时。

最重要的问题是是否授予工会干涉劳动合同的权利，这将决定工会在企业中的地位和作用。上海市总工会认为，与劳动合同中的企业相比，劳动者是弱势一方，所以工会有权参与劳资协议。因此，“企业单方面解除劳动合同时，应听取工会意见，不经过工会事先同意，解除合同无效”这一条款应该加到该条例中。上海市商业组织不同意这个意见，因为工会不是合同当事人。①

关于这三个问题，上海市人大的各个专门立法委员会在审议草案时提交了包含不同意见的报告。上海市人大财经委坚决支持上海市总工会：在审议意见报告中，上海市人大财经委维护上海市总工会的三个论点。上海市人大法制委持有不同观点。首先，关于《上海市劳动合同条例》的使命，上海市人大法制委不接受上海市总工会的论点。因此，该条例的第一条规定：“为了调整劳动关系，建立和维护适应社会主义市场经济的劳动制度，制定本法。”其次，上海市人大法制委驳回了“10+3条款”。上海市人大法制委认为，“10+3条款”是一种歧视，在中国加入世贸组织后，对中国企业不利。因为公司将因为这一条件而避免与年老劳动者签订劳动合同，所以年老劳动者本身将成为受害者。然而，上海市人大法制委答应了上海市总工会的要求，即有权干预劳动合同。

为什么两个立法委员会提出了不同的审议意见呢？最重要的因素在于专门委员会与上海某些行政机构和政府之外的社会组织有着友好而密切的关系。由于属于“类似系统”，上海的某些立法委员会、行政机构和社会组织保持着长期的工作关系，并且彼此之间的人事交流也非常频繁。例如，上海市人大财经委的大多数委员曾经是上海相关政府机构和

① 与上海市总工会和工商联资深领导的访谈，2004年2月17、18日，上海；上海人大常委会法工委编：《〈上海劳动合同条例〉释义》，上海人民出版社2002年版，第104—109页。

社会组织（包括工会）的领导。其他委员会的情况也大体如此。因此，在审议法律草案时，一些立法委员会往往代表上海某些行政部门和社会组织的声音。

相比之下，上海市人大法制委没有与上海市行政机构和社会组织保持这样一种友好关系。重要的是，作为负责统一审议法律草案的机构，上海市人大法制委几乎没有理由和动机与上海市行政机构和社会组织保持持续的工作关系。上海市的行政机构和社会组织在上海市人大法制委委员中没有过多代表。上海市人大法制委之所以能够根据法律合理性来审议法律议案并且能够协调主要力量之间的利益冲突，主要原因就在于此。尤其是当上海市人大法制委认为其他专门委员会非常偏袒上海某一政府机构或社会群体时，它往往会限制其他专门委员会。

同时，上海市总工会的一些资深领导认为，《上海市劳动合同条例》比较忠实地反映了他们的意见。关于地方法规的使命，该条例没有满足上海市总工会的偏好，但也没有满足上海市工商联的要求。上海市总工会最初认为劳动合同条例不必包含立法的使命，因为《劳动法》第一条已经阐明了使命。但在立法过程中，上海市工商联试图改变地方法的主要目的，而上海市总工会则坚决予以反对。为了阻止上海市工商联作出进一步努力，上海市总工会提交了新的建议。在新建议中，劳动合同条例没有包括这些争论，最终该条例也未提到这些争论。

上海市总工会对“10+3 条款”这一冲突的结果没有任何不满。从一开始，上海市总工会就没打算坚决支持该条款，因为总工会的领导知道“10+3 条款”在市场经济条件下不切实际、不合时宜。上海流行自由劳动合同制度，而且在保护多数劳动者的权益方面，这一特殊条款起不到关键作用。甚至一些工人认为如果得到足够补偿，早点退休，然后找份新工作，也没有什么不好。因此，上海市总工会力求把“10+3 条款”作为谈判的筹码，才会同意取消该条款。取而代之，上海市总工会强烈要求增加赋予工会干预劳动合同的权利的条款，并最终取得了成功。

简而言之，《上海市劳动合同条例》的最后版本是各对立方互相让步的结果，在此过程中，上海市人大起到了协调利益冲突的关键作用。通过使《上海市劳动合同条例》允许工会作为合法代理人干预劳动合同，上海市总工会取得了实质性的成功，同时上海市的工商企业也得以废止“10+3条款”。

2.《上海市消费者权益保护条例（修订草案）》。就像《上海市劳动合同条例》一样，2002年对《上海市消费者权益保护条例》的修订也引起了许多争论。消费者权益保护条例不仅会极大地影响上海普通市民和企业的利益，而且也会影响上海一些行政机构和社会组织的利益。修订草案的准备工作开始于2000年底。上海市工商行政管理局和上海人大的法工委是官方的起草部门。但在实际的起草过程中，上海市消费者协会主持起草工作，而法工委则以审查草案的形式予以支持。①

在起草阶段，有三个问题需要特别注意，其中两个问题对上海市消费者协会扩大其组织利益尤为关键。第一个问题是上海市消费者协会的仲裁范围。上海市消费者协会和工商局认为有三项内容应该包括在仲裁里面，消费者对这三项提出了强烈批评，包括营利性培训、医疗服务和商品房。相比之下，上海市教育委员会、卫生局及教育和医疗领域的社会组织都坚决认为，培训和医疗服务是“公共产品”，而不是普通消费品，因此不需要仲裁。尤其是，由于处理医疗纠纷的专门条例已经颁布，消费者权益保护条例无须重复。

第二个问题是建立“三项制度”，加强上海市消费者协会的权力。为保护消费者权益，上海市消费者协会和工商局认为消费者协会应该加强对上海工商企业生产和销售的监管权，为此，修改条例应该建立“三项制度”，即公开消费者信息、消费者投诉和年度监督审议。但是，在没有条款限制和处罚上海市消费者协会的潜在不当行为的情况下，上海

① 上海人大常委会法工委编：《〈上海市消费者权益保护条例〉释义》，上海人民出版社2003年版，第153—154、171—175页。

商业组织和经济机构反对采取任何措施来加强消费者协会的权限。

第三个问题是建立召回制度。上海市消费者协会和工商局坚决认为，要支持消费者关于家电产品和轿车等产品的投诉，这一制度是必不可少的。实际上，一些国家的消费者购买到不合格产品按照相关法规能够得到赔偿，但由于缺少这样的法规，中国的消费者在购买到不合格产品时却得不到赔偿。上海市商业组织和相关政府部门不同意这个观点：即使“母法”也没有提到召回，全国的其他地区也没有建立召回制度。[①]

当上海立法机构开始审议草案修正案时，上海市消费者协会积极发起了一系列游说活动，试图征集公众支持，劝说立法委员。上海市消费者协会开展了几次电话民意调查，并公布了结果，这些结果支持上海市消费者协会在上述三个问题上的立场。上海市消费者协会还举办各种论坛，邀请消费者和企业代表、律师和学者等专业人士、政府官员以及立法委员会的委员，讨论消费者权益保护条例草案。香港消费者协会秘书长应上海市消费者协会的邀请参加了一次论坛。在论坛上，香港消费者协会秘书长向上海市的立法委员们详细解释了香港消费者协会的活动，并强调加强上海市消费者协会的权力和职能的必要性。[②] 上海市消费者协会的积极游说活动使一些上海立法部门的领导认真对待如下问题：如何在立法过程中处理利益团体不断增加的压力。[③]

尽管上海市消费者协会进行了大量游说，它的观点在审议阶段再次受到上海市教育委员会、卫生局和相关社会组织的强烈反对。面对激烈的反对，上海市工商局和上海市消费者协会不得不放弃最初的一些要求。最重要的是，培训和医疗服务最终被排除在仲裁之外；只有关于商品房的仲裁在草案中得以保留。培训和医疗服务之所以被排除在外，而商品房却被保留在内，主要原因在于教育和医疗机构联盟的游说力量远

---

① 上海人大常委会法工委编：《〈上海市消费者权益保护条例〉释义》，上海人民出版社2003年版，第155—161页；与上海市消费者协会资深领导的访谈，2004年2月18日，上海。

② 与上海立法机构一名资深领导的访谈，2003年8月13日，上海；与上海消费者协会资深领导的访谈，2004年2月18日，上海。

③ 上海人大常委会研究室编：《实践与探索》，复旦大学出版社2002年版，第63页。

远强于建筑和销售机构的联盟。建立“三项制度”也被删除了。但由于得到公众的大力支持，关于建立召回制度，上海市工商局和上海市消费者协会依然立场坚定。①

在审议草案修正案时，上海人大的各个立法委员会之间也有冲突。正如预料的那样，负责初步审议的财经委支持上海市消费者协会的观点。相比之下，由于与相关的上海教育和医疗机构以及社会组织关系友好，上海教科文卫委员会反对上海市消费者协会的观点。同时，法制委的观点和教育医疗联盟相似：法制委把培训和医疗服务排除在仲裁之外，也拒绝建立“三项制度”。然而，法制委同意建立召回制度，并把商品房包括在仲裁项目里。②

总而言之，《上海市劳动合同条例》和《上海市消费者权益保护条例》的立法过程显示出中国地方人大立法政治活动的一个共同特点。在立法过程的每一个阶段上，行政机构、立法委员会和社会组织彼此之间都进行合纵连横，而人大则扮演协调者的角色。这两个条例的最终版本反映出了这些冲突和妥协。

四、结　论

全面来看，与在立法监督中相比，立法机构和行政机构在立法过程中的关系是合作、和谐的。社会组织积极参与立法，但常常被限制在一些与自身组织利益密切相关的立法案例上。值得注意的是，多数颁布的地方法规涉及那些需要专门技术知识的经济政策。这些法规并不包含许多敏感问题，不会引起政府机构和立法委员会之间的利益冲突。事实上，在地方党委的领导下，立法机构和政府一致努力，颁布与经济有关的地方法规，加速地区经济发展。从这种意义上来说，不能高估立法机

---

① 与上海消费者协会资深领导的访谈，2004年2月18日，上海。

② 上海人大常委会法工委编：《〈上海市消费者权益保护条例〉释义》，上海人民出版社2003年版，第166—175页。

构和社会组织在立法政治活动中的突出作用。

当地方人大颁布的地方法规引起立法力量之间的利益冲突时，立法政治活动呈现出不同的一面。在这些情况下，地方人大而不是政府，采取主动，发挥关键作用，协调利益冲突，代表不同力量的声音。同时，相关的社会组织，甚至老百姓也积极参与立法。因此，立法政治活动变成一种更具协商性和更复杂的决策过程。上述两个个案研究就证明了这一点。

最后，对中国立法发展的评价已然清晰可见。尤其是，我们需要全面看待立法机构作用的提高。像其他国家的代表机构一样，中国的立法机构履行四项职能：立法、监督、代表和维护政权。简言之，中国立法机构的作用得到了加强，但是不均衡：立法权已经被看做是它们的正当权力，而且中国的立法机构稳定地运用这种权力；地方人大而不是全国人大，已经开始运用实质性的权力来监督政府机构，而在代表方面，它们的作用仍然十分有限。因此，虽然中国立法机构的立法作用得到加强，但我们不能由此认为代议制政治已经形成。尤其是鉴于自 20 世纪 70 年代起自由民主国家立法机构的职责已经从立法转向监督和代表，在这方面谨慎些很有必要。然而，我们可以说中国的立法机构通过制度化成功地加强了自身的作用。立法机构的立法权已经得到公认，它在立法过程中日益采取主动，而且它的协调和代表作用越来越突出。这些都证明了中国立法发展的这种道路。

（李冬梅　译）

全球化背景下的中国法治建设*

〔法〕米雷耶·戴尔马-马蒂

在毛泽东时代结束之后，1978 年邓小平使用了“社会主义法制”的说法，1996 年江泽民提出“社会主义法治国家”的概念，1999 年这一概念被写入宪法。从此，中国重新走上了法治道路。这次重新开始的法治建设主要表现在立法上，特别是 1992 年宣布建立“社会主义市场经济”以来，立法活动更是不断增加，以至于最近几年被视为世界历史上最为活跃的立法时期之一。

1992 年也是一次转折，从那一年起，中国开始重新学习外界的法律模式，力图使中国的法律符合全球的规范。2001 年 12 月 11 日，中国正式加入世界贸易组织，这标志着中国重返世界舞台，并开始进行大刀阔斧的改革。中国的两位法史学家李桂莲（Li Guilian）和王志强（Wang Zhiqiang）认为，发生在一百多年前的 1902 年改革与此次改革具有相似之处，外界压力在推进改革方面起了一定的作用；1902 年改革的目的在于取消西方列强的司法特权。他们也指出了两次改革的主要区别：1902

---

* 本文原题为“La construction d'un état de droit en Chine dans le contexte de la mondialisation”，见 Mireille Delmas-Marty et Pierre-étienne Will（éd.），*La Chine et la démocratie*，Fayard，2007。作者简介：米雷耶·戴尔马-马蒂（Mireille Delmas-Marty），巴黎第一大学教授，法国大学科学院院士。——译者注

年的中国是个半殖民地国家，改革是为了重新获得已丧失的主权；而今天的中国是个独立自主的主权国家，加入世贸组织则是为了“实现中国的繁荣与强盛”[①]。同时，他们也强调了可能出现的危机，现在和过去一样，如果中国的法律制度不能解决一个世纪以来遇到的问题，那么照搬国外模式最终只能走向失败。这些问题当中，最首要的问题是中国的法律制度缺乏对现状的适应能力，并且过度依赖政权。

我们可以看到，“法制”与“法治”读音相同，但是“zhi”的汉字写法不同，内涵自然也不同。[②] 前者是指创建一种“法律体系”，遵循既定的目标，即只要我们愿意就可以将法律工具化。而后者则意为“按照法律进行管理”，更接近政府服从法律的理念，这一概念于 1999 年写入中国宪法。然而，现在还很难断定这种语义变化上的重大意义，而不仅仅是一种象征性的改变，因为作出评判的结果取决于对合宪性的审查，而能否建立合宪性审查制度在中国尚处于理论讨论阶段。

尽管大量的法律文本尚不可能完全保证立法的质量，也不可能确保法官的独立性，但是这些文本却为中国重回法治道路提供了必要的因素，有力地推进了法治建设。同时，由于宪法与国际法影响力的加强，法治建设的成果也得以巩固。然而，法治建设的道路并非一帆风顺，还应考虑到法律全球化（全球化不仅仅局限于经济、金融领域）正间接地改变着法治与民主之间的关系，随之出现了一些可能会引起失衡的新风险。

一、重回法治道路

我们认为中国重新回到了法治道路上并不仅仅是由于中国采用了

---

① Li Guilian et Wang Zhiqiang, “Centenaire du droit chinois”, *Les sources du droit et la réforme juridique en Chine*, *op. cit.*, p. 129.

② 参见 Yuanyuan Shen, “Conceptions and Receptions of Legality: Understanding the Complexity of Law Reform in Modern China”, in Karen G. Turner, James V. Feinerman et R. Kent Guy (éd.), *The Limits of the Rule of Law in China*, Seattle, University of Whashington Press, 2000, pp. 20 – 44。

“法治”的表述方式，还因为这个概念本身就是不断发展变化的。“法治”的概念首先是与国家的政治建设息息相关的，最早由16世纪的法国作家提出①，后来孟德斯鸠明确提出用法治对抗人的专制统治。19世纪的德国理论将“法治”概念系统化②，而法国直至20世纪才重新开始关注这个概念③。“法治”成为强调形式主义的德国法系与强调实质主义的英美法系的有机结合，往往给人一种更注重法律程序的印象。

可以说，法制与司法保障这两大支柱如今已成为“法治”概念的主要特点，至少国内法如此。与此同时，随着作为基石的基本权利不断发展，法制与司法保障这两大支柱的内容也会逐渐得以补充和完善。

1. 法制

1978年，在邓小平提出社会主义法制的时候，法律在中国几乎已经消失，无论是从政治角度还是从技术角度来看，长期以来形成的礼治先于法治的传统根源似乎难以使二者的次序发生改变。因此，礼治的传统使得中国更愿意采取“一种相互依赖、团结一致的灵活的管理制度……对于他们而言，法律与道义并没有太大的区别”④。礼治与法治两者之间存在着矛盾，当然倒还不至于形成冲突：“道学在形而上学的思想中会受到儒学的影响，而法学在运用到政治领域时也会受到儒学影响”——但是礼治的影响仍然是最主要的。⑤ 儒家学说中“德治”的说法又出现

① B. Kriegel, *L'état et les esclaves*, Paris, Calman-Lévy, 1979；另见“état de droit”, in *Dictionnaire constitutionnel*, Paris, PUF, 1992, p. 415。

② 参见 O. Jouanjean (dir.), *Figures de l'état de droit, le Rechsstaat dans l'histoire intellectuelle et constitutionnelle de l'Allemagne*, Presses de l'Université de Strasbourg, 2001; L. Heuschling, *Rechsstaat, Rule of Law, état de droit*, Paris, Dalloz, 2002。

③ 与此相关的司法秩序的概念也源自德国：参见 J. L. Halpérin, “L'apparition et la portée de la notion d'ordre juridique dans la doctrine internationaliste du XIXème siècle”, *Droits*, 2001, p. 41sq。

④ Jean Escarra, *Le droit chinois*, Paris, Sirey 1936, p. 69 sq.

⑤ Léon Vandermeersch, *La formation du légisme*, Paris, EFEO, 1965, p. 188; études sinologiques, Paris, PUF, 1994, p. 209 sq.

在官方讲话中[①]，甚至还写入了宪法序言（2004 年版的宪法提到了物质文明、政治文明和精神文明），但是法律作为一门科学，在当代中国是否能有其相应的位置尚有待观察。

巩涛（Jérôme Bourgon）曾在《中国法律传统中的法制原则和法律规范》一文中提到，根据传统，中国是一个成文法国家，而且并非像许多人所认为的那样，实在法的法律观念与法律至高无上的概念在中国的传统中是不为人知的。[②] 但是，虽然在法律研究方面不断出现新的变化，可是“并没有实现意义深刻的突破”，并且“仍然只是经常发表一些政治上正当得体的言论”[③]。20 世纪 40 年代，所谓的研究往往就是翻译，只是近些年才开始将中国自己的历史资源作研究之用。

此外，还应当领会法制在当代所具有的两层含义，即民主立法与立法质量。

从效仿苏联模式创立全国人民代表大会的 1954 年宪法到今天的宪法，毫无疑问，中国在立法方面取得了很大进步：全国人大专门委员会的数量大大增加，有关行政人员的队伍不断壮大，全体一致通过的情况也逐渐减少。[④] 不过，中国采取的选举方式仍然是间接选举，3 000 名全国人大代表每年仅举行一次全体会议。事实上，真正行使立法权的是由 155 名委员（基于中国共产党的推荐由全国人大选举产生）组成的全国人大常委会，全国人大常委会是全国人大的常设机构；但是，作为中央政府的国务院在立法方面发挥了更为重要的作用。

---

① 参见《中国与民主》（*La Chine et sa démocratie*）第 14 章，S. Balm 在文中提到，胡锦涛自 2002 年 12 月上任以来便使用“以德治国”的表述方式。

② 参见 Marianne Bastid-Bruguière, “L’esprit de la codification chinoise”, *op. cit*。

③ Li Guilian et Wang Zhiqiang, “Centenaire du droit chinois”, *Les sources du droit et la réforme juridique en Chine*, *op. cit.*, p. 130.

④ J. P. Cabestan, *Le système politique de la Chine populaire*, PUF, 1994; “The relationship between the NPC and the State Council in the PRC: a few check but no balances”, *The American-Asian Review*, 2001, n°3.

另一个问题在于多种法律法规并行，没有真正的效力等级。[1] 因此，尽管全国人民代表大会及其常委会投票通过的是基本法和一般法，但还有各式各样其他的法律规范：人大常委会决议、意见与各种行政机构和司法机构的解释……此外，还有国务院的行政法规，以及各种部门规章、地方法规、自治条例和规章，有些甚至是没有公开发布的，这些法规的强制性各不相同。“形式上的混乱既表现出立法权与行政权的混同，又说明规范机构与行政机构之间也是相当混乱的。”[2]出现这个问题的原因并不是中国缺乏法律规范，而是法律规范过多，没有形成一种能够真正确定并保障整体协调的机制。

理论上说，行政条文应服从于法律、地方政府应服从于中央政权，然而实践起来就会出现各种各样不可预知的矛盾。[3] 2000 年 3 月 15 日出台了《立法法》，试图对立法活动进行规范，但是这部法律并不具有宪法效力。此外，为了能够很有条理地阐述观点，中国法律界在法理方面也作了相当大的努力。[4] 然而，这些做法都未能实现对中国的法律进行合理化改革。尽管中国是一个非联邦制的统一国家，但是国家一级与地方一级的立法和行政机关的关系相当错综复杂，1979 年开始实行的地方分权和由此而形成的“地方保护主义”使情况变得更为复杂。[5]

欧洲人权法院自 1979 年起就开始使用“法律的质量”这一表述方

① 参见 P. H. Corne 制作的标有十个等级的图表，“Creation and Application of Law in RCP”, *American Journal of Comparative Law*, 2002, p. 372.

② XiaoYing Li-Kotovtchkhine, “La réforme du droit chinois par la codification”, *RIDC*, 2000, p. 529；另见“L'évolution des sources du droit chinois de la première à la deuxième modernisation”, *Les sources du droit et la réforme juridique en Chine*, op. cit. , p. 23s. ; S. B. Lubman, *Bird in a cage Legal Reform in China after Mao*, Stanford Univ, Press, 1999, notamment ch. 6 et 7, p. 138 sq.

③ 出处同上 P. H. Corne 的作品，关于上述适用于外国投资者在中国签订合同的文本引发矛盾的例子见第 439 页；另参见 XiaoYing Li-Kotovtchkhine, “Le nouveau droit chinois des contrats internationaux”, *JDI*, 2002, pp. 115 – 163。

④ Cheng Xinhe 建议将中国法分为 7 个等级：“La division et les différentes branches du droit chinois”, *Les sources du droit et la réforme juridique en Chine*, *op. cit.* p. 39s。

⑤ L. Choukroune, “L'état de droit par l'internationalisation, objectif des réformes?”, *Perspectives chinoises*, 2002, n°69, p. 17.

式，并将其系统化。[①] 法律的质量是指，一部正式的法律不仅须经一个以民主的方式选举产生的议会通过，由一位独立、客观的法官作出解释，而且还必须满足一些基本条件：准确性、可接近性和可预见性。显然，即使是在西方，这些条件也并非总能得到满足，欧洲和美国的特别法中对恐怖主义的定义含糊不清便是一个很好的例子。总而言之，出现这种问题的时候，以法官对法律条文所作的解释为准。[②]

一方面由于市场要求法律具有可靠性，另一方面由于中国社会的矛盾冲突比从前有所增加，亟须确立一些法律规范以解决价值标准上的冲突，避免出现专断的情况[③]，因此有必要对法律的质量问题加以重视，特别是在像中国这样一个国家。刑事类推的做法在西方被视为有悖于罪刑法定的原则[④]，而在中国，不仅很有可能允许采取刑事类推的做法，而且还可能会在日常的司法判决中经常使用该做法。让·埃斯卡拉（Jean Escarra）将这种做法归因于“中国传统逻辑的特性”，即不注重因果联系和法律内在一致性原则，很少采取三段论演绎法。[⑤] 相反地，巩涛则认为刑事类推在中国已经受到了一定的限制，因为类推和罪刑法定原则一直以来不断引发争议。不管怎样，情况确实发生了变化。1979年，中国将刑事类推原则载入法典，又于1997年修订时最终取消了这一原则。[⑥] 新颁布的《刑法》第3条废除了类推和追溯既往性的更为严

① Arrêt *Sunday Times c. RU*, 26 avril 1979, et surtout arrêts *Huvig et Kruslin c. France*, 24 avril 1990.

② 特别参见美国最高法院2004年6月28日的判决（*Hamdi et al. c. Rumsfeld*, *Rasul et al. c. Bush*, *et Rumsfeld c. Padilla et al.*）; Ronald Dworkin, “What the Court really said”, *New York Review of Books*, 12 août 2004, pp. 26 – 30；或者2004年12月16日英国上院作出的决议（UK HL 56, session 2004 – 2005）废除2001年11月的英国法。

③ 参见同前 Yuanyuan Shen 的引文，第35页。

④ Mireille Delmas-Marty, *Les grands systèmes de politique criminelle*, Paris, PUF, 1992 (traduction en chinois par Lu Jianping, éditions juridiques de Chine, 2000)，作者在该书中同时提出了宪法化原则和国际化原则。

⑤ Escarra, *Le droit chinois*, p. 67.

⑥ Mireille Delmas-Marty et Gao Mingxuan (dir.), *Vers des principes directeurs internationaux de droit pénal*, *vol. V*, *Bilan comparatif et propositions*, Paris, Maison des Sciences de l'Homme, 1997, p. 162 sq.

厉的处罚，受到了许多中国刑法专家的欢迎，他们将这条法律规定视为人权领域的一大进步："刑法典通过对国家的惩戒权加以限制，有力地维护了人权。"[①] 还应强调的是，除此之外，新刑法典还取消了一些比较空泛的控诉，如对反革命罪的控诉。

然而，仍然存在一些不足之处：刑法有涉及罪名含糊不清的问题，如危害国家安全罪[②]；还有不属于刑事诉讼程序的羁押问题（因破坏公共秩序而采取的行政拘留，还有公安机关判处的劳教，这些都只是基于一些简单的行政法规作出的处罚）。

2. 司法保障

毫无疑问，重新建构一个司法体系比起制定法规要困难得多。在改革前的一段时间内，中国废除了法律方面的课程，以至于1978年重新开始社会主义法治建设的时候，全国大约只剩下60多人能够教授法律课程。法官也是从退伍军人和公务员中招募的，他们大多都没有进行过法律专业的培训。除了专业培训工作的不足（在个别地区至今仍然存在这个问题）之外，法律工作者地位上的缺陷和权力机构的不平衡也是十分突出的问题。

在此，本文就不对法律工作者的地位问题进行详细分析了。需要指出的是，法官与检察官具有独立地位的原则已经载入1982年《宪法》（第126条）、1996年《刑事诉讼法法典》（第5条）以及1995年颁布的《检察官法》和《法官法》（第8条和第43条禁止非法干预司法）。另外，2001年6月30日和同年12月31日颁布的一部法律中提出要提高大学阶段法律专业教育水平，2002年为落实这项规定，推出司法考试制度，所有从事法律事务工作的人员，包括律师在内，都必须通过这一

---

① Gao Mingxuan et Zhao Bingzhi, "De la réforme du nouveau code pénal chinois", *RSC*, 1998, p. 487.

② 参见 A. Séverin, "La réforme du droit pénal et de la procédure pénale", *Gazette du Palais*, 1997, p. 26 sq。

考试。实际上，党仍然管理着所有的司法干部，政法工作委员会由党委派的人士来领导，该委员会对各级公安机关（警察局）、法院、检察院和司法行政部门的工作起指导和协调作用。2005 年 10 月发表的《中国的民主政治建设》白皮书[①]中，重申了透明原则和（法律工作者的地位）独立的原则。

律师这个刚刚经历了巨大变化的职业，其境遇也是如此。尽管律师事务所的形式多种多样（国办所、合作所，近几年还出现了合伙所[②]），比较接近西方的律师事务所，但是律师这份职业仍然受到司法部的管理和领导，还服从于中国共产党的权威规范。《刑法典》第 306 条（辩护人、诉讼代理人毁坏证据、伪造证据、妨害作证罪）允许在一些棘手的案件中对辩护律师提起刑事诉讼，这种做法几乎是重现了"置法律工作者于法律保护之外"的旧观念。总而言之，尽管律师这一职业越来越稳固，法官和检察官的专业化程度也越来越高，但是法律工作者仍然明显地受制于权力部门，长期处于不平衡的状态。

权力分配的不平衡问题也同样令人担忧，尽管中国也接受了对各权限关系的理想化构想，即法官优于检察官、检察官优于警察、司法权及治安权优于行政权。实际上，中国的情况与构想的完全相反。特别是在行贿受贿或者伪造产品方面，行政权可以对抗司法权（甚至治安权），利用更容易协商的行政处罚代替刑事诉讼。公安部门与检察机关相比具有更大的自主权，因为公安部门可以独立地进行刑事调查，并决定是否拘留，拘留期限原则上是 10 天，他们却可以将期限延长至 30 天。此外，虽然刑事诉讼法试图将法官置于控方与辩方的仲裁人的位置之上，但是《宪法》（第 129 条）规定检察院是"国家的法律监督机关"，检察院可以独立地提起抗诉，通过纠正意见（《刑事诉讼法》第 169 条）对地方

① 参见上文引言部分或网页 http://french. china. org. cn/french/200630. htm。

② 参见 Sun Ping, "Le statut de l'avocat en Chine", RSC, 1999, p. 928; *Le rôle de l'avocat dans la politique criminelle chinoise*, Thèse Université de Paris 1, sept. 2004。

法院进行监督，因为纠正意见赋予检察院“某种高于地方法院的权限”[①]。

对外国法律进行了深入细致的研究之后，中国于1997年进行了一次刑法改革。[②] 通过这次改革，重新平衡权限的愿望得以实现。首先，改革以一种间接但明确的方式承认了无罪推定原则：“没有被法官依法作出判决的行为不能被认为是犯罪行为”（《刑法》第12条）。[③] 这条规定废除了检察官宣告被告人有罪的做法，并肯定了“疑罪从无”的原则（《刑事诉讼法》第162条），用“犯罪嫌疑人”取代了“犯人”或“人犯”的表述方法。其次，这次改革增强了受害人的权利（《刑事诉讼法》第77条和170条扩大了民事行为的范围），并且改善了被告人的辩护权；取消了收容审查制度；在诉讼之前的预备阶段允许律师介入；律师可以与犯罪嫌疑人会面、查阅资料、提出要求，但是在敏感案件中有关档案资料是需要保密的。[④] 最后，审判过程应当遵循对审规定，以避免在庭审之前就确定判决结果；新法还要求法官在主持法庭辩论的过程中保持一定的中立性（《刑事诉讼法》第150条），允许控辩双方更积极地参与辩论。大力加强辩护权[⑤]和非法证据不能作为作证的依据[⑥]，这些都是1997年刑法改革特别关注的问题。总而言之，通过采取无罪推定、加强辩护权的方式，刑事诉讼法已经开始在一定程度上认可了基本权利。

---

① Li Qinglan, *Le rôle du parquet dans la politique criminelle chinoise*, Thèse Université Paris 1, 2003.

② 陈光中，《中国刑事诉讼制度改革之展望》（“La réforme du droit de la procédure pénale en Chine”）, *Revue de science criminelle et de droit pénal comparé*, 1998, p. 1 sq.; L. Luparia, “Le nouveau visage de la procédure pénale chinoise, entre instances légalistes et résistances autoritaires”, *Rev Pénit. Dr. Pénal*, Cujas 2004, n°4, pp. 845 – 853.

③ 出处同上陈光中的文章；Lu Jianping, “Les réformes de la justice pénale en Chine: quel bilan ? Entretien”, *L'Astrée*, 1999, p. 1.

④ Li Qinglan, “La preuve et le secret en droit chinois”, *L'Astrée*, 2000, n°12, pp. 15 – 18.

⑤ www.xinhuanet.com, 16 septembre 2005, le projet de l'Université politique et juridique du Sud-Ouest.

⑥ 陈光中教授访谈，载《人民日报》，2005年4月14日。

3. 基本权利

即使在西方，作为基石的基本权利也出现得比较晚，是在法制与司法保障这两大支柱之后才建立起来的，用建筑学来打比方可以更为形象地阐明法治发展的过程。埃蒂安·皮卡尔（étienne Picard）强调了难理解的部分："如果人们认为是国家创造了法律，那么就不会轻而易举地想到基本权利是建设法治国家的基础。但是相反的，我们应当看到，正是基本权利将国家变成了法治国家，同时法治国家以实现基本权利、保障基本权利为已任。"①

此外，还应当考虑到公民权利与政治权利和经济权利与社会权利之间的不对称性。尽管这两种权利不可分割的原则是1948年《世界人权宣言》的基础，但是两者的分割状态仍在继续，因为有选择地行使权利使得该原则长期被忽视。

关于公民权利与政治权利，在世界范围内已经逐渐明令禁止使用酷刑。该规定早在1948年就被写入了《世界人权宣言》，后来又在联合国的许多条约中被反复提及，如1966年《公民权利与政治权利公约》以及1984年公约。该规定也是对反人道罪定义的内容之一（1993年和1994年联合国决议、1998年《罗马公约》）。中国现行刑法明令禁止"刑讯逼供"，规定在任何情况下，包括行政拘留场所和劳动改造场所②，只要实行"刑讯逼供"都应受到处罚。然而，在实际执行过程中，"刑讯逼供"的情况仍然存在，这是由于司法工作人员专业素质不高，审讯过程中也没有律师在场，且更重要的是有关部门对此做法采取默许态度。③ 不过，至少禁止酷刑的规定在原则上没有受到质疑。

然而，西方国家内部对于死刑问题也存在着分歧：尽管欧洲（《欧

---

① E. Picard, "L'émergence des droits fondamentaux en France", *Actualité juridique de droit administratif*, *Les droits fondamentaux*, 1998, p. 6 sq.

② *Vers des principes directeurs internationaux de droit pénal*, *op. cit.*, Vol. II, 1995, p. 13, 168 et 273, et Vol. V, 1997.

③ 出处同上，第2卷第295页。

洲人权公约》第 6 号附加议定书和《欧盟基本权利宪章》第 2 条第 2 款）和国际刑事法庭已经废除了死刑①，但是美国直到最近仍然对精神病患者和未成年人实施死刑②。中国历史上对于死刑问题与当代的反差是十分强烈的，当代关于死刑的学说已经发生了变化，介于 20 世纪 80 年代极其意识形态化的措辞③与更为中立的观点之间。如今，已有学者对死刑进行强烈批判，因为死刑违背了尽量少杀的原则，同时认为该原则应当禁止将死刑的核准权下放给地方，因为这种做法会导致“滥用死刑”④。1997 年，一些刑法学家还认为采取比例原则可能会有助于限制死刑的判处数量，并“为最终废除死刑创造有利条件”⑤。

但是，这种变化过程是比较曲折的：1979 年刑法规定不能对未成年人（直至 1997 年都还可以判处死缓）和精神病患者判处死刑；但是，由于开展“严打”，可以判处死刑的罪种反而增加了，判处死缓也由于核准权下放给地方而变得更容易（以前需要国家级法院核准，这种做法似乎会对死刑判决起一定的约束）。1997 年修订刑法时，对死刑的适用范围进行了限定，减少了可以判处死刑的罪种，并且对各种金融经济罪作出规定⑥，除了经济犯罪之外，其他犯罪情况均维持过去的由地方进行死刑核准的做法。

虽然没有官方的统计数据，但是根据已公布的对现存可获资料的评

---

① William A. Schabas, “Life, death and the crime of crimes, supreme penalties and the ICC Statute”, *Punishment and Society*, vol. 2, n° 3, 2001, pp. 263 – 285.

② William A. Schabas, “Les réserves des états-Unis d’Amérique au Pacte international relatif aux droits civils et politiques en ce qui a trait à la peine de mort”, *RUDH*, 1994, p. 137; W. A. Schabas (éd.), *The Abolition of the Death Penalty in International Law*, Cambridge, Cambridge University Press, 3e éd., 2002; Gérard Cohen-Jonathan et William A. Schabas (dir.), *La peine capitale et le droit international des droits de l’homme*, Librairie générale de droit et de jurisprudence, 2003.

③ Gao Mingxuan, “A brief dissertation on the death penalty in the criminal law of RPC”, *Revue internationale de droit comparé*, 1987, Vol. 58, pp. 399 – 405; Yu Shutong, “Le système de la peine capitale dans le droit pénal chinois”, *Ibid.*, pp. 689 – 695.

④ *Vers des principes directeurs internationaux de droit pénal*, *op. cit.*, Vol. II, *Chine*, p. 331.

⑤ Ibid., Vol. V, pp. 184 – 186.

⑥ Li Qinglan et N. Macbeans, “The death penalty in China, a base line document”, déc. 2003 inédit et tableau comparatif de la liste des crimes capitaux dans les codes de 1979 et 1997.

估结果，中国的死刑执行量占全世界总量的70%到80%。Li Qinglan et N. Macbeans, *op. cit.* 因此，中国最近开始了一次新的讨论，虽然还不是针对废除死刑的问题，但至少也是针对有关死刑的使用问题进行一些彻底的、诉讼程序方面的改革。中国人民大学的一个研究小组在引述了贝卡利亚（Beccaria）的言论之后指出，中国共产党曾经将废除死刑写入1922年7月的纲领中，要求对非暴力性犯罪取消死刑。[①] 另外，一些大学研究人员和律师建议加强死刑的辩护权。[②] 几位人大代表还提交了要求最高人民法院收回死刑核准权的法案。2004年3月，全国人民代表大会和最高人民法院院长再次提到了由陈忠林提出的这一法案（2003年3月），随后，2005年9月，最高人民法院决定针对这一问题开设了三个专庭。[③] 针对死刑使用问题的改革也被列入《人民法院第二个五年改革纲要（2004—2008）》[④] 中。

至于经济、社会与文化权利方面，中国的整体情况还比较令人满意。经济学家阿马蒂亚·森（Amartya Sen）在对中国与印度进行了比较之后，1979年曾公开确认，中国的人口识字率比印度高（特别是在青年当中），公共卫生条件也比印度更好。[⑤] 其实，中国出现这种状况也是与传统分不开的，可以视为是对古代贤士标准（教养）的一种现代反映。[⑥] 但是我们也应该发现，1990年之后，由于下岗问题的出现，失业率不断

---

① Zhao Bingzhi（éd.）, *The Road of the Abolition of the Death Penalty in China—Regarding the Abolition of the non-violent Crime at the Present Stage*, Press of Chinese People's Police University, 2004, p. 2. R. Badinter, *L'abolition*, Paris, Fayard, 2000（该书于2003年出版了中文版）。

② 在欧盟的支持下，中国人民大学和法国国家政治科学基金会于2004年1月和5月分别在北京和巴黎组织了研讨会。

③ B. Philip, "Le régime chinois veut limiter le nombre d'erreurs judiciaires dans les verdicts de peine de mort", *Le Monde*, 8 Oct. 2005.

④ 该纲要发表于2005年10月27日，http://www.court.gov.cn/news/bulletin/activity/200510270005.htm。

⑤ Amartya Sen, *Un nouveau modèle économique*, Paris, Odile Jacob, 2000, p. 51 et 259.

⑥ 参见 Pierre-étienne Will, "Science et sublimation de l'état en Chine pendant la période impériale tardive", *Actes de la recherche en sciences sociales*, juin 2000, p. 18; Jacques Gernet, "éducation", in *L'intelligence de la Chine*, Paris, Gallimard, 1994, pp. 98 – 132。

攀升，随着20世纪80年代初以来农民工队伍的壮大，新增贫困人口[①]的数量也在不断增加（2004年已达到1.4亿人）[②]。此外，对于中国这样一个至今农民人口仍然占多数、单位曾经长期对劳动者的工作与生活给予全面保障的国家，对劳动权的保护仍然仅仅处于起步阶段。自1992年起，随着国内新法律法规的制定，特别是1994年的《劳动法》和2001年的《工会法》的制定[③]，以及对世界劳工组织二十多条协定和联合国2005年《经济、文化与社会公约》的批准，劳动权益保障部门应运而生。然而，尽管2001年的《工会法》规定在“停工”或者“拖延工期”的情况下应采取协商的诉讼程序，但是工会仍然坚持垄断的方式，罢工权也未能得到明确的保障。[④]

此外，位于民事权利与政治权利和经济权利与社会权利之间交汇处的物权成为接下来的改革目标。所有权是由民法通则规定的，在1982年宪法中，所有权仅局限于国家所有和集体所有两种形式，1999年的宪法修改仍然含糊不清：“虽然这次改革没有提及生产资料私有制，但是改革为私有制提供了一个法制保障，同时还对私有制的合法性进行了限制。”[⑤] 与此相反，2004年，保护私有财产以一条普适性原则的形式被写入了《宪法》第13条，这就消除了过去存在于消费与生产之间的区别。但是，该条法律保护的是“合法”财产，由此对立推理可知，被视为“不合法”的财产无法得到保护。《宪法》第12条还将社会主义的公

---

① Michel Bonnin, “Les métamorphoses du totalitarisme”, *Le Débat*, n° 117, 2002, pp. 114 - 135, spéc. p. 131; Y. Chevrier, “De la révolution à l’état par le communisme”, ibid., pp. 92 - 113, spéc. p. 99.

② Zhan Shaohua, “Migration de la main d’oeuvre rurale en Chine: défis pour les politiques”, *Politiques sociales*, n° 10, Documents politiques Most-2, Unesco, 2005.

③ 2005年4月，已接受了联合国相关委员会的检查；参见《中国民主政治建设白皮书》。

④ Zheng Aiqing, *Les libertés et les droits fondamentaux des travailleurs en Chine: critiques et perspectives au regard du droit français et des normes internationales*, thèse Université de Paris 1, 2004, p. 176 sq.; Alexandre Morin et Thierry Pairault, La Chine au travail, ECM, 1998.

⑤ Thierry Pairault, “Droit de propriété et réforme du secteur d’état”, *Études chinoises*, Vol. XX, n° 1 - 2, 2001, p. 26.

共财产称为“神圣不可侵犯”[①] 的权利。无论意义如何，这次宪法修改把在更大范围内保护人权的原则写入了中国宪法（第33条第3款），这不仅仅是中国因为加入世贸组织而象征性地表现出国际化，而且还确实标志着中国法律的宪法化进入了一个新阶段。

二、加强程序性

为了突出加强程序性这项工作的特点，我们将使用两个新词：“宪法化”和“国际化”。尽管中国加强程序性的工作尚未完成，还无法看到其结果如何，但是推进这项工作的过程已经表现出一种能够巩固法治建设的动力。

1. 宪法化

自从1908年夏《钦定宪法大纲》发表以来，中国经历了多次立宪和修宪。1933年，主稿人之一吴经熊[②]公布了宪法第一草案，该草案认可了“五权理论”。“五权理论”是将西方的三权分立传统与中国政治历史上所特有的两权综合而成的，两权即监察权和考试权，前者源自始于明朝、衰于清朝的监察御史制度，后者则源自用于挑选官员的科举考试制度。[③] 1936年5月5日正式公布了这部认可了“五权理论”的宪法草案，即《五五宪法草案》，1937年5月18日又对宪法草案作出修改。对“五权理论”的认可本来能够使中国向着由监察院与司法院共同审查合

---

① Commentaire de Li Bin, *Le droit de propriété, étude comparée franco-chinoise*, thèse en cours, Université de Paris 1；另见 Shi Jiayou, *La codification du droit civil chinois au regard de l'expérience française*, thèse de l'Université de Paris 1, 2005, n° 199 sq。

② 参见 Tsien Tche Hao, *La Chine*, Paris, Librairie générale de droit et de jurisprudence, 1976, p. 67 sq。

③ 参见 Tcheng Chao Yuen, *L'évolution de la vie constitutionnelle de la Chine sous l'influence de Sun Yat Sen et de sa doctrine*, Paris, Librairie générale de droit et de jurisprudence, 1937, 特别是第124页的比较图。

宪性的方向发展，监察院拥有合宪性审查的提案权，司法院具有解释权。[①] 但是，宪法化进程由于抗日战争和解放战争而中止，1947 年 1 月通过的宪法最终在台湾得以施行。由于受到西方模式的影响，台湾的合宪性审查并非如更符合中国传统的 1936 年法案所设计的那样，即先由“监察院”进行提案，而是直接由“司法院”实施。[②]

中国大陆现行的宪法并没有继承上述原则。该宪法于 1982 年得以通过，之后又经过多次修订。[③] 这部宪法阅读起来非常困难，因为其中法律方面的内容仍在不断变化。而且宪法还加入了比较意识形态化的序言，该序言表面上看来是固定不变的，但其实是层层累积而成的，就像是每位新任领导都要遵从其所有前任领导一样。1982 年宪法反映了邓小平开创经济发展、保持社会稳定、推进中国现代化建设的观念，但它同时还继续坚持从前提出的四项基本原则，并在序言中一一列举了这四项内容。[④] 同样的，1999 年宪法修正案为宪法第 5 条加入了一段新内容，明确提出了依法治国的概念，还在宪法序言中引入了“邓小平理论”。另外，正如我们所看到的那样，2004 年 3 月的宪法修订案补充了第 33 条（“国家尊重和保障人权”），并在第 13 条加入了保护私有财产的内容，还在序言中增加了“三个代表”的内容。

这种将具有历史价值观的意识形态措辞与具有未来价值观的法律内容相结合的方式，无疑加剧了宪法的整体模糊性。这样做既沿袭了过去的传统，又预示着将来的转变，虽然为改革开辟了道路，但是却从未对改革的实施提供实实在在的保障。尽管宪法中也提到了一些新的原则

---

① 参见 Tcheng Chao Yuen 文章的附录部分（第 177 页）第 140 条，al. 2（“la loi doit être reconnue en contradiction ou non avec la Constitution par le Yuan de contrôle qui doit la présenter au Yuan judiciaire dans un délai de six mois pour en demander l'interprétation”）及第 141 条（“le pouvoir d'interprétation de la constitution revient au Yuan judiciaire”）。

② Jean-Pierre Cabestan, *Le système politique de la Chine populaire*, Paris, PUF, 1994; *Le système politique de Taiwan*, Paris, PUF, 1999.

③ Chen Jianfu, “La dernière révision de la Constitution chinoise”, *op. cit.*

④ 参见 Stanley B. Lubman et Leïla Choukroune, “L'incomplète réforme par le droit”, *Esprit*, février 2004, p. 122 sq。

（关于人权和物权），以及一些已经约定俗成的原则，如依法治国原则，但是无论如何，能否实现宪法规定的所有基本权利将取决于是否能够进行合宪性审查。

因此，实行合宪性审查是尚未逾越的决定性阶段。尽管目前中国政府不存在对合宪性审查制度给予明确肯定的政治意愿，但是法官仍然作出了谨慎的尝试：2001 年 8 月 13 日公布的一条司法解释引起了多方关注，最高人民法院民一庭首次认定，即使没有普通法律的规定，违反宪法原则的案件（此案涉及教育权问题）仍然可以直接要求被告作出赔偿。这条司法解释主要是针对私人性法律案件，国家作为被告的可能性很小。

但是，2003 年孙志刚的悲剧再次引发了有关这一问题的讨论。孙志刚是一名大学生，他在羁押期间受到了警察的刑讯逼供，最终致死，这一事件使人们对于仅凭简单的身份检查便能实行羁押的司法制度产生了质疑。有三位法学家行使了 2000 年《立法法》第 90 条规定的提案权，致信全国人大常委会，对该事件涉及法规（一条由国务院通过的规定）的合宪性提出了质疑，并建议开始实行合宪性审查。国务院在人大作出决定之前就废除了这条受到质疑的规定。不管怎样，合宪性审查的理论已经引起了广泛关注①，有些学者建议在人大内部设立一个宪法委员会，还有人建议建立一个真正的宪法法庭。由此可以看出，中国民众对于宪法的了解程度已经得到了很大提高。②

---

① 特别参见 le compte rendu du colloque de Qingdao diffusé au site internet, http://www.usc.cuhk.edu.hk/wk_wzdetails.asp?id=2550；另见 Ji Weidong et He Weifang, *Propositions du 5 mars 2004*, site internet 10 avril 2004；Shi Jiayou, *La codification du droit civil chinois...*, *op. cit.*, n° 71 sq. Voir également le colloque "Constitutionalism and judicial power in China", Centre d'études et de recherches internationales (CERI), Fondation des sciences politiques, Paris, 12－13 déc. 2005。

② 参见 Chen Jiafu, "La dernière révision de la Constitution chinoise", *op. cit.*, notes 79 et 82，文章指出 2002 年苏州大学公布的一项研究结果（96.9% 的被访者知道宪法的存在，66% 的被访者认为该宪法是用来规范国家管理、保护公民权利的），还举了一个例子，一位家住北京的老人在涉及保护私人财产的宪法修订案颁布两周后，指出对他建于一百年前的房子强制拆迁违背了该宪法。

虽然主要困难并不是法律上的，而是政治上的[①]，但是无论如何，我们不能排除中国方面最终可能还是会考虑到这些舆论导向的，因为国际法能够使人们从不同的角度重新思考这一问题，由一位中国法官进行内部合宪性审查，总比由一位国际法官或者由其他的国际权力机构或超国家权力机构从外部实行审查要好得多。

2. 国际化

无论是在法哲学方面还是实在法方面，中国与西方的交流由来已久，且错综复杂。

20世纪初，康有为和梁启超发起了一场轰轰烈烈的思想运动，于是出现了将中国法与西方法相“融合”的乌托邦想法，认为西方法与中国法是同质的。1910年，清末预备立宪委员会[②]在上呈给皇帝的报告中提出了将中西两法“融合”的乌托邦想法。该想法实际上是理想主义与实用主义的结合，前者源自“三世论”，后者则是想通过吸收西方法使中国重新获得主权，因为中国与列强签订的商贸条约规定，当中国实现其法律现代化时，列强便会废除领事裁判权并承认领土权原则。[③] 关于这一点，中国当时的情况会让人回想起19世纪德国的历史法学派提出的民族普遍主义，该观点主张重新采用传统的罗马—日耳曼法，反对在德国使用《法兰西民法典》[④]。

清王朝衰落之后，革命者依然没有放弃西方化的努力。相反，在1919年“五四运动”打破传统观念的影响下，中国继续效仿外国的理论，但更多的是“不考虑本国的历史发展特点”[⑤]，直接照搬外国的法律

① 参见2004年3月14日温家宝在记者招待会上的回答，*Les nouvelles de Chine*, La lettre du centre Asie, IFRI, n° 14（mars 2004）, Réformes et réalités socioéconomiques, p. 5 sq。

② 参见Jérôme Bourgon, *Shen Jiaben et le droit chinois à la fin des Qing*, thèse EHESS, 1994, p. 767 sq。

③ 参见Li Guilian et Zhang Zhiqiang, *op. cit.* 。

④ J. L. Halpérin, *Entre nationalisme juridique et communauté de droit*, Paris, PUF, 1999.

⑤ Tcheng Chao Yuen, *L'évolution de la vie constitutionnelle de la Chine sous l'influence de Sun Yat Sen et de sa doctrine*, *op. cit.*, p. 58.

文本，而并没有将已有的法律规范系统化。诚然，之后改革派的构想都采取的是一些更具创新性的中西合璧的形式，如上文提到的“五权理论”，但是从1927年到1949年，即军阀统治时期和后来的国民政府时期，法制进程主要表现为重新回归中国特色，这种做法也得到了像埃斯卡拉（Escarra）这样的西方法学家的支持。① 1911年辛亥革命之后，中国彻底放弃了实现法律现代化的努力，法律现代化是清朝末年沈家本等改革派法学家提出来的。

第二次世界大战结束后，普遍主义潮流重新兴起，美国比较法学家罗斯科·庞德（Roscoe Pound）在南京国立政治大学演讲时曾经对普遍主义给予肯定：“存在一些普遍性原理……人类是能够依靠理性去发现并通过经验去检验的，因此每个国家都拥有一套完整的民族性法律是完全没有必要的。”② 尽管当时的政局十分动荡（或者也可以说，正是这种动荡给了当时驻联合国代表张彭春更多的自由空间），中国依然参与起草了《世界人权宣言》，并于1948年12月10日投票通过了这部宣言。像吴经熊这样的法学家所做的努力（1933年宪法草案的撰写工作结束之后，他又担任了人权委员会中国代表），证明了当时中国的法律界似乎正在积极地推进与国外的交流。吴经熊既是一位对西方法了如指掌的出色的法律专家，又是一位对西方法各派别相当有经验的评论家③，因此如果说是中国的政治历史将西方法与中国的法治建设结合在了一起，那么吴经熊则在这个过程中功不可没。

20世纪末以来，经历了毛泽东时期的波折之后，中国的理论界又开始关注外国模式，关注中国法律与西方标准、本国标准、国际标准之间

---

① Jean Escarra, *Le droit chinois*, *op. cit.*, pp. 83 - 84.

② Roscoe Pound, *Some problems of the administration of justice in China* (conférences données en 1947 - 1948), Nankin, National Chengchi University, 1948, p. 6.

③ 参见他极为细腻的分析：“Stammler and his critics”, résumé en un tableau à trois entrées (Scylla, Charybdia et Via Media), in Rudolph Stammler, *The theory of Justice* (1925), rééd. Rothman, 1969, Annexe II, p. 586; ou “Individualism, collectivism and personalism”, in *Fountain of Justice: A Study in the Natural Law*, New York, Sheed and Ward, 1955, p. 43 sq。

的和谐问题（而不再使用“融合”这个词了）。中国重新回到了国际舞台，主要表现为中国通过了越来越多的国际文本，包括保护人权公约①和环境保护等其他重要领域的协定（批准了关于气候变化问题的《京都议定书》）②。史蒂夫·陈在对美国与中国进行比较研究之后，发现在国际人权法的整体问题上，两国之间存在着较大差异。在史蒂夫·陈列举的8部公约中，美国仅批准了4部，而中国截至他研究结束时共批准了6部，现在已经达到了7部。③ 另外，最近出版的一些关于对非暴力性犯罪、废除死刑④或者谈论国际刑事法院地位问题⑤的书籍表明，中国对国际法的熟知程度正在提高，同时也对一些作为法律依据的理论产生了一定的怀疑。

但是还应当看到，国际法本身存在着不对称性，国际法无论是在形式上还是在具体的协调上都有待完善。⑥ 当然，人权出现在司法领域中的确可以被视为一次重大变革，或者说是一次“突破性的革命”，因为如此一来，法律并非为国家服务，而是为基本权利服务。这就像是将法律置于国家之上，甚至可以在国家侵犯了基本权利的情况下对这个国家进行审判，欧洲人权法院采取的就是这种做法。但是，在亚洲并不存在人权法院，联合国人权委员会也远不能为一个真正的国际法院提供独立、高效的保障。唯一能够为人权提供国际司法保护的是国际刑事法

① 反对种族歧视、种族屠杀和酷刑的公约，保护儿童、妇女和难民的公约，经济、社会与文化公约；参见 Steve Chan, “Human rights in China and in the United States”, *op. cit*。

② 参见 Roda Mushkat, “Potential impact of China's WTO accession on its approach to the Trade-environment balancing Act”, *Chinese Journal of international Law*, vol. 2, n° 1, 2003, p. 227 sq.

③ Steve Chan, “Human rights in China and the United States”, p. 1048.

④ *The road of the Abolition of the Death Penalty*, *in China*, *op. cit.*; notamment Gao Mingxian et Li Wenfeng, “On the perfection of the legislation concerning death penalty in China, seen from the International Covenant on the Civil and Political Rights”, pp. 57 – 61; Lu Jianping, “On the abolition of the death penalty for the non-violent crimes: viewing the international process of abolishing and reducing the death penalty”, pp. 62 – 67.

⑤ 参见 Zhao Bingzhi, ed., *International Criminal Court*, *Manual for the Ratification and Implementation of the Rome Statute*, *op. cit*。

⑥ Pierre-Marie Dupuy, *L'unité de l'ordre juridique international*: *Cours général de droit international public* (2000), La Haye, Académie de droit international, Martinus Nijhoff, 2003.

院，但是这种保护程度也仅限于起步阶段，且国际刑事法院只能对个人进行审判，无法审判国家（更何况中国到目前为止还没有承认国际刑事法院的地位）。

相反，由于今后在建立世界司法秩序时，世贸组织争端处理机构将会发挥越来越强大的作用，所以在国际法中，世贸组织具有特别重要的地位。2001 年 12 月 11 日，中国正式加入世贸组织，这是继 1978 年和 1992 年之后，第三次掀起改革浪潮。这次改革不仅涉及实体法（公司法、合同法、知识产权、保险、竞争、对外贸易……），从更宽泛的角度来看，改革还受到入世议定书所定原则的影响：透明度原则、法律统一实施原则、对行政行为的监督审查原则。正是中国在入世时的出色表现，使其重返国际舞台变得举世瞩目。但是也必须承认，对于国际贸易法问题上的争议，中国往往采用一些回避性的概念，罗贝尔·吉约蒙（Robert Guillaumond）早在 20 年前就对这一点作出了强调①，回避性概念所产生的影响在一定时期内会越来越强。

另外，还有民主问题。在当今的国际社会中，民主也正在经历着发展变化，但发展的道路并非一帆风顺，有时甚至还会出现倒退现象。②总之，国际法的不对称性会引发一些新的失衡危险。

三、新的失衡危险

民主与法治之间的关系似乎很明确。这两个概念往往用在国家层面

---

① R. Guillaumond, "Sur la conciliation interne et internationale", *JCP*, 1983, II. 14 021; sur la souplesse et le pragmatisme du droit chinois, "Le droit chinois est-il prévisible?", *Gazette du Palais*, déc. 1997, pp. 19 – 20; 另参见 J. Sagot et Hanqi Xie, "Le règlement des conflits", *L'actualité du droit chinois des affaires*, Société de législation comparée, 2004, pp. 105 – 126。

② M. Chemillier-Gendreau, "L'état de droit au carrefour des droits nationaux et du droit international", *L'état de droit. Mélanges en l'honneur de Guy Braibant*, Paris, Dalloz, 1996, p. 65; 另见 *Droit international et démocratie mondiale: les raisons d'un échec*, Paris, Textuel, 2002。

上，包括正处于转型时期的国家[①]，并且作为国际术语常会被连在一起使用[②]：民主以三权分立、自由选举为基础，可以说民主必然意味着法治的到来，这里所说的法治，其含义已在上文中进行了探讨（即法制、司法保障和基本权利）。对于像中国这样的国家而言，经济开放有利于国家朝着民主与法治的方向转变。

然而，由于世界并非一成不变，所以现实情况也是变化不定的。在中国的现代化建设过程中，现代国家的概念也随着新型国家的出现而发生着变化，有时我们会把这种新型国家称为“后现代”国家。现代国家崇尚的是理性，国家有权制定法律并采取法制约束，而后现代国家的特点则是变化不定、错综复杂、不可确定。[③] 随着经济全球化与价值普遍化之间的矛盾越来越强，民主与法治也面临着危机。如果不考虑国内阻力的因素，那么这种危机的出现也可以用来解释为什么中国的经济开放会促使其向民主与法治的方向转变。

1. 民主与法治的危机

危机首先来自于国内。一方面，由于出现了“参与式”民主的形式，代议制民主被大大削弱。另外，由于代议制民主不涉及建立团体组织（政党和工会）的内容，所以这种民主缺乏严格的规范。[④] 另一方面，由于宪法法官有权废除已由议会通过的法律，所以民主变得很不稳定，

---

① 例如，1993 年的俄罗斯宪法第 1 节中，将俄罗斯联邦视为“联邦民主国家”和“法治国家”。

② 参见 Conférence sur la sécurité et la coopération en Europe（CSCE） et Charte de Paris, 21 Nov. 1990；Conférence mondiale sur les droits de l’homme et Déclaration de Vienne, ONU, 25 juin 1993；Préambule, Charte des droits fondamentaux de l’Union européenne（déc. 2000）, partie II, Projet de constitution, juillet 2003。

③ 参见 Jacques Chevallier, *L’état post-moderne*, Paris, Librairie générale de droit et de jurisprudence, 2ème éd., 2004, notamment “Les transformations du droit”, p. 85 sq。

④ 参见《欧盟宪法草案》（2004 年 12 月欧盟委员会批准，但由于包括法国在内的几个国家没有通过该草案而搁置），在代表性民主原则（第 I 章第 45 条）之后，明文规定了参与性民主（第 I 章第 46 条和 47 条），还包括一条有利于欧洲公民的诉愿法（第 I 章第 47 条第 4 款）。

会有出现所谓的"教皇职位世俗化"① 的危险，即"法官的管理"会迫使法治对抗民主。② 除此之外，即使是在西方国家，在一些重要领域内，如与新形式的恐怖主义所进行的斗争中，行政权优先的做法也对民主构成了威胁：特别刑事条例有变为惯例的趋向，其使用范围逐渐由国外扩大至国内，从暂时性条例变为永久性条例。2001 年 9 月 11 日恐怖袭击发生以来，我们可以发现，无论是在美国（《2001 年美国爱国法》从 2005 年 12 月 21 日起延长六个月）还是在欧洲（2001、2002、2004、2005 年的《法国法》，2001 年和 2005 年的《英国法》、欧盟的 2002 年《框架决议》）都出现了上述现象。以上法律赋予警察更多的自由裁量权，破坏了三权分立的原则，尽管最高法院的法官会对上述法律的实施情况进行监管，但是这些法律仍然表明"向着摧毁法治建设的方向迈进了一大步"③。

然而，对法治建设的摧毁更直接地源自"第二次全球化"。在经济流动和国际金融一体化方面，第二次全球化逐渐赶上了第一次全球化的水平④，并且还逐渐触及了司法领域⑤。这一次全球化有两个主要特点，一是国界的范围不断向外延伸，二是由于没有了领土和界标的限制，无国界的潜在空间也越来越大。⑥ 于是，这种现象对所谓的"国际"法产生了较为负面的影响，国际法的主体不再仅仅是民族国家，而且还包括

---

① Ronald. Dworkin, "Un pontificat laïc", in Robert Badinter et Stephen Breyer (dir.), *Les entretiens de Provence. Le juge dans la société contemporaine*, Paris, Fayard, 2003, p. 83 sq.

② Jürgen. Habermas, "L'état de droit démocratique: la réunion paradoxale de principes contradictoires?", in *Une époque de transitions. écrits politiques 1998 – 2003*, Paris, Fayard, 2005, pp. 167 – 194; *Droit et démocratie: entre faits et normes*, Paris, Gallimard, 1997; également Gérard Timsit, *Les figures du jugement*, Paris, PUF, 1993; *Gouverner ou juger, blasons de la légalité*, Paris, PUF, 1995.

③ 参见 J. C. Paye, "The prevention Security Act britannique du 11 mars 2005", *Revue trimestrielle des droits de l'homme* 2005, pp. 635 – 647。

④ 参见 Suzanne Berger, *Notre première mondialisation. Leçons d'un échec oublié*, Paris, Seuil, 2003, p. 6。

⑤ Mireille Delmas-Marty, "Les limites du relativisme juridique", in *Les forces imaginantes du droit: le relatif et l'universel*, Paris, Seuil, 2004, pp. 220 – 394.

⑥ M. -A. Frison-Roche, "Le droit des deux mondialisations", in *La mondialisation entre illusion et utopie*, Archives de philosophie du droit, Tome 47, Paris, Dalloz, 2003, p. 17 sq.

跨国公司、非政府组织、国际组织等，因此我们甚至可以说，国际法“依然是一种诞生于各个国家之间的法律，但在各个国家之间所起的作用越来越小”①。由此，在必须纳入更多国际性、地区性和世界性准则的国内法实现国际化②的同时，也确实出现了一种国际法“私有化”的现象。

在建立国际司法秩序的过程中，全球化表现出一种悖论，既推进了民主进程，又加重了法治危机。传统的主权主义模式（亦称为“格劳秀斯模式”）要求各个国家享有平等的主权，是以国与国之间的关系为基础的；而现在又出现了一种新的模式，即世界主义模式（亦称为“康德模式”，参见他的《永久和平论》）。1945 年，随着《联合国宪章》的公布，世界主义模式应运而生。该模式认为社会将趋向于建立一种世界秩序，这种世界秩序不会取代国内公共秩序，但是会叠加于国内公共秩序之上。这是一种超国家概念的模式，其特点是制定一些强调多边协定规则的法律规范，这些多边协定既包括地区性的，也包括全球性的。③

这样一种变化可能会在一定时期内对法治的所有构成部分，即法制（标准会大量增加，并由统一的标准割裂为多种标准）、司法保障（国内法院和国际法院、正式法院和准法院的数量可能会倍增）和基本权利（不同阶层之间的冲突可能加剧）产生负面影响。对中国的法律进行分析时，无须再去区分不同的模式——社会主义模式、新权威主义模式、集体模式和自由民主模式，这些模式只是符合各种国家政治战略的需要

---

① S. Laghmani, “Droit international et droits internes: vers un renouveau du jus gentium”, in *Droit international et droits internes*, *op. cit.*, p. 39.

② Jean-Bernard Auby, *La globalisation*, *le droit et l'état*, Paris, Montchrestien, 2003, p. 133 sq.

③ 参见上述 Auby 书中的例子：继 1948 年《世界人权宣言》之后，出台了《联合国人权公约》(1996)、联合国安理会关于国际刑事法庭的决议（1993—1994）、提出国际刑事法院地位问题的《罗马公约》(1998)；另外，继《关贸总协定》之后，又根据《马拉喀什协定》成立了世界贸易组织和世界贸易组织争端处理机构（1994）。

而已。[①] 今后的分析还应考虑到下列因素：国际法的来源渠道越来越多、中国法官的权限也不断扩大、国际社会还出现了国际法官。[②]

然而，并不是所有国家，甚至包括民主国家都能够轻松地接受从国际法到超国家法的转变。许多国家，特别是美国，对国际刑事法院和康德模式的敌对立场十分强硬。罗伯特·卡根（Robert Kagan）通过“美国的强大”与“欧洲的软弱”解释了两种截然相反的模式的出现，即美国式的单边主义和欧洲式的多边主义，他个人认为，这是一个制度性的问题，是无法解决的。[③] 为了扭转这种局面，应当研究一些更具创新性的方法，灵活地解决问题。正处于建设之中的欧洲可以借鉴其失败的教训和危机处理的经验，提供另一种解决问题的模式；同时，美国也应当积极努力思考，考虑建立一个新的国际秩序。[④]

总之，从20世纪初全盘照搬西方模式到充分利用全球化带来的“新资源”[⑤]，中国经历了“从西方化到全球化”的过程，这是一项十分浩大的工程，看来全球化的确意味着某种相互性。但是，既然涉及中国的法治建设，就还应该强调一点：全球化始终将经济权与经济全球化放在第一位，这可能会不利于实现价值的普遍化。真正的法治建设应超越

---

① Randall Peerenboom, “Competing conceptions of rule of law in China”, in Peerenboom (éd.), *Asian Discourses of Rule of Law: Theories and Implementation of Rule of Law in Twelve Asian Countries, France, and the U. S.*, Londres, Routledge, 2004, p. 113 sq.; R. Peerenboom, *Chinas's Long March toward Rule of Law*, Cambridge, Cambridge University Press, 2002 (recensions: J. Horsley, *The Journal of Asian Values*, 2004, pp. 162 – 163; et dans une perspective plus critique, Leçla Choukroune, *Perspectives chinoises*, 2004).

② 参见 *La juridictionnalisation du droit international*, Colloque de la Société française pour le droit international, Paris, Pedone, 2003; Julie Allard et Antoine Garapon, *Les juges dans la mondialisation. La nouvelle révolution du droit*, Paris, La république des idées, Seuil, 2005。

③ Robert Kagan, *La puissance et la faiblesse: les états-Unis et l'Europe dans le nouvel ordre mondial*, Paris, Plon, 2003; Of *paradise and Power: America and Europe in the New World Order*, Knopf, 2003; Tony Judt, “America and the World”, *The New York Review of Books*, 10 avril 2003, p. 28.

④ David P. Calleo, *Rethinking Europe's Future*, Princeton, Princeton University Press, 2001; A. M. Slaughter, *A New World Order*, Princeton, Princeton University Press, 2004; Jeremy Rifkin, *The European Dream*, Polity, 2004.

⑤ 参见 Yves Chevrier, “Une nouvelle histoire du 20ème siècle chinois”, *Université de tous les savoirs*, 6 janvier 2003。

国家的政治阻力，依赖中国和国际社会的力量，消除两极之间不断升级的紧张态势。

2. 经济全球化与价值普世化之间的矛盾

普遍主义并不是个新兴概念，但是一直以来，普遍主义与实在法被视为两个互不相干的概念。因此，在西方国家中，普遍主义给人的印象是与“自然法和人为法”相去甚远，也远远无法对法律体系的相对主义构成威胁。但普遍主义却给予法律体系某种理论上的合理性，另外，以不同体系间的平等为基础的国际法更巩固了这种合理性。① 中国的情况也不例外，正如安妮·程在谈到19世纪末普遍主义盛行时所指出的那样：“有一些方法可以令普遍化原则与某种民族主义相结合。”② 康有为在其著作《大同书》中提到了“太平世”的传统表述方式，目的在于推进人类的进步。他的弟子梁启超也援引了相同的传统观念：“孔子之作《春秋》，治天下也，非治一国也，治万世也，非治一时也。”③

1948年《世界人权宣言》的创新之处在于，将普遍原理转变成几部具体的实在法，由此用以对人权和人类加以保护的法律规范得到了长足发展。尽管由于保护人权的法律规范被分为两部分（1966年的两部联合国公约），并且在全世界范围内对这些法规实施情况的监督力度有所欠缺（一些地区并没有类似欧洲、美洲或非洲人权法院这种类型的法院），所以实现这种转变的意义被大大削弱，但是随着经济全球化的发展，潜在的冲突业已显现。

1989年冷战结束后，各国纷纷打开市场大门，也很快为此出台了一系列与法治建设相关的措施。从那时起，开放市场的做法便加剧了基本权利之间的不均等发展问题。诚然，国际金融组织以“善治”为名，为民主和法治提出了许多必要的要求，如政府具有代表性、消除腐败现

① M. Delmas-Marty, *Le relatif et l'universel*, *op. cit.*.

② Anne Cheng, *Histoire de la pensée chinoise*, *op. cit.*, p. 628.

③ 同上，第627页。

象、实现透明化。但是，实际操作起来，人权和善治“是无法重叠在一起的”①。

受到人权自由或新自由主义思想的限制，善治仅仅满足于保护政治权利与民事权利，特别是后者，这是因为“政治权利与民事权利在将人类价值化的政策框架内，其权利本身并不被认可，相反，它们只是为市场经济服务的附属品：追求的目标并非是自愿为人类提供保护，而是力求获得经济体制的成功”②。此外，国际金融机构还提出了法律自治的要求，认为机构本身不应与《联合国人权公约》有任何牵连，尽管其成员国必须遵循这部公约。③ 由于国际商法领域也实行这种隔断人权公约的措施，情况变得更加混乱不堪。世贸组织争端处理机构能够确认违反多边条约的事实，也允许对相关国家进行制裁，但是该机构拒绝承认大部分引用基本权利的论据，认为这些论据只相当于为本国的贸易保护主义作掩饰，有悖于市场自由化的原则。如此一来，贸易全球化的法律使我们的社会真正出现了一种结构上的悖论：“由于在这种体制下，地区法院和国际法院有义务保护四项经济自由权（劳动力、商品、服务和资本），为这些自由权制定的法规必然高于其他法律规范，再加上在民族国家范围内也对非商业价值采取保护措施，因此该体制自然引起了价值层次的颠倒。”④

企业作为国际法的行为主体，其力量正在不断增强，这更加剧了价

① J. F. Flauss, “Le droit international des droits de l’homme face à la globalisation économique”, in Institut international des droits de l’homme（éd.）, *Commerce mondial et protection des droits de l’homme*, Bruxelles, Bruylant, 2001, p. 222.

② 同上，第 223 页。

③ 参见 les rapports de la Banque mondiale, *Pratique des affaires*（*Doing business*）, 2004 et 2005, et pour une critique des critères retenus, *La mesure de l’efficacité économique du droit*, sous la dir. de G. Cnaivet et M. -A. Frison-Roche, Paris, Librairie générale de droit et de jurisprudence, 2005。

④ M. A. Hermitte, “L’illicite dans le commerce international des marchandises”, in Philippe Kahn et Catherine Kessedjian（dir.）, *L’illicite dans le commerce mondial*, Paris, Litec, 1996, p. 163.

值层次的颠倒，因为投资者会跟着国家违反国际法。[①] 有些学说鼓励企业参与处理世贸组织内部的争端，但是由于只有国家能够承担国际责任，我们可以发现其中的不平衡之处：企业是国际法的行为主体，但不是在违反基本权利的情况下受到质疑的责任主体，因此比起自从国际刑事法院出现以来减少了传统豁免权的政治责任主体，企业所处的情况会更为有利。[②]

如果不能建立一个真正的国际司法秩序，法律界与经济界之间的矛盾就无法消除，前者受限于1948年《世界人权宣言》规定的保护人权的法律规范，后者则是由国际金融机构和世界贸易组织实施一些法律规范。1948年《世界人权宣言》维护的人类权利是不可分割的，只有以这种不可分割为基础，实现价值的统一，才能在全世界范围内建立一种“完善的”法治模式，该模式能将所有基本权利作为规范所有参与者的依据，包括政治参与者（国家和国际组织）与经济参与者（国内企业和跨国企业）。

而实际上，我们只能看到一些不完善的模式：一种是“自由”型，该模式以民事与政治权利作为规范政治参与者的依据，渐渐也会涉及经济参与者，但是这种模式对经济、社会与文化权利的保护明显不足；另一种是“专制”型，该形式与“自由”型相反，强调的是对经济、社会与文化权利的保护，但是拒绝对民事与政治权利提供保护。我们认为这两种模式是不完善的，但并不意味着两者完全等同。不过，国内政权在强令跨国经济参与者接受这些模式时，两种模式都遇到了困难。我们已经发现，除了20世纪带来悲剧的政治极权制之外，又出现了另一种阻

---

① Prosper Weil, “L'état, l'investisseur étranger et le droit international: la relation désormais apaisée d'un ménage à trois”, in P. Weil, *écrits de droit international: théorie générale du droit international, droit des espaces, droit des investissements privés internationaux*, Paris, PUF, 2000, p. 409 sq.; Charles Leben, “Retour sur la question de contrat d'état et sur le droit applicable à celui-ci”, in *Mélanges offerts à Hubert Thierry*, L'évolution du droit international, Paris, Pedone, 1998, p. 247 sq.; Charles Leben, *Le droit international des affaires*, Paris, PUF, 6ème éd., 2003, p. 168 sq.

② 关于间接的处罚行动，参见“Les figures de l'internationalisation en droit pénal des affaires”, *RSC*, n° 4, 2005, pp. 735 – 798。

碍法治建设的因素，我们可以将其界定为经济极权制，即不允许以所有基本权利作为规范经济参与者的依据。

文章三个部分的阐述（重回法治道路、加强程序性、新的失衡危险）并不是为保守主义找借口，也不是为专制主义作辩护。但是，当我们试图对现状进行分析时，不可否认，中国的法治建设正在摆脱变化不定的国内外因素的混合约束，不断向前发展。不过，对于诸如人类克隆这种具体问题，中国的回应还正处于国内传统、经济全球化和人权普遍主义三者的交汇之处。

（赵超　译）

中国的司法改革和法治建设：政治障碍和实践障碍*

〔法〕让 - 皮埃尔 · 卡贝斯唐

自 1979 年以来，中国政府进行了一场深刻的法律改革。这场改革目标很明确，就是在不危及社会主义政治制度的基础上，建立一个“法制国家”或“依法治国”的国家。在 1989 年尤其是在 1992 年年初邓小平重新启动经济改革之后，这一雄心勃勃的目标成为了优先考虑的重点之一。20 世纪 90 年代初期，中国进入了法律改革的第二个阶段，实施了一项更全面的计划，不再按照过时和僵化的苏联模式，而是按照全球的规范来起草法律法规。这些法律法规不仅包括经济和外贸方面的法律，而且还涉及诸如刑法和行政法这样敏感的领域。这成为江泽民在 1996 年提出“依法治国，建设社会主义法制国家”这一新提法的背景

---

* 本文原题为“The Political and Practical Obstacles to the Reform of the Judiciary and the Establishment of a Rule of Law in China”，载 *Journal of Chinese Political Science*，Vol. 10，No. 1，April 2005，pp. 43 – 64。作者简介：让 – 皮埃尔 · 卡贝斯唐（Jean-Pierre Cabestan），中文名为高敬文，曾担任法国现代中国研究中心主任，现为法国国家科学研究中心高级研究员，巴黎第一大学比较法研究所研究员。——译者注

和基础。[①] 这次改革的加快进行当然与中国加入世界贸易组织的意图密切相关。但是，它还有更为全球性和更雄心勃勃的目标：自从 1989 年以来，法律改革已成为政治改革的替代物，目的既是为了适应和控制社会逐渐获得新的经济上的自由，也是为了提供必要的机制和手段来维护国家—社会关系的稳定。从这方面来讲，司法体系的改革和现代化既被视为法制链条上的薄弱环节，也被视为重中之重。

这个新提法也不是没有获得成功。许多符合国际标准的新法律法规已经颁布。法庭正在解决激增的案件，中国政府已经培训了大批的法官和律师，从而逐步提高了审判和法律咨询的质量。中国的法律改革者现在愿意利用加入世界贸易组织的机会和随之而来的更强大的外部压力，加速中国法律体系同国际的准则及惯例接轨。

但是，（1）中国法治的形成仍然面临许多障碍。中国的法治可能仅限于经济或非敏感的领域，而“社会主义法治”实际上则是中国共产党领导下的“依法治国”。在我看来，这可能成为一种俾斯麦式的法治国（Bismarckian Rechtsstaat）。（2）不论是文化上、经济上还是政治上的障碍，这些都与建立一个真正独立和专业的司法体系的种种困难密切相关。（3）在不危及中国共产党执政的前提下，中国政府会继续完善法律体系的改革。尽管如此，但只有政治和制度的改革才能推动中国建立一种真正的法治，也才能促进中国建立一个法治国或实现自主化的依法治国。

---

① 《人民日报》，1996 年 2 月 9 日，网络版。这个新表述中的中国特色（“依法治国、建设社会主义法治国家”）和官方对后一半（“社会主义法治国家”）的解释提出了一个重要问题。它们两者都给人这样的假象：中国正在建设一个法治的国家，但只是试图建立一个法制的国家。有关这一点，参见 Yuanyuan Shen，“Conception and Receptions of Legality. Understanding the Complexity of Law Reform in Modern China”，in Karen G. Turner，James V. Feinerman & R. Kent Guy eds.，*The Limits of the Rule of Law in China*，Seattle & London，University of Washington Press，2000，pp. 24 – 27 and Jianfu Chen，*Chinese Law*，*Towards an Understanding of Chinese Law*，*Its Nature and Development*，The Hague，Kluwer Law International，1999，pp. 361 – 363。

一、中国政治—法律制度的现状

尽管中国开始了法律现代化进程，但我们也不能不承认，培育这种现代化的政治环境仍然具有高度的威权主义色彩。政治家和法学家们虽然已经把自己变成法律改革的设计师，但他们曾经维护或继续接受那些在总体上仍然是按照苏联模式设计的政治—法律制度。其中的一些人甚至主张，唯有保留一种威权主义的政治制度才能保证法律改革的成功。[①]然而，尽管在过去20年里法律制度发生了重大变化，但这种制度模式仍然会继续阻碍那些令人瞩目的重大法律改革。

第一，尽管1982年以来中国的宪法连续进行了修订，但符合宪法的法律仍然是中国法律领域中发展最为欠缺的部分。这实际上是一种束缚：宪法中被奉为圭臬的大多数正式规范并没有得到贯彻，并且常常变得毫无意义，因为更为强大的政治和党的规范限制了它们。[②] 就政治原因而言，建立一个负责审查法律合宪性的独立机构仍然是不可能的。全国人大常委会难以完成这项任务，原因在于它同时也是国家法律的主要制定者（每年提交给全国人大全体会议的法律提案事实上总是预先得到全国人大常委会的批准）。当然，一些中国法学家曾经论证说，在获得全国人大或全国人大常委会批准之前，法律的合宪性已经得到了审查。然而，在绝大多数情况下，这种审查是由非选举产生的和非独立的立法者来进行的，所以难免不流于形式。同时，在很大程度上，这样一种制

① 例如，参见司法部编：《中共中央法治讲座汇编》，法律出版社1998年版，第127页；潘维：《民主还是法治？——中国的政治前途》。潘维这篇未公开发表的文章曾提交给法国当代中国研究中心在香港大学组织召开的题为“中国和东欧知识分子对21世纪挑战的应对：一种比较的方法”（The Responses of Intellectuals to the Challenges of the 21st Century in China and Eastern Europe—A Comparative Approach）的会议，第15—16页。

② 关于宪法修订的成功和局限，参见Chen Jianfu，The Revision of the Constitution in the PRC Conceptual Evolution of “Socialism with Chinese Characteristics”，*China Perspectives*，No. 24，July-August 1999，pp. 66－79；“The Revision of the Constitution in the PRC，A Great Leap Forward of a Symbolic Gesture?”，*China Perspectives*，No. 53，May-June 2004，pp. 15－32。

度安排也只可能取消这样一些法律：在独立和专业化的司法裁决之前，这些法律被民众或它的官方代表——全国人大代表——认定是违宪的。

第二，中国共产党的政法委对各级安全和司法机构（公安局、国家安全局、司法局、检察院、法院）的领导和协调，是建立独立的法院和司法机构的另一个障碍。这并不意味着这些政法委的书记（或领导，他们通常是地方党委的副书记）干涉法院所审判的每一件案件。案件审判数量的快速上涨使他们无法进行干涉。但对于一些大案和要案，他们由于自身或政法委其他委员的压力而进行干涉。此外，由于一些显而易见的原因（主要是因为大多数法院院长或审判委员会的成员是党员，而且通常是政法委委员），在作出艰难的决定之前，法院院长和审判委员会的领导仍然很想与政法委书记进行商量。尽管他们能按照宪法的规定“独立工作”，但是中国的法院还远未独立。

第三，虽然公共自由和公民权利已经写入中国的宪法以及中国所同意的联合国公约和协定，但贯彻过程碰到许多障碍。例如，中国政府虽然签署并批准了联合国《经济、社会和文化权利公约》，但对该公约的第8条持有保留意见。虽然罢工确实发生过，并且常常得到政府的容忍，但罢工权利并没有得到保证。1998年，中国决定签署更加敏感的《公民权利和政治权利国际公约》，但到目前为止该公约仍未得到批准。此外，执行新的刑法和刑事程序法也存在着巨大的困难，特别是在涉及辩护权利、律师会见当事人和查阅当事人卷宗的机会以及这些新法律对公安局施加法律约束的时候。

我们简单地描述了中国政治中最敏感的法律领域的普遍状况。这种状况远远偏离了中国和外国许多法学家的认识，即中国的法律制度已经取得了巨大进步，尤其是在经济和外贸领域。这只不过是一种（错误的）认知和话语（或宣传）问题？抑或是中国法律存在着严重的问题，也就是模仿苏联的遗产，而中国的法律制度正在向外看，向市场经济国家寻找灵感的来源。在这两个方面之间正在出现日益加大的鸿沟，等待弥补？

二、中国法律和司法体系的走向

政治—法律的现代性并不是只有一种类型。事实上，诸如俾斯麦时代的德国、新加坡和香港这样的政治实体，就曾经设法使政治环境同法律制度尤其是司法体系调和起来。虽然其政治环境是权威主义和非民主的，但其司法体系却是现代、高效、完全可靠和公平的，即使不是完全独立于政治权力的。① 有人可能会猜测，中国一些改革者想通过香港这个实例来测试一下在中国内地建立法治的可能性，进而稳定社会，促进经济发展，并且推动中国与世界经济的一体化，但不会危及中国共产党的领导地位。② 他们为什么不能成功地建立法治，或者至少建立一个俾斯麦式的“法治国”呢？在过去20年里，中国政治和法律领域发生的大量变化提供了相反的证明。

第一，中国共产党绝不是一个万能的庞然大物。由于紧密地融入到国家机器之中，党就像政府一样总是按照各自的利益和意见而发生关系：中央—省级政府的关系就是最好的证明。此外，法律以及法律制度和司法制度的恢复促进了这些机构人员的专业化，并且带来了新的官员之间的竞争。法官和律师可能是党员，或者会服从于他们的上级部门——政法委和司法部门——的意见，但他们的兴趣在于他们各自机构——法院和律师事务所——的发展壮大。1997年，中国颁布了《律师管理条例》和《律师事务所管理条例》以及相关法律，更好地保障了律师越来越大的自主权，其中越来越多的律师事务所已成为合营和私营的组织。越来越多的法律案件和越来越大的律师自主权，也促使律师和律

① Katharina Pistor & Philip A. Wellons, *The Role of Law and Legal Institutions in Asian Economic Development 1960 – 1995*, New York, Oxford University Press, 1999. Cf. also Randall Peerenboom, “Social Networks and Their Relation to Civil Society, Democracy, Rule of Law and Economic Growth in China”, unpublished paper presented at a City University of Hong Kong Conference on “Social Networks and Civil Society: A Comparative Approach”, April 1 – 4, 2002.

② 例如，潘维：《民主还是法治？——中国的政治前途》。

师事务所成为“权利中心”。[①] 当然，正像我们看到的一样，这些“权利中心”是最近才出现的新事物。

第二，当前中国共产党领导层所关注的是法律改革的成功，特别是司法现代化的成功或者至少使它具备某种可信性。中国政府急于建立“社会主义法治国家”和提高法院的专业化和自主性，目的是建立能够更有效地解决争端的新途径，进而提高政权的政治合法性，稳定社会以及社会和国家之间的关系。这项工作即使不是至关重要的，也是非常重要的，因为在当前的环境下，不平等日益加剧，不公正感日益增加，社会政治利益已经多元化，有时甚至出现冲突，因此只有政府之外的公正机构才能解决或至少缓解这些问题。换言之，尽管有中国加入世界贸易组织计划的推动，但中国的法律现代化仍然是一场实现国内重大目标的艰巨改革的一部分。有些人或许会认为，永葆党的执政地位是其中一个至关重要的目标。然而，在主动实现这些法律改革之时，中国政府却在社会中释放出新的力量和要求。

第三，不管怎样，法律改革改变了中国社会对法律和正义的所谓“传统”和消极的理解。诉诸法律的新的可能性和中国政府展开的强大法律宣传，复兴了中国人对正义和公平的需要。即使在帝国时代，正义和公平的观念也早已深深扎根于中国人的心中。[②]

自19世纪中叶以来，西方法律——特别是部分通过日本传入的德国大陆法传统——影响并逐渐改变了中国的法律。这种法律传入过程尽管中断了30年，但在20多年前又重新开始，允许国外不同的法律模式展开影响力方面的竞争。在这种竞争中，尽管美国的法律模式和习惯法

---

① Li Yuwen, “Lawyers in China, A ‘Flourishing’ Profession in a Rapidly Changing Society?”, *China Perspectives*, No. 27, January-February 2000, pp. 20 – 34.

② 关于这个问题，参见 Isabelle Thireau & Wang Hansheng eds., *Disputes au village chinois, formes du juste et recompositions locales des espaces normatifs*, Editions de la Maison des sciences de l'homme, Paris, 2001, pp. 23 – 26; Isabelle Thireau & Linshan Hua, “Le sens du juste en Chine. En quête d'un nouveau droit du travail”, *Annales, Histoire, Sciences Sociales*, No. 6, November-December 2001, pp. 1283 – 1312。

系在贸易仲裁等许多领域获得了进展，但中国法律仍然更接近大陆法系，深受德国、欧洲和中国台湾等国家和地区的法律经验的影响。

这表明，在过去的150年里，法律和正义在中国社会中的地位已经发生了根本的变化。此外，在过去的25年里，中国进行了快速和深刻的法律改革。这些改革既加深了上述根本变化，也缩小了传统中国与西方在法律价值观念和规范上的差距。当然，人际关系和偶尔的侍从主义（clientelism）仍然影响着许多纠纷的解决。许多纠纷的解决常常既基于合理原则乃至人情原则，又基于正义、公正或公平原则。① 不过，尽管存在上述原因，中国社会对公平和正义的要求仍然在不断增长。同时，许多例子往往表明，中国社会对权利和要求的意识越强，政府和法院就会越好地保护它们。

最后，不应该低估法律改革的国外或国际维度。在华外国利益集团（企业、银行、保险公司、销售代理处和个人）的数量不断增长，这给中国的法律改革者和司法体系带来了持续而积极的压力。实际上，许多法律法规起初是按照国外投资者的要求或者是为他们起草的，后来延伸到每一个中国法人或个人。例如，1994年的《公司法》和1999年的《合同法》就是如此。后者的起草是国内法和涉外法逐渐合并的一个显而易见的例子。国内法适用于中国的实体和个人②；而涉外法只适用于外国公司或个人。由于在工作中把中外仲裁人召集到一起，中国国际经济贸易仲裁委员会也是中外商业法律实践合作和交流的一个很好的例证。③

2001年10月，中国申请加入了世界贸易组织。这自然加速了中国

① Thireau, *Disputes au village chinois*, op. cit. pp. 27 - 28. Cf. also Fu Hualing, "A Bird in a Cage: Police and Political Leadership in Post-Mao China", *Policing and Society*, No. 4, 1994.

② 关于双语版的企业法，参见《中华人民共和国法律汇编》，法律出版社1996年版，第542—641页。关于双语版的合同法，参见《合同法》，外语出版社1999年版，第224页。

③ Stanley B. Lubman & Gregory C. Wajnowski, "International Commercial Dispute Resolution in China: A Practical Assessment", *The American Review of International Arbitration*, 1993, Vol. 4, No. 2, pp. 107 - 178. China Law and Practice ed., *Dispute Resolution in the PRC: A Practical Guideto Litigation and Arbitration in China*, Hong Kong: China Law & Practice, 1995.

法律这种统一化和标准化的进程。这一进程已迫使中国政府把对世贸组织作出的大量多边承诺变成自己的法律文本。虽然这项工作远未完成，但显然已经缩小了中西法律标准之间的差异，进而加快了中国法律的现代化。例如，“国民待遇”原则和“司法透明或独立”原则无疑会增加中国整个法律体系特别是法院的压力。

但是，显然这种外部因素的影响在经济法和民法中比在刑法和行政法中——更不用说在宪法中——更为明显和高效，这证实了中国法律体系的这两大领域与中国领导人所倡导的工具主义法律路径之间的差异。① 当然，我们可以认为，这些在很大程度上受到西方启发的新原则和标准，将会不均衡地但逐渐地被注入到中国的法律体系之中，首先允许商业组织和商人，然后允许影响力较小或受到控制更多的社会阶层享有合法的权利和保障，尤其是在法庭上。这就是西方国家在19世纪第一部现代法典起草后的演变进程。而且，这在某种程度上正是中国今天正在展开的进程。

事实上，在其他的社会活动领域中，我们能够看到一个类似的演变进程：不论是在非政府组织中还是在媒体组织中，自主性更容易受到中国政府的容忍或接受，有时在非敏感（或不太敏感）的领域中或在政府的作用发挥不够而需要社会加以完善的领域中，这种自主性甚至受到中央领导层的保护。因此，商业协会、涉及教育和妇女权利乃至环境保护的非政府组织等比积极参与其他领域的组织享有更大的自由。

然而，在法律领域中及在其他充满风险的领域中，这种二分法很可能不会改变，并会持续很长一段时间。此外，尽管存在上述无可争议的进步，许多障碍仍然在延缓中国建立一个独立的司法体系与一个局限于非政治和非敏感领域的“法治国家”。

---

① R. C. Keith, *China's Struggle for the Rule of Law*, New York: Saint Martin's Press, 1994, pp. 218 – 221; Pitman B. Potter, *The Chinese Legal System, Globalization and Local Legal Culture*, London & New York: Routledge, 2001, pp. 10 – 11.

三、建立独立司法体系和“社会主义法治国家”的主要障碍

建立独立司法体系和“社会主义法治国家”的障碍有两类。第一类障碍源于官僚机构（大部分是地方的）或个人对中央批准和建立的新法律法规和制度的抵制，因为这些法规和制度直接触动了相关机构和个人的利益。第二类障碍来源于中国政治制度所施加的法规、程序和限制。后一类障碍好像更难以克服，但事实上很难清楚地区分开这两类障碍，原因恰恰是在中国同在其他国家一样，法律实践和司法严重依赖它们发展的政治、经济、社会和文化环境。在这些障碍中，有三种障碍由于难以找到简易和快速的解决办法而非常突出：资金和人力资源的短缺、腐败、地方保护主义。

1. 资金和人力资源的短缺

由于仍然是一个发展中国家，中国只能分配有限的资金和人力资源用于法律体系特别是司法体系的现代化建设。这不是否认中国在过去的20年里作了大量的努力来复兴法律和法律职业：每个省的法院和检察院都建造了许多新的现代化办公楼；每个城市都出现了许多法律事务所；不论是法官、检察官还是律师，法律人员的数量都迅速增加，尤其是20世纪90年代初以来；越来越多的中国法学家曾经在海外受过培训，主要是在美国和欧洲；2004年，中国法官人数已达22万人（1988年只有7万人），其中包括大约3 000名高级法官，法院大约有3 500家，律师大约有13万名（1990年只有4.1万名律师）。

但是，这些数字仍然非常低：一名法官平均要应对6 000多名居民，而一名律师平均要应对大约1万个居民，这样的比率不仅远远低于诸如法国和美国这样的发达国家，也远远低于像印度这样的发展中国家。当前律师的数量不多，并且与当初制定的目标相去甚远（原计划2000年

律师达到15万名，到2010年达到30万名）。[①] 律师的分布也很不均衡。大多数律师都工作在沿海地区和商业集中的大城市。另一个让人担忧的情况是律师与法官的人数不成比例，这无疑表明了辩护权的软弱。在大多数国家律师比法官的数量多。2001年中国律师的出案率只有27%（1996年是18%）。如果他们参与54%的刑事案件（1996年是39%）和43%的行政案件（1997年是37%），那么4/5的民事案件和2/3的经济案件就缺少律师出庭。[②] 此外，中国诉讼案件（2003年大约570万件）的数量也大大低于像印度（2 200万件）这样的国家。

除了这些数字以外，专业知识的缺乏也是一个严重问题。绝大多数法官和公诉人员未曾接受过任何正规的法律教育：其中有许多人都是退伍军人或匆匆受过法律培训的（一般都是三个月或六个月的速成班）警察。2002年的一份报告表明，只有10%的法官拥有本科文凭。尽管这个统计数字可能有些夸大，但总的来看仍然只有大约10%的法官受过四年的大学法律教育。恰好有一半的律师也是如此。此外，最优秀的法学家更愿意成为国外律师事务所的律师（在这种情况下，他们不得不放弃他们的中国律师资格），或成为专门从事商务法的法律事务所的律师。只有在受到司法厅——中国司法部的地方分支——的处罚制度的强迫和威胁时，许多中国律师才勉强接手刑事案件。[③]

虽然北京和其他大城市确实有相当多的合格的法官和律师，但这绝不是中国（2002年）3 500个司法辖区和10 225家律师事务所的全部情况。这就是为什么法院的大部分判决书没有公布的公开原因：许多判决书最终连书面的形式都没有，而书面的判决书常常不完全，或者并不符合最高法院的法律标准。因此，尽管有向世贸组织作出的种种承诺，但当法院的判决书只涉及中国公民的时候，这种专业知识的缺乏将使法院

---

① 《中国日报》，1996年1月13日，第1版。

② 《2002年中国统计年鉴》，中国统计出版社2002年版，第791、802页；这些百分比是律师直接参与的诉讼案件和案件总数量之比。

③ Li Yuwen, "Lawyers in China. . . ," op. cit. ; cf. also *Lawyers in China: Obstacles to the Independence and the Defense of Rights*, New York: Lawyers Committee for Human Rights, March 1998.

的判决书长期不能公开，至少部分不能公开。

在过去的几年里，中国作出了一些决定来改变这种状况。2001 年 7 月，根据通过司法考试来选拔律师的经验，中国司法部建立了选拔律师和法官或检察官的司法联合考试。通过这次改革，政府希望每一位新法官或检察官都会被迫接受正规的法律教育，并且达到与律师相同的业务水平。在实施司法联合考试时，政府也希望改善法官和检察官的形象和选拔渠道，同时吸引大批法律专业的学生进入法院和检察院。但是，除非他们的薪水得到大幅度的调整（由于预算的约束这几乎不可能），否则年轻法官和检察官一般只能获得比年轻律师低得多的报酬。2002 年 3 月，36 万位申请人参加了第一次司法联合考试，并且大约有 2 万人获得资格证书，而获得资格进入这三种不同职业的人数并未公布。

2002 年 1 月，《法官法》进行了修订，引入了一些使这一职业更具有吸引力的激励机制。另一方面，2002 年初，最高人民法院宣布建立一个直接受其领导的新的专门法院，直接受理那些涉及世贸组织法规执行的案件。自 2002 年 3 月以来，最高人民法院指定了少数仲裁法庭（主要位于一些大城市或省会城市）和基层法院（例如，深圳）审理涉外商业案件，恢复了从 1979 年到 1991 年一直实施的一项程序。①

尽管有些谨慎和保守，但这最后一项决定表明中国多么想成为世贸组织的一名好学生。但同时，这突出表明了中国人才的匮乏，并且那些非专业的审判或法律咨询不足以保护外国企业。或许更重要的是，只要专业法学家无法实现向法院的有计划流动，中国的相关机构和个人就可能比以前更缺乏它们日益需要的合格法官。2001 年，200 名中青年法官被选送出国或到香港进行培训。同年，8 500 名法官在北京大学法学院接受培训后获得办理涉及世贸组织的案件的资格。但是，相关的法官在数量上仍然远远满足不了国家的需要。

---

① 《南华早报》，2002 年 2 月 8 日，第 6 版；*Hong Kong iMail*, 27 February 2002, p. 11；《中国日报》，2002 年 3 月 19 日，第 11 版。

最后，资金的短缺将继续制约法院所提供的司法援助。但是，在过去几年里，中国作出了巨大的努力来帮助贫困的被告方，如2001年就有30万件案件获得这样的法律援助。此外，我们必须记住的是，2001年仍有将近500万件（486万件）民事纠纷（1987年则是900万件）并不是由法院解决，而是由将近100万个仲裁委员会（地方政府官员在这些委员会中发挥了至关重要的作用）解决的。①

因此，在未来的很长时间内，中国的法院和律师事务所会遭遇人才荒，后者的程度要低一些。这种状况正在逐渐改善，但是司法判决的质量仍然会存在明显的差异，而且法官对全国人大和国务院在过去几年颁布的大量新法律法规尤其是经济法规的理解也是如此。

2. 腐败

中国就像许多转型国家一样，在国家退出之后，通常新产生的领域与其说是自我约束的自由和公认的责任，倒不如说是无限制的权利和没有安全网的社会不平等。有权势者和富人的权力、党政干部日益增多的腐败和行政官员的贪污腐败是中国政权目前面临的最严重的问题。事实上，越来越多的中国人认为腐败是“最大的政治挑战”。这些缺陷只会妨碍或延缓法律体系特别是司法体系当前的现代化进程和中国共产党领导层建立“社会主义法治”的夙愿的实现。中国共产党不再干涉或管理的领域被金钱的力量乃至有时被黑社会所控制。2001年，中国法院审理了350件有组织的涉黑犯罪案件。这个数字是2000年的6倍。与此同时，检察官调查了279件涉及345名党政官员的此类案件。② 当然，这些案件不仅直接阻挠了法律的统一执行，而且严重地危害了国家的正常

---

① 《2002年中国统计年鉴》，中国统计出版社2002年版，第791、793页；《1995年中国统计年鉴》，中国统计出版社1996年版，第681、683页。

② 《2002年中国统计年鉴》，中国统计出版社2002年版，第791、793页；《1995年中国统计年鉴》，中国统计出版社1996年版，第681、683页。2002年3月11日最高人民检察院呈交给全国人民代表大会的工作报告，见www.law-lib/com/；《南华早报》，2002年3月12日，第8版。

运转和合法性。

在这些新的社会力量意识到法院可能危及自己的利益时，薪水低的法官和检察官就成为它们的理想目标乃至牺牲品。据中国政府公布，法官和检察官贪污受贿在过去几年里一直呈上升趋势。在2000年，1 200名司法人员因为腐败受到了“惩处”，2001年受惩处的人数又增加了996人。[①] 当然，有人会争辩说，这种趋势表明中国法院的重要性和影响力越来越大。然而，这个进步也往往表明，特权的分配从传统的机构转向新的经济权力中心——但这些新的经济权力中心仍然常常与中国共产党有关联，并且也表明侍从主义和法团主义关系越来越复杂，使干涉法院的机会倍增。[②]

法官薪水低的另一个负作用就是兼职的需要。大多数的兼职行为由于一些显而易见的原因而常常得到容忍。但是，这样一种做法无论如何都会大大增加利益冲突和不公正的风险，因为许多法官几小时后摇身一变就成了法律顾问（和实际上的律师）。法官教育水平低下与晋升和调动规则缺乏透明度也被认为是造成腐败的主要因素。

此外，即使法院确实想设法实行公正的审判，但它们几乎没有任何强制性的权力，无法迫使诉讼当事人执行法院作出的判决：地方的政治或经济压力和被执行方无赔偿能力仍然是造成判决无法执行的最常见原因。换言之，虽然腐败能够破坏法院的工作和对许多法律案件的处理，并且这些问题长期内都不可能得到解决，但其他的因素也能够中断正常的法律程序。其中，地方保护主义大概是最强大的因素。

---

① www. law-lib/com/；《南华早报》，2002年3月13日，第8版。

② Jonathan Unger & Anita Chan, "China, Corporatism and the East Asian Model," *Australian Journal of Chinese Affairs*, No. 33, January 1995, pp. 29 – 53; Jean Oi, *Rural China Takes Off: The Institutional Foundations of Economic Reform*, Berkeley, University of California Press, 1999, p. 259; David Wank, *Commodifying Communism: Business, Trust and Politics in a Chinese City*, Cambridge: Cambridge University Press, 1999, p. 264.

3. 地方保护主义

虽然中国的地方保护主义有着根深蒂固的历史背景，但在今天它的根源主要有两个：（1）一种被剥夺了权力制衡因而被剥夺了独立控制机器的制度模式；（2）一种基于地区不均衡发展的经济战略。中国的幅员辽阔常常被说成是地方保护主义的一个原因，如许多省份特别是一些缺乏竞争力的地区往往只执行那些并不触及自身利益的全国性的法律和行政法规，并且颁布它们自己的“内部法规”，从而成为中国人常说的“独立王国”。虽然一个国家的地理状况常常决定了它的制度安排——大国倾向于选择联邦制，但是这并不意味着把国内市场分割成多个对立的“政治和经济上的藩镇”。然而，这仍然是中国目前存在的一个问题。

作为一个统一的国家，中国自从改革之初就一直实行一种心照不宣的联邦主义，中央领导们曾多次斥责各自为政的“分散主义”倾向。然而，导致这些离心力量的直接原因是政治和行政权力过度集中在各级地方党委的手中。中央政府和地方政府之间的权限不仅界定不清，并且得不到任何制度机制的保证。2000 年，中国颁布了新的法律——《立法法》，旨在建立一个更明确的法律等级体系。尽管如此，全国人大还是很少废除各省、市和县所颁布的非法法规。全国人大无力审查所有的地方法规。此外，由于中国在过去 20 年里发生了快速的政治和经济变革，因此许多错综复杂和几乎无法解决的法律状况和争端已经出现。其中，相互矛盾的法律原则或行政法规彼此冲突。这种状况也有助于地方政府采用中央无力废除乃至意识不到的专门法规来保护自己。[①]

也许更重要的是，中国目前为止一直没有建立独立的机构来监督政府机构。在这些机构中，最有权力的机构是中国共产党的各级纪检委，但它们始终由同级的党委来领导。尽管 2003 年中央曾经授权这些纪检

---

① 例如，关于财产权，参见 Jean Oi & Andrew Walder, *Property Rights and Economic Reform in China*, Stanford, Ca.: Stanford University Press, 1999, p. 354。

委来监督同级的党委，但很难说这种新型的监管是否能够奏效。因此，唯有改变当地党委的领导人才能控制住地方的对抗。

司法体系也应用这种相同的组织模式。尽管法官和检察官相对专业化，法院仍高度依赖它们所属区域里的党组织和政府。当地方利益被触及的时候，党委书记、地方长官（通常是党委的二把手）或主管政法委的党委副书记就会影响法院的判决。这种倾向在经济领域已经变得非常明显。在经济领域中，地方法院常常被指责保护当地公司的利益：这种保护不仅针对外国公司，而且针对其他地方的企业。地方政府也试图影响上级法院的法官对上诉的裁决。法院对地方政府的长期财政依赖和中国共产党的干部制度也使这种干涉的情况很容易发生。一方面，地方法院只有少量的资金（10%）来自最高人民法院，其余的完全来自地方政府（同级的省、市和县政府）。有时中央财政提供的资金甚至被后者所控制。另一方面，法官和检察官只不过是另一类干部：与任何其他国家相比，中国的法官和检察官与地方党委和政府之间的职业、社会和个人的联系更为密切；由于属于相同的社会环境，他们频繁交换观点，举行会议，进行社会交往，因而大大增加了外部对法院事务进行干涉和形成有偏见的判决的机会。

自从中国加入世贸组织以来，这种情况越来越令人难以容忍。但是，它能改变多少呢？又能够改变得有多快呢？虽然中国的宪法承认法院判决活动的独立性，但这后一种原则从属于庄严写入宪法序言之中的前一种原则。① 上文曾经说过，打破省级及省级以下的地方保护主义和防止地方政府机构干涉法院的判决及其执行，显然已经成为优先考虑的事情。

许多药方已经开出。例如，为了控制这种干涉，一些法学家建议，在华北、华中、华南建立三个新等级的“地方终审法院”，授权它们审

① 《中华人民共和国宪法》第一百二十六条规定：“人民法院依照法律规定独立行使审判权，不受任何行政机关、社会团体和个人的干涉。”

查它们辖区内的上诉案件。[①] 1998 年，中国的银行部门进行了类似的改革。当时，中国人民银行在全国范围内设立了 9 个地方总部，防止省级官员强迫银行批准贷款。然而，这一建议几乎没有可能被采用，因为它可能会增加一个第五级的法院。即便如此，这个建议可能引起了关于重新设计各级法院地理辖区的讨论。不过，这种改革不会顺利进行，因为地方党政机构仍然拥有可供它们随意动用的大量手段来影响法院的判决，包括通过地方人民代表大会来正式选举法官和检察官——地方人大的代表原则上由选举选出，但实际上却由退休的或在职的中国共产党的干部所主导。

中国的司法体系需要的是彻底革新其组织模式并把它进行垂直一体化。但目前大多数党内领导，特别是地方领导们仍然认为这种改革可能太重大、太不稳定，因而不予考虑。

当然，中国建立“社会主义法治”还有其他的障碍，更多的是文化和历史方面的障碍。然而，在大多数中国法学家的眼里，上文所简要讨论的三个问题仍然是在一个威权主义的政治环境中建立一个“法治国”的主要障碍。

四、结　论

因此，我们回到了起点：如果中国没有建立一个独立的司法体系，中国的“社会主义法治”能称为“法治”吗？诚然，即便是中国的政治体制实现了民主化，上文指出的三个问题也不会一夜之间消失。由于法律体系的发展受到经济（和文化）的限制，培训称职的法官、清除腐败以及与地方保护主义作斗争将仍然是中国政府的重要议程。

然而，当前的制度安排和公共自由——例如，出版自由或结社自

---

① 中国人民大学法学院副院长和全国人大财经委员会委员王利明提出了这个建议，参见《华南早报》，2002 年 3 月 14 日，第 8 版。

由——显然加剧了这些问题。而且，虽然中国、新加坡和香港特区之间有一些相似之处，但这两个前英国殖民地已经继承了以前的法律和司法制度：尽管存在着巨大差异，这些法律和司法制度仍然深受习惯法体系的实践和法律文化的影响。相比之下，据以对中国法制作出解释和保证的东西与其说是法律或公平原则，不如说是相关各方的政治、官僚和经济权力。虽然中国的法院现在比以前更能够保护跨国大公司的利益，但它们尚未表现出独立地保障普通外国公司或地方公司合法权利的能力。尽管中国最近已向美国和其他国家作出了种种保证，并且进行了真正的动员，但要想在警察和司法体系的帮助下清除广泛存在的假冒产品，中国政府将面临可怕的困难。

有人说，中国法律制度演变的社会和经济环境与勃列日涅夫的苏联、吉瑞克（Gierek）的波兰、卡达尔（Kadar）的匈牙利截然不同。我们在上面曾经含蓄地提到的两组压力正在中国起着作用，可能迟早会推动国家领导层加快制度和司法的改革。

第一组压力来自外部。中国加入世贸组织将迫使中国的法律制度逐渐变得更透明、更可信和更公平，这不仅对强大的跨国公司来说是如此，而且对卷入法律纠纷的一般外国企业和地方企业来说亦如此。这些压力不会马上发生作用，即便在今天，许多外国公司仍然怀疑中国政府执行世贸组织规则的承诺，并且要求在关于商业的立法过程和管理控制中增加透明度。

但是，这些外部压力的重要性在于：它们可能逐渐渗透到中国社会之中，并说服更多的地方公司加入法律行动的潮流，即便这是要保护相互冲突的利益。

第二组压力来自国内。这些压力常常被低估。不仅中国的商人而且还有整个社会的各个阶层都提高了对法律和司法体系的要求。这些要求反映在中国大部分改良主义法学家提出的思想或建议中。[①] 2003 年春季发生的孙志刚事件，就是这些压力产生作用的最好例子。在大学毕业后，孙志刚去广州发展，却被广州警察送进收容所，然后被其他囚犯殴打致死。这件事引起了公众的强烈反应，特别是一些地方的法律教授，他们把一份申诉书寄给了全国人民代表大会，最后说服温家宝总理放宽了限制农民工的城市居住权的规定。[②] 2004 年对中国共产党政法委施加限制的尝试，更具有保护性的新劳动法的制定，以及律师协会自主权的增加，都是说明党必须调整的其他例子。这种调整和以往一样，没有直接去挑战中国共产党的政治领导地位，反而可能有利于稳定国家—社会关系，同时又促进法律和法院逐渐走向自主。换言之，这些国际国内的压力即使不会促进中国建立法治，也至少会形成一个法治国，一个中国人的法治国。

然而，在中国法律体系承受这些压力的同时，它还面临着两个不同的风险。第一个是沿海地区和内陆地区之间的差距越来越大。在沿海地区，法律和司法实践正在快速变得越来越专业化；而在内陆地区，腐败的官僚所控制的贫困地区将会继续成功地通过侍从主义和法团主义来保护自己，阻碍中国执行对世贸组织的承诺和法律现代化。

如果法律体系尤其是司法体系不能表明它们能够更有效地缓解社会所面临的问题，那么第二个风险就是政治不稳定甚至动乱。中国自 2002 年以来一直强调改进解决劳动纠纷的司法和行政机制。这绝非偶然，并且有些类似于俾斯麦在 19 世纪末的德国所提出的社会妥协。如果在这个领域提不出可以接受的解决方案，那么社会动荡的趋势就可能增加。一种更加可信的反腐败斗争越来越与重新进行“政治体制改革”的必要性联系起来。尽管采取了一些真正的行动，但对于进行大规模的政治改革仍然非常克制，希望“社会主义法治国家”的逐步建立和更好的“治

① 国务院新闻办公室白皮书《中国的劳动和社会保障》，参见《中国日报》，2002 年 4 月 30 日，第 10 版。

② 《信报》，2002 年 3 月 5 日，第 10 版。

理”不会削弱党的执政地位，至少在可以预见的未来是如此。[1] 这种做法可能是对的。

虽然承受着上文指出的双重压力，但中国法律制度的现代化将会继续下去，使中国缩小与它必定要实现的目标——即我所说的“法治”或“法治国”——之间的距离。然而，国内社会和国际社会的法律要求要想成为政治现实，仍然需要更多的时间。同时，风险、挫折和困难将继续出现，妨碍中国建立真正独立的司法体系和社会主义法治。

（张卫红　译）

① 《南华早报》，2004年4月30日。

中国的立法、人大与政协*

〔德〕塞巴斯蒂安·海尔曼

直到 20 世纪 70 年代末，中国共产党和国家领导一直靠行政命令——党内命令和国家法令——施行国家政治行动纲领。然而，自 1979 以来，由全国人民代表大会及其常务委员会通过的正式法律不断增加。

一、立法

在中国，党和国家的不同机构（见下表）都能够与制定法律联系在一起，现行的大部分法律法规都是由它们代为制定的。在经济立法方面能够显示出中国的一些进步。1978 年至 1998 年间，人大总共通过了 328 部法律和 700 个政府法令，其中大部分涉及经济问题。此外，还颁布了上万种政府法规和实施细则以及上千种地方法规。1992 年，在官方承认社会主义市场经济之后，经济法律通常是直接参考了外国法律框架和外国顾问的意见。尽管像所有制这种基本问题还没有最终确定，经济法仍

---

* 本文选自《中华人民共和国政治制度》一书的部分章节。该书是国际中国研究的最新成就，原名为 *Das politische System der Volksrepublik China*, S. 130 – 143。资料来源：Sebastian Heilmann: Das politische System der Volksrepublik, S. 130 – 143. 作者简介：塞巴斯蒂安·海尔曼（Sebastian Heilmann），博士，德国特里尔大学中国和东亚中心政治学教授。——译者注

不失为中国法律体系中最现代化的一部分。

由党和国家的机构制定的法律

党和国家机构	制定法律的类别
全国人民代表大会	总的、基本的法律
全国人民代表大会常务委员会	法律和裁决
国务院（中央政府）	法规（条例、规定、办法）
国务院各部委	由全国人民代表大会通过的法律的实施细则；内部有关管理权限的规定
党中央机关（一部分与政府机关联合）	政治方针（例如反腐败斗争）、发布党内通知
各地方党的领导机构	在权力范围内有效的方针、指示
高级人民法院	关于应用法律或者法令的指令（指示）
省人民代表大会	对中央政府制定的法律在地方规定方面的具体化以及堵塞漏洞
经济特区人民代表大会	地方法规条例
外交部、商务部等	国际条约

占绝大部分的法律草案是由政府（像大多数政府系统一样）提出的。在人大中有 30 个组、人大专门委员会和具有决定性的国家机关（中央军事委员会、最高人民法院、最高人民检察院）拥有提案的权力。由人大讨论的法律将在年度计划和五年计划中被确定下来。在议案起草中起重要作用的除了参与的专家、研究机构和顾问班子还有国务院法制办公室、人大法律委员会和人大常委会法制工作委员会。20 世纪 90 年代，他们持续多年对已经通过的重要法律中不少相互冲突和包罗万象的草案进行审核并作出了贡献。在“亚洲危机”的压力下，政治局通过直接的干涉，结束了证券管理法令长达 6 年的有争议的立法程序。在立法程序本身重新调整，不得不面对许多司法管辖权之争以后，直到 2000 年 3 月，也就是 7 年之久，才通过这部法律。

然而，这部法律规定，确定的内容（国家机构组织法、刑法和税收法以及其他基本的经济法内容）仍然将通过法律来调整，由人大或常委会通过。政府的立法权在一定范围内受到限制，作为执行机构现在需要立法机关明确的授权。对于地方立法的约束性条例应该同时作用于法制体系和司法保障。对法律的解释权和（对独立的团体、企业和市民的“提案”）规范化的监督归人大常委会所有。

为了能够证实政治体制未来发展的重大意义，通过立法建立明确的多层次国家立法等级：人大及其常委会享有公布法律的权力，也就是针对政府法规具有明确的优先地位。人大常委会将根据法律有权撤销国务院制定的“同宪法、法律相抵触的”法规。未来的中国政府将因此很难像过去那样利用行政法规实行对人大的领导。

1982 年的宪法规定，人民代表大会是“人民行使国家权力的机关”，是“最高国家权力机关”。人民代表大会在传统的、社会主义的协商制度中被理解为一个集立法、行政和裁定功能于一身的机构，通常在民主集中制的机构中实施权力的分配。政府的各级管理部门作为人民代表大会的执行机关依照宪法行使职权。人民法院院长和人民检察院院长由人民代表大会任免。

在政治实践中，人大自然是置身于中国共产党中央委员会的指令和监督之下。所以，人大常常因此被中国的批评家指责为党的领导的装饰品，现实政治中可有可无的“政治花瓶”，甚至是毫无生气的“投票机器”。2002 年，中共中央组织部保留了地方党委书记身兼数职、仍在地方人大担任主任的做法。为了在政治上的指令和监督权力，党在人大的权威是以形式上、组织上结合在一起的方式体现出来。这种状况自 1992 年以来一再重复出现。2003 年 3 月，仍有 23 个省、自治区和直辖市的党委书记作为“一把手”同时也担任人大主任。

人民代表大会的组织和代表结构是怎样组成的呢？它不同于苏联的最高苏维埃。苏联的模式是中国 1950 年唯一接受的一个基本形式。中国人大仅拥有一个议事厅和不足 3000 名的代表，通常每年 3 月召开会议，会期为一至两周。

二、全国人民代表大会

全国人大会议的长短完全在于事先已经作出的决定是否获得通过，能够推动和监督立法。立法的大部分工作被转移到人大常委会。这样的专职代表会议大约要两个月的时间，他们不得担任国家行政机关和司法机关的职务。在90年代，人大常务委员会中只有大约5%的人大代表，通过他们的地位在立法中起到重要作用并参与国家政策的制定。

自1978年以来，全国人民代表大会严格按照宪法规定，每届任期五年。每年举行一次大会，期间举行的全体会议对政府和其他机构的工作报告、法律草案进行讨论和通过，并进行一些人事的任免。此外，最重要的活动集中在人大35个代表团的小组会议中。在这些会议上，代表偶尔也会对政府工作展开争议性的讨论并提出批评。

人大中的军队代表占有很大比重：1名代表大约代表1万名军人，而1名人大代表平均代表40万中国人。在人大常委会中，经济实力雄厚的沿海省份代表要多于贫穷的内陆地区代表。地区代表比例之所以重要，是因为代表来自于各个省，其中包括退休的省长和其他本地最高领导，在人代会上都会或多或少地为自已家乡的利益进行游说。

地方人大（省、市、城区、县、乡）代表的总数相当可观：据官方报道，1992年全国人大代表有364万人，省级代表大约有2万人。在人大代表中只有乡、县级代表是直接选举，上级的行政部门人大代表由下级部门间接选举产生（这与苏联1936年以前的情况相符）。“代表”的组成结构被认为是恰到好处的。在这种均衡的组合中不仅有工人、农民、干部、军人和知识界人士，而且还有相当数量的少数民族和妇女代表，近似于中国共产党中央委员会的比例。在人大代表中，超过2/3的代表来自共产党内，其余的1/6属于忠实的“统一战线”代表（民主党派和无党派人士），他们是通过共产党干部监督制度和人大代表审查制度后进入人大的代表。

年度大会期间，在人民代表中建立临时党支部。共产党员代表会被提醒，坚持党的原则、支持党中央的政策、否决非党员代表提出的“不正确的”动议。

人民代表大会的政治意义实际上很明确吗？自20世纪80年代后期以来，各级人大的政治作用明显改变了。党的领导利用对经济变革的指导和调整，通过人大及其常委会不断增加立法的数量。同时，下属的各级人大相对于地方政府在对贪污腐化和财政监督方面显示出更大的作用。人大的加强应该更加独立一些，不仅在议会民主的开启，而且在经济和管理体制的现代化和提高效率方面发挥作用。

人大及其常委会发挥独立自主的政治作用的一个原因除了增强和扩大立法机关的“输出”之外，就是有组织地扩大专业委员会和工作组。70年代末，人大常设的工作人员只有12个人左右，到80年代，这个数字已经上升到2 000多人。工作人员准备会议、为代表和专业委员会服务、参与立法程序以及为人民代表大会提供独立自主的工作基础和信息基础。

全国人民代表大会离真正独立自主地履行议会权（立法、财政监督、政府的任免、社会利益的代表）还很远。在过去的几年里，个人政治生活受到限制的状况已经缓解，在对人事、政府工作报告和国家司法机构事务进行表决的时候，批评被以反对票和弃权票的形式所代替。1983年以来，人大常委会对国务院的法律草案造成短暂的妨碍。更重要的是，在此期间，针对政府机构制定的法规，人大的协商权显示出它非凡的重要性。因为在人民代表中有一些高级别的“老前辈”，他们具有明显的自信心。人大委员长的位置是按照政治局常委排序确定的，上一届是李鹏，这一届是吴邦国。

人大自80年代末以来采取了投票方式。尽管偶尔出现了约束结果的可能性，对政府工作报告出现了反对票和弃权票，仍然显示了人大代表们值得注意的个人意志。比如，由于对长江三峡大坝项目在财政、技术和生态环境方面引发的争议，在人大会议上引起持续不断的反对。在1992年的激烈争论之后，1/3的代表对该项目投了反对票和弃权票。官方媒体甚至在1993年宣布，“一致通过的”现象已成为历史。这被看做是政治的进步。在对政府高层领导人的表决中，1986年第一次出现了反对票。从此以后，国家领导人的候选人不得不接受上百张的反对票和弃权票。在人大，按照非官方标准，赞成的意见超过90%视为有效，超过10%的反对票和弃权票被认为是明显的不赞成。在这里，不仅表达了对单个候选人的反对，而且也表达了对选举中没有竞争的候选人可以选择的最基本的批评。

更让人吃惊的是，全国人大偶尔会为省级人大有关地方政府组成的表决结果进行裁决。因为在初选时允许没有竞争候选人，由党中央提名的省长或者副省长职位候选人落选。在决定性的下一轮选举过程中由代表团推荐的候选人将被通过。新当选者的姓名并不能马上公布，而是等待党中央的批准。

中国人大在关于人事和议案的表决中，反对票和弃权票的数字不断上升，这是有目共睹的。有时，代表们会被一些人称为“举手军团”。这种看法不是没有理由的，因为有争议的表决行为会记录在案。

人大监督法律实施和预算的权限是怎样的呢？即使1979年以来通过的法律数量很可观，但是，法律的实施才是更重要的。监督法律的实施应该由人大组成代表小组不定期地对法律的实施情况进行检查。这些检查组将负责对国家机构在实施法律过程中的不足作出评论性报告，并对它们施加政治压力。例如，在2001年春，人大常委会就国家有价证券监督委员会对股票市场的大量操纵提出尖锐的批评。

人大的监督权限于党委的大门之外，党委被排除在人民代表的监督之外。党委的自主权是极其神圣的，这是人大监督权限的底线。虽然很不充分，但许多人大代表似乎还是有可能进行一些检查和监督。自1993年以来，地方人大的主要领导一再要求在抑制腐败和滥用职权方面加强民主监督。提出的论证是：只有通过掌握管理权的平衡方法才能控制这种弊病。1995 年，个别省份作出规定，给予地方人大更大的监督权，政府有义务对代表提出的质询作出解释。多年来起草的一部国家法律，击中了党和国家领导人至今无法克服的政治顾虑，那就是各级人民代表大会对政府机关应该具有强有力的、有约束力的、明确规定的监督权限。

议会传统的特权——税收批准权和预算监督权，迄今为止在中国并没有太大意义。人大在预算政策领域的工作基本上就是批准财政部提交的预算计划，或多或少地对下一年减少预算赤字提出一些忠告。中央领导至少在理论上认可人大对上一年预算监督的重要性。像诸如挪用公款、预算赤字增加和减少税收等问题，就中央政府而言，应该通过加强地方人大的作用来加以控制。这与 1995 年初生效的预算法有关。由于在官方预算的制定、批准、运作和监督方面缺少法律上的规定，在管理范围内存在相当多的不端行为。法律规定，由人民代表大会高层批准的财政预算对各级政府都具有约束力，人大常委会可从旁监督。

1998 年 12 月，人大常委会迈出了重要的一步，除专业委员会之外，又成立了预算工作委员会作为常设工作机构。随着这个工作机构的成立，对政府间接的监督可能性应该有所增强。新的预算工作委员会应该与人大财政经济委员会和国家审计署紧密合作。实际上，1999 年以后，有迹象表明，人大常委会开始在政府预算立项和预算监督方面发挥积极的作用。

人民代表大会的政治发展潜力如何呢？人民代表大会的政治地位将由党的领导对合法领导经济和社会变革的利害关系来确定。党内高层领导把人大常委会打造成为经济和司法制度改革的发动机。各级领导人都有可能尝试，按照宪法规定把全国人民代表大会作为“最高国家权力机关”促进他们的利益。

迄今为止，加强立法力度发展的各种障碍依然存在：代表选举还存在很多问题，绝大多数代表的有效工作只能在短短的、难得的会期之间展开。人大常委会成为人大当然的“替代机构”，它的工作量大大超过了 20 世纪 90 年代。

对人大体制进行结构改革的要求至今未果（例如，在全国范围内进行自由和无记名的选举、在几个各独具风格的候选人之间进行竞选、经常性地出席全体大会、在“人民政府”的选举中由代表自己选择等）。人大依然被许多党和政府官员当做指令的接受者。如果全国人民代表大会不能感知到对国家和党的组织的监督权限是合乎法规的，是不受约束的，并且能够在中国建立起现代的宪法制度的话，它将难以前进。

三、中国人民政治协商会议

中国人民政治协商会议和全国人民代表大会每年一次的代表大会几乎都是同时举行的。在中华人民共和国成立之前和全国人大建立之前，这个“统一战线”的组织就已经存在，并在中国共产党的领导下，联合了所有愿意合作的政党和团体，它是中国政治组织发展的缩影。中国人民政治协商会议是一个协商组织，没有任何决定和司法权限。但是，党的宣传特别强调了中国共产党与 8 个“民主党派”的“多党合作”。

2002 年 10 月，参加人大和政协的 8 个“民主党派”共有 58 万名成员。相对于 1997 年的 41 万人，甚至是 1985 年的 16 万人确实有增加，但是依然不能与中国共产党（2002 年 10月）的 6600 多万党员相比。实际上它并不愿意与共产党竞争，而是作为中国共产党的伙伴，扮演人民团体的角色。自从 20 世纪 90 年代中期以来，这些组织在讨论经济政策和立法问题时经常被共产党主动地纳入协商过程中了。根据 2002 年的官方报道，在大约 50 万高层领导干部中，民主党派人士约 7000 人。

2003 年第十届全国政协会议召开时，代表被分为 34 个小组。在 2238 名代表中，40% 为共产党员。在人大代表中超过 2/3 的代表是中国共产党党员，与之相比，在全国政协中，中国共产党党员只占少数。然而，政协主席固定不变地是中央政治局委员（2003 年以来是贾庆林），而且在副主席中（2003 年是 24 名）主要是共产党的干部。

与全国人大代表不同，政协这个群体不是根据地域，而是根据职业范畴组成的。成员群体是由共产党、8个民主党派、8个群众组织以及其他社会团体，如医生、教师、农民和运动员组成。最大的两个群体是艺术家和演员以及科学技术人员。还有一些被特别邀请的著名人士。政协是被社会名流包装起来的。另外，来自香港和澳门的大约150位代表也属于政协。

值得注意的是，自1998年以来，来自私营经济部门的成员明显增加。它表明了自1997年中国共产党的十五大以来，对私营企业的政治评价被明确了。工商联是最重要的、最贴近政府的私营经济利益代表的联盟，并且能够利用政协作为政治论坛。政协最重要的任务是向党和国家领导就政治行动策略，特别是经济、教育、文化、卫生等领域的政策以及法制和行政管理改革提出议案。

（刘建设　译）

海外当代中国研究丛书
Overseas Studies on Contemporary China Series

农村与城市基层民主

The Long March to
Democracy

地方治理：村镇直选*

〔芬兰〕琳达·雅克布森

1999年初，中国观察家中流传的消息说，1998年底，四川省步云乡举行了一次相对竞争性的乡长直选。① 这次步云事件带来了这样的预期：长达10年的村长竞选试验确实成为中国民主化的一个潜在立足点。

乐观者认为，步云选举是一种迹象，表明中国农村选举改革正在由第一步迈向至关重要的第二步，即开始在乡镇层面上进行真正的选举改革。中国的一位研究人员一直密切关注步云选举，他说："步云试验应该打开了闸门，并且为2001年全国范围内的乡镇直选奠定了基础。"② 这种乐观主义不久就消失了。在步云选举之后的几年里，那些支持政治改革、具有改革思维的中国官员和学者失去了乐观情绪。在2001年底中国4.5万个乡镇开始下一轮选举之前，显然不会有真正的乡镇长竞选。尽管不同的地区试验了临时制定的程序，但选举程序没有发生实质性的突破。

---

* 本文原题为"Local Governance: Village and Township Direct Elections"，载 Jude Howell, (ed.), *Governance in China*, Lanham: Rowman & Littlefield, 2003, pp. 97 – 120。作者简介：琳达·雅克布森（Linda Jakobson），芬兰国际事务研究所高级研究员。——译者注

① 本文的部分内容以我在1999年所发表的关于中国村民委员会选举的论文为基础，后根据我在1999—2002年中国之旅后获得的新研究材料和采访结果进行了更新。

② 2001年4月，对世界与中国研究所主任李凡的采访。

虽然中国共产党的领导人仍然坚定认为中国不会采用西方国家的政治模式，但他们承认政治改革的必要性。中国的官方出版物引述邓小平关于经济改革和政治改革的共生关系的看法，这种现象自 20 世纪 90 年代以来就已经司空见惯。[①] 不管是在群众中还是在地方官员中，建立那些把责任性和透明度制度化的程序的压力正在上升。人们认为，村长直选恰恰正在这样做。当 1998 年底修订过的《村民委员会组织法》被批准的时候，党放弃了任命村长的权力，间接地承认了通过选举产生的村长是更加有效的。一方面，中国几位最高领导人称赞这些选举；另一方面，领导人并不想开始民主化进程。村民选举最初是作为一种手段而被提出来的，目的是为了在难以管理的农村增加更加有效的治理和稳定。

本文首先考察了新《村民委员会组织法》的规定及其实施的进展，然后，讨论了那种为这种新型的村庄治理奠定基础的政治原则和中国农村的几轮直接选举对基层政治参与和地方党委书记产生的影响。接着，本文考察了最近在乡镇层面上建立直接竞选的尝试。最后，本文思考了地方治理中的这些变革对中国民主化进程的广泛影响。

一、《村民委员会组织法》及其实施

1987 年 11 月，全国人大常委会批准了一部关于村庄治理的试行法律。在 11 年后的 1998 年 11 月，《村民委员会组织法》成为永久立法。近年来，在应该给予村民委员会多大的自主性来管理村庄事务和应该在何种程度上允许村民选举自己的领导人这些问题上，产生了激烈的政治争论。

《村民委员会组织法》给予村民委员会比较广泛的自主性，尤其是在村庄的经济问题上。这部法律特别规定，乡镇政府“对村民委员会的

---

① 关于邓小平对政治改革必要性的看法，参见 Den Xiaoping, *Selected Works of Deng Xiaoping Vol. III*, Beijing: Foreign Languages Press, 1994, pp. 178—181。

工作给予指导、支持和帮助，但是不得干预依法属于村民自治范围内的事项"①。每三年必须举行一次村委会主任——即村长——和其他村委会委员的多候选人选举。每个成年人都有一票。无记名投票必须得到保证。更重要的是，候选人的名额必须多于待选职位，而且候选人未必一定是党员。第12条规定："年满十八周岁的村民，不分民族、种族、性别、职业、家庭出身、宗教信仰、教育程度、财产状况、居住期限，都有选举权和被选举权。"②

一旦成为正式法律，修订后的《村民委员会组织法》规定："选举时，设立秘密写票处"和"由本村有选举权的村民直接提名候选人"。③候选人的选拔方法在乡镇一级和县一级的官员中仍然存在着争议。迟至2002年，所谓的"海选"方法④允许村民提名最终的候选人，但这只在少数村民委员会的选举中被采用过。在大多数村庄的选举中，候选人要么由村民委员会和村民代表大会⑤提出，要么由选拔委员会提出；而选拔委员会则由村党支部书记、村民委员会委员、乡镇官员和村里大家族的成员组成。

我们无法知道，在中国大约93万个村庄中，有多少个村庄实际上曾经进行过真正的竞选；并且在这些选举中，村民曾经有权提名最终的候选人。据估计，这样的村庄大约是从10%到60%不等，有关部门没有就此单做统计，这些数字是不同研究者的估计数。

中国和外国的观察家都认为，直选的实施范围并不均衡。即使在同一个县内，情况也会有所不同。一个县的一些村庄可能已经举行过两到三轮真正公开的差额选举，但该县的其他一些村庄仍然是村党支部书记

---

① 关于该法的英文本，参见 www.cartercenter.org/CHINA/dox/laws/organic.html（April 2002）。

② 参见 www.cartercenter.org/CHINA/dox/laws/organic.html。

③ Ibid.

④ "海选"意味着每一个村民都有权提名一个候选人。

⑤ 村民代表大会由每一个代表10到15个家庭的村民组成。他们的意图在于监督村民委员会。参见 Susan V. Lawrence, "Democracy, Chinese Style", *Australian Journal of Chinese Affairs*, No. 32, July 1994, pp. 61–68; and Kevin J. O'Brien, "Implementing Political Reform in China's Villages", *Australian Journal of Chinese Affairs*, No. 32, July 1994, pp. 42–44。

提名了唯一的村长候选人，在此之后，村民应该投出自己的选票。

二、治理乡村混乱的尝试

为什么一个权威主义政府会自愿地加快一种最终可能会削弱自己权威的政治进程呢？通过把农民从公社的束缚下解放出来，邓小平的经济改革使农村生活的经济方面发生了革命性的变化。就像农村的企业生产一样，农业的产量高速增长。从1978年到1990年，农民的收入增加了将近5倍。[①] 但是，公社的解散和追求个人财富的自由产生了一系列的新问题，包括农村官员腐败成风和村民之间关系的恶化。

尽管村干部的权力难以准确界定，但他们负责计划生育、征收公粮和收税，也就是干中央政府委派的“累活”。他们受到乡镇干部的强大压力来完成这些任务，但发现说服村民服从规定却越来越困难。在毛泽东时代，村干部绝对地控制着农民的劳动。但在现在，普通农民不再像毛泽东时代那样依赖村干部。自主性的增加意味着更加不愿意服从规定，尤其是那些被认为不合理的规定。自人民公社解散之后，乡镇干部征收的额外费用、罚款和服务性收费一直是在农村引起激烈争论的根源。[②] 由于村庄得不到上级政府的公共资助，它们必须自己筹集资金，这不仅是为了应付要上交给镇里和县里等等的税收，而且是为了村里的工程，如修建校舍和公路。[③]

同时，经济改革为各级干部提供了经商的机会，这反过来导致普遍的腐败。农民越来越憎恨和蔑视干部的权力。尤其是在拥有集体工厂或企业的村庄中，农民们关注的是集体企业的管理和利润分配方式。自从

---

① 1978—1990年之间，农民的收入由133元增加到629元。Tyrene White，“Reforming the Countryside”，*Current History*，Vol. 91，No. 566，September 1992，p. 273.

② 参见“Decision on Alleviating Peasants’ Burdens”，Xinhua Domestic Service，March 31，1997（translated into English by Foreign Broadcasting Information Service，FBIS－CHI－97－065）。

③ Allen Choate，“Local Governance in China”，talk delivered at seminar “Asian Perspectives：Focus on China”，arranged by Asia Foundation in Washington D. C.，March 20，1997，p. 11.

20 世纪 80 年代中期以来，中国官方的新闻媒体报道了村民报复腐败干部的事例，那些腐败干部编造理由来任意征收费用和非正式税收。村干部遭到殴打，有时被谋杀。

简而言之，基层的政治机构处于混乱之中。村民与村干部之间的关系急剧恶化，导致了暴力活动的发生。农村的违法状况是一个严重的问题。在过去，中国共产党的领导人有充分的理由担心（而且现在也是如此）农村的紧张状况危及了党的执政地位。1992 年初，国务院发布的一份报告警告说，30% 的农村党组织没有正常发挥作用。另外，60% 的农村党组织极其软弱涣散。

在中央政府看来，值得信赖并且有能力的干部是地方治理的关键，他们不仅可以确保经济改革的成功，而且可以征收公粮和税收以及负责监督计划生育。可是，村干部要么愈来愈不愿意要么愈来愈没有能力履行这些职责。“为了解决农村的合法性危机和治理危机”，中国开始了基层政治改革。

三、非现实如何变成现实

尽管各级领导人都意识到，要解决那些由去集体化和家庭责任制的建立所导致的新问题，农村就必须进行政治重组，但他们在应该实施何种类型的基层改革这个问题上存在着重大的分歧。在 1987 年《中华人民共和国村民委员会组织法（试行）》被批准之前，开始了一场漫长而热烈的政治争论。由于推动镇级直选的官员和干部努力说服那些反对扩大政治改革的人，这场争论的实质得到了延续。

尤其值得注意的是两位共产党元老彭真和薄一波，他们为了支持农村的自治和民主选举采取了有力行动。他们相信如果村民实施自治并可以选择自己的领导人，干群关系就可以得到改善，农村的动荡状况也可以得到缓解。那些反对给予村民过多自治权的人认为，乡镇干部将不再能够执行国家的政策。

彭真的立场是基于他个人在晋察冀边区的经历。20 世纪 30 年代末和 40 年代初，他在那里曾经进行过村民选举和村民委员会的试验。1941 年 9 月，彭真提交给政治局的详细报告对群众选举的价值给予了积极的评价。彭真的报告说："诸如群众选举这样的政策使党深入到当地的社会之中并增加自己的影响。"① 恢复党的威信和使村干部对农民更加负责，这些正是彭真希望 1987 年《村民委员会组织法》所实现的东西。② 他认为，村民可能更加愿意接受当选干部作出的决策，这反过来会使完成国家任务变得更加容易。彭真也认为，自治可能使民主思想得到接受和培育。在 1941 年的报告中，彭真说："如果我们领导群众选举，我们在领导过程中就必须严肃遵循民主原则和法治精神……这会使大多数群众从自身的经历中明白，民主政治要远远优越于极权主义政治。"③

《村民委员会组织法》的通过只是村庄自治支持者在长征路上的第一步。从政治变迁和民主化研究的角度来看，关于村民选举的争论是一个具有启发性的事例，表明了"非现实"居然变成了现实。④ 史天健（Shi Tianjian）曾经详细确认了中国民政部思想解放的官员的路线和策略，他们是实施《村民委员会组织法》的主要倡导者。彭真也曾通过全国人大来积极推动《村民委员会组织法》的实施。由王振耀领导的三四十岁的民政部官员们相信渐进的改革，王振耀是民政部的中层干部，负责《村民委员会组织法》的实施一直到 1997 年。王振耀及其同事实施

① Tony Saich, ed., *The Rise to Power of the Chinese Communist Party. Documents and Analysis*, Armonk, NY: M. E. Sharpe, 1996, p. 975.

② 参见 1990 年彭真在民政部的讲话。

③ 彭真也说："代表机构应该成为有充分权力的代表机构。各级的行政委员会及其领导应该由代表机构选举或罢免。政府有义务绝对遵守代表机构的决定。"参见 Tony Saich, ed., *The Rise to Power of the Chinese Communist Party: Documents and Analysis*, Armonk, NY: M. E. Sharpe, 1996, pp. 1028, 1022。

④ Tianjian Shi, "Village Committee Elections in China. Institutionalist Tactics for Democracy", *World Politics*, Vol. 51, No. 3, April 1999, p. 388.

了亨廷顿的“进门槛方法”，即“分开改革和逐步改变”。① 逐步改革进程中的每一步都被安排得“似乎是一种对最初的改革政策与由以前的政策所导致的不可预见的结果之间相互作用的自然反应”。为了确保省级民政部门官员的重要支持和合作，民政部制定了各种激励政策。

民政部的官员避开了意识形态的争论，强调村庄自治的实际好处。在访谈和书面报告中，他们坚持自己的工具主义主题：通过鼓励村民参与村庄事务并允许他们选择自己的领导人，干部和村民之间的紧张情况将得到缓解，这反过来会使村庄变得更容易治理。

在 1987 年《村民委员会组织法（试行）》被通过之后，关于村民委员会选举的争论仍然在继续，但不再局限于内部会议。20 世纪 90 年代，在中国的学术和法学杂志、有限发行的“内部报纸”以及民政部和党的各种机构的出版物上，发生了一场激烈的争论。大量的文章以对谋杀和抢劫或袭击腐败干部的如实描绘作为开始。《村民委员会组织法（试行）》的支持者认为，通过建立直选来使官员对村民更负责，这是防止农村陷入完全混乱的最有效的方式。1995 年，王振耀说：“农民的抗议越频繁，农村的问题变得越严重，上级政府也就会越愿意支持村庄的选举进程。”②

正如柯丹青（Daniel Kelliher）所指出的，“崩溃的秩序”几乎是所有关于自治主题的著述的背景。多年来，民政部官员招募了研究人员，在一些他们为全国树立的所谓的示范村和模范县③进行调查。调查的结果发给县级官员。关于在采用选举改革后村民生活水平的提高方面，发表了激情洋溢的报告。研究员高新军描述了河南省新密市村长竞选的影响，他写道：“民主气氛空前活跃……干群关系密切了……社会进一步

① Tianjian Shi, “Village Committee Elections in China. Institutionalist Tactics for Democracy”, *World Politics*, Vol. 51, No. 3, April 1999, p. 396.

② Linda Jakobson, *A Million Truths: A Decade in China*, New York: M. Evans, 1998, pp. 132–133.

③ 在从 1990 年到 1995 年的期间内，63 个县、3917 个乡镇和 82266 个村被树立为模范基地。1999 年年终，中国有 300 多个模范县。

稳定……经济发展势头良好。1998 年上半年税收增长幅度居新密市第一位。”①

我们不能低估王振耀及其同事在策略上的灵活性。起初，反对《村民委员会组织法》真正实施的意见十分广泛。在职的村干部并不渴望在公开的选举中来检验自己的声望；乡镇干部担心，他们对当选干部拥有的权力不再像对任命的干部那样；县级官员担忧当选的村干部可能无法控制和不履行他们对国家的义务。在 1990 年之前，当中国共产党中央委员会批准《村民委员会组织法（试行）》的时候，一些县级领导人甚至以惩罚来威胁那些企图实施该法的干部。一些省级领导人告诉王振耀说，村民选举“太麻烦了”。王振耀认为，他们的话表明这些领导人不愿意说服那些怀疑甚至对此表示激烈反对的县级干部来进行选举改革。②

四、外国人发挥了自己的作用

外国的记者、学者和基金会在村民选举的政治努力中也发挥了作用。一旦试点项目建立起来和示范村举行了第一轮选举，民政部就决定寻求外国人对大项目的支持。首先，民政部需要资金来培训几十万干部去组织多候选人的选举。关于《村民委员会组织法》的解释材料也必须印刷。安排不同省份之间的选举经验交流会议也需要资金支持。《村民委员会组织法》的实施过程一直是一项巨大的教育工作。

1993 年，福特基金会提供了第一笔外国资助。自那以后，民政部收到了国际共和学会（International Republican Institute）、亚洲基金会、联

---

① 新密并不是部级模范县。1996 年，一个由荣敬本和崔之元领导的、由福特基金会资助的研究小组在新密县进行了一个以治理制度为中心的研究项目。

② 1997 年 1 月 3 日对王振耀的采访。关于中国政策未完全实施的更多情况，参见 Kevin J. O'Brien, "Implementing Political Reform in China's Villages", *Australian Journal of Chinese Affairs*, No. 32, July 1994, p. 33; and Melanie Manion, "Policy Implementation in the People's Republic of China: Authoritative Decisions versus Individual Interests", *The Journal of Asian Studies*, Vol. 50, No. 2, May 1991, pp. 253 – 279。

合国发展计划署、卡特民主中心和欧盟以及其他机构所提供的资金。从1992年起，民政部安排外国观察家小组观摩村民委员会选举。[①] 几年后，当王振耀开始邀请外国记者随他一起到一些省份考察的时候，中国的村民选举已经成为世界报纸和学术杂志的流行主题了。[②] 最初，"村民民主"是西方对自治改革的谐称，但却得到了认同，并且引起了谨慎而热烈的评论。[③]

资金支持并不是民政部希望外国机构关注选举改革的唯一原因。《村民委员会组织法》的支持者也把有利的宣传当做是反驳争论对手的论据，声称选举正在改善中国的国际形象，有利于反驳外国对中国人权记录的批评。[④] 这样的说法并非完全没有根据。西方媒体在报道中国时关注的问题是武器扩散、强制流产和任意审判，等等。与此类问题的报道相比，关于村民通过选举来罢免腐败干部的报道为中国描述了一个截然不同的形象。包括比尔·克林顿在内的一些西方领导人都曾经称赞中国的选举。

王振耀认为，外国记者和学者的关注之所以重要还有另外一个原因。外国人"没有机械地拒绝发生在乡村的民主改革思想"[⑤]。他们愿意（和渴望）亲自去农村看看。不仅是了解政治理论的中国知识分子，还有绝大多数的中国城市居民，过去和现在仍然对农民在自治方面的知识

---

① 个人研究，例如，Tyrene White 在1992年之前对村民选举进行的现场调查。

② 当1995年3月王振耀陪同我和一群其他的西方记者来到辽宁的时候，外国访问者的出现成为当地媒体的新闻。这次旅行的原因——村民委员会选举——顺便被提到。

③ 例如，参见 Frank Gibney, "Breaking New Ground in Farm Country", *Newsweek*, February 15, 1993; Lincoln Kaye, "Flourishing Grassroots: Village-Level Democracy Blooms", *Far East Economic Review*, January 19, 1995; Steven Mufson, "China Dabbles in Democracy to Run Village, Reform Party", *Washington Post*, January 26, 1995; Anthony Spaeth, "Surprise: Democracy is Taking Root in China Too", *Time*, April 1, 1996; and "China's Grassroots Democracy", *Economist*, November 2, 1996。

④ Kelliher 指出，村民选举作为一种改善中国国际形象的手段的价值最初并不是自治的动机，而是"支持者在村民委员会组织法草案被通过之后无意发现的东西"。Daniel Kelliher, "The Chinese Debate over Village Self-Government", *China Journal*, No. 37, January 1997, pp. 75-77.

⑤ 1998年9月19日对王振耀的采访。

能力持有极端的怀疑，更不用说他们对民主原则的理解了。① 迟至1999年，当中国几位最高领导人公开支持基层治理改革的时候，全国人大的一位中层干部在一次官方的午餐会上反驳说："向农民传授民主如同对牛弹琴！"②

县乡官员都很少与外国人接触，他们在外国人前来观察选举进程的时候都感到惊讶和自豪。根据王振耀的说法，在某些情况下，外国人的关注促使地方官员意识到选举或许最终会有价值和具有重要性。同样，海外关于村民选举的文章引起了那些迄今仍然持怀疑态度的中国研究人员的关注。

就中国国内的政治努力如何能够利用外国人而言，村民选举引起江泽民注意的方式就是一个突出的例子。当1996年卡特中心代表团访问中国的时候，代表团成员和民政部官员讨论的诸多主题之一就是《村民委员会组织法（试行）》的地位与努力使它在全国人大获得通过成为正式立法。民政部的官员提到，中国最高领导人对《村民委员会组织法（试行）》的公开支持会有利于这一进程。当时，江泽民并没有公开评论过村庄的竞选。民政部的官员猜测江泽民可能尚未完全了解基层治理改革的进程。③

民政部的官员表示，卡特中心的创始人即美国前总统卡特的表态可能会有所帮助。④ 当代表团回到美国的时候，卡特代表卡特中心给江泽民写了一封信，称赞代表团在中国访问的经历。据说江泽民感到惊讶，立即要求提交一份关于《村民委员会组织法（试行）》实施状况的详细

① 例如，参见 Daniel Kelliher, "The Chinese Debate over Village Self-Government", *China Journal*, No. 37, January 1997, p. 89; Li and O'Brien, "The Struggle over Village Elections", in Goldman and MacFarquhar, *The Paradox of China's Pos-Mao Reforms*, 1999, p. 136。

② 1999年6月18日在午餐会上对一位客人的采访，该午餐会于1999年6月18日在北京举行。

③ 1999年6月8日对民政部官员的采访（被访问者强调，尽管包括江泽民在内的最高领导人公开地提到加强基层组织工作的重要性，但他们并没有具体提到村民委员会竞选）。

④ 1999年6月8日对王振耀的采访。

报告。[1] 在接下来对一些省份的视察中，他了解了村民选举的情况，并向地方官员询问《村民委员会组织法》在该地区的实施情况。用一位民政部官员的话说，“在那之后，地方领导人开始认真对待自治改革”。[2] 从那时起，几位中国领导人全力支持村民委员会选举。1998 年 9 月，江泽民称赞村民自治是中国农民的“第三个伟大创新”（连同家庭责任制和乡镇企业一起）。连李鹏在担任全国人大常委会委员长时也“开始高度评价村民选举”。[3] 显然，中国领导人已开始意识到基层民主在国际上的公关价值。

五、村庄政治改革产生了何种结果？

村庄政治改革的一个直接结果是提高了村庄治理中的责任感和透明度。一些资料表明，选举的村干部比任命的干部更有责任感。《村民委员会组织法》第 22 条规定，每 6 个月公开一次财务问题。因此，在已经实施基层治理改革的村庄中，财务公开已经成为规定。要求村干部定期对村庄的财务管理和所有政策措施进行公开报告已经成为惯例，而这种惯例通过地方法律法规正在逐渐被制度化。

根据《村民委员会组织法》支持者的观点，乡镇政府任命的干部不用担心村民对他们的看法。人们所了解的那些索贿的干部已经被投票选下台。在选举仍然是一种正式程序的村庄中，每三年经受选举考验的需要至少已经使干部们更加注意自己的公共形象。即使没有对手的候选人也可能由于得到空白选票而失去面子。

让许多持怀疑态度的地方领导人感到惊讶的是，从整体上来看，选举的村干部尽力地执行国家的政策。许多文章提供的统计数字表明，治理改革的结果是粮食定额增加、税收增长和违反计划生育法规的行为减

① 1999 年 6 月 8 日对王振耀的采访。
② 同上。
③ 1999 年 9 月 19 日对王振耀的采访。

少。毫无疑问，这是中央政府批准《村民委员会组织法（试行）》成为正式立法的主要原因之一。例如，在福建省这个村民委员会选举的先行省份中，在1994年调查的1200个村庄中，99%的村庄完成了他们的粮食征收定额；92%的村庄实现了自己的计划生育目标；82%的村庄缴纳了税收。[①] 值得注意的是，选举的村干部没有权力改变中央政府的方针，只有权力找到尽可能好的手段来执行中央政府的方针。然而，那些依赖村民投票当选的干部被认为更不倾向于接受霸道的乡镇干部所强加的额外税费。选举的干部在面对乡镇干部时比任命的干部有更大的独立性。[②]

村民自治改革的另一个明显后果是农民的政治积极性。[③] 最初，在所谓的示范村中，大多数居民极端怀疑选举改革。只有在第一轮或第二轮选举之后，他们才意识到他们真的有权把不受欢迎、平庸和腐败的干部选下台。在许多地方，普通村民主动拟订更详细的选举规定，并且迅速地向乡镇干部或县干部表达对任何违反《村民委员会组织法》的行为的不满。[④] 竞选的消息传到其他村庄，产生了一种滚雪球效应。[⑤] 在民政部官员和研究农村事务的学者看来，普通村民所采取的行动是村庄竞选中的一个决定性因素。通过持续地向上级干部施压和要求应该依法进行选举，村民推动了改革的进程。

那些怀疑基层治理改革的人立即指出，村党支部书记而不是村长是村庄中最有影响力的人。在某种程度上，这些主张是正确的，尽管各地方的情况有极大的不同。在民政部的官员看来，自从《村民委员会组织

① 《中国大陆研究教学通讯》，1995年第10期，第16页。

② 1995年在辽宁沈阳的采访；1996年9月在山东淄博的采访。

③ 1995年以来在北京与在辽宁、山东和福建研究旅行期间就村民选举所进行的采访中，我已经指出了村民政治积极性的显著增加。

④ 在福建，在1997年的选举后，选举的异常情况导致了4331件控诉。其中，86.2%的控诉得到了处理。

⑤ 例如，参见王振耀等：《中国农村村民委员会换届制度》，中国社会科学出版社1994年版，第78—79页。“雪球”一词来自王振耀“建设民主像滚雪球一样”（1997年1月3日对王振耀的访谈）。

法（试行）》在1998年底成为正式立法以来，村党支部书记与村长之间的紧张关系实质上有所加剧。民政部官员把这视为一种迹象，表明虽然以前许多村民委员会选举只是名义上的，但自1999年以来举行的选举是有意义的。用一位民政部官员的话说："村党支部书记和村长之间的冲突是一种健康的迹象，因为他们之间发生争论是很自然的事情。"①

2000年12月，当选的村委员会干部和村党支部书记之间对抗的爆发导致山东省57个当选的村长联名向中央政府写信诉苦。签名者声称，他们想要辞去自己的职位，因为村党支部书记阻止他们履行自己的责任。在一些情况下，村党支部书记不同意移交村庄的印章，即处理所有村庄事务所必需的权力工具。在另外一些情况中，村党支部书记不允许村长查看村民的财务记录。

2001年7月，山东省的一位村长，即联名诉苦信的一个签名者，说自己由于向县政府诉苦而遭到了村党支部书记的报复。在2001年的讨论中，中国民政部的官员讲述了县镇干部中不断出现的问题，这些干部在村党支部书记和村长之间发生权力斗争的时候都站在村党支部书记一边。②

村党支部书记和村长之间的权力分配并不完全清楚。根据《村民委员会组织法》第3条，"中国共产党在农村的基层组织，按照《中国共产党章程》进行工作，发挥领导核心作用"③。这是在官方的声明中提到党的地位时通常所用的表述方式。在其他29条的任何一个条款中，都没有提到村党支部，但村民委员会的权利和责任却得到了较为详细的规定。参与村民选举的研究人员把这种在地方党委权力界定上的模糊性视为《村民委员会组织法》的最大缺陷。

然而，党不会仍然不受基层治理改革的影响。无记名投票的竞选观

---

① 2001年3月28日和29日对民政部官员的访谈。

② 也可参见 Shi Shuren，2001，www.peopledaily.com.cn/GB/shizheng/19/20 010330 / 428932.htm（2002年4月26日）。

③ 参见 www.cartercenter.org/CHINA/dox/laws/organic.html（2002年4月26日）。

念正在延伸到党自身。虽然村党支部书记通常由乡镇党委任命，一些村庄的党员已经要求并且得到授权通过他们的投票来选举村党支部书记。山西省委组织部已经向前迈出了一步，提出了党支部书记选举的两轮投票制度。在第一轮选举中，所有村民而不仅仅是党员参与选择党支部书记的候选人。在此之后，只有党员投票决定最终的选择。这是具有革命性的一步，因为它向非党员开放了党内事务决策过程的参与。另外，根据在山西省进行现场调查的李连江（Li Lianjiang）的看法，乡镇领导面对的抱怨比过去减少了，而且村民已经“获得了影响村庄关键政治人物的手段”①。

最后，就国家的政治发展而言，或许村民委员会选举最有意义的后果是在乡镇层面上产生的要求，即乡镇长的选举应该通过直接的竞选来进行。根据参与政治改革的研究者和在民政部和国务院工作的官员的看法，来自基层的压力巨大。

六、不同的乡镇选举试验

1998年12月，步云乡的官员开始实施《村民委员会组织法》，安排了具有相对竞争性的乡长直选。谭晓秋成为中国大陆第一位真正由乡民投票选举的乡长。② 根据法律，乡镇长应该由乡镇人大选举。实际上，乡镇党委常常指定唯一的候选人。

这里所说的步云乡隶属于四川省遂宁市市中区，是一个标准的中国小乡镇。全乡只有1.6万名居民，而中国的大乡镇可能会有10万人。市

---

① Lianjiang Li, “The Two Ballot System in Shanxi Province: Subjecting Party Secretaries to a Popular Vote”, *China Journal*, No. 42, July 1999, pp. 103－118.

② 之所以在这里使用“真正”一词，是因为在1998年12月5日步云选举的25天前，四川省青神县南城乡的选民也投票选举了一名乡长。因此，南城选举从技术上说是历史的第一次。不过在许多方面，“南城选举”远不如步云选举那样自由、公平和具有竞争性，结果是步云选举作为第一次真正的乡长直选受到海内外广泛的关注。参见Li Lianjiang, “The Politics of Introducing Township Elections in Rural China”, *The China Quarterly*, No. 171, 2002, pp. 709－716。

中区总共有73个乡镇，总人口有137万。[1] 虽然几位中国观察家积极评价步云选举，但重要的是应该指出，预选并不像村民委员会选举那样公开，而且村民委员会选举采用了海选的方法来提名候选人。

在步云乡，乡党委被允许直接提名三名最终候选人中的一个。剩余的两个由163人组成的选区联席会决定，而选区联席会则由乡干部和村党支部书记、村委会主任以及步云乡下属10个村中的每个村的3名代表组成。候选人的提名对所有人开放，唯一的前提是年满25岁和得到30个步云乡居民的支持。从一开始，乡长职位有15个竞争者，包括乡最高领导中的几个人。在选区联席会开始投票前，所有候选人都要提供他们的履历和乡发展计划。基于选区联席会的投票，一名教师（并不是党员）和一位村长被提名为最终的候选人。他们在预选中击败了所谓的乡干部。乡党委提名了40岁的谭晓秋作为他们的候选人，谭晓秋是一名乡干部，是该乡的党委副书记。

在15天的竞选期间，3位最终的候选人参加了13场公开辩论，回答选民的问题。其中的两场辩论在乡中心的露天市场举行，另外的10场在村庄中举行。竞选活动使人想起“候选人及其随从四处旅行的美国竞选”[2]。在选举的那天（1998年12月30日），步云乡大约6 700名登记选民中的6 236名选民在滂沱大雨中前往设有独立投票亭的17个投票站，进行了投票。[3] 乡党委提名的候选人谭晓秋获得的总选票为3 130张（50.19%的选票），比那名村长获得的选票多了1 135张。

当广东一份发行量为20万份左右的报纸《南方周末》对该事件发

---

① 由中国选举观察和卡特民主中心共同编辑的《步云乡长选举报告》。参见 www.gpc.peach-net.edu/~yliu/watch/local.html（2002年4月26日）。步云乡由10个行政村、1个街道委员会和80个村民小组组成，几乎所有人都从事农业。

② 1999年6月14日对中国共产党中央委员会下属研究所研究人员的访谈。

③ 在步云乡1.6万名居民中，11 349名居民有资格投票，但其中4 000名居民在外地工作，从而没有登记投票；因此只有大约6 700名登记选民，也就是说人数不到中国一些较大村庄的人数。参见李凡等编：《创新与发展——乡镇长选举制度改革》，东方出版社2000年版，第146页。

表了一份惹人注意的报道时，步云选举受到了全国的广泛关注。[①] 配有照片的文章详细地解释了选举进程，并且描述了该乡居民对直选的热情。中央政府迅速作出反应。4天后，司法部的机关报《法制日报》发布了一篇评论，说“民主不允许超越法律”，声称步云选举“违反了《中华人民共和国宪法》及其他有关允许法律的规定”。[②] 尽管该评论的意思非常清楚，但与过去用来批判的严厉言辞相比，它的语调相对温和。该评论指出，法律可以修订，而且“我们没有必要对步云乡的直选进行太多的批评”。该评论最终引起了争议，结果出现了几篇探讨步云选举合宪性的文章。除此之外，《法制日报》的第二篇评论声称，“历史将会因为推动了乡镇直选而记住步云乡”。

步云乡的选举结果并没有被废除。[③] 这是另外一种迹象，表明党的领导人并不想——至少公开地——草率地反对直选的支持者。没有人因为步云事件而受到惩罚。改革的发起人张锦明当时担任市中区的党委书记，40多岁，以“具有革新的敏捷思维”[④] 著称。作为一位德高望重的老党员的女儿，她在开始突破性的乡长选举之前就坚定地开展了基层干部直选的试验。张锦明说，她想找到一些使官员更有责任感的方式、寻求更有效的治理手段和解决腐败问题。张锦明否认，她想使步云作为中国第一个乡长直选的乡镇而被载入史册，也不想像安徽小岗村那样被人记住。[⑤] 安徽省小岗村总是作为20世纪70年代末农民主动开始实施家庭责任制的村子而被人提及。中央政府在农村所采用的急剧经济改革在

---

① 《直选乡长》，载《南方周末》，1999年1月15日。

② 《民主不能超越法律》，载《法制日报》，1999年1月19日。

③ 表明中国最高领导层对步云选举的态度变化的进一步迹象是1999年2月26日中国官方的中央电视台播放了15分钟关于步云选举的纪录片。根据《南华早报》的说法，“在国家新闻出版署和宣传部下令停止播放关于步云选举的报道之后，纪录片被播放了四周”。尽管纪录片没有包含任何领导人的官方评论，但引用了全国人大法制工作委员会一位研究人员的话：选举“反映了农村民主的积极方向”。据说中央电视台的官员咨询了中共中央宣传部和组织部，并且得到播放该节目的许可（“Beijing indicates recognition of landmark election”, *South China Morning Post*, March 1, 1999）。

④ 1999年6月10日对《人民日报》一位资深记者的访谈。

⑤ 2001年4月3日与张锦明在南京进行的讨论。

何种程度上是一项连贯计划的组成部分或者是农民压力的必然结果？学者们在这个问题上仍然意见不一。

尽管张锦明否认，但一些观察家还是指出，地方官员的个人职业抱负和政治志向可能会充当推动乡镇选举改革进程前进的动力。成为“历史性的第一”自有其吸引力。同时应该记住的是，自20世纪80年代以来，地方之间的竞争和党的地方领导人想成为开拓者的欲望推动了经济改革。

1999年上半年，至少还有三个乡镇尝试了乡镇长直选。然而，它们都没有像步云乡那样给予公民许多影响最终结果的权力。在山西省临猗县卓里镇，地方政府指定了三个候选人，但他们全都是在职的镇干部。然后，合格的选民被要求去投信任票（a. 完全信任；b. 基本信任；c. 不信任）。对于一位要被允许继续任职的干部来说，必须有超过50%的选民表明信任他（a或者b）。

1999年4月，深圳附近的大鹏镇采用了两票制。年满18岁的公民在决定初步候选人的第一轮投票中只投一票。任何符合下列条件的人都可以被提名为候选人：①大专文化程度以上；②年龄在50岁以下；③身体健康；④符合“革命化、年轻化、知识化、专业化”方针；⑤德才兼备，群众公认；⑥一般应是中国共产党员。在第一轮投票中，5 200名选民几乎全都去投票，决定76个竞争者中最受欢迎的候选人。然后，6位得票最高的候选人参加第二轮投票，他们首先要在由1 068名党员、政府官员和村干部以及不同工厂和商业公司的代表所组成的选拔委员会面前发表个人演讲。从纯粹的数量上来看，选拔委员会代表大约20%的选民。在只有选拔委员会委员参加的第二轮投票中，现任镇长李伟文以813票获得了压倒性的胜利。不过，选举结果仍然必须得到镇党委和镇人大的批准。①

① 在6位参加最终竞选的候选人中，一位候选人因为年龄而失去资格。也可参见“Historic Township Vote in Shenzhen”，*South China Morning Post*，April 30，1999。

一群中国研究人员编辑了一本回顾1998—1999年各种乡镇直选试验的著作，他们称步云模式是一种给乡镇居民带来最广泛影响力的模式。大鹏模式因为给予普通公民提名候选人的机会而受到称赞，但也因为决定性的选票由一个不必然反映普通公民意愿的选拔委员会投出而受到批评。同时，必须指出的是，大鹏镇有7 000名固定居民，流动人口超过80万，而登记选民却只有5 200名左右。在评价选举重要性的同时，这群中国研究人员写道："选举的优点在于选举能够解决官员腐败问题、官员与群众之间的矛盾关系和社会稳定，这些都是中央政府目前正在解决的一些关键问题。"①

1999年3月，中国人民政治协商会议向全国人大法律工作委员会提交了一份修改乡镇长选举法的提案。该提案被拒绝，并且退回时带着这样的评语："目前的条件尚不适合修改该法。"② 1999年6月，起草该提案的一位学者即中国社会科学院的白钢预测在15—20年内可能会允许乡镇长直选。③ 民政部的王振耀更加乐观，他相信在5年内中央政府会允许在预先指定的乡镇试行直选。④ 福特基金会中国办事处前主任托尼·塞奇（Tony Saich）认为："至关重要的是每个人都相信它（乡镇直选）将发生在某个时候。该进程已经开始。"⑤

在中共十六大之后，中国共产党的最高领导人显然想改变基层政治改革的重点，进而集中精力发展党内审查和均衡制度，而不是允许村民选举进程上升到乡镇或县级政府层面上。在中共十六大之后，广东省的研究人员和省级中层干部预测到，政治改革将包括在党内建立更民主的程序，例如加强地方党代会和使地方党委对党代会更加负责。2002年12月，步云选举的设计师张锦明组织了四川省雅安市党代表的第一次直

---

① 李凡、寿慧生、彭宗超、肖立辉：《创新与发展——乡镇长选举制度改革》，东方出版社2000年版，第177页。

② 2001年1月7日对全国人大下属研究所一位研究人员的访谈。

③ 1999年6月9日对中国社会科学院高级研究员白纲的访谈。

④ 1999年6月5日对民政部王振耀的访谈。

⑤ 1999年6月10日对福特基金会中国办事处主任Tony Saich的访谈。

选，由此再次证明了她在推动一个更加负责的政治领导层方面所具有的政治灵活性和决心。①

在2004年的又一轮乡镇长选举期间，人们期望大鹏镇的“两票”选举模式能在广东省得到采用。② 与在1998年底《村民委员会组织法》被批准为正式立法之前多年的激烈政治争论相一致，官员们不愿谈论在乡镇选举的各个方面所取得的微小进步。人们可以断定，改革进程是逐步进行的，而且具有改革思维的官员有意采取“进门槛”方法，就像他们在赢得同意村庄直接竞选的努力期间所做的那样。③

从中国共产党的观点来看，允许乡镇长直选可能意味着要进行一系列的调整。中国大约4.5万个乡镇。乡镇长有权比村长作出许多更加关键的财政决策。虽然乡镇党委书记比乡镇长拥有更多的权力，但压力还是会迅速增加，以至于改变乡镇党委书记的提名程序，使之像乡镇长选举一样开放。

当步云选举被公开的时候，有人提出，如果这种选举被允许，党的干部都会下台。然而，这种主张可能不一定正确。用中国社会科学院一位知名学者白钢的话说：“普通公民在考虑谁应该成为领导人时并不会依据党员身份来区分人们。他们想让公正、诚实和能胜任的人成为决策者。”

在乡镇中，党员是行政工作中受教育水平最好和最有经验的人。还有，就像白钢和其他几位研究人员所指出的那样，即使在乡镇直选得到允许之后，中央政策也几乎肯定会限制提名程序。对于那些不是党员的候选人来说，获得决赛的机会仍然会微乎其微。

---

① 例如，参见《直选党代表》，载《新闻周刊》，2003年1月20日。

② 2001年3月28日和29日对一位政治改革研究人员和一位民政部官员的访谈。

③ 2001年3月28日对一位民政部官员的访谈。

七、长期的影响

从长远的观点来看，基层治理改革具有深远的影响。由于本身存在着缺陷，所以改革正在把一种基层的检查和均衡机制制度化。中国共产党的领导层已经承认反对专制和腐败的最有效武器是投票箱，从而承认人们直接选择的领导人比任命的领导人更有效。党也已经接受非党员有资格成为社区的领导。这些是具有根本重要性的原则。当奋力争取更实质的政治改革的时候，具有改革思想的官员和研究人员能够使自己的观点建立在这些原则之上。

目前，中国至少有1亿人已经获得了差额直选实践的经验。根据最悲观的估计，假如只有10%到20%的村庄进行了公平的竞选，那么中国有8600万到1.72亿的人已经体验过民主选举程序的内在运行方式。① 还有数千万人至少会了解应该如何进行有意义的选举。民主规则实施的机制正在被放在适当的位置上。村民委员会选举应该被视为一个巨大的教育培训场所。给予村民一种真实的选择是中国历史上前所未有的事情。

“10多年前，竞选就像民主一样是个鲜有人谈论的词语”②。今天，中国共产党的各级机构都在讨论关于选举和民主的争论。领导者需要变得更加负责的观念已经不仅仅成为中国官方话语的一部分；中国正在通过一些法律，把那些使执政方式透明化的方法制度化。

近年来，中国共产党为建立法治而采取的谨慎步骤已经加大了底层民众要求把政治进程向大众参与开放的压力。由于通过大量的法律并且

---

① 这些计算以国家统计局提供的统计数字为基础。根据国家统计局的统计，1999年，70.9%的人口即8.95亿人居住在农村。因此，10%的农村人口大约是8600万；20%则是1.72亿（国家统计局，1997, p.69）。根据2001年4月9日《人民日报》发表的一篇报道，6亿农民参加了直选。《中国全面推进农村基层民主》，www.peopledaily.com.cn/GB/shizheng/16/200010409/436639.html（2002年4月26日）。

② 1999年6月5日对王振耀的采访。

通过媒体扩大了对这些法律内容的了解，政府已经加强了公民权观念。同时，也因为海外信息的流入，中国城市和农村的居民比以前更加意识到自己的法律权利和公民权利。

自1990年实施《行政诉讼法》以来，各个阶层的公民获得了起诉政府官员违反法律和办事不公的机会。媒体经常刊载关于普通农民和工人提出法律控告与寻求免遭专制和武断审判的报道。1993年，中央政府在农业法规中明确规定农民“有权拒绝”未经批准的税费，从而公开鼓励农民反抗滥用权力的官员。根据《村民委员会组织法》，1/5的村民可以联合提出诉请，并且要求取消某位村民委员会委员的委员资格。在给予了被要求取消委员资格的委员的申诉机会之后，村民应该就此进行投票。如果村里超过50%的合格选民同意取消，所提到的村民委员会委员就失去了自己的职位。① 这个原则也产生了深刻的影响。

要是《村民委员会组织法》的主要内容被应用到所有各级政府之上，中国统治者和公民之间的关系将会被大大地改变。党对此并不否认。在评论《村民委员会组织法》的时候，中国共产党的机关报声称：“这种民主监督的实行彻底地结束了过去只有干部可以监督群众的惯例，从而使群众不仅可以监督自身，而且可以监督干部。今天，这种制度也成为促进农村行政工作廉洁诚信建设的主要措施。”②

一些政治学学者已经注意到从上到下的中国领导人对待民主观念的功利主义态度。民主制度并没有被当做目的本身。更确切地说，民主制度的价值在于它们在提高中国对财富、权力和稳定的寻求或解决紧迫的腐败、非法行为和不平等问题时的有效性。腐败是正在增加的抗议的主要原因和中国共产党合法性的主要威胁。即使是政府也承认，腐败“比1949年以来的其他任何时期都更加严重。它已经蔓延到党、政府、行政

---

① 参见该法的英文版，www. cartercenter. org/CHINA/dox/laws/organic. html（2002年4月26日）。

② Yue Yan and Hai Zhen in *Renmin Ribao*, November 20, 1997（FBIS—CHI—97—358）.

机构和社会的每一个领域之中，包括政治、经济、意识形态和文化”①。在党的十六大报告（第十部分）中，江泽民说：“不坚决惩治腐败，……党的执政地位就有丧失的危险，党就有可能走向自我毁灭。”迄今为止，官方媒体首先称赞竞选是根治腐败和使领导人对自己的行为更加负责的一种手段。因为这个原因，腐败肯定会成为最高领导层同意乡镇直选的催化剂。步云选举的发动者张锦明一再强调腐败问题是在选拔镇长时试验各种革新方法的主要原因之一。②

在过去的20多年里，中国政治的特征一直在发生缓慢却稳定的变化。罗伯特·斯卡拉皮诺（Robert Scalapino）说：“今天，中国最基本的政治趋势是列宁主义逐渐转变成威权主义的多元主义而不是民主。”③急剧的社会变化和正在增加的官员腐败削弱了政府的控制。传统的意识形态已经在民众中失去了自己的吸引力。结果，中国的政治制度出现了一些困难。但村民选举已经提供了充足的培训场所，使民主成为一种可行的选项。

（吕增奎　译）

---

① 参见 Elizabeth J. Perry, “Crime, Corruption and Contention”, in Merle Goldman and Roderick MacFarquhar, eds., *The Paradox of China's Post-Mao Reforms*, Cambridge, MA: Harvard University Press, 1999, p. 313。

② 2001年4月3日在南京与张锦明进行的讨论。市中区是第一批10个获得中国地方政府创新奖的地区之一。

③ Robert Scalapino, “Will China democratize? Current Trends and Future Prospects”, *Journal of Democracy*, Vol. 9, No. 1, 1998, pp. 38 -40.

中国农村的政治参与*

〔日〕田原史起

中国农村的政治舞台并不仅局限于农村本身。应该说乡镇、县也可以归为农村政治舞台的范畴。但是，日本当前从乡镇、县的角度入手展开的关于中国农村政治角色的研究，除了从历史的角度进行的个别尝试之外，真正适用于20世纪80年代以后中国农村政治状况的研究非常少。① 现实情况是，农村政治研究者所关心的核心问题仍然集中在村级治理这一层面上，这一点从近几年此类研究的数量上得到了集中反映。

本文的目的是以先前的研究和评论为主体，并在其基础上进行分析，以设定今后的研究课题。所以，本文首先要以先行研究为研究范围，着重把握农村政治的整体及其内含的一系列重要问题，并试图对以"村"为中心的先行研究和评论进行再研究。

本文第一部分，主要是对村落政治角色及其作用加以分析，并进一步将关于村落政治角色要素间关系的具有代表性的研究成果加以提炼、

---

* 本文原题为「中国農村政治研究の現状と課題」，载『アジア経済』，2005年1月。作者简介：田原史起，日本东京大学综合文化系副教授，长期从事中国三农问题研究。——译者注

① 例如，对"乡镇政治"的关心，仅仅局限于目前在一部分地区开始导入的村干部选举制度，以及开始渐渐具有了实质性意义的乡镇人民代表选举制度等"选举"这个论题本身上。

评论。[1] 在农村政治研究方面，“政治角色分析”的方法并非已经确立。本文将对反映村落政治角色的出现及其任务的变化、趋向性和影响力等领域内的研究成果作一概述。[2] 从政治角色分析的观点出发，以求对今后研究课题的可能性进行探索。第二部分立足于第一部分所作的整理，将村集体资产的运营管理问题作为今后角色分析展开的具体切入点。村落各政治角色要素的存在形式、参政议政的愿望、决定其自身影响力的基本变数等各项研究都表明，应该对村级集体资产加以重视。本文对两者的关系作了假设性的论证研究。农村政治研究应与日新月异的农村社会形态的变化紧密联系，以了解最新的现象和掌握第一手资料，现实情况是中国国内研究者的研究不论是质还是量都取得了十分突出的成果。因此，本文第一部分所列举的资料和研究成果都是以中文资料为主。

一、研究概况

（一）政治角色的多元化

从新中国成立一直到人民公社以前的农村政治角色，只要把握“干部—群众”这个二元结构就基本能说明问题。然而，中国改革开放以后，仅仅把握以前的“二元结构”已经不够了，农村政治角色呈现多元化。现在，农村权力构造的主体是：在以往的干部与群众的整体中间又出现了一个中间阶层，要把握农村政治结构的整体就要从“三层构造”的视角出发进行分类、分析。例如，仝志辉、贺雪峰将农村政治权力构

① 本稿主要是对亚洲经济研究所2003年年度调查研究课题中笔者的中期报告（「農村政治に関する研究」，佐々木智弘編『市場経済転換期の中国の政治過程』アジア研究所，2004）进行了大量的修改后形成的。本课题是主要通过事例研究的方法（经济政策、农村问题、城市问题等），着眼于对市场经济快速转换的1992年以后的中国政治过程以及对政治角色影响力的分析和研究。

② 作为“村级治理”中最热门的话题，围绕基层民主已经有无数的报告或分析，这些报告与分析主要着眼于制度本身或是实际的发展状况而展开的。特别是关于选举和管理权的讨论，阿魄曼进行了详细的论述。

造分为（1）治理精英、（2）非治理精英、（3）普通村民；于建嵘将其分为（1）管理者、（2）特权者、（3）被管理者；李小平、卢福营将其分为（1）管理者、（2）非管理能人、（3）一般村民，等等。这些所有的研究采用的共同分类方法是在“干部—群众”这个以往的共同体中新加入了（2）这个阶层，都意识到了将其作为研究对象的重要性。所谓“第二阶层”是指“非治理精英”、“特权者”、“非管理能人”等。改革开放以后的农村政治角色的多元化现象，正是由这个处于中间的第二阶层引起的。不过，关于这个中间阶层的具体情况，研究者们意见各不相同。

其中，最具有代表性和概括性、涵盖阶层最广的观点是李小平、卢福营的“非管理能人”。它包括经济组织的责任人，个体企业经营者，私营企业经营者，村民团体或各种协会的责任人，退休老干部，知识分子（教师、科技人员、医生、记者等），党员，人大代表，村民代表，等等。但于建嵘的观点是“与体制相联系”的角色也应包括在“特权者”的范畴之内，“特权者”虽然并不具有法定的掌握公共权力的身份，但在事实上，他们在社区管理中具有一定的并得到体制确认和保护的权利，特别是老干部、党员和经济能人等。仝志辉、贺雪峰的著作中有这样的例子：湖北省农民将以年轻人为主体的“非治理精英”称为“头面人物”、“知名人士”、“大社员”等。

下面，首先将关于这些“第二阶层”新生角色的优秀研究成果作如下概括评论：

1. 企业家

乡村企业经营者乃至更广泛一点的新兴“经济能人”的抬头，使乡村传统的“干部—群众”二元存在方式发生了改变。1980 年以来，这一现象吸引了众多研究者的注意力。山西经济出版社的《当代中国的村庄经济与村落文化丛书》中有一系列研究，分别都是围绕某一个村落展开的综合性调查研究，其特点是各书都对乡镇企业与村落社会的关系非常重视。尤其是在对村集体所有制企业的管理者、工厂厂长的问卷调查和采访的基础上，详尽明了地分析了企业经营者与村政及外部社会的关系。但这些20世纪90年代以前的调查研究，是在乡镇企业经营和政治权利还未分离的阶段展开的，其研究对象是乡村企业经营者作为独立的政治角色分化出来之前的情况。

乡村企业家作为一个独立的政治角色登上乡村政治舞台是在20世纪90年代后期，特别是在集体所有制企业改革之后。佐藤宏对原来以集体所有制企业为主的江苏省吴江市和原来以私营企业为主的浙江省温州市的企业经营者进行过对比调查研究。他调查发现：（1）在吴江市实行乡镇企业改革后，干部行为方式并不与温州的情况相同，由企业干部与地方行政干部所组成的非正式关系网仍然继续存在（原来以私营企业为主的温州，企业与地方政治联系比较少）；（2）在一直以来企业与地方政治的关系比较薄弱的温州，经营者的参政意识明显增强。

与此相关，近些年在江苏省、浙江省等展开的调查研究报告发现，私营企业家兼村党支部书记的“老板书记”和企业家兼村委会主任的“老板村长”已经出现了很多。沈延生从历史发展的宏观视角出发，十分重视“老板书记”抬头的现象。他调查发现：在浙江省B市经济最发达的G、Z、S三镇，到1996年冬已有约20%的村支书是身份公开的私营企业主。“老板书记”主要通过以下途径发展起来：一是原来的书记带头致富，利用自己的智慧、信息、管理权上的比较优势和政策优惠，从家庭工业起步，由专业户、重点户进而成为私营企业主；二是有些书记原来担任或兼任乡镇集体企业的负责人，在近几年的企业转制中，以其实力优势，购买了集体企业的产权，从而由集体企业负责人转变为私营企业主；三是“富而优则仕”，一些地方刻意培养经济带头人入党，选拔企业家型的党支部书记，而一些私营企业主也萌发了强烈的参政意识，不再满足于经济上的成功，从而积极追求成为“老板书记”。郎友兴也引用了私营企业家较多的浙江省的事例，“经济能人”也是通过选举的方式参加到村干部的队列中，也验证了“老板书记”现象的存在。笔者也曾经对111个村委会主任做过问卷调查，其中18%的人是村营企业的管理者、私营企业主或个体户等所谓“经济能人”。另外，西华盛顿大学副教授帕立斯的研究虽然不是针对村落政治领域，但也曾经对乡村企业家通过选举的方式成为人民代表的现象作过评论：人民代表大会原来只是没有实权的机构，但近年来却越来越变得积极、活跃起来，并且拥有了选举各级政府领导干部的正式权力。因此，一部分县的私营企业家开始试图将自己的代表作为候补人大代表的人选选送到人民代表大会中去。

各种媒体对上面所说的乡村企业家开始抬头的现象的评论报道数量相当多。正如江振昌针对农村的乡镇企业管理者和私营企业家的活跃化现象所说的那样，“在农村，随着社会的发展，‘经济权利’已经开始向‘政治权利’发出挑战”。但与其这样说，倒不如说是最近的民主政治发展的原动力要求“经济能人”的参与，“经济能人”的经济优势虽然不能称为是推进农村基层民主建设的充分条件，但项辉、周威锋也评论说它是基层民主建设的必要条件。

乡村企业家、富裕村民参加村组织的个人动机是什么呢？郎友兴、周大鸣、杨小柳等的研究认为其动机主要有以下几点：

第一，为了获得个人的经济利益而参政。虽然如此，但是民主选举方式的使用、村民会议和村民代表会议等各种制度的日益完善，使得企图谋求私利的人当选的机会越来越少。第二，为了获得地位。当他们获得了物质财富后，对政治的关心程度也随之加强，为了使自己在事业上的投资和收益得到保障，想通过参政来达到维护政治方面的安定、减小其不确定性和风险程度的目的。第三，为了获得与上级政府取得联系的机会。

值得注意的是，在乡村企业家人数较多的浙江、江苏地区，“经济能人”的政治参与除“为了追求个人利益”的目的外，“为集体作贡献”的愿望也特别明显。上述的“为了获得地位”的动机，就被视为是着眼于集体的经济活动整体，确保和依靠政治安定，最终是为了实现共同富裕。例如，浙江省义乌市城西镇上杨庄村村委会主任杨保伟的事迹。据杨保伟说："当村长是想为全村谋利益，我的政治抱负是立足于上杨庄村全体的。"杨是一家铅笔制造厂的厂长，是全村的经济带头人，因为自己工厂新开发的产品没有得到知识产权的保护，经常因产品被别人仿造而深受其害。杨认为，自己当上村长，有了发言权后，可以组织大家开发新技术、新产品，带领大家共同致富。另外一点原因是杨家一直没有人参政，当村长既能实现他的个人价值，还能得到他人的认可。又如，刘会荪、李汉铃和新望在用历史的观点追溯苏南地区农村能人的发展过程时发现，人们把这些伴随着乡镇企业的发展而出现的企业管理者称做"农村社区领袖"，把他们视为有益于社会安定和制度改革的、接近于"近代江南士绅"的一种人物。

上面这些对作为政治角色存在的乡村企业家的评论，特别是对江苏、浙江等沿海地区的参政乡村企业家的评论有过于偏激、不公之嫌。然而，这些企业家们对农村政治的影响力有可能越来越大，需要对他们纷繁复杂的社会经济地位、参政动机、实际影响力进行全面的把握。正如于建嵘在调查研究中指出的那样，"经济能人"作为乡村社会先富起来的群体，他们因致富的道路和拥有的财富状况的不同，对村政干预的程度和手段也不一样。因此，对他们的"财产状况"的把握至关重要。虽然关于90年代集体所有制企业改革后的分析研究，都对那些经济条件相对较好的私营企业家直接参与村组织的所谓"政治参与"格外重视，但今后各种"经济能人"会分别以各自不同的参政动机，通过各种各样的途径对村政发挥实质性的影响，这一点应该引起我们的充分注意。

2. 宗族

如果将受市场经济影响较大的地区的农村参政企业家们称为"现代"政治角色的话，那么人民公社解体以后，在所谓"权力真空地带"成功复活起来的民国以前的所谓父系血缘集团——宗族及其首领就可以称为村落政治的"传统角色"，这一点也引起了许多研究者的浓厚兴趣。针对农村宗族的研究，以前大多都是围绕它对村民自治制度和民主选举的妨害等展开的，一直倾向于强调其对农村政治的负面影响。

倘若按照梅志罡提出的“族姓均衡机制”观点，在村落支配权分配方面“族姓均衡机制”表现在以下几点：(1) 村级主要干部并不只是完全偏向于人数多、势力大的特定的某个“大姓”，人数较少的“小姓”也分别在其中占有一席之地。例如，在他的调查中有这样的例子：在公社时代汪姓的村干部有当大队支部书记20余年的经历，而到了20世纪80年代中期实行村民自治以后，张姓的村干部任村党支部书记、梅姓的村民任村委会主任，后来梅姓的又当上了村支部书记、于姓的当上了村委会主任直至现在。这样一来，村里的主要干部由大姓、小姓交替当选，为宗族间的均衡奠定了基础。(2) 从村干部整体来看，也保持着族姓间的均衡。这也是历史延续的一个结果。现在的7名村干部中，梅姓2人、于姓2人、汪姓2人（其中妇女主任是嫁给梅姓人家的汪姓）、王姓1人，大姓与小姓之间达到了基本均衡。张厚安等人的调查也得到同样的结论。在江西省桥下村，宗族间的关系之所以比较平和，是因为 (1) 各大姓间的势力差别不大；(2) 小姓当选了村干部使得小姓的势力得到了加强——解放后村里的重要干部共有9届，8名主要村干部中有6人是小姓的人，大姓的只有2人。

然而，这种形式的宗族间的“均衡”，是某种危险的不稳定的均衡。肖唐镖指出倘若一个村落有两个大姓共同存在，在他们势力相当的情况下，在法律和道义的约束之下才可实行治理。但是，像江西省泰和县那样经常会出现一个大姓控制一个小姓，并且由大姓实行暴政的情况也是现实存在的。

一直以来围绕农村宗族现象展开的角色分析存在的一个问题，即无论是对宗族问题持否定的看法也好，还是持肯定的看法也好，由于分析者本身对宗族血缘亲属集团存在过于想当然的态度，总以为那样是理所当然的。就村落宗族现象特别明显的中国东南地区的情况而言，这种倾向是可以理解的。但实际上在很多地区，血缘亲属集团团结也好、对立也罢，问题的实质在于当他们作为政治角色参政议政的时候，在多数情况下他们的宗族意识的背后往往存在经济利益的原因。

3. 大社员

由于宗族意识的复活而出现了与血缘集团相关的村干部，因私营经济的发达而出现了活跃的“老板书记”，这些在全国绝不是主流。实际上，那些资金实力和个人活动能力有限的“非管理能人”在农村政治舞台上可能占大多数。以这种所谓“大社员”现象作为研究对象的是以华中师范大学的贺雪峰等为代表的课题组。“大社员”并不是全国普及用语，所谓“大社员”实际上是湖北荆门地区农民自己的说法，是指那些不是村干部却胜似村干部的村民。因他们比一般村民有影响力而谓之“大”；因他们不是在任村干部而谓之“社员”。有意思的是，“大社员”这个词并不是人民公社时期出现的，而是在20世纪80年代人民公社解体之后形成的。贺雪峰认为，当前在农村有影响力的“大社员”大致有以下三类：

第一类是当过村民小组干部，或是村中党员。这些人对村中事务熟悉，与上下级有些关系，能说会道，敢于直言，且往往可以通过村民代表会议或党员会议等正式的渠道发表对村务的评论，因此成为在任村干部不得不尊重的村民。第二类是或有亲戚朋友在外做官，或自己与上级关系密切，或外出见过大的世面，或有一技之长，或在村民中拥有影响，或喜欢告状上访，或就是爱好参与村中事务的村民。他们凭借自己的优势，在与村干部打交道时，可以掌握主动权，村干部不敢随便得罪他们。第三类是那些兄弟多、力气大、不怕死，近于泼皮无赖的村民。关于上述第一类型，于建嵘也列举了相同类型的例子：那些离退休后回村定居的国家干部和退休的村干部。他们的数量并不是很多，但是实际上他们有一定的制度性权力。基于此，他们在作为党员参与公共事务的过程中有着特殊的作用（这些退休老干部大都是党员，他们有权参加村里的党员大会，过组织生活，对村里的重大决策有表决权，还有代表上级政府对村党支部和村委会进行监督的意义。因为他们作为党员可以依照党章规定参加村里的许多大事的决策，他们的意见并不是一种可有可无的参考性意见，他们实际上并不是游离于村正式组织之外的民间权威，而是一种体制内的、具有强制性的权威性力量）。

“大社员”起初是代表一般村民发表意见的，对村干部来说是一种潜在的抵抗力量。这样一来，他们希望“大社员”不反对自己，就必须与“大社员”建立良好的个人关系，通过动用各种优惠待遇等手段收买“大社员”。村干部在施政时，就不是基于全体村民而是只要针对“大社员”就行了。因此，贺雪峰认为只要“大社员”不反对，即使在村民普遍对他们不满的情况下，依然可以将村政维持下去。

综上所述，新型村落政治角色大致可以分为以下几种类型：（1）现代农村企业家型、（2）普遍存在的传统宗族型、（3）不属于以上两种类型的其他类型。① 之所以有这种类型划分的想法，与其说是因为这样分类会更加浅显易懂、更加方便，倒不如说是为了在今后再遇到那些容易遇到的现象进行分类时可以更加谨慎。原因是，即使宗族类型的能人处于支配地位的、通过血缘关系进行的政治活动，其实其背后也暗含着经济利益关系。与此相反，即使是企业家类型的能人，在追求经济利益的同时，其背后也有宗族团体意识存在。也就是说，类型划分本身并不是我们的研究目的，重要的是从其纷繁复杂的动态关系之中准确地找出能够统一说明的基本变数。

① 仝志辉和贺雪峰利用“经济社会分化”和“社区传统”两个指标，归纳出了中国农村中四种典型的村落集体类型，还主张根据其类型的不同将非治理精英用不同的形式表示出来。特别是“社区传统”，是指由村庄内部全体或部分成员共享的村落文化经验，这种文化经验通过一定方式在社区现实的社会政治生活中产生影响。具体来说可以表现为“村风”、“风俗”等村民交往方式和社区成员共同参与的仪式、活动等场景与行为，是村民赖以确定自己在村庄公共事务中行为目的的村内价值评价系统。第一，“低分化——高记忆”类型的村庄，多见于江西、湖南等宗族或宗教组织的首领容易成为非治理精英；第二，“低分化——低记忆”类型多见于“大社员”式的小规模精英占主导的内陆地区；第三，“高分化——低记忆”类型多见于山东、江苏、浙江等沿海地区，具有相对势力的经济精英占主导；第四，“高分化——高记忆”类型多见于广东、福建等地区，此地区形成的非治理精英兼具传统权威和经济能力，具有很强的势力。

（二）政治角色任务的变化

1. 村干部

毛泽东时代的基层村干部兼有上级政权的“代理人”和村的“当家人”的双重身份。改革开放后，在围绕村干部的分析研究方面大多仍然采用这种双重身份的框架。比如，王思斌分析说村干部虽然处于“官系统”和“民系统”两者之间的位置，但是当这两者的要求出现分歧时，他们往往会选择站在“民系统”的立场上，更重视自己作为“当家人”的身份。另外，徐勇认为村干部的任务是：作为村的领导者和管理者既要扮演完成国家和政府任务的“代理人”角色，还要扮演办理本村事务、为村民提供服务的“当家人”角色。总之，单纯将两者对立起来的理解是主流，但近年来的研究有单纯地指责村干部复杂内幕的倾向。

第一，随着改革开放以后的社会变化，村干部的责任已经超越了只是维持其“代理人”和“当家人”这两种角色平衡的作用，人们更加期待他们作为“经营者”的作为。其典型特点是，村干部通过其组织领导能力、技术、与上级关系等途径亲自兴办和经营村有企业，以确保集体财源。这种视点不仅仅局限于村级干部，也适用于县、乡镇的地方政府与公有企业紧密结合、采用类似公司运作模式的地方政企结合主义。佐藤宏曾对四个不同地区的村民做过实地问卷调查研究。问卷针对村民期待什么样的村干部这一问题，是能公平处理事务的人还是能够帮助、带领村民致富的人？前者指的是村干部作为传统意义上的“当家人”的资质，后者则指的是现代型的“经营者”的资质。调查发现，在集体经济发展较好的村落，与传统的资质相比村民更重视“能够带领村民致富”这一条；而与此相对，在集体经济发展相对滞后的村落，因为村干部的业务和村落政治的主要内容集中在征收各种费用方面，所以村民更重视在这方面的“公平”。毋庸置疑，“能够带领村民致富”是人民公社时期村干部所没有的、作为“经营者”的资质，这是影响村干部行为导向的一个新变数。同时，村民对村干部在这方面的期望也暗示我们：并非所有的村干部都能够成功地扮演好这个角色。

第二，改革开放以后，在那些受到迅速发展的城市化和市场化影响较大的城市近郊农村，有些村干部不切实履行其作为“经营者”的职责，只顾追求私利，歪曲了“经营者”的本来含义。申静和陈静列举了山东省Z市距离市内1.5公里的两个村的事例。从20世纪80年代中期开始，市里为了城市建设的需要每年从两村征地约50亩，征地补偿金则交由村干部统一管理。这笔资金本应该用在发展集体生产、给村民创造更多的就业机会方面，然而村干部并没有将补偿金用于兴建工厂，而只是使自己富裕了起来，这引起了村民的强烈不满并最终导致上访事件的发生。蔡永顺也在对中国沿海地区某县县城近郊进行了实地调查研究的基础上，分析了耕地的非农业征用的决策过程。分析指出，耕地是农民赖以生存的保障，在耕地被征用为城市建设用地的过程中，征地的上级政府和村干部只顾追求个人私利的现象普遍存在，而农民的反对和抵制一般情况下都是徒劳的。所以说，村干部作为“经营者”的新职能，与村集体的土地管理问题有非常大的关系。围绕村干部的土地管理问题进行总结性研究的是吴毅。村干部在处理集体用地被征用问题时的态度是：当土地被外部单位征用时，并不必征得村民的同意，也并不召开村民会议或村民代表大会，村民小组的土地被征用时也并不召开村民小组会议。也就是说，作为农村集体土地抽象所有者的村民的同意与否并不是必要的，只要作为直接管理者的村民委员会、党支部、村小组组长同意就行了。另外，针对乡村干部的行为对农村土地承包经营权市场流转过程的影响问题展开研究的是钱忠好。当乡村干部同农民进行交涉时干部处于强势地位，乡村干部频频地对承包地进行调整的出发点是自己的利益；因此，必然导致的结果是严重妨碍农村土地承包经营权的市场流转体制的发育。所以，作者主张必须遵循市场经济的内在要求、严格限制乡村干部的这种行为。[1]

第三，以经济改革所带来的较少好处地区的村干部为对象的研究指出：传统的"代理人"和"当家人"的角色本身就不健全。在四川省达州市双村的实地调查研究的吴毅指出：在集体经济实力较差的内陆地区，村干部作为"代理人"和"当家人"的两重任务几乎都不能很好地完成，村干部的双重角色只是被想当然地认为是"本该如此、就这样"的一个存在。吴毅就同一村的观察分析出，导致村干部此种行为的有以下几点原因。

（1）以"农民财政"为基础的乡政府的行政压力。因为在以农业为主的乡，主要财政来源要依赖于农民，所以乡与村之间关系往来的基本内容是税收和费用的征收。（2）由于集体经济的欠缺，村干部除了维持治安和调解纠纷以外，没有能力推进村的公益事业发展。所以，村民对由谁担任村干部和通过什么方式选举村干部并不关心。（3）由于集体经济的欠缺，村干部的津贴也不得不从村民中征收。所以，村民产生了"自己出钱选出只会从自己这里收钱的人得不偿失的想法"。（4）随着村民自治制度的不断完善，赋予村干部权力的不再是"上面"（上级领导）而变成了"下面"（村民），村干部也变得与以前不同、开始设法同村民建立良好关系，而他们与乡政府的关系则开始变得疏远。（5）由上面分派下来的琐碎行政事务大多与收费有关，所以干部很难与农民缩小角色上的差距。结果出现了乡干部感到无法支配村干部，村干部又感到不能与村民亲近的状况。于是，村干部处于一种被夹在国家与村民间的悬浮状态，既不能够完成乡镇政府委以的"代理人"的任务，也无法很好地担负起村民赋予的"当家人"的责任。

围绕上面所提到的关于村干部角色矛盾的问题，以"干部的角色冲

---

① 众所周知，现在的国家耕地政策主要是为了保障农民的耕作权"三十年不变"（《中华人民共和国土地管理法》第十四条），但它与村干部的自由土地运营管理战略有相矛盾的方面。从这里我们可以看出国家耕地政策本身已经开始限制村干部成为"经营者"的责任。很明显，钱忠好的主张是在敷衍中央耕地政策。

突”为题进行研究的是唐晓腾。他认为所谓“角色冲突”主要体现在三种：(1) 依法罢免“村官”、(2) 行政撤免“村官”、(3) 主动辞去“村官”类型。即 (1) 体现的是村民与村干部的利益需求取向冲突，(2) 体现的是乡镇政府与村干部的利益需求取向冲突，(3) 体现的是村干部自身利益取向选择中的冲突与尴尬。此外，他还指出，乡村的利益结构呈现出加速分化的趋势，各利益群体之间的利益关系表现为“疏离性”特征。

以上的研究状况表明农村干部的政治、经济行为近年来变得越来越复杂。以前的“代理人”与“当家人”的双重任务，仅仅是一种计划经济前提下充当“老好人”、平衡上级政府和下级村民间关系的想法。改革开放以后村子变成了一个经营整体，这就要求村干部应该负有现代意识的、发展村经济的“经营者”的责任。只要能够成功地完成作为“经营者”的任务，也就自然而然地能够扮演好作为“代理人”和“当家人”的角色。反之，如果失败了或者歪曲了“经营者”的本来任务（比如：不是致力于发展村经济，而是中饱私囊），则“代理人”和“当家人”这两重任务也就会同时宣告失败。而且，近年来的研究还发现：在村干部行为的这种多样性的背后，已超越了单纯的个人道德和意图，它与市场经济的发展、地区间的差异的扩大，特别是以村干部为管理主体的土地等集体财产的多寡等经济要素有密切的关系。

2. 一般村民

作为村内部的角色，一般村民的参政议政及其影响力是绝不可忽视的。一般而言，与体制内或体制外的能人和民间组织相比，零散的村民的力量是十分有限的。但与人民公社时期相比较，现在的村民通过各种途径参与村政并行使一定的影响力已经成为可能。围绕中国农村居民的参政议政问题，包括以“农村民主化”为主题所进行的欧美国家的研究，已经吸引了许多人的注意力。

第一，围绕村民参政议政的各种形式及其背景展开的研究已经有很多。比如，杨龙、张厚安、徐勇、项继权、于建嵘、周大鸣、杨小柳等人，他们将中国农村居民的参政议政形式归纳为三种：（1）联合行动、（2）意见表明、（3）接触村干部。例如，“联合行动”的方式主要是在遇到诸如农业、农村基础设施建设等关系到全体村民利益的焦点问题时多采用的方式；而“接触村干部”的方式则是当遇到关系个人经济发展的问题时经常采用的方式。另外，男性、受教育程度较高、有自己的副业、感觉自己在政治上能有所建树、明白地区性问题、党员等这些个人属性较突出的村民参政议政较多。

对富有多样性的中国村落政治的研究，与其以个人为单位对村民参政议政进行研究，倒不如对每个村单位的不同参政议政形态和其意义进行研究。詹尼斯认为，“关于村民是否能够以较为活跃、较为积极的形式参政议政的问题，已经超越了村民的个人特性，而更多是与地域特性紧密相关的。”在这种意义方面，项继权、戴慕珍、拉里·A. 萨默瓦等从地域性变数的视角出发，对村民的参政议政进行了尝试性的研究。其中戴慕珍是从村落经济特征方面对村民的参政议政进行说明的。他以村民大会的召开频率和民主选举为村民参政议政的指标，对村民的参政议政状况进行了如下分类：（1）以村民委员会为实际决策核心的农业型村落、（2）村民不重视参政议政、村干部也不希望村民参政议政的工业型村落、（3）外出打工人员不重视参政议政而个体经营者等重视参政议政的开放型村落。

第二，围绕人民公社时期非常稀少的、村民自发组织的“抵抗型参政”的研究也很引人注目。比如，欧博文、李连江、白思鼎，他们将村民分为（1）顺从型村民、（2）顽固的反抗者、（3）基于政策的抵抗者等三大类，并且着重对有着与原来村民形象大不相同的全新特征的（3）进行了研究。研究指出，所谓“基于政策的抵抗者”是指将基层的问题直接诉诸上级政府，即采取所谓“上访”的方式进行抗议行动的村民。其特点是：第一，行为者本身掌握着很多信息资料；第二，站在村民的角度上，将村干部视为同上级干部一样的领导干部，认为村干部也同样应该尊重村民的利益；第三，重视政策和法律依据。菱田雅晴也认为，这样的新式参政议政方式并不是因某种情况引起的一时性的“叛乱”，并且这种方式有正在被制度化、合法化的趋势。另外，随着以应星和阿古智子为代表的以特定事件为研究对象的研究成果的出现，旨在把握村民角色变化的研究正在逐渐展开。另外，也有像罗兴佐、张厚安、徐勇和项继权一样，以浙江省的事例为基础对村民自发结成的有一定影响力的组织，比如老年搬运队、老年协会、基督教会等各种“民间组织”为研究对象。

第三，围绕与村民组织相比不是太正式的、非制度化的村民政治参与方式展开的微观研究。村民对于村政的关注，并非都局限于选举、明目张胆的反抗等形式。于建嵘以湖南省的岳村为例，将村民公共参与行为的主要形式分为（1）选举性参与、（2）议论性参与、（3）抵制性参与（对于村里征收各种费用时的消极交涉、积极抵抗的方式）等几种。（1）和（3）正如前面所总结的那样，已经是老生常谈的主题了。村民的日常行为对村政有影响力的典型代表是（2）“议论性参与”。在岳村，村民经常集结议论的场所有三处。村民在这些场所的议论影响公共权力运作的路径主要有：其一，这些议论对村级正式组织的决策有一定的促进作用；其二，议论对村干部行使权力有一定的制约作用；其三，议论对于维护村公共权力的权威也有一定的作用。如果村级组织作出了有利于村民的公共决策，而有个别的村民不履行应尽的义务，村民的议论对其也是一种压力。因此，村民的公共事务参与行为有着不可忽视的影响力。

然而，关于岳村村民参与公共事务的内容和程度，于建嵘本人认为目前其总体特征是：尚处于政治参与的“初级阶段”。主要表现为：“村民公共参与随意性强，个体参与一般不抱有一贯的和明确的目标，而往往是随大流，或是对一些偶然发生事件的简单反应。”究其原因如下：

主要是岳村公共资源的欠缺。因为在许多村民看来，现在田也分了，每个家庭都自己过日子，也没有多少共同的利益，也没有那么多公共事务。村委会主要管好水、电、路和社区治安就行了。这些事情用不着搞得那么复杂，规矩都在那里，要改变也不容易。这是否说明，在村民公共参与时，也有非常明显的“成本和收益”意识。像岳村这种公共领域相对缺乏，公共利益比较简单的村，村民们并不要求有太高和太复杂的公共参与程度和程序。

现实中，决定作为政治参与角色的一般村民的公共事务参与行为的因素，也许是像于建嵘所说的“成本和收益”那样是一种现实经济利害关系。而且，经济利害关系的存在方式和它被人们所感知的方式存在很多地域性变数，近几年在实地调查基础上的诸多研究深入分析了这一点。

3. 遗留的课题

1998年的《村民委员会组织法》公布以后的5年间，关于村落政治、村民自治及其角色的大量微观研究数据，主要是由中国国内的研究者们通过实地调查、观察的方式积累得来的。围绕改革开放以后在个别地区出现的新角色和新任务的研究，以及反映角色的多元化现象、一直以来处于中心角色地位的村干部的任务复杂化现象的例证不断地涌现。作为研究尚未涉及的遗留问题，在此，我想就以下两点予以说明。

第一，关于角色的多元化及其任务变化，一直以来的研究主要是以农村政治的“新变化”为主题进行研究，大多引用了容易吸引人们注意力的沿海地区的企业家和中国东南部的宗族组织的事例，容易让人觉得这些地区的典型事例已经广泛存在，容易给人一种部分代替整体的感觉。从包括广大中西部地区的中国大陆农村的整体来看，像贺雪峰等所研究的以“大社员”那样规模小且影响力范围狭窄的精英为主体的地区，或者民间精英非常不活跃的地区应该都是比较广泛存在的。对小规模承包经营者、村民小组长、村民代表等这些不容易引起研究者注意的“隐藏角色”的发掘研究，以及对其行为模式的研究等都还未开始，这些都应该成为今后村落政治角色分析的重点。

第二，更重要的课题是，不能仅限于对角色进行单纯的分类和定位，要进一步对特定类型的角色是怎样出现的，其行为又是建立在什么样的利害关系基础上等问题进行合理、统一的研究。要做到这些，首先要设法找出决定农村地域社会利害分化的决定性变数，然后还要对这些变数开展大量的事例分析。例如，关于各地选举过程的调查研究有很多，但单单对参政行为本身无论再怎样考察，也不能找出其行为背后所隐藏的深层含义。而且，进一步找出导致政治角色行为的基本变数，并对其进行统一说明的研究也为数不多。关于这一点，在下面我想进行简单的推测和展望。

二、农村集体资产与政治角色

倘若深究政治角色的参政议政及其立场的话，一般情况下都可以找出其隐藏在背后的经济方面的利害关系。例如，就宗族精英们的政治行为而言，乍一看他们的参政议政行为好像是独立于经济利益之外、以“血缘关系”为基础的，实际上其背后可能没有一个不是与自己所属的宗族集团的经济利害紧密关联的。也就是说，在分析复杂多样的中国农村现状问题时，可以说“经济利害”这个变数有着十分广泛的适用性。

当然，“经济利害”这个变数，是一个十分广泛的、笼统的概念。对于有些村民来说，外出打工赚钱对于自家的经济利益而言似乎更实惠一些，所以他们的经济利害与是否参与农村政治的关系也许不是很大。因而，有必要将研究的焦点限定在那些对村落政治领域人们的活动影响较大，也就是与村民整体都有关系的“经济变数”。因而，我所关心的是村组织集体所有的耕地、企业等“集体资产”。

集体资产是以村民委员会乃至村民小组等集体为所有主体的资产，是社会主义公有制规定的村民的公有资产。由于上级政府的财政再分配能力薄弱，下拨给村里的补助金也十分有限，所以村委会为了村民生活的改善而开展的各种公共事业的主要资金来源，只能是从集体资产中获得。另外，与村民的生活息息相关的土地和水利设施等都是重要的集体资产。集体资产主要分为两大类：（1）能给村委会的财政带来直接收入的集体资产；（2）有助于提高村民劳动生产力的、间接有益于村财政、有益于村社会治安的集体资产。具体分析开来，（1）所包含的有：土地（有偿的承包责任田等）、集体所有的房屋、集体（村营/村有）企业、集体所有的农机具、集体所有的农产品/农副产品集散市场（卖场/仓库/冷库等）；（2）所包含的有：土地（无偿分给农民的"口粮地"等）、水利设施（集体所有的水井/地下水管/水库/抽水机等），以及村建的道路、桥梁等。

所谓以村为主体的"资产运营管理"是指：如何扩大直接关系村民生活水平提高的共享资产的量，以及如何在上面提到的（1）和（2）之间进行集体资产收益的再分配。具体说来就是耕地的征用、出售；农地的宅基地转用；村有企业的出赁、出售问题；村有企业的设备、储备品的出售问题；村内水利设施、道路的建设；新企业的创办，等等。① 所有这些问题的最终决策都可能从根本上对村集体全体成员的利害、得失产生很大的影响。所以，从这些问题的决策过程着眼进行考察，应该会成为研究农村政治角色间相互关系的十分合适的题材。②

但问题是伴随着这些资产运营方法的决策，会分化出怎样的角色，这些角色又采取什么样的立场？这些问题会因各村的情况而千差万别，没有固定的模式可言。从理论上说，集体资产与全体村民的利害关系紧密相连，但并非所有村民因此就会抱着同样的积极性、站在同样的立场上参与决策。像前面提到的岳村那样，资产运营管理的决策过程中，村

---

① 具体说来，我们可以通过对财政分析的手段找出资产运营的模式。比如，在每一年的财政收入中，资产买卖、租赁等的收入是以怎样的比率变化的；还有在财政支出中，对水利设施和乡村公路等"基础型资产"的投资、开办企业和批发市场建设等"收益型资产"的投资、以及对社会福利项目的投资是怎样的等等都可以成为分析的要点。

② 在前面一节提到的关于农村政治的研究成果中，土地运营管理或集体企业经营大多都只是被用作说明个别议题中村干部行为的一个事例，将其作为统一说明村落政治诸角色行为的变数的研究还没有。另外，关于耕地、基础设施、村有企业等的所有权问题的研究是有的，但并没有从村落政治的视角来进行分析。

民并不十分活跃的情况也多有存在。究其原因，当然根本上是因为“集体所有制”本身的暧昧性，尤其是受集体资产的存在形式这个基本变数的影响很大。

下面想尝试从资产价值、资产形成过程和资产管理方式三个方面，对政治角色间的密切关系和农村政治的特征作一定位。

1. 资产价值

集体资产的价值因为村子所在地域的不同，每个村的具体情况会有非常大的差别。最重要的资产当然是土地，土地的价值因村所处地域的不同，特别是由于村距离城市或城镇的距离远近不同会有很大的差别。在集体资产相对丰富的村集体，资产管理的好坏情况会带来大的利益或损失。而且容易在村干部、民间精英和村民之间出现利害关系的分化，进一步伴随分化而来的是人们会对资产价值和价值所有等问题变得比较敏感。因此，村内的其他角色会十分警惕地监视作为集体资产直接运营主体的村干部的行为。

可以想象，代表村民的利害得失来监视村干部行为的这些“非管理能人”会变得十分活跃。同样，在经济实力较强的企业家阶层存在的情况下，特别是当这些企业家所在企业的集体资产或集体经济的成分较大时，这些企业家的动向对于“非管理能人”来说也是不可忽视的存在。因此，他们自己会采取参加选举的方式加入到管理者的队伍中来，通过“村民代表大会”和负责村级财政监督的“村民小组”等途径扮演着活跃的政治角色，并通过一定时期内有组织的、制度化的渠道对集体资产运营管理问题发挥自己的影响力。可以想象，就是一般村民也一样对关系到自己切身利益的集体资产运营十分关心，特别是在资产的利益分配问题的决策上他们的参与意识是非常强的。这样一来，政治也会变得活跃起来，各项民主制度也开始从实质上发挥它的作用。这就意味着正式的、非正式的集体资产共同管理制度形成了。

与此相反，在集体资产比较贫乏的村集体，由资产运营管理本身所带来的收益基本上不存在，作为管理者，村干部的“经营者”的责任也不存在。而且，由于其主要业务仅局限于征收税费，所以他们的影响力就比较小，并且他们与“非管理能人”的利益、村集体的发展等的关系比较薄弱。在这种情况下，即使存在经济实力较强的企业家，他们作为村政角色也只不过是一个不活跃的存在。

当然，村民对于集体资产价值的敏感度和对集体资产所有权意识的敏感度，并不是与资产价值的多少成明显的比例关系，这只是一个粗略的、笼统的参照指标。所以，我们有必要将其同另外的两个变数联系起来考虑。

2. 资产形成过程

回过头来对集体资产的形成过程定位的话，在本来的地理条件和市场操作信息有优势的地区，如果加上作为“经营者”的村干部的优秀领导决策能力、与上级政府的良好关系等诸有利因素的话，其集体资产肯定会增值。从这个意义上讲，作为“经营者”的村干部的领导决策有效与否，很多情况下与村的原有条件确实有很大关系。但从大的方面来看，集体资产的形成过程大致可以分为以下两种情况：（1）村子的原始条件与村干部的领导决策能力经过较长时间的相互配合发展而形成（内发型资产）；（2）由于原始条件发生突变，不需要村干部的领导决策而形成（外发型资产）。

（1）内发型资产形成的村集体，村民对“经营者”（村干部）的经营战略是持肯定态度的，大多会形成非正式的资产运营决策制度。于是，即便是在集体资产的量很大的情况下，村民也对“经营者”（村干部）的决策抱有安全感和信赖感，村民的参政议政的欲望也会因此而有可能变得低调、不活跃。借用前面提到的岳村的话说就是，因为那种情况下的参政“成本”会远远超过人们预期的经济“收益”。

（2）外发型资产形成的村集体，具体说来就是那些被城市化影响波及的近郊农村地区，城市的企业、事业单位等相继进驻这些地方，土地资产价值也会随之飙升。这种情况下，其他角色的进入抑制了村干部的行为，于是就形成了从土地的收益到收益的再投资的决策权都被他们拿走的情形。这样一来，则容易导致村干部的独占收益行为，还会导致前面申静和陈静所提到的村干部不能成功扮演“经营者”角色、成为“弱监护人”的现象发生。[①] 另外，村干部以外的角色会意识到本村集体资产价值很高，并且会产生“村干部有可能会独占从中获得的利益”的危机感，于是这些地方村民的直接参政议政的欲望就会很高。[②] 一段时间以后，当形成了非正式的资产运营管理制度之后，情况就可能会接近上述（1）的样子。

3. 资产管理方式

关于村级集体资产管理的另外一个变数是由谁来进行日常资产管理的问题。如果说村干部独揽所有的集体资产管理权是一种极端做法的话，那么将资产管理权以多种形式委托给村民管理的方式就是另一种极端。由于集体资产的经营、管理关系到各个角色的自我社会经济价值实现的问题，所以资产管理对于特定的个人或集体获得作为政治角色的影响力也十分重要。换而言之，资产管理方式对于村落政治的形式会产生很大的影响。

由村干部全权管理集体资产的典型事例是，所谓“超级村庄”较为发达的集体资产全部被村干部集团全权管理。在河南省南街村，由村里统一管理的不仅是村有企业，就连“耕地”的管理权也统一在村里、不实行家庭承包制。也是在这个村，以向新企业投资为代表事例，村里的

---

① 根据申静和陈静的分析，在农村的城市化进程中，虽然村干部能运用的权利确实增大了，但他们作为村集体“保护者”的作用非但没有被加强，其权威性反而越来越低了。究其原因，是因为两村的城市化进程，不是在其自身现代化要素的基础上所进行的主动行为，而是被人为地卷入城市化的进程中。

② 在前一章节中提到的罗兴佐提出，村民对权力集团的抵抗意识，成为了村民加入民间组织和参与政治的理由。作为研究对象的处于都市化进程中的村落，虽然因征地而获得的收入有了较大提高，但是当时的村民委员会主任只是利用这些资金铸造了自己的关系网而已。

重要决策都有很强的集权主义倾向，特别是村支部书记个人的影响力极大。

在笔者所调查研究的北京郊区的蔬菜生产基地 X 村[①]，耕地的管理虽然采取了家庭承包责任制，但是村干部、村集体却独揽了作为最大集体资产的蔬菜批发市场的日常经营和水利设施等的管理。因此，想通过承包村里其他的土地或企业来扩大自己影响力的村民几乎没有，基本上整个家庭都成了小规模的以家庭为单位的蔬菜栽培户。并且，由于村民间的利害分化程度较轻，不管村集体资产的规模有多大，一般村民都不会因为村集体资产的运营管理和一般村政问题产生对立意见。这一点在该村 2001 年 3 月的村委会改选时得到了证实——5 名现职干部都以绝对得票优势再次当选。在这样的村里，如果能够听取村民的意见和建议，那么调整相互的利害关系并不会有成本花费。相反，这样有可能会使村干部集体的管理得到加强，而且还会使蔬菜市场的扩大再生产和各种村基础设施的建设更加快速地进行。

另外，当集体资产的管理和经营权被委托给民间时，各政治角色间会产生明显的利害分化，村落政治也会随之活跃起来。

同样是笔者进行过实地调查研究的山东省 C 村[②]，进行集体资产日常管理的大部分人是民间人士，即一般村民。村民对耕地、村有企业、水利设施等的承包经营活动，使他们获得了社会经济支持，他们自己也渐渐成了农村政治角色中小规模的“民间能人”。例如，有的村民将原来村集体的苹果园承包过来，有的村民则将 1997 年以前由村干部（其中一人是原村支部书记）经营管理的村有企业承包过来，还有的村民承包村里的水井管理经营权。这样的一些角色并不是个人资产相当丰富的私营企业家，也没有明显的宗族血缘集团的关系背景，只是单纯地行使

① 2001 年 3 月、同年 9 月、2002 年 12 月、2004 年 9 月四次访问该村，共计用了 1 个多月的时间，进行调查研究。

② 2002 年 9 月、2003 年 3 月、2004 年 3 月三次访问该村，共计 3 个多星期，进行调查研究。

了自己作为参政议政角色的权力。[①] 他们只是以“村民代表”或“村小组代表”的身份参与集体资产运营管理的正式决策过程，他们一方面考虑到自己的事业发展，另一方面也考虑到了同喝一井水的左邻右舍和村小组成员的利益。实际情况是，村干部不能对这些直接参与村集体财产运营、管理的小规模“非管理能人”的意见置之不理，独断专行在这里是行不通的。

综上所述，农村集体资产管理越是集中到少数村干部的手中，围绕资产运营管理的村落政治就会越变得集权化，基于村民利害分化的村民参政也就会越少。与此相反，村集体资产的经营和管理权下放到民间的程度越高，村里小规模的经营者、管理者的影响力就会越大，他们试图把各自的利害关系诉诸村政的机率就会越高，这样就越有利于村落政治的活跃。

结　语

本文主要是以改革开放以后的中国农村为研究对象，旨在探索利用微观的角色分析方法，摸索中国村落政治研究的可能性。最后让我们来作一个简单的总结。

第一部分主要是概括地论述了近年来有关村落政治角色本身的多元化和决定角色行为的主要因素的变化的研究。这项工作不仅仅局限于现象本身的描述和分类，还要找出特定村落中政治角色的出现和能够统一说明导致其行为的变数、框架，并以此作为进一步推进中国村落政治研究的任务。

为了完成上述课题，第二部分提出了今后必须从“经济利害”的观点出发，来说明各个政治角色行为的建议。具体而言，就是我们将围绕

① 在对C村的观察中印象最深的是，作为政治角色的“民间精英”与“一般村民”的界限并不十分明显，也不固定。“一般村民”当积蓄了一定的社会经济力量时，就会向“民间精英”靠近，具有相对性、流动性。

村落集体资产运营和管理的政治过程作为代表性议题，对村集体资产价值、资产形成过程和资产管理方式三个变数进行了分析，探索是否能够从多个角度来说明各个角色的行为背景乃至该村的村政特征。当然，本文中所提出的假设只不过是一个非常粗略的、笼统的想法，需要通过对具体事例的探讨、提炼来进一步完善。

（武　萌　张琼琼　译）

中国农村基层民主的面貌

——关于村民委员会选举的一项实证研究*

〔美〕约翰·詹姆斯·肯尼迪

近年来的一些研究报告认为，村民竞选代表着中国农村的实质性民主改革，但是村民们对竞选满意吗?[①] 差额竞选能够确保一个不确定的选举结果吗？在过去10年中，中国农村进行竞选的村庄数量一直在上升。[②] 在这些选举中，村民也许可以在候选人之间进行选择，可是谁在选择候选人呢？如果竞选中的所有候选人都是预先选定的，那么选民的选择就受到严重的限制。因为合法的选举就必须保证选举结果是不确定的，选举结果不能预先知道。那些在有限的提名中预先选定候选人的个人能够保证选举结果反映出他们的选择，但并不必然反映出选民的选择。要确保选举的不确定性，最有效的方式是保证候选人提名过程公

---

* 本文原题为“The Face of ‘Grassroots Democracy’ in Rural China: Real Versus Cosmetic Elections”，载 *Asian Survey*, Vol. 42, No. 3, 2002, pp. 456－482。作者简介：约翰·詹姆斯·肯尼迪（John James Kennedy），美国加利福尼亚大学戴维斯分校政治学系博士候选人。——译者注

① 参见 Jamie P. Horsley, “Village Elections: Training Ground for Democracy”, *China Business Review* 28: 2（March-April 2001）, pp. 44－52; Henry Rowen, “The Short March: China's Road to Democracy（China as a Democratic State in 2015）”, *National Interest*, 45, Fall 1996, p. 61。

② 史天健在他的全国性调查中发现，1990年37%的选举是竞选，1993年则上升到51%。参见 Shi Tianjian, *Rural Democracy in China*, Singapore: Singapore University Press, 2000, p. 4。

开。然而，由于村民选举实施的不均衡，中国农村出现了各种各样的提名方式。[①]

对于政策执行不一致的原因，一些学者给出了富有洞见和启发性的解释。[②] 不过，本文将集中关注政策执行不均衡带来的政治结果。本文的第一部分主要考查《村民委员会组织法》执行方面的不同，这种情形导致了不同的村民委员会主任（以下简称“村主任”）的选拔方式和提名方式。村主任的选拔方式要么是竞选，要么是任命（比如，不经选举）。第二部分则引入调查数据，确定分析中重要的约束性变量和说明性变量。第三部分则给出分析结果。我得出的结论是，村民对选举过程的满意度随着选举结果不确定性程度的变化而变化。此外，村民清楚他们的政治环境，并且显示出高超的投票技巧。

一、理　论

《村民委员会组织法》（以下简称《组织法》）颁布于1988年，修订于1998年。村民委员会由3到7名选举出来的成员和1名村主任组成。根据《组织法》第14条，候选人的名额“应当多于应选名额”。[③] 当然，这意味着选举是竞争性的。此外，“……应该由有选举资格的村民直接提名候选人”。除此之外，《组织法》列出了当选领导人的职责，如执行国家政策，发展当地经济，以及管理集体财产。这项法律有两个目的，一是选出那些会充分执行不受欢迎的国家政策——比如，粮食税和计划生育政策——的村主任，二是使村主任对村民更负责。

---

① Robert A. Pastor and Tan Qingshan, “The Meaning of China’s Village Elections”, *China Quarterly*, 162, June 2000, pp. 490 – 511.

② 白钢：《中国村民自治法制建设平议》，载《中国社会科学》，1998年第3期，第88—107页；Kevin J. O’Brien, “Implementing Political Reform in China’s Villages”, *Australian Journal of Chinese Affairs*, 32, 1994, pp. 33 – 59。

③ 全国人大常委会：《中华人民共和国村民委员会组织法》，法律出版社1998年版，第6页。

实施《组织法》的原因之一是为了缓解干群之间的紧张关系。[①] 这就把焦点集中在常常左右为难的村主任身上。例如，他们必须执行不受欢迎的政策，同时又要代表村民的利益。当地的村主任一方面要承受乡镇收税和执行计划生育政策的压力，但另一方面又要面对村民的抵制。村主任有时候用强制手段执行不受欢迎的政策，这反过来使他们在村民中非常不受欢迎。[②] 另外，村主任也会抵制乡镇政府的压力，以免其榨取村庄资源。[③] 为什么村主任的行为有这么大的变化呢？制度方面的解释指向了村民选举和领导责任。被任命的村主任向为他或她提供职务的上级负责，因而他们的支持范围比较狭窄。引入选举就是想要扩大村主任的支持者，从而把村民也包括进来。因此，当选的村主任代表的是村民。确实，有许多证据支持这种制度性解释。[④] 例如，曼宁（Manion）证明，关于国家在经济中的作用，当选的村主任与村民的一致表明了这种“选举关系”。[⑤]

一些学者认为，对村主任的责任最有影响的是党员身份，而不是竞选。[⑥] 关于中国农村的选举效力与村主任更换，最为流行的观点认为，中国共产党具有至关重要性。[⑦] 如果当选的村主任是党员，那么他受到

① Tyrene White, “Reforming the Countryside”, *Current History*, 91, 566, September 1992, p. 273.

② Ibid., p. 275.

③ O'Brien, “Implementing Political Reform”, pp. 45 – 46; also Thomas Bernstein and Xiaobo Lü, “Taxation without Representation: Peasants, the Central, and the Local States in Reform China”, *China Quarterly*, 163, Septemper 2000, p. 758.

④ Shi Tianjian, “Village Committee Elections in China: Institutionalist Tactics for Democracy”, *World Politics*, 51, 3, April 1999, pp. 385 – 412; O'Brien, “Implementing Political Reform”, pp. 41 – 46.

⑤ Melanie Manion, “The Electoral Connection in the Chinese Countryside”, *American Political Science Review*, 90, 4, December 1996, pp. 736 – 749.

⑥ Daniel Kelliher, “The Chinese Debate over Village Self-Government”, *China Journal*, 37, January 1997, pp. 63 – 86.

⑦ Lin Shangli, “Rural Self-Administration and Base-Level Elections”, in *PRC Tomorrow*, ed. Chong-pin Lin, Kaohsiung: National Sun Yat-sen University Press, 1996, pp. 125 – 138; Jean C. Oi, “Economic Development, Stability, and Democratic Village Self-Governance”, in Maurice Brosseau et al., eds., *China Review 1996*, Hong Kong: Chinese University Press, 1996, pp. 125 – 144; O'Brien, “Implementing Political Reform”, p. 54.

村党支部的控制。这类村主任负责的对象与其说是村民，不如说是村党支部书记。这种观点表明，即使村主任是在竞选中产生的，村民也没有多少真正的选择。以下证据似乎支持这一观点。根据中央政府的说法，农村党员的人数不到总人口的5%。① 然而，最近的研究发现，绝大多数当选的村主任是党员，且当选的村主任是党员的比例在60%到83%之间。② 不过，认为党是至关重要的观点，更多地体现在提名候选人的人，而不是当选的村主任是不是党员。村民也可能会提名党员，因为他们相信他或她有能力。如果村民对选举过程满意，那么当选的村主任是不是党员就不是问题。

关于《组织法》的研究绝大多数是在20世纪90年代初期和中期进行的，主要集中于竞选。这是对于"民主"选举最为狭隘的定义，即候选人的数量超过应选职位的数量。然而，奥布赖恩表明，即使是竞选，当选村主任的行为还是有很大的变化。③ 提名过程可以解释这种可观察到的变化。尽管有些研究提到了提名过程，但对不同提名方式及其结果的研究却很少。④

我用来评价中国村民选举的核心概念是竞争和不确定性。对于一种合法的选举来说，必须满足两个条件：（1）没有人能够事先或事后改变选举结果；（2）所有参选者必须公开地让他们的利益服从竞争和不确定

---

① Xiaobo Lü, *Cadres and Corruption: The Organizational Involution of the Chinese Communist Party*, Stanford: Stanford University Press, 2000, p. 86.

② 刘喜堂：《三省九县村委会选举数据分析》，见民政部和卡特中心编：《1999年农村基层民主建设资料汇编》，2001年6月28日；Jude Howell, "Prospects for Village Self-Government in China", *Journal of Peasant Studies*, 25, 3, April 1998, pp. 86 – 111。

③ 奥布赖恩提到四种村庄类型：模范型、独裁型、失控型和瘫痪型，参见O'Brien, "Implementing Political Reform", p. 51；也可见Tyrene White, "Village Election: Democracy from the Bottom Up?", *Current History*, 97, 620, Septemper 1998, pp. 263 – 268。

④ Pastor and Tan, "The Meaning of China's Village Election", p. 495; Horsley, "Village Elections"；史卫民：《选举中的数字统计规则——中国村民委员会选举信息系统研究报告》，见民政部和卡特中心编：《1999年农村基层民主建设资料汇编》。

性。[①] 只要选举没有预先"确定"，并且选举结果在计票之后不再改变，第一个条件就得到了满足。如果选民和候选人都愿意接受未知的选举结果，完全明白落选者下一次还有机会，那么第二个条件也就满足了。不确定性既适用于候选人，也适用于选举的获胜者。在选举前，公开提名会产生挑战现任干部的候选人；之后，候选人参与一个具有不确定结果的选举。如果候选人不是由选民公开提名，而是由极少数人预先选定，那么就不是所有的利益都服从竞争。结果也就变得更加确定。选择候选人的极少数人能够确定自己的利益会得到满足。

经过对中国西北 30 多个村庄的调查，在据说进行了竞选的村庄中我发现了三种提名方式。这三种类型是村民提名、村党支部提名和乡镇政府提名。[②] 我的观点是，每一种提名方式都与一定的不确定性联系在一起。在一个村庄共同体中，村民们相互认识，并对干部与其邻居之间的政治关系非常清楚。我认为，乡镇官员一旦提名了竞选的候选人，村民就能确定哪个人将在少数的潜在候选人中胜出。然而，当村民提名的候选人从更多的候选人中被选出时，村民一开始是无法确定谁将被选出的。

村民提名一般是在村民公开大会上进行，个体或团体都可以提名候选人。村党支部由村党支部书记和两到三个副书记组成。在这样的提名中，通常是村党支部书记选择候选人。至于乡镇提名，一般是乡镇党委选择候选人。乡镇党委提名与村支部提名的区别在于前者是在村庄之外进行，而后者则是在村庄之内。村民们很清楚在村中谁是可能的候选人和村主任，因为不难分辨出哪些村民与村党支部书记或乡镇官员关系亲密。随着关系从村到乡镇"关系"的行政台阶攀升，潜在候选人的名单就会变得越短，也就更加可以预测。

---

① Adam Przeworski, *Democracy and the Market: Political and Economic Reforms in Eastern Europe and Latin America*, New York: Cambridge University Press, 1991, p. 14.

② 乡镇位于县级行政机构之下，村庄则在乡镇行政机构之下。村庄的下面则是小组和自然村。

所有拥有当选村主任的村庄都进行了这样或那样的竞选。这些村庄之间的差异与关于候选人提名的不确定性程度相关。村民提名的不确定性程度高：许多村民参与了提名，但没有人知道结果。至于村党支部提名，不确定性程度要低一些，由于只有较少的村民参与了选择过程，因此大多数村民很清楚谁会是潜在的候选人。乡镇提名和任命的不确定性程度则非常低，因为绝大多数村民非常清楚同乡镇党委有关系的少数人。在这些村庄中，村主任的选举就更加可以预测。

因此，由于提名方式之间的差异，我认为政治结果将随着村民所关注的三个方向而在村庄之间发生变化：（1）村主任的党员身份；（2）村民对当地经济的态度；（3）村民对选举过程的满意程度。村主任是不是党员将反映村党支部或乡镇党委的影响力。① 如果村民有真正的选择，那么我认为党员身份与候选人选择过程之间有一定的变数。如果村民对当地经济的态度随着候选人选择过程的变化而变化，那么村民会支持负责发展经济的村主任。最后，我认为村民对于选举过程的满意度随着提名方式的变化而变化。

二、调查数据

本文所使用的数据取自 2000 年 10 月至 11 月对陕西省 34 个村庄的调查。调查范围是该省 6 个县 34 个不同级别的村庄。② 这 6 个县是基于它们的发展水平，运用了 G. W. 斯金纳的中国西北核心—外围图随机选取的。③ 在每一个县里，随机选取了两个乡镇。在每一个乡镇中，又随机选取了 3 个村庄。在每个村庄内，选取了 12 个采访对象。从村会计提

① Kelliher, "The Chinese Debate", p. 82.

② 我的调查可以看做是陕西省农村的典型样本，但不能看成是整个中国农村的样本。参见 Melanie Manion, "Survey Research in the Study of Contemporary China: Leaning from Local Samples", *China Quarterly*, 139, Septemper 1994, pp. 741 – 765。

③ 关于斯金纳模型的清晰说明，见 Daniel Little, *Understanding Peasant China*, New Heaven: Yale University Press, 1989, pp. 69 – 104。

供的户口登记表中，随机选取了9位村民。同时，还采访了村主任、村党支部书记和会计。进行这一调查的是西北大学经过训练的12名研究生。因此，这12名研究生相应地采访了每个村庄的受访者。作为对这一调查的补充，我在3个不同的乡镇对8个村庄作了个案研究。2001年3月至4月间，我在每个村庄花2到3天的时间进行调查。与村民、村主任和乡镇干部进行了深入的访谈。

1. 应变量

（1）村主任的党员身份

在调查中，村主任被问到是不是党员。因此，党员是一个二分的变量。20世纪90年代进行的研究发现，大多数村主任是党员，比例在60%到83%之间。[①] 同样，我发现，接受我们调查的所有村主任中，有56%是党员。很显然，并不是所有当选的村主任都是党员，但是党员身份在提名方式中的作用变化了吗？比如，村民更倾向于非党员的候选人吗？村党支部提名和乡镇提名的村主任都是党员吗？

（2）村民对当地经济的态度

这一尺度基于这样一个调查问题："你对这些年村庄的经济状况有什么看法？你认为经济状况是非常好、好、不好也不差、差还是非常差？"这五个等级浓缩成一个单独的尺度。[②] 由于村主任要负责当地的经济发展，村民对当地经济的态度会随着提名方式类型的变化而变化吗？

---

① 刘喜堂在调查中发现，83%的村主任是党员。参见刘喜堂：《三省九县村委会选举数据分析》，第10页。祖德·豪威尔（Jude Howell）利用民政部的资料发现，1996年60%当选的村主任是党员。参见Howell，"Prospects"，p. 99。

② 在这五个等级中，第一个是"非常好"，第五个是"非常差"。这五个等级浓缩为一个单独的尺度。在整个调查样本中，5%的受访者回答说"不知道"。这些观察资料得自这一分析。这五个等级上的每个点随着选择每种立场的受访村民的比例增加。因此，总和的结果是一个单一的村庄尺度100—500；尺度越高，村民对当地经济的感觉就越差。因此，负系数意味着村民认为经济是"好的"，而正系数则意味着村民认为经济是"差的"。把调查问题浓缩为一个单一的尺度这一方法取自如下文献，Bruce Russett，"Doves，Hawks，and U. S. Public Opinion：Impact of Public Opinion Polls on National Security Policy"，*Political Science Quarterly*，105，4，Winter 1990，p. 515。

（3）村民对选举过程的满意度

这一尺度基于这样的调查问题：“从整体上来说，你对村民选举过程是满意、比较满意、不怎么满意还是完全不满意？”这四个等级的评价浓缩为一个单独的尺度。① 村民会不在乎候选人是如何产生的而对竞选满意吗？或者村民对选举过程的满意程度会随着提名方式类型的变化而变化吗？

（4）竞选与任命

这两种选择村主任的方式出现在调查样本中。根据《组织法》第11条，“任何组织或者个人都不得指定、委派或撤换村民委员会成员”。②然而，在我们调查的村庄中，有6个村主任是上级任命的。村民和村主任都说没有进行选举。其中4个村庄是由乡镇党委挑选村主任。另外2个村庄则有一个稍微复杂的地方任命体系，其中包括村党支部和前任村民委员会成员。乡镇任命村委会主任的村庄类似于奥布赖恩所谓的独裁型村庄，在那里，“乡镇权力典型地压倒了参与和村庄自治”，因此“民主程序被忽视或破坏”。③ 正如奥布赖恩预测的那样，这些村庄几乎不存在政治参与。比如，村民大会很少举行。在任命村主任的村庄，只有一半的受访者，其中包括村主任在内，回答说有村民大会。然而，绝大多数选举是在村民大会上举行的。因此，这些村民大会要么不存在，要么很少举行，就毫不奇怪了。

超过80%的受访者说到了竞选，即村民选举村委员会主任及其成员。受调查村庄中的竞选至少是在调查前8个月举行的。其中最早的是在1998年，最晚的是在2000年初。绝大多数竞选在村民大会上进行。这些选举一天完成，分几个阶段。在最终的选举之前，所有的大会选举一般都有一轮或两轮的竞选。计票通常当天完成，真实的选举过程是公

---

① 在这四个等级中，第一个是“满意”，第四个是“完全不满意”。这一等级也浓缩为一个单一的尺度。参见同上，第515页。

② 《组织法》，第5页。

③ O'Brien，“Implementing Political Reform”，p. 51.

开的。为了确保选举的公开性，乡镇干部出席了整个选举过程。在调查中，我们向村民和村委会主任提出的问题是乡镇官员在选举过程中是否在场。每一个村庄的受访者都回答说乡镇官员在场。然而，乡镇官员的在场并不意味着乡镇政府的干预。事实上，在选举当天，乡镇的直接干预会使村民产生强烈反抗，有时甚至是暴力反抗。① 最普遍的乡镇干预形式是预先选定候选人。比如说，如果乡镇干部提名了村委会主任的全部候选人，那么乡镇政府就能确定它们的代表当选。无论谁在竞选中胜出，都不会改变这一结果。因此，本文主要研究提名过程。

尽管调查中的大多数选举是在村民大会上进行的，但有两场竞选却不是。它们是挨家挨户上门竞选。② 所谓上门竞选，就是在选举当天，村主任端着投票箱、拿着选票挨家挨户上门。在这种情况下，乡镇政府有两种方式控制选举。第一种也是最重要的一种方式是，乡镇干部在选举前选定候选人并印在选票上。第二种，由于不是干预可能带来形势变化的村民大会，乡镇政府完全取消村民大会。与其他的研究相比，在我们的样本中，上门竞选的比例相对较小。比如说，在湖北省 40 个县的调查中，调查者发现有 43% 的受访者回答说是上门竞选。根据调查者的说法，这一比例异常高，而且他注意到，运用这种方式给滥用权力和当地的管理不善留了空间。③ 在我们的调查样本中，上门竞选会提前 2 到 3 天通知；然后村主任端着投票箱、拿着预先印好的选票挨家挨户上门。当问到在上门竞选中谁投票时，回答则是“谁在家谁投票”。选票当天收集好，结果则在 3 到 5 天之后宣布，形式要么是通过村里的广播，要

---

① 靠近西安的一个县的村庄，乡镇政府官员于选举过程中来到村庄，并要对所确立的选举过程作某些改变时，发生了暴力反抗。许多村民殴打了一名官员，推翻了一辆警车。参见《户县大雁村换届选举成闹剧》，载《华商报》，2000 年 8 月 10 日，第 1 版。

② 其他人的研究也提到了流动票箱。见贺雪峰：《村委会诸环节的调查与分析——湖南省四十个县村委会选举信息回访活动报告》，见《1999 年农村基层民主建设资料汇编》，2001 年 6 月 28 日；史卫民：《选举中的数字统计规则——中国村民委员会选举信息系统研究报告》，第 7 页。

③ 贺雪峰：《村委会诸环节的调查与分析——湖南省四十个县村委会选举信息回访活动报告》，第 5、7 页。

么是书写在公开的公告栏上。这种选举虽然是竞争性的，但其结果并没有多少不确定性。许多村民抱怨说，这些选票是秘密计算的："谁知道真正获选的是谁呢?"许多人认为，当选者已然确定，干部不过是走走选举的形式。有个村民用一句话概括了这种情况："上门竞选是给指定的结果一个选举的形式。"

2. 主要的自变量

在调查样本中，35%的村庄是村民提名，21%的村庄是村党支部提名，26%是乡镇政府提名。单个家庭的数据是运用多数规则在村级层次上进行统计的，其中说出一种具体的提名方式的受访者人数超过如下两类受访者人数的总和：(1) 说出其他提名类型的受访者人数；(2) 回答"不知道"的受访者人数。① 此外，大多数受访村民要看村主任的脸色。对于实行村民提名和村党支部提名的村庄而言，大多数村民站在村主任和村党支部书记一边。这种现象也发生在许多被归为乡镇提名和"任命"村主任的村庄。乡镇任命和当地任命结合成一种任命类型。在统计分析中，所有系数都与实行任命方式的村庄暗中吻合，这是复归模型没有考虑到的一种虚假的可变范畴。

(1) 村民提名

在村民提名候选人的村庄，一般有四种提名方式："海选"提名，团体提名（联名推举），小组提名，以及各户户主提名。"海选"或"公开"提名一般在村民大会上进行，任何个人或团体都可以提名候选人。团体提名是指任何5到10个村民就能够提名一个候选人。团体可以在选举前宣布提名的候选人，但在调查的样本中，团体提名的候选人是在选举大会上宣布的。典型的小组提名过程有两个步骤：小组中的村民（在一些情况下是自然村）举行小组会议提名一个或多个候选人，随后

---

① Shi tianjian, "Economic Development and Village Elections in Rural China", *Journal of Contemporary China*, 8, 22, 1999, pp. 425 - 442.

各小组的候选人在全体村民大会上进行竞争。户主提名出现在更小范围的会议上，即各户的代表在一起提名候选人和进行选举。[1] 尽管存在着变数，但这些方式产生了相同的基本结果：村民提名的候选人以及选票是在同一天统计的。这些村庄类似于奥布莱恩所说的“达标”村庄或“模范村庄”，在这些村庄里，选举法得到了充分的执行，并且绝大多数村民也对结果满意。[2] 基于研究的目的，这四种方式被归为“村民”提名或“公开”提名。

我认为，参与“公开”提名过程的村民在实际提名开始之前无法确定最终候选人的身份。换句话说，村民提名具有高度的不确定性。为了检验这一相关性，我提出三个假设：①实行公开提名的村庄往往选举了非党员的村主任。假如党员所占的人口比例很小，我认为村民提名的村主任只有极少数是党员。②村民认为当地经济状况是“好的”。村主任负责当地的发展规划，如修葺校舍、村庄道路和水利。由村民提名的村主任对村民负责，会把公共资金投入到努力改善村庄状况上。在这种情况下，村民会感觉村庄的经济状况是好的。③村民对选举过程满意。村民会对选举过程感到满意，因为公开提名制度给他们提供了选择候选人的真实机会。即使他们的候选人在最后的竞选中未能获胜，他们也能确定下次竞选还有公平的机会，因为在提名过程开始前无法确定谁会胜出。

（2）村党支部提名

在村党支部提名的村庄，显然是村党支部书记选择候选人。候选人通常是预先选定的，他们的名字在选举之前就印在选票上。在一些个案中，村党支部书记在村民大会上宣布候选人，之后村民选举村委会成员和主任。村党支部提名很常见。在 1996 年对陕西省某个村庄的研究中，研究报告说，村党支部提名了大多数候选人，而另一项对村民选举的研

① 户主一般是男性，但在一些村庄中，绝大部分男劳动力在很远的城市打工，因此妇女就是家庭代表。

② O'Brien, “Implementing Political Reform in China's Villages”, pp. 41 – 45.

究则表明，只有10%的提名是由村党支部作出的。[①]

村党支部提名村主任的村庄具有较高的不确定性。在这些村庄中，我认为有三种结果：①村党支部提名的村民选举的村主任往往是党员。村党支部书记最可能提名党员。事实上，那些认为党至关重要的人预测所有的村党支部提名的人都会是党员。②村民认为当地经济是“差的”。在这些村庄，村党支部书记是关键的决策者。有一种观点认为，村党支部书记牢固地控制了村庄资源，他是非选举的领导人，并且不像村主任那样受到选举的限制。[②] 村党支部书记可以把公共资金投入到有益于全体村民的建设中，也可以不这么做。③村民对选举过程不满意。因为候选人更少和不确定性程度更低，我认为这些村民对选举过程较不满意。

（3）乡镇提名

在乡镇提名的村庄，显然是乡镇党委选择候选人。乡镇干部一旦选定了候选人，他们就会在大会选举前几天被印上选票。在这些村庄，也会进行最后的竞选，不过所有的候选人都是预先选定的。村民抱怨说，这些选举与任命毫无两样。“新瓶装旧酒”就是用来描述这种选举的。在调查样本中，在实行上门竞选的村庄中，受访者对待选举过程的态度类似于在实行村民大会竞选和乡镇提名候选人的村庄中那些受访者对待选举的态度。因此，可以把上门竞选与乡镇提名归为一类进行分析。

乡镇提名候选人的村民选举，其不确定性程度非常低。我提出三个假设来检验其中的关联：①实行乡镇提名的村庄所选举的村主任是党员。乡镇官员很可能提名党员。②村民认为地方经济状况“非常差”。乡镇提名发生在村庄之外。作出选择的乡镇干部并不是选举产生的，甚至不是来自同一个村庄。乡镇提名的村主任会觉得更应该对乡镇干部而

---

① 高正文：《关于陕西省村委会换届选举观察报告》，见王仲田、詹成付主编：《乡村政治——中国村民自治的调查与思考》，江西人民出版社1999年版，第171页；史卫民：《选举中的数字统计规则——中国村民委员会选举信息系统研究报告》，第4页。

② Jean C. Oi, *Rural China Takes Off*: *Institutional Foundations of Economic Reform*, Berkeley: University of California Press, 1999, p. 113.

不是对村民负责。有一种观点认为，这些村主任可能会腐败，因而公共投入会遭到损害。[①] ③村民对选举过程非常不满意。由于村主任的提名来自于村庄外部，并且候选人往往与乡镇干部关系密切，因此不确定性程度就会非常低。因此，我认为村民会对选举过程非常不满意。

3. 控制变量

（1）村庄的家庭平均收入

家庭平均收入是衡量村庄富裕程度的标准。富裕村庄的受访者很可能对当地经济和村民选举过程满意，而不管其提名方式。尽管研究表明，竞选一般出现在相对富裕的村庄，但是它们并没有表明村民对当地经济或选举过程是否满意。[②]

（2）村庄的人均土地

在调查样本中，农业是主要的收入来源，并且人均土地面积与家庭收入紧密相连。本文的研究用人均土地作为衡量土地使用的标准。这同时也是衡量人口密度的标准，因此在更偏僻、人口相对稀少的地方，人均使用土地的面积就较多，而人口相对稠密的地方人均使用土地面积较少。

（3）可耕土地的比例

不过，对家庭收入影响最大的是土地质量。本文的研究使用可耕土地的比例作为衡量土地质量的标准。可耕土地是自然赋予的稀缺资源。人口稠密的村庄可能拥有的人均土地较少，但可耕土地的比例较大。

（4）县内的虚拟变量

一些研究表明，非农业领域的劳动机会，以及许多农产品和非农产

---

① 吕晓波指出，在中国共产党的体制中，地方干部参与寻租行为。地方领导人认为他们的位置来自上级，因此他们为了升官会做任何事情。参见 Lü, *Cadres and Corruption*, pp. 166 - 168。

② Shi Tianjian, "Economic Development and Village Elections in Rural China", pp. 425 - 442.

品进入大市场的渠道，都与中心大城市的距离联系在一起。[①] 村庄富裕程度和人口密度同它离中心大城市的距离成反比。在这次的6县调查中，主要的中心大城市是陕西省省会西安。富裕程度、人口密度和土地质量，随着与西安市的距离的变化而变化，并且这6个县的虚拟变量就支配了它们之间的人口数量变化。其中第1和第2个县位于更北部的偏远地区，更加贫穷，人口相对稀少。第3和第4个县则相对不那么偏远，人口也较为稠密，而第5和第6个县则更为富裕，位于中心城市附近，人口则更多。

（5）与县城所在地的距离

除了中心大城市之外，同较小市场和像县城所在地这样的中心城市的距离，也与非农就业机会和村庄富裕程度相关。

（6）与乡镇政府所在地（市镇）的距离

村民能够直接进入当地农村市场，是一个重要的经济标准。[②] 乡镇政府所在地通常位于乡镇市场，村民们在那里买卖当地的农产品和各种产品。[③]

（7）村庄中大家族的数量

家族之间的冲突可能影响村民对当地经济和选举过程的态度。中国北部的多姓村庄较为普遍，而中国南方的村庄则多为单姓村庄。[④] 在这些北方村庄，血亲群体显示了成员之间亲密的社会和经济关系。[⑤] 实际

---

① G. William Skinner, "Differential Development in Lingnan", in Thomas p. Lyons and Victor Nee, eds., *The Economic Transformation of South China: Reform and Development in the Post-Mao Era*, Ithaca, N. Y.: Cornell University Press, 1994, pp. 17 – 54.

② G. William Skinner, "Marketing and Social Structure in Rural China", *Journal of Asian Studies*, 24, 1, 1964, pp. 3 – 44.

③ 在调查样本中，我们要问村主任村庄离乡镇政府和最近的市场有多远。我发现"与乡镇政府的距离"与"与当地市场的距离"高度相关。

④ Evelyn Rawski, "The Ma Landlords of Yang-chia-kou in Late Ch'ing and Republican China", in Patricia B. Ebrey and James Watson, eds., *Kinship Organization in Late Imperial China, 1000 – 1949*, Berkeley: University of California Press, 1986, pp. 245 – 273.

⑤ Myron L. Cohen, "Lineage Organization in North China", *Journal of Asian Studies*, 49, 3, August 1990, pp. 509 – 534.

上，中国的许多社会科学家认为，村庄中大家族越多，与村庄资源相关的冲突就越大，此外，村民选举会加剧这种冲突。[①] 在调查的样本中，村会计提供了村庄中大家族[②]的数量。我们认为，如果村庄中的家族数量影响了当地的经济和选举过程，就会有较多的村民对拥有许多大宗族的村庄的经济和选举过程不满意。

三、结　果

1. 党员身份

根据相关模型的统计分析，村民提名的系数处在预期的方向上，并且相当高，也就是说，村民提名的村主任绝大部分是非党员。在实行公开提名的村庄中，超过70%的村庄的村民选举的是非党员。这反映了提名过程的公开性，减小了村党支部和乡镇党委的控制。在采访期间，村民透露，非党员在他们看来是政治上的“局外人”，这些候选人较少以牺牲村庄利益为代价盲目地遵循乡镇政策。正如所预料的那样，85%以上的乡镇提名的村主任是党员。这些系数与所预料期的方向一致，并且在统计上也相当高。不过，令人惊讶的是，在调查样本中，村党支部提名的村主任中40%不是党员。这个系数是负的，并且相当低。采访对这一结果给出了两个解释：（1）村庄中党员的减少；（2）选举更多的是基于之前的行业和管理经验，而不是党员身份。

---

① 贺雪峰：《当前村民自治研究中需要澄清的若干问题》，载《中国农村观察》，2000年第2期，第64—71页；朱康对等：《宗族文化与村民自治——浙江省苍南县钱库镇村级民主选举调查》，载《中国农村观察》，2000年第4期，第64—69页。

② “大家族”的定义是，至少由20户组成的、有一个族长的家族。在本文中，我在使用“家族”和“宗族”这两个术语时都是指村庄中的大家族。

村党支部常常很难有机会通过发展年轻党员来更替年老的党员。[①]我发现许多村庄面临这个问题。比如，在某个村中，新任命的村党支部书记有5个孩子，4个女孩，1个男孩，都在3到12岁之间。出现的第一个问题就是，像这样有5个孩子的人怎么能够被任命为村党支部书记、计划生育政策的执行者呢？这一结果之所以可能，是因为村里只有8个党员，而只有新的村党支部书记在65岁以下。村党支部别无选择。村党支部提名的现任村长就是一名非党员，但村党支部书记必须是党员。对乡镇党委书记和村党支部书记的采访也表明，在选择可能的候选人时，基层干部经验（之前的管理工作）是一个重要因素。村党支部可能愿意牺牲党员身份，而选择一个有经验、有能力的村长。尽管村党支部基于经验来提名非党员候选人，但是村民也可能出于同样原因提名党员候选人。

在调查样本中，27%的村民提名的干部是党员。这意味着村党支部控制了这些村民吗？党具有优先地位的观点意味着，村党支部控制了选举，并且党员占据了村里的重要干部职位。[②]因此，如果村民委员会主任是党员，那么党就控制了村民委员会。相反的观点是，村民选举不能仅仅因为村民委员会主任是党员，就被认为是欺骗性的。[③]最重要的标准不是党员身份，而是候选人被提名的方式和村民对选举过程的满意程度。同样的道理，村党支部可能基于之前的经验来选择一名非党员的候选人，而村民也可能选择一名具有行业或管理经验的党员，他们觉得他会是他们利益的最佳代表。

其他与村主任的党员身份相关的重要因素，是与乡镇所在地的距离

---

① Daniel Kelliher, "The Chinese Debate over Village Self-Government", pp. 67 – 68; Oi, "Economic Development, Stability, and Democratic Village Self-Governance", p. 126.

② Ibid., pp. 81 – 82; Lin, "Rural Self-Administration and Base-Level Elections", p. 133; Oi, *Rural China Takes Off*, p. 133.

③ 帕斯托和谭青山正确地指出，为了确定村党支部的影响力，人们需要考虑提名方式和选举过程和党员身份。参见 Pastor and Tan, "The Meaning of China's Village Elections", p. 510；同时参见 White, "Village Election: Democracy from the Bottom Up?", p. 266。

和村主任的收入。与乡镇所在地的距离的系数是正的，并且相当高。村庄离乡镇越远，村主任就越可能是党员。由此可知，在远离乡镇政府的村庄中，村主任往往是乡镇提名的。对此的一种解释是，按照党具有优先地位或至少乡镇党委具有优先地位的观点，乡镇官员为了对村庄政治产生更大的影响而选择党员作为候选人。在更为偏远的村庄，乡镇政府的影响相对较小，村民则有机会逃避一些政策，如粮食采购或计划生育政策。[①] 为了把他们的影响扩展到更为偏远的村庄，乡镇官员倾向于指定村党支部书记和选择村委会主任，要么直接任命，要么选择候选人。这样一来，乡镇党委就能够更有力地控制税收政策的执行，尽管这些村庄远离乡镇政府所在地。

村主任家庭年均收入的系数是正的，并且相当高。不管是什么方式的提名过程，具有党员身份的村主任的收入水平相对较高。事实上，在所调查的样本中，不管是否党员，村主任的家庭年均收入要高于村民的年均收入。对村主任与其村民之间看似收入差距很大的一种解释是，村主任利用他们的地位来榨取资源和提高收入。[②] 像任命的村主任一样，村党支部和乡镇提名的村主任有更多机会榨取村庄的资源，因此也就比村民提名的村主任有更高的收入。

包括村民提名的村主任在内的所有村主任是否都会通过榨取村庄资源来使自己的家庭致富呢？这似乎也不是事实。对村主任和村民的采访表明，村民提名和少数村党支部书记提名的人选一般都在个人事业或农业上取得成功。这也可以解释为什么村党支部提名非党员。由此产生的想法是，这些富裕的候选人可能会使村庄致富。[③] 几乎所有的村主任在

---

① 通过使用全国性的调查数据，斯金纳发现，越是偏远的村庄，每个家庭的孩子就越多（见 Skinner，“Differential Development in Lingnan”）。在我本人于2000—2001年进行的实地调查中，我也发现每个家庭的孩子数量与离城市中心的距离相关。

② 关于乡镇提名或指定的村主任利用自己的职位和与乡镇官员的关系来榨取村庄的资源（土地），郭小林给出了一个非常清楚的例子。参见 Xiaolin Guo，“Land Expropriation and Rural Conflicts in China”，*China Quarterly*，166，June 2001，pp. 422－439。

③ 参见 Oi，“Economic Development，Stability，and Democratic Village Self-Governance”，p. 130。

他们被提名和当选前，都是比较富裕的。事实上，一些村主任抱怨，工作任务占去了他们用于个人事业或农活的时间，使他们损失了部分收入。一名前任村主任说，他拒绝再次担任，因为他需要更多的时间投入到他的建筑生意上。他的收入是上一年的两倍，因此村民要求他再次担任。村民和村党支部成员说，比较富裕的村民拥有广泛的行业经验，能够成为胜任的村主任。

总之，党员身份实际上随着提名过程的方式变化而变化。村民提名的村主任往往是非党员。这些村庄的候选人标准更多地基于之前在农业或小生意上的经济成功，而不是党员身份。此外，这些村庄的家庭年均收入相对较高，成功的农民和小商人的数量相对较多。村党支部提名的村主任也并不总是党员，但是与他们的村民相比，绝大多数是富裕的。因此，村党支部可能提名那些更能代表村民利益而不是代表乡镇党委的候选人。绝大多数乡镇提名的村主任是党员。确实，在只有极少数人是党员的情况下，村民肯定清楚谁会被乡镇政府提名。因此，关于候选人选择的不确定性程度，村民选举的候选人最高，村支部提名的次之，而乡镇提名和任命的则近乎于零。

2. 村民对当地经济的态度

如果村主任积极努力地改善村庄的经济状况，那么选举制度与村民对当地经济的意见之间就会存在某种变量关系。然而，在所调查的样本中，数据显示的是不同的情况。选举制度与村民对当地经济的态度没有重大的关联。事实上，不管是什么提名方式，大多数村民都认为村庄经济状况是“差的”。在调查样本中的每一个县中，村民都对村庄经济状况极不满意。因此，其他因素——例如，村庄人均土地拥有量、村庄年均收入和与市镇的距离——都会对村民的经济看法产生更大影响。村民对当地经济的态度往往随着村庄与当地市镇的距离而变化。与乡镇（市镇）的距离的系数是正的，并且相对较高，这意味着离市镇更近的村民对村庄经济更满意。越富裕的村庄往往越靠近市镇。因此，家庭收入、与市镇的接近程度同对当地经济的看法之间存在着某种关系，也就不让人觉得奇怪了。不过，数据表明，村庄可耕土地比例的系数是正的，并且相对较高。这就意味着，在可耕土地比例较高的村庄中，村民对当地经济不满意，但可耕土地比例与村庄平均收入呈正相关关系。[①] 为什么会不一致呢？第 4 个县中的一些村庄也许对这一结果产生了影响。在一些中等收入的村庄中，会计说他们村的所有土地都是可耕土地。在第 4 个县中，对当地经济极端不满与高比例的可耕土地相结合，确实影响了这一结果。

然而，非常有趣的是，对村民关于村庄经济的看法影响最大的似乎是土地数量，而不是土地质量。人均土地较多的村庄的受访者说，他们村庄的经济状况好，但是较穷的、多山的北部地区拥有最多的人均土地。在这类个案中，第 2 个县似乎影响了这一结果。这个县是调查样本中最穷的县，拥有的人均土地最多，但在 3 个村庄中，受访者说经济状况好。这些地区的村民对土地的投入很少，几乎没有，甚至像化肥的投入都没有，村庄的基础设施也基本没有，甚至没有水利系统。[②] 相反，村民把好收成寄于天气。当地的说法是“靠天吃饭”。一个家庭耕种的土地越多，就可能生产越多的粮食，因此村民利用每一块土地。结果，这些地区的家庭收入严重依赖可耕土地的数量。

最后，村庄的家族数量似乎对村民关于当地经济的态度没有影响。尽管家族数量众多，但大多数村民觉得当地经济状况差。最后，有许多因素能够影响村民对当地经济的态度。然而，政治因素——比如，村主任选举过程和家族——似乎没有影响到村民对村庄经济的看法。

3. 村民对选举过程的满意度

就村民选举而言，最重要的方面之一就是村民是否对选举过程满

---

① 皮尔逊相关系数是 0.41。

② 在这些偏远的多山地区，实际上不可能建设有效地灌溉山顶和悬崖边土地的水利系统。

意。个人可能因他们的候选人没有当选而对选举结果不满意，但是与此同时，他们对选举过程感到满意。在一次合法的双人竞选中，多达49%的村民可能对选举结果不满意，但绝大多数村民会对选举过程满意。村民对选举过程满意表明，所有参与者都愿意让他们的利益服从竞争，并接受不确定的结果；失败者（包括候选人和村民）愿意接受失败而等待下一次选举。

在所调查的样本中，实行村民提名村庄的70%的受访者与实行村党支部提名村庄的44%的受访者说他们对选举过程满意。相反，在实行乡镇官员提名的村庄，只有35%的受访者说他们对选举过程满意。正如所预期的那样，在实行村民提名候选人的村庄，满意的受访者比例最高。每户的年均收入也具有重要性，但它对村民看法的影响是间接的。同每户年均收入与村民对当地经济的态度之间的直接关系不一样，在这种情况下收入产生的是一种曲线式的影响。不论在富裕村庄还是在贫困村庄，村民对选举过程的满意度往往都是最高的。最令人关注的现象是，在对当地经济相当不满意的村庄中，受访者对选举过程特别满意。这在实行公开提名过程的村庄尤其如此。在实行公开提名的村庄，村民对选举过程表现出非常高的制度支持。确实，这些村民倾向于把当地经济状况与选举过程区分开来。而在实行乡镇提名候选人的村庄，村民们往往对当地经济状况和选举过程都不满意。与实行公开提名的村庄中的受访者不同，实行乡镇政府提名的村庄中的受访者，一般不会把村庄经济状况与当地政治制度区分开来。

各种提名方式的重要性，也反映了每一次村主任选举过程所包含的不确定性程度。提名过程越公开，不确定性程度就越高。有数据表明，村民对选举过程的满意度与不确定性程度相关：提名越公开，对选举过程就越满意。然而，在实行乡镇提名的村庄，村民们往往对选举过程非常不满意。人们会奇怪，村党支部提名的系数不在预期的方向上，但具有统计上的重要性。换句话说，在这些村庄，受访者对选举过程的满意度似乎比所预计的更高。对此的一种解释是，村党支部书记尽管不是村民大会上选举产生的，却是来自村庄内部。他是村庄共同体的成员，并且绝大多数村民认识他及其家庭成员。[①] 事实上，有可能成为党支部提名的候选人的人，特别是与村党支部书记关系非常密切的那些人，数量也很多。因此，候选人提名的不确定性程度，尽管要低于村民提名候选人的不确定性程度，但还是非常高的，所以相当一部分村民对选举过程满意。正如上文所述，村党支部确实会提名非党员，这表明找到能胜任的村主任比保持与党的一致性更为重要。事实上，正如怀特指出的那样，中国共产党并不是一个统一的、单一的权威。[②] 村党支部书记也各不相同，有些确实对村民负责，尽管这可能是通过候选人提名间接地表现出来。

在实行村民提名候选人的村庄，受访者对选举过程表现出相当高的满意度。尽管如此，但影响程度还是不如预期的那样高。第 1、第 3 和第 5 个县的系数就不在预期的方向上。在第 1 个和第 5 个县的绝大多数村庄，实行的是村民提名候选人，但是这些县的村民并没有对选举过程表现出相当高的满意度。此外，第 3 个县 50% 的村庄实行的是村民提名候选人，而只有一个村庄实行乡镇提名候选人。然而，第 3 个县的村民对于选举过程的不满意度相当高。为什么这些县之间会出现如此不同的结果？更深入的采访和个案研究数据提供了两个解释。其中一个是家族的影响，尤其是在第 1 个和第 5 个县中。第二个就是“流氓选举”，第 3 个县中的一个重要的现象（一个极端的村庄个案）。

4. 流氓选举

在一个实行公开提名的村庄中，受访者说出现了“流氓选举”，该村的受访者对选举过程最不满意。这是事后改变选举结果最为明显的例子，也反映了乡镇政府未能尽职地维持公开的选举过程。故事发生在

① 调查样本中的村党支部书记都是男性。

② White, “Village Elections: Democracy from the Bottom Up?”, p. 266.

1999年春天的一次村民选举。一个与乡镇政府有关系的村痞试图竞选村委会主任。这个村庄实行的是团体提名方式，个人必须在第一轮至少获得10票才能被提名。这个村痞被提名了。许多村民感到奇怪，他竟然能通过第一轮竞选。然而，最终的竞选结果并未偏向他。他落选了，当天晚上，这个村痞大摇大摆地走到计票员家，扬言若不重新计票就要殴打他。第二天宣布了重新计票结果，这个村痞当选了。出于恐惧，没人为这一竞选争辩。此外，乡镇政府也任由这一非法结果成立。在调查样本中，他属于既不是通过选举当选的，也不是被提名的村委会主任。事后改变选举结果违背了每一种合法选举的观念。因此，尽管受访者说是村民提名候选人，但每个人都对选举过程极其不满，其主要原因是选举过程允许操纵选举结果。

5. 家族选举

村庄中的家族数量直接影响了村民对选举过程的满意程度。在单姓村庄中，村民对选举过程的满意度往往是最高的。在有1个大家族的村庄，村民能够确定大多数候选人会是他们姓氏中人，即使不是全部。这样一来，家族的利益与作为整体的村庄联系在一起。另一方面，在有2个或3个大家族的村庄，受访者往往对村民选举过程最不满意。这可以解释第1个县和第5个县中存在的矛盾，因为这些县中许多村庄都有2个或3个大家族。

其中的例子是第5个县的一个村庄。在这个村庄，选举实际上加剧了家族对立，使村党支部书记与村长彼此竞争。该村的两个大家族之间拥有很长的冲突历史，之前由于强势的村党支部书记跟乡镇党委关系密切，指定的村委会主任又比较软弱，因而一直压住了冲突。根据对村民的采访，尽管村委会主任是非民主选举产生的，但土地调整和政策执行还是相对公平的。在这样的体制下，没有哪一个家族占据绝对优势。然而，在第一次公开选举之后，这一切都被改变了。在公开的提名过程和竞选之后，两个主要的候选人——分别来自对立的家族——参加了竞选。当选者是来自村党支部书记所在的家族，因而另一个家族的成员就担心他们将在资源分配上受到歧视。然而，尽管新的村主任利用他的职位使自己的亲属致富，但村党支部书记还是尽力维持两个家族之前的那种平衡。第一次冲突是关于下一次土地调整的时间和方式。没有村干部们一致同意的方案，从而使得土地调整无限延迟。此外，在关于校舍修葺和村庄道路维护的公共资金控制上出现了论争。这个村庄类似于奥布赖恩所谓的“瘫痪的村庄”，村庄治理已经不复存在。① 尽管实行了村民提名候选人的公开竞选，但所有村民都对选举过程不满意。不过，这是一个极端的例子。家族对立的实际强度在各村中有所不同，并且选举并不总是加剧家族紧张。尽管如此，这个例子提出了一些关于村民选举扩大和家族影响的有趣问题。

在本文中，所描述的调查样本只是中国西北的情形（陕西省），并没有包括中国南方。尽管如此，本文和之前对村民选举的研究表明，在村庄上，家族对立对选举的影响在北方要大于在南方。关于家族的人类学研究早就指出了南方的村庄多为单姓。② 难怪中国村民选举最成功的记录来自南方的福建省了。③ 另外，在中国北方，多姓村庄较为普遍，因而村中的大家族就会通过选举来确保自己的团体获得更大的收益。因此，我们可以认为，在村民选举上，家族之间会发生更大的冲突。然而，一旦中央政府允许乡镇选举和县级层次的选举，情况就可能会颠倒过来。当然，很难预测乡镇选举对家族之间关系的影响方式，但是村级的选举现象具有启发性。

在三种提名方式中，实行乡镇提名候选人的村庄中的受访者对选举过程满意的比例最低。事实上，对选举过程满意的受访者不到40%。这

① O'Brien, "Implementing Political Reform in China's Village", pp. 51 – 53.

② Maurice Freedman, *Lineage Organization in Southeastern China*, London: Athlone Press, 1958, pp. 1 – 10; Maurice Freedman, *Chinese Lineage and Society: Fukien and Kwangtung*, London: Athlone Press, 1966, pp. 1 – 5.

③ 参见 Horsley, "Village Elections", pp. 50 – 51; 也可参见 Rowen, "The Short March: China's Road to Democracy", p. 63。

一系数在合理的方向上，而且其重要性程度也非常高。因此，尽管这些选举是竞争性的，但受访者却对选举过程极不满意。村民不管是在村民公开大会上投票，还是上门选举，实行乡镇提名候选人的村庄中的受访者表现出相同程度的不满意。这意味着村民并非简单地对竞选这一事实满意。他们能够识别不公平的选举和乡镇政府干预的程度。因此，选举过程较低的确定性与对选举过程较高的不满意度之间存在着明显的关联。

最后，可耕土地比例和与乡镇政府的距离是应该加以说明的重要因素。许多实行乡镇提名候选人的村庄，一般都远离乡镇政府。至于土地质量，就要考虑村庄可耕土地的比例。这是村庄的自然资源，是衡量村庄财富的相对一致的标准：可耕土地比例越大，村庄就越富裕。[①] 像家庭年均收入一样，可耕土地比例对村民的满意度有一种曲线式的影响。不论在可耕土地比例高、较为富裕的村庄，还是在可耕土地比例低、较为贫穷的村庄，受访者都对选举过程满意。

简而言之，每一次村民选举所采用的提名方式类型，对村民在选举过程的满意度方面产生了强烈的影响。尽管调查样本中的所有村民选举都是竞争性的，但村民的满意度则随提名方式类型的变化而变化。在实行公开提名过程的村庄，村民显然对选举过程满意。即使当把两个极端的负面例子——“流氓选举”和“家族选举”——纳入到分析中的时候，村民的满意程度仍然是相当高的。在实行村党支部提名的村庄，受访者也对选举过程满意。这或许反映村党支部所受到的约束和村民对他们选拔候选人这种做法的赞同。村党支部书记也是村庄共同体的成员，他所选择的候选人可能充分地代表了大部分村民的利益。村民对乡镇提名候选人非常不满意，这表明村民对外在干预和操纵选举非常敏感。因此，村民对选举过程的态度，显示了对这一复杂过程的很好理解。

---

① 家庭年均收入与可耕土地比例呈正相关，有效系数是0.41。

四、结　论

中国农村出现了实质性的政治改革，但步伐极不平衡。尽管调查样本中超过80%的村庄实行了竞选，但在村主任的党员身份和村民对选举过程的态度上，各个村庄出现了重大差异。因此，超越“竞选”分类，集中于合法选举的多维定义，这样做非常重要。在本文中，我们把竞选和不确定性程度结合起来考察选举制度。民主最基本的定义必须保证选举结果的不确定性：在选举过程开始之前，候选人和最终当选者的身份是未知的。竞选中提名过程越公开，不确定性程度就越高。本文考察的主要决定因素是每个村庄所采用的提名类型。村庄的提名过程与如下两个重要结果联系在一起：当地村主任的党员身份和村民对选举过程的满意度。同样重要的是指出这样一个事实：提名过程与村民对当地经济的态度没有关系。

在本文的分析中，最明显的发现是村民充分意识到了政治环境的重要性。事实上，调查样本中的村民显示出高超的投票技巧。他们能够识别真实选举与虚假选举之间的不同。此外，村民能够把经济因素与政治制度区分开来，并根据它们各自的作用加以评价。村民选举的发展是一个复杂的过程，并且调查数据表明农民是复杂的选民。

（陈高华　译）

“社区”建设：中国城市治理的新战略*

〔美〕戴维·布雷

引　言①

过去十多年来中国的快速变革已经引起了大量的评论，然而很少有人注意“社区”概念在中华人民共和国的公共话语中日益突出。中文的“社区”一词为20世纪30年代和40年代中国的第一代社会学家们所使用，但是50年代初期，政府取缔了社会学之后，这个词便从公共话语中消失了。② 80年代社会学作为一门学科得到平反，“社区”一词又在

---

* 本文原题为“Building‘Community’: New Strategies of Governance in Urban China”，载Economy and Society, Vol. 35, No. 4, November 2006, pp. 530 – 549。作者简介：戴维·布雷（David Bray），澳大利亚悉尼大学社会学系高级讲师。——译者注

① 本文最初的版本是提交给2005年12月9日由悉尼理工大学主办的澳大利亚研究委员会亚洲太平洋未来网中国节点研讨会的论文。我要感谢研讨会的参加者们提出的许多有益的和有见地的评论，特别要感谢席格伦（Gary Sigley）、杰华（Tamara Jacka）、路易吉·托姆巴（Luigi Tomba）和指定的“评论人”巴里·海因兹（Barry Hindess）。我还要感谢苏黛瑞（Dorothy Solinger）对初稿所做的评论，感谢伊莱恩·杰弗里斯（Elaine Jeffreys）在后来的几个阶段对编辑问题提出的许多高见。

② 从1952年到1979年前后，社会学学科在中国被正式取缔，因为它被认为是反社会主义的。80年代初，为了响应邓小平“解放思想”和学术上“实事求是”的号召，社会学得到了恢复。幸存下来的中国最知名的社会学家费孝通得到了平反，指导了社会学作为一门研究学科和大学里教授的一门科目的恢复工作。

一般学术意义上恢复使用。[①] 也许更为重要的是，这个词进入了政府的官方话语：首先是 80 年代中期提倡"社区服务"；其次是 90 年代中期以来的"社区建设"战略。在中国，对于"社区"概念的日益关注反映了最近的一种趋势，这种趋势在其他许多国家很明显，这就是重新评价社区在治理体系中的作用。[②] 从英国新工党的"第三条道路"到美国右翼的"新社区主义者"，都把社区描述为一种能够调动起来解决各种各样的政治、社会、道德和经济问题的资源。虽然中国关于社区问题的讨论是属于围绕地方治理和社会福利展开的国内辩论的范畴，而这些辩论的产生是对计划经济及相关制度的衰落作出的反应，但是国际上关于社区的话语还是贯穿于中国的讨论之中。在中国，像在其他地方一样，"社区"在一定程度上被认为是抵消文化、社会和政治分裂的平衡器，而文化、社会和政治分裂往往被视为是全球化的消极后果。

中国社区政策的产生有一些比较有趣的方面，其中之一就是速度："社区"概念已经从一个比较抽象的思想迅速变成了一种具体的制度模式。根据 2000 年底在全国范围内传达的中央政府政策文件[③]，现在"社区"已经被确定为城市社会、政治和行政组织的基本单位。本项研究的目的就是要考察这一政策的发展以及与这一政策的实际贯彻实施有关的话语。本文分为三个部分。在第一部分中，我在比较广泛的全球背景下讨论了社区的概念，特别是将注意力集中在"第三条道路"和"新社区主义"的争论如何影响了关于"社区"作用的看法。在第二部分中，我探讨了最近出现的关于"社区"问题的话语如何成为构成政府思考和解决中国城市社会问题新途径的中心内容。最后，我描述和分析了今日中国实际贯彻实施"社区建设"最有影响的地区模式之一——"沈阳模式"。我在本项研究中始终将注意力集中在城市治理中新的合理性的出

---

① 郭崇德：《中国城市社区服务发展道路》，中国社会出版社 1993 年版，第 3 页。

② Nikolas Rose, *Powers of Freedom: Reframing Political Thought*, Cambridge: Cambridge University Press, 1999, p. 167.

③ 民政部：《民政部关于在全国推进城市社区建设的意见》，民政部 2000 年。

现：这项分析的主要资料来源是中央和地方政府文件，辅之以在实地考察沈阳的许多“社区”期间进行的对地方政府官员和“社区”干部的访谈。[1] 应当指出的是，对“社区建设”的结果——包括各种实施战略的效果和在目标居民中受欢迎程度——的思考不在本文论述的范围。

“社区”、道德与政府

“社区”概念的使用历史很悠久，也多种多样。按照雷蒙德·威廉斯（Raymond Williams）的说法[2]，它最初是指与位居社会上层的贵族有区别的“平民百姓”或普通人。后来，这个词渐渐用来指一个地区的人，也用来指具有共同背景、利益或身份的人群，因此人们不仅可以谈论“当地社区”，而且可以谈论“黑人社区”、“同性恋群体”（gay community）或“商业界”（business community）。至少自20世纪60年代以来，“社区”的概念已经表现出远远超出简单描述意义之外的重要性。在“市民社会”的框架下，许多人已经把“社区”作为一种组织形式，通过这种组织形式普通人可以在与国家的利益或者是更大范围内全球势力的利益相对抗时动员起来，维护自己的利益。在这里，“社区”成了一个描述各种类型的地方性集体机构的形容词，正如在“社区行动”、“社区政治”和“社区授权”这类术语中那样。“社区”或者声称代表“社区”的那些人以这种形式动员起来，向政府提出了各种各样的要求，包括开展斗争来争取公民自由（种族平等、同性恋权利等），争取更好的服务，争取（或反对）城市发展，以及反对跨国公司的活动。虽然像理查德·森尼特（Richard Sennett）所指出的那样[3]，这种社区行动可能导致观念狭隘、目光短浅、抱有偏见以及对“外人”的敌视，但是人们

---

① 我2001年9月访问了沈阳，并且在后来2004年对北京的民政部进行研究访问期间，进一步收集了关于“沈阳模式”的资料。

② Raymond Williams, *Keyword*, London: Fontana, 1983, p. 75.

③ Richard Sennett, *The Fall of Public Man*, London: Faber and Faber, 1986, pp. 308 - 310.

往往更多的是从积极的角度来看待它，认为它创造了一种机制，通过这种机制普通公民能够（共同地）对抗"铁面无情的"政府的力量。

然而，一些倡导者对"社区"的看法已经远远超出了认为它仅仅是一种地方民主行动的范围：对他们而言，"社区"还意味着一种道德选择。在美国，1993 年由阿米泰·埃茨奥尼（Amitai Etzioni）创立的社区主义者之网（The Communitarian Network）组织在这方面一直特别有影响。他们把道德问题放在自己的"新社区主义"议事日程的中心位置。按照社区主义者之网提供的信息①，该组织的建立是为了应对所谓的"社会道德结构的破裂"，而该组织认为这种破裂是"过分强调个人主义"的结果；为了对此作出回应，该组织把目标确定为发动负起道德责任的社区行动，以此作为一种手段勾画出"一条介于激进的个人主义和过度的国家主义政治之间的中间道路"。简而言之，社区主义者之网希望通过重新确立个人权利与集体责任之间的比较平衡的关系来"重建美国的道德基础"。这一点要通过提倡能够巩固家庭单位、恢复学校的道德教育和鼓励自愿参与资助社区内的穷人的政策来实现。在这一规划中，自愿因素非常重要，因为它与"社区主义"的两个核心原则联系在一起：第一，每个人均有义务为公民同伴的福利作贡献；第二，在解决地方问题时地方的自愿行动总比国家干预要好。②

重新评估福利国家与社区之间的关系也是英国"新工党"崛起的中心内容。"老工党"主张以国家为中心的福利社会主义，撒切尔领导的保守党主张激进的自由市场个人主义，而在托尼·布莱尔领导时期，工党则声称要奉行介于两者之间的"第三条道路"。按照"第三条道路"最著名的理论家安东尼·吉登斯的说法，"'社区'的主题是新政治必不

① Communitarian Network（2003a），"About us"，available at：http://www.gwu.edu/_ /ccps/about_ us.html.

② Communitarian Network（2003b），"The responsive communitarian platform"，available at：http://www.gwu.edu/_ /ccps/platformtext.html.

可少的内容”。[①] 但是，正如他接着所澄清的那样，“第三条道路”的“社区”概念并不意味着传统价值观念的回归，而毋宁说是“促进邻里、城镇以及更大范围的地方区域从社会上和物质上进行重建的实际手段”。吉登斯和新工党尤其强调“社区”在解决城市衰落和犯罪问题方面的作用。在这一背景下，促进和动员“社区参与”，以便在实现公民秩序的回归方面为警察和其他国家机构提供帮助。[②]“第三条道路”的“社区”概念不同于“新社区主义者”的“自下而上”的方式方法，显示出更像某种形式的“伙伴关系”，在这种“伙伴关系”中国家机构采取主动，发起和指导社区行动。

当作为一种取得特定政策结果的战略的一部分，以这种方式求助于“社区”时，“社区”就成了治理过程本身不可分割的组成部分。它不再站在反对国家的立场上，而是相反，被改造成为自我治理过程中心甘情愿的合作伙伴。这种“通过社区进行治理”的形式——正如尼古拉斯·罗斯（Nicholas Rose）所称呼的那样[③]——在最近几十年中已经出现，这个过程伴随着与政府机构的行政和管理实践相联系的关于社区性质的专业和技术知识的增长。一批新的专家——社区联络官员、社区发展官员、社区警务人员——已经出现，实施了一系列旨在动员社区参与自我发展、自我管理和自我治安的政府计划。

正如罗斯所明确指出的那样，“通过社区进行治理”未必好，也未必坏：人们只能以一个一个的案例为基础对具体的计划作出判断。这一进展的重要意义在于“社区”新含义的出现：再也不能仅仅从“公民社会”的框架来看待“社区”了，也不能把它视为“传统道德价值观”的天然家园了，取而代之的是必须承认它是新的灵活机动的治理技巧的组成部分。尤其是，“社区”已经成为创造、促进和实行有效的、低成

① Anthony Giddens, *The Third Way: The Renewal of Social Democracy*, Cambridge: Polity Press, 1998, p. 79.

② Ibid., pp. 86 – 88.

③ Rose, Nikolas. *Powers of Freedom: Reframing Political Thought*, Cambridge: Cambridge University Press, 1999, pp. 175 – 176.

本、高效益的治理的源泉。效率和成本越是成为治理的主要理论根据，人们越会将“社区”摆在解决全套社会问题的中心位置。

在中国，近年来出现的“社区”话语在寻求发展更加地方化和更加经济的治理形式，以动员和培训公民自己管理自己方面采取了类似的逻辑。与此同时，这一话语体现了实实在在的道德因素，因为在这一话语中良好的“社区”治理被认为取决于城市公民道德“素质”的提高。因此，正在中国兴起的“社区”概念显然是把“新社区主义”计划和“第三条道路”计划两者的方方面面结合了起来。

中国的社区

当“社区”一词随着20世纪80年代中期社会学在中国的复兴而再次出现以后，它很快被民政部所接受并用来为政府计划服务。官方将“社区”一词据为己用，确保了这个词有一个非常具体的定义。按照民政部的用法，“社区”通常是指现行城市治理体制中最下面两层的行政区划，即街道办事处和居民委员会。① 根据这一用法，社区不是与自然形成的社会群体或由共同认同形成的社会群体相联系，而是与政府划定的现行基层行政单位联系在一起。当时，在中国，“社区”一词被限制在很狭窄、很具体的定义范围内，有三个主要特点构成了该定义的基础：首先，社区的性质和功能要由政府来决定；其次，社区要在很大程度上扮演行政角色；最后，每个社区都有一个明确划定的地域空间。

80年代中期关于“社区”的新话语出现以后，最初10年主要与“社区服务”问题相联系。② 民政部自50年代以来一直负责提供各项福利服务——但是仅仅面向那些不从国营部门的工作单位获得支助、数量

① 崔乃夫（民政部长）：《要抓社区建设》，1991年5月31日在北京民政部基层政权建设司发表的讲话，见马学理和张秀兰编：《中国社区建设发展之路》，红旗出版社2001年版，第9页。

② 1987年在武汉召开了第一次关于社区服务问题的全国性会议（郭崇德：《中国城市社区服务发展道路》，中国社会出版社1993年版，第2页）。

比较小的少数居民。[①] 然而，采用新的专门名词不仅仅意味着名义上的改变：它的意图在于表明政府打算既扩大提供服务的范围，也扩大服务对象的范围。1984 年发动城市改革时，中央政府明确指出，改革的一个主要目标就是要把工作单位从它所承担的范围广泛的福利功能中解脱出来。这样一来，工作单位可以放手从事自己的核心业务，而政府则承担起了向全体城市居民提供社区服务的责任。[②] 由于这一政策转变被视为对国营部门的生存至关重要，所以它也被认为是一种改革战略，即把到那时为止一直是不统一、不一致和不完整的社会福利制度——因为不同的单位提供不同水平和不同种类的支助——变成普遍的、系统的和全面的社会福利制度。简而言之，它的倡导者将社区服务的发展视为中国城市社会现代化和合理化的一个重要因素。[③]

转向社区服务不只是要把企业与福利事务分开或者是政府把工作单位的社会功能接过来：这一新战略也是以一种基本理论为依据的，这就是要为本身正处于人口变革过程中的城市居民提供更多和更好的服务。尤其是，福利服务不得不满足家庭构成的变化和人口老龄化的需要。民政部进行的城市人口分析显示，家庭规模明显缩小，趋向于父母都工作的两代人家庭，同时由于离婚率不断上升，单亲家庭增多。在这种条件下，更多的家庭需要在儿童保育和课外照顾方面提供帮助。与此相伴随的是，人口老龄化使得为退休人员和老年人服务的需求日益增长。[④] 在后一领域里提供的服务严重短缺，以至于增加对年长公民的福利服务成

---

① 在中国实行计划经济模式时期，工作场所成了城市社会、经济和政治生活的基本单位。每个“工作单位”为自己的成员提供一系列的利益，包括卫生保健、退休金和其他形式的社会福利。在 80 年代中期城市改革开始的时候，90% 以上的城市劳动力隶属于工作单位（David Bray, *Social Space and Governance in Urban China*: *The Danwei System from Origins to Reform*, Stanford: Stanford University Press, 2005）。

② Cecilia L. W. Chan, *The Myth of Neighbourhood Mutual Help*: *The Contemporary Chinese Community-based Welfare System in Guangzhou*, Hong Kong: Hong Kong University Press, 1993, p. 22.

③ 例如，郭崇德：《中国城市社区服务发展道路》，中国社会出版社 1993 年版，第 18—23 页。

④ 雷洁琼：《转型中的城市基层社区组织》，北京大学出版社 2001 年版，第 96—100 页。

为社区服务发展的主要关注点。①

尽管辞藻华丽，但是建立新的社区服务的努力不可能与城市社会的迅速变化保持同步。不仅福利管理机构未能满足最初所服务的目标群体的需要，而且90年代范围广泛的经济改革还造成了国营部门的大量下岗人员，迫切需要为人数日益增多的城市失业居民提供帮助的种种服务。同时发生的对人口流动的放松控制，使得农村居民大量流入城市地区，以寻找就业机会，这对城市福利服务事业造成了进一步的压力，也对治安管理和实行计划生育提出了新的挑战。除了为日益多样化和更具有流动性的城市人口提供社区服务的问题之外，1989年天安门事件过去之后，中国共产党的领导人急切希望在城市居民之间重建比较密切的关系。在江泽民领导时期（1989—2002年），不仅在社会各级开展了"党的建设"运动，而且尤其是在城市社会的基层开展了这一运动。在一些中国领导人看来，社会道德水平和国家有效治理能力出现了下降。

面对这些困境，中央政府决定扩大社区工作的范围，以便加强整个基层组织的基础结构。原来的"社区服务"思想让位于更加广泛的"社区建设"概念。在这个新范式中，"社区"的概念不再仅仅局限于提供服务和福利的问题，而是拓宽为包括文化、卫生、环境、教育、道德、治安、基层民主和"党的建设"。② 根据这一新的政策倡议，"社区"有望成为一个非常具体的基层组织形式；每个"社区"将有明确的地域范围并且由一组官员运用标准化的全套官僚程序加以管理。

90年代后半期，在经过了一个时期的实验之后③，民政部决定在全国城市推广实施一种基本的"社区"组织模式。2000年下半年，新的

---

① 郭崇德：《中国城市社区服务发展道路》，中国社会出版社1993年版，第295—309页。

② 崔乃夫（民政部长）：《要抓社区建设》，1991年5月31日在北京民政部基层政权建设司发表的讲话，见马学理和张秀兰编：《中国社区建设发展之路》，红旗出版社2001年版，第9页。

③ 在90年代，民政部推广社区的概念，鼓励市政府和区政府进行实验和尝试，以形成实施"社区建设"的实际办法。像青岛、石家庄、杭州、武汉、上海、重庆和沈阳等城市在这方面取得的进展一直特别突出。由马学理和张秀兰编辑的文集《中国社区建设发展之路》（红旗出版社2001年版）包括了主要的文件和对大部分地区实验的分析。

行动计划与来自中共中央和国务院的批文一起公布。这份文件把“社区建设”描述为是国家努力促进社会发展、提高生活水平、扩大基层民主和保持城市稳定的“重要途径”[①]。自从这份文件发布以来，大多中国城市部门作出了重大努力，实施和推广这一“社区建设”计划。虽然对这一新政策的长期效果作出明确的结论还为时尚早，但是很清楚的是，它的目标是要对城市社会进行大的改组和秩序重建。在这一方面，它的潜在意义是十分重大的。

2000年的这份文件将“社区”定义为：“聚居在一定地域范围内的人们所组成的社会生活共同体”，而“社区”的地域范围则被确定为“作了规模调整的居民委员会辖区”。[②] 根据这一解释，显而易见的是“社区”的定义更加狭窄了——现在它不再包括街道办事处，而是被视为只相当于居民委员会。鉴于定义上的这一变化，似乎很明显地可以把“社区建设”解释为仅仅是50年代建立起来的居民委员会制度的延伸。[③] 然而，如果更加详细地研究文献，我们可以发现：有理由得出多少有些不同的结论。

最初，居民委员会制度是作为一种过渡性措施与街道办事处一起建立起来的，目的是把尚不属于工作单位的城市居民组织起来。在整个毛主义时期（1949—1976年），居民委员会一直处于城市生活的边缘地位。1978年12月改革时代开始的时候，95%以上的城市工人都属于国有或集体所有的工作单位。到1992年，这一数字仍在90%以上，说明了在改革时期的头15年，工作单位制度一直对城市生活的组织起着支配作用。[④] 只是到了90年代后半期，随着朱镕基改革国有部门的激进战略开

---

① 民政部：《民政部关于在全国推进城市社区建设的意见》，民政部，2000年。

② 同上，第3页。

③ 居民委员会是1954年依法建立的。最近关于居民委员会的历史和作用的总体考察可见 Benjamin L. Read, “Revitalising the state's ‘nerve tips’”, *China Quarterly*, 163, 2000, pp. 806 - 820。

④ David Bray, *Social Space and Governance in Urban China: The Danwei System from Origins to Reform*, Stanford: Stanford University Press, 2005, pp. 157 - 193.

始生效，工作单位的作用才迅速下降。"社区"作为政府干预的新的潜在场所也在这个社会经济急剧变化的时期出现，这并不是偶然的巧合。

因此，当代的"社区"概念不是作为居民委员会和街道办事处这两种制度的自然发展扩大而出现的，而毋宁说是对工作单位制度崩溃作出的反应。这一点在中国的文献中是被反复强调的。例如，在2000年民政部的文件中，"社区建设"的历史必要性被归因为两个主要因素：第一是单位制度的瓦解；第二是"大量"的农村人口涌入城市。文件进一步解释说，这些发展势头要求建立一种新的以"社区"为基础的管理制度。① 与之相反，关于居民委员会制度的文献把这一制度描述成有历史性弱点、资金匮乏、人员不足、总体上不起作用——肯定不适合接替从前由工作单位担负的许许多多的社会和政治角色。② 正如本杰明·L. 里德（Benjamin L. Read）所描述的那样，甚至连90年代期间振兴居民委员会的尝试，现在也很明显地已经被"建设社区"的决定所取代。③ 此外，文献资料一再将"社区建设"与"党的建设"联系起来。在这样的背景下，它可以被视为是江泽民所倡议的更广泛计划的组成部分，这个计划就是要巩固中国共产党基层党组织。因此，我的结论是，"社区"一词在中国已经被用来称呼一种基本上是全新形式的城市制度，尽管该制度与居民委员会制度有某些表面上的联系，并且它的起源可以直接归因于单位制度的衰落、从农村到城市移民的增加以及城市生活的普遍多样化。面对为数众多的这类挑战，中国政府希望"社区建设"可以为在可控制的地方治理制度范围内重新整合城市人口提供基础。

---

① 民政部：《民政部关于在全国推进城市社区建设的意见》，民政部，2000年，第4页。

② Cecilia L. W. Chan, *The Myth of Neighbourhood Mutual Help: The Contemporary Chinese Community-based Welfare System in Guangzhou*, Hong Kong: Hong Kong University Press, 1993, pp. 167–176.

③ Benjamin L. Read, "Revitalising the state's 'nerve tips'", *China Quarterly*, 163, 2000, pp. 806–820.

“社区建设”的“沈阳模式”

90年代下半期，中国东北“生锈地带”的沈阳市是许多创建“社区”组织实验模式的城市之一。作为计划经济时期的主要重工业中心，沈阳因为国营部门改革而遭受的损失比谁都大。它的国有企业破产率、裁员率和失业率都很高。毫无疑问，这促使城市官员去探索新的战略，以挽回这一引人注目的社会经济断裂产生的影响。“沈阳模式”很快闻名全国。当民政部2000年的文件发布时，可以很明显地看出，这一模式对全国范围内“社区建设”的最后行动计划产生了很大影响。

自从中国开始“社区建设”以来，在全国开展的主要辩论之一是与规模有关的问题——一个社区应当有多大？沈阳当局得出了这样的双重结论：现有的居民委员会规模太小，无法建立可行的“规模经济”，而街道办事处的地域太大，对基层组织不利。为了解决这个问题，他们决定创建新的“规模调整了的”居民委员会作为新的社区组织的基础。按照1989年颁布的国家法令，居民委员会应当由100户至700户居民组成[①]，但是在沈阳，所作出的决定是：1000户至1500户的规模更适合当今的情况，特别是因为现在大多数人都居住在多层高楼的公寓住宅里面。在沈阳的铁西区——该市古老的重工业部门的心脏地区，原有的445个居民委员会，平均管辖规模为535户或1686人，被改组为190个社区，平均每个社区有1255户或3949人。[②] 在实施了规模调整计划之后，沈阳的这些新组织不再叫做“居民委员会”，而是代之以“社区管

---

① 该法律是将整个中国城市基层治理标准化的一项尝试，导致了在每一个工作单位内建立居民委员会类型的组织——往往以“职工家属委员会”而闻名。尽管理论上它们是自治的“群众组织”，但事实上它们仍然在其所在地的工作单位的严密控制之下。（白益华和马学理编：《居民委员会工作手册》，中国社会出版社1990年版）。

② 沈阳社区建设领导小组编：《沈阳市社区建设资料汇编》，沈阳市民政局，1999年，第60—61页。

理委员会"的称呼。严格说来，这一称呼是不合法的，因为无论是宪法——它提到的是居民委员会，还是1989年关于居委会的法令都尚未修改。民政部在2000年的文件中，把这两个词结合在一起，称新的组织为"社区居民委员会"，试图通过这样的方法对这个问题予以补救。①

在沈阳，另一个受到很多关注的问题是如何决定每个新"社区"的边界的问题。在这一点上所有的文件都强调需要创建明显是"自然形成的""社区"，以使居民对"社区"有归属感、更容易认同"社区"目标。如果这种情感能够得到培育，可以相信，更高水平的社会凝聚力和更有效的治理都是能够实现的。② 以这一基本理论为基础，形成了与不同形式的城市空间相对应的三种基本的"社区"类型：(1) 单位型——以单一的单位职工聚居区为基础；(2) 小区型——以单一的居民小区为中心；(3) 街区型——以四周为主要道路的城市街区来划分。③ 在中国城市里，绝大多数的住宅都被围在这种或那种有围墙的小区里面。比较大的单位通常拥有自己的房产，这些房产要么像工作场所（工厂、学校、办公室等）一样在同一个小区，要么在邻近的居民小区。到90年代，随着住宅产业的私有化和商业化，单位与住房供应之间的联系在很大程度上被切断。然而，房地产开发商保持了这一传统，千篇一律地将每处新房产都围在高墙里面。即使是"街区型"社区也往往是由若干个较小的封闭的小区构成的。在新划定的社区全部位于一个小区里的情况下，它的"自然形成性质"无疑因为空间位置的原因而得到强化。但是，当一个社区横跨几个有围墙的小区的时候，很显然，要培育对一个

① 民政部：《民政部关于在全国推进城市社区建设的意见》，民政部，2000年，第10页。

② 沈阳社区建设领导小组编：《沈阳市社区建设资料汇编》，沈阳市民政局，1999年，第101—102页。

③ 同上，第61、149页。

共同的社会单位的归属感是比较困难的。①

按说新的社区组织应当从它所取代的居民委员会那里继承所有的基础设施和设备（办公场地、家具、用具等），但是因为向社区转变主要是要扩大基层组织的规模和提高其能力，所以也需要在社区基础设施方面有相当大的新的投资。在沈阳，市、区政府拨出专门资金建造新的建筑或翻新旧的建筑，供社区组织使用。② 新的“社区活动中心”包括管理委员会的办公场地、咨询处、会议室、警务点以及其他“社区”活动（健身课堂、社交活动等）区域。此外，市政府通过的条例要求开发商在所有新建的住宅楼群中提供统一的社区设施。③ 在高档商品房的开发中，原本由社区组织负责的许多服务反而由专业的物业管理公司承担下来，这些物业公司从所有居民那里征收月服务费。虽然这些公司也应当促进其他方面的“社区建设”（政治、社会和文化方面等），但是由于这部分比较富裕的居民缺乏兴趣，社区组织结构往往很脆弱或者甚至不存在。④

在沈阳，“社区建设”的概念一直是从明显的字面意义来解释的：在打算建设新类型的组织的时候，它就是要建设新形式的物质空间。“社区中心”建在了尽可能靠近它们所服务的社区所在地的中心位置。这似乎已经成为一种深思熟虑的、象征新的城市社会秩序的空间战略。它所传递的信息是，社区组织应当成为当地城市生活的落脚点。这种空

① 我在武汉访问的一个社区在把它所管理的两个小区统一到一起时面临着很大的障碍。社区领导人采取的一个战略是提议在两个小区之间开个大门。这样不仅可以促进两个小区之间的互动，而且还可以大大缩短居住在大一些的小区里的居民到达当地商店和公共汽车站的路程。然而，居住在小一些的小区里的居民强烈反对开这个大门，因为他们担心那样会导致噪音程度增加和涌入的“陌生人”穿越他们居住的空间。除了一般性质的不便之外，他们认为这样做还可能导致房产价值的下降。

② 沈阳社区建设领导小组编：《沈阳市社区建设资料汇编》，沈阳市民政局，1999 年，第 17、26 页。

③ 在最近对沈阳、北京、武汉、济南和上海的实地考察过程中，我访问了许多专门兴建的“社区活动中心”，包括一些与新的住宅开发项目结合在一起的“社区活动中心”。

④ Luigi Tomba, “Creating an urban middle class: social engineering in Beijing”, *The China Journal*, 2004, 51, pp. 1 – 26.

间改造对于建立城市认同新基础这一更大计划有促进作用。居民们每天都面对“社区中心”的实体存在，对“社区中心”所代表的新组织的认同受到明确无误的鼓励。从这一点上看，取代单位作为城市社会之基础的意图实际上通过重新安排城市环境表现得淋漓尽致。

如果说“社区中心”宣示了新秩序的存在，那么正是中心里的专业社区管理人员承担起实现这一秩序的责任。沈阳市政府非常重视人事问题。过去，居民委员会是由志愿人员（通常是退休人员并且主要是老大妈）组成的。与过去形成鲜明对比的是，新的社区组织是由专职的、领薪水的干部来管理的。大部分的新干部是从最近国营部门改革期间被裁减下来的党和工会干部中招选出来的。[①] 沈阳采用的挑选新的社区工作人员的标准包括如下内容：至少50%的工作人员应当是中国共产党员；他们的年龄应当不超过50岁；有高水平的政治和文化素质；有相关的管理经验；有以前做“群众路线工作”的经验[②]；有强大的组织能力和赞同“社区建设”的思想。[③] 因此，随着更加年轻、受过良好教育和政治上成熟的干部取代过去年老的业余人员，从居民委员会向社区的转变实现了社区工作的专业化。这一转变反映了新组织地位的提高和复杂性的增加。

现在委派给社区的职责多种多样，但可以将其分为五个大的活动领域。第一，社区要向常住人口提供一系列的服务。这项工作主要集中在社区内需要特殊照顾的各个群体上：老年人、病人、残疾人、经济困难

① 严格说来，社区工作人员不是国家干部，因为他们不拿干部工资，他们的职位也不在国家正式的组织系统表上。然而，在习惯上当地政府官员和当地社区居民都把他们称作“干部”（或基层干部）。因此，我采取了这一用法。

② “群众路线”是从20世纪30年代中期开始由毛泽东阐发的一个概念，成了中国共产党的主要行动指南。它意味着两条基本的领导原则：地方领导必须与“群众”关系密切，有求必应；他们必须发挥首创精神，使普遍的政策适用于当地的具体环境。从更广泛的战略意义上说，“群众路线”是要推动为了革命斗争而进行的民众动员，与此同时，试图抵制革命党变得过于集中和过于官僚的趋势。1949年中华人民共和国成立以后，这一概念从革命战略变成了社会主义政府的原则。地方干部都要接受“群众路线工作”方法的培训。

③ 沈阳社区建设领导小组编：《沈阳市社区建设资料汇编》，沈阳市民政局，1999年，第15、61页。

人员、失业人员和下岗工人。社区干部负责落实国家向没有其他生活手段的人提供基本生活津贴的保障。此外，鉴于沈阳存在很高的失业率和裁员率，社区干部日常工作的一个重要组成部分就是致力于提供财政援助和千方百计帮助失业者找到新的就业岗位。除了福利事业外，社区还要管理一系列有利于一般居民的其他服务——便民商店、自行车修理点、儿童保育、法律咨询，等等。这些事业还可以提供额外的收入来源以支持社区管理和活动。

第二，社区被赋予了管理城市卫生保健和环境清洁方面的责任。许多社区有自己的医务室，有些社区则安排医疗咨询，大部分社区组织定期的关于个人健康和公共卫生方面的信息通报会。在发生危机的时候，例如2003年SARS（非典型肺炎）爆发，社区被动员起来在国家政府部门的指导下采取紧急预防措施。社区还必须落实国家计划生育政策，包括非常严密地监督自己辖区内所有育龄妇女的避孕情况，以及所有出生情况的登记和报告。此外，社区干部还负责管理每天的环境清洁、垃圾清运和社区环境的一般维护工作——虽然在大多数情况下是由物业管理公司的工作人员来完成实际工作。

第三，社区要组织开展一系列广泛的教育和文化活动项目。教育工作主要集中在宣传普及中国共产党和政府的政策，有时被称为“社会主义教育”，或者被称做“文明市民素质教育”。文化活动安排在全国性节日和其他重大时刻。

第四，社区在当地治安工作的协调方面发挥重要作用。在这一领域，社区干部与当地警察以及相邻工作单位和居民小区的安全保卫人员有密切的工作关系。这一工作包括安排整个“社区”管辖区域的安全巡逻，宣传普及家庭安全信息，监视以前有过前科的居民的举动，保证所有居民都在公安机关有登记，解决居民之间的纠纷和动员志愿者建立

“邻里联防”网络。①

第五，社区必须在各种其他组织之间进行协调和建立联系。最重要的是，它接受来自区政府在当地的街道办事处和当地党组织的指导。如果社区有足够数量的党员，它就必须建立自己的党支部，在这个支部中社区委员会主任同时担任党支部书记。② 社区还与位于其辖区内的各个单位和其他工商企业，与当地的物业管理公司，与业主委员会，与当地的人民代表大会代表以及与任何希望接触当地居民的其他官方组织建立密切联系。③

上述概括表明，社区的职责涵盖了一系列广泛的责任领域，而每个“社区”只配备3到6名专职干部（依人口多少而定），所以承担这一沉重的工作负荷是一项繁重的任务。为了应对后勤方面的挑战，干部们受到鼓励在当地居民中动员志愿者为社区治理的日常工作提供帮助。这一战略非常符合构成“社区建设”基础的指导原则。它部分来源于毛主义的群众参与和自助的传统。像居民委员会一样，社区被正式确定为是“群众组织”④；所以对干部们来说主要职责之一就是动员“群众”参与。志愿者制度的核心是以社区居民的空间分布为基础、按照层级制度组织起来的“积极分子”（通常是党员）队伍：如果社区有不止一个居民小区，那么每个小区有一个指定的“院长”；相应的，小区内每一栋

---

① 沈阳社区建设领导小组编：《沈阳市社区建设资料汇编》，沈阳市民政局，1999年，第30—31页。

② 同上，第14页。所有党员都必须在他们所居住的社区内的社区党支部登记，即便他们的党的隶属关系主要是在自己工作地点的党支部也是如此。一些知情者向我透露说，实施这一政策是为了加强党的纪律——党员现在在家和上班都在党的管辖之下。的确，我在一个“社区中心”看到了一块大的公开展示的布告牌，上面列出了住在那个社区里的所有党员的名字和居住地点。

③ 沈阳社区建设领导小组编：《沈阳市社区建设资料汇编》，沈阳市民政局，1999年，第21—23页。

④ 有一系列组织不是正规的政府体系的正式组成部分，例如工会、妇女联合会、共产主义青年团和居民委员会，而这些组织都被称作“群众组织”。在理论上，它们应当是由“群众”和为了“群众”组织起来的，作为“自治的”组织发挥作用。在实践上，它们是在中国共产党的密切监督下，作为动员各个阶层的居民参与贯彻政府政策的机构发挥作用的。

独立的公寓楼有一个志愿的“楼长”；同时，每一栋楼里将任命几个“单元”或“楼层”组长。这些志愿者积极分子共同提供了一个综合网络，确保社区生活的所有方面都处在严密的监督之下并且所有重大的日常维持和治安工作都得到保障。正是志愿者网络把社区居民与正规的组织机构联系在一起，把社区所辖地变成了一个没有裂痕的社会单位。

虽然社区干部与居民之间的关系受到中国共产党“群众路线”领导传统的影响，但其他概念，例如“社会契约”或“公约”，也被用来规范干部和居民各自的角色。在沈阳，“社区公约”既确定了社区组织的专门义务，也确定了居民的公民道德责任。铁西区通过的“公约”是以下述方式规定社区和居民各自的职责的。

社区承诺：

1. 履行职责，提供服务，有求必应，议事民主，接受监督。

2. 反映居民的意见和要求；及时反馈，件件答复。

3. 及时处理居民事务；在可能的情况下当天办完。

4. 协助下岗职工再就业，公开、公正、公平办理居民最低生活保障手续。

5. 在节庆日期间走访军属和革命烈士家属、残疾人、孤寡老人、特困户和重病人家庭。

6. 每逢重大节日，组织志愿者活动日，安排文化娱乐活动。

居民承诺：

1. 响应社区号召，积极参与社区建设。

2. 不参与“黄、毒、赌”等违法犯罪活动。

3. 实行计划生育，落实节育措施，不计划外生育。

4. 爱护花草树木，维护公共设施。

5. 不在院子和过道乱堆乱扔废物或杂物。

6. 注意语言文明，保持家庭和睦，避免邻里纠纷。

7. 移风易俗，不搞封建迷信活动。[①]

所有的社区成员都发了一本包含"公约"和其他关于社区工作结构和组织的规章制度在内的手册，还发了一张列有社区提供的各项服务和具体负责人员电话号码的"居民服务卡"。上述大部分信息还在社区中心和社区管辖区域内的公共布告牌上公布。通过仔细阅读这些信息可以看出，问题的关键在于不仅仅要让居民知道他们现在能够得到什么样的服务，而且更重要的是，要让他们了解社区应当以什么样的结构、过程、程序和道德标准来运行。在社区中心实体的存在宣示了社区组织到来的情况下，通过规划新的社会秩序的轮廓、提供明确阐述的居民和干部双方的行为规范，大量的信息把重心放在了社区的合法性上。

由于规则、准则、过程和标准日益渗透到社区中来，所以社区的自治能力明显增强。起初，当干部和居民都去努力理解"社区建设"的概念时，出现了一条急剧上升的学习曲线。干部们完成了由市或区当局组织的培训计划，学习了社区工作的"速成课程"。为此目的，民政部印发了专家培训手册。人们把该手册与相关的全国和地方政策文件汇编结合起来一起学习。手册涵盖了社区自治、社区服务和政府与社区之间的关系三大分类所涵盖的比较广泛的概念问题。[②] 此外，还有区政府下发到社区的源源不断的文件以及社区干部出席的有关许多具体问题的定期会议。但是为了搞清楚人们如何理解社区的作用和如何看待它在更加广泛的政治体系中的地位，我们需要把注意力集中在与中国的"自治"提法有关的话语上。

① 沈阳市铁西区社区建设指导委员会办公室编：《沈阳市铁西区社区规章制度汇编》，铁西区人民政府，2000 年。

② 陈伟东：《政府指导规程：城市社区建设知识培训教材》，武汉出版社 2004 年版；胡宗山：《社区自治实务：城市社区建设知识培训教材》，武汉出版社 2004 年版；李雪萍：《社区服务指南：城市社区建设知识培训教材》，武汉出版社 2004 年版。

中国的社区（自我）治理

自治的思想是既贯穿于民政部文献，也贯穿于沈阳市地方文件的一个很有分量的主题。考虑到整个“社区建设”计划一直受到上面的指导这一点，强调自治这个词可能看上去多少有点误导，但是对“自治”在这一背景下实际上可能意味着什么作出解释，还是值得一试的。一开始，“自治”在很大程度上是在公式化的意义上使用的，仅仅用来指处于正规的政府结构之外的组织场所。自从1949年中华人民共和国成立以来，正规的城市政府最低一级一直是区。在这一级的下面，区下属的办事处（或街道办事处）只是作为区政府的派出机构发挥作用，而居民委员会则一直被定义为“自治”的“群众组织”，不管它受到区或街道办事处多么严密的控制。因此，尽管政府高度参与“社区建设”的发展和推广，但是社区在组织上仍然被定义为是“自治”的。

然而，除了“政府”与“群众组织”之间的这种正式区别之外，更具实质意义的是“自治”也被用来称呼社区内所采用的实际操作方法。在这一背景下使用这个词并不意味着什么“绝对自治”，而毋宁说是一种比较有限的“自治”形式，依据这一形式，社区要在政府部门确定的控制参数范围内管理自己的事务。这就是为什么我不同意那些评论家把中文词自治翻译成“autonomy”的原因。自治这个词是由两个汉字组成的：“自”仅仅意味着“自己”或“自我”，而“治”意味着“统治”或“治理”。这种“自治”方式的一项内容是推广挑选管理委员会和内部决策的民主方法。在沈阳和其他地方，已经实行了选举制度，目的是挑选干部并提供一种机制，通过这种机制，那些没有满足社区居民期望的人可以在他们任期（三年）结束之时被选下台，或者在品行不端或无法胜任的情况下，在任期届满之前被选下台。

除了概括社区治理中要遵循的民主过程外，这些文献还通过将“自治”再细划分为三类而更加具体地描述了“自治”的范围。这三类就是著名的"三自"：自我管理、自我教育和自我服务。① 自我管理涉及社区内部的组织方式，意味着社区要自我动员（干部起带头作用）创建自己的管理机构——能够完成分派给它的各项任务，例如治安、环境清洁、文化活动委员会、小组委员会，等等。自我教育和自我服务的概念要求社区在追求改善社区居民的思想、精神和经济生活时主要依靠其自身的资源——人力资源和物质资源。当地的干部和居民开始作为一个社区共同努力来解决当地的问题了，就这一点而言，避免了要求上级政府进行干预，从而在实践中取得了成效。

采取"社区建设"行动背后的主要原因之一是，中国政府未能满足80年代中期以来中国城市社会经济迅速变化带来的对社会服务的需求：希望政府的不足能够通过地方的自助得到弥补。然而，随着"社区建设"概念的形成，"不足"的提法已经从纯粹的经济领域扩大到道德和精神领域。社区不仅被赋予照顾具有特殊经济需要的居民的责任，而且被赋予提高道德和教育水平的责任，特别是提高那些被视为有问题的居民阶层，例如民工、轻微罪犯、少年罪犯和失业人员的道德和教育水平。在担当这类角色时，社区越来越多地被动员起来参与更加广泛的全面提高人口"素质"的全国性运动。但是，更为重要的是，这一角色的表达取决于确保道德素质和自治两种提法之间有紧密的概念上的联系。有了这种道德上的包装，把自治看做是福柯意义②上的"管理自我"，而不仅仅是"自治"，也许更有助益。附带要说的是，在这一具体背景下，"自我"应被理解为是一个集体的"自我"，而不是一个个人的"自我"。

在当今中国社区中开展的道德教育是建立在通过全国"精神文明"建设运动确立起来的模式基础上的。这一运动的中心内容是按照具体的

① 陈伟东：《政府指导规程：城市社区建设知识培训教材》，武汉出版社2004年版第26—28页。

② Michel Foucault, "Governmentality", trans. by P. Pasquino and R. Braidotti in G. Burchell, C. Gordon, and P. Miller (eds.), *The Foucault Effect: Studies in Governmentality*, London: Harvester Wheatsheaf, 1991 [1978], p. 87.

标准定期对个人和家庭作出评估，最后予以奖励或者确认“文明”个人和家庭身份。例如，一个家庭要被评选为“五好文明家庭”，必须能够证明其家庭成员：爱国守法，热心公益好；学习进取，爱岗敬业好；男女平等，尊老爱幼好；移风易俗，少生优育好；勤俭持家，保护环境好。① 在武汉，近年来随着为每一个社区居民建立“公民道德档案”，道德记录（moral accounting）提高到了一个新的水平。在公民道德档案这一系统下面，居民的“道德行为”被分为10类记载存档，其中包括（除了上面提到的那些行为以外）文明礼貌，诚实守信，助人为乐和自尊自强。居民的“道德行为”每年汇总一次，对那些道德积分最多的个人予以奖励。②

各种道德档案计划的实施表明社区远非一个整齐划一的整体，因为它产生了一系列划分性实践，这些划分性实践公开把道德的和非道德的、合适的和不合适的人区别开来，或者像在中国经常讲的那样，把“素质”高的人和“素质”低的人区别开来。那些被确认为道德属性上有缺陷的人，经过引申，会被认为不能或者不适合参与自治：相反，当社区调动自己的集体资源对他们进行教育、指导以及——在获得授权的情况下——监控的时候，他们变成了治理的对象。在一些重要的方面，这些划分性实践与其说是削弱了社区的作用不如说是使之得到了强化：不仅因为他们为有组织的、合乎规范的干预提供了目标，为集体动员提供了号召因素，而且更重要的是因为这些“素质”低的人通过他们的存在本身证明了地方治理的必要性——因为如果没有社区的文明化影响，也就没有任何抵御道德滑坡的堡垒。就这一点而言，自治并不意味着公民之间在治理权利上享有任何与生俱来的平等地位，而毋宁说开始了适

① 全国妇女联合会从50年代起就一直开展“五好家庭”评选活动，但是，1996年对“五好家庭”的概念作了修改。作为这一修改的一部分，五项判断标准作了更新，公式化的表述中增加了“文明”一词，并建立了全国“五好文明家庭”创建活动协调小组以监督这一计划的执行。在中国城市，这一计划的实际管理——五好家庭的宣传、评估和颁奖——都委托给了社区（见刘秀艳：《社区思想教育理论与实践》，中国财政经济出版社2003年版）。

② 基于2006年1月在武汉市青山区从事现场调查工作时看到的原始文件。

于去治理的人和只适于被治理的人之间的道德分野。

结论：中国通过社区进行的治理

"素质"高的公民在治理不够文明的邻居和自我治理方面为中国政府减轻了相当大的负担。这是整个中国城市"社区建设"计划最具重要意义的成果。它通过使这种充满道德色彩的"自我管理"模式成为可能（或者至少可以想象），为意义深远的"通过社区进行治理"制度的产生提供了框架和基本理论。虽然它与英国和其他国家以社区为重点的治理形式有某种相似之处，但是中国的模式有许多与众不同的特点：最值得注意的就是把"社区"思想本身制度化的程度。社区是在中国城市早先存在的基层组织机构，特别是居民委员会和地方党支部基础上建立起来的，被赋予了明确宣布的制度身份：它有界定清晰的区域和人口，配备有一批受过"社区建设"方法培训的专业干部，可以利用一系列的财政、物质和文化资源来支持自己的活动，并且被授予了使用各种广泛而具体的政府干预手段的权力。在这方面，可以说，它就像一级全新的地方政府。

与此同时，社区大量的日常工作依靠的是从当地居民中动员起来的许许多多不拿薪水的志愿者的积极参与。很明显，把他们的积极性调动起来靠的是他们的道德责任意识、致力于邻里和睦的奉献精神和社区自豪感，所以他们乐于承担具有挑战性的社区（自我）治理的任务。作为当地的积极分子，这些志愿者成了教育其他居民如何治理群体自我的楷模。这种以社区为重点、充满道德色彩的自助模式与美国新社区主义者们所阐释的计划有某种相似之处，尽管两者是以不同的道德框架为基础的。

简而言之，中国城市的"社区建设"提供了一套混合型的社区治理战略。它把一些相当直接的政府干预形式与完善的志愿者服务体系以及确保社区作为提高道德水平的媒介的效力结合在一起。如果"社区建设”取得成功，即使是部分成功，那么它将大大减少政府的未来成本。不仅如此，它还能够部分地缓解危险的社会混乱和悬殊差距，而在目前，这些因素对当今中国社会稳定构成了威胁。

（许宝友　译）

社区试验：中国城市的基层政治改革*

〔美〕詹姆斯·德勒斯　〔加〕丹尼尔·R. 柯丹

引　言

中国从中央计划经济向“社会主义市场经济”的转变，在城市中深刻地影响了国家提供社会服务的能力和中国共产党的组织结构。关闭亏损的国营企业，私营和外资企业兴起，这些开始导致中国城市政治和社会体制的基础——单位（工作单位）① ——的地位日渐式微。由于单位传统上既是党的组织基础，也是提供社会服务的机制，因此它的衰亡产生了深远的影响。对于党而言，一种新的政治空间产生了；对政府来说，数百万人再也无法获得基本的社会服务。这种状况由于以下因素变得更加严重：失业人口不断上升，临时工队伍日渐庞大，非国有领域的

---

* 本文原题为“The Shequ Experiment: Grassroots Political Reform in Urban China”，载 *Journal of Contemporary China*，Vol. 13，No. 41，2004，pp. 747 - 777。作者简介：詹姆斯·德勒斯（James Derleth），美国图兰大学帕森国际发展和技术转让中心政治发展教授；丹尼尔·R. 柯丹（Daniel R. Koldyk），加拿大外交与国际贸易部政治和经济分析家。——译者注

① 单位，即国有企业中的工作场所单元（学校、工厂医院、政府机关等等），它向职工提供工作、住房、医疗保健、退休金以及从食品到交通等方面的津贴。由于单位通过奖金与惩罚来鼓励政治合意行为，所以它紧紧地控制着其职工的公共与私人活动，因此单位兼具政治功能。参见 Xiaobo Lu and Elizabeth J. Perry, eds.，*Chinese Society: Change, Conflict and Resistance*，Armonk，NY：M. E. Sharpe，1997，p. 3。

就业人数迅速增长，家庭小型化，人口老龄化以及人们对提高生活水平的渴望。换言之，正当党的直接控制能力与社会服务被逐渐削弱时，人们却提高了对它们的要求。

形势的严峻性催生了一系列试图改变政府角色的政治试验，向地方政府下放权力，放松对经济的全面控制。① 其中的一种政治试验是 20 世纪 80 年代末民政部开始倡导的社区创建。② 民政部希望社区能够接管单位所承担的一些社会福利职能。几年后，社区已遍布全国，并且在老年与青年活动中心、环境保护项目和社区健康服务等领域中日益活跃起来。根据一位中国学者的观点，社区管理的观念尽管仍然模糊不清，但已被广为接受，并且社区的重要性在不断增长。③

在处于初期发展阶段的时候，社区尚未承担党和政府为它们构想的角色。由于存在诸多阻碍因素，只有党和政府的一致努力，社区才能成为政治共同体发展的焦点。

一、社区建设

1. 社区的发展演变可以分为三个阶段

第一阶段：1980—1990 年

尽管社区是一个相对新生的事物，但自 1949 年以来社区组织就一

① Gordon White, "Basic-level local government and economic reform in urban China", in Gordon White, ed., *The Chinese State in the Era of Economic Reform*, Armonk, NY: M. E. Sharpe, 1991, pp. 215 –218.

② 中文社区由两个字组成，"社" 的意思为 community 或者 society，而 "区" 则为 district 或 area。中国学界一般认为，"community" 为最准确的翻译。然而，在其他国家，这一术语具有丰富的含义。在中国，常见的描述是 "居住在某一地方的人们之间形成的自治社会共同体和社会互动"。然而，由于社区的组织形式和责任广泛，因此很难给予一个清晰的定义。参见 Zhongxin Tang, "The emergence and characteristics of *shequs*", in *Papers on Shequ Construction*, Beijing: Beijing Publishing House, 2000, p. 47。

③ 潘晓健：载《社区改革的几点思考》，《南方周末》，2000 年 3 月 1 日，第 7 页。

直存在。[①] 社区组织虽然拥有不同的名称（最近为居民委员会），但像中国的大多数组织一样，它们首先代表党和国家的利益，其次才代表组织成员的利益。20 世纪 80 年代末，一些地区的居民委员会更名为社区，而在其他一些地区，社区则单独成立，与居民委员会“并存”。二者均担负起传统上由单位和政府承担的社会职责。

为此，政府通过更换人员，即由受过良好教育的年轻人替换原先的退休老人，拉开了居民委员会和社区的专业化建设。政府改善了相关的培训，并且提供更高的薪酬。[②] 然而，有限的资源和政治权力的缺乏使社区无法为居民提供任何重要的服务。

第二阶段：1990—1998 年

社会问题不断增多，而社区/居民委员会却无力提供足够的服务，于是民政部在 20 世纪 90 年代初主办了一系列研讨会，在这些研讨会上产生了“社区建设”政策。这一政策有两个主要目标：第一个目标是提高地方政府解决当地问题的能力，从而加强它们的权力；第二个目标是鼓励社区在为居民提供服务方面发挥更积极的作用。[③] 为了使社区能够实现这些目标，政府创建了拥有更多权力和职责的试点社区。

在这一时期，社区的性质也发生了变化。起初，它们要么是单独的实体，要么是更名后的居民委员会。随着社区建设的深入，许多居民委员会被并入社区。[④]

第三阶段：1999—

在看到上述试点社区的成功之后，民政部指定了 11 个社区为模范

① 据中国民政部统计，1996 年国内有 186，666 个注册社会团体，其中 1845 个为全国性组织。参见《中国法律年鉴》，中国年鉴出版社 1997 年版，第 1077 页。转引自 Tony Saich, “Negotiating the state: the development of social organizations in China”, *China Quarterly*, No. 161, March 2000, p. 128。

② Benjamin Read, “Revitalizing the state's urban ‘nerve tips’”, *China Quarterly*, No. 163, September 2000, pp. 812 – 813.

③ Tang, “The emergence and characteristics of *shequs*”, pp. 47 – 55.

④ 与居委会的这种联系，其实可以从一些社区自称“社区—居委会”中看出来。在深圳，它们被称为“社区管理委员会”。

社区，给予它们有限的政策制定自主权。[①] 这使它们能够在没有政府明确授权的情况下尝试新的政策。

选择模范社区的标准包括：不同的经济与政治发展水平，以及它们不同的地理位置。这 11 个社区分布在北京、重庆、海口、南京、青岛（2 个）、上海、沈阳、天津、武汉和西安。2000 年，又有 15 个模范社区加入到试验当中——3 个位于先前的城市：南京（2 个）和沈阳（1 个），其他 12 个位于新的城市——本溪、长春、佛山和深圳、哈尔滨、杭州、合肥、济南、克拉玛依、漯河、石家庄和厦门。[②]

2. 社区和城市地区的政府结构

中国城市地区的传统政府结构有些混乱。各级政府与相关政府单位既是条条（垂直）的关系，又是块块（水平）的关系。[③] 例如，每一级民政部门的官员都必须向民政部汇报，同时也向地方政府官员汇报。这种结构大大加剧了政策制定与执行的复杂程度。

在中国，政府结构包括三级正式的和一级非正式的行政机构，即市、区、街道办事处和社区/居委会。尽管后者在宪法上属于自治组织，但事实上居委会只是地方政府的附属物（见图 1）。

尽管大多数社区都是由居委会演化而来，它们却相差甚大。第一，社区所辖居民更多，并且在地域范围上大于居委会。[④] 第二，社区对自身内部事务拥有更大的权力和控制力。与居委会和单位相比，一些地区

---

① 与中国其他许多机构一样，因为在不同地域和地方，社区的差异性和差别显著，因此我们很难对其进行一种一般性的抽象概括。然而，指出社会发展的一些趋势是可能的，也是非常重要的。

② 2000 年，在全国 21 个城市共有 26 个模范社区。因此，社区在其他城市也如雨后春笋般发展起来。

③ 参见 Kenneth G. Lieberthal and David Lampton, eds., *Bureaucracy, Politics and Decision-Making in Post-Mao China*, Berkeley: University of California Press, 1992; Kenneth G. Lieberthal and Michael Oksenberg, *Policy-Making in China: Leaders, Structures and Process*, Princeton: Princeton University Press, 1988。

④ 需要说明的是，重庆市江北街道办事处将下属的 168 个居委会重组为 109 个社区。

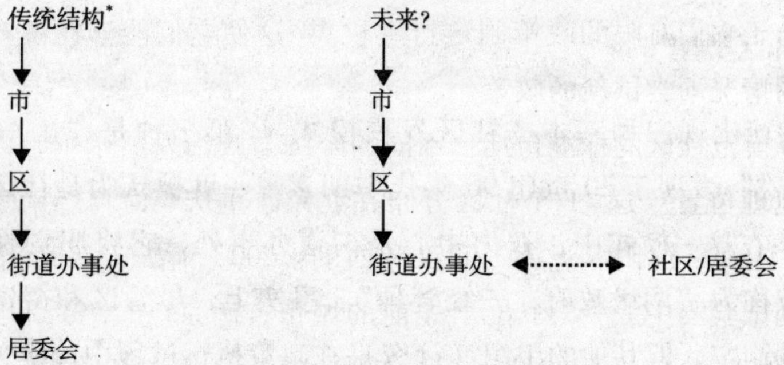

图 1　城市地区的政府结构

*注：大部分地方政府的组织结构如上所述，与此同时，也存在不少例外，这视具体的城市和省份而定。

的社区不必遵守一些常规的行政规定。[①] 第三，社区承担了更多的社会福利职能，而这些职能以前是由街道办事处、居委会和单位承担的。总之，社区承担了一些政治和社会的职责。

从内部来看，与居委会的领导人相比，社区的领导人大多更年轻，平均受教育水平更高，所得到的培训也更好。或许，最重要的是，越来越多的社区直接选择它们的领导人，并且在一些城市（南京、上海和武汉），社区居民代表委员会拥有一些监督权力。根据青岛市民政局的一位工作人员所言，居委会与社区的最大差别在于，前者仅仅关注日常事务，而社区关心的是日常事务、居民公共事务、政府工作以及与社区居民的紧密联系，这对于未来的政治发展具有重大的意义。[②] 然而，由于它们与地方政府（尤其是街道办事处[③]）的种种联系，社区不能看做是自治组织，而是"壮大了的"居委会。

---

① 例如，社区不需要订购政府报纸和杂志，但是单位必须订购。这是一项沉重的负担，并占后者财政收入的很大部分。

② 白光昭：《社区建设》，中国社会发展与公共参与国际研讨会会议论文，山东大学，山东济南，2002 年 5 月。

③ 街道办事处并不是正式的行政机构，因为它并没有人民代表大会或者独立的税收权力，并且它仅是政策执行者，而非制定者。但是街道办事处仍可看作是政府机构。它提供社区的主要预算，并且许多城市的街道办事处拥有监督管理权。

3. 社区类型

目前已出现三种基本的社区发展模式。[①] 第一种是“上海模式”。“上海模式”发展于20世纪90年代中期，曾一度被认为是社区发展的“楷模”。在这一模式中，权力中心是街道办事处，它将职责委任给社区。这被称为“两级政府，三级管理”。事实上，尽管区和街道办事处负责政策制定，但其他的组织（社区）在政策执行过程中扮演关键的角色。这是最早把政策制定与政策执行相分离的尝试之一。

这种安排的目标在于改善市政管理，而不是鼓励市民参与。结果，权力仍停留于街道办事处，并且社区被看做是地方政府的扩展。[②] 譬如，即使社区领导人是通过间接选举产生的，他们事实上仍然由街道办事处任命。换言之，除了一些额外的责任和市政部门在社区中建立的分支外，社区与政府的关系同居民委员会与街道办事处的传统关系没有什么大的区别。

由于“上海模式”实质上增加了街道办事处的权力，而不是发展第三部门（非政府部门），社区的支持者开始认为“上海模式”已经过时和僵化。[③]

第二种“沈阳模式”是为一种更为“先进”的社区模式。因为沈阳位于中国老工业区的“中心地带”，并且在市场改革中备受“创伤”，所以我们就不难理解其“先进性”了。众多国有企业的关闭导致下岗工人大量涌现，许多人不能享受良好的医疗保险和退休金。“沈阳模式”建立在如下观念之上：既然国家不再有能力解决日益增多的社会问题，那么更多的责任就落到公民的身上。因此，与社区是街道办事处的扩展的“上海模式”相比，“沈阳模式”中的社区充当了独立的行政机构，这意

① 各种不同的社区类型没有统一的官方名称，这些社区通常由所在城市的名字而命名。

② 作者与白光昭（青岛民政局副局长）的访谈，山东济南，2002年5月20日。（下文中皆称白访谈）

③ 白访谈。

味着行政等级结构发生了变化。[①]

“沈阳模式”的社区以地域范围为基础，创立的方式是合并居民委员会。它们拥有相当大的政策制定自主权，并且由“社区委员会”来领导。社区委员会共有四个小组：党领导小组、政府代表小组、社区自治小组（代表社区居民以及学校和商业等组织的利益）和一个通常由直接选举产生的管理委员会/领导委员会。[②]

这种模式鼓励创造性地解决社区问题。据民政部的一位官员所言，只要人们守法并承认党的领导，那么人们就应有解决自己问题的权利。[③]有趣的是，这些社区承担了过多的责任，结果是社区领导小组经常难以有效管理他们的社区。

值得注意的是，民政部支持这种社区发展模式，因为这种模式消除了街道办事处对社区事务的直接干预，并且被视为把社区组织及其问题同政府分离开来的首要步骤。[④]

第三种“武汉模式”兼具“上海模式”和“沈阳模式”的特点。它立基于“两级政府、三级管理、四级加强”。第一个特点是区、街道办事处和社区之间职责的清晰划分。第二个特点是各级政府机构与社区之间的互动，共享行政资源和社会资源，以便提高服务水平。[⑤]

尽管社区的优先考虑仍然由地方政府决定，但这种模式给予社区某些额外的资源，更重要的是给予它们在某些政策执行上的自主权。例如，尽管武汉的社区肩负计划生育职责，但街道办事处支付计划生育专家的工资。与“沈阳模式”相比，“武汉模式”中政府拥有更多的控制

---

① 作者对某工作人员（重庆江北区民政部门的公务员）的访谈，中国重庆，2001 年 7 月 13 日。（下文中皆称重庆访谈）

② 白访谈。

③ 张明亮：《沈阳社区模式的特点与反思》，见《中国社区建设》，载《北京社会科学》，1999 年增刊，第 19 页。

④ 作者与高建国的访谈（山东大学教授），山东济南，2002 年 6 月 2 日。

⑤ 陈伟东：《社区建设的目标，社区与人民，社区与街道办事处，以及社区与区政府的关系》，见《社区建设理论与实践》，北京出版社 2001 年版，第 124 页。陈伟东是武汉华中师范大学的一名教授。

权，但它也能够被视为将社区与政府分离的一种尝试。

青岛在近期取得了一些令人关注的进展。当地政府正在浮山后居民区中试验一种新的社区模式。起初，合肥路街道办事处“管理”社区，但是随着社区事务日趋复杂，街道办事处难以履行它的各种职责。青岛市政府不再像过去那样建立一个新的街道办事处，而是创建了一个自治社区。[①] 与“沈阳模式”的单一管理相反，浮山后社区下设四个居民委员会，因为社区规模已达1600个家庭之多。大体上，青岛通过从地理上和实质上扩大居民委员会的职责创立一种社区，就实际的职责而言，它包括了过去由单位所承担的一些社会职责。这就是通常所指的“小政府，大社会”社区发展模式。其目标在于培育基层的社会管理，促进政治和经济稳定。

组织结构为青岛试验的另一特色。社区结构分为四块：社区党工委、“社区民主议事会议”、社区服务中心和社区管理委员会。最令人关注的是“社区民主议事会议”。它拥有大约25名成员，并由一名区任命的主任来领导。它的成员由来自社会组织（例如，当地企业、“利益集团”和学校）、社区、党和居委会的代表构成。当前，该议事会成员是一个特别团体，从而不是选举产生的。然而，一些专家认为，在不久的将来，该议事会成员将从其成员和领导阶层中经直接选举产生。[②] 此外，与其他社区的代表大会相比，“社区民主议事会议”包括一些人大代表和政协代表，这是希望通过增加国家政治机构的代表，使社区能够扩大自身的影响。

出于各种各样的原因，这种模式可能会对社会的未来发展具有深远的影响。第一，由于代表大部分的社区利益，它能促进公民参与。第二，浮山后社区只有16名全职工作人员，远远少于街道办事处的工作

① 作者对刘同昌的访谈（青岛社会科学院的社区专家），山东青岛，2002年6月3日。（下文中皆称刘访谈）同时参阅孟天运（音）：《青岛的浮山后社区模式》，中国社区发展和公共参与国际研讨会会议论文，山东大学，山东济南，2002年5月。

② 自访谈。

人员。不够的公务人员由志愿者顶替，这也减少了地方行政成本。第三，因为社区和居民委员会都从政府中分离出来，这一模式提供了更多的自治权。

除了其他因素外，由于经济发达和广泛的国际联系，青岛已经走在社区发展的前列。因此，2001年，青岛被民政部选为第一届全国社区发展会议的主办地。[①]

二、社区的职责和组织

1. 治理结构

由于社区并不属于正式的政府机构（例如，它们没有立法权，也不是法律实体），因此它们的组织机构形式也各有不同。不过，我们仍可以概括出它们的一些特点。首先，与单位相比，社区往往是由地理或政治上相关的区域组织而成。其次，大多数社区有一个居民代表委员会和一个管理委员会。

居民代表委员会的成员在40至100人之间。除了居民代表之外，居民代表委员会还有来自政府机构、工作单位、街道办事处、中国共产党和社会组织的代表。[②] 沈阳的“教师之家社区”有1960名居民和100名居民代表，或者每23户家庭选一名代表。与此相比，青岛市南社区有10000名居民和一个由50人组成的居民代表委员会。

居民代表委员会为社区作出“重大决定”，包括选举领导人、批准发展计划与预算、修改社区规则以及在理论上讲必要时可以否决管理委员会的决定。居民代表委员会开会的频率多则一月一次，少则半年一次。

① 北京民政部的某些官员已经宣称，浮山后模式是违法的。一位学者认为，这是因为民政部害怕这种社区发展模式会导致很多行政人员失业。

② 作者对匿名者的访谈（沈阳街道办事处社区协调员），辽宁沈阳，2000年6月6日。

管理委员会是居民代表委员会的执行机构。管理委员会一般有6名成员——正、副主任和4名其他成员，并且至少每周会面一次。在理论上，居民代表委员会作出决定，由管理委员会负责执行，但事实上，管理委员会拥有更多的权力。这与其他政府部门很相似，小机构（国务院）主导更大的机构（全国人民代表大会）。

一些社区模式还有一个咨询委员会（其名称则不固定），包括地方人大、区政协、单位、居民和当地的知名人物。尽管它的具体职责不同，但是在大多数社区中，它在居民代表委员会闭会时监督管理委员会，并且充当与政府代表机构之间的桥梁（见图2）。

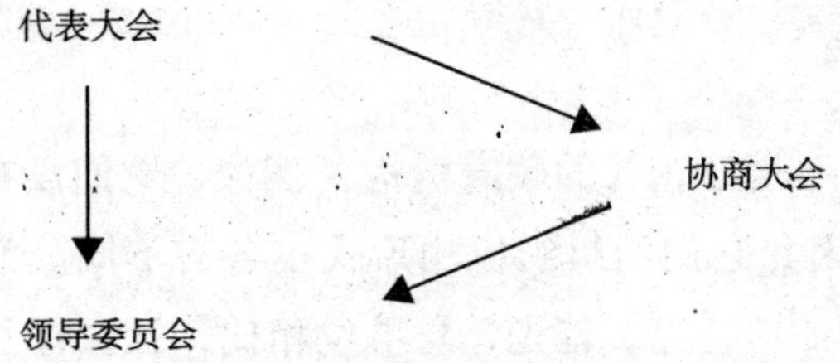

图2　社区结构

2. 职责

尽管目前社区仍然肩负着居民委员会的使命，但新问题的出现和提供服务的职责为社区扩大职责提供了机会。例如，即墨市的一个社区（位于青岛市郊）创办了一些地方企业，为居民提供了工作机会。其他的例子包括简单的医疗门诊、工人再培训项目、青岛的社会服务“电话热线”和沈阳的人才市场服务。

3. 领导人的选拔

正如社区发展的许多方面所表明的那样，领导人选拔的过程由1990年《居民委员会组织法》规定。该法规定，管理委员会应该由全体居民、由包括每户代表组成的选民选举产生，或者由居民代表委员会选举产生。[①] 尽管存在上述法律，目前大部分社区的领导人并不是选举产生的。

领导人选举的程序主要包括三种：任命、间接选拔和直接选举。尽管任命是中国选拔官员的标准方法，由于后两种方法的潜在政治意义，我们将注意力集中在后两种方法上。

间接选拔

社区领导人的选拔过程如下：

（1）街道办事处发出招聘社区领导人的公告。申请人必须符合一定的标准（年龄、受教育程度和工作经验），才能成为合格的候选人。一些社区要求候选人必须是本区的居民，另一些则不作要求。

（2）感兴趣的候选人参加能力测试。

（3）得分最高的候选人参加当地政府官员组织的面试。

（4）提名的候选人人数要多于招聘人数，如 8 人竞争 5 个职位。

（5）8 位候选人的“竞选纲领”和个人简历在社区内公示。

（6）社区居民代表投票。得票最多的候选人将成为社区管理委员会的成员。当选的候选人必须获得社区居民代表委员会 50% 以上的选票。

这一过程表明，中央和地方政府试图通过更严格的监督和鼓励市民参与来提高人民公仆的素质。

直接选举

尽管间接选拔方式是传统选拔领导干部方式的一种标志性变革，但对于未来的政治发展而言，更有意义的是社区领导人的直接选举方式。不少社区已抓住有利时机，开始“直接”选举，这已被看做是一种政治突破。在上海的一些社区，选举程序如下：

（1）居民和街道办事处官员提名候选人。

（2）候选人名单提交给居民代表委员会，居民代表委员会成员对各

---

① 《中国法令汇编》，第 141 页。转引自 Read，“Revitalizing the state's urban ‘nerve tips’”，pp. 818 – 819。

候选人的优缺点进行讨论。在此过程中，一些候选人失去资格。

(3) 居民代表委员会、党支部、街道办事处的代表广泛听取候选人的演讲，把候选人减少到8位。

(4) 候选人通过海报、演讲等方式竞选一周。

(5) 所有18岁以上的社区居民都有选举权。得票前5位者当选。

我们马上能够发现，上述方法并不是真正的直接选举，因为谁能被选和谁能选举都存在诸多限制。尽管如此，这些选举仍体现了通常的领导选拔程序中的重要变化，因此可以看做是走向更民主的选举过程所迈出的重要一步。①

一旦社会管理委员被选出，社区就举行秘密投票选出正、副主任。正主任的工资每月大约是1000元——比平均工资少500元左右，而管理委员会其他成员的工资每月大约是500元（工资情况视地域而定）。管理委员会的成员是社区中唯一领取工资的行政职员。在不少社区的开支中，领导人的工资由街道办事处支付。

与大部分是退休老年人的居委会领导人相比，我们更难以描绘社区领导人的一般形象。在哈尔滨，社区领导人主要是积极的中年妇女，而在佛山则是新毕业的大学生领导着社区。选拔领导的方式是影响社区领导人特点的最主要因素。如果是直接任命或经间接选拔产生的，那么社区领导人一般都受过良好教育、拥有丰富的行政经验，并且年龄低于45岁。在直接选举的社区，领导人的差异可能较大，这也在我们预料之中。不过，年轻化和受教育程度提高的趋势越来越明显。例如，在重

① 2002年8月，北京东城区的九道湾社区举行了被认为是“首次民主多候选人选举”。通常，选举都是由居民代表来完成，但这次选举与此不同，社区内任何超过18岁且居住超过一年者，都有权参与选举。值得一提的是，两位移民候选人当选为居民会议代表。见“Beijing resident hold first democratic election of community”, *People's Daily Online*, 18, August 2002,〈http://english.peopledaily.com.cn/200208/18/eng20020818_101629.shtml.〉。社会学家谷迎春认为，直接选举是“促进城市政治体系建设运动”的一部分，并且，直接选举“从中国农村向城市的扩展，已经带来了中国基层民主的扩展，以及中国民主政治建设的重要突破”。见“China Expands Grassroots Democracy to Urban Areas”, *People's Daily Online*, 13 December 2001,〈http://english.peopledaily.com.cn/200112/12/eng20011212_86523.shtml.〉。

庆，通过社区考试的244名申请者都低于45岁（平均年龄为36岁），其中122名受过高等教育，145名具有高中学历。另一个趋势为工作与住所的分离。在重庆小苑社区，只有1/5的管理委员会成员居住在社区内。[①] 由于仍是一个新生事物，社区通过取消居住要求，那么就可以扩大潜在候选人的范围，并且有可能提高社区领导人的素质。

虽然党员身份可能有所帮助，但在管理委员会的选举中，这并不是一条绝对的标准。在我访问过的11个社区中，大约40%的管理委员会成员不是党员；然而，除佛山外，每个社区的管理委员会主任都是党员。

4. 决策

在中国，大部分行政决策都是在内部取得一致同意后作出的，然后向公众发布。一般而言，社区也遵循这一“光荣传统”。至于社区管理委员会会议及其开会频率等，目前尚无明确的规定。在大部分城市，社区管理委员会或者每周、每两周开会一次，或者按照既定日程每月一次。在天津，管理委员会的会议围绕日常事务而召开，而在其他地方，当一些重要的问题出现时，就可能需要召开特别会议。就公开性而言，一些城市的社区会议对公众开放，而其他一些地方则禁止公众参加。即使在那些对民众公开的社区，居民对于会议结果的影响甚微。通常是，只有在某个议题直接影响到自身或接到特别邀请时，他们才会参加社区会议。此外，在作出决策的时候居民往往必须离开会场，并且社区会议一般没有正式的公告，所以即使居民想参与，那也是十分困难的。

5. 内部组织结构

在大部分社区，管理委员会下辖着众多部门。[②] 这些部门的职责与

---

① 作者对匿名者的访谈（小苑社区），重庆江北区观音桥街道办事处，2001年7月14日。

② 在一些社区，如石家庄，没有分支部门。

1990年《居民委员会组织法》赋予居委会的职责基本对应。这些职责涉及党的活动、计划生育、治安、社会调解、提供服务、文化和娱乐活动。一些社区还建立了一些解决社区特殊问题的部门。例如，深圳的养老部和重庆的经济部。每个部门均由一名管理委员会的成员负责，同时接受志愿者、单位代表、居民代表委员会成员以及对该部门感兴趣的或具有相关技能的居民的帮助。例如，计划生育部门会有一名医生。从理论上说，这些部门独立于地方政府，但在许多社区，这些部门的负责人均由街道办事处任命。[①]

6. 预算

在本文所研究的绝大多数模范社区中，其主要预算（90%—100%）都是由街道办事处提供。街道办事处的运转资金大部分来自区政府，但也有一些来源于地方税收——社区经常是收税者。[②] 剩下的资金来源于个人或商业的捐赠以及社区服务费。就后者而言，例如在青岛的市南社区，如果居民要求社区提供外界承包商修缮房屋，则必须向社区交纳20%的佣金；在武汉的莲堡（音译）社区，社区向每个家庭收取几块钱的清洁费和保安费。

社区同样也受益于税收优惠政策。社区经营的企业如果雇佣下岗工人的话，就可以免征一定的税费。[③] 尽管这些特征赋予了社区一些财政控制权，社区大部分的预算仍来源于政府。因而，政府通过决定开支的优先考虑，继续牢牢地控制着社区。然而，种种迹象表明，在不久的将来，社区将有可能获取更多的财政自主权。许多受访者（政府官员、社区公务员和学者）预计，在不久的将来，政府将进一步减少财政支持，从而给社区施加更大的压力，即迫使其寻找自身的财源。虽然许多社区

---

① 作者对卢汉龙的访谈（上海社会科学研究院学者），上海，2000年6月1日。

② 在哈尔滨，社区领导颇有微词，因为他们为街道办事处收税，自己却分文不能留。

③ 中华人民共和国国家税务总局，第43条法规，北京，1999年。

领导人希望得到征税的权力，但地方政府官员强烈反对将这种权力下放。[①]

三、社区与地方治理改革

朱镕基认为，社区将成为一种全新的社会福利制度的基础。或许，更为重要的是，它们还会发挥政治上的作用，因为它们将“促进地方民主”和加强“政治建设”。[②] 然而，社区建设的步伐仍然不会走得太快。于是，在经过一段不确定的时间后，民政部将采用最为有效的社区模式，作为全国的社区发展典范。

由于民政部尚未公布官方的社区目标，那么判断某个特殊社区的成败可能十分困难。尽管如此，我们仍可能通过分析各种演讲、政府文件和通过采访政府官员、学者和社区行政人员，确立社区建设的目标。这些目标包括如下几项。

1. 减少政府开支

为了促进经济和社会协调发展，政府需要调整它的开支结构。社区理所当然在这一过程中发挥关键作用。因为大部分城市居民曾经直接或间接地在国有企业工作，政府则为大量的社会服务买单。为了管理这些服务，政府建立了一个庞大的官僚体系。尽管地方上管理社会服务的行政人员的确切数目尚不可知，但是普遍认为其人数不少。例如，地方政府各种办事机构的正式工作人员为 118 万人，但实际数量达 548 万人。这些机构 90% 以上都依靠国家拨款，占预算的很大一部分。[③] 通过让社区接管一些社会服务，政府意在裁汰冗员，节省资金，以用于建设社会

---

① 作者对匿名者的访谈，山东青岛，2000 年 5 月 26 日。

② 转引自张明亮：《社区建设的背景与任务》，见《社区建设的理论与实践》，北京出版社 2001 年版，第 11 页。张明亮是民政部负责社区建设的主任。

③ “Deepening Government Reform”, *China Daily*, 8, June 2000, Editorial section, p. 4.

保障体系。

2. 共享资源和技术

在资源日趋紧张的年代，政府希望更好地利用现有的资源。目前，官僚机构和行政体制的条块化造成了资源难以共享。每个政府部门都有各自的领地，并严密地保护自己的特权。结果是，各个部委和各级地方政府的法令和法规经常互不协调，导致行政效率低下。相反，社区的责任更直接，并且一般包括不同组织和各级政府的代表。它们必须自下而上地“使事情运转起来”，并且会帮助在整个国家的基层推广成功的政策。

3. 加强地方政府的能力

社区试验的另一个目标则为加强地方政府的能力。乍一看，这似乎是一种矛盾，因为地方政府同时也在下放责任；通过改进地方政府的管理，社区有助于地方政府更有效地运转。

4. 增强政府的合法性

与使地方政府更为有效运转紧密相连的是增强政府的合法性。目前，中国政府饱受腐败之苦①，这削弱了建设社会主义国家的目标。20多年来的经济改革已经改善了成千上万百姓的生活，迅速地提高了某些地区的生活水平。尽管如此，改革同样也加剧了收入不平等和失业。这导致了社会不满和政治紧张，损害了人民对政府的信任。通过分散一些政府功能，例如使政府更加接近人民和接触当地居民，中央政府希望以此提高自身的合法性。②

① 2001 年，党处罚了 17.5 万名官员，因为他们从事腐败和行贿等犯罪活动。这比 2000 年增加了 30%。参见“China Punishes Thousands of Officials”, *BBC Online*, 23, January 2002, http://news. bbc. co. uk/hi/english/world/asia-pacific/newsid_ 17770001/1777975. stm。

② 苏拓：《论社区研究》，见《社区建设的理论与实践》，北京出版社 2001 年版，第 29 页。苏拓是南开大学的教授。

5. 提高生活质量

因为政府正在努力为相当大的一部分人提供基本的食宿，所以政府希望社区在提高生活质量问题上有所作为。北京市一名市政服务中心主任指出，政府的规划与居民对医疗服务、文化和卫生环境的日常需求之间存在着一定的差距。①

6. 鼓励社会参与

既然社区并不是政府机构的一部分，所以人们寄希望于社区通过“接近群众”的途径，在国家与社会之间搭起一座沟通的桥梁。② 扩大当地居民的参与，也被看做是让民众更有责任解决自身问题和增强政权合法性的一种方式。③

对中国的一些自由主义学者来说，这些目标远不如它们潜在的长远后果重要——地方政府的根本改革。目标是从先前的“强政府、弱社会”模式走向“小政府、大社会”模式。因此，一些人将社区试验看做是通向一种新政府结构的第一步，这一政府结构的基础是地方自治和扩大的地方民主。④

四、社区发展的障碍

在中国，自治社区的发展存在着许多障碍，包括熟练行政管理人员的缺乏、官僚政治的障碍、过多的职责、资金来源的缺乏、法律地位上的模糊和公民的不关心等。

---

① Li Liu, “Capital Enhances Community Services”, *Chinadaily. com. cn*, 2, August 2001, 〈http://www1. chinadaily. com. cn/cndy/2001 - 08 - 02/23878. html. 〉

② “Strengthening the Democratic Legal System”, *China Daily*, 19, October 2000, p. 4.

③ 重庆市访谈。

④ 陈伟东：《社区建设的目标，社区与人民，社区与街道办事处，以及社区与区政府的关系》，第 124 页。

1. 行政管理人员的缺乏

缺乏训练有素的行政人员或许是社区发展的最大障碍。即使社区在法律上并不是政府的一部分，但事实上它们充当了政府最基层的机构。因此，人员的选拔遵循正常的官僚政治程序。换言之，领导通常是任命的，而且一旦被选上，他们的职业生涯往往要长于其“价值”。因此，大多数领导人传统上一直是退休人员。这反映了一个事实，即对于许多经济领域的活跃人士而言，他们的工作职位比他们的居住地更为重要。

低工资也降低了申请者的素质。由于社区行政管理人员的工资不到平均工资的一半，并且在社区行政机构中工作并不受人尊重，因此社区领导人的职位通常不能吸引优秀的候选人。尽管一个不断壮大的中产阶级可能会扩大对社区事务的参与，但目前全国大部分的社区领导人仍是一些行政管理才能和技术才能有限的退休人员。

缺乏训练有素的行政管理人员已被认为是一个问题，因此一些社区引进了竞争性的考试。这是民政部战略的一部分，其目的在于将公职的产生建立在“公开的、民主选拔”的基础上。[①] 此外，越来越多的人呼吁通过培训和提高工资的方式使社区工作人员专业化。[②] 一些城市在这一领域已取得了进展，例如青岛创办了“社区大学”。在6个月的课程中，参加者支付850元学费，社区领导人学习法律、社区建设、经济学、行政学和“社会调查”方法等课程。

2. 官僚政治的障碍

几十年来的中央计划和行政等级体制已产生一个明显条块化的体系。作为地方政府的延伸，社区也受到这种缺陷的影响。社区工作网通

① Qihua Feng, “Move to Select Competent Civil Servants”, *China Daily*, 8, January 2001, p. 4.

② 李芹：《专业社区工人的角色》，中国社区发展和公共参与国际研讨会会议论文，山东大学，山东济南，2002年5月。李芹是山东大学的社会学教授。

常垂直运行，几乎没有水平的合作和信息共享。沈阳某社区的领导人几乎没有“访问”过本区之外的社区。社区领导人与其他地区同行的仅有“交流”，通常是在偶尔召开的地区或全国研讨会上，或者在民政部举办的会议上。由于缺乏信息与经验共享的有效方式，社区无法有效地学习其他社区的成功经验。有趣的是，监督管理社会发展的地方政府经常与其他城市中的同行进行交流。因而形成了这样一种局面，即“掌控”社区发展的政府官员之间的联系要多于社区管理人员之间的联系。

另一个官僚政治的制约因素是地方民政部门的官员不愿意给社区提供自治的手段。尽管中国有法规规定社区享有自治权，但事实上这几乎不会出现。街道办事处通常有一名民政官员担任社区“协调员”，并且许多地方政府为加强与社区的“互动”而成立了“工作委员会”。据山东省民政部门的一位官员所言，这很大程度上是地方官员保护其传统职权领域的结果。① 这些因素致使社区成为街道办事处的分支，而不是一种能为委托人代言的自治组织。

3. 过多的职责

社区发展还受制于被迫接受太多的职责。就像居民委员会的状况那样，社区承担了上级机构所分配的越来越多的任务。这些任务包括出售储蓄债券、订阅报纸、居民普查和街道路标维护等。在青岛，传统上属于街道办事处的160项职责，而今“下放”至社区、政府服务中心和社会团体（慈善组织）。② 大量职责的重新分配意味着社区难以挤出时间和资源去处理影响到本区居民的事务。

4. 资金来源的缺乏

职责与资源之间的不匹配扩大到资金领域中。民政部的一位官员估

---

① 王在水：《山东省社区发展进程中的问题》，中国社区发展和公共参与国际研讨会会议论文，山东大学，山东济南，2002年5月。王在水是山东省民政厅的工作人员。

② 孟天运（音）：《青岛的浮山后社区模式》。

计，社区承担了40—100项法定的义务和职责[1]；然而，街道办事处提供给社区的资金仅够支付工资、提供办公地点和购买基本设施。根据1998年民政部的一项调查，81.2%的社区领导人认为，资金短缺是社区发展的主要障碍。[2] 这种状况由于每年拨款的变化而变得更加严重，使社区难以开展活动或计划。

一些社区已经争取到当地企业的捐赠，或者利用法律的模糊性来创办自己的企业，以此来努力清除这些障碍。这些活动通常得不到政府官员的支持，因为：（1）他们不相信社区领导具备必要的经营能力；（2）筹措资金的活动促使社区偏离了社区发展的目标（例如，提供社会服务）；（3）社区越能开发独立的收入来源，街道办事处就越有可能失去对它们的影响。[3] 换言之，政府希望社区承担更多的社会福利功能，但没有给予它们相应的资源或能力。

5. 法律地位上的模糊

尽管社区试验已被中国共产党和中央政府批准，但社区没有任何法律上的地位。由于许多社区是居民委员会合并的产物，因此它们往往以1982年首次通过的法律为依据，而这与现在的情形相差甚远。例如，1990年《居民委员会组织法》的目标是“加强居民委员会的建设……以及建设物质文明和精神文明”。[4]

因此，与其他的社会实体相比，目前尚无具体的法律规定社区的职权及其与政府的关系。尽管一些社区利用这种法律上的模糊性，大胆地试验新政策，但总体而言，法律地位的缺失限制了社区的发展。没有合

① 李宝库：《仔细研究、努力工作和平稳前进》，见《重庆江北区社区建设：文献集》，重庆江北社区指导委员会，2000年11月，第76页。李宝库是民政部副部长。

② 魏书华：《关于资金与社区建设的研究》，见《中国社区建设》，载《北京社会科学》，1999年增刊，第124页。

③ 魏书华：《关于资金与社区建设的研究》，第125—129页。

④ 中华人民共和国民政部：《1990年居民委员会法律》，北京，1990年，http://www.sqjs.org.cn/flfg-1.thm。

法的身份，社区的运作完全取决于地方政府官员的自由裁量。例如，尽管理论上指导社区发展的居民委员会法规定直接选举，但事实上，许多社区的管理委员会由街道办事处直接任命。进一步而言，既然不是法律实体，它们就不能借贷、签订合同、执行法规，等等。

值得一提的是，北京市的九道湾社区与街道办事处缔结了一项“章程”。这项“章程”，是社区领导在与居民的协商下，在社区治理专家的帮助下起草的。[①] 经过数稿和修改后，文件终于在2003年8月得到街道办事处的批准通过。然而，这并不是法律模糊性的解决之道，因为它并没有给予社区正式的法律保护。尽管如此，章程起草的过程，使得居民权利问题成为一个公共话题，并且有效地与社区联系起来。

6. 公民的不关心

在理论上，社区应该是地方共同体的化身；但实际上，居民基本上一直不愿意参与社区事务。作为另一种苏维埃类型的社会主义政权，中国政治体制的目标是建立一个由所有的社会成员组成的等级制框架。这种体制限制了某一群体中的成员与其他群体成员交流的能力。这就是为什么“关系”常常比正式渠道更为有用的原因之一。它给社区的发展带来了许多的消极作用。

首先，由于50多年来政府几乎控制了人民生活的方方面面，因此多数人遇到问题的第一反应就是找政府解决。这种心态很难消除。

其次，制度控制的体制使得人们难以清晰地区分国家与社区。尽管居民委员会在法律上是“自治的”社会组织，但它们实际上是国家的附属物。由于社区是居委会的继承者，许多人就把它们看做是政府的机构。许多人认为社区的主要目标在于确保政府政策得到执行，而不是像

---

① 作者对陈启能与姜芃（中国社会科学院世界历史研究所研究员）的访谈，2004年2月3日。

居委员会那样只收水电费。[1] 这一问题由于传统的行政管理习惯而被放大。例如，在许多社区，管理委员会会议不向公众开放。官员们更习惯于下命令和执行计划，而不是鼓励社会发展和政治参与。结果，大多数居民并不认为社区代表他们的利益，或不认为他们的参与会对社区产生任何影响。因此，积极参与社区活动的社区居民不到15%。[2]

在人们更多地参与到他们的社区之前，他们必须明白成为一名社区成员意味着什么，并且具有一种社区“主人”的意识。许多社区领导人讲到了大多数社区居民不明白“社区”一词的含义，更遑论他们应在里面发挥什么作用了。换言之，居民并不习惯于为自身承担责任，或者认同自己居住的社区。下述例子充分说明了这一点。当上海首次建立社区的时候，社区领导人认为他们的作用就是提高政府机构的效率；然而，在一些情况下，一旦向地方民众解释清楚社区概念，并且他们了解到自身如何从中获益时，居民就会更加予以支持。在北京朝阳区，68%的居民说，如果有机会的话，他们将愿意积极参与社区事务。[3] 这是一种至关重要的因素，因为没有公民的参与，社区永远不可能实现任何程度的自治。

社区要成为政治场景中的重要组成部分，必须具备以下两个条件：（1）政府必须通过提高意识和鼓励参与，强调社区的重要性；（2）人们必须学会成为公民，而不是国民。在中央政府解决第一个条件的努力下，社区已经被允许举行直接选举。在杭州市景芳社区，80%的居民参加了2001年的选举，并进行了投票。正如一位居民所指出的：“管理委员会的任何成员如果没把工作做好，我们就让他或她出局。”[4] 第二个条

---

① 朱建刚：《社区建设：在经验中反思理论》，见《中国社区建设》，载《北京社会科学》，1999年增刊，第58页。

② 王青山：《社区自治：公众参与的目标》，中国社区发展和公共参与国际研讨会会议论文，山东大学，山东济南，2002年5月。王青山是北京中国劳动关系学院的教授。

③ 杨荣：《社区建设中公众的认知》，中国社区发展和公共参与国际研讨会会议论文，山东大学，山东济南，2002年5月。杨荣是北京工业大学的讲师。

④ “China Expands Grassroots Democracy to Urban Areas”, *People's Daily Online*, 13, December 2001, 〈http://english.peopledaily.com.cn/200112/12/eng20011212_86523.shtml〉.

件的例子为居民论坛和社区事业。这些机会的产生表明，如果有机会，居民将在社区中发挥更为积极的作用。

五、党的角色

“大跃进”和“文化大革命”大大地削弱了中国共产党的合法性。部分地是为了克服这些政治运动的后遗症，中国共产党在20世纪70年代末期开始了一系列的经济改革。这些改革在获取经济上成功的同时，也带来了新的政治挑战。在实施市场经济体系的同时，党也失去了控制社会的许多手段。最终，这种行动路线在基层创造了充分开放的政治空间，人们在其中可以发展一些党没有直接控制的事情，例如私营企业等。与此同时，全国大部分效率低下的国有企业被迫破产，导致数千万的工人失去工作和社会服务。目前，党已别无选择，只有继续推进经济改革，因为这些经济改革为党提供了一种新的合法性来源。然而，由于没有相应的社会改革和在城市缺乏一种新的组织体系，党又面临着不稳定和失去对许多政治空间的控制的风险。

姗姗来迟的是，党采取了许多手段来应对这一局面。在2002年11月党的十六大上，党正式接受了江泽民允许私营企业主入党的建议，因而扩大了自己的党员基础。党还认识到发展社会团体来解决日益增加的社会问题的必要性。在1997年的一次讲话中，江泽民强调需要“培育和发展……社会中介组织”，以支持正在进行的改革。① 不久以后，1998年九届全国人大一次会议通过了一项改组社会部门的计划。这一计划认为，许多政府机关的功能应该归还给社会，例如新的社会中介组织。根据罗干——时任国务委员和国务院秘书长，曾为政治局常委——所言，“政府管了不该管的事，政府是不能够管的，或者也管不好。”因此，罗

① Jiang Zemin, “Hold High the Great Banner of Deng Xiaoping Theory for All Around Advancement of the cause of Building Socialism with Chinese Characteristics into the 21st Century”, *Beijing Review*, 6 - 12, October 1997, pp. 10 - 33.

干呼吁社会中间组织的壮大，清晰地描绘它们和政府机构与企业的职责。[①] 体现这些政策变化的一个例子就是 1999 年“模范”社区的兴起。

政府的目标是“为社区自治创造环境”[②]；然而，社区试验的一个核心目标是加强党的控制。领导人都意识到党的角色必须依据经济和社会变化而改变。尽管如此，但党担心，如果社区获得实质意义上的自治或者成为本区居民的代言人，那么党的政治控制力有可能被削弱。对从自己的职位中获得大量好处的 6600 万党员来说，这可能产生经济和社会的影响。很明显，社区建设已成为一个与党建紧密相连的政治议题，并且党的领导认为引导社区的发展是党的职责所在。[③]

社区党支部的建立加强了党的控制力。根据江泽民所言：“社区建设是党的一项重要工作”，并且会“增强党在城市群众与组织的基础”。[④] 因此，政府官员将社区看做是重建地方权威的一种手段。因此，作为自身职责的一部分，社区如今必须宣传党的各项政策和在执行这些政策时应该遵循的指导方针。

然而，党过于直接的控制成为社区发展的障碍。有政府官员指出，社区发展的最大障碍之一是“一些人没有意识到社区是一种自治组织。他们忽视了社区和居民的自治权利”[⑤]，这阻碍了社区在国家组织中发挥重要的作用，因为这限制了社区解决那些首先导致它们诞生的社会问题的能力。

---

① 转引自 Saich，“Negotiating the state”。

② 李宝库：“为什么我们应该发动社区建设”，见《中国社区建设》，载《北京社会科学》，1999 年增刊，第 14 页。

③ 过去，在街道办事处和单位内部，党有基层组织存在，但在居民委员会内，党的影响受到一定的限制。然而，由于单位影响的衰退，党又加强在社区内的影响。这意味着，党认为随着时间的推移社区将变得越来越重要。

④ 《中央领导注意社区建设》，见《社区建设的理论与实践》，北京出版社 2001 年版，第 11 页。

⑤ 李坚波（音）：《街道办事处和居民委员会：两种社区建设模式的比较》，见《中国社区建设》，载《北京社会科学》，1999 年增刊，第 181 页。

六、关键问题

为了克服这些障碍和推动长期的进步，就必须为社区提供一个更连贯的定义和政治框架。更为确切地说，就必须解决以下问题：更好地理解社区所发挥的预期作用；更好地界定社区、党和政府之间的关系；最重要的是，更好地界定党、政府与人民之间的关系。

1. 什么是社区?

第一个尚未解决的问题是社区的定义。官方与非官方的定义包括："一个区域和单位的人"，"扩大了的居委会"，"政府在地方上的代表"，"自我管理的实体"，以及"一种解决居民问题的自治社团"。造成这种定义模糊的原因是缺乏一种指导社区发展的理论与政策框架。尽管这种状况使一些社区成为中国城市基层政治改革的先锋，但一般来说还是限制了社区的发展。由于社区没有任何法律地位，地方政府常常根据自身对社区角色的看法来决定它们的活动。

第二个问题是社区应该提供什么服务。在制定出一种更准确的政策之前，我们很难将社区与政府机关、居委会区分开来。[①] 这种状况限制了社区集中精力完成它们为本区居民服务这种使命的能力。

2. 社区、党和地方政府

另一个重要的问题是界定党和政府在社会发展中的角色。这个问题包括许多方面。首先，"自治"是什么意思？它是指自我管理还是指社区能"自主地"执行地方党的领导和民政部门官员的指示？这个问题与下一问题紧密相连：如果社区在行政管理方面占有位置的话，那么是什

① 需要说明的是，青岛的市南社区既具有政府功能（结婚登记），又具有居民服务功能（老年娱乐中心）。

么？如果社区能独立于政府的话，那么第一种自治定义似乎更有可能。如果社区成为地方政府结构中的一部分，那么它们又不太可能有任何重要的决策自主权可言。

这个问题与一个更大的问题相关：党和政府在社区发展中应该扮演什么样的角色？到目前为止，社区一直由党和政府来领导。这种状况产生了许多后果。首先，它“限制了社区建设中居民的参与……并且不利于实现‘小政府、大社会’的目标”[①]。其次，政府的参与本质上增添了另一级行政机构，而不是提高了效率。正如一位中国学者所指出的：“加速社区建设……需要政府转变其行政职能，摆脱那种‘无所不包’的行政模式。”[②]

据北京一位区民政官员所言，社区发展主要有两种选择：党和政府要么领导它们的发展，要么通过培训居民管理自身事务以允许社区“自力更生”[③]。这些极端的例子包括：党和政府指导社区发展（北京），党和政府引导社区发展（南京），以及党和政府鼓励社区发展（沈阳）。[④]尽管存在这些差别，一些地方官员仍以看待居民委员会的方式来看待社区，例如将其视为地方政府的附属物。与此相反，民政部的一些高级官员希望社区依靠自身解决问题。这种矛盾使地方政府官员陷入进退两难的境地。虽然他们的第一反应是继续将社区当做政策执行的工具，但他们又不能无视党和中央政府的指示。

总而言之，只有社区的权力，特别是与地方政府的关系得到清晰界定，它们才能在政治体制中发挥重要的作用。这种状况是另一个更大问题的结果：界定未来党、政府和人民的关系。

---

① 李坚波（音）：《街道办事处和居民委员会：两种社区建设模式的比较》，第179页。

② “Reflections on *Shequ* Reform”, p. 7.

③ 李坚波（音）：《街道办事处和居民委员会：两种社区建设模式的比较》，第180页。

④ 朱传怡（音）：《1980年代以来的社区发展和实验》，见《中国社区建设》，载《北京社会科学》，1999年增刊，第38页。

3. 社区、国家和人民

历史上，中国共产党一直通过政府来控制社会。从工作调动到小孩出生，没有政府的允许，几乎什么事都不能做。尽管经济和社会变化已把城市地区的基层体制彻底改变，但是新的体系还没有建立起来。

这有助于解释在社区组织角色和发展问题上党和政府复杂的甚至是经常相互矛盾的观点。党政官员都认识到，国家与社会关系的性质必须改变，但他们不知道如何在维持政治控制的情况下实现这种变化。

从前民政部部长多吉才让对社区建设的描述中，这种两难局面可见一斑。尽管他首先指出，“根本的计划是加强党在城市的地位”，他继续说道，社区建设应包括地方民主的扩大（政治改革），也应该转变政府功能和改变街道办事处与社区的关系。① 这种模糊性也存在于社区自身之中。当被问及社区角色时，社区领导人回答说，它们是最基层的政府机关。换言之，对于社区的角色是什么，党、政府和社区领导人均没有明确的认识。②

当前，社区没有很好地融入到中国社会基础设施中去，并且那些本该从社区发展中受益的人——例如，退休者、失业者和残疾人士——却处于社会的边缘。如果社区要发展并扮演某些领导为它所构想的角色，那么党和政府应该放弃它们的某些权力和职责。换言之，它们必须重新界定国家、社会和人民之间的关系。

七、一些初步的结论

对一项正在进行的试验很难加以评价，更不用说一项缺乏权威机构、评估标准和在一个地区差别巨大的大国中进行的试验了。不过，通

① 张明亮：《社区建设的背景与任务》，第12页。

② 王在水：《山东省社区发展进程中的问题》。

过民政部官员所阐述的目标——使社会服务与经济环境相结合、使地方政府更有效地运转、共享资源和技术、提高政府的合法性、提高生活水平、鼓励社会参与和加强党的作用，我们就能清楚看到，社区仍处于初级发展阶段。即使最“先进”的社区也仍然有一段漫长的道路要走，才能实现它们的目标。

许多城市并未积极地支持社区的发展。这一状况是三个因素所导致的结果。在 1991 年关于中国地方政府的研究中，戈登·怀特（Gordon White）首先指出了这三个因素[①]：第一，城市的经济和社会日益复杂；第二，地方政府结构是一个整体，所以每一级的改革都取决于另一级改革的成功；第三，社区的发展超出了相对“安全”的经济领域，触及了更敏感的行政和政治领域。换言之，由于经济生产、社会福利和政治控制在历史上一直交织在一起，因此变革是一项复杂而艰巨的事业。限制社区发展的另一个因素是缺乏一种指导社区发展的理论框架。由于缺乏一种为社区组织提供空间的综合性政治框架，社区发展的进程充其量是渐进的。

尽管存在这些障碍，一些社区仍比其他的社区更为“活跃”。关键的变量似乎是地方的经济和政治环境与地方领导阶层的效力。[②] 例如，由于沈阳的经济是如此的不景气，地方领导人一直非常支持社区的发展。因此，那里的社区发展非常活跃，甚至一些社区已发展到建立工人再培训和就业中心的地步。尽管上海的社区也比较活跃，但这是完全不同的政治经济环境的产物。从政治上来说，社区试验是上海市政府的一项政绩。由于上海是全国生活水平最高的地区之一，社区能获取很多重要的资源。然而，总体而言，研究表明“活跃”的社区仅是特例，而不是常态。像居委会一样，社区已成为地方政府政策的执行者，而不是地方利益的倡导者。据山东省民政厅厅长所言，他们 90% 的活动都是执行

① White, “Basic-level Local Government and Economic Reform in Urban China”, p. 240.

② 未来将发挥影响的另一变量为社区的地理位置。例如，浮山后社区位于青岛的新住宅区。

党和政府的计划，或者履行政府法规。

然而，如果认为社区不过是政府的一部分，也是不正确的。尽管它们具有政府机构的一些特征，但它们也有一些与官僚机构不同的特点。这些特点包括选举、组织形式多样化、与公民的广泛互动等。

社区发展成功的决定因素是党和政府能否“有效地将权力转移至社会的基层”。换言之，社区是会成为一些官员所构想的自治社区组织，还是会像居委会那样成为政府机关的一部分？

近年来，中国首次出现了既来自上层（党和政府）又来自下层（社会）的政治改革动力。因此，社区试验的成败有助于我们洞察中国城市的政治发展进程。其结果将会具有重大意义。正如一位中国学者所指出的：“社区建设是深层改革，它不仅仅是结构上的变化，还将对我们的社会产生深远的影响。”①

（尹继武 译）

① 苏拓：《论社区研究》，第30页。

海外当代中国研究丛书
Overseas Studies on Contemporary China Series

公民社会与政治参与

The Long March to
Democracy

中国非政府组织的兴起及其跨国联系：对国内改革的影响*

〔澳〕凯瑟琳·莫顿

引　论

在过去的10年里，中国最重要的变革之一就是公民社会的壮大和非政府组织的发展。与中国的经济改革紧密相随的是，学者们使用了许多概念来界定从“第三领域”（third realm）到“准公民社会”（semi-civil society）的社团领域（associational realm）。争论大多集中在中国出现的第三部门相对于国家在多大程度上具有真正的自主性。一般认为，把中国的公民社会①简单视为是西方自由主义公民社会的翻版，这是一种容易产生误导作用的观点。相反，中国的社团生活仍然深深地嵌入在国家之中。但是，把公民社会简单视为政府利益延伸的纯法团主义的视角，却没有注意到最近兴起的基层社会创新。因此，在这个特殊的时间

* 本文原题为“The Emergence of NGOs in China and their Transnational Linkages: Implications for Domestic Reform”，载 *Australian Journal of International Affairs*, Vol. 59, No. 4, 2005, pp. 519 - 532。作者简介：凯瑟琳·莫顿（Katherine Morton），澳大利亚国立大学亚太研究院研究员。——译者注

① 许多中文术语被用来描述公民社会，包括市民社会、文明社会和民间社会。在本文中，我之所以使用“公民社会”这个术语，是因为它现在是普遍的用法。

点上，我们最好把中国的公民社会看做是一种国家支持的社会控制和自主的草根活动之间的混合物。

当我们试图获得更全面的理解时，也必须考虑到国际的影响力。在迄今为止的文献中，中国的非政府组织与国际非政府组织之间日益增加的交往依赖性以及它们对于双方内部改革和对外政策的影响在很大程度上都被忽视了。[①] 这是因为非政府组织在某种程度上是一种相对较新的现象；这也是因为社会和政治活动与经济领域的国际维度不同，很难被确认和评估，尤其是像在中国这样一个大国。尽管存在着困难，但这仍然是一个重要的研究领域，至少它提出了一个重要的问题，那就是中国国际交往本质的变化。

在本文中，我并不想详细地描述中国新兴的公民社会。我要集中讨论的问题是公民社会为什么对中国的未来道路有重要的作用以及它与外部世界之间的关系，特别是对地方非政府组织与国际非政府组织之间日益增加的联系进行重点评价。为此，我提供了一些草根阶层跨国运动的说明性事例。这些运动不一定反映了一种更广泛的趋势，但它们确实反映了中国公民社会的先锋身上当前正发生的某种变化。最后，本文讨论了这种发展对国内社会和政治改革的影响。

---

① 从国际关系角度来研究中国非政府组织作用的有：Carol Lee Hamrin，"China's Invisible Social Revolution and Sin-American Cultural Relations"，in Christopher Marsh and June Teufel Dreyer (eds)，*US-China Relations in the Twenty-first Century*，Lanham：Lexington Books，2003；Elizabeth Economy，*The River Runs Black：The Environmental Challenge to China's Future*，Ithaca and London：Cornell University Press，2004；Rosemary Foot，*Rights Beyond Borders：The Global Community and the Struggle over Human Rights in China*，Oxford：Oxford University Press，2000；Julia Greenwood Bentley，"The Role of International Support for Civil Society Organizations in China"，*Harvard Asia Quarterly*，2003，Vol. 7，No. 1，pp. 11 – 20，从总体上考察了中国非政府组织的国际性支持；Jie Chen（"Burgeoning Transnationalism of Taiwan's Social Movement NGOs"，*Journal of Contemporary China*，Vol. 10，No. 29，2001，pp. 613 – 644.）研究台湾的跨国性非政府组织。

一、引入公民社会的维度

如果我们要真正地理解某个特定的国家是如何融入到国际体系之中的，那么我们不仅需要考虑政府内部的、还要考虑社会内部的变化和限制。对于关注中国的公民社会为什么有如此的重要性、为什么重要到应得到外交政策的关注，我想提出三个理由。首先，中国出现更自主、更自愿和多元的社团或非政府组织，这对中国的政治未来具有重要的意义。通常认为，公民社会为民主化提供了一个重要的刺激①，但这两者之间是一种复杂的关系，公民社会不能始终等于更大的民主②。然而，重要的是我们要记住下面这一点：恰恰是比较独立的非政府组织在中国的存在反映了公民自由的增加。从这个意义上讲，非政府组织是中国社会内部政治发展的晴雨表。

其次，我们必须对草根阶层的变化进行更深刻的理解，这对于更加广泛的外交政策关切来说具有重要意义。民主化现在普遍被看做是一种全球性的现象。根据联合国的说法，在1980年至2002年之间，81个国家经历了从极权主义向民主政体的转型。因此，拉里·戴蒙德（Larry Diamond，1996）已经论证过，世界第四波民主化浪潮的可能性取决于中国的未来。

在过去的25年里，中国的经济发生了革命性的变化。与此形成鲜明对比的是，中国的政治体制几乎没有大的变化。正是这种经济开放与

---

① Samuel Huntington, *The Third Wave*: *Democratization in the Late Twentieth Century*, Norman and London: University of Oklahama Press, 1991; Larry Diamond, "Rethinking Civil Society: Toward Democratic Consolidation", *Journal of Democracy*, Vol. 5, No. 3, 1994, pp. 4 – 17; Paul Hirst, "Democracy and Civil Society", in Paul Hirst, *From Statism to Pluralism*: *Democracy*, *Civil Society*, *and Global Politics*; London: UCL Press Limited, 1997.

② Glaire Mercer, "NGOs, Civil Society and Democratization: A Critical Review of the Literature", *Progress in Development Studies*, Vol. 2, No. 1, 2002, pp. 5 – 22; Nicola Pratt, "Bringing Politics Back in: Examining the Link between Globalization and Democratization", *Review of International Political Economy*, Vol. 11, No. 2, pp. 311 – 336, 2004.

政治封闭之间的脱节，在学者和决策者中引发了严肃的讨论。我认为，中国的政治体制并非停滞不前，而是处在一种渐进的、自下而上的改革进程之中。这种改革进程在一定程度上是由非政府组织和其他公民社会组织的发展所推动的。西方的外交决策群必须意识到，这些增量的变化是对这样一些行动的警示：这些行动不仅可能会破坏中国广泛的国际交往，而且就为中国的这些公民社会组织提供支持而言，它也会产生相反的效果。中国的这些组织正在谨慎地同政府一道，鼓励更大的公共参与、透明度和责任性建设。①

最后，公民社会建设现在是一个数十亿美元的全球性产业，中国绝不会被遗漏过去。大多数为中国提供双边和多边发展的基金本身就有相当重要的公民社会成分。国际非政府组织也是一个重要的收入来源。例如，在 1993 年至 2000 年间，中国扶贫基金会从国际非政府组织那里收到了总共 36 亿美元的基金。② 还有，仅 2003 年一年，中国的非政府组织的保护组织——中国国际民间组织合作促进会就收到了约 1100 万人民币（约 130 万美元）的基金。③ 问题在于我们对如下问题仍然知之甚少：中国的公民社会究竟由什么构成？非政府组织是如何在一个受限制的政治环境内运作？它们如何才能最好地从外部得到支持？

二、中国非政府组织的兴起

在过去的 10 年里，中国目睹了一场社团主义（associationalism）的革命，这填补了国家在向市场经济转型的过程中所留下的空白。根据民

---

① 从推动人权角度也可得出类似结论。见 Carol Lee Hamrin，“China's Invisible Social Revolution and Sin-American Cultural Relations”，in Christoper Marsh and June Teufel Dreyer（eds），*US-Cina Relations in the Twenty-first Century*，Lanham：Lexingto Books，2003；and Ming Wan，*Human Rights in Chinese Foreign Relations*：*Defining and defending National Interests*，Philadelphia：University of Pennsylvania Press，2001。

② 《人民日报》，2001 年 6 月 11 日。

③ 中国国际民间组织合作促进会，2003 年。

政部的说法，到2003年底，中国有142 000个注册的非政府组织。[①] 官方的社会组织分类指的是群众团体、非企业单位、基金会和民间组织。与西方的非政府组织不同，中国绝大多数的非政府组织仍处在政府的控制之下，它们常常被看做半官方的非政府组织（GONGOs）。

从政府的角度来看，非政府组织的好处似乎在于它们提供公共服务角色。与许多其他发展中国家一样，由于提供了基本的社会福利服务，中国的非政府组织正在发挥着政府的部分职能。这些公共服务的范围从提供医疗保健、教育和低成本的能源供应到援助残疾人和其他弱势群体。由于影响政府的空间有限，中国的非政府组织往往采用一种实用主义的方式。通过推行“自我监督”，希望通过政府关系获得支持以便完成工作。[②] 连同媒体一起，非政府组织的倡议角色通常被法律法规所限制。在实际上，它是一种对地方政府之过分行为的检验，而并非是一种对国家改革的请求。

然而，在公民社会的先锋中，数量很少但却日益独立的非政府组织正在把自己的注意力转向代表人民的利益，特别是那些介入到环境保护、艾滋病预防以及与社会和经济公正有关的问题之中的非政府组织，已经开始提倡一种更符合国际惯例的新的主张形式。这一新型的主张旨在影响政策和促进公共参与。[③]

中国也有一群数量日益增加的学者积极分子。中国学术界的支持帮助创造了一种新的空间，使非政府组织可以会见政府官员并以一种非对抗的手段来阐明它们的关切。尤其是，清华大学非政府组织研究中心组织的国际大会、讨论会和研讨会有助于人们注意到关于中国非政府组织

---

① 新华社，2004年5月8日。

② Adam Michnik, Letters from Prison and Other Essays, trans. Maya Latynski, Berkeley: University of California Press, 1985; and Meuthia Ganie-Rochman, *An Uphill Struggle: Advocacy NGOs under Soeharto's New Order*, Jakarta: LabSocio, 2002.

③ 现在关于中国独立非政府组织的著作已越来越多。见Ralph Litzinger, “The Mobilization of ‘Nature’: Perspectives from North-west Yunnan”, *China Quarterly*, No. 178, June 2004, pp. 448–504。

的限制性管理环境的争议问题。[①] 这种思想上的促进因素很可能随着北京大学于2005年10月创立公民社会研究中心而持续下去。

三、日益增加的国际联系[②]

中国的社团主义革命并不局限于境内。它也为国际联系的扩大创造了各种机会。近年来，数量日益增长的中国非政府组织建立了广泛的国际网络；它们现在参加国际大会并且在国际运动中提出了中国人的关切。[③] 地区非政府组织和国际非政府组织之间较高层次的合作创造了一个独一无二的思想交流和经验共享的机会。在更加现实的层面上，许多地方性的非政府组织现在直接与国际伙伴一起工作来改变地方的状况。一些证明性的事例包括云南艾滋病意识运动、青海阻止偷猎藏羚羊的努力和一项阻止建设怒江水电站的合作运动。现在，我首先简要地描述一下这三项运动，然后再简略地说明一些与国内改革有关的问题。

1. 中缅边境的艾滋病意识运动

瑞丽是云南中缅边境最西的一个城镇。人口大约11万，有20多个少数民族，也有来自中国其他地方与缅甸和泰国的移民。1989年，瑞丽成为中国最早发现艾滋病病毒的地方，因此载入了中国的史册。现在据估计，瑞丽2/3的人口是艾滋病病毒携带者。瑞丽的艾滋病问题在很大程度上是由吸毒和卖淫造成的。在一个叫衡东的村庄里，每10人中就有2人是吸毒成瘾者。生鸦片被加工成“中国白”——世界上最有效力

① 关于中国调整外界环境的更多描述，参见王名、刘国翰、何建宇：《中国社团改革：从政府选择到社会选择》，社会科学文献出版社2001年版。

② 这些信息分别是我于2003年10月、2004年4月和2004年10月从北京、青海和云南的实地访谈中摘取的。

③ 比如，中国的非政府组织参加了2002年在约翰内斯堡举行的世界政府首脑可持续发展大会和2004年曼谷举行的国际艾滋病大会。

海洛因。“中国白”在该村注射一次仅需要50美分。①

在艾滋病流行的早期，一种否认文化开始在地方政府和中央政府中兴起。直至20世纪90年代中期，中国政府仍否认中国存在艾滋病问题。由于担心传播疾病，中国不再进口外国的血液制品。2001年，河南的艾滋病灾难引起了国际的注意，这意味着问题不可能再隐瞒下去。2002年，为了宣传世界艾滋病日，中国发动了一项全国性的艾滋病预防运动。根据卫生部的调查，中国艾滋病病毒携带者有100万人②，其中艾滋病病人约8万例③。

草根阶层的觉醒实现得相当缓慢。在瑞丽，英国救助儿童基金会（SCF）——一个关心人权、草根参与和公共倡导（public advocacy）的国际非政府组织——于1995年开始努力通过访谈来评估艾滋病流行的程度。在经过长达4年的对话之后，地方政府才愿意应对问题——这得益于全国性和国际性会议对地方官员的影响。④ 现在，中国在这方面已经取得了重要的进步。2000年，英国救助儿童基金会与瑞丽市卫生机构合作开办了艾滋病预防中心。后来，艾滋病预防中心把项目扩大到全省的中学，同社区一道帮助艾滋病受害者的孤儿，为性工作者提供帮助，并且与北京、广州和上海的其他预防艾滋病组织一起在全中国建立了网络。⑤ 总之，国际的努力和地方的努力已经结合起来，这创造出一种能够在中国复制的艾滋病解决模式。艾滋病预防中心现在有10个固定工作人员和许多在社区内工作的志愿者。它于2004年注册为一个独立的非政府组织。

---

① 访谈，云南生殖健康协会，2005年10月。

② 引用数字有误，应为84万。——译者注

③ 《人民日报》，2003年12月1日。

④ 访谈，英国救助儿童基金会北京办事处，2003年10月。

⑤ 访谈，艾滋病预防中心，瑞丽，2004年11月。

2. 拯救藏羚羊行动[1]

玉树自治州处在平均海拔4000米的青藏高原核心地区，人口约有27万，其中98%是藏族，居住在该州的大多是半游牧民。由于是中国三条大河——长江、黄河和澜沧江——的源头，该地区在当地被称为三江源。高山草原为包括野牦牛、藏羚羊和雪豹在内的许多濒危物种提供了家园。特别是，由于当地和国际非政府组织的努力，藏羚羊的困境引起了全世界的注意。

在过去30年里，藏羚羊的数量由于非法捕杀而急剧下降。20世纪90年代末进行的田野研究表明，每年大约有2万只藏羚羊被屠杀，以满足奢侈的“沙图什”披肩[2]贸易。在非法捕杀的高峰时期，一群当地的警察自发地组织起来，每天进行巡逻以抓捕猎杀者。他们的“野牦牛队”后来获得了国际爱护动物基金会的支持。2001年，国际爱护动物基金会就非法的“沙图什”贸易规模发表了一份开拓性的报告，这些非法贸易遭到了普遍谴责。[3]

尽管“野牦牛队”最终被当地政府解散，但它却成为当地环境保护工作的重要催化剂。1998年，一名叫扎西多杰（Hashi Drashi Dorjay）的前政府官员成立了青藏高原环长江源生态经济促进会。这个非政府组织在治多县政府下注册，被新华社称为中国第一个藏族民间组织。三年后，扎西多杰被民主地选举为三江源生态环境保护协会的副秘书长。该协会有80多名成员，大部分是牧民组成的志愿者。

这两个当地的非政府组织都建立了旨在影响草根阶层的广泛的国际网络。譬如，与世界最早的非政府组织“濒临绝种野生动植物国际贸易公约”非政府组织一起，青藏高原环长江源生态经济促进会致力于建立

---

① 关于这项运动的更详细的解释，见 Katherine Morton，“Transnational Advocacy at the Grassroots：Opportunities and Risks”，*China Information*，2006。

② 这些披肩在市场上能卖到17000美元。

③ 国际爱护动物基金会，2001。

畜牧业者与地方政府官员的对话机制。其他跨国性的活动，如用一辆野牦牛车推动“从帐篷到帐篷”的环境教育，这是一项教育志愿者的项目，也是一项提高财产权法律意识的项目。① 根据2001年的报道，非法捕猎已明显减少。② 然而，藏羚羊的命运仍不明朗。这在很大程度上需要政府官员付出更大的努力以协调保护运动和经济发展计划。

3. 保护怒江运动

怒江，在缅甸和泰国境内被称为萨尔温江，起源于青藏高原，长742公里，深1578米，流入缅甸和安达曼海。这是唯一一条贯穿中国和亚洲东南部的河流。作为世界上最后几个生物多样性保存完好的热点地区之一，怒江峡谷是大量珍惜动植物的家园。22个少数民族居住在其周边地区，使怒江峡谷富有文化多样性。怒江的上游与流入云南省东北部的澜沧江和金沙江平行，2003 年 7 月被联合国教科文组织评为世界遗产。

然而，国际性的重视并没有使其获得保护。几乎在其被评为世界遗产的同时，国家华电集团公司和云南省政府宣布将沿着怒江建设13座水电站，用20年完成，它的总输出将达到21000兆瓦特，比三峡水电站高30%。该项计划一公布，当地非政府组织动员发起了一场国际性运动以抗议建设水电站。媒体起了重要作用。2004年初，知名的摄影记者和绿色家园志愿者主任王永成组织了一支由新闻记者、志愿者和科学家组成的怒江探险队。他们在全国发布拍摄的照片，这有助于沟通民众和吸引核心领导层的注意。著名的国际非政府组织如绿色和平组织和国际河流网也提出抗议，认为建设水电站将会产生破坏作用。国务院领导提出搁置建立该水电站的方案，直到开展进一步的评估工作。

该决定获得了中国环境保护倡议者的一致支持，然而，当地政府并

① 访谈，三江源生态保护协会，玉树，2004年4月。

② 《人民日报》，2001年6月28日。

未对此作出改变。当地官员们依然以增加水电来追求经济发展。① 怒江发展的两难困境是环境、文化保护和国家能源安全利益冲突的最好案例。许多当地非政府组织对此持悲观态度，认为水电站建设将不可避免。② 但是无论结果如何，这是提高政府决策责任和透明度方面的微小胜利。

以上三项运动体现了与一般原则相悖的例外情况。跨国性倡议出现在中国这一事实本身就具有重要意义。但我们如何评估它未来的潜力？这些运动可能遍及中国吗？来自底层的推动会产生适得其反的结果吗？对此乐观的设想是，跨国性倡议将随着民主进程继续拓展社团空间；对此悲观的设想是，它将可能使国家和公民之间的紧张状况遭到恶化，而不是改善，从而导致中国社会最积极的一些因素遭到打击。我们需要仔细观察才能对中国非政府组织活动的未来改革方向作出评估。接下来，在作出结论之前，我将从国家角度分析民主政体的变化。

四、对民主改革的意义

实质上，非政府组织是中国民主化的一个推动器，它们与草根联系紧密，因此它们在政府和公民之间扮演着十分重要的调解者的角色。上述例子揭示出，非政府组织能促进民主改革，这至少表现在三个重要的方面。第一，他们在社区内扮演着重要的教育者的角色，这些教育不仅涉及一些特殊问题，同时还在将法律准则转化为有利于公民的准则上付出了努力。第二，他们为提高公民的参与程度提供了重要的激励。第三，如果有一个良好的合作机制，通过帮助提高透明度和责任感等方式，非政府组织能够充当反腐败的壁垒。

中国的民主政治要是能够扎根，这些就是非常重要的发展。然而，

① 《云南日报》，2004 年 12 月 2 日。

② 访谈，绿色分水岭，云南，2004 年 10 月。

这些积极的作用仍然存在着缺陷：非政府组织并没有在中国均衡地发展；同时，独立的非政府组织仅有少量存在。它们应被视为非政府组织的先驱而不是总体趋势的代表。实质上，民主化不仅需要自下而上的改革，同时也需要自上而下的改革，这种认识同样是非常重要的。对于自上而下的改革来说，最大的障碍就是对社会不稳定的广泛担忧。关于在经济快速发展时期，需要一些威权主义统治来防止混乱和分裂的争论，不仅在政党官员们之间，也在民众之间广泛开展。

现在，公平的、令人信服的争论不仅是增强稳定的一种手段，而且能够成为中国民主政治发展的建议。第一，人们必须争论，是否需要更广泛的公民参与来阻止腐败和集权，因为这些权力掌握在少数人手中，他们以此来为自己追求最大利益，并受到越来越多的社会关注。第二，中国经济的增长正在逐步导致持续扩大的收入不等和城乡分化，长此以往，将威胁社会的稳定。民主政治被许多人看成是一种能确保公正的发展结果的手段。中国共产党的合法性从本质上说并不是简单地建立在经济增长上，而是建立在改进所有公民的生活质量上。正是这个原因，中央现阶段领导集体承诺在2020年实现小康社会（一个富裕的社会）。① 为了做到这点，中国日益开放的社团空间需要巨大的发展，同时这需要更为广泛的政治自由。第三，仍有争议的观点是，社团的平衡功能体现在使社会更稳定而不是更不稳定上，因为它提供了吸收抱怨的手段。许多报告最近已经公布中国日益加剧的社会不安定状况。第四，还有一种争论涉及支持在中国开展更广泛的民主政治，那就是“非典”疫情暴露出媒体遭到不当控制的问题。将来，如果不建立更高层级的决策制定的透明机制和责任机制的话，中国政府不可能预测和控制疫情、环境灾难和其他非传统安全威胁。

中国著名的经济学家茅于轼曾经指出过（2000年），政治改革的关键不是体制的改变，而是确保公民的权利、自由和正义。总之，许多现

---

① 这项政策于2002年12月在中国共产党第十六次全国代表大会上首次提出。

象表明，中国政府可能正朝更广阔的政治自由化方向发展。为了建造一个正义体系，中国政府正付出许多努力，以帮助保护和支持公民的合法权利。一个保护宗教信仰自由的法律框架在2005年3月1日出台。言论自由进一步扩大，这在很大程度是由于因特网发展的结果。①

中央政府对社会不稳定的担忧与日俱增。中国的非政府组织和它们的国际支持者们——后者在格鲁吉亚、乌克兰和吉尔吉斯斯坦等国发动了颜色革命——的作用在北京受到了极大重视。与此巧合的是，在这个漫长的夏日中，它们遭遇到由于土地赔偿和在东南部地区环境污染问题所引发的群众不满。媒体报导表明，环境非政府组织成为事件调查的主导力量。② 正如之前所提出的那样，拥有良好配合机制的环境运动使政府陷入了两难困境：一方面，更大范围的公民参与受到鼓励，这将有助于培育决策中的责任制，也是实现更公正的、可持续发展的必要前提条件；另一方面，公众监督有可能阻碍国家安全战略的实施。

这个矛盾趋势在扩大中国公民自由方面凸显出来，并可能在一定时期持续下去。毕竟，中国社会正逐渐成为更开放的、更多元的社会，这在一定程度上也是国际化的结果，但未来的发展方向仍不明朗。至少在短期内，一股自下而上的缓慢改革力量将证实这是政治上可行的唯一选择。

五、结　论

非政府组织和其他公民社会想借助它们自己的力量而创建一个更兼容的社会，这是不现实的。改革也需要自上而下地进行。中国公民社会的出现将可能导致西方自由民主政治的形式得以实现的假设，同样是误导。公民社会为民主政治的可选择形式提供了空间。非政府组织和中国

---

① 中国现有1.3亿因特网用户。《中国日报》，2005年6月22日。
② 《南华早报》，2005年8月18日。

其他公民社会组织在政治上的真正价值在于，它们为创建一个更为公正和民主的社会提供必要条件的潜能。外国政府怎样对中国渐进式的政治开放作出回应，也是其成功与否的重要影响因素。如果方向错误，或过于武断，国际支持可能会带来更多的障碍而不是动力。如果对中国非政府组织运转的复杂环境没有一定了解，对公民社会发展的国际支持就不可能有效地实施。最重要的是，外部计划需要与内部现实相匹配。如果不能做到这一点，将产生猜疑，并可能阻碍而不是推进国内改革。

中国非政府组织的产生有其内部和外部意义。在过去的两年内，中国政府显露出更乐于接受非政府组织参与国际事务的态度，以跟上全球趋势。2003 年在中国召开的联合国协会会议中，国务委员唐家璇谈到：

> 随着经济全球化的发展和非传统安全性问题的增加，非政府组织发挥了越来越重要的作用，特别是在环境保护、贸易和武器控制领域……我期望中国的非政府组织……能够把握机遇，以帮助增进中国和世界上其他国家的交流和理解。①

中国非政府组织的发展历史较短。但是许多正在兴起的草根组织已经获取了宝贵的经验，这些经验为中国面临的国内和国际问题提出了有价值的解决办法。现在正是他们的呼声在国际舞台被听到的时候。

（王　萱　译）

① 人民日报社网站，2003。

私营企业主的政治参与：对中国共产党是挑战还是机会？*

〔法〕纪野

在1978年党的十一届三中全会上，邓小平提出了一项新的经济政策，对中国的经济和社会产生了巨大的影响。他宣布“贫穷不是社会主义，社会主义要消灭贫穷”。从那时起，人民可以追求物质财富，努力提高自己的生活，尽管这意味着一些人可能比别人变得更富有。新的口号是“让一部分地区、一部分企业、一部分人先富起来”。1/4世纪的时间过去了，快速的经济增长迅速地提高了中国的物质福利，但也扩大了贫富差距——其程度引起了激烈争论。

经济增长和市场经济转型的最大受益者是私营企业主。在毛泽东时代，私营企业主几乎不存在，如今却成为中国社会的重要组成部分。一些观察家甚至认为，中国正在从“打工型经济”（economy of employees）转向“老板型经济”（economy of bosses）。尽管私营企业主数量仍然极

* 本文原题为“The The Political Participation of Entrepreneurs：Challenge or Opportunity for the Chinese Communist Party?”，载*Social Research*，Vol. 73，No. 1，2006，pp. 219－244。作者简介：纪野（Gilles Guiheux），曾担任法国现代中国研究中心主任，现为巴黎第七大学教授。——译者注。

少[①]，但他们却积聚了重要的经济权力。在中国农村，他们有时为农民提供谋生的工作和手段，这种状况使他们明显可以影响地方事务。在中国城市，由于收入很高，他们能够住得起“封闭性社区”，而这些“封闭性社区”正在产生新形式的都市住宅隔离区。

当然，情况已经改变。拥有一家私人企业的个人可能在街角经营一家小餐馆，也可能管理几家遍布全国的工厂；他们的员工从零到数百人或数千人不等；他们可以向附近的客户提供产品或服务，也可能向世界市场出口产品。姑且不论私营企业主的种类，本文旨在分析私营企业主多年来所积累的发挥政治影响的手段。当2001年7月1日江泽民在建党80周年的讲话中阐述了“三个代表”理论的时候，这一问题开始成为海内外媒体的头条。“三个代表”理论被广泛地说成是私营企业主加入共产党的号召。党希望维持自己对政治活动的领导地位。对党来说，面临的挑战显然是适应快速变化的中国社会。因此，要解决的问题是，在一个仍然是传统的政体中，新的社会群体或阶层——拥有经济和社会影响——的形成是如何影响政治领域的。

在第一部分中，本文回顾了私营企业主在共产主义中国产生的状况和这种发展是如何催生了“三个代表”理论的。社会的创新行为和新法律框架的建立都应该是私营企业主产生的因素。在第二部分中，本文考察了私营企业主参与政治的各种途径。最后，第三部分尝试对这种参与的后果进行评估。

一、私营企业主的回归

在27年来的改革开放过程中，企业主从经济和政治领域的边缘走向核心。20世纪70年代末，那些从事独立经济活动的人们受到指责，

① 陆学艺主编：《当代中国社会阶层研究报告》，社会科学文献出版社2002年版，第44页。

并且在社会上被边缘化。1/4 世纪多的时间过去了，他们因为对整个中国社会福利的贡献而受到称赞。中国经济的结构发生了变化，私有部门在经济中正在发挥关键性的作用。不仅如此，党和政府也已经承认了这一事实，改变了对那些作为这种演变化身的个人的态度。私营企业主在20 世纪 50 年代被改造，如今受到了表扬。

在本部分中，我回顾了私有部门的增长及其对中国经济的贡献。事实上，法律框架的演变使这种增长成为可能。在本部分的最后，我对各种争论进行评论。这些争论也发生在党内，并且催生了江泽民在 2000—2001 年所阐述的“三个代表”理论。党的宣传机器作出了各种努力来称颂私有部门对国家现代化的贡献，而“三个代表”理论正是这些努力的逻辑结果。

1. 私有部门的增长

20 世纪 90 年代，私营企业在中国得以重新兴起，它们不仅有小规模的个体家庭企业，而且有规模相当大的公司。直到 90 年代中期，集体企业是中国经济发展的核心动力。这种经济实体是地方政府的财产。事实上，地方政府是改革进程的首批获益者。这些改革所涉及的并不是经济民营化，而是向地方放权。在这种背景下，私有部门由于当时经济政策的反复而变得软弱无力，并且被官僚机构不合时宜的税收所削弱。

今天，与国有部门和集体部门相比，私有部门是中国经济中最有活力的部分。20 世纪 90 年代期间，私有公司借助数量上的增长而成为中国经济最有活力的部分。在 1992 年到 2002 年的 10 年间，私营企业数量的年均增长率是 33%，而国有企业则是每年下降 2.73%，集体企业则是每年下降 7.6%。在 2002 年，私营企业（243 万家）在绝对数量上超过了国有企业（117 万家）和集体企业（188 万家）。[①] 其他的统计数据也

① 张厚义、明立志等主编：《中国私营企业发展报告：No.4（2003）》，社会科学文献出版社 2004 年版。

证实了这一点。从1992年到2002年的10年里，私营企业总注册资本的年均增长率是60%，而国有企业则是10%，外资企业则是2%。所以，私营企业不仅在数量上更多，而且规模也在增长。因此，它们雇用的劳动力也在增加。①

由于统计缺乏一致性，因此难以给出私有经济在总产出中所占比重的准确数字。非公有部门对GDP的贡献据估计是20%到50%左右。非公有部门在工业总产出中的比重可能高达80%，而25年前则几乎为零。20世纪80年代，私有经济脆弱无力，并且受到政治不稳定的威胁。如今，私有经济成为中国经济的重要组成部分。

2. 法律框架的逐步确立

20世纪70年代以来私营企业的发展可以分为两个阶段。第一个10年（1978—1988）是非正式进入阶段。尽管这一阶段缺乏一个法律框架，但企业主为了进入市场而涌入政府。第二个阶段始于1988年。当时，政府把私营企业合法化，允许他们最多雇用8名工人。从那时起，新法律的通过和宪法的连续修订大大地推动了私有部门的发展。

随着经济开放政策的实施，私营企业首先以在农村出现的个体户形式发展起来。1981年7月，国务院下发了一个文件，以当时确认的“个体户”一词作为这类经济活动的法律称呼。这份文件规定，企业雇用的工人不能超过7人，并且它们的活动只能是国营企业和集体企业的补充。关于财务和管理等经济活动的新规定于1983年公布。直到1982年的宪法，北京才正式承认个体经济。1982年宪法第十一条规定：“法律规定范围内的城乡劳动者个体经济，是社会主义公有制经济的补充。国家保护个体经济的合法的权利和利益。国家通过行政管理，指导、帮助和监督个体经济。”然而，仅有控制私有部门的正式立法，无法使私有部门避开政治环境变化的冲击。20世纪80年代期间，定期的政治运

① *China Daily*, Feb. 4, 2005, p. 1.

动——反精神污染（1983—1984）、反资产阶级自由化（1987）、反逃税和反腐败——从不同程度上质疑了私营企业的合法性。

“私营企业”这个表述——字面意思即“私人管理的企业”——首次出现在党的文件中是1987年1月中央委员会的一份文件，该文件名为《把农村改革引向深入》。1987年10月，党的十三大报告承认了鼓励私营经济发展的必要性。这一政治思想立即成为了立法。1988年4月，全国人大修订了宪法第十一条，从那以后规定：“国家允许私营经济在法律规定的范围内存在和发展。私营经济是社会主义公有制经济的补充。国家保护私营经济的合法的权利和利益。”1988年6月，国务院出台了一系列关于现在如何认定私营企业的新规定。这些“私营企业暂行条例”成为管理私营企业以及规定其权利和义务的文件体系。这份文件把私营企业定义为“企业资产属于私人所有、雇工八人以上的营利性的经济组织”。

1992年1月，邓小平的南方讲话再次启动了1989年之后停滞的改革进程。党的十四大正式启用了此后成为改革目标的“社会主义市场经济”这一表述。事实上，中国大多数私营企业创办于邓小平南方讲话之后。1993年12月，全国人大通过了《公司法》，界定了如下两种企业形式的权利和义务：有限责任公司和股份公司。

1997年9月，党的十五大承认私营企业是中国经济的“重要部分”。在一年半之后的1999年3月15日，全国人大对宪法作了新的修订：“个体经济、私营经济等非公有制经济是社会主义市场经济的重要组成部分。”以私营公司和个体公司为组成部分的非公有制经济从公有制经济的补充变成了社会主义市场经济的“重要”组成部分。与在开始的阶段不同，政府此后不再限制党的干部进入私营企业。

由于不同商业形式和结构中私人部门的持续繁荣，必须给予这些新私有经济形式以宪法的保护，因此2004年宪法中加入了下面这句话：“公民的合法的私有财产不受侵犯”（第十三条）。除了提供保护之外，修订的内容补充规定：“国家鼓励和支持非公有制经济的发展”。通过修订宪法，私有部门最终获得了在大部分经济活动中与公有部门平起平坐的地位。[①]

20世纪80年代，公有制经济和非公有制经济之间仍然难以划分出清晰的界线。但在90年代期间，全国人大和相关行政机关通过的许多法律和法规为私有部门的逐渐成形奠定了基础。然而，这仍然是不完整的，因为许多私人注册的公司是国有的，并且公有部门和非公有部门之间仍然存在高度的交叉性。

3. 催生"三个代表"理论的争论

随着一场激烈争论的发生，法律框架逐渐形成。在世纪之交，这场争论催生了"三个代表"理论。2000年1月，江泽民首次提出了"三个代表"理论。

在改革之前，党完全否定了私人利益的合法性，坚持个人应该拒绝私人利益和全心全意地致力于党的意识形态所规定的公共利益。伴随着私营企业的兴起，经济改革的进程挑战了以前所接受的公私含义和它们之间的界限。

20世纪80年代，对于企业家应该具有何种地位这个问题，有三种回答。强硬人士认为，官方对私有部门合理性的证明并不符合经济和政治现实。在温和人士看来，私有部门的地位应该仍是边缘性的和过渡性的，私有部门是公有制经济的"必要补充"。对改革人士来说，私有部门正在成为整个经济的关键组成部分。私营企业主和新富人员应该被视为爱国和勤劳的创造者，他们不仅使自己富起来，而且使整个社会富起来。改革者赞同对社会主义和公共利益进行比较灵活的理解。与清朝末年的改革者不同，他们主张私人利益非但不会损害公共利益，反而是它的必要组成部分。在1997年的党代会期间，改革者占据了上风。

---

① Chen Jianfu, "The Revision of the Constitution in the PRC: A Great Leap Forward or a Symbolic Gesture?", *China Perspectives*, 53, May-June, 2004, pp. 15 – 32.

在2001年7月1日庆祝建党80周年的讲话中，江泽民对“三个代表”理论进行了最详细和最重要的说明。在讲话中，江泽民发出了呼吁：在改革期间产生的各个社会阶层中，符合条件者可以入党。根据“三个代表”理论，党代表中国先进生产力发展的要求，代表中国先进文化的前进方向，代表中国最广大人民的根本利益。2002年秋，“三个代表”理论被写入党章；2004年3月，被写入宪法的序言之中。

在整个20世纪90年代，官方机构对私有部门进行了定期的调查，帮助政府建立新的分析概念来更好地理解经济和社会的演变。1993年，统战部、全国工商联和来自中国社会科学院的许多研究人员联合实施了第一次全国性的私营经济调查。自那以后，这种调查又进行了4次。这些调查不仅提供了关于私营公司经济状况的信息，而且提供了关于私营企业人员的社会学特征的信息。这些研究推动了中国私营经济发展的合法化。例如，它们使诸如“非公有经济”这样的表述或“民本经济”概念流行起来。这两个概念都是指个体私营企业，并且以一种道德上积极的眼光看待中国的私有经济。

在“七·一”讲话之后，党的评论从实际的角度为江泽民的呼吁进行宣传。党的领导人一致认为，必须承认中国最有活力的社会力量，否则就面临与前苏东社会主义国家共产党相同的命运。党的评论一再强调私营经济的快速发展和党在这一社会部门中的代表性不足。如果在这种充满活力的社会部门中没有代表性，党的领导地位最终要受到损害。这带有一些精英主义的观点：决策者认识到技术、国内经济和全球化正在迅速变化，而且想把这些力量纳入到党之中。党的理论家们已经论证过，重要的并不是党员的阶级出身，而是他们的思想观念。

事实上，私营企业主入党并不是一种新现象。从20世纪80年代中期开始，私营企业主就被大量地吸收到党内。但是，由于各种担心，党在1989年之后禁止吸收私营企业主入党。根据1993年进行的一份调查，

13%的私营企业主是党员。[①] 这个比例在1997年增至18.1%，在2000年增至19.9%，在2002年增至39.2%。[②] 然而，这些私营企业主不一定是被直接吸收入党的。在改革期间，大量的党员变成私营企业主（2002年，所调查的私营企业主80%在经商之前就已经是党员）。

由于对公共利益的重新界定，私有经济和私营企业主在中国获得了新的合法性。经济和社会问题已经成为党的核心议题，党也已经调整了自己的政治话语。经济改革和私营经济的崛起导致了这样一种努力：把私人利益重新定义为公共利益的组成部分而不是它的对立面。既然今天私有经济的壮大似乎是不可避免的，因此公共利益不再等同于革命的公共精神，而是等同于一种更加工具性的物质福利和国家实力观念。这种新公共利益观念的最新版本是建设“小康社会”的目标，包括到2020年GDP比2000年翻两番。这个口号表明，中国必须维持快速的经济增长，同时又必须更加关注改革过程中所产生的不平等问题。私营企业主不仅正在推动产品和服务的供应，而且正在推动就业机会的创造和帮助解决失业问题，被视为实现这些目标的一支重要力量。

二、私营企业主的各种参政方式

私营企业主以各种方式进行政治参与。一些人是党员，不管他们是在经商前还是经商后入党的；一些人是地方（全国）人大代表或政协委员；一些人在基层当选为村委会主任或委员；大部分人是企业协会的会员，而这些企业协会则旨在成为国家与私有部门之间的中介。本部分评论了两种不同的策略：一是把当选的个人吸收到正式的政治机构中；二是把私营企业主吸收到各种组织中的社团主义策略。

① 张厚义、刘文璞：《中国的私营经济与私营企业主》，知识出版社1995年版，第408页。

② 张厚义、明立志等主编：《中国私营企业发展报告：No.3（2002）》，社会科学文献出版社2003年版，第31页。

1. 吸收个人

除了成为党员之外，“富人从政”至少还有其他三种不同的方式。第一种是成为地方或全国人大代表或政协委员。在全国层面上，2004 年 3 月，在 2900 名全国人大代表中有 200 名非公有制经济的代表，而在 1998 年则不到 50 名。有 10 多名私营企业主来自富裕和发达的浙江、江苏和广东。根据一份调查，在 2002 年，35% 的私营企业主是政协委员，17% 的私营企业主是人大代表。[①] 政协特别欢迎私营企业主的加入，因为该机构的使命是在中央统战部的领导下推动党员和非党员——例如，八大民主党派的党员，群众组织的成员，台湾、香港和澳门的爱国者，归国华侨和特邀代表——之间的合作。第二种是在基层上的从政方式——参加村民选举。自从 20 世纪 80 年代末起，中国就实施了村民选举。例如，在富裕的浙江省义乌市和宁波市，60% 的村委会当选委员拥有超 100 万元的财产。他们占据了 80% 的村支部书记和村委员会主任职位。第三种尤其是在地方上的参政形式——直接进入行政机构。在一些情况下，地方政府积极推动富人参与政治。例如，河北省清河县的“纳税捐官”[②]。

把挑选的个人吸收到正式的政治机构——要么是党的机构、地方政府机构，要么是全国人大或地方人大——之中，这给政治制度带来的风险是广泛的侍从主义（clientelism）。在地方，参与政治有各种各样的动机。一些私营企业主想获得特殊的物质资源（土地或银行贷款）或非物质资源（关于法规和新政策的信息）。他们参与地方政治的目的是更好地为自己的私人利益服务。其他的私营企业主则把这视为回报和提高社会地位的一种方式。还有一些私营企业主被政府部门推到前台，觉得对地方社会负有责任，想把参与公共事务作为回报社会的一种方式。正如

① 张厚义、明立志等主编：《中国私营企业发展报告：No. 3（2002）》，社会科学文献出版社 2003 年版，第 46 页。

② 《中国新闻周刊》，2004 年 3 月 5 日，第 34—35 页。

一位官员所指出的："生活富裕起来的人关心政治，参与政治，这是社会发展的必然趋势。人们在获得财富之后就有更多的想法，就会表达自己的愿望；对社会多一点责任感，就会对社会问题发表看法。"① 在全国层面上就像在地方层面上那样，问题在于要确保人大代表代表公共利益，而不是代表本部门的利益，尤其是因为人大代表只是临时的，并且私营企业主仍然把大部分的时间花费在管理自己的企业上。相关的风险就是私人关系发展成一种保护人和被保护人的机制。在这种机制中，以照顾和保护来换取支持和忠诚。尽管反腐败斗争在官方是一种反对腐败个人的斗争，但是把私营企业主吸收到政治领域中，这仍然可能成为一种结构上的照顾行为。②

2. 社团主义的回答

早在20世纪90年代中期，一些学者开始关注社团主义机构在中国的兴起。他们找到了一种代表体系的广泛证明。在那种代表体系中，为了限制并把主要团体的决策参与制度化，利益集团被垂直组织成各种协会。事实上，随着各种改革的进行，党重新成立了代表利益集团的群众组织，并且政府越来越依靠各种协会来与主要的社会行动者进行沟通。就非公有部门而言，三个主要的协会是全国工商联、个体劳动者协会和私营企业协会。根据一份调查，在1993年，90%的私营企业主是全国工商联的成员，40%的私营企业主是其他两个协会的会员。③ 在10年后，83.4%的私营企业主是全国工商联的成员，48%的私营企业主是其他两个协会的会员。④ 因此，全国工商联被认为是私有部门利益的主要代表。

---

① 《中国新闻周刊》，2004年3月5日，第34—35页。

② 参见 Wedeman, Andrew, "The Intensification of Corruption in China", *The China Quarterly*, No. 180, Dec. 2004, pp. 895－921。

③ 张厚义、刘文璞：《中国的私营经济与私营企业主》，知识出版社1995年版，第409页。

④ 张厚义、明立志等主编：《中国私营企业发展报告：No. 3（2002）》，社会科学文献出版社2003年版，第46页。

全国工商联最初成立于1953年10月，“文革”期间被废止，重建于1977年。1991年，有一份文件规定，作为官方的民间组织，全国工商联的任务是帮助政府“管理非公有部门和推动非公有制经济部门的健康发展”。在统战部的领导下，全国工商联应该成为“党和政府与非公有部门之间的一座桥梁”。

这些群众组织代表成员利益的真实程度是一个存在争议的问题。成员身份和应该的成员身份常常是强制性的。在许多地方，任何一家在当地工商局——负责管理私营企业的国家机构——注册的企业都自动地成为当地个体劳动协会和私营企业协会的成员。然而，一些研究发现，这些协会日益成为代表和保护其成员利益的社团主义机构。①

事实上，私营企业主的政治行为是广泛多样的：如果一些私营企业主旨在积极地参加政治机构，那么就有一些私营企业主可能为了自己的安宁而遵从官方的政策，而其他的私营企业主可能尽力避开那些被视为掠夺者的党员或政府代表。最主动的私营企业主可能在正式的政治领域和专业协会中都拥有职位，例如重庆力帆集团董事长尹明善的情况。尹明善是中国最富有的私营企业主之一，雇用的员工超过5000人。2002年4月，他担任重庆市工商联会长，2003年1月担任重庆市政协副主席。因此，他是中国第一位获得如此高位的私营企业主。

三、私营企业主政治参与的影响

姑且不谈把私营企业主纳入到政治机构中会如何导致结构性腐败的问题，本部分考察了私营企业主政治参与所产生的其他影响。首先本部分把这种参与放回到中国改革进程的特殊环境之中，然后考察了决策问题，最后揭示了中国共产党对企业界可能产生的非正式影响。

---

① Margaret Pearson, *China's New Business Elite*, Berkeley: University of California Press, 1997, pp. 122 – 131.

1. 政企关系：合作而非对抗的历史

这些新的社团组织只是政府的工具吗？或者它们能够代表自己成员的利益吗？在中国，这种二分法似乎是错误的，因为大部分个人和组织所寻求的并不是自主性，而是与政府更紧密的结合。在中国，自主性类似于没有权力。那些想最佳地追求自己的利益并将自己的优势最大化的人寻找各种途径与政府建立联系。中国的政企关系就像东亚大部分国家的政企关系一样，却与许多西方国家的政企关系形成鲜明的对比，是合作多于对抗。事实上，私营企业主一直是中国经济改革的主要受益者，几乎没有理由去挑战政府的政策优先性。玛格丽特·皮尔森（Margaret Pearson）认为，企业社团的“两副面孔”分别代表政府和企业家本身。[①] 而且，这是由最近的社会主义历史和革命前历史所构成的双重遗产的结果。在自主性会带来严重的不利的地方，进入体制内的欲望比对自主性的欲望更强烈。就像在亚洲其他国家的情况那样，私营企业主是政府的伙伴而不是对手。

私营企业主的社会起源证明了这种共生关系，因为私营企业主不是来自体制外，而是它的一部分。[②] 从教育水平这个指标来看，1993 年，46% 的私营企业主的最高学历是初中。到 2002 年，这个数字下降到 19%，而大学学历的比例则从 17% 上升到 38.4%。[③] 毫无疑问，私营企业主的素质越来越高。同样的调查表明，到 2002 年，私营企业的管理人员大部分是干部（要么来自国有企业，要么来自政府机构）。事实上，对在 20 世纪 70 年代末和 80 年代初从事私营经济活动的大部分人来说，经商与其说是一条深思熟虑的职业道路，不如说是生存问题；他们没有

---

① Margaret Pearson, *China's New Business Elite*, Berkeley: University of California Press, 1997, pp. 44 – 46.

② 参见拙著“Sociologie des acteurs économiques dans une Chine en transition”, *La revue internationale et stratégique*, 50, été 2003, pp. 35 – 43。

③ 张厚义、明立志等主编：《中国私营企业发展报告：No. 3（2002）》，社会科学文献出版社 2003 年版，第 29 页。

受过教育，没有政治关系，也不属于任何工作单位。但是，随着时间的推移，越来越多的经商人员都有在党政部门或国有企业工作的经历。因为党允许（有时鼓励）人们进入私有部门，因此来自现存体制内的个人导致了经济的变迁。私营企业主的以前职业经历或高学历背景突出了党政的核心地位。这可能是因为在20世纪90年代的经济环境中，私营企业主的特征一直是他的组织能力，而不是他的技术创新。正如芭芭拉·克鲁格所指出的，如果说西方企业家概念的核心是个人发现利润机会的能力，那么在中国，企业家概念的核心要素是“同那些控制进入市场所需要的资金、物质和人力资源的人结成联盟的能力”。①

2. 私营企业主与决策

企业家（和企业协会）政治角色的最终评价标准是他们对决策的影响。企业家的政治参与有利于关于市场调节、银行改革、企业重组、透明度和其他深化改革的“好”的经济政策吗？

一种假设是企业家为了获得优势和特惠待遇而想靠近党的机构。党员身份可能使他们更容易获得贷款和官方的竞争保护，最终会导致实施不公平的政策（中国人关于这种现象的说法是“权钱交易”）。这种盟友关系的结果是由于阻止新来者进入市场而减少了市场体制的效率和竞争力，从而鼓励企业家和干部中的寻租行为。因此，那些有关系的企业家不会关心进一步改变被扭曲的经济。党—企业主联盟减少了结构变革的激励因素。

1997年和1999年，布鲁斯·J. 迪克逊（Bruce J. Dickson）对大中型私人企业（每年销售额超过100万元的企业）的所有者和管理者及其交往的地方党政官员进行了调查。他在浙江、山东、河北和湖南选取了8个县。大多数接受调查的企业人员认为，企业协会确实代表会员的利

① Barbara Krug, ed., *China's Rational Entrepreneurs: The Development of the New Private Business Sector*, London: Routledge Curzon, 2004, p. 60.

益。也有不少人认为，企业协会代表政府的立场。差别似乎在于地方环境。在那些经济发达和私有化水平很高的县市中，企业人员更可能同意他们的企业协会代表政府的观点，但他们对企业协会可能影响政策执行的预期也更低。从影响政策的能力来看，调查数据表明，企业人员认为，企业协会能够代表他们的观点，解决他们的问题，影响当地政策的实施。①

3. 呼唤公司的社会责任

因为作出了那些使私有部门更容易发展的政策变迁，所以政府希望企业部门至少间接地支持它的领导。每当政府把自己的优先性从量的增长转变到质的增长，强调财富分配必须更平等的时候，就会有越来越多的呼吁，要求企业承担更多的责任和成为企业公民。

尽管对于公司的社会责任没有唯一的定义，但政府部门担忧对繁荣和经济发展的追求日益以牺牲整个社会的利益为代价，从而可能危及它们的领导地位。由于无法执行现存的法律法规，他们正在呼吁企业更加负责，这是一种危险的策略。中国的改革开放无疑带来了全新的经济主体，例如外资企业和中国的私营企业。尽管中国的统计范畴不同于西方，并且私人注册的企业事实上可能归国家的代理机构或与政府相关的个人拥有，但一个法律框架已经逐步建立起来，使经济部门在法律上独立于国家机器。

评估私营企业主参与政治的影响是一项更加困难的任务。伴随着政府和私有部门的日益一体化，私有部门急剧地兴起和扩张。私营企业主中大量的所谓“红色资本家”表明了这一点。政府和私营企业主彼此之间的关系是合作而不是冲突。为了提高自己的实力和对政府施加影响，私营企业主不是去寻求自主性，反而试图与现存的政治体制更紧密地结

---

① Bruce J. Dickson, “Economics as the Central Task: Do Entrepreneurs Matter?”, *China's Leadership in the 21st Century: The Rise of the Fourth Generation*, Eds. David M. Finkelstein and Maryanne Kivlehan, Armonk, N. Y.: M. E. Sharpe, 2002, pp. 186 – 203.

合在一起。在微观层面上，个别企业主与政府代表之间的密切关系可能导致不公平和腐败。在宏观层面上，私营企业主已经发展成为一个越来越能够影响决策的游说集团。

这并不意味着政府与私营企业主之间没有分歧，也不意味着政府不会抵制企业代表呼吁的改革（对私有财产的法律保护花费了几年的时间才被写入宪法），而是意味着它们在目标上尚未达成一致。有意思的是，大量的私营企业既是党的改革政策的产物，也是这些政策成功的证明：毛泽东时代之后的改革使它们的繁荣发展得以可能。像政府部门一样，私营企业主支持和促进社会的稳定，把社会稳定视为他们繁荣发展的必要条件。这就是私营企业主的利益为什么在于维护党的领导而不是民主化的原因。

从长远来看，私营企业主最多可能有助于加强法治和促进市场自由化，但不可能推动民主化。从短期来看，关键的问题是如果私营企业主发展成为一个能够决定政府政策的游说集团，那么他们几乎不可能成为消费者、农民或下岗工人利益的代表。“三个代表”理论应该认真加以对待；它不仅揭示了党的担忧，而且表明党应对当代挑战和思考未来角色的努力。但是，作为一种呼吁与时俱进的努力，它可能既没有充分地勾画出中国社会的未来面貌，也没有充分地勾画出政府和社会关系将要发生的变化。

（吕增奎　译）

中国妇女的政治参与：为谁而选举？*

〔英〕郝秋笛

引　言

政治职位竞选观念是民主政体的一项根本原则。竞争性选举不仅为公民提供了选择，而且提供了使领导者承担责任的手段，其最终的制裁手段是撤除不受欢迎、不称职或腐败的领导人。民主竞争设定的是一个公平的竞技场，这里不存在阶级、性别、财富和种族的差异。然而，在实践中，深植于社会和经济不平等中的权力差异却为政治参与制造了障碍。这种情况不仅存在于像英国、美国和德国这样成熟的自由民主国家，而且也存在于像中国这样自由程度越来越高的社会主义国家。

本文论述了中国妇女在村民委员会中的政治参与问题，关注的是改革时期，尤其是1988年广泛实行村民选举以来，妇女在村级治理结构中政治参与水平的下降和持续走低。对于妇女在村委会和更一般的政治活动中的代表人数不足问题，主流观点认为，这主要是由于妇女缺乏自

---

* 本文原题为“Women's Political Participation in China: In Whose Interests Elections?”，载 *Journal of Contemporary China*, Vol. 15, No. 49, 2006, pp. 603–619。作者简介：郝秋笛（Jude Howell），伦敦政治经济学院市民社会研究中心主任、教授。——译者注

信，使她们不愿出任候选人；或者是由于受“封建”思想长期影响，使人们认为她们不如男人，因而不具备领导才能。反过来，这两种因素又共同产生了一种实际效果，如“重男轻女”观念使男孩在接受基础教育方面具有优势，从而使他们——尤其是在比较贫穷的农村地区——能够受到更高水平的教育，有更多的就业挣钱机会。中国最大的妇女组织中华全国妇女联合会（以下简称为全国妇联）为此采取的一般对策是两面出击：首先是在思想领域中批判男人和妇女的性别歧视思想，同时大力推进对男女平等思想的宣传教育；其次是在实践领域中提高妇女的技能。本文认为，对妇女在村委会中的代表人数不足问题的这种主流解释，掩盖了一个更复杂的变量复合体，而这些变量则决定了妇女在地方政治中的地位。社会习俗、经济结构、制度规范、制度程序和政治文化，都对人们关于妇女和男人在政治生活中的适当位置有性别之分的看法，起着损害、复兴和再生产的作用。

本文首先概要描述了改革时期村民选举的出现和这些选举对妇女参与农村政治生活的影响。第二部分主要论述影响农村妇女政治参与的诸变量的结合问题。最后一部分则考察近年来反对把妇女排斥在政治领域之外的各种努力，以及在此过程中妇女所面临的问题。本文利用了 2002 年和 2003 年在湖南省三个县市进行的广泛田野调查资料。

一、农村政治中的妇女代表问题

1978 年，中国开始了农村经济的根本变革。农业集体化的解散、家庭责任制的引入和农业市场的开放，不仅改变了农村的经济结构，而且改变了社会和政治生活。随着传统意识形态的重要性下降和邓小平赞成“尽快富裕起来”，人们参加政治活动的动机开始弱化。经济上的不断富裕，带来了通往权力、成功和地位的新途径。然而，由于以往的公社治理体制崩溃，同时又缺乏可供选择的其他既定模式，为数众多的治理安排在中国农村如雨后春笋般涌现出来。1982 年的新宪法增加了村委会直接选举的内容，并且一年以后村委会和乡镇政府取代了旧的人民公社体制。尽管如此，实践中仍然缺乏统一的或正规化的乡村治理体制。[①] 在一些地区，由于村民把全部心思都放在照料自己的责任田上，村级治理结构已经削弱甚至崩溃。这为乡镇政府从村民身上征税和贯彻执行党的指示（如计划生育目标和粮食收购）造成了严重的困难。在另外一些地区，由于地方政府从农民那里多收费、滥收费，致使出现了严重的农村骚乱问题。宗族争斗、腐败、极端地方主义、农村骚乱以及领导和权力的真空表明，农村治理出现了危机。

党的高层领导人和负责管理村级选举事务的民政部的主要倡导者看到了农村地区治理结构的复杂多样和旧政治制度同新经济制度的脱节，并且认为农村的骚乱和抗议活动威胁到了稳定大局，于是便在 20 世纪 80 年代中期以后，开始积极推进村民选举的规范化和正规化。但是，党内的争论与来自那些担心失去权力和控制的县乡干部的抵制，使得相关立法的制定和试行被拖延了相当长的时间。全国人大最终在 1987 年 11 月通过了《村民委员会组织法》（试行），并于 1988 年 6 月开始施行。从此，村民委员会观念开始被付诸实践。1998 年 11 月，《村民委员会组织法》作了修订并成为正式法律，从而消除了今后在农村新治理体制上可能出现的任何重大分歧。到 21 世纪之交，中国几乎所有的村庄都已经进行了至少一轮村民选举，在诸如福建和浙江这样的先进省份，则进行了第三或第四轮村民选举。此外，一些村庄已经开始试行村党支部书记的选举[②]，有些乡镇——如四川省遂宁市步云乡——还进行了乡镇领导人的竞争选举。[③] 尽管在选举步骤和具体做法方面中国的 93 万个村庄

---

① Jude Howell, "Prospects for village self-government in China", *Journal of Peasant Studies*, 25 (3), 1998, pp. 90 – 91.

② Li Lianjiang, "The politics of introducing direct township elections in China", *China Quarterly*, No. 171, 2002.

③ Li Lianjiang, "The two ballot system in Shanxi Province: subjecting party secretaries to a popular vote", *The China Journal*, No. 42, 1999; Linda Jakobson, "Local governance: village and township direct elections", in J. Howell eds., *Governance in China*, Lanham: Rowman and Littlefield, 2004, pp. 97 – 120.

之间还有相当大的不同[①]，尽管仍然存在诸如家族势力、贿选、乡镇政府拒绝承认当选的领导人等问题，但村民选举的做法业已得到确立和正规化。然而，由于权力经常是掌握在非选举产生的党支部手中[②]，所以村民选举在社会经济快速变迁的过程中虽然是一个非常重要的稳定因素，但它还不能标志着中国民主时代的到来。[③]

中国的村民选举已经引起中外研究者、记者和政治家们的广泛关注。然而，虽然关于这一问题的中外文献可谓汗牛充栋，但令人惊讶的是，专门论述村委会、村党支部、村民小组或村民大会中妇女参与的文献却少之又少。这不仅是因为缺少按性别分列的村委会成员的资料，而且还因为这一问题尚未引起人们政治上的足够重视，来对此进行调查、研究和分析。[④] 在许多村子中，虽然村党支部仍然是最有权威和权力的政治机构，但村委会所拥有的数项职能，不论对男人还是妇女的日常生活都具有十分重要的意义。这些职能不仅包括贯彻执行上级党组织关于粮食收购、征税和计划生育的指示，也包括发展村级经济、维护社会秩序、调解纠纷、开展妇女工作、基础设施建设和公共卫生。由于妇女的主要职责是照看孩子、料理家务、照顾老人，在越来越多的农村地区，还包括参加农业生产，因此村委会作出的决策和为此所采取的办法，便直接影响到妇女的生活质量。

然而，妇女在村委会中缺乏足够的代表人数，原因绝不仅仅是在村委会竞选背景下妇女较之男人更不易被提名为候选人，甚至更不容易当

---

① 根据卡特研究中心《中国的村庄选举》项目的研究结果，已经有大约 700 000 个村庄进行了村选，占总人口的 75%。见 www. cartercenter. org/documents/nondatabase/chinavillagefact-sheetpdf, 2004 年 12 月 17 日。

② Kevin O'Brien and Li Lianjiang, "Accommodating 'Democracy' in a One-party State: Introducing Village Elections in China", in Larry Diamond, Ramon H. Myers eds., *Elections and emocracy in Greater China*, Oxford: Oxford University Press, 2001.

③ Jean Oi and Scott Rozelle, "Elections and Power: The Locus of Decision-making in Chinese Villages", in Diamond and Myers eds., *Elections and Democracy in Greater China*.

④ 值得指出的是，在业已入选的欧盟/中国研究项目中，无一是专门论述村选中的性别问题的，尽管有些项目设计中提到了这一问题（参见 www. chinaruralorg/euchiprog/research. html, 2004 年 12 月 5 日）。

选为村委会成员或主任。根据《村民委员会组织法》第8条，在村委会中，“妇女应当有适当的名额”①。现有统计资料表明，只有1%的村委会主任和16%的村委会成员是女性。② 虽然在地区之间和地区内部有所差异，但总的来说，村委会中的男性多于女性，一般是一个村委会中有一名女性。在有些村，甚至没有一名妇女被选进村委会。在我们到访过的湖南省某个乡镇的14个村中，没有一个村的村委会主任是女性，只有一个村的党支部书记是女性。这个乡镇属于一个更大的市管辖，全市共有771个行政村。在这些行政村中，只有5个村的村委员会主任是女性，不到总数的1%。

由于缺乏按性别分列的资料，使我们不能按时间顺序准确地追踪妇女的参与情况。不过，现有证据表明，妇女在村委会中的参与程度在过去的30年中是下降的。同在政治上引起激烈争论的“文化大革命”时期相比，改革时期妇女在农村政治机构中的参与减少了——而在“文化大革命”时期，城市和许多农村地区的妇女都被卷入了政治积极主义的浪潮，在运动和革命组织中担任领导职务。那个时代新产生的革命委员会为妇女的政治参与提供了机会，使妇女获得了政治领导方面的训练。比如，在上海，革委会中的女性在1973年达到22%③；在有些地区，女性甚至占到了基层干部的50%④。

这种妇女在权力岗位的代表人数不足的模式和改革时期妇女参政比例的下降，并不是中国农村所特有的现象。在各级政治机构中，上到国家，下到县乡，都存在领导岗位的妇女代表人数不足的问题。在2004

① 它还规定村委会中“应当有人数较少的民族的成员”。见《村民委员会组织法》，见江苏省民政厅编：《村委会选举工作指南》，江苏省民政厅，1995，第4页。

② 范瑜：《村委会选举：农村妇女发展的机遇与挑战》，见中国妇女研究会、联合国妇女发展基金编著：《1995年世界妇女大会五周年研究会》，北京，2000，第273—275页。

③ Elisabeth Croll, *Feminism and Socialism in China*, London: Routledge and Kegan Paul, 1978, p. 327.

④ Joan Maloney, "Women cadres and junior-level leadership in China", *Current Scene: Developments in the People's Republic of China*, 8 (3-4), March-April 1975, pp. 17-18.

年的24名政治局委员中只有吴仪委员1名女性。[①] 在2002年党的十六大当选的198名中央委员中只有5名女性，占总数的2.5%。[②] 全国人大中妇女代表的情况稍好些，她们在2004年占1/5多一点。但是，在全国人大的15名副委员长中只有2名女性，160名常务委员中只有21名女性，分别仅占总数的13%。在过去的50多年里，还从未有过一名女性出任党的总书记。在县乡两级，占据领导岗位的绝大多数是男性。以湖南省某县为例，2003年，在该县的35名乡镇长中只有2名是女性，仅占总数的6%。[③] 村委会中妇女代表数量的减少还反映在国家一级。政治局常委中的最后一名女委员出现在"文化大革命"高峰期间，她就是毛泽东的第二任妻子江青。[④] 2003年，当选的第十届全国人大女代表比上届下降了1.5%。全国人大中的女代表人数在1975年的第四届人大中达到最高峰，占全部代表人数的22.6%和全部常委人数的25%，从此再也没有达到这两个数字。[⑤]

除了村委会中的妇女代表数量不足之外，另外一种重新出现的模式是，妇女通常担任那些与生育和家务劳动相关的岗位。村委会中的男成员往往承担诸如经济发展和基础设施建设之类的工作，而女成员则通常负责妇女工作、计划生育或卫生工作。村委会由此便成了展示和再现性别关系的场所，在这里，有性别之分的私人角色最终决定男人和妇女的公共角色。社会上普遍认为，计划生育是妇女的事，而不是男人的事，因此总是要由妇女来负责这一工作，而不是负责诸如经济发展之类的其他工作，因为社会上并不认为经济发展之类的工作专属于女性，或者是

---

① 参见 www.china.org.cn，2004年10月。

② 杜洁：《市场经济转型期中国妇女的政治参与 1995年以来的高层政治进步》，为联合国社会发展研究所撰写并提交给北京（10研讨会的未发表论文。

③ 2003年4月进行的访谈。

④ 实际上，在1970年党的九大上，叶群（林彪之妻）和江青（毛泽东之妻）乃是中共历史上最早被选入政治局的女性。见袁益明：《中国当代妇女百科知识全书》，光明日报出版社1997年版，第1472页。

⑤ 丁娟：《中国妇女参与政府和公共事务轨迹分析》，提交给中英妇女政治参与研讨会的未发表论文，2000年10月。

女性性别所必不可少的。实际上，负责组织村民选举的县乡委员会一直鼓励村民在最后一轮投票中提名女性做候选人，以保证同上级提出的计划生育目标相一致。由此可见，妇女之所以能进入村委会，不是因为她们的一般能力得到了认可，而是因为必须要有一名妇女来从事计划生育工作。我们在湖南省宁乡县访问过的一个村的情况就证明了这种模式。该村自1987年第一次选举以来只产生过一名女村委会成员，而且这名妇女一直担任妇女主任，负责妇女工作、计划生育和提高妇女地位。这种围绕公共角色的性别分工也反映在国家一级，因为女性高级政治领导人往往负责同妇女和儿童有关的工作。比如，全国解放以后，像蔡畅、康克清和邓颖超这样的长征老战士，都被安排负责同妇女儿童有关，而不是同国防、运输或贸易有关的工作。

村委会的社会性别特征不仅反映在安排给男人和妇女的不同工作上，也反映在男人和妇女的职位安排方式上，从而给男人和妇女以不同的权力。在中国，99%的村委会主任是男人。男人在村级机构——不论是村委会还是村党支部——中占据着权力和权威的最高职位，这反映了更高级的党政机构中所存在的一种类似的组织方式。政界的妇女通常都是副省长、副县长、副乡镇长、副市长、副总理、副村委主任。所以，全国人大有女性副委员长，却没有女委员长。1983年，出任江苏省省长的顾秀莲是第一位担任省长的女性；1985年，出任江西省省委书记的万绍芬，则是第一位担任省委书记的女性。在2003年的湖南省省会长沙，6位市长中只有1名女性，占17%；13名党委成员中只有1名女性，占8%；400名省人大代表中只有68名女性，占17%；9名省人大常委成员中只有1名女性，占11%。① 在长沙市下辖的一个乡镇中，其领导班子中没有一名女性成员，也没有一名女性任党的书记。在中国全部6000名市、县长中，女性只有500名，还不到总数的10%，并且这些女性担任的大都是副职。

① 2003年4月对省民政厅、省委组织部和省妇联的访谈。

二、对妇女在村委会中代表人数过低的解释

社会性别研究者提出了一系列原因来解释妇女在政治生活中代表人数不足的现象。这些原因至少包括：社会性别的社会化、诸如经济和家庭中的性别分工之类的结构因素、性别意识以及政治和制度障碍。[①] 尽管所有这些变量都会在不同程度上导致中国妇女在村委会中的代表人数不足问题，但村民选举的实行使得一些问题暴露无遗，例如对妇女的长期否定态度所提出的挑战、国家为了从根本上改变陈旧的性别意识通过意识形态手段进行软弱无力的干预、阻止妇女更大程度地参与政治的制度障碍以及男性政治文化支配着各级政治。在这一部分中，我们将探讨这些因素之间的复杂联系，而正是这种复杂的联系使妇女被排除在村级权力和机构之外。

在过去的40多年里，国家在意识形态方面一直宣扬男女平等。尽管如此，但对妇女政治参与的性别歧视态度在中国农村依然根深蒂固。诸如“女主内、男主外”之类的谚语，充分地反映了人们的普遍看法，即妇女应该待在家里，公共领域是属于男人的，因而女人命中注定不能当领导。20世纪50年代开展的几次促进妇女就业的政治运动、“文化大革命”时期企图消除任何男女有别思想的意识形态叙事，以及任命（而不是选举）妇女到村级组织领导职位的做法，其目的都是为了消除女不如男和男女不平等的“封建”思想。但是，让村民开始通过选举来选拔领导人的做法触到了深层的问题，使得关于男女在经济和家庭中的适当角色与男人比女人相对优越的社会信条暴露出来。

从人们——不论是政府官员还是农村居民，不论是男性还是女

---

① Joni Lovenduski and Vicki Randall, *Contemporary Feminist Politics*: *Women and Power in Britain*, Oxford: Oxford University Press, 1993; Vicki Randall, *Women and Politics*, London: Macmillan, 1987; Dorothy McBride Stetson and Amy G. Mazur, eds., *Comparative State Feminism*, London: Sage, 1995.

性——描述和解释男女差别的方式上，尤其是从村民不愿意提名和投票给女性候选人上，可以明显看到这些社会信条的影响。人们一再认为：妇女“素质低”、消极被动、缺乏能力、对公共事务不感兴趣，因为她们的生活、身份和意识都是以家庭为中心的。2003 年春天，在湖南省对县乡女政府官员和女村干部的访谈表明，这些信条和态度不论是在陈述事实时还是在进行解释时，都被内化和表面化了。例如，湖南省某市的一位妇联副主席就指出，妇女“素质低”乃是导致她们政治参与水平低的一大原因。用她的话说，“女村干部扮演的是个次要角色。妇女很难成为党支部书记。她们的能力不够。她们的素质——也就是说她们的受教育水平和一般知识——不如男人。”不仅妇女本身对这些观念的内化妨碍她们站出来参加选举，而且在党政机构中占据绝大多数权威地位的男性领导人的态度，也会起到阻碍作用。湖南省某县级单位的负责人说，男性领导人通常会说出“女干部能干什么?”这样的话来。他的主要观点是说，地方党委书记——不论是在县级、乡镇一级还是村一级——对提拔女领导人的态度左右着妇女能否进入决策岗位和能否得到提拔。

通常所谓妇女“素质低”的说法在两方面难以站住脚。第一，它主要以个体妇女，尤其是农村妇女为对象来提出问题和对策。第二，它掩盖了其他结构因素、制度因素和政治因素影响男女参与地方政治的方式。让我们来详细讨论这第一点。全国妇联通过培训项目和专项活动，下大力气来提高妇女的“素质”。在改革时期的新的市场经济条件下，各级妇联为使农村妇女获得专门技能而组织了多种培训项目，比如说，果树栽培、养猪、养鸡等。它的长期活动——即“四自活动”——旨在提高“妇女的自尊、自信、自立、自强”。在农村，特别是在贫困边远的农村地区，重男轻女已经使男孩比女孩获得更多的受教育机会，使男孩和女孩在教育进步方面出现重大差异；与此同时，总是把改变这种状况的着力点放在女孩和妇女身上的做法，使得人们不去关注那些隐藏在重男轻女背后的深层问题，以及那些根深蒂固的性别歧视思想、规范和习惯。具有讽刺意味的是，改善妇女地位的不断努力又让人们产生了这样的想法，即同男人相比，妇女永远“缺乏”某些素质和技能。

这种以妇女作为制度安排的重点的做法，其根源在于国家的性别意识形态。这种意识形态总是把着力点放在“妇女”身上，而不是着力进行性别分析，即把男人和女人的关系看做是由社会建构的。在中国，由国家派生的女性主义，即官方的性别意识形态与用来提高妇女地位的实践策略和制度安排的一种复杂结合①，是以马克思、恩格斯、列宁和毛泽东关于“妇女问题”的论述为基础的，这些论述都把妇女的从属地位同历史的和物质的力量联系在一起。所以，在国家社会主义、集体所有制和计划经济条件下，妇女从属地位的物质基础已经被消除。因此，通过长期的性别歧视态度暴露出来的妇女从属地位的根源，便存在于意识形态领域，因而要在这一领域对性别歧视态度进行挑战。全国妇联承认“封建思想”依然存在并继续影响着妇女的受教育机会；与此同时，它又试图借助一系列旨在通过培训开发妇女能力、加强妇女技能的活动，来彻底改变这种状况。这种在基层妇联中得到大力推广的主流模式，决定了人们如何来理解妇女在村委会中的代表人数不足问题和为此应采取什么样的对策。这就把我们带到了第二个问题，即这种分析使人们看不到制度因素、结构因素和政治因素也会以不同方式影响妇女的政治参与，从而妨碍这些领域的改变。

提名和选举过程中的男性偏见、党员身份的重要性、名额规定模糊的“竹幕效应”、通过不同薪水和退休金体现出来的对妇女的制度性歧视以及事业发展上的性别差异，不过是影响妇女政治参与的一部分制度因素。男性偏见的作用来自男性主导着关键的党政机构，在村一级还主导着提名和挑选候选人的程序。同选举过程有关的关键机构是被男性和党员把持的。负责指导和监督村民选举的县乡两级村民选举委员会、村

---

① 关于由国家派生的女性主义及其对女性政治参与的含义和影响的完整分析，参见 Jude Howell, “Women's Political Participation in China: Struggling to Hold Up Half the Sky”, *Parliamentary Affairs: A Journal of Comparative Politics*, 55 (1), 2002, pp. 43 - 56。

党支部、经常推出候选人的村民小组、村民大会和家长，无一例外地大都是男性。妇女在党内的代表人数本来就不足，把男性占主导地位的各个机构连接在一起的有性别之分的社会网络又是如此重要，因此妇女从选举过程一开始，就面临着大量的制度性挑战。此外，由于中国农村的提名和选举程序五花八门，因此有相当大的空间进行有性别之分的过程干预。[①] 例如，在有些村，候选人最初都是由通常为男性的家长来提名。在另外一些村，则可能是由村民小组的组长或代表——他们也大都是男性——来进行初次提名。在有些村，当选举进行到第二轮，需要把候选人人数减少到比空缺职位数多两人时，依然主要由男性构成的村选举委员会及村民小组的组长或代表决定哪些候选人应当进入最后一轮选举。

含混不清的选举标准，也为有性别之分的态度和信条影响候选人的提名打开了方便之门。当被问到村领导人应当具备什么样的品质时，乡镇官员和现任村领导人都提到了一些含混不清的说法，如“愿意为群众服务”、“热心工作”、“应当喜欢干事”等。县乡两级的选举委员会常常对候选人规定一些要求，以此来提倡一种特定的候选人形象。典型的要求是：候选人应当年轻化（18 到 45 岁），以使村领导班子充满活力；受过教育（通常至少要求初中毕业）；有能力（例如，他们本身已经发家致富）；品质好（例如，没有刑事犯罪记录、遵守计划生育政策）。[②] 这些标准对妇女有着潜在的歧视含义，因为她们的生活模式更明显地会因养儿育女而中断。

中央政府认识到长期的社会偏见对妇女参政的妨碍作用，于是在 1988 年试行、1998 年正式实行的《村民委员会组织法》中增加了第 9 条，规定村委会中要有“适当比例”的妇女。1999 年，民政部颁发了《关于努力保证农村妇女在村委会成员中有适当名额的意见》。《村民委

① 为了统一做法，增加透明度，中共中央、国务院于2004 年7 月发布了《中共中央办公厅国务院办公厅关于健全和完善村务公开和民主管理制度的意见》。见 *China People's Daily*, 13, July 2004, in *Summary of World Broadcasts*, 30, July 2004, p. 8。

② 民政部村级直选制度课题组：《中国农村村民委员会换届选举制度》，中国社会出版社 1993 年版。

员会组织法》条款的模糊性，使得这种规定执行起来困难重重，因为省、县或乡政府没有义务把这种规定理解为要求所有村委会中都必须有女性代表或者必须有一名以上的女性委员。一些先进的地方政府则看到了这一问题，如山东省和湖南省在2002年颁布了地方性法规，明确规定：应当把上述法律条款理解为“至少有一名女性”①。

虽然1988年和1998年的《村民委员会组织法》、1999年的民政部《意见》以及诸如山东和湖南等地的地方性法规给县、乡、村施加了压力，让他们提名女候选人，并提高村民对这一问题的认识，但这些法规也产生了意想不到的结果。首先，模糊不清的名额规定等于给妇女代表罩上了一个“竹幕”。不论是《村民委员会组织法》所说的“适当比例的妇女”，还是湖南、山东等地的“至少有一名妇女”，最后都被理解为最多有一名妇女。妇女的救命绳反而变成了窒息她们的绞索。只要有一名妇女被选进村委会，地方政府官员和村领导人就感到心满意足、万事大吉了。在我们到访过的湖南省三个县里，绝大多数的村委会都只有一名女性成员，极少有多于一名的。比如，在湖南省湘西地区的一个乡镇，只有1/10的村委会中有一名以上的女性。国家干预可以产生重要影响，但是这种影响反过来又受到了作为干预过程之基础的社会规范、态度和习惯的制约；在集体经济解散、人们有各种各样的门路发家致富的背景下，情况就更是如此。

第二个意想不到的结果同妇联和地方民政局推动女候选人进入村委会的努力有关。例如，在湖南、河北和山东等地，当地妇联都培训和鼓励进行村妇委会主任选举。这接下来导致了进行妇委会主任竞选的试验，目的是让村妇委会更有代表性和合法性。结果是，村委会中的女成员往往也是村妇委会主任。这不仅限制了她们所代表的“妇女利益”的范围，而且也把妇女的政治参与同她们作为女性的特定身份联系在了一

① 例如，见湖南省民政厅和省妇联2001年联合下发的第16号文件，即《关于在村委会换届中保证村委会班子中有适当女性成员的意见》。

起。由于村妇委会主任与村计生专干往往是同一个人，因此妇女参政的切入点就仍然是由妇女的生育角色所决定的。更糟糕的是，村选举委员会鼓励村民选拔一位女候选人，以便完成计划生育目标。[①] 这种状况由于如下事实而被加剧：妇女只有在作为其性别的代表，而不是作为其阶级或意识形态的代表时才能参与政治，而且为只让妇女担任同其性别有关的职务的做法提供了借口。于是，尽管保证妇女参与村民选举的法律规定具有良好的意图，但由于含混不清，再加上需要有人负责完成计划生育目标，因此结果把妇女代表限制在单独一个岗位上，从而在妇女头顶上架起了一面“竹幕”。

虽然党员身份不是出任村委会候选人的条件之一，但党不仅掌握着象征性资源，而且经常掌握着物质资源，因此对于推动某些候选人最终获得胜利具有重大意义。尽管也曾有不是党员的候选人最后获得了成功，但他们在事后都被强烈鼓励入党。如此一来，村民选举就不仅成为使党年轻化的工具，并且也是使党重新获得合法性的手段。此外，一般情况下，要想在党政机构中得到提拔，就必须具备党员身份。即便非党人士可以并且确实出任村民选举候选人，但村委会的大多数成员都是党员。然而，党内的妇女人数却严重不足，甚至可以说，妇女对中国共产党的参与还不如对中国其他党派的参与。[②] 正如上文指出的那样，在中国共产党的198名中央委员中只有5人为女性，仅占2.5%；而在24名中央政治局委员中只有1名女性。在湖南省省会长沙市，2003年的13名省委委员中只有1名是女性。同样，在县乡两级也存在女性代表人数

① 在我们于湖南省访问过的一些村子里，计划生育干部不是作为候选人被选进村委会的，而是被象征性地列入村委会的，因为否则的话，就不会有女村委会成员了。当被问及村委会成员数量及其身份时，这种矛盾心理显而易见。

② 值得指出的是，中共女党员的比例在中国所有政党中是最低的。根据杜洁《市场经济转型期中国妇女的政治参与：1995年以来的高层政治进步》一文所引用的郭丽（2001）《试析各级领导机关中的性别比例配置》（《妇女研究论丛》2001年增刊）中的数据，在中国的所有政党中，台湾民主同盟联谊会的女性比例最高，占其全部成员的64%；其次是中国农工民主党，女性比例占其全部成员的47%。根据可以查阅到的数据，1998年中共女党员的比例约为15%。

不足的问题。比如，湖南省宁乡县，在2003年的总共58625名党员中，女党员只有5850名，仅占10%。同样，在湖南省浏阳市某乡镇下辖的14个村中，只有一个村的党支部书记是女性。中共浏阳市委注意到了妇女在党内的代表人数不足问题，便在2002年发布了一个文件，要求在城市及其周边地区，妇女要占到党代表的20%。但是，由于没有任何清楚明白的策略来执行这一规定或者超出20%的最低线，这一地区要取得进步恐怕还要花费时日。由于妇女在村党支部的代表人数少，她们就少了一条重要的制度渠道来保证她们在村民选举中走得更远。

即使妇女确实走上了权力岗位，她们依旧继续面临着歧视性的制度化规范，如薪水较低、退休金名目较为不利和升迁机会较少等。负责村妇女工作的女性得到的报酬少之又少，甚至根本没有报酬。在我们到访过的湖南省凤凰县的一个村子里，同时也是村委会成员的村妇女主任的报酬比村委会其他成员都少，理由是同村党支部书记、计生专干、会计及文书比起来，她不是“主要干部”。虽然村计生专干的报酬要比村妇女主任高一些，但她们在退休金方面都受到了较为不利的待遇。村“两委”中的主要人物，如村委会主任、村党支部书记和会计，都可以在工作20年后领取退休金。但是，不论是村计生专干还是村妇女主任，却都无权享受这种福利。对妇女所作贡献的低估还反映在她们较低的地位上。湖南省政府于2002年3月发布一项通知，重申了1989年的政策规定，即基层女干部在工作满8年、连续3年考核通过后，应当享受一定级别干部待遇。然而，这一规定至今尚未得到广泛执行，其中原因不仅在于此事不属于急事急办，还在于明显缺少来自上级妇联的压力。

最后，事业生涯的性别化模式，也决定着妇女和男人在党政机构内的升迁方式和参与村级政治结构的方式。第一，由于村领导班子中女性很少，因此她们往往被安排负责妇女工作或计划生育工作。常常出现这样的情况，即村委会中之所以要有女性成员，是因为上级政府要求村里必须贯彻执行计划生育政策。由于被这样局限于妇女工作或计划生育工作，她们就没有机会去发展自己的其他技能和经验，而那些技能和经验往往更被看重，并被认为对担任领导职务来说具有重要意义。第二，在县乡两级，女性往往被安排到当地妇联工作，或者是负责计划生育工作。由于妇联在各政府部门和群众组织排序中地位较低，由此妇女在事业上往往徘徊不前，而年轻男性则可以沿着党政阶梯步步高升。第三，由于提拔标准重视年轻化，妇女就再次处于不利地位，因为从 25 到 30 岁，正是她们生儿育女的年龄。当面临需要经常出门、走村串乡的工作时，有小孩的妇女就要想方设法既要干好工作，又要照顾好家务，或者干脆舍弃这些工作，任凭这样做将会限制她们的提升。当孩子渐渐成年时，妇女也都已经四五十岁，到了快退休的年龄了。由于女公务员比男公务员早退休 5 年，即在 55 岁而不是 60 岁时退休，她们就再次错过了升迁的机会。在村一级，上面要求提拔更年轻候选人的压力，也对那些年龄较大、不用再照看孩子，因而能够担任村委会成员工作的妇女非常不利。

除了这些制度因素外，妇女的政治参与还受到各种结构因素的影响，如家务劳动的性别分工、婚姻习俗、女童的受教育机会较少、妇女在雇用经济中的地位和流动的性别界线等。随着农业集体化的解散和农村人口向城市的流动，妇女越来越多地承担起了耕田种地的活计。由于妇女承担着大部分家务，并越来越多地从事农业劳动和副业活动，她们参与村庄治理过程的时间就更少了。家庭生活的性别分工使得男性更容易参与村里的公共事务。由于家务劳动没有明确的时间界线，如果村里的选举大会是在午饭时间或者晚上召开，妇女们就很难去参加，因为那时候她们要照料孩子或做饭。村民大会或村民选举期间托儿机构的缺乏，也对妇女的参与产生了不利的影响。妇女的生活主要围着家庭转，这种现象反过来又给村干部、大多数村民和政府官员造成了这样的感觉，即她们不大关心外面的世界，因而不太能理解公共事务。

由于在中国的许多地方，农村妇女婚后都是搬到丈夫家定居，因此不仅父母对女儿的教育和未来投资较少，而且村领导人也不大注意培养小女孩大姑娘们的领导才能，因为她们迟早都要离开村子。妇女嫁到别的村子后，又被看做是外来者。因此，男性可以在选举时借助童年时期通过学校、家庭和朋友建立起来的社会网络争取更多支持，而妇女却缺少这种网络。她们必须从头开始，建立男性早已通过上学、交友、工作和家庭纽带建立起的那种友谊、信任和团结的网络。[①] 由此可见，妇女在出任候选人时处在不利地位，因为同拥有在几十年中建立起来的团结和支持网络的男性相比，她们可供利用的“社会资本”更少。正如湖南省某县一位女村委会主任所解释的那样，从妇女嫁到一个村到赢得村民的信任，需要很长一段时间。

除了这些结构因素外，不论是从村级、省级还是从全国来看，男性占统治地位的政治文化对把妇女排斥在政治之外也起了重要作用。这里最相关的莫过于像豪饮、祝酒和吸烟这样的政治文化习惯，这些行为起着培养和巩固男性团结的作用，并且被视为具备领导才能的象征。这些习惯给女性领导出了一道难题，因为在一般人看来，喝酒抽烟不适合女性，有损她们的名声。这样，女性就被置于一种无法取胜的境地。若是她们也参加抽烟喝酒的行列，她们就有玷污自己名声的危险；而若是她们不礼尚往来，相互敬酒，则有无法建立其影响和权力网络的危险。例如，湖南省某乡镇的一位女党委副书记是这样来描述她在男性占统治地位的工作环境中的工作经历的：

> 女人的地位不高。上级要求下级要有女干部，但是，就我个人来说，因为有家庭负担，我不愿意得到提拔……我也不喜欢工作的环境……在县里和乡镇上，别的干部都瞧不起女的……认为她们不方便……他们歧视我们。他们之所以觉得不方便，是因为我们不喝

① 正如 David Wank 在论述“关系”时所指出的那样，关系系统的最强烈的义务是天生的，特别是父亲一方的直系血亲。“关系”的产生和妇女到丈夫的村子定居，都不利于妇女形成在村选时可供利用的类似社会资本。参见 David Wank，“The Institutional Process of Market Clientelism：Guanxi and Private Business in a South China City”，*China Quarterly*，No. 147，September 1996，pp. 820 – 838。

酒。环境、喝酒文化……我们不喜欢这个，但有时你又不得不参加。①

在有些村，女村委会成员为了保护自己的名声，需要作出明确的努力，以避免在同男性打交道时给人以任何暧昧的感觉。例如，湖南省一位女村委会主任是这样来讲述她的策略的："我避免单独和男人在一起。我让谈话简短。我注意自己的行为。我不单独出去和男人讨论问题。"男性占统治地位的政治文化无处不在，它所包含的一些习惯有可能会损害妇女的地位，这又给有意参与政治生活的妇女额外增添了一些负担。

长期的性别歧视信条和规范、经济和家庭中的性别分工、制度性的政策和习惯以及政治文化和价值观，所有这些因素都在不同程度上为妇女在村里拥有更多的代表人数带来了障碍。还有可以让人乐观的理由吗？正如下文将要讨论的那样，我们有理由预期未来的情况是会更加乐观的。

三、对妇女在农村政治中地位低下的抵制

尽管村委会竞选的引入导致了村委会中女性代表的减少，但这一趋势正在遇到某种抵制，这种抵制既来自全国妇联内部和民政部的相关部门，也来自农村妇女。早在20世纪80年代中期，专家学者和全国妇联的干部们就注意到了城乡各级党政机构中妇女代表人数的下降问题。②

① 2003年4月的访谈。

② 马丽珍、龚晓村：《新的起步——来自培养选拔女干部工作座谈会上的报告》，载《中国妇女》，1990年10月，第11—13页；Tamara Jacka, *Women's Work in Rural China: Change and Continuity in an Era of Reform*, Cambridge: Cambridge University Press, 1997, p. 88; Guo Donggui, "Why do women cadres lose elections?", *Chinese Law and Government: Women and Politics in China*, 26 (6), November-December 1993, pp. 7 - 18；李小江：《夏娃的探索：妇女研究论稿》，河南人民出版社1988年版；Wang Qi, "State-society Relations and Women's Political Participation", in Jackie West, Zhao Minghua, Chang Xiangqun and Cheng Yuan ed., *Women of China: Economic and Social Transformation*, Basingstoke: Macmillan Press, 1999, pp. 19 - 44。

80年代后期，一些地方的妇联就已经开始建立像女性人数最低名额这样的量化标准，这反过来又激起了一场关于女性名额规定之利弊的争论。沈阳市和平区妇联主任甚至抨击名额规定是一种束缚，并设法将妇女在地方人大中的代表比例从名额规定的25%提高到了31.7%。[1]

随着20世纪90年代村委会竞选在中国农村的迅速普遍实行，全国和地方妇联的一些干部开始谋划应对妇女代表人数下降趋势的对策。河北省迁西县妇联是1999年首批为有潜力的女村委会主任和村委会成员举办培训班的县之一。[2] 其他省市的妇联也开始为农村妇女担任村干部举办专门培训班。这些培训班为来自不同村子的妇女分享经验、学习政治制度知识和增添自信提供了机会。

除了培训之外，一些先进地区——如山东省和湖南省——的妇联还制定了地方标准，促进妇女的参与。例如，湖南省妇联和湖南省民政厅农村基层处就联合下发了一份文件，将《村民委员会组织法》第9条解释为村委会中至少应当有一名妇女。湖南省的一些县也发布指示，响应省里的文件精神。这样一来，参加村民选举委员会工作的地方官员就保证每个村都要有女代表的义务，至少在理论上是如此。山东省也采取了类似的行动，当地的妇联和民政厅联合下发了一份文件，要求村委会中至少要有一名妇女。结果是在第二届选举中，村委会中女性成员的数量有所增加。正如前面指出的那样，一些像湖南这样的省份抓住了这个机遇，开始对村妇女主任实行直接竞选，然后再将这位妇女推选为村委会成员的候选人。

2004年8月，在民政部于北京召开的一次研讨会上，专家学者、全国人大代表、女村委会主任以及全国和省级妇联的干部们聚集在一起，讨论应当采取什么样的方式来增加村委会中的女性代表名额。受到印度的村议会为妇女保留1/3席位做法的启发，这次会议建议对《村民委员

① Gordon White, Jude Howell and Shang Xiaoyuan, *In Search of Civil Society: Market Reform and Social Change in Contemporary China*, Oxford: Clarendon Press, 1996, p. 88.

② 1999年10月对迁西县民政局局长的访谈。

会组织法》进行修改，保证妇女有一个最低名额。

所有这些行动都表明，全国妇联和民政部基层部门的先进女性正在应对妇女在村委会中的代表人数不足问题，并利用她们的组织地位、社会网络和法律框架来建立消除歧视妇女的制度。但是，法律、法规和措施至多只能起到补救作用。问题的关键依然存在。因为如果没有来自上级的压力，地方官员就不会重视这样一些指示。

由于仅仅强调妇女需要改变，因此源自国家的女性主义自相矛盾地把女性不如男性有能力的神话永恒化了。尽管如此，但妇女的意识是流动的、可变的，而不是完全可以把握的，这同样也是事实。妇女们不会轻易接受她们“素质低”的说法，不会永远或不断信服那种把她们置于男人之下的陈旧看法。这种情况在与女村干部的访谈中显而易见，她们不仅表现出对自我价值的自信，而且表现出对社会上男性偏见的程度有清醒的认识。例如，湖南省的一位女村干部描述了她所遭遇的歧视现象，但仍然对自我价值和妇女的能力充满信心：

> 总的来说，男人不相信妇女，瞧不起妇女。有些男人不太文明，说妇女……即使她们的能力提高了，他们也仍然歧视妇女。如果你没有过和他们打交道的经历，你简直无法相信他们竟然会瞧不起你——许多人认为妇女不如男人有能力。他们需要让实践来证明妇女和男人一样能干。这是我工作中的一个难题。许多妇女是有能力的。也有男人干不了的事。男人们只会说“你不是个男人”……我不管别人说什么，我什么都不怕……不管男人能干什么，我觉得自己都能干。我有自信。你首先必须得相信自己。①

最后，过去的20年中，比较贫穷的农业地区的农民到比较富裕的沿海工业地区打工的现象，使农村生活结构发生了巨大变化。一方面，

① 2003年4月的访谈。

男性外出打工后，回报较少的农业劳动的重担往往完全落在了妇女身上。这反过来为妇女进入村级领导岗位开辟了渠道。于是，一些研究者和政府官员便用缺乏男性竞争来解释妇女踊跃进入领导岗位的现象。这种解释背后所潜藏的性别歧视思想把妇女置于一种必输无疑的境地：如果她们担任村委会主任，那不过是因为没有男性和她们竞争；如果她们在有男性竞争的情况下不能获胜，就说明她们不适合做领导。另一方面，也有相当数量的妇女外出打工。她们可以在广东或是福建的装配厂里一干就是几年。尽管她们的工作条件恶劣，但她们也学到了新的技能和知识，更新了观念，开阔了视野。“妇女缺乏外出经验”，因而不适合当村领导的老生常谈已经过时了。在这一代年轻妇女中，有些可能会在某个时候重新回到家乡，她们让我们在某种程度上感到乐观，相信村级政治将来会发生变化。

然而，从我们进行的研究来看，显而易见的是，由于有性别之分的社会规范仍然将是限制妇女参与的一大因素，因此人们态度的转变还尚需时日。例如，在湖南省湘西地区某村筹备 1998 年选举期间，在 27 名女候选人中有 8 名曾外出打工（占 30%），34 名男候选人中有 12 名曾外出打工（占 35%），男性比例略高于女性，但这并不足以说明为什么女性在领导岗位的人数比较低的现象。同样，在湖南省古丈县罗依溪镇，女性约占到所有外出打工者的一半。但是在这个镇里，只有一名村委会主任是女性；在 17 名村党支部书记中，女性只有 2 名。不管怎么说，缺乏外出经验并不意味着妇女不能学到领导技能。“缺乏外出经验”的遁词，反过来倒成了不给妇女学习适当技能和经验的机会的一种借口。

结 论

我们在本文中指出，通过选票进行的政治选择是一个有性别之分的过程，并产生了有性别之分的结果。如果没有国家的干预，那些不利于妇女获得政治权力和权威的长期社会规范和态度，很可能将继续盛行下去。这已经从妇女参与村级政治的人数持续走低的现象中得到了反映。但是，中国的国家干预是按照共产党的传统进行的。就像全国妇联的言论和政策所表明的那样，国家干预的目标首先是针对个体妇女，主要着力点是要让她们发生改变。但是，由于国家干预主要致力于解决大男人主义，同时缺乏任何社会性别分析，因此对待妇女的家长主义和性别歧视的态度持续存在，并且把政治领域当做男人的自留地。

近年来开展的扭转这种局面、推进民主选举工作的尝试，为妇女提供了一线曙光，使她们有望看到将来的状况会得到改善。这不仅要求实行名额规定和积极的量化标准，以改善妇女地位，而且要求对党内的录用和提拔程序以及村级组织和政府机构中歧视妇女的现象，实行更加严格的监督。它还要求及时分析农村妇女面临的一些结构性的限制因素，如缺乏托儿设施、召开选举和村民会议的时间不利于妇女参与，等等。这其中最具有挑战性的工作，是需要对政治文化进行审视，尤其是要审视那种建立在豪饮、吸烟和宴请基础上的，对妇女和男人都具有排斥效应的政治风气。

（师凤莲　译）

图书在版编目(CIP)数据

民主的长征:海外学者论中国政治发展/吕增奎主编
—北京:中央编译出版社,2011.8
(海外当代中国研究丛书/魏海生主编)
ISBN 978-7-5117-0691-1

Ⅰ.①民…
Ⅱ.①吕…
Ⅲ.①社会主义民主-政治制度-研究-中国
Ⅳ.①D621

中国版本图书馆 CIP 数据核字(2010)第 249677 号

民主的长征:海外学者论中国政治发展

出 版 人	和 龑
丛书统筹	贾宇琰
责任编辑	侯天保
责任印制	尹 珺
地 址	北京西城区车公庄大街乙 5 号鸿儒大厦 B 座(100044)
电 话	(010)52612345(总编室) (010)52612341(编辑室) (010)66161011(团购部) (010)52612332(网络销售) (010)66130345(发行部) (010)66509618(读者服务部)
网 址	www.cctpbook.com
经 销	全国新华书店
印 刷	河北下花园光华印刷有限责任公司
开 本	787 毫米×960 毫米 1/16
字 数	330 千字
印 张	23.75
版 次	2011 年 10 月第 1 版第 1 次印刷
定 价	68.00 元

本社常年法律顾问:北京大成律师事务所首席顾问律师 鲁哈达

凡有印装质量问题,本社负责调换。电话:(010)66509618

中央编译局文库
Central Compilation and Translation Bureau Literature

海外当代中国研究丛书
Overseas Studies on Contemporary China Series
丛书主编：魏海生

执政的转型

海外学者论中国共产党的建设

吕增奎 主 编
张利军 赵 超 副主编

TRANSFORMATION OF THE PARTY GOVERNANCE

Overseas Academics on the Development of the Communist Party of China

全国百佳出版社
中央编译出版社
CCTP
Central Compilation & Translation Press

总 序

近年来，随着中国的迅速崛起，海外中国问题研究急剧扩展，世界上到处都在述说着“中国故事”。2009 年，英国的中国问题研究专家马丁·雅克在他的《当中国统治世界：中国的崛起和西方世界的终结》一书中为我们描绘了“可能的未来景象”，提出“世界将按照中国概念重新塑造”；与此相反，2010 年，美国国际投资分析师麦嘉华、华尔街著名对冲基金经理查诺斯、哈佛大学经济学家罗戈夫等人纷纷发表文章认为，中国经济的泡沫即将破裂，中国甚至将走向崩溃。至此，关于中国的“统治说”与“崩溃说”在全球文化语境中各执一端、相持不下，这其中包含多少学理上的探究和现实中的策略尚待更进一步的讨论，然而，有一个事实不可否认：在当代全球体系下，“中国”已成为全球学者共同关注的热门词汇，“中国研究”正牵动着世界相关领域专家的问题意识。

正是在这样的背景下，中共中央编译局海外理论信息研究中心与中央编译出版社共同推出了《海外当代中国研究丛书》，力图让海外学者的视角、眼光更多地投射到我们的视界，使我们听到更多的来自世界的各种声音，而这种眼光与声音越真切清晰，越有利于我们的判断与辨析，同时也可以成为我们以多重向度理解自身的借镜。

当代世界的政治经济结构已深置于全球范围的互动关系中，各个领域的跨国化进程使本土与世界的关系显得愈加紧密复杂，作为现代性的民族国家正在以某种有别于其传统功能的方式，全面介入当代世界的关系体系。而历史上两大阵营的关系模式，以及后来的三个世界模式、中心/边缘理论等都无法诠释当代世界的复杂图景，因此，从这个意义上讲，如何建构一个更为广阔开放的参照系，多向度地反观时代，主动寻求异质文明间的对话与精神资源，既是各国经历现代性进程中的共同命题，同时，作为现代性共同体，藉此过程辨清自身的方位也更显必要。康德曾用“先验幻象”的概念指涉一种先入为主的思维定势，作为学术研究的文化使命，我们也有责任对某种封闭的执信保持警惕。今年适逢中国共产党成立90周年，在国内外一片赞誉声中，中国领导人保持着清醒的头脑，充满着强烈的忧患意识。在庆祝中国共产党成立90周年大会上的讲话中，胡锦涛同志警示全党：世情、国情、党情正在发生深刻变化，执政考验、改革开放考验、市场经济考验、外部环境考验将是长期的、复杂的、严峻的。精神懈怠的危险，能力不足的危险，脱离群众的危险，消极腐败的危险，更加尖锐地摆在全党面前。面对“四种考验”、“四种危险”，中国共产党人需要更加理性地、更加包容地听取不同的声音，关注来自国内外各方学者的思想成果。这是一种开放的胸怀，更是一种自信的表现。海外学者对中国问题的研究无疑提供了这样一重思想话语与认识维度，使我们有可能在固有的视域之外窥到自身的盲点，有助于深化我们对自身所处国家的认识；另一方面，研究方法与研究范式上的差异，也有助于我们观察和掌握不同文明视角下的内在逻辑，从而更有效地思考自身相应的策略，同时，这种认识上的互补性也可导向多种精神资源共同面对和审理对于当代世界的多层意义的解读，进而与当代全球体系达成一种良性互馈。

从某种意义上说，《海外当代中国研究丛书》的编纂既是基于现实的需要，也是当今学术研究与社会现实之间的互文关系的表征：理论探讨已越来越深入地参与到复杂的现实问题之中，并将随着现实的变迁而

更加全面地展开。在这套首批推出的丛书中，我们选取了如下四个主题："海外学者论中国政治发展"、"海外学者论中国经济发展"、"海外学者论中国模式"、"海外学者论中国共产党的建设"。显然，书中所涉及的都是当下中国最前沿也最具现实感的重大命题，它们延伸并跨越了过去时代的震荡与沉思，同时，又面临并深入到全球互动关系的新型结构中。无论相对于自身的历史变迁抑或全球化的世界体系，转型中的中国已呈现出既断裂又重叠、既竞争又融合的复杂图景，因此，对于中国社会政治、经济的发展模式，中国共产党作为执政党的政策组织及自我建设等这些我们一向耳熟能详的范畴都需要被重新审视和界定，从而在新的历史语境和世界秩序中加以关照。

可以说，《海外当代中国研究丛书》提供的是一个多角度的理论棱镜，所折射出的不仅是海外学者对于当下中国几个重要问题领域的观察与回应，同时，也从知识论、方法论的层面带来了多元化的问题线索和认识方式。丛书所选论著的诸位专家学者来自东西方不同的国度，分属于不同的思想派别，有着各自不同的经验背景和知识背景，所秉持的理念、意识也迥然有别。因此，其观点本身既包含着深刻的见地，也存在一定的局限；在观点与观点之间，既有共识，又有对立，既有交叉点，也有相悖处。事实上，这些又恰恰反映出问题对象的当下性与可讨论性。另一方面，在对同一问题的不同看法甚至相互抵牾的结论之间，也构成了一种对话关系，而对现实问题的理论阐发也的确需要经受这样的一种检验。就当代中国的发展轨迹与复杂结构而言，很难以某种单一固定的结论将问题进行整体性化约，因此，编选这套海外学者的学术论丛，我们着力呈现的正是这种丰富多元的论证角度和对问题的探寻过程，从而在比较宽阔的视域内发掘更多的可能性。将这些不同的研究成果并置于一个开放式结构中，既是对各种思想资源的审慎和兼容，也力图为读者提供更多的参考与思维向度。

我们看到，由中国引发的世界回响仍在持续，我们的丛书也将逐步拓展领域，成为一个陆续编选、出版的系列，以期更加多元化、多层面

地展现海外专家学者的研究成果和思考语境。另外，该丛书所选文章的观点均为作者观点的客观呈现，不代表丛书编者的认识倾向。

谨序。

魏海生

2011年7月5日于北京

目　录 >>>>

◆ 思想建设 ◆

◆ 组织建设 ◆

◆ 合法性与挑战 ◆

导言　海外视阈下的中国共产党研究

从20世纪50年代到70年代，在西方的中国政治研究中，中国共产党一直是关注的焦点，中国共产党研究一度成为中国政治研究主要内容，出现了一批迄今为止仍然是具有重要意义乃至经典性的研究著作。但是，从20世纪80年代到90年代，尽管中国共产党的变化和动向仍然受到西方学者的关注和分析，但不再是西方中国政治研究的热门主题，甚至可以说是遭到了忽视。经过将近20多年后的沉寂后，中国共产党在21世纪重新回到西方学者的视野之中，一些西方学者开始重视对中国共产党的研究，发出了中国政治研究应该“把中国共产党带回来”的呼声。尽管近10年来中国共产党研究在西方的中国政治研究难以说是热门主题和专门领域，但却呈现出逐渐升温之势，出现了一些在西方产生广泛反响的著作。中国共产党为何没有按照20世纪90年代初许多西方学者所预测的轨迹演变？中国共产党究竟发生了哪些变化，面临哪些挑战，将会走向何方？这些是近10年来许多西方学者关注和试图回答的问题。

一、西方学者对中国共产党的重新关注

2002 年，丹麦哥本哈根商学院举行了题为“把政党带回来：中国是如何治理的?”国际研讨会，明确提出了“把中国共产党带回到中国政治研究中”的呼吁，改变西方学界20 世纪80 年代和90 年代忽视和不重视中国共产党研究的状况，主张把中国共产党重新作为中国政治研究的焦点。自从之后，西方学者开始对中国共产党的角色、执政机制、发展演变、组织结构、意识形态和未来前景进行全面的分析和研究，出版了一系列具有广泛影响的著作，例如乔治·华盛顿大学教授布鲁斯·迪克逊（Bruce Dickson）的《中国的红色资本家：党、私营企业主和政治变化的前景》（*Red Capitalists in China*：*The Party*, *Private Entrepreneurs*, *and Prospects for Political Change*, 2003）和《财富变成权力：中国共产党对私人部门的包容》（*Wealth into Power*：*The Communist Party's Embrace of China's Private Sector*, 2008）、丹麦哥本哈根商学院教授柏思德（*Kjeld Erik Brødsgaard*）和新加坡国立大学东亚研究所教授郑永年共同编辑的《改革中的中国共产党》（*The Chinese Communist Party in Reform*, 2006）美国华盛顿大学沈大伟教授（David Shambaugh）的《中国共产党：收缩与调适》（*China's Communist Party*：*Atrophy & Adaptation*, 2008）、英国皇家国际事务所研究员凯瑞·布朗（Kerry Brown）的《朋友与敌人：中国共产党的过去、现在与未来》（*Friends and Enemies*：*the Past*, *Present and Future of the Communist Party of China*, 2009）、弗兰克·N. 皮克（Frank N. Pieke）的《优秀党员：当代中国的精英培训和国家建设》（*The Good Communists*：*Elite Training and State Building in Today's China*, 2009）和英国《金融时报》记者马利德（Richard McGregor）《党：中国共产党统治者的秘密世界》（*The Party*：*The Secret World of China s Communist Ruler*, 2010）等。

西方学者为什么在20 世纪80 年代和90 年代不重视中国共产党研究

而在2000年后又重新加以关注呢？这主要有三个原因。第一是西方政治科学主流范式的变化。从20世纪50年代到70年代，政党研究是西方政治科学的主流范式，因此，在中国政治研究中主流自然是中国共产党研究，在这一时期，西方的中国政治研究可以说就是中国共产党研究。进入20世纪80年代和90年代之后，西方政治科学的主流范式变成国家－社会关系研究，80年代的研究侧重点是国家－社会关系中的国家方面，而90年代则是国家－社会关系中的社会方面，关注中国政治发展中的离心力而不是向心力，因此20世纪90年代西方学者着重研究中国的公民社会和非政府组织，正是这种对公民社会和非政府组织的重视使中国共产党进入不到西方政治研究的主流范式之中。[①]

第二个原因是西方学者对中国政治发展的简单化看法。早在20世纪80年代初，中国的经济改革就使西方的许多观察家和学者产生了这样的预期：经济增长将会产生一个受过良好教育并富有企业家精神的中产阶级。他们迟早会要求掌握自己的命运，因而中国共产党不得不让位于他们。简单地说，这种观点认为，中国的经济自由化必然会带来政治自由化，最终带来政治民主化。20世纪90年代，苏东社会主义国家共产党的垮台促使西方许多观察家再一次认为，即中国共产党不久将步上它们的后尘，走上崩溃之路，实行自由民主制度。[②] 正是这种简单化的观点使得大多数西方学者并不怎么关注中国共产党。

第三个原因是中国政治的发展和变化。20世纪80年末，中国在地方引入了村民选举，进入90年代后，中国的公民社会和非政府组织兴起。中国政治和社会的这些发展和变化引起了西方学者的关注。他们试图从中寻找中国民主化的种子和动力，因而纷纷投身于其中进行研究。村民选举和非政府组织成为西方中国政治研究的热门主题，我们可以看

① 参见 Kjeld Erik Brødsgaard & Zheng Yongnian, *Bringing the Party Back In: How China is Governed*, Eastern Universities Press, 2004, pp. 4－5, p. 57.

② Roderick MacFarquhar, "The Anatomy of Collapse", September 26, 1991, *The New York Review of Books*, pp. 5－9.

到，正是在这一时期出现了西方学者大量关于村民选举和非政府组织的著述，从而冲淡和分散了中国共产党研究。

由于对中国共产党研究的忽视，西方的许多人看不到中国共产党实施的许多政治改革和党内改革，认为中国基本没有任何重大的政治改革，中国共产党必然会失去执政地位。然而，中国共产党没有在改革中凋零、停滞或面临不可避免的崩溃，反而正采取措施改造自身，维护自身的长期执政地位。这证明“西方许多人，包括中国专家在内，似乎对中共的角色、它的历史、它目前的组织结构等，普遍存在很大误解”[①]。关于西方对中国共产党的错误认识，正如前《英国金融时报》记者马利德所总结的那样：“中国只是名义上的共产主义国家”、“党控制着中国人生活中的方方面面”、“互联网会推翻党”、“其他国家希望复制中国模式”和“党不能永远统治下去”。[②] 正是由于意识到这些错误认识和判断的根源在于忽视了中国共产党研究，一些西方学者认为宣布放弃中国共产党研究还为时过早，因而必须把中国共产党作为研究的焦点[③]。另一个促使西方学者重新关注中国共产党的原因是中国共产党自身的变化和中国经济发展及其对世界的影响。改革开放 30 年来，中国的经济高速增长，已经成为世界第二大经济体，2001 年加入 WTO 后中国经济融入了世界经济，对世界经济的影响越来越大。中国共产党已经拥有 7000 多万名党员，既是世界上最大的政治组织，也是主宰世界第二大经济体前途的执政党，还掌握着世界五分之一人口的命运。因此，中国共产党的任何变化和政策举措不仅影响着中国，而且还影响着整个世界。

---

① 参见 http：//www. bbc. co. uk/zhongwen/simp/indepth/2009/12/091230 _ br8 _ frendsa ndenem ies. shtml。

② Richard McGregor, “5 Myths about the Chinese Communist Party”, *Foreign Policy*, January/February 2011.

③ 例如，英国皇家国际事务研究所凯瑞·布朗在接受采访时就指出，应该把中国共产党作为关注焦点，参见 http：//www. bbc. co. uk/zhongwen/simp/indepth/2009 /12/091230 _ br8 _ frendsandenemies. shtml。

二、中国共产党的积极调适和主动变革

中国实施了经济体制改革，推动了市场经济的发展，带来了社会利益的多元化和社会思想的多样性。与此同时，中国共产党也在政策行动、意识形态和组织结构上发生了变化。在这样一些变化过程中，中国共产党能否保住权力？中国共产党如何主动适应变化？这是西方学者普遍关心的两个问题。一些西方学者认为，中国共产党不可能适应社会的变化，将会失去政权。例如 1996 年，美国胡佛研究所研究员亨利·S. 罗文（Henry S. Rowen）认为，中国到 2015 年将会实现民主化①；“中国崩溃论”的鼓吹者、美国华裔学者章家敦认为，中国共产党将会在 2010 年被推翻②。然而，中国共产党继续执政的现实粉碎了这些预测。正如凯瑞·布朗所评论的那样：“许多权威专家预言中国正在努力做的事情事实上是不可持续的和不可持久的，许多次发出了即将崩溃的警告，认为中国共产党的日子已经屈指可数……但是，我们今天仍然在讨论和努力认识中国共产党。在这个意义上说，直到今天，中国共产党一直是成功者和胜利者。”③

尽管中国共产党在经济、政治和社会领域中的控制有所弱化，但是从总体上看，中国共产党在这些领域中的主导地位并未改变。大多数西方学者认为，中国共产党之所以能够一直是成功者和胜利者，主要是因为中国共产党的积极适应和主动创新。美国加州大学洛杉矶分校政治学系教授阿列克谢·舍甫琴柯（Alexei Shevchenko）认为，中国共产党面

---

① Henry S. Rowen, “The Short March: China’s Road to Democracy,” *The National Interest* 45, Fall 1996, p. 61.

② Gordon G. Chang, *The Coming Collapse of China*, New York: Random House, 2001.

③ *Friends and Enemies: The Past, Present and Future of the Communist Party of China*, Anthem Press, 2009, p. 22.

向市场作出了“创意性导向”的适应逻辑。[①] 瑞典乌普萨拉大学研究员金山爱（Maria Edin）认为，“人们错误地以为中国共产党是旧时代的残余，会随着市场改革的深化而失去权力。相反，中国共产党正在使用市场力量来重造自身，已经证明了自己比人们所称赞的更富有创新精神。”[②] 布鲁斯·迪克逊认为，中国共产党变得比以前“更具适应性和坚韧性”，开展了各种各样的改革来加强自己的权威，例如改造和提高干部和党员队伍的素质和结构，发展“先进生产力”的分子入党，重视最广大人民群众的根本利益，实行竞争性的选举等。[③]

一些学者认为，中国共产党通过党内改革，适应经济社会环境的变化，应对所面临的挑战，增强了政党－国家体制（Party-state）的适应性，维持了自己的执政地位。德国学者托马斯·海贝勒（Thomas Heberer）认为，认为中国的“政党－国家体制”经历了“转型”和“巩固”阶段，目前已经进入第三阶段，即“适应”阶段。在这一阶段上，中国的一党领导体制有五个特征：第一，意识形态作用减弱。意识形态逐渐为经济的、社会的和政治的实用主义所取代。这种减弱实际上并非政权衰退的一个迹象，而是政治稳定的一种征候。第二，新兴社会力量出现，要求党在社会内部重新定义党的角色。第三，新政治精英出现。第四，批判性知识分子阶层再次出现。这个阶层不是反对中国的政治体制，而是试图改善这个体制的结构和治理能力。第五，地区与跨地区的社会集团和组织日益要求参与和影响政治过程。海贝勒从这些特征出发进而断定，中国的“政党－国家体制”并非一个同质的（homogeneous）

① 参见 Alexei Shevchenko, “Bringing the party back in: the CCP and the trajectory of market transition in China”, *Communist and Post-Communist Studies*, Vol. 37, No. 2, 2004, pp. 161－85.

② Maria Edin, “Remaking the Communist Party-State: The Cadre Responsibility System at the Local Level in China”, *China: An International Journal*, Vol. 1, No. 1, 2003, p. 4.

③ Bruce Dickson, “The Future of the Chinese Communist Party: Strategies of Survival and Prospects for Change”, in Chae-ho Chŏng ed. *Charting China's future: political, social, and international dimensions*, Rowman & Littlefield, 2006, pp. 22－24.

实体，而是一个多样化的实体。[①]

与海贝勒不同，美国学者沈大伟认为，在苏东剧变后乃至更早的时间，中国“政党－国家”体制的演变是一种“收缩”（atrophy）和“调适”（adaptation）的双重过程。“政党－国家体制”收缩表现在思想、经济、政治和社会生活的各个方面上：传统的控制手段随着时间的推移而大大萎缩和遭到侵蚀，全球化和中国同外部世界的多方面交往又进一步削弱了党对社会的控制。此外，党也面临着许多紧迫的挑战，例如日益加剧的社会分层和不平等、广泛的腐败、普遍的失业、犯罪率的上升和农村的不稳定。

另一方面，他认为，中国共产党采取了一系列“适应”措施来稳定乃至扭转“萎缩”。第一，中国共产党全面、广泛和深刻地吸取了苏联和东欧共产党以及其他一党制国家（包括前共产党和非共产党国家）失败的教训。中国对这些国家失败教训的研究并不是一项抽象的学术研究，而是有选择地借用、采纳并转化成为本国的制度和实践。第二，中国共产党根据这些教训在意识形态（理论）上进行了一系列的创新活动，相继提出了“三个代表”重要思想、社会主义和谐社会理论、科学发展观和提高党的执政能力思想。这些理论创新充当了党一系列加强其组织机构和能力的实践努力的理论基础。第三，中国共产党在组织上采取了各项措施：吸收新的社会阶层入党，扩大党的执政基础；展开“保持共产党员先进性”教育活动，评估和提高党员的素质；加强党内纪律，打击党内腐败；重建地方党支部；加强党外协商和监督；扩大党内民主，试行竞争性的地方党委选举，鼓励各级党委同公众的协商和党委内部的争论；加强干部培训，提高干部素质，等等。

这些政治改革表明，中国的一党制国家能够通过满足不同群体的需要来重新合法化自身，而且各种社会经济问题和紧张并没有对中国共产

---

① 托马斯·海贝勒：《关于中国模式若干问题的研究》，《当代世界与社会主义》，2005年第5期，第9页。

党的执政地位构成尖锐的威胁。因此，沈大伟认为，这些政治改革的意义和作用并不像西方许多学者和记者所认为的那样“太小、太迟”，而是“相当有效地应对了（党所面临的）许多挑战……从而维持了中国共产党的政治合法性和权力”。[①]

三、中国共产党的执政挑战与执政合法性

合法性理论目前是西方的中国共产党研究中正在流行的理论。在大多数西方学者看来，自从1978年以来，中国共产党经历了两次执政合法性基础的转变：第一次发生在1978年，中国共产党执政合法性的基础从意识形态和道德激励或者领袖的个人魅力转向经济表现和物质激励；第二次发生在20世纪90年代初，中国共产党执政合法性的基础逐渐转变为经济增长、稳定和民族主义。然而，大多数西方学者认为，正是在这三个合法性基础上，中国共产党再一次面临着挑战：

第一，由于缺乏来源于民主选举所赋予的合法性，中国共产党只能通过经济增长来提高人民的福利，以便获取人民的支持。然而，由于中国的经济增长模式使经济增长难以按照目前的速度继续下去，多年来的持续经济增长使中国的环境恶化变得非常严重，而且带来了失业和不平等严重的问题。

第二，早在中国改革开放初期，一些西方学者就已经指出，由于中国现代化进程的快速推进，一些社会紧张和冲突必定会加剧，并在中国政治中产生新的紧张和力量。从1993年到2004年，中国发生的群体性事件从每年8700起增至每年7.4万起，2005年则增加到了8.7万起。从20世纪90年代初到现在，中国的群体性事件正在以两位数的速度增长。正如美国学者白思鼎（Thomas Bernstein）所认为的那样，“到21世

① David Shambaugh, *China's Communist Party: Atrophy and Adaptation*, Woodrow Wilson Center Press, 2008, p. 9.

纪初，社会的不安定已经成为中国社会的一个日常特征”。[①] 因此，中国面临着“重大的社会管制危机”，并且“政府的失灵致使矛盾变成对抗性和危险的矛盾”。[②]

第三，大多数西方学者都认为，民族主义是中国共产党取代共产主义来填充意识形态真空和重新合法化自身的意识形态手段。由于改革开放以来马克思主义意识形态的弱化，中国共产党必将培养和宣传自己的民族主义性质。换句话说，“中国共产党不再是共产主义的，那么它必定是更民族主义的”。[③] 此外，从20世纪80年代的经济危机中吸取的教训和西方国家对中国的偏见也促使中国共产党把民族主义作为合法性基础的重要因素。[④] 然而，民族主义对中国的政权合法性可能变成一把“双刃剑”，并不是解决政权合法性危机的长久之道，因为民族主义情绪很有可能会转向中国共产党自身。[⑤]

第四，在一些西方学者看来，尽管中国从腐败产生之日就发动了反腐败斗争，但是中国的反腐败斗争仍然难以阻止腐败的发生。就目前来看，中国的腐败问题不但没有稳定下来，反而更加恶化了。不过，即使中国的反腐败斗争难言“胜利”，但是也没有恶化到“吞噬掉中国共产党”的地步，至多是打了个“平手”。[⑥] 在西方学者看来，腐败问题是中国改革的“致命弱点”，是中国共产党执政地位所面临的三大挑战之一，因为它给中国共产党带来了生死攸关的合法性危机。[⑦]

---

① Thomas Bernstein, *Unrest in Rural China*: *A 2003 Assessment*, August 1, 2004, http: //repositories. cdlib. org/csd/04 – 13/

② Murray Scot Tanner, "China Rethinks Unrest," *The Washington Quarterly*, 27: 3, 2004, . pp. 138 and 146.

③ Thomas Christensen, "Chinese Realpolitik," *Foreign Affairs*, September/October 1996, p. 46.

④ Robert Weatherley, *Politics in China Since 1949*: *Legitimizing Authoritarian Rule*, p. 153.

⑤ Ibid. , pp. 12 – 13.

⑥ Andrew Wedeman, "Win, Lose, or Draw? China's quarter century war on corruption," *Crime*, *Law and Social Change*, Vol. 49, No. 1, 2008, p. 24.

⑦ Tony Saich, *Governance and Politics of China*, London and Basingstoke: Palgrave Macmillan, 2004, pp. 330 – 336.

总而言之，由于国家能力下降而无力维持社会稳定和经济增长；社会群体性事件数量日益增多，规模日益增大，组织性日益增强，对社会稳定构成了严重的威胁；日益猖獗的腐败行为造成了中国政权的深度合法性危机。目前，中国共产党正在面临着第三次“合法性危机”，必须再次进行“合法性”的转型。因此，正如美国学者傅士卓（Joseph Fewsmith）所指出的那样，中国共产党的合法性不可能再依靠持续的增长，而是取决于在维持经济增长的同时必须满足各种社会需要，取决于正式程序规则和使民众形成正义感。[①] 然而，西方也有学者认为，按照西方的合法性理论，从中国共产党的民众支持度来看，中国根本不存在合法性问题。新加坡国立大学教授薄智跃认为，按照西方学术界和媒体界的“专家意见”来评估中国共产党的合法性是错误的做法，因为他们不可能判断中国共产党是否有权统治。要评估任何一个政权合法性，必须看被统治者对该政权的接受程度如何。从这个视角来看，中国共产党根本不存在合法性危机。因为绝大多数中国人民承认中国共产党执政的合法性。[②]

四、中国共产党的未来与中国政治发展的前景

西方研究中国政治的学者大多都对中国政治的民主化感兴趣，许多西方学者围绕中国政治民主化和中国共产党的关系来研究中国政治的变化和发展前景。长期以来，大多数西方学者简单地把西方的理论套用在中国身上，把中国政治民主化与中国共产党对立起来，认为中国是否会民主化与中国共产党能否继续执政不过是同一个问题的不同表述而已，中国政治的民主化必然与中国共产党的垮台联系在一起。近年来一些西

① Joseph Fewsmith, “Generational Transition in China,” *The Washington Quarterly*, Vol. 25, No, 4, 2002, p. 34.

② Bo Zhiyue, “China's Model of Democracy”, *International Journal of China Studies* Vol. 1, No. 1, January 2010, p. 117.

方学者指出了这种观点的局限，认为中国政治的民主化并不必然是走向西方的自由民主体制，中国共产党在中国政治民主化的过程中不但不会消亡，反而会发挥领导作用，成为中国政治民主化的起点。还有一些学者认为，中国政治发展的前景既不会是西方式的民主体制，中国共产党也不会失去执政地位，而是会走出一条中间的道路。

1. 非中国共产党主导的自由民主转型

许多西方学者都认定中国目前尚不是一个民主政体，而中国政治发展的前景则是民主转型。关于中国民主转型的路径问题，一些西方学者认为，中国的政治制度是脆弱的，陷入了统治危机，从而中国的政治体制将会崩溃，最终走向民主。换句话说，中国将通过暴力、激进的路径走向民主。然而，一些西方学者并不赞同这种民主化的路径，认为中国将通过和平、渐进的方式走向民主。他们通过分析中国经济、社会和政治的发展趋势来论证民主的可能性。就经济发展趋势来说，经济发展水平越高，政治民主化的可能性就越大。因此，如果社会经济的变革按照目前的速度继续下去，中国将会在未来的20年内转向自由民主制度。中国政治之所以没有出现民主化，是因为中国尚未达到民主转型所需要的收入水平。

在坚持这些观点的西方学者看来，中国政治、经济和社会的发展已经为民主的发展奠定了基础，中国已经走上了民主发展的转型道路：第一，中国拥有丰富的民主遗产，特别是近代以来留下的民主遗产；第二，自下而上的民主的证据越来越明显，例如中国的村民选举将会走向乡镇选举；第三，中国的国家宪政结构从形式上来说是民主的；第四，个人经济自由的增长将会使同样的自由出现在包括政治在内的其他社会生活领域中；第五，国际的压力也是中国走向民主化的一个重要因素。因此，他们对中国民主化的前景表示乐观，认为经济增长、新兴的公民社会、自由主义的兴起、国际权力的制度化和去政治化、国际压力、具有远见的领导人和选举的遗产将会帮助中国产生一种新的民主制度，

“2020 年将是中国民主化的‘最早’期限”。①

2. 中国共产党主导的非自由主义民主

尽管许多西方学者认为中国至少暂时不会走向民主，但是他们基本上认为民主是一种普世的价值，中国当前的政治正处于转型之中，不论是陷入崩溃或混乱还是通过和平的转型，终归都要走向民主。实际上，他们所说的“民主”是指“立法民主”（legislative democracy），即通常所说的“自由民主”（liberarl democracy）或“议会制民主”（parliamentary democracy）的简称。然而，这种把“民主”等同于“自由民主”的做法缩小了民主的范围，其实“自由民主”仅仅是民主的一种道路，民主的其他道路的可能性仍然存在。因此，一些西方学者开始从理论上讨论中国走向非自由主义民主（illiberal democracy）的可能性。在他们看来，一切政治都是地方性的，因而没有中国特色的民主就不是中国的民主。就中国未来的非自由主义民主政体而言，它可能是“政党 - 国家民主”（party-state democracy）、“合宜的民主集中制”（decent democratic centralism）或者“法治的宪政”（rule of law constitutionalism）②。

在这些主张中国走向非自由主义民主的学者看来，民主的本义是人民决定公共事务的直接权力，因此，如果人民的影响在政治体制中越来越强和有效，那么它变得越来越民主。如果人民的影响变得越小，那么它就变得越不民主。相比之下，自由民主无法避免人民的实质性权力与其程序结果之间的冲突，也无法避免精英主义以及国家对公众思想的影响。因此，自由民主的标准不能用来评判另一种政府形式中人民的利益和权力

① Larry Diamond and Bruce Gilley, ed. *Political Change in China: Comparisons With Taiwan*; Boulder & London: Lynne Riener, 2008, p. 7.

② 参见 Brantly Womack, “Democracy and the Governing Party: A Theoretical Perspective,” *Journal of Chinese Political Science*, Vol. 10, No. 1, 2005; Stephen C. Angle, “Decent Democratic Centralism,” *Political Theory*, Vol. 33, No. 4, 2005 和 Larry Catá Backer, “Rule of Law, the Chinese Communist Party, and Ideological Campaigns Sange Daibiao,” *Journal of Transnational Law & Contemporary Problems*, Vol. 16, No. 1, 2006.

同政府之间的关系。就中国的政党－国家体制而言，中国的国家是权力的外在制度表现形式（各种国家制度）和内在表现形式（中国共产党）的总和。其中，中国共产党并不是一种纯粹的西方式政党，而是一个不可分割的国家权力机构。[①] 因此，中国政治改革的目标是“政党－国家民主，即在一个不可能受到其他政党挑战的一党制框架内实现人民的有效权力”。[②]

3. 不会发生重大的变化：中国共产党将会继续执政

不论是那些认为中国通过崩溃走向民主的西方学者，还是那些认为中国将会出现和平的民主转型的学者，他们实际上都认为中国共产党的执政地位难以维持下去。然而，有一些西方学者对此并不表示赞同，例如美国学者沈大伟认为，尽管中国共产党面临着许多挑战，但是中国共产党成功地应对和适应了这些挑战，能够继续执政下去，因而中国的政治制度不会发生诸如崩溃或民主化之类的重大变化。

在沈大伟看来，中国共产党在领导层、党政关系、党员和组织结构、基层组织和意识形态上都处于一种萎缩和调整的状态，并且这种状态将会无限地持续下去。尽管每一项政策调整解决了某种萎缩，但是每一项调整性措施带来了新的预期和问题，从而需要进一步的调整。不过，正如萎缩并不一定导致最终崩溃一样，调整也不会带来政治稳定和可持续性的乐土。因此，稳定是一种动态而非静态的稳定，而中国共产党所采取的许多改革表明它接受了“动态的稳定”是唯一的出路。如果中国共产党按照这种趋势持续下去，就可能在体制内引入更大的政治竞争。但是，这种政治竞争并不会挑战中国共产党的执政地位，因而是一种有限的政治竞争。中国可以采取两种途径来建立这种有限政治竞争：

---

① Larry Catá Backer, “Rule of Law, the Chinese Communist Party, and Ideological Campaigns Sange Daibiao,” *Journal of Transnational Law & Contemporary Problems*, Vol. 16, No. 1, 2006, pp. 57－60.

② Brantly Womack, “Democracy and the Governing Party: A Theoretical Perspective,” *Journal of Chinese Political Science*, Vol. 10, No. 1, 2005, p. 26.

一是加强全国人大的权威和自主性，二是赋予八大民主党派更大的权力和自主性。就前一种途径而言，将会立即建立一种选民 - 立法者关系，增加公民在公共政策决策中的声音；就后一种途径而言，中国可能会转向一种议会式的制度。不过，就中国目前的政治变化来说，竞争不可能引入体制内，但是协商正在加强。也就是说，中国共产党在所划定的界限内加强体制内外的沟通和协商。在短期内，这可能有助于加强党的大众合法性，在长期内会把更多的竞争动力引入到体制内。这些体制内外的变化力量已经存在，并且随着时间的推移将会变得更加强大。因此，就像经济改革一样，中国的政治改革也是渐进性的。在这种谨慎和渐进的改革过程中，中国正在形成一种新型的政治体制："兼收并蓄型国家"（eclectic state）。①

五、简短的结语

作为一个拥有 90 年历史和执政 60 多年历史的政党，中国共产党之所以能够完成革命、改革和建设的历史伟业，其中重要的一条历史经验就是中国共产党一直注重党情认识和党的建设。对于"在长期执政的历史条件下建设什么样的党、怎样建设党的问题"的研究和探索一直是我们党的建设的重要内容之一。中国政治的发展在充分认识人类政治发展普遍规律的基础上，形成了自己的独特发展道路。西方学者从另一种视角对中国共产党的发展和变革进行研究，提出的观点和看法不乏新颖之处。当然，西方学者的中国共产党研究运用的毕竟是西方的概念和理论框架，存在着这样或那样的问题和偏见，但是他们的国际视角和比较视野对我们具有一定的参照意义。因此，梳理和总结他们的观点和研究对于我们认识和研究"在长期执政的历史条件下建设什么样的党、怎样建

① David Shambaugh, *China's Communist Party: Atrophy and Adaptation*, Woodrow Wilson Center Press, 2008, p. 179 - 181.

设党”的问题具有一定的借鉴意义。

自2000年以来，中国共产党为什么能够继续执政的问题是西方学者最为关注的问题。他们从中国共产党的意识形态建设、组织建设以及未来和合法性挑战等方面进行了广泛的研究。本文集正是从这三个方面选编了2000年以来西方学者的相关论文。本文集共分为三个部分，第一部分主要选编了西方学者关于中国共产党的意识形态建设尤其是“三个代表”重要思想、和谐社会、科学发展观和中国特色社会主义理论的文章，第二部分主要选编了西方学者关于中国共产党党内民主、党员发展、干部培训和干部管理体制的文章，第三部分主要选编西方学者关于中国共产党所面临的挑战和未来走向的文章。

本文集得以付梓，首先得益于中央编译局海外理论信息研究中心同仁的大力协助。海外理论信息研究中心对“海外当代中国研究”进行了长期跟踪，积累了不少的研究成果，为本文集的编选提供了重要的帮助。其次，要感谢全体译者所付出的辛劳，正是他们及时完成了文章的翻译，才使本文集能够按时出版。最后，要感谢中央编译出版社总编室贾宇琰老师和本书责任编辑杜永明老师，是他们的督促和信任，推动了我们加快工作步伐，及时交稿。当然，本文集还得到了其他许多人的帮助和支持，就不一一列举了，在此一并表示感谢。由于编者水平有限，书中的错误和疏漏自然在所难免，恳请读者予以批评指正。

吕增奎　赵　超

2011年8月20日

海外当代中国研究丛书
Overseas Studies on Contemporary China Series

思想建设

Transfomation of the
Party Governance

当代中国的意识形态重构：决定因素、进展和局限*

〔德〕黑克·霍贝格

一、引　言

在当代许多人的眼里，柏林墙的倒塌和苏联的解体是全部意识形态终结的标志，特别是社会主义和马克思主义终结的标志。大约 20 年后，当时成功幸存下来的共产主义一党制政权仍然存在。特别是在由于经济成功和崛起成为新“威权主义大国”① 而越来越被西方视为战略竞争对手的中国，我们能够看到社会主义和马克思主义的复兴，而伴随着这种复兴的是重新开展关于意识形态的地位的争论。自 2002 年 11 月担任总书记以来，胡锦涛就被称为“平民主义”（通常是描述政治家在竞选中的策略行为的术语）的领导人。尽管如此，但是这是重新重视意识形态

* 本文原题为“Remaking the CCP's Ideology: Determinants, Progress, and Limits under Hu Jintao”，载 *Journal of Current Chinese Affairs*，Vol. 38，No. 3，2009。作者简介：黑克·霍贝格（Heike Holbig），海德堡大学政治学博士，德国全球与地区研究所亚洲研究所研究员，德国《当代中国》杂志编辑。——译者注

① Gat，Azar（2007），“The Return of Authoritarian Great Powers”，in：*Foreign Affairs*，July/August，online：〈http：//www. foreignaffairs. org/20070701faessay86405/azar-gat/the-return-of-authoritarian-great-powers. html〉（September 11，2007）.

的证明或许是更准确的说法。

在担任总书记之初，胡锦涛就开始视察西柏坡和其他革命圣地，同劳动群众握手，并且在电视上复述马克思主义和毛主义原理。这些做法的意图是让人想起党的意识形态的核心内容。2004 年 9 月，中共中央委员会通过了《中共中央关于加强党的执政能力建设的决定》。这是一项分水岭式的决议，要求坚持马克思主义在意识形态领域的“主导地位”。2005 年底，著名的中国社会科学院成立了马克思主义研究院，其任务是使马克思主义理论现代化。大量的拨款用来资助马克思主义理论创新领域中的研究项目和编写新的马克思主义教科书。党希望，“现代化的马克思主义理论”能够成为新的意识形态框架，能够整合日益复杂化的国内社会，甚至能够在使马克思主义适应现代市场经济的过程中发挥国际先锋的作用。对意识形态的重新重视的另一个例子是 2005 年的“保持党的先进性”教育活动。事实上，这是自经济改革以来一场最广泛和最系统的党内教育活动。在为期 18 个月的教育活动中，7000 万党员应该亲自了解马克思主义中国化和社会主义政党理论的最新发展，从而证明自己对党的事业的忠诚。

“意识形态的终结”的预言已经经过了 20 多年，经济的成功和物质需要的满足据说已经使意识形态完全失去了作用。因此，如何解释这种对意识形态的重新重视呢？要回答这个问题，就要研究胡锦涛时代党重构意识形态的原因和影响因素，并评价这一过程所取得的进展和所存在的局限。在从理论上讨论了意识形态的作用后，我们将会详细地分析 2002 年以来对“主流意识形态”的（重新）阐述。除了研究党的文件、最高领导人的讲话、宣传和在官方话语“表面”所发现的证据外，考察近年来知识分子和党内精英中发生的相关争论也非常重要，因为只有这样，才能更好地理解中国共产党意识形态重构背后的动机、反思和有时出现的冲突。在此基础上，本文将要论证，对意识形态的重新重视是因为中国共产党已经认识到自己的执政合法性面临着明显的挑战。中国的一些学者警告说党的执政地位面临着公开的“合法性危机”。尽管他们的末日叙事并不代表公众的认识，但的确暗示出政治精英和知识分子精英对政权稳定性的某种担忧。[①] 西方的许多评论家认为，中国经济的成功即使不是政权合法性的唯一来源，也是它的最重要的来源。与他们相反，中国的理论家和学者开始认识到，基于经济政绩的合法性公式日益失效和不稳定。正如下文将要证明的那样，为了解决党的执政地位所面临的公认的“政绩困局”（performance dilemma），大多数人建议把意识形态的调整和创新作为中国共产党执政地位重新合法化的主要来源。

二、意识形态与政权合法性

近年来，大量关于当代中国的社会科学出版物一直致力于“把党带回来”。这是一种非常值得称道和富有成效的做法，阻止了学者们以前对如下方面的忽视：改革开放后国家中心的路径和自上而下的机制、社会生活的多元化以及自邓小平时代以来党的领导人的所谓的“实用主义”。然而，这些重新讨论党的地位的研究大多数集中于组织问题：党是如何组织的；中央和地方的各级部门是如何运作的，是如何与政府机构进行互动的；如何选拔和培养干部；等等。另一方面，意识形态问题基本上仍然是这一领域中的盲点。这是一个问题。不仅从舒曼（Franz Schurmann）的经典著作《中国的意识形态和组织》来看是如此，该书恰当地揭示了意识形态在中国政治体制中的至关重要的地位。此外，正如孙燕（音译）最近在《中国对社会主义的再评价》（*The Chinese Reassessment of Socialism, 1976—1992*）一书中表明的那样，不应当草率地把意识形态贬为中国政治的一个解释因素。她从经验的角度发现，在毛泽东时代之后，政治精英中的权力斗争和宗派斗争仍然经常源于意识形态的分歧，而不是其他的方面。正如她指出的那样，意识形态的这种核心

① Gilley, Bruce and Heike Holbig (2009), “The Debate on Party Legitimacy in China: A Mixed Quantitative/Qualitative Analysis”, *Journal of Contemporary China*, Vol. 18, No. 59, pp. 339 – 358.

性是否产生于对思想在决定政治行为中的首要性的文化关注和“儒家对学说的推崇”，仍然是一个悬而未决的问题。她采取了一种更少文化主义但却更令人信服的方式，按照从苏联经验中得出的后见之明论证说：“要判断经验变化的程度，意识形态的变化是决定性的标准。”①

这些发现支持了本文的如下主张：在中国，意识形态的终结看上去似乎为时过早。本文之所以得出这一主张，是因为不仅从党的威权主义执政的具体历史和本质来看是如此，而且从整个社会和制度变迁的过程来看也是如此。换句话说，本文并不把意识形态当作一种僵化和固定不变的世界观，而是将其视为一种解释社会现实的动态体系。② 更具体地说，本文把意识形态理解为一种“政治行动者声称拥有唯一权威的统一的意义体系”③。同样地，意识形态被定义为“一种具有合法化功能的认知结构”④。

特别是在那些经济和社会发生快速转型的国家——例如过去 30 年的中国，意识形态在调节社会对转型的高度变化的认识方面发挥了最为重要的作用。一方面，官方的意识形态必须具有足够的灵活性，适应社会规范、利益和预期的变化，才能支持公众的“平滑”转型观念。如果正确地加以设计，意识形态的改革能够调解对转型利弊的主观评价，那么它能够增强社会对转型之痛的忍受，帮助政权合法性的持续再生产。然而，这样一些转型同时对政权合法性提出了严峻的考验，因为社会对未来变革的预期面临着根本的不确定性。在这种情况下，意识形态的连续性能够有助于稳定社会预期，减少焦虑和抵制，特别是在那些发现自

① Sun, Yan (1995), *The Chinese Reassessment of Socialism, 1976—1992*, Princeton, New Jersey: Princeton University Press, p. 16.

② Salamun, Kurt (1988), *Ideologie und Aufklärung. Weltanschauungstheorie und Politik*, Wien et al.: Böhlau.

③ Herrmann-Pillath, Carsten (2005), "Culture, Economic Style and the Nature of the Chinese Economic System", *China aktuell*, 2, January/February, pp. 32 – 51；亦可参见 Freeden, Michael 2006), "Ideology and Political Theory," *Journal of Political Ideologies*, 11, 1, pp. 3 – 22。

④ Strath, Bo (2006), "Ideology and History", *Journal of Political Ideologies*, 11, 1, pp. 23 – 42.

己在转型过程处于无权无势地位中的人当中更是如此。在这个意义上，意识形态改革必须在调整性与连续性之间保持一种动态的平衡。换而言之，正是路径依赖的过程直接影响到政权的合法性。①

意识形态要履行它的合法化功能，它不一定要成为全体人民内心深处的意识形态信仰和信念。注意到这一点非常重要。毋宁说，只有在充当一种形成公共舆论的象征资源和一种社会构建现实的框架的意义上，意识形态才能是“有效的”。② 特别是在社会主义国家，共产党在公共领域中所声称拥有的意识形态霸权往往普遍地带来一种冷嘲热讽的话语。③在漫长的社会主义统治时期，普遍的冷嘲热讽实际上有助于发泄大众的怨恨，因而有助于稳定共产党在公共领域中的霸权。因此，在某种程度上，对官方话语的冷嘲热讽式解释，可能确认而不是颠覆了意识形态在塑造公共舆论和框定社会现实认知中的地位。因此，对真正的意识形态信奉和“真诚信念”表现进行动员的努力通常集中在政治精英身上，尤其是集中在担任党、国家和军队各级领导的共产党干部身上。这个精英群体在不断的教育活动期间形成的意识形态信念可能被当做是对政权的政治忠诚的检验。此外，由于建立在共产党是群众的“先锋队”学说的基础上，这个所谓的精英信奉可能被宣传为代表了全体人民的意志，至少在象征的意义上是如此。

---

① Holbig, Heike (2009), “Ideological Reform and Political Legitimacy in China: Challenges in the Post-Jiang Era”, Thomas Heberer and Gunter Schubert (eds.), *Regime Legitimacy in Contemporary China: Institutional Change and Stability*, London: Routledge, pp. 13 - 34. 同时参见 North, Douglass C. (1990), *Institutions, Institutional Change, and Economic Performance*, Cambridge et al.: Cambridge University Press.

② Wohlgemuth, Michael (2002), “Evolutionary Approaches to Politics”, *Kyklos*, 55, 2, pp. 2232 - 2246.

③ James Scott 描述了“隐藏的文本”（hidden transcripts）在官方话语的“公开的文本”（public transcripts）背后的形成。他说：“不论是否相信法规，只有傻瓜才会认识不到运用这样一些可以利用的意识形态资源所获得的可能利益”。“隐藏的文本”通常采取的形式是“幽默、流言、民间故事、笑话、歌曲、仪式、习俗、隐语”……它们具有一个共同的特征，即它们能够明确出现在公共领域中，同时又掩藏它们的作者，参见 Scott, James (1990), *Domination and the Arts of Resistance. Hidden Transcripts*, New Haven: Yale University Press, p. 95。

于是，从理论的角度来看，我们似乎可以合理认为，花费在意识形态的（重新）阐述和宣传上的大量资源在某种程度上可能“取得了成效”。特别是在一个正在快速转型和由此使人民在未来的制度变迁上面临根本的不确定性的体制中，意识形态的改革可能有助于政治权力的合法化，因为它能够稳定社会预期，保持转型过程的平滑，塑造对合法统治的认识。兰斯·戈尔（Lance Gore）分析了1989年苏联社会主义阵营的解体。在他看来，占统治地位的意识形态在共产主义的生存和解体中发挥了至关重要的作用。按照他的解释，1989年发生的表面上是自下而上的革命，首先并不是因为人民的道义愤慨、普遍的失望情绪和挫败感，而是由执政精英的各个部分发动的，他们重构乃至放弃了占统治地位的意识形态的神圣原理，从而造成了对共产主义理想的全盘抛弃（戈尔巴乔夫的“新思维”就是最明显的例子）。因此，可以说，与其他大多数“较弱”的威权主义体制相比，一旦改革超出了共产主义的大传统，占统治地位的意识形态遭到了瓦解，社会主义体制就更容易失去平衡。

三、社会主义思想和政党合法性：国际和国内的挑战

中国的理论家和学者一般来说都同意，各种国际和国内的因素使中国共产党的意识形态面临沉重的压力。在国际上，苏联及其标志性的社会主义思想瓦解不仅是最明显的例子，而且成为此后党内争论的一个参照点。然而，直到2000年台湾的国民党失去政权之时，中国共产党才开始提出一项明确的战略，目的是使它的主导意识形态适应变化的环境。事实上，自2000年初以来，“三个代表”思想就被宣传为是党对执政合法性的意识形态重构的核心内容。所声称的合法性不再借助党的长期的革命历史和传统的意识形态教义，取而代之的是强调理论的创新性和党的生命力——这两者来自于党的如下能力：调整它的主流意识形态，使之适应不断变化的环境，并且从内部进行自我改革。中国的理论

家们明确地主张，由于提出了“三个代表”思想，党的领导人英明而富有远见地应对了世界其他执政党——其中包括东欧的共产党和台湾的国民党——没有解决的挑战。

经济全球化、西方文化和技术的冲击以及互联网革命也被视为社会主义意识形态所面临的挑战。从外部进入中国的新思潮，例如个人主义、宗教神秘主义、实用主义和虚无主义，带来了前所未有的意识形态多元化。它们即使不与“主流意识形态”冲突，也与之竞争，并且党对真理的排他性解释也随之面临挑战。在国内，主流意识形态的衰落被认为是因为如下因素：人民对共产主义革命的直接经历已经消失殆尽，对毛主义运动的怀疑体验，最重要的是普遍的社会不平等感和不公正感。正如近年来各类学者所生动地证明的那样，经济改革确实造成了令人担忧的社会不平等，高得惊人且不断上升的基尼系数就是证明。随着各地区、各行业、各社会阶层以及城市和农村之间的收入差距日益加剧，社会冲突也在上升。城市和农村的工人同新富阶层、城市白领和党政干部（他们已经学会在社会主义市场经济中把自己的利益最大化）之间出现了最深刻的利益冲突。经济增长的优先化带来了干部的政治激励结构，从而造成了腐败、滥用权力、地方“豪华场所”经济和对社会问题的普遍冷漠。

一些学者强调指出，特别是工人和农民——党的传统无产阶级基础——发现自己是“相对被剥夺”的受害者，成为经济改革的“输家”。他们觉得自己的先锋队“背叛”了自己，因而不再相信社会主义思想，不再相信党领导他们走向更美好未来的能力。2002 年，宁夏省委党校的两位学者描绘了城市居民不再相信党和国家的惊人景象。根据对宁夏城市居民的调查，大约 25% 的人不再相信社会主义建设事业，50% 的人怀疑党的工人阶级先锋队的角色，65% 的人觉得自己不再是“国家的主人”，79% 的人失去了对党的亲密情感。现在是党应该加强“居安思危”

意识的时候了。①

根据亨廷顿的“政绩困局”概念，社会科学家们近年来批评了一种错误的观念，即单靠经济增长和提高生活水平就足以维护党的合法性。他们警告说，来源于政绩和物质福利的政治合法性是高度脆弱的，因为它依赖持续的高速的经济增长，而党不可能永远保证这一点。更糟糕的是，在经济全球化和世界市场相互依赖的时代，经济上的政绩正在逐渐超出共产党和国家的控制。早在 2005 年国际金融危机冲击中国的三年前，中国的学者就警告说，倘若有朝一日中国不再能够保持经济的成功，党基于政绩的合法性立即就会动摇。

所认识到的政绩困境来源于如下担心：随着经济的持续增长，物质需要的满足将会带来非物质的需要，例如，政治参与以及多元化的生活方式、思想和信念。互联网和商业媒体的自主性以及由社团和非赢利组织构成的“第三领域”增加了党的执政压力，并且预示着信任的危机——即使不预示着党的执政合法性的明显危机。这种普遍的不信任态度被称为“端起碗吃肉，放下碗骂娘”。此外，有学者认为，在 20 多年后，经济改革走到了十字路口。如果社会问题得不到及时的解决，中国的社会甚至可能退回到改革前的发展水平。②

就这种分析提出的警告而言，中国的许多学者和理论家称赞说，社会主义思想的现代化是解决党执政合法性问题的灵丹妙药。意识形态应当是党的执政合法性的核心，成为“它的本质”、“主要标准”或“大众认同”的关键因素。为了对意识形态的地位进行概念分析，他们把西方社会科学的经典著作——例如，戴维·伊斯顿的“意识形态合法性”概念、道格拉斯·诺斯的制度变化和思想变迁理论以及“意识形态”、“政绩”和“规则与规范”的经典的三位一体理论——当做政治合法性

① 布青沪、刘冬：《中国共产党执政的合法性及城市群众的判断》，载《宁夏党校学报》，2002 年第 3 期。

② 徐海波、杨显平：《“构建和谐社会”与中国共产党的执政合法性》，载《深圳大学学报》，2005 年第 6 期。

的资源。

就政治精英和思想精英关于意识形态在执政合法性中的地位的普遍共识而言，对马克思主义和社会主义的重新重视，对社会平等和公正的强调，就不应当仅仅归因于狭义的新左派对党的领导层的影响。此外，这也不应当被解释为经济增长和效率以及改革开放不再具有优先性。毋宁说，过去五年来，党的领导层在一项广泛共识的基础上开展工作，即尽管经济表现是政权合法性的至关重要的来源，但是它并不是政权合法性的充分条件；因而，要长期地维持党的合法性，关键在于意识形态的改革和现代化。

四、意识形态的改革：进步与局限

（一）从"三个代表"到"三个为民"

自从2002年11月担任总书记以来，胡锦涛进行了一系列的意识形态改革。要对这些改革进程进行评价，重要的是要注意到他所继承的意识形态遗产。"三个代表"思想正式地打开了新经济精英入党的大门，但是它的精英主义内涵在党内遭到了强烈的抵制。党内的抵制没有阻止"三个代表"思想在2002年十六大上写入党章。但是，当新的思想和保护私有财产的条款要写入中国宪法的时候，公开的争论爆发了。从2002年底到2003年，一些受过教育的精英在互联网上强烈反对他们所说的国家对剥削阶级及其非法收入的保护。到2003年夏，由于担心集体愤怒的公开表达可能超出国家的控制，在媒体、党内组织和学术界中对这一问题的一切讨论都被禁止。

新一代的领导人显然面临着一个意识形态困境：既不能公开地反对以前的思想遗产，又不能任由党内外强烈表达出的各种异议的去合法化能力继续发展。为了解决这一困境，党采取了一种两手策略。为了形式上的意识形态连续性，从2002年到现在，"三个代表"思想在官方的话语中仍然无处不在，作为一种可靠的经典出现在党中央的文件和媒体报道之中。特别是，官方的媒体一再强调"三个代表"思想的创新品格和"科学"品格，以便反映出党作为一个能够改革和自我现代化的政党重构自身合法性的努力。

然而，当我们考察对"三个代表"经典文本的权威解释时，就会发现更正统的平民主义对以前的精英主义思想进行了微妙的再阐释。其中的一个再阐释是重点从第一个"代表"（始终代表中国先进生产力的发展要求）向第三个"代表"（始终代表中国最广大人民的根本利益）的转变。比较不同时间用于干部培训的官方材料，就会最明显地看到这种从重视新富阶层到最广大人民群众的转变。另一个再阐释是把"三个代表"转变为"三个为民"。这是2003年胡锦涛在一次讲话中提出的新口号："权为民所用，情为民所系，利为民所谋。"同样地，官方的话语把"三个代表"的实质解释为"建设一个立党为公、执政为民的政党"。正如这些细微的修辞变化所揭示的那样，到2003年夏，"三个代表"已经被浓缩为一个意识形态套话。这在总体上反映出第四代领导人的新的"以人为本"思想。

（二）科学发展观

在刚担任总书记一年的时间内，胡锦涛提出了一个体现出第四代领导集体智慧的新理论概念。2003年秋，党政机构中开始讨论科学发展观；2004年1月，科学发展观作为一个"全面、协调、可持续的发展"概念被介绍给公众；同年3月，全国人大把科学发展观作为社会经济发展规划的新指南，2005年又把它纳入到"十一五"经济社会发展规划之中。2007年10月1日，中共十七大决定把科学发展观写入党章。

乍一看，新的概念是一个实践政治概念，强调发展的社会和生态方面，适应国际的"可持续"发展语言，回击中国的数量驱动型发展模式长期遭到的批评。然而，在国内的环境下，新概念的"科学"性质被给予了特别的重视。这意味着中国共产党的创新能力以及它制定和实施战略来解决收入差距和不平等日益加剧的客观能力。所说的“五个统筹”具体地反映出科学发展观的“科学”性质，是新思想的内在组成部分。按照党的文件，这五个统筹是：

> 统筹城乡发展、统筹区域发展、统筹经济社会发展、统筹人与自然和谐发展、统筹国内发展和对外开放。

通过这种“全面均衡”的宏大构想，党试图满足社会的期望，即它不会忽视收入差距加大的趋势，而是会积极进行社会经济的再分配，至少在长期内会如此。党和国家变成唯一的权威，能够进行“公平”的分配和保证有效的制度补偿机制。这样一来，科学发展观不仅是新领导集体“以人为本”观念的创新体现，而且反映出党和国家在追求社会公平正义中的具体再分配角色——这反过来又支持了对党在国家现代化过程中的领导地位的规范性证明。从党的政绩合法性的公开危机来看，“科学”观念——至少在意识形态的层面上——显然是想要解决这一危机。

（三）社会主义和谐社会

胡锦涛提出的另一个概念是“社会主义和谐社会”，提炼了在科学发展观中党对社会预期的管理。2002 年 11 月，中共十六大的决议中首次提出了社会主义和谐社会概念。2004 年 9 月，中共十六届四中全会又把它定义为一个“民主法治、公平正义、诚信友爱、充满活力、安定有序、人与自然和谐相处”的社会。在社会关系方面，新的构想把社会描述为“全体人民各尽所能、各得其所而又和谐相处的社会”。2005 年 2 月，胡锦涛在一篇四个月后发表的长篇讲话中亲自阐述了这一概念。当他指出构建社会主义和谐社会是“巩固党执政的社会基础、实现党执政的历史任务的必然要求”时，他非常明确地把这一概念同党的执政合法性联系了起来。尽管修辞的分量有所下降，但是“建设社会主义和谐”社会的目标与科学发展观一道在 2007 年 10 月写入了党章。

除了是新领导层"以人为本"观念的另一种表述外，社会主义和谐社会概念还代表了党在意识形态上的两个突出创新。第一，社会主义和谐社会明确地承认严重社会矛盾的存在，并把它们解释为社会经济转型的"自然"结果。在2005年2月的一次讲话中，胡锦涛指出，"人民群众的物质文化需要不断提高并更趋多样化"、"社会利益关系更趋复杂"和"人员流动性大大加强，社会组织和管理面临新问题"是亟待解决的突出矛盾和问题。他还承认，各种思想文化相互激荡；人们思想活动的独立性、选择性、多变性、差异性明显增强；人民群众的民主法制意识不断增强，政治参与的积极性不断提高。与以前强调社会稳定的论调相比，我们发现这里公开承认了社会的复杂性、社会利益的多样性和政治参与要求的多元性。当然，我们不应当误以为"和谐社会"的话语是发动民主改革的信号。相反，它是新领导层理性地解决日益严重的社会矛盾的根源的一种战略企图，而社会矛盾则越来越被认为是社会稳定和党执政合法性的威胁。

第二，在高度理想化的解读中，"社会主义和谐社会"概念可能被理解为提出了一种把新的治理方式，把传统儒家的因素同"自由主义"个人自我实现和自我负责的治理方式结合了起来。一方面，社会"和谐"一词令人想起了传统的社会自治价值观，这种价值观的基础是个人自律与为社会秩序和稳定作出贡献的儒家伦理。"和谐"社会治理的新话语显然响应了20世纪80年代末期以来那些激活儒家价值观、规范和责任的努力。然而，正如毕游塞（Sebastien Billioud）博士所表明的那样，党和国家同儒家之间是一种非常复杂而又模糊的关系，对于以儒家的礼仪、道德、精神和灵感来教育儿童的自下而上的要求，官方当局有时候赞同，有时候忽视，还有的时候则控制。①

① Billioud, Sébastien (2007), "Confucianism, 'Cultural Tradition', and Official Discourse in China at the Start of the New Century", *China Perspectives*, Vol. 3, pp. 50 - 65; Billioud, Sébastien and Joel Thoraval (2008), "The Development of Contemporary Confucianism (part 2). An Shen Li Ming or the Religious Dimension of Confucianism", *China Perspectives*, Vol. 3, pp. 88 - 106.

与此同时，通过突出“全体人民各尽所能、各得其所”的社会理想，新概念带来了这样一些社会预期，即它不仅会满足人民的基本物质需要，而且会为每个人的全面发展因而为促进“全社会的创造力”创造条件。在某种意义上，这让人想起了西方工业国家的“自由主义”治理方式，即保证公民的平等机会，同时赋予他们承担个人选择风险的责任。然而，“社会主义和谐社会”概念不同于这种“西方的”自由主义解读，因为中国公民或者至少城市精英的“责任”是最全面地发展他们的个人潜能，从而为国家的富强和发展作出集体的贡献。在这种理想化的“社会主义和谐社会”版本中，党的执政合法性只有从如下社会预期来看才是有效的：个人与国家之间更全面地分配权利和义务；平等和公正地分享国家的福利；个人对国家事业的奉献。在这种新的社会治理模式中，儒家的传统与国家建设话语交织在一起——恰如中国的谚语所言，“古为今用”。

再者，“社会主义和谐社会”概念赋予党在社会工程和国家建设的动态过程中一种核心的角色——最后但并不是最不重要的是，不可避免的“社会主义”性质表明了这一点。正如已经证明的那样，党试图把传统儒家的价值观和看似自由主义但却仍然集体性的社会治理规范结合起来，从而证明其执政的历史使命和地位是正当的。这个例子最生动地证明了意识形态的创新如何在努力适应社会转型压力的同时又坚持一组正统的社会主义合法性学说，而同儒家传统和对国家未来的构想之间的模糊联系，则是上述社会主义合法性学说的战略支撑之一。

（四）中国特色社会主义理论体系

胡锦涛时代的修辞表明了对“社会主义”属性的迷恋。近年来几乎每一个新的政治和思想概念都带着这个定语：“社会主义政治文明”、“社会主义民主政治”、“社会主义新农村”、“社会主义荣辱观”。这些概念的目的或多或少是为了使党的领导人提出的主张合法化。

胡锦涛的十七大报告最明确地揭示了党的修辞的合法化功能。尽管

2002年十六大报告非常突出“中国特色的社会主义”概念，但是现在的十七大报告提出了更加抽象的概念：“中国特色社会主义理论体系”。与以前标准的党代会报告模式不同，十七大报告单独列出了题为“改革开放的伟大历史进程”的一章，主张继续改革开放的路线，同时坚持四项基本原则。由于同毛泽东思想、邓小平理论和“三个代表”思想是一脉相承的，科学发展观和社会主义和谐理论被称赞为“中国特色社会主义理论体系”的最新创新，是对正在进行的“马克思主义中国化”的主要贡献。按照这一观点，党章进行了修改，加入了新的表述：

> 改革开放以来我们取得一切成绩和进步的根本原因，归结起来就是：开辟了中国特色社会主义道路，形成了中国特色社会主义理论体系。全党同志要倍加珍惜、长期坚持和不断发展党历经艰辛开创的这条道路和这个理论体系，高举中国特色社会主义伟大旗帜，为实现推进现代化建设、完成祖国统一、维护世界和平与促进共同发展这三大历史任务而奋斗。

正如这段话所表明的那样，改革开放的成功“证明了”坚持马克思主义和社会主义原理是一项正确的决策。但是，这些原理必须不断地适应中国的国情，并且在理论上必须得到进一步的发展。反过来，正在进行的马克思主义中国化和社会主义的理论发展被说成是过去经济改革取得一切成绩的根本原因，也是将来取得成功的根本原因。根据这种目的论的论证，党的领导地位的有效性在于过去和将来领导人的理论创新。

五、中国共产党执政合法性的基础：从政绩到意识形态

胡锦涛对意识形态的重新重视并不是因为一些左翼的压力而对党的修辞进行简单的改头换面。相反，这是更广泛地应对党执政合法性所面

临的明确挑战。自从 2001 年以来，党内精英和知识精英一直讨论着这些挑战。在被视为党的执政挑战的许多国内和国际因素中，所谓的“政绩困局”在精英的话语中表现得最为突出：就持续的经济成功和不断提高的生活标准而言，党担心的是未来公民权利和政治参与的要求日益增长；尽管如此，但是还有一个明显的担忧，即万一经济恶化，党就会陷入严重的“合法性危机”。在日益全球化和相互依赖的经济中，增长放缓乃至萧条的风险正在加大，随之而来的是国内日益加剧的社会差距。从这种背景下来看，要解决政绩合法性的脆弱性，重构党的意识形态变成了合乎逻辑的答案。根据党内精英和知识精英中的广泛共识，调整马克思主义和社会主义思想，适应现代中国社会的需要，成为解决国内和国际挑战以及把党执政地位再合法化的万灵药。

正如上文所述，在胡锦涛时代，意识形态创新和现代化的核心内容不仅是对精英主义的“三个代表”概念进行平民主义的再阐释，而且是对科学发展观和社会主义和谐社会的阐述。在实践的层面上，这些概念意味着重新重视社会公平和正义：社会主义核心价值观体系反映出传统的共同利益倾向和党的领导人对“群众”的关切。在理论的层面上，新的概念已经相互交织在一起，构成一个新的“中国特色社会主义理论体系”，从而把党的领导地位合法化。党的理论创新主张本身是这种把党的执政地位重新合法化的意识形态战略的重要组成部分。

在这种重构马克思主义和社会主义思想的过程中，党正在走入一个理论困境：如何保持意识形态的灵活性和连续性。面对适应社会结构、利益、价值观和期望的演变的要求，面对坚持“先辈们”的价值观的责任，党正在走向一条日益狭窄的意识形态改革之路。胡锦涛重构意识形态的过程表明了调和这两种要求的持续努力，因为这一过程把马克思主义和社会主义原则的现代化版本同“儒家”的特征以及中国传统和文化的其他核心内容（包括民族复兴的诉求）结合起来。过去五年来，讨论和制定自由主义政治改革方案的空间一直在缩小。但是，以民族主义来修饰党的意识形态，从而才能把党的执政地位重新合法化，这种看法显然成为胡锦涛时代的主流观念。在党的领导人看来，改革开放路线所谓的“实用主义”并不意味着对社会主义思想的背离，而是对社会主义思想的最具创造性的应用。

（吕增奎　译）

通往和谐之路

——马克思主义、儒家与和谐概念*

〔美〕约瑟夫·格利高里·迈哈内

一、引　言

在经历30年的政治经济巨大变化后，许多人问道：中国共产党仍然是一个“马克思主义”政党吗？它真是一个“共产”党吗？

李成和白霖（Lynn T. White）早就认为，邓小平——即使不是第四代的大多数领导人——对马克思主义的信奉已不如他们的先辈。正如李成坚决断言的那样，“中国不再是共产主义国家”②。事实上，早在20世

* 本文原题为“On the Way to Harmony: Marxism, Confucianism, and Hu Jintao's Hexie Concept”，载 *China in Search of a Harmonious Society*, ed. Sujian Guo and Baogang Guo, Lanham, MD: Lexington Books, 2008。作者简介：约瑟夫·格利高里·迈哈内，乔治·华盛顿大学博士，美国大峡谷州立大学东亚研究系副教授，中国问题专家，曾任教于乔治·华盛顿大学，马里兰大学和辽宁大学。——译者注

② 例如，参见 Li Cheng, “Jiang Zemin's Successors: The Rise of the Fourth Generation of Leaders in the PRC,” The *China Quarterly*, Vol. 161, 2000, p. 39；也可参见 Li Cheng and Lynn White, “The Sixteenth Central Committee of the Chinese Communist Party: Hu Gets What?” *Asian Survey*, Vol. 43, No. 4, 2003, p. 559。

纪80年代，莫里斯·迈斯纳（Maurice Meisner）在反思毛泽东逝世后发生的急剧变化时得出了类似的结论。他说：

> 如果对未来的乌托邦想象在革命胜利后还存在的话，那么它们只能以扭曲和破损的形式存在下去。它们充当的与其说是新制度的基础，不如说是公式化的意识形态口号，用来证明社会秩序制度化的正当性，但是这种制度化的社会秩序与最初的构想几乎没有什么相似之处。①

由于这样一些主张，难怪许多人得出类似的结论说，自从邓小平时代以来，马克思主义的历史和经济解释不过是一些政治麻醉剂的令人不适的修辞残余，而那些政治麻醉剂则早已声誉扫地和遭到了抛弃。

中国的观察家们认为，为了填补由于背离马克思主义路线而产生的“意识形态空白”，今天的中国正在转向儒家或新儒家。从这样一些分析和胡锦涛最近提到儒家的构建“和谐社会”呼吁来看，这样的看法并不令人感到奇怪。正如胡绍华所言：“邓小平发动的改革削弱了共产主义意识形态，改变了中国的社会经济制度，提高了中国的国际地位。结果，儒家重新从共产主义统治的灰烬中崛起。”② 在《新闻周刊》上，本杰明·罗伯特森（Benjamin Robertson）和刘美远（Melinda Liu）问道：圣人能够拯救中国吗?③

即便如此，许多证据表明，这样的思维或者上文提到的学者或许犯下了“囫囵吞枣”的错误。与他们相反，我认为，中国共产党不仅在所谓的后毛主义时代仍然明确是马克思主义的政党，而且它也更加接近经

① Maurice Mesiner, *Marxism, Maoism, and Utopianism*, Madison: University of Wisconsin Press, 1982, pp. 213 -214.

② Shaohua Hu, “Confucianism and Contemporary Chinese Politics”, *Politics & Policy*, Vol. 35, No. 1, 2007, p. 137.

③ Benjamin Robertson and Melinda Liu, “Can the Sage Save China?” *Newsweek International*, March 20, 2006.

典马克思主义的核心原理。因此，我同样认为，“共产主义”仍然是中国共产党的首要目标。本文分为以下几个部分：（1）从经典马克思主义、正统马克思主义和“中国的”马克思主义等视角来讨论“马克思主义”的含义是什么；（2）根据毛主义理论和邓小平理论以及胡锦涛“和谐社会”概念的语境讨论儒家的唯心辩证法；（3）揭示儒家辩证法作为中国特色的马克思主义辩证唯物论如何有助于纠正列宁、斯大林和毛泽东的重大错误；（4）证明胡锦涛的和谐社会概念如何对马克思主义的核心学说和改革时代的意识形态作出了精深的综合；（5）揭示和谐社会概念阐述了中国共产党如何以马克思主义的历史主义元叙事所熟悉的术语来构想自身及其历史使命。

二、马克思和/或毛泽东：成为“马克思主义”意味着什么？

在讨论其他问题之前，首先必须讨论成为“马克思主义”意味着什么的问题。由于马克思主义在历史和当代都存在各种不同的流派，这看起来可能是一项令人畏惧的任务。但是，可以肯定地说绝非如此。在经典马克思主义的传统中，马克思主义首先是一种对批判的、唯物主义的人类历史和潜力观念的本体论信奉。人类能够正确地认识支配其物质生活的物质条件。从这个前提出发，马克思主义认为人类能够以批判的方式认识和改造自身。正如马克思和恩格斯在《德意志意识形态》中所言，人与动物的区别在于人的批判意识能力，即克服“畜群意识”和纯粹的反映性思维的能力。马克思进一步认为，批判意识不仅揭示出人类生活的真实状况，而且还会带来一种人道主义实践。正如他在《费尔巴哈提纲》所总结的那样：“哲学家们只是用不同的方式解释世界，而问题在于改变世界。”因此，马克思主义并不像一些人错误理解的那样是一种决定论，而是一种对物质状况的认识，同时又想使世界发生进步性的改变。

第二，马克思主义从形式上断言，唯物主义的观察揭示出，人类的状况不仅已经取得了进步，而且将会通过综合地解决辩证矛盾继续进步。换句话说，马克思认为，要理解人类状况的变化，最好的方式是通过唯物辩证法分析的方法。众所周知，他的这个洞见是通过对黑格尔唯心主义辩证法的"颠倒"得出的。正如马克思在"《资本论》德文第二版跋"中所写道的那样：

我的辩证方法，从根本上来说，不仅和黑格尔的辩证方法不同，而且和它截然相反。在黑格尔看来，思维过程，即甚至被他在观念这一名称下转化为独立主体的思维过程，是现实事物的创造主，而现实事物只是思维过程的外部表现。我的看法则相反，观念的东西不外是移入人的头脑并在人的头脑中改造过的物质的东西而已。

将近30年以前，当黑格尔辩证法还很流行的时候，我就批判过黑格尔辩证法的神秘方面。但是，正当我写《资本论》第一卷时，今天在德国知识界发号施令的、愤懑的、自负的、平庸的模仿者们，却已高兴地像莱辛时代大胆的莫泽斯·门德尔松对待斯宾诺莎那样对待黑格尔，即把他当作一条"死狗"了。因此，我公开承认我是这位大思想家的学生，并且在关于价值理论的一章中，有些地方我甚至卖弄起黑格尔特有的表达方式。辩证法在黑格尔手中神秘化了，但这决没有妨碍他第一个全面地有意识地叙述了辩证法的一般运动形式。在他那里，辩证法是倒立着的。必须把它倒过来，以便发现神秘外壳中的合理内核。

辩证法，在其神秘形式上，成了德国的时髦东西，因为它似乎使现存事物显得光彩。辩证法，在其合理形态上，引起资产阶级及其空论主义的代言人的恼怒和恐怖，因为辩证法在对现存事物的肯定的理解中同时包含对现存事物的否定的理解，即对现存事物的必然灭亡的理解；辩证法对每一种既成的形式都是从不断的运动中，因而也是从它的暂时性方面去理解；辩证法不崇拜任何东西，按其本质来说，它是批判的和革命的。[①]

事实上，正如克劳斯·奥菲（Clause Offe）和其他学者所指出的那样，任何作为“马克思主义”来寻找合法性的理论，从根本上来说，都必须建立在马克思的方法即辩证唯物主义之上。[②] 然而，正如阿尔都塞指出的那样，马克思没有详尽地描述辩证唯物主义。不幸的是，恩格斯承担了这项任务。

在恩格斯手里，尤其是在《路德维希·费尔巴哈与德国古典哲学的终结》和《自然辩证法》中，马克思的方法变成了一组实证主义的和决定论的法则。在恩格斯对辩证法的“庸俗化”当中，首当其冲的是这样一种观念：“矛盾”是形而上学的假设，因而从本体论的角度来看，习惯上把它们与对自然的物质法则的一种非历史的、“马克思主义”的阐述连接起来。因此，鉴于马克思把黑格尔的唯心主义颠倒为唯物主义，恩格斯以一种事实上为了神秘主义而抛弃唯物主义的形式颠倒了马克思。在政治科学的历史上，这种对原初形式的颠倒即使不是最大的悲剧之一，也是最大的讽刺之一。确实，恩格斯的误解为把经典马克思主义重新构想为教条的苏联正统马克思主义提供了文本基础；换言之，苏联的经典马克思主义失去了物质特征，变成了一种“宗教”。结果，用马克思所熟悉的话来说，苏联的辩证唯物主义变成了一种“意识形态”，一种“虚假意识”，一种神秘化、压迫和剥削的手段。

相反，当阿尔都塞寻找斯大林主义的替代时，他是西方看到毛泽东的《矛盾论》具有一种不同辩证法思想的第一人。阿尔都塞似乎已经认识到，毛泽东使用了中国哲学所熟悉的术语。这虽然令他感到担心，但却避开了恩格斯的刻板的辩证法规律。然而，阿尔都塞没有认识到，恰

① 马克思：《马克思恩格斯文集》第5卷，人民出版社2009年版，第22页。

② Claus Offe, *Contradictions of the Welfare State*, ed. John Keane; Cambridge: MIT Press, 1984, p. 132.

恰是中国古典的——儒家和道家的——辩证法的影响，才使毛泽东批判恩格斯等人。20世纪20年代，在瞿秋白和李大钊领导的北京大学马克思主义学习小组中，毛泽东同时研究了中国古典的辩证法。当毛泽东继续学习和后来成为党的主要理论家的时候，孔子和老子以及这两个传统的门徒所提供的洞见启发和确证了他的批判立场，这一点变得更加清楚了。

《矛盾论》的一些段落可以证明毛泽东的独特性。正如毛泽东所言，一般来说，

> 辩证法的宇宙观，不论在中国，在欧洲，在古代就产生了。但是古代的辩证法带着自发的朴素的性质，根据当时的社会历史条件，还不可能有完备的理论，因而不能完全解释宇宙，后来就被形而上学所代替。生活在十八世纪末和十九世纪初期的德国著名哲学家黑格尔，对于辩证法曾经给了很重要的贡献，但是他的辩证法却是唯心的辩证法。直到无产阶级运动的伟大的活动家马克思和恩格斯综合了人类认识史的积极的成果，特别是批判地吸取了黑格尔的辩证法的合理的部分，创造了辩证唯物论和历史唯物论这个伟大的理论，才在人类认识史上起了一个空前的大革命。后来，经过列宁和斯大林，又发展了这个伟大的理论。这个理论一经传到中国来，就在中国思想界引起了极大的变化。①

尽管毛泽东“政治正确地”提到了列宁和斯大林，但是他实际上避开了他们的体系。具体来说，恩格斯、列宁和斯大林赋予优先地位的是他们所说的“否定之否定”规律。他们所说的“否定之否定”就是要废除过去，反过来这又使他们认为辩证法带来了“历史的终结”，也就是

---

① 毛泽东：《矛盾论》，见《毛泽东选集》第1卷，人民出版社1991年版，第303—304页。

“矛盾”的终结，即辩证法本身的终结。其实，他们实际上的意思是“讨论的终结”，因而难怪他们的努力导致了极权主义。然而，毛泽东强调的是两个对立面。第一，他认为，从辩证唯物主义中得出的首要教义是“对立统一”。第二，他得出的结论是矛盾永远不会结束，即使在实现共产主义之后也是如此。毛泽东的论述如下：

> 这个辩证法的宇宙观，主要地就是教导人们要善于去观察和分析各种事物的矛盾的运动，并根据这种分析，指出解决矛盾的方法。因此，具体地了解事物矛盾这一个法则，对于我们是非常重要的。①

首先，毛泽东要求正确地理解辩证唯物主义：

> 事物矛盾的法则，即对立统一的法则，是自然和社会的根本法则，因而也是思维的根本法则。它是和形而上学的宇宙观相反的。它对于人类的认识史是一个大革命。按照辩证唯物论的观点看来，矛盾存在于一切客观事物和主观思维的过程中，矛盾贯串于一切过程的始终，这是矛盾的普遍性和绝对性。矛盾着的事物及其每一个侧面各有其特点，这是矛盾的特殊性和相对性。矛盾着的事物依一定的条件有同一性，因此能够共居于一个统一体中，又能够互相转化到相反的方面去，这又是矛盾的特殊性和相对性。然而矛盾的斗争则是不断的，不管在它们共居的时候，或者在它们互相转化的时候，都有斗争的存在，尤其是在它们互相转化的时候，斗争的表现更为显著，这又是矛盾的普遍性和绝对性。②

---

① 毛泽东：《矛盾论》，见《毛泽东选集》第1卷，人民出版社1991年版，第304页。
② 同上，第336页。

其次，毛泽东要求，在正确的理解之后要正确地应用辩证唯物主义：

> 当着我们研究矛盾的特殊性和相对性的时候，要注意矛盾和矛盾方面的主要的和非主要的区别；当着我们研究矛盾的普遍性和斗争性的时候，要注意矛盾的各种不同的斗争形式的区别。否则就要犯错误。如果我们经过研究真正懂得了上述这些要点，我们就能够击破违反马克思列宁主义基本原则的不利于我们的革命事业的那些教条主义的思想；也能够使有经验的同志们整理自己的经验，使之带上原则性，而避免重复经验主义的错误。这些，就是我们研究矛盾法则的一些简单的结论。①

事实上，《实践论》中的一段话突出了毛泽东的这一思想：

> 判定认识或理论之是否真理，不是依主观上觉得如何而定，而是依客观上社会实践的结果如何而定。真理的标准只能是社会的实践。实践的观点是辩证唯物论的认识论之第一的和基本的观点。②

或者是“实事求是”。这是毛泽东的《新民主主义论》中提出的著名概括，也是邓小平后来经常重申的观点。

在进行讨论之前，对经典马克思主义进行简单的概括将会有所帮助。经典马克思主义者——其中马克思是第一个——所珍视的是三个基本信念：（1）辩证唯物主义提供了认识人类状况的正确手段；（2）历史唯物主义——或者实践中的辩证唯物主义——揭示出，通过对剩余价值的不正当占有，资本主义加剧了异化，恶化了阶级关系；（3）即使不是

① 毛泽东：《矛盾论》，见《毛泽东选集》第1卷，人民出版社1991年版，第336—337页。

② 同上，第284—285页。

共产主义，社会主义也是一种比“资产阶级自由主义”更优越的替代。

三、儒家、道家、黑格尔、马克思主义、毛主义与/或邓小平主义的辩证法？

正是对对立统一的强调，毛泽东才首先怀疑（《矛盾论》和《实践论》）和后来（在解放后）批判恩格斯的错误。然而，这里令我们感兴趣的是毛泽东采用道家和儒家的“大同”一词来描述共产主义。确实，在马克思主义的词典中，毛泽东的“大同”和改革开放后邓小平的“小康”之间的辩证联系环节恰恰是儒家的思想。在某种程度上，胡锦涛的“和谐”理论来自儒家的《礼记》一书。然而，无论是多么马克思主义或者变得“更加马克思主义”，中国共产党从根本上来说仍然是一个列宁主义政党。因此，很容易看出胡锦涛的措辞与列宁是多么的相似。例如，列宁在讨论马克思时写道：

> 马克思加深和发展了哲学唯物主义，而且把它贯彻到底，把它对自然界的认识推广到对人类社会的认识。马克思的历史唯物主义是科学思想中的最大成果。过去在历史观和政治观方面占支配地位的那种混乱和随意性，被一种极其完整严密的科学理论所代替，这种科学理论说明，由于生产力的发展，如何从一种社会生活结构中发展出另一种更高级的结构，例如从农奴制中生长出资本主义。①

毫无疑问，和谐是一个比《礼记》更古老的概念，即早于公元前5世纪。尽管如此，但恰恰是《礼记》才详细地讨论了“和谐”概念，其详细程度堪与当代政治的语言相比。事实上，《礼记》有四个概念与胡锦涛的和谐理论，乃至与作为共产党整个意识形态核心的毛泽东思想和

---

① 《列宁专题文集·论马克思主义》第2卷，人民出版社2004年版，第68页。

邓小平理论相关。这四个来自《礼记》的概念是：（1）大同；（2）小康；（3）和；（4）赞同黑格尔辩证法的儒家历史主义。在进一步讨论这些概念之前，首先要回顾一下《礼记》的相关论述。在《礼记·礼运》的开篇，孔子发出了悲叹：

> 昔者仲尼与于蜡宾。事毕，出游于观之上，喟然而叹。仲尼之叹，盖叹鲁也。言偃在侧，曰："君子何叹？"孔子曰："大道之行也，与三代之英，丘未之逮也，而有志焉。"

然后，孔子描述了"大道"或"大同"：

> 大道之行也，天下为公。选贤与能，讲信修睦。故人不独亲其亲，不独子其子。使老有所终，壮有所用，幼有所长，鳏寡孤独废疾者，皆有所养。男有分，女有归。货，恶其弃于地也，不必藏于己；力，恶其不出于身也，不必为己。是故，谋闭而不兴，盗窃乱贼而不作，故外户而不闭，是谓大同。

接下来，孔子区分了"大同"和当时的"中国"：

> 今大道既隐，天下为家。各亲其亲，各子其子。货力为己。大人世及以为礼，城郭沟池以为固。礼义以为纪，以正君臣，以笃父子，以睦兄弟，以和夫妇，以设制度，以立田里，以贤勇知，以功为己。故谋用是作，而兵由此起，禹汤文武成王周公，由此其选也。此六君子者，未有不谨于礼者也。以著其义，以考其信。著有过，刑仁讲让，示民有常。如有不由此者，在执者去，众以为殃，是谓小康。

于是，这里可以看出中国古代所描述的原本形式的"大同"和"小康”社会之间存在着鲜明的差异。

在这些论述之后，言偃向孔子询问“礼”的重要性。从根本上来说，孔子的回答是《礼运》篇的要旨。就是说，对“礼”的正确理解和应用将会带来走向和谐的辩证进步运动。换句话说，“礼”是对“大道之行”的描述。森舸澜（Edward Slingerland）在他的《论语》新译本附录中指出，“礼”是“一组传统的宗教和道德习俗，儒家认为它们是先王的承天之道”。进一步来说，礼的范围相当广泛，既包括祭祀诸神，又支配人的日常生活行为。正如森舸澜所指出的，最重要的是，孔子认为，“通过遵从礼并将其内在化”，一个人就能够实现个体和谐与共同和谐。① 于是，由此可以看出孔子是如何回答言偃的，而他的回答方式代表了其世界观的辩证法和形而上学的性质：

> 言偃复问曰：“如此乎礼之急也?”孔子曰：“夫礼，先王以承天之道，以治人之情，故失之者死，得之者生。《诗》曰：‘相鼠有体，人而无礼。人而无礼，胡不遄死!’是故夫礼，必本于天，肴于地，列于鬼神，达于丧祭射御、冠昏朝聘。故圣人以礼示之，故天下国家可得而正也。”

因此，正是通过“礼”，一个不完善的人或社会才能“可得而正也”、“大道”或“大同”。正如孔子在《礼运》第三节所言：

> 故人者，其天地之德，阴阳之交，鬼神之会，五行之秀气也。

孔子继续讨论，向我们揭示出其思想的辩证法性质，同时又展示了他的形而上学本体论：

---

① *Confucius*：*Analects*，ed. and trans. Edward Slingerland，Indianapolis：Hackett，2003，p. 241.

> 故天秉阳，垂日星，地秉阴，窍于山川。播五行于四时，和而后月生也。是以三五而盈，三五而阙，五行之动，迭相竭也。

在这里我们将不再讨论《礼运》第三节。孔子随后继续谈到了其形而上学的神秘性质，例如五行、四时、十二月、六律、五味、六和，等等。或许，对孔子而言，只有以一种微观和总体化的方式来认识人生的本质、目的和关系，才能达到和谐。上天所规定的和谐之路，意味着要在正确地理解“小康”时期的矛盾关系的基础上解决各种矛盾。因此，只要运用“礼”的智慧来指导矛盾的解决，就能够并且应当会逐步走向“大同”。

最后，在《礼记》第四节中，孔子更详细地讨论了如何通过善治——即“礼”治——实现“大同”即“和谐状态”：

> 故圣王所以顺，山者不使居川，不使渚者居中原，而弗敝也。用水火故金木，饮食必时，合男女，颁爵位，必当年德。用民必顺，故无水旱昆虫之灾，民无凶饥妖孽之疾。故天不爱其道，地不爱其宝，人不爱其情。故天降膏露，地出醴泉，山出器车，河出马图，凤凰麒麟，皆在郊棷，龟龙在宫沼，其余鸟兽之卵胎，皆可俯而窥也。则是无故，先王能修礼以达义，体信以达顺，故此顺之实也。

总而言之，《礼记》描述了“大同”状态，这种状态通常被理解为“大一统”，而孔子则将其理解为在其时代之前早就存在的一种和谐、共产主义的乌托邦。因此，在儒家的传统中，“大同”可以说等同于“和”（和谐）。因此，孔子辩证地比较了“大同”与“小康”之间的差异，我们将它们分别称为“大和谐”和“小安宁”①。鉴于对“大同”的描述是从平等友爱和私产共有的角度进行的，“小康”则被说成是一个为了解决当时的礼崩乐坏状况而牺牲了对“大同”的追求的时期。

孔子无疑意识到，不论在理论上还是在实践中都存在比“大同”和“小康”更差的选择。但是，他把这种相互对立的社会状态明显摆放在一起，从而揭示出三个相互联系的辩证表现层次。第一，孔子显然把“大同”视为唯一的自然和健康的政治状态，不同于存在少量腐败和矛盾的“小康”社会。因此，孔子断言，人类天生具有一种返回到恰当的、更人性的状态——“大同”——的精神追求。因此，孔子对“大同”与“小康”之间差异的比较可以概括如下：

“大同”社会	“小康”社会
“大一统”	“小安宁”
贤能制度	世袭制度
平等主义	竞争性的阶级制度
无私产	私有制
共同体主义的	封建主义的
“人性的”/自然的	非自然的

第二，孔子断言，“小康”时期的善治，即正确地、辩证地解决“小康”社会的矛盾，能够推动一种更广泛的、辩证的进步，最终逐步累积达到“大同”社会。

第三，孔子对“和”一词的使用本身是一种深刻的辩证运动。尽管孔子没有发展出一种黑格尔式或马克思式的辩证法体系，但是他仍然展出了一种辩证法的、历史主义的推理形式，在某些方面上，这种推理形式相当于黑格尔的唯心主义。换而言之，对孔子来说，和谐是各种矛盾

① John E. Schrecker, *The Chinese Revolution in Historical Perspective*, 2nd ed. Westport, CT: Praeger, 1984, p. 34, 40n.

的调和或辩证综合，因而，在最广泛的图式中，“大同”是终极的理性的和唯心主义的目标。最后，孔子认为，治理良好的“小康”社会，即一个通过善治逐步解决社会政治矛盾的社会，能够在持续的改进中提供一条通往“大同”的道路。

四、“大同”与“小康”：中国特色的辩证唯物主义

尽管“大同”和“小康”这两个术语来源于孔子，但是在毛泽东思想和“中国特色社会主义”的核心原则中也能够发现它们。虽然毛泽东的“大跃进”、“文化大革命”和他对继续革命的必要性的信念似乎产生了与构建和谐社会背道而驰的结果，但是毛主义，尤其他的坚定“左倾”倾向和持续不减的平等主义要求，被视为对“大同”的强烈追求。事实上，毛泽东批判儒家的“和谐”概念，因为它与阶级斗争背道而驰。尽管如此，毛泽东仍然采用了“大同”一词作为表达共产主义目标的概念。因此，毛泽东有意无意地使得如下做法具有合法性：运用来自孔子的历史和文化资源，运用把儒家的和谐概念理想化的康有为的《大同书》和孙中山的《论三民主义》。毛泽东甚至认为，不论儒家的“大同”还是“马克思主义”的“大同”，即使不需要“民主集中制”，但也代表了它的一种形式。

相反，邓小平提出的建设“小康”社会既是一个短期目标，又是一个中期目标，既与毛泽东对“大同”社会的追求相冲突，又与之相一致。就是说，邓小平理论包含三个价值观：（1）试图从根本上重建一种由马克思列宁主义原则所表达的政治核心；（2）为了满足短期和长期的经济发展需要而追求“小康”；（3）当先锋队政党对社会主义市场经济的“小康”社会进行良好的管理时，“小康”社会就会提供一条通往共产主义的辩证道路。邓小平多次论述了这些价值观，但最明显的是他的经济发展“三步走”战略。“三步走”战略把“小康”社会当作它的核心，代表了邓小平思维中的一个新综合。邓小平的思维在本质上显然是

辩证的，不仅符合辩证唯物主义的原则，而且也响应了马克思在《共产党宣言》中对资本主义的一般描述。根据“三步走”战略，为了解决温饱问题，GDP在20世纪80年代要翻一番，在此基础上到2000年中国GDP再翻一番，达到“小康社会”。第三，中国力争在30年到50年内达到中等发达国家水平。从哲学上解读邓小平，就会发现，他的建设“小康”社会思想是一种手段，即提供直接控制中国政治经济的实践中介，把各种矛盾地方化，从而实现中国马克思主义的“大同”构想。这种控制无疑不同于以前命令性经济中的控制，因为全面控制经济的缺陷现在已经是众所周知的了。

这里与马克思主义理论之间的唯一差异仍然是列宁的理论干预——党是无产阶级先锋队的理论，即在资本主义耗尽或者快要耗尽发展生产力、新技术等等的潜力之前，无产阶级的先锋队构成了无产阶级专政。从经典马克思主义的角度来看，无产阶级专政并不是在资本主义达到灭亡临界点之前出现的“新民主制度”。正如19世纪末罗莎·卢森堡在同列宁的争论中所指出的那样，社会化劳动构成了一个社会人口的绝大多数，必须成立一个批判的大众反对派，反对一个在社会和经济上都停滞的生活再生产体系。按照经典马克思主义的观点，正是在这个时刻，更新、更有生产性的政治经济模式——不论是社会主义还是初级的共产主义的出现——才能真正成为一种逻辑必然性。

尽管一个列宁主义执政党的存在——如果不是持续存在——标志着对经典马克思主义理论的背离，但应当指出的是，邓小平的创新（或许应当说他与马克思主义的实证妥协）在于放弃了毛泽东在解放后的激进主义和源自苏联经验的所谓的“国家资本主义”，因而通过改革开放，消除了曾经为反对全球资本主义发展而设定的任意边界。结果，可以说，走向“小康”的运动，被视为毛泽东“大同”的一个恰当的辩证矛盾，允许而不再妨碍“历史”的辩证前进。同时，中国将会继续走向一种作为共产主义初级阶段的更有意义的社会主义（减少贫困），继续发展生产力，满足在全球化继续具有竞争性的民族国家阶段上短期和长期生存的需要。因此，对邓小平来说，建设“小康”社会充当了一种实践手段，能够减少贫困，创造国民财富，因而政府通过社会主义的再分配，能够建立和维持一个生活水平不断提高的“小康”社会。事实上，邓小平向“小康”的转变并不标志着“走资派”的“黑猫白猫”论的相对主义。相反，这证明了对经典马克思主义理论的回归。

江泽民首先以两项重大突破推动了邓小平路线：努力遏制官僚化和重新重视意识形态工作。对于管理中国的“小康”社会，江泽民提出了三项相互联系的措施：（1）在十六大报告中，他强化和扩大了党对邓小平“小康”概念的信奉；（2）他通过扩大党员的范围把“红色资本家”合法化；（3）通过“三个代表”运动，他作出了一项非常辩证的承诺，即既保护中国最先进的生产力，又使之服从国家的利益。尽管“三个代表”遇到了不同的反应，但是胡锦涛对它作出了正确的评价，即“三个代表”运动是原生政治权力的经典证明。换句话说，江泽民的“三个代表”思想令人想起了党在资本家——不论“红色”与否——达到政治和经济权力顶点时的卓越性。

五、胡锦涛的和谐概念：对“小康”社会的辩证管理

2004 年，胡锦涛和温家宝提出了两个思想：科学发展观与和谐社会理论。尽管把其中任何一个观念说成是全新的思想可能是错误的，但是它们全都被称许为证明了胡温致力于追求一种更全面的发展道路。应当清楚的是，这两个思想的意图是解决新出现的社会问题，同时又以一种响应准经典马克思主义路线的方式坚持“小康”社会的进步性质。除了对可持续发展的再强调外，科学发展概念实际上不过是对马克思主义基本价值观的新阐述。进一步来说，无论是过去还是现在，这种或那种形式的马克思主义一直是解放后中国领导人的明确思想。因此，和谐是马克思主义世界观内所包含的一个目标。

在 2005 年 2 月论述和谐社会的讲话（现已公开发表）中，胡锦涛

解释说，他的和谐思想始于孔子对和谐的讨论，从本质上来说是中国人的思想。这恰好与对“大同”和“小康”的讨论相一致。[①] 然后，他在提到孟子和其他人之前先提到了墨子，紧接着提到了傅立叶的《全世界和谐》、欧文的“新和谐”试验、魏特林的《和谐与自由的保证》以及马克思和恩格斯对这些乌托邦先驱们的根本突破。随后，胡锦涛把毛泽东《矛盾论》、《实践论》和《论十大关系》中的思想作为解决当前社会矛盾的路标。他讨论了邓小平和江泽民，认为邓小平的改革开放是一场新的社会主义革命，社会主义的目标实质上是满足中国的需要，而江泽民扩展和调整了这一构想。尽管没有把自己抬高到其前辈们的地位上，但是胡锦涛的和谐社会概念仍然是对“小康”时期的理论和实践作出的新概括。

用胡锦涛的话来说，和谐的“小康”社会具有六个特征：民主法治、公平正义、诚信友爱、充满活力、安定有序、人与自然和谐相处。毫不奇怪，无论当代的术语如何表述，《礼记》都以这种或那种方式把这六个特征表述为一个治理良好的“小康”社会的特征。通过儒家的辩证改良和调整，这样一个社会可能再一次实现“大同”。正如胡锦涛所指出的那样，“小康”社会的最终目标是实现“大同”社会，即经典马克思主义所说的共产主义社会中“各尽所能，按需分配”的自由人的联合体。

2006 年底，党重新发表了胡锦涛的讲话。当时的背景是到 2020 年的直接政策目标：民主法制更加完善；人民的权益得到切实尊重和保障；城乡、区域发展差距扩大的趋势逐步扭转；合理有序的收入分配格局基本形成；个人和家庭的生活水平明显提高。这些表述阐述了胡锦涛的目标，即他的直接目标是保证逐步实现邓小平和江泽民要实现“更高水平的小康”或者社会主义全面小康社会的目标。胡锦涛主张，实现这

---

① 胡锦涛：《在省部级主要领导干部提高构建社会主义和谐社会能力专题研讨班上的讲话》。

些目标现在取决于辩证的调整，即为了维持进步而解决社会矛盾。

在其他地方，“和谐”已经被扩展为一个总体性的概念，变成了一个与中国当前面临的挑战相连的概念。在任何一种情况下，对“和谐”一词的解释变成了弗雷德里克·詹姆逊所说的“意识形态素（Ideologeme），即是说，是社会阶级在本质上不相容的集体话语的最小可读单位”。[①] 有人或许认为，和谐的辩证法性质，包括它通过儒家梦想和马克思主义斗争之间的一致性，不久就会证明它是对任何时代中国共产党意识形态的完美概念化。当然，无论具有多大的工具性，政府实际上能否实现和谐，是否能够缩小贫富差距，维持相对的国内稳定，实现与台湾的和解，仍然需要拭目以待。

同时，我们能够理解邓小平理论——包括江泽民和胡锦涛的贡献——核心上的互补、辩证关系。它仍然保留了马克思主义和毛泽东思想的核心原则，仍然保留了相同的最终目标。然而，策略已经改变。直接目标是实现“小康”社会，但是连这一目标也利用马克思和毛泽东的教导来实现。接下来就像在中国的情况那样，每一位新领导人都使自己时代的意识形态调整带有个人的色彩。马克思主义—毛主义的最高价值——“大同”社会提供了进步的反题、紧张和改变的方向。在追求“小康”社会时，每一个新的立场都是解决矛盾的合题。换句话说，这里是一种目标导向的时间运动，即中国共产党运用马克思主义所构想的一种通过逐步解决每一时代的矛盾的辩证进步。

六、结　论

儒家（和道家）的辩证法在毛泽东的思想和术语中发挥了重要的作用。当然，邓小平遵循的是毛泽东的思想，但是改变了策略。通过提出

① Fredrick Jameson, *The Political Unconscious: Narrative as a Socially Symbolic Act*, London: Routledge, 2002, p. 96.

管理良好的“小康”社会可以辩证地走向“大同”社会的理论，邓小平同样从孔子那里汲取了教益。然而，“小康”社会概念的发展和对“和谐社会”的讨论并不标志着转而把儒家作为填补意识形态空白的手段。无论在何种意义上，我们也不应当认为，中国共产党不再是一个以马克思主义为指导思想的政党。倘若一个政党继续表现出对唯物辩证法的深刻理解，那么怎么能够说它是一个“后毛主义”或“后马克思主义”的政党呢？

人们倾向于把邓小平理论解释为与毛泽东思想的根本决裂，但这样做是把毛泽东的思想归结为他的“错误”，即“大跃进”和“文化大革命”，然后把邓小平对社会主义市场经济的接受归结为对马克思主义理论的根本拒绝。但是，这样做是一个致命的错误。其次，我们往往从“赢家通吃”的心态看待中国的精英政治。然而，“左”与“右”的反复证明，一个政党不仅完全以辩证的方式来看待世界，而且它还以辩证的方式进行活动。因此，对“小康”社会的辩证管理是对不仅是连续的而且是可持续的革命的制度化。我们可以得出结论说，在今天的中国共产党中，孔子、马克思、毛泽东和邓小平依然健在，但马克思仍然是导师。

（吕增奎　译）

从中国共产党新的指导思想看政治、经济和社会变迁

——从“三个代表”到科学发展观*

〔日〕藤野彰

进入新世纪以来，中国共产党共召开了两次全国代表大会。在这两次会议上，一直以来作为党指导思想的马列主义、毛泽东思想和邓小平理论中被添写上了“三个代表”和“科学发展观”。自诩为理论政党的中国共产党的领导人，经常在对以往指导思想继承和发展的基础上，标榜自己新的指导思想以树立权威和向心力。“三个代表”和科学发展观就诞生在这样的政治环境中，两者伴随着中国的政治、经济和社会变化而出现，应时代而生。

自从1978年十一届三中全会以来，中国改革开放已经30年了，期间尽管经过“六四风波”，但经济依然实现了高速增长，至2005年国内生产总值已居世界第四位，成为世界经济大国。特别是1987年十三大的“社会主义初级阶段”理论和1992年十四大“确立社会主义市场经

* 本文原题为中国共产党の新指道思想に見る政治・経済・社会の変容—江沢民「三つの代表」と胡锦涛「科学的発展観」,『立命馆国际研究』，第20卷3，2008年3月。作者简介：藤野彰，日本中国问题专家，1955年生于京都，1978年毕业于早稻田大学政治经济学系，历任读卖新闻社驻上海、北京特派员，现为读卖新闻社中国分社社长。——译者注

济"的理论使私营经济获得高速膨胀，实际上加快走上了资本主义化路线。在政治领域，中国共产党坚持四项基本原则，严防资产阶级自由化思想的蔓延，克制追求欧美式民主的举动，坚持一党体制。但是，在改革开放30年的洪流中，地区间的发展差异明显、社会贫富差距扩大，导致了社会阶层分化，党员干部的腐败和环境恶化等体制矛盾突出。此外，经济全球化和信息革命导致国民政治意识和价值观多元化。具体而言，党员的构成和意识发生了重大变化，曾经的阶级敌人资本家公开入党，私营企业家和外资企业的管理者作为新兴阶层开始崛起，他们欲以经济为武器对社会进行变革。放眼世界，20世纪90年代苏东剧变导致冷战结束，中国面临的国际环境发生变化。2001年加入WTO后，在激烈的国际经济竞争中，中国一方面对美国的单极统治表示异议，另一方面，作为世界唯一的社会主义大国继续摸索生存和发展道路。在传统社会主义体制激烈变化的过程中，中国共产党的领导人在维持政治安定团结的同时，致力于国家最大的目标——经济建设，对国内和国际变化采取了灵活的应对政策。

一、"三个代表"与科学发展观的特点

（一）"三个代表"

2000年2月25日，江泽民在视察广东时，第一次提出"三个代表"的标准。从其内容看，贯穿了中国共产党革命、建设和改革三个时期，体现了中国共产党领导人谋求党永远立于不败之地和获取民心支持的意图。2002年十六大上，"三个代表"被写入党章。继马列主义、毛泽东思想和邓小平理论之后，它成为中国共产党的指导思想。在"三个代表"的前面没有出现领导人的名字，但接下来的文字中有"以江泽民同志为主要代表的中国共产党人……形成了'三个代表'重要思想"。

伴随"三个代表"被写入党章的同时，党章中的其他与此相关部分

也进行了修改。首先，“中国共产党是中国工人阶级的先锋队”一句之后加入了“同时是中国人民和中华民族的先锋队”。中国共产党已经由工人阶级这个特定阶级的利益代表，转变为中国最广大人民根本利益的代表。事实上，中国共产党已经转变为国民的政党。在这次大会上，中国共产党的传统理论支柱被全面修改。其次，十五大的党章中关于马列主义的内容，有“马克思列宁主义揭示了人类社会历史发展的普遍规律，分析了资本主义制度本身无法克服的固有矛盾，指出社会主义社会必然代替资本主义社会、最后必然发展为共产主义社会。《共产党宣言》发表一百多年来的历史证明，科学社会主义理论是正确的，社会主义具有强大的生命力。社会主义的本质，是解放生产力，发展生产力，消灭剥削，消除两极分化，最终达到共同富裕。社会主义制度的发展和完善是一个长期的历史过程。社会主义在发展过程中会有曲折和反复，但是社会主义必然代替资本主义是社会历史发展不可逆转的总趋势”。在十六大被修改后的党章中，相同的位置变为“马克思列宁主义揭示了人类社会历史发展的规律，它的基本原理是正确的，具有强大的生命力。中国共产党人追求的共产主义最高理想，只有在社会主义社会充分发展和高度发达的基础上才能实现。社会主义制度的发展和完善是一个长期的历史过程”。“社会主义必然代替资本主义”的传统主张被删除，这意味着放弃了社会主义与资本主义对立的思维。即使是资本主义，只要对经济和社会发展有利，也要积极地引进，这体现了中国共产党领导层的实用主义观点。同时，与以阶级斗争为基础的马列主义重要文献《共产党宣言》的诀别，表现了中国共产党与教条主义意识形态的诀别、与时俱进的特征。最后，在十六大的党章中，在党员资格中，将“革命分子”这样的语言删除，代之以“社会阶层的先进分子”。其实，十六大的新党章中最重要的修改是允许私营企业家入党。虽然共产党仍然悬挂着自己的阶级招牌，但力图与时代变化相适应，为获得持久的向心力而摆脱陈旧的理论，实质是摆脱阶级政党的路线。

（二）科学发展观

科学发展观是以胡锦涛在2003年10月的十六届三中全会上提出的“树立全面、协调的，可持续的发展观”的讲话为基础而推出的新指导思想，其特点是排除经济万能主义，综合考虑环境保护等持续均衡的发展。2004年中央人口资源环境工作会议后，科学发展观被政府通过各种媒体开始正式大力宣传，强调其在政治、经济、环境、农业、司法、科技等各领域的重要性。十七大上，科学发展观被视为继马列主义、毛泽东思想、邓小平理论以及“三个代表”之后与时俱进的科学理论，是中国经济社会发展的重要指导方针，是发展中国特色社会主义必须坚持和贯彻的重大战略思想，是全体党员都应该遵守的指导思想。回顾中国共产党的指导思想的确立过程，除了战争期间的七大中被明确写入党章的毛泽东思想外，邓小平理论是在邓小平去世后的十五大、“三个代表”是在江泽民隐退后的十六大上被分别写入党章。科学发展观在胡锦涛任中被写入党章是个例外，这充分反映了党的领导层急切提高胡锦涛在党内向心力和将新指导思想贯穿全国的政治意图。

在十七大的党章修改中，与科学发展观有关的有两点：第一，党章中明确规定科学发展观的本质和核心是以人为本；第二，胡锦涛新政府的目标是和谐社会建设，这一点也被记入党章。2006年十届全国人大四次会议上，温家宝总理的政府工作报告中提出“努力建设和谐社会”，作为宣言，指出了和谐社会是胡锦涛政府的重要目标。

以人为本代表了科学发展观的精神，和谐社会集中体现了科学发展观的目标。科学发展观如果是车体的话，以人为本与和谐社会则是车的两个轮子。

（三）“三个代表”与科学发展观的联系

从政策的角度看，江泽民时代的政治与胡锦涛时代的政治具有一定的差异。但中心任务仍是经济建设，区别在于发展的方法论不同。1992

年6月9日，江泽民在中央党校省部级干部进修班的讲话中提出，“要加快经济建设，必须有一个积极发展的速度。慢了不行，停顿不前更不行。”① 同年，邓小平在南方讲话中提出加快改革开放步伐的命令。之后中国跨越了“六四事件”以来短暂的停滞，经济开始急速膨胀，但高速增长带来各种社会矛盾日益复杂化，长期的经济增长带来了难以预想的社会危机。在这种背景下，胡锦涛政府的科学发展观登台了，欲构筑科学、可持续发展的理念。其中一个重要的契机是2003年“非典”引起经济发展的瓶颈问题凸显，倍感经济高速增长脆弱性的中国共产党领导人开始认真探讨应该如何发展，在总结经验和教训后，将理论政策调整为科学发展观，这是对邓小平和江泽民时代的发展路线的理论调整。科学发展观并非是对“三个代表”的修正和否定，正如十七大的党章中所述，科学发展观是“三个代表”重要思想的继承和发展。两者的确具有共同的政治、经济和社会背景，某种意义上也是中国共产党意欲继续执政的理论构筑，是市场经济时代新的意识形态。21世纪的中国共产党不是依靠特定阶级的政党，而是以广大人民的利益作为第一要务，基于这种考虑，“三个代表”与科学发展观具有连续性，作为科学发展观精神和目标的以人为本与和谐社会，是“三个代表”理念的贯彻和具体化。

二、新指导思想诞生的政治、经济和社会背景

（一）内因——市场经济、社会阶层和中国共产党结构的变化

中国共产党上述新指导思想的出台，具有深刻的社会背景。从内因上讲，与市场经济、社会阶层和中国共产党党员结构的变化有密切关联。

---

① 江泽民：《深刻领会和全面落实邓小平同志的讲话精神，把经济建设和改革开放搞得更快更好》，见中央文献研究室编《十三大以来重要文献选编（下）》，人民出版社1993年版，第2062—2063页。

首先，改革开放30年来，在从计划经济到市场经济的革命式转变中，公有制经济和非公有制经济在国民经济中的比重发生了根本变化，公有制经济逐渐缩小，非公有制经济增长显著。2005年，非公有制经济占GDP的65%。2006年末，登记的非公有制企业数为3130.4万家，占全国企业总数的95.7%，税收占全国税收总额的33.6%，从业者占全国城乡就业者的84%。1978年以来，公有经济从业者以年均3%速度减少，非公有经济则以年均3.1%的速度增加。[①] 如今忽视了非公有制经济，就不能谈论中国经济。

其次，经济结构的变化带来连动反应，社会阶层发生了重大变化。改革开放前，社会由两个阶级和一个阶层，即工人阶级、农民阶级和知识分子阶层简单地构成。随着经济的改革、市场自由化和职业的多样化，社会阶层开始逐渐分化。中国社科院调查后，总结为十个阶层"（1）国家与社会管理者；（2）经理人员；（3）私营企业主；（4）专业技术人员；（5）办事人员；（6）个体工商户；（7）商业服务业员工；（8）产业工人；（9）农业劳动者；（10）城乡无业失业半失业者。十类阶层从上到下依次对应五个社会地位等级，即上层：高层领导干部、大企业经理人员、高级专业人员及大私营企业主；中上层：中高层领导干部、大企业中层管理人员、中小企业经理人员、中等专业技术人员及中等企业主；中中层：初级专业技术人员、中小企业主、办事人员、个体工商户；中下层：个体劳动者、一般商业服务业人员、工人、农民；底层：生活处于贫困状态并缺乏就业保障的工人、农民和无业、失业、半失业者。"[②] 其中，具备一定经济实力的新兴富裕层被称为新社会阶层，按照中国共产党的解释，包括民营企业的创业人员、受聘于外资企业的管理技术人员、个体户、私营企业主、中介组织的从业人员、自由职业人员。据推算，全国约有5000万人。新社会阶层中具有工人、农民和

---

① 李欣欣：《非公有制经济发展比重大增》，载《瞭望》，2007年第40期，第37页。

② 陆学艺主编：《当代中国社会阶层研究报告》，社会科学文献出版社2002年版，第8—9页。

公务员经历的人和高收入的知识分子（多数是非党员）占其中的大部分。

最后，非公有制经济的扩大、新社会阶层的抬头，必然带来中国共产党结构的变化。从2007年与2002年的对比中可以发现：工人；农民、牧民和渔民；机关干部、企事业单位管理人员和专业技术人员在党员构成中的比例分别增长10.6%、5.3%、6.4%，而同期学生和非公有部门的从业人员的构成比率增长254.6%和113.4%。至2007年，具有专科以上学历的党员占总体的31.1%，远高于1954年的0.8%。[①] 党员的知识化和专业化的变化迫切要求对党的传统阶级理论进行彻底修改。2001年7月1日，江泽民在纪念建党80周年的讲话中指出，必须坚持党作为工人阶级先锋队性质，始终保持党的先进性，同时呼吁“要根据经济发展和社会进步的实际，不断增强党的阶级基础和扩大党的群众基础，不断提高党的社会影响力。”“同时也应该把承认党的纲领和章程、自觉为党的路线和纲领而奋斗、经过长期考验、符合党员条件的社会其他方面的优秀分子吸收到党内来”[②]。事实上这是私营企业主即资本家入党的解禁宣言。在此基础上，在十六大的报告中，私营企业家、手工业者和自由职业者被定义为中国特色社会主义事业的建设者，对他们的存在和作用给予了积极的评价。事实上，中国共产党在“六四事件”后的1989年8月28日，发出禁止私营企业主入党的通告，主旨是“我党是工人阶级的先锋队。私营企业主同工人之间实际上存在剥削与被剥削的关系，不能吸收私营企业主入党”。“党不是全民党，在党的性质问题上，不能有任何含糊”[③]。通告的背景是“六四事件”后政治左转所出现的保守派和地方党组织强烈反对私营企业主入党的政治现实。江泽民的这

① 新华社：《十六大以来党员队伍不断优化壮大》，载《中国青年报》，2007年10月9日。

② 江泽民：《在庆祝中国共产党成立八十周年大会上的讲话》，见中央文献研究室编《十五大以来重要文献选编（下）》，人民出版社2003年版，第1915—1917页。

③ 《中共中央关于加强党的建设的通知》，见中共中央文献研究室编《十三大以来重要文献选编（中）》，人民出版社1991年版，第598页。

次讲话以“三个代表”为依据，事实上撤回了上述通告。这充分反映了20世纪90年代后政治、经济和社会的巨大变化，在这种僵硬的社会主义理论下，党的组织能力得不到增强。不重视新兴的社会阶层，一党体制将很难维持，充分暴露了中国共产党领导层维持执政的危机感。

在中国共产党执政基础持续的变化中，胡锦涛在江泽民之后担任了总书记。科学发展观中以人为本的思想是对“三个代表”中“代表最广大人民的根本利益”的推动。中共十二大后，将阶级斗争定义为“还在一定范围内长期存在，在某种条件下还有可能激化”，但“已经不是主要矛盾”①。以人为本是对这种理论的扩充，标志着以阶级斗争为主要代表的旧意识形态的结束。胡锦涛政府为了获得广大人民的支持、维护政治的稳定与团结，将以人为本反映到具体的政策中。2007年3月，《物权法》的颁布就是重要的表现之一。该法是首部明确保护私人财产的法律，促进了市场经济秩序和民心的稳定，意图在于加快和谐社会的建设。在这之后，当局选拔无党派和民主党派人士入阁，也是这一政策的延续。

（二）外因——苏东社会主义的崩溃和经济全球化

对于一边维持一党体制，同时欲通过市场经济来构筑富强国家目标的中国共产党而言，20世纪末所面临的最大冲击是苏东社会主义国家的崩溃。虽然中苏论战后，两国关系几近断绝，但社会主义前辈国家苏联的崩溃给中国共产党带来了深刻的教训。对江泽民政府而言，最紧要的政治问题就是怎样才能避免重蹈苏联的覆辙。苏东剧变这一历史动荡将靠什么来维持政权这个根本问题摆在了中国共产党领导层面前。新的生存哲学被领悟，即摆脱脱离现实的、教条主义式的传统社会主义生产体制，尊重广大人民的利益，满足人民提高生活的愿望，采取灵活的现实

① 《十二大党章》，见《中国共产党历次党章汇编（1921—2002）》，中国方正出版社2006年版，第311页。

主义政策是关键。事实上，苏东剧变给予了中国共产党反省国家建设方式的机会和进行改正的时间。从这种意义上说，苏东剧变起到了延长中国共产党寿命的作用。

胡锦涛的以人为本的思想也与苏东社会主义崩溃的教训密切关联。不能保障、提高和稳定国民的生活，同时面对人权意识的提高等国民价值观的变化而采取灵活政策的政权，即便想靠强权来维持统治，最终都会被国民抛弃，避免不了崩溃的命运。以人为本的思想背后是对政权的这种危机意识。

另一个重要的外因是以经济全球化为代表的国际环境的变化。冷战结束后，中国将经济建设和国家发展作为最优先的目标，2001 年加入 WTO 后，正式参与了国际竞争。加快经济体制改革、吸收世界先进科学技术和文化是党内的共识。江泽民在 2002 年 11 月 8 日十六大的报告中认为："国际局势正在发生深刻变化，世界多极化和经济全球化的趋势在曲折中发展。科技进步日新月异，综合国力竞争日趋激烈。形势逼人，不进则退。"①"三个代表"中"代表先进社会生产力的发展要求"和"代表先进文化的前进方向"就是对这种国际认识的产物。

三、旧意识形态的空洞化与体制矛盾

在中国共产党的党章里，党的最高理想和最终目标是实现共产主义。但仍把现阶段定义为社会主义初级阶段，容忍市场经济的发展和贫富分化，甚至允许资本家入党。别说共产主义，就连社会主义也只是具有模糊的框架。"三个代表"之一"代表最广大人民的根本利益"所赋予党的性质、科学发展观所呼吁的以人为本与和谐社会理念，也只不过是对 30 年来因社会变迁而进行的符合实际的理论构建，以便承认社会

① 江泽民：《全面建设小康社会，开创中国特色社会主义新局面》，见新华月报编：《十六大以来党和国家重要文献选编（上）》，人民出版社 2005 年版，第 3—4 页。

变革的合理性。另一方面，允许资本家入党和制订《物权法》也是坚持现实主义路线的表现。如此一来，社会主义的理想与非社会主义的现实之间的差距扩大，人们对共产党政治的疑虑增加，共产党员的政治意识被侵蚀。

中国国家和发展改革委员会主管的内部杂志曾对共产党的政治意识进行过调查①，调查的对象为某省省委党校的六期领导进修班学员，571份有效答卷中97.2%为共产党员，专科及大学以上高学历者占98.8%。首先，针对共产主义能否实现的问题，回答“一定能够实现”为42.9%，低于一半，“可能实现”的占24%，回答“很难说”的占24.2%，认为“实现不了”的为3.2%。其次，对“我国现在进行建设的是社会主义吗”这一问题，肯定的回答占47.1%，回答“很难说的”占39.2%，“完全不是”的为3%。因此，共产党员四人中就有一人不再相信共产主义，四成的人对社会主义抱有疑虑。半数以上的调查者认为，心中的社会主义与现实的社会主义有很大的距离。

此外，针对“共产党在群众中的威信和权威”的问题，认为“正在弱化”的为46.9%，“不很高”的为8.4%，“非常或者比较低”的为4.2%，否定的意见约为六成，有8.2%的人回答“非常高”。针对“民主的状况”这一问题，回答“非常或者很不满”的为62.8%，“必须加快政治改革”的为85.1%。以上的调查尽管只是针对某一地区，但可以发现，不仅共产党员的政治信仰动摇，而且对党的腐败和党对政治改革的消极态度充满了极大的不满。

对于上述现象，党的领导层抱有强烈的危机感。2006年6月30日，胡锦涛在建党85周年大会上的讲话中感叹道：“一些党员先进性意识淡薄，理想信念不坚定，宗旨观念不牢固；一些领导干部和领导班子思想理论水平不高，解决复杂矛盾的本领不强，工作作风不实；一些地方党

---

① 肖唐镖：《对地方官员政治态度的调查与分析》，载《改革内参》，2005年第35期，第31—35页。

的基层组织建设还比较薄弱；一些领域的腐败现象还比较严重，特别是有些领导干部以权谋私、贪赃枉法、腐化堕落的案件仍时有发生。”[①] 中国共产党的理论刊物也指出，“值得高度注意的是，当前少数党员干部对党的忠诚意识有所动摇，逐渐弱化。比如，一些党员不信马列信鬼神、不信组织信个人。还有少数干部把对党的忠诚变成对某个人的忠诚、对关系网的忠诚，培植个人亲信、搞团团伙伙、人身依附”[②]，都对党员的信仰危机提出警告。但问题的根源在深刻的体制矛盾中，精神论和理想论将在激烈变化的现实面前失去效力。

在这种状况下，新兴社会阶层的抬头，将对共产党体制产生重大影响。私营企业家中，以经济实力为基础，参与中央和地方政治而确保一定的发言权的政治倾向明显。据 2006 年统战部和全国工商联的抽样调查中发现，“28.8% 的私营企业家有担任人大代表和政协代表的迫切愿望”[③]，这充分表明了新兴阶层对本身社会身份和地位的不安，欲以不同的形式参与政治来强化自己地位的现状。如今，私营企业家中的共产党员占 32.2%，县级以上人大代表和政协代表分别达到 9000 和 30000 人。[④]

新兴社会阶层并不能在短期内进入政治中枢并占据主流地位。但从长远来看，日益增大的存在和影响有两点值得注意。第一，私营企业家中多数具有欧美留学经验的专家和企业家，通晓国际惯例并重视经济的合理性，这种背景加速了国民内部的去意识形态化和价值观的多样化。今后，如果私营企业家在党和政府中的力量不断扩大的话，那么，党面临的谋求与市场经济改革相应的政治变革的压力将加大。第二，新的社会阶层政治方面的崛起，在经济方面过度膨胀带来了渎职、逃税、侵犯

① 胡锦涛：《在庆祝中国共产党成立 85 周年暨总结保持共产党员先进性教育活动大会上的讲话》，载《人民日报》，2006 年 7 月 1 日。

② 陈章元：《强化共产党员的忠诚意识》，载《求是》，2007 年第 9 期，第 55 页。

③ 见中华全国工商业联合会主页，2007 年 10 月 30 日，参照中华全国工商业联合会编：《1993—2006 年中国私营企业大调查》，中华工商联合出版社 2007 年版。

④ 叶晓楠、纪雅林：《新社会阶层身影日见清新》，载《人民日报》，2007 年 6 月 11 日。

知识产权、乱开发、环境污染等社会弊病增加。党员干部的腐败因此更为加剧，政治权力与经济权力勾结的弊病愈加严重。中国共产党领导层利用作为社会发展原动力的新社会阶层的方针，但如果中国不通过政治改革建立法治体制，那么上述体制的弊病将会更加严重。

十六大上，中国共产党提出到2020年建成小康社会的目标，并提出2020年的GDP达到2000年的四倍，十七大上将其修改为人均GDP达到四倍。总之，中国共产党向国民保证，将明天建设得更好，意在通过实际的业绩维护对国家的领导。对美好生活的向往是全体国民的愿望，但社会主义初级阶段的未来却越来越难以看清，“三个代表”和科学发展观都没有回答中国的未来是无限地接近资本主义的社会主义，还是另外一种完全不同的政治体制。

20世纪90年代后，中国共产党的思想宣传工作有了很大的转变，开始回归传统。为了与冷战结束后的国际环境、经济全球化和中国市场经济的步伐一致，中国共产党开始大力宣传传统的爱国主义和中华民族精神的重要性，取代社会主义意识形态，成为统一国民思想理念的有效工具。

从历史上来看，“三个代表”并不是全新的理念。1935年12月的瓦窑堡会议上，毛泽东指出：“中国共产党是无产阶级的先锋队，同时也是全民族的先锋队，愿意为党的主张奋斗的人，不问阶级和出身，都可以加入党。”①“三个代表”中，积极吸纳支持党的政策、对党有贡献的中间阶层的实用主义也是在学习毛泽东的革命战术。以人为本与和谐社会与庄子、儒家思想以及乌托邦式的大同思想密切相连。

回归传统，反映了历史变革期，中国共产党在探索时代前进方向的同时，竭尽全力进行思想探索的意图。从中国共产党员的年龄构成看，如今35岁以下的共产党员为1738.4万人，约占全体人数的25.7%，

① 李君如：《正确理解和坚持党的阶级性》，载《学习时报》，2001年7月9日。

36—59岁的党员为3884.2万人，占52.9%。[①] 59岁的党员生于1948年，上述这些人都没有经历革命战争，约占总数的八成。35岁的人生于1972年，这些人都没有经历过“文化大革命”，记忆开始的时间已经是改革开放时期，这些人约占四分之一。革命被历史淹没只是时间问题，改革开放和市场经济将加速前进，革命已经不能再重演。

对于政治体制改革，中国共产党表示“中国的民主政治建设必须符合中国的国情，模仿他国的政治制度和政党制度是不会成功的”[②]，明确拒绝了欧美式的民主政治。的确，从中国现在的情况看，快速的民主化并不可能。然而，随着中国国内外形势的变化，一直认为与时俱进的中国共产党只要为了国家的发展进一步推动改革开放，就必须不断对自身进行理论创新，对现实变化作出相应的回应。

（张利军　译）

① 新华社：《十六大以来党员队伍不断优化壮大》，载《中国青年报》，2007年10月9日。

② 中华人民共和国国务院新闻办公室：《中国的政党制度》，载《人民日报》，2007年11月16日。

“三个代表”思想
——中国国家意识形态发展的新阶段*

〔俄〕Д. А. 斯米尔诺夫

20 世纪 90 年代，中国进入新的发展时期，改革的政策更加深入，首先是改革经济中的国营经济成分，由此导致失业人口增加和社会紧张局势加剧。在实行社会主义市场经济方针 20 年后开始的新的历史阶段，在进入与以往的社会心理和思想道德氛围完全不同的新的社会环境中，中国共产党领导人必然会重新思考执政党在中国现代化进程中的作用和地位、领导方式和方法，以及能否适应业已形成的新的客观现实并起到推动作用的问题。中国国内的这些变化恰恰发生在世界社会主义体系以及与此相关的“两极”世界体制崩溃之时，是以在两个世纪之交整个世界发生深刻变化为背景的，而整个世界的变化则取决于科学和技术、“知识经济”的爆炸式发展；取决于全球化和信息化过程的不断加速和深化，这些过程为中国的社会主义现代化提供了机遇，同时也提出了挑战。

---

* 本文原题为“Концепция трех представительств：новый этап эволюции государственной идеологии в КНР”载 Китай в диалоге дивилизации，Москва，2004。作者简介：Д. А. 斯米尔诺夫（Д. А. Смирнов），俄罗斯科学院远东研究所当代中国历史与政治研究中心主任，副博士。

所有这一切要求确立这样一种理论：既符合 21 世纪的历史条件，同时又使中国共产党仍具有马克思主义执政党的性质、加强其在国内外无一例外地实行以新代旧局势下的领导作用。为从理论上应对时代的挑战，在江泽民的倡导下，2000 年初提出了“三个代表”思想，按照这一思想，中国共产党是“社会先进生产力”、“先进文化”、“最广大人民群众根本利益”的代表。中国认为这一思想是“新的思想武器”，是“处于辩证统一中的相互联系、相互促进、相互制约的有机整体”。中共中央组织部2001 年 5 月发表的《2000—2001 年中国调查报告——新形势下人民内部矛盾研究》中，把“三个代表”思想同世界发生的根本性变化、中国共产党 80 年实践经验的总结、世界社会主义的历史经验联系在一起。1999 年，中国共产党的“信仰危机”由于“法轮功”行动而变得严峻，江泽民提出必须考虑中国社会经济和社会政治生活中的“四个多样性”：经济结构和利益的多样性、社会生活方式的多样性、社会组织形式的多样性、就业形式的多样性。他把党的建设作为克服重重困难的关键，认为中国共产党是领导社会主义现代化事业的“核心力量”，因此，“治国必先治党”，而中国已进入世纪之交的新时代，其局势的好与坏直接取决于党是否有能力有效地履行先进生产力、先进文化和人民利益的代表的职能。中国共产党作为执政党的今后的命运也取决于党是否能够贯彻实施这一方针。

根据邓小平提出的评价党的工作的“基本标准”，在“三个代表”思想中把保证生产力的发展、增强国家的综合国力、提高人民生活水平放在首要位置。党作为先进生产力的代表就应当做到如下两点：清除先进生产力发展道路上的一切障碍，为发展先进生产力创造条件并“开辟道路”。党通过实施正确的经济政策并根据国家不断变化的现实及时调整经济政策来完成这些任务。中国共产党的第一要务是发展，发展的动力是改革开放和科技进步，而党的工作的根本出发点是提高人民生活水平。

先进文化的代表就是要以中华民族的文明传统和当今社会主义现代化的实践、世界文明的优秀成果为依托，从思想上政治上保证对文化领域的领导，并积极以先进思想和文化教育中华民族。在这方面，具有特别重要意义的是要宣传中国共产党的思想纲领，反对思想上的"多元化"，避免因人们头脑中的混乱必然导致的社会混乱。同时指出，必须明确划清政治问题和属于文化领域的问题。后一种问题应本着"百花齐放"的原则自由争论。中国应当弘扬自己的丰富的民族文化，借鉴世界文明的全部成果，摒弃与文明的思想和道德相违背的所有一切。

要代表广大人民群众的根本利益就绝不允许把党和人民对立起来，要正确调整整体利益和局部利益、当前任务和长远任务，从而使局部利益服从整体利益，但又不忽视局部利益及公民的个人利益。正确处理先富与后富的关系，使改革的成果由各公民阶层共享，这一点非常重要。尤其值得关注的是，要解决在改革进程中剩余劳动力的闲置、进一步完善法制以扼制腐败的问题。然而，提高企业效率、使其当中的部分企业（部门、地方和居民）能够比其他企业更早地富裕起来的方针仍未改变，因为，整个经济发展有赖于此。但这应当同遵循社会公正的法则和原则结合起来，在市场经济的条件下通过国家宏观调节机制使其得以保障。

代表人民的利益最为重要的就是要有法律保障和民主的发展，否则的话，不可能有社会主义和现代化。同时还要补充一句，民主不可能是脱离国家经济发展和文化发展现实水平的抽象的东西。应当将社会主义民主和资本主义民主区分开来，"保证社会主义民主政治健康发展"。党的任务是教育人民懂得，民主和法制、权利和义务、自由和纪律是统一而不可分割的；对西方民主价值观的鼓噪要坚决予以回击。干部肩负着特殊的责任，应当懂得权力是人民赋予的，必须只能为人民谋利益，坚决将腐败分子清除出党的队伍。

中国的理论家在揭示"三个代表"思想内容时指出，党作为"三个代表"的特点就是要"在新的历史条件下科学掌握马克思主义理论并发展马克思主义理论"。以前党的先进作用是由作为"工人阶级先锋队"的阶级属性决定的。目前，处于新世纪之交的国际形势发生的重大变化、面临的机遇和挑战要求对理论作出新的补充，这是由当今历史时期的具体历史任务的特点决定的。应当从改革开放政策、社会主义现代化的角度以及同世界生产力和人类文明的发展的联系中去加以分析研究。江泽民考虑到这些因素，提出了党是“三个代表”的理论方针，这种提法比先前党是“一个代表”的阐释更加宽泛而又符合现实。对党是先锋队的新的阐释反映出当今时代的内涵，即生产力、科学技术进步和人类文明进步发展迅猛的特点。这种观点反映出旨在“振兴中华”的改革精神。

与此同时，社会经济形势日益复杂，对党产生了一定影响，党面临一系列理论问题和实践问题需要作出答复。例如，在失业人数剧增、大多数工人和职员由国营企业转向非国营企业、农民纷纷涌向城市寻找工作的形势下，如何保证党的先锋队的作用；在新的历史条件下工人阶级的先进作用的内容；如何加强党的阶级基础；如何使党的性质符合世界发展趋势和时代的要求；社会主义初级阶段的任务、社会主义建设的长期目标和最终目标之间的相互联系及其他许多迫切问题。

在提出“三个代表”思想时，也注意和考虑到苏联解体和东欧剧变的历史教训。江泽民于2000 年1 月 14 日在中共中央纪律检查委员会会议上讲话时，提出了关于造成这一切后果的原因以及这些事件对中国的教训。中国的理论家认为，布尔什维克在“十月革命”和社会主义建设事业中之所以取得胜利，是因为布尔什维克在那个时期代表了先进生产力、先进文化和苏联人民的根本利益，因此人民拥护社会主义。然而，由于20 世纪中叶苏联领导人思想“僵化”，低估了科学技术进步因素的意义，使苏联科学技术潜力的发展遭到停滞，经济形势开始不断恶化，人民生活水平日益下降，从而导致人民群众普遍不满。当时的苏联领导人忽视了精神文明问题而使形势变得更糟。上述原因导致苏共逐步“脱离人民，失去了作为人民群众的领导力量的地位”。苏共是可以实行体制改革、再次争得人民的信任和支持的，但戈尔巴乔夫提出的所谓“新思维”、“公开性”和多党制的方针，使苏共的领导作用被否定，党的历史被歪曲。苏共领导人在党内制造了思想混乱，使党产生涣散现象，为与社会主义对立的亲西方势力“大开方便之门”，这些亲西方势力伙同党内反共产主义的势力，力图取消社会主义国家政权。在这方面，外部因素提供了条件，而内部因素为破坏性变革提供了基础，外部因素是通过内部因素起作用，苏联的解体、苏共政权的被取缔恰恰符合这一规律。

中国的理论家指出，江泽民提出的“三个代表”思想，使我们有可能“在理论与实践相结合的基础上”“深入反思”苏联解体和东欧社会主义垮台的原因，“全面总结”这些历史事件的“经验教训”并制定正确的政策。这种政策应当建立在代表先进生产力、先进文化和人民的根本利益的基础上。一些政党在不同国家长期执政，但在其政策中体现不出“三个代表”，就必然不得不退出政治舞台。执政党在履行“三个代表”职能时应当认真研究新变化、新矛盾，并及时修正自己的政策。这是20世纪下半叶中国共产党80年的历史和世界社会主义半个世纪历史的主要教训。

正如中国研究人员所指出的那样，由于市场经济的发展而产生的中国社会的分化、贫富间差距的日益拉大、新的社会利益格局的形成及伴随而生的新的社会矛盾和冲突，必然会对社会意识和主流意识形态产生深刻影响，导致“意识形态领域的斗争急剧加剧”。与此同时，这些现象及由此而产生的矛盾对中国共产党的“合法性”基础提出“新的挑战”，需要“探索自己的”合法性论证途径。在中央党校邓小平理论研究中心出版的理论杂志《理论前沿》中，把重新确立执政党的合法性问题同中国正在进行的“体制转型”联系在一起，在转型中，中国改革的主要内容由经济领域扩大到政府工作领域，以及“中国政治核心”即中国共产党的建设和发展上。中国的执政党已经“由传统意义的革命党”转变为“现代意义的执政党”，由“通过革命实现现代化转变为通过建设实现现代化”。党所面临的任务是：研究世界政党发展的“普遍规律”，探寻“新的政治合法性的基础”，以巩固自己的地位。

日益加深的社会分化向中国共产党提出了政治改革的要求，而社会矛盾的集聚使社会对中国共产党的信任度产生影响，因而可能会导致中国共产党的“合法性危机”。合法性威胁的产生既有“体制内的因素”，也有“体制外的因素”。体制内的因素是腐败和堕落，这是在经济体制和政治体制、价值体系深入改革形势下权力必然被削弱的结果，还有就是“信仰危机”，中国所出现的个人主义、宗教信仰及与中国主流意识形态相违背的其他观点和见解对此产生影响。体制外的因素是执政党在社会经济因素综合状况日益复杂的情况下能否满足社会阶级的利益。面临“执政党威信的严重挑战”，在新世纪确立执政党政治合法性的基础是一种“客观必然”、是“历史的迫切呼唤”。解决合法性问题的途径就是要“完善思想体系”，要求善于“准确无误地”保持在开放社会价值体系中主流意识形态的一致及各种观点和价值观的多元化的发展之间的相互联系；具备发展马克思主义的能力，加强马克思主义的“说服力和凝聚力”；根据当今时代的要求和特点来不断完善思想体系，提高社会主义思想体系的整合力。解决合法性问题的途径就是要发展和加强民主和法制，中国共产党就应当起到代表和联合人民的利益和意志的“政治核心”的作用，成为“人民参与政治的主要领路人”。解决合法性问题的途径就是要完善政治体制和机制，以反映“人民的利益和意志”并保证真正实现人民的民主权利、扩大公民参与政治生活的力度、执政党能够真正实行依法管理并在法制框架内把党的政策纳入职能轨道上来。重要的任务是把社会的利益联合起来，通过建立“把社会利益”同运用宏观调控、社会保障、法制及其他手段“相结合的机制”来提高社会公正的水平。所有这一切都应当是为了缩小贫富差距、达到“分配相对公正”的目的，促进各社会阶层关系的协调，防止或者削弱社会矛盾和冲突。最后，要遏制党内的腐败和堕落，因为它破坏了人民对党的信任，“使党有失去政权的危险”。为实现上述方针和目标，“三个代表”思想提供了能够经常运用“新的合法性资源”并保证从理论、机制和科学技术上不断加以更新的可能性。党重新确定了方针即党在中国社会起着“两个先锋队”的作用，既是“工人阶级先锋队”，同时党也是中国人民和中华民族的先锋队。

江泽民在 2001 年 7 月 1 日中国共产党建党 80 周年纪念大会上对

"三个代表"思想作了完整的论述。讲话重申了1981年在《中国共产党中央委员会关于建国以来党的若干历史问题的决议》和1997年中国共产党第十五次代表大会上确立的建立在毛泽东思想和邓小平理论基础上的党的领导的思想政治继承模式。宣称要忠实于马克思主义，但又补充说，"马克思主义不是教条"，中国应"坚定不移地走自己的路"，这是"总结我们党的历史得出的最基本的经验"。因此，马克思主义只能"以中国化了的马克思主义"的形态存在。中国化了的马克思主义的实质就是把马克思主义理论的基本原理同中国具体实践相结合。毛泽东在革命和创建社会主义基础的年代为"中国化了的马克思主义"奠定了基础，而邓小平实行的改革使其得到进一步发展。马克思主义是开放的思想体系，在实践中"不断丰富和发展"。在现阶段，"三个代表"理论的提出实际上是马克思主义在中国的进一步发展，就应当与之相提并论。这一理论对党的历史任务的性质的论述已不再囿于传统的论述，不是把国内外的工人阶级的阶级斗争的任务作为重点，而是强调生产力的发展是"社会主义的根本任务"，这既符合中国现阶段发展的要求，同时表明中国共产党"建立时就是以中国先进生产力的代表走上历史舞台的"。

党首先是联合中国社会各阶级和阶层的整个民族组织的代表，中国社会的"基本力量"是包括知识分子在内的工人阶级。但是，关于工人阶级的单独利益的问题已经不再按照党的原来的口号和方针提及了。江泽民强调指出，党要有战斗力，就必须依靠中华民族的"绝大多数"，中国共产党的高层领导人第一次提出必须在社会成员中全面反映中国现代化进程业已形成的社会经济的现实，即把新的社会阶层的代表，其中包括私营企业主吸纳到党的队伍中来。党的建设的思想内容也相应发生变化。尽管我们总是谈要忠实于马克思主义，然而却往往把爱国主义和中华民族的振兴（"要在全社会倡导爱国主义、集体主义、社会主义思想"）放在大众思想教育工作中的首位。党号召要达到民族的共同富裕，彻底摒弃原先在发展党员时恪守一定的财产标准的方针；目前认为有多少财产并不重要，重要的是要通过合法途径获取。江泽民号召摒弃不切实际的建立共产主义的幻想，把这个口号作为社会理想、党的工作的思想方针保留下来。

讲话强调指出，中国共产党的领导是中国防止类似于其他社会主义国家解体和混乱的唯一保障。因此，讲话中提出的任务是，加强党的建设、巩固党对国家的领导，首先要管好干部（党管干部的原则），党委加强对人大、政府、政协、人民团体的领导，人大、政府、政协、人民团体的党组以及担任领导职务的党员干部，在依法进行职责范围的工作中，必须坚持贯彻党的路线方针政策和党委的决定。政治体制和党内生活民主化要根据民主集中制的原则在自上而下的监督下进行。不允许效法西方的多党制和三权分立的原则。讲话直言不讳、开诚布公地指出，维护党和国家的集中统一，维护中央的权威，是极端重要的。党和国家的指导思想、奋斗目标、大政方针和法律制度，以及重要工作部署等等，必须统一，各个地方、部门和单位绝不能各行其是。

党内力量的对比，使江泽民及其拥护者们尽管同部分党员包括党所任命的各级代表在思想上存在着意见分歧，但仍然坚持把修改党的思想纲领的过程置于自己的监督之下。江泽民于2002年5月31日即中国共产党第十六次代表大会召开之前在给中央党校毕业生的讲话中概括了“三个代表”思想的基本原则。“三个代表”思想被认为是中国在世纪之交步入现代化进程的“新阶段”的“社会主义自我完善和发展”的“强大理论武器”，实际上提出了“三个代表”思想与马克思列宁主义、毛泽东思想和邓小平理论是一脉相承的。于是江泽民号召加速“政治体制改革”，同时强调，在实行政治改革时，必须从中国的实际出发，“坚定不移地走自己的政治发展道路”，即把它同社会主义政治制度的自我完善、“具有中国特色的社会主义民主”的发展及摒弃对西方政治模式的效法联系在一起。这个号召还提出建设“政治文明”的命题，是邓小平早在20世纪80年代宣布的建设社会主义的物质文明和精神文明方针的继续。以建设“政治文明”的目标来对这个方针加以补充，是根据国内和世界上发生的深刻变化对政治体制改革任务的集中表述，而江泽民

“三个代表”思想的提出是从思想上对这些任务所作的表述。

“三个代表”思想在中国共产党十六大的报告中被具体化，并作为新的历史阶段即建设“小康”社会阶段的党的思想理论纲领被予以通过。从而，“三个代表”思想被赋予正式的国家意识形态的地位。代表大会批准了实行政治体制改革的决定，但要忠实于邓小平早在 1979 年即实行改革开放政策初期所宣布的旨在保证建设具有中国特色社会主义方针不动摇的四项基本原则：社会主义道路、人民民主专政、党的领导和马列主义、毛泽东思想。与此同时，代表大会确定了“与时俱进”的方针，使党对自己的理论库随着实践的发展不断予以更新，从而完成建设“小康”社会的任务，在中国愈来愈积极加入世界一体化进程和争夺世界市场的残酷竞争中基本完成现代化进程的任务。

“三个代表”思想在中国新的领导人胡锦涛于 2003 年 7 月 1 日庆祝中国共产党建党 82 周年之际举行的会议上的讲话中得到了进一步的发展。胡锦涛强调了“三个代表”思想的重要意义，认为是进一步实现“社会主义现代化”和“党的建设”的“共同思想基础”，并指出江泽民提出和确定“三个代表”思想的功绩。胡锦涛的讲话确立了“三个代表”思想的地位，认为是同马克思列宁主义、毛泽东思想和邓小平理论一脉相承的。胡锦涛认为，“三个代表”思想是“面向 21 世纪的中国化的马克思主义”。实际上，“三个代表”思想是马克思主义发展的新阶段，也是中国历史发展新时期意识形态的新的发展阶段，这个新时期就是全面建设“小康”社会、基本完成始于邓小平时期的现代化纲领，而中国在顺利完成上个时期的改革开放任务后已步入这个新时期。

胡锦涛号召所有党员、各级领导干部深入学习“三个代表”思想，把它作为既包括经济和社会政治发展问题，又包括中国的国际政策原则这样一个“统一的辩证体系”去加以学习和研究。在他看来，这个学习是“一项重大政治任务”。

胡锦涛的讲话相当明确地提出了包括知识分子在内的工人阶级和广大农民是推动“先进生产力”发展的根本力量，指出必须坚持“四项基本原则”，保持政治稳定，号召“巩固党的阶级基础和扩大党的群众基础”，其中包括依靠新的社会阶层（在这里没有单独提出吸纳私营企业主阶层的代表入党的问题）。最为重要的任务是“维护社会稳定”，为此强调“妥善处理各种利益关系和社会矛盾”。在这里没有着重强调进一步开展政治体制改革的问题。主要的注意力放在党的建设问题上，这是决定中国社会主义命运的大事。

与此同时，讲话没有提及中国文献在谈到这一问题时经常要提到的苏联和东欧国家社会主义垮台的教训，也没有批评西方的民主模式，所有的注意力都集中在国内的任务上。

“三个代表”思想作为国家意识形态基础被通过，这意味着中国共产党的思想政治纲领的发展进入一个新阶段。“三个代表”思想是在2000年提出的，尚面临长期的时间检验，看其在具体的社会经济和社会政治实践中运用的效果如何，以及是否具有生命力。因此，我们不希望作出最终的结论，只预先作些许评论。

中国共产党正处在探寻自己的政治改革和论证其合法性的道路上。“三个代表”思想是在现存的、愈来愈复杂的“具有中国特色社会主义”的条件下对发展战略的多层面、多层次的思考，因为这个社会主义既有市场竞争又充满社会矛盾，而这是在社会主义旧有模式下无法解决的。“三个代表”思想的被通过意味着在实行经济实用主义政策20年之后，现已开始实行政治实用主义，这是由新的社会经济现实和现实的意识形态的形势决定的，也是在强国为争夺世界资源和市场、为争夺科学技术的领先地位而激烈竞争的形势下保证民族生存的需要，同时是保证人民享有一定福利以保持国内稳定的需要。

在实行改革开放政策的进程中，中国共产党的思想理论纲领在不断演变，其最为重要的特点是受到严格的控制，不是仓促行事，因为其目的不是把意识形态本身作为社会发展的主导思想（那是中国改革前的社会主义模式），而是保证在历史上业已形成的国家政治体制的基础上为实现社会主义现代化纲领对国家实行有效的管理。“三个代表”思想的基础是毛泽东提出的“实事求是、独立自主”的原则。邓小平在建设“具有中国特色社会主义”的进程中充分体现了这些原则，从理论和实践中为探寻应对时代的新挑战、新问题和新矛盾提供了可能性。

中国共产党的整个社会政治学说的准则依然是保证经济持续有序增长的主要条件，同时实行深刻的结构性改革，以保证社会政治的稳定。“三个代表”的主要思想就是要实现这一准则，维护中国共产党作为稳定保证者的垄断统治。为缓和并解决在新的社会结构中积聚的矛盾，使中华民族逐步走向民主管理的发展轨道，在中国共产党领导下的多党合作制、人民代表大会制、民主协商和民主监督制、基层民主自治制在积极发挥作用。目前没有考虑实行多党制的问题，试图将目前的社会政治局势在更长时期内加以“冷冻”以保持稳定。与此同时，为了巩固党作为领导现代化进程的中华民族的核心作用，党通过扩大其社会基础，对起始于邓小平时期的中国共产党的思想纲领作了补充，摒弃了先前用阶级的观点和立场去解决中国的发展问题（但并不否认工人阶级的主导作用）的做法，为在市场经济中产生的一些新的社会阶层的代表加入党组织敞开了大门。

“三个代表”思想为在整个民族利益统一的基础上把新的社会阶层的利益纳入到现存的社会经济机制的结构中打下了思想基础，不允许党因阶级的利益而使民族发生分裂，为解决台湾问题创造了有利条件。同时，“三个代表”思想中也存在着一定的矛盾，如一方面要优先发展先进生产力，要求中国在加入世贸组织后最大限度地提高国家的国际竞争力，这必然要相应付出社会成本；另一方面，正式宣布代表中国社会各阶层，其中包括因生产现代化而饱受苦难的那部分人的利益（城市居民，尤其是农村的过剩人口，他们在现今市场经济中不可能找到自己的位置）。党的内部也可能存在一定矛盾，一些人囿于传统思想，认为工农是中国共产党的依靠力量，另一些人赞成资本合法化，而这些资本是在大多数党政机关腐败堕落状况下积聚起来的。既然在流浪汉、害怕失去工作岗位的工人和职员、难以为继的农民和“新社会阶层”之间没有共同利益而言，在“开放的”社会框架内党就可能面临分裂的威胁：一部分人认为当今实行的方针是有利的，而另一部分人则不满意，认为这个方针所应付出的政治、思想和道德成本太大。在形势不稳定的情况下，左翼反对派产生的客观条件就成熟了。许多东西还取决于现实中正在形成的私营企业主阶层的忠诚度。当然，这个阶层客观上讲对类似于1989年政治风波的政治不稳定是不关注的，但不能排除的是它迟早会开始捍卫自己的集团（阶级）利益，而这就意味着会作为独立的政治力量存在。

中国共产党的历史证明，在国内派别之间的斗争进程中党总是能够按照为建设社会主义而斗争的纲领维护组织上的统一。但是，目前中国处于不同的历史条件下，在社会主义时期曾相对单一的社会在急剧分化，要求现存政治体制民主化的呼声愈来愈高，这并不是通过“开放”政策的窗口由国外“飞进来”的口号所引发的，而是在国内业已形成的有产阶级的具体的经济利益和政治利益所导致。随着世界社会主义体系的解体，社会主义的国际主义的理想已不复存在，民族在争夺世界资源和市场的残酷竞争条件下的生存斗争，在当今全球化时代取代了原先的意识形态对立。

最终的成就还要看中国目前的局势、国内社会政治力量的对比、外部因素及台湾和迁徙人员的因素，首先取决于中国社会的社会分化过程已到了何种程度、因对改革不满而提出批评的群众有多少、群众的忍耐程度如何及被左翼马克思主义观点的捍卫者组织起来的可能性有多大。也许，执政党是否有能力保持经济的稳定发展并同时保证对经济来说所能达到的社会公正水平和普遍能够接受的社会利益的平衡，在“处理”所有这些矛盾中起着重大的决定性的作用。中国共产党的十六大明显地强化了党的政策中的社会构成，宣布实行建设“小康社会”的方针，这绝非偶然。

（李桂兰　译）

“三个代表”思想：中国通向社会和谐之路*

〔俄〕P. M. 阿斯拉诺夫

2002 年 11 月，中国共产党第十六次代表大会在北京召开，会上确定了十七大之前和本世纪中叶前的几十年里党和国家的发展方针。

此前的中国社会舆论已经作了动员宣传，第十六次代表大会将指出建设有中国特色社会主义的长期和远景规划、提出新的思想理论观点来丰富邓小平理论和毛泽东思想，并确立其指导地位。这次代表大会将作出扩大中国共产党的社会构成和群众基础的决定，并选举产生党的下一届高层领导班子，这也是众所周知的。

另一方面，党内和中国社会已经不再机械地认为党的领导机关的思想和决定都是无可置疑的。据外国报刊的报道，在讨论江泽民报告草案时，对于如何从宪法上确立“党的领导”、建立什么样的管理系统、如何保证“有效管理”以及维护人民的权利等问题，出现了尖锐的分歧。对于把中国共产党在上一次党代会后的成就和错误写进报告，意见也不一致。

---

* 本文原题为“Концепция трех представительств：путь к социаьной гармонии в Китае”，载 Китай в диологе цивилизации：70-летию академика М. Л. Титаренко，Москва。作者简介：P. M. 阿斯拉诺夫（P. M. Асланов），俄罗斯科学院远东研究所副所长，远东所学术委员会副主席，中国历史与政治研究中心主任，俄中友好协会副会长，当代中国共产党党史专家。

但是需要看到，绝大多数党员和民众经过对国内经济和政治形势的个人观察和分析，在官方媒体的影响下，对中国共产党和中国的领导层持肯定态度，他们怀着理解和期待支持江泽民在代表大会上的报告，因为其中不仅评价了中国近些年的成就，还反映了在发生了改变世界政治地图的重大事件——社会主义制度在苏联和其他国家出现严重曲折、“冷战”结束、经济全球化时代的到来等新情况下中国特色社会主义建设的经验。

中共十六大报告认为，在过去的五年中，中国在改革、发展和保持稳定中，在国内外事务、巩固国防，在党、国家和军队的领导中，取得了巨大的成就。报告指出，国民经济持续快速健康发展，改革开放取得了丰硕成果，在建设社会主义民主的政治制度和社会主义精神文明方面取得了重大成绩，国防和军队建设迈出了新步伐，祖国统一事业取得了新进展，外交工作开创了新局面。

两次大会中间的五年，中国克服了亚洲金融危机的不良影响，成功实现了三步走中的第二步——国家现代化，巩固了经济运行的市场原则，深化了与世界经济的互动。中国实现了许多重要指标，如国内生产总值达到10000亿美元，对外贸易额达到5000亿美元，实际直接利用外资4000亿美元。城市居民生活水平超过了20年前确定的“中等富裕”水平（根据邓小平的预计，人均国内生产总值1000美元就是小康水平），农村也接近这个水平。

由于刺激出口和内需，支持“积极的财政政策”（表现为大规模发行国债券），中国成功地保持了经济的持续增长，根据官方的说法，每年都超过7%。根据中国国家统计局的数字，在四年中（1998—2001）国内生产总值增长33.9%，预算收入增加89.2%，出口增加45.6%，进口增加71.1%，零售额增加37.7%。

江泽民在谈到中国“第三代”领导集体退休时，指出了过去13年中（他任中共中央总书记的时间里），也就是从1989年中共中央十三届四中全会以来国家的主要成就。他说：“十三年来的实践，加深了我们对什么是社会主义、怎样建设社会主义，建设什么样的党、怎样建设党的认识，积累了十分宝贵的经验。”江泽民接着说：“人们公认，这十三年是我国综合国力大幅度跃升、人民得到实惠最多的时期，是我国社会长期保持安定团结、政通人和的时期，是我国国际影响显著扩大、民族凝聚力极大增强的时期。”

经济和社会发展成就大大改善了大多数中国人的生活水平。对许多中国家庭来说，90年代生活水平的提高是用他们能够获得的大件商品来衡量的。在80年代是冰箱和电视，今天已经是电脑、时装、移动电话和组合音响。

“第三代领导核心”江泽民离开领导岗位的意图公布后，外国分析家开始非常认真地研究他上台以来中国的政策。《外交》杂志7—8月号指出，“文化大革命”使中国的领导人成了激进主义和群众运动的敌人，而1989年政治风波使他们怀疑社会自由主义和政治自由主义。这两件事确定了政治“安全”和“稳定”的界限：不能过于极端和过于自由。

中国的繁荣是社会长期稳定的前提，是与市场关系推进和吸收外国资本和投资的深化过程联系在一起的。反过来，也导致了社会的分化，出现了非常富有的人与以城市失业者和在农村找不到事做而进城的农民为主的穷人。

过去十年的稳定似乎出现了开始减弱的征兆。据说，中国发生了因使用武器和暴力而导致的反抗游行，为了恢复秩序不得不动用安全力量。有些地方官吏贪污受贿，向农民征收沉重而随意的税费，造成农民极端贫困而起来攻击收税人员、堵塞公路，与警察搏斗。

以江泽民为首的中国领导层的另一项功绩是，国家在过去十年中取得的经济成就相当于从1949年到20世纪90年代初所取得的成绩的总和。这段时期是中国过去150年动荡历史中最稳定的时期，只有在这种稳定的局面下才能取得如此巨大的成就。

当然，在成功地建设中等富裕（小康）社会和为提高中国的国际影响力而奋斗的过程中，中国共产党的领导人积累了新的有益经验，能够也应该成为国家继续向复兴中华民族的伟大目标前进的基础和纲领。江泽民在中共十六大报告中说，这个经验主要是，坚持以邓小平理论为指导，不断推进理论创新；坚持以经济建设为中心，用发展的办法解决前进中的问题；坚持改革开放，不断完善社会主义市场经济体制。在思想政治领域，坚持四项基本原则，发展社会主义民主政治，坚持物质文明和精神文明两手抓，实行依法治国和以德治国相结合，坚持稳定压倒一切的方针，正确处理改革发展稳定的关系。接着，江泽民指出，坚持党对军队的绝对领导，走中国特色的精兵之路；坚持团结一切可以团结的力量，不断增强中华民族的凝聚力；坚持独立自主的和平外交政策，维护世界和平与促进共同发展。中共中央总书记强调，坚持加强和改善党的领导，全面推进党的建设新的伟大工程。

在江泽民为首的第三代领导人领导下的市场社会主义的建设实践丰富了从前积累的经验，成为创立新思想以确定日后意识形态和经济、社会政治发展方向的基础。这个新经验和精练理论总结的名称是“三个代表”，用江泽民的话，可简要地论述为：中国共产党应该代表中国的先进生产力的发展要求、中国先进文化的前进方向、中国最广大人民的根本利益。

中共十六大报告中提出的“三个代表”思想被中共总书记明确为党的集体智慧的结晶，与党要长期坚持的其他指导思想一样。同时还指出，要为建设有中国特色的社会主义创造有利环境，要高举邓小平理论伟大旗帜，坚定地把“三个代表”重要思想付诸实践。

江泽民把邓小平理论作为“三个代表”思想的基础，并不意味着没有把它与马克思列宁主义和毛泽东思想联系在一起。但同时，可以看出，他想突出在中国共产党这些年积累的思想政治经验中，“三个代表”思想来自于邓小平建设有中国特色社会主义理论，并发展了这一理论。

众所周知，中国共产党的历史大概可以分为三个阶段。在每个阶段，党都遵循了在当时的历史条件、主客观因素下形成的不同的思想理论学说。从1921年到1935年，中国共产党经历了“在俄罗斯的布尔什维主义学校中成长”的阶段，几乎本能地或机械地遵循了这些在共产国际和联共（布）领导机关中形成的理论公式。毛泽东在党内掌权（1935年）后，中国化马克思主义的思想理论体系开始形成，其实质是“马克思列宁主义理论的基本原理与中国革命的具体实践相结合”。实际上，毛泽东不仅把马克思列宁主义用于中国具体条件，还在这一“结合”的基础上制定出自己的理论，可以看做是创造性地发展了马克思主义，也修正了马克思主义。中国革命在毛泽东的领导下取得了胜利。毛泽东阶段的马克思主义中国化在中国和平建设的最初年代得到了延续。然而，“伟大的舵手”把马克思列宁主义关于阶级斗争的重要理论绝对化了；把国家的社会和政治生活意识形态化到了荒谬的地步；不重视中国社会和国家建设的基本规律，等等。不过，早期毛泽东没有教条地坚持马克思主义“颠扑不破的真理”，而是试图创造性地对待该理论，能够把该理论现代化，并把马克思列宁的学说用于中国革命和社会政治斗争的实际需要。

对待马克思列宁主义和毛泽东思想的公理（“基本原理”）的态度，决定了邓小平致力于根本上改变毛泽东对平均主义的、意识形态化的社会主义的立场，推出了在中国建设市场社会主义的大胆理论创新，这不但与毛泽东的社会主义认识大相径庭，还与苏联和其他国家的社会主义建设的实践相背离。确立中国化马克思主义的总路线，即在建设市场社会主义的框架内继续发展马克思主义，这是一个独立的新阶段，它反映了结合实际情况创造性地看待马克思主义理论的立场。

邓小平关于建设有中国特色社会主义的理论确定了市场社会主义的原则，在中国实践了四分之一个世纪的时间，使这个国家实现了前所未有的经济增长，保证了中国人民的温饱，基本达到了中等富裕（小康），在国际舞台上赢得了声誉。

但与此同时，中国社会重新进入了社会分化阶段：出现了掌握大量财富的人和那些明天的饭都没有着落的人。同时在城市和农村地区有几亿失业人口，还有那些工作朝不保夕的人。这种形势导致了社会紧张程度加剧，工人农民与掌权者、警察和安全部门的人公开冲突增加，社会紧张度加大。这是由于中国进入了在社会福利和保障平均的背景下推行的邓小平时代的市场关系发展到显著阶段（私有化、股份制）的时期，这一时期公共消费基金缩减、私人资本增加、改革偏离了社会部门。在中国领导人看来，阻止国家经济向市场方向前进就是拖经济的后腿，就是放弃建立强大富强国家的、大胆的、有前景的“中华民族复兴”计划。

因此，在“江泽民同志时代”将结束时，中国共产党领导层分析了国内的社会政治形势，制定了思想理论方针，这些方针一方面应该看起来是创新地发展了马克思主义——准确说是中国化的马克思主义的理论原理，另一方面，包含了中华民族致力于建设高度发达国家的基础上的社会团结的思想。这些思想的提出者认为，如果动员人民的一切力量来提高国家的生产力，这一追求是可以实现的。“三个代表”思想在写入十六大报告和党章之前，江泽民就在 2000 年 2 月 25 日去广东省视察发表了有关讲话。江泽民在 2001 年 7 月 1 日中国共产党成立 80 周年时的讲话，对这一理论作出了最完整的叙述。

* * *

中共十六大报告中强调，“三个代表”思想是对马克思列宁主义、毛泽东思想和邓小平理论的发展。同时指出，本质上它是对建设有中国特色社会主义的独特贡献，其基础是市场经济关系的思想。如前所述，这个思想应该作为中国共产党在从消费、社会福利和保障体系的公有基金体系转变到市场的、实用主义的关系时期的思想理论基础。“三个代表”思想的另一个重要因素是，党代表着为满足中国人民的需要而发展生产力和中国先进文化的客观需求。江泽民指出，“三个代表”思想的提出是要反映“当代世界和中国的发展变化对党和国家工作的新要求”。由此判断，邓小平理论为中国的对外政策和社会结构带来变化，“三个代表”思想包含了在此基础上建设中国社会主义的新内容。这一政策与毛泽东思想中关于贫富对立、阶级和阶级斗争的思想是不相容的。同时，为了实现有中国特色的社会主义的思想，要在扩大与发达资本主义国家合作的基础上实现国家经济的现代化，这排除了意识形态和阶级立场。“三个代表”思想把理论论证引向了中国共产党的新政策，即在社会分化的情况下，创造中华民族统一，并在国际范围内实现全方位和富有成效的合作。

江泽民宣布，“三个代表”思想是中国共产党的“立党之本、执政之基、力量之源”，这不仅是党的宣言和口号。这一思想包括发展的因素，实际上是中国共产党在国家发展现阶段的行动纲领。

用江泽民的话说，“三个代表”思想是中国共产党在科学判断党的历史方位的基础上提出来的，即确定党在当今中国和世界发展阶段中位置的情况下提出的。中国共产党在建立和成熟过程中的经验表明，党应该“准确把握时代特点”和党的任务，科学制定并正确执行党的路线方针政策，认真研究和解决推动中国社会进步和加强党的建设的问题，做到既不割断历史，又不迷失方向，既不落后于时代，又不超越阶段。江泽民说，贯彻“三个代表”重要思想，关键在坚持与时俱进，核心在坚持党的先进性，本质在坚持执政为民。

我们认为，中国共产党现在的“方位”是由党与时俱进决定的，同时由中国社会经历着全新的有中国特色社会主义的建设阶段决定的。换句话说，中国共产党要符合现代政党的要求，对国家的社会政治和经济发展中出现的挑战及时作出回应。“三个代表”思想符合中国的外交利益，是党在社会主义市场经济已远离毛泽东的社会主义、大大不同于邓小平社会主义的内容的今天，对中国市场原则的各种正面和负面表现的自觉回答。总体上，我们要看到，现在中国共产党在社会主义市场经济中所处的地位与社会阶级和阶级斗争的公理和思想是不相容的。中国今后发展的阶段和任务要求的不是对抗性的社会矛盾，而是建设性的开端，这要求江泽民在建设中国特色社会主义的框架内提出“三个代表”的思想。

为了贯彻“三个代表”思想，必须使中国共产党始终保持与时俱进的精神状态，不断开拓马克思主义理论发展的新境界。江泽民在揭示这一命题的具体内容时指出，党的先进性和党的创造力是由党坚定地遵循自己的思想路线、解放思想和实事求是等原则并不断与时俱进来取得的。这表明，党的全部理论和工作都要体现时代性，把握规律性，富于创造性。

理论工作，尤其是反映和总结党、国家和世界渐进发展中的实践经验的理论工作，意义重大。创新作为民族进步的灵魂、国家兴旺发达的不竭动力以及共产党生命力的源泉，意味着不断解放思想、实事求是。因此，要求坚决抵制各种不合时宜的思想认识、对马克思主义的错误的和教条式的理解以及主观主义和形而上学。党的目标是，“要坚持马克思主义基本原理，又要谱写新的理论篇章，要发扬革命传统，又要创造新鲜经验”。

“三个代表”思想把发展生产力看做是党和国家在发展国家经济方面的最重要任务。离开发展，坚持共产党的先进性就无从谈起。先进性总是具体的、历史的。归根到底要看党在推动历史前进中的作用。报告指出，“发展必须坚持以经济建设为中心，立足中国现实，顺应时代潮流，不断开拓促进先进生产力和先进文化发展的新途径”。

除了工人、农民、知识分子，还要吸引中国社会变革中出现的其他新阶层参加到中华民族发展和复兴的伟大事业中来。实际上，对于中国共产党来说，如果没有注意到社会新成分的出现和存在、其生产和工作积极性对国家现在经济生活产生的重要影响，那是很不明智的。

我们认为，为了在中国创造出普通人对新社会成分的善意关系，江泽民说，不能简单地把有没有财产、有多少财产当作判断人们政治上先进和落后的标准，而主要应该看他们的思想政治状况和现实表现，看他们的财产是怎么得来的以及对财产怎么支配和使用，看他们以自己的劳动对中国特色社会主义事业所作的贡献。

“三个代表”思想认为，在建设中国特色社会主义的进程中，全国人民的根本利益是一致的，各种具体的利益关系和内部矛盾可以在这个基础上进行调节。制定和贯彻党的方针政策，基本着眼点是要代表最广大人民的根本利益，"使全体人民朝着共同富裕的方向稳步前进"。

如果党的建设继续完善，代表"新的社会阶层"的力量不断融入到党的肌体中，"三个代表"思想是可以实现的。中国共产党的历史经验表明，党建可以与党的路线和中心任务完全一致。江泽民在确定党贯彻"三个代表"思想的任务时说，为了把党建设成为坚强的领导核心，需要"坚持马克思主义基本原理和推进理论创新相统一，坚持党的优良传统和弘扬时代精神相统一，坚持增强党的阶级基础和扩大党的群众基础相统一……"

上面已经说过，在这个思想中，中国共产党担负的责任是代表先进生产力的发展要求、先进文化的前进方向和中国最广大人民的根本利益。在我们看来，最主要的是代表了中国先进生产力的发展要求，因为无论是发展文化，还是保证人民的根本利益，只有在发展国家生产力的条件下才是可能的。

在此需要指出，社会生产力是生产资料和使用生产资料、进行物质资料生产的人，这是马克思列宁主义的共同点，在教科书中也提到了。

生产力的增长和发展是由不断完善生产资料、人们的生产经验和劳动技能、组织劳动的技术保证的，而这些最终会导致生产方式的改变。对中国共产党来说，代表先进生产力的发展要求就意味着，党会千方百计促进生产力的增长和发展，以此来实现国家的历史性进步。

我们知道，增长和发展生产力不是机械地积累越来越多的生产资料，它不是静止的而是发展的过程，最终会带来生产方式的变化，而生产方式反过来会改变社会关系。但是，江泽民在十六大报告和在建党80周年庆典上的讲话中，有意没有提到生产力与生产关系、经济基础与上层建筑之间的辩证关系，这是因为第一组与第二组关系不同，承载着一定的社会阶级内容。而生产关系是人与人之间的关系，它是在生产、分配、消费的过程中形成的。众所周知，如果生产资料属于个别人或团体，生产出来的产品就属于生产资料的所有者，那么分配的形式就要根据生产资料所有者的利益来进行。

当然，在中国，还没有形成所有者集团，能对分配过程施加决定性影响和哪怕能多少控制部分生产出来的产品的消费。但是，考虑到现在的社会政治形势，还有现在鼓励“新的社会阶层”更加积极地利用市场的自由为建设有中国特色的社会主义服务的趋势，可以推测，中国共产党的领导层在新社会阶层上下了大赌注，希望他们能够为中国今后的进步建立经济基础。

如果用江泽民的术语和概念来说，共产党人是历史进步的代表，他们支持不断和更高程度的科技发展。但是我们认为，不只这一项进步决定社会发展的目标。根据马克思主义的定义，共产党的历史使命应该是实现社会进步，消灭剥削，切实实现社会公平和政治平等，以及世界各国之间的平等。但是，可能因为社会政治平等的思想在毛泽东那里已经受到损害了，没有成为在中国建设社会主义社会的推动力。现在国家领导人极力把历史进步的概念与中国复兴的思想联系起来。他们简单地以为，中国和中华民族复兴的思想能够缓和社会矛盾、成为在此之上联合所有中国人的基础*。

我们觉得，正是为了这些目的，才有了逐渐把共产党改造成一个全民党的进程，同时也是为了避开新社会阶层企图建立对中国共产党的领导和在中国建设社会主义持反对态度的政治组织的尝试。

中国共产党的代表性与保证生产力发展的要求联系在一起，同时也紧密地联系于党非常重视的“发展”概念。“发展”是由物质和现象的不可抗拒的规律决定的。要加快发展，重要的是要利用所有机会和所有新思路。江泽民说：“党要承担起推动中国社会进步的历史责任，必须始终紧紧抓住发展这个执政兴国的第一要务。”

---

* 马克思主义理论认为历史发展的推动力是阶级斗争，从这个角度看是幼稚的。但是中国复兴的思想存在于每个中国人的心中几百年了，很可能决定了中国人的民族特征，是统一的基础，也可能为了实现复兴中国和中华民族的伟大目标，成为超越社会、地区和其他矛盾的因素。

对中国来说，尤其是现在发生了社会分化的激烈进程，穷人和极端贫穷的人越来越多，经济发展和改革很大程度上取决于社会政治稳定。在这样的情况下，维护稳定的任务是非常迫切的。没有稳定，就不可能有改革，也不可能有发展。

发展和社会政治稳定是相互制约的，这就像一个封闭的圈子，有自己的发展逻辑。发展，应该不只保证国家经济现有的水平和状况，还要保证逐步向前推进。只有社会生产力的发展才能保证这种推进。但是发展不是自己发生的，至少需要改善生产资料和方法，推动国内基本的和实用的科学研究，协助克服在实现生产力发展过程中出现的矛盾，完善和深化社会中出现的经济与政治的市场关系和原则及其他关系和原则。如前文所述，中国深化市场关系可能（正在）导致生产资料成为个别人或个别集团的财产，而生产出的产品归掌握生产资料的人，他们可以根据自己的意愿来支配。所以，在江泽民报告中描述的这个完整的圈子里，社会稳定会推动改革和发展，反过来，改革和发展也会促进社会稳定，但不能只保证中国的稳定，还要保持发展前景。此时此地现有的社会经济关系，如果不改变成任何其他形式的新的关系，就有不可变更的趋势，以隐秘的演变方式或激烈爆发的方式带来国内社会政治体制的变革。因此我们提出，中国共产党领导人指望“三个代表”中的第一个——保证生产力的发展要求，尽管带有非阶级的、技术治国论的特点，好像也可以被用来作为在“中华民族的伟大复兴”旗帜下联合全国人民的基础，但在我们看来，是不正确的。剩下的就只能是，相信中国的理论家知道如何避开生产力与生产关系之间的辩证关系，并预防不断发展的生产力对应该符合其发展水平的生产关系的作用。

另一方面要指出，以江泽民为核心的中国共产党领导人有过去13年管理国家的经验，在这段时间里国家取得了巨大成就。在此期间中国总体国力大大增强，社会经历了长期的稳定，政通人和。确切说，国家的这种状况是因为，像我们前面说的那样，中国在这段时间内经历了社会从公有基金、社会福利和保障、最初确立的市场关系原则的社会主义思想到根本的市场规律、有限的福利和保障的公有结构转变。显然，在这一时期，失业、让一部分人致富引起的腐败，还有受国家和官员压制的农民等负面问题，表现得不是很尖锐和明显，还没有加重社会形势的严峻程度。

但是，中国原来的社会成果开始明显地越来越多地流失了，在我们看来，这引出了一个很合理的问题：在建设有中国特色社会主义的思想中最初没有规定为广大劳动人民保留基本社会成果？这种流失不是在国内施政的结果吗？实行江泽民的中国社会主义模式没有导致中国资本主义关系的复苏吗？最后一个问题好像很不讲情面，但是大家都知道，在当代中国社会中有一种看法，富人和巨富（按照中国的标准）阶层出现、腐败盛行、共产党内和国家的权力寻租，是在邓小平去世后很快出现的。

再看中共十六大作出的决定，包括为那些根据劳动性质和社会地位都不同于工人、农民和知识分子的人打开入党之门的决定，可以发现，中国共产党的社会构成将会发生变化。甚至，如果“新社会阶层”不能对党的政策的形成和实践在全国范围内产生多么大的影响（这是很有可能的），那他们将在地方、地区机构中有一定的威望，而他们的商业、事业精神和内涵将对其他社会政治地位的代表产生影响。中国领导人指望，企业家和经理们在近百万劳动人民的思想意识和自觉性的熔炉中能够改变，并成为中国特色社会主义的忠诚建设者，这也是有理由的。我们可以回忆，由于中国社会的特点，中国共产党成立后在武装斗争中不得不长期把非劳动人民的代表吸收到自己的队伍中，他们认为，要加入中国共产党，承认党的目标和纲领就足够了，还要真诚地为党的发展而工作。同时不要忘记，中国共产党在历史上有几个时期是在与“右倾”和“左倾”的错误作斗争，其根源就是党内时不时出现小资产阶级性质的倾向，当小资产阶级思想和意识在党内占据主要地位时，会给党带来巨大的精神损失，导致大量人员损失。

在这方面还要注意的是，从推进市场原则和关系的一开始，中国就完全忽视了研究小资产阶级性质的经济和社会政治现象。这可能是因为，在商品经济下，中国特色社会主义的基本因素是小生产者，而小生产者的作用现在要在市场问题研究的框架内来审视。我们知道，小资产者（在现在中国是小生产者）拥有财产，其中包括生产资料，而且在生产过程中使用。列宁写道，他"不同于大资产者的地方，在于他自己用劳动……对劳动剥削当然是有的，但不只是剥削而已"①。列宁同时还强调，"如不愿把完整的经济图景分拆成小块，那就必须把很大一部分工商管理人员、职员、资产阶级知识分子、官吏等列入富裕的小业主之列内"②。对现在中国的问题，从马克思列宁主义的角度来看现在的"新社会阶层"，把他们看做是比资产阶级和无产阶级出现得早并与之并存于资本主义社会的小资产阶级，可能不合适。在中国，尽管社会在发生着资本主义化进程，但是它是在中国特色社会主义的框架内发生的，所以，不能把形成某个社会阶层的中国的企业家和商人看做是可以产生出资本家和寡头的小资产阶级。但是根据中国共产党十六大文件判断，党的领导人，在经过其历史检验过的组织原则、手段和方法下自信地严格控制成员组成的发展过程，非常注意工人、农民、知识分子的数量与其他社会阶层和团体的代表相比要占据优势。

大家都知道，江泽民在中国共产党建立 80 周年上的讲话之后，中国和外国的报纸上很快出现了大量材料说，"三个代表"思想是要提出改革中国共产党的道路，把它从一个阶级的党变成全民的政党，那些从事商业活动和其他贸易的人也可以获得党员资格。党内展开的讨论表明，由于市场原则越来越强势而全面地成为国内社会经济关系的基础，在中国共产党内部确实需要一些变化了。一些人认为，不能向"新社会阶层"敞开大门，这会导致抹杀党的阶级性，会腐化。同时，还有一些

① 《列宁全集》第 1 卷，人民出版社 1984 年版，第 344 页。

② 《列宁文集》，第 3 卷，人民出版社 1984 年版，第 463—464 页。

党员认为，党内的变化“还不够”。甚至流传着一种思想，要改变党的名称，去掉最关键的词“共产主义的”。“我们无论如何不能接受改变共产党的名称”，一些高级的党员说，“但是我们可以更新党的路线，改变具体的方针”。《纽约时报》说，反对江泽民提出的吸收资产阶级分子入党的人说，这会对中国的社会主义制度和共产主义思想赖以支撑的两大支柱造成严重威胁：1）国家对基本生产资料的所有权（在完全进入市场制度时，可能就消失了）；2）阶级和阶级斗争学说，根据这一学说，资产阶级分子是与劳动人民对立的阶级。该报说，“所以，吸收资产阶级分子入党同时伴随着断送中国‘社会主义市场经济’中社会主义成分的危险”①。

媒体报道，对于江泽民在近期公开讲话中提出的新理论和社会组织原理，党内的分析家们认为，中国在通过新的党章后实际上为建立“新党”开辟了道路，而这引发了“民主人士”的热情和保守分子的“恐慌”。但是，在广泛而彻底地转入市场经济的试验后出现的客观形势，根据《人民日报》的说法，确实可能导致“中国共产党成为一个全新的党”，这也是很明白的。该报认为，党的先进性就意味着承认商人在中国发展中的作用。同时，对于保留党的方针和目标有利的一个事实是，“中国共产党从来没宣布放弃社会主义和共产主义”。

《纽约时报》记者克雷格·施密特的看法很受关注。他预测了中国共产党大开入党之门这一决定的可能后果，他写道：“准许私人企业主入党可能会给党的性质带来根本的变化，带来派别分立，这可能又会在某一时刻为多党制建立一个框架。至少，这能削弱本就已经不稳固的意识形态，这是让在辩论中持反对意见的党员们最为担心的。”②

总之，我们认为，由江泽民为首的中国共产党领导层提出和阐述的“三个代表”思想中的第一个理论原理，是对中国继续在建设中国特色

① 《纽约时报》，2001 年 8 月 17 日。
② 《纽约时报》，2001 年 7 月 6 日。

社会主义道路上推进时出现的社会政治和经济形势的一种应对。一方面，对中国出现的变化，党不能不在实行建立社会主义市场经济方针的框架内作出反应，而另一方面，不能不注意到新的社会团体和阶层在经济领域中所起的作用越来越重要。我们认为，在"三个代表"思想中主要的是，党代表了，也就是保证了发展生产力的客观要求，而另外两个代表，即，保证中国先进文化的发展和大多数中国人的利益，只有保证生产力逐步得到发展时才是可能的。

因此，党的任务是，准确地分辨构成生产力的两种界限，一方面是生产工具、技术因素，另一方面是使用这些工具生产产品的人，也就是人的因素，这两者最终构成了生产力不可分割的部分。在此，党要保证在世界科技成就的基础上不断完善生产工具，保证工人、工程技术和管理人员拥有很高的职业技能。这两个因素每一个都不能孤立地发挥作用，它们的有机统一应该保证生产力的不断发展和增长。但是，对致力于保证生产力发展要求的中国共产党来说，这两个构成因素中，对生产工具的完善有直接影响的人的因素是最重要的，但是人的因素也受到各种主客观情况的影响，包括首当其冲的生产关系的影响。

中国共产党不得不一直提到的第二个因素，是要保持社会的方向是社会主义的，就得用各种可行的手段防止基本生产资料成为私人财产，必须保持这些生产资料控制在人民共和国的手中。

因此，在"三个代表"思想中，中国共产党最重要的思想——必须发展生产力——获得了最终的确定，它决定了党在新的社会政治和外交环境下的实际活动。关于必须发展生产力的思想，应该被所有的中国人当做中华民族的共同目标，不实现它就无法发展民族文化、就不能满足大多数居民的物质需求。

"三个代表"思想，重点是生产力，对于扩大和深化与发达国家的经济合作和联系有着重要意义。没有提及中国特色社会主义的阶级特征，让中国可以在本国实现市场经济，并与世界经济一体化、参与全球化进程。"三个代表"思想用意在于向世界表明，不仅中国共产党的实际政策，而且其思想理论创新，都是要把这个党变成一个全民族的党，而不只是工人农民的党，变成要对国家生活中最主要的任务——发展生产力——负责的党，并在此基础上联合中国所有社会组成部分。

（彭晓宇　译）

中国共产党代表谁？

——从“三个革命阶级”到“三个代表”*

〔美〕布鲁斯·J. 迪克逊

1989年，东欧国家的共产党迅速地相继倒台。一些观察家曾经预测，中国共产党会重蹈这些共产党的覆辙。然而，令他们感到意外的是，中国共产党生存了下来。许多观察家都注意到列宁主义政党与市场导向的经济格格不入，并且预言政治改革最终必将赶上经济改革的步伐。近年来，在经济私有化过程中所遇到的问题，特别是大规模的失业、工资拖欠、过多的税费和猖獗的腐败等问题，引出了关于国家稳定和中国共产党执政能力的问题。不管问题在于中国共产党的威望、中国政治和经济制度之间的一致性，还是适当的政策实施，中国共产党面临的问题都非常严重。

虽然具体细节也许有所不同，但这些基本问题多年来一直困扰着中国共产党。从20世纪50年代初至今，关于依靠谁以及如何获得群众的

---

* 本文原题为“Whom Does the Party Represent?: From ‘Three Revolutionary Classes’ to ‘Three Represents’”，载 *China Under Hu Jintao: Opportunities, Dangers, and Dilemmas*, edited by Tun-jen Cheng, Jacques de Lisle and Deborah Brown, World Scientific, 2006。作者简介：布鲁斯·J. 迪克逊(Bruce J. Dickson)，密歇根大学政治学博士，美国乔治·华盛顿大学艾略特国际关系学院教授，著名中国问题专家。——译者注

支持问题一直是引起各种政治斗争的一个原因。在毛泽东之后的时代，中国共产党在不失去政治控制的前提下，致力于经济体制的开放。早在进入新世纪之前，工人的不满、干部的腐败以及中央无力监管地方的政策实施都是一再出现的问题，其程度也愈演愈烈。然而，尽管面临着这些挑战，中国共产党还是拥有各种使其能够继续生存的政治和实践优势。

当列举中国共产党面临的问题时，尤其是在实用主义几乎成为一种指导思想时，许多人认为意识形态的连续性并不是担忧的原因。不过，至少中国共产党的一些领导人仍然认为，党需要一种意识形态原则，为它的执政地位和经济、政治、组织改革提供理论支撑。在毛泽东时代，当意识形态问题决定了政治生存乃至个人福利的时候，中国人和外国观察家都十分关注意识形态的争论和宣传形式。既然阶级斗争不再是党的最高目标，而且共产主义目标也是遥远的事情，共产党对意识形态的兴趣逐步消退，并且这种状况也变得合法起来。意识形态不再是政策的指南，而主要是为领导人的决策提供正当性的证明。然而，中国共产党作出大量努力来宣传意识形态的创新，强调改革议程与党的传统目标和国家的集体利益之间的一致性。正如下文所表明的那样，虽然党内大部分人都坚持认为调整对党的生存来说是必要的，但少数强硬派却认为，这样的变革会削弱党，从而破坏中国共产党执政的合法性。

中国共产党发现自己要面对各种必须加以注意的竞争性要求。党的反应以这些要求的本质而定。一方面，党一直容忍那些本质上是经济的要求。党创立了各种专业组织特别是工商业组织，将其作为整合自己与那些为国家的经济现代化作出贡献的个人和群体的一种方式。除了这些制度性的纽带之外，党还实行了一种吸收新成员入党的策略。如今，中国共产党不再只是“三个革命阶级”——农民、工人和军人——的先锋队，还要求代表三个主要的利益方面：代表中国先进生产力的发展要求（主要是商人、专业人员和科技专家等新兴的城市中产阶级）；代表中国先进文化的前进方向（与“封建”和物质主义文化相对立的文化方向）；

代表中国最广大人民的根本利益。这就是"三个代表",是对党与社会的新关系的描述。"三个代表"由江泽民在2000年春天首次提出,随后通过一场广泛的媒体运动宣传开来。中国共产党第十六次全国代表大会的一项重要内容,就是将"三个代表"重要思想写入党章。作为这个变化的结果,这次党代会还撤销了1989年以来禁止私营企业家入党的规定。"左派"和"右派"都对这两个变革进行了批评。一些人认为,这两个变革背叛了党的传统,削弱了其凝聚力;另一些人则认为,这两个变革充其量是装饰门面而已,在最坏的情况下是虚假的变化。然而,这些变化却反映出党努力适应社会经济环境变化的尝试。同时,党继续压制自由化的要求。在党看来,这些要求是对其执政党地位的威胁。对大多数中国人来说,现在的政治氛围比毛泽东时代更宽松,并且少了许多强制性。但是,一些政治积极分子反对党的威权主义统治,并且质疑对个人和政治自由的限制①。

简而言之,党的适应战略反映出乔威特所说的列宁主义政权的包容阶段。② 在继续垄断合法政治组织的情况下,中国共产党试图变得更具包容性,吸引更广泛的社会群体,减少对传统支持基础的强调,因而在接受现代化理论的同时,依然宣称不放弃社会主义的目标。然而,党并未接受中国的所有社会群体和目标,依然排斥和压制那些挑战其权威并寻求根本性政治变革的人。

中国共产党处理国家与社会关系的方式具有多面性。我们应该更好地理解和评价这种多面性。虽然强迫与压制仍然是当代中国政治现实中的一部分,但也只是现实的一部分而已。中国共产党不再试图控制经济

---

① 对经济要求与政治要求的这种区分源于 Yanqi Tong and Gordon White, Jude Howell, and Shang Xiaoyuan。他们对公民社会的不同动力与部门也作出类似的区分。参见 Yanqi Tong, "State, Society, and Political Change in China and Hungary", *Comparative Politics*, Vol. 26, No. 3, 1994, pp. 333 - 353, and Gordon White et al., *In Search of Civil Society: Market Reform and Social Change in Contemporary China*, Oxford: Oxford University Press, 1996.

② Kenneth Jowitt, "Inclusion", in *New World Disorder: The Leninist Extinction*, Berkeley, CA: University of California Press, 1992, pp. 88 - 120.

和社会生活的方方面面，同时也放弃了进行控制的工具。[①] 相反，它采取了一种更加灵活的方式，即宽松和打压的手段并用。具有讽刺意味的是，中国共产党为适应变化所作出的努力实际上产生了相反的效果。这是在进行组织改革时经常出现的困境：这些变化是恢复党的活力还是使之更加恶化呢？

本文接下来将讨论这些问题。首先，作者探讨了确保中国共产党保持其执政党地位的因素。然后，又描述了中国共产党与社会关系的演变，考察了发展党员的新变化。这些新变化反映出中国共产党与社会关系的变化，以及它与某些社会部门建立制度联系的努力。在此之后，本文进一步研究了“三个代表”思想。“三个代表”思想是中国共产党的战略的反映，同时也是其政策的指南。最后，本文简要地论述了政治稳定的意义，这是中国领导人始终关注的问题。

一、为什么中国共产党仍然在执政？

对合法政治组织的垄断是中国共产党维持其执政党地位的首要基础。列宁主义的组织原则禁止出现任何能够挑战党的权威的竞争性组织，同时中国共产党也非常严格地执行了这项禁令。无法组织起反对派，这显然提高了集体行动的代价，也降低了挑战成功的可能性。[②]

然而，中国共产党的幸存并不只是强制的结果。它还有其他使之能够保持执政地位的资本。首先，中国共产党在1949年取得了革命的成功。当经济增长的目标高于其他大多数目标时，这种成功的合法化力量或许有所减少，但仍然拥有残留的影响。执政的东欧共产党深受苏联的影响，因而在国民眼中缺乏合法性，但中国共产党却是通过国内革命取

① Andrew G. Walder，“The Decline of Communist Power：Elements of a Theory of Institutional Change”，*Theory and Society*，Vol. 23，No. 2，1994，pp. 297 – 323.

② Sidney Tarrow，*Power in Movement*：*Social Movements and Contentious Politics*，2d. ed.，New York：Cambridge University Press，1998.

得政权的，推翻了声名狼藉、不得人心的政府。与东欧共产党甚至台湾国民党的情况不同，中国共产党的形象没有受到外部占领势力的玷污。① 因此，中国共产党不必为了扎根于社会之中而改变自身，虽然它越来越担心其根基的健康与活力。尽管中国共产党的政策与实践现在可能并不都受欢迎，但它却是在广泛支持的情况下取得政权的。

除了本土起源的原有价值以外，中国共产党还得益于如下普遍存在的信念：党是维护国家统一和政治稳定的最佳和唯一的捍卫者。国家分裂和政治不稳定都是国家和社会成员十分担心的事情。政治抗议与政权更迭不可避免地导致分裂与不稳定。中国共产党能够利用公众对稳定的文化偏好，使人们怀疑那些可能对其权力垄断发起挑战的人。这是为什么中国共产党能够激起整个社会的民族主义情绪的原因：当中国共产党不再提倡阶级斗争或其他共产主义目标的时候，它能够从维护民族团结与秩序开始，进而提倡民族主义的抱负。

中国共产党也拥有能够获得支持的物质资源。例如，它是一部有效的庇护机器。它控制着许多政府部门乃至金融界和学术界中的重要职位。随着经济的私有化，中国共产党控制的企业管理职位可能不如以前多，但其数量仍然相当大。党员也能够容易地获取重要资源，比如说，商业和投资机会以及到国外旅游的许可等。这是一把双刃剑：尽管中国共产党允许一些人来分一杯羹，但这使党给人留下腐败、自私和不关心集体福利的印象。

由于认识到中国共产党是唯一的选择和党员身份有利于实现许多职业目标，大量年轻的知识分子和私营企业家开始申请入党。这看起来可能有些奇怪，因为这些精英拥有教育文凭和企业家的才能，本身就能以此获得成功。由于原则或担心选择的机会受到限制，一些人不愿意入党；但其他人出于实际的原因则愿意入党，因为对于行政职业来说，党

① Bruce J. Dickson, *Democratization in China and Taiwan: The Adaptability of Leninist Parties*, Oxford and New York: Oxford University Press, 1997.

员拥有重要的特权。[①] 近些年来，高等教育或企业家的才能与党员身份的结合，使许多职业人员和商人获得了切实的利益。这些类型的人并不是中国共产党的传统支持资源，但党却认识到，他们是实现经济现代化目标必不可少的伙伴。中国共产党把入党人数的不断增加和那些入党申请者的态度作为党依然具有声望的证明加以宣传。虽然这可能是对数据的误读，但有一点毫无疑问，即中国共产党确实在不断壮大，党员人数从 1982 年的 4000 万人增加到 2002 年的 6600 万人。

简而言之，中国共产党之所以仍然能够执政，是因为它是一个本土的政党，享有政治垄断，能够给党员带来切实利益，并且成功地吸引了来自现代化社会部门的新成员。这些都不是静态的因素，而且中国共产党已经主动地做出了与时俱进的努力。正如下文所指出的那样，中国共产党一直在改造它的组织形式及其与社会的关系，使自己适应改革所创造的经济社会环境。它的未来前景在很大程度上取决于这个改造的成功。

二、中国共产党和中国人民

进入后毛泽东时代，中国共产党放弃了阶级斗争政策与运动，转而倡导经济现代化。随着基本工作的转变，中国共产党也对自身的组织形式及其与社会的关系作出了相应的调整。在毛泽东时代，入党和工作分配重视动员的技能和政治可靠性；但在新时期，经济现代化这个新的重心则重视党员尤其是干部的实践技能和技术知识。文化大革命的受益者

---

① Andrew G. Walder, "Career Mobility and the Communist Political Order", *American Sociological Review*, Vol. 60, No. 3, 1995, pp. 309 - 328; Bruce J. Dickson and Maria Rost Rublee, "Membership Has Its Privileges: The Socioeconomic Characteristics of Communist Party Members in Urban China", *Comparative Political Studies*, Vol. 3, No. 1, 2000, pp. 87 - 112; and Andrew G. Walder, Bobai Li, and Donald J. Treiman, "Politics and Life Chances in a State Socialist Regime: Dual Career Paths into the Urban Chinese Elite, 1949 to 1996", *American Sociological Review*, Vol. 65, No. 2, 2000, pp. 191 - 209.

离开了他们的岗位，甚至文化大革命的受害者也很快退休，以便为更年轻的技术型干部让路。[1]

中国共产党选择党员和重要人事干部的优先性标准的变化产生了引人注目的影响。在中国共产党员中，受过高中或大学教育的比例从1984年的17.8%增加到2002年的52.5%。在中国共产党中央委员会中，受过大学教育的比例从1982年的55.5%增加到2002年的98.6%。在县级及县级以上的干部中，受过大学教育的干部比例从1981年的16.4%增加到2001年底的87.9%。[2]

中国共产党转变的一个最明显的标志是：尽管工人和农民以前是中国共产党的支柱和群众支持基础，但他们现在却成为党员中的少数。他们在党员中所占的比例从1994年的63%下降到2002年的45%。这种下降不仅仅是相对的下降，而且是绝对数量的下降，他们的数量在那几年里从大约3400万人下降到不足3000万人。新入党的农民和工人党员人数跟不上退休和去世的党员人数。中国共产党优先重视的不再是它曾为之进行革命斗争的下层阶级，反而是改革开放以后出现的科技、专业和企业精英。因此，为了反映出当前的优先性，中国共产党重新定义了它与社会的关系。

从后毛泽东时代一开始，中国共产党就宣布了阶级斗争的结束，以此暗示它与社会的关系将会更加和谐。中国共产党不再依赖熟悉的毛主义的意识形态动员和强制手段，而是采用了一种双交叉的调整策略：创造连接国家与社会的新机构；把新精英吸收入党。中国共产党不再认为社会充满了企图推翻它的阶级敌人，而是认为社会是经济现代化所需要的才能和抱负的源泉。尽管中国共产党继续镇压那些被它视为“反革命”以及其他敌视其政权的人，但却试图联合那些与之有共同经济目标

① Hong Yung Lee, *From Revolutionary Cadres to Party Technocrats in Socialist China*, Berkeley, CA: University of California Press, 1991; Melanie Manion, *Retirement of Revolutionaries in China: Public Policies, Social Norms, Private Interests*, Princeton, NJ: Princeton University Press, 1993.

② 新华网，2002年6月12日。

的人。

在中国共产党的新包容政策中，第一项内容是创造连接社会的新机构。中国出现了无数的社会组织类型，包括商业协会、专业协会以及体育和业余爱好者俱乐部等。这种现象始于20世纪80年代，在20世纪90年代飞速发展起来。这些组织比重的增加，使一些观察家开始推测中国产生公民社会的可能性。然而，这些组织在很大程度上并不享有公民社会所需要的自主性。相反，它们与国家的关系更像一种法团主义的关系：它们是由国家批准的，并且至少在它们的领域内，被允许垄断它们所代表的利益；甚至许多组织中的领导者就是党或国家的官员。这个法团主义的战略并不是要放弃控制，而是以更加灵活的手段来加强控制。随着中国共产党减少对大多数公民日常生活的渗透，这些组织用更为间接的环节取代了中国共产党对社会的直接和强制性控制。

中国共产党调整战略的第二项内容是吸纳新兴的社会精英，特别是专业和科技精英与私营企业家。由于中国共产党的工作重点是经济现代化，所以这是一项恰当的战略。它使中国共产党能够与中国经济增长和现代化的首要推动者建立直接联系。上文已经指出，中国共产党成功地吸纳了受过更好教育的成员。虽然中国共产党在1989年8月明令禁止私营企业主入党，但地方官员找到了种种办法来避开这项禁令。在一些情况下，他们声称，这些企业家是个体、集体或股份制企业的管理人员，因而从技术上讲并不是私营企业家。在另外一些情况下，地方官员直接对这项禁令视若无睹，认为排斥那些由于党的政策而获得成功的人是不公平的。因为促进经济增长是评估地方官员工作成绩的主要标准，所以许多地方官员都渴望与那些能够提供这种增长的企业家进行合作。企业家党员的比例从1993年的13%增加到2000年的将近20%。然而，并不是所有“红色资本家”都被吸收入党；许多党员特别是党和政府的官员是在入党以后才经商的。如果没有这项禁令，试图入党的企业家人数无疑会更多。江泽民在纪念建党80周年的讲话中提议撤销这项禁令之后，企业家入党的比例有望增加。然而，这种状况并不会马上出现。江泽民的建议重新引起了党内存在资本家是否合适的争论。地方官员采取了一种观望的态度，甚至一些企业家也表示不愿意入党。[1] 在中国共产党第十六次全国代表大会正式撤销这项禁令以后，它必然又开始努力吸收企业家入党。[2]

近20年来，这种社团主义和收编政策弱化了中国共产党党建工作的传统重点。中国共产党经历了“三个革命阶级”（农民、工人和军人）入党数量的下降，以及城乡基层党组织的萎缩。20世纪90年代中期，中国共产党宣布，有一半的农村基层党组织都停止了活动。估计有250万党员加入到民工的“流动人口”之中，进一步削弱了共产党在农村中的存在。截至1998年，在120万家左右的私营企业中，不到1%的私营企业建立了党组织，并且全国86%的私营企业中没有党员。[3] 简而言之，在全国70%左右的人口仍然在其中生活和劳动的农村地区，党的存在越来越少，而在作为中国经济最有活力部门的私营部门中，党实际上根本不存在。当中国共产党将注意力转向新的专业、技术和企业家精英时，它与社会其他方面的关系必然会被削弱。

然而，正如在下文将要看到的那样，中国共产党党建工作特别是在入党优先权上的转变，受到了许多党内人士的质疑，他们反对放弃党的传统。一些党员认为这种调整是党的生存和大众合法性所必需的，而其他党员却担心，把如此多元的——和非无产阶级的——利益集团纳入到党内可能会破坏党的统一，最终导致党的灭亡。

---

① Henry Chu, “Chinese Capitalists Cool to Party Invite”, *Los Angeles Times*, August 3, 2002.

② 虽然中国共产党取消了禁止私营企业主入党的规定，但却限制他们进入党内高层。在中共第十六次全国代表大会上，只有一位私营企业家——即海尔集团总裁张瑞敏当选为中央候补委员，并且按照票数排名在名单的最后一位。张瑞敏从党代表那里所获得的有限支持和其他的私营企业主没有进入中央委员，都表现出中国共产党对待红色资本家的持续的矛盾心理。

③ 《人民日报》，2000年9月12日，第11版。

三、中国共产党代表谁?

由于中国的经济改革改变了它的社会结构，促使新的社会阶层出现，中国共产党改变了它与社会的关系。从前，中国共产党声称自己是无产阶级的先锋队，但在中国经济的快速市场化以及与之相随的社会结构变化中，这个声明显得有些奇怪。为了保持相应的意义，中国共产党用“三个代表”的口号来重新定义它与社会的关系。在2000年春天对中国南方一些重要经济城市进行视察的时候，江泽民提出了这个口号。他参观了合资企业、私营企业、乡镇企业和国有企业，调查了这些不同类型的公司中的党建工作。例如，他在浙江接见了一些私营企业家。据说这些私营企业家都希望能够加入中国共产党，即使党的政策禁止他们入党。据报道，“三个代表”口号的提出就是源于这次视察，因为江泽民意识到，如果私营企业中没有党的基层组织，那么党就不能代表私营部门中的1.3亿左右的工人。[①] 2000年2月，江泽民首次使用了“三个代表”的口号，但是当时几乎没有受到人们的重视。2000年5月，他在中央党校的一次讲话中再次强调并详细阐述了这个概念。此后，“三个代表”的口号被媒体广泛报道达数月之久。

江泽民没有改变无产阶级的定义，就像邓小平在1978年把知识分子补充到工人阶级的行列之中所做的那样。相反，江泽民却倡议将那些与工人阶级的利益一致的新社会阶层吸纳到党内。从本质上来看，“三个代表”口号旨在在不抛弃其阶级基础的情况下，扩大党的群众性特征。中国共产党用“两个先锋队”取代了无产阶级先锋队的口号：它既代表工人阶级（包括工人、农民、知识分子、党政官员和军人）的利益，又代表中国最广大人民群众尤其是企业家、自由职业者和高科技专

---

① 游德海：《“三个代表”提出的经过及发表的背景》，载《学习与实践》，2000年9月第45卷，第18—20页。

家的利益。虽然这种策略使共产党的宣传人员忙碌了两年多的时间，但对“三个代表”及其含义的细致分析有助于凸显中国共产党原有的意识形态与中国社会变化之间的脱节。

中国共产党禁止企业家入党的规定，妨碍了江泽民普及“三个代表”的努力。这项禁令于1989年8月颁布实施。要找出一个支持这项禁令的意识形态基础是很容易的。虽然禁止企业家入党的规定在意识形态上是说得通的，但它不仅越来越脱离中国共产党促进经济发展的目标，也越来越脱离中国社会日益增加的复杂性。如果中国共产党以经济增长作为合法性的主要基础，那么把这样一些人排斥在外就难以说得通了：要创造经济增长，就必然需要他们，而且他们的成功是遵守党的政策的结果。此外，由于工人在国有企业、集体和私营部门间变换工作，以前的农民、知识分子和党政官员通过经商而获得了“下海”的机会，因此，传统的阶级划分由于经济改革而开始瓦解。正如《人民日报》所指出的那样，这些新的社会阶层“原来就是工人、农民、知识分子、国有企业的经营管理人员、党政机关干部、科技人员，以及一些留学归国人员。”① 排斥这些人显然不符合中国共产党的长期利益。

吸收企业家及其他的新社会阶层入党，不仅是为了通过挑选新的支持来源而使中国共产党受益，而且是为了预先消除一个潜在的反对派来源。按照这些相同的路线，中央党校教授王长江认为，如果中国共产党不能接受中国最广大的人民群众，那么他们将试图在政治体制之外把自身组织起来。至少在某种程度上，包容是为了防止有组织的反对派，维护政治的稳定和党的领导地位。

在2001年7月1日纪念建党80周年大会上发表的讲话中，江泽民公开建议撤销这项禁令。在回顾改革开放政策的成就时，他指出，受聘于中外公司的私营企业家、自由职业者、科技人员以及其他新的社会阶层已经出现。他认为，“这些新的社会阶层中的广大人员，为发展社会

---

① 《人民日报》，2001年9月17日，第1版。

主义社会的生产力和其他事业作出了贡献……他们也是有中国特色社会主义事业的建设者。”虽然工人、农民、知识分子、军人和干部仍然是“党的队伍最基本的组成部分和骨干力量”，但江泽民也强调了党还需要把“社会其他方面的优秀分子吸收到党内来”。①

党的宣传机构积极宣传江泽民的“三个代表”思想及其关于把新社会阶层吸收入党的建议。在这场把“三个代表”与党的传统调和起来的宣传运动中，有几个主题显得尤为突出。首先，中国共产党的阶级属性并不是单纯由其党员的经济地位决定的。从历史上来看，大多数党员都不是工人，而是农民、知识分子、军人和学生。然而，他们全都代表无产阶级的利益。其次，中国共产党声称要成为无产阶级和最广大人民群众的代表，这两者之间没有必然的冲突。按照这个推理，由于中国的绝大多数人口是工人和农民，所以如果中国共产党代表大多数中国人的利益，那么它因而也就代表工人和农民的利益。由此我们可以得出一个结论：即使吸收其他社会阶层人员入党，中国共产党也能保持其无产阶级的阶级属性。甚至连非无产阶级也能够拥有无产阶级的观点。但是，如果其他阶层想要代表他们自己或行业的利益会怎么样？党员的身份应该会改变这些利益：

> 党就像一个大熔炉，能熔化掉各种非无产阶级思想，把全党的思想统一到马克思主义理论和党的纲领路线上来。今天吸收社会其他方面的优秀分子入党，只要坚持思想上建党的原则，要求每一个党员从思想上入党，就一定能保持党员思想的纯洁性和党组织的先进性。②

“三个代表”承认，中国目前存在各种各样的利益集团，但过去用

① 江泽民的讲话载于新华网，2001 年 7 月 1 日。

② 茅献鹏：《为什么说吸收社会其他方面优秀分子入党不会影响党的先进性?》，载《解放军报》，2001 年 8 月 15 日。

于证明这个口号的基本原理却只是把无产阶级利益合法化而已。

“三个代表”宣传运动的第三个主题是：中国共产党宣称它代表了中国最广大人民的根本利益，这一点实际上没有什么新意。在1935年瓦窑堡会议上，中国共产党就通过了一项决议，宣称自己是无产阶级和全民族的先锋队。然而，这是一个没有什么说服力的先例。因为它忽视了中国共产党接下来65年的历史，也忽视了产生这项决议的历史背景：面对日本的侵略，中国共产党诉诸于民族主义。尽管中国共产党声称它始终代表中国最广大人民群众的利益，但媒体还是强调需要进行广泛教育、培养现任干部，并且选拔新干部要以这些要求为基础。显然，并不是所有人都清楚中国共产党的传统。

评论家们也谨慎地把江泽民关于吸收所有社会阶层的优秀分子入党的号召，与饱受指责的全民党概念区分开来。全民党的概念是由赫鲁晓夫首先提出来的。两者的区别：不是每个阶层的人都应该入党；只有那些符合党员标准的、真正优秀的人才有资格入党。中央党校教授王长江在许多文章中都关注了这个问题。在《瞭望》杂志上，他论证说：

> 党把自己的社会基础扩大到社会各阶层和群体，并不等于这些阶层和群体的人都可以入党……我们要吸收的是这些阶层和群体中的优秀分子。具备工人阶级的政治觉悟，愿意为党的纲领而奋斗，是这些优秀分子的共同特点，也是他们入党的必备条件……这样的党，和所谓的“全民党”毫无干系。①

在一本面向党政干部的杂志上，王长江还讲到，“既然成分（即党员）多多少少会对党的性质产生影响，我们就不能只是打开党的大门，欢迎每个人……允许企业家入党不等于任何企业家都可以入党”②。共产

① 王长江：《把全社会的优秀分子吸收到共产党内》，载《瞭望》，2001年8月13日。
② 《中国党政干部论坛》，2002年1月6日。

党的其他媒体也重申了这个警告。据《人民日报》报道，“我们允许新的社会阶层中的优秀分子入党，但不是毫无原则地敞开大门，更不能把那些不具备党员条件的人拉入党内”①。《求是》杂志反对“以经济实力强弱、为社会捐助财物多少、个人名气大小等作为衡量吸收新党员标准的错误做法”②。毫无疑问，许多地方党委在吸收新社会阶层的人员入党时使用了这些容易判定的标准。那些标准与拥护党纲和“经受时代检验”等更加抽象的考虑因素是相悖的。

经济现代化尽管尚未改变中国的政治体制，但可能正在改变中国共产党。阶级的多样化与社会结构的流动性正在促使中国共产党改变它所吸收和代表的对象。这与多元化是完全不同的。多元化的特征在于完全自主的利益集团和反对党之间进行竞争。这仍然是中国共产党所不允许的一种发展。中国共产党仍然保持着执政地位，但也在努力增强它的包容性和代表性。中国共产党还保持着传统的观点，即社会利益之间以及国家与社会之间的关系整体上是非常和谐的，而不像西方的观点——社会是由不同和经常相互冲突的利益集团构成的。中国的改革时代暴露出各种各样的利益冲突。这种利益冲突不但出现在各个社会阶层（工人和资本家之间的冲突最为常见）之间，还出现在地区、民族、性别和其他结构因素之中。这些利益集团不一定是冲突的，但它们通常希望甚至要求它们自己的组织，而非先锋队政党，来代表它们的利益。

吸收私营企业家和其他新社会阶层人员入党，是中国当前的发展趋势特别是经济改革的结果，而不是原因。因此，他们的入党不可能使中国共产党乃至政治体制发生深刻的变革，而是可能加强当前的政策方向。他们是中国共产党政策的主要受益者，因而也不大可能会去推动变革。另外，以前关于企业家和技术官僚的研究发现，他们并不热心于民

① 《人民日报》，2001 年 9 月 17 日。
② 《求是》，2001 年 11 月 16 日。

主化，而是支持持续的自由化。① 同时这也可能证明，吸收他们入党不一定会引起任何挑战。

此外，中国共产党内部各个社会阶层和政策选择中的巨大分歧不一定会导致分裂。相反，通过把各种利益合法化，这种差异也许还会为未来的多元化打下基础。② 此外，在共产党内部进行合法参与的可能性不断增加，也许会进一步提高稳定的可能性。达尔和亨廷顿指出了在参与扩大到其他社会阶层之前扩大内部参与的好处。③ 如果这种看法适用于中国，那么政治稳定乃至从名义上的共产主义政治体制中进行平稳过渡的可能性都将会进一步提高。同时，政治精英的日益分化削弱了政权连续性的可能。正像亨廷顿在后来的一篇论文中指出的那样，一党制政权的主要威胁之一是“精英的多样化。精英的多样化源自控制独立经济权力源泉的新群体的兴起，即源自一个独立、富有的商业和工业中产阶级的发展”④。中国共产党面临着改革的困境：它需要适应正在变化的经济与社会环境，但这种适应也为中国共产党的执政带来了新的挑战和风险。

---

① 例如，参见 David Wank, “Private Business, Bureaucracy, and Political Alliance in a Chinese City”, *Australian Journal of Chinese Affairs*, No. 33, January 1995, pp. 55 – 71, and Margaret Pearson, China's Emerging Business Class: Democracy's Harbinger?” *Current History*, “No. 620, 1998, pp. 268 – 272。关于技术管理，参见 Hong Yung Lee, “China's New Bureaucracy”, in *State and Society in China: The Consequences of Reform*, ed. Arthur Lewis Rosenbaum, Boulder, Co: Westview, 1992.

② 关于对改革时期对待利益冲突的态度变化的描述，参见 Lucian Pye, “Factions and the Politics of Guanxi: Paradoxes in Chinese Administrative and Political Behavior”, in *The Nature of Chinese Politics: From Mao to Jiang*, ed. Jonathan Unger; Armonk, NY: M. E. Sharpe, 2002, pp. 55 – 57。

③ Robert A. Dahl, *Polyarchy: Participation and Opposition*, New Haven, CT: Yale University Press, 1971, and Samuel P. Huntington, *Political Order in Changing Societies*, New Haven, CT: Yale University Press, 1968.

④ Samuel P. Huntington, “Social and Institutional Dynamics of One-Party Systems”, in *Authoritarian Politics in Modern Society: The Dynamics of Established One-Party Systems*, ed. Samuel P. Huntington and Clement H. Moore, New York: Basic Books, 1970, p. 20.

四、结 论

不管是在与社会的关系上还是在对待上述适应的态度上，中国共产党都不是铁板一块。相反，依赖社会部门以及它与党的现代化战略融为一体的做法，使党建立了多维的社会关系。正如阿尔弗莱德·斯泰潘所论证的那样，一个国家能够同时实施包容性和排斥性的政策，而这无疑正是中国共产党的做法。①

这些多维关系的优点与逻辑也一直是共产党内部持续争论的根源。一些人认为，中国共产党要保持执政和促进经济计划的合法性，这些关系是必不可少的；另一些人则认为，它们违背了中国共产党的传统和存在的目的。批评者并不支持党的合法性，反而宣称，共产党的包容政策削弱了它的权威，因为这些政策放弃了党的传统支撑基础，接受了这样一些新成员：他们可能会进一步使中国共产党放弃它本来的使命并削弱它的组织连续性。

中国共产党为适应变化所做出的努力存在固有的风险。这种风险就是，变革会破坏而不是提高共产党的执政合法性。适应经济和社会发展所必需的组织变化和人事变化可能无法满足一党制国家有效统治和延续的要求。然而，中国共产党现在追捧的经济精英与专业精英似乎还没有一项连贯的政治议程，并且愿意被嵌入到国家之中而不是寻求相对于国家的自主性。将他们吸收进中国共产党，至少在短期内，也许会产生稳定政治秩序的预期效果。如果这样，那么就像在东欧一样，公民社会的出现和巩固不会成为一个有组织的反对派，而成为一群关注经济问题而不是政治问题的合作团体。这将使那些把公民社会视为一种本质上的民主化力量的人感到沮丧。尽管如此，中国社会和党员身份日益增加的多

---

① Alfred C. Stepan, *The State and Society: Peru in Comparative Perspective*, Princeton, NJ: Princeton University Press, 1978.

样化仍然为党声称的先锋队身份和对政治组织的垄断带来了一种挑战。中国共产党建立法团主义纽带和吸收新精英入党的战略，也许是它成功适应经济和社会环境变化的必要条件，但并不能保证它长期维持现状。

（杨大群　译）

政党-国家民主与“三个代表”：一种理论透视*

〔美〕布兰特利·沃马克

在过去的几年里，中国共产党的领导人一直在发展一种政治指导思想。使中国成为一个现代化和繁荣的国家是中国当前的需要和利益。中国共产党能否满足这种需要和利益呢？这将成为中国共产党维持和证明自身执政地位的根据。在国家管理的法治框架下，党全面地和有效地推动人民的利益，保证个人和组织的适当自治。在此基础上，“三个代表”思想承诺了稳定。事实上，“三个代表”试图把党的执政地位与人民的利益结合在一起，从而维护现有的政治体制。因此，目标是实现政党-国家民主（party-state democracy），即在不可能受到其他政党挑战的一党领导下有效地实现人民的权力。

中国共产党在20世纪90年代期间转向“三个代表”的历史原因十分明确。第一，政党-国家（party-state）仍然是改革时代的核心架构，而任何导向不同政治制度的变革可能都具有深刻的破坏性。在对政治制度的变革可能有害的证明上，前苏联可能是相当令人信服的例子。此

---

* 本文原题为“The Party-State Democracy：a Theoretical Perspective”，是提交给2004年中国人民大学“政治文明与中国政治现代化”国际研讨会的论文，后以“Democracy and the Governing Party（执政党）：A Theoretical Perspective”为题发表在*Journal of Chinese Political Science*，2005年第10卷第1期。作者简介：布兰特利·沃马克（Brantly Womack）（1947—），芝加哥大学政治学博士，美国弗吉尼亚大学政治学教授，著名比较政治学家和中国问题专家。——译者注

外，党自1980年以来的改革成功也与其他政治制度形成相当有利的对比。第二，党的政治资产在改革时代已经发生了变化。尽管已经作出成功的努力启用了比较年轻和受过较好教育的领导人，但是，经济活动从国有企业和集体农业向私人企业的转移，已经侵蚀了党在全新的和重要的社会领域中的政治力量。第三，就像波兰和匈牙利1956年的起义使人们意识到“人民内部的冲突”即使在社会主义的条件下也是可能的，1989年的风波使党重新思考维持自己领导地位的机制。持续的腐败问题和脱离群众问题表明，现行的一些制度不仅无力解决权力滥用，而且无视人民的利益。如果这些问题得不到解决，它们就会使党和政府陷入危险的境地。

虽然“三个代表”的基本原则十分清楚，但政党－国家民主事实上不同于立法民主（legislative democracy），而且长期地来看，也没有现存的政党－国家民主成功模式。因此，“三个代表”提出的主要理论问题相当简单：政党－国家民主是可能的吗？但是，这个问题既不像看起来的那么重要，也不像看起来的那么简单。

不管政党－国家民主是否是一个可以实现和维持的目标，人们都可以认为，对于中国共产党来说，“三个代表”是最好的可行的政策指导方针。即使立法民主是唯一稳定的民主形式，但是，政党－国家持续的自由化可能会把转型的痛苦降低到最小程度；而且如果没有任何转型发生，那么威权主义国家常常仍然宁愿选择一种刚性的转型。最后，有人已经论证过，中国最基本的政治要求是法治，而不是民主统治。“三个代表”强调控制腐败的重要性，从而直接有助于法治。更普遍的是，对执政党而不是革命党的强调更多的是强调法律和依法执政。因而，在不用回答迈向什么目标的情况下，证明“三个代表”是向前迈出的一步是可信的。

政党－国家民主在理论上是否可能呢？这个问题的简单性并不像看起来的那么简单，因为本质上它是一个抽象的问题，即民主体制的最低条件与政党－国家体制的最低条件是否相容。如果政党－国家民主在理论上是不可能的，那么它在实践上当然也是不可能的。另一方面，即使政党－国家民主在理论上是可能的，也可能有一些在实践上无法实现它的限制条件。就像立法民主可能非常脆弱，无法提供有效的统治一样，政党－国家民主可能过于强制，而不允许人民的力量对领导人的决策或行为有任何实际的影响。另一种可能性是人民可能被过于疏离党和政府而无法运用新的党政民主机制。

尽管这些告诫涉及关于政党－国家民主的理论讨论的实际结果，但主题仍然重要，而且需要认真的思考。政党－国家民主与立法民主之间存在一些根本的区别，而且所有现存的民主政体都是立法民主。我们必须论证，现代民主是一个比立法民主更广泛的范畴。就像我们将要看到的那样，这样一种断言与西方民主理论半个世纪的假设相矛盾，而且目前没有更广泛的民主理论既包括立法民主，又包括政党－国家民主。为了论证政党－国家民主的可能性，人们也必须断言立法民主并不是民主的本质，而是民主的一种途径，而且其他途径的可能性也存在。

由于民主与立法民主的等同在当代政治思想中是如此的根深蒂固，因此，本文的首要任务是探讨立法民主作为一种全面民主理论的局限。然后，我们将思考在中国人民与政府之间的关系。最后，我们将思考“三个代表”中所论述的政党－国家民主是否属于更一般的现代民主观念以及它的先决条件是什么。

一、立法民主的各种局限

所谓“立法民主”，我指的是人们经常说的“代议制民主”（parliamentary democracy）或“自由民主”（liberal democracy）。然而，在当代西方，它常常被简称为“民主”。它是指一种政治制度，在这种制度中，制定社会的法律是最高的政治行为，并且立法过程合法性的保证是通过公民利益的自由形成、表达和集合以及全体公民对代表的选举控制。为了让全体公民行使自己的权利，全体公民需要言论和知情的自由、政治组织的自由，政府的决策过程基于多数原则，同时也受制于要保护少数人的核心利益以及社会对国家的压力。最根本的法律是宪法，它按照更广泛的社会利益界定了国家的职能和权限。

各种立法民主在国家元首的选举上是不同的（因而有“总统制民主”与“代议制民主”之间的区别），但是，不管花费在元首上的注意力有多少，核心的政治功能是人民意志可以通过立法机关得到权威性表达。行政机构不仅依法运作，而且主要是为了执行法律。法官为在法律条件下产生的争端提供权威的裁决，包括普通法律与宪法之间的冲突。

当然，当“民主”一词产生于雅典的时候，它还没有上述含义。它是指人民决定公共事务的直接权力，并且不同于“贵族专制”（由一些贵族统治）和“君主制”（由国王统治）。约翰·洛克（1689）认为只有立法民主才符合“民主”的名称。他认为，要控制和消除君主和贵族对特权的滥用，一种基于多数原则的立法过程是必不可少的。① 保护人民的权力和社会免遭国家的过分干涉需要一个强有力的、被选举产生的立法机构。在本质上，对立法民主各种程序的正当性证明建立在如下实质性主张之上：这会保证人民的真正权力。古典立法民主主张的最著名的提出者是亚伯拉罕·林肯（1863），他把“立法民主”归结为“民治、民有和民享”，而约翰·斯图亚特·穆勒（1861）则将其归结为“平等地代表全民的全民政府”②。

即使在20世纪之前，那种认为立法民主保证了人民权力的实质性主张与立法民主的程序结果之间也存在显而易见的矛盾。“所有人生而平等”这句不朽名言的作者托马斯·杰弗逊本人也是一个奴隶主。尽管南方各州表决脱离美国，但是林肯维护了美国的统一。穆勒担心“多数人的暴政”，即立法国家干涉公民私人行为的权力。③ 此外，根据穆勒的

---

① John Locke, *Two Treatises of Government*, ed. Peter Laslett, New York: Mentor Books, 1965; original 1698.

② John Stuart Mill, *Considerations on Representative Government*, Chicago: Henry Regnery, 1966; original 1861.

③ John Stuart Mill, “*On Liberty*” (1869).

观点，民主需要高度的文明，因而野蛮人在立法民主能够实施之前必须由他们的殖民地主人进行启蒙。① 总之，在选举权扩大到西方国家全部人口和完成对其他地方的野蛮人的教育之前，立法民主的缺陷可以归咎为它的不完全性，而不是内在的制度问题。

古典的民主观念促使欧洲过渡到立法政体，把公民权利扩大到全体公民。尽管如此，但到19世纪末，在立法民主充当人民代言人的能力上产生了深深的怀疑。除了马克思主义者和无政府主义者对资本主义民主的激进批判之外，欧洲各个社会民主党日益增强的力量未能使欧洲政治出现很大的改观，导致了对政党和选举幻想的破灭。在《统治阶级》（*The Ruling Calss*）一书中，加塔诺·莫斯卡（Gaetano Mosca）论证说，在任何大的国家中，始终会存在实际上管理事务的少数派政治阶级。② 罗伯特·迈克尔斯（Robert Michels）仔细分析了新兴的社会民主党领袖是如何进入现存的政治安排，强化了对选举政治中不可避免的精英主义的论证。在《政党》（*Political Parties*）中，迈克尔斯认为，根据“寡头政治的铁律”，所有集团的领袖与精英成员之间可能比与追随者之间有更多的相同点。③ 同时，在经典之作《公共舆论》（*Public Opinion*）中，沃尔特·李普曼强调精英对公共舆论的塑造和极其有限的选择集合对公共选择的固定化。④ 就民主中不可避免的精英主义和政府对公共心灵的塑造来说，难怪法西斯主义会蔑视立法机构，并且试图建立一种直接的、单向的领袖与民族关系，而共产主义会把资产阶级民主斥为阶级统治的政治装饰。

第二次世界大战的胜利给予西方民主以新的自信，但它并没有回答

---

① John Stuart Mill, *Considerations on Representative Government*, Chicago: Henry Regnery, 1966; original 1861.

② Gaetano Mosca, *The Ruling Class*, tr. H. Kahn, New York: McGraw Hill, 1939; original 1895.

③ Robert Michels, *Political Parties*, tr. C. Paul, New York: Free Press, 1962; original 1911.

④ Walter Lippmann, *Public Opinion*, New York: Free Press, 1922.

西方民主作为人民统治手段的功效问题。在《资本主义、社会主义与民主》这本经典之作中，约瑟夫·熊彼特不再关注“人民权力”这个一般的问题，转而关注现代西方民主最突出的制度特征，从而开创了民主定义的新方向。① 熊彼特把民主重新定义为权力的选举竞争，这被安东尼·唐斯在《民主的经济理论》（*An Economic Theory of Democracy*）中发展成政党选票竞争的微积分学。② 唐斯认为，两党选举竞争的逻辑既促使候选人成为政治光谱的核心，又没有给选民留下什么选择，但他把这说成是民主的基本逻辑，而不是对竞争选举的民主特征的怀疑。在20世纪60、70年代的各种著作中，罗伯特·达尔（Robert Dahl）提出了一种比较民主理论，其基础是对立法机关多数规则特征和前提的概括，并且直到亨廷顿的《第三波：20世纪末的民主化》之时，不符合立法民主模式的政府形式仍然不可能被认为是民主的政府。③ 此外，尽管存在民主的制度定义，我们仍然可以断言，凡是不符合立法民主标准的政府都必然会是极权主义的或者更坏的。毫无疑问，民主理论家常常批评民主政治，并且罗伯特·达尔不愿把现存的民主政治列在“多头政治”之上。④ 然而，除了少数的例外，批评家们的民主观念都没有超出立法民主。

尽管我们对立法民主中公民权力与政府的关系能够提出种种问题，但这种统治形式的流行还是给人留下深刻的印象。虽然我们可以证明人民在立法民主中事实上没有得到他们想要的东西，但是很清楚他们想要他们得到的东西。适应性（habituation）无疑提高了立法民主的合法性，而且在像美国这样的国家中，立法民主的合法性被归功于其政治结构的

① Joseph Schumpeter, *Capitalism*, *Socialism and Democracy*, New York: Harper and Row, 1950.

② Anthony Downs, *An Economic Theory of Democracy*, New York: Harper and Row, 1957.

③ Samuel Huntington, *The Third Wave*: *Democratization in the Late Twentieth Century*, Norman: University of Oklahoma Press, 1991.

④ Robert Dahl, *Polyarchy*: *Participation and Opposition*, New Haven: Yale University Press, 1971.

繁荣、权力和优越感进一步提高，但是，当受到挑战——如在印度的英迪拉·甘地——或被颠覆——如菲律宾的马科斯——时，它也充满着活力，并且吸引着生活在其他政治制度下的人们。在2000年的美国总统选举中，投票给戈尔的人数要多于布什，而且选举的异常发生在佛罗里达。这次选举没有导致对政治制度的普遍疏远。许多人可能会同意丘吉尔的笑话：除了当与其他的选择相比较时之外，民主政治是一种可怕的统治形式。因而，怀疑立法民主事实上是否是民主的，本身是一种不民主的行为——明显违背人民的意愿。

立法民主为什么如此流行？我们可能难以证明它选举了最胜任的官员候选人。以美国为例，任何认为布什是最佳的、可能的总统的人不可能认为比尔·克林顿是最佳的、可能的总统，然而，他们都被同一种制度选为总统。更普遍的是，尽管民主制度相当流行，但政治家们通常不受重视，而且选举参与率常常相当低。

最后，立法民主之所以流行，并不是因为它表达了人民的意愿或产生了最好的政治领导人，而是因为它是一种当前领导人有经受公共舆论评论风险的参与制度，也是一种不会威胁发达国家的复合社会的制度。由于立法民主是包容性的和参与性的，而且公民有按照自己意愿进行自主决定和参与的自由，所以，有一种直觉认为即使结果不尽如人意，这个制度也是公平的。如果某个公民不同意一位当选的代表，那么他就更努力地去选举其他人。无论如何，因为当选的官员仍然有在下次选举中失去选民的风险，所以，他们不可能会公然地威胁一部分重要选民的利益。因而，民主政治往往是防范性的政治。政治光谱的中间部分占据支配地位，虽然人民喜欢在竞选期间听到宏大的提议，但是政治家们几乎不愿意承担改变纲领所带来的政治成本。

对于我们思考政党—国家民主来说，这种对立法民主的简短考察，其重要性有两个方面。第一，立法民主等同于民主乃至与现代民主同义这个普遍的假设必须得到质疑。虽然立法民主可能是一种流行和有效的统治形式，但它不单单是“人民的权力”。因而，立法民主的特征不应该被当做是毫无问题的标准，用来评判人民利益和权力与以另一种统治形式出现的政府之间的关系。第二，如果立法民主仍然被认为是一种民主，那么我们就应该反思现代民主的标准。要么我们能够为一种纯粹的民主设定标准，在这种民主中，全体公民全面、直接地参与公共事务，但在现代的大国中是无法实现的；要么（所设定的）标准应该考虑到人民对自己政府制度的满意和他们对自己利益得到满足的自信。

即使立法民主是一种非常令人关注和给人留下深刻印象的统治制度，并且它的许多特征可以为其他统治形式提供有用的教训，但是我认为，把人民重新纳入到民主的定义中十分重要。人民与政府的关系问题既重要又复杂，无法将其归为立法特征的购物清单（shopping list）。此外，关于“作为民权”的民主的问题是真正最内在的问题。一切政治都是地方性的，因而没有中国特色的民主就不是中国的民主。

二、中国的道路？

立法民主从未在中国的政治中发挥过重要的作用。钱端升曾经对民国时期中国宪政历史进行过经典的描述和批判。[①] 在纪念中国共产党成立28周年之际发表的《论人民民主专政》中，毛泽东明确地肯定了马克思主义对资产阶级民主的批判和政党－国家治理模式。[②] 1949年以来尤其是在改革时期，法律、宪法和人民代表大会制度在政治中发挥过作用。尽管如此，但它们并不拥有它们在立法民主中所拥有的核心地位，而且它们并不是在竞争性的政党制度结构中运作的。此外，即使经过20年的改革，向立法民主的转轨可能带来的政治变革也比中国自1949年之后所经历的任何政治变革都深刻，“三个代表”也没有构想出这样一

---

① Ch'ien Tuan-sheng, *The Government and Politics of China*, *1912—1949*, Stanford: Stanford University Press, 1950.

② 毛泽东：《论人民民主专政》，见《毛泽东选集》第4卷，人民出版社2003年版，第1468—1682页。

种变革。

虽然立法民主在过去一个世纪里一直处在中国政治的边缘，但是人民的权力是漫长的农民革命成功的核心。就像毛泽东在《关心群众生活，注意工作方法》中所认为的那样，要反对占据优势的敌人，中国共产党所能依靠的唯一力量就是人民的支持。① 经过反复尝试，毛泽东和中国共产党形成了群众路线和领导人关心群众的习惯。要避免的主要错误是脱离群众。② 由于农民革命改变了乡村结构并把群众动员了起来，因此，它创造出一支最终战胜国民党及其联盟的政治和军事力量。事实上，农民革命是一种准民主的制度③，因为在与国民党进行生死斗争的环境中，中国共产党实施了没有民主制度的群众政策。

在 1949 年胜利之后，情况变得更加复杂。一方面，毛泽东和中国共产党仍然致力于提高群众的福利，而且群众动员仍然是完成经济和政治目标的主要手段。另一方面，对于群众来说，社会主义改造的目标不像早期的土改目标和抗日斗争那么紧迫和明显，而且中国共产党现在控制了国家。革命改造仍然是政党 - 国家的目标，但与根据地时期相比，组织严密的权力结构没有受到强大的国内反对者的制约。无论人民民主专政的意图是多么民主，但它确实是一种专政。

毛泽东对“大跃进”和“文化大革命”的灾难负有个人的责任，这一点是毫无疑问的。如果没有他的行动，“大跃进”本来不可能发动，而且即使发动，它本来会终止于庐山会议。“文化大革命”更依赖毛泽东的个人干预和权威。即使党的其他领导人或群体想发动这样的运动，除了毛泽东之外，也没有人有“炮打司令部”的个人权威。然而，这些运动也过多地依赖制度的弱点。就像党的其他领导人不会怀疑毛泽东的

① 毛泽东：《关心群众生活，注意工作方法》，见《毛泽东选集》第 1 卷，人民出版社 2003 年版，第 136—141 页。

② Brantly Womack, *Foundations of Mao Zedong's Political Thought, 1917 - 1935*, Honolulu: The University Press of Hawaii, 1982.

③ Brantly Womack, “The Party and the People: Revolutionary and Post-Revolutionary Politics in China and Vietnam”, *World Politics*, 39: 4 (July 1987), pp. 479 - 507.

指示那样，党或政府内没有任何机构允许其他的观点存在，或者捍卫基本的利益。毛泽东在理论上证明了承认人民内部矛盾的合理性[①]，并且赞同民主集中制和领导干部的自我批评。[②] 虽然如此，但是他没有提供防止个人权力滥用的机制。民主集中制是工作方式问题和领导干部的道德责任问题。

即使毛泽东在1957年之前故去，中国的政党－国家体制也仍然会面临政治结构改革的重大挑战。即使没有“大跃进”和“文化大革命”的灾难，官僚主义、官员腐败和不现实的政治命令这些问题也可能仍会很严重。当然，如果没有毛泽东的“左倾”主义，政党－国家体制更不可能会进行政治改革。“文化大革命”揭露了政党－国家专政的结构性问题，并把人民与领导人统一于改革时代“第二次革命”的背后。

20世纪80年代，邓小平大胆地解决了“左倾”时期的主要错误。物质福利、个人动机和市场的重要性得到了承认，并且取消了那些抑制现代经济兴起的教条式禁令。政治体制改革的必要性也得到了表达，并且取得了进展。但是在实质上，主要还是通过党的新的总路线和改进后的工作方式，而不是重大的制度变革，保证了第二次革命的新方向。个人自由得到了扩大，公共讨论的领域也得到了改进，但这仅仅是因为党现在允许这样做。党之所以没有采用1986—1988年提出的政治体制改革建议，是因为它觉得没有必要。第二次革命的政治体制仍然类似于第一次革命的政治体制，即使两次革命的内容完全不同。

在邓小平去世后，江泽民为了解决政党－国家所面对的政治挑战提出了“三个代表”。“三个代表”的目的是通过提供一个包容的、有效的和反应迅速的政治领导层，把共产党塑造成一个能够永远维系当前政党—国家体制的执政党。正如江泽民所说：

---

① 毛泽东：《正确处理人民内部矛盾》，见《毛泽东选集》第5卷，外文出版社1977年版，第384—421页。

② 毛泽东：《在七千人大会上的讲话》，载《北京周刊》，1977年7月1日（原稿发表于1962年）。

……全党同志都应按照“三个代表”的要求，全面加强和改进党的建设，使我们党永远立于不败之地，永远得到全国各族人民的衷心拥护并带领人民不断前进。①

江泽民还强调群众支持的极端重要性：

……我们党作为执政党，必须高度关注党与群众的关系问题、人心向背问题。人心向背，是决定一个政党、一个政权兴亡的根本性因素。②

江泽民连续举出由于人心向背的变化而导致王朝覆灭的秦王朝以来历代封建王朝作为例子。

“三个代表”并不是一项完整的政治体制改革纲领，但是它解决了中国共产党今天面临的一些根本问题。“三个代表”的第一个“代表”——中国共产党应该代表先进的生产力——解决了包容性（inclusiveness）这个重要的问题。第二个“代表”——中国共产党应该代表先进的文化——可能是对文化多样性的赞同，尽管它也被解释为是指党应该灌输社会主义道德和马克思主义意识形态。③ 第三个“代表”——党应该代表最广大人民群众的根本利益——重申了中国共产党最根本的责任，但是在当前的政治环境中，它被用来强调反腐败措施和党对群众利益的关心。

自从2002年中国共产党的十六大以来，连同“三个代表”一起，法治和党内民主重新得到了关注。或许对这种趋势的最权威陈述是下面

① 江泽民：《加紧培养适应新世纪要求的中青年领导干部》，见《论“三个代表”》，中央文献出版社2001年版，第32页。

② 江泽民：《推动党风廉政建设和反腐败斗争的深入开展》，见《论“三个代表”》，中央文献出版社2001年版，第111页。

③ 江泽民：《在全国宣传部长会议上的讲话》，见《论“三个代表”》，中央文献出版社2001年版，第121—137页。

摘自胡锦涛主席在纪念毛泽东诞辰110周年讲话中的一段话：

要继续积极稳妥地推进政治体制改革，大力建设社会主义政治文明。全面建设小康社会，开创中国特色社会主义事业新局面，必须发展社会主义民主政治，充分调动广大人民群众的积极性、主动性和创造性，增强党和国家的活力，巩固和发展民主团结、生动活泼、安定和谐的政治局面。要把坚持党的领导、人民当家作主和依法治国统一于政治体制改革和社会主义民主政治建设的实践，统一于社会主义现代化建设的实践，以发展党内民主带动人民民主的发展，实现社会主义民主政治的制度化、规范化和程序化。要从中国国情出发，进一步完善民主制度，重点完善人民代表大会制度、中国共产党领导的多党合作和政治协商制度、民族区域自治制度以及基层民主制度，扩大公民有序的政治参与，推进决策的科学化民主化，保证人民依法实行民主选举、民主决策、民主管理和民主监督。要发挥我国社会主义政党制度的特点和优势，加强同民主党派的合作共事。要全面贯彻党的宗教信仰自由政策，依法管理宗教事务，坚持独立自主自办的原则，积极引导宗教与社会主义社会相适应。要进一步加强社会主义法制建设，加强和改进立法工作，加强执法监督，更好地贯彻依法治国方略、建设社会主义法治国家。要进一步改革和完善党的领导方式和执政方式，坚持党总揽全局、协调各方的原则，实行依法执政，更好地实施党对国家和社会的领导。要进一步深化行政管理体制改革和司法体制改革，提高行政效率，促进公平和正义在全社会的实现，更好地为人民服务。①

如果实现了胡锦涛主席对政治改革的期望，那么中国未来的政治道

① 胡锦涛：《在纪念毛泽东诞辰110周年座谈会上的讲话》，http：//news. xinhuanet. com/newscenter/2003－12/26/content_ 1250092. htm。

路在许多方面上可能类似于立法民主。代表制度和法治将会得到加强，大众尤其是下层的参与将会受到鼓励，而且宗教自由将会得到尊重。中国与非共产主义国家之间在政治视角、价值观和任务上越来越多的相似性十分重要。在2003年SARS流行期间，领导人的行为不仅仅表明了一种响应模式，也表明了民主国家常见的对公共舆论和媒体的关心。与发达国家相比，虽然中国的政策更多的是目标取向的，但政策内容却反映出共同的价值观。

同样，尽管中国的政治道路一直是独一无二的，但并非一成不变。在过去55年里，没有哪个国家的政治道路方向发生过更多的波动和变化。即使中国的基本政治体制自1949年以来没有改变，但它的政治与其说是由制度的连续性决定的，不如说是由政策的变迁决定的。“三个代表”的意识形态原理之一是马克思主义必须适应变化的环境，一个现代和繁荣的中国也需要理论上的重新定位。

或许，对中国共产党的最基本的重新定位已经是从领导中国从社会主义走向共产主义的先锋队角色变为一种更加复杂的领导角色。在1949年胜利的前夕，毛泽东相信人民民主专政是必然的，苏联提供了社会主义过渡的模式，而且国家最终将随着共产主义的临近而消亡。对江泽民来说，促使“三个代表”产生的根本挑战在于：如何通过包容各方面新的社会力量同时又忠于群众的利益来“永葆”党的领导地位。领导地位由眼前的利益而不是未来的变革决定。现在，道路是无限的漫长，而目标却逐渐消失。

尽管批评了“左倾”主义和“文化大革命”且与毛泽东的政治有着深刻的不同，但中国当前的政治地平线仍然是由它的过去塑造的，而且是由一种与西方不同的过去所塑造的。我们能够区分出三种不同的路径依赖，第一种与成功的要素有关，第二种与错误的纠正有关，第三种与领导层的交接有关。最明显的路径依赖形式涉及以前的成功。中国共产党引以为豪的是农民革命的成功、中国的独立和改革时代惊人的经济增长。这些成就造就了中国共产党的领导地位和内在的合法感。未来的政策和领导人似乎更愿意与这些过去的成功联系起来。当然，关于哪些政策事实上是成功的原因和现在的状况发生了哪些变化这两个问题，将会有持续的讨论，但这样的讨论本身是过去和现在的混合，恰恰是连续性的本质。

即使承认并纠正过去的错误也包含某种路径依赖。毫无疑问，如果失败非常严重，那么它能够促使个人完全抛弃自己以前的思想并迅速地接受一种激进的——乃至外来的——思想。最好的例子可能是清朝灭亡之后“新青年”中对儒家的抛弃和激进思想的兴起。然而，即使在这样的情况下，一个社会也不可能简单地完全脱离它自己的轨道，进入另一个轨道。第一，失败通常造成了一种必须加以解决的混乱局面。历史不是一盘录像带，社会不可能被简单地倒回、删除和重试，它必须处理失败的后果。第二，政治制度和思想的尝试性转变是一个艰难的过程。例如，西方的民主也是缓慢增长的，它的形成是从本土反应到本土挑战的。移植民主政治意味着把现实还原为公式，然后在一个不熟悉民主的历经创伤的社会中将其制度化。

路径依赖的最后一个方面是领导层的交接。领导层的连续性并不是绝对的：新的领导人被迫把自身同前任区分开来，尤其是在那种制度中，新的领导人人由旧的领导人指定，成为继任者的前提排除了急剧的变革。与马上得天下的成吉思汗相比，新的领导人现在必须善于为当前的领导人鞍前马后地效劳。然而，与学会下马治天下的成吉思汗相比，新的领导人面临着上马的艰难任务。简单地说，延续非正式的关系阻碍了权力的正式移交。

这些路径依赖没有哪一个会阻碍变革，尤其是随着时间的流逝更是如此，而且它们有时反而可能产生鼓励激进的创新行为这种意想不到的效果。例如，光绪皇帝 1898 年的百日维新和戈尔巴乔夫的改革和公开性之所以是激进的，正是因为发动者被自己的统治制度所制约。然而，这两次革新的结果都表明，领导人的交接环境所造成的限制是确实的。

三、政党-国家民主

我在使用“政党-国家民主”（party-state democracy）一词而不是“社会主义民主”（socialist democracy）时有些犹豫，因为“社会主义民主”是官方的术语，而且是上述引文中胡锦涛主席所使用的术语。然而，从更广泛的世界政治角度来看，“社会主义民主”是一个模糊的术语。社会民主党在许多立法民主中进行竞争，而“社会主义的”常常被用来指生产资料公有制的国家，而不是指革命政党拥有领导地位的国家。我们可以把政党-国家民主称为“共产主义民主”，因为上文所描述的所有国家都是由共产党领导，但我们必须把马克思所描述的共产主义社会看做是一个不再需要政治和国家的社会。“政党-国家民主”一词突出了这种政治制度的主要特征，也就是说，共产党拥有政治领导的特权，并且政府是公共事务的行政管理机构。政治领导和国家行政可以被区分开来，但不能分离，因而带着连字符的“政党-国家”一词是合适的术语。它似乎适合所有剩下的共产主义国家，尽管只有越南当前的政治状况与中国十分相似。

就像我们曾经谨慎地对待“政党-国家”一词一样，我们也必须谨慎地对待“民主”一词。一方面，我们已经论证过“政党-国家民主”根本不同于立法民主。另一方面，我们可能也很难不承认，胡锦涛主席所列出的措施将会使中国更民主而不是更不民主。如果政党-国家体制能沿着更民主的方向前进，那么，民主多少的衡量必须比某种制度是否是立法民主更重要。如果人民的影响在政党-国家中越来越强和有效，那么我们可以说它变得越来越民主。如果人民的影响变得越小，那么它就变得越不民主。

政党-国家民主是否能够成为一种稳定的民主制度？我们并没有解决这个问题；但在解决之前，我们有必要停下来反思政党-国家民主化的重要意义。即使政党-国家民主化只是立法民主的过渡，但它也可以被认为是一种可行的民主的主要路径。此外，即使我们认为法治而不是立法民主对中国来说更重要①，政党-国家民主化也可以成为法治的先决条件②。因此，不管江泽民永保执政党地位的目标能否实现，我们也可以认为政党-国家民主化具有独立的价值。

现在，我们可以探讨下面这个核心的理论问题：政党-国家民主稳定性的前提。稳定性要求政党-国家民主应该是一种民主制度，而不是一种暂时的状况。第一，成为一种制度的前提是它必须是完全的（complete），必须无差异地对待它的具体内容，而且不是自我毁灭性的。我使用“完全的”一词，是说它不是一种重要性由外部的、更高的条件所决定的亚制度（subsystem）。如果民主制度是其他某种目标的工具，并且它在与更高的目标冲突时就会被中止，那么它本身的功能就不决定它的实际功能：它将是一种不完全的制度。对于这种不完全性，另一个重要的证明是它可能是一种不涵盖全体公民的制度。在不包括所有人这个明显的意义上，政党-国家民主将是一种不完全的制度，但它也可能预设一个更高的权力机构，后者则拥有排斥某些人并因此限制前者的权力。

第二，如果一种制度不是无差别地对待自己的具体内容，那么它无法充当一种抽象的程序。如果一种制度为一个范畴——例如，“全体雇员”、“全体公民”、“全体代表”——规定一个具体条件或权利，那么每一个适合该范畴的人都应该得到平等的对待。如果没有，要么影响民主制度运转的不明确的次要变量，例如，“（与雇主关系良好的）全体雇员”、“（具有可接受的阶级背景的）全体公民”、（某些群体而不是其他群体的）全体代表；要么这种制度非常脆弱，因而实际上被忽略不计。完全性和无差异性（indifference）的要求之所以相互补充，是因为它们

① Pan Wei, “Toward a Consultative Rule of Law Regime in China”, *Journal of Contemporary China*, 12: 34 (February 2003), pp. 3-44.

② Randy Peerenbohm, “A Government of Laws”, *Journal of Contemporary China*, 12: 34 (February 2003), pp. 45-68.

要求制度应该拥有超越上下的独立意义，即向上超越更高权威的限制，向下超越应用中的不平等和例外。

第三个制度标准是非自我毁灭性，不同于前两个标准，因为它的定位是内部的问题而不是外部的问题。从根本上来看，这个标准要求制度的定义必须与它的抽象性相容。例如，那种规定“所有最先进入制度的人将统治世界”的制度事实上并不是一种制度，因为它在第一个人到达之后将会自我毁灭。同样地，如果民主允许政府部门重新定义公民，那么民主制度将随着时间的流逝而失去自己的抽象同一性。要成为一种制度，民主必须在任何时候都是无差异的。

我们也必须用比立法民主的特征更根本的条件来定义“民主”。我建议民主最基本的特征是共识，即对制度合法性非强迫性的普遍接受。共识有三个前提：利益预期、多数人的决定性影响和对少数人的保护。如果人民不期望从一种制度获得利益，那么不管该制度的结构如何，人民都不会关心它。某种形式的多数原则是必不可少的，因为任何其他的制度都假定了一种基本的不平等。在任何一个大国中，实际掌权的人数非常少，但民主的合法性要求政治权力的基础是多数原则。领导者及其政策必须关注多数人的利益和观点。对少数人基本利益的保护也是必不可少的，因为当前多数人中的任何人都可能在某个时候成为少数人中的一员，因而无论如何，对少数人的虐待对民主来说都是自我毁灭性的。

中国的政党－国家民主能够成为一种民主制度吗？我们首先来思考一下民主的先决条件。首先，对利益的预期是显而易见的。政党－国家体制已经提供了巨大的利益，从社会制度的基本利益到快速和普遍的经济增长。一般说来，政党－国家体制是一种能够强有力地追求政策目标的政治体制。只要其他的先决条件得到满足，对利益的预期是政党－国家民主的强项。

多数原则更有问题。如果政党－国家体制中的民主集中制被理解为更高权力机构的命令，并且民主集中制的民主环节只是领导人的工作方式问题，那么就不存在多数原则，而是只有领导层对多数人利益的关心。当然，这样一种关心没有什么不对，并且可以被称为民主情感，但并不是一种民主制度。另一方面，认为决策在民主政治中总是能够受到质疑，这也是幼稚的想法。在任何国家中，决策必须受到约束，而且领导人必须得到服从。关键的问题在于，制度的程序是否允许领导人的声望及其政策决定他们的命运。

不过，在立法民主之外，多数人将是什么？群众可能是多数人的形式吗？毫无疑问，把多数人等同于“百分之五十加百分之一”将是错误的；这可能是充分条件而不是必要条件，是对多数人最低限度的界定。如果群众占人口的绝大多数，那么他们当然是多数人。问题并不在于有太多的人，而在于他们的利益和看法如何被知道和表达出来以及群众统治的机制。

党内民主在何种程度上充当多数原则中的环节？当然，谈论没有党内民主的政党－国家民主可能毫无意义。关于党是工人阶级的先锋队的思想表明，党可以代表多数人，但多数原则意味着来自下层的决定权。如果更大的党内民主意味着领导人更多的透明度，那么党内民主可能在政党－国家民主中扮演主要的角色。然而，党本身可能仍然是人口中的少数，因此，党自身所有的广泛性和政治开放性可能是更广泛的民主功能的本质条件。此外，国家的公民制度尤其是人民代表大会制度和法治将拥有优先性。

就政党－国家民主来说，最困难的方面是对少数人利益的保护。在最低限度的意义上，这要求承认并保护各项基本权利。政党－国家对个人和群体自主权的不干涉不可能仅仅是当前的政策问题。自主权必须存在于免遭不正当干涉的领域之中，而不是存在于那种服从政策变迁和行政方式的无差异的领域之中。在最低限度的意义之外，还必须培育一种尊重多样性和个人自主权的文化。

政党－国家民主要成为一种民主制度，还必须解决制度上的先决条件。第一个制度条件是完全性，因而在这里“三个代表”的第一代表尤为重要。党必须包容社会中的所有生产性因素。如果一些群体被排除在党外，那么无论什么民主都会被用来把高于民主的西弥斯[①]排斥在外，因此，民主无法作为一种制度来运转。第二个制度条件是对待内容的无差异性。在某种程度上，“三个代表”的第二个代表符合这个条件，因为它意味着政策内容的开放性。更重要的是，无差异性意味着法治。法治是任何民主制度的运转机制，否则，强权者的自由裁量权（discretion）就不受公共法规的约束。腐败是法治不完全的一种症候。

最后一个制度条件——非自毁性——意味着政党－国家体制无法以排斥部分公众的方式重新定义自身。这种排斥的例子是阶级斗争。

上述关于政党－国家民主是一种民主制度的讨论，只是对政党—国家民主在理论上是否可能的简要说明。有许多根本的问题没有讨论，例如非竞争性民主的精神和功能、诸如人民代表大会制度这样的国家协商制度的作用、法律机构与党的关系等等。然而，在这里关键并不是提出一种完整的政党－国家民主理论，而是揭示出在当代中国政治环境中政党－国家民主的理论可能性问题。

四、政党－国家民主的可行性

即使我们接受政党－国家民主的理论可能性，但它的可行性问题仍然有待解决。这里只从理论的角度来讨论政党－国家民主的可行性问题。应该采用什么样的具体政策，或者与“三个代表”有关的当前政治改革是不是充分的？这个问题并不在本文的范围之内。可行性的根本条件与民主的本质即人民的权力有关。在抽象的意义上，可行性首先并不是正确的政策问题，而是大众的政治共识问题。

可行性的第一个标准是，政党－国家民主化过程拥有广泛的可信性。人民必须把这一过程看做是他们自己的，而不是一种自上而下的政策。这对政党－国家体制来说尤为困难，因为公众的决策参与是咨询性

① 希腊神话中掌管司法和正义的女神。——译者注

的，而不是协商性的。在立法民主政体中，许多人不同意政府的政策，但接受政治制度是他们自己的政治制度。在政党－国家政体中，普遍的状况却是：人民同意各项政策，并且高度重视当前领导人的能力，然而被隔离在政治制度之外。在民主化进程中，必须培育参与的意识；否则的话，不管各项政策如何，人民都不会把政治制度看做是他们自己的东西。公共过程帮助确立一个更广泛的政策所有权意识，其典型的事例是1954年和1982年宪法起草中的广泛咨询过程。然而，至关重要的是，大众对民主化政策的参与不应该只是为党的决策粉饰门面。

第二个标准与党的领导地位有关。这似乎与第一个标准存在着某种张力，但实际上它们是互补的。如果要实现政党－国家民主，那么党在民主化的过程中无疑必须充当人民的先锋队。如果党只充当它自己作为执政精英的利益集团的先锋队，那么政党－国家民主化可能是立法民主的过渡，但它不可能成为一种可信赖的永久制度。如果党仅仅是应对危机，并且自身没有主动地迈向民主，那么它为什么应该在一种民主制度中拥有特殊的地位呢？如果党对民主化只是口惠而实不至，那么它就会令公众感到沮丧，并且使他们疏离最终的政治结果。如果党要在民主制度中拥有特殊的地位，它就必须通过领导中国走向民主而不是通过保卫自己的权力来赢得那种地位。所有人都必须清楚，公共利益比领导的便利更重要。

最后一个标准是所谓的国内多极性的形成。随着个人和群体的自主权得到越来越多的承认和鼓励，中国社会和文化的多样性将会增加和表现出来。在外交事务中，多极性要求尊重所有国家的自主权和批评最强权者的单边行为。就像这种多极性一样，民主化需要一个日益广泛的公共领域。在公共领域中，所有人能够轻松表达自己的意见。民主化并不是一条狭窄的道路，而是一条日益宽广的道路；因而，就党在政党－国家民主的角色来说，民主的扩大必须是在党内，并且容忍其他的观点。同样，在中央与地方的关系上，必须尊重地方的自主权和状况。香港特别行政区的建立和对台湾的“一国两制”政策是在这一方向上迈出的重要步伐。

除了理论可行性问题外，政党－国家民主还存在着实践和政治可行性的问题。当然，后者并不属于本文讨论的范围。就政治改革中的当前行动来看，要实现政党－国家民主的目标仍然有一段漫长的路要走。然而，中国共产党最初是一个城市青年革命者的小团体，并且走过了漫长的路程。中国共产党早期的特征是民主化需要冒险的集体勇气。在1949年之前，革命是一项有风险的事业，而且要生存就必须依靠群众。现在，中国已经成为一个现代和繁荣的国家，因而与之相适合的政治形式向中国共产党提出了一个新的挑战：把与人民之间的紧密互动关系制度化。就像毛泽东1927年对他的革命同志所说的，党的任务是站在人民群众前头领导他们。

（吕增奎　译）

海外当代中国研究丛书
Overseas Studies on Contemporary China Series

组织建设

countrysi
implemen
rural refo
the village
the village
of the vill
aims of ur
various ar
sanitation
democrac
maintaini
populace.
The ne
from the p
state-own
under the

Transfomation of the
PartyGovernance

中国共产党的“党内民主”：历史与现状*

〔日〕江田宪治

在2002年11月召开的中国共产党十六大上，江泽民总书记提出了“党内民主是党的生命”论断，其后步入胡锦涛执政时期，报纸、杂志和因特网围绕“党内民主”展开热议，并成为学界关注的热点问题。

一、中国共产党“党内民主”建设的问题

尽管自1945年的七大就提出了党内发扬民主的问题，但实际上毛泽东时代并未真正切实实行。这种状况真正发生变化是在十一届三中全会召开以后，随着邓小平领导权的确立，立即着手实施经济体制和政治体制改革，并探索和引入党内民主实践。此后，遂开始进行党内选举制度的改革和规定党员的诸项权利，实行党中央工作向选举组织的报告制，这些构成了“党内民主”的具体内容。譬如，1980年2月的十一届五中全会上确立了在即将召开的十二大上“采取差额选举的方法，以无记名投票的方式选举”的决议。以往的当选人数和候选人数是一致的，

---

* 本文原题为“中国共産党の「党内民主」—その「現状」と「過去」”，载石川禎浩編：『中国社会主義文化の研究』，京都大学人文科学研究所，2010。作者简介：江田宪治，日本京都大学现代中国研究中心教授。

事实上是进行信任投票，而这种改革方式，则开始在选举中体现党员（至少是一部分）的意志。

在不断推进“改革开放”的邓小平时代，共产党的党内民主与毛泽东时代相比取得了巨大进展，尤其是在党代会中代表选举的“差额选举”此后固定下来。同时，全国代表大会选举之际，基层组织实施拟推候选人到下级组织听取意见，在此基础上向上级报告的制度。然而，即便是在邓小平时代，最高领导人的个人权威仍然发挥着重要作用，加之随着改革开放政策的推进，社会主义市场经济的引入，中国经济获得显著发展，作为政权基础的地方党组织（特别是基层组织）呈现出政治和经济两个层面的权限向领导人集中的态势。换言之，上至中央政治局，下至县以下的基层组织，若达成由党内民主向人民民主发展的目标，中国共产党将面临如下问题：其一，地方党组织完全是非民主化运营。例如，河南省的一位县委书记曾公开放言，“所谓县委员会主要是指县委书记”，将党的权力以个人一元化的方式正当化。吉林省某县委书记将所辖乡镇事业体的运营一手独占。深圳市某区委书记一年间将一百几十名干部进行调动，完全不通过党委会议，而仅仅是由组织部长口头授命。而且，这很容易让人联想到王朝时代地方官僚和当地拥有权势者行使权力的情形，“一把手”将各种权限揽于一身的权力运行态势，“这种事例绝不是个别现象”①。其二，正如某位中国研究者所指出的，党章中规定“党的最高权力机关是全国代表大会及由此产生的中央委员会”，而事实上是政治局常务委员会集中行使权力，党的纪律检查委员会成为党委的下属机构。② 改革开放以后，邓小平、江泽民、胡锦涛等最高领导人，大力宣扬各自的社会主义政党文化，通过追溯传统乃至打造新型的社会主义理论（邓小平的“社会主义市场经济论”、江泽民的“三个代表”思想以及胡锦涛的“和谐社会论”）开展社会主义实践，以确保

---

① 陈凤楼：《论干部工作中扩大民主的空间》，《西南师范大学学报》2003 年第 4 期。

② 游国立、周清：《党内民主制度创新的难点及对策》，《青海社会科学》2004 年第 1 期。

其在执政上的优势地位。其三，国外学者针对共产党的统治提出了“合法性危机”（legitimacy crisis）的概念。自此以后，中国的一部分学者也意识到，“合法性危机”问题的克服不得不与民主政治的发展相互关联。某位研究者曾进行如下论述：人民共和国自建国以来，政府“合法性”的主要资源来自于党的历史功绩、领导人的个人魅力和意识形态因素。但是，近年来这种基于意识形态所提供的“合法性”日益弱化。由此，中国共产党提出了适合现阶段国情的思想体系（邓小平理论和“三个代表”思想）以增强合法性，同时通过列举政治成果和开展“民主与法制”建设，以期获取新的合法性资源。① 另一位研究者指出，由于中国共产党十六大将执政目标确定为“建设富强、民主、文明的社会主义现代化国家”，显然是以物质文明、政治文明和精神文明建设为基础，寻求中国共产党在现阶段“谋求合法性的路线”的基石。②

既然非民主政治现象的产生源自共产党的政治制度，从而产生维持（或获取）政权合法性的课题，对此，中国共产党和中国政府就势必大力推进“民主政治”。正如江泽民所主张的，党内民主主义的实现应该先从行政层面的民主化着手实施。某大城市区级组织干部的报告中做了如下论述：（1）“由于中国共产党作为执政党易‘凌驾于国家和社会之上’”，“因此通过发展党内民主以推进人民民主成为迫切任务”；（2）“市场经济培育民主政治，而民主政治则会进一步推进市场经济”；（3）“社会和谐的前提是作为党的主体的党员广泛享有平等的权利和义务”。

同时，行政层面的民主化最值得重视的是地方行政首长直接选举，目前大规模实施的是农村的村委会主任（村长），城市的居委会和街道办事处主任的选举。乡长以上（包括镇长和县长）由于涉及法律层面的问题，推行直接选举受到限制。从四川遂宁、江苏南京等地直接选举的效果来看，行政层面的直接选举所体现的民主化存在一定的限度，进而

① 吴文勤、杨长鑫：《中国共产党的执政资源变迁及其制度整合》，《唯实》2004 年 1 期。

② 陈雪莲：《民主与信任》，载王长江主编：《党内民主制度创新——一个基层党委班子“公推直选”的案例研究》，中央编译出版社 2007 年版，第 63 页。

也凸显出“党内民主”越发占有重要地位。由此迫使我们不得不思考如下问题：近年来所谓的“党内民主”是如何实施和操作的，历史赋予其何种位置，同时又会向我们提出哪些问题。

二、地方基层组织的具体尝试

近年来作为党内民主实践而引起媒体和研究者广泛关注的主要是“公推直选制”、“党代表大会常任制”和“票决制”。以往党内民主仅仅作为“作风”问题加以审视和把握，中央一级的民主化尝试如果说在20世纪80年代中后期遭遇挫折的话，近年来的探索则从地方一级的组织重新展开，这种制度化动向值得关注，以下从三个方面加以探讨。

（一）基层党委的“公推直选制”

基层党委领导层通过包括党员以外的具有投票资格的人员投票选取候选人（“公推”），进而由普通党员直接选举（“直选”）选出“领导层”的新尝试。截至2005年10月，全国共有13个省份的217个乡镇开展了“公推直选”试点工作，并作为中国共产党十六大以后具体贯彻党内民主的事例进行了详尽报道。

例如，四川省成都市新都区木兰镇于2003年11月至12月进行了书记选举。首先确定了关于镇党委书记“公推直选”的实施办法及候选人具备的条件，其后通过电视台发布选举公报，受理公选人申请及资格审查（候选人20名，经审查合格者11名），向候选人报告当地情况之后，召开公开推荐大会，参加此次大会的代表包括镇内非党员的机关干部、镇下辖的支部书记、村委会主任、小组长、企业代表等共244名，投票选出两名镇长候选人。其后，2003年12月，召开党员直接选举大会，639名党员投票的结果是，获得480票的候选人（时任木兰镇镇长）当选。此次当选的镇党委书记对副书记及委员进行指名任命（被称之为“党委书记内阁制”）。

（二）“党代表大会常任制”

所谓“党代表大会常任制”是指每届党代表大会（党代表）不仅具备以往党代会开会期间行使职能的权利，即便是在闭会期间也能履行“常任”职责，发挥同级党组织的最高决策和监督职能。这一制度曾于1956年4月的政治局扩大会议上，毛泽东主持讨论过“党内设立常任代表”、“每年召开一次代表大会”的问题；邓小平在中国共产党八大上的提案为：“为进一步将党内民主生活提高到更高水平”，“应将党的全国及省县级代表大会改为常任制，至少也应与各级人民代表大会类似”，但由于翌年发动反右派斗争未能付诸实施。该制度又一次出现是在1988年赵紫阳提出的党内民主化政策，中组部同意在浙江、黑龙江、山西、河北、湖南的12个地方组织（县、市、区）开始试行，但这一制度此时并未顺利推开。在中国共产党十六大上，江泽民表示，“积极探索在党代表大会闭会期间也能发挥监督作用的方案”。在此之前，继续试行“党代表大会常任制”的仅为浙江绍兴、瑞安和台州市椒州区，山西省晋中市榆次区及和顺县。江泽民报告发表后，第二批次的地方组织逐步推广试行这一制度。2002年12月，四川省雅安市雨城区和荥经县每年召开党代表大会，扩大党委会委员的增补及罢免权等，引入闭会期间也能行使职权的“党代表大会常任制”，2003年3月，又进一步扩大到该省的17个县、市、区。2007年，江苏省的一百多个乡镇、上海市金山区的9个镇及卫生局也开始实行。

最早引进党代表大会常任制并一直付诸实施的台州市市委组织部长作了如下说明：（1）代表大会任期制：党代表任期与党代表大会和下一届代表大会的期间（五年）一致，各级党代表听取同级党委和纪检委的活动报告，对此予以审议。同时，参加代表大会组织的各种选举，向代表大会陈述意见和建议，讨论和决定该地区范围内的“重大问题”。（2）代表大会年会制：代表大会任期内每年召开一次会议（“年会”），除同级委员会的选举外，在行使党代表大会权限的同时，认可上级党组织任命的县（市、区）级的党委委员和党纪委委员，在任期内对同级党委、纪委及其成员进行“民主测评”。(3) 党委员会责任制：党常务委员会向全体委员会、全体委员会向代表大会定期做报告，接受监督。有关“三重一大”（重大事项的决定，重要干部的任免，重大项目的处理及决策，大额资金的使用)，实行“票决制”。①

同时，被称之为“宜都模式”的宜都市常任制的运作模式与台州的做法接近，党代表（任期5年）每年召开代表大会，对重要问题进行决策和审议，对市委员会拥有议案提交权，对处理不满意的议案，具有提出质询的权利。宜都市的代表们每年也对市委委员和市纪律委员会委员进行评议。除此之外，有“中国基层民主政治试验田”之称的四川省雅安市党代表常任制，在代表大会之下设立三个常设机构——监督委员会、代表工作委员会和决策咨询委员会，具有分解党内权力的特征。

（三）“委员会全体会议票决制”

与“党代表大会常任制”和“公推直选制”同样引起研究者关注的是党内民主制度中的“票决制”。这是市（地）级和县（市）级党委书记和县市长的人选由上级党组织的常务委员会列出候选人名单，更多情况下是以委员会全体会议上通过无记名投票（党系统为任用，行政系统为推荐）方式的决策机制。1998年在广东省深圳市和江苏省新沂市开始试行，2000－2001年在江苏泰州试行。同时，沈阳市的一部分县（市、区）的党内和行政干部人选也在市委员会的全体会议上进行“票决”。2002－2003年海南省委、山东省委等8个省在省委员会上实施“票决制”。

2004年浙江省台州市椒江区、温州、义乌、萧山等14个市县区实行“票决制”，其中4222名干部成为票决对象，当时被评价为“党内民

① 萧培生：《试行党的代表大会常任制积极推进党内民主制度建设》，《学习时报》2007年11月12日。

主的重大突破”。根据中国学者进行的问卷调查（调查对象为60多名县市区级“领导干部”及这一制度的实践者、参加者和当事人）显示，93%回答“票决制”很好，53%认为相对于由常务委员会作决策，由委员会全体作出决策“效果更好”。2005年，四川省眉山市（该市为四川省唯一在市级实施的常任制）也引入“票决制”，县级的党政一把手由委员会全体39名成员投票选出。据四川省社会科学院所作调查指出，制度设计者的目标是杜绝出现卖官鬻爵的现象和防止少数人专断。

三、地方基层组织实施“党内民主”的悖论

上文从三个制度层面论述了中国共产党以地方组织为中心实施“党内民主”的政策设计及实践。如果说自1980年之后，中国共产党赋予党员的平等权利在广泛的范围内获得承认算作是“党内民主”的初步尝试的话，那么其后所推行的“公推直选制”、“党代表大会常任制”和“票决制”，尽管是在地方基层组织实施，但对于人民共和国而言，却标志着“党内民主”制度的确立，各地纷纷结合本地实际进行了探索和实践。加之，中国共产党的“领导”是宪法中明确规定的，在这种政治体制下，“党内民主”不得不先于“人民民主”加以实施，如果认可中国政治民主化是一个渐进过程，对于这种探索和尝试，还是显示了中国民主主义的进步，应该给予积极的评价。

然而，需要我们重新加以考虑的是，这种制度的主导权究竟掌握在哪一个群体手中？正如一部分报道和研究所提示的那样，这种实践是来源于地方的主体性尝试吗？例如，2001年四川省平昌县在灵山乡党委领导层开展的“公推直选”，就曾得到曾庆红等中央领导人的支持。四川省成都市新都区木兰镇的“公推直选”的动力则来自于上级成都市市委书记的推动，他开始致力于这项工作始于在中央党校研修期间。可见，在这些“公推直选”的背后，确实体现了党中央的意图。

至于“党代表大会常任制”从1988年试行也是来自中国共产党中

央组织部的指示，2002年试点范围的大面积扩大，也是在党代表大会上江泽民所做报告发表之后，显然都是中央掌握着主导权。从“民主集中制”的组织原则来看，地方要服从中央的指示。但是，近年来，地方组织对来自于党中央试行党内民主制度的意见和要求，却存在着巨大的抵触情绪和障碍。换言之，未必所有的地方党政领导干部都赞同“党内民主”的制度化。譬如，关于“党代表大会常任制”，经常被征引的某大城市区委组织部的报告中坦陈，推进“常任制”只会削弱他们的权限。报告指出：对地方组织而言，推进党代表大会常任制，提升党代表大会的地位和作用，以往党代表大会从属党委，党委从属党委常委会，也就意味着，传统的权力集中于数名领导人的权益格局将要被打破。因此，地方组织究竟在多大程度上贯彻中央的主张，常任制价值目标的程度和深度延展至何处，显然与地方党委主要负责同志的政治胸襟、党性原则和认知态度紧密关联。椒江的某位人士做了一针见血式的发言，“‘党委会领导层对推进常任制的认识程度将会决定改革的深度’。不过，‘当为’和‘必然’毕竟存在差异。地方党委会自己给自己戴‘紧箍咒’吗？”①

显然，“党代表大会常任制”能否深入推广无疑取决于地方党务系统干部的“干劲”，正是由于实施后会削弱地方党委干部的权限，才导致他们在引进这一制度时积极性不足。这一“悖论”在“公推直选制”中也显现出来。乡和镇的党委书记如果推进“公推直选制”，他们将会丧失以往所拥有的对后任的提名权，对于涉及诸多政治和经济权益的乡镇企业运营权也难以持续发挥影响力。这是“公推直选制”和“党代表大会常任制”在推进和深化过程中遇到的最大困难。“票决制”的实施也存在一些难题。前述浙江省2004年14个市县区的4222名党委书记、市长和县长在党委会全体会议上接受无记名投票任免，在议决过程中持“保留”态度的仅为88名，投“否决”票的仅为6名。而且，这一制度

---

① 《党代表大会常任制的推广条件及配套制度研究》，2007年12月。

中持“保留”和“否决”意见的情况自1989年台州市椒江区实施后基本相同，14个地方党组织中的13个事实上并未行使“票决”权限。根据中国学者进行的问卷调查显示，对于“票决制”是否“能发挥阻止少数人专断决策作用”的提问，回答“作用并不大”的占36%，认为“与以前相同”的为23%。其中回答问卷的一名被调查者表示，“在被征求意见的时候，如果提出较为平庸的意见会被认为是没能力、无责任感，如果提出尖锐的意见，又担心领导会报复。我们毕竟还是他的手下。”可见，仅仅依靠“票决制”还是无法轻易颠覆“传统的权力利益格局”。

毋庸赘言，地方组织在实行“党内民主”过程中，确实得到一部分地方党委干部的赞许和拥护，如前所述的台州市椒江区实施的“票决制”就发挥了很好的机能，而且在推进“党代表大会常任制”的过程中也取得了显著效果。进而，在某大城市区委组织部撰写的文件中，对2001年四川雅安在乡和村全面推开“公推公选”的选举事例中，指出了县委候补委员和乡党委书记“意外地”落选的事实，并指出：“这件事可能不合乎几位领导人或组织上的意图，但却符合党员群众的意愿。这一事例恰恰是党内民主的魅力和动力之所在。据问卷调查显示，党代表对于有关党内重大问题的民主决策寄予的关心程度很高，占50.5%。那么民主的动力究竟来源于何处呢？随着民主的推进，也许会削弱一部分‘政治精英’的权力，但从现实的角度来看，民主政治的发展，只有在具备了充分的外部压力（“政治精英”以外的）的条件下才会成为可能。”

如前所述，自20世纪80年代中期以来，中国共产党力图通过“党内民主”推进“人民民主”，2002年以后，通过在地方组织中将“公推直选制”、“党代表大会常任制”和“票决制”制度化得以实现。然而，引入这一制度，却与“党内民主”制度化的肩负者——地方党委干部形成直接利害冲突，两者之间明显存在着“悖论”。在克服这一“悖论”的过程中，如果地方干部及“政治精英”认为有必要行使权力抵制来自于党员和普通群众的压力的话，那么就会与中央的由“党内民主”向“人民民主”方向发展的设想背道而驰，只有引入由“人民民主”向“党内民主”方向发展的思维模式，才能摆脱今日民主发展的困境。只有逆转以往的民主主义发展方向，才是今日中国共产党建设“党内民主”的重要问题。

结语——“党内民主”的历史正统化问题

近年来一部分研究者提出将“党内民主”的历史正统化的问题。例如某部著作中写道，“由马克思、恩格斯和列宁创造的‘党内民主’，毛泽东予以实践和发扬，邓小平进一步发展和完善”①。另一位研究者则进行了概括性的记述，“中国共产党本身就是在民主的旗帜下发展、壮大和成熟起来的。如果没有民主就不会有中国共产党。”② 除此而外，还发表了一系列论文：将长征的成功（尤其是遵义会议）归因于“党内民主”，西安事变的和平解决也是党内民主的贡献，抗日战争时期党内民主获得了发展等。

陈述这些历史事实，实际上是为“党内民主”赋予其在中国共产党党史上的“正统性”，而刻意地在历史记述上进行“操作”。毛泽东和邓小平仅将“党内民主”停留在口头上，并未付诸实践。至于提及具体的历史事实，遵义会议时毛泽东本来并不是政治局成员，而是通过主张让军人们参加会议发言，召开扩大会议的方式才掌握了会议的主导权，这是不容争议的事实。西安事变之所以和平解决，是由于苏联方面的意向传达到了中国共产党内部所致。而抗日战争时期的“整风运动”则是让所有党员都要遵从“毛泽东思想”，1943 年 3 月，毛泽东兼任中央委员会、中央政治局和中央书记处的“主席”，掌握书记处的最高决策权。

① 任水才：《邓小平党内民主思想研究》，中国社会科学出版社 2007 年版，第 7－16 页。
② 卢文华：《中国共产党民主执政研究》，人民出版社 2007 年版，第 24 页。

由是观之，这些研究只是过多地强调了历史的某个侧面，或者说是为了使今天“党内民主”正统化而做的历史学的“动员”。

尽管如此，对毛泽东时代以前中国共产党党史中“党内民主”进行实证性的追溯和考察，在今天无疑仍然具有重要意义。中国共产党成立之初的10年间实行了“党内民主主义”。深受新文化运动风气熏染的早期共产党领导人，自然也通过“论争”的方式来体现党的意志。主要将党的会议作为体现决策意图的场所（而非举行仪式的场所），党的机关报和党的信息杂志也承担着公开发表反对中央意见的舆论阵地职能。①

例如，机关杂志曾公开刊载了彭述之逐条批驳陈独秀论点的论文（1923年），瞿秋白对陈独秀领导层进行彻底批判的宣传册子则在党的五大上公开散发（1927年），陈独秀被除名之前撰写的批判党中央的书信则发表在党的机关刊物《红旗》上（1929年），何孟雄先于毛泽东提出的重点不是城市，更应该重视农村活动的见解也发表在《红旗》上（1930年）等，这些都是典型的事例。以苏联的权威为背景而掌握党内权力的王明时代（1931－1935年），以及获得军队支持，逐步掌握党的领导权，在“毛泽东思想”指导下确立绝对权威的毛泽东权力扩张期（1935－1943年）之前，中国共产党是一个“论争”的党，当时的领导人陈独秀、瞿秋白和蔡和森与其后的毛泽东及邓小平不同，彻底地提出和探索“党内民主”，并具体地付诸实践。②

然而，基于这一视点而对中国共产党的过去与目前的“党内民主”联系起来进行考察的尝试尚未见到。及至中华人民共和国时期，公开开展的政治论争几乎未有，即便是论争也以单方面的批判而贯穿始终。对共产党的执政方针进行正面论争的唯一事例就是20世纪80年代末至90年代初的“姓社姓资”的论争，最终也由于邓小平的“南巡讲话”一语否定论争而告终止。

---

① 江田宪治：《中国共产党的党内民主主义——以20世纪20年代的党内论争为中心》，载《史林》77卷6号。

② 江田宪治：《瞿秋白与国民革命》，载狭间直树编：《中国国民革命的研究》，1992年3月。

无疑，限制“论争”是“党内民主”的障碍，约束“言论自由”则有碍于“人民民主”的实现。目前中国共产党力图通过“党内民主”进而实现“人民民主”，逆而言之，对中国共产党而言，如果将“人民的自由”作为推进“党内民主”的重要因素，同时着眼于以往以活跃的“论争”为基础而实行党内民主的历史事实，或许昭示了改变现状的前进方向，也是今日所应着力解决的重要问题。

（田庆立、杨晓峰 译）

中国共产党的党内民主*

〔德〕法尔克·哈尔蒂希

一、党内民主：仅仅是个目标还是既成事实?

民主在中国的语境中是不能等同于西方民主理念的。所有发展民主的方法都是在共产党预先设定的框架之内实施的。

自2000年以来，由于不同身份的党员日益增多，党内必须加强对各方利益的整合和协调。这就必须在一定程度上加强党员的政治权力，因此，党实际上是将党的民主化变成了党的民主。

我们可以看一看，中共十六大和十七大对党内民主有何构想，在具体实践方面多大程度上可以考虑。当然，在理论与实践之间总是有差距的。有许多近乎完美的构想和理念在实施的过程中总是犹豫不决。但是，能够提出这些想法，说明党已经在思考和认识这个问题了。

在西方关于中国政治制度所持的观点中，提出的研究重点是全社会

---

* 本文摘译自法尔克·哈尔蒂希《今日中国共产党——从革命党到改革党》一书第5章部分章节。Falk Hartig, *Die kommunistische Partei Chinas heute*: *von der Revolutions——zur Reformpartei*, S. 103 - 116, Campus Verlag, 2008。作者简介：法尔克·哈尔蒂希，主要研究汉学和新闻学，德国《文化交流》和《国际视野杂志》的编辑。——译者注

民主化的可能性问题。有关的讨论认为，由于再三强调将党内民主作为起点，估计全社会的民主化并不会在短期内随之而行。在党内民主和全社会的民主之间是否存在事实上的因果关系呢，在这里暂且不谈。其中富有启发性的是，中国的知识分子意识到，进行深层次政治改革的途径不再是“从下面”转变开始或采用西方的民主制度，而是首先“从上面”开始，加强党内民主并逐步实现民主化。

这里所说的党内民主是什么呢？理想模式的核心包含了党员参与、透明度和代表性的原则，这一点基本符合西方的理念。然而，党内民主在中国的语境中意味着没有个性差异以及在党外选举中不提供党内选举候选人名单。中国共产党的党内民主绝对是以党的内部为基础的。在这里极少体现个人形态，更多的是一个团结集体的形象。这样一个团结的集体能够确保实现和强化党内的政治参与形式。因为只有通过增强党员的政治权利，才有可能确保党内身份日益多样化的党员必要的相互配合以及各种不同利益的一体化。党内民主的理想状况应该是，为党员提供对党内重大议题发表个人看法、意见的可能性。此外，党内民主起步，应日益增强最高领导对全体党员报告工作的责任制。

二、中共十六大的党内民主

中国共产党总书记江泽民在2002年党的十六大报告中指出：“党内民主是党的生命，对人民民主具有重要的示范和带动作用。”这是党的领导对党内民主最重要的肯定。这不仅仅是一种想法，江泽民进一步明确了他的建议：“要以保障党员民主权利为基础……建立健全充分反映党员和党组织意愿的党内民主制度。”从江泽民的报告中我们得知，目前政治进程更加透明，并在继续扩大这种可能性；将来要“建立和完善党内情况通报制度、情况反映制度和重大决策征求意见制度”。党内民主很重要的一个方面是党内选举，对此，江泽民在他的报告中提出：“要改革和完善党内选举制度。”在20世纪80年代，党内的选举是限定在一定范围之内的。1982 年，党的十二大代表是由领导提名，而中央委员会的候选人名单上的名字可以被领导勾掉或者在名单上添入新的名字。1987 年的十三大中央委员会的选举又作了进一步的改革：候选人必须超过实际人数的 5%。虽然这种差额提名制仅仅是有限的政治参与方式，但它至少提供了可以阻止那些不受欢迎的干部的可能性。鉴于竞选的开端应从党代会代表的选举开始，因此，在 2007 年党代会准备阶段，中国媒体一再强调，候选人超过实际代表人数的 15%。

在上一届党代会上，中央委员会的选举也采取了差额选举的方式。2002 年时，差额比例是 5%，2007 年达到 8.3%。据中国媒体称，2007 年政治局的提名也采取了民主的选举程序。

很显然，党的领导在寻求机制创新，而不是削弱甚至取消一党执政。在这种尝试中，党代会（理论上的最高权力机构）的职能转变将起到决定性作用。在以往每年一次的党代会上，都会提出很多的建议和意见。在这方面值得一提的是，关于党代表常任制的讨论。

党代表常任制，也就是党代表在任期内行使其权利和权力。早在 1956 年，邓小平就提出了这个问题。1988 年，虽然选择了 12 个地方作为试点，但是到十六大召开时，只有其中的 7 个试点仍在继续。

2002 年党代会召开之前又有了新的呼声：各级党代会每年召开一次。这种做法能够使得党代会与人大会议起到同样重要的作用。党代会作为党的最重要的事项，每年的会议不仅可以改善工作，还可以对各级党委的工作给予指导。

党的领导对此提议的反应再次表明，中国共产党绝不会固守一成不变的带有列宁主义特征的产物。作为一种折中方案，江泽民在他的报告中提出："扩大在市、县进行党的代表大会常任制的试点，积极探索党的代表大会闭会期间发挥代表作用的途径和形式。"这个讲话绝不是泛泛空谈，事实显示，2003 年在 17 个城市继续试行常任制，并且每年召开一次党代表大会。

一些具有代表性的西方学者认为党内三权分立的构想是"党内民主

的精髓”。这与党内的个别想法相吻合。2002 年，十六大召开前夕，这种想法被公布，中心思想是通过党内三权分立，将决策权、监督权和执行权分离：党的代表大会及其常设委员会行使决策权，党委会行使执行权，纪律检查委员会行使监督权。个别意见还认为，这种形式可以建立起各个党委会之间的相互监督（检查和平衡）机制。

三、中共十七大前有关民主的大讨论

最近几年，中国就有关政治参与和民主化构想的话题展开了公开的大讨论。2007 年中共十七大召开前夕，有关民主化的大讨论是中国近年来久未出现过的被如此关注的公开讨论。

2006 年 8 月，胡锦涛总书记在学习《江泽民文选》报告会上发表重要讲话，他强调要推进社会主义民主的制度化、规范化、程序化。之后，中国一些知识分子在各种出版物上发表了关于发展民主的意见。

首当其冲的是中央编译局副局长俞可平，2006 年 12 月发表了题为《民主是个好东西》的文章。在中国当时的情况下，俞可平在其公开发表的文章中指出：“民主是个好东西，不是对个别的人而言的，也不是对一些官员而言的；它是对整个国家和民族而言的，是对广大人民群众而言的。……对于那些以自我利益为重的官员而言，民主不但不是一个好东西，还是一个麻烦东西，甚至是一个坏东西。……民主是个好东西，不是说民主什么都好。民主绝不是十全十美的，它有许多内在的不足。”让人们走上街头集会有可能会造成政局的不稳定，因此，俞可平在他的文章中写道，“民主使一些在非民主条件下很简单的事务变得相对复杂和烦琐。”接下来，他继续写道，民主虽然是个好东西，但并不一定可以解决所有问题。民主具有内在的局限性，它“不是万灵药，不可能解决人类的所有问题”。因此，俞可平的结论是，民主是个好东西，但代价太高。以他的观点看来，“这不是民主本身的过错，而是政治家或政客的过错”。此外，俞可平还指出，民主并不是没有先决条件的，实现民主需要具备相应的经济、文化和政治条件。“一种理想的民主政治，不仅与社会的经济制度和经济发展水平、地缘政治、国际环境相关，而且与国家的政治文化传统、政治人物和国民的素质、公民的生活习惯等密切相关”。俞可平对此的结论是，民主政治也是一种政治艺术。总的来说，——几乎让人联想到丘吉尔——他深信民主的价值：“在人类迄今发明和推行的所有政治制度中，民主是弊端最少的一种。也就是说，相对而言，民主是人类迄今最好的政治制度。”尽管这种令人震惊的、坦白的见解只限于俞可平个人的激情，但却清楚地表明，这是官方的路线，是将在中国发展的“具有中国特色的社会主义民主政治”。一方面，这将意味着人类政治文明的全部成就也包括了民主政治的成就。另一方面——中国的官方观点清楚地表明——不会盲目地照搬外国的政治模式，“我们的民主政治建设，也必须密切结合我国的历史文化传统和社会现实条件”。

有一点很明确，中国找到了自己的发展道路。俞可平关于“增量民主”的构想就是未来公民的政治权力将逐渐增加。因此，民主的前提首先应该是稳定。此外，他还提到“有序民主”和公民的政治参与，主要就是应该“推动、组织和有序”。

除了上述观点外，老党员谢韬提出了像瑞典民主社会主义那样的中国民主制度的观点。2007 年 2 月，已有 60 年党龄的、85 岁高龄的中国人民大学前副校长谢韬在他发表的《只有民主社会主义才能救中国》一文中写道：“中国没有在苏东巨变中垮台，这要归功于邓小平在这之前实行了改革开放政策。……从中共十一届三中全会开始，邓小平和他的主要助手胡耀邦和赵紫阳顶住‘复辟资本主义’的压力，解散人民公社，实行包产到户，废止近乎单一的公有制（一九七八年公有制比重占百分之九十九点一），实行多种所有制共同发展，允许一部分人先富起来，把资本家请回来了，把先进生产力请回来了。读者可以看到，这一系列新政策属于民主社会主义，但为了避免‘修正主义’之嫌，我们称之为中国特色的社会主义道路”。谢韬在文章中指出，邓小平的继任者江泽民、胡锦涛也继承了前任的遗产，首先废止了计划经济，然后实行了社会主义市场经济，2001年底中国加入了世贸组织，2004年，保护私有财产的条文载入了宪法。因此，谢韬认为，“这标志着中国走上了民主社会主义道路。”谢韬甚至提到恩格斯的转变，恩格斯在他1895年的晚年著作中，坦承了马克思和他本人有关革命和共产主义原理的错误。

谢韬在他的分析中总结到，瑞典福利国家的模式是建立在民主社会主义基础之上的，对西方工业国家产生极大影响并改变了人类历史的方向。为此，“我们要更加重视、更加尊重马克思主义的最高成果——民主社会主义”。这位老党员最后强调：“政治体制改革再也不能拖延了。……只有民主宪政才能从根本上解决执政党贪污腐败问题。只有民主社会主义才能救中国!”

中央党校党建教研部主任王长江对民主作了详尽的论述。他关于民主的观点谈到了很有意思的开端。他批判了那种常常被人们提到的观点，认为中国公民的“素质”目前还不高，不可能进行民主选举。他回忆了党1937年在陕甘宁边区进行的选举，那时的公民“素质”与今天根本不能同日而语，但他们不仅要求选举，而且大部分人都是文盲。王长江接下来谈到官方路线，并明确表示，不能照搬西方民主，只要一个政党能够为民众提供足够的利益表达渠道，一党制条件下同样可以发展民主。

这种观点说明，中国知识分子将把民主问题作为主题。然而，这种模棱两可的政治概念清晰地表明，这里所说的民主是一种特殊的中国变种的民主。

这种意见处于中国共产党一党执政的极限边缘，它似乎也是符合逻辑的。显然，最高领导也感悟到了这场大讨论。因此，2007年初，温家宝总理发表了有关民主的讲话：“中国的民主政治建设，要走自己的路。我们从来认为，社会主义制度与民主政治不是相背离的，高度的民主、完备的法制，恰恰是社会主义制度的内在要求，是成熟的社会主义制度的重要标志。我们完全可以在社会主义条件下，建成民主和法治国家。

我们要立足国情，在实践中积极探索中国特色的民主政治建设规律。”中国领导人在不断寻求一条中国自己的民主发展道路，这一点可以从胡锦涛在2007年10月党的十七大的报告中得到印证。胡锦涛尤其关注扩大人民民主和发展基层民主。除了谈到要完善制约和监督机制，还特别强调，为了“确保［政治］权力正确行使，必须让权力在阳光下运行”。

在十七大报告的最后一部分谈到了党的建设问题，特别是有关党内民主的问题占据了相对较大的篇幅。

四、中共十七大的党内民主

一些观察家已经从十七大报告的起草过程中发现了有关党内民主的迹象。该报告早在一年前就开始动笔，经过58次修改，有超过4万名党员参与。此外，报告篇幅很长，显然是一个折中的产物。

在党的建设一章中，胡锦涛特别强调了党的建设的重要性：“党要站在时代前列带领人民不断开创事业发展新局面，必须以改革创新精神加强自身建设，……党的自身建设任务比过去任何时候都更为繁重。”虽然中国共产党提出的改革开放政策给党注入了巨大活力，但同时也使党面临许多前所未有的问题和新的挑战。不断变化的国际形势、国内形势和党内自身的变化，决定了党以改革创新精神加强党的建设既十分重要又十分紧迫。为了达到建设党的执政能力和先进性的目标，必须坚持从严治党，必须保持党同人民群众的密切联系，必须努力工作，为人民服务。此外，还需要深入学习贯彻中国特色社会主义理论体系，积极推动党内建设。“党内民主是增强党的创新活力、巩固党的团结统一的重要保证。要以扩大党内民主带动人民民主，以增进党内和谐促进社会和谐。”胡锦涛还提到，要完善党的代表大会制度，选择一些地区试行党代表大会常任制。此外，中央政治局应该定期向中央委员会全体会议报告工作，同样，地方各级党委常委会应该定期向委员会全体会议报告工作。在这一方面迈出的第一步是2003年，在中国共产党十六届三中全会上，中央政治局第一次报告工作。

除此之外，胡锦涛还在他的报告中提出，改革党内选举制度，改进候选人提名制度和选举方式。推广基层党组织领导班子成员由党员和群众公开推荐的办法。要求逐步扩大基层党组织领导班子直接选举范围，探索扩大党内基层民主多种实现形式的可能性。

在党的建设一章中，胡锦涛还提出，要不断深化干部人事制度改革，造就高素质党员队伍；要改进党的作风，加强反腐败斗争。党的领导清楚地知道，腐败问题是中国共产党面临的合法性问题中最大的问题，因此，胡锦涛强调："坚决惩治和有效预防腐败，关系人心向背和党的生死存亡，[惩治和预防] 是党必须始终抓好的重大政治任务。"胡锦涛提出的所有任务——不仅包括思想，还包括组织和制度——归结为一句话：执行和实现所有这些任务，党才有可能成为"马克思主义执政党"。所有这些措施的真正目的就是：中国共产党作为执政党而大权在握。美国学者沈大伟认为，中国共产党不像前苏联和东欧政党，它不是一个停滞不前的党、一个衰退的党、一个死气沉沉的党。不过，这个党也同时受到各种各样的影响，存在一些不良现象，比如普遍的腐败、党的地方机构软弱、干部违法乱纪以及缺乏令人心悦诚服的说教，这些现象对党构成了严重威胁。纵观全党，它还是一个不断调整自己的党。沈大伟的翔实研究表明，中国共产党从其他政党的错误中吸取了经验教训。从组织结构分析中得出的基本观点很清楚地表明，党必须在变换的社会现实中不断地调整自己。

调整的过程是党不得不经历的，优先发展党内民主才能更具有竞争力。因此，党内民主比村镇选举更为重要。

作为政治改革最重要的一部分，党内民主是否能够起到重要作用，现在还不能下结论。毋庸置疑的是，已经有了一个开端，现在的问题是党内的参与。虽然还只能是猜测，但是，党似乎很有可能利用民主的形式来改善一党执政的特性。它可以通过这种民主的形式——西方的自由民主概念并不符合中国特色的民主，确切地说是"一党民主"——继续反腐败，最终赢得党的合法性。然而，这种发展的限度勾勒得很清晰。中国共产党的一党执政是任何民主发展的前提，这无论如何都是一个尚待解决的问题，因为党内民主化要领先，否则整个国家都不可能民主。在政治制度的构架中国共产党发挥着主导作用。只要党民主了，国家也就民主了，这种发展趋势似乎可以预先勾勒出来。

（刘建设　译）

中国共产党的党内选举制度

——有限的自由与上级党组织权限的强化*

〔日〕诹访一幸

中国共产党在2007年10月举行了第十七次全国代表大会，在代表资格审查委员会关于代表资格的审查报告中说，“各选举单位在召开党代会或党代表会议时，除西藏、新疆外，其他选举单位均按照不少于15%的差额比例，选举产生了出席党十七大的代表”。① 即是说，通过中国共产党称为“差额选举”的一种竞争性选举，产生了各地的代表。

20世纪90年代以来，中国共产党大力推行党内民主政策，但上述选举方针却很容易让人怀疑“民主”的真实性。这是因为如果差额比率不超过15%或大大超过15%时，党的组织系统就会发挥其领导作用，及时出面进行调整。日本国内对中国共产党为确保领导力而对其内部制度

---

* 本文原题为「中国共产党の党内选挙制度：限定的自由化と上级党组织の権限强化」，メディア・コミュニケーション研究54，61—77ページ。作者简介：诹访一幸，1986—2004年就职于外务省，现为静冈县立大学教授。——译者注

① 《党的十七大举行预备会议和主席团第一次会议》，载《人民日报》，2007年10月15日。

的研究较少，因此，本文所依据的前期研究成果非常有限。① 特别是关于选举制度的研究，据笔者了解，目前为止日本国内几乎没有任何资料，本文的研究意在弥补这一欠缺。

中国共产党是拥有7300万党员的巨型政党，在组织上主要有基层、地方和中央三层结构构成。为了对党的内部选举体系进行分析，在此先明确三者的范围。基层包括企业、农村（乡、镇和村）、公共机构、学校、研究机构、街道和社区、社会组织、人民解放军连队以及其他基层单位（拥有正式党员3名以上）。地方是指省、自治区、直辖市、地级市、县、旗、自治县、县级市和市辖区等。中央则包括全国代表大会、中央委员会、中央纪律检查委员会、政治局、政治局常委会、总书记、书记处和中央军事委员会。党内规定，拥有3名以上的基层组织必须设党支部。3至6名的组织不设委员会。但党员数为7至49名的基层党组织设支部委员会，50至99名时设总支部委员会，100名以上的设基层委员会。拥有基层委员会的党组织，下设若干支部或总支部。②

本文的目的在于对中国共产党内选举制度加以分析，以明确他们所讲的“民主”的真正内涵及党中央领导班子对“民主”的看法。笔者将围绕中央、地方和基层的不同（纵向）以及书记、党的委员会委员和党代表大会代表的不同（横向），进行多方面的分析。

一、各级选举的过程

拥有委员会的基层党委在结构上呈现金字塔形状，并从下往上逐次

---

① 关于人事制度，参见 Burns，John P.（1989），*The Chinese Communist Party's nomenklatura System*：M. E. Sharpe，Inc. 关于整体的制度，参见 Lieberthal，Kenneth（2003），*Governing China*，*From Revolution Through Reform*，W. W. Norton & Company 等。

② 中共中央组织部编：《中国共产党组织工作词典》，党建读物出版社2001年版，第75—76页。

进行选举，即支部→代表大会→委员会→常务委员会→书记。① 中央委员会的选举结构与此类似，即省级委员会→全国代表大会→中央委员会→政治局→政治局常务委员会→总书记。下面就从党代表大会代表、委员会委员和书记等三个方面，对中国共产党的党内选举进行分析。

（一）党代表大会代表的选举

基层和地方党组织代表大会代表的选举几乎相同。由六个程序构成：（1）构成大会的各选举单位（下级党组织）根据上级党组织分配的代表名额和有关要求，动员所属党组织提出"代表候选人初步人选"。进而基于下级党组织和党员的意见，从这些"代表候选人初步人选"中，按照超过所分配的代表名额30%以上的比例制定"推荐人名单"。（2）各选举单位根据上级党组织提出的代表构成比例的要求，按多于代表20%以上的差额比例，提出初步候选人名单。（3）选举单位召开党委全体会议，在充分讨论的基础上，确定候选人预备人选名单。（4）上级党组织对该名单进行审查，原则表示同意后，开始进入选举。（5）选举单位召开党员大会或代表大会或代表会议，对候选人预备人选进行充分酝酿，根据多数选举人的意见确定候选人，进行选举。（6）选出的代表报召开代表大会的党的委员会审批。②

中央层面的选举，以十七大为例，以38个选举单位的推荐为焦点，对大会代表的选举过程进行考察。③ 选举前一阶段的工作进行如下。

2006年10月，中共十六届六中全会决定第二年下半年在北京召开第十七次全国代表大会。然后，党中央发出关于下一届代表选举的通知（选举单位、代表条件、代表构成、代表产生程序）。中组部主持召开专

---

① 设常委会的情况很少，详见中共中央组织部组织局编：《中国共产党组织工作手册》（修订本），党建读物出版社2001年版，第80页。

② 同上，第33、39、230页。

③ 《中组部负责人就党的十七大代表选举工作情况答本报记者问》，载《人民日报》，2007年8月4日；《充分发扬党内民主的实践——党的十七大代表诞生记》，载《人民日报》，2007年8月6日；《关于十六大代表的选举》，载《人民日报》，2002年9月9日、10月8日。

门会议，进行了具体安排。该会议后，各选举单位党委成立选举工作指导机构，进入具体的选举程序。

全国代表大会的代表被称为“三上三下”。(1) 党支部根据多数党员的意见提出推荐人选上报基层党委，并征求意见（一上)。(2) 基层党委根据多数党支部的意见对人选进行遴选，再拿下去征求党支部和党员意见（一下)。(3) 上报县（市）委（二上)。(4) 县（市）委全委会根据多数基层党委的意见对人选进行遴选，再征求基层党委意见（二下)。(5) 上报市（地）委（三上)。(6) 市（地）委全委会根据多数县（市）委的意见进一步遴选，并征求县（市）委意见（三下)。然后，作为选举单位的省委对名单进行汇总。最后，全国代表大会代表资格审查委员会对汇集到中央的名单进行资格审查，这是确定候选代表成为正式代表的最终过程。[①] 十七大召开前的大会主席团第一次会议上完成了这个最终过程，审查通过率几乎达到100%。[②]

（二）党委委员的选举

地方各级党委委员的选举过程如下：(1) 党的委员会全体会议确定下届委员会、纪律检查委员会组成的原则。常务委员会负责组织同级党政机关、群众组织和下一级党政机关中的党员领导干部酝酿推荐，在广泛听取意见的基础上，提出候选人初步人选。(2) 常务委员会负责组织同级党政机关、群众组织和下一级党政机关中的党员领导干部酝酿推荐，在广泛听取意见的基础上，提出候选人初步人选。(3) 地方委员会一般于召开代表大会一个月前报上一级党的委员会审批。(4) 召开代表大会，选举委员。大会主席团审议候选人预备人选，提请各代表团充分

---

① 如果包括市→省→全国的过程，应称为“五上五下”。

② 《党的十七大举行预备会议和主席团第一次会议》，载《人民日报》，2007年10月15日。全国各选举单位共选举并经中央批准公布代表2217名。代表名单公布后，1人因有严重违纪问题被撤销代表资格；确认2216名代表资格有效，其中3名代表逝世。大会应出席代表2213名。

酝酿，根据多数选举人的意见确定候选人，由大会进行选举。[①]（5）当选的党委员会委员、候补委员，纪律检查委员会委员，报上一级党的委员会备案。（《中国共产党地方组织选举工作条例》（以下简称《地方组织选举工作条例》）第25条）

基层（支部、总支、基层委员会），尽管有是否设常委会和代表大会的区别，但基本的选举过程与上类似。

中央委员会的选举，以十六届中央委员会的选举为例进行阐述。[②]党大会召开前，上一届（十五届）中央政治局常委会发挥了中心作用。（1）2001年3月，江泽民总书记主持先后召开中央政治局常委会和政治局会议，确定了这次选举的指导思想和基本原则，并决定由常委会直接指导专门小组对中央委员（含候补委员）和纪律检查委员会委员的推荐、考察和提案工作。（2）5月以后，接受党中央（政治局常委会）的直接领导，正式开始对推荐的候选人进行考察。中央和中央军委分别向全国派出46个和5个考察组，对514名中央委员（含候补委员）候选人初步人选和199名纪律检查委员会委员候选人初步人选进行考察，并分别遴选出462名和179名。（3）2002年10月31日，向政治局常委会提交进一步遴选的"候选人建议名单"（中央委员候选人由462人缩减为375名，纪律检查委员候选人由179人减少为128名）。11月1日，政治局召开全体会议，采纳了这个名单，并决定提交十六大审议。（4）各代表团对大会主席团采纳的两个初步候选人名单进行审议，分别进行差额选举。这是为确定每个代表团的候选人名额，但差额率中央委员为5.1%（208名中选出198名）、候补委员为5.7%（167名中选举158名）、纪律检

① 中共中央组织部组织局编：《党组织选举工作手册》（修订本），党建读物出版社2001年版，第20、63—64、141、168、228—235、295—296页。

② 《党的十六大举行预备会议和主席团第一次会议》，载《人民日报》，2002年11月8日；《党的十六大主席团举行第三次会议》，11月14日；《肩负起继往开来的庄严使命》，11月15日。由于十六大可以利用的数字较少，因为选举过程一样，在此参考了十七大的情况，《肩负起党和人民的重托——新一届中共中央委员会和中央纪律检查委员会诞生记》，载《人民日报》，2007年10月22日。

查委员为5.8%（128名中选121名）。(5）主席团于11月13日召开第三次全体会议，对各个代表团提出的名单以举手表决的方式予以采纳，并确定最终信任投票的候选人名单。(6）将这个名单再度返回各代表团。大会主席团再次召开会议，对可能出现不一致的38个代表团的名单使其一致。再次将名单返回各代表团，是为了在第二天全体代表进行最终投票时防止意外发生（落选者出现），而事先统一各代表团思想。可以想象，为了获得妥协的结果，各代表团团长的责任是多么重大。

十七大中央领导诞生后，中国官方对25名政治局委员的选举过程首次进行了披露。[①] 报道中值得注意的地方不少（比如候选人的条件），但200人的候选人名单是以胡锦涛为总书记的十六届政治局为主体制定的（十七届25名政治局委员中有16人是上一届政治局委员），以及从200名中选举25名的过程的决定权是十六届中央委员、候补中央委员和有关负责同志400余人，这些都是本文非常关心的问题。

（三）书记的选出

地方各级党委书记（副书记、党委及纪律检查委员会常委）的选举程序分为四个阶段。(1）前一届常务委员会提出候选人预备人选。(2）报上级党的委员会审批。(3）新选举产生的党的委员会和纪律检查委员会分别召开全体会议，对候选人预备人选进行充分酝酿，根据多数委员的意见确定候选人。两委员会和常委会实行1—2名差额选举，书记和副书记实行等额选举。(4）将选举结果报上一级党的委员会审批。[②] 关于基层组织的情况，除了没有设委员会的情况，在具体地方有些不同，但在整体上并没有多大的区别。

总书记的选举过程并不明朗。但从中央委员的选举过程看，不难想

① 《为了党和国家兴旺发达长久治安——党的新一届中央领导机构诞生纪实》，载《人民日报》，2007年10月24日。加茂具树「『民主推荐』された新しい『中央の领道集团』」『东亜』2007年12月号、34—43ページ。

② 中共中央组织部组织局编：《党组织选举工作手册》（修订本），党建读物出版社2001年版，第24、77、82、171、228—235页。

象前一届政治局常委会握有决定下一届总书记的权力。此外，政治局委员、政治局常委以及纪律检查委员会常务委员、书记以及副书记都是由信任投票选举产生。与地方的选举不同，这些中央的高级领导职务，由于并不存在对选举进行协商的上级机构，选举结果直接反映了最高领导层的意向。

二、党内选举的特征

虽然中国共产党的各级党组织进行了诸如党代会代表、党委委员和书记等的各项选举，但这些选举与我们想象中的选举相去甚远，或者说是完全否定了选举的意义。“人大代表和村委会的选举，旨在通过促进群众的政治参与确保党的领导和社会秩序的稳定。”① 这种看法非常适合描述中国共产党党内选举的真相。下面将中国共产党党内选举的显著特征归纳为两点进行分析。

（一）上级党委和前一届党委的指导作用

笔者认为使上级党组织或前一届党委的意志较容易实现的制度的存在，是目前中国共产党党内选举的最大特征，具体表现如下：

1. 事前审查制度

如上所述，在地方党委委员的选举过程中，本应该是非常活跃的代表大会的审议，但上级党组织对前一届常务委员会提交的候选人名单审查此时其实已经结束。对上级党组织的决定表示异议，困难性可想而知。此外，关于书记的选举，新一届委员会全体会议召开前，前一届常务委员会制定的预备候选人名单已经提交上级党组织审查批准而形成为候选人建议名单。

① 武田康裕『民主化の比较政治——东アジア诸国の体制变动过程——』，ミネルヴァ书房，2001 年，49ページ。

2. 空降干部

第一，与书记（副书记以及党委会干部）的选举有关。党章第十三条规定："在党的地方各级代表大会和基层代表大会闭会期间，上级党的组织认为有必要时，可以调动或者指派下级党组织的负责人。"① 每年开会的方向都表明要改革，但党代会的召开一般每一届一次，而且一连几天的会期，也是按照上级党组织或者下级党组织中领导的意愿进行会议的程序。事实上，《人民日报》不停地宣传党中央对各省党委书记的人事任命。可以说，下级党委会召开全体会议而进行的承认选举毫无必要。新任者在下一届改选到来前完全可以担任二把手，即便是没有理论上、形式上的选举，被任命者在长达五年的时间内也同样以接班人的身份存在。

第二，是针对党员干部的特殊框框的存在。在代表人数的分配之时，党委、纪委以及其他相关部门的主要负责人（就地方而言，包括党委常委、是中国共产党员的正副省长、人大正副主任和政协正副主席）等会以工作的需要为借口，以党委推荐的候补代表分配到个别选举单位。总之，一部分党员干部并没有作为初步候选人或者预备候选人被选出，而是由上级党组织直接指名作为领导候补，突然出现在某个选举单位，作为理所当然的代表被选出。到目前为止，党的领导均由上级提名，他们被指定的支部选出，未曾谋面被选出的现象在报道中并不鲜见。各级领导通过这样的制度很容易确保自己的地位，通过这样的制度获得身份保证的地方领导人自然对上级党组织的指示表示服从。因此，这样的规则对党的路线和意志的贯彻是非常有效的。笔者通过对出席2003年3月第10届全国人民代表大会第一次全体会议的全国人大代表的了解，就发现有中央级别的代表存在。②

① 中共中央组织部组织局编：《党组织选举工作手册》（修订版），党建读物出版社2001年版，第200页。

② 在甘肃省的48名代表中，有五人是中央级别的人，他们是党中央政治局常委（温家宝）、国家开发投资公司总经理、中国核工业集团公司总经理、中国民主同盟副主席和中国石油天然气股份有限公司副董事长。

第三，共产党讲究确保人事连续性的机制。如上所述，包括书记在内的新一届党委委员候选人名单的制定过程中，在基层党委中的上一届党委、地方党组织中的上一届党委常务委员会、中央这一层次中上一届政治局常委会等都在其中发挥了中心作用。只要不是因为下台（现在因为政见不同而下台的例子大大减少）、退休或者升迁，前届领导班子成员大多留任，因退休离开领导班子时，对候补名单制定也能发挥自己的影响的体制在某种程度上存在（党章第22条以及27条）。例如，上面提到的江泽民在隐退后，主持了十六大预备会议，并作为主席团中排名第一的常委全面主导了会议。

第四，上级党委有权决定下级党委书记等人的序列。《中国共产党地方组织选举工作条例》第32条规定："代表、委员、候补委员、常务委员会委员候选人按姓氏笔划排列，书记、副书记候选人按上级党委批准的顺序排列。"① 看一看党委委员对这些人职务的选举，就可以直接看到前一届党委的愿望。

（二）其他特征

上文历数了为确保上级党委和前届党委领导力的各项具体规定。除此之外，关于党内选举的方法还有许多特点。

首先，关于代表性的问题。《关于党的地方各级代表大会若干具体问题的暂行规定》中第二条规定，"党的地方各级代表大会或代表会议在选举出席上级党的代表大会代表时，代表候选人不限于各级党代表大会或代表会议的代表"，而且第九条规定，"党的委员会委员、候补委员、顾问委员会委员、纪律检查委员会委员候选人，由上届党委或由代表团提名，经代表酝酿讨论，大会主席团集中多数代表的意见确定，提

① 共中央组织部组织避编：《党组织选举工作手册》（修订本），党建读物出版社2001年版，第233页。

交大会选举产生。候选人不限于本届代表大会代表”①。这其中有一些是空降干部。如果这样的现象普遍存在的话，那么这种被选出来的“代表”，不得不说，其选民的代表性是很难被认可的。后来出台的《中国共产党地方组织选举工作条例》中也没有对这些情况或者类似的情况作相关的规定。不过，十六大代表选举时，“坚持基层组织和党员没有提名的人选不向上级党组织推荐的方针”、“代表之外推选是可能的”这些一直以来的方针被改变了，但可能在基层并没有执行彻底。这只是一种参考，在人大代表的选举上，县级以上地方各级人民代表大会在选举上一级代表的时候，代表的名单并不只限于相应的代表者。②

其次，事先规定了不同部门领域的代表数量。这就否定了公平选举。以 1985 年为例，“关于省级、自治州级代表大会代表的选举，各级领导干部占 70% 左右（县级为 60% 左右）、专业技术人员 20% 左右、先进模范人物 8% 左右，解放军和武装警察部队代表应占 2% 左右。女性代表一般不应少于 20%（县级相同），50 岁以下（县级为 45 岁以下）一般不少于 50%。”此外，关于党委委员和候补委员，必须有一定数量的女性。关于十七大代表的选举，有这样的方针“自治区、自治州和自治县中必须有一定数量的少数民族代表。③ 各省、自治区、直辖市代表中，党员领导干部一般不超过 70%，生产和工作第一线的党员一般不少于 30%，女党员和少数民族党员所占的比例，一般应分别高于本地区党员总数中女党员和少数民族党员所占的比例；要有适当数量的新经济组织和新社会组织的党员，等等。”④ 这样，党就通过“充分酝酿”，将自己的蓝图付诸实施，控制选举的结果。

第三，选举实际上是信任投票的情况居多。随着党内职务越高，这

① 中共中央办公厅法规室，中共中央经委法规室、中共中央组织部办公厅编：《中国共产党党内法规选编 1978—1996》，法律出版社 2009 年版，第 245—252、255—262 页。

② 国务院法制办公室编：《法律法规全书》，中国法制出版社 2002 年版，第 12 页。

③《关于党的地方各级代表大会若干具体问题的暂行规定》，第 1、6 页。中共中央组织部组织局编：《党组织选举工作手册》（修订本），党建读物出版社 2001 年版，第 282—286 页。

④《中组部负责人就中共十七大代表选举工作答问》，载《人民日报》，2007 年 8 月 4 日。

种倾向越明显。经过上级党委的事前审查，党委和纪律检查委员会的书记以及副书记的选举都是等额选举，常委的选举仅有1至2名落选者。此外，在确定候选人最终表决时，采取举手表决的方式，这强化了不能对党组织决定表示反对的环境。

第四，对落选者采取补偿救助措施。《中国共产党地方组织选举工作条例》第19条中有这样的规定，“委员候选人落选后，可以作候补委员候选人。”这可以说是后面提到的《党政干部选拔任用工作条例》（第48条）的前身。得到党的保护的落选者，不能成为党的权威的否定者，共产党通过救济措施维护党的权威。

三、党内选举的方向

本文发现中国共产党的选举，由上级党组织和上一届党委领导的意志决定。尤其是在中央委员的选举中，政治局常委会在其中直接进行指导。在本部分，将对在推动党内选举的口号下、以农村为开端出现的选举的新动向进行考察。

（一）基层

在这一节中将对党支部书记和乡镇党委书记选举时，非党员参与的直接选举进行探讨。

这里讨论的是全国范围的党支部书记的选举。进入20世纪90年代以来，特别是由于1998年《村民委员会组织法》的颁布，村民委员会这个“自治组织”的成员由有选举权的村民直接进行选举的新制度的导入，引起村党支部和村民委员会之间的矛盾开始扩大。村民自治以后，村民委员会由村民直接选举产生，村民很信任村民委员会，并予以支持。但由于对村民委员会采取领导立场的村党支部的成员由几十名甚至是几名党员选举产生，与多数人的关系较少，村民对它的信赖度较低，时常有反感的心理。[①] 因此，让非党员也参与书记和支部领导成员选举，给予支部领导与村民委员会同等的合法性，消除两者的矛盾，这样的做法一般称“公推直选”［也称“两推一选”，是选举产生村级党组织成员的一种方法，是指在村党组织进行换届时，先由党员和村民代表投票推荐党组织委员候选人初步人选，再由乡镇（街道）党委依据推荐票数和村党组织委员任职的基本条件，进行审查并同意后，确定村党组织正式候选人，在党员大会上差额选举村党组织委员会委员。村党组织书记在新当选的委员中选举产生］。

村民委员会的选举同样也采纳了这种方式并开始普及，从党的方面来看，这是一种追认措施。2000 年 11 月 30 日出台的相关规定中指出，“大力推进村党支部领导班子成员选拔任用制度的改革，实行‘两推一选’”[②]。此外，胡锦涛在就任总书记约半年前（2002 年 6 月 24 日）的一次讲话中提出，“不少地方的村党支部选举采取‘两推一选’的办法，……有利于处理好村党支部和村委会的关系，各地可结合自己的实际加以推广”[③]。

第二个尝试是关于乡镇党委书记的选举。中共十六届四中全会的方针指出，“逐步扩大基层党组织领导班子成员直接选举的范围”[④]。2005 年 10 月，全国推行公推直选的乡镇已经达到 213 个（13 个省）。[⑤]

在这些事例中，有被作为模范的湖北省京山县杨集镇，从 2002 年 8 月开始进行镇党委书记选举。被当地人称为“海推直选”的方式不外乎是两推一选。其过程由四个阶段构成：（1）召开包括党员在内的所有有

① 《党组织要发挥核心作用》，载《人民日报》，2000 年 6 月 1 日。李凡主编：《中国基层民主发展报告 2000—2001》，东方出版社 2002 年版。

② 《中共中央办公厅关于农村开展“三个代表”重要思想学习教育活动的意见》，载《人民日报》，2001 年 1 月 9 日。

③ 胡锦涛：《全面贯彻“三个代表”重要思想，进一步加强和改进农村基层组织建设》，载《求是》，2002 年第 15 期，第 3—11 页。

④ 《中共中央关于加强党的执政能力建设的决定》，载《人民日报》，2004 年 9 月 27 日。

⑤ 《在国务院新闻办公室举行的新闻发布会上中央保持共产党员先进性教育活动领导小组有关领导就农村先进性教育活动搭记者问》，载《人民日报》，2006 年 3 月 2 日。

选举权的群众选举大会，参加者自由投票选举产生适合担任书记的候选人，并且将得票数前三位的人作为初步候选人推荐给党员大会。(2) 召开镇党员大会，基于初步候选者名单，各党员进行投票。选举前两名最终候选人，并推荐给党员代表大会。这两个过程被称为“两推”。(3) “一选”是党员代表大会选举产生书记。杨集镇的情况是经过选民大会和党员大会，得票最多的前任书记再次当选。(4) 最后是要获得上级党组织的批准。[①] 虽然被称为“直选”，但实际上是党员“代表”大会选举产生书记（即间接选举）。但在中国共产党上层，却被冠以直接选举。

从杨集镇党委书记的选举中可以看出，有非党员的参加，而且上级党委和前一届党委参与来保证党的强有力的领导这两个要素被排除了。实际状况完全不是如此，关于前一届党委的参与，有现任书记担任镇选举工作领导小组组长的事例。关于上级党委的参与，县委书记担任农村基层民主政治建设领导小组组长，负责选举的全过程。通过各种方式，继续确保党的领导。[②]

（二）地方

2002 年 7 月 9 日，《党政领导干部选拔任用工作条例》（以下简称《选拔任用工作条例》）[③] 公布并开始实施。该条例规定了地方党政领导干部的选拔。作为选拔任用工作条例适用对象中的地方党政干部，是指各级党组织的领导干部。范围下起处长级，上至部长级的省委书记。笔者作出这样的界定，是因为条例提到，条例适用于中共中央工作部门的领导成员，而这些部门的领导都是部长级，作为部长级的省委书记，自

① 杨集镇政府网：《杨集镇党委、政府致全镇选民、党员的公开信》，《“海推直选”程序》，《“海推直选”各阶段结果透视》，《关于杨集镇党委书记党内推荐结果的公告》，《杨集镇第一届党委委员选举结果报告单》，《杨集镇第一届党委委员选举结果公告》，2003 年 9 月 28 日，http：//www. yangji. gov. cn。

② 肖立辉等著：《中国共产党党内民主建设研究》，重庆出版社 2006 年版，第 162 页。

③ 中共中央组织部干部一局编：《党政领导干部选拔任用工作条例学习辅导》，党建读物出版社 2002 年版，第 4—25 页。

然是适用于该条例的地方一级的最高上限。同时，本条例第四条规定，副总理级别的最高人民法院院长和最高人民检察院院长不在适用范围之内。

根据本条例，地方党组织的领导根据民主推荐、考察、酝酿和讨论决定。条例的意义可以说是，在十六届四中全会上公布的“完善党内选举制度，改进候选人提名方式”的指导方针的先声。

看看条例的规定，浮现在眼前的整体感觉是强化每一层党组织的权限和领导力。例如，第13条，领导任期届满后，作为“民主推荐”过程的主持者是上一级党委的组织部门。而七年前的《党政领导干部选拔任用工作暂行条例》第九条“民主推荐由同级党委（党组）或者上级组织（人事）部门主持”[①]。比较可以发现，这次的条例显示了强化上级党组织领导的方针。2001年9月26日，《中共中央关于加强和改进党的作风建设的决定》中指出，“市（地）、县（市）党委、政府领导班子正职的拟任人选和推荐人选，逐步做到由上一级党委常委会提名，党的委员会全体会议审议，进行无记名投票表决”，以及《选拔任用工作条例》的第33条的规定，透露了全面强化党的领导的意向。“民主”的号子只不过表里不一，通过改变由上级党委推荐候选人的程序来“完善”和“改进”党内选举。

同时，当一些地方出现了超越这种潮流的动向时，上级党委就会强化领导。上面的《决定》和《选拔任用工作条例》第33条的规定，可以发现上级党委的权限绝不只是“候选人提名权”。例如，2003年9月，北京市第九届党委会第五次全体会议通过无记名投票，决定的不是区委书记（候选人提名），而是书记的人事安排。[②] 既然党章第27条规定，“党的地方各级委员会全体会议，选举常务委员会和书记、副书记”，那

① 《中共中央关于加强和改进党的作风建设的规定》，载《人民日报》，2001年10月8日。

② 同样的事例也见于湖北省和山东省。人民网《北京市委全会票决产生一名区委书记》、《湖北省委全委会首次票决重要干部》、《山东对17名新任市级党政正职无记名投票表决》，2003年9月30日，http：//www. people. com. cn。

么，省级党委会的这种行为是对下级党委主体性的弱化和粗暴的干涉。①

通过分析，笔者了解到中国共产党的党内选举制度主要有三个特点：第一，虽然党的宣传部门大力宣扬党内民主已经取得了很大成就，但实际上党内选举制度还没有保证自由选举，尤其是参选自由。这一特点在高层次的选举，在横向层面的各级书记的选举中和纵向层面的总书记的选举中体现得十分明显。第二，在选举过程中，特别是在候选人的决定程序上，上一级党组织和同一级的上届党委（或者常委会）发挥着决定性的作用。在中央一级的选举中，因为没有更高一级机构，上一届政治局常委会就拥有压倒性的领导力量。第三，类似选出党代表大会代表的低层面的选举过程中，上级党委和同一级的上届党委的参与程度与影响力相对而言比较低。

中国共产党党内选举一方面保持着如此的特点，同时，各级党组织也在一定的范围内进行制度改革。笔者认为这些改革的实际情况如何以及这些改革都有哪些含义，有必要进行个别的具体的分析。在基层党组织中，我们注意到各地村党组织中已经开始采用了非党员参与型的选举制度，但正如胡锦涛所述，其目的在于加强村党支部的力量，而不在于发扬西方式民主。乡镇级的改革更为慎重，党组织强烈要求确保上级党组织的领导作用。在地方一级，党中央要求地方党组织在推荐候选人的过程中，让更多的党员积极参与。但决定候选人的权利都集中在上一级党组织的手里。② 在中央一级，除了让少数党外人士入阁外，并没有发现值得注目的改革。③

---

① 唐建光等：《直选党代表》，载《新闻周刊》，2003年1月20日总第117期，第18—25页。

② 例外的情况也有，2002年四川省雅安市县级党代表选举时采取了直接选举。唐建光等：《直选党代表》，载《新闻周刊》，2003年1月20日总第17期。

③ 《中组部负责人就党的十七大代表选举工作答新华社记者问》，载《人民日报》，2007年8月4日。

面对社会的多元化和价值观的多元化，中国共产党中央领导班子不得不进行党内选举制度改革，其方法在于让更多的干部群众参与选举工作及其过程，其目的在于确保作为执政党的正统性，进一步加强其领导作用。

（张利军　译）

吸收新党员：从危机到私营企业主*

［印度尼西亚］伊格内修斯·维博沃

为了保持自身的活力，任何组织都需要认真关注吸收新成员的问题——每年要吸收多少新成员，要接纳什么样的人，等等。这些新成员将最终决定未来岁月里该组织的性质。这一点对于中国共产党——按照列宁主义传统，它必须是一个从社会中的特定社会群体里吸收自己成员的精英政党——而言，更是千真万确。因此，对于共产党来说，吸收新党员的问题是至关重要的。①

在这种背景下，中国共产党宣布允许吸收私营企业主入党不能不让人们感到出乎意外。2001 年 7 月 1 日，江泽民在中国共产党建党 80 周年之际宣布了这一决定。一年后的中国共产党第十六次代表大会把它庄重地写入了党章。无论是在中国国内还是国外，人们都对采取这一政策

---

* 本文原题为"Party Recruitment: From Crisis to Private Entrepreneurs"，载 *Damage Control: The Chinese Communist Party in the Jiang Zemin Era*, edited by Wang Gungwu & Zheng Yongnian, Eastern Universities Press, 2003。作者简介：伊格内修斯·维博沃（Ignatius Wibowo），伦敦大学政治学博士，主要研究中国政治，是印度尼西亚大学当代中国研究中心主任，曾在新加坡国立大学东亚研究所做客座研究员。——译者注

① 有大量探讨列宁的先锋队党（vanguard party）思想的著作。其简要介绍，可见 R. N. 卡鲁·亨特（R. N. Carew Hunt）：《共产主义的理论与实践：导论》（*The Theory and Practice of Communism, An Introduction*），纽约：麦克米伦公司，1961 年，第 163—170 页（New York: The Macmillan Company, 1961, pp. 163—170）。

提出了疑问，因为中国共产党是作为工人阶级的先锋队政党建立起来的。

本文力图回答一个简单的问题：中国共产党为什么采取这样的政策？它是不顾一切地试图通过吸收新党员来增加党员人数吗，还是考虑到要扩大党的支持基础而不得不这么做？我要证明的是，吸收私营企业主入党的政策是由多种因素决定的，其中包括：吸收新党员的危机、私营企业主的压力等。

一、迫在眉睫的吸收新党员的危机

中国共产党的宣传机构总是宣称党员总人数在持续增长。因此，根据宣布的数字，党员人数从 1949 年的 450 万人增长到了 2001 年的大约 6500 万人，或者说，在 52 年间增加了大约 6000 万人（见表 1）。增长最快的情况发生了三次：

（1）1954—1955 年：从 7 859 473 人增加到 9 393 394 人；

（2）1965—1966 年：从 18 010 000 人增加到 18 710 000 人；

（3）1972—1973 年：从 20 000 000 人增加到 28 000 000 人。

官方对于这几次党员人数的大幅度增长没有作出解释，但是这三次增长的时机反映了中国政治历史上三次至关重要的转折，每一次转折都是以新的意识形态或政策为特征的。[①] 在江泽民领导时期，吸收新党员的统计数字也显示党员人数稳定增加。党员总人数从 1990 年的 5000 万人增加到 2000 年的 6400 万人，增长 1400 万人。虽然有开除党员的报道，但是人数显然非常之少，以至于可以忽略不计。很明显，中国共产党的宣传机构给人造成的印象是，中国共产党在吸收新成员方面一直做

① 1954 年毛泽东作出决定，党应当从农民中吸收更多的党员。1965 年意识形态的激进化日甚一日。1972 年邓小平第一次东山再起。见罗贝塔·马丁（Roberta Martin）：《中国的党员吸收问题：模式与前景》（*Party Recruitment in China*: *Patterns and Prospects*），不定期论文（纽约：哥伦比亚大学东亚研究所，1981 年）。

得很好。

表1　1949—2000年中国共产党党员年增长情况

年份	总人数	增长数量	变化比率%
1949	4 488 000	1 488 00	49.6
1950	5 000 000	512 000	11.4
1951	5 800 000	800 000	16.0
1952	6 001 698	239 405	4.2
1953	6 369 000	367 302	6.1
1954	7 859 473	1 490 473	23.4
1955	9 393 394	1 533 921	19.5
1956	10 730 000	1 336 606	14.2
1957	12 720 000	1 990 000	18.5
1958	12 450 000	—270 000	—2.1
1959	13 960 000	1 510 000	12.1
1961	17 380 000	不详	不详
1964	18 010 000	不详	不详
1965	18 710 000	700 000	3.9
1966	20 000 000	不详	不详
1969	22 000 000	不详	不详
1971	17 000 000	不详	不详
1972	20 000 000	3 000 000	17.6
1973	28 000 000	8 000 000	40.0
1976	35 070 000	不详	不详
1977	35 000 000	不详	不详
1979	37 000 000	不详	不详
1980	38 000 000	1 000 000	2.7
1981	38 923 569	923 569	2.4
1982	39 657 212	733 643	1.9

（续表）

1983	40 950 000	1 292 788	3.3
1984	41 000 000	50 000	0.1
1985	42 000 000	1 000 000	2.4
1986	44 000 000	2 000 000	4.8
1987	46 011 951	2 011 951	4.6
1988	8 000 000	1 988 049	4.3
1989	49 000 000	1 000 000	2.1
1990	50 000 000	1 000 000	2.0
1991	50 320 000	320 000	0.6
1992	51 956 000	1 636 000	3.3
1993	52 800 000	844 000	1.6
1994	54 000 000	1 200 000	2.3
1995	56 781 000	2 781 000	5.2
1996	57 000 000	2 190 000	3.9
1997	58 000 000	1 000 000	1.7
1998	61 000 000	3 000 000	4.4
1999	不详	不详	不详
2000	64 510 000	不详	不详

资料来源：Zheng Shiping，第 268 页；1997 年 9 月 12 日江泽民在第十五次党代表大会上的讲话，《北京周报》第 40 卷第 40 期（1997 年 10 月 6—12 日），第 31 页；1998 年数据来自《人民日报》1999 年 6 月 28 日，第 1 版；2000 年数据来自《人民日报》2001 年 6 月 4 日，第 1 版。

尽管有这样一些积极的报道，但与此同时，也有关于在吸收新成员方面遇到种种困难的报道。斯坦利·罗森（Stanley Rosen）的研究表明，

20世纪80年代后期，中国名牌大学的学生更渴望走“黑道”（留学）而不是“红道”（入党）。两者之间的比例差距极大：前者为73.8%，后者为5.5%。对这些学生而言，入党被认为是“蛇梯游戏（a game of snakes and ladders）”，在这种游戏中，人们可以瞬间上升和下跌，因此没有确定性可言。20世纪80年代后期，在工人中间也有类似的反应。只有16.68%的工人有入党的“强烈愿望”，而其余的工人则没有。一些工人“希望入党，但认为自己不够条件”（29.7%），一些工人“希望入党，但觉得党风不正”（29.1%），还有一些人连“想都没有想过”（22.46%）。农村方面，在甘肃省进行的一项调查显示，在30岁以下的农村青年中，只有6.1%的人表示对入党感兴趣。

大约十年之后，在同样属于甘肃省的宁县进行的另一项关于农民对待党的态度的调查显示，吸收新党员仍然是一个问题。愿意入党的青年农民越来越少，导致了年轻党员人数的减少。在该县8932名党员中，只有24%的党员年龄在35岁以下。据说其中的一个原因是他们从入党中得不到任何经济上的好处。“此外，因为入党，你就被置于严格的组织纪律约束之下，你不得不去开会，并且党组织会影响你的赚钱方式。”对湖南省一家国有企业工人进行的调查表明，在7548名工人当中，只有710人是党员，或者说只占全部工人的9.4%。但是，最引人注目的是，在695个单位中，有284个单位没有一名党员。此外，在这些单位中，只有283名工人（工人总数为2519名）申请入党。本来应当构成党的主体的工人明显对党失去了兴趣。

20世纪90年代后期，其他一些关于学生和知识分子的调查进一步证实了罗森10年前的研究结果。例如，来自河南省的一份报告指出，高中学生，特别是低年级的高中生，对入党不感兴趣。直到此时，仍然有很多高年级的学生是党员，但令人担心的是，在未来几年中不会有学生党员了。对一批有代表性的知识分子——北京的知识分子状况所作的调查并没有偏离这种结果太远。① 在不是党员的知识分子中，有 45.2% 的人“希望加入中国共产党”。其余的人要么希望“加入民主党派”（3.5%），要么表示“不想加入任何党派”（27.9%），要么表示“没有考虑好”（23.5%）。报告补充说：“特别需要指出的是，知识分子中随着年龄、文化层次、职称的升高，希望加入共产党的人数反而下降，不加入任何党派的比例逐年升高。”

既然有这种相反的证据，对官方关于党员人数上升的统计数据就应当以怀疑的态度加以解读。最近这些调查以及 10 年前的调查都表明，无论是农民、工人，还是知识分子，对入党感兴趣的人越来越少。党从传统上构成党的核心的群体获得的评价似乎很低。贫困者和受教育者往往出于各种各样的原因与党保持距离。农民只是认为成为一名党员无法带来直接利益，特别是经济利益。同样，工人觉得入党不会带来任何经济利益，此外，入党也没有给他们带来自豪感，因为如今党员与其他普通人没有太大差别，实际上大部分党员都与腐败有染。知识分子看到理论与实践之间存在巨大差距，这种差距非常之大，以至于他们往往不相信党所提出的所有理论。

为了克服这一危机，最佳的可行方案是尽可能宽地向所有的人敞开党的大门。党如果想要生存下去，它就再也不能依靠最初那种仅仅从社会上的一两个特殊的社会群体中吸收党员的办法了。

二、私营企业主的压力

虽然中国共产党面临着吸收新党员的危机，但是中国有一个社会群体看上去却渴望入党。然而，在毛泽东时代，这个群体长期以来一直是

---

① 这项调查分两个阶段进行：第一阶段从 1996 年 12 月到 1997 年 3 月，第二阶段从 1999 年 3 月到 6 月。第一阶段返回调查问卷 3031 份（占 89.1%），第二阶段返回调查问卷 367 份（占 87.3%）。见北京市委党校党建研究所、北京市党的建设研究会课题组：《社会经济关系新变化中的知识分子与执政党建设》，载《当代中国史研究》，2000 年 1 月第 1 期，第 117—126 页。

中国社会主义社会中的一个污点。他们就是私营企业主。随着中国经济自由化取得进展，他们在社会中的存在也越来越引人注目。[①] 根据有人估计，2000 年中国的私营企业主数量比 1956 年多 10 倍。当年只有 160000 个私营企业主，相比之下，现在有 20110000 个。[②] 另一位作者依据《中国私营经济年鉴》2000 年版的数据指出，1999 年有 20220000 个私营企业主，他们控制的资本高达 10287 亿元人民币。[③]

私营企业主为什么愿意入党？在他们已经很富有的情况下，为什么费尽心思入党？私营企业主的入党动机很复杂，包含各种各样的考量，而这些考量因地点不同而不尽相同。但是，在中国，私营企业主们不仅要追求财富，而且追求能够用来增加自己的财富的权力。[④] 在一党执政的国家里，权力集中在党的手中——就我们的案例而言，即集中在中国共产党手中——这样一来，私营企业主肯定能够对这一点加以利用。他们不是去支持新的政党以促进自己的利益（像在民主国家那样），而是选择利用易于得手的依靠绝对权力统治的政党。虽然即使在没有入党的情况下，他们业已享受到一些好处，但是，如果他们入党，他们会获得更大的利益。[⑤]

长期以来，中国共产党不欢迎私营企业主入党，但是，在发生吸收

① 关于中国私营企业主的研究不胜枚举，例如，可参见 Margaret M. Pearson：《中国的新商业精英：经济改革的政治后果》（*China's New Business Elite*：*The Political Consequences of Economic Reform*），加州伯克利：加利福尼亚大学出版社 1997 年版（Berkeley，CA：University of California Press，1997）；田晓文（Tian Xiaowen 音）：《中国的私营经济：丑小鸭会变成天鹅吗》（*The Private Economy in China*：*Will the Ugly Duckling Become a Swan*），在 2001 年 11 月 8 日至 9 日由新加坡国立大学东亚研究所组织的“中国第四代领导人面临的挑战”讨论会上提交的论文。

② 林炎志：《共产党要领导和驾驭新资产阶级》，载《真理的追求》，2001 年第 5 期，第 3 页。

③ 李强：《关于私营经济的若干资料》，载《真理的追求》2001 年第 5 期，第 17 页。

④ 商人介入政治的问题为许多学者所关注，经典的例子是 Charles E. Lindblom 的著作《政治与市场：世界的政治经济体系》（*Politics and Markets. The World's Political-Economic Systems*，New York：Basic Books，1977）；关于全球资本家对政治的介入，可参见 Noreena Hertz：《默默取得控制权：全球资本主义与民主的死亡》（*The Silent Takeover*：*Global Capitalism and the Death of Democracy*，London：William Heinemann，2001）。

⑤ 这一说法需要通过对私营企业主入党动机的系统研究加以验证。

新成员危机的情况下，接受私营企业主入党是比较好的办法。私营企业主入党不仅会增加党员数量，而且会巩固中国共产党的地位，而中国共产党迫切需要对其经济发展纲领的支持。如果中国共产党希望继续发展经济，获得私营企业主支持的最佳方式就是公开吸收他们入党并承认他们是执政党的组成部分。

因此，存在一种互利的需要。私营企业主需要来自党的权力和影响，而党需要私营企业主对其纲领的有力支持。必须指出的是，江泽民并未进一步详细阐述吸收私营企业主入党的含意。私营企业主可以被吸收入党，但是这未必意味着他们能够在党内担任诸如党委书记这样的领导职务。

三、广泛的背景

吸收私营企业主入党必须在更加广泛的背景下加以理解，也就是说党员作为一个整体的稳步转变。它是不是某种非常特别的东西，或者是某种无法抗拒的东西？关于吸收私营企业主入党的争论给人的印象是，它是很严重的事情，关乎党的存亡。以吉林省委副书记林炎志提出的论点为例。在发表于北京的一份主要刊物《真理的追求》上的文章中，他反对吸收私营企业主入党，声称资本家具有损害党的潜在可能性，认为“有组织上的纯洁性，才有认识的彻底性，才有指导思想的一元化，党才有凝聚力和战斗力”。

实际上，同一刊物发表了许多关于这一话题的文章，都是反对吸收“私营企业主”入党的。[①] 另一刊物《中流》，自2000年年初起，也发表文章讨论让私营企业主入党的问题。有一篇文章转述说有大量私营企业主入党，并警告这种政策具有危险性。一些文章对党的未来提出疑

① 刘永强等人：《关于私营企业主能否当劳模当共产党员的调查报告》，载《真理的追求》，2001年第3期，第22—26页；项启源：《工人阶级的政党岂能吸收资本家》，载《真理的追求》，2001年第1期，第27—34页。

问：“中国共产党会不会变成社会党?”或者“党究竟要变成一个什么样的党?”一位作者走得更远，建议把所有资本家都清除出党！那些被贴上“左派”标签的人的观点实际上忽略了这样一个事实，即在过去10年中，吸收新党员已经经历了根本的变化。由于在男女青年中吸收新党员遇到困难，党已经调整了吸收新成员的标准以适应新的现实。工人和农民慢慢失去了在党内的优势；越来越多的党员不是来自有“良好阶级背景”的人。人们可以从1990年开始出版、1995年停止出版的《中国百科年鉴》中看到这一趋势。该年鉴不仅提供了党员人数年度增长的数据，而且提供了党员受教育情况、年龄情况的数据，并且第一次提供了党员性别情况的数据。人们从表2中可以马上看出，大多数党员是男性，年龄在36岁以上，并且是小学毕业。

表2　1990—1994年党员情况详细说明（以千人为单位）

	1990年	1991年	1992年	1993年	1994年
党员总数	50 320	51 510	52 000	54 000	55 400
新党员	1 300	1 630	1 760	1 760	1 870
性别					
男性	43 010	43 930	44 900	45 900	46 900
女性	7 310	7 580	7 800	8 100	8 500
年龄					
25岁以下	2 030	1 990	2 040	2 100	2 260
26—35岁	23 760	24 160	9 250	9 200	9 400
36—45岁			15 250	15 500	15 700
46—60岁	18 230	18 390	18 600	18 800	19 090
60岁以上	6 300	6 970	7 600	8 20	8 950
教育					
高中及以上	5 180	5 650	6 190	6 800	7 430
小学	19 070	18 710	18 330	17 800	17 450

资料来源：《中国百科年鉴》1990—1994年，中国大百科全书出版社1990—1994年版。

该年鉴还进一步提供了1992年以来关于党员的社会群体分布情况的详细资料（见表3）。我们可以看到，尽管从绝对数量来说农民仍然构成党内一支相当大的力量，但是党员队伍中农民比例的减少非常迅速。大多数党员是农民的日子一去不复返了。然而，工人党员的人数略有增加，从8000000人增加到9000000人。农民和工人合在一起构成了党员的50%。另一半由行政人员、技术人员、国有企业和集体企业经理以及军人等各个群体构成。这一新的分布表明了党员社会背景的多样性；中国共产党不再是像党章中所说的由农民、工人和军人构成。几乎中国社会中的所有社会群体都可以入党（有趣的是，在该年鉴中没有提到知识分子）。

表3　1992—1994年党员职业分布情况（以千人为单位）

	1992		1993		1994	
人数	人数	%	人数	%	人数	%
按职业划分						
工人	8 680	16.5	8 700	16.1	9 810	17.7
农民	18 700	36.0	18 700	34.6	18 850	34.6
行政人员	4 600	8.9	4 600	8.5	4 810	8.7
技术人员	6 550	12.6	不详	—	7 700	13.9
国有企业和集体企业经理	4 290	8.3	4 400	8.2	5 200	9.4
其他	4 000	7.7	4 800	8.9	2 100	3.8
未说明	—	7.1	—	23.7	—	11.9
党员总数	52 000	100	54 000	100	55 400	100

资料来源：《中国百科年鉴》1990—1994年，中国大百科全书出版社，1990—1994年版。

这些统计数据表明，自20世纪90年代初以来，中国共产党员的大多数已不再是工人或农民。换言之，中国共产党已经使自己的党员多样化，从一个完全由工人和农民构成的党变成一个由各种社会群体构成的党。这一趋势并没有得到公开的承认。党的领导人——无论是全国层面还是地方层面的领导人——只是认为党应当把除了工人或农民之外的社会群体包括进来的想法是不可思议的。

从这一背景来看，可以理解的是，尽管允许吸收私营企业主入党没有法律性质的文件的支持，但是党不得不这么做。正因如此，例如，最早从1980年起允许私营企业主入党的现象实际上就已经存在了。正如罗森所记述的那样，党“作出重大努力吸引新的富裕农民，即所谓的‘专业户’和‘万元户’”。在江苏省，《群众》杂志从1988年6月到11月连续刊载文章，辩论“在社会主义初级阶段，党对党员的要求应该高一些还是低一些”的问题。在辽宁，《党建文汇》杂志上出现了类似的辩论，就吸收经营私营企业的百万富翁入党是否合适的问题展开争论。[①] 20世纪80年代出现的吸收私营企业主入党的做法，忽视了那些不同意这样做的人提出的反对意见。

这一趋势似乎一直没有减弱。例如，2000年4月，一篇文章提到上海市青浦县（有158名私营企业主入党。三个月后，这一统计数字得到刘长发的确认。刘长发报道说，截至1998年底，青浦县有私营企业主党员158名，并补充说，这一数字约占全县私营企业中党员总数的15%。刘长发甚至提供了更为有趣的数据。在东部沿海地区“某市”的一个地方，从1994年到1996年，党组织吸收了61名新党员，其中36人是私营企业主，占59%）。刘长发还报道说，在江苏省的三个城市（宿迁、连云港、淮阴），有858名私营企业主提出入党申请并被吸收入党，这一数字占申请者总数的42%。

要获得全中国有多少私营企业主入党的确切数字是非常困难的。李强援引《中国私营经济年鉴2000年版》的资料估计，1999年，中国2020万名私营企业主中大约19.8%是党员。换句话说，当时有约

① 1988年《党建文汇》（沈阳）几乎每一期都有此类内容。

4300000 名私营企业主是党员。但是，必须澄清的是，这 4300000 名私营企业主党员并非都是吸收新成员的结果，因为他们可能是变成私营企业主的党员（例如，一份报告披露：在一个地方，52 个私营企业党支部中有 36 个由党支部书记管理，自然地使他们成为了私营企业主）。

因此，越来越清楚的是，吸收私营企业主入党的政策只是反映了使党员多样化的全国趋势。为了克服危机，中国共产党正在采取吸收新党员的新战略，根据这一战略，现在任何人都可以入党，包括私营企业主。因此，2001 年江泽民所作的宣布不是什么新举措，而是实际上进行了至少 10 年的实践。江泽民所做的，只是为这种实际做法提供正式的辩解或者使之合法化。

四、结　论

正如本章一开始所提到的，吸收新成员对于一个组织的生存是至关重要的。在我们的讨论中，我首先指出了吸收新成员的危机怎样迫使党的领导层对任何人入党都持欢迎态度。从理论上说，私营企业主是不允许入党的。但是，随着私营企业主在经济中的作用越来越重要，党的领导层愿意软化其在这个问题上的强硬立场。为了避免意识形态上的断裂，江泽民提出了可以包容私营企业主的存在的新的意识形态（“三个代表”）。私营企业主本身更乐于接受所提供的这一机会，因为他们认识到，有钱没有权就如同一个人单腿走路一样。

但是，同样清楚的是，在这一包容态度的背后，还有江泽民希望确保在中国历史上类似于毛泽东和邓小平那样的“最高领袖”的特殊地位。因此，“三个代表”思想主要是把党从危机中解救出来的一种手段，与此同时提高了江泽民的声望。反对江泽民的人肯定了解这一点。毫不奇怪的是，他们（左派们）猛烈地抨击江泽民的政策，而不顾吸收私营企业主入党已经进行了十多年之久的事实。

从吸收新党员方面看，可以得出三点结论。第一，党的确面临吸收新成员危机。党披露的统计数据表明党员人数稳定增长，但与此同时，也有关于居民当中存在着对党普遍不感兴趣的情况报道。党员多样化也是一个佐证，说明党屈从于可以吸收任何人为新成员的压力。对于局外人而言，人们只能推测确切的党员人数是多少，可能不会高达6500万人之多。在有无党派研究人员的独立研究之前，要了解实际情况是不可能的。

第二，吸收私营企业主入党之所以不会对党产生影响，部分原因是私营企业主占党员人数的比例很小，部分原因是入党的私营企业主肯定不可能占据决策职位（例如党的书记）。资深成员会给新来的人让路，让他们成为自己的领导吗？这种情况只有在非常特殊的情形下才可能发生，而一般说来，党的资深成员会占据领导职位。如果私营企业主只能成为普通党员，那么左派的忧虑就是无的放矢了；实际上，他们应当把他们的批评指向那些变成企业主的党员。

第三，由于居民中存在着对党普遍不感兴趣的情况，所以党向所有的人敞开了大门；再也没有吸收新党员所须针对的特定群体。从人数上看，工人和农民可能仍然在党内占支配地位，但是，现在中国共产党员更加多样化，由各种不同的社会群体构成。因此，对党来说，越来越困难的是宣称自己是“无产阶级的先锋队党”。“三个代表”思想实际上是诚实地承认了这一根本改变。

如果党只能吸收没有多少才能的人入党，情况会怎样呢？如果出类拔萃的人和聪明能干的人都选择到私营部门去，那么确实有这样的可能，即党将充斥着只关心自己的升迁但却没有多大能力的人。换句话说，党就会由受教育程度比较低的人构成。的确，党是通过各种各样的“党校”为新成员以及其他成员提供培训，但是这些学校仍然更多地充当灌输的场所而不是教育的提供者。从长远来看，党员会发现很难同私营部门的人竞争，而这样一来会使吸收新成员的问题进一步恶化。最后，党将由没有受过教育但却大权在握的人构成。

（许宝友　译）

中国的党校与领导精英的培养*

［法］艾米莉·唐

精英问题是了解社会和政治变化的核心问题。如果像乔万尼·布西诺（Giovanni Busino）所说的那样，“更加专业化的政治精英始终是政治权力的垄断者，并领导着社会生活中所有重大的变革”，② 那么我们要了解中国25年来经历的动荡和变革，就必须要密切关注其政治精英的变化情况。为了深化1978年以来的改革开放，中央政府对一些机构进行了改革并扩大了地方政府的影响力。实际上，在一党制的背景下，这些地方政府中的党员领导干部就是我们所说的政治精英。这些精英在地方经济发展和变革中往往起到决定性的作用。在全球化背景下，中国政府努力使国家的现代化和改革进程能够融入世界的潮流之中，那么中国共产党的党校如何完成新时期赋予的任务并履行其职责呢？

---

* 文本原题为“Ecole du parti et formation des élites dirigeantes en Chine”，载 *Caliers internationaux de sociologie*，n° 122，2007/1，pp. 123－144。作者简介：艾米莉·唐（Emilie Tran），澳门大学社会学系教授。——译者注

② Busino Giovanni，*Élites et élitisme*，Paris，PUF，“Que sais-je ?”，1992，p. 124.

本文是根据我于2001年9月至12月[①]在中国共产党上海市委党校[②]的实地调研结果而撰写的。中国的党校[③]在其历史上第一次向一个既非共产党员，又非中国籍的人士敞开大门。当然，自中国改革开放以来，中国的党校也接待过外国友人，但他们都是以专家的身份被邀请到党校为特定受众进行演讲，而我是作为研究人员进入党校的第一个外国人。被安排到学员班后，我接受了三个月的课程培训，并进一步了解了干部学员在这里的生活情况。由于得到了特殊的关照，我才得以近距离地观察了解这所培养政治精英的神秘学府[④]。

在上海市委党校，干部学员们不断地交替轮换，学习改革后的课程，以适应后毛泽东时代的需求。其实这里更像是一所行政学院，而不是一所党校。至少是在上海，这种领导精英专业化的趋势是否宣告了以往的精英政治化的终结呢？共产党的干部是否在逐渐向纯粹的国家公务人员转变呢？通过上海市委党校的演变历史，我们对中国政治体制的性质可窥一斑。

为了更加准确地了解今天的上海市委党校以及它在培养领导精英方面扮演的角色，我们需要进一步了解它的历史演变，因为现时的变革总是与过去的盛衰紧密相连。20世纪80年代新成立的学院以及在接收学员方面的新举措，正是今天党校的角色性质的体现。如果说党校新的使命在于培养更加专业化的领导精英，那么它的使命也同时反映出现代化变革与维护政党－国家体制现存秩序之间的矛盾。

---

① 根据调查写的第一篇文章发表于《Perspectives chinoises》，n° 75，2003年1月—2月，p. 29—42。本文经再次修改后，承蒙奥萝尔·梅尔（Aurore Merle）和张伦（音译）提出宝贵意见，在这里向他们两位表示感谢。

② 以下简称上海党校或党校。

③ 上海党校在全国党校中的地位体现了上海自20世纪90年代初以来作为中国改革的窗口城市和经济中心的地位。

④ 当时法国驻上海总领事郁白（Nicolas Chapuis）先生为我提供了大力帮助，他最终说服了上海党校校长为我的调研提供特殊照顾。在这里我谨向领事先生表示衷心感谢。

一、党校是反映体制变化的一面镜子

上海市委党校成立于1949年，主要是为新生政权轮训党员干部。自成立之日起，党校就随着各种政治运动而动荡不定，“文化大革命”期间，党校被迫停办解散（1966—1978）。重建复课后，上海市委党校进一步扩大规模适应现代化建设的需求，很快就成为排在中央党校（北京）之后的中国第二大党校。

（一）1949年至“文化大革命”：政党－国家的制度化与衰落

1949年夏天，上海还未解放，中国共产党有关部门就决定成立上海市委党校，当时的任务就是培训新的政治精英，即上海市的共产党领导干部。三个月后，新中国的开国大典在北京举行。1949—2002年底，上海市委党校共培训六万五千名干部学员，其中一万四千名在1949—1965年间培养，五万多名学员于1978—2002年间培训。这样算起来，党校在“文化大革命”以前平均每年培养干部823名，而改革开放后每年培训2088名。实际上，我们从学员数量的变化中可以看出中国的政党－国家体制的变化。

在整个50年代，政治运动接连不断，每次运动都要打倒当时社会中的一部分人。从50年代开始，上海市委党校除了培训本地干部以外，还接受了另外一项重要任务：培训产业工人中的积极分子。原本为培训共产党领导干部而设置的党校又担负起为工人阶级灌输政治思想的使命，这样的行为其实在建国初期是很自然的事情。新成立的共产党政权为使整个中国都遵循马克思主义思想的教导，当然要组建自己的工人阶级，这样做同时也是为了满足第一个五年计划的需要（集中力量发展重工业，建立国家工业化的基础）；“一五”计划期间中国创办了许多大型现代化国有企业[①]。中央政权当时更注重的是对整个社会的政治化改造。1951 年，党校开始面向知识分子开办“专题培训班”，并为非党员开办再教育培训班。当时的上海市委党校同其他党校一样，也负责为那些“少数反革命分子”进行意识形态改造，成为当时共产党政权统治下的主要震慑工具之一。从 1954 年开始，上海市委党校又接受了一项新的任务：培训科技党员干部。从这一点可以看出，当时的新生政权非常注重弥补科学技术领域的不足，并努力向苏联老大哥看齐。

然而，即使党校受命进行再教育培训并配合政党－国家体制的要求进行整治运动，它自身也免不了成为政治运动的靶子。1956 年，当“百花齐放”运动在全国范围内开展之时，毛泽东号召党的干部要接受群众的批评。全国的党校也因此被卷入到整党运动当中。上海市委党校于 1957 年 6 月 13 日停课，直到 1958 年 2 月才重新复课。然而，接踵而来的政治运动又一次打乱了学校的正常秩序。

1962 年，毛泽东又发起了第二次整党运动：社会主义教育运动。这场浩大的运动预示着“文化大革命”的爆发。接下来的两年中，许多党员干部被卷入到清洗运动中。1963 年 11 月 21 日，两千名干部刚在市委党校学习了 10 天就被下放到农村。1964 年，党校只开办了一期培训班。1965 年 1 月，所有党校结业的干部连同副校长一起被下放到了农村，从此，各种教学活动全部停止，直到 1969 年 2 月 3 日，学校宣布正式关闭。接下来的十年里，党校和其他所有教育机构一样都陷于瘫痪之中。

（二）1978 年至今：党校成为效力于改革的工具

1976 年 9 月，毛泽东去世。10 月，以江青为首的“四人帮”被打倒。重新上台的上海市委面临着干部资源短缺局面：上海市摆脱激进派的操控后，缺乏足够的党员干部来管理城市。一方面，20 世纪 60 年代

① 20 世纪 90 年代这些大型国企的破产和大批职工下岗成为了中国改革措施中的一个黑点。

掌权的干部要么被下放到农村，要么在“文化大革命”期间被迫害。另一方面，“四人帮”被逮捕后，整个上海市委成为了清洗“四人帮”党羽的对象，将近1/3的干部被牵连其中[①]。1977年11月，上海市委决定恢复党校建制以尽快培养新的领导干部。1978年4月11日，重建的中共上海市委党校开学。

在1978年12月的中共十一届三中全会上，邓小平提出了改革开放战略。伴随着新时代的到来，中国共产党面临着同1949年建国时相似的紧要局面：尽快培养新一代的领导干部，以担负起重建毛泽东的激进政策遗留下来的经济、政治和社会秩序的重任，同时也是为了适应邓小平提出的现代化建设的需要。正是在这样的大背景下，上海市委党校也开始着手进行改革调整，首要的目标就是在干部学员录取方面进行改革。

根据1981年8月党校颁布的规定：每年学校要举办一个学期的“优秀中青年干部培训”，为改革开放培养新的精英阶层。这在党校历史上是一次重要的转折，因为它开始接纳不同层面的年轻有为的干部，即“优秀干部”。而所谓的“中青年干部”，主要是指年龄在34—44岁之间的干部，因为这个年龄段的干部在改革派领导人的眼中，是党的灿烂的花朵[②]。培训结束后，这些党的年轻干部精英一般会被提拔到更高的职位，并逐渐代替老一代的领导，而超过60岁的领导干部就要退休。

所有领导干部在其任期内必须要时常回到党校，这种惯例也成为了政党－国家体制要求的一种继续教育形式，因为党必须要保证领导干部能够更加深入理解和掌握改革开放以来中国发生的深刻变化。领导干部接受培训的频率一方面要根据干部级别的高低来制定，另一方面要根据党的需要（以符合当时的政治口号）或国内（行政改革）和国际形势（例如中国加入世贸组织）的需要来制定。

---

① Marie-Claire Bergère, *Shanghai*, *Paris*, *Fayard*, 2002, p. 428.

② 我当时就是在34—44岁优秀中青年干部培训班里上课。

1982年3月，上海市委党校开始培训“四化干部”，即领导干部的革命化、年轻化、知识化和专业化。如果说“革命化”只是“四化”口号中修辞的需要，那么其他三个标准才真正体现了党校培养领导精英的目标。在领导干部更换方面，上海试图向北京证明它不仅正在与过去决裂，更重要的是让上海市的领导干部真正符合改革的需求。1983年3月，中共中央决定党校在开设政治和理论教育课程外，必须要开办“专修课”①，各地党委和党校要根据自己实际情况选择课程。

1984年2月是中共上海市委党校历史上的一个新转折点。邓小平和时任中央党校校长的王震在参观上海党校期间，王震盛赞该党校培养的干部素质好，并向邓小平建议该党校毕业的干部完全可以到中国的任何地方任职。这些话无疑提高了上海市委党校的地位，使其成为了其他地方党校的榜样。

随着改革的深入和一系列新的管理形式的实施，中央政府又提出了新的原则：中央和地方的新领导精英不仅要具备政治能力（主要是与党的路线保持高度一致），还要具备公共管理能力。在这样的背景下，1986年，上海市委决定创办上海行政学院。从成立之日起，上海行政学院就与上海市委党校共用教学场所，仍由原来党校的行政管理人员负责学院的事务。学校的大门也同时写着两个校名：“上海行政学院”与“中共上海市委党校”。根据不同情况，学校会选择使用其中的一个名称。行政学院的名称主要在同国外机构的交流中使用，而党校的名称主要是在国内统一使用。其实这就是一种“两块牌子、一套班子”的管理体制。这种情况不只是在上海一个城市存在，其他地方省市的党校和行政学院（如果设置）也是沿用同样的管理体制②。上海行政学院还是迄今为止中国唯一一所加入国际行政院校联合会（International Association of Schools and Institutes of Administration，简称IASIA）的学校。该学院适

① 见1983年5月中共中央下发的《关于实现党校教育正规化的决定》。

② 只有北京是特例：中共中央党校与国家行政学院有明显区别。

应现代化进程，并逐渐对外开放，我们从该学院的体制建设和校园面貌中可以看到学院的变化。

二、与时俱进的学校

上海市委党校顺应时代潮流的特点可以从学校的建筑特色和一些教学楼里的室内布置体现出来。位于虹漕南路200号的党校与这条中产阶级居住的街道形成鲜明对比。学校高大的围墙以及门口站岗的两名解放军战士把学校与外界隔开，也象征性地将党的代表与人民隔开。正对大门栅栏的是一个巨大的花坛，中央是马克思和恩格斯的塑像。但是，人们却看不到毛泽东、邓小平或其他中国共产党领导人的雕像或画像。2001年9月开学的时候，学校曾挂出巨大的横幅，上面写着当时中国的政治口号："学习江总书记'七一'讲话，贯彻'三个代表'重要思想。"①

（一）数字化图书馆和配备投影的教室

在共产主义创始人的塑像后面，就是学校的图书馆。正面是最新的钢筋玻璃相结合的装潢设计。整座图书馆的现代化风格不仅体现在外观，还体现在内部的数字化装备以及全国共享的图书资源网络。在馆藏的45万册图书中，大部分是关于人文科学的，最主要的还是马克思主义哲学、中国共产党党史、毛泽东思想和邓小平理论系列书籍。然而，这些书很少被借阅，主要还是突出馆藏的性质。因为这些书比较"枯

---

① 2000年2月江泽民首次提出"三个代表"的重要思想，2002年11月"三个代表"写入中国共产党党章，2003年3月被写入中华人民共和国宪法。"三个代表"重要思想要求党要始终代表中国先进生产力的发展要求，代表中国先进文化的前进方向，代表中国最广大人民的根本利益。"三个代表"前两点突出了精英主义的特性，正如江泽民在2001年"七一"讲话中提出的思想：应当吸收包括私营企业主在内的新的社会阶层人员入党（Emilie Tran，Les "trois représentations"，in Thierry Sanjuan [dir.]，*Dictionnaire de la Chine contemporaine*，Paris，Armand Colin，2006，p. 260）。

燥”，学员们更喜欢到期刊阅览室，那里有 3400 多种刊物可供阅览，是图书馆 8 个阅览室中最受欢迎的。

另外一个比较受欢迎的阅览室就是多媒体中心，那里的 15 台电脑在课余时间全部被抢占。在学员培训期间，根据级别的高低和培训时间的长短，每位学员都有上网的时间限制。所以这里的学员和校外其他人一样，在中国媒体还没转播“9·11”恐怖袭击事件之前，他们已经从网上看到这则新闻了。当然，这里的多媒体设备主要还是用来进行视频教学，通过校内局域网转播中央党校的一些课程。但是，这里的学员抢占电脑可并不都是为了听课，哪怕视频教学的课程是由中央党校的重要人物主讲。许多人用电脑来收发电子邮件或者上网浏览信息。

即使学员们对中央党校的课程不感兴趣，他们为了结业仍需要去听本校的课程。学员们的教室也在现代化的图书馆大楼里。所有的教室都是白色的墙壁，并配备多功能教学设备，既没有马克思或毛泽东的画像，也没有伟人的题词。每间教室里都有支持 PowerPoint 教学的设备，所有授课教师都要学习使用这些先进设备。利用 PowerPoint 授课也成为了党校专业化和现代化教学的必需品。但是，在整体的现代化教学中还存在一点点的不协调：课间时分，楼里的扩音喇叭要播放 15 分钟的老革命歌曲，歌词显然与整体的装饰和教学内容非常不匹配。

（二）带健身房的三星级宾馆与培养人际关系

全日制学员每周一至周五中午必须在学校上课，只有周末才可以回家。学员们都住在一座三星级宾馆中，该宾馆由锦江集团兴建和管理。这座现代化的宾馆住宿条件非常舒适，450 间客房最多可容纳 800 名学员。

党校的校园远离喧嚣和市中心的污染，是个适合思考和休息的舒适场所，但仍有不少干部学员在这里还远程遥控着单位的事务。党校里一天的安排还是比较满的：8 点半开始上课，下午 4 点结束，中间有两个半小时的午餐时间。没课的时候，学员可以自由处理自己的时间。为了充实学员的自由时间，除了已有的健身房外，学校还准备建一个保龄球活动室和一个游泳池。总之，学校是想在培训课程之外，让学员能够有时间锻炼身体，既要有健康的思想，又要有健康的身体。

三、专业化与思想洗涤：党校培训的变革

培养忠于党的政治精英

上海市委党校和上海行政学院主要是培训上海市行政管理干部和公务员，学校招收学员的标准及课程的设置也随着政治气候的变化而变化。在毛泽东时代，党校除了培训管理干部外，还要负责培训政治教员和改造20世纪50、60年代斗争运动中被定性为阶级敌人的政治思想。1978年后，党校在招收学员和课程设置方面的政治标准逐渐放宽。

时至今日，上海市委党校在招收培训学员方面与上海市人事局开展合作，因为后者掌握着上海所有党员干部和公务人员的档案资料。人事局根据具体情况安排将干部和公务员名单交给市委党校。但是有时候某些单位可以自行决定，根据本单位当时的需要，要求市委党校为本单位专门培训干部。党校还针对民主党派①的青年干部开办“民主党派中青年干部培训班”。此外，党校还接收其他省市的干部学员，主要是云南和新疆两个省份，为其开办“外省市行政管理干部培训班”。这些培训班的学员偶尔会受到上海本地学员的排斥。

上述这些培训班的主要目的是干部的继续教育，并不是培养未来的公务人员。从2000年初开始，上海行政学院与多所高校（例如学院附近的上海师范大学）开展合作，设置行政管理专业课程，并颁发两个学科的硕士学位：马克思主义哲学和政治学。毕业生可以继续在上海行政

① 除了掌握政权的中国共产党外，中国还有八个民主党派：中国国民党革命委员会，中国民主同盟，中国民主建国会，中国民主促进会，中国农工民主党，中国致公党，九三学社，台湾民主自治同盟。这八个民主党派是唯一能与共产党共存的党派，并象征性地参政议政，体现了“中国共产党领导下的多党合作和政治协商”制度。

学院攻读工商管理硕士（MBA）和公共管理硕士（MPA）。通过设置公共管理专业的大学课程，并颁发国家承认的学历证书，上海行政学院（即上海市委党校）与传统的党校逐渐产生了区别。因为上海市委党校更加注重高等教育机构的地位，为政党－国家体制输送更多的专业化领导人才。另外，上海行政学院还开展跨国学术交流合作项目，该学院的干部和公务员定期赴法国的国立行政学院（ENA）和美国的乔治亚大学进行培训。

此外，随着改革开放的发展，中国共产党开始注重培养国有企业的领导干部。从1990年开始，上海市委党校开办了上海地区企业集团党政干部培训班。为弥补“文化大革命”造成的大量干部短缺状况，上海市委党校从质量着手，开始大量培训年轻化、专业化的领导精英，主要是针对党政机关和大型国企的领导干部。

1978年，重建的中共上海市委党校开学后，学校开始向培养专业化的干部队伍转变，整个上海市也进入行政管理的现代化改革轨道中。市委党校与行政学院这种“两块牌子、一套班子”的管理体制在现代化进程中也成为问题的焦点。如果从地方层面来讲，上海作为中国的金融和经济首都，其党校的改革在实践中没能将党政职能分开，那么作为中央或国家一级的改革又会怎样呢？上海市委党校的变革体现了中国行政改革的谨慎和局限性：行政管理的现代化与干部队伍的专业化都是在政党－国家体制的控制下进行的。那么我们是否就可以由此推论所有的改革目标都会受此体制的约束呢？恰恰相反，即使这种体制会影响，甚至会干预改革的进程，难道政治权力就不会受某些力量的驱使，从内部发生作用，而朝另一个方向演变吗？

实际上，党校的历史演变恰恰反映了中国1/4世纪以来经历的大变革。党校的运转也受经济逻辑的支配。例如，1990年5月5日颁布的一项规定要求所有的局级干部必须每三或五年①回到党校进行培训，以使

① 见1990年5月5日上海市委颁布的《关于建立在职局级干部学习制度的通知》。

其思想与时代要求保持一致，并始终沿着改革的步伐前进。这项规定名义上是加强干部的专业化培训，但实际上也是从党校利益出发，以保证党校一直有充足的生源。这样做有两个好处：第一，保证党校的资金来源，因为每个单位都要为自己的受训学员支付几千元的学费；第二，政党－国家体制能够定期使其领导干部更深刻地牢记党的路线，并通过奖罚制度，如停职、降职（这种情况一般很少）或升职（一般是在党校毕业之后），来严密掌控这些领导精英的流动。总之，中国的政党－国家体制通过自身控制的各种机构来更有效地对精英实施管理。

（一）紧跟时代的课程

上海市委党校教授的课程也是反映学校变化的一个重要指标。从1949年到20世纪60年代学校停办期间，上海市委党校的培训课程主要分为两大类：实践课程主要是行政管理和政策实施，理论课程主要是中国共产党研究和社会主义研究。理论课程要求阅读大量的文章，而文章内容的选择要根据当时的政治气候而定。关于中国共产党研究的课程主要是党的历史（从1921年7月建党到1949年10月中国解放）。然而从1953年开始，随着揭发反革命运动的深入，党校课程的重点转向学习党的路线和新中国的经济目标。从1961年开始，党校学员的主要学习课程是党的建设。从1960年开始，党校逐渐开设《毛泽东选集》阅读课程。由此可见，学校课程的变化也反映了当时的政治背景。之后，中国进入了“文化大革命”时期。

重建的中共上海市委党校开学不久，当时的中国刚开始实行改革开放政策，党校的课程也慢慢发生了变化。毛泽东著作和马克思的著作都是学习的主要内容，但到了90年代逐渐被新的课程代替[①]。从1997年中共十五大开始，党校最终取消了传统的马克思主义教学，开始设置邓

① Jean-Pierre Cabestan, *Le système politique de la Chine populaire*, Paris, PUF, “Thémis”, 1994, pp. 412－413.

小平理论课程。从2000年开始，又开设了“三个代表”重要思想课程。尽管课程内容发生了变化，但是思想政治课程仍是党校教学计划的主要部分。

2002年底，上海市委党校和上海行政学院总共开设60门课程，党校和学院各承担一半课程的教学任务。尽管在书面上把两者的教学分开了，但在实际教学中却是大同小异，甚至连学员自己也分不清党校和行政学院的课程到底有什么具体区别。在党校承担的30门课程中，只有7门是关于党的理论宣传的，还不到课程总数的1/4。其中的5门是关于“三个代表”重要思想的课程。“三个代表”重要思想是当时中国所有的党校都要宣讲和学习的课程，而上海市委党校更是把该课程作为重中之重。党校的绝大部分课程以及行政学院的所有课程的内容都是涉及地方、国家或国际背景下的管理、经济和金融理论及实务，或者公共管理。而公共管理课程教学同所有政治课程一样，也是紧随党的最高层的政治口号，并反映中国面对的国内和国际形势的要求。中国的行政改革、90年代的国企改革或2001年加入世界贸易组织等内容都成了党校和行政学院的培训课程。即使被称作“行政学院”并引进现代化的教学以培养专业化的干部队伍，上海市委党校和其他的党校一样，实际上都是为不同时期的政治路线服务的机构。

党校的大部分学员对诸如《社会主义市场经济》或《21世纪领导干部》一类的课程并不感兴趣。学员们认为，如果老师能够不重复书本上的说教，他们还有可能对这类课程感兴趣。而大部分学员觉得书本内容距离他们的现实和日常生活太遥远。在这些课上，绝大部分学员还是能够认真听讲的，有一少部分人还会做笔记。

实践课程或案例分析课程是最受学员们欢迎的课程。当涉及具体问题分析时，如邻省干部学员要求学习关于“上海市国有企业结构调整和社会发展计划实施情况”，党校有时会从外面聘请教师，一般是上海市政府的领导干部，因为这些干部曾亲自参与社会发展计划的实施。一般情况下，外聘教师都是一线的领导和决策者。他们的授课方式与党校教师的职业教学习惯有很大不同。外聘教师会根据学员的兴趣和课程需要，与学员进行真正意义上的讨论。学员们会根据外聘教师的亲身经验，从中寻找解决本地区问题的实际方法。如果涉及中央制定的大的改革路线，各地政府会根据本地区的特殊情况采取相应的措施和方式。关于国企机构调整的话题也引发了不少争论。课后，学员们得到如下结论：他们领导的地区没有上海市富有，因此难以有足够的资金支撑去实施像上海市那样的社会发展计划。

（二）新教育模式下的党校教师

党校的教师队伍随着时代的发展也产生了变化。1979 年以前，党校的教师主要是党内的理论工作者。改革开放以后，党校开始从高校毕业的硕士或博士研究生中选拔教师。然而，这些高校毕业的硕士或博士研究生中的绝大部分纷纷进入报酬较高的经济领域和私有制行业。对于那些想继续留在学术领域的毕业生，许多高校也向他们敞开大门。这些高校一般都比党校或行政学院享有盛誉（除了北京的中央党校和国家行政学院），并且为毕业生提供的岗位和待遇都很不错。除了个别特例以外，地方党校招聘的教师一般都是无法进入上述单位的毕业生。

随着课程内容和教师队伍的演变，党校的教育模式也进行了现代化改革。党校对教师队伍进行各种培训，不仅是为了提高他们的授课水平，而且是为了弥补和提高他们在专业教学领域的知识。党校要求教师除了讲授课程外，还要多举办课堂讨论。党校培训结束后，学校都会要求每名学员填写一张问卷，主要是为党校老师和外聘教师打分。党校内部老师如果得分较差，就会被停课并接受新的培训。外聘教师如果不合格，学校将不再继续聘请。在这种新的教育模式下，学员也要经受考验。除了上课认真听讲外，学员还要积极参与课堂讨论，完成作业并通过结业考试。因此，每名学员都希望获得好成绩。虽然学员在党校取得优秀成绩并表现良好不一定与党校毕业后的升职有必然联系，但是如果成绩不合格或者表现较差，都会被记入学员的个人档案，这当然会给人造成不好的印象。

党校的改革产生了两个主要后果：一方面，课程设置更加符合党员干部面临的实际问题；另一方面，竞争机制的引入使教师队伍和学员更加有动力。毫无疑问，这些变革使上海市委党校与成立之初的党校明显地区别开来，即从当初的向干部学员灌输马克思主义概念和政治宣传为主的政治院校逐渐转变成现代化的行政学院，党校教学能够直接应用到城市管理之中。从这一点来讲，我们可以说上海市委党校逐渐向政治专业化发展。但是，这种发展也是有局限性的。

实际上，尽管党校的教学和教育模式都在进行现代化改革，但是政治宣传依然遍布所有的课程，甚至在行政管理的技术层面中也会夹杂这种宣传。此外，政治色彩浓厚的课程并没有完全从学校的教学计划中消失，尽管这些课程随着时代的变化而不同。这只是意味着政治标准发生了变化。政党－国家体制的控制一直存在，只不过在特定社会中的具体方式有所变化，但所有变化都是在这种体制的意愿下产生的：马克思和毛泽东被邓小平代替，后者又被江泽民代替。另外，学员们被鼓励通过写作来表达自己的想法并积极参加课堂讨论，但是这些都要遵循党的路线。

四、结论：党校是政党－国家体制的脉搏和长久执政的工具

上海市委党校的历史与中国共产党的统治是紧密相连的。党校在某种意义上可以说是政党－国家体制的脉搏，是该体制演变的指示器，同时也是这种体制下的重要机构。从建校到 20 世纪 60 年代中期，上海市委党校经历了许多政治运动和派系斗争，这些运动和斗争动摇了政党－国家体制，直到爆发“文化大革命”，党校整整关闭了 10 年，这也反映了当时整个教育体制的瘫痪状况。1978 年，党校重建开学后，扩建现代化的校园，并紧随国家的现代化进程，在学员招收、课程设置、教师录

用以及教育模式等方面进行改革。

尽管改革意味着经济的自由化、政治控制的放宽以及行政管理的调整，但是改革并没有真正实现，只是部分地实现了政府和党的体制分离，如同上海市委党校和上海行政学院这种管理体制一样。意识形态仍旧在教学中出现，即使在学员感兴趣的实践课中，也或多或少带有意识形态色彩。干部学员对思想政治课程的态度正是当今中国社会的反映：经济的开放和增长推动了去意识形态化的进程，日趋平缓的政治运动和政治口号渐渐在社会中淡化。

党校同时也是共产主义制度的一面镜子。因为共产党干部的职位升迁离不开党校培训。上海市委党校同其他党校一样，都是政党－国家体制掌控政治精英流动的重要工具。这些政治精英，即党的干部，都是改革进程的领导者。尽管党校在逐渐向专业化培训发展，但党校的主要职能仍是定期掌握干部的政治教育水平，以及监督这些领导精英能够继续与党的路线保持高度一致，以保证政党－国家体制在中国得到坚持。因此，党校是维持政党－国家体制长久统治的重要机构。在这样的重要角色中，上海市委党校不仅要保证党员干部的继续教育，更主要的是培养未来的领导精英。

如今，上海市委党校与中国所有党校一样，仍在为维护政党－国家体制的需要而运转。任何从实用主义目的出发的变革不过是为了证明时下政权的合法性而已。

（马京鹏　译）

干部责任制与中国共产党要求的变化*

［瑞典］金山爱

中国共产党能否适应新时代的要求是人们目前激烈争辩的问题之一。人们对这个具有浓重意识形态色彩的问题存在两种不同的看法。一种看法是，中国共产党不能适应新时代的要求，原因主要在于列宁主义的制度，基本上就其本质而言，无法经受大规模的变革和向自由市场经济的转型。[①] 另一种看法是，党政体制正在进行调整。政府在经济中的总体作用已经缩减，结果是政府机构和人员的精简。中国官方已经将许多政府职能委托给服务机构，由它们代为履行管理职责。[②] 中国在重塑

---

* 本文原题为 "The Cadre Responsibility System and the Changing Needs of the Party"，载 *The Chinese Communist Party in Reforem*，edited by Kjeld Erik Brødsgaard and Zheng Yongnian，London：Routledge，2006。作者简介：金爱山（Maril Heimer），瑞典乌普萨拉大学政治系助理教授，亚太高级研究学院研究员，中国问题专家。——译者注

① 例如，参见 Merle Goldman and Roderick MacFarquhar，"Dynamic Economy，Declining Party-State，" in Merle Goldman and Roderick MacFarquhar（eds.）*The Paradox of China's Post-Mao Reforms*，Cambridge，MA：Harvard University Press，1999；and David Shambaugh，"The Chinese State in the Post-Mao Era，" in David Shambaugh（ed.）*The Modern Chinese State*，Cambridge：Cambridge University Press，2000。

② 例如，参见 Zheng Yongnian，*Globalization and State Transformation in China*，Cambridge：Cambridge University Press，2004；Yang Dali，"Rationalizing the Chinese State：The Political Economy of Government Reform，" in Chao Chien-min and Bruce J. Dickson（eds.）*Remaking the Chinese State*：*Strategies*，*Society*，*and Security*，London：Routledge，2001；and Kenneth W. Forster，"Administrative Restructuring and the Emergence of Sectoral Associations in China，" paper presented at the Association for Asian Studies Annual Meeting，Washington，DC，7 April 2002。

公共管理[①]的同时也在逐步转变党政体制的内在机能。[②] 后一种观点已经开始占据主流，尤其是在从事实证研究的学者当中。前一种观点，即中国共产党不能进行调整的观点已经在某种程度上被中国的发展所否定。从这个特定的论题出发，我们提出的问题应该是：共产党要走向何方？党政体制能够解决它目前面临的众多迫切的社会问题吗？

后一个问题尤为突出，因为中国政府必须解决大量社会问题。沿海和内陆之间的差距以及不同群体之间的收入差距都在扩大。中国社会科学院近期的一项研究表明，中国的基尼系数在 2000 年达到了 0.46，这一数值远高于印度并迅速接近拉美国家[③]。贫困和失业不仅在农村地区而且在城市地区也愈益严重。新一任中国领导人胡锦涛和温家宝一向竭力把自己定位为人民公仆，已经采取了以人为导向的治国方式（以人为本）。只有把以人为本的政策放到 20 世纪 90 年代中国前任领导人以增长为导向的政策背景下加以解释，才能理解为什么会出现这种政策变化。“亲民”或许已经取代原有的“为人民服务”的口号成为合法性工具，但是新的建议也已经转化为具体的政策。2004 年 3 月在温家宝任总理后首次举行的全国人民代表大会上，中国摒弃了盲目追求 GDP 增长的行为，提出了兼顾社会发展和环境保护的科学发展观。为了更好地平衡经济增长和社会发展，2004 年中国的 GDP 增长率已经下调到了 7%。[④] 但是，GDP 总量在大约 20 年翻一番的目标又使人们不能确定到底应该如何重视社会发展。[⑤] 一项增加农村收入的具体措施是每年降低农业税

---

① Peter Nan-Shong Lee and Carlos Wing-Hung Lo, (eds.) *Remaking China's Public Management*, Westport, CT: Quorum Books, 2001.

② Maria Heimer, "Remaking the Communist Party-State: The Cadre Responsibility System at the Local Level in China", *China: An International Journal*, Vol. 1, No. 1, 2003.

③ "How Wide is the Gap of China's Individual Income?" see http://fpeng.peopledaily.com.cn//200108/31/eng20010831_ 78962.html.

④ "China says good-bye to blind pursuit of GDP growth", see http://english.peopledaily.com.cn/200403/05.

⑤ "China to rank the third of the world in national strength as a whole in 2020", see http://english.peopledaily.com.cn/200403/05.

一个百分点，并在5年内免除农业税。①

本文以干部责任制为例考察政治机构在多大程度上能够适应中国共产党要求的变化。重点是能否通过调整干部责任制来解决贫困和地区不平等加剧等迫切的社会问题。我们更倾向于用组织方法来分析中国共产党的新变化。干部责任制是中央政府用来指引地方领导的工具，并借助这种制度让地方领导承担责任。中央借助责任制把它优先关注的问题传达给地方。这样，重点考察干部责任制使我们能看到哪些优先关注的问题传达给了下级，也能研究中央政策的执行状况。新一任中央领导人以人为本的政策取向对地方层级组织的影响到底有多大？中央对贫困和不平等的重视是否对下级产生了影响？新一任领导集体上任伊始的当务之急就是减少贫困和减少不平等。中国把扶贫提升到国家发展关键任务的高度，并成为第9个五年计划（1996—2000）的重点。2000年，开始实施西部大开发计划，这一计划为西部省市争取了更多的资金——特别是用于基础建设的资金。一些重大社会问题经常会导致发生或大或小的示威。当然，这些社会问题也是政治问题，并且是最终可能危及社会稳定和党的统治的政治问题。

本文认为，以地方层级为出发点研究政党变化是最好的方法。以地方为出发点进行研究之所以有价值，一个重要原因在于，宏观层面发生的变化很可能首先在地方层面观察到。人们可能首先在地方发现变化的原因有两个：第一，新政策通常由地方发起，只是稍后被中央采纳并在全国实施，例如家庭联产承包责任制、建立乡镇企业和企业主入党。第二，当一项政策是由中央发起时，中央采用的方法首先是在地方试点这些政策建议以研究实施过程及其结果。最近的例子是基层选举以及安徽省主动要求先行试点的费改税改革。有时，经过试点的改革不是被推后就是被放弃了。如果地方成功地取得中央支持继续实行他们的实验模式，或者中央因试点地完成实验而受鼓舞，那么这两种方式就可能结合

① 参见2004年3月5日温家宝总理在人大会议上发表的政府工作报告。

起来。就干部责任制而言，它只在地方实行，这就证明它的主要功能在于管理地方。

一、干部责任制的基本特征

干部责任制建立在干部任命制的基础上，并共同构成中国共产党的政治控制来源，但它同时也是一种治理方法。干部任命制决定了由党全权控制领导岗位的任命。党委拥有高层人事的任免权，还拥有提拔、免职、降职的权力。① 另一方面，干部责任制最重要的就是行使任命权。干部责任制的第一个要素是领导干部的工作业绩考评，这是决定组织部门提拔、免职或调任干部的根本因素。第二个要素是中央如何利用提拔、免职和干部交流来强化中央的权威并以此控制地方的领导干部，这又涉及提拔和轮岗模式。前者表现为地方领导要么被提拔到上一级，要么同时在两个层级兼任职务；后者表现为领导干部在不同的行政层级间轮岗，或以同一层级在不同地区轮岗。通常认为干部任命制的权限范围覆盖下一个层级的官员，但是，在我看来，这样的说法具有误导性，因为它给人的印象是县决定镇，等等，而这只在一定程度上是正确的。县党委管理县里各部门的领导和镇领导，这两个层级的干部级别是相等的，因此，更准确的说法应该是，在干部任命制中权限范围覆盖低一个级别的官员。我们会看到，这种澄清对于讨论不同层级间的轮岗有着重大作用。

因此，干部责任制是一种全面的干部管理模式。重要的是明确哪类干部归它管：干部任命制和干部责任制都只管理领导干部，这和编制不

① John P. Burns, "China's Nomenklatura System", *Problems of Communism*, Vol. XXXVI, No. 5, 1987; *The Chinese Communist Party's Nomenklatura System: A Documentary Study of Party Control of Leadership Selection, 1979—1984*, Armonk, NY: M. E. Sharpe, 1989; and "Strengthening Central CCP Control of Leadership Selection: The 1990 Nomenklatura", *The China Quarterly*, No. 138 (1994).

同，编制包括了一个给定单位的所有雇员，是对所有干部的管理。[①] 然而，干部任命制和干部责任制之间的一个区别是，前者包括所有单位的领导干部，而后者主要涉及每个层级的领导干部，也就是党委书记和地方政府的行政首长（第一把手）。

我已经在其他论文中详细描述了干部责任制，这里只是简单提一下它的基本特征，以便我们能重点考察它的调整潜力。[②] 我主要考察镇级领导干部——党委书记和镇长——但是整个体制是从省一级向下逐级派生出乡镇一级。第一个要素是对地方领导的考评。党委书记和镇长事实上和县里签订岗位目标责任书。在这些岗位目标责任书中，镇长保证实现上级领导制定的目标并就目标实现与否承担个人责任。岗位目标责任书的内容因地方不同、时间不同而不同，反映的不仅是中央政府而且是地方政府的轻重缓急。作为一个复杂的制度，绩效目标内在地以重要性来排序：软指标（一般指标）、硬指标和具有否决权的优先指标（一票否决）——有时也被称为底线指标。否决权在这里是指，如果镇领导在年底的综合考评中没能实现这些优先指标，就会抹杀所有其他的工作业绩，无论其他工作是多么出色。指标之间的重要差异便于我们理解中央政府强调的是哪些政策。到了年底，上级领导依据岗位目标责任书中的不同指标对领导干部进行考评。让下级通过调查问卷和民意测验表明对上级的评价，也属于上级进行领导干部年度考评的一部分内容。和领导同一工作单位的同事以及来自下属单位的代表都参加考评会。在考评过程中，普通群众只能通过投诉的渠道提出意见。奥布赖恩（O'Brien）和李连江（Li lianjiang）已经证明，投诉信的数量也是考评地方领导的一

① 编制指党或政府行政机构、服务组织或工作单位中所规定的人员数量（职务数量），参见 Kjeld Erik Brodsgaard，"Institutional Reform and the Bianzhi System in China"，*The China Quarterly*，No. 170，2002.

② Maria Heimer，"State Capacity and Local Agent Control in China：CCP Cadre Management from a Township Perspective"，*The China Quarterly*，No. 173，2003. 本文对干部责任制的描述大量引用了这篇文章。

个标准。[①] 上访或群体性事件也对考评领导人的工作成绩有着间接影响，它们主要由维护社会秩序的优先指标来体现。

干部责任制的第二个要素是中国共产党选拔下级领导干部进入上级领导岗位的治理方式，包括身兼两职的提拔、在不同地区和不同层级的行政机构轮岗。一个有成就的镇党委书记兼任县委副书记是获得提拔而同时兼任一个更高职务的情况。黄亚生证实了这种兼职，并发现在省这一级大约有17%的省委书记兼任第14届中央政治局委员。[②] 不同地区间的轮岗意味着上级领导是从除他们任职的镇或县以外的地方选拔的，自20世纪90年代以来平级调动的情况越来越多。与地区间的轮岗相比，人们很少讨论不同行政层级间的轮岗，但这种情况对于研究党的控制更为重要。弗兰克·皮克（Frank Pieke）表明了在县委组织部管理权限范围内的镇领导干部和县政府领导下的部门领导，是如何在县和镇两个层级间进行轮岗的。[③] 上下层级间的轮岗更值得研究。黄亚生只考察了省级党委书记在担任现职务前是否刚刚卸任其他省的党委书记或市长，以及部级官员是否被调往另一个部任职。他没有考察在省、部级最高职位间领导干部的轮岗情况。至少在省级以下，上下两个层级间的轮岗几乎一样多，并表现出垂直一体管理的特征。

干部管理在最近几十年发生了巨大变革，但是与改革开放前仍存在相当大的连续性。干部责任制具备适应共产党变革需求的能力吗？

---

① Kevin J. O. Brien and Li Lianjiang, “The Politics of Lodging Complaints in Rural China”, *The China Quarterly*, No. 138, 1995.

② Huang, Yasheng, “Managing Chinese Bureaucrats: An Institutional Economic Perspective”, *Political Studies*, Vol. 50, 2002, p. 70.

③ Frank Pieke, “Contours of an Anthropology of the Chinese State: Political Structure, Agency and Economic Development in Rural China”, *Journal of Royal Anthropological Institute*, Vol. 10, 2004.

二、干部责任制的调整潜力

对改革开放前干部管理情况比较熟悉的学者会怀疑自改革以来到底发生了多大变化。尽管已经引入了诸如经济激励等新的内容，但原有的内容仍然存在，并进行调整以适应变化的环境。

对于局外观察者来说，最显著的变化是共产党的最终目标已经从建设社会主义或共产主义转变为促进经济增长。在许多人看来，一个老资格的列宁主义体制能把经济发展列为当务之急是违背常理的。一位研究共产主义制度的学者认为，苏联式的指令结构是目标理性的。[①] 以共产主义为终极目标并从中衍生出中间目标。在共产主义制度中盛行的干部管理，以其对目标的强调而被作为一种独特的管理形式加以分析。[②] 另有一位分析干部管理的学者认为，这种类型的公共管理能敏锐地感受到领导偏好的变化，特别是那些能调动庞大的组织为新目标工作的领导。[③] 这样，干部组织能轻松适应情况的变化和目标的更新甚至是组织本身固有的性质。因此，目标理性和制度的灵活性而非特定目标才是干部管理的主要特征。如果运用这种分析框架来理解共产主义组织，那么在干部组织不变的情况下，中国共产党能从最初以共产主义为奋斗目标转变为后来的以经济发展为压倒一切的目标，就没那么让人惊奇了。中国共产党不仅是在经济体制中而且还在干部管理体制中引入了市场改革。

一种叫做新公共管理的市场治理模式为我们理解中国在干部管理方面发生着怎样的变化提供了一个合适的框架。这个模式建立在这样一个

---

① T. H. Rigby, "Introduction: Political Legitimacy, Weber and Communist Monoorganizational Systems", in T. H. Rigby and Ferenc Fehér, *Political Legitimation in Communist States*, London: MacMillan, 1982, pp. 10 – 12.

② Göan Therborn, *Vad Gör Den Härskande Klassen När Den Härskar?: Statsapparater och Statsmakt under Feodalism, Kapitalism och Socialism?* Stockholm: Zenit, 1980, pp. 52 – 54.

③ Bo Rothstein, *Just Institutions Matter: The Moral and Political Logic of the Universal Welfare State*, Cambridge: Cambridge University Press, 1998, p. 91.

见解之上，那就是私营部门的表现更出色，因此应该把它应用于国家行政机关，也就是说，政府的管理应该遵循与私有企业一样的原则。这个学派的首要目标就是精简政府行政部门。第二个目标或从属目标就是把重要的市场原则应用于政府行政部门的管理。① 中国所进行的市场改革类似于那些已经不仅席卷了发达国家而且席卷了发展中国家的公共部门的改革。干部责任制的基本特征——权力下放、岗位目标责任书的使用、设置定量目标、在国家官员中引入竞争、利用经济激励促进目标实现、依靠服务对象来衡量政府绩效——所有这些都是新公共管理的要素。与此同时，干部管理仍表现出重大的历史连续性。② 共产党的干部组织和新公共管理这两个表面上对立的模式因何能在干部责任制中结合起来？原因在于，在列宁主义的制度与首先由玛格丽特·撒切尔在英国推行的公共管理的市场模式之间存在着很大的相似性。两个模式强调的都是目标，而不是规则和过程本身，制度由此具备了灵活性。所以在组织结构上，干部管理和新公共管理都是与私营企业最接近的公共管理类型。③

因此，干部责任制应该具有巨大的调整潜力。制度本身具有灵活性，其组织应该能对中央领导人目标的变化作出反应。那么自改革启动以来，以地方领导为对象的干部管理发生了什么具体变化呢？由于我们对地方政治机构在改革开放前的具体实践的了解有限，再加上对现在的组织又没有充分的了解，所以不可能对某些特征所发生的变化及其连续性进行任何明确的讨论。历史连续性的最突出的体现是目前的绩效指标与原计划体制下的定额没有明显区别。区别在于绩效指标数量较少并且

---

① 关于对新公共管理模式的介绍，参见 Peter Self, *Government by the Market? The Politics of Public Choice*, Boulder, CO: Westview Press, 1993; and Patrick Dunleavy and Christopher Hood, "From Old Public Administration to New Public Management," *Public Money and Management* , July September, 1994。

② 强调变革和发展不是一种线性过程是重要的。我们在一些地区看到中央集权减弱的同时，另有一些地区中央集权再次得到强化。

③ Rothstein, *Just Institutions Matter*, p. 91.

做了内在排序，清楚地表明了中央的轻重缓急。硬指标实际上始终是经济指标，总是有着可操作的定量数值并相对容易衡量，比如 GDP 的增长、向上级缴纳的税收收入等等。比较起来，具有否决权的优先指标是为制度基础服务的，或者是为特别紧迫的政策服务的。至少，就维护社会秩序（社会治安）的优先指标而言，是以它的效果而不是以它要实现的目标来衡量的。硬指标在通常情况下或许是重要的，但是具有否决权的优先指标无论在一般情况下还是在特殊情况下都是必须要贯彻的。因此，干部管理已经在特定的方面变得更加制度化了。领导干部签订的岗位目标责任书是改革时代的创新，并且很可能仿效了家庭联产承包责任制合同。结果是干部责任制得到了更加清楚的阐释，因为地方最高领导——党委书记和政府行政首长——承担最终的责任。

来自不同县镇的地方领导之间的竞争一向是干部管理的特征之一，但是现在经济激励也被用来鼓励他们。群众的意见在改革开放前也曾为考评干部提供信息，但是现在人们认为它们应该发挥更大的作用，并且它们在最近几年已经变得更加制度化了。在新的领导干部选拔任工作条例中，新增加了一项规定，即在年度考核、干部考察中，民主测评不称职票超过三分之一、经组织考核认定为不称的，一般应当免去现职。[①] 新的党内监督规章也规定了在决定干部提拔时群众发挥更大的作用。[②] 学者们有关改革开放前地方组织方面的著作证实，那时管理干部的方法是干部在不同地区和不同行政层级的兼职或轮岗，那么这些似乎也体现了中国共产党干部管理的连续性特征。[③] 尽管坦率地说我们对改革前后的体制都知之甚少，但是仍有迹象表明兼职或轮岗的逻辑已经改变了。

---

① 《党政领导干部选拔任用工作条例》，第五十五条。

② Joseph Fewsmith, "The Third Plenary Session of the 16th Central Committee", *China Leadership Monitor*, No. 9, 2003.

③ 例如，参见 Frederick C. Teiwes, *Provincial Party Personnel in Mainland China* 1956—1966, New York: Columbia University, 1967; and Michel Oksenberg, "Local Leaders in Rural China, 1962—1965: Individual Attributes, Bureaucratic Positions, and Political Recruitment", in Doak Barnett (ed.) *Chinese Communist Politics in Action*, Seattle, WA: University of Washington Press, 1969。

奥克森伯格（Oksenberg）1969 年的研究显示，一级和模范单位地区被指派外来干部的可能性较小[①]，但是现在的高层加强了他们对重大战略区域的政治控制；这些区域通常是重要的经济发达和税收收入地区。[②]如果这一观察是正确的，它就意味着中国共产党已经放弃了对问题地区的关注或者至少对问题地区的关注已经降低了，这对解决贫困和不平等问题具有重大意义。

整个中国在多大程度上统一实行了干部责任制呢？地区之间显然存在许多变化。首先，我不赞成地区之间的变化本身表明中央失去了对地方的控制。制度的变化意味着中央加强控制还是中央失去控制是个经验问题。更重要的是，我们应当通过变化更多地了解中国共产党的执政与治理方式。黄亚生在考察中央对省政府领导的政治和行政控制时，以地区间的相似性作为衡量中央控制的标准。[③] 就设立绩效指标而言，反映中央和地方当局轻重缓急的绩效指标在不同地区的差异不仅并不必然意味着中央政府失去了控制，甚至可能意味着中央在某些场合下加强了控制。中央不会在所有地区采取一样的政策。只有两种全国性的一票否决，即具有否决权的优先指标：计划生育和社会治安稳定。在四川省，环境保护是一票否决的。[④] 对这一地方性优先指标，一种解释认为四川省领导特别重视保护环境，但中央要求四川这样做的可能性更大，因为四川的环境发生问题会在中国其他地方引发洪水和灾害并影响它的金融中心——上海。在这个例子中，绩效指标的变化是中央控制力加强的表现。另一方面，如果某些地区把中央优先指标的重要性降低了，这种变化可能是中央控制力削弱的表现。从维持社会治安作为优先指标中可以看出，中国政府非常重视社会稳定。在社会动荡加剧的地方，如果当地

① Oksenberg, "*Local Leaders in Rural China, 1962—1965*", pp. 199 - 200.

② Heimer, "*State Capacity and Local Agent Control in China*".

③ Huang Yasheng, *Inflation and Investment Controls in China: The Political Economy of Central-Local Relations during the Reform Era*, Cambridge: Cambridge University Press, 1996.

④ 这来自（2003 秋天）与四川省西部大开发办公室领导的访谈。尽管我没有在县和县级以下的地方找到证据证明环境保护是优先指标。

政府并不重视社会治安，这就可能意味着中央控制力的削弱（或至少中央在那个地区更加关注其他指标）。

人们有时会错误地高估干部责任制和干部任命制的实际作用。我认为必须把干部责任制当做中国共产党管理干部的一种治理工具或方法来分析，仅此而已，别无其他。如果要评估这一制度的效率，那么必须和把这一制度作为工具的负责人的目标相比较。约翰·伯恩斯（John Burns）考察了干部任命制对中国共产党的贡献到底有多大。他发现，长期以来，由于干部任命制可能选拔出腐败的官员担任公职再加上不能遏制党内腐败的扩散，它已经在某种程度上被削弱了。[①] 然而，这种推理预设了中国共产党相当重视反腐败，就此可以提出诸多理由加以质疑。[②] 我们不能通过考察干部责任制并不重视的目标来评估它的影响。这项制度的批评者指出，干部依旧通过表面上完成岗位目标责任书和考核表所设定的指标，竭尽所能地讨好上级，即使他们不得不篡改数据，即使他们的行为会损害农民的利益。[③] 我们在这里也不能自动假设批评者所关心的问题就是党所关心的问题。这不是说不能发表批评，关键在于批评应该指向党本身而不是宣称它的管理工具无效。我完全同意伯恩斯的看法，他认为："干部任命制像中国共产党自身一样重要。"[④] 因此，在我看来，干部责任制首先是一个分析工具，帮助我们考察中央政府赞成哪些目标、如何实现目标；其次，它是一个理解干部的行为为何会这样的工具。接下来，它有助于我们分析中国的政策执行情况和政治。这绝不是一个一目了然的过程，当然也不应该描述为一个这样的过程。这

---

① John P. Burns, "The Relevance of the Nomenklatura System to the Chinese Communist Party in a New Era", a paper presented to the international conference on The Chinese Communist Party in a New Era: Renewal and Reform held in Singapore, 9 – 10, December 2003.

② 更多关于腐败和发展以及与反腐败对制约干部行为作用的关系，参见 Maria Heimer, "The Local State and Developmental Projects in China", in Richard Boyd and Tak-Wing Ngo (eds.) *Asian States: Beyond the Developmental Perspective*, London: Routledge, 2004。

③ See Stig Thogersen, "Parasites or Civilisers: The Legitimacy of the Chinese Communist Party in Rural Areas", *China: An International Journal*, Vol. 1, No. 2, 2003, p. 203.

④ Burns, "The Relevance of the Nomenklatura System", p. 7.

一制度为地方领导促进经济增长提供了政治动力，只不过是以一种间接的和意想不到的方式。①

假设制度本身具备灵活性，假设前面讨论的党的目标和方法已经事先确定，中国政府应该能够提高社会问题在干部责任制中的重要性。他们这样做了吗？

为了更好地解决贫困和区域不平等等社会问题，如果中央政府想要在干部责任制中提高解决这些问题的重要性，我们会期待他们把这些指标纳入政府行政首长的岗位目标责任书中，而不是把它们看做消除贫困办公室主任或政府副行政首长或党委副书记等人的职责。中央强调的一些政策，比如2003年春天的抗击“非典”，不会总是出现在岗位目标责任书内，但是那些更具有连续性的优先政策则相反。扶贫和减少不平等必须成为对工作成果进行综合考评的重要硬指标，而且政府行政首长必须对这些指标而不是对那些和经济发展相关的指标负责。中央似乎只能通过干部责任制同时推行少数优先政策：在这个意义上，干部管理与改革开放前相比并没有发生显著变化。当两个优先指标冲突时，其中至少有一个会很难贯彻。扶贫和减少不平等指标与维护社会治安优先性指标之间的冲突程度，应该低于经济增长指标和维护社会治安优先性指标之间的冲突程度。所以，扶贫和减少不平等应该能缓和社会紧张并为社会稳定作出贡献。

三、解决贫困和区域不平等问题

中央领导人唯有依赖地方政治机构执行他们的计划才能解决贫困和区域不平等问题。我们接下来关注的不是这两个政策本身，而是和它们有关的组织，以便于讨论干部责任制是否能够适应共产党需要的变化，

① Maria Heimer，“Local State Corporatism and Private Business”，*The Journal of Peasant Studies*，Vol. 30，No. 3/4，2003.

并对扶贫计划和西部大开发的实施进程加以评价。①

政府的扶贫计划和西部大开发计划具有不同的目的，但内容上又有交叉。政府扶贫计划的首要目标是帮助穷人，西部大开发计划的主要目的是促进中国内陆的发展并缩小沿海与内陆地区之间的差距。扶贫和西部大开发互相联系，因为：第一，扶贫在中国本身恰恰就是以发展为宗旨的。中国用扶贫开发来表述扶贫，就在事实上确立了通过发展消除贫困的宗旨。扶贫政策从一开始就强调为区域经济发展创造有利条件，而不是直接帮助穷人。第二，人们认为，尽管扶贫不是西部大开发的主要目标，但它会减少农村贫困，即“实施西部大开发战略也有助于扶贫并对降低贫困率有深远影响”。② 因此，西部大开发计划的实施是和扶贫联系在一起共同促进贫困地区的经济发展。

这两个计划都以特定的地区为对象。自1994年“八七扶贫攻坚计划”以来，中国政府以592个贫困县为目标（最初叫贫困县，现在叫重点县）并把资源集中到这些地方。③ 自2001年以来，在新的国民扶贫策略中，所有592个国家重点县都位于中国的中西部地区。扶贫工作是这592个县的党政领导的首要任务，这些领导人应当把扶贫作为他们的最高目标。西部大开发计划包括直辖市重庆；四川、贵州、云南、陕西、甘肃和青海等省；西藏、宁夏、新疆、内蒙古和广西等自治区。在这些地区，中央和地方政府都投资建设了许多大规模的重点工程。④

中国政府于1986年首次制定了扶贫政策，并建立了常设机构，相比之下，西部大开发是在2000年启动的，而且没有常设的组织机构。对于扶贫工作，中央政府实行了干部责任制，这在2001年国家扶贫计

---

① 这一讨论建立在为我目前正在进行的课题所做的实地调查。我们在三个贫困县做了实地调查：一个是在2003年没有被国家认定为贫困县的县，其他两个分别是2004年在四川和山西被国家认定的重点贫困县。

② 白皮书：《中国的农村扶贫开发》。

③ 在“八七扶贫攻坚计划”中，所有的资源必须集中到所选择的县，但是在新的扶贫计划中，有些资金也用在了重点县以外的地区，以村为单位。

④ David S. G. Goodman, “The Politics of the West: Equality, Nation-building and Civilization”, *Provincial China*, No. 2, 2002.

划新修纲要 [《中国农村扶贫开发纲要 (2001—2010 年)》] 中得到了明确阐述。但是，不同行政层级间的责任分工并不十分明确。纲要规定省一级领导承担主要责任，但是关键工作要由县一级领导来完成。我认为应该由地方上的党和政府 (第一把手) 最高领导人来承担扶贫责任。纲要规定，扶贫工作的成果是考评高层领导工作成绩的一个重要指标。① 根据我的判断，中央政府没有就西部开发计划下发类似的指示，地方上的调查结果也支持这一判断。

除了国务院扶贫办公室，还在 1986 年成立了一个国家级的扶贫开发领导小组。领导小组直属于国务院，属于部级单位并通常由主管农业的副总理领导。② 领导小组及其办公室在不同的行政层级均有相应的建制。国务院西部大开发领导小组成立于 2000 年，并在国家发展改革委员会里设立了领导小组的办公室，这就大致表明了这个机构对西部大开发计划的影响。就它们都是国家级的组织而言，扶贫和西部大开发似乎同等重要，因为两个领导小组都由一位副总理领导，尽管后者由于责任分工的不同，承担的责任可能比掌管农业的副总理更多。

我们把注意力从中央转移到在政治组织中起着关键作用的地方。在我们进行实地调查的云南、四川和山西三个省，如果考察领导小组和机构设置，情况是相当一致的。扶贫开发领导小组不是由县长就是由党委书记领导，而负责西部大开发的领导小组只在名义上存在。一位地方官员声称政府的一切事务都和西部大开发有关，因此没必要建立专门的领导小组。③ 虽然扶贫办是一个独立单位，有自己的领导人，但是西部大开发办公室则隶属发展改革委员会并且它的领导由发展改革委员会的领导兼任。没必要单独设立办公室，因为发展改革委员会的工作和西部大开发的工作内容一致。④ 发展改革委员会的大多数工作都“以西部大开

① 《中国农村扶贫开发纲要 (2001—2010 年)》，第二十九条。
② 现在，它的领导人是副总理回良玉。
③ 与四川省西部大开发办公室部门领导的访谈 (2003 年秋天)。
④ 与四川某自治市西部大开发办公室兼发展计划委员会主任的访谈 (2004 年春天)。

发为中心”。[①] 它意味着事实上西部大开发没有专设机构；挂着它名字的机构实际上是个空壳，但是西部大开发是由发展改革委员会和当地政府共同管理的。我们在下面会讨论其意义，现在完全可以说西部大开发可能比扶贫更重要，只是它被包括在政府的全局工作中。

绩效指标表明上级是怎样管理下级的。在云南，地区一级把扶贫指标分配到县，县又分配到下属的23个镇，并把它们纳入镇长的岗位目标责任书。[②] 镇长与县签订岗位目标责任书并对县负责。在岗位目标责任书中，总共有12个目标和扶贫相关，都作为镇领导的考评依据。[③] 扶贫办的领导表示，最重要的目标就是解决一定数量人口的衣食问题（解决温饱人口）：2003年，这一数字达到30万。[④] 这在县级有所反映，在2002年使1500人脱贫（解决温饱人口）是县里需要实现的最重要目标。其次是要在2002年阻止3800人返贫（巩固温饱人口），并完成3个关键工程的计划。[⑤] 扶贫指标属于考评指标中的硬指标，因为完成这些指标没有奖励，但是一旦完不成就要接受惩罚。但是，很难判断扶贫目标与考评依据中其他17项硬指标的相对重要性，特别是经济发展指标。[⑥] 在四川和山西走访的两个国家级贫困县里，提高农民平均收入（农民收入）是重要的目标但是很难把它和更一般的经济指标区别开来，例如GDP的增长指标，因为当GDP增长时，农民的平均收入随之增长，反之亦然。[⑦]

与扶贫正相反，对地方领导的年度考评并没有反映西部大开发内容的指标。中央政府没有把西部大开发落实到干部责任制中，因此镇领导

---

① 与云南一个县发展计划委员会领导的西部大开发办公室副主任的访谈。

② 参见《X市2002年扶贫开发目标管理责任状》。

③ 同上。X市是一个县级市。

④ 与云南一个县扶贫办公室主任的访谈（2003年春天）。

⑤ 同上，同时参见《X市2002年扶贫开发目标管理责任状》。

⑥ 与云南某县扶贫办公室主任的访谈（2003年春天）；同时参见《关于兑现2002年度目标管理责任制的通知》和《X市2002年扶贫开发目标管理责任状》。

⑦ 与四川某县扶贫办公室主任的访谈（2004年春天）；与山西某村党支部书记的访谈（2004年春天）。

也没有签订有关积极发展西部地区的岗位目标责任书。据发展改革委员会的一位部门领导所言，很难草拟有关西部发展计划的岗位目标责任书，因为这项政策没有要实现的特定目标。然而，一些归入西部大开发名下的特定工程不仅附加了指标和岗位责任书，而且由不同的部门来管理。比如重新安置农民（异地搬迁）的工程，但是尽管它由发展改革委员会管理，它在某种程度上也是扶贫工程。[①] 在综合考评中，很可能用经济发展指标来衡量西部大开发。通过分析西部大开发的组织构成，可以从中推断这一政策的实质。在我看来，西部大开发是大幅度增加西部省份不同部门的预算来源的政策，但又不是一个拥有具体内容的政策。它与20世纪80年代启动的沿海发展战略存在诸多相似之处，尽管相比之下，西部大开发战略没那么受重视。和沿海发展战略一样，关键的工程落实到岗位目标责任书之中，而且西部大开发的成功与否同样以GDP指标、投资水平特别是外国投资等来衡量。

西部大开发和扶贫二者似乎如果不是以经济发展指数来衡量，就是不如经济发展指数那么重要——即使在西部省份的那些把扶贫看做是地方领导首要任务的主要贫困县，情况也是如此。在考评领导干部时，扶贫目标是硬指标，但是存在更强硬的指标，以至于人们认为扶贫和经济发展没什么区别，以至于降低了特定的扶贫指标的重要性。据一位调整考评结果的领导所言，当扶贫一项得分较低但是发展指数较好时，被测评的单位仍然能得一个高分。如果反过来，当扶贫工作完成得很好，但是GDP很低时，被考评的单位可能得不到高分。[②] 因为人们似乎假设GDP的增长会导致农民收入自动增加，但是却没有人去做调查来核对GDP的增长是否能让生活标准低于625元的国家贫困线的贫困家庭甚至年收入低于1000元的家庭受益。然而，从执行扶贫政策的方式来判断，GDP的增长在贫困地区使家庭收入低于平均标准的家庭受益的概率比较

① 与云南一个县发展改革委员会的部门领导的访谈（2003年春天）；另请参见《某市2001—2002年度国家异地扶贫搬迁试点工程项目》。这是一个县级市。

② 与四川某县党委考核办公室主任的访谈（2004年春天）。

低。我的结论是，在现行的干部责任制下，减少贫困和降低地区不平等的工作是以经济发展指数为评价标准的。这样，地区不平等和贫困问题只能借助维护社会秩序的优先指标才能在考评指标体系中变得比经济增长更重要。因此，在干部责任制中得到衡量的是贫困和地区不平等问题产生的影响，而不是扶贫或西部大开发计划本身落实的程度。如果贫困和不平等等社会问题导致社会不满和广泛的动荡，那么社会发展可能，也只有在那时才可能比经济发展得到更多重视。

四、结 论

以人为本的政策取向和新一任领导人对均衡发展的重视还没有在地方组织中取得主导地位。对地方干部责任制的分析表明，单方面强调GDP增长的倾向仍然存在。到目前为止，政策与前一届领导集体时相比还没有发生很大的变化。在目前的制度设计中，贫困等社会问题只能借助优先指标得到关注，其效果以社会稳定状况来衡量。即便中央发出了含糊的信息——要更加重视社会发展但是同时GDP总量在20年内要翻一番，这实在不值得奇怪。经济增长优先的政策已经实施了20年，如果要改变这一政策，需要中央政府发出强有力的信息。这并不是说中国领导人忽视社会问题，只是他们似乎认为经济增长是解决社会问题的最好办法。但是，新的领导集体已经意识到社会问题需要制定专门的政策，增加农村收入的一项具体措施就是每年降低农业税一个百分点，五年内免除农业税。降低农业税的专门政策受到了高度重视，并于2004年4月在我做实地考察的四川和山西地区得到了有效贯彻，尽管同年3月这一政策刚刚颁布。事实上，降低农业税的工作连同总体税制改革在2004年3月人民代表大会开幕前就启动了，而总体税制改革是降低农业税这一政策将远早于规定的期限实施的原因之一。减轻农民负担被视为具有否决权的优先目标，但只是维持社会治安这个大目标的组成部分。[1]

这里的结论证实，干部责任制具有足够的灵活性，能够适应中国共产党变化的需要，解决迫切的社会问题。但是，中国共产党尚未给予贫困和地区不平等等社会问题以充分的重视。从改革开始到今天，共产党促进发展的能力要超过它解决社会问题的能力。我认为，不是政治制度本身存在问题，而是党的目标存在偏差。我同意胡鞍钢和王绍光的看法，即国家解决社会问题的能力削弱了，但与他们不同的是，我认为这是经过慎重考虑的策略的结果，这是为了让国家规避社会问题。[2] 中国政府再一次与新公共管理和世界趋势达成了一致。中国政府在改革时代选择了退却，把处理社会问题的责任委托给地方政府，但又不提供相应的预算资金。在落后地区，地方缺乏资金，镇级领导没有预算资金去执行由他们负责的中央政策。即使在今天，他们也不具有合法的地方税收权来为那个目的积累资源。当社会问题引起社会的普遍不满时，中国政府具有应对这种状况的能力是因为还没有让国家做太多的规避。我们希望新的领导人在问题发展到那一步之前已经改变了路线方针。

如果新的领导人想要“以人为本”，更多关注社会，他们就必须通过干部责任制来贯彻。直到今天，他们还没有这样做。新的政策提议需要时间。然而，在今后的一、两年，如果新的领导人是认真的，我们可能会在地方上发现变化。

（马 瑞 译）

① 与四川某镇镇长、人大委员会主席和副党委书记的访谈（2004 年春天）。

② Wang Shaoguang and Hu Angang，*The Chinese Economy in Crisis*：*State Capacity and Tax Reform*，Armonk，NY：M. E. Sharpe，2001；and *The Political Economy of Uneven Development*：*The Case of China*，Armonk，NY：M. E. Sharpe，1999.

作为领导选拔机制的中国共产党干部任命制：一个评价*

〔中国香港〕约翰·P. 伯恩斯

一、导　言

就像所有执政的共产党一样，中国共产党有一套控制公共机构的领导选拔制度。这套制度基于列宁主义的政党组织原则和国家—社会关系原则，其中最为重要的一点是，政党独掌权力。① 这套产生于中央计划经济背景下的制度，可以说是中国共产党的明显特征。这套制度的主要功能，就是维护中国共产党的执政地位。因为中国共产党继续在中国独

---

* 本文原题为 "The Chinese Communist Party's Nomenklatura System as a Leadership Selection Mechanism, an Evaluation"，载 *The Chinese Communist Party in Reform*, edited by Kjeld Erik Brødsgaard and Zheng Yongnian, London: Routledge, 2006。作者简介：约翰·P. 伯恩斯（John P. Burns），哥伦比亚大学政治学博士，香港大学政治与公共管理教授。——译者注

我要感谢新加坡国立大学东亚研究所主办的"新时代的中国共产党：复兴与改革"会议（2003 年 12 月 9—10 日）的参加者对论文第一稿作出的评论，尤其要感谢郑永年、柏思德（Kjeld Erik Brodsgaard）、李侃如（Kenneth Lieberthal）和王庆新。当然，本文所存在的错误，责任都在我自己。我也要感谢香港研究资助局对这一研究的支持。

① Janos Kornai, *The Socialist System: the Political Economy of Communism*, Princeton, NJ: Princeton University Press, 1992, pp. 33 - 48.

掌权力，由此可以认为，干部任命制运行得很好。在过去的50多年里，中国共产党一直都能在几乎没有出现任何异议的情形下选拔国家的最高领导人。

然而，除了维护中国共产党的执政这一主要功能之外，干部任命制也是选拔推动中国的发展所需的各种特殊领导人——即那些既有能力又忠心耿耿的人——的一个机制。倘若政党处于独掌权力的位置，那么，这一功能对于国家的发展而言，则变得日益重要。就这一功能的实现与中国共产党维护其执政地位相关而言，完全可以说，这两个功能关联在一起。我正是从后一个角度出发，评价干部任命制的运行情况。我认为，从这一角度来看，干部任命制既不能很好地服务于中国共产党，也不能很好地服务于中国。

中国共产党对领导选拔的管理曾有一个多变的过去。在一些时期，例如在“文化大革命”时期，这套制度就完全崩溃了，而在其他时期（比如说1952—1953年），这套制度也因为党内精英的斗争和腐败而陷于瘫痪。甚至在江泽民时代，这套制度也因为腐败而遭到一定的破坏。可以说，这套制度运行得最好的时期是1954—1955年。这是一个组织合理化的时期，党内精英斗争不多，政党纪律较严。换句话说，作为一种领导选拔机制的干部任命制始终是变化着的，甚至在中国共产党作为一个组织的地位比现在更为安全、政党比现在更少腐败的时候，也是如此。我认为，党内精英的团结和政党纪律最好地说明了干部任命制运行中所出现的变化。一旦这两个方面被破坏，干部任命制选拔有能力又忠心耿耿的领导人的功能也就削弱了。

二、背　景

本质上，干部任命制是一种领导选拔制度，它使地方党委在管辖范围内选拔各种职位的官员具有各自行政级别上的独断权。管辖范围由中央政治局决定。从中央委员会以下的每一个党委，都有一个它对之具有最终选拔权力的职位清单。大体上，这些清单分为两个部分：一部分是在可能被任命之前需经党委首肯的职位清单，一部分是职位的补充需上报组织部的职位清单。对于第二部分的职位清单，组织部可以对任命加以否决。① 这套制度还包括每一个职位的后备人选名单（这也是由各地方党委所控制），以及产生相应后备人选的一些原则和程序。

（一）垂直维度

1998 年，由中央委员会任命的干部包括大约 2500 位省部级官员，以及数量更多的、其任命需上报中央委员会的 39000 位局级官员。从时间上来看，省部级职位的数量明显始终很稳定，然而，局级职位的数量自 1984 年以来的增长超过了 48%。局级职位的数量在 1989—1990 年出现暂时的下降，并于 1993—1994 年再次有所下降，这后一次下降无疑是政府精简机构运动的结果。②

领导选拔的决策权力，尽管相对集中于中央，但有时也会分散到位于省级之上的行政区党委（1952—1954）和省委及地方党委（自 1984 年之后）。例如，从 1952 年到 1954 年，政治局设立了覆盖大部分省份的六个行政大区，并把领导选拔的权力赋予了这些行政大区党委。然而，这六个行政大区在 1954 年被废除后，权力再次被集中化。③ 自 1984 年以来，任命干部的权力从最高层向下扩展到各行政级别。在 1984 年之前，地方官员的任命需预先获得中央委员会的同意。④ 1983 年，大约 5854 名地方干部的任命都需要获得中央委员会的预先批准。⑤ 随着干部任命权力在 1984 年的下放，只有省部级官员的任命才需中央委员会的

---

① John P. Burns, *The Chinese Communist Party's Nomenklatura System*, Armonk, NY: M. E. Sharpe, 1989.

② John P. Burns "Downsizing the Chinese State: Government Retrenchment in the 1990s", *The China Quarterly*, No. 175, September, 2003, pp. 775 - 802.

③ Burns, *The Chinese Communist Party's Nomenklatura System*, p. x.

④ Ibid., p. xviii.

⑤ 中共中央组织部、中共中央党史研究室、中央档案馆编：《中国共产党组织史资料：中华人民共和国政权组织 1949—1997 附卷二》，中共党史出版社 2000 年版，第 1427 页。

预先批准（1984 年所作出的新任命不到 100 个）。在一些情况下，要求中央批准的职位数量急剧下降（比如中国人民银行下降了 87%）。[①] 不过，1984 年之后，中央组织部还必须每年处理数千份任命，即进行预先批准或事后认定。

（二）水平维度

干部任命制的水平维度包括：（1）选拔领导的权力所在地的变化（中央权力的定期分散）；（2）党控制范围的变化。

自 1949 年以来，尽管代表政治局的中央组织部保留着对干部任命制的控制，但有时它也授权其他高级别的政党机关对领导选拔作出决定。因此，例如在 1953 年，当时中央委员会由许多带有政府部门和委员会性质的机构组成，这些机构对领导选拔作出决策。这些机构包括工业工作部、财政贸易工作部、交通工作部、农村工作部和政治工作部。中央宣传部和统战部也有自己的干部选拔权力。尽管这一权力要在中央组织部的监督下行使。[②] 20 世纪 90 年代，中央组织部也把领导选拔的权力授予两个负责金融机构和重点国有企业的中央机构。中央金融工作委员会（1998—2003 年的领导是温家宝）和中央企业工作委员会（2000—2003 年的领导是吴邦国），这两个委员会隶属于中央财经领导小组，它们为重点金融机构和国有企业选拔领导干部。[③]

公开任命的干部所包括的职位和其保密程度都是政治问题。与 1984 年之前的名单不同，中国共产党使党外人士在一定程度上可以得到 1984 年和 1990 年的干部任命名单（它们以机构和人员文件汇编的形式出版，

---

① Burns, *The Chinese Communist Party's Nomenklatura System*, p. xviii [0].

② Ibid., p. xvi.

③ 中共中央委员会：《中共中央关于完善金融系统党的领导体制，加强和改进金融系统党的工作有关问题的通知》；中央金融工作委员会编：《党的组织工作实用手册》，中央党校出版社 1999 年版，第 190 页。

可以在正式书店中购得，或者通过其他渠道获得)，[①] 然而，中国共产党没有公开发布1998年的名单。中国共产党的幕后角色的保密性，随着中国加入世界贸易组织所要求的决策的日益透明，显然也日益增强。尤其是，领导人试图对党外人士隐瞒中国共产党在制定经济政策中的作用。

中央委员会（和地方党委）公布的干部任命范围不时地改变，反映出中国政治体制的日益制度化[②]，以及政治局对其政治需要的理解。例如，1990年，中国共产党增加了公布的干部任命职位，这些职位此前显然为中央委员会所控制而不被报道。这些职位包括政治局、中央委员会、中央军事委员会和中华人民共和国主席和副主席。因而，1990年的干部任命清单是对中国共产党角色的一个更为全面和坦诚的说明。不过，1990年的清单遗漏了与中国共产党思想保持一致的国家一流大学，当时，对它们的控制无需中央委员会的关注。[③] 然而，它们再次包括在1998年的名单中，或许这意味着关于大学对稳定和党的持续生存的重要性，中国共产党的理解有了改变。在1998年的名单中，绝大多数国有企业从中央委员会的干部任命清单中删去了。[④] 它们被放到了上报组织部的职位名单中。

（三）功能

干部任命制具有多种功能，它们的重要性随时间的变化而有所变化。从制度的角度来看，干部任命制最持久和最主要的功能是使中国共

① 1984年的名单发布在中国人民银行人事司编的《人事工作文件选编》（中国金融出版社1985年版），1990年的名单发布在人事部编的《人事工作文件选编》第13卷（中国人事出版社1990年版）。1984年的名单在劳动人事部政策研究室编的《人事工作文件选编》（人事部政策和规划司1986年版）第7卷的一个文件中有论述，第39—42页。

② Lyman H. Miller "Institutions in Chinese Politics: Trends and Prospects", in *China's Future: Implications for US Interests: Conference Report*, Washington, DC: Library of Congress, 1999.

③ John P. Burns, "Strengthening Central CCP Control of Leadership Selection: the 1990 Nomenklature", *The China Quarterly*, No. 138, June 1994, pp. 474 – 480.

④ 这些评论指出，职位名单在可能做出任命之前，需预先得到组织部门的批准。

产党对国家以及重要的经济部门能够有效地控制。可以说，自1949年以来，中国共产党一直毫不动摇地坚持这一目标。在这一方面，干部任命制充当了一种庇护体系，使中国共产党可以褒奖它的支持者，惩罚它的敌人。庇护关系使中国共产党为其统治构筑了支撑，也使得中国共产党可以把公共机构当做最终的雇主，从而作为高失业的情况下保持稳定的一项重要政策工具。同样，从制度的角度来看，干部任命制设法将既有能力又忠心耿耿的领导人置于权力职位，从而使得这项制度能有效运转。在本文中，我关注这一功能。

从组织的角度来看，干部任命制发挥着政治传播的功能，为内部人士和外部人士展示官员地位的体系。这使得参与者了解他们在政治体制中的位置。此外，这一制度还是一个政治线路图，因为地位更高的组织，可以正当地要求下级党委领导的协助和支持。从个人的角度来看，干部任命制提供了互惠关系的体系（网络），有助于成员及其广大亲友的生存机会。[①] 由于信息的不对称和法制的不完善，干部任命制为其成员及其网络提供的门路，就有利于他们从职位申请到招标和特许申请的一切事务。干部任命制的这一功能，可能随着市场经济的发展而愈益增强。甚至在放纵地追求韦伯式效率的情况下，重视促进家庭利益和信息不对称的规范，可能继续容许干部任命网络在报酬分配中扮演一个重要角色。

市场经济的发展，以及迅速增长的私营部门，对诸如干部任命制这种列宁主义体制提出了严重挑战。改革为个体在中国共产党控制之外积聚资源开创了新机遇，这对中国共产党的执政造成了危险。面对这一发展，中国共产党采取了压制和吸收的方式。中国共产党压制了在党的控制之外建立政治党派和工会的企图，并且继续控制着媒体。中国共产党运用和管理着日益增多的非政府组织，它们是“具有中国特色”的公民

① Andrew G. Walder, “Sociological Dimensions of China’s Economic Transition: Organization, Stratification, and Social Mobility” (paper prepared for the Conference “China’s Economic Transition”, University of Toronto, November 15 – 17, 2002).

社会。中国共产党的政策也要求吸收新的商业精英和专业人才入党。江泽民的“三个代表”理论为这一政策提供了意识形态基础。[①] 这些措施成功与否，还有待观察。

三、对干部任命制的评价

大量证据表明，一般而言，中国的官员选拔越来越基于政绩。[②] 公务员制度改革已经废除了职务终身制，提高了受教育程度的要求，引入了要求竞选和基于能力提拔的正式规则。改革时期政府官员的事业前景，有利于那些拥有正规的大学文凭的人。[③] 迅速提高受正规教育程度，还是近来的一个现象。教育程度的要求在20世纪50年代早期和中期下降了，在“文化大革命”期间（1966—1976年）相对持平。[④] 总数据符合这一情形：中国领导人的受教育程度也在提高，尤其是自20世纪80年代以来。

然而，对中国领导选拔制度的评价表明，尽管中国共产党强调政绩和能力作为重要的选拔标准，但是，一方面，实际上的选拔决定也重视裙带关系和任人唯亲，另一方面，还存在着酬劳性的腐败。一个成熟地运行的领导选拔制度，具有程序和结果两个维度。这一制度应能够：（1）有效地产生领导（程序）；（2）产生具有出色政绩和能够满足主管

---

① Zemin Jiang Speech delivered on the 80th Anniversary of the CCP, *China Daily*, July 2, 2001, pp. 4 - 6 and Guoguang Wu, "From the July 1 Speech to the Sixteenth Party Congress: Ideology, Party Construction and Leadership Transition", in David M. Finkelstein and Maryanne Kivlehan (eds) *China's Leadership in the 21st Century*, Armonk, NY: M. E. Sharpe, 2003, pp. 167 - 185.

② Walder, "Sociological Dimensions of China's Economic Transition: Organization," pp. 9 - 12; and Maria Heimer, *Market Forces and Communist Power: Local Political Institutions and Economic Development in China*, Uppsala: Uppsala University, 2000.

③ Andrew G. Walder, Bobai Li and Donald J. Treiman, "Politics and Life Chances in a State Socialist Regime: Dual Career Paths into the Urban Chinese Elite, 1949 to 1996", *American Sociological Review*, Vol. 65, No. 2, 2000, pp. 191 - 209.

④ 中央组织部、中央党史研究室、中央档案馆编纂：《中国共产党组织史资料：过渡时期与社会主义建设时期，1949—1966》，中共党史出版社2000年版，第1350—1352页。

机构和共同体期望的领导（结果）。第一个维度是指选拔领导的程序，其中要求有明确表述和一致同意的规则、选拔标准、参与者以及适时性。尤其是，领导应该根据官方同意的标准来选拔，无论这些标准是什么。例如，在中国，这些标准随时间而有所变化，但包括两个方面，一方面是优点或能力，另一方面是政治忠诚（“红”与“专”）。[①] 通过裙带关系、任人唯亲或腐败所选拔的领导，是这一领导选拔制度存在缺陷的一个证据。我认为，从许多时期来看，中国的干部任命制在程序上一直存在缺陷。

第二个维度是指选拔程序的结果或效果，它要求被选拔的领导表现出色。他们应满足主管机构和共同体的期望。例如，腐败的领导干部显然没能表现出色。我认为，中国普遍存在的腐败，是许多通过干部任命制选拔的领导未能表现出色的证据。

可以说，解释干部任命制表现的最重要变量，是精英冲突和党内纪律。我假设，高级别的精英冲突（无限制地）破坏了干部任命制，这既是因为领导无法在人事任命上达成一致，因而导致延误或不作为，也是因为个别强势领导试图违反制度，任命不为组织所支持的领导。我假设，缺乏党纪破坏了这项制度，因为高度腐败以及党派主义，导致不胜任者或那些为了自己的目的而歪曲（中国共产党）公共政策的人当选。尽管精英冲突与党纪紧密相连［精英冲突通常会导致党纪失序（党派主义）］，但从概念上来看，它们是两个不同的变量，可以独自发生变化。因此，如果精英容忍党纪失序，就像他们在20世纪90年代显然所为的那样，那么，低层次的精英冲突就会与党纪失序共存（比如腐败）。较高的精英冲突则与相应的党纪共存，就像1958—1960年明显出现的情况那样。

我认为，若精英冲突一直很高，并且党纪很弱，例如在“文化大革

① Franz Schurmann, *Ideology and Organization in Communist China*, Berkeley, CA: University of California Press, 1966.

命”期间或1952—1953年期间，那么这项制度则整个地陷于瘫痪或受到重创。在这些时期中，干部任命制的程序已经崩溃，它既不服务于国家的目标，也不服务于党的集体目标。另一种情形是，精英冲突很低（有限），党纪很强，例如在1954—1955年期间，这时干部任命制是一项较为有效的领导选拔机制。我认为，在中国1949年之后的大部分时期里，干部任命制一直是一种不可靠的领导选拔手段，既不能很好地服务于作为集体的中国共产党，也不能很好地服务于国家。

（一）制度有效时期：1954—1955年

可以说，从1954年中到1955年末是干部任命制最有效的时期。1954—1955年这段时期是精英级冲突相对较低的一个时期。这也是党纪较严的一个时期。1954年中期，中国共产党发动了三场根除贪污的运动。其中两场运动（1951—1952年的“三反运动”和1953年的“新三反运动”）的对象是党政机构的官员，部分地也是为了加强党纪。第一场运动的结果是，大约173000位领导干部因“贪污、浪费和官僚主义”而受到惩罚。[①]“新三反运动”更多地集中于中高层干部的“官僚主义、主观主义和分散主义”[②]。很可能正是这两场运动和以前整风运动的实际效果，加强了党纪。

1954年中到1955年这段时期是组织合理化的一个时期。[③] 这一时期也是“整顿”任命和晋升制度的一个时期。为了配合计划经济的发展，党的组织部门在人事任命中扮演了最重要的角色。“在这一时期”，中央人事机构对所有县长和县委书记的任命、所有省里局级以上官员的任命，以及所有中央政府和党委副局级以上官员的任命作出批复或加以核准。在同一时期，中国共产党也更清楚地规定了任命和晋升的标准（行

① Harry Harding, *Organizing China: the Problem of Bureaucracy 1949—1976*, Stanford, CA: Stanford University Press, 1981, p. 54.

② Ibid., p. 62.

③ Ibid., pp. 65–86.

政能力和政治可靠）。尽管官员有时抗拒这一时期作出的再任命，尤其是传达给下级的单位时，但是，这项制度在1954年7月调任了9万名干部，显示它是强有力的。有时也存在着工作失误。1955年的一项调查表明，只有11.7%的工科毕业生和17.7%的技术高中毕业生得到了合适的分配。

开始的时候，组织合理化过程“显然没有产生任何争议”，“在中国高层领导人那里也几无分歧”。① 连毛泽东也公开表明，支持中国政府日益增强的形式化和集权化，支持官僚政治技术的进一步发展。因而，这一时期可以说是中国干部任命制的全盛期，它既在程序上有效率，同时也明显地产生了为政治权威所重视的领导人。

（二）制度失效时期："文化大革命"

实际上，干部任命制需要一个单一的政治中心和较强的党纪，而这两方面的条件在“文化大革命”期间都不具备。

1966年初，毛泽东发动中国共产党的激进势力去攻击政府机构，把国家各级行政的大量官员从政府机构中清除出去。② 据说，在1968年，这一反对官僚的运动导致政府机构至少减少了80%的官员（其中绝大多数是领导人）。③ 这一时期的统计数据表明，“文化大革命”期间，中层干部的数量大量缩减，直到20世纪80年代早期，这一数量才开始回升。

---

① Harry Harding, *Organizing China: the Problem of Bureaucracy, 1949—1976*, Stanford, CA: Stanford University Press, 1981, p. 85.

② See Byung-joon Ahn, *Chinese Politics and the Cultural Revolution*, Seattle, WA: University of Washington Press, 1976; Melvin Gurtov, "The Foreign Ministry and Foreign Affairs in the Chinese Cultural Revolution", in Thomas W. Robinson (ed.) *The Cultural Revolution in China*, Berkeley, CA: University of California Press, 1971, pp. 113 - 164; Harry Harding, "Maoist Theories of Policy-Making and Organization", in Ibid., pp. 113 - 164; Harding, *Organizing China*, pp. 235 - 328; Hong Yung Lee, *From Revolutionary Cadres to Party Technocrats in Socialist China*, Berkeley, CA: University of California Press, 1991, pp. 77 - 162.

③ 周恩来公开对埃德加·斯诺说，中央机构的官员数量从60000名缩减到10000名。各省成立的新革命委员会也有相应的缩减。整个1968年的报告表明，县级政府人员的数量也缩减至75%到90%之间（Harry Harding, *Organizing China*, p. 288）。

然而，在同一时期，乡镇官员的数量却迅速扩张，这表明许多中层干部被“下放”到乡镇。从1978年到1982年，当高级干部在“文化大革命”后被召回时，乡镇干部的百分比就急剧下降。自从那时起，高级干部的数量不断攀升。省级官员的百分比在“文化大革命”前后保持稳定，自“文化大革命”之后，相对于其他级别的官员而言，这一百分比稳步下降。县级官员和区级官员的相应力量在“文化大革命”前后也几无变化，然而，在“文化大革命”之后，它们发生了实质性的变化，尤其是在县级层面。由于1966年到1970年这一段时期组织人事制度的崩溃，关于这一时期所公布的统计数据无法获得。

正如我们已经看到的那样，在“文化大革命”之前，组织部门负责管理全部的干部。在1966年之前，它们似乎是干部任命制的有效管理者，但是，从1966年开始，官方的报道表明，它们陷于“瘫痪”，这一现象至少持续到1973年（很可能持续到了1976年）。① 混乱则是这一时期领导选拔的特征。像其他的中央机构一样，中央组织部受到“文化大革命”的严重影响。“文化大革命”对干部管理造成了破坏性的后果。在“文化大革命”期间，毛泽东和激进派破坏了中国共产党/政府的形式权威，并由此破坏了领导选拔制度。

（三）制度部分受损时期：1952—1953年、80年代中期和90年代

我确定了三种中间情形，其中，干部任命制由于高度的精英冲突或相对较弱的党纪，而受到部分损害。在前两个情形（1952—1953年和20世纪80年代中期）中，领导选拔制度的程序和结果都在某种程度上受损。在后一种情形（20世纪90年代）中，尽管领导选拔制度在程序上相对有效，结果则因腐败而败坏，尤其是因为官职的买卖。

20世纪50年代早期，党纪相对松弛。随着从追求军事征服的反对

① 当代中国丛书编辑部编：《当代中国的人事管理》，当代中国出版社1994年版，第57页。

力量到执政党的角色转换，中国共产党面临着严重的干部短缺问题，对此，它试图通过招募成千上万的新干部来解决这一问题。[①] 从1949年10月到1952年9月，中国共产党招募了近300万名新干部，使得干部数量从7.2万名增加到331万名。[②] 如果存在着高失业，那么这些新职位无疑具有吸引力。[③] 为了弥补这些缺口，中国共产党迅速地提拔常常并不胜任这些职位的干部。宽松的准入标准，使得许多不合格的人进入党内——他们寻求的是加入胜利方，而不是出于意识形态信念加入共产党。[④] 这种环境助长了腐败，确实，许多官员变得腐败了。正如我们所看到的，在1951—1952年反贪污运动期间（“三反”与“新三反”），当局为反贪污而清除了政府机构4.5%的干部（受到惩处的干部超过10000人[⑤]）。我认为，在建国初期，干部任命制部分地受到损害，是因为它提拔了许多不合格的官员，以及因此出现了相当数量的腐败官员或后来变得腐败的官员。

我们关于1952—1953年这一时期的论述，强调精英冲突和党纪失序破坏了领导选拔制度。1958—1960年这一时期表明，当中国共产党能够控制精英冲突之时，它可能不足以损害领导选拔制度。例如，甚至在“大跃进”期间，尤其是从1958—1960年，干部任命制似乎也相当有效。“大跃进”之前的“反右”运动，清除了政府机构中集体化政策和其他政策的批评者，这些政策是为落实城市和农村公社以及“大跃进”而铺路。[⑥] 1958—1960年这一时期也是一个党纪相对严厉的时期。[⑦] 因

① Ying-mao Kau, “Patterns of Recruitment and Mobility of Urban Cadres”, in John W. Lewis (ed.) *The City in Communist China*, Stanford, CA: Stanford University Press, 1971, pp. 98 – 99; and Harding, *Organizing China*, pp. 34 – 37.

② Kau, “Patterns of Recruitment and Mobility of Urban Cadres”, p. 103.

③ Ezra Vogel, *Canton under Communism: Programs and Politics in a Provincial Capital, 1949—1968*, New York: Harper, 1969, p. 66.

④ Harding, *Organizing China*, p. 47.

⑤ 根据哈丁的报道，受到惩处的干部有17300位。

⑥ Roderick MacFarquhar, *The Origins of the Cultural Revolution*, *Vol. 2*: *The Great Leap Forward 1958—1960*, Oxford: Oxford University Press, 1983.

⑦ Vogel, *Canton under Communism*, p. 247.

此，我认为，有限的精英冲突不足以损害干部任命制。

干部任命制在20世纪80年代中期也遭到了部分的损害。尽管精英冲突较小，但在这一时期，程序上的毫无规则（裙带关系和任人唯亲）和腐败影响了领导选拔的决定。事实上，在过去的10年里，官员身份变得特别重要，因为政治权力常常能带来巨大的经济财富，由此，官员腐败变得非常猖獗。[①] 因而，悖谬的是，对于整个干部队伍而言，"精英补充中的裙带关系和任人唯亲日益盛行之时，恰是教育水平和技术专长要比阶级背景和革命经验更为重要的时候"[②]。可以说，由于干部任命制的主要功能是维持中国共产党的执政地位，因此，这一制度是有效的。当然，也可能是这样，这么多基于裙带关系和任人唯亲的官员任命也表明，领导选拔决策所依据的标准既不是能力，也不是对党的忠诚。

腐败作为一个严重问题的形成，可以追溯到20世纪80年代早期。早在1982年，中国领导人公开承认腐败已经达到了"危机的程度"[③]。恰如曼宁（Melanie Manion）指出的那样，腐败行为在20世纪80年代早期迅速蔓延，并在80年代和90年代继续发展，"日益涉及大量官员，或许还有大量的高级官员"[④]。自20世纪80年代以来，腐败在每一次民意测验中都处于风口浪尖，成了国家所面临的最紧迫的问题。普通民众认为腐败很严重，并且不见其衰退，反而比过去更严重。[⑤] 如果不考虑反腐败运动，腐败案件的数量从1980年每年不到5000件增加到1996年的每年5万多件。[⑥] 考虑到被起诉的可能性很低，参与腐败显然是一项低风险的行为。因此，我认为，在80年代中期，干部任命制不仅基于裙带关系和任人唯亲标准选拔了相当数量的领导，而且还把腐败官员选

---

① Vogel, *Canton under Communism*, p. 129.

② Ibid., p. 128.

③ Melanie Manion, *Corruption by Design: Building Clean Government in Mainland China and Hong Kong*, Cambridge, MA: Harvard University Press, 2004, p. 88.

④ Ibid., p. 122.

⑤ Ibid., p. 124.

⑥ Ibid., Figure 3. 1.

拔到公职机关。也就是说，干部任命制至少部分地受到了损害。

20世纪90年代，干部任命制虽然在程序上相对有效，但效果也因腐败而受到部分损害。正如我们所看到的，腐败行为在90年代迅速增长。[①] 因而，中国共产党的领导选拔制度产生了后来变得腐败的官员，晋升了那些已经腐败的官员。然而，90年代又出现了令人惊愕的腐败现象，那就是买卖官职的现象，其中包括一些领导职位。就这一现象的广泛性而言，它严重地破坏了干部任命制。

我们必须承认，中国共产党至少在形式上采取了许多措施来防止或尽量减少腐败。尽管没有证据表明中国共产党设法把腐败官员晋升到领导职位，但监督机制几乎没能防止这样的一种结果。规章制度要求主要官员公开他们的财产状况，调动或晋升之前接受审计，然而，这些实际上并没有得到执行。[②] 腐败交易的双方都会千方百计地对此加以隐瞒。干部任命制无法摒除腐败，部分原因是中国共产党无法使自身服从一个独立的反腐败机构。如果这样做，就会使中国共产党丧失它的控制地位。因此，在可预见的未来，腐败很可能会损害领导选拔制度。

尽管干部任命制继续作为一项有效机制以确保中国共产党的执政地位，但是，作为一项选拔合格官员和忠诚于党的干部的机制，在过去50年的大多数时间里，这项制度实际上既没能很好地服务于中国共产党，也没有很好地服务于国家。我认为，这项制度在20世纪50年代中期的组织合理化时期运行得最为有效。在“文化大革命”期间，这项制度因精英的内斗和松散的党纪而崩溃。精英冲突和腐败也在1952—1953年破坏了这项制度。在最近的时期，这项制度在80年代中期的运行状况很糟糕，那时，这项制度选拔了不少基于裙带关系的干部，晋升了不少腐败分子。90年代，尽管这项制度在程序上有所加强，但是腐败破坏了干部选拔的结果。这项制度如此差的表现，我们在将来还能对它有什么期待？

---

① Cheng Li, *China's Leaders*, pp. 148, 149.

② *Xinhua*, March 24, 1997 (in FBIS-CHI-97—083, March 24, 1997).

四、结语：新时代的中国共产党

正如许多人评论的那样，20年的经济改革、市场经济的转向、与世界经济的日益接轨、迅速提高的生活标准、较高的教育水平，以及获取信息的更多渠道，对中国共产党进行运作的环境产生了显著的影响。① 尽管有这些环境上的变化，但中国共产党的组织却存在着惊人的连续性。第一，中国共产党的内部结构依然保持着列宁主义的刻板制度，它们在过去的50年里几无变化。实际上，权力继续集中在政治局、政治局常委会、总书记和中央军事委员会主席那里。② 第二，像其他共产主义政党一样，中国共产党依然是一个精英政党，吸收的党员不到总人口的5%。这一惯例应使得中国共产党保持相应的纪律性。第三，在宽泛的意义上，入党的动机依然没有变化。尽管绝大多数人是出于利益考虑入党（为了影响政策或个人获利），但我们必须承认，有些人入党是出于一种对国家的责任和热爱（即出于观念或情感的原因）。③ 第四，中国共产党继续在社会中使用的控制权，有力地压制对其权威的挑战。第五，中国共产党继续倚重于传统的列宁主义控制制度，比如干部任命制和军队。然而，我们已经看到，在某些方面，干部任命制在十多年里至少部分地受到了损害。

20世纪80年代和90年代社会经济的变化，削弱了对中国共产党的

---

① Carol Lee Hamrin, "Social Dynamics and New Generation Politics", in Finkelstein and Kivlehan (eds.), *China's Leadership in the 21st Century*, pp. 204 – 222; David Shambaugh, "Remaining Relevant: the Challenges for the Party in Late-Leninist China", in Ibid., pp. 271 – 286; and Bruce Dickson, *Red Capitalists in China: the Party, Private Entrepreneurs, and Prospects for Political Change*, Cambridge: Cambridge University Press, 2003.

② 无疑，从魅力型领袖到专家型领袖的转变，对这些制度之间的关系及其与中央委员会的关系产生了影响。See Susan Shirk, *The Political Logic of Reform in China*, Berkeley, CA: University of California Press, 1993.

③ James L. Perry and Lois R. Wise, "The Motivational Bases of Public Service", in David H. Rosenbloom, Deborah D. Goldman, and Patricia W. Ingraham, *Contemporary Public Administration*, New York: McGraw Hill, 1994, pp. 251 – 261.

支持，尤其是削弱了农民和国有企业工人的支持。中国共产党感到有必要寻求新的支持基础。因此，中国共产党放弃了以阶级为基础的意识形态①，开始从城市的中产阶级和私人企业家中发展党员②。这一策略试图使党参与到这些群体中去，重新渗入社会和经济的领域，包括私有部门。这一策略在多大程度上取得成功，只有时间才会告诉我们答案。

关于一党制国家演变的文献表明，中国具有各种各样可能的发展轨道③，但中国的政治体制完全适合于一个“现存的一党制国家”的观念。④ 根据亨廷顿的说法，一党制国家面对的挑战既有内部的（继承人问题和过渡期间对精英冲突的处理），也有外部的（来自技术管理阶层、利益集团、批判的知识分子以及“地方组织和群众组织”在转型时要求参政的挑战）。⑤ 现存的一党制国家可能会适应这些挑战，但并不必然而且通常也不会成为“民主国家”。⑥

根据亨廷顿的说法，革命的一党制与现存的一党制之间的主要差异是政治的范围。社会的日益复杂意味着，要有效地运转，现存的一党制必须放松政治控制。经济、技术以及各种社会单位“需要更大程度的自主以有效地完成体制的目标”，而去政治化成了时代的要求。因此，在

---

① Zemin Jiang Speech delivered on the 80th Anniversary of the CCP, pp. 4 – 6. Guoguang Wu, “From the July 1 Speech to the Sixteenth Party Congress: Ideology, Party Construction and Leadership Transition”, in Finkelstein and Kivlehan (eds.), *China's Leadership in the 21st Century*, pp. 167 – 185.

② Bruce Dickson, “Economics as the Central Task: do Entrepreneurs Matter?”, in ibid., pp. 186 – 203; and Bruce Dickson, *Red Capitalists in China.*

③ Shambaugh, “Remaining Relevant”; Shiping Zheng, *Party vs. State in Post-1949 China: the Institutional Dilemma*, Cambridge: Cambridge University Press, 1997; Gordon Chang, *The Coming Collapse of China*, New York: Random House, 2001; Minxin Pei, *From Reform to Revolution: the Demise of Communism in China and the Soviet Union*, Cambridge, MA: Harvard University Press, 1994; and Bruce Dickson, *Red Capitalists in China.*

④ Samuel P. Huntington, “Social and Institutional Dynamics of One-Party Systems”, in Samuel P. Huntington and Clement H. Moore (eds.), *Authoritarian Politics in Modern Society: the Dynamics of Established Party Systems*, New York: Basic Books, 1970, pp. 3 – 47, pp. 23 – 40.

⑤ Ibid., p. 33.

⑥ Dickson, *Red Capitalists in China*, pp. 157 – 167.

现存的一党制国家中，政党能在多大程度上继续垄断政治，取决于所作出的决策在多大程度上继续基于政治基础而不是技术基础或功能基础。[①]就基于政治基础作出决策而言，政党的影响程度更为宽泛。基于裙带关系、任人唯亲和腐败的领导选拔决策是政治基础。我们已经看到，使得继续基于这些基础作出领导选拔决策的激励依然强大，但这样必定会导致合法性的丧失。在这个意义上，它们破坏了作为中国共产党维护执政地位的手段的干部任命制。

我已经指出，精英冲突的水平和党纪是解释中国共产党领导选拔制度表现的关键变量。在中国，无限制的精英冲突与国家发展的“巩固”阶段有关，在那时，继承人危机的解决至关重要。[②] 一位魅力型领袖的统治和较低的制度化是这一阶段的特征。中国的领导人不再通过魅力进行统治，并且大量的制度化也已经出现。[③] 例如，20 世纪 80 年代党政制度大量出现，制度程序的规范化和对制度纪律的强调持续到 20 世纪 90 年代。[④] 对中国领导人的制度性制约“在过去的几年里比以前加强了”[⑤]。中国共产党在 2002 年—2003 年对领导继承人问题的处理，是新的高层制度化尤其是最高层制度化的一个证据。

维持党纪可能是新时代最大的挑战。尽管有许多方面对党纪形成了挑战，其中包括意识形态的变化和新党员的来源，但无孔不入的腐败或许是最严重的挑战。正如我们所看到的，腐败在 20 世纪 80 年代和 90 年代成了一个严重的问题，在官员利益与社会利益之间造成了一个严重的断裂。腐败在各个层次蔓延。有人认为，腐败近年来已成为了一个小问题。例如，中国的腐败“得分”近年来在透明国际清廉指数中有所改善

---

① Huntington，“Social and Institutional Dynamics of One-Party Systems”，p. 41.

② Ibid.，pp. 26 – 32.

③ Miller，“Institutions in Chinese Politics：Trends and Prospects.”

④ Ibid.，pp. 24 – 28.

⑤ *Cheng Li*，*China's Leader*，p. 129.

（从1995年的2.16上升到2002的3.5）。[①] 官方的调查表明，如今人民感觉到腐败没有20世纪90年代那么严重。[②] 然而，腐败彻底改观的迹象依然非常微弱，官员们依然认为中国的腐败很“猖獗”[③]。严重盛行的腐败，破坏了干部任命制的结果，是不可忽视的组织退化的一个迹象。

像中国这样的现存一党制国家的持续稳定，依赖于“政党维持它对制度合法化的垄断”。这又要依赖政党与社会之间利益的一致。[④] 腐败是对政党与社会的共同利益的一个严重挑战。就它破坏了干部任命制的结果而言，它也破坏了这项制度作为中国共产党维持执政地位工具的有效性。

（陈高华　译）

---

① Ching, "Still Corrupt-But Not as Much", and Jon S. T. Quah, *Curing Corruption in Asia: a Comparative Study of Six Countries*, Singapore: Eastern Universities Press, 2003.

② Ching, "Still Corrupt-But Not as Much".

③ *China Daily*, December 26, 2003. See also *China Daily*, December 5, 11, and 23, 2003.

④ Huntington, "Social and Institutional Dynamics of One-Party Systems", p. 42.

海外当代中国研究丛书
Overseas Studies on Contemporary China Series

合法性与挑战

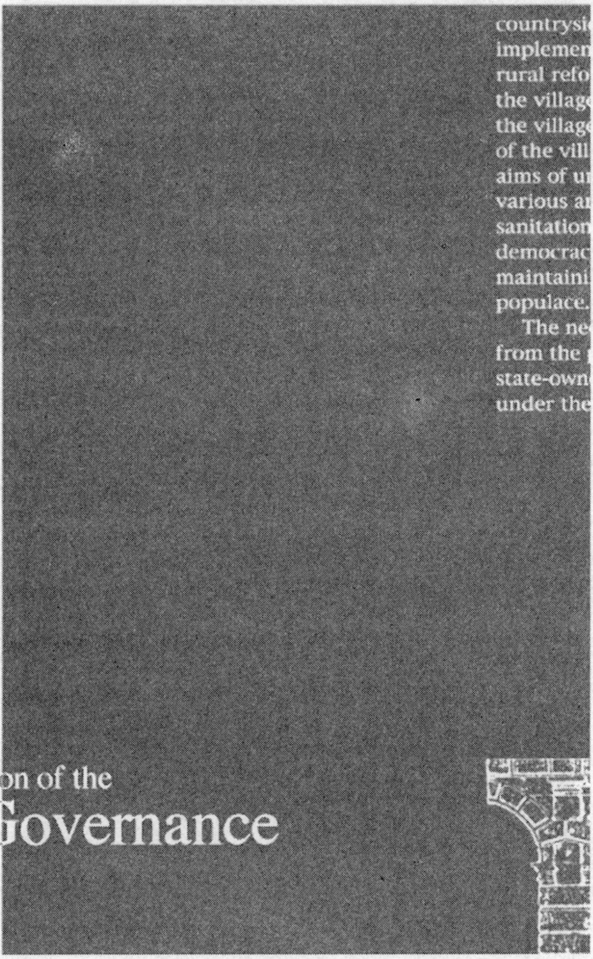

Transfomation of the
Party Governance

一党执政的民主化？

——中国的政治改革、民族主义与合法性*

〔英〕沙恩·布斯林

一、引言

本文通过聚焦于中国的民主化诉求，来考察中国民主化的发展趋势，并评价其对于欧洲民主促进活动的意义。首先，我们便遇到了一个问题，因为要评定中国自由民主的真实需求几乎是不可能的。中国政府不仅愈加许可对政策的投诉，有时还会积极鼓励。在村、镇、县、区级的选举中，个人也受到鼓励可以反对党员——有些还成功了。但是，如果偏离到对党本身的投诉上，则是比较危险的。挑战党员个人是一回事，挑战整个党的政治领导是另一回事，那是完全不合法的。把惩罚对民主政治的公开要求作为一种自我监督的强有力动机，这么说可能是公平的。

---

* 本文是2008年9月作者提交给马德里独立智库FRIDE的工作报告。作者简介：沙恩·布斯林（Shaun Breslin），是英国沃里克大学教授，从事政治学与国际问题研究。——译者注

然而，近年来不断增加的官方记录证据显示，我们不能自发假设这些代表了对民主的诉求；或者说至少不是对西方自由民主的诉求。有资料显示，它们是以对个别问题的关注为基础的，发生在参与者感到他们受到了不公或非法对待的时候。

实际上，下文要论证的一个关键论断是，对自由民主的诉求还没有到来，这出于两个重要的原因：第一，关键的集团和威权政治体制之间的关系被谨慎地处理；第二，爱国主义/民族主义是非常重要的，不仅作为一种威权治理合法化的来源，而且也是大众热情的来源。然而，当领导人把它作为与人民群众关系的检验基础时，关于政治改革的需要，还有日益增长的对民主化的支持都在党内引发了相当多的争论。

在这些中国讨论中，倡导“民主”和“民主化”不是指通过改变一党制，从而变成竞争性的多党制民主。相反，民主化被视为一种回应察觉到的社会不满，并提高执政能力的途径。领导人也意识到了不平等、腐败和环境恶化问题的增长将会削弱他们的地位。他们也意识到，许多中国人对个别地方领导者的行为很失望，意识到了有一股广泛传播的流行的假设，即党政官员首先为他们自己的利益服务，而不是按照毛泽东告诫他们的那样“为人民服务”。因此，民主化被视为一种手段，力图创造一个更透明、开放和协商性的政治体制，并以此为基础，在法律制度的制约下，重建党和人民群众的关系，并且使一党执政重新合法化。

当然，一个更加包容、协商而又威权的政治体制可以长期获得支持，这一点仍然受到质疑。同样存疑的是外部的行动者和利益集团能够促进作为替代的另一种（自由）民主政治形式改变中国的程度。中国有一种民族主义感情的力量，能够抵制觉察到的外部“西方的”标准的强加，任何来自外部的这种强加被指责为要么缺少对中国独特地位的了解和认知，要么是一种西方帝国主义的新形式（或是两者皆有）。那种在中国鼓吹民主变革的令人不快的立场和主张可能会导致拒绝那些同样的民主原则。事实上，在中国，民主进程可能强化了一党执政的基础，而不是挑战一党执政的基础地位。

二、民主的诉求和自由的界限

中国是一个“人民民主专政”的国家，“中华人民共和国的一切权力属于人民”①。《中华人民共和国宪法》第35条规定了“中华人民共和国公民有言论、出版、集会、结社、游行、示威的自由”，但这并不意味着人民可以为所欲为。在四项基本原则指导下，必须坚持共产党的领导；政治参与的前提是：（1）必须坚持社会主义道路；（2）必须坚持无产阶级专政；（3）必须坚持马列主义、毛泽东思想；（4）必须坚持中国共产党的领导。因此，任何暗示共产党领导应当受到挑战的行为，都在可允许和合法的限制之外。

最近，中国颁布了具体的法律条款，涉及反革命罪的规定：

原《中华人民共和国刑法》第90条规定：“以推翻无产阶级专政的政权和社会主义制度为目的的、危害中华人民共和国的行为，都是反革命罪。”为了更加具体化，第91—104条列举了12种类型的反革命犯罪，范围从叛变、间谍、劫持、阴谋颠覆、恐怖行动和聚众叛乱到反革命集会和宣传煽动。

1997年3月颁布的刑法修正案修改了反革命罪的具体内容。但是除名称有所变化之外，其他几乎没有改变。修改后的版本为：“中华人民共和国刑法的任务，是用刑罚同一切犯罪行为作斗争，以保卫国家安全，保卫人民民主专政的政权和社会主义制度……”

第13条的规定中包括了这些犯罪：“一切危害国家主权、领土完整和安全，分裂国家、颠覆人民民主专政的政权和推翻社会主义制度，破坏社会秩序和经济秩序……都是犯罪。”这意味着推行民主政治要受到法律起诉。②

---

① 国务院新闻办公室：《中国的民主政治建设》白皮书。

② 《中华人民共和国刑法》，见 http：//www.com—law.net/findlaw/crime/criminallaw1.html。

在《刑法》中，这些政治“犯罪”作为危害国家安全罪、危害公共安全罪或破坏社会主义市场经济秩序罪而受到处罚。与其他“普通的”犯罪一样，这些罪犯受到部分地（或全部）“剥夺政治权利”的惩罚。这不仅使罪犯不能再保留在国家或社会组织中的位置，而且也在第54条中规定了要剥夺：

（1）选举权和被选举权；

（2）言论、出版、集会、结社、游行、示威自由的权利。①

连起来看，这意味着在《宪法》第35条中规定的各种自由，有着强制性的唯一条件，就是必须不能挑战人民民主专政和“社会主义制度”。如果这些自由被用于挑战制度，那么作出这种挑战的权利，也将由于触犯《刑法》而失去。此外，新旧刑法都没有清楚地规定合法与非法的界限。推动民主政治改革和颠覆党的领导明显在其范围之外。批评特定的政策是合法的，前提是它们不去颠覆政权或破坏社会稳定。

事实上，在中华人民共和国的历史上有许多这样的情况，因为政策和规定改变了，曾经认为是合法的随后被认定是非法的。20世纪80年代，知识分子政策经常变化，而抱怨的结果是与新的自由渐行渐远。在自由扩大化时期之后，收紧政策随之而来，许多保守派注意到了精神污染和资产阶级自由化的危险。这种倒退的结果是，曾经合法的有时事后被视为非法，并采取了适当的行动。②

万事皆相对：权利和自由的范围

中国威权主义的本质，不仅与毛泽东时代，而且与改革开放的前十年相比，发生了巨大的变化。与政治自由的社会相比，现在中国的体制可能会被认为相对地压抑，尽管它看起来非常地自由——比已往更加自由——甚至与不久前相比也是如此。事实上，在评价中国政治改革进程

① 《中华人民共和国刑法》，见 http://www.com-law.net/findlaw/crime/criminallaw1.html。

② Sylvia Chan, “Two Steps Forward, One Step Back: Towards a ‘Free’ Literature”, *The Australian Journal of Chinese Affairs*, No. 19/20, 1988, pp. 81 – 126.

时，关键的一点是，对能够期待的事情要保留一种明智的期望。

今天的一党执政已经有了很大的变化。选举制度虽然还不完善，但是越来越多的人比以前有更多的机会决定他们自己的生活。比如，当竞争性选举允许非党成员可以寻求并赢得有代表性的职位时，中国的村民正在试着选择他们之中的一员作为“政治管理者”来监督政治问题。裴文睿（Peerenboom）指出了加强合法的形式以及更加可预测的透明的（不同级别的）人大和政府工作的重要性。[1] 此外，公众的压力能够改变一些事情。

在某些方面，一个可兹证明的重要改变是创造了合法的私人空间。中国的经济人（homo economus）可以更加自由地选择，他们越来越自由地选择大量购买进口商品，而无须国家特别的关注；现在主要的限制是花销。工作不再被分配，而是通过价值获得——尽管个人关系和直接的腐败在许多情况下扮演了一个重要角色。中国甚至有两位部长还不是党员（当然良好的政治信任还是非常重要的）。由单位提供住宿，与其说不再是义务，不如说几乎是不可能找到的——甚至国有企业将其大部分股份私有化了之后，更是力图在任何可能的地方减少对职工承担的住房责任。人们可以观看完全没有政治内容的电视节目和电影，从几乎铺天盖地的大批“大众文化”杂志中自由选择。到你想去的地方，吃喝随你选择，人们有了更多选择结婚对象的机会——甚至在婚前同居（尽管这仍然违背许多人的道德情感）。

当然了，限制仍然存在。政府仍然控制着信息流，保留对可疑的政治作品和文化的控制，也密切地监督互联网，阻止有政治嫌疑的活动。与西方相比，这仍然是一种限制性的政治体制。我们也应当意识到，这些自由不是全都可以获得的。选择权向城市年轻的中间阶层开放——新兴中间阶层，完全不向几百万不太富裕的城市居民提供，而其实他们的优先权才是更加基本的，选择权更是完全不向农村的更多人开放。我们

① Peerenboom, Randall, *China Modernizes*, Oxford: Oxford University Press, 2007, p. 20.

还应当注意到，开放的时期常常让步于更严格的控制和更少的容忍度。

与西方相比，中国可能不会出现那种戏剧化的情况，但是私人空间的形成是非常有意义的。政府退出了以前所干预的个人生活的方方面面，现在允许私人空间的存在，人们能够作为个人而享有私人空间——在其中他们能够在很大程度上为所欲为。当然不要忽视一个忠告——一个非常重要的忠告，这种自由和私人空间只存在于人们接受了政治现状，不参加被政府视为非法的公开的政治活动的情况下。尽管在毛泽东时期政府想让每个中国公民积极参与政治，但现在政府鼓励去政治化，如果民众遵守约定的话，就奖励他们获得私人空间。

但是，政府还不仅退出了个人日常生活的全部方面，对于后毛泽东时代的大多数时候来说，党和政府与人民之间的不成文的契约建立在另外三个支柱上。如果人民不与党在政治领域内竞争，党将会首先保障人民物质水平的提高；其次是稳定性；在充满敌意和危险的国际环境中，将会保卫中华民族的利益。这三个支柱近年来在以胡锦涛为首的党中央领导下有了一些改变，如重新强调平等、社会保障和“民主化”（它仍然发生得太快了，以至于还不能判断这是否代表了合法化的另一个新支柱，或是对现有三个支柱的相当程度的改变）。因此下文将会考察这些合法化的基础，以及它们在中国对民主化意味着什么。

三、一党执政合法化的基础：中国特色的社会契约论？

（一）合法性与经济增长

这些合法化基础之中最重要的，也可能是所有基础之中最明显的，是通过经济成就而获得的合法性。在放弃了毛主义模式进行经济改革时，共产党最初提出，建设社会主义社会要等到“基本矛盾”消灭之后。尽管毛泽东当时把阶级斗争视为基本矛盾，把处理中国经济问题相对地向后放，但是现在中国则把它作为党的首要任务。

当世界聚焦中国的时候，不可避免地看到了一个经济强大的国家，但中国领导人仍然强调这离所要达到的经济复兴的根本任务还很遥远。1987 年中国确定了仍处在“社会主义初级阶段”——后来为允许发展准私有制有效地辩护——中国工业经济仍然极其落后，将不得不“经历一个长期的初级阶段”。20 多年之后，在 2007 年 2 月《人民日报》上的一篇署名文章中，温家宝总理重申了促进发展作为党的首要任务的重要性，通过用非常相似的语言强调优先发展经济的重要性，把他自己与其前任联系起来。

“我国正处在并将长期处在社会主义初级阶段。初级阶段就是不发达的阶段。这个‘不发达’首先当然是指生产力的不发达。因此，我们一定要毫不动摇地坚持以经济建设为中心，大力发展生产力。”①

当然，中国新富人的增长是很显著的，2007 年大概有 8000 万。虽然 8000 万是个不小的数字，但是占整个人口的比例仍然很小，只占 6%②，大部分中国人的期望仍然是达到体面的生活水平；事实上，尽管有几乎令人难以置信的增长率，但是和富人同时存在的，还有很多人生活费每天少于 1 美元。③ 因此，尽管存在一个新兴的中间阶层——我们将很快谈到——这样一个社会经济学议题，超过了后唯物主义民主化的选择问题，我们首先要关注的仍是大多数中国人。

这一社会经济学议题最要紧的是通过拥护党的政策得到加强。与邓小平鼓励中国人在改革开放之初成为万元户的方法差不多，成为“中间

① 温家宝：《关于社会主义初级阶段的历史任务和我国对外政策的几个问题》，载《人民日报》，2007 年 2 月 26 日。

② David Goodman, and Xiaowei Zang, “The New Rich in China: Dimensions of Social Change”, in David Goodman (ed.), *The New Rich in China: Future Rulers*, Present Lives, London, Routledge, 2008, p. 1.

③ 对中国贫困状况的不同统计，参见 Breslin, *China and the Global Political Economy*, Basingstoke, Palgrave, pp. 164 – 165。

阶层”的一部分现在已经为国家所积极支持。党明确使用“中间阶层”这一术语而不是小康，来阐述其社会变革的目标。其实，无论称之为小康社会还是中间阶层社会，党承诺提供一种模式，在其中所有的公民都能相对的富足，前提是如果人民不挑战党的领导的话。

（二）共产党和中间阶层

党感到需要大量中间阶层以克服政治问题，这种问题是从消弭不同社会阶层之间的巨大鸿沟中产生的。在一个社会结构中，拥有一个占少数但非常富有的精英阶层，一个稍多一些但仍然相对少数的中等收入阶层，以及大量的贫困和相对贫困的底层的社会，是不会被认为政治稳定的。当然，一些民主理论家视中间阶层的增长为关键的前提，或是民主化要求的来源。然而正像我们所看到的那样，党非但不畏惧小康社会的兴起，反而非常欢迎它，把它描绘为能够产生这种阶级转化的唯一力量。党创造的某些东西可能最终导致它自己的失败，会是这样吗？

至少从目前来看，在新兴中间阶层或资产阶级那里似乎还没有出现真正的政权竞争；冒着有失于偏颇的危险，我们可以确定五个主要原因。第一，我们需要考虑这些新的集团/阶层的规模。大体上讲，确定中国中间阶层的规模已经有了四种不同的标准：（1）职业的标准；（2）收入的标准；（3）消费及生活方式的标准；（4）主观认同的标准。使用这些不同的标准分析中国中间阶层的规模会有很大的不同，这一点毋庸置疑。最高的数字是中国社科院对6000多名城市居民的调查得出的。调查数据显示，现在近半数的人认为他们自己处于中等社会地位。① 稍低的数字出现于用收入和消费能力标准来衡量。此时，一个合适的中间阶层定义是：“有稳定的收入，能够买得起私人住房和汽车，能够支付得起私人教育和度假费用的人群。”②

---

① 陆学艺编：《当代中国的社会流动》，社会科学文献出版社2004年版。

② He Li, “Middle Class: Friends or Foes to Beijing’s New Leadership”, *Journal of Chinese Political Science*, Vol. 8, No. 1&2, p. 88.

从这一定义可以看出，中国的中间阶层从 1999 年的 15% 上升到 2003 年的大约 19%。然而，李春玲[①]非常怀疑这些结论，她认为从中国社科院所做的研究中出现的高百分比不太真实，它主要是作为颂扬党的政策在创造财富和促进新的小康社会方面的成功的一种宣传。例如，北京中间阶层的收入标准仅为每月 10000 元人民币（约折合 2090 美元），这确保了北京人口的 1/4 都被囊括在内。更重要的是，当在相对高的人口百分比中，以四个指标共同界定中间阶层的话，那么只有极少数人符合这个标准，仅为 4.1%。最后，调查中的城市偏见意味着这一统计过于简单，不可能获得一个全民数字。李春玲总结道，一旦上述因素被考虑进去，在总人口中只占 2.8%——至多 3500 万人——在 2004 年真正属于中间阶层的成员。[②] 这可能代表着最低可能的计算，总的来说，很容易过分估计中间阶层的真实规模，这一点是很重要的并且也是可能发生的。

第二，至少是因为仍然处在转型过程之中，新兴社会集团还不稳定。古德曼（Goodman）十多年前指出，可能很难去定义"一个单一的可以确认的社会利益或行动群体"，其基本论断今天仍然有效。[③] 在陆学艺等人对 6000 多名中国人所做的调查中，自认为是中间阶层的人也有一种自我认知，即他们还不是一个同质集团的组成部分。大多数自我认同为中间阶级的人把他们自己置于十个社会等级的第四或是第五等级，他们大多是从"社会财政"分配中取得收入。国家和社会管理者被认为是主要的受惠者，他们位于第一等级，私营企业主是第二等级，企业管理人员是第三等级。[④] 这一自我分析符合广义上中间阶级三个独立集团

① 李春玲：《中间阶层：中国社会值得关注的人群》，见汝信、陆学艺、李培主编：《2004 年：中国社会形势分析与预测》，社会科学文献出版社 2004 年版。

② Chua Chin Hon, "Chinese Middle Class? It's Just a Myth, Study Finds", *The Straits Times*, 27th January 2004.

③ David Goodman, "In Search of China's New Middle Classes: the Creation of Wealth and Diversity in Shanxi During the 1990s", *Asian Studies Review*, Vol. 22, No. 1, 1998, p. 40.

④ 陆学艺编：《当代中国的社会流动》，社会科学文献出版社 2004 年版。

的分类："新兴私营企业主"、专业人员以及为资产阶级服务的"企业经理人员、党政官员和企业员工"①。

这就要说到第三个原因。新兴中间阶层不应当被认为必须从国家中独立出来，因为组成中间阶层的很大一部分是从持续存在的国家权力中受益的公职人员。像我们看到的那样，中国中间阶层不同于欧洲人的理解，因为它不仅包括知识分子、管理者和职业人员，而且还包括"由党和政府开工资的中低级干部"②。当许多中间阶层成员成为国家机器的组成部分，依赖持续的国家权力为他们提供相对高的社会位置时，为什么他们还要挑战国家权力呢？同样，期望新兴中间阶层会挑战现有的政权精英这一看法也需要改变，要考虑到政治精英和新兴阶层之间其实是共生的关系，而不是对立关系。

即便我们避开中间阶层这一概念，改为按照新经济阶层/精英来考察，新旧精英之间的关系仍然非常密切。在当代中国，大多数非公有制部门都有其党政机构的来源，或曾经是由它派生出来的。尤其在地方层面上，党和政府官员曾利用他们的政治职务来提高他们的经济权力和议价权。然而，政治精英和新经济精英的联合不是一个单向的过程。中国的私营企业主们发现，除非他们与党政精英有良好的关系，否则很难有发展。甚至那些与党政官员没有正式接触的人实质上也依赖于地方政府的有力支持才能生存。成功的"私营"地方企业通常由于当地政府精英给予他们的保护和帮助才能获得成功。在一个土地、原料、运输和金融资本仍然相对短缺的经济体中，扮演监督角色（或者知道谁在扮演）会获得非常重要的经济回报。同样地，企业和当地政府的联手对于经济活动的成功来说是先决条件。因此，第四个解释是，尽管中国经济日益自由化，政府仍然非常重要。简言之，中国存在着不断成长的私人部门，

---

① Hong Zhaohui, "Mapping the Evolution and Transformation of the New Private Entrepreneurs in China", *Journal of Chinese Political Science*, Vol. 9, No. 1, 2004, p. 25.

② He Li, "Middle Class: Friends or Foes to Beijing's New Leadership", p. 89. 同时参见 David Goodman, "Why China has no new Middle Class: Cadres, Managers and Entrepreneurs", in Goodman, *The New Rich in China: Future Rulers, Present Lives*, pp. 23 – 37。

但因为它与国家有密切的关系，所以这一部门只是获得了发展。它是私有的，但它不是独立的。

第五点解释在同一种基本思想下有稍许不同的倾向，提出新的精英不需要与共产党竞争，因为党代表了他们的利益。在2001年中国共产党成立80周年时，党的领导人江泽民提出允许私人企业主入党。尽管有内部争议，但是《中国共产党章程》在2002年11月召开的党的十六大上仍进行了修改，把“三个代表”重要思想加到马克思列宁主义毛泽东思想邓小平理论之后，共同作为党的行动指南。因此，共产党现在正式代表的不仅是中国无产阶级，也代表了中国先进生产力的发展要求、中国先进文化的前进方向和“最广大人民的根本利益”。因而，共产党不再只是工人阶级的先锋队，还是“中国人民和中华民族”的先锋队，党员资格公开向“任何先进成分”开放，包括私营企业主。此后第二年，《中华人民共和国宪法》也相应修改为不仅包括了“三个代表”重要思想，而且提出“国家依照法律规定保护公民的私有财产权和继承权”。

我们仍然试图概括，中国改革进程的一个特征便是现有的国家领导者同他们变化了的权力基础之间关系的变化。在政府精英和新经济精英之间有一种共生关系。他们颇为有效地相互拉拢，结成一个联盟，迅速地相互加强彼此的权力和影响力，并不涉及个人财富。那么，我们所看到的便是中国阶级联盟的再形成过程，也是共产党执政的阶级基础的再形成过程。同样，民主化需求因由这种精英和政府之间的关系而减少了，却转而由合法性的另外两个支柱——稳定性和民族主义——进一步巩固了。

（三）合法性与稳定性

即使稳定性听起来不像政府的最豪迈的目标——它也的确是任何政府的底线。出于两个原因，稳定性在中国是非常重要的。首先，我们要回到党的发展问题。“文化大革命”的混乱和无序至今仍令人记忆犹新，

1978年的党不同于以前，不再是“四人帮”横行，也不再执行“左倾”政策，这些足以使党获得相当程度的支持。从那时起，强调新旧政策的不同一直非常重要，因为党已经改变了，从以阶级斗争为基础的“革命党”转变为以稳定性和秩序为基础的致力于人民群众现代化的“执政党”①。

其次，回到毛泽东时代激进主义的可能性现在已经不复存在，但失序的可能仍然存在。或者更确切地说，由于潜在的不稳定性话语，以及党防止混乱发生的特有能力是由党自身建构和维系因而失序的可能性仍然存在。实际上，稳定性可能是经济发展的一个关键的先决条件，快速的经济增长加剧了不平等，因而对于稳定的要求更加迫切和紧急。换句话说，经济发展和现代化产生了许多的紧张关系和变化，因此需要一个强有力的权力来控制这一转型，以避免陷入已往发生过的那种巨大混乱之中。

我们现在用不同的观点来看待这同一个现象。新左派评论家指出，政治威权主义从其本质来讲与经济自由主义并不那么兼容。新自由主义计划造成了相当程度的混乱，那么很简单，不使用国家权力镇压那些引入新自由主义造成危害的人，国家将不可能正常运行：

> 实际上，新自由主义依赖于跨国公司、国家政策和经济力量，依赖于经济形式主义理论和话语去建构它自己的霸权话语。同样地，其超政治和反政府的特征完全依赖于它与政府内在固有的联系。也就是说，缺少这种政策/国家前提，新自由主义用‘转型时期’的含糊说法不可能隐瞒失业、社会保障下降、贫富差距加大。②

---

① Zheng Shiping, “Leadership Change, Legitimacy, and Party Transition in China”, *Journal of Chinese Political Science*, Vol. 8, Nos. 1&2, 2003, p. 54.

② Wang Hui, “The Year 1989 and the Historical Roots of Neoliberalism in China”, *Positions: East Asia Cultures Critique*, Vol. 12, No. 1, 2004, p. 8.

因此，无论中国人是否接受这种“含糊说法”，对于政府的强烈需要似乎在中国社会得到了相当多的认同，并经常作为理由来回答为何中国不需要西方式的民主（或者至少不是现在）。公开要求民主会受到警告，这是危险的，而且似乎也存在着把民主与不稳定，甚至失序和混乱联系起来的说法。正如郑永年所指出的：“越来越多的人，其中许多是20世纪80年代的自由主义者，对民主产生了怀疑。其中一些人甚至公开反对民主。”① 此外，不仅需要强有力的政府以防止社会陷入混乱，同时也有另一种更加积极的理由支持强政府模式，这种模式似乎有助于获得更多的经济增长和成功。

对于中国做事情的方式，有一种民族自豪感在起作用，即经济自由化而不采用西方式的自由民主，现在在某些地方作为一种其他国家可以效仿的模式而获得提倡。这里我们也可能注意到，潜在的失序至少与外国利益集团的秘密行动有关。不论是受自尊还是恐惧所驱使，国家和民族利益是民主化和稳定性争论的中心，这就引出了在中国政治改革论争中扮演重要角色的民族主义。

四、中国的民族主义与民主

尽管党鼓励去政治化，以及从革命党到执政党的转型，但意识形态在当代中国离消失还遥遥无期。它不仅是保持国家权力的有力工具，而且是大众政治动机和行动的强大来源——事实上，有时人民比在革命时代似乎更加有行动的热情。即便如此，当中国领导人花了大量时间和努力来重新定义社会主义在当代中国的意义时，马克思列宁主义中国化与这里讨论的问题极不相干，这里关注的是民族主义。

在许多方面，把中国的这种民族主义称为意识形态是相当有问题的。我们看到，中国的意识形态似乎缺乏足够的连贯性和指导原则的东

① Zheng Yongnian, “China as Originator of Ideas”, *China Review*, No. 53, 2008, p. 4.

西，意识形态并不是一种“观念科学”。但是，由中国政府提出的作为规划和行动指南的既定道路，可能的确与这一说法相称——尽管中国官方更喜欢“爱国主义”一词，而不是民族主义。

讨论这个问题的最好方式可能是要考虑到中国两种不同类型的民族主义。第一种是国家倡导的意识形态，它有一系列连贯的思想，力图影响公众，使官方政治体制合法化，并为行动提供一种理论指导。第二种民族主义涵括了各种大众观点而缺少内在连贯性的所有定义，但它们有共同的基本假设，即关于国际环境的敌意本质，以及即便不掌握全球权力的话，也要将中国恢复到一个公认的适当的权力地位的目标。① 官方民族主义和大众民族主义对国际关系本质的看法有许多相同之处，它们的目标是民族复兴和重建。它们也用一种双向反馈系统相互交流——官方民族主义意识形态可能是鼓舞性的、合法的，促进了大众民族主义，但是现在国家也发现它不得不回应大众民族主义的期望。

（一）官方民族主义与民主

按照官方说法，促进民族主义与民主化有重要关联。实际上，当我提出合法化的三个支柱的时候，前两个支柱在许多方面由民族主义所巩固，更确切地说是“国家战略”的一部分。其中可能有两个深入的内部关联。首先要建立一个强大的经济基础。正如我们已经看到的那样，中国经常有官方解释，从中国一直相对落后来阐释，强调社会经济权力要凌驾于政治权力之上。简而言之，当中国人不再担忧更直接的物质匮乏时，他们便会很奢侈地关心起政治权力。

然而，经济规划的首要地位也可以从中国要创造这样一种形势来解释，即中国能够在全球竞争中占有一席之地。在休斯（Hughes）看来，这是1978年之后整个改革进程的出发点——按照建设一个富强的中国

① 赵穗生倾向于划分为三类话语：官方的、学界的和大众的。参见 Zhao Suisheng, *A Nation State by Construction: Dynamics of Modern Chinese Nationalism*, Stanford: Stanford University Press, 2004。

的要求来说，变革旧的体制是合理的，并且是合法的，能够抵制（甚至反抗）现有的全球霸权秩序。[①] 这不仅使维持强大的国家权力去建设成功的经济合法化，而且，对于盖勒（Gallagher）来说，那种允许激进的改革发生，从而导致东欧变革的民主化，而在中国则没有类似的要求。她的观点的核心是引进外国投资意味着那些坚持旧体制的人被抛在了后面，制造了内部竞争使工人阶级分散或分裂。但在中国，为了生计，中国人接受了私有化和打破铁饭碗，却没有出现像东欧那样的社会不满和政治改革要求。然而，她也注意到了中国出现那种转型也是有可能的，因为在对于国家利益到底是什么，以及如何更好地减轻民族复兴中的困难的广泛讨论中，这种要求被掩盖了。对国家发展规划的普遍接受，有效地消除了在其他经济自由化的共产党国家中要求政治改革的一个主要动力，即对政治改革的要求。

第二个关联涉及民主和西方帝国主义的关系。在中国，连政治改革最强有力的支持者甚至都认为，它不是可以很快到来的，当然也不应当是从外部强加于中国的。例如，俞可平指出，根据增量民主的理论，东亚的政治传统和文化传统与西方国家很不相同，国家或政府在社会发展和公民生活中扮演着特别重要的角色。[②] 然而，除了提升国内的民主之外，还有西方出于政治原因试图将其民主形式强加于中国，并且在提升现有的民主政治水平和西方 19 世纪的帝国主义之间存在着一种关联性。因此，西方不仅正试图对中国强加一种不适当的政治形式，而且这也是西方试图遏制中国崛起的一致努力的一部分。正如中共十六届四中全会的官方公报指出的，“敌对势力对我国实施西化、分化的战略图谋没有改变”。从前西方曾将其制度和文化强加于中国，致使人民失去了大部分基本的民主权利——国家主权被外国侵略所破坏。同样地，西方式民主不仅是非中国的甚至是反中国的，它实际上是反民主的，因为它在 19

① Hughes, Christopher, *Chinese Nationalism in the Global Era*, London, Routledge, 2006.

② 俞可平：《增量民主与善治》，社会科学文献出版社 2003 年版。

世纪和20世纪侵犯了中国主权，威胁到了今天发展中国式民主的权利。这里再一次援引《中国的民主政治建设》白皮书中一段很恰当的论述：

> 民主是人类政治文明发展的成果，也是世界各国人民的普遍要求。各国的民主是由内部生成的，而不是由外力强加的。回溯中国近代以来的历史，中国人民为争取民主进行了百折不挠的斗争和艰难探索，但只有在中国共产党的领导下，才真正获得了当家作主的权利。中国人民十分珍惜并坚决维护这来之不易的民主成果。①

在这种情况下，民主的根本出发点是独立和主权，使人民能够获得自治。通过重新建立一个摆脱外部控制的国家，1949年的中国革命实现了这个基本的民主权利，共产党竭尽所能地阻止了外部力量破坏中国的独立和主权。革命前的中国被官方描述为“半殖民地半封建”社会，并且革命斗争的内容始终是使中国摆脱外部的支配，摆脱封建主义和国民党的统治。但是在上述解释之下，如果进一步思考作为民族独立基本途径的革命战争，以及毛泽东作为“国家之父”的地位超过了激进主义设计师的地位，这一点似乎被重复提及了。

西方民主在某些方面是遏制中国的一种手段，这一思想由于民主和权利并不是普世的观点而变得更加复杂——中国遭到了西方的双重标准。中国被其他国家作为类似于下层国家来对待，国民自己不能按照民主原则来管理他们的事务。② 美国尤其乐于促进中国的民主化，即使西方国家在处于类似阶段时都没有进行政治经济改革。同时，西方（主要指美国）也没有坚持它自己设定的民主底线。它经常在国内取消民主，在国外也这么做。

要寻找双重标准，便会迅速地停留在美国、英国和它们的同盟在伊

---

① 国务院新闻办公室：《中国的民主政治建设》白皮书，2005年10月19日。

② Peerenboom, *China Modernizes*, p. 165.

拉克取消基本的民主和人民主权上。对什么是民主，谁应得到民主的定义权，仍然保留在全球体系中最有权力的国家手中。当然，美国及其盟友在关塔那摩所做的事情并没有很好地服务于促进民主的目标。郑永年认为“西方”民主现在名声很坏，以至于2007年俞可平感到有必要提醒人民，民主并不全是坏的：

> 去年，俞可平写了一篇《民主是个好东西》的文章，许多海外中国人都将它视为中国政治改革进程的一个标志。事实上，越来越多的人，其中许多是20世纪80年代的自由主义者，对民主产生了怀疑。其中一些人甚至公开反对民主。俞可平勇敢地告诉人们，民主仍然是一个好东西。①

此外，这种对外国模式的拒绝被上述提到的中国经济获得新成功的自豪感所加强——怀特称之为“积极的民族主义”。或者更确切地说，中国人的自豪感不仅在于经济的成功，而且在于中国没有屈服和遵循所谓的西方高级模式——尽管外部集团试图阻止中国的发展。②

（二）走向中国例外论？

上述立场假定：第一，西方只在它需要的时候使用民主；第二，中国有自己的行为方式。当然，从每个国家都会发展出独特的民主形式这个论断的逻辑推论来看，这并不必然意味着中国是独特的，或者更准确地说，中国并不比其他国家更加独特。但是，实际上并不一定会作出这样的逻辑推论，所以中国似乎经常被置于“唯一独特”的地位，——因此有一种“中国例外论”。

---

① Zheng，“China as Originator of Ideas”，p. 4.

② 怀特还确认了一种“进攻性民族主义”（aggressive nationalism）。这种民族主义指出了为了中国的利益而必须对付的外部敌人。Alan Whiting，“Chinese Nationalism and Foreign Policy after Deng”，*The China Quarterly*，No. 142，1995，pp. 297 – 315.

例如，黄俊杰认为：

> 中国的文化历史意识极为深厚，中国人可说是“历史人”（Homo historians）一词的最佳体现。广义来说，在中国文化与社会里，人之成为人，必须具备历史观，也就是必须符合过去历史所展现的典范。①
>
> 并且：中国人的思维围绕历史展开。在中国，要成为人就要成为历史的人。中国人相信，我们之所以为人，是因为我们历史地思考和行动。因此，要理解中国文化以及它的独特性，去理解什么是历史以及历史地思考如何起作用是非常重要的。②

我们可以认为，这是一个在中国和“他者”之间的相当刻板的划分——即使我们把关于中国的假设的有效性撇开不谈，该划分也意味着中国的情况不同于其他地方，并且其他的文化和社会也是“不同的”。

在这里，黄俊杰的观点是从关于中国/亚洲的历史面对“西方”的独特性的争论来建构的。这是一种遭到许多质疑的立场。在这里我不会参与这场具体的争论，只谈两个相关的原因。

第一，在某些方面，黄俊杰和其他人感到中国是不同的这一点是很重要的，因为这就是事实。有一种信念坚信中国是不同的，中国文化也是不同的；西方和西方人的思维方式与中国不同，使他们很难理解这种区别的本质，以及对于历史过渡到当代政治和社会领域到底意味着什么。第二，黄俊杰不是中国学术体制的产物，与政府机构也没有关联。更确切地说，他来自台湾学术界，在解释那里的政治变革时，他也写过关于中国文化（及其适应性）独特性的文章。在某种意义上，他和其他人的思考植入了历史和文化——一种由政治体制调节的历史和文化，但

① Huang Chun-chieh, “The Defining Character of Chinese Historical Thinking”, *History and Theory*, May 2007, p. 180.

② Ibid, pp. 184 – 185.

不产生于和/或嵌入政治体制之中。

一方面突出差别，另一方面强调特别论，这两者之间的界限还很不清晰。实际上，大多数作为差别的东西经常按照中国人的独特理解而被建构。中国的独特性这一概念也是官方话语的一部分。《中国的民主政治建设》白皮书的引言暗示了这一点，2008 年 2 月的《中国的法治建设》白皮书则更进了一步：

> 中国是一个具有五千年文明史的古国，中华法系源远流长。早在公元前 21 世纪，中国就已经产生了奴隶制的习惯法。春秋战国时期（公元前 770 年—公元前 221 年），中国开始制定成文法，出现了自成体系的成文法典。唐朝（618 年—907 年）时，中国形成了较为完备的封建法典，并为以后历代封建王朝所传承和发展。中华法系成为世界独树一帜的法系。①

参加学术会议和研讨会的非中国学者被告知，他们不理解中国，并且他们的观察经常是无效的。这现在已经成为常见的事情。有意思的是，尽管西方学者自认为是独立的思考者，但是他们在中国经常遭遇的是，好像他们是西方或本国的代表或代理人。这可能部分地是由于对角色和责任的不同期望所造成的。这也可能是平息批评的努力的一部分——可能是以察觉到批评和并不真实存在的“中国盛宴”的超敏感性为基础的。但是，无论是真实的还是出于某种原因被建构的，非中国人可能“知道”中国，但并不能充分地了解中国——“中国例外论”这一概念至少在某些方面强化了这一观念。

（三）大众民族主义与民主

许多中国人接受了这种对独特性和例外的理解。那种认为西方要么

① 国务院新闻办公室：《中国的法治建设》白皮书，2008 年 2 月 28 日。

不了解中国，要么是故意攻击中国的思想也是基于此。在这里，中国人对奥运火炬在全球传递时西方示威活动的普遍反应具有启发意义。中国人普遍感到中国受到了侮辱，一些人准备联合抵制法国食品。《人民日报》网络版的一个头条标题总结了中国人的普遍情感：西方正在攻击中华民族自豪感的伟大时刻——“为什么一些西方媒体对中国发动‘不对称战争’”。① 在这种氛围下，就把伤害同自尊和例外论联系起来，就如同把西方促进民主进程不仅与攻击火炬联系起来，而且与西方自鸦片战争以来损害/伤害中国的一切事情都联系了起来一样。

中国媒体站在了战役的最前线，突出了西方在火炬传递时对中国的侮辱。因此，将大众民族主义视为在某些方面独立于官方民族主义——独立于政治体制——是很不明智的。但是，有时这些民族主义也并不一致，而且最高领导层会发现自己由于保护国家利益不力而遭到批评。这并不是因为国家对内表现为拯救民族和发展国家的力量，而是因为国家对外表现为一种维持和平与稳定性的力量。当遇到国际“危机”时，政策的基础与其说是那种只针对国内的民族主义意识形态，不如说是实用主义和迁就。结果，政府经常发现自己遭到人民的批评，因为当它应当维护中国利益和国家主权时却没有行动。显然，网上论坛、聊天室和博客已经成为表达这种批评的主要渠道——因此像许多人预测的那样，互联网的发展已经成为一种批评政府的力量；但它不是要求更多的民主，而是更强大的民族主义信心。②

这种互联网民族主义有许多例证——最近的例子是对中国政府邀请日本派救灾队帮助四川震后救援的反应。夹杂在许多议论之中，有大量言论谈到这件事，因为有损于中国人的尊严导致日本政府决定不去救助。③ 但是在许多方面，遭到批评的是中国政府去寻求日本的帮助，而

① 见 http：//english. people. com. cn/90001/90780/91342/6393940. html。

② Shen，Simon，*Redefining Nationalism in Modern China*：*Sino-American Relations and the Emergence of Chinese Public Opinion in the 21st Century*，Basingstoke，Palgrave，2007.

③ Hiroyuki Sugiyama，“Chinese Net forums swamped by anti-SDF posts”，Yomiuri Shimbun，31st May 2008.

不是日本提供帮助。

（四）大众民族主义、民族规划与对国家的批评

互联网民族主义的例子显示，我们期望社会要求政治改革和民主化的领域，反而成为要求民族主义——要求党为国家发展作出更多贡献——的领域。在许多方面，毛泽东时代后批评浪潮中的两大浪潮也是如此。如果我们将这些批评浪潮划分为三次的话，20 世纪 90 年代中后期发生的第二次批评浪潮表明了民族主义的增长，甚至达到了令人恐慌的程度，以至于共产党努力平息它自己催生的民族主义。① 这主要表现为：大量畅销书出版，把美国描绘为妄想将其低劣的规范和价值强加给中国，呼吁中国要抵抗全球霸权。最著名、最流行的《中国可以说不》一书，指责美国是强加国际准则的始作俑者和自诩为是非裁定者。中国拥有博大的文明，应当反抗美国霸权，努力结束它的全球霸权。② 1997 年，李希光和刘康出版了《妖魔化中国的背后》，同样认为西方大国（通常指美国）试图将西方文化和价值观强加于中国这样的发展中国家，通过西方媒体扩张到发展中世界。③

《全球化阴影下的中国之路》一书，提倡以一种更加进攻性的姿态（或至少自信的）回应美国任何损害中国利益的企图。④ 由于关注整个经济全球化和加入世贸组织的潜在影响，这本书自认为是“说不”系列作品的延续。尽管如此，但是它代表了与新左派所掀起的第三次批评浪潮之间的某种联系。尽管新左派一词最初是指少数批评作者，但是它有时也涵盖所有批评经济自由化的负面后果的人。尽管这些批评者主要关注

---

① Hughes, *Chinese Nationalism in the Global Era.*

② 宋强等：《中国可以说不》，中华工商联合出版社 1996 年版。关于这本书的概述，参见 Des Forges, Roger, and Luo Xu, “China as a Non-Hegemonic Superpower? The Use of History among the China Can Say No Writers and Their Critics”, *Critical Asian Studies*, Vol. 33, No. 4, 2001, pp. 483 – 507。

③ 刘康、李希光等：《妖魔化中国的背后》，中国社会科学出版社 1997 年版。

④ 房宁等著：《全球化阴影下的中国之路》，中国社会科学出版社 1999 年版。

经济改革的负面结果，但是他们没有忽视自由主义来源于国外的事实。特别是在中国加入 WTO 的谈判中和 2001 年后实施期间，这种情况特别明显。对批评者来说，政府处于为新自由主义和/或西方的利益而放弃中国利益的危险之中。但是，这已经超出了经济领域。

在强调不平等加剧和其他社会问题时，新左派作家部分关注的是，这对受影响者究竟意味着什么。其实，他们的根本关注是，这对中国——国家战略——意味着什么。如果这可以被称作一次运动，那么这次运动的根本关注点是如何在危险的国际环境中最好地为中国利益服务，以及如何更好地促进国家的复兴。至少对于其中一些作家来说，这是一个强大的国家能够做到的事情。

实际上，其中一些人与其说是新左派，不如说是“新民族主义者”。在某种程度上，他们的解决方案是民主，而不是自由民主。他们要求制度变革能够更多地考虑到他们以及那些在市场转型过程中被抛弃者的利益。此外，他们想要党和政府彻底地治理腐败，处理好政治权力/影响与经济利益之间的关系。但是，他们还要求一个强大的国家在充满敌意的国际环境中捍卫国家利益，要求把福利制度和社会安全网放在适当的位置上。问题并不在于国家权力本身，而在于国家权力的性质：它的相对封闭和自我服务的本性，它过于强调增长和发展，而不是更平等地分配增长的收益。事实上，政府之所以遭到批评，是因为它不够强势，允许自由主义——甚至外国自由主义——伤害中国人民和损害中国国家权力。

五、让威权主义发挥作用

（一）民主化诉求：透明度与法治

现在除了有对民主、民族主义和民族复兴的呼吁外，同时还要求让党少一些封闭，多一些对新思想、新群体和新进程的开放态度；让党做到它的新“社会主义民主”所承诺的更加透明、可预测和法治，解决将经济改革的利益提供给精英子女所造成的腐败问题。这样的要求最近又被重提，不仅来自新左派一代，而且来自国内的各个政治派别和集团，包括共产党内部。人民也想要国家真正做点事情，像它自己一直承诺的那样——在地方上真正执行中央通过的法律——言出必行。此外，大众关切的并不必然是高层政治的问题，但是普通人感觉到经常被忽视，甚至国家只是作出相当普通的决定，仍然会影响他们的日常生活。

如果我们考察一下失误的城市重建规划和使人民遭麻烦的其他发展，会看到它们有一个共同点：决策过程缺乏公共参与。倘若缺乏公共参与，那些把解决具体问题视为当务之急的决策者就会只考虑一些人的长远利益。结果可能是为了一些人的利益而牺牲了其他人的利益。如果决策者受到自私的建议者的影响，他们在这样的工程中拥有私人的利益，结果会更加糟糕。① 最后，是对诚实的要求。正像对上述稳定性的解释一样，这听起来像一个非常基本的任务。有些官员不仅对人民不诚实，而且互相隐瞒，给人的印象是官员们只关心自己的面子和位子，而不关心那些最需要救助、最依赖医疗保障体制和可靠信息的人。

（二）增量民主

中国领导人一直知道这些挑战，2004 年 9 月召开的中共十六届四中全会标志着开始集中讨论党的执政能力。“历史”与“中国人民”都“选择”了党的领导，但是党的执政地位不是从来就有的，也不是一劳永逸的。用传统的中国“成语”来说，要“居安思危”，增强忧患意识，深刻汲取世界上一些执政党兴衰成败的经验教训，始终为人民执好政、掌好权，响应毛泽东提出的“为人民服务”，“贯彻全心全意为人民服务的宗旨”。总之，“加强党风廉政建设，深入开展反腐败斗争。党风廉政建设和反腐败斗争关系党的生死存亡。”

---

① 见 http：//www. china. org. cn/government/opinions/2008—03/01/content_ 11211953. htm。

现在，党要重新处理与人民群众的关系。这体现在四个方面。

第一，领导层重申了促进公平发展的承诺，通过提供更多的社会福利来安置那些被遗忘的人。这是否构成了合法性的第四个新支柱，是否是对稳定和发展之间现有平衡的反思，目前尚不清楚。这一说法似乎提供了一个新的范式，但是当前的领导人可能想让我们相信，真正的政策没有从根本上改变现状。① 第二，开展一场深入广泛的反腐败运动。第三，关键性的政策变化的目的是减少官员对群众滥用权力的途径。各种收费已经废除，转变成更加透明和可计算的税金，土地权获得认可。与我们的理解相一致，一些高调而又成本高昂的运动支持这些政策变化。最后，党正在促进民主。例如，在2007年中共十七大期间，胡锦涛在报告中60多次提到民主。但是，我们需要注意理解民主和民主化的准确含义，在这里就是将主权还于民。正如2007年胡锦涛在法国所说，党"坚定地"促进政治体制改革，"完善社会主义民主"，保证民主选举中的充分参与、"民主决策和民主监督"。这可以使选举的范围扩大到政治体制的更多层面上——未来还可能继续扩大。但是，当中国人谈论民主化的时候，他们实际上是指使现存的一党执政更加民主——即提高透明度、可预期性和法治——以及更有效率。然而，民主化不仅是选举出党的组织机构（不仅是使地方领导人对党的组织机构更加负责），也是创造一种更加透明和可预测的决策过程，以适应中国社会日益多样化和复杂化的不同利益和要求。

六、结语：通向中国特色的民主化之路

当福山宣称我们处于"历史的终结"之时，他并不是说非自由民主政权在不远的将来会必然且不可避免地崩溃。威权主义政权可能会存在

① Shaun Breslin, "Do Leaders Matter? Chinese Politics, Leadership Transition and the 17th Party Congress", *Contemporary Politics*, Vol. 14, No. 2, 2008, pp. 215 - 231.

下去，但是没有人相信它会比自由市场资本主义更好。福山经常由于错误的观点受到批评，他认为与自由民主不同的政治形式将会消失。但是，这里要强调的是“政治愿景”。正像我们所看到的，当共产党谈及促进民主化时，它意味着建立的是潘维所称的“咨询型法治”①，让一党制更加有效、更加高效、更加合法。这种仁慈的、咨询型的、“廉洁的”、强大国家、发展主义的一党制观念在党外赢得了支持。它不仅回应了一些批评知识分子的热情——不仅是那些靠近政治体制的学者和思想家，而且在普通群众中具有更广泛的吸引力。

咨询型威权主义（consultative authoritarianism）并不必然成为一种愿景，更多的是一种实现其他目的的手段。真正的政治愿景是本文提到的“国家战略”——恢复中国在全球秩序中应有的地位。这种愿景是形成符合本国国情的治理形式，能够保证中国的独立自主，促进国家重建和复兴。当然，这些思想并不是普世性的，而且政治制度本身已经作出了许多努力来寻找实现这种愿景的途径。但是，我们至少可以说，自由民主的首要性在当代中国受到了挑战，并且中国的复兴也正在使其他国家怀疑西方的模式。

问题是，迈向咨询型威权主义的步伐是可持续的呢，还是它包含的内在矛盾将会导致它的覆亡呢？正如本文所提出的那样，在中间阶层的兴起将会带来对一党执政的挑战的观点上，存在一种相反的看法。不管怎样，这里有三个问题（也是中国领导人承认的挑战）要引起注意。

第一，尽管经济大规模增长，数千万中国人仍然处于贫困之中，并且更多的人承认他们无力为子女提供体面的教育，无力为自己提供必要的医疗保障，无法保证体面的生活标准。或许恰恰是在那些感到体制对他们起不到作用的人当中，存在着一党执政的最潜在的挑战，构成了对党的治理潜在的挑战。由于认识到这一潜在的挑战，中国的领导人在

① Pan Wei, “Toward a Consultative Rule of Law Regime in China”, in Zhao (ed.), *Debating Political Reform in China: Rule of Law Vs. Democratization*, pp. 3 - 40.

2004年之后强调政治改革。但是，尽管采取了行动，但是这远不足以消除潜在的社会不稳定因素。

这就引出了第二个问题：兑现承诺的能力。在经济上，走向以发展和公平而不仅仅是增长为基础的新经济范式已经带来一些具体的成果。但是，满足那些感到被抛弃的人的需要的任务过于艰巨庞大，不可能在短期内实现。在政治上，如果那些响应新的咨询氛围和按照要求参与的人成为周期性的政治收紧政策的牺牲品，那么参与的渴望就会降低，并且那种认为体制能够兑现承诺的信念也会减少。

此外，像我们已经看到的那样，按照中央政府的目标和目的，中国特色的民主化的关键目标之一是让人民监督地方政府。但是除非中央派出检查组监督每一位地方官员，否则确保地方政府做它们应该做的事情仍然存在巨大的问题。如果一些官员尽力使新的透明制度发挥作用，他们就可能遭到不受欢迎的审查。当实施民主化的任务落到他们身上时，问题尤为巨大。

第三，我们回到前面提到的一方面鼓励争论和参与与另一方面渴望掌控它之间的紧张关系。“新的”模式要想正常运转，需要政府不仅要允许而且要欢迎甚至促进非政府的行为。在《攻坚：十七大后中国政治体制改革研究报告》中，提出了到2020年进行的“全面的政治体制改革方案”。[①] 这不仅响应了胡锦涛倡导的发展“基层民主”，也是为了增加对不同思想和观点的包容——不仅对社会集团，甚至还有对宗教选择的宽容，以显示党是广泛倾听和广泛包容的。

如果想要实现这一点，需要非政府组织的出现和发展来表达那些精英们在发展政策的制订中应当考虑的利益。在某种程度上，这已经实现了——环境非政府组织的发展是一个合适的例子。像党的高层领导人一样，这些非政府组织经常关心地方官员执行中央政策和法律的方式，同

① 周天勇、王长江、王安岭编：《攻坚：十七大后中国政治体制改革研究报告》，新疆生产建设兵团出版社2007年版。

样，他们的问责也是中央政府允许的，因为两者有共同的目标。许多环境非政府组织并不与党处于对立之中，它们赞同中央领导层的目标和目的，提供一种地方政府所不能提供的环境监督。在这个方面，环境非政府组织在地方层面上填补了政治空白，与中央领导层共同制约地方政府的权力，不仅调节了地方经济，而且也对当地环保部门进行了有效的监督。

然而，当这种推动变成强制力量时，并不会得到许可。反映问题和反对特定政策是一回事，而以一种共同和不可控的方式这么做完全是另一回事。在许多方面，领导人对这种矛盾作出反应的方式——想要协商与想要控制——在决定未来民主的进程方面还有很长的路要走。

（李百玲　译）

中国共产党在农村地区的合法性*

〔丹麦〕斯梯格·索格森

中国共产党正在艰难地重新界定它的合法性基础，并竭力使村镇干部和普通党员具有一种目标感和方向感。本文探讨了中国共产党在这一努力中所运用的论证和文化资源，并将重点放在中国经济欠发达的农村地区，尤其是云南省宣威市。①

在关于当代中国的研究中，与经济表现和制度变迁等“硬”问题相比，意识形态问题几乎没有得到任何关注。然而，最近最富有启发性的中国农村问题研究之一——曹锦清的《黄河边上的中国》（*China along the Yellow River*）突出了意识形态的关键作用以及决定党和国家命运的合法性这个密切相关的问题。在曹锦清与4位县乡官员一次颇有特点的对话中，价值观和动机问题被提了出来，不是用我们在党的宣传中常见的道德化方式，而是作为一个真正的问题。这些农村干部对于市场经济下

---

* 本文原题为“Parasites or Civilisers: The Legitimacy of the Chinese Communist Party in Rural Areas”，载 *China: An International Journal*, No. 1, Vol. 2, 2003, pp. 200 – 223。作者简介：斯梯格·索格森（Stig Thogersen），丹麦奥胡斯大学（Aarhus University）历史和区域研究学院东亚系中国语言和社会学副教授，从事中国农村社会和文化变迁研究。——译者注

① 感谢丹麦发展研究理事会的资助使我得以在中国开展研究工作，感谢 Soren Clausen、Jorgen Delman、Jacques Hersh、Graham Young 和 David Zweig 对本文初稿所提出的建议，并感谢 Ole Aabenhus、Ane Bislev、Fan Jianhua、Mette Halskov Hansen、Li Xu、Frand Pieke、Sun Rui、Wang Ya'nan 和 Zheng Hai 在宣威期间同我分享他们的想法。

的现状非常悲观：

> 社会秩序混乱了，信仰没有了。就地方基层干部来说，整天忙于落实上面来的各项任务，头脑里却是茫然得很，没有一个方向，不知道整天忙碌的意义到底在哪里，总觉得这样下去，说不定哪天会出大问题。[①]

这让曹锦清非常吃惊。他回忆说，20 世纪 70 年代和 80 年代，有关“信仰危机”的讨论在知识界和城市中流行过一阵子，但是进入 90 年代，这个问题从知识界彻底消失了，如今却在农村干部中再次出现。曹锦清写道，中国的地方政治，一方面受到村落人情主义的渗透，另一方面又受到市场谋利观念的影响。没有共同信仰的武装，如何使我们的各级官员不徇私舞弊、贪赃枉法呢?[②]

曹锦清的讨论反映出中国共产党在贫困地区面临着越来越大的合法性问题。大多数观察者认为党的合法性主要基于下列三点：推动经济发展、保持社会稳定以及捍卫中国的国家统一和国际地位的能力。[③] 然而，关于经济发展和社会稳定的论证在那些相对拥有特权的群体中能够发挥更好的作用，在贫困的农村则不灵。近十几年来，在农村看到的主要是越来越强烈的企盼而不是实实在在的改进。目前，知识分子和白领雇员至少在一定程度上已经克服了他们的“信仰危机”，因为他们的生活水平得到了提高，过上了更舒适的日子。但是，中国共产党如何才能让内陆地区的农民和干部们认同其统治的合法性呢？那些地区收入停滞，经

① 曹锦清：《黄河边上的中国：一个学者对乡村社会的观察和思考》，上海文艺出版社 2000 年版，第 448 页。

② 同上，第 451—452 页。

③ 例如，Wang Gungwu 和 Zheng yongnian 把合法性的三个来源概括为发展、稳定和国家统一。参见 Wang Gungwu and Zheng yongnian, ed., *Reform, Legitimacy, and Dilemma: China's Politics and Society*" 一书的“导言”, Singapore: Singapore University Press and World Scientific, 2000, pp. 1 - 20。

济和社会问题成堆，干部们整天面对着农民们的不满和抵制。在西方，往往认为民族主义会填补传统教条留下的空白。尽管我绝不会否认民族主义对学生和知识分子而言是政权合法化的一个因素，甚至对城市人口而言或许更是如此，但我认为，民族主义在中国的农村地区对党的意识形态和合法性所起的作用是非常有限的。①

正如本文标题指出的那样，我认为，党在意识形态层面上应对合法性危机的方式是：把自身及其干部描绘成为给农村带来繁荣、科学、道德和社会组织的文明代理人。这样就可以彻底扭转那种将干部视为社会掠夺者和寄生虫的看法。人们常会在中国农民和企业家那里听到这类看法，也会在公开的出版物中找到，例如在畅销书《我向总理说实话》中，作者李昌平是一位前镇党委书记。当李昌平向他的老同学们问起怎样做才能成为一个好官时，他们对中国农村给出了一个悲观色彩浓重的描述："他们（干部们）要吃农民，他们的子女要吃农民，吃农民的队伍一年比一年壮大。"在李昌平的朋友看来，吃农民的干部有自己的利益，与农民的利益大相径庭。②

于是，党面临着一项至关重要的意识形态任务：改变基层干部的公共形象和自我认知，使之从吃农民的寄生虫变成文明的代理人。

中国共产党与合法性问题

如果连体制内的干部都开始将自己和国家看成具有掠夺性的话，那么说中国共产党面临着意识形态危机就毫不夸张了。合法性问题对于党和国家命运极其重要，并不是因为只凭公共舆论就可以动摇中国共产党的领导，而是因为只有党的领导被认为是合法时，国家才能让一切成功

① 例如，Chalmers Johnson 讨论了"中国政权的合法化意识形态从共产主义向民族主义的转变"，类似的观点可以在其他许多学者和记者的评论中找到。参见 Charlmers Johnson，"Soft Totalitarianism in China"，*New perspectives Quarterly*，Vol. 14，No. 3，1997，pp. 18－20.

② 李昌平：《我向总理说实话》，光明日报出版社2002年版，第12—13页。

运转。

党的合法性有两个主要方面：外在合法性和内在合法性。我所说的外在合法性涉及“群众”的想法。在贫穷的农村地区，归根结底就是农民凭什么要接受党的统治，因为党并没有给他们带来各种好处，只是向他们“要钱要命”，例如收税和检查计划生育的执行情况。外在合法性无疑会严重影响到党推行政策的能力，但暴力可以取代外在的合法性，因为贫穷的农民几乎没有任何资源，他们的抗议行动通常是孤立的，并且规模相对较小。①

然而，合法性还有另一个方面，那就是内在合法性，涉及共产党组织的内部。这方面可以说更为关键：如何才能让贫困地区的基层干部获得目标感和方向感，抑制他们贪污和滥用权力的倾向，使他们忠实地为党的议程工作？自20世纪80年代以来，一种精心设计的监督干部表现的制度建立起来，包括成立由上级指定的纪律检查委员会和完善干部考评制度。如果群众对某个干部的意见过多，他就会被扣分。② 然而，在贫穷地区，这一制度的作用令人怀疑，而且代价很高。按照批评者的说法，结果与计划经济时代的状况没有什么大的不同：干部们表面上落实责任书和考评表中的各项指标，尽其所能地让他们的上级满意，即便为此必须歪曲数据，甚或作出损害农民利益的事情。③ 这些都清楚地表明，党的总体政治使命的不明晰并不能依靠官僚政治上的措施来弥补。

在下文中，我将讨论党努力在农村获得合法性时所采取的论证。我

① 近年来关于农民抗议和反抗的研究非常流行。最近在“Collective Action in the Chinese Countryside”（*The China Journal*, 48, Jul. 2002, pp. 139－145）一文中，Kevin O'Brien 回顾了这方面的许多文献。

② 关于这些制度，参见 Susan H. Whiting, *Power and Wealth in Rural China: The Political Economy of Institutional Change*, Cambridge: Cambridge University Press, 2001, pp. 100－108, and Maria Edin, “State Capacity and Local Agent Control in China: Cadre Management from a Township Perspective”, *The China Quarterly*, 173, Mar. 2003, pp. 35－52.

③ 关于当地干部与上级“监督”和考核有关的举止行为的奇特例子，参见曹锦清：《黄河边上的中国：一个学者对乡村社会的观察和思考》，上海文艺出版社2000年版，第590—592、731—732、735—740页。

首先考察江泽民有关“三个代表”的论述。在我看来，这基本上是一种把党重新定义为精英党的企图。然后，我将根据江泽民的思想来讨论党及其干部在云南省一个市里的现状。我关注的主要是内在合法性和干部对他们自身角色的看法，但是我也讨论了村民如何与党发生关系，尤其是他们如何挑战党的领导要求。

“三个代表”思想与迈向精英党

江泽民关于“三个代表”的讲话是关于党目前如何重塑其自我认知的最权威表述，因而也是关于它的合法性要求的最权威表述。①“三个代表”一词指出了三个要素。按照江泽民的说法，党在它的整个历史中都代表了这三个要素，将来应当继续代表它们。这三个要素不与任何特定的社会阶级相关，而是国家社会经济发展的趋势：（1）中国先进生产力的发展要求；（2）中国先进文化的前进方向；（3）中国最广大人民的根本利益。

江泽民反复强调党的意识形态的连续性，把自己的思想说成是经典马克思主义应用于中国实践时必须进行的一系列调整的一个环节。但是，这同时表明了如下事实：他对党的自我认知提出了重大修正，在促使人们将共产党理解为精英党上，他迈出了决定性的一步。精英党通过吸收社会不同群体和阶层中最有能力和最成功的人士，将会集中中国社会的精华。因此，它会把精英努力纳入到自己的组织框架内，引领他们去实现共同的目标，即把中国建成一个富强、繁荣和文明的国家。精英党自认为在管理社会上比其他人更胜一筹，因为它的成员比起广大群众来说受教育水平更高，能力更强，并且它声称自己代表的是现代性和经济增长，而不是任何特定的社会阶级。

① 我的讨论基于江泽民的《论“三个代表”》（中央文献出版社2001版）。该书中包含了江泽民的12篇讲话或讲话摘要，按时间顺序排列，从2001年2月他在广东视察时的讲话开始到中国共产党80周年庆祝大会的“七一”讲话为止。

在庆祝中国共产党建党80周年纪念大会的讲话中，江泽民非常清楚地表明了这一新的方向。他认为，党应该吸收企业家和其他经济精英中的“优秀分子”。他把党看成是一个“大熔炉”，它可以提高党员的政治觉悟，并因此保证社会的凝聚力。① 这一熔炼过程将会净化来自不同社会阶层的党员，使他们摆脱自己特殊阶级利益的束缚，从而准备好为“最广大人民”工作。在党正在疏离至少是一部分出自劳动阶级的传统骨干的情况下，江泽民在讲话中概述了一个新的潜在的社会基础。②

在江泽民看来，对于像中国这样一个多民族的发展中大国，没有党的坚强领导，就会四分五裂，陷入混乱的深渊。他反复强调，社会的凝聚是最重要的基础。③ 他还提到，如果党员不遵守党的纪律，党自身就会变成“一盘散沙”，这是非常危险的。④ 在他看来，党因而应当成为中国社会结构的引力中心，是能力密度最大的地方，它能够让社会中较轻和较不稳定的元素维持在它们应有的位置上。这样就产生了一个问题，那个首先保证党不瓦解、然后保证社会不瓦解的凝聚剂到底是什么东西？党员不应该成为一个利益集团，因此让他们凝聚到一起的一定是某种更高的目的或理想，即一项看得见最终目标的事业。这就是将会赋予共产党统治合法性的东西：对内让干部和普通党员拥有使命感，对外让普通老百姓感到共产党的政治领导具有正当性。于是，我们又回到了本文开始所引述的曹锦清的那些干部们所提出的问题：我们所做的这些到底有什么意义？方向到底是什么？不幸的是，江泽民也未能为这个问题提供真正的答案。

将中国共产党转变为精英党的第一步发生在邓小平对毛泽东时代意识形态的改革之中，包括宣布知识分子为工人阶级的一部分。在接下来

① 江泽民：《论“三个代表”》，中央文献出版社2001年版，第169—170页。

② 应该补充的是，江泽民讲话的其他部分听起来具有更多的传统列宁主义色彩，并强调了工人阶级是共产党的“骨干”，但我觉得可以这样说，任何创新之说必定是建立在关于将经济和管理精英中的“优秀分子”吸纳到党内的章节上。

③ 江泽民：《论“三个代表”》，中央文献出版社2001年版，第163—164页。

④ 同上，第120页。

的20多年里，共产党系统地吸收了更多高学历的党员（但党内反对声是存在的）。在毛泽东时代之后的党建工作中，党员尤其是干部的教育水平的不断提高总是被说成是一项积极的成就。十五大以来吸收的近1200万名新党员中，高中以上学历的占到79%，从中可以清楚地看出，党认为其目标群体应该是什么样子。[①]

这对一个列宁主义政党来说是一种非常正常的发展。肯·乔伊特（Ken Jowitt）曾将其说成是一个“包容”阶段，就像20世纪60年代发生在苏联和东欧的事情一样，它们出现在前面两个阶段之后，即旧社会的改造阶段和革命政体的巩固阶段之后。[②] 然而，让政权的核心力量中包含经济精英，这无论是在理论上还是在态度上都迈出了相当大的一步。在计划经济时代，共产党能够通过任命政治可靠的党员到管理岗位上来控制经济决策，但由于改革的结果，直接控制已经大为减少。这些新的老板和企业家并不在党的直接控制下，因此当前面对的挑战就是要将这些经济精英吸纳到党内，让他们变得政治上可靠和有用。这种做法在其他列宁主义政权中没有明显可以参照的例子，在党内也没有得到普遍的支持。

江泽民在经济全球化的大趋势中为中国共产党吸纳精英的政策找到了进一步的论据，因为他相信“当前和今后全球的竞争从根本上讲是人才的竞争”。[③] 经济的成功是共产党合法性的根本，而合格的管理者和高素质的工人则是经济成功的关键，所以党的命运与其能否成为一个吸引“人才”和“优秀分子”的中心密切相关。因此，合乎逻辑的结论就是，党应该在意识形态的大熔炉中吸收并纯化这些人。经过这一过程，这些人就具备了为“中国最广大人民群众”的共同利益工作的条件，并能够带领人民走向更高水平的文明。

---

① 新华社，2002年9月2日，资料来源：www. china. org. cn/english/features/41251. htm（2002年10月10日）。

② Ken Jowett, *New World Disorder*: *The Leninist Extinction*, Berkeley: University of California Press, 1992, pp. 88 – 120.

③ 江泽民：《论“三个代表”》，中央文献出版社2001年版，第31—32页。

这可以被视为中国共产党进一步发展后的主导叙述大纲，是构成其合法性的一个新基础，这是市场逻辑与后毛泽东时代形成的专家治国论和精英政治论的一种结合，其根源在于1949年以前精英们所声称的文明和道德优势。不过，它同时也是一种削弱党在内陆农村地区基础的趋势，因为在那些地区几乎没有什么受过高等教育的“优秀分子”。江泽民的讲话没有突出地提到农村的状况。他很清楚，在集体化解体后，农民和党的基层组织之间的关系已经发生了本质变化。他认为这是“我们必须认真研究和解决的重要问题”，但他给出的唯一解决办法就是要大力加强农村经济中的集体成分。① 由于中国农村目前似乎正在一条完全相反的道路上前进，仍然是越来越多的集体企业不断转化为私人所有，这一政策大概会面临一个希望渺茫的前途。②

精英党适合吗？来自云南省宣威市的个案研究

中国共产党是一个“精英党”这个观念在中国农村社会的底层上行得通吗？中国共产党如何才能使这个观念具有意义呢？下文应该理解为关于中国某一特定区域内所存在的这个问题的初步探讨，而不是关于“中国农村”的一般描述。由于把经济增长作为政治纲领的基础，显然党在某一特定地区的地位和合法性基本上取决于当地经济的成功程度如何，既要看民营企业也要看集体企业。因此，必须小心避免概括性的归纳。我的个案研究来自云南省东北部的宣威市。宣威市是一座“县级市”，紧靠贵州，人口130万，汉族占94%。在县城附近有一些比较富裕的工业化乡镇，但在山区也有一些非常贫穷的乡镇。

宣威市共有49720名党员，占到总人口的3.8%，远远低于5.2%的

① 江泽民：《论“三个代表”》，中央文献出版社2001年版，第8—9、12—13页。

② 关于苏南地区因集体所有制企业改制为股份或私人企业后引起的农村社会结构变化的讨论，参见董磊明：《传统与嬗变：集体企业改制后的苏南农村村级治理》，载《社会学研究》，2002年第1期，第10—16页。

全国平均水平。[①] 党员的平均教育水平提高得并不明显。1979 年，拥有高中或高中以上学历的党员不到 3%，到 1995 年这一比例仅仅增加到 8%。同一时期，文盲党员的比例从 44% 降至 25%，比例仍然很高。[②] 不过，如果我们转向那些行使重要政治和行政管理权力的机关，我们就会看到一幅截然不同的景象。2000 年，县直属机关中的党支部共吸收了 83 名预备党员，其中 47% 具有大专学历，42% 具有高中学历。[③] 这些数据提供给我们一个模型：农村的支部仍然是由那些普通的农民组成，而处在领导位置和有影响力位置上的党员则多是那些受过更高教育的人。

在宣威，我们发现各个乡镇的经济发展水平参差不齐。在比较富裕的地区，干部来自那些在当地属于“优秀分子”的人。在 2000 年的村民选举中，160 名企业管理人员被选到乡村的领导岗位上[④]，其中受到媒体广泛关注的最突出的例子是板桥镇虹桥村的苏文方。板桥镇是宣威经济上最成功的地区之一。

村领导人：理想的类型

苏文方是一位非常富有的企业家，在村内外拥有多家企业，他被选为村长几乎无人反对。不过，尤其需要指出的是，一年前苏文方已经被选为村党支部书记。当然，村党支部书记或其他当地领导办企业致富是相当常见的事情，村党支部书记又去兼任村长也屡见不鲜。[⑤] 但是，先致富然后才被选为支书又兼村长还是不同寻常的。这就是江泽民所提倡的基层党支部吸收本地“优秀分子”最典型的例子。市里的报纸说得很

---

① 宣威市的数据来自《宣威报》，2001 年 7 月 3 日，第 1 版。2002 年，中国共产党在全国共有 6640 万党员。参见中国互联网信息中心：www.china.org.cn/english/featrre/41930.htm (2002 年 10 月 2 日)。

② 《宣威市志》，第 476 页。

③ 《宣威年鉴：2001 年》，第 102 页。

④ 《宣威报》，2000 年 9 月日，第 1 版。

⑤ 2002 年 9 月对云南民政局官员的采访。这一趋势的原因可能有好几个，但有理由相信这一解释的部分原因完全是对合法性的需要。在中国，公众通过民主选举所表达的支持也已经变成合法性要求的一个公认的基础，并且基层的党委书记们也清楚地看到这一点。一旦他们通过无记名投票被公开选为村领导，他们至少能部分地或个别地克服缺乏合法性的问题，大大领先于在国家水平上的党的领导们。

清楚，苏文方的例子表明了今后的发展方向，并且希望村民能选举更多像他那样的人：第一，这些新带头人应该具备一定的政治素质，即公平、公正、不腐败；第二，年龄要在 40 岁上下，至少应该高中毕业；第三，选民们应该：

> ……注重（候选人）引领大家走向富裕的实际能力，要将具有强烈的市场意识和很强的致富能力作为当选村干部的一个必要条件，其中他本人致富的水平如何尤其重要。如果一个人无法让自己致富，他怎么能引领大家走向富裕?①

这里我们所看到的是江泽民的组织路线在基层的落实：苏文方作为商人的成功使他自然而然地成为了当地的领导人，于是他被党所接纳，同时党通过苏文方在经济上的成就，以及选举中大家对他的授权，提升了自己的合法性。

贫困村庄的领导人

不幸的是，在贫困村庄中几乎找不到像苏文方这样的人。郭桥乡可能就是党在贫困地区遇到麻烦的例子。在那里，党的合法性可能比较低，因为党的经济目标至少在某种程度上没有得到实现。郭桥地处山区，是一个完全依靠农业的乡。挣钱主要靠烟草，其次是养猪。全乡共有 37570 人，分为 10 个行政村或村委会，每个行政村包含数个相当于自然村的村民小组。2000 年，人均年收入据报是 670 元，但一些知情人说实际数字要低得多。②

---

① 我在郭桥的采访是在 2000 年 1 月和 2001 年 8 月。这里我更改了那个乡的名称。

② 官方数字来自宣威市统计局：《宣威市国民经济和社会发展统计资料：2000 年》，第 4、340 页。干部中对这些数字的议论颇多。一位村支书说，农村收入的统计方法不可靠，是按照乡里布置的目标去套的。

党在这样一个乡里的情况如何呢？全乡仅有760名党员，占人口的2.3%，看来越是“农村”的地方，党的吸纳水平越低。[①] 如果从郭桥党组织的最基层说起，那就是自然村中的党小组，但它们的作用非常有限。我听说每个党小组有5—10名党员，其中一个小组最新的党员是在1974年入党的。这些小组没有任何重要的组织活动，党员们说它们无权又无势。这就是媒体所指责的“瘫痪的”基层党组织。协助收税、统计、接待来访官员、为全村购买肥料等事情的是村民小组委员会，而不是党的任何组织。有些村民小组组长是党员，有些不是，但都以被选出代表的身份发挥着作用。

在他们的直接上级行政村里（有3000—6000人），党组织的存在就重要得多。按照《村民委员会组织法》，由乡镇任命的村党支部书记与选举产生的村长之间的确切关系并不很明晰，但在宣威市，我强烈地感觉到村党支部书记在这一级是最重要的人（第一把手）。这也许是普遍现象。[②] 我这里没有关于郭桥乡村长们政治地位的确切资料。但在宣威市的另一个镇——榕城镇，2000年夏季选出的12名村长都是党员，其中11人同时是村党支部委员，这意味着在更重要的政治层次上他们处于村党支部书记之下。[③]

这两个地方机构之间的一个重要差别在于：村长要出自并居住在他所管理的村庄，这是法律所规定的，2000年以前镇里曾采取各村之间互换村长的做法，如今不得不改正过来。相比之下，村党支部书记却不必非出自该村庄，虽然一般他也是本乡人。

对于像收税、公共工程、计划生育这类重要的事务，村党支部书记

---

① 采访乡党委书记，2001年8月。

② 参见Kevin O'Brien, "Villagers, Elections, and Citizenship in Contemporary China", *Modern China*, Vol. 27, No. 4, 2001, pp. 407 – 435, Particularly p. 422。按照官方的说法，党是在“指导”而不是“领导”村委会的工作，但指导这个词的意义怎么解释都行。有关村领导的实际运作，以及党支部和村委会的关系问题，参见Bjorn Alpermann, "The Post-Election Administration of Chinese Villages", *The China Journal*, No. 46, Jul. 2001, pp. 45 – 67。

③ 《榕城工作通讯》，2000年第8期，第11、38—39页。

的作用就像乡镇政府延长的手臂，但实际上不可能使政策适合当地情况。他们的另一个主要工作领域就是经济建设，这里更可以发挥他们的自主性。① 由于国家严格限制了烟草种植地的数量和卷烟产量，烟草的生产处于某种危机状态。为了使萎缩的经济得到重生，村民们期待村党支部书记能为大家找到新的收入来源，他们于是去努力吸引外来的投资和企业，引入新的作物品种。从这种意义上说，党在经济领域中发挥了领导作用，并且村党支部书记在许多方面都是典型的农村共产党干部：他们的权力源自党组织，在集体行动中发挥着先锋作用。

在低收入的村庄中，村党支部书记目前的处境非常困难。他们受到乡里要求贯彻上级政策的巨大压力，但是几乎得不到村民的支持。几年前，如果他们干得好，可能有希望被提拔到乡镇政府工作，但这条升迁之路在宣威已经被堵住了，因为村党支部书记的受教育水平一般较低，不具有被提拔的资格。由于阻止了村支书们的升迁之路，党已发出了明确的信号，即在新的管理精英中没有他们的位置，没有这一激励，对他们的士气产生了极大的负面效应。进一步来说，他们的工资微薄，每月只有200—300元，因此实际上几乎没有什么东西能够维系他们与上级政府机构的关系。

乡镇干部

当我们观察乡镇政府时，我们遇到了另一种截然不同的干部。在郭桥乡，党政机关的干部们同自己的家人一起生活在乡边一座较新的大院里，他们不全是党员，但显然形成了一个独立的社区，在那里，说到底，党决定着事业机会和职业价值。在其他群众看来，他们已然形成了一个特殊的社会群体。

---

① 这与Alpermann在河北省见到的情况相符，见他的“The Post-Election Administration”一文。

这些干部中等级分明，书记、镇长、纪委书记和派出所所长处于上层。这一层的干部实行“回避制度”，所以他们都来自外乡。书记和镇长是郭桥乡权力最大的两个干部，从背景和观念上看非常相似。他们都是30出头的男人，大专学历，都把妻子和孩子留在了县城。一方面是因为妻子在那里有工作，另一方面是他们都不愿意把孩子送进农村的学校。对他们来说，在郭桥乡任职显然是个苦差事，是他们事业中必需的一块垫脚石。也许身在郭桥时他们会努力为它工作，但他们首先要忠于的是县政府，一两年后他们会回到那里，那里决定着他们事业的未来。

在政府大院里，镇的最高领导可能看起来拥有非常大的权力，但实际上县里对他们的所有任务都进行了布置，并且他们及其所管的村党支部书记一样都没有决策的余地。如果说村党支部书记受到农民和镇干部的双重挤压，那么镇领导则受到沮丧的、收入低下的村领导和野心勃勃的县政府的双重挤压。在中国乡镇干部的名声普遍不好，几乎每个人都能讲出一些关于乡镇干部贪婪腐败的故事，但他们自己觉得这是由于他们处在左右为难的境地中。上面向他们下达了困难的和需要花钱的任务，如全面普及九年义务教育、修路、引资等，但却很少投入资金，所以只能靠向农民收税和收费。然而，如果他们压榨“手下的”农民过分，农民们便会向上级举报，而政府官员对于社会不稳定的信号非常敏感，要是手下的农民“闹事”，一个年轻干部的前程就可能因此而断送。

乡镇干部的地位与集体经济时代的情况非常相似，那时乡还被称做人民公社。公社干部的前程同样要看与县级领导的关系；同样是在自己原籍之外流动任职，也不是全部心思都放到了自己所管辖的地方。① 唯一不同的是公社干部处在毛泽东时代强大的意识形态指导下，这为他们的行为提供了内在和外在的合法性。

---

① Jonathan Unger, *The Transformation of Rural China*, Armonk, Nem York: E. Sharpe, 2002, pp. 19 - 23.

内在的合法性：党的工作的意义和方向来源

乡镇干部是怎样让自己对当地经济、社会和文化生活的领导合法化的呢？为回答这个问题，我采访了一些乡镇干部，阅读了当地专门讨论提升党和政府精英认同感的内部出版物。从这些材料来看，乡镇干部似乎具有强烈的精英归属观念，认为可以通过更高的受教育水平、洞察力和能力来获得自己的统治权力。对于精英身份的理解可以通过人的“素质”这一概念让它更清晰，素质就是教育和道德水平的综合表现，它同时也促成了干部们政治态度的形成。[①] 他们认为农民素质低下是发展的一大障碍，并且常常对村民选举持怀疑态度。在一位镇书记的眼里，村民选举给中国带来了太多的基层民主。因为农民没有文化，所以没有能力选出正确的领导人。因此，在一些选举中，被选出的人多是因为家族原因和人际关系，而不是他们的能力。这种看法在乡镇干部中相当普遍，他们通常被看做是村民选举最坚定的反对者。[②] 一位党委书记对计划生育的看法反映出类似的思想，很多受过教育的人与他有相同的感受。“这是不是很荒唐，”他说，“农村低素质的人可以生两个孩子，而城里高素质的人只能有一个孩子，这样下去会有什么样的结果？”

这样一些评论表明，干部们对于自己在农村社会中的优越性拥有强烈的信念。这一信念构成了共产党统治内在合法性的一个重要基础，因为它回答了为什么以这些干部为具体化身的共产党有权去实行统治这一问题，即便是那些农村没有从总体的经济发展中获得好处。这种信念正好符合江泽民党建思想中的精英主义观点。我认为这一信念的基础建立

---

① “素质”翻译成英语通常是“quality”，但有些中国人开始将它译成“competence”。有关“素质”一词的更详细的讨论，参见 Ann Anagnost, *National Past-times. Narrative, Representation, and Power in Mordern China*, Durham: Duke University Press, 1997; Borge Bakken, *The Exemplary Society: Human Improvement, Social Control, and the Dangers of Modernity in China*, Oxford: Oxford University Press, 2000。

② 曹锦清：《黄河边上的中国：一个学者对乡村社会的观察和思考》，上海文艺出版社 2000 年版，第 460—461 页。Kevin O'Brien 指出，在人民代表大会的讨论中也可以见到农民“落后”不适于参与政治的论调，参见 Kevin O'Brien, *Villagers, Elections, and Citizenship*, pp. 413 –414。

在三种思想之上，它们都与人的“素质”这一概念相关，这些干部自己认为：

（1）教育水平较高、信息接触更多，从而有资格在经济领域中担任领导工作；

（2）文化和教养水平较高，从而有资格在价值、公共道德和生活方式这类问题中发挥主导作用；

（3）对社会组织有更深的理解，从而有权利在这一领域中实行垄断，排斥任何有组织的潜在的党的竞争者。

然而，在所有这三个领域中，他们领导下的村民正在对这些干部的合法性提出质疑。

教育、科学和经济领导

因教育而产生的优越性观念同中国传统的科举制度密切相关，但其现代形式却与五四运动后认为农民落后的观念分不开。科恩（Myron Cohen）提到，在20世纪头几十年里如何“在中国新知识分子和政治精英中形成了这样一种固定观念，农民阶级是文化上截然不同的或相反的‘另类’……迫切需要教育和文化的改革，他们……完全要依靠理性和见多识广的外人来领导和帮助”。[①]

近年来，受过教育的形象对于农村干部们的地位和自我认知来说变得极为重要。新的县乡干部在报纸或布告中露面时，开头总要有一个关于他们教育水平的说明。这一声明的格式很有意思：“某某某，大学文化……”，这反映出教育和文化两个概念被看做是一回事。相比之下，新的村级领导的简历只是指出了他以前的工作经历，表明正规的教育在这一层面并不那么重要。由于大力宣传的考试和正式的资格标准越来越

---

① Myron L. Cohen, “Cultural and Political Inventions in Modern China: The Case of the Chinese Peasant”, in *China in transformation*, ed. Tu Wei-ming, Cambridge, Mass.: Harvard University Press, 1994, pp. 151 – 170.

多，精英选拔已经变得制度化。从县级到村民委员会的干部都要参加考试，并且考试结果公布在当地的报纸和布告板上。2001 年夏，宣威市首次通过由笔试和口试组成的公开考试招聘新的乡镇干部。这次考试得到了公开宣传，并且所有居民都可以报名参加。大约有 700 名应试者去竞争 22 个职位。整个过程被明确说成是一种增加干部聘用过程的透明度和减少腐败的方法。① 农民认为，尽管考试制度存在着缺陷和社会偏见，但它是一种相对公平的选拔方法，因为其他的任命方法依靠的可能是私人关系。党正是利用了农民的这一观念，让人觉得干部的任命就像学业上的竞争。②

新一代党的乡镇干部实际上可能以较高的正规教育水平而自豪。2001 年，宣威任命的 14 名乡镇副书记中有 4 人是本科学历，9 人是大专学历，1 人是中专学历。然而，这并不意味着他们可以被归为技术官僚精英一类。这些人的简历显示，他们绝大多数人都有在政治行政体制内工作的经历。其中 7 人获得的是管理学位，6 人毕业于党校，3 人毕业于师范学校，2 个正规本科毕业生获得的是数学和法学学位。③ 因此，他们全都是通才，强项是熟悉中国行政体系的运作。他们的简历表明，除了几位教师外，他们都是先开始为党工作然后才取得学历的。他们并不是被选为干部的技术专家，而是拥有学历的政治干部。然而，他们的简历还表明，新一代的共产党干部体现了大多数农民的梦想：他们出生于农村，但通过上学和政治努力设法从“农民”爬到了令人羡慕的“拿工资的”那一类人中。④

《榕城工作通讯》杂志非常好地表达了党和政府竭力想在干部中培

---

① 《宣威报》，2001 年 6 月 8 日，第 1 版。

② 我对此有更详细的讨论，参见 Stig Thogeen, *A County of Culture*: *China's Twentieth Century Seen From the Village Schools of Zouping*, *Shandong*, Ann Arbor: University of Michigan Press, 2002, pp. 206 - 210。

③ 《宣威报》，2001 年 1 月 3 日，第 4 版；5 月 2 日，第 4 版；8 月 10 日，第 4 版；12 月 11 日，第 2—3 版。另两个大学毕业生的专业没有说明资料。

④ 在与我交谈的大多数农民的心目中，有无特权的主要区别还不在于是干部还是农民，而在于是靠固定工资还是靠农业和零工为生。

养的那种精英认同精神。该杂志主要发行对象是榕城（榕城是宣威城市化最发达的乡镇）的党政干部，并且形象地反映出教育和文化在干部身份认同形成中的重要作用。该杂志的内容非常枯燥，充满了官员讲话和政治报告，但每期的首页都有一篇风格非常不同的短文，它有时很有诗意，有时富有哲理，充满了中国古典文学的手法和意境。我认为，这是暗示读者，他们都属于一个有文化的干部群体，拥有一个共同的学历和文化起源，但他们必须现实地处理杂志其他部分提到的棘手的日常事务。

教育和文化上出类拔萃的形象表现在经济规划领域中。乡镇领导不仅制定当地宏观经济发展计划，而且还详细指导农民种什么庄稼、用什么品种、什么时候播种、什么时候收获，等等。例如，郭桥乡的领导决定，从 2002 年起烟草的种植应该更早一些，因为近些年气候开始变暖。他们还与烟草公司合作引入了一种新的烟草品种，并坚持让所有烟农种植它。他们甚至给出了详细说明：哪个烟叶应该先摘，怎样捆扎烟叶，等等。由于这些不同的规则，他们实际上全面控制了生产过程。①

从一定意义上说，烟草是一种特殊作物，因为烟草要根据与烟草站的合同种植，具有垄断性，由国家控制。然而，其他的报道也证实干部们深入参与了对其他作物生产过程的指导。② 然而，正如刚才提到的那样，领导干部往往是通才，而不是农业生产专家。他们的力量在于他们与党的机器的联系，通过这一渠道他们可以接触到许多新的知识和技术。实际上，他们从上级党政机构或者通过私人关系获得了关于新作物、技术和市场的信息。但是，来自这两方面的信息可能会很不可靠。

---

① 与我们在宣威市的研究相配合，Ole Aabenhus 制作了一盘录像，“我背上的烟草”，它展示了当地的烟草政治，特别是干部和农民的关系。可向作者索取该 DVD 光盘。

② 关于烟草生产的组织和政治经济的分析，参见 Yali Peng，“The Politics of Tobacco: Relations between Farmers and Local Governments in China's Southwest”，*The China Journal*，No. 36，Jul. 1996，pp. 67 – 82。他发现“当地官员的行为是以吸血榨取的方式让税收最大化”（p. 82），因为烟草税是一些贫困地区政府收入的惟一来源。有关政府强迫农民种植特殊作物的其他一些例子，参见 Alpermann，“The Post-Election Administration”，pp. 59 – 66 和曹锦清：《黄河边上的中国：一个学者对乡村社会的观察和思考》，上海文艺出版社 2000 年版，第 651—652、728 页。

我听过好几个例子，乡和村领导告诉农民种植某种特殊农作物，结果或者是没有真正市场，或者其他的村庄也转而种植同一种农作物，导致市场供应过剩，价格下跌。

在经济决策上，农民们有时也质疑干部们的专家意见，拒绝听从他们的建议。因种什么庄稼引起的冲突在中国的农村似乎很常见。在采访中，村民们对许多领导决策的英明性持怀疑态度，说他们愿意按自己的方式行事，至少在某种程度上如此。当干部遇到这种抵触时，他们认为农民的做法反映了他们的保守和愚昧。干部们通常非常肯定自己的计划是有科学依据的，是对市场机制深刻理解的结果，因此农民的反对只是进一步使他们确信自己更应该去发挥启蒙作用。

尽管有这类抵触，但农民没有直接地拒绝干部在经济方面的领导。农民带有浓厚的兴趣观察干部们种植的新品种烟草示范田，结果往往会使农民承认新方法的好处。一位平常强烈批评当地政府的村民特别提到了那些示范田，说它们是“干群良好关系的一个例子”。

道德水准

在中国传统世界观中，教育水平和道德水准是密切相关的，因而乡镇干部们认为自己是农民的道德指导者和监督者。郭桥乡有一种被称为“文明家庭十星评分法”的详细的评比制度，就是一个明显的例子。简单地说，按照这一制度，所有家庭都要在遵守法律、责任感、计划生育、家庭团结、子女养育、新（相对于“封建的”）生活方式、尊师重教、讲卫生和致富等方面接受打分评比。每合格一项就授予一颗金星记在各家门口的小红牌上。对党来说，这是一种在村庄中显示道德和政治权力的方式。[①] 干部和其他“拿工资的人”不必参加类似的评比，所以

① Stig Thogersen, “Cultural Life and Cultural Control in China: Where is the Party?”, *The China Journal*, No. 44, Jul. 2000, pp. 129 – 141.

这种评价体制支持了干部们的那种自我认知，即他们属于高道德水准的人，有资格去评价村民们在生活中的各方面表现。

尽管在教育和科学的权威性上党所遭遇的挑战相对温和，但党在其信誉非常低的道德领域，虽然竭尽全力，依然是在打一场失败的战斗。最明显的原因就是农民们一致认为干部中普遍存在着腐败和滥用权力的现象。关于中国干部腐败的报道相当多，也非常详细，因此这里无须重复。此外，我也没有宣威在这方面的详细资料。然而，刘欣（Xin Liu，音译）在考察了陕西一个村庄对腐败的抱怨之后，提出了一个重要的观点，即“问题不在于干部们是否腐败，而在于对腐败的抱怨在何种程度上构成了一种强大的力量，通过道德话语重构了公共领域”①。腐败已经变成了一种比喻，代指官员在行使权力时农民所厌恶的一切方面。对腐败的批判在官方和民间话语中是如此普遍，以至于它已经关系到党的内在和外在合法性。如果一个干部相信他的同事们收受贿赂或以权谋私，他会认为自己不这样做就是傻子，因此腐败会变成一种准则而不再是例外，这在很多干部中又会导致进一步的犬儒主义。

社会组织

共产党内在合法性的第三个主要方面就是它在社会组织中的作用。农民被认为没有能力自下而上地把自己组织起来，这种观点实际上响应了20世纪初的类似看法。当时，孙中山和其他改革者认为中国农村是“一盘散沙”，是由那些只关心自己狭小利益的家庭和家族组成的。正如我们所看到的，江泽民在关于“三个代表”的讲话中表露了同样观点。地方干部赞同江泽民的如下观点：没有共产党，农村社会要么瓦解成不顾共同利益的独立单元，要么会形成落后的新组织（例如，宗族体制），

① Xin Liu, *In One's Own shadow: An Ethnographic Account of the Condition of Post-reform Rural China*, Berkeley: University of California Press, 2000, pp. 177 – 178.

甚或形成具有犯罪色彩的组织（例如，黑社会组织）。就像曹锦清这样的批判知识分子也反复强调缺乏组织能力是中国农民的主要弱点。①

在地方的公共领域中，组织上的垄断既有积极的表现形式，也有消极的表现形式。一方面党去组织（或宣称组织）各种社会活动，另一方面要去禁止其他人这样做。虽然改变千百万群众生活的大规模政治运动的时代已经结束，但在地方社区内搞出各种小规模运动的现象还是很普遍的。党运用一种标准化的方法和术语来描述这些改变农民看法和社会实践方式的企图。供当地干部阅读的《榕城工作通讯》在同一期中所发表的两篇文章或许可以证明这一点。一篇涉及经济，另一篇关于卫生和生活方式。

第一篇文章是整个洋芋种植运动的一部分，即秋天在其他作物收获后（主要是烟草），在田里推广洋芋种植运动。文章宣称这一试验的成功是“镇里各级干部重视这一问题”的结果。这些干部们“加强了领导，加大了宣传力度，组织安排地头巡视检查，树立典型，指明方向”。所有这些都是因为领导们加深了对“曲靖市‘洋芋战略’的认识”，然后将这种认识传达给群众：

> 在（镇）党委和政府的高度重视下，在负责农业的副乡长的领导下，有关干部组织起来，对镇里12个农业村进行了培训，深入到每个农民家中和每块地头进行指导。②

因此，引入新的种植技术被描述成党的组织能力和现代科学的胜利。干部深入到农村甚至下到每一个家庭被视为技术进步的先决条件。

第二篇文章描写了农村厕所改造运动。我们得到了一幅自上而下克服重重困难的相同图景：

---

① 曹锦清：《黄河边上的中国：一个学者对乡村社会的观察和思考》，上海文艺出版社2000年版，第432、491、586页。

② 杨广玉：《榕城镇秋洋芋种植》，载《榕城工作通讯》，2000年第11期，第18页。

自1998年至今，厕所改造工作自上而下层层落实。县党委领导多次下乡亲自指导工作。镇长和负责同志定期进行质量检查，严格督促推动工作的完成。那些在村委会中负责这项工作的同志，更是不分昼夜，积极排解因厕所改造而引起的纠纷。他们经过最大的努力建立起模范样板，并将其推广到其他家庭中。[①]

就像对待秋洋芋一样，党没有把这些仅仅看成是一个实际问题，镇长赋予了厕所改造运动更深的含义：

厕所改造回应了人类文明进步的需要，回应了人民身体健康的需要，同时回应了精神文明建设的需要。[②]

这仅仅是当地报纸和杂志中大量类似文章中的两个例子。这些文章描绘出这样一个世界观，即甚至农村里再平凡的事情都源自于上级党组织所制定的政策。然后，这些政策传达到下一级政府机构，变成负责教化村民的干部所推动的具体社会组织活动和变化。在这种干部组织和干部控制的世界里，顽固的农民及其结成稳定社会组织的无能，阻碍了由理性和科学原则引导的向现代化世界的迈进。

像在道德领域一样，党对社会组织活动的垄断也面临着严重的挑战。其他组织——主要是宗族和宗教团体——不时令党紧张，但最严重的问题还是农民不认为党有权在公共项目中代表集体利益去抽取资源。[③]农民们经常拒绝缴税，或拒绝参加当地政府组织的工程项目，沮丧的村干部时常抱怨他们如何一家一家地敲门收钱，或艰难地动员人们去参加修路工程。一个提供消息的人描述了农村实行选举后收税如何变得越来

① 王玉梅：《榕城镇卫生所项目中末期审评准备工作扎实有效》，载《榕城工作通讯》，2000年第11期，第10—12页。

② 同上，第10页。

③ 在土地问题上宣威干部与村民的冲突，参见 Xiaolin Guo, "Land Expropriation and Rural Conflicts in China", *The China Quarterly*, No. 166, Jun. 2001, pp. 422－439。

越难：

> 干部和群众的关系变了。现在干部们实际上不可能认真地收税，因为他们不想以后落选。今年村里有70%的人家没有缴税。在改革前，如果他们不缴税，村干部就会拉走他们的家具或牲畜，甚或殴打他们。那时（在2000年当地的村委会实行选举之前）干部们打人，用棒子打、搧耳光。那时的冲突非常尖锐。但是，如果今年70%不交的人明年不交双份，就会造成严重问题，因为30%缴税的人会认为受了欺骗。

村民们之所以不缴税，是因为他们不相信这些钱会被用来为大家做好事。由于遇到这样的抵制，村干部的工作越来越难，对自己的选民会越来越宽大，对上级的忠诚会越来越少。

结　论

上述观察表明，在贫困的农村地区中，乡镇干部的上层在很大程度上赞同江泽民精英党的观点。他们把自己的合法性建立在如下认识上：因为他们的个人能力以及同党和政府的密切关系，他们在学识、信息和文明方面要比农民更胜一筹。他们也相信自己所在的党代表着现代化和进步，具有带领农民走向经济更发达、组织更健全社会的历史使命，即便这意味着有时要否定农民自己所认为的切身利益。除了干部们从自己的领导岗位所获得的个人利益外，他们还找到了某种目的感，相信自己是进步过程的一部分，而这种进步过程最终会将中国变成一个强大的现代化国家。这可以看成是近20年来国家所推动的关于“素质”、“精神文明”、“人才”这些概念大讨论的逻辑结果。

一些分析家已经发现了农村官僚结构中的严重裂痕，即在县乡两级之间，由村级和乡级干部构成了一个紧密的网络，普通农民无法从下面穿透，县干部也无法从上面穿透。[①] 这种情况可能出现在比较富裕的农村地区。在这些农村地区，经济的发展为村级和镇级干部们创造了大量可以分享的资源。但是，从像郭桥这样一个贫穷的乡镇来看，党在乡级和村级交接处的力量似乎越来越弱。我们在这里发现了乡镇领导干部和村级领导干部之间的一个严重裂缝，前者是一个年轻且受过良好教育的群体，他们认同的是上级政府，并且其合法性要求建立在上文所说的精英观念上；后者越来越认同自己的村庄。直到最近，云南省才实行了村委员会选举，或许今后甚至会实行村党支部书记的民主选举。这种选举的进一步制度化将会使村级干部的大多数合法性建立在公众授权而不是精英观念的基础上。

（杨百朋　译）

① 关于这类分析的一个例子，参见张静：《基层政权——乡村制度与问题》，浙江人民出版社 2000 年版，第 186—190 页。

中国共产党能否坚持一党制?*

〔法〕菲利普·德拉朗德

中国共产党的所有声明和文件都证明了共产党具有坚持一党执政的愿望。这种意图是否具有合理性？一党制能否作为一个长期政权的基础而存在?

50多年来，有些人给出了否定的答案，有时甚至以一种非常强烈的态度：举出人权、镇压、社会不平等、腐败等问题上出现的个案为这种制度定了罪。然而，我们必须注意到，一党制至今仍被中国沿用，也没有令中国的情况变得糟糕。相反，一党制使得该国的经济出现大幅度、持续的增长……因此，上述问题并不具有决定性作用。

有些人说，只需要再等一等。市场经济以及由其带动产生的个体主动性和经济发展，会导致一个队伍越来越庞大的中产阶级的出现。这个阶级惯于表现出主动性，它关注个体的发展，受过良好的教育，不久之后就会提出自由争论、发展多元化民主、获得反面信息、尊重并保障他们的权利等要求。到那时，民主的到来就可谓水到渠成。比尔·克林顿就曾与许多美国人一道提出过这样的论点。

---

* 本文原题为“Maintenir le parti unique”，载 *La Chine à l'horizon 2020*，Paris，L'Harmattan，2006，pp. 47 – 59。作者简介：菲利普·德拉朗德（Philippe Delalande），经济学家，阿尔马丹出版集团（L'Harmattan）亚洲丛书的负责人。——译者注

另一些人，比如主张文化相对主义的裴文睿[①]（Randall Peerenboom），力图阐明中国通过走自己独特的道路，将会在其制度框架内逐步建立一个法治国家，逐渐向着最适合中国的民主形式前进。

还有为数不少的人反对这样一种否认普世价值存在的相对主义，莉拉·舒克鲁娜（Leila Choukroune）就是其中之一："……不可能以善意地揭露某种种族优越感的名义将诸如法治和民主等法律概念和哲学概念从他们的意识中清空。裴文睿过多地考虑到中国的独特性，其实是在间接地践踏作为原则存在的普世使命的基石。"[②]

这就是欧洲在与其他所有不同文化之间保持争论的核心问题。然而，是否在每种文化都具有独特性的名义下，一切都变得可以接受了？或者以民主、法治抑或人权的名义，一切都已经被接受了？

我们曾拒绝关注中国方面的言论，认为他们的言论显得矫揉造作，对于事实情况不予以公开承认且百般辩解。总之，在许多人眼中，他们的言论不值得我们听取，中国人对目前政治制度和未来十年的计划所发表的声明自然就是如此。

米歇尔·福柯研究了我们通常所说的话语"权利"[③]，该权利根据时代和文化的不同而不尽相同，但力求达到一种普世性的形式。接下来，让我们分析一下中国人发表的言论，现在是该对这些言论进行一番评论的时候了。

一、共产党与市场经济的有效结合

自1978年改革之初起，向市场经济转变的开放政策就伴随着一系

① Randall Peerenboom，*China's Long March toward Rule of Law*，Tanmhridge：Cambridge University Press，2002.

② Leila Choukroune：n° *Perspectives chinoises. mars-avril 2003.*

③ Michel Foucault，*Sécurité*，*territoire*，*population*，Cours au collège de France 1977—1978，Gallimard-le Seuil，collection hautes études，2004.

列特殊的高度集权措施，这些措施使得以后的市场经济获得了成功。邓小平提出实行计划生育政策，把每家孩子的数量限定为一个，这对经济增长与人口增长之间的疯狂竞赛起到了抑制作用。通过限制人口的过快增长，中国希望能够提高家庭的收入。对国内人口流动的严格控制避免了农村人口的大量外流，这种外流会导致在大城市周围无限地建造贫民窟，就像印度和拉美国家所遇到的问题一样。强制实行的农业集体化会引发缺粮现象，而实行农业非集体化既能够将农民稳定在农村，又能推动经济起飞。国家仍然保留对土地的所有权，但是通过长期的租约强制性地将承包的土地租给农户。这种方法至少在一定时间内避免了城市资产阶级从贫困的农民手中回购土地，避免了地租制度以及大量无地农民聚众现象的死灰复燃，这可是中国经历了数百年留下的创伤。自由市场的复兴重新将农民对土地付出的努力与获得收入的愿望两者联系起来。这是中国对市场经济进行的第一次开放，也是20世纪80年代经济起飞的基本要素。

中国共产党的高度集权措施从一开始就与市场经济结合了起来。随着各方面的成功，两者之间这种叠瓦状的排列关系延续了下去。

（一）一党制保护并指导市场经济

中国在纯粹而坚定的共产主义时期对外封闭，1978年开始逐步开放。对商品、服务、资本对外贸易的监管放松了，但没有完全废除。对于重要行业，外国投资仍然必须获得批准，进口需要有许可证，总之需要得到许多部门的许可。人民币仍然不能自由兑换，必须服从政府对外汇交易的监管。因此，汇率是受到行政部门管理的，尽管必须考虑到市场的压力。人民币升值幅度很低，其价值仍远远被低估，如果必须升值，那也是根据中国的利益而作出的政治决定。总而言之，为保护国民经济免受国际偶然因素的影响，鼓励出口并吸引外资，促进国际集团进驻中国，政府仍然把持着闸门。这种相对的隔离能够有效地调节对外贸易，进而调节整个国民经济。因此，中国在国界的保护之下，能够实行宏观调控的经济政策，将财政平衡、扩大内需和货币监管三者结合起来，避免出现日本曾经遭受的长期的通货紧缩或者1997年金融危机时一些亚洲国家遭受的过度通货膨胀。

中国对于美国国会反对中海油收购美国加州联合石油公司十分不满，揭露出美国在商贸往来中存在政治干预，违背美国所倡导的自由主义原则。但同时，中国也禁止外资股份控制中国的钢铁冶金企业。中国的钢铁行业被缺乏赢利能力的企业分割得七零八落，亟待重新整合，聚集力量。政权机构坚持避免外国企业参与这次重组，因为它们的干预可能会损害中国工业的长远利益。

2005年7月，中国南京汽车集团收购了英国MG罗孚汽车集团，毫不掩饰其收购意图，即将罗孚的主要生产业务转移至中国，并充分利用该品牌的声誉与技术。这种方法早已在德国企业身上得到验证，许多生产汽车机械装置的中小公司都已经被中国企业收购。德国中小企业的生产业务随后转移到中国，而中国的工业则需要在档次和质量上已获得公认的德国企业的先进技术。

走向世界的中国企业一般都是国有企业或者合资企业，它们满足于获取一定的资本，但远远低于西方企业的股东提出的赢利要求。因此，能够使中国企业得到满足的利润额远低于它们的竞争对手，如此一来，它们的竞争力得到提高，它们也可以获得新的市场份额。

继鞋类之后，中国纺织品的入侵也令欧美国家违背了它们的自由主义原则，原本在这种思想原则的指导下，取消贸易壁垒应该是有益的。然而，当地的生产商由于中国同行的竞争而喘不过气，要求重新设立进口配额和关税壁垒。中国通过实行几项众人皆知的措施而赢得了时间。这种拖延的态度也很好地用到了人民币升值问题上，顿时缓和了中国贸易伙伴的敌对态度。

中国共产党领导的中国完全了解自由主义的全球化是如何发挥作用的，但是拒绝对这种全球化附加意识形态色彩，而这种意识形态问题却往往能令西方竞争者陷入瘫痪。中国保护了它的市场经济。对于这一点，我们又怎能横加指责呢？

维持一段很长的政治时期是一党制的结果，也是领导经济政治的有利条件。在面临更替危险的民主制度之中，下一届选举的期限会对政治时期产生限制。然而，当中共十六大制定了20年内国内生产总值翻两番的宏伟目标之时，不言而喻，党在20年后仍然屹立不倒。很长的政治时期对于一个发展战略的实施是有利的。每次规划的制订都是以五年为期，第十一个五年规划确定了如下目标：坚持发展，缩小地区和社会的差距，加速推进研发，减少约束……规划的制订还针对一些被认为具有战略意义的领域：能源与原材料、大型设备、土地规划、环境、教育和科研。因此，市场并不是唯一考虑的对象，它在战略部门中所发挥的作用甚至只是次要的。中国距离自由放任、无法控制的资本主义还十分遥远。

（二）市场经济是避免一党制引发全面停滞危险的良药

一些不太自由的、专制的措施对经济起到保护作用，并促进了经济增长，反过来，市场经济也会激发体制的活力。全面停滞会对生机勃勃的体制产生威胁，令它无法自行改革、无法保持活力、无法清除有害的因素，那么如何避免全面停滞的出现呢？苏联共产党没有能够避开这个暗礁而触礁身亡。中国共产党却能在市场经济中找到防止迷失的解药。市场经济增加了提案与自治的渠道，并为快速发展和能够降低停滞危险的抗衡势力注入了活力。但是这些抗衡势力最终仍是服从党的，保持体制的结构紧密。党无所不在，它起到激励、领导、监控……的作用。

2002年11月，中共十六大通过了“三个代表”重要思想。简要地说，就是将党向所有有利于国家发展的活跃力量敞开大门，原本被排除在外的私有部门的企业家和领导从此作为企业代表进入党内。党向经济精英的开放给予了这些经营者通过党参与决定经济政策的机会。但是与之相对应，党也进入了私有企业中。原来，党只是出现在直接受其领导的国有部门中。如今，如果私有企业或合资企业的高层领导加入了共产党，他们就必须服从党的指令，至少不能反对，他们无法一直阻碍党出现在他们的企业中。诚然，仍然有一些私营企业躲开了党的控制，但是，党只需对一个部门中的某些龙头企业进行投资，整个部门都会感受到它的影响力。因此，党为缩小西部地区与东部沿海富裕省份的差距而提出的西部大开发政策，成为沿海企业的发展战略因素。如果一些沿海企业决定投资青海或内蒙古地区，那么它们就会得到党的鼓励，媒体也会予以大量报道。由于“爱国精神”得到肯定，它们附带着会更容易地获得一些贷款、许可、行政便利条件，并且企业领导也可以跻身党的等级之中。近期，党的领导机构表示，不再满足于已经获得的出口市场的份额，必须加大对外投资以便组建大型跨国集团。党将该信息传递给企业，企业便将这项指令记入企业战略之内。但是，与过去经济指令由党不顾企业的实际情况而强行下达相反，企业领导可以在党内对不适当的决议提出质疑。他们既是抗衡势力，也是行使权力的代理人。整个体系结构的严密性在此赢得了功效。中国距离自由放任的资本主义还十分遥远！

市场经济和一党制取得了很好的效果，两者互为促进。因此，民主不会是一个源自市场经济的中产阶级飞速发展的自发结果。

二、希望建立一个独特而持久的政治体制

共产主义体制是个恒量，它需要具有一套能够合理阐释它的行为并证明其合理性的理论。中国共产党就证实了这一点：首先是马列主义，该理论被更关注贫苦农民的毛泽东思想作了一定修改。然后是邓小平的改革开放理论。江泽民“21 世纪的创新思想”修正并补充了前人的理论，冲淡了无产阶级专政、列宁主义和毛泽东思想的原则。他意欲开启一条有中国特色的社会主义道路，提出了党的“三个代表”的理论。

（一）中国共产党向国内所有活跃力量敞开大门是一党制继续存在的必要条件

江泽民所做的一切就是显而易见的证明。迈向市场经济是邓小平经济发展政策的成功所在，但是也导致一个由企业家、私企领导组成的新兴公民阶层的加速发展。如果他们被长期排除在党外，他们会在一定的时机要求具有政治代表身份。如果党拒绝他们的要求，他们就会在党外寻求表达政治诉求的新途径。由于他们是经济增长的活跃力量，他们最终将能够在党外获取政治代表身份。如此一来，一党制就会得以终结。为了维护共产党一党执政，党必须向新兴阶级敞开大门。

该理论在党内遭到了反对，这也是可以理解的。反对者均持有这样一种论点：你们这是引狼入室。邓力群坚持认为，党吸纳“资本主义剥削者”不会减少在社会主义社会中作为生产资料基础的国有财产，还能避免出现阶级斗争，而飞跃发展中的中国资本主义赋予这种做法以合理性。杨帆、左大培、韩德强三位经济学家向中央领导人写信，要求防范党向寡头政治转变、减少腐败与权钱交易的危险。所有反对者高呼这会背叛了农民和工人，他们是中国革命的基础。这些观点也不是没有道理的。在诸如广东这样的富裕省份，大量企业主入党已经将党变成了一种地方上的“雇主联合会”①。

然而，适应现实情况的关切最终占了上风。在中国的传统思想中，行动首先是能够适应现实以便改变政策方向。逆流游泳会令游泳者筋疲力尽，他非但无法前进，最终反而只会溺水身亡。道家思想总是根深蒂固的，党不会沉没。十六大上，江泽民提出了“三个代表”重要思想。有一位企业家进入了中央委员会，他是全球最大的家电企业海尔集团的总裁，他具有代表意义。

不过，“三个代表”不只涉及企业家。党必须代表：中国先进生产

---

① 法文缩写 Medef：Mouvement des entreprises de France。

力的发展要求；中国先进文化的前进方向；中国最广大人民的根本利益。生产力和先进文化也包括研究人员和知识分子。“文化大革命”曾经压制并驱逐了这些人，现在必须让他们重回党的队伍。四分之三的新党员具有大学文化程度，他们是在大学期间入党的，今后大部分党员都会如此。于是，中国共产党将成为一个精英政党。这种做法不知不觉地与中国古代官僚制的传统联系起来：由文人来领导人民。

（二）“中国的民主政治建设”

2005 年 10 月 19 日发表的《中国的民主政治建设》白皮书[①]似乎是胡锦涛及其领导集体对党的学说所做的第一次贡献。这也是一份很合时宜的文件，它是在 11 月 19 日布什第三次访华前一个月发布的。然而，尽管美国总统敦促中国人走民主道路，中国人并没有理会他的斥责，他们想要证明他们自己也在寻求民主，只不过是走了一条不同的道路。尽管该白皮书是用以防守的文件，但是已然显示出在中国开辟一条政治体制改革道路的雄心。

白皮书的开篇第一句如下：“民主是人类政治文明发展的成果，也是世界各国人民的普遍要求。”它一上来就肯定了普世的愿望，但随后又表示：“由于国情的不同，各国人民争取和发展民主的道路是不同的。”我们可以理解其中的含义：中国将会走一条向着普世民主的方向发展的自己的道路，如果你不认为世上存在一些向着普世方向发展的特殊道路，那就没有必要继续看下去了。

具有新意之处在于对国情的描述是从简要回顾中国数千年历史开始的。中国的整个历史将中国的道路引向了民主。

白皮书第一章中的几句话就很好地总结了十章内容：“近 20 多年来，中国社会主义民主政治建设在实践中取得了许多重大进展。人民代

① http：//www. china. org. cn/French：“L'édification de la politique démocratique en Chine”，Conseil des affaires d'Etat，Pékin，2005.

表大会制度、中国共产党领导的多党合作和政治协商制度、民族区域自治制度等国家民主制度不断完善和发展，城乡基层民主不断扩大，公民的基本权利得到尊重和保障，中国共产党民主执政能力进一步提高，政府民主行政能力显著增强，司法民主体制建设不断推进……"

许多人可能会认为这只是些自我满足的大空话……但是一位对中国的政治生活具有深入了解的学者高敬文（Jean-Pierre Cabestan），证实了中国在上述方面确实取得了这些进步的现实。这正是政治体制的"现代化适应性"①，这是一种对继续推行中国共产党一党执政且不容质疑的国家所出现的现实情况的适应性。

白皮书认为民主正处于发展的过程中。我们在此可以感到中国"道家"思想的影响。在缓慢的前进中表现出坚韧不拔和持之以恒，比起只是讨论几个民主概念问题要强得多。中国人的思想是不相信概念的，这正是中国与西方之间相互不理解的原因之一。道路不能与目标相分离，道路包括目标。结论部分明确了目标："坚持中国共产党的领导、人民当家作主和依法治国的有机统一"；"发挥社会主义制度的特点和优势"；"有利于社会稳定、经济发展和人民生活水平的不断提高"；"有利于维护国家主权、领土完整和尊严"；"符合渐进有序发展的客观规律。中国社会主义民主政治建设是一个不断提高人民当家作主的实现程度和水平的历史过程"。

因此，理论的结构严密：唯一但能吸纳全国所有活跃力量的政党指导着政治活动，使政治活动符合中国的国情，同时保障了党本身的发展、安全和完整性。通过建设一个依法治理、更加公正、结构更合理、自主范围更宽泛但维持一党执政的国家，中国共产党将会促使社会逐步走上一条民主发展的道路。

---

① Jean Pierre Cabestan, *La Chine évoluerait-elle vers un autoritarisme "éclairé" mais ploutocratique?*, Perspectives chinoises, N° 84, juillet août 2004, p. 25.

三、党的执政合法性能否持续？

只是当权者表述的理论具有严密的内部结构远远不够，还需倾听的人民能够接受这些理论才行。只有这样，当权者才会被视为具有合法性，“理想模式”的结构的严密性才能得到保证。但是，如果实际做法不再与理论相符，如果出现一些难以克服的困难，那么这种严密性就会被消解掉。

（一）共产党如今的合法性

中国共产党拥有党员 6600 万人，占全国人数的 5%。尽管党严格奉行列宁主义的“民主集中制”，但是它仍在不断发展新党员，特别是年轻人。党现在的发展势头良好，比十几年前中国共产党由于“天安门事件”受到震动时的情况好很多。尽管公众自由问题引发过个别事件，但是在大部分民众眼中，党无疑是合法的。

首先，这并不是什么新观点，当一个国家的领导人能够保证经济快速发展时，他们的人民自然倾向于给予他们充分的合法性。在中国，革命曾经奠定了中国共产党最初的合法性地位。随后，党又成功地将合法性基础由革命变成了发展。持续的发展减少了对抗，往往还能争取到支持。

然而，另一个接受一党执政的原因无疑是基于中国特有的文化财富之上的。历史上，儒释道三家的教诲常常是截然不同的，但它们也有共同点。三家学说都认为，天上是没有一个创世的上帝的，因此没有启示真理。我们是这个世界的一部分，“如何生活？”是中国人从过去到现在都特别注重的问题。这个问题需要从道德方面进行有效回答：为了公众利益、整体和谐，通过修身完全实现自己的人生价值。通过寻求共识，耐心地达到和谐。共识是和平的保证，而和平又是繁荣的保证。政权的合法性源自实现有效共识的能力。这就是培育一党执政的肥沃土壤。

但是，在中国的文化领域内，对领导人的道德要求是很高的。中国共产党深知，如果有一天它由于丧失了合法性而必须消失，那并不是由于它实行权力专制，而是由于它为了牟取私利而滥用权力，由于腐败而不再具有能力。

最后，中国人从历史中领悟到，西方的多党制对他们而言具有分裂的危险。他们估计，离心力量可能会将一些地方省份从国家中脱离出去，令统一的国家分崩离析。不过，在整个中国文化认知当中，没有什么会比无政府状态更糟糕。为了谴责多党民主制带来的危险，中国人使用了“乱”这个字，这种忧虑更加强了中国共产党的合法性。

（二）腐蚀合法性的危险

腐败会改变公共行政的有效性，削弱党的合法性。正因如此，反腐败斗争的迫切任务是政治领导人的所有讲话必然会谈到的话题。但是，能否在无法为揭露腐败分子而组建反对派的一党制中根除腐败呢？这个问题仍然无法解答，因为在亚洲一些政权能够更迭的多党制国家中，诸如菲律宾、印尼、泰国，我们不能说那里的腐败现象比中国少！

城市当中特别是城乡居民之间的社会不平等令人不满，令人愤慨。城乡居民间的平均收入差距达到了3.3∶1。6亿农民只创造了中国国内生产总值的13.5%。在胡锦涛担任总书记一年后，国家决定减轻农民赋税，实行农业价格扶持政策，这些政策曾暂时提高了农民的收入，但是差距仍在继续扩大。中国共产党中央和全国人民代表大会都曾公开表示，解决这一问题是当务之急，然而我们却看不到任何进展。中国人有着很强的忍耐能力，但是，在经过如今几次零零散散的反抗之后，有一天可能会出现一次更加危险的民众运动。

对于信息审查，如今只是一小部分人无法忍受，明天可能就会扩大到大多数人，这种审查也会削弱其合法性。

司法是如何既成为抗衡势力又充当服从力量的？在宪法和立法方面的努力旨在建立一个法治国家，但是法官仍然受到党的监督。法官是根据能力标准招聘的，但必须征得党的同意，其任命也受到期限限制。法官的任期不得延长，这是不需要说明理由的规定。如果法官不能独立，那么法律还有什么用？现有体制没有解决这个矛盾。另外，法官在受到政治压力的情况下不制裁轻罪，这也会对该体制效力的发挥产生阻碍作用。

还有一个危险因素，那就是某个社会群体——可能是私有部门的企业家和干部——最终完全掌控党。如此一来，该群体很可能会立刻失去在内部不同的利益之中寻找共识的能力。被排斥的群体不可避免地会在党外寻求表达政治诉求的新途径。共产党的合法性就会消失殆尽，一党执政也会由此而结束。

我们还可以想出其他许多有可能会动摇中国共产党的内因或者外因。如今，我们有理由认为，似乎没有什么不可克服的因素能够迅速瓦解中国共产党的合法性。党对人民发表的言论的一致性与严密性尽管也有不尽如人意之处，但似乎足以保证党拥有政权的持久性。因此，谨慎地向着民主化道路逐步前进或许也不是没有可能的。

（赵　超　译）

中国的宪政、“三个代表”与法治*

〔美〕拉里·卡塔·巴克尔

自从20世纪中期以来，宪政合法性的理想一直以法治（rule of law）概念为依据。人们通常从两种意义上来理解法治：第一，从法治的程序方面，即对滥用权力的严格限制，也就是对非法运用国家权力进行严格的限制；第二，从法治的实质方面，即赋予国家的主要作用是捍卫一系列基本的、共同信奉的实质性规范，这些规范通过依法运用国家权力而得到保护和促进。在西方，这一实质性方面的基本表现形式呈现在各个方面。例如在美国，全面的实质性法治使“民主”原则充满了活力；在这样一种法治内，程序本身（作为公平的一个方面，被理解为实质性的应有程序或平等保护）具有一种重要的、基本的、实质性的法治品质。① 在德国，实质性的法治规范既根本又崇高；它是“人的尊严”②，在某种程度上被认为是德国在1933年至1945年间的经历的结果。合法的国家

---

* 本文原题为“Chinese Constitutionalism, Sange Daibiao (the ‘Three Represents’), and the Rule of Law”。本译文依据的是作者提供的手稿。作者简介：拉里·卡塔·巴克尔（Larry Catá Backer），美国宾西法尼亚州立大学法学教授。——译者注

① Larry Catá Backer, “Fairness as a General Principle of American Constitutional Law: Applying Extra-Constitutional Principles to Constitutional cases in Hendricks and M. L. B.”, *Tulsa Law Journal*, 33, 1997, p. 135.

② *German Basic Law*, art. 1.

权力制度代表着一种政治共同体；作为各种命令的形式表达，上述两种意义上的法治都与国家权力制度的积极活动有关。[①]

对法治分析的重视通常都局限于正式的国家机器。[②] 国家机器的制度总和就是政府，通常等同于人民的立法、行政和司法权力借以运用的那些政治制度。政府几乎始终以包含在国家宪法中的统治规范为转移。人们认为，宪法是人民的政治意志的最高表现形式，而人民则是最终的主权者，也就是国家权力的最高所有者。在国家内的所有其他实体或权力表现形式被认为从属于正式的国家权力体系。

在《联邦党人文集》第十篇中，詹姆斯·麦迪逊说："我所理解的宗派就是一些公民，不管他们是全体公民中的多数还是少数，团结在一起，被某种共同的动机或激情或利益所驱使，反对其他公民的权利，或者反对共同体的永久利益和总体利益。"[③] 政党就被视为上述意义上的"宗派"。这样一些宗派并不是作为一种主权体系的人民的代表。它们即使在集体的形式上也是个人意志的表达。因而，麦迪逊还指出："到处都能够听到抱怨声……即公共利益在敌对政党的冲突中被置之不顾。"[④] 因此，美国从建国之初起就坚决维护如下两种分离：一方面是国家与各种统治工具（作为全体人民的代表）之间的分离；另一方面是国家与宗派或政党（作为个人意志的代表）之间的分离。

在国家及其正式统治文件所确立的各种制度之外，不可能存在任何正式的统治力量。因此，西方传统上把政治势力的意识形态与国家的制度分离开来。通常认为，政治势力的意识形态代表个人而不是全体人民；除非国家制度所固有的意识形态可以表达全体人民的意志，否则国

---

① Randy Peerenboom, "Let One Hundred Flowers Bloom, One Hundred Schools Contend: Debating Rule of Law in China", *Michigan Journal Of International Law*, 23, 2002, p. 2.

② Hal Blanchard, "Constitutional Revisionism in the PRC: 'Seeking Truth from Facts'", *Florida Journal of International Law*, 17, 2005, p. 365.

③ James Madison, *The Federalist #10*, Random House Modern Library College Edition: New York (no year), p. 1789.

④ Ibid.

家制度就没有政治意识形态。

由此看来，西方对中国的“法治”问题有一种标准的分析。这种分析大致如下：

> 中国曾经试图使自己的制度符合在西方形成的规范。中国已经设立了各种国家机构作为政府的部门，由此全体人民的意志能够得以表达。中国已经使中国共产党的机构与这些国家权力的代表机构相分离。

由于已经使政治与制度相分离，宪法必然完全以各种制度为中心。中国的1982年宪法从形式上接受了程序性法治观念。该宪法的序言宣布宪法是“国家的根本法，具有最高的法律效力”。1999年修订的宪法第五条强调：“中华人民共和国实行依法治国，建设社会主义法治国家。”然而，中国的宪法提到了意识形态——马克思列宁主义、毛泽东思想、邓小平理论和“三个代表”重要思想。就此而言，这些只是提到意识形态而已，并没有提及法治问题。

因此，由于中国共产党对国家权力——包括所有立法权力——机器的控制，同时，权力高度集中，造成法治的实现和落实非常困难。

这些观点尽管使用了中立的语言，但实际上表达了一种特定的意识形态。在“二战”之后，这种意识形态在中国之外成为一种普遍的理想。具体而言，这种流行的法治分析口吻植根于一种特殊的宪政理念之中。世界上的其他国家已经充分地发展并接受了这种宪政理念，但在中国产生的执政理念中却几乎消除了这种特殊的理念。自1945年以来，关于深度宪政（thick constitution）的国际规范体系已经形成。这个规范体系充当了借以对中国的制度进行评判的理念。“它的基础是这样一种观念：有一种普世共享的价值观体系，它有助于限定任何政治共同体在宪法中能够表达人民（主权者）意志的程度。这些普世共有的（和强加的）规范产生于民族共同体内的讨论。正是在民族共同体中，这些规范通过共识得以产生。它们强调对国家权力——尤其是与个人相对立的国家权力——的限制，代表着对普遍政治意志的最高表达，并且应该为在国家的各种宪政传统内表现出的法治提供基础。"① 其中最突出的两个规范是"民主"和"人的尊严"。越来越多的国际声明阐述了一个社会、政治和经济权利的复合体系。正是从"民主"和"人的尊严"这两个规范出发，正在形成的、全球化的宪政规范得以植根于上述权利复合体之中。

这些对中国及其宪政发展进行分析的路径所揭示的，与其说是关于中国本身的情况，不如说是中国发展批判者的文化视角。中国只是此类分析的虚假目标。在这个方面，我的分析有些类似于唐纳德·克拉克（Donald Clarke）的如下观点：标准的批判以"一种理想的不完全实现"（IRI，imperfect realization of an ideal）或关于比较法的"IRI"方法为基础。克拉克曾经论证说，对各种制度进行评价和分析的依据是分析家们所选择的一种理想状态。分析家所选择的制度通常是西方——美国或欧洲国家——的政治制度。因此，基于西方的法治范式几乎无助于理解中国政府的制度演变。② 这种观点曾以这样或那样的形式导致了对那种应用于东亚国家的法治分析的怀疑，也招致了对那种应用于中国的法治分析的怀疑。

当评论家们评论中国的制度主义时，这些理想常常转变成对中国共产党的批评，批评它阻碍了国家的各种统治工具向"法治"政府的演化。换句话说，这些评论家集中分析正式的政府机构，把中国共产党边缘化，试图以此解决中国法治转型的"问题"。即使在那些对中国治理的现实很敏感的人中，对中国共产党的一般化批评和边缘化也表现为许多形式。例如，艾里克·沃茨（Eric Orts）就是许多试图区分民主理论

---

① Larry Catá Backer, "God over Constitution", Speech delivered at Temple University, October 30, 2005.

② Donald Clarke, "Alternative Approaches to Chinese Law: Beyond the 'Rule of Law' Paradigm", *Waseda Proceedings of Comparative Law*, *Vol. II*, 1999, pp. 49 - 62.

和法治分析的学者之一。不过，他所关注的是国家制度内部的法治制度，因为中国共产党在这种制度环境中充其量是发挥了局外人或破坏者的作用。[①] 帕特·丘（Pat Chew）也曾指出，在中国建立一种制度化的法治体制的可能性与西方的民主观念没有必然的联系。[②] 其他学者也曾指出，使法治观念符合东亚的法治存在着种种困难。[③]

裴文睿（Randy Peerenboom）同意克拉克的部分观点，但其分析的中心也是中国的国家制度而不是中国共产党的制度。他强调"深度的"（thick）法治观念和"浅度的"（thin）法治观念之间的区别。裴文睿认为，从中国实现浅度的法治统治来看，中国的法治才刚刚起步。他解释说，中国必须以法治的程序性方面为中心，而且只有中国共产党融入到一种传统的国家体系之中，一种彻底的转变才能实现；到那时，中国共产党将作为诸多政党之一来促进自己的目标的实现。[④]

我想指出的是，这种分析路径由于三个原因而无法令人满意。

第一，它忽视了在中国宪政的特殊环境中最近所产生的重要进展——把特殊的意识形态体系写入宪法越来越重要。这可能表明，中国更愿意借助植根于法律的国家权力，贯彻意识形态，推动其所代表的实质性体制。"意识形态再次成为一个向党员干部和群众传达政权价值观的重要工具。"[⑤] 适当的制度行为有助于界定国家或最高政治实体与个人之间的关系，而意识形态则有助于为其提供规范性的基础。然而，由于中国共产党所阐述的意识形态的规范体系要么仍然不同于西方的规范体

---

① Eric W. Orts, "The Rule of Law in China", *Vanderbilt Journal of Transnational Law*, 34, 2001, p. 43.

② Pat K. Chew, "The Rule of Law: China's Skepticism and the Rule of People", *Ohio State Journal on Dispute Resolution*, 20, 2005, p. 43.

③ John K. M. Ohnesorge, "The Rule of Law, Economic Development, and the Developmental States of Northeast Asia", *Law and Development in East and Southeast Asia*, ed. Christoph Antons, London: Routledge Curzon, 2003, pp. 91 – 127.

④ 参见 Randy Peerenboom, "Let One Hundred Flowers Bloom, One Hundred Schools Contend: Debating Rule of Law in China", *Michigan Journal Of International Law*, 23, 2002, p. 2.

⑤ Jia Hepeng, "The Three Represents Campaign: Reform the Party or Indoctrinate the Capitalists?", *Cato Journal*, 24 (3), 2004, pp. 261, 262.

系，要么与之相反，因此，它们在世界其他国家中仍然难以得到理解。

更重要的是，这种分析路径把中国宪政的各种进展贬低为意识形态；然而，如果是在西方国家，这些进展则可能被视为实质性的或深度的宪政的发展。具有讽刺意味的是，美国总统关于民主、责任和社会责任的意识形态运动应该被视为关于美国宪政价值观的重要论述的一部分；然而，中国关于公民的角色、政府和党的重要对话却被斥为“纯粹的”意识形态。但是，同样重要的是，人们要接受中国的宪政对话在方式上将不同于西方的宪政之路，而且运用的形式人们也不熟悉。虽然对中国国内外的这些努力进行评判很重要，但把这些评判置入到中国为自己选择的框架内也是很重要的。

第二，它错误地评判了中国共产党的理论分析。一方面，它过于从字面上来理解中国共产党的意识形态运动。因此，它往往极度轻视这种理论分析的重要性。这种分析路径暗示，这些意识形态运动由于被说成是“纯粹”口号宣传，因此，不会产生想要的实质性结果。另一方面，西方分析家并没有完全从字面上来理解中国共产党的意识形态，从而没有将其当做是借助其他手段进行的权力政治。

第三，它在分析中国的法治时忽视了中国共产党的重要的制度作用。这一点是我们关注的中心，也是中国宪政最重要的因素。在西方的分析中，中国共产党常常被错误地视为实现法治的障碍，或被视为一个介于人民与国家机器之间的巨大而又不受约束的宗派，尤其是它作为一个集团不仅阻碍民主的发展，而且阻碍独立的国家制度的发展，从而无法维持一个强大的（在程序上的）法治国家。

如果不考虑中国共产党在国家机器内外所发挥的制度作用，那么就不可能对中国的法治进行分析。这需要认真对待中国共产党作为宪政意义上的“执政党”的地位的表现形式，也需要对中国共产党加以考察：它并不是一个西方式的政党——像麦迪逊所分析的宗派一样，而是国家权力大厦的主要构成因素。

如果我们认为中国共产党在统治中发挥了关键性的作用，那么我们对国家的理解就变得更加复杂。在国家与党之间，国家机器被一分为二：一半在很大程度上遵循西方的制度化统治模式，而另一半则符合对政府与政治一体化的理解——这种一体化自 1949 年以来就一直是中国社会主义建设所固有的。国家机器的这种分裂非常重要。在更广泛的意义上，它表明了建设这样一些制度所存在的种种困难：这些制度在能够促进与其他国家进行交流的同时，又仍然能够成为社会和政治秩序的实质性基础。一个严格意义上的政治实体的政府就是用一种民族共同体所理解的方式来显示出国家制度的特征；国家机器的外在表现即国家权力制度的正式组织就是上述西方式的政府形式。这就是世界其他国家希望看到的公共组织的面貌，而且是它们运用适当行为规范的地方。

国家机器的内在表现就是它的实质性价值观，它借助中国共产党的正式制度得以表现出来。在中国的环境中，中国共产党的组织机构是法治的意识形态或实质性方面的表现形式，既支撑了国家的根本规范体系——马克思列宁主义、毛泽东思想、邓小平理论和“三个代表”思想，也充当了全体人民的代表。中国共产党充当了人民的制度代表，因而服务于一个重要的国家目的：使正式的国家权力制度具备国家权力行使的规范性基础。这种规范性基础已经表现在许多重要的文件之中。这些文件都提到了个人权利和公共权力的分离以及每一种应该实行的原则，包括“四项基本原则”（坚持党的领导，坚持社会主义，坚持无产阶级专政和坚持马列主义、毛泽东思想、邓小平理论和“三个代表”思想）、胡锦涛最近提出的“两个务必”（中国共产党务必继续地保持谦虚谨慎、不骄不躁的作风，务必继续地保持艰苦奋斗的作风）以及党员干部与群众之间的鱼水关系。

中国的宪法试图创造一种环境，使政府的下述两个方面能够结合在一起：（1）正式的国家制度；（2）中国共产党的价值观监管或执政角色。宪法谨慎地使国家与党之间出现部分的重叠。然而，西方的评论家往往更重视中国宪法中那些与自己国家的宪法最相似的内容：正式的国家组织的安排。他们往往看不到宪法中为政府的其他重要方面——党政关系，也就是制度与意识形态之间的关系留下余地的那些内容。

只有当正式的国家机器与中国共产党的制度相结合的时候，国家本身才能被认为是完整的。在西方看来，这是难以理解的，障碍在于西方下述看法所存在的局限：政党与国家制度建设之间毫无关系。由此看来，我们就更容易明白中国共产党自身对法治的理解，它认为法治是一个混合概念：

> 依法治国，就是广大人民群众在党的领导下，依照宪法和法律规定，通过各种途径和形式管理国家事务，管理经济文化事业，管理社会事务，保证国家各项工作都依法进行，逐步实现社会主义民主的制度化、法律化，使这种制度和法律不因领导人的改变而改变，不因领导人看法和注意力的改变而改变。①

这就要求中国把权力的外在和内在表现形式融为一体：

> 党领导人民制定宪法和法律，并在宪法和法律范围内活动。依法治国，把坚持党的领导、发扬人民民主和严格依法办事统一起来，从制度和法律上保证党的基本路线和基本方针的贯彻实施，保证党始终发挥总揽全局、协调各方的领导核心作用。②

正因为只有在这种环境中，当前的意识形态运动——“三个代表”思想——才对中国的宪政和法治文化的发展具有重要意义：

> 在2000年，江泽民首次将“三个代表”思想作为江泽民理论

① 江泽民：《高举邓小平理论伟大旗帜，把建设有中国特色社会主义事业全面推向二十一世纪——在中国共产党第十五次全国代表大会上的报告》，1997年9月12日，http://www.china.org.cn/english/features/45607.htm。

② 同上。

的核心提了出来。该理论强调中国共产党的未来角色是“中国先进生产力的发展要求、中国先进文化的前进方向和中国最广大人民的根本利益”的忠实代表。①

“三个代表”思想为中国共产党在国家机器中的核心地位提供了一种意识形态的基础，一种坚实的宪法基础。然而，它所做的并不只如此，还提供了法治借以成为一种国家制度（代表集体）与个人（作为集体的一种工具）之间适当关系的框架的基础。作为组织机构的中国共产党所提出来的思想，“三个代表”思想显然能够提供各种原则，使具有共识的法治宪政框架能够得到具有中国特色的实施。

究竟用哪些参数来评价中国这种可能的宪政建设呢？为此，我将集中分析如下两个事件：“三个代表”思想在2000年之后贯穿到中国共产党的各个执政机构中，在2004年之后被写入宪法之中。与以前把邓小平理论写入宪法一样，把“三个代表”思想写入宪法，这至少在形式上可以进一步帮助把法治的实质性内容纳入到中国的宪政之中。

关于“三个代表”思想及其宣传过程所推动的意识形态运动，已经有了大量的评论。“三个代表”不能孤立地被看待；它是在这样一种环境中确立起来的，即中国共产党向新兴的社会阶层敞开了大门；把对财产权的保护扩大到个人。其重要目标之一，就是使中国社会的市场因素进入到党内，使它们坚持党的规范，包括国家组织的社会主义基础。②这是重要的一点，它表明了一些极为真实的途径，借助这些途径，中国政治社会的身份资格得以围绕着两个核心被建构起来：（1）党的领导；（2）党的领导地位的本质在于规范性而不是纯粹的政治性。就这种重要的党政关系来说，“三个代表”运动的目标也在于强调1978年后改革的

① Stephan R. Landsberger, “Jiang Zemin (Three Represents) Theory”, in Stefan Landsberger's Chinese Propaganda Poster Pages, http://www.iisg.nl/~landsberger/jzmt.html (accessed May 15, 2006).

② Jia Hepeng, “The Three Represents Campaign: Reform the Party or Indoctrinate the Capitalists?”, *Cato Journal*, 24 (3), 2004, pp. 261, 262, 267–269.

社会主义性质。"'三个代表'思想揭示了国家对一个政党的名义上的限制，这些限制的目标在于限制个人对权力的滥用而不是限制党在国家内的领导地位或权力。"①

在中国国家权力十分复杂的环境下，"三个代表"思想因为许多原因而具有重要意义。第一，它之所以重要，是因为它深化了一种新的并行论（parallelism）模式，把党章和宪法中的变动合为一体。这表明了法治制度化中的并行论，即中国共产党及其作为国家机器的表现方式都严格地遵循法治。第二，它表明了中国共产党内部愿意接受执政的透明性。作为中国最广大人民群众根本利益的忠实代表，"三个代表"思想宣布党将以作为人民的代表为基础来建设合法性。这种忠实性需要保持人民的信心。第三，"三个代表"思想可以有助于限制党政官员的自由裁量权（discretion），至少在理论上如此。在对每一个"代表"的阐述中，"三个代表"思想强调全体人民的利益胜过任何个人、宗派或利益集团的利益。显然，"三个代表"思想应该建立一种受托人义务，并将其强加给党政官员，即一种完全从最有利于人民的利益出发的责任，有可能是针对党政干部的权力运用而实施的。执行是关键，但也是一个更艰难的问题。本文最后一部分将对此进行讨论。第四，虽然"三个代表"思想对党政官员的自由裁量权有所约束，但在中国的世界地位这个特殊的现实中，这种约束却是在一个灵活应用的体系内实现的。"三个代表"思想与党的各个方面密切相关。中国共产党是人民的领导，它从自己最近的历史中汲取的教训表明，"中国革命的实际问题"必须加以解决，即不是"静止孤立地学习马列主义"，而是遵循邓小平理论。更重要的是，中国共产党知道，"依法治国也是社会主义市场经济的客观要求"。

在胡锦涛纪念中国共产党成立 82 周年的讲话中，提供了运用"三

---

① Jia Hepeng, "The Three Represents Campaign: Reform the Party or Indoctrinate the Capitalists?", *Cato Journal*, 24 (3), 2004, p. 263.

个代表”理论来阐述中国特色法治理论的各种机会。在关于“三个代表”原则之重要性的长篇讲话的最后，胡锦涛列出了14个问题，包括如何改善经济、扩大就业、培育中国的民族精神和建设执政能力。这些问题在将来会使党的理论家有大量的空间来发展“三个代表”思想。①

因此，“三个代表”思想突出了中国法治的基本问题，并且指出了解决的办法。因此，我们可以认为中国法治的问题集中在两点上：（1）中国共产党的长期的根本地位；（2）党与国家机器——党为了为人民服务所创立并且现在控制的国家机器——之间的关系。

由于被适当地应用在权威的和合法的国家权力的主要制度即中国共产党的各种制度上，“三个代表”思想既能够加强党的自主性的意识形态基础，又能够成为国家内部政治和意识形态权力的合法来源。事实上，篇幅共125页的《“三个代表”重要思想学习读本》似乎指出了这个方向。“第8、11和12节讨论了政治建设，肯定了‘政治文明’的重要性。‘政治文明’是在十六大上正式得到认可的一个术语，并且赋予了与‘物质文明’和‘精神文明’相同的地位。这些章节阐述了制度建设和对那些执政者进行‘制约’和‘监督’的必要性。”②

如果中国法治的问题应该以中国共产党为中心，那么解决之道就依赖于选择一个对中国共产党的地位产生重大影响的中心。这是中国政治领导人必须作出的一种选择。这个选择将对中国未来发展的制度进程和中国共产党在执政体系内的地位产生重大的影响。

在对中国法治进行分析的传统的批评路径下，可以作出一种选择。这个选择可以用如下口号来表达：“**缩党扩政**”（less party more state）。这是什么意思呢？中国共产党将实行党政分开；变得更像一个纯粹的政党。中国制度运动的一些因素似乎正朝着这一方面前进。把国家机器及其构成作为中心是一种沿着这种方向推进的迹象。

---

① Joseph Fewsmith, “Studying the Three Represents”, *China Leadership Monitor*, No. 8, 2003, p. 6.

② Ibid., p. 4.

当中国共产党实现党政分开的时候，当它推进那些旨在将其当做一个纯粹的政党的计划时，它也就远离了自己最初的地位，在政府建设中不再是一个基本的制度参与者。如果这样改组，那么中国共产党就保留了自己相对于政府的独立性，但最终它却必须接受一种从属于国家制度的角色，尽管党在实际上控制着国家权力制度。

另一个选择更艰难，但或许更符合中国今天的现实。这个选择可以概括为如下口号：**“扩党缩政”**（more party less state）。从中国国家的历史发展和它为法治制度发展所选择的道路这两个角度来看，这种选择路径加深了对这样一种国家制度结构的信奉：在这种国家制度结构中，中国共产党并不是充当一个纯粹的西方式政党，而是充当一个不可分割的国家权力机构。这种选择所关注的是党在国家内这一现实。它表明，在把法治从党外扩大到国家机器本身之前，深化中国法治的最佳途径是在党内培育一种强大的法治伦理。这种选择把已经明显体现出来的并行论加入到中国共产党的宪政化之中。然而，这种选择包含着大量的责任，即“三个代表”思想本身所突显的责任和义务。

我们没有理由认为，“四项基本原则”、“两个务必”运动和干群之间的鱼水关系不该应用于党内及其他的国家机构和人民群众之间。事实上，在社会的先进分子接受先锋队的规范之后，这些规范才能够被移植到整个国家及其机构之中，这一点似乎是关键。

“扩党缩政”的路径也意味着党和政府的执政机构之间实现了更广泛的统一。“三个代表”思想本身从中国共产党的党章到国家宪法的演进，就证明了这种在主要的党政机构内所存在的思维。我们没有理由把中国共产党的党章和国家宪法分开。党章和宪法为什么用于唯一的事业呢？国家与党必须行动如一。如果中国共产党说到做到，如果党占据了国家机器内的关键制度空间，如果中国共产党有利于“深度的”宪政——被西方和中国学者视为法治治理的本质——的建设和实施，如果“三个代表”思想和“两个务必”被给予了它们的全部含义，那么中国共产党就应该努力完全接受它的原则。这种接受不仅涉及国家的建设，而且涉及党的持续发展和位于国家之内的党自身。党必须实行“三个代表”思想和“两个务必”。在党的组织能够完全成为国家其他机构和法治的制度典范之前，党必须在自己的组织内实施和执行那些规范。

如果中国法治计划的第一个中心是在党身上的话，那么它的目标和实现方法是什么呢？“三个代表”思想为这项计划提供了一个有用的意识形态基础，这个意识形态基础就其本身而言与西方的“民主”和“法治”意识形态基础一样有用。从形式的角度来看，这需要承认党在国家运作中的核心地位——不是作为党，而是作为制度。如果其他的国家机器要成功地跟着走的话，这一制度必须成为法治的先锋队。

这样一种形式上的承认能够在中国的宪政框架内得到实现。宪法的序言对党政关系已经有了一些重要的提及。或许，由于追随法国的宪政模式，那些任务是要实现宪法的目标和规定的人必须更好地强调和应用宪法序言的优先性和宪政价值观。把那种与宪法其他部分所包含的价值观相同的宪政价值观加入到宪法序言之中，几乎没有什么障碍。**一种更根本的路径可能包括把党本身的制度框架纳入到中国宪法本身之中**。这样一来，中国的法治可能以正式文件中党和政府之间牢不可破的融合作为自己的基础，而那种正式文件则被外国人理解为把国家权力合法化的最高的权威工具。

“在七·一讲话中，江泽民把‘依法治国’提高到突出的位置上，讨论了如果党要更多地成为一个执政党而不是一个革命党，就得进行更大规模制度化的必要性。同样，正是江泽民提出了‘党内民主’问题——即这样一种观念：政治参与可以适当地扩大，由此干部选举和决策能够得到改进，对领导干部的更大监督能够得以实施，所有这一切都是通过扩大党员的权利和避开真正的民主来实现的。胡锦涛对于如何实施这些思想可能有不同的看法，但在这些政策目标上没有明显的冲突。”① 然而，执政党并不是一个政治宗派。如果党成为全国人民的代表，那么它的各种制度必须反映出它的身份是政府而不是一个纯粹的宗派。这在中国国内能够得到理解，但却没有那么成功地传达给外国人。

把党嵌入到正式的国家机器之中和把国家权力的法治因素嵌入到党本身之中，这两者都能够以各种各样的方式得到推进。其他学者已经提到过其中的一些方法。一种方法包括必须更加重视党和法治的真正结合的合法化；走向党内民主的运动沿着这种方向提供了一条令人关注的道路。

这提出了一个有趣的问题：如果党控制了其内容，那么一份文件或一组法规（从国家的宪法一直到最低层面上的治理）能够对党加以约束吗？肯定的回答可能会推进法治，因为它把服从党的意志的义务——被说成是作为一种制度的党所制定的一系列分散的规定——与个人决定是否遵守这些规定的意愿分开了。正是在这种环境下，当前的“反腐败”运动才面临各种最大的挑战。只要个人为了自己的目的而扭曲党的政策和法规，个人的意志就战胜了党（和国家）的意志，“三个代表”思想和“两个务必”的主要目标就遭到扭曲。

然而，把个人与党分开，这可能需要把那些本身不受个人影响的执行机制正式化，而那些执行机制则由这一些人控制：他们对党和国家的忠诚胜过对个人的忠诚，从而既会得到保护又会得到回报。这一点一直难以做到；但这个任务并非不可能。它能够变得更加容易，并不是因为党政分开，而是因为个人因素与党的制度之间的分开。为了实现这个目标；就必须找到一种能够对党的纪律机构进行改造和正式化的手段，从而使它不再具有个人的色彩，并且变得更符合制度的目标。国家的第一项任务应该是约束党内的个人主义因素，从而使党能够有效地领导国家。

---

① Joseph Fewsmith, “Studying the Three Represents”, *China Leadership Monitor*, No. 8, 2003, p. 3。

这种制度化并不局限于对个人欲望进行约束的执行技术。为了给公共行为建立一种规范性的基础，深化目标性的意识形态纲领和运动的制度化也具有重要意义。为了实现这个目标，把国家行为与党的意识形态——例如，民主集中制原则——结合起来具有重要意义。中国行政法律体系的发展可以很好地推进这个目标。但是，这项任务才刚刚起步，因而需要避免遭到个人的滥用。在党能够从内部进行自我监督或管理并且在自己的内部事务中发展出一种法治文化之前，它可能没有能力在国家中实施一种真正的法治制度。正是在这种环境下，裴文睿教授的一些批评才提供了一种自我分析的基础，并且推动了一种向内看的行政机制的发展："中国依法行政体制的最大障碍主要是制度性的和体制性的——混乱的立法体制；软弱的司法部门；缺乏受过良好教育的法官和律师；缺乏强大的公民社会；法律意识水平低下；家长制传统的持续影响和服从政府权威的文化；猖獗的腐败；未完成从中央计划经济到市场经济转型所导致的附带结果——这已经加剧了中央与地方之间的紧张，进而导致权威的瓦解。"①

最后，党员身份可能会更加开放。因此，"扩党缩政"必然包含如下命题：党必须发展壮大，从而实现它作为中国治理的制度领导者的角色。在某种程度上，随着党开始制度化，"三个代表"思想表明党的基础不断扩大。20世纪80年代初，知识分子在被重新定义为"脑力劳动者"之后补充到了这三者的联盟之中。② 然而，就像第一个"代表"非常清楚地表明的那样，扩大并不意味着抛弃党员身份最根本和最关键的第一项内容。还有，如果党要保留自己在国家内的制度性角色，那么它就必须接纳所有的社会成员，这些成员反过来要接受党的意识形态、规

---

① Randy Peerenboom, "Globalization, Path Dependency and the Limits of Law: Administrative Law Reform and Rule of Law In The People's Republic of China", *Berkeley Journal of International Law*, 19, 2001, pp. 168 - 169.

② Stephan R. Landsberger, "Jiang Zemin (Three Represents) Theory", in Stefan Landsberger's Chinese Propaganda Poster Pages, http://www.iisg.nl/~landsberger/jzmt.html (accessed May 15, 2006).

定、目标和对中国式法治的信奉。

坚持党（和现在的国家）的规范，而不是坚持它的身份，这应该成为一个更重要的党员资格标准。党的领导人最近建议党要向私有部门成员敞开大门，这提供了一种有用的开放。只要至少坚持国家组织的基本法规，社会所有部门都将取得进步。因而，为了在国家机器内部获得对党的制度性角色和意识形态的信奉，把市场因素引进到党内，这很好地推动了法治社会的建设。在这种法治社会中，党仍然是中国最广大人民的忠实代表。党员身份应该对中国的所有成员开放，只要他们接受党作为中国制度力量的制定性角色和意识形态。于是，随着党的法治价值观成为党员——包括中国社会的所有关键成员——工作文化的一部分，“扩党”就能转变成扩大法治。从这种观点来看，把法治文化扩大到国家机器的其他制度就可能更加容易。

中国有许多工作要做，但在党政关系上也必须作出一项基本的选择。或许，王振民博士对那种可以被移植到中国政治文化之中的法治的理解，抓住了“三个代表”思想在发展一种党政结合的中国宪政思想的过程中的重要性。王振民博士认为，“对法治的一般理解是多方面的。第一，法治是能够控制人的活动的手段，并且是现代工业社会的本质。这样一种社会在人治的条件下（例如，完全由掌权者的决定控制的社会）不可能繁荣昌盛。”这种理解完全符合“三个代表”的第一个“代表”——中国共产党是中国先进生产力发展要求的忠实代表——所包含的认识。“第二，在法治的条件下，法律体系的基本目的是规范和限制政府官员的行为。必须有各种法律来控制政府的权力，而政府官员的政治行为必须遵守法律规定。”这是“三个代表”的第二个代表——党必须是中国先进文化发展方向的忠实代表——所隐藏的思想。这种先进文化包含着法治与凌驾在任何个人之上的党的制度之间的联系。“第三，法治必然假定了权利的存在。法律应该支持现代公民观念所包含的各种权利。当政府滥用权力时，公民应该有权寻求针对政府的法律纠正措施。”由于接受了法治的这第三个方面，党仍然是中国最广大人民的根本利益的代表。

像对主张国家权力的法治的论述一样，“三个代表”思想在任何一种意义上都涉及集体行为或意志的表现形式。如果国家像在西方那样是人民的集体行为或意志的完整表现形式，法治就应该完全应用到那种集体表达形式的制度上。法治意味着：集体意志的所有二阶（second）表现形式，包括政党在内，必须服从集体意志的最高制度所产生的法治。在这种环境下，就像法治一样，“三个代表”思想必须完全应用到国家权力制度之中，也必须完全应用到从那种权力规定来源所产生的其他所有权力表现形式之中，包括中国共产党在内。中国宪法有一些内容表明了中国有可能走上这种政治发展之路。而且非常突出的是，中国的宪法有可能被认为是这种发展道路的开始。如果这是事实的话，那么西方法治评论家的批评就获得了更大的合法性，而且中国共产党作为纯粹政党的性质就变得更加确定。

如果国家只是人民集体行为的局部表现形式，只是给外国做做样子，那么在国家权力外在面和内在面的各种制度——中国共产党——中，法治必须有一种平行的发展。这将需要首先从党的制度性活动中，然后从国家机器的制度性活动中消除个人的因素。“三个代表”思想和“两个务必”使党有机会在这个方面上取得实质性的进步，从而推进宪政的理论和实践。

但是，中国必须肯定它希望接受的概念框架。在这种概念框架内，如下问题才能得到解决：国家应该成为党的表现形式吗？只有通过政府制度和党的制度在自己的权力范围内一起行动的集体行为，所有国家权力才可以得以行使吗？这些问题的答案就是中国法治问题的关键。

因此，对中国宪政批评的当前基础给我们带来了什么启示？这就是：就像在中国一样，意识形态运动在西方可能是一种重要的宪政源泉。关于改革政府和限制政府官员不良习惯的必要性，西方尤其是美国当前发动了一场意识形态运动；它类似于“三个代表”思想在中国所代表的意识形态运动。但是，在美国，那些意识形态运动以“法治”、“自由市场”和“民主”的思想为中心。在中国，意识形态运动必然以制度性权力的核心来源——中国共产党为中心。同样，作为理解中国今天可能面临的挑战和取得的进步的一种手段，那些植根于美国意识形态运动的批评往往并不是那么有用。

（吕增奎　译）

增加一党执政的合法性?

——中国共产党的意识形态调整与党内改革*

〔德〕娜拉·索斯米卡特

一、引　言

如果一个政党希望长期执政，那么面对不断变化的现实和“主顾”，它们就必须自我调整以便与时代同步，用中国话说，这叫“与时俱进”。每当中国共产党的合法性遭遇挑战时，它总是比潜在的夺权者先行一步。1956年的“百花齐放”运动和1957年的“反右派”运动就是两个突出的例子。在严厉的控制手段和审查制度的帮助下，几十年来，它设法说服了中国人民为了整个国家的进步和现代化而牺牲自己的需要。出于现实的考虑，它也推迟了政治改革。

---

* 本文原题为“More Legitimacy for One-Party Rule? The CCP's Ideological Adjustments and Intra-Party Reforms”，载*ASIEN*，No. 99，2006。关于政党改革与一般的政治改革，详细的讨论见Claudia Derichs，Thomas Heberer，Nora Sausmikat（eds.），*Why Ideas Matter*：*Ideen und Diskurse in der Politik Chinas*，*Japans und Malaysias*，Hamburg：Institute of Asian Affairs，2004，pp. 109－189。作者简介：娜拉·索斯米卡特（Nora Sausmikat），德国柏林自由大学政治学博士，杜伊斯堡大学东亚研究所研究员，汉学家和社会学家，主要研究中国政治改革和中国妇女问题。——译者注

自1989年以来，形势已经发生了变化。从中共十四大到十六大之间的十年（1992—2002）以消极的社会与政治环境为特点，这些环境对于经济改革事业至关重要。同时，在这段时期，政治改革的压力也增加了。结果，1995年后启动了政党改革，并对宪法进行了重大修改。事实上，中国共产党的改革有两个维度：一场彻底的意识形态与理论改革（"变成一个人民的党"），党内结构与功能的改革（选拔新的领导人、新的选拔办法、党内民主、监督机制、分权和竞选）。本文将讨论这两个方面以及它们在中国共产党进行历史、理论与意识形态的调整中的意义。我将通过分析这些改革对于巩固中国共产党执政的合法性的作用来考察它们。

二、意识形态改革的漫漫长路

中国共产党在政治上的持续存在基于不断改变的合法性观念。另外，将一党执政加以合法化的必要性也随着时间的变化而变化。如果我们只承认民主选举是确立**政治合法性**的主要手段，就再也不必分析中国共产党确立合法性的努力了。但是尽管中国共产党没有丧失政权的危险（因为它的统治来自宪法的授权），但是其合法性正在受到质疑，这是自1989年以来它所面临的最大挑战。

通过把一群特殊的人看做一个新时代的合法领袖来创造合法性这种传统可以上溯到帝制时代；[①] 重写历史以便支持当时的皇帝的做法并不是从毛泽东或共产主义政权开始。毛泽东式的合法性概念是一个马列主义领导结构同传统的道德正直观念（moral integrity）和政治道德的混合物。卡理斯玛型领袖和革命经验在中国被许多人视为共产主义合法性的

① 中国历史学家大多数都是将注意力集中于皇官事务之上的儒家学者或官员。这很自然地影响到他们的历史著作，这些著作都基于"合法继承理论"（政统）。人物传记是历史资料的主要来源。中国史学中所使用的文学类型有62%都是人物传记。由此可见个人成就在决定历史进程中被赋予了何等的重要性。

基本要素，[1] 然而有的人觉得中国共产党有必要采取一种更具法理型色彩的合法性。[2] 随着人民共和国的建立，领袖毛泽东所展现出来的超凡魅力最初似乎正是证明一党执政的正当性所需要的。然而很快，对阶级队伍的清理使得中国共产党脆弱的合法性凸显出来。最终，1961 年灾难性的饥荒迫使党的领导人下台，直到“文化大革命”为止。“文化大革命”标志着毛泽东开始重新掌握党的领导权。1971 年以后，这位国家的建立者的最后倒台开始了。毛泽东的继任者邓小平提出了一种不同的合法性概念。

（一）1978—1992 年：一党执政的严峻挑战

随着改革开放政策的引入，政治领袖的转型也开始了。尽管邓小平在党内有着和毛泽东类似的超凡魅力，但是对个人崇拜的明确谴责导致了一个新的执政阶段。这一阶段的特征在于，执政者有意识地借助于精英政策和一种经过调整的政治协商过程。同时，党内也开始出现了变化，新上任的智囊团开始了他们的工作，新的利益集团和知识分子精英也在发展。1989 年以前那段时期所讨论的改革提议构想了激进的政治体制改革，比如党政分开、废除意识形态、基本结构改革。1989 年以后，这些提议完全从政治议程中消失了。

---

① Teiwes, Frederick, *Leadership, Legitimacy, and Conflict in China. From a Charismatic Mao to Politics of Succession*, Armonk, New York: Sharpe, 1984. 韦伯意义上的合法性（即卡理斯玛型合法性、传统型合法性和法理型合法性）主要在处理共产主义政权的社会科学家中间讨论。

② 比如，何包钢认为中国处于一个转型时期，即从权力继承的规则与规章之缺乏转向这些规则的确立。见 He Baogang, *The Democratization of China*, London, New York: Routledge, 1996, pp. 208 – 209。戴维·比瑟姆（David Beetham）在《权力的合法化》一书中提出了一种旨在超越政治制度的合法性概念，他试图界定出一些不考虑共产主义或资本主义政权的特殊性但却对每个社会都适用的标准。他的合法性概念中所提到的两条合法性标准是通过共同的信念来证成规则和通过明确的同意来证成规则。比瑟姆批评韦伯过多地关注领袖人物而不是权力实践的现实效应，即改变合法性策略时的具体政治变化。见 David Beetham, *The Legitimation of Power*, Houndsmills: Macmillan, 1991。对这个概念的详细讨论，见 Heike Holbig, *Inflation als Herausforderung der legitimation politischer Herrschaft*, Hamburg: Institute of Asian Affairs, 2001, pp. 47 – 59；也见 C. Lane, “Legitimacy and Power in the Soviet Union through Socialist Ritual”, in *British Journal of Political Science*, Vol. 14, 1984, pp. 207 – 217.

中国共产党从来没有真正地从它在 1989 年所面临的那种合法性危机中恢复过来。这些过程还伴随着社会动荡与冲突的稳定增长，这导致了稳定性的严重下滑，尤其是在农村。1989 年以后，中央领导用了三年的时间才宣布了第一个稳定计划。1991 年党的十三届八中全会取得了很大进步。在这一过渡阶段，讨论的焦点集中于如何在理论上评价社会主义制度下的市场经济。经过几个月的争论，1992 年邓小平南方讲话以及同年 10 月党的十四大所通过的关于继续经济改革的决议使得“社会主义市场经济”写进了宪法。1993 年，建立一个富强、文明的社会主义国家的目标被补充进宪法的序言。然而，在这些现象的背后，权力斗争还在继续，这在很大程度上是因为政治体制改革的关键问题以及党内对“社会主义市场经济”的反对仍然没有得到满意的解决。

在 20 世纪 90 年代的前五年，党内的这些分歧危及到了党内的团结。因此，中国共产党治理国家的能力在当时遇到了极大的挑战。从上述观念可以看出，与坚持机构改革相比，有关中国共产主义的理论创新似乎要困难得多。回顾过去，江泽民的两个术语“渐进改革”和“政治稳定”是通向党内改革的第一步，也是在为党内许多更为困难的基本理论上的调整做准备，这些调整最终形成了“三个代表”这一新概念。

（二）1992—1997 年：渐进改革与政治稳定

为了处理来自内部的挑战性力量并重新确立政权的合法性，中国共产党选择了一种两手策略：通过宣传“渐进改革”——这些改革是由一个把国家带向繁荣和强盛的强大“新保守主义”政府来界定的——来应对民众，通过促进能够支持党内实用性和专业性力量的行政改革与机构改革来应对党内的分歧。十四大以后，“现代稳定”变成了最重要的政治话题，以前经济改革试验（比如大邱庄试验，它记录了中国最富裕的村庄的兴衰）中所犯下的错误也遭到了官方的谴责。中央政府和省级政府都忙于设计雄心勃勃的机构改革，这些都体现了政府以务实的方式处理各种压力来进行改革。

在十五大筹备阶段，政权合法性的重新确立在很大程度上受到了活跃的民族主义情绪的影响。政府设计了专门的“爱国主义计划”以及为促进“民族精神”的教育运动。① 最畅销的“中国可以说不”系列丛书以及美国轰炸中国驻贝尔格莱德大使馆所引发的抗议就是这些爱国主义情感的表达。

对“国家稳定”的大规模宣传以及“渐进”政治改革这一理论概念的传播作为一种调和党内分歧的力量在起作用，而且也平息了公众的愤怒。这一过程有一些相互矛盾的方面，这些方面可以总结如下：

——允许（反西方的）民族主义力量表达他们对西方国家的担忧，“这些国家试图妖魔化中国”②，同时又促进中国融入世界市场，推动中国的精英在西方接受教育。③

——将成功的经济发展与社会政治稳定同坚持四项基本原则相联系，尤其是通过指出经济改革的成就（或社会主义现代化）与苏联经验的负面后果来指明这种联系。④ 同时，20 年前推动了中国开放政策的经济试验却遭到了谴责。

——通过用政治美德（当时的口号是“以德治国”）教育党员干部来促进渐进改革，但是同时又投票赞成建立一个“法治”社会。

为了重新确立党内的凝聚力，有人建议通过继续一党执政并促进渐进的政治改革来保证国家的稳定。1995 年，一场全国范围的针对党员干部的反腐运动显示了这一计划的决心。“渐进改革”被确定为新的口号，

① 详细的讨论，见 Hyekyung Cho, *Chinas langer Marsch in den Kapitalismus*, *Münster*: *Westfalische Dampfboot*, pp. 221 - 227。

② 见房宁、王小东、宋强：《全球化阴影下的中国之路》，中国社会科学出版社 1999 年版，第 1—4 页。

③ 见 Roger Des Forges, Luo Xu 对这种两难困境所作的颇具启发又非常精炼的描述，“China as a Non-hegemonic Superpower,” in *Critical Asian Studies*, Vol. 33, No. 4, 2001, pp. 483 - 450.

④ 江泽民把中国共产党在上个世纪的成就总结如下：“只有中国共产党才能领导中国人民取得民族独立、人民解放和社会主义的胜利，才能开创建设有中国特色社会主义的道路，实现民族振兴、国家富强和人民幸福。”（江泽民：《在中国共产党十五大上的报告》，1997 年 9 月 12 日，见《中国共产党十五大文件选》，新星出版社 1997 年版，第 3 页。）

以反对激进主义和革命性变革。任何危及内部稳定的社会运动都将因此而被判定为一场“反党的运动”。

在东欧剧变的背景下，中国政治家急切地想要把他们先进的中国式“渐进改革与稳定”模式作为一种可以输出的模式加以推销，这种模式既和平地过渡到了市场经济，又保持了威权主义的一党执政制度。中央党校1998年出版的辅导读物这样描述这一过程，通过坚持正确的方向（即社会主义）和道路（即民主集中制），建立了牢固的社会主义现代化，被发达工业国家承认为一个繁荣、富强、文明、民主的社会主义现代化中国。[①]

谈论引入“西方民主模式”的要素也是不受当局欢迎的，这非常明显（国务院的2005年政治白皮书再一次强调了这一点）。[②] 这是必然的，因为在中国政治中，绝不提把“西式民主”作为政治改革的目标，这是一条不成文的规则。在中国人的谈论中，民主通常被看做一种手段而不是目的本身。[③] 这意味着，思想界对所谓“西方模式”的争论被终止了。然而，各种“思想流派”一致认为，激进的政治改革模式应该加以拒绝。因此，无论是（西方）政治自由主义的积极提倡者还是（西方）社会民主主义模式的提倡者都强调一个事实，即他们并不接受革命性变革模式。

总之，我们可以说，直到十六大为止，中国共产党通过把注意力集中于机构改革与经济改革，在中国式的渐进发展道路（渐进改革）方面成功地确立了一个共识，但是它没能成功地提出一套完备的概念来促进体制内或党内的政治改革。

---

① 黎民：《〈建设有中国特色社会主义若干理论问题学习纲要〉导读》，党建读物出版社1998版，第6—7页。

② 2005年10月19日，国务院发布了题为《中国的民主政治建设》的白皮书，见*China aktuell*, No. 6, 2005, pp. 55 – 56.

③ 从2000年到2003年，对于民主是手段还是目的，有一场全国范围的讨论。详细的讨论，见Sausmikat, “China: Intellektuelle und der staat-ein leidvolles Verhaltnis”, *Kommune*, No. 10, 2001, pp. 45 – 50.

（三）1997—2002 年：合法性在改革过程中的弱化

随着十五大提出修改宪法的决定（要建立一个法治社会并提高私营企业的地位）和总理由李鹏换成朱镕基，党内外的知识分子中间再一次出现了关于政治体制改革的争论。上述行政改革与提高私营企业地位的承诺显然不能减轻公开宣布进行基本政治改革的压力。党内一些高层知识分子开始公开地谈论邓小平 1980 年 8 月 18 日发表的关于党和国家领导制度改革的讲话。为了说明系统的政治改革实际上是多么的有利，他们还提到了台湾的民主选举。当时关于基本的政治体制改革的争论主要的要求如下：进一步把乡级和区级的选举扩大到省级；党政分开；全国人大更大的独立性；出版自由和集会自由；工会独立；通过法律来保护权利和控制腐败。①

不仅知识分子，党员干部和私营企业家也对十五大以后的半心半意的改革不满了。这些消极反应的结果之一便是，总理朱镕基在 2000 年进一步作出了改革的承诺；他宣布把建立民主的政治制度作为"十五计划"（2000—2005）的核心。然而，这并不意味着建立多党制或两院制，② 而只是说，国际上公认的好政府的根本原则应该得到尊重。竞选的引入、协商与透明的决策过程、民主监督（提高党内制度的监督功能），这些都被看做完善社会主义民主的重要因素。而且，有必要关注片面的经济改革过程所造成的负面的社会、环境和经济后果，这已经得到了公开的承认。另外，1998 年政府工作报告③总结了主要的问题，即就业问题、企业改革、粮食生产、腐败问题、人口增长问题、社会稳定、经济改革、公共安全、农村贫困和环境问题。

尽管作出了这样一些获取合法性的努力，中国共产党仍然失去了许

① 见 Derichs，Herber，Sausmikat（2004），op. cit.，pp. 128 – 136.

② "Peking will Bauern Entlasten undö Ffentliche Ausgaben erhöhen"，in：*Handelsblatttb*（16. 3. 2001），also *Xinhua*（5. 3. 2001）.

③ 见汝信等编：《中国社会形势分析与预测》，社会科学文献出版社 1998 年版。

多声望，尤其是在农村。大约只有2%的农村人口是中国共产党员。除此以外，退党和被开除党籍的人数也急剧增长。中国共产党也未能重新界定它在现代化过程中的角色。最终，作为“无产阶级先锋队”的中国共产党有变得过时的危险。以前所有关于中国共产党合法统治的断言似乎正在受到侵蚀：经济增长受到不断增加的失业率和未经调节的市场威胁；国家统一受到台湾独立主张的挑战；逐渐增加的高层腐败、党员干部之间缔结小团体、地方官员滥用权力、逐渐增加的移民出境和犯罪，这些都破坏了社会与政治稳定。

这种合法性的降低也是由两个巨大的挑战所引起的：2001年底加入WTO给农村经济带来了严重问题；私营企业中失业者每年急剧增加，而且国有企业也出现了倒闭，① 这凸显出私营经济的重要性和影响。在这一段困难时期，有关方面着手出版了《2000—2001中国调查报告：新时期下人民内部矛盾研究》。② 这份报告包括了一份由国家经济体制改革委员会在1998年所做的一次调查，这份调查以非常严厉的术语描述了农村的迫切需要和问题。这可以看做是对中国共产党的主要意识形态理论家的一次警告，要求他们考虑农村人口的基本需要。这份报告显示，80.6%的被调查者都对日益拉大的贫富差距不满。③ 由于各种利益集团都热衷于成为权力分享者，中国共产党不得不通过重新界定它在市场经济中的角色来作出反应。

① 从1995年到2005年，有十五万国有企业倒闭。见John Chan，“Chinesische Führung will gestürzten Partei-‘Reformer’ehren”，*Word Socialist Web Site*（http://www.wsws.org/de/2005/okt2005/hu-o08_prn.html，2.2.2006）。

② 《2000—2001中国调查报告：新形势下人民内部矛盾研究》，中央编译出版社。也见Erik Eckholm，“China's Inner Circle Reveals Big Unrest，and Lists Causes，” *New York Times*，3 June 2001，p. 14。

③ Joseph Fewsmith，“Political Reform Ahead? Beijing Confronts Problems Facing Society—and the CCP”，in：*China Leadership Monitor*，No. 1，2000，www.chinaleadershipmonitor.org/20011/CLM20011JF.pdf（30.4.2002）.

（四）2002—2005年：对中国共产党在理论上的重新定义

众所周知，通过把中国共产党重新界定为能够代表各种先进生产力的政党，合法性的丧失最终被遏制住了。以前提出的引入"根本的政治改革"（比如，引入两院制和多党制）并将社会主义民主制度化、规范化[①]的要求被引向了一个新的执政党概念。"三个代表"理论于2002年在中国共产党的十六大上正式被宣布。江泽民的新学说经历了1999年到2002年之间漫长的检验阶段。它代表了主要的政治智囊团在被要求提出一种政治策略以维系一党制时所得出的研究成果。

第一次贯彻这一新学说的尝试开始于1999年底到2000年初，当时有大量关于政党改革的书籍面市。2000年2月，江泽民在去广州的路上谈到管理一个拥有6000多万党员的政党所面临的困难时，第一次公开地提出了"三个代表"。尽管他提出，中国共产党代表"先进生产力、先进文化和中国人民的利益"，但是当时没有人能够真正理解他的讲话的意义。紧接着，中国改革开放论坛副理事长的李君如[②]于2000年秋在党刊《理论动态》上发表了一篇论文，该文对知识分子在工人阶级中的作用进行了理论上的探讨。他建议，知识分子应该被包括在由中国共产党所代表的工人阶级当中。2001年，在纪念中国共产党建党80周年前夕，意识形态改革的意识进一步提高了。各种出版物都讨论曾经为工人阶级的解放而奋斗的知识分子在共产主义运动期间以及中国共产党建立时期的积极作用。江泽民在2001年7月1日的长篇讲话最终澄清了这些宣传的含糊意义。他指出，过去20年所形成的新的社会阶级——比如私营企业家、自由职业者和银行家——如果在中国共产党的领导下工作，就会使中国走向辉煌的未来。[③] 他还宣布，这些群体应该和"工人、

---

① Gang lin, "Leadership Transition, Intra-party democracy, and Institution Building in China", *Asian Survey*, Vol. 19, No. 2, 2004, p. 256.

② 几个月后他担任中央党校副校长。

③ 江泽民：《在庆祝中国共产党成立八十周年大会上的讲话》，人民出版社2001年版，第31页。

农民、知识分子、干部和解放军指战员”一起，变成“有中国特色社会主义事业的建设者”。[①] 通过与这些先进力量的密切联系，中国共产党一定能够领导国家和人民走向进步和发展。这次讲话的主要观点可以总结如下：

——中国共产党有合法的权利继续作为领导国家的政治力量，因为它成功地解放了生产力，并使中国走上了具有中国特色的社会主义道路；[②]

——中国共产党将在改革过程中坚持民主集中制来领导人民，健全科学的领导体制，发扬党内民主，维护党内团结。因此，党要贯彻干部队伍革命化、年轻化、知识化和专业化的方针与德才兼备的原则；

——中国共产党的核心成员应该来自于工人、农民、知识分子、军人和干部。而且，中国共产党必须改变以便适应经济与社会环境的变化，从而与先进生产力相结合。将来，它将代表：（1）先进生产力的发表要求；（2）先进文化的前进方向；（3）最广大人民的根本利益；

——这些新任务要求中国共产党党内的建设过程继续进行，以便促进党内民主、民主集中制、党的统一和活力。[③]

事实上，这一新概念也意味着党员的更新。新的党员应该是“社会主义的优秀分子”，这意味着他们必须：（1）讲实效，尤其是在促进其企业的经济增长率方面，而且要能够促进国有企业的现代化；（2）专业化，比较理想地说，要有国外的学位；（3）忠诚，促进并支持党及其改革政策。意识形态改革也包括了具体的党内机构改革，这些改革可能会导致对中国共产党以及党的制度进行全面的重新界定。

---

① 江泽民：《在庆祝中国共产党成立八十周年大会上的讲话》，人民出版社 2001 年版，第 31 页。

② 同上，第 14—15 页。

③ 同上，第 25—33 页。

三、对意识形态改革的批判性反思：中国共产党变成人民党了吗？

在试图理解这种新的意识形态转向时，令人印象深刻的最明显的困境也许是这样一个问题：中国共产党怎么能做到代表包括工人、农民、知识分子、军人、企业家和学者在内的如此广泛的群体的利益呢？实际上，新的学说是对变化的现实的一种反应，早就应该对中国共产党的角色进行界定了等等，这些它是中国共产党的生存策略。新的理论概念试图消解旧的阶级模式，以便把中国共产党定义为一个“人民的党”和一个“专业化的党”。

中国共产党的领导人试图把党变成“一个人民的党”，其主要意图是为了在不通过选举的情况下重新在人民中间获得执政的合法性。这种努力基于一种简单的逻辑：为了代表“大多数人”的利益，有必要促进人民的福利。因此，有必要提高人民的受教育水平，促进“先进的文化力量”。为了实现这些目标，必须借助于私营企业来促进经济增长。由于人民已经对政府的政策失去了信心，而且越来越担心中国共产党更多地是为了富人而非穷人的利益，所以他们有可能会对那些公开宣称是为了他们的利益的具体政策的结果表示怀疑。迄今为止，中国共产党所允诺的那些改革，比如法治体系的制度化、减轻农民税负、反腐败措施、防止非法占用土地的措施等等，这些消除社会不正义的努力，还没有完全实现。因此，把中国共产党描述为一个“人民的党”需要一个先决条件，即新上台的政府能够成功地贯彻并维系法治。事实上，自从“三个代表”宣布以来，我们已经看到了政治上的一些重要改进，似乎亲民的方向逐渐变成了事实。在新当选的所谓中国共产党的“第四代”领导人的领导下，三年之间，社会政策、农村社会以及可持续发展已经提上了政治议程的前列。尤其是，胡锦涛和温家宝自称“人民的人”，他们做出了大量努力来推动“三农问题”解决办法的研究，认为农业问题与农村经济在结构上的不利地位有关，它关系到农民收入、农村社会资本发展和农业生产。在中国共产党十六届五中全会上，总理温家宝非常明确地指出，从2006年到2010年，建设“社会主义新农村”将是一项“极为重要的任务”。除此之外，2004年3月召开的人大会议宣布了一个关于中国发展战略的新概念，这一新战略强调消除区域差异和社会分化。①一年半以后，中国共产党通过了一套新的指导“十一五规划”（2006—2010）的方针。② 这一中国现代化的“新路标”勾画出了发展战略的里程碑：贯彻缩小收入差距的政策来提升社会正义，同时促进关于可持续发展的学术研究。

政府确定了22个改革议题，主要集中于农村经济、能源、地区差异、收入差异、人口发展、农村与城市失业、社会保障与环境问题。③一系列亲民政策得到采纳：公民获得一些权利，比如社会福利权和移民的私有房产权，出台了新的规定来控制土地占用，也为创造统一的劳动力市场和减轻农民税负制定了规章，还制定了工业发展的新规定等等。④到2020年，创建一个“小康社会”的要求要通过促进并进一步改善医疗与教育制度来实现。政府计划在2020年把教育经费从GDP的2.3%增加到4.5%。⑤ 到2010年，要花费130亿欧元来加强农村教育制度，要新建12万公里高速公路把欠发达的内地与发达的沿海地区连接起来。⑥ 宣传科学发展战略是一种重建统治合法性并塑造“亲民”的政党形象的有效方法。

---

① *China aktuell*, March 2004, p. 242.

② Li Xin, “Party Proposal for Sustainable Development”, *Business Beijing*, (15. 1. 2006).

③ Heike Holbig, “Wissenschaftliches Entwicklungskonzept, Harmonische Gesellschaft und eigenständige Innovation. Neue arteipolitische Priorit? ten unter Hu Jintao”, *China aktuell*, No. 6, 2005, p. 19.

④ 2005年8月29日黄平（中国社科院）、张杰（清华大学）、邵雷（清华大学）、杨宝军（中国规划设计院）在“北京现场”研讨会“中国的高速都市化”上的演讲。

⑤ Tony Saich, “The Changing Role of Government. Background Note for the World Bank Report on China’s 11th Five-Year Plan”, Harvard University, 2004, at http: //ksghome. harvard. edu/ ~ asaich/ The_ Changing Role_ of_ Government. pdf, (accessed on 3. 10. 2004), p. 9.

⑥ Christiane Kühl, “Peking plant für die Armen”, FTD, 6. 3. 2006, p. 15.

四、党内改革：发扬党内民主

从“三个代表”当中所得出的是一种指导中国共产党发展战略的新方针，它由以胡锦涛和温家宝为核心的新领导层提出。为了消除党内分歧并成功地推行上述雄心勃勃的计划，在意识形态改革和新的理论概念的基础上，一些功能性改革提了出来。

中国共产党的功能性改革集中于重构权力精英、改革干部选拔办法并为担任公职施加限制。另一方面，又在设计政策和规划时向国内与国际上的学术专家咨询。政党精英的重构主要是通过制定新的党员干部选拔要求与规章来实现的。2002 年 7 月 23 日，官方宣布“三个代表”思想后才三个星期，就颁布了新的《党政领导干部选拔任用工作条例》。①

在 2002 年中国共产党十六大以后上台的“第四代领导”（起重要作用的政治家比如胡锦涛和温家宝都经历过“文化大革命”）与以前的领导有很大不同，体现在教育、专业训练以及在西方的经历方面。出生于 1941 年到 1956 年之间的政治领导人中 75% 都具有大学学历，其中大多数都是工科学历。② 通过提出“科学发展观”来提高党的治理能力，领导干部中的这种性质变化得到了进一步的推动。2005 年 10 月中央委员会会议以后，这一新概念成为了首要的指导原则，它通过在政治咨询过程中把国内外学术专家包括进来的方式来运用“三个代表”思想。比如，在“十一五规划”的制定上，中国共产党就组织了一个专家团，包括 50 名党员和学术专家。“十一五规划”是一个长期计划，其制定从 2003 年就开始了。当时，来自地方和国家级的院校、研究机构以及来自联合国、世界银行的专家都被要求为政府提供报告。③ 从 20 世纪 90 年

① John Lewis, Xue Litai, "Social Change and Political Reform in China: Meeting the Challenge of Success", *The China Quarterly*, No. 176, 2003, p. 939.

② Li Cheng, "Jiang Zemin's Successors: The Rise of the Fourth Generation of Leaders in the PRC," *The China Quarterly*, No. 161, 2000, pp. 1 – 40.

③ Holbig, 2005, p. 14.

代开始就积极为政府设计政策的学术专家也都被包括了进来。

正如其他地方所详细描述的一样，中国共产党也贯彻了一些关于扩大参与、提高透明性、权力监督等方面的建议。① 在提出“三个代表”之前的几年，关于党内决策民主化和建立权力监督机制的讨论就已经提上了政治议程。2000 年，一场关于改革党的制度的必要性的全国性争论由一份关于李昌平的报道所推动。李昌平在湖北省一个镇上任党委书记达 17 年之久，他描述了农村根深蒂固的税收腐败。他还报告了伪造政府报告和统计数据的情况，并指出由于农村的党机构犯罪的天性，要执行政府的政策已经变得不可能了。② 这在党内引起了热烈的讨论，并最终导致对税收制度进行了有利于农民的改革。

这些问题在今天仍然非常突出：媒体关于农村落后的工作条件、税收腐败和非法占用土地的报道层出不穷。要想成功地推行“社会正义”，仅仅通过选拔专业性的人才来改变党的结构似乎还不够。以“以德治国”著称的那场运动——它与“以法治国”运动并列——仅仅导致了表面上的改革，比如监督机制改革。在 2001 年 7 月 1 日的讲话中，江泽民指出，唯有支持党的目标从而愿意为了共同福利与腐败作斗争的人才属于“先进力量”。通过法律和不同的政党来引入不同层面的监督，将是一场更为根本的党内改革。

然而，“三个代表”的提倡者始终宣称，这一新概念是在民主和参与方面的一项突破性成就。事实上，改革的措施包括了引入党内分权、党内监督措施、决策过程的分散化、民主的任职政策的制度化、透明度的改善。③ 在 2004 年 3 月全国人大会议的酝酿阶段，温家宝提出了考核

---

① Heberer, Derichs, Sausmikat (2004), pp. 121 – 128; Gang Lin (2004), pp. 270 – 272; Fewsmith (2001); Lyman Miller, ‘Commemorating Deng to Press Party Reform’, in: *China Leadership Monitor*, No. 12, 2004, www. chinaleadershipmonitor. org (accessed on 10. 6. 2005).

② 他的报告出现在 2000 年的一期《南方周末》上，并最终引起了税收改革，也在党内引起了关于腐化堕落的广泛讨论。他的报告一发表，一场批判李昌平的运动就开始了，6 个月后他辞了职，后来到了北京。

③ 《人民日报》，2002 年 7 月 24 日。

政府官员的新标准，不仅要根据经济政绩，也要根据民意来评价他们。[①] 官员考核表已经包括了33条不同的标准，涉及从环境保护到公共服务的分配等多方面的内容。[②] 同时，还规定了干部的任期限制，不允许任职超过10年。

除此以外，扩大党委权力、在全国范围引入党委成员竞选制度、独立推荐候选人、党代会每年召开一次（而非五年召开一次）等建议都被采纳了，而且在几个城镇开始了试点。[③] 在中国共产党十六大召开之前，还有人提出了其他的方法来设计权力并建立监督制衡机制，比如党内建立执行委员会，提高中央纪律检查委员会的地位。根据后一种建议，纪律检查委员会只允许监督新设立的执行委员会，而不是党的中央委员会本身。在扩大中央委员会的选举竞争方面，迄今为止还没有取得大的进展，被提名者仍然仅仅超出席位数的5%。[④] 因此，在党的所有层面都引入竞选机制的呼吁仍然有待进一步实现。

然而，与党内改革相比，政府机构的改革更具活力，步伐也更快。“法治”的确立（或许意思是“以法治国”的改进）显然打算在2010年以前完成，[⑤] 各级人民代表大会的选举将以无记名的方式进行投票，并且有多个候选人参与竞选。因此，贯彻15年前提出的“旧”概念——比如监督与平衡的制度化或多位候选人选举的法律程序——的潜在可能性就可以成为新设计的“中国特色民主”概念的要素之一。

五、结　论

通过党内改革来获得新的合法性，这种做法首先是一种策略，通过这种做法，可以把新的经济精英和科学精英吸收到决策过程中来。乍一

① *China aktuell*, March 2004, p. 242.

② Tony Saich, 2004, p. 9.

③ Gang Lin, 2004, p. 270.

④ Ibid., p. 272.

⑤ “China to Establish Comprehensive Legal System by 2010”, in: *China Daily*, 17 March 2003.

看，这似乎只不过是中国共产党的生存策略。不过，重新设计的政党形象的潜能实际上远不止于此。

一方面，在理论上对中国共产党所做的重新界定以及“科学发展观”的提出会使得中国赢得国际社会的尊重，并使它在发展政策方面拥有优势，同时也确保了它的执政合法性；另一方面，对从社会主义和平演变到资本主义的持续警惕表明了威权主义体制面对民主程序仍然不堪一击。人民——尤其是知识分子——并不相信在今后的几年政治制度会有什么根本的变化。

或许党内改革最重要的结果便是由修宪所引发的一些基本讨论。政治家和知识分子开始为一份可靠的、可实施的宪法进行辩护。党内改革以及将“三个代表”写进宪法的做法后来为关于宪政国家的本质以及宪法的可靠性问题的基本讨论铺平了道路。有人建议有必要重新界定中国共产党的地位，它应该从属于中华人民共和国的法律。当中国共产党修改宪法以便求得自身的生存时，指引着它的那种发展可以描述为这样一种发展，即从“将法律意识形态化”发展到“将法律政治化”，最后到“诉讼政治”。

如上所述，公众对中国共产党的支持将依赖于在下述领域中的改革措施：社会政策（福利制度的建立）、税收政策（2005 年对农村税收制度进行了有利于农民的改革）、公民权利（用法律保护公民免受权力滥用之害）、结构政策（把党同企业分离、同全国人大分离）、民主治理实践（决策过程要透明、要考虑民意、司法要独立）。农村和城市居民中的不满和抗争都在增加，社会不稳定和群体性事件在中国的政治体制下已经成为了家常便饭。群体性事件从 2002 年的 5 万起增加到 2003 年的 5.3 万起，到 2004 年增加到 7.4 万起。[①] 农民自己建立的组织对政府当

---

① Murray Scott Tanner, “Chinese Government Responses to Social Unrest”, in: *Rand Corporation Testimony Series*, April 2005, in www. rand. org/pubs/testimonies/2005/RAND_ CT240. pdf (accessed on 3. 2. 2006); US Congressional-Executive Commission on China, 2005 Annual Report, Introduction: Growing Social Unrest and the Chinese Leadership's Counterproductive Response, in www. cecc. gov/pages/annualRpt/annualRpt05/2005_ a_ intro. php (accessed on 3. 2. 2006).

局构成了严峻的挑战。这种自发建立的团体——它们具有类似“减负委员会”、“减负文件研究小组”的名称——是非正式建立的农村领导团体的证明，这些团体得到了城市知识分子的支持。①

因此，意识形态改革和党内改革已经加强了党内民主。中国共产党现在可以作为各种政治改革建议的平台而发挥作用。正是由于这个理由，我们可以谈论“中国共产党的政府化”（governmentalization）。② 对于为一党执政所作出的赢得更多合法性的努力，我们只能假定，党内竞争性政治力量的增长将导致进一步的党内冲突。这可能导致两种现象：（1）一党执政的缓慢终止；（2）向更为专制的统治回归。在党内以及党所支配的政府机构之间确立合法性仍然是将来的一个任务。另一方面，在人民中间确立统治合法性的意图可以因为在胡锦涛和温家宝的领导下所贯彻的那些亲民政策而获得更大的成功。

（毛兴贵　译）

---

① Yu Jianrong, "Let Farmers Speak for Themselves", in: *China Development Brief*, Vol. 6, No. 1, July 2003, in www. chinadevelopmentbrief. com/prarticle. asp (accessed on 24. 6. 2004).

② Gang Lin, 2004, p. 266.

活跃的互联网：中国共产党的希望还是危险？*

〔美〕塔马拉·蕾·史

在我们为中国人民解放的斗争中，有各种的战线，就中也可以说有文武两个战线，这就是文化战线和军事战线。我们要战胜敌人，首先要依靠手里拿枪的军队。但是仅仅有这种军队是不够的，我们还要有文化的军队，这是团结自己、战胜敌人必不可少的一支军队……我们今天开会，就是要使文艺很好地成为整个革命机器的一个组成部分，作为团结人民、教育人民、打击敌人、消灭敌人的有力的武器……使他们进步，使他们同心同德，向前奋斗，去掉落后的东西，发扬革命的东西，而决不是相反。②

像中华人民共和国这样的威权主义体制，需要依靠信息控制来维持政治统治。为了维持政治权力，毛泽东提出了要掌握“枪杆子”的著名论断，但他同时也承认笔杆子的力量。掌握笔杆子或者掌握民众可以得到的信息，对于欲图长期执政的政党来说至关重要。中国共产党一直对

---

* 本文原题为“The Tangled Web: Does the Internet Offer Promise or Peril for the Chinese Communist Party?”，载 *Journal of Contemporary China*, Vol. 13, No. 40, 2004。作者简介：塔马拉·蕾·史（Tamara Renee Shie），美国国防大学国家战略研究所助理研究员。——译者注

② 毛泽东：《在延安文艺座谈会上的讲话》，见《毛泽东选集》第3卷，人民出版社1991年版，第47、848、849页。

信息披露采取严密的控制，新华社就是一个极好的例子。随着信息时代和互联网的到来，中国对新闻的限制虽总体上有所宽松，但仍存在一定程度的控制。在过去的 10 年中，互联网得到了迅猛发展，使信息传播发生了革命性变化。信息技术推动了世界经济的发展，但在如何控制信息高速公路及其内容上也带来了许多麻烦。互联网或许会成为中国共产党下一步将要面临的最大挑战。互联网使个人能够以一种前所未有的方式获取、发送和制造信息，并传播给更多受众。许多人相信，不可能像控制电视或报纸等传统媒体那样来控制互联网。中国将互联网纳入总体发展战略带来了巨大的经济利益，但与此同时，当权者也非常担心，人们对信息的更多获取，最终可能会损害党的权力基础。

一段时期以来，政界和政治学界的一些人信奉这样一种理论，即发展和民主之间具有内在的联系，对信息的更多获取将不可避免地带来对民主的更大要求。这种观念可称之为“**趋同预期**”：随着像中国这样的国家的现代化和改革，它们的政治和经济制度也将自然而然地向西方式民主靠拢。[①] 的确，在威权主义体制对传播手段和媒体（印刷物、电台、电视和电影）实行严格控制的情况下，人们预期中国领导人会担心出现那种结果。尽管互联网为个人提供了前所未有的信息获取能力，但它必然会结束中国共产党的一党执政地位吗？美国兰德公司国防研究所所长龚培德（David Gompert）宣称，互联网拥有这样的巨大潜力。他说，“信息革命既需要解放，也释放解放能量”，并且中国“对信息技术越来越多的投资和依赖，将为进一步的经济和政治解放不断加压”[②]。但是，这种观点绝对正确吗？

互联网与民主之间的这种理论联系在 20 世纪 80 年代末 90 年代初得到了加强，原因是许多共产主义和极权主义政权随着信息技术的完善和

① Milton Mueller and Zixiang Tan, *China in the Information Age: Telecommunications and the Dilemma of Reform*, Westport, CT: Praeger, 1997, p. 7.

② David C. Gompert, “Right makes might: freedom and power in the Information Age”, May 1998, http://www.rand.org/publications/MR/MR1016/MR1016.chap3.pdf.

传播而不约而同地垮台了。科德兹（Christopher Kedzie）称这种现象为“重合式革命”[①]。“独裁者困境”论乃是此种理论中的佼佼者。这种困境表明，实行威权统治的政党与信息技术间的斗争乃是一种零和博弈。一个极权主义政府必须在维持权力与通过接受信息技术和互联网获得经济增长之间作出抉择，两者相互排斥，不可兼得。这种理论为信息技术增添了一些积极的特质，如“好的”、“解放”、“民主”等等。美国前国务卿舒尔茨（George Shultz）就信奉这种理论，他在1985年写道：

> 信息的自由流动本质上与我们的政治制度和价值观是一致的。相反，共产主义国家对这一信息革命的恐惧，甚至甚于对西方军事力量的恐惧……极权主义社会面临这样一种困境：它们要么扼杀这些［信息和传播］技术，从而远远落在新工业革命后面，要么允许这些技术，目睹他们的极权统治被无可救药地侵蚀。实际上他们别无选择，因为他们永远无法阻挡技术进步的浪潮。[②]

苏联解体和冷战结束后，美国国务卿贝克（James A. Baker）又在1991年宣布：

> 迄今尚没有一个国家找到办法，能够在输入世界商品和服务的同时，将外国思想观念拒于国门之外。中国的下一代将被卷入信息时代，这是符合我们利益的……为此我们决定让美国感觉到，互联网和信息技术乃是一种手段，它让民主观念发扬光大，并有助于促

① Christopher R. Kedzie, *Communication and Democracy: Coincident Revolutions and the Emergent Dictator's Dilemma*, Santa Monica, CA: RAND, 1997, http://www.rand.org/publications/RGSD/RGSD127.

② George P. Shultz, "New realities and new ways of thinking", *Foreign Affairs*, 63, Spring 1985, p. 716.

进将来某天发生的变迁。[1]

显而易见，在许多人心里，互联网乃是通往自由民主的门户的观念业已根深蒂固。1997 年，科德兹发表了一项研究成果，分析了信息和传播技术在一个国家的渗透与该国家民主水平之间的相关性。他发现，互联性是民主的一个有力预测指标。但是，他使用的数据始自 1993 年，那时互联网还没有真正进入任何威权主义国家。直到 1994 年，互联网在中国才开始进入商业应用。[2] 科德兹本人也承认，除了信息技术之外，其他许多因素在从威权主义政权向民主制转变的国家中也发挥了作用，甚至在有些情况下，信息技术还有助于维护威权主义政权。[3] 然而，政治家和分析家们无视决定性证据的缺乏，仍然坚持这种观点。章家敦（Gordon C. Chang）在其引起争议的著作《中国即将崩溃》中断言，虽然“政权可以在网络空间巡游，但它只能在过程中改变”。他认为，共产党尚没有对互联网的威力做好准备。[4] 毕建海也得出了类似的结论。他强调，中国政府无法控制网上信息，无法控制在互联网上自由发表言论和市民社会的兴起，政府对利用外资的潜在的高压控制，乃是中国将不可避免地发生政治变革的原因所在。[5] 但是，虽然许多中国观察家曾经预测，中国共产党将会像其他共产主义政权一样，在 20 世纪 80 年代末崩溃，但中国共产党却置互联网的日益渗透于不顾，至今仍维持统治地位（尽管有某些改变）。中国领导人将会使我们相信，中国是独一无二的，中国人民在近期还没有做好实行民主制的准备。中国共产党认

① James A. Baker，“America in Asia：Emerging Architecture for a Pacific Community”，*Foreign Affairs*，70（5），Winter 1991/1992，pp. 16－17.

② Kedzie，*Communication and Democracy.*

③ 参见 Kedzie，*Communication and Democracy*，section 2“Counter-examples” and section 5“What is unknowable”。

④ Gordon C. Chang，“Future @ china. Communism：is the Communist Party Ready for the Internet”，*The Coming Collapse of China*，New York：Random House，2001，pp. 90，93.

⑤ Bi，“The Internet revolution in China”，*International Journal*，56，Summer 2000，pp. 421－441.

为，他们可以走中国特色的市场经济道路，互联网既可被用来促进经济增长，也可被用来增强党的领导。谁会说他们错了？如果一觉醒来，中国老百姓可以收看200个电视频道，可以毫无限制地使用互联网，难道就会突然产生对民主的渴求吗？

本文考察了互联网改变中国治理方式的潜力。那种认为通过互联网更多地获取信息将会给中国带来民主的说法是行得通的吗？或者说，中国共产党能够在利用其经济潜力并维持执政地位的同时，成功地限制在网上获取信息吗？互联网对中国共产党来说是福还是祸？本文对认为互联网引入威权主义国家尤其是中国将会导致民主化的主张提出了质疑。首先，我们将考察互联网和信息技术在中国的超常发展及其对中国经济的影响。其次，将简要描述中国共产党通常是如何管制其他形式的媒体的。再次，将分析中国共产党迄今所使用的各种网络管理方法。最后在结论部分，将探讨这些措施迄今为止是否成功、互联网在中国的日益发展是否将导致民主化。我们将会看到，中国共产党用来限制网络使用的一些技术在增强双重战略方面确实颇为有效，从某些方面看这些技术甚至正在加强中国共产党的权威。

一、互联网在中国

> 我们应特别重视运用报纸、广播、电视和互联网等现代大众传媒工具，发挥其思想教育主渠道作用，并不断创造一些能使人们入耳、入脑、入心的生动活泼的形式。①

自从1993年中国首次与互联网连接以来，互联网在中国的发展可谓突飞猛进。最初在1993年只有大约2000名网民，到2001年底这一数字已达到3370万。2002年4月，尼尔森媒体研究（Nielson/Net Ratings）

① 《人民日报》，2000年7月12日。

的一份报告宣称，中国的互联网用户已达5660万，仅次于美国的1.66亿。这表明它比一年前增加了几乎一半，而且据估计，到2004年，中国的网民将会达到1.2亿。虽然这一数字只占中国大陆人口的10%，但在亚洲，只有日本和韩国的上网人数超过了这个比例，而且中国还有超常的发展潜力。中国的个人电脑市场已成为仅次于日本的最大市场，并且年增长率达到45.1%，是全世界发展最快的市场。不仅电脑销售，而且移动电话技术的利用也在拓宽互联网的利用范围。目前，35.6%的中国家庭拥有固定电话，而且更多的家庭要么安装固定电话，要么购买移动电话，因此，中国的网民预计将急剧增加。到2001年底，中国的移动电话用户数量超过了美国，达到1.206亿户。虽然目前发送中文短信有些困难，并且这种移动通讯能力的改进迄今仍无大的起色，但在中国市场上什么事情都可能发生。据预测，到2001年底，无线数据用户将达到3700万，2005年将达到7930万。中国的信息技术产业正以三倍于总体经济增长率的速度增长。这种难以置信的增长潜力对于中国保持8%的增长速度是至关重要的。信息技术有望吸引中国迫切需要的外国投资和技术。

一些外国学者认为，互联网将会终结中国共产党的一党执政，事实则与此相反，目前中国政府不仅接纳了信息技术，还通过“用信息化推动工业化”，使信息技术成为现代化计划的基石。中国政府计划到2005年将向信息技术产业投入5000亿美元。这听起来哪像是一个认为互联网只会损害其权威的政府啊。此外，政府已经采取了大量的措施，尽快让互联网进入全国各地。其中的措施之一，就是采取“三步走”的办法，首先让政府各部门用上互联网，然后是工商业，最后是每一位公民。

1999年被称为政府在线年。当年6月22日启动了政府在线工程，是中国政府作出的一次共同努力，目的是让所有政府部门都用上互联网并对国民开放。到2000年底，80%的政府部门都开通了自己的网站。尽管目前许多网站提供的信息有限，但它们使公民有可能获取此前无法获取的政府信息。网站不仅增加了政府部门的透明度，也改善了此前耗费时间甚至对许多人来说不可能得到的便民服务。例如，教育部开办了网上学校。像中国人民银行、海关总署、国家工商行政管理局、国家旅游局、劳动和社会保障部、卫生部以及国家税务总局等部门的网站，可以使人们在网上办理银行业务、预订酒店、申请进出口配额、寻找工作、求医问药、纳税、办理通关手续等。甚至还将引入网上证券交易。可以预期，到2010年，中央各部门，各省、市、自治区以及各驻外使馆，都将用上互联网并提供网站。①

随着中国加入WTO，北京认识到，由于只有少数企业拥有网站，他们的企业将会在同海外企业竞争中处于劣势。为了加快和促进在商业活动中使用电脑和互联网，储存和分享这些已经联网的企业的信息，2000年1月初，“企业在线促进协会”宣告成立。政府在这家组织成立后，又在2000年7月7日宣布该年为“企业在线年”，正式启动企业在线工程。政府希望在较短时期内，使100万家小型企业、1万家中型企业和100家大型企业加入互联网，并在不远的将来，使所有的中国企业都加入互联网，以促进企业与企业以及企业与顾客之间的交流。

最后，中国共产党还要使12亿人口都用上互联网。中国家庭在线工程于2000年5月启动，为此引入了“http：//www.sinohome.com”的域名。为了让家庭使用互联网和成立家庭在线网站，政府发行了一张CD光盘，对新网民从头教起，甚至还提供3个小时的免费上网。中央政府还发起了另一项名为“全国信息联网”的互联网工程，将全国的图书馆、博物馆、美术馆和研究机构联网。中国国家图书馆已经有大约6000万页的文本资料可在网上查阅。这一工程计划于2005年完成，其目的之一，是增强比较贫困的西部省份获取信息的能力。将来，随着更多固定电话以及手机和有线电视等新工具的使用，全国各地都将会共享信息。

---

① Perrins，“China to Accelerate Internet Service Development”，*China Facts and Figures Annual Handbook*，2001，p. 311.

二、中国共产党对互联网的管理

另外，从近年来互联网的发展状况来看，它既为我国新闻出版和思想政治工作提供了现代化的手段，开拓了新的空间和渠道，使我们的工作提高时效性，扩大覆盖面，增强影响力，同时也成为重要的思想舆论阵地和国际舆论斗争的新领域。国内外敌对势力正竭力利用这一阵地对我进行渗透。现在的互联网上，信息庞杂多样，既有大量进步、健康有益的信息，也有不少反动、迷信、黄色的内容。这种情况要求我们必须兴利除弊，因势利导，增强我们在网上的正面宣传和影响力，努力掌握这一舆论阵地的主动权。①

中国共产党仍然对电台、电视、报纸等传统媒体实行相当严格的控制。由于这些集中化的信息传播形式，通过自上而下的方式控制内容变得轻而易举。高居这个信息等级制之巅的是官方通讯社新华社。新华社是一家庞大的新闻机构，拥有6000多名员工，在每个省市自治区设有分社，并有大约100家海外分支机构及20多种出版物。中国大约有2000家报纸，但大都是由中央、省、地方分支机构或与党联系密切的群众组织主办。《人民日报》是最重要的全国性报纸，是中国共产党的官方喉舌。新华社和《人民日报》都直接对中国共产党中央负责。其他读者较少的报纸往往只是转载或引用《人民日报》或新华社的稿件。

对电台和电视的控制方式与此相似。由中央宣传部负责的国家广电总局对所有电台实行监管。大多数电视节目都由中央电视台制作，大多数电台节目则由中央人民广播电台制作。新华社的报道往往在中央电视台和中央人民广播电台播出。

一些人认为，一旦人们用上互联网，政府就不可能再对信息实行控

① 《人民日报》，2000年8月9日。

制，并据此认为互联网具有改天换地的能力。尽管互联网在民主国家的发展管制相对较少，并且是自下而上的，但中国正在试图利用管制其他媒体的手段自上而下地来管制互联网。中国共产党已经实行了一系列措施，以保证其在互联网普及和使用上的权威。其中包括组建互联网管理机构，制定关于互联网的规章制度，约束互联网服务供应商和互联网内容供应商，开办大量得到允许的站点，封杀或审查互联网内容，管制公共互联网出口，鼓励自律自查，惩罚违规用户等。

（一）组建互联网管理机构

在中国，互联网属于国有国营。在互联网刚开始普及时，几乎没有什么规章制度，也没有一个明确的管理部门。随着其潜力被认识到以及用户数量的增加，中国很快感到有必要对互联网加以约束。1995 年，互联网的发展被置于 4 个政府部门的监管之下，即邮电部、电子工业部、中国科学院和国家教委。邮电部和电子工业部后来在 1998 年合并为信息产业部，由中共中央直接领导，对信息技术发展的监管负主要责任。国务院与互联网业务有关的部门是信息化领导小组，它负责起草有关互联网运营的规章和标准，制定费用和服务的标准，监督网络运行等。信息产业部最初负责 ISP 等物理网络的管理，但国家广电总局、国务院信息化办公室和公安部都对互联网内容负有管理责任。[①] 另外，还创立了一家由新华社拥有和经营的商业服务机构，即中国互联网公司，使中央宣传部对网上信息发布拥有半垄断地位。中国互联网信息中心“管理互联网地址、域名和网络资源指南，提供有关信息服务”。该中心成立于 1997 年 1 月 3 日，由中国科学院计算机网络信息中心管理运营，但也由信息产业部领导。

中国的互联网络分为互联网和接入网两类。目前中国只有 6 个“互

① Kathleen Hartford, “Cyberspace with Chinese Characteristics”, *Current History*, 99 (638), September 2000, pp. 255 – 262.

联”网络得到许可，它们把中国与国际全球网络连接起来。这6个互联网和接入网都与政府部门存在密切的关系：中国网由中国电信经营；吉通通讯是原电子工业部的一部分，它服务于中国金桥网络；教育部开办了中国教育和研究网；中国科学院领导着中国科技网；中国联通公共计算机互联网由中国的第二大电信运营商中国联通经营；中国网络通讯公共互联网目前由中国科学院、国家广电总局、铁道部以及设在上海的其他一些有关机构经营，将来转由规划中的中国网联经营。接入网类似于西方的网络运营服务商，不一定必须附属于六大互联网。虽然网络运营服务商可为私人所有，但是为了得到运营执照并同全球网络空间相连，它们必须通过六大互联网络运营。中国网是规模最大、分布最广的互联网络，全国2/3的网民都使用其网络服务供应商。这种做法有效地创立了一个庞大的、遍布全中国的内部网络，只有少数几个可控的通道与全球万维网相连。新华社的中国网络公司类似于美国的在线服务供应商。电子邮件的进出都和世界上的互联网相连，但所有其他服务都只在中国国内进行。

（二）制定关于互联网的规章制度

1996年2月1日，李鹏总理签署了中国第一部互联网管理规定《中华人民共和国计算机信息网络国际联网管理暂行规定》。自那时起，随着互联网在中国的发展和对新规定的需要，这些规定几经修改，并通过了新的规定。自1996年通过了第一套互联网管理规定以来，此后每年都至少要通过一项新的规定。虽然这些规定中有许多在任何国家都可能存在，但有些规定显然是为了加强国家对互联网的控制。《互联网信息服务管理办法》第15条规定，下列网上信息为违法内容：

1. 反对宪法所确定的基本原则的；

2. 危害国家安全，泄露国家秘密，颠覆国家政权，破坏国家统一的；

3. 损害国家荣誉和利益的；

4. 煽动民族仇恨、民族歧视，破坏民族团结的；

5. 破坏国家宗教政策，宣扬邪教和封建迷信的；

6. 散布谣言，扰乱社会秩序，破坏社会稳定的；

7. 散布淫秽、色情、赌博、暴力、凶杀、恐怖或者教唆犯罪的；

8. 侮辱或者诽谤他人，侵害他人合法权益的；

9. 含有法律、行政法规禁止的其他内容的。

新法规影响最为深远的可能是这一思想，即每一个网络用户，不管是个人和服务供应商，还是电子公告栏和聊天室的主办者，都要对自己的网上行为及其获取和发布的任何内容负责。撰写或散布危害“国家秘密”或安全内容的用户都可能受到惩罚。同样值得注意的是，尽管一些规定依然含混不清（比如关于什么是危害国家安全或者扰乱社会秩序的信息），但是这些规定越来越明确。相关规定在变得越来越具有安全意识的同时，已经逐渐把责任转移到了网络服务供应商和网络用户自己身上。重要的是，这些规定充当了互联网使用的指南，并不代表法律。它们实行起来往往比较松，其首要目的是对互联网用户和供应商发挥一种警告作用。

（三）约束互联网服务供应商和互联网内容供应商

除了要求互联网服务供应商和互联网内容供应商取得六大互联网络的执照并从那里注册外，政府还规定，如果它们违反这些规定，都必须承担相应的责任。除了其他媒体已经公开发布的信息外，互联网服务供应商和互联网内容供应商不论在网上发布任何信息，都必须获得网络供应商的许可。任何互联网服务供应商或互联网内容供应商如果知错不报，都要受到严厉的处罚。这不但遵循了“上网者责任自负”的原则，而且引入了这样的思想，即“在网上提供信息者责任自负”。那些构成“接入网”的服务和内容供应商必须获得所有用户的个人信息（包括账号、地址或域名以及电话号码）。供应商必须把用户的个人详细资料传送给中国互联网络信息中心，必须保留上述信息两个月，以备查用。最新的互联网管理规定于2002年1月颁布实行，这是迄今为止关于互联网服务供应商或互联网内容供应商责任的最为全面的规定。新规定要求“战略和敏感部门”的互联网服务供应商或互联网内容供应商不仅要保留用户的详细资料，而且必须安装能够记录用户收发的所有信息的软件。如果发现任何敏感信息，都将分别报送信息产业部、公安部和国家保密局。

（四）开办大量得到许可的站点

单凭中国的12亿人口，中文就有可能成为网上使用最多的一种语言。随着更多中文网站的开通，更多用户转向国内站点并有更多的人登录。中国共产党正试图用得到许可的站点淹没互联网，一方面提高网民的上网兴趣，同时使他们远离可能具有颠覆性的信息。诸如政府在线和企业在线之类的新网站充斥着互联网。和政府有关的网站达到中国所有网站的10%之多。在外国公司的帮助下，许多中国共产党控制的新闻媒体都开办了精美的网站。一名原迪斯尼电影设计导演帮助重新设计了《人民日报》以及与可口可乐公司合作的《北京青年报》的网站。中国最顶尖的5家网站是人民网、新华网、国际在线、中国日报网和中国互联网信息中心，它们都属于国有媒体。最有可能的是，中国政府希望随着更多国内站点的开通，觉得需要接触国外站点的互联网用户会越来越少。当然，由于网民数量的增多和互联网服务内容的增加，持不同政见者对互联网的利用会减少。阿波特（Abbot）认为，互联网的日益商业化将会淡化互联网上的激进主义言论，使之黯然失色。①

（五）审查互联网内容

早在互联网开始在中国蓬勃发展的时期，中国共产党就曾试图建立

① Jason P. Abbot, “Democracy@ internet. Asia? The Challenges to the Emancipatory Potential of the Net: Lessons from China and Malaysia”, *Third World Quarterly*, 22 (1), February 2001, pp. 110 – 111.

一个庞大的国内网，从根本上把中国与全球互联网隔绝开来。这一工程被称为金桥工程或中国世界网。该工程开始于1993年的互联网协议，它把政府各部与国有企业连接起来，并在1996年第一次向公众提供服务。对中国共产党来说，不幸的是，人们的上网要求迅速提高，并很快与经济增长联系起来。为此，中国共产党当时放弃了建立纯粹国内网的想法。但是，就像我们业已看到的那样，政府已经通过让用户使用六大国有网络，找到了限制连接境外网的办法。而且，中国共产党还试图阻挡敏感站点，并对网上信息进行审查。

中国政府尽管也强调万维网的开放性，但它还是在外国公司的帮助下建立了著名的“长城防火墙”。在2000年“安全中国”贸易展销会上，四分之一的客商——其中许多是外国公司——经销的是旨在加强中国“金盾”的产品。思科是一家以建立公司防火墙、从而阻挡病毒和黑客而知名的美国公司，中国政府雇用它来建立一个全国性的防火墙。思科设计了一种路由器设备，即专门适用于中国电信系统的集成器和防火墙箱。路由器既可被用来拦截信息，也可用来进行关键字搜索。防火墙可以通过识别地址封杀被禁止的或政治上敏感的网站。加拿大公司北电网络也参与了协助中国审查网络用户的工作。该公司开发了一种“个人互联网”战略，它使网络能够在用户登录时对其进行识别，确认用户名与IP地址相符，并随时识别其浏览的内容。

（六）管制公共互联网出口

中央政府还在对网吧业主们施加压力，要求他们自律自查。公安部、文化部和国家工商管理局在1999年发布的一项通知中规定，网吧必须登记用户的姓名、地址、终端数量、雇员信息以及与地方电信官员签订的代理协议。另外，在从当地工商管理部门取得营业执照后，网吧业主必须在开业前到当地公安部门登记。虽然这些规定执行起来不是那么规范，但在严打期间如有违规，则会受到严惩。无照经营的网吧会被一律关闭，有执照的则必须安装特殊的监控软件。

（七）鼓励自律自查

人们心甘情愿地自律自查，可能是中国共产党设法让人们遵守互联网管理规定的最有效工具。这种自愿有时或许是迫不得已，但就大多数人而言，却是颇为有效的。想上网的人在上网之前，必须签订一份《联网责任书》，保证不参加威胁国家安全或损害公共安全的网上活动。违反上网规定者一经查实，就会受到严厉处罚。那些高悬在墙上的案例简介，增强了人们遵守规定的自觉性。1998 年，因利用电脑闯入银行偷窃金钱的两兄弟被判处死刑。对那些不愿意自律自查的用户来说，还有“大妈”即网站雇员们，他们带领大批志愿者浏览网页，寻找任何敏感材料并及时删除。全国各省市也都雇有自己的网络警察。除了个人的自律自查外，企业也一哄而上，加入了进来。有 100 多家中国互联网企业签署了保证书，保证开展自律自查活动，遵守互联网行业“爱国主义、遵纪守法、公平公正、诚实守信”的基本原则。甚至外国互联网公司为了进入中国市场，也准备同意北京的要求。美国网络公司雅虎就签订协议，保证删除其网站上的“颠覆性”信息。

三、结　论

> 不要以为有一点精神污染不算什么，值不得大惊小怪。有的现象可能短期内看不出多大坏处。但是如果我们不及时注意和采取坚定的措施加以制止，而任其自由泛滥，就会影响更多的人走上邪路，后果就可能非常严重。从长远来看，这个问题关系到我们的事业将由什么样的一代人来接班，关系到党和国家的命运和前途。①

① 邓小平：《党在组织战线和思想战线上的迫切任务》，见《邓小平文选》第 3 卷，人民出版社 1993 年版，第 45 页。

目前还不可能预言信息技术，尤其是互联网会给中国共产党的一党执政带来什么样的长远影响。互联网进入中国才10年多一点，其网民数量还不到其人口的10%，互联网仍然还是一种相对新的现象。关于信息技术将通过互联网对中国共产党产生什么影响，目前的经验研究还相对缺乏。但是，与西方不同，信息技术在中国的兴起是和管制措施的建立同步进行的。结果，中国共产党一方面在开发互联网的商业潜力方面取得了相当成功，同时又成功驾驭了那些可能会给它的继续执政带来消极影响的方面。

实际上，互联网可能正在有效地提高中国共产党的治理能力。诸如政府在线或企业在线这样的创新，正在减少官僚作风，提高透明度。在一个像中国这样大的国度，中央政府常常难以同边远省份保持联系并对其施加影响，而网络提供了一个机会，使省市政府与中央政府之间能进行更好的沟通与合作。出于同样原因，中国公众能了解到更多的政府和企业信息。一些部委已经设立了反腐公告栏，一些官员也已公布了自己的电子信箱，以便接受公众的评论和质疑。要求政府担负更多责任，乃是信息技术革命潜在的副产品。关于地方发生的灾难事故的新闻，如果当地报纸不刊登的话，还可以捅到网络上。这些新闻有时会迫使中央政府对信息更加坦诚。而且，网络已经证明是一个培育民族主义的论坛。持续的经济繁荣和生活水平的提高，也有利于中国共产党改善自己的形象。“独裁困境”的前提尚不具备。迄今为止，北京已经在利用信息技术促进经济增长、牢固掌控全国局势方面取得了成功。政府希望，人民生活繁荣，就不大会要求政治变革。最后，信息技术很可能会增强中国的军事能力，它实际上是一支增强另一支枪杆子威力的“枪杆子”。

尽管有多种方式可以逃避中国共产党对互联网的封杀，但总的来说，大多数人更感兴趣的是生活水平的提高，而不是鼓动政权更迭。对中国（以及大多数国家）的许多网民来说，互联网主要用来收发邮件、聊天、研究、娱乐和越来越多的购物。一项调查发现，在中国，65%以上的互联网用户已经感到互联网提供了更多批评政府的机会。[①] 持不同政见者可以利用万维网相互通气、散布信息，但真正的问题在于，更多的信息自由是否将会引导公民冒着巨大风险，参与有组织的反对政府的行动。兰德公司的一项研究发现，持不同政见者对互联网的利用，尚不足以对中国政府构成真正挑战，至少就目前而言，北京阻止持不同政见者利用互联网的办法是成功的。[②] 目前在海外留学、工作的中国学生和学者数以千计，他们早已可以无拘无束地获取网络信息并同中国大陆的人进行联系，但他们对中国民主的呼吁并没有必然加强。中国政府面临的一个更直接的问题，是无法满足人们对互联网的需要。大众抱怨网速慢、收费高、缺少利用互联网的技术知识以及缺少中文站点。虽然以中文为母语的网民是网上的第二大语言群体，但只有3.87%的网页是中文的。中国互联网络信息中心的一项调查发现，85%的网民期待电子商务，[③] 但这种能力的发展速度会满足人们的这一要求吗？

要对互联网充当中国变革工具的能力作出估计，我们必须界定我们所说的变革和民主是什么意思。我们在假定互联网是一种能够带来政治改革或政治转变的力量吗？虽然我们正在目睹中国发生的改革（并且信息技术在发挥重要作用），但西方意义上的转变、政权变革或民主化还有很长的路要走。一些政治领导人，例如马来西亚的马哈蒂尔和新加坡的李光耀，对于什么是民主意见纷纭，并声称存在一种亚洲式的民主。我们应当怎样来看待新加坡这个互联网几近普及的非民主政权呢？

所谓互联网具有政治解放能力的说法，不过是乌托邦式的政治修辞而已。关于信息技术如何能够实现这种解放的观点，大多都是根据道听途说作出的抽象判断。仅有的几项实证研究，也没有发现互联网与更大

---

① Richard Worf, "Speaking out: the Internet in China", *Harvard International Review*, 23 (4), Winter 2002, p. 7.

② Michael S. Chase and James C. Mulvenon, *You've Got Dissent!: Chinese Dissident Use of the Internet and Beijing's Counter Strategies*, Santa Monica, CA: RAND, 2002, http://www.rand.org.

③ "Global Internet Statistics", *The Global Reach Express*, http://www.global-reach.biz/globstats/index.php3.

的政治自由之间有着直接关系。从根本上说，更大的自由与更大的言论自由是不同的。赞成互联网具有解放潜力观点的人往往指出，中国在控制上网环境方面困难重重。从理论上说，由于政府无法审查所有信息、无法永远封杀所有敌对网站、逮捕或监禁所有在网上发送、邮寄或阅读颠覆性内容的人，所以，无法彻底平息民主变革的浪潮。但我们发现情况并非如此。监控和作出姿态既可是绝对控制手段，也可是情感约束手段。罗丹（Rodan）在讨论新加坡的情况时指出，监控是一种相对容易和不显眼的互联网管制手段，“当已经存在广泛的政治监视网络和对这种监视行为的恐惧文化时，监控的作用可能会很有力”①。感知可能是一种有力的激发因素。如果一个人感到有被监视的威胁，就容易创造一种自查自律的环境。就像我们已经看到的那样，中国共产党确实已经为互联网在中国的使用，创造了这样一种自查自律环境。虽然互联网的确削弱了中国抑制信息流动的能力，但却未必削弱它的政治权力。虽然媒体为用户创造了一点言论自由的空间，但与此同时，互联网上的聊天室、公告栏以及时常的信息监控，也使得政府能够对政治观点作出判断。就像新加坡正式宣称的那样，“虽然新闻审查不再百分之百有效，但只要百分之二十有效，我们就不应停止审查。”② 网络空间确实提供了更大的言论自由，中国似乎也一定程度上接受了这一点，但近期来看，互联网还不可能带来进一步的政治自由。“互联网应该有助于给中国带来自由”的想法从根本上是不明智的。就民主化而言，除了引入新闻自由等信息技术外，更需要的是政治问责制和减少腐败。萨尔赫（Hamoud Salhi）在考察了阿拉伯世界的信息技术后写道：“尽管信息技术声势浩大，但只有10%的阿拉伯人使用互联网，而且他们都是对保存现状有浓厚兴趣的功成名就的年轻人。”③ 如果我们将此与中国的统计数字加以比较就会

① Garry Rodan, “The Internet and Political Control in Singapore”, *Political Science Quarterly*, Vol. 13, No. 1, 1998, p. 75.

② Rodan, “The Internet and Political Control in Singapore”, p. 80.

③ Hamoud Salhi, “Now It's Time to Get Real”, *Newsweek*, 2 April 2001, p. 24.

发现，情况也大抵如此。中国的网民数量也在10%左右，其中85%的用户是男性，40%在21—25岁之间，86%拥有大学学位。

互联网本身不会给中国带来民主，因为它本质上既不是革命性的，也不具有解放能力；虽然政治变革一经开始，网络空间可以成为加速这一变革的手段，但政治变革的推动力一定要来自人们的政治行动。出于同样原因，互联网和信息技术在中国的发展，对经济和执政党来说可以看做是一种双赢。英国广播公司的一份世界服务报告简明扼要地指出："自由客观的信息是一项基本人权。虽然并非人人都可得到，但几乎人人都需要这种信息。它本身不能创造一个公正的世界，但没有它，便无公正的世界可言。"① 中国民主的发展可能尚需50年的时间，直到中国共产党不再试图用自上而下的手段对人们获取信息进行控制。还记得本文开头引述的毛泽东的讲话吧，中国的领导人竟然会欣然采纳互联网这样的"革命"技术，这是不是真的让人大吃一惊？中国共产党领导人不是把互联网看做对自己执政地位的一种不可避免的威胁，而是看做一种"有力武器"，可用来帮助自己实现中国的现代化。确切地说，预言互联网将来会对中国的民主和中国共产党产生什么影响，现在还为时尚早，因为关于互联网和民主化的经验研究仍处于起步阶段，中国的网民还只占人口的一小部分。但是，就目前甚至就将来一段时间看，不论对中国还是对中国共产党而言，互联网都与其说是一种障碍，不如说是一笔财富。

（师凤莲　译）

① Elizabeth Wright, "Postscript: Broadcasting to China", in Porter, ed., *Reporting the News from China*, p. 125.

中国的信息化与政治改革*

［美］克里斯托弗·A. 麦克纳利

很多学者都提出了一系列同样的问题：鼓励电子政务和信息化的政策会对中国政治经济的本质与逻辑产生什么影响？信息技术的广泛使用是鼓励自由主义政治吗？政府和执政党能够利用这些科技手段为之服务吗？

受到两股相互抵触的动力的推动，中国的电子政务及其更加宽松的信息技术政策一定会被人们所了解。这两股相互抵触的动力分别是中国对“全球信息与创新资本主义”（Global Informational and Creative Capitalism（GICC））的迅速适应，以及列宁主义的统治制度对中国政治体制的不断渗透。中国现代信息社会和电子政务发展的复杂局面正是这两股相互作用的力量所带来的压力造成的。

本文首先概要介绍了中国电子政务和信息技术政策的有关规定。然后研究了“全球信息与创新资本主义”和中国政治体制中的列宁主义要素是如何相互作用的。换言之，就是分析了信息技术是如何形成以及被

---

* 本文原题为“Global Capitalism vs. Leninist Controls：‘Informatization’ and E-Government in the People's Republic of China”，载 *Journal of E-Government*，Vol. 2，No. 4，2005。作者简介：克里斯托弗·A. 麦克纳利（Christopher A. McNally），美国夏威夷东西方研究中心研究员，中国问题专家。

中国共产党改造的。中国共产党改造它是出于政治控制的需要，而且这个政党的目的是垄断有关社会、政治和经济的新闻内容。最后，我以预测未来的发展作为结束。虽然详细地预测未来是愚蠢至极的行为，但是我注意到了一个发展趋势，即允许我们推断未来可能出现的情况。

中国现行的有关电子政务和“信息化社会”的规定

许多早期有关电子政务的文献都预言：信息技术在政府和公民中的广泛运用，会导致其在国内社会的影响超过政治。电子政务将横跨协商民主的新时代，为建立负责、公正的政府打下坚实的基础。[①] 虽然有先进的工业民主主义国家的经验可以借鉴，但事实却打破了这一最初的预言。电子政务是政府的一支胳膊，因此也反映了政治的现状。正如有些学者指出的一样，虽然电子政务与国家不能相提并论，但它却是国家管理体系中的一部分。中国也不例外。

“全球化信息与创新资本主义”[②] 对中国的影响是令人惊讶的。由于政府的鼓励，中国用很多方法大范围地培养了一种对“全球信息与创新资本主义”的理解力。在信息产业部推出政策，大力扶持包括信息技术特别是通信设备、软件发展、零件设计与制造在内的行业发展之时，“信息化”已经成为中国共产党现代化政策的主要目标之一。因此，到2005年中期，中国的互联网用户人数达到了1.03亿人，居全球第二位。[③] 中国正在铺设一个全国性的宽带网络，同时还拥有世界上最多的手机用户。

中国政府为扶持信息化发展所做的努力要超过对工业的直接支持，同时这些努力还通过网络平台，协助政府推动了官僚体制改革，提高了

---

① 见理查德·戴维斯：《政治网络：互联网对美国政治体制的影响》，纽约：牛津大学出版社，1999年。

② 见曼威·柯司特、安东尼·吉登斯、理查德·佛罗里达和威廉·鲁宾逊的著作。

③ 《互联网用户达到1.03亿人：回顾》，2005年，参见 http://www.china.org.cn/english/BAT/135701.htm（2005年12月7日）。

政府工作效率。中国所做的这一切都是为了推动经济的快速发展与现代化。人们还认为，中国政府做了很大的努力来传播信息和满足商业需求，但在增强公民在政治进程中的权利与责任方面所做的努力却少之又少。

中国电子政务的发展有一点片面。有学者曾经做过一项调查，在所有的政府网站中，39%都是同一种信息化模式，只是单方面地向公众发布信息；34%允许公众对政府工作进行咨询、提问和发表意见，但是却没有对其作出任何回复；只有26%对自己正确定位，为双向交流提供一个平台。后一种网站才是电子政务理想的目标，但是在中国开办的电子政务网站中，只有26%能够给人们留下较深的印象。这些数据说明中国要构建一个和谐完善的电子政务，还有很长的路要走。

学者们的研究方法和案例有所不同，所得到的结论也有一定差异。当然，无从获得对电子政务的评估也反映出了它的特性。有学者做了一个含有幸运数字的调查报告，报告显示中国只有18.6%的政府网站允许公众在网上直接发表意见，但是却只有2.2%给予回复。中国电子政务的交流作用很小，这一点在后来埃森哲（Accenture）咨询公司的一份分析报告中也显示出来。这份报告指出中国电子政务的成熟率只有23%。中国的电子政务虽然落后于先进的工业化国家，但是有研究表明它在发展中国家还处于领先地位。这是因为中国政府把大量的资金投入到电子政务的基础设施和研究中。例如，中国在2005年就利用自己的硬件和软件成功地开发了一个电子政务平台。

因此，对中国电子政务的考察勾勒出一幅混杂的画面。通过很多研究方法得到的结果都显示出，电子政务网站主要为中国公民的经济需求服务。有关公开的政治讨论或回应政治敏感问题的任何形式的论坛，都绝不会受到鼓励和支持。此外，对于忠诚的列宁主义者来说，双向电子政务的出现是非常值得注意的。例如，作为中国共产党主要言论阵地的《人民日报》下属的“强国论坛”。这个论坛允许公众交流思想，相互发表公共言论。

“强国论坛”只是一个聊天室，但是却表明信息技术增加了发表公共言论的机会。虽然中国的聊天室受到技术和人为手段的严厉管制，但是它们却能反映公众对敏感的政治问题的看法。这些政治问题包括中国的国际关系、环境污染以及其他重要政治事件。中国的博客群体同样快速发展，到2005年中期，中国博客的数量达到1142万个。[①] 而且它的发展潜力还非常惊人，平均一秒钟就会产生一个！这对中国政府来说，又是一个新的挑战。

随着对电视和其他媒体的严格控制，中国政府在2005年中期出台了互联网管理规定。与旧规定相比，新的管理规定更加注重限制非官方的新闻报道，特别是“对政治、经济、军事、对外政策以及其他社会事件的报道与评论”[②]。申请博客还要在政府登记注册。中国的信息化社会和电子政务就这样被它的政治文化和体制改造了。从网络电话到博客，再到手机短信息，中国政府试图控制一切。当公民的权利受到限制后，经济需求在中国信息社会体制中的作用就显得尤为重要。

从历史上看，中国历代皇帝都把控制信息的类型和传播作为保证他们正统性的一种主要手段。这种经过2000多年一直传承下来的惯例，再加上列宁主义的根基和经历，中国共产党的做法不会改变，仍然会继续控制传播给公民的信息。例如，中国政府通过电子政务和信息技术对外宣传并发布有利于政府的信息，成功地应用新的技术手段为自己的目的服务。但是，“全球信息与创新资本主义”的影响正在逐渐地打破中国政府对公共信息传播的垄断。

猫和老鼠的游戏

中国政治体制中的“全球信息与创新资本主义”和列宁主义要素是

① 《中国博客的战争》，《国际先驱论坛报》2005年8月10日。

② 杰弗里·福勒和方凤美：《试图在中国控制网络的传播；如何突破1亿互联网用户？反对世界“民主”》，《华尔街日报亚洲版》，2005年9月27日A1版。

如何相互影响的？也许解释它的一个最好的例子就是中国政府开发使用的网络审查系统——“中国国家网络防火墙（Great Firewall）”。有学者曾经全面而坦率地分析过“中国国家网络防火墙”成功限制中国公民获取信息的情况。虽然人们为了突破“中国国家网络防火墙”的限制做了很多尝试，但大多数都是一无所获。这说明中国的过滤手段非常“普及、尖端和高效”。

中国政府决心斥巨资投入到“中国国家网络防火墙”的建设中，并把它作为打击意图颠覆中国共产党的国内外敌对势力的一种手段。这就导致了一场在电子空间中的斗争，就像猫和老鼠的游戏。在这场游戏中，作为猫的中国政府已经举起了前爪。高科技和低科技都被运用上了。低科技缘于中国的列宁主义根源和组织实力。例如，宽泛的规定所形成的市场环境鼓励一些关键角色，特别是互联网服务提供商涉足中国的这一领域。把一些侵犯中国互联网管理规定的人树为典型的方法相当有效。

经过最初的依赖“低科技的列宁主义”以后，中国政府开始加入高科技的过滤监控技术，以建立世界上最庞大、最尖端的互联网审查系统。“中国国家网络防火墙”并不是难以渗透，但它却使中国政府不用出于政治考虑，而坚决地支持“信息化”的发展。一些由美国政府资助开发的反监控系统，由于资金有限，其效率并不高。一般的中国网民也不容易接触到它们，并且代价非常昂贵。此外，自从互联网上很多娱乐、体育和网络游戏网站普及以后，大多数的中国网民对被屏蔽掉的网站就不感兴趣了。最终导致他们不再轻易相信国外的新闻①，这也是中国屏蔽软件的主要目的之一。

中国的执政党因此大获全胜。当能够控制大部分政治上的敏感内容以后，中国政府就会鼓励互联网基础设施的发展和减少对互联网访问的

① 见郭良：《中国社会科学院2003年互联网报告：中国小城市互联网研究报告》，北京：中国社会科学院社会发展研究中心。

限制。虽然其政治体制信仰列宁主义，但中国还是以这种方式从“全球信息与创新资本主义”中获益。然而压力却是显而易见的。

“全球信息与创新资本主义”产生了两个相关联的结果。第一，它用所有资本主义的形式介绍对资本积累的需求。商业利润率成为经济活动最主要的因素之一。第二，“全球信息与创新资本主义”通过新的信息技术扩大了公共言论的范围。

第一个结果正在改造着中国的主流媒体（电视和报纸）。中国传统的媒体过去主要依靠政府补贴，现在就要进行赢利性的运营。因此报纸、杂志和电视台都开始培养它们忠实的读者群，因为没有他们就没有足够的订阅量和广告收入。传媒公司也必须努力挖掘新闻，使其稳定目标读者群的期望与现实相吻合。此外还要做出与其他竞争者不同的节目，报道新颖而且容易引人关注的主题。

显然，追求利润的动机已经使中国传统的媒体机构改变了它们最初宣传中国共产党的观点和引导大众的作用。媒体现在依靠的是消费者，并且面临非常好的机遇，把可以捕捉信息的长篇故事和新闻转化为高额的收入。这样的结果就是当编辑们谨慎地打开审查机构寄来的信封时，中国的传媒业正在经历跳跃式发展。当然，中国的媒体同时也会出现很多被误传而且非常逼真的新闻，比如一些编辑和记者报道的腐败事件。由于经受不住类似问题所带来的冲击，曾经充满生气的中国媒体扩大了消费者的选择权，并提高了许多新的国内信息资源的有效性。

如果利用新技术扩大制造、传播和接收信息的空间（即第二个结果），就会出现令人兴奋的场景。例如，博客的迅速发展使得反映公众意见的网站不断增加。这些网站是中国权力机构重点控制的对象。尽管新的互联网管理规定旨在限制关于公共事件的所有信息的传播，但是一直在努力成为全球最大的博客网站的“博客网”认为，这不会抑制博客的发展。它的创始人方兴东说过，大多数的博客都在写他们自己的生活感受，而只有少数博客才对重要的新闻主题发表评论。①

当博客避开敏感的公共事件而不用受到审查机构审查的时候，它们仍然可以无限扩大公共言论的空间。加利福尼亚大学中国互联网工程（CIP）主任肖强说过：

“新的博客又开始谈论当局了，但是以一种幽默的方式。人们经常说，在中国你可以在餐桌上谈论任何事情，但是在公共场合却不行。现在博客成了新的餐桌。它的内容经常涉及政治，但又不是直指政治。在这种情况下，你没有鼓吹任何事情，同时又在颠覆执政党意识形态的基础。”②

中国好不容易将列宁主义和“全球信息与创新资本主义”结合起来，由此又形成了一个异常活跃的猫和老鼠的游戏。一只用列宁主义的牙齿武装起来的猫，面临着一群非常机敏的老鼠的对抗。而且这样的老鼠还在不断地繁殖。和传统的传媒机构一样，从主要门户网站（如新浪网、网易）到小型的个人博客，传播公共信息的网站都在迅速增加。中国的老鼠们仍然在寻找允许在媒体报道中使用的新技术和新方法。例如，当本地的共产党委员会和宣传部门下班以后，他们可以在晚上报道一些敏感话题。或者就像在2005年春季数千人集结进行反日示威游行时一样，网民可以说暗语，在图片中传播敏感信息，或者发送短信息。作为猫的中国政府为了控制这些老鼠，不断更新其合法的、政治的、高科技的技术手段。但是不知为何，这些老鼠总能找到方法逃避愈加严厉的政策法规，并且扩大发表公共言论的空间。

传播给中国公民的公共信息越来越多。中国政府能做的就是终止接纳“全球信息与创新资本主义”的改革进程，包括建立“信息化”中国的合理政策。如果影响到经济增长和中国共产党对正统性的严格要求，这项政策将不会再继续下去。

---

① 杰弗里·福勒和方凤美：《试图在中国控制网络的传播；如何突破1亿互联网用户？反对世界“民主”》，《华尔街日报亚洲版》，2005年9月27日A1版。

② 引自傅好文：《一个社交女孩引领中国的网络革命》，《纽约时报》，2005年11月24日。

中国的“信息化社会”和政治改革

中国政府的列宁主义倾向和“全球信息与创新资本主义”的影响之间无休止的斗争，表明中国一直在努力追赶信息时代的步伐。这种来之不易的形式该如何继续发展下去呢？如果要与政府对公共信息和言论进行的严格控制相结合的话，中国接纳“全球信息与创新资本主义”的计划还会继续进行吗？

迄今为止，中国能够将政治脱离于“全球信息与创新资本主义”之外的原因，就是把过滤技术、镇压和外交手段结合起来。中国政府运用并不断适时地调整列宁主义控制机制，进而取得了非常显著的效果。然而，时间久了，“全球信息与创新资本主义”和列宁主义控制机制之间的矛盾会不断加深。为了保持经济增长的动力，中国政府会逐渐允许一些自由的商业和公共言论。

关于电子政务和“信息化”会如何影响中国政治的问题，已经在中国政治领域的争论中有所表现。一些学者解释了为什么在经济高速发展25年并且逐步出现中产阶级以后，中国民主政治的进步仍然微乎其微。学者们曾质疑在西方被广泛认可的一条假设，即经济自由化总是能造成政治自由化。他们认为经济发展和自由主义民主之间的这种关系也许并不成立。这一判断缘于中国政府精明的做法。①

威权国家如何不会被动地观察经济的快速发展？中国就是一个最好的例子。威权国家的领导人可以直接制定规章制度，制造政治事件。他们积极推动市场经济、城市化、技术和基础设施的发展，但是会通过战略调整来限制那些有助于政治自由化的公共权利。

换句话说，就是中国政府鼓励直接有利于经济发展的公共权利；限

① 见布鲁斯·布尔诺·德·米斯基达（Bruce Bueno De Mesquita）和乔治·W. 当斯（George W. Downs）：“发展与民主”，《外国事务》，2005年第84期第5卷，第77-86页。

制例如政治权利、人权、出版自由以及传播敏感政治内容的自由等对经济发展无关紧要的公共权利。这样就形成了企业家、政府官员和军官们都能够接受的狭隘资本主义政治经济。企业家、政府官员和军官们既不会受到强烈的反对，又能够从中获益。

然而，为什么在新的政治经济条件下，中国没有发展民主政治？按照传统的观点，自由中产阶级都希望有更多的自由主义政策来保护他们的财产和地位不受国家限制。如果有足够的时间、金钱和教育程度，自由职业者和中产阶级都愿意参与到政治中来[①]。这种假设并未在中国成为现实，不同的学者作出了不同的解释。

有学者认为，由于中国的市场受到执政党的控制，使得商业阶层和其他比较富裕的社会阶层都要依赖政府才能生存和发展。来自大多数贫困人员的威胁，让这些少数富人不得不投入威权政府的怀抱。中国贫富之间阶级政治的激化延缓了正在兴起的中产阶级和商业阶层的自由发展。[②]

同时，中国商人和地域环境的巨大差异阻碍了统一的资产阶级的形成，进而妨碍了资产阶级为维护自己的物质利益而进行的集体行动。事实上，对于依赖环境而生存的商人而言，他们有很多可供选择的经济和政治策略，包括把他们的利益与国家联系起来的方法。[③]

因此，经过时间和空间的检验，关于资产阶级如何推动政治自由化的假设是有疑问的。[④] 但是，我们不能把婴儿和浴缸一同倒掉。关于这个问题，有学者曾经提出，中国的社会政治环境特别是在日益受到关注的个人隐私和权利方面，正在经历一个逐步开放的过程。虽然中国在对

① 见伯灵顿·摩尔：《专制与民主的社会起源：现代世界形成过程中的地主与农民》，波士顿：灯塔出版社，1966年。

② 见陈安：《为何资本主义未能将中国推向民主？一个新的结构性观点》，第二届“中国的资本主义转型研讨会”论文，夏威夷火奴鲁鲁：东西中心，2005年8月10－12日。

③ 见蔡欣怡（Kellee Tsai）：《没有阶级的资本主义者：在政治上划分中国的私营企业家》，《比较政治研究》，2005年第38期第9卷，第1130－1158页。

④ 同上，第1153页。

隐私的认可方面缺乏历史基础，但是当隐私成为合法的社会关系时，新技术和全球化的优势就在一定时期内显示出来。不断发展的社会规范打破了中国的历史传统和政府监控个人的时代。

有学者推断，中国政府在全方位理解个人权利的情况下，开始保护私人信息安全。他们阐述了重要的变化是如何在结婚、离婚、居住、数据保护和个人尊严等权利的不断增加中发生的。“全球信息与创新资本主义”包含了很多内在的价值，这些价值影响了中国的文化和社会规范，因此也促使了中国的理念与西方的假设更加趋于一致。

当然，这些学者很谨慎地强调了这一趋势仍然存在很多争议，因此结果还不明确。中国政府没有放弃中央集权与控制的想法，而且已经研究了很多政策来预防发生实质性的政治改革。最终，关于中国政治前景的争论必然会深深植入其历史的理解之中。中国的政治前景受到了电子政务、“信息化”以及政治策略的影响。“全球信息与创新资本主义”无疑是一种现代的现象，但它却与几千年以前的文化、政治、社会规则相互影响着。

当代中国的秩序反映了一个中央集权统治国家与小规模的资本主义相结合的一千多年的历史。有学者认为，中国封建社会与小资本主义共存的历史，始于宋代，止于清朝。“中国历史发展的动力就是以原始积累为目的的小规模的资本主义倾向。这种倾向无情地被只求闭关自守、无心发展资本主义的封建思想所束缚。”①

尽管如此，时间一久，中国封建统治阶级对私人资本积累的限制逐步减少，小资本家也变得更加精明。在18—19世纪，中国的小资本主义包括新型商业和工业，这是中国的封建统治阶级所不能容忍的，但由于中国海外商业帝国在南洋（东南亚）的建立，它们在沿海地带的规模不断扩大。这个商业帝国给资本家提供了很多走出国门，逃避政府管制

---

① 希尔·盖茨（Gates）：《中国之引擎：小资本主义的千年史》，伊萨卡：康奈尔大学出版社，1996年。

的机会。然而，小资本主义仍然没能躲避中国政府闭关自守的封建统治。国家的专制独裁仍然凌驾于经济增长的需求之上。

类似的情况现在已经不存在了吗？包括在国家帮助商业发展、脆弱的中产阶级和自由职业者以及被打压的下层社会方面，当代中国还是受到了旧中国的严重影响。此外，多数资本积累都被国家控制，或者直接依赖于企业家和政府官员之间的关系。

虽然历史进程具有不确定性，但是却可以推断出中国未来发展的两个趋势。一是运用妥协与腐化的手段，继续进行并不断增强对国家资本体系的渗透，以巩固国家对资本的支配作用。裙带资本主义将逐步缓解中国的经济波动。另一个趋势是，中国也许会逐渐在自由发展商业、自由职业和其他社会热点问题方面做出让步。在这种情况下，一个法制国家将应运而生。

因此，中国的政治经济分析家应该把更多的注意力放在制度建设上，而不应该只注重政治策略、阶级形式和利益政治。关于这一问题，在电子政务和“信息化”方面的报道，阐述了中国政府相互矛盾的目标：在建立更加合理、透明的管理机制的同时，还希望用政治手段控制一切。中国由于接纳“全球信息与创新资本主义”，从而产生了隐私和个人权利规范。这一规范表明了中国在制度和标准化方面的变化。中国政府官员和社会成员对法治和高效政府的强烈呼吁，解释了中国社会是如何开始重大历史变革的。

有一点可以肯定：中国“全球信息与创新资本主义”和列宁主义政治控制的结合制造了不稳定的平衡。在接下来的20年，中国必须找到办法，摆脱它的历史阴影，把目标转向先进的资本主义形式，包括法治和接收广泛的公共信息。为达到这一目标要进行很多制度改革，这些改革都是中国在探索一个更加开放自由的政治道路上的大胆尝试。

（杨大群　译）

图书在版编目(CIP)数据

执政的转型:海外学者论中国共产党的建设/吕增奎主编.
—北京:中央编译出版社,2011.8
(海外当代中国研究丛书/魏海生主编)
ISBN 978-7-5117-0692-8

Ⅰ.①执…
Ⅱ.①吕…
Ⅲ.①中国共产党-党的建设-研究
Ⅳ.①D26

中国版本图书馆 CIP 数据核字(2010)第 249684 号

执政的转型:海外学者论中国共产党的建设

出 版 人 和 龑
丛书统筹 贾宇琰
责任编辑 杜永明 侯天保
责任印制 尹 珺
出版发行 中央编译出版社
地 址 北京西城区车公庄大街乙5号鸿儒大厦B座(100044)
电 话 (010)52612345(总编室) (010)52612341(编辑室)
(010)66161011(团购部) (010)52612332(网络销售)
(010)66130345(发行部) (010)66509618(读者服务部)
网 址 www.cctpbook.com
经 销 全国新华书店
印 刷 河北下花园光华印刷有限责任公司
开 本 787毫米×960毫米 1/16
字 数 320千字
印 张 23.25
版 次 2011年10月第1版第1次印刷
定 价 68.00元

本社常年法律顾问:北京大成律师事务所首席顾问律师 鲁哈达
凡有印装质量问题,本社负责调换。电话:(010)66509618

海外当代中国研究丛书
Overseas Studies on Contemporary China Series
丛书主编：魏海生

增长的迷思

海外学者论中国经济发展

周艳辉 主编

THE MYTH OF GROWTH

Overseas Academics on China's Economic Development

全国百佳出版社
中央编译出版社
Central Compilation & Translation Press

总 序

近年来，随着中国的迅速崛起，海外中国问题研究急剧扩展，世界上到处都在述说着“中国故事”。2009年，英国的中国问题研究专家马丁·雅克在他的《当中国统治世界：中国的崛起和西方世界的终结》一书中为我们描绘了“可能的未来景象”，提出“世界将按照中国概念重新塑造”；与此相反，2010年，美国国际投资分析师麦嘉华、华尔街著名对冲基金经理查诺斯、哈佛大学经济学家罗戈夫等人纷纷发表文章认为，中国经济的泡沫即将破裂，中国甚至将走向崩溃。至此，关于中国的“统治说”与“崩溃说”在全球文化语境中各执一端、相持不下，这其中包含多少学理上的探究和现实中的策略尚待更进一步的讨论，然而，有一个事实不可否认：在当代全球体系下，“中国”已成为全球学者共同关注的热门词汇，“中国研究”正牵动着世界相关领域专家的问题意识。

正是在这样的背景下，中共中央编译局海外理论信息研究中心与中央编译出版社共同推出了《海外当代中国研究丛书》，力图让海外学者的视角、眼光更多地投射到我们的视界，使我们听到更多的来自世界的各种声音，而这种眼光与声音越真切清晰，越有利于我们的判断与辨析，同时也可以成为我们以多重向度理解自身的借镜。

当代世界的政治经济结构已深置于全球范围的互动关系中，各个领域的跨国化进程使本土与世界的关系显得愈加紧密复杂，作为现代性的民族国家正在以某种有别于其传统功能的方式，全面介入当代世界的关系体系。而历史上两大阵营的关系模式，以及后来的三个世界模式、中心/边缘理论等都无法诠释当代世界的复杂图景，因此，从这个意义上讲，如何建构一个更为广阔开放的参照系，多向度地反观时代，主动寻求异质文明间的对话与精神资源，既是各国经历现代性进程中的共同命题，同时，作为现代性共同体，藉此过程辨清自身的方位也更显必要。康德曾用“先验幻象”的概念指涉一种先入为主的思维定势，作为学术研究的文化使命，我们也有责任对某种封闭的执信保持警惕。今年适逢中国共产党成立90周年，在国内外一片赞誉声中，中国领导人保持着清醒的头脑，充满着强烈的忧患意识。在庆祝中国共产党成立90周年大会上的讲话中，胡锦涛同志警示全党：世情、国情、党情正在发生深刻变化，执政考验、改革开放考验、市场经济考验、外部环境考验将是长期的、复杂的、严峻的。精神懈怠的危险，能力不足的危险，脱离群众的危险，消极腐败的危险，更加尖锐地摆在全党面前。面对“四种考验”、“四种危险”，中国共产党人需要更加理性地、更加包容地听取不同的声音，关注来自国内外各方学者的思想成果。这是一种开放的胸怀，更是一种自信的表现。海外学者对中国问题的研究无疑提供了这样一重思想话语与认识维度，使我们有可能在固有的视域之外窥到自身的盲点，有助于深化我们对自身所处国家的认识；另一方面，研究方法与研究范式上的差异，也有助于我们观察和掌握不同文明视角下的内在逻辑，从而更有效地思考自身相应的策略，同时，这种认识上的互补性也可导向多种精神资源共同面对和审理对于当代世界的多层意义的解读，进而与当代全球体系达成一种良性互馈。

从某种意义上说，《海外当代中国研究丛书》的编纂既是基于现实的需要，也是当今学术研究与社会现实之间的互文关系的表征：理论探讨已越来越深入地参与到复杂的现实问题之中，并将随着现实的变迁而

更加全面地展开。在这套首批推出的丛书中，我们选取了如下四个主题："海外学者论中国政治发展"、"海外学者论中国经济发展"、"海外学者论中国模式"、"海外学者论中国共产党的建设"。显然，书中所涉及的都是当下中国最前沿也最具现实感的重大命题，它们延伸并跨越了过去时代的震荡与沉思，同时，又面临并深入到全球互动关系的新型结构中。无论相对于自身的历史变迁抑或全球化的世界体系，转型中的中国已呈现出既断裂又重叠、既竞争又融合的复杂图景，因此，对于中国社会政治、经济的发展模式，中国共产党作为执政党的政策组织及自我建设等这些我们一向耳熟能详的范畴都需要被重新审视和界定，从而在新的历史语境和世界秩序中加以关照。

可以说，《海外当代中国研究丛书》提供的是一个多角度的理论棱镜，所折射出的不仅是海外学者对于当下中国几个重要问题领域的观察与回应，同时，也从知识论、方法论的层面带来了多元化的问题线索和认识方式。丛书所选论著的诸位专家学者来自东西方不同的国度，分属于不同的思想派别，有着各自不同的经验背景和知识背景，所秉持的理念、意识也迥然有别。因此，其观点本身既包含着深刻的见地，也存在一定的局限；在观点与观点之间，既有共识，又有对立，既有交叉点，也有相悖处。事实上，这些又恰恰反映出问题对象的当下性与可讨论性。另一方面，在对同一问题的不同看法甚至相互抵牾的结论之间，也构成了一种对话关系，而对现实问题的理论阐发也的确需要经受这样的一种检验。就当代中国的发展轨迹与复杂结构而言，很难以某种单一固定的结论将问题进行整体性化约，因此，编选这套海外学者的学术论丛，我们着力呈现的正是这种丰富多元的论证角度和对问题的探寻过程，从而在比较宽阔的视域内发掘更多的可能性。将这些不同的研究成果并置于一个开放式结构中，既是对各种思想资源的审慎和兼容，也力图为读者提供更多的参考与思维向度。

我们看到，由中国引发的世界回响仍在持续，我们的丛书也将逐步拓展领域，成为一个陆续编选、出版的系列，以期更加多元化、多层面

地展现海外专家学者的研究成果和思考语境。另外，该丛书所选文章的观点均为作者观点的客观呈现，不代表丛书编者的认识倾向。

谨序。

魏海生

2011 年 7 月 5 日于北京

目　录 >>>>

◆ 能源问题 ◆

◆ 环境与粮食安全问题 ◆

◆ 科技与知识创新问题 ◆

◆ 前景 ◆

导　言　海外视阈下的中国经济发展研究

自改革开放以来，保持经济持续、稳定、快速发展，一直是中国政府的工作重心。在全球化不断发展的今天，中国经济发展的影响力已不再局限于国内，而是引起了其他国家的强烈关注。聚焦于学术界和理论界，我们也可以清楚地看到，中国经济持续发展的问题不仅在我国理论界受到前所未有的高度关注，也极大地吸引了海外中国研究学者的目光。近几年来，不断有海外学者从不同方面对此问题展开研究和著述。

相对于国内学者的研究而言，海外学者的研究因其使用的分析方法、理论框架以及资料数据的不同，而呈现出不同特点，其观点对于国内学者的研究来讲有借鉴意义。所以，将海外学者的相关观点介绍给国内学界是非常必要的。但遗憾的是，目前关于海外学者论述中国经济持续发展问题的译著仍屈指可数。因此，我们将近几年来海外学者在这一领域的研究成果集结成书，以便于国内学人能够深入分析、扩充材料、拓展视野以及更新思路。

本书根据我国经济可持续发展行动纲要提出的重点领域，收录了海外学者论述中国经济可持续发展问题的30余篇文章，分为6个部分。第一部分为总论，收录的文章从宏观的视角探讨了中国经济可持续发展战略。彼得·诺兰是英国剑桥大学发展学委员会主席，他在《处在十字路口的中国》的文章中指出，中国正面临着深层的经济、政治和社会挑战，社会和政治瓦解的可能性是存在的，因此，所有的政策努力都必须旨在避免这种灾难性的后果。该文认为，中国不可能把自己孤立于国际经济和政治的主要趋势之外，但是，不管是在生态、社会还是在国际关系上，盎格鲁—撒克逊的自由市场原教旨主义都没有为可持续的全球发展提供任何希望。要是中国“选择”“政府逃亡”的道路和自由市场原教旨主义，那么它就可能引起无法控制的紧张局势和社会解体。同时，它也不可能掉过头来回到毛泽东时代。所以，“政府的改进，而不是政府的逃亡，是中国体制改革唯一明智的目标”。这是中国体制生存“没有选择的选择”。与彼得·诺兰的全方位论述稍有不同，罗斯·加诺特的文章侧重于对中国改革开放27年来的成绩以及由此引发的经济和对外关系方面的转变进行总结，认为未来中国经济仍将继续快速增长，但是中国国内政治调整失败和中美关系调节失败可能中断这种增长。《中国的可持续发展之路》一文则重点分析了中国可持续发展道路面临的各种挑战和障碍，其中比较突出的是国家制定的政策和措施无法得到贯彻实施的问题，对此，该文作者提出了自己的政策建议。美国国际经济研究所高级研究员尼古拉斯·R. 拉迪在《中国：走向内需驱动型增长模式》一文中通过对两种经济增长模式的比较后指出，中国领导层决定转向内需驱动型增长模式的原因是，目前的投资和出口导向型增长导致资源利用效率低下，妨碍个人消费的增长，在增加就业方面所起的作用不明显，造成能源消耗增加和对环境的破坏，危及现代银行系统的建立以及可能会加剧美国等国家的贸易保护主义情绪。他认为，这种转型是可取的，但是会遇到许多困难，所以这会是个长期的过程。与拉迪的观点相近，中美经济与安全评论委员会首席经济学家托马斯·I. 帕利也是从转变经济增长模式的角度来探讨中国的可持续发展问题的，他在《中国发展模式的外部矛盾：出口导向型增长与全球经济萎缩的危险》的文章中认为，中国目前所实施的出口导向型增长模式是不可持续的，应该转向国内需求导向型的增长模式。美国麻省理工学院经济学教授奥利弗·布兰查德与意大利大学经济学教授弗兰西斯科·贾瓦茨合写的《重新平衡中国的发展：一种三管齐下的解决方案》的文章认为，针对中国经济发展中的种种不平衡现象，需要采取的解决方案应该包括降低储蓄特别是私人储蓄、增加公共服务的供给以及人民币升值三方面的内容，同时也要在财政和预算方面采取行动。麻省理工学院国际问题研究中心研究成员乔治·J. 吉尔博伊撰写的《中国奇迹背后的神话》一文考察和分析了近期中国经济发展背后的一些缺陷和不足，认为中国经济市场化的过程导致了两大没有预料到的严重后果。首先，中国政府实行的经济改革导致了如下结果，即中国工业领域充斥的是低效但又仍然庞大的国有企业、日益占据优势地位的外企以及无力在同等条件下与这两者竞争的民营企业。其次，中国现存政治体制下固有的商业风险导致在中国的经理人当中衍生出了一种“企业战略文化”，这种文化鼓励他们追求短期利益、地域分割以及经营的过度多元化。纵观第一部分的文章，我们可以看到，国外学者在探讨中国经济可持续发展问题时，具有以下特点：一是看重政府和国家在其中发挥的作用，二是认为中国内部的调整和改革是维持可持续发展的关键，三是在观察视角方面，国外学者也注重外部因素，例如中美关系的影响力。

对于中国经济的可持续发展而言，内部的稳定是基石，所以本书第二部分的中心议题是区域发展不平衡与贫富差距问题，其中牵涉到我国的社会保障制度和西部大开发战略。《西部大开发运动：思想形成、中央决策制定和各省的角色》一文指出，“西部大开发”很难在严格的意义上被认为是如下一种被准确筹划的行动计划：其形成和实施有着明确的行为者，并预设了一套完整而一致的目标与措施。它更适合被认为是一种软政策：包括了一连串零散而多样化的议程。从中我们至少可以确定五项独立的议程：追求平等、吸引国外投资、基础设施投资、解决民族事务、可持续发展。该文侧重的是对西部大开发战略本身的分析，而简·戈利所著《中国西部开发战略的先天条件与后天培育》一文则追溯了造成东西部发展不平衡的历史原因。简·戈利认为，东西部产业发展不平衡日益加剧的趋势是先天状况和后天培育共同导致的结果，而主观意向性的政策选择将对这种趋势产生重要的影响。鉴于中国政府历史上形成的区域发展政策主要是两极性政策体系和滴入式政策体系两种，结合当前西部开发的进程，他认为后者更适合于当前的发展态势。以上两篇关于地区发展不平衡问题的文章的一个共同点就是，突出了政府的政策选择这一带有主观意向性的因素在国家的区域发展战略中的作用。自改革开放以来，中国的减贫工作成效显著，但是，在城市地区，由于国有企业的破产、社会保障体系的不完善等原因，出现了一些“新”的贫困人口。因此，本部分收录了两篇关于城市贫困的文章，这两篇文章对这一问题都有着比较独特的分析和见解。《反思中国的不平等与贫困》一文作为对中国学者提出的相关论点的回应，对中国的社会政策提出了很多中肯的建议，认为中国在经济政策上过于关注效率，将公平问题完全交付给社会福利政策的做法需要改正。约翰·耐特的文章建立在大量的实证研究基础之上，以一份跨区域家庭调查为基础，将中国城市的贫困区分为三种类型：“收入和消费”贫困、“收入而非消费”贫困和“消费而非收入”贫困。而中国城市的大部分贫困属于收入高于贫困线，但消费却低于贫困线，这是因为近些年来中国社会保障（教育、医疗、住房等）和收入前景的不稳定性与日俱增，很多城市居民由此大量抑制消费。这不仅使城市出现新贫困问题，而且将使中国经济由于缺少内需而走向危机。中国政府应该针对三种不同贫困类型采取不同的政策措施，而不仅仅是单纯使用收入补贴这一种并非治本的办法。日本学者奥岛真一郎与内村铃木对 1978 年经济改革以来中国城市收入不平等的状况进行了总结，并着重对影响城市收入不平等的因素进行了分析。他们的研究发现，自 1995 年以来，教育日渐显著地成为加剧社会不平等的重要因素，教育机会不均等将成为一个影响中国发展的问题。

本书第三部分收录的文章围绕能源问题展开。能源问题不仅对中国，而且对世界各国都是一个日益紧迫的问题，所以，在本部分的文章中，我们可以看到国际方面的因素在其中发挥的重要作用。迈克尔·T.

克拉里在《中国的战略性能源困境》中指出，对中国而言，经济持续快速发展这一目标的实现必须得到能源供应方面的支持，因此中国政府必须在全球寻找新的能源供应方。但是，许多全球最丰富的能源供应来源已为西方能源公司所控制，这是中国面临的艰难困境。对境外石油的竞争而引起的争议将在中美关系中越来越突出，其重要性可能超过台湾问题和中美贸易逆差等问题。国际社会应该为渴求能源的中国在谈判桌上保留席位，中国发展清洁燃煤技术和开发替代性的能源如生物燃料、风能、太阳能和水能等的必要性也日益迫切。菲利普·安德鲁斯－斯皮德的文章则主要介绍了中国能源政策的形成与实施，尤其是节能措施在实施中面临的挑战。凯利·西姆斯·加拉格尔的研究则是以汽车工业为案例，分析了中国的能源政策没有实现跨越式发展的原因，即除了国内政策不力以及技术准备不充分外，一个重要的原因就是西方国家不愿意转让更先进的技术。海因里希·克雷夫特认为，中国当前的能源需求正在不可逆转地快速增长，这将给中国带来日益严重的能源安全问题。中国政府寻求能源安全的外交努力将对未来国际格局产生重要影响，西方国家可能用中国对进口能源的依赖牵制中国。查尔斯·E. 齐格勒认为，中国的发展日益受到能源的制约，这种情况已影响到中国的外交政策。种种迹象表明，中国将通过参与多边组织和其他论坛的方式与其他石油消费国进行合作，这将缓和中国外交政策中冲突性的一面。

谈论完能源问题，本书接下来关注的是环境与粮食安全问题。阿瑟·P. J. 莫尔的《转型期中国的环境与现代化：生态现代化的前沿》的文章从生态现代化所蕴含的四个方面——政治现代化、经济参与者和市场动力、公民社会以及国际一体化，分析了中国当代的生态现代化过程，指出中国现在进行的生态现代化有着不同于欧洲的模式，它所特有的一些环保政策与制度是欧洲所不具备的。阿拉斯戴尔·麦克比恩的文章指出了中国所存在的一系列环境问题及其严重性，突出分析了中国在环保方面的有关法律和政策，作者在此基础上提出了可能采取的措施，并强调只有中国人自己才能解决中国的环境问题。约翰·蔡尔德等撰写的《中国环保体系发展中的制度创新》一文探讨了从 1972 年到 2001 年间中国环保体系发展历程中的制度创新问题。文章主要从中国与美国和加拿大的对比中研究中国环保体系的制度化建设具有的个性特点，认为中国环保体系的发展经历了四个主要阶段，逐渐形成了法规、规范和认知三个制度支柱体系。埃里森·莫尔与阿德里亚·沃尔合写的《中国环保公众参与中的法律倡导》一文从法律倡导的角度出发，通过具体案例的研究，分析了中国公众参与环境保护的法律框架，公众参与环保在法律方面遇到的困难，以及法律代言人在环保进程中的作用。文章对于我们探讨如何从公众参与和法律保障方面解决环境问题有参考价值。德鲁·汤普森与陆小青合写的文章介绍了中国环境保护和卫生健康领域非政府组织的发展状况，描述了这些非政府组织与政府的关系在未来可能出现的前景，分析了非政府组织的发展对中国公民社会发展所具有的意义。杰瑞·马贝斯和杰妮弗·H. 马贝斯合著的《中国的环境问题与粮食安全》一文认为，中国的人口增长和社会经济变革直接影响了中国的粮食安全和粮食生产环境，中国政府认识到了这一问题，并采取了应对措施。尽管目前中国仍然能够养活自己，但从长期来看，如果中国不进行重大的政策调整，土地资源可能无法维持粮食生产。环境问题涉及群体广泛，影响直接，所以，公众在环保领域的参与也是广泛而直接的，这一点从本部分文章对公众参与尤其是非政府组织的重视中可见一斑。而在政府方面，相关法律的设立和执行是最重要的举措，本部分的文章也对此给予了充分的关注。

创新对于一个国家的可持续发展而言是必不可少的，解决旧问题和开辟新思路都与创新密切相关，本书第五部分的焦点议题就是科技与知识创新。西尔维娅·施瓦格·泽格与白瑞楠的文章分析了中国未来 15 年科技发展规划纲要的主要内容、目标与特征。中国的科研政策在极大程度上是由需求驱动的，因为它把发展科技当成一个多目的的工具，中国长期规划的总体目标在于解决社会和环境问题，同时保持经济的高速增长和发展。而中国面临的挑战之一是如何处理创新和现行的政治体系、教育和组织文化之间的冲突。凯瑟琳·A. 沃尔什的《中国的研发：高科技的梦想》一文，介绍了外国研发投资在中国的增长及其背后的动机、外国研发投资在中国经历的变化和可以从中吸取的经验教训，并且探究了它对亚太局势的影响，以及中国在利用外资研发投资时应注意的事项。埃里克·巴尔克在《中国的知识创新：历史遗产与制度变迁》一文中着重分析了中国的历史遗产与当代的价值观念对创新实践的影响，他认为，由中国传统知识积累的社会认识论所导致的一个很明显的问题，就是知识和权力的共生问题。这表现为中国知识分子对于知识的利用和对实践价值的关注，这些知识可使他们帮助中国统治阶级统治中国。不仅如此，其目的是保证稳定性与一致性，而不是为了对现存体制提出改革的问题。另一个问题就是中国的学习传统，这一传统就是注重对现存知识，尤其是对由过去的知识所衍生的知识进行传播、同化和改进。艾伦·沃尔夫所写的《中国向创新的转向》一文分析了中国的创新架构、行动蓝图、创新动力。保罗·欧文·克鲁克斯在广泛的经济背景下考察了中国的创新型经济发展战略，指出了中国在自主创新方面存在的一些结构性问题，并通过考察中国软件及其服务行业的现状，分析了中国创新型经济发展面临的局限及其与知识产权法规之间的关系。从以上几篇文章可以看到，这些国外学者基本上认同创新不是一个独立的进程，也不是一个单纯借鉴西方的过程，所以，他们都关注社会、文化、历史等因素对创新的影响。

本书最后一个部分的文章主要分析了中国经济未来发展可能遇到的问题和前景。C. W. 肯尼思·肯则预测，中国在 21 世纪早期将出现 10 个大都市经济圈，并结合中国经济发展的现状以及未来可能遇到的困难，进一步在宏观策略和实际政策方面就中国经济的区域化发展提出相关建议。美国著名左翼学者詹姆斯·彼得拉斯在《中国的过去、现在和未来：从半殖民地到世界大国》一文中认为，以美国为首的西方大国对中国的政策在未来 10 年中将迎来一次质变：为了防止全球贸易体系的重大危机、中国的社会动荡以及美国的严重衰退或中美的军事对抗，跨国公司将从局部控制中国转向通过发动一场全方位的经济进攻全面控制中国，包括控制银行和金融体系；控制关键的生产资料部门；控制中高端的国内消费市场；增加文化、娱乐、宣传和商业市场的份额。这样，中国成为一个“世界大国”的努力将会遭遇失败。相反，中国将变成帝国主义大国控制和争夺的对象，后者将利用政治精英、军队、学生等激烈争夺对中国的控制权，中国的国家性质和政权将被迫改变。这篇文章把中国的改革开放说成是资本主义化，并且预言中国将出现政治危机，这种说法明显失之偏颇，但是文中提出的一些问题值得我们警惕。何汉理在《对中国可能出现的危机的再思考》一文中针对中国最大的危机是经济危机、大规模的群体事件不可避免、中国的精英政治不稳固、中国的银行将崩溃、中国太依赖国际金融、中国的民族主义正在上升、中国的崛起将会导致军事冲突等问题发表了自己的看法，认为这些常见的看法有言过其实之处，但也指出有些危机在一定条件下确实有发生的可能性。彼得·伯特里尔认为中国未来的经济发展受制于国内外的综合因素，包括美国的对华态度和政策，而未来中国面临的最大挑战是能否完成经济的第二次转型：提高经济增长的质量。乔治·弗里德曼的文章认为，中国经济的高速增长阶段将结束，未来中国将进入调整阶段，由于调整要损害一些部门、地区和阶层的利益，这种调整的难度将极大。

全面审视本书，一方面因为所涉及的领域广泛，另一方面因为编者在收集资料和深入研究方面的能力所限，所以在文章的收录上也有遗憾之处。虽然想要在一本书的篇幅内将国外学者关于这一问题的所有论述纳入进来是不可能的，但本书在比较完整地呈现各方主要观点方面依旧存在不足，例如，关于粮食安全问题，该部分只收录了一篇文章，显然是不够的；关于贫困问题，本书收录的文章都是关于城市贫困情况的研究，这必然是不完整的；再例如，创新本不局限于科技创新，还有制度创新、理论创新等，而本书第五部分的内容却主要属于科技创新方面，所以将这一议题狭隘化了。因此，要进一步全面梳理国外学者关于中国经济持续发展问题的研究，还有很多工作需要做。所幸可持续发展问题是一个具有长期意义的问题，本书留下的不足和遗憾希望在以后的研究中得到完善和弥补，我们在此也恳切希望能得到各位前辈和老师的指正。最后，感谢中共中央编译局海外理论信息研究中心诸位同仁以及中央编译出版社贾宇琰编辑在本书的编辑和出版过程中给予的帮助。

周艳辉

2011 年 1 月

海外当代中国研究丛书
Overseas Studies on Contemporary China Series

总论

countrysi
implemen
rural refo
the village
the village
of the vill
aims of u
various a
sanitation
democrac
maintaini
populace.
The ne
from the
state-own
under the

The Myth of
Growth

处在十字路口的中国*

〔英〕彼得·诺兰

一、引 言

自从上世纪70年代末以来，中国经历了其历史上最显著的经济增长时期。然而，中国也面临着深层的经济、政治和社会挑战。这些挑战包括：大面积的贫困和快速增长的不平等；中国企业面临着来自全球商业革命的挑战；极度恶化的自然环境；政府能力的下降；国际关系中的综合挑战；普遍的腐败；中国与全球金融体系进行贴身对抗时面临的极端危险。中国的领导人正在努力同时解决全球化、转型和发展所带来的挑战。没有哪一个国家曾经面临过这样一系列的挑战。没有哪本教科书可以指导中国如何沿着这条道路前进。领导人的责任是巨大的，因为失败的代价将非常巨大。社会和政治瓦解的可能性是存在的。所有的政策努力都必须旨在避免这种灾难性的后果。在寻找前进道路的过程中，中国领导人既注意自己国家过去的教训，也注意其他国家的教训，以便找

---

* 本文来源于《中国经济与商业研究杂志》（*Journal of Chinese Economic and Business Studies*）2005年第1期。彼得·诺兰（Peter Nolan）是英国剑桥大学发展学委员会主席，长期研究中国问题以及发展中国家的出路。

到建设一个公正、稳定、繁荣和具有凝聚力的社会的道路。这种努力不仅对中国，而且对全世界都至关重要。

二、中国经济和政治稳定面临的挑战

（一）贫困与不平等

21世纪初，在中国发展过程的几乎所有方面的背后存在的残酷现实是经济发展的“刘易斯模式”（刘易斯提出的一种关于人口流动的模式，认为发展中国家农业劳动人口过多，农村劳动力边际生产率甚至为零，大部分人几乎没有收入，因此在所得工资极低的情况下，农村人口也愿意向城市流动。——编者注），伴随这一模式的是劳动力供给过剩。中国有将近13亿的庞大人口，每年大约增加1 500万到1 600万人。将近70%的人口仍然生活在农村，农村的“剩余”劳动力大约是1.5亿人。从上世纪90年代中期到21世纪初，农民的收入一直停滞不前，甚至有所下降。农民的收入分配变得更加不平等：农民收入分配的基尼系数从1978年的0.21上升到1998年的0.4。在毛泽东时代之后的农村改革初期，中国的绝对贫困大量地减少。然而，今天中国官方的数据表明，大约有5.8亿的农村居民（73%的农村家庭）年收入低于360美元。

巨大的农村剩余劳动力为农民进城提供了强烈的刺激，并使巨大的压力落在非技能和低技能职业的从业人员身上。居住在城市的农民工多达1.5亿，他们主要从事非技能劳动，每天收入是1到2美元。除了贫穷的民工，还有多达4 000万到5 000万的工人因为国企改革而失业。

与这些社会弱势群体一起，城市的新“中产阶层”也正在快速地形成。跨国公司的大量投资正在形成一批现代化的商业区和住宅区，它们远离大量穷人的环境而受到保护。中国私有化的特征是普遍的内部交易和腐败，最突出地体现在地方政府、银行和公有土地为了“发展”而进行配置这三者之间独特的三角关系之中。

（二）全球商业革命

自上世纪80年代以来，中国实施了旨在培养一批具有全球竞争力的公司的工业政策。在根本的意义上说，这些工业政策都失败了。中国正在成为“为世界的工场”（the workshop *for* the world）而不是“世界工场”（workshop *of* the world）。中国60%的工业出口都来自外资企业。中国出口的其他商品基本上要么是代工生产（OEM）的工业产品，要么就是相对全球大公司来说是低附加值、低技术和无品牌的工业产品（例如服装、鞋袜、家具和玩具）。虽然世界大公司正在雇用相对廉价、高技术的中国研究人员，迅速地在中国建立研发基地，但是，中国的本土公司在研发方面的投入却微乎其微。中国的主要公司在国外几乎不为人知。在名列世界500强的14家中国公司中，没有一家是在没有政府保护的情况下也真正具有全球竞争力的公司。所有这些公司都是国有企业，其经营受制于系统性的政府干预。

在国内，中国的工业政策遇到了大量的问题，包括政策前后不一致；错误性地追求“企业自主权”而不是多厂（multiplant）大公司；受保护的国内市场中存在大量贫困的消费者；跨地区并购存在制度性障碍；通过多元化经营追求更大的公司规模（这导致了“规模假象”）；党政官员持续干涉企业决策；大量的前国有企业工人带来很多“遗留成本”。

在国际上，中国的大公司面临着严峻的挑战。中国努力建立具有全球竞争力的大公司，这种努力与世界商业史上的革命性时代相一致，伴随着特有的密集性并购。一种前所未有的产业集中已经确立起来。一种真正的“法则”已经发挥作用。在高附加值、高技术和强品牌的市场领域中，少数大公司——“系统的整合者”——占据了一半以上的全球市场。集中的过程波及了整个价值链。“级联效应”（cascade effect）对一级供应商产生了巨大的压力，迫使它们发展全球性的主导地位，这是通过扩大研发和对全球生产网的投资来完成的。其结果是集中过程的快速发展，这一过程是在为系统整合者提供产品的全球层面的各行业中发生的。

资本主义走向产业集中趋势的全面展开，向发展中国家的大公司提出了一种全面的挑战。在21世纪初，由于“级联效应”产生的压力，存在于系统整合者及其供应链中的激烈的产业集中对中国公司和决策者而言都意味着一种综合挑战。他们不仅面临着追赶占主导地位的系统整合者的巨大困难，即“冰山”的可见部分，而且面临着追赶几乎控制了供应链的各个部分的强大公司的巨大困难，即隐藏在视野之外的“冰山”的不可见部分。成功的后发工业化国家，从19世纪末的美国到20世纪末的韩国，全都产生了一批具有全球竞争力的公司。中国是第一个没有完成这一点的成功的后发工业化国家。中国已经成为没有一批具有国际竞争力的大公司的第六大经济体。这在经济发展史上具有非常重要的意义。

（三）环境

中国环境反映出快速增长的庞大人口对中国已经脆弱的自然环境施加的巨大压力，而且这种影响被高速的工业发展大大地加剧了。对中国省级“绿色GDP”的最新研究估计，当自然环境的破坏被考虑在内时，“真正增长”少得可以忽略不计。土壤受到严重侵蚀的地区已经扩大到占38%的国土。沙漠化地区正在以大约每年2 500平方公里的速度增加。在过去40年里，中国将近一半的森林已经被破坏。中国也存在“普遍的水污染”以及严重和正在加重的淡水短缺。

中国爆炸性的工业增长已经导致了能源密集型工业的高速扩张。到20世纪90年代中期，中国超过美国成为世界最大的煤炭生产国，将近占全球煤炭产量的34%。中国是世界第二大二氧化碳排放国。如果中国追随美国的道路，允许汽车占据完全的主导地位，那么，世界的前景是令人恐慌的。要是中国坚持它当前的发展道路，在一定时期赶上今天的美国人均收入水平，并且如果中国使用类似的技术，那么中国的二氧化碳排放量将超过目前全世界所有排放量的五分之一。

（四）国家的能力和地位

自上世纪80年代以来，中国政府的专业能力已经大大地增加。然而，它需要远超过改进技术能力的综合再振兴。实质上，它需要扩大它的领地，以便承担市场无法提供的活动和重建自己的伦理基础。与从零开始建设一个强大有效的、满足发展要求的国家机器相比，重新振兴已经萎缩的国家机器可能会遇到更多的挑战。

1. 政府

中国是一个有着迫切发展需要的贫穷大国，这种发展需要只有政府行为才能满足。20世纪90年代中期以后，中国政府实施了一系列的改革，试图增加它的财政力量。然而，中央政府的财政收入仍然只占GDP的7%。中央政府财政收入在GDP中的比例不仅低于其他的发展中大国，而且甚至低于俄罗斯。国家财政力量的减少迫使它寻求急剧增加收入，这些收入来自人们在使用健康和教育服务时支付的各种费用。直到20世纪90年代末，财政预算分配只占实际教育费用的46%。其他广泛的各种资金来源被动用起来为教育提供资金。在20世纪80年代末和90年代中期之间，穷人的教育状况极大地恶化。

在过去50年里，中国已经建立了令人印象深刻的农村保健体系，而且总体的保健成就非常显著，人均寿命达到70岁，婴儿死亡率下降到3‰。1976年以前，在人民公社发展的高峰期，大约85%的村庄建立了合作医疗体系，尽管常常是基本的医疗体系。当在20世纪80年代农村集体制度解体的时候，分担风险的财政基础在很大程度上被消除了。大约90%的人口没有被风险分担福利体系所覆盖。1999年，政府的预算只提供了全部医疗费用的11%，而59%的费用来自非预算支付。这些变化导致了这样一种医疗体系，它提供了极其不平等的获得医疗服务的机会。在总体医疗质量方面，中国在191个国家中位列第61位，但根据财政资助的公平性，则名列第188位。

2. 中国共产党

共产党的领导是中国现代化的基础。党与社会经济生活的所有方面都深入地缠结在一起。在20世纪80年代末和90年代初，邓小平不断地警告中国存在陷入动乱的危险。江泽民也要求党深刻认识和吸取世界上一些长期执政的共产党丧失政权的教训。

在最近的几年里，因腐败而被审判（包括在某些案件中被执行死刑）的党员级别已经上升到甚至包括全国人大副委员长的许多高级干部。大量腐败案件开始曝光的原因在于中国的领导人意识到了腐败所产生的威胁，并正在努力对其采取措施。

（五）国际关系

美国担心中国的崛起会在根本上改变世界经济和军事力量的平衡。美国一批有权势的利益集团相信与中国的严重冲突是不可避免的。基辛格警告说，美国外交政策中的鹰派把中国视为“一个道德上存在缺陷、不可避免的对手”。然而，美国关于怎样最好地“与中国对抗”的看法的最终轮廓并不清楚。

中国和美国的经济已经深深地交织在一起。美国消费者从中国爆炸性的低价出口商品中获得好处。美国公司和股东从中国吸收大量美国投资和进入中国低成本供应链的机会中获益匪浅。美国初级产品生产商受益于对中国的出口。美国政府从中国政府购买美国债券中获得好处，这最终有助于支撑美国个人消费的增长。正如美国在苏联、阿富汗和伊拉克所带来的“制度瓦解”那样，“中国的制度瓦解”对中国来说将是一场灾难，但也会对美国产生严重的经济影响。从这个角度来看，正是美国商业利益集团和大量的美国公民，支持中国共产党领导人维持国家“和平崛起”的努力，更不要说世界其他国家了。

（六）金融机构

在20世纪90年代末，特别是在亚洲金融危机之后，中央政府开始大规模“清理”金融机构。清理揭露了中国主要银行公司治理状况的令人震惊的证据。在 WTO 协定的条款下，中国金融公司将会面临逐步加剧的国际竞争。自从 20 世纪 80 年代以来，世界主要金融公司经历了一个前所未有的并购时期，产生了超级金融服务公司。这些金融公司迅速地在拉美和东欧占据了主导地位。如果中国本土的大金融公司不能实现自我改革，那么全球巨人很可能占据中国金融部门的最高位置。

中国面临着广泛的挑战，这些挑战威胁着整个社会、经济和政治体制。由于中国面对的挑战的数量和强度很大，因此在某个时候，“大火”极有可能会爆发，这场“大火”极有可能会与金融体系有关。在亚洲金融危机期间，中国处于一场重大的金融危机的边缘。中国采用了大胆和有效的政策，从而幸存了下来。如果中国要面对的是一场自 20 世纪 80 年代以来定期袭击发展中国家的全面金融危机，那么就很难维持整个体制的稳定。政治不稳定与金融危机的关系是长期存在的。

中国的政治经济已经抵达到一个十字路口。它将会走向何方?

(七) 中国政治经济走向探寻之路

1. 走向“原始资本主义积累”?

许多人相信，除了遵循资本“原始”积累的残酷逻辑，中国别无选择。他们认为，中国将会变成一种“规范的”资本主义经济。的确，由于国有部门的产出已经只占国家产出的一半以下，中国已经在这条路上遥遥领先。他们认为，积累过程的残酷本性要求一个权威主义的政治体制。

一些拥护中国“原始资本主义积累”路径的人从早期资本主义工业化历史上的教训中寻找到了慰藉。在几乎所有的案例中，只有在早期资本主义积累的残酷阶段完成之后，才建立民主制度。明治时代的日本以及后来的中国台湾地区和韩国，这些例子都被用来支持中国经历长期的“原始资本主义积累”阶段的必然性。在所有例子中，一开始都存在过严厉的政治统治阶段，同时快速地以不变的实际工资把农村剩余劳动力吸收到城市的工厂中。一旦农村剩余劳动的供应枯竭，不熟练工人的实际工资就会开始增加。正是在此时，政治民主化的要求开始形成。

假如世界其他国家有充分的需求和就业弹性来吸收那些消化这个巨大的中国农村工人之海所必需的制造业出口，那么，中国农村剩余劳动力供应可能需要数十年才会枯竭。如果政治权威主义的主要原理是“刘易斯式”资本积累过程的存在，那么中国所面临的前景将是长期处于这样一种体制之下。问题是，就中国在与全球经济加速一体化中日益增加的不平等前景来说，这种体制在这么长的时期内是否会维持稳定。要是这种体制确实会幸存下来，那么它就可能构成一种长期和压迫性的晚近工业化模式。

2. 走向“民主与自由市场”？

许多人相信，中国持续和成功发展的根本条件是政府地位的急剧下降。他们之所以支持中国加入WTO，主要原因是要实现这个目的。许多有影响的国际学者和决策者相信，中国共产党应该放弃对政治权力的垄断。在最近几年，美国政府的中国政策顾问已经开始推动在中国实现“政权更迭”。

直接的现实是颠覆中国共产党将会使这个国家陷入社会和政治混乱。在毛泽东逝世后，中国改革计划的核心是这样一种信念：需要阻止中国政治经济的瓦解和国家陷入“大动乱”，因为这会“剥夺中国人的所有希望”。尽管外国直接投资价值5 000亿美元，但是中国政治经济体系的瓦解也是有可能的。

中国仍然是一个穷国。对中国来说，“负发展”将导致巨大的苦难。不管是苏联、南斯拉夫和阿根廷，还是印度尼西亚的制度的垮台，给那些国家的人民带来了灾难性的后果。中国政治经济的核心任务是从那些经验中学习并避免这样的结果。

在那些希望中国“政权更迭”的人中，广泛存在的观点认为中国可以“走上美国之路”。美国外交政策的基础是这样一个前提：包括中国在内的全世界应该而且会走上这条“自然的”发展之路。通过无数的渠道，强烈的外部压力已经施加到中国国内的意识形态上，以促进这种看法：美国是中国值得追求的未来政治经济体制。随着美国控制的全球性大众媒体按照 WTO 的协议而被允许渗透到中国，这样一些观点将会更有影响。

3. “退回到毛泽东主义”？

毛泽东主席领导中国共产党试图快速地消除社会不平等。这完全是想通过把人的生产力量从物质奖励中解放出来，从而改变人们的工作动机，克服经典的“雇主—代理人”问题（principal agent problem）。“为人民服务”是毛泽东思想体系的基础。毛主席想建立一个非资本主义的、人道的社会，这个社会为所有人提供实现自己人性潜力的机会。

从 20 世纪 50 年代中期到 70 年代中期，中国的国民生产总值（GNP）增长率高于大多数发展中国家。在正常的年代，人民群众享有高度的生活保障，人均寿命从 1949 年前的 36 岁增加到 1981 年的 71 岁。西方学者称赞这些成就，认为它们证明了在人均收入达到高水平之前，再分配政策能够使低收入国家满足高水平的“基本需要”。然而，中国试图完全压制市场力量，国家与世界经济和社会相隔离，彻底地限制不平等的方面，消除物质刺激和激进地限制文化自由，中国为此付出了很高的代价，而且也为狂热的、全国性的群众运动付出了很高的代价。

毛泽东主义的发展道路是许多中国人不希望返回的道路。中国不可能走回头路。它需要在追求极端的个人“消极”自由和极端的集体“积极”自由之间找到一条路线。

4. “利用过去服务现在”？

在寻求前进的道路上，中国领导人首先可以转向中国的历史来寻找灵感的源泉。这种丰富的历史能够为“探索前进的道路”、“从实践中获得真理”的道路提供思想营养，从而以务实的、探索性的和非意识形态性的方式制定政策来解决具体问题。

传统的中国政府坚定地鼓励市场，但不允许商业、金融利益集团和投机业控制政治和社会。不仅在直接的增长问题上，而且在广泛的社会稳定和凝聚力问题上，传统的中国政府都介入到市场失败的地方中来。在权力统治的大厦的背后是普遍的道德规范，而这种道德规范的基础是所有社会阶层为了维持社会团结、达到社会和政治稳定以及实现环境的可持续性而恪尽职守的必要性。当这些功能有效运转的时候，就产生了“巨大的和谐”、繁荣的经济和稳定的社会。当它们运转不佳的时候，就产生了“巨大的动乱”、经济的衰退和社会的混乱。

三、结　论

如果我们所说的“第三条道路”是指国家与市场之间的一种创造性的、共生的相互关系，那么我们可以说，中国2000多年来一直在走它自己的“第三条”道路。这是中国令人印象深刻的长期经济和社会发展的基础。中国的“第三条道路”是一种完整的哲学，把既激励又控制市场的具体方法与一种源于统治者、官员和老百姓的道德体系的深刻思想结合在了一起。当这个道德体系运转良好的时候，政府解决那些市场不能解决的实际问题的非意识形态行为就完善了这一哲学基础。

在最近数十年里，欧洲一直在探索它自己走向“第三条道路”的方法，然而，欧洲已经实现了工业化，并有着一个占主导地位的中产阶级。今天的中国正在完全不同的条件下探索自己的“第三条道路”。它在军事上要远远弱于美国。大部分的人口都是贫穷的农民或不熟练的农民工，而且中国仍然处在劳动力供给过剩的经济发展阶段。“全球化的中产阶级”只是人口的一小部分。由于国际资本在中国建立了完整的生产体系，并且占国家出口收入的一半以上，现代部门日益被国际资本控制，从而经济日益具有“依附性”。作为参与国际经济的代价，中国面临着把金融体制全面自由化的强大压力。中国的领导人正在这个独特的富有挑战的环境中努力建设一个文明的社会。

中国不可能把自己孤立于国际经济和政治的主要趋势之外。它不可能掉过头来回到毛泽东时代。体制的生存必然要求中国把市场当做发展进程的仆人，而不是当做它的主人。自由市场原教旨主义能够阻止“中国的金融危机”吗？它能够解决中国快速增长的社会不平等吗？它能解决中国农业经济的问题吗？它能使中国的大公司在“全球运动场”上进行竞争吗？它能使中国解决巨大的国际关系挑战吗？它能解决中国的环境危机吗？它能为中国建设一个具有社会凝聚力的社会提供道德基础吗？不管是在生态、社会还是在国际关系上，盎格鲁—撒克逊的自由市场原教旨主义都没有为可持续的全球发展提供任何希望。中国存在许多深刻的社会经济挑战，其中每一项挑战都需要对市场进行创造性的、非意识形态的国家干预，以解决许多市场不能独自解决的实际问题。

如果中国能够使全球市场经济之“蛇”和中国古代以及近代历史的“刺猬”联姻，那么它就会提供一条走向稳定、具有社会凝聚力的社会的前进之路。如果它的这种努力失败了，那么中国的整个政治经济体制就可能坍塌。这不仅对中国而且对整个全球政治经济而言都将是灾难性的。至少，中国可能会被指责进行长期、严厉的社会控制，来抑制高速发展的汹涌张力。如果中国希望今天的制度生存下去，那么它也就必须自信地利用自己的历史传统和其他国家的最优秀传统，采取“没有选择的选择”来重建社会凝聚力的伦理基础。

要是中国“选择”“政府逃亡”的道路和自由市场原教旨主义，那么它就可能产生无法控制的紧张局势和社会解体。国际金融公司竞争在中国的全面自由化和国际金融流动的全面自由化是最危险的领域，这种社会解体可能就发生在那里。金融系统的长须伸进到其他社会的部门。在这些社会部门中，金融系统的危机可能会点燃“可燃物”中的火苗。只有当以中国共产党为核心的中国政府今天能够像在过去最繁荣的时期那样，根本上改进它的效率水平并消除蔓延的腐败的时候，增强政府的作用并使政府更有效解决国家面临的正在加大的社会经济挑战这一“选择”才能取得成功。政府的改进，而不是政府的逃亡，是中国体制改革唯一明智的目标。这是中国体制生存“没有选择的选择”。

由于采取“没有选择的选择”，所以，中国自己的生存可能提供了一座灯塔，作为对美国主导的走向全球自由市场原教旨主义冲动的一种替代选择，从而促进全球的生存和可持续发展。这不仅是中国的十字路口，而且是整个世界的十字路口。

（吕增奎 摘译）

中国经济增长的可持续性及其影响*

〔澳〕罗斯·加诺特

一、改革时代

1978 年召开的中国共产党十一届三中全会，是中国改革开放的新时代开始的标志。这是发生在现代世界经济史上具有决定性意义的变化之一。

在过去的 27 年中，中国的年均国内生产总值（GDP）以超过 9% 的增长率保持连续增长。近 10 年来，中国经济的年增长率有几次令人难以置信地超过了 10%，因此也立即导致了政府加紧对投资的直接控制。中国的商品产量和服务业规模增加了 10 倍以上，按美元计算，对外贸易额增长了 70 倍。按照传统的国民收入和生产核算办法，中国的经济总量略大于澳大利亚与新西兰之和，如果将国民收入和生产核算中的 GDP 数据按现行的汇率转换为美元，中国经济将位居世界第四。根据国内购买力，中国已成为世界第二大经济体，其规模接近美国的 2/3。

---

* 本文来源于《澳大利亚国际事务杂志》（*Australian Journal of International Affairs*）2005 年第 4 期。罗斯·加诺特（Ross Garnaut）是澳大利亚国立大学经济学教授。

2005年，中国超过日本，成为世界第三大商品和服务输出国。在改革初期，中国还是一种拒绝资本主义国家投资的封闭的、内向型的经济，经过近些年的努力，中国吸收的外资已经超过美国，占流向发展中国家外资总额的一半。

如果中国经济按照改革时期的发展方式，继续保持过去25年来的增长率，五年之内它将成为世界最大的出口国。根据国内购买力，中国在10年内也将成为世界最大的商品生产和服务提供国。根据现行的国民收入和生产核算办法，将GDP按现行汇率转换成美元，在未来25年内，中国经济将跃居世界第一。

比经济领域发生的变化还要大的是中国人的思想观念的变化。随着物质商业活动的扩展，在中国进行跨国性思想传播与交流的可能性与机会有了实质性的增加。这一层面的变化为政治体制的稳定性带来了挑战。这样快速的变化对于一个曾经是落后而闭关自守的封建国家而言，不会是、也不可能是一个平稳发展、毫无痛苦的过程。这一转变进程中的每一个阶段都充满了挑战，前行的道路上有坎坷和曲折，有因为起始路线选择错误而导致的失败。

二、历史性的考察

把近来中国经济发展的成就纳入历史视野中考察将会大有裨益。中国经济在过去的1/4世纪中的强势增长，已经让中国有可能重新回到2200多年前秦帝国第一次统一中国后、中国大部分时间所占据的世界最强大的经济大国的地位上去。按照古代世界观，国家的政治稳定和统治清明更多地反映在人口增长方面，而不是体现在大多数人口生活水平的不断提高，而中国在大部分时期都是世界上人口最多的政治共同体。据我们所知，中国自2000年以前的汉代开始，在其境内和首都生活的人口与同时期罗马的人口相同。汉代中国人民的生活水平与总的经济产出与尤利乌斯·凯撒统治以来的一至二世纪的罗马帝国鼎盛时期的水平相当。

自19世纪初期以来，随着现代资本主义的兴起和工业革命的出现，中国开始落后于西欧和北美。同时，19世纪60年代，随着中国的东部近邻日本通过明治维新使自己紧跟充满活力的西方现代化进程，中国也落后于日本了。在这一时期，中国的世界第一大产品生产国的地位开始被英国取代，其衰落的标志是19世纪40年代第一次鸦片战争的失败和割让香港。

三、增长的内因

在过去的半个多世纪中，许多东亚国家经济发展的经验告诉我们，持续、快速的经济增长既不是“奇迹”，甚至也不是什么异常现象。当诸多条件兼备时，经济的持续、快速增长就自然出现了。“二战”后十年的日本、中国的台湾和香港地区具备了这些条件；20世纪60年代的韩国和新加坡具备了这些条件；在随后的几十年里，其他几个东南亚国家的经济发展中也具备了这些条件。

这些条件之一就是存在一个强有力的、高效率的国家，以保证有一个稳定的市场交易环境。这一条件对于那些具有中央集权的历史、关注大多数人利益的社会共同体来说，是极其有利的。快速的经济增长会对现有的政治秩序以及收入与财富分配原则造成冲击。为了保持可持续性发展，如下观点必须在现有国家政体中得到广泛接受，即经济的快速增长即使不是国家政策的首要目标，也是其核心目标。同时，可持续的快速增长需要将市场广泛地作为资源配置和收入分配的主要手段，并且需要一种能够接受这一做法的意识形态体系。如果这些条件在贫穷国家能够缓慢却日益加快地实现的话，快速的、国际导向的经济增长就会在这些国家生根发芽。如果人力和其他资本的积累将某国的经济带到了贴近全球生产力发展水平的边缘，这种增长将会是持续性的。

经济快速增长的直接条件还包括高储蓄率和投资率，以及与国际商品、服务、资本和技术市场的深层次结合等。同东亚其他国家一样，中国的人口结构使得潜在劳动力与总人口的比率很高，并且不断增长。这一点对于中国的发展曾经极为重要，也必将有助于其未来的发展。如果一个国家的经济处于发展速度很快的区域，这会是极有裨益的，因为这样有利于及时调整、加深与国际市场的结合，也易于接受支持高速发展的意识形态和政策框架体系。在中国快速增长初期的实际情况中，不平衡的资源特点也成为有利条件。相对于土地和资本，超乎寻常的高比率劳动力资源使中国可以通过开放对外贸易而增加收益，同时也激发了从国际经济体系中引进短缺资源的动机。如果这种不平衡表现为相对富余的劳动力，就会特别有利于中国的发展。因为从快速增长的对外贸易中获得的高收益，自然会增加对劳动力的需求，这首先表现为就业机会的增加，然后是工资的上涨，这种情况在中国市场化进程中广泛地存在。

如果世界上经济发达国家与新兴国家之间的平均收入存在巨大的差距，将会有助于为后者提供经济快速增长的机会。20 世纪后半期，日本和一些新兴工业化国家经济的成长之所以要比那些早期发展起来的国家快得多，就是因为这些国家与那些在同一时期生产力更先进的国家之间存在着巨大差距。如果其他条件相同，后来者会比先行者发展得更加迅速，因为在这些国家，用国际性的新技术取代原有技术会带来更大的收益，这些收益足以支撑经济的快速增长。

中国经过 20 世纪 70 年代后期的政治重新定位后，在某种程度上具备了经济快速增长的全部必需条件。

在过去的 20 多年中，中国许多基本制度发生变化的速度和程度使改革的发起者以及国内外的分析家都感到惊讶。20 世纪 80 年代早期，经过几年时间，家庭联产承包责任制取代了人民公社制度；20 世纪 80 年代中期，在农村地区，乡镇企业在旧的人民公社的废墟上崛起，成为农村经济保持活力的主要根源；在过去的 10 年中，私有成分快速扩张。

中国的体制转变也受到邻近的本国香港地区、台湾地区和东南亚的成功的华裔商业人士的帮助。这些华裔商人在中国内地实行改革开放之后，积极参与投资并把自己的生活同中国的新发展联系在一起。

中国经济增长的过程中也伴随着一些不利情况。这体现在国际贸易中就是：成功的经济增长却使贸易顺差反过来不利于中国自身（石油、金属和其他日用品进口价格上涨，纺织品出口价格下跌），并促使贸易伙伴作出贸易保护主义的反应。中国存在的明显的地域差别也是一个巨大的不利条件：在经济增长过程中会出现收入和财富差距加大的趋势，将经济增长视为首要目标需要政治上的支持，而这一趋势增加了维持这种支持的困难。

由大型国有企业主导的中央计划经济体制在很大程度上也是不利的。在东欧和苏联，没有哪个实行中央计划经济的国家不是在经历了漫长的调整过程后才实现了向市场经济的转型，而其生产通常会在这样的调整过程中有大幅度的下跌。

四、增长的风险

中国在改革时期也面临着接连不断的挑战，每一个挑战都可能阻碍发展进程。我可以在这些持续存在的重要挑战中列举一些纯粹经济类的挑战：诸如金融系统的薄弱以及与此相关的对于效率低下的国有企业过多的资金配置问题；全国范围内经济发展的地区差异问题，这导致贫穷的内陆省份通常比沿海省份发展要缓慢得多；与国家农业制度的不完备密切相关的系列问题，以及其他有关农村经济的问题；同人与人之间收入差距加大相关的问题；周期性的宏观经济不稳定，这表现为国际收支的不平衡和国内市场交换价格的波动；国际贸易伙伴在针对中国快速增长的出口进行主动调适方面所表现出的重重顾虑。

总体上来说，虽然中国经济发展面临艰难险阻，但从根本上讲，这些问题并不像中国在改革的头 27 年中曾经战胜的那些问题那样困难。中国经济快速增长的可持续性面对的更大挑战，来自对国内与国际政治转变的质疑，这一问题是伴随着改革时代大规模经济变革而必然产生的。

中国过去1/4世纪的政治秩序是建立在中国共产党持续占据领导地位的基础上的。毛泽东去世后，中国共产党的指导思想和执政方式发生了转变。基层领导的选举和监控方面有了重大的民主化进步。但是更广泛的社会团体参与政治、影响高层领导人任命和政策方向的机会的缺失，市场经济的扩张和国际化对政治前景产生的影响以及受到良好教育和有稳定高收入阶层自信心的持续增长，都将产生更多的参与国家的行政管理的要求而对中国政府形成压力。

这一点并不是近一两年的当务之急。但是它是中国在跻身世界高收入国家行列之前必须完成的一个基本的适应性转变。如果此项调整失败，这意味着将失去以经济增长目标为核心的国内稳定，这一目标是改革的出发点。

中国经济持续增长的另一个大的威胁，是与作为21世纪初期唯一的超级大国——美国的关系走向破裂，而最坏的情况就是与其发生战争。北京、华盛顿和台北在台湾问题上的不当举措，都可能导致最坏的结果。美国对中东和中亚地区的关注以及它在这一地区采取的外交和军事行动、中国在阿富汗问题上对美国的支持、中美在“反恐战争”中的广泛合作以及对朝鲜半岛紧张局势的协作处理，都暂时地缓解了中美之间存在的影响经济发展的风险。

五、中国会赶上美国吗？

邓小平在20世纪80年代提出的蓝图一旦实现，中国人民就会不再满足于此。在过去的1/4世纪，没有任何迹象表明中国人民对物质进一步的渴望在任何时刻会比他们的香港和台湾同胞以及其他国家的人民要小。同时，在改革时期，也没有任何迹象表明，在任何方面，中国人积极参与现代经济的能力不如那些最发达国家的人民。

中国经济在当代快速增长的自然结果是，中国的生产力和生活水平同世界上那些生产力最强的国家相近。在一代人的时间内，或稍后的时间里，当中国同美国的人均产值相当的时候，中国的人口规模将保证中国经济成为世界上最强大的经济。

预计中国过去27年来的高增长率在未来的任何时刻会有所减慢是没有理由的。事实上，有诸多理由可以预期在下一个10年，中国经济的平均增长率还会高于过去。这些理由包括现有的非同寻常的高储蓄率、中国与世界最富有的国家间的巨大差距所带来的生产力增长的良机、未来10年有利的人口状况（工作适龄人口比率的增长），以及其他一些有利于生产力持续快速增长的因素的存在。

除非出现大的国内政治危机（宏观政治结构为适应社会和经济变化而进行的适应性调整不断失败，而不能保持政治的连贯性）或国际政治风险（与美国发生战争），中国经济的整体规模无论按何种方法来衡量都会在一代人的时间内赶上美国。中国人民的平均生活水平要赶上美国的速度可能会稍慢一些，或许需要再有一代人或更多的时间。

欧盟所包括的欧洲区域在21世纪初期的经济规模同美国相当，但是在人口和人均产量的增长方面却缓慢得多。在未来的几十年里，还不清楚欧洲是否会走向更加紧密的联合，以及是否会更加高效地实现政治一体化。如果是那样，欧盟作为世界上四个共同体中比其余三个规模大得多的共同体，在全球经济中将占有至为重要的分量。但是它的经济规模相对于美国将会逐渐衰减，最主要的原因是对来自不同文化与种族移民的不开放态度影响了人口规模。

20世纪90年代，印度通过自己的外向型经济改革，从和缓低速向适度高速增长模式转变。展望21世纪中期，印度可能会成为第四大经济中心，随后，首先赶上欧洲，然后依靠其自身发展过程的可持续性赶上美国，最后赶上中国。

六、中国发展对世界体系及澳大利亚的影响

1989年，苏联以及以其为中心建立起来的国际体系解体，美国重新

回到了它在“二战”后所占据的、在全球经济和战略事务中非同寻常的支配地位。1992 年建立的欧盟或许可以挑战美国的影响，但是欧洲内部在大多数问题上都存在着分歧，这意味着此种挑战还没有发生，而在将来也不可能发生。

中国的增长至少意味着在 20 世纪晚期和 21 世纪早期，美国占压倒优势的支配地位可能会是暂时性的。美国政界认识到并认真考虑这一事实的意义还需一个较长的过程。

不论中国在全球经济的发展中扮演什么样的角色，它在未来亚太地区经济发展走向上都会是一个领导力量，其地位无疑会在澳大利亚之上，而澳大利亚在经济上与中国形成了独特的互补性。我们可以说，澳大利亚的繁荣发展取决于中国经济快速增长的可持续性。

（崔存明　王报换 摘译）

中国的可持续发展之路*

〔美〕辛西娅·W. 卡恩　〔美〕迈克尔·C. 卡恩 等

中国和世界正处于关键的十字路口。随着中国经济的快速发展，资源消耗以及随之产生的废物也大幅增长，这难道是大多数发展中国家和发达国家可持续发展的模式吗？中国作为重要的新兴大国不能沿着其他许多国家不断重复的“先污染后治理”的路线走。为了取得长期的经济增长，中国必须找到一条可持续发展之路。中国的目标是成功实现经济、社会和环境的和谐发展。这个目标正是“三方利益兼顾”原则在可持续发展道路中的反映，这一发展道路认为经济、社会和环境构成了一个相互促进的系统。根据这一思路，中国作了全面的努力，以实现可持续发展。根据中共中央的精神，中国的可持续发展计划必须满足人民日益增长的物质需要、提高人民的生活水平、建立公平公正的社会收入分配系统，同时要确保社会和谐、环境清洁和资源受到保护。本文所关注的是中国实现可持续发展所面临的一些问题，以及中国为实现这一目标所采取的政策和行动，最后对中国未来的可持续发展之路提出一些建议。

---

* 本文来源于《中国的环境与可持续发展的挑战》（*China's Environment and the Challenge of Sustainable Development*，2005）一书第8章。辛西娅·W. 卡恩（Cynthia W. Cann）和迈克尔·C. 卡恩（Michael C. Cann）执教于斯克兰顿大学（University of Scranton）。

一、中国实现可持续发展面临的挑战

中国的环境恶化很严重，加上庞大的人口和前所未有的经济发展，这些都对中国走向可持续发展形成了重大障碍。经济发展引发了中国新兴中产阶层对生活消费品的需求，与此同时也引发了快速增长的能源需求。这些经济发展所带来的威胁不仅会进一步恶化中国的环境，而且会导致另一个重大的问题，即中国将如何养活自己。下面的内容涉及中国致力于实现可持续发展所面临的一些挑战。

（一）水资源问题

中国面临着严重的水资源问题，包括水污染、水资源的分布不均和洪涝灾害问题。根据世界资源研究所（WRI）的数据，中国的大多数生活和工业废水没有经过处理就直接被排放到水系中。1996 年，只有 5% 的生活废水和 17% 的工业废水经过处理，此后的状况改进不大。中国几乎有一半的饮用水受到人畜粪便污染。此外，由于中国是世界上合成氮肥的第一大消耗国，其农业用地的大量化肥养料也流入江河中。

中国七条最大的河流——淮河、海河、辽河、松花江、长江、珠江和黄河，都受到了严重的污染。在这些河流一半以上的受监测区域中，其水质都是五级（五级在中国水质等级中是最低的等级）或比五级还差。中国 5 000 公里以上流程的主要河流污染程度严重，以至于有 80% 的流域不适合鱼类生存。黄河由于受到铬、镉以及其他有毒物质的严重污染，大部分已经不适于人类饮用和灌溉。

沿海地区的废物排放和近海石油的开采正在污染海岸线。在与中国接界的四个海域中，东海的污染最严重，其一半以上海域的水质是四级或者更差。从 1999 年到 2001 年，在这些海域中发生的赤潮以 5 倍数增长（2001 年发生了 77 次）。据估计，海洋灾害造成的直接损失有 100 亿元人民币。虽然赤潮的成因还不明确，但许多科学家认为沿海地区使用杀虫剂和氮肥造成的污染是潜在的因素。

虽然中国水资源总量居世界第二，但人均占有量只有世界平均水平的33%。中国面临着水资源的严重缺乏，特别是北方地区，它的农业占全国的66%，而水资源供给的80%却在南方，主要在长江流域。

中国的粮食生产严重依赖水资源，大约80%的粮食产自水浇地，这一数据在美国是20%，在印度则是60%。由于灌溉是决定农业生产的主要因素，从1982年到2000年，黄河每年有2/3的时间因此干涸。由于地表水污染严重，中国过分地依赖地下水。中国北方的蓄水层被消耗的速度要快于它能得到补给的速度。海河流域的水位线下降了50至90米，许多城市，如天津和济南发生了严重的地表沉降。

中国水资源使用效率很低。有估计认为中国用来灌溉的水资源的60%由于种种原因而损失掉了，比如从渠道和田地中蒸发掉，以及由于年久失修的供水设施而损失掉。持续快速的经济发展和工业化使中国对水资源的需求增加，比如在2000年至2005年之间中国北方的城市用水需求估计将增加85%。中国也长期受到洪水的困扰。2003年7月的洪水影响了中国南方、东部和中部的1亿人口。对长江流域和黄河流域森林的过度采伐加剧了洪水的发生。从20世纪80年代起，这些流域由于无节制的采伐，森林覆盖率减少了30%。

（二）空气问题

中国被认为是世界上空气污染最严重的地区之一。根据世界卫生组织的资料，全球污染最严重的十个城市中，中国占七个。空气污染引发的后果是，中国人遭受着呼吸系统疾病（肺癌、肺心病和支气管炎）高发病率的痛苦。在一些工业化地区，妇女的肺癌发病率是全世界有记录以来最高的。大量燃煤所释放的二氧化硫产生的酸雨影响到中国土地总面积的30%，中部和西南部地区受影响最重，其土地的PH值低到只有3.7。燃煤产生了大量微尘，在北方尤其严重。导致公路拥堵的小汽车、卡车和公共汽车的增加速度比道路的建设速度快得多，也是导致空气问题的因素之一。

（三）土壤问题

由于土壤的侵蚀和经济发展，从 1949 年以来，中国失去了1/5 的农业土地。虽然中国与美国的可放牧土地面积相仿，但是从 1961 年至今，中国的牲畜总头数增加了三倍，中国现有牲畜总头数为 4 亿头，相比之下美国仅有 9 700 万头。过度放牧和过度开垦加速了中国西北地区的沙漠化。在深冬和早春时节，沙尘暴横扫中国的许多城市，比如北京和天津。

（四）能源问题

中国始于 20 世纪 80 年代的快速经济增长，也伴随着能源需求的加倍增加。按照当前每年 315% 的能源消费增长率，中国的能源需求在近 20 年内将再增加一倍。

煤占中国能源总需求量的 65% 到 70%，这一比例在下一个 10 年不会有明显的改变。中国的煤储量充足，占世界已探明储量的 12%。有分析认为，按照现在的消耗速度，中国的煤储量可以维持 100 到 200 年。幸运的是，这些储量中的大部分煤含硫量低于 1%。然而，大多数火力发电厂缺乏对污染的有效控制。此外，有相当多的煤是在家庭和工厂中使用的，其产生的废气直接排放到空气中。所以空气中聚集的二氧化硫含量很高，正如前述，中国因此受到酸雨的困扰。而且，重要的煤储量大多数分布在中国的北方地区，如何把这些煤运输到人口多的工业化地区本身就是一个大问题，更不要说开采与加工过程带来的土地破坏和产生废物等问题了。

相同能量单位的煤产生的二氧化碳是沼气的 2 倍，比燃油多 1/3，因此是导致全球变暖的主要因素。虽然根据人均标准，中国每人每年排放的二氧化碳少于 1 吨（相比之下，美国的数字是超过 5 吨），但是中国每年排放的二氧化碳占全球总量的 12%，仅次于美国的 25%。由于全球变暖会导致海平面上升，中国的沿海城市将会受到严重影响。例如，海平面上升 1 米，将会淹没 1/3 个上海。

由于中国对于电和汽车需求的快速增长，中国在下一个 30 年里温室气体的排放量将等于其余发达国家的总和。

来自中国国家统计局的最新数字显示，那种认为煤的使用量已减少的鼓舞人心的报告是没有根据的。2002 年中国煤的实际消耗比上年上升了 7.6%。从 2005 年到 2010 年间，中国煤的消耗将会由于水电站项目，如三峡大坝的投入使用而有所下降，但这可能只是暂时的下降。

20 世纪 80 年代，中国是石油输出国组织之外的最大石油出口国，而到了 90 年代，中国 30% 的石油需要进口。虽然更多地依靠石油来发电会减少温室气体的排放，但是中国的领导人也不愿意看到中国更多地依靠外国的石油。

（五）交通运输问题

机动车使用的快速增加导致的能源需求和污染问题也将加大中国可持续发展所面临的挑战。从 1984 年到 1994 年，中国的机动车数量增长了三倍，达到 940 万辆。中国对小汽车的需求以每年 20% 至 30% 的速度增长。在下一个 10 年内，数以百万计增加的小汽车不仅会使现在已经很严重的空气污染问题加重，而且由此增加的公路和停车场会占用更多的农田，而加重中国的食物供给问题。1996 年，中国宣布汽车工业将成为一个拉动增长的产业。针对这一情况，一些科学家签署了一个白皮书，从影响未来粮食生产的角度，强烈反对这一政策。他们主张城市轻轨、公共汽车和自行车组成的公共交通系统才是中国交通发展的方向。然而，上海却反其道而行之，最近宣布禁止在主要街道上行驶自行车，以此来为汽车让路。

（六）人口问题

从 1950 年到 1985 年，中国的人口实际上增加了一倍，超过 10 亿，这是一个其他国家没有达到过的里程碑式的数字。为了阻止人口快速增长的趋势，1979 年中国发起了一对夫妇一个孩子的政策。根据中国人口信息研究中心的数据，从 1979 年以来，中国的人口增加了 3.15 亿，到 2003 年达到 12.9 亿。预计中国人口在 2040 年左右将达到 15 至 16 亿之间，然后开始逐渐下降。这种过度的人口增长，伴随着生活水平的提高，将严重地影响到住房、食品和交通，也必然引起污染的加重。

此外，中国是一个快速老龄化的社会。传统习惯上，中国的家庭成员要照顾老年人。但由于中国社会把这一重担落在了独生子女身上，这一习惯将会受到严峻的考验。

（七）粮食问题

中国面临着如何养活不断增长的人口这一严峻考验。虽然中国与美国的面积相仿，但是由于中国国土的大部分都是山区或沙漠，因此只有 1/10 适宜耕种。如前所述，1949 年以来，中国已经损失了约 1/5 的耕地。这一趋势由于过度放牧、过度开垦以及公路、停车场和住房的增加，仍在继续加大。中国人民生活水平的提高，对肉类、家禽、鸡蛋、牛奶、黄油和冰淇淋的需求大幅上升。现在美国人均消耗的谷物是 800 公斤，而中国是 300 公斤。中国对动物产品需求的增长，将会大幅度增加人均谷物的消耗量（因为动物以谷物为饲料），这将给中国的粮食资源和本来已经负担过重的水资源增加额外的压力。虽然人类每天需要的饮用水是 4 升，但对于那些依赖动物产品为食品者，他们每天用来保证食品供给所需的用水量则是 2 000 升到 4 000 升。美国农业部的数字显示，从 1999 年到 2003 年，中国每年收获的谷物、玉米、大麦、高粱、燕麦和水稻从 4.11 亿吨下降到 3.78 亿吨。

人为排放温室气体导致的全球变暖也加重了中国粮食和水资源的短缺。中国的主要大河都发源于喜马拉雅山脉，在那里，雨水和融化的雪水为下游的河流提供了共同的水源。温度升高所导致的降雨增加以及伴随发生的降雪减少就会导致雨季的洪水增加，以及在旱季提供水源的高山积雪的减少。这样，中国小麦和水稻的生产就会受到严重影响。

二、中国可持续发展的进展

随着中国的持续发展，经济增长的奇迹可能正在环保方面朝着比人们原本认为的更加积极的方向转变。

《21 世纪议程》是一个广泛的行动计划，旨在解决世界范围内的环保与发展问题。根据《21 世纪议程》，中国制订了战略性的计划、政策、目标、任务和行动计划，包括经济、社会和环境诸领域中的转变和发展。

除了《21 世纪议程》，中共中央制定的《国民经济和社会发展第十个五年规划（2001—2005）》也强调了可持续发展。中共中央鼓励每个省和地区都形成一个以可持续发展为根本主题的“十五规划”。

中国在与可持续发展相关的许多领域取得了进步。为了减轻实现可持续发展的负担，中国欢迎来自国际社会的投入。1992 年，中国国务院成立了中国环境与发展国际合作委员会，旨在进一步加强中国与国际社会在环保与发展领域的合作与交流。

中国政府为可持续发展提供了主要的资金来源。例如，2002 年 8 月，作为“十五规划”的内容之一，中国投入 100 亿元来加强可持续发展方面的科学和技术研究。

三、中国实现可持续发展的障碍

虽然中国在实行可持续发展的许多方面取得了进步，但也不是所有努力都进展顺利。中国制定了许多把国家引向可持续发展的计划，但是只有少数计划得到了贯彻和完全落实。黑龙江省就是一个很好的例子。黑龙江省从 1999 年就率先实施湿地保护计划，成为第一个禁止开发湿地的省份。然而，当人们提出一个更艰巨的、通过建立一个法律框架来鼓励该省实行可持续发展的计划时，其贯彻却出现了问题。

位于中国东北部的黑龙江省与俄罗斯接壤，有40多万平方公里土地。该省承担着中央政府规定的发展和开发乌苏里江流域的任务。然而，有观点认为这一地区的开发不能以损害生态系统为代价。省政府采取了科学研究的方法，同来自不同国家的专家进行合作。合作小组撰写了一份以可持续发展方式开发乌苏里江流域的计划。这个计划有趣的一个方面是，它涉及从黑龙江省越过边界，以同样的方式开发属于俄罗斯的一块地区。黑龙江试图通过设立法律框架来建立一个“利用带”（use zoning），该法律框架将计划利用的、共同开放的土地划分出来，但限制其使用。虽然已经存在这样的计划，但这样的一个法律框架却没有形成。

合作小组在努力保护环境的同时也试图实现与该项目相关的政治目标，它在这一过程中遇到了许多障碍。这其中的障碍包括跨越国界合作的官方障碍，新政策与中俄两国现行政策存在的冲突，可持续发展带来的压力，官方、环境规划者和外国顾问之间彼此竞争的利益，以及地方政府支持不足等。正如大多数的努力一样，当地人民的支持对于任何一个目标的实现都是至关重要的。

当前，黑龙江的保护湿地的项目仍在继续，相关法规也再一次在制订中。此外，亚洲发展银行向一家加拿大环境开发公司提供资金，用于将松花江沿岸的沼泽地恢复到原来状态。虽然这一项目的进展并没有像开始计划的那样顺利，但无论如何，还是取得了一定的进步。

四、中国可持续发展的未来

我们是否正在超出地球的承载能力？我们是否在耗尽地球的资源？废物的产生速度是否比地球能够吸收这些废物并将之转换回资源的速度要快得多？一些学者提出了一种生态足迹（ecological footprint）的概念，将之作为衡量我们行动的可持续性的方式。我们说的生态足迹是把人类消耗的资源与产生的废物计算在内，在此基础上，计算出提供这些资源以及将废物转换成资源所需要的生态生产空间（productive space）。

研究显示，1997 年中国内地的生态足迹是每人 1.2 公顷，与其相比，美国是 10.3，中国香港地区是 6.1，英国是 5.2，日本是 4.3，韩国是 3.4，印度是 0.8。据评估，全球的生态生产空间是每人 1.7 公顷。显然，上述国家和地区除中国和印度外，其生态足迹都超过了这一平均值。然而，由于中国有如此庞大的人口，而其邻国印度每人的生态生产空间只有 0.8 公顷，因此，实际上中国总体的生态足迹超过了印度。由于生态足迹是经济发展的直接指数，因此，在中国保持其发展的快速步伐时，中国和全世界都必须关注中国的生态足迹。要让中国生态足迹保持在原有水平，并实现可持续的增长，需要注意以下几个方面：

（1）中国必须继续严格控制人口。

（2）中国的发展必须积极实践三种利益兼顾原则，使社会和环境利益等于或者高于经济利益。

（3）中国必须执行和加强严格的污染控制标准。尤为重要的是，中国必须从源头上加强对污染的预防和对资源与能源的保护。清洁生产必须在全国范围内落实。使用可再生能源应该成为国家的优先发展方向。

（4）中国必须鼓励使用公共交通而不是私人汽车。在必须使用小汽车和卡车的情况下，必须严格规定耗油量标准和污染标准。

（5）国家环保总局必须有更多的财政支持和政治影响力。主要负责贯彻执行环境法规的地方环保局应该获得更大的罚款权力。罚款也必须增加，从而可以用经济手段来制止污染。

（6）必须允许甚至鼓励像“自然之友”这样提倡环境保护的非政府组织数量的增加和影响力的加强。

（7）中国应该在推动联合国“可持续发展教育十年（2005—2015）”活动中身先士卒。环保意识必须灌输到全国人民的思想中，3R（Reduce，Reuse，Recgde，即减少、再利用、再生）必须成为一种生活方式。此外，中国必须在人力资本的教育和发展上投资。1998—1999 年中国的教育投资只占 GDP 的 2.2%，比任何一个发展中国家都低。由于贫富差距加大，中国面临着社会不安定的风险。为所有人提供教育机会，会减少这一风险，增加通过创新而实现增长和可持续发展的可能性。

（8）中国必须重视保护耕地，增加耕地及水资源的产出能力，以及重新造林。

（9）中国必须进行全面的成本核算，争取把环境和社会成本也纳入到传统的成本核算系统。此外，中国应该取消资助那些制造污染和消耗能源的经济行为，并通过税收对之加以限制。同时，对于那些从源头上注意资源和能源节约以及防止污染的行为加以经济鼓励。

（崔存明 摘译）

中国：走向内需驱动型增长模式*

〔美〕尼古拉斯·R. 拉迪

2004 年 12 月，中国高层领导人同意从根本上改变国家的增长战略。他们批准了国家经济增长模式的转型——新的经济将更多地依赖于国内消费，以取代以前的投资和出口导向型发展模式。

中国所宣称的转变是使中国经济增长模式从依靠投资和全球贸易顺差驱动转向较多依靠消费来推动，这是值得称赞的。它使中国经济更可能保持其近年来持续增长的势头，同时还可以更快地创造就业机会，改善收入分配，或至少减缓日益增长的收入不平等，以及控制它近年来能源消耗的超量增长。它也将有助于减少全球经济的不平衡。

但是，时至今日，中国的政策过于温和，尚不能改变其经济增长的根本动力，结果是，中国的顺差在继续激增，并且在美国不出现经济萧条的情况下，这种状况看来可能会一直持续到 2007 年。中国也没有实现它若干关键的国内经济目标。

---

* 本文来源于《国际经济政策略览》(*Policy Briefs in International Economics*) 2006 年第 10 期。尼古拉斯·R. 拉迪（Nicholas R. Lardy）是美国国际经济研究所高级研究员，曾著有《中国未完成的经济革命》(*China's Unfinished Economic Revolution*)、《世界经济中的中国》(*China in the World Economy*) 等书。

一、中国经济增长的源泉

近30年里，中国的经济增长在世界上是最快的，实际年增长率已经达到10%。既然取得了如此吸引人的长期成功，那么中国的领导层为什么还要考虑转向一种新的增长模式呢？

在所有的经济中，产量的扩张是消费、投资、商品和服务净出口的增长之和。扩张性投资在中国的经济增长中起着主要的且越来越重要的作用：投资在经济改革的头10年左右，平均占GDP的36%，在1993年以及2004年、2005年投资已经超过GDP的42%，其水平高于中国的东亚邻居们在其高速增长期的历史纪录。国民储蓄率在2005年已经破纪录地占到了GDP的50%。它的增加又进一步刺激了投资增长。

在整个改革时期，消费在绝对数量上一直保持着高速增长，但是过去10年内，与投资的重要性相比，它作为经济增长源泉的重要性减小了。20世纪80年代家庭消费平均占GDP的一半稍多一点，90年代该份额下降到46%。2000年以后的下降更剧烈，到2005年仅占GDP的38%，在世界各主要经济体中是最低的。同年美国的家庭消费占GDP的70%，英国为60%，印度为61%。

正是由于这种需求结构的不断变化，2001—2005年资本投资的增长占中国经济增长的一半多，比例之高国际罕见。

在最近几年里，商品和服务净出口成了一个主要的经济增长源，这在近10年里是第一次。2005年的商品和服务净出口在中国GDP支出中增长一倍，达1 250亿美元，占经济增长的1/4。2006年可能会达到1 850亿美元，增加额占经济增长的1/5。

二、反思中国的经济增长战略

中国领导层在2004年12月的年度中央经济工作会议上的决议反映

出他们认为从长远来看，中国的经济增长方式是不可持续的。这并不意味着领导层想要明显放慢经济增长速度，他们是希望能够从根本上改变需求结构，提高投资效率。简言之，他们相信，中国经济只有较多依赖家庭消费的增长，较少依赖中国公司的投资浪潮和对外贸易的激增，它的快速增长才是可持续的。

最高领导层作此决策的依据可归纳为以下几个方面：首先，越来越明显，投资驱动型增长（或有时也被叫做粗放型增长方式）会导致资源利用效率低下。几乎所有的衡量标准都表明，随着投资增长的加速，中国的资源利用效率降低了。多要素生产率增长（multifactor productivity growth）（在所有的经济中都是经济扩张的重要推动者）在经济改革的最初15年里，平均每年大约为4%。这个比例在国际上还是比较高的，但从1993年起该比例下降到3%。也就是说，随着投资在GDP中的份额的上升，生产率提高对GDP增长的贡献下降了。用马丁·沃尔夫（Martin Wolf）——《金融时报》首席经济评论员的话来说，近年来中国经济令人吃惊之处不是常常如别人所说的那样：它增长得多么快；而是，如果把用于投资的巨额产出考虑在内，它的增长是多么慢。

要素生产率增长的缓慢，部分是由于过度投资和大量重要工业中生产力过剩的出现。1996年中国的钢产量达到1亿吨，首次超过美国和日本成为世界第一大钢产国。这个产业持续快速发展。国家发改委的报告指出：2005年钢产量达到3.5亿吨，生产能力却超过4.7亿吨，过剩1.2亿吨。

由于生产过剩，钢价格在2005年底比前一年下降1/4，比3月份的波峰价格下降1/3。价格下降明显影响了钢材工业的获利能力。2000—2004年中国的投资急速增长，对钢材的需求量也快速增加，钢材工业的利润从1999年的不到50亿元飞涨到2005年的1 270亿元。但是由于生产力过剩的出现，利润增长乏力。2003年钢铁公司的利润增长1倍，2004年又增长了80%，但是2005年仅增长1%。与2005年同期相比，2006年前半年利润下降20%。根据北京的一家证券公司估计，全年利润可能会下降50%。但是2001—2005年这5年之内，钢材工业共投资约6 500亿人民币，其中只有不到2/5的款项来自税后利润。今年钢材工业的利润如此大幅下降将会损害一些钢铁公司清偿其债务的能力。

领导层决定放弃粗放型经济发展模式的第二个因素是他们认识到，这种模式已经妨碍了个人消费的增长。如果中国家庭消费在GDP中的份额能够保持在1990年的水平，而不是下降10%还多，那么其消费数额要比2005年的实际消费高出30%。2004年中国人均GDP是印度的2.5倍。但是由于中国家庭消费在GDP中的份额过低，人均消费仅比印度高2/3。经济发展的最终目的是改善人的福利，如果用这个标准来衡量，中国可能已经远远落后了。

第三，与消费增长缓慢相连的是，中国的粗放型经济在增加就业上所起的作用也很不明显。1978—1993年间，就业的年增长率为2.5%；1993—2004年，投资占GDP的份额要远大于20世纪80年代，但是就业增长速度却放慢了，仅为1%多一点。90年代出现的资本密集型增长方式是导致工作机会增加较慢的原因。因为比起生产消费型商品的轻工业，在钢铁等生产投资型商品的工业里，单位资本雇用的工人要少得多，更不用说与服务业相比了。

中国领导层希望转向更依靠消费驱动的增长模式的另一个原因是迅速增长的能源消耗和对环境的破坏。按照投资驱动型经济的要求，机器和设备的生产，以及生产机器和设备所需要的投入的增长，都要远远快于消费型商品生产的增长。投资型产品生产的快速增长又反过来使能源需求不成比例地增长。中国的GDP增长能源弹性系数（energy elasticity）（生产出1额外单位的产品所需要的能源单位数）的平均值在上世纪80年代和90年代很低，仅为0.6。这使得生产1单位的GDP所需要的能源数大幅减少。但这个比率在过去5年里增加了1倍。其显著增长的重要原因可能在于资本密集型增长方式。

因为中国能源的2/3都来自煤，资本密集型发展模式导致能源需求激增。2005年煤的消耗超过了20亿吨，几乎是美国的2倍，尽管中国的经济规模只有美国的1/6。中国国家环保总局的报告指出，2000—2005年，中国没有按计划把二氧化硫的排放量下降10%，即下降0.18亿吨，反而在2005年增加到0.255亿吨，比预定目标高出42%。

推动中国领导层寻求经济增长模式转型的第五个因素不太被注意，但也相当重要。过去6年里中国一直致力于发展一个商业导向的银行系统，但是近年来过度依赖投资的经济增长模式已经危及这个进程。

过度投资于某些部门会导致生产力过剩和价格下降，从而会导致新一轮坏账浪潮，进而会破坏国有银行在过去几年里重整财务的成果，也会使许多实力要弱许多的商业银行破产。发改委在2006年全国人民代表大会的报告中承认：在一些行业中生产力过剩的负面效果已经开始出现。这些行业的产品价格下降，存货增加，公司收益缩水，损失加大，潜在的金融危险增大。刚才所讨论的钢材工业就是一个例子。

银行系统的坏账在过去几年里没有继续增加并不意味着万事大吉，因为中国正处于加速发展阶段，公司收益一直在增加。然而，在以后几年里，随着经济增长速度放慢，银行系统的困境可能会出现。在一些产业里，生产力过剩如此巨大，它们偿还贷款的能力值得怀疑——即使是在一个持续繁荣的宏观经济环境里。

影响中国领导层决策的最后一个因素是过分依赖净出口的扩张，就是日益增加的顺差，可能增加中国的重要出口市场——比如美国等国家的保护主义情绪。中国的中央银行中国人民银行，在其报告中明确承认，过分的顺差“会逐步增加贸易摩擦”。

总之，由于多种原因，中国高层政治领导及其经济顾问机构在2004年下半年达成了共识：中国的长期持续增长要求对其根本的增长策略进行重大修正。

三、对全球经济的影响

中国新的增长战略如果实现的话，不仅会对中国产生积极影响，也将对全球经济产生积极影响。中国经常项目顺差在近年内激增。2006 年中国的经常项目顺差将首次超过日本，居世界首位。想成功地转向较多地依赖国内消费驱动的经济模式，需要降低国民储蓄率。储蓄率的降低又会减少中国的经常项目顺差。这个调整需要由中国货币的升值来推动，因为升值将会减轻由消费需求增加而带来的通货膨胀压力。

四、促进消费驱动型发展的政策

首先，提高作为经济发展源泉的国内需求，需要家庭和/或政府消费的增长相对于投资和净出口而言要有增加。降低个人所得税或增加政府的消费支出（也就是政府的非投资性费用）是促进消费的基础。同时，转向消费驱动型增长模式也需要对其汇率政策实行重大改变。在目前形势下，一个更具弹性的汇率机制肯定会导致人民币的增值，同时也有利于减少净出口，并且会增加政府提高利率的灵活性。后者又是降低近年来投资高速增加的先决条件。改变公司税收政策也有助于重新平衡中国经济增长源泉。

在许多经济中，政府可以通过财政刺激——比如对家庭收入减税——来增加个人消费。但是，这个方法在中国的适用性有限，因为中国家庭的直接税征收的起点相对较低，而政府的减税政策也不果敢。

财政扩张的另一形式是以支出为基础的。如果减税不能明显增加个人消费，政府可以增加自己的预算支出来增加内需。由于投资水平已经相当高，在许多产业中还出现了生产力过剩，所以政府需要增加的是其非投资性支出，尤其是在健康、教育、福利和养老方面。可有作为的余地很大，因为中国各级政府在这个项目上的花销只占 GDP 的 3.5%。

政府本身大约直接承担了所有投资的 5%。而且，政府预算也分拨出数量可观的资金，叫做“资本转移”，这部分资金是用于资助投资支出的。2003 年的资金转移是所有固定投资的 10%。近年来资本转移并未减少，所以政府直接和间接投资费用可能共占 GDP 的 7%—8%。政府减少直接投资并削减资本转移，将会释放资源以增加政府的非投资性消费。那将会为需求结构的重新平衡作出相当大的贡献。

增加家庭消费，也能为实现经济转型作出相当大的贡献。而增加家庭消费又需要降低家庭储蓄率，后者自上世纪80年代之后就一直上升，到2000年以后甚至达到家庭税后收入的25%。

想要分析家庭储蓄率下降的可能性，必须先分析家庭储蓄的动机。很明显的一个动机就是为了预防和应对生活中的意外情况，例如疾病、失业或人身伤害。政府和企业日益削减它们提供的资助，使得这些支出成为个人责任。例如，在城市，只有一半人享有基本的医疗保险。在农村，只有不到1/5的人享有自2002年开始试行的合作医疗保险项目。结果，个人支出的医疗费用在全部医疗费用中所占的比重从1978年的大约20%增加到2003年的超过55%。

2005年中国职工总数中只有14%享有失业保险，拥有工伤补偿的比例甚至更低，只有11%。因此绝大部分工人不得不进行储蓄，而不是依靠保险，来补偿可能的由于失业、伤害而带来的收入中断。

家庭储蓄的另一个重要原因是为退休和孩子教育作准备。因为基本的政府养老项目极为有限，政府的教育支出也很有限。2005年养老金方案覆盖了1.312亿工人（只占被雇用总人数的17%）与0.437亿的退休人员。而且，如果一个工人想要在退休时享受任何利益，他必须至少工作15年。同时，在基本的养老金方案中，所提供的养老金仅相当于当地平均工资的20%，而与一个工人的终身收入无关。

尽管在过去10年里中国官员一直在重申改善社会保障网络的目标，但养老金体系覆盖面的增加速度仍然极慢，在2000—2005年加入这个体系的被雇用者的数量仅增加了2.8%。以此速度，距离普遍实现养老金制度还遥遥无期。

家庭储蓄也是为教育支出作准备。国民教育费用的支出有相当大一部分是由家庭承担的，因为政府在教育上的支出仅占GDP的2%。2004年，城镇家庭人均教育支出达560元，占全部消费支出的8%。初级教育费用是一个巨大的经济负担，对较为贫困的农村家庭尤其如此。

所以，政府财政对于卫生保健、失业救济、工伤补偿的投入增加，有望能够降低家庭的预防性储蓄。如果家庭自信政府能够提供较多的此类服务，它们自然会减少自己的储蓄，也就是增加它们税后收入的消费份额。政府在教育服务和老年扶助上的类似投入，能够降低与生命周期事件有关的储蓄，例如孩子教育和退休储蓄。

因此，如果中国想要实现这种经济转型，可能需要从增加政府的消费支出开始，但是要通过改变家庭的消费和储蓄决定来增加。

对中国而言，支持经济转型的第三个因素是汇率政策。理由是，中国事实上的固定汇率体系是限制货币政策独立性的关键因素。尽管中国的中央银行在使自己免受大宗外资流入之害方面已经取得了一些成功，但它不愿意增加国内利率，因为害怕如此一来这些流入资金就会变得数目过大而无法控制。国内通货不断膨胀的2002—2003年，固定的名义上的国内贷款利率导致贷款实际利率急剧下降，乃至最后成为负值。这刺激了向银行寻求贷款的需求的激增，以及由此而生的集资剧增。

一个较有弹性的汇率政策，可以使中央银行在制定国内利率上有较大的灵活性，以通过提高借贷利率来减缓投资过热，从而缓和整体经济循环。那将会降低平均投资率。缩减投资率是向更多依赖消费驱动的发展模式转变的根本政策。否则，消费需求的增加会导致通货膨胀。

最后，公司税收政策应当在重新平衡中国经济增长资源方面发挥重大作用。从1998年到2006年上半年，中国工业企业的利润从占GDP的不到2%飞增到9%。尽管这些利润还需要交纳33%的企业所得税，2006年上半年工业企业所获得的税后留存收益还是达到了GDP的5.8%。而且，工业公司拥有占GDP 6%—7%的折旧基金。

但是，国企中的这部分资金，除了用于再投资外，不会去优先考虑别的获利渠道。因为如果不去再投资，就只能把这部分资金存入银行。考虑到相关的通货膨胀量，公司存款的真正税后收益率是负值。因此，从一个国企管理者的角度来考虑，重新把留存收益和折旧基金进行投资是理性的——即便它们的预期收益率也略有负值。

近年来由于利润和折旧基金占 GDP 的份额日益上升，在中国的公司部门内，留存收益已经成为投资资金的重要来源，助长了投资的日益增加。

在许多年里，政府都一直要求国企向其所有者（国家）上交红利。这个政策一方面能降低投资增长，或至少会约束投资需求，同时另一方面，政府可以得到用于提高政府供应的社会服务的额外资金。如果国企要把它们税后收入的 1/2 作为红利上交的话，数目会达到 2006 年上半年 GDP 的 1.3%。政府还可以通过减少折旧基金得到更多红利。

五、实现经济转型任重道远

中国采取措施实现这种经济转型的力度会有多大？

早在 2004 年的中央经济工作会议之前，政府提出了通过减少农业税来增加农业收入的计划。免除农业税后，2006 年又把个人所得税的征收起点定在月工资收入 1 600 元，这主要是针对城镇工薪阶层的。中央政府已经鼓励地方政府增加城镇居民的最低工资，以求增加低工资者收入的消费。

然而，所有这些举动的力度都不大。农民的农业税负担在 2004 年减少了 234 亿元，在 2005 年又减少了 220 亿元。但是，234 亿元只占农村消费支出的 1% 或只占 2004 年 GDP 的 0.1%。更重要的是，农业税的减少又被别的摊在农村居民头上的税所抵消了。

同样，降低个人所得税也不是一种非常有力的政策手段。2005 年个人所得税收益是 2100 亿元，仅占 GDP 的 1.1%。中国的征税起点大概是美国的 1/10，即使将征税起点提高一倍，削减作用也很不起眼。国家税务局 2005 年的一份报告指出，提高征税起点在 2006 年会减少所得税 280 亿元。但是根据估计它约只占 GDP 的 0.13%，数额极其微小。

最后，在 2006 年 7 月 1 日实施的提高最低工资的举措也不可能对家庭消费支出有相当大的积极效果。原因有两个：首先，在制定最低工资上，中国劳动和社会保障部在2003年制定的有关最低工资的规章给了地方政府相当大的回旋余地。所以在绝大部分行政区，最低工资仅是当地平均工资的1/5—1/4。其次，能够享受最低工资的工人比例相当低，例如在北京，2002年享受最低工资的工人人数仅占工人总数的2.4%。

更主要的是，过去10年的数据表明，中国的最低工资计划对家庭消费所起的作用有限。其间，北京的最低工资增加了一倍多——从1996年的270元人民币升至2006年的640元人民币。在其他城市也有类似上涨。但是这一时期家庭消费在GDP中所占的份额却明显下降。

消费方面，在2006年春季召开的一年一度的人代会上，政府宣布在许多社会计划中增加费用。这一努力的引人注目之处是温家宝总理提出的建设“社会主义新农村”计划。2006年政府已经作出了增加粮食生产者补贴的预算，这将会提高中国最贫困的农民的收入；也有扩大农村合作医疗体系覆盖面的预算。还宣布到2007年将取消农村初级教育收费。别的社会计划也开始启动。

但是这些计划中的预算支出的增加是远远不够的，粮食补贴只有10亿人民币，农村合作医疗体系的扩大也很有限，仅是想在2010年覆盖农村人口的40%，每年政府仅为这个计划人均拨款215美元。只有在农村免费初等教育方面的预算——5年2 200亿人民币的数目是庞大的。但是2006年农村预算支出仅仅增长14%，从近年的增长速度来看，这个增加并不明显，仅与2006年上半年名义国内生产总值增长持平。而且与多年来的惯例不同，在2006年的全国人民代表大会上，财政部长并没有提供出社会计划预算总支出的数额。

所以，不清楚2006年政府的社会开支预算会不会比2005年较2004年的增长率——宣称是18%——要高。

最后，2005年7月中国政府开始了一项关于汇率的改革，其内容有以下几点：人民币对美元汇率上调2.1%；宣布人民币可以在每天的交易中有0.3%的波动，它的价值将会日益由市场供求决定；人民币汇率将不再盯住美元，而是参考一篮子货币。这些改革能够形成一个较有弹性的汇率，因而也会给中国人民银行调整利率以较大的灵活性。

但是，到现在为止，这些改革并没有真正产生较大的灵活性。人民币交易每天0.3%的波动仅仅是理论性的，政府对外汇市场的大量干预仍在阻止货币实现较大升值。从2005年7月到12月，政府每月平均收购190亿美元，几乎与该年头6个月的干预步调一致。2006年平均市场干预又略有上升：前半年平均是204亿美元。这直接与中国人民银行宣布的新汇率体系相抵触，后者强调市场地位的提高，汇率由供求决定。结果，过去5年里，在“新”的汇率体系内，人民币对美元的汇率上升还不到2%；最后，也没有什么迹象表明他们参考了一篮子货币。简言之，中国汇率制度仍试图紧紧盯住美元，在增加货币政策独立性上，并没有给政府提供任何有用的帮助。

2003年以来消费者贷款下降很明显，这个重要的变化表明，向消费驱动型发展模式的转型将是困难的，至少在短期内是困难的。从20世纪90年代晚期银行开始首次借钱给消费者起，家庭年借贷净额从1998年的300亿人民币迅速增长到2003年的5 100亿人民币。2003年底，家庭贷款已经占到全部银行贷款总数的10%。但是，2004年家庭贷款迅速下降到4 350亿人民币，2005年下降到2 000亿人民币，低于2000年的水平。

总之，迄今为止的各种迹象都表明，中国向一种较多依赖消费驱动的发展模式的转变可能会被推迟较长时间。

（张玲 摘译）

中国发展模式的外部矛盾：出口导向型增长与全球经济萎缩的危险*

〔美〕托马斯·I. 帕利

一、中国当前发展战略的局限性：相互对立的学说

在过去的20年，中国创造了经济发展的奇迹。近5年，中国的国内生产总值（GDP）和出口增长十分迅速。即使是在全球经济衰退的2001年，中国仍保持着令人瞩目的高增长率。就在中国经济在2003年和2004年连续两年保持超过9%的增长率的同时，关于中国经济发展可持续性的讨论开始了。人们担心高速的增长是由投资泡沫和方向错误的政府投资所驱动的，其结果就是中国面临着日益增长的通货膨胀以及当泡沫破裂时极具破坏性的经济硬着陆。

本文提供了另一种关于中国发展模式的解释。该解释认为中国当前的发展模式是不稳定的。然而，它并不认为这是由投资过热和过度增长所引起的；相反，这种不稳定起因于中国对全球经济的外部冲击。中国

---

* 本文来源于《当代中国杂志》（*Journal of Contemporary China*）2006年2月号。托马斯·I. 帕利（Thomas I. Palley）是中美经济与安全评论委员会首席经济学家。

模式有诱发全球经济衰退的危险，而这最终也会伤及中国自身。

通常，关于中国发展模式存在两种貌似对立的学说。传统的观点被称作“内部矛盾说”，它强调投资过热和固定汇率所引发的通货膨胀。这是美联储主席格林斯潘以及莫里斯·戈尔斯坦和尼古拉斯·拉迪等经济学家的观点；另一种学说是所谓的“外部矛盾说”，它来源于全球凯恩斯理论，强调中国的出口导向型模式会造成通货紧缩的后果。两种学说都认为中国经济如果不进行政策调整，就有硬着陆的风险，它们只是在导致硬着陆的诱因上观点不同。事实上，这两种观点在很大程度上是互补的。在外部矛盾说看来，当借方无法及时还款而中国经济萎缩时，出口的下降很可能会导致国内金融不稳定；同样，内部矛盾说认为投资过热主要集中在出口部门。然而，这两种学说依赖于不同的危机诱发机制。

二、对当前中国增长模式的解释

中国近年来的经济发展轨迹是一种表面上的成功。广泛地说，中国增长模式的目标是减少中央计划经济的规模，并增加以市场为导向的私有部分的规模。1979 年的改革始于农业部门。从那时起，由于政府对经济的控制逐渐放开，私有经济的规模进一步发展壮大，同时相伴的还有国有企业的部分私有化。与以市场为中心的经济活动的展开同时出现的是明确的内部和外部的资本积累战略。外部资本积累依赖于外国直接投资和出口导向型增长，内部的资本积累依赖于国有银行对国有企业的信贷支持和对基础设施的投资。

外国投资主要是由跨国公司进行的，在引进了资金的同时也引进了高技术。外资企业的建立和运作在引进资金和技术的同时，还创造了就业机会。更重要的是它成为了一种自助型的发展模式，解决了中国资本短缺的问题。工业化要求从发达国家引入资本，从历史的角度考察，这会给增长带来收支平衡方面的限制，引起外国资本主导的债务不断增加，而这终究会使该国暴露在金融风险之下，因为债务的数额会随着汇率的波动而变化。中国以外商直接投资为主的发展模式绕过了这个金融问题。

除了支持工业化，外国直接投资还带来了出口收入，因为多国企业在中国生产的相当多的产品最终被出口。出口收入提供了外汇和收支平衡，这反过来也增强了外国投资者的信心。出口型生产一直是中国出口导向型增长战略的一个核心要素。在缺乏一个发达的国内消费市场的前提下，中国依赖国外市场、尤其是美国市场来为中国工厂生产的商品提供需求。

外国直接投资还给中国带来了高科技和资本，其与中国的低工资劳动力相结合就使中国成为全球低成本制造业的领头羊。在出口增长的刺激下，国外的多国企业也非常愿意继续在中国建立新的工厂。表面上，这形成了一种反常现象，就贸易顺差而言，低收入的中国居然成了高收入的美国的贷方，而一般来说，应该是富裕一方向贫穷一方出借。然而，这种情况是有其逻辑可循的。出口和贸易顺差是中国为了获得跨国公司在中国进行投资所付出的代价。对于中国政府来说，这是值得冒险的交易，中国获得了生产能力、高技术和就业。贸易顺差所带来的外汇也为国家面对变幻无常的世界经济提供了保护。

结果是，虽然外国投资与中国固定资产的增长没有多大关系，但在中国增长模式中起着特殊的杠杆作用。许多中国固定资产的积累是公共设施的建设，这种建设会带来社会效益。而外国投资产生了市场效益，转让了技术知识，带来了出口收入。而且，这不需要向国外借债。

上述的外部积累战略得到了内部战略的配合，而内部战略就是国有银行对国有企业的信贷支持。国有银行被用来对大型工业和基础设施进行投资，甚至是支持亏损的国有企业。这支撑了国内的累积总需求，也避免了由国有企业垮台而带来的大规模的失业。

国家拥有银行系统的事实意味着国家可能通过上述这些方式运用银行资金。缺少其他的金融组织和投资机构意味着中国的储蓄者不得不支持这种国家投资。

三、内部矛盾说

上文所讲的发展模式一直运转得非常好，然而，最近也出现了对这种模式的长期有效性的怀疑。尤其是，人们担心中国的高增长率不会持久，担心它是被资产价格泡沫和过量的国家投资所驱动的。另外，中国当前数量巨大的经常项目账户和资本账户加上固定汇率，导致货币供应量的持续增长。这是因为中国的中央银行必须保持资产折现力以防止汇率升值。结果，货币政策与投资的快速增长高度配合。这种情况的危害是，将带来更多的投资、资产价格进一步增长以及加速通货膨胀。这些最终将导致经济硬着陆。

这种观点可称之为内部矛盾说。它认为中国当前的发展战略由于中国经济的内部问题会陷入困境。内部矛盾说集中关注银行体制和腐败的问题，以及由于汇率低估而造成的国内的通货膨胀。

关于银行体制，内部矛盾说集中关注受国家支配的银行贷款及非市场化的贷款标准等问题。第一，这种贷款由于缺少商业监督，因此常与腐败联系在一起。第二，缺乏商业借贷标准导致资源分配不当，某些部门投资过度而其他的部门则缺少投资。如果资源按市场原则被分配，资源就会被导向那些最短缺的或者回报最高的部门。当裙带关系支配分配方案时，存在短缺和瓶颈的部门仍然会建设不足，而生产过剩的部门仍然会持续重复建设。从宏观经济的角度来看，这意味着中国经济同时存在通货膨胀和通货紧缩的可能，在存在瓶颈的部门会膨胀，而在生产过剩的部门会出现紧缩。第三，非商业化的信贷分配方式意味着中国的银行系统充满坏账，面临破产。许多所谓的由银行贷款支持的投资是没有产出的，许多贷款只是资助国有企业的运转花费。

内部矛盾说认为由被低估的固定汇率导致的通货膨胀也是一个问题。这是典型的开放的经济货币主义。维持低汇率要求货币管理部门出售本国货币，这将扩大会导致国内通货膨胀的国内货币供应，以及伴随着更高的通货膨胀而来的经济扭曲。

中国的政策制定者部分接受了这种观点，开始制定减缓增长、减少通货膨胀压力的政策。于是，国家和地方政府被指令减少基础设施投资，银行被命令缩减贷款规模，储备金的要求被提出以限制银行系统的资金流动，对市场开放的防御行为也被用来减少资金流动。2004 年 10 月，官方的利率提高了四分之一点。通过廉价卖出某些股票，一些使银行系统部分私有化的措施正在实施。这将增加中国政府的外汇，同时希望引入外商能够带来新的管理措施，从而使银行转向以商业利益为导向。然而，还没有针对被低估的汇率采取措施。

持内部矛盾说的人坚持认为以上的局部改革是不够的，需要更多基本性改革来避免硬着陆。公司能够向其他的没有被管制的资金借款，中央政府在控制地方政府投资方面也有困难，因此行政上的借贷控制是不够的。银行系统的部分私有化也不足以根除现有的管理方式，或结束政治性借贷。最终，不能重估汇率意味着，由贸易顺差和资本流动引起的货币供应增长将会持续地产生通货膨胀压力。

四、基础性的矛盾或高代价的摩擦?

内在矛盾说是有其合理性的。然而，关键是这些问题究竟是构成了中国发展模式中的一个“基础性的矛盾”，还是仅仅是“高代价的摩擦”？本文认为它们是高代价的摩擦，而非基础性的矛盾。也就是说，它们给中国经济增加了大量成本，假如这些问题能解决的话，中国的情况将会更好。然而，无法解决这些问题也不必然导致硬着陆。

当前信贷的不当分配的结果是对资源的非优化使用。但是，只要中国维持现存的资金控制方式，这种体制就能继续。这是因为中国的储户没有别的地方存钱，这种国内金融系统的封闭性保护了银行的运转。只要这种封闭性的体制仍然存在，坏账问题就能通过中央银行周期性的重新注资得到解决。

以目前形势来看，金融体制依然是稳定的，尽管效率较低。只有当资金控制措施被取消，或向外部竞争开放时，这一体制才有可能变得不稳定。

关于被低估的汇率和当前的贸易顺差，内部矛盾说强调，维持低汇率加快了通货膨胀的危险。这种分析代表了一种货币主义的思考。通货膨胀的危险确实存在，但货币供给扩大和通货膨胀之间的联系是受长期的和不确定的各种滞后现象影响的。更重要的是，通货膨胀可以通过要求银行增加储备金或肃清公开市场的交易得到压制，此时，中央银行卖出债券并从金融系统吸纳剩余货币。如果通货膨胀只是唯一与汇率低估有联系的问题，那将会是一个严重的、但不是基础性的系统矛盾。

五、外部矛盾说：出口导向型增长的局限

前面提出的内部矛盾说是经不起推敲的。虽然当前的中国增长模式存在大量内在的低效的情况，但这些低效与其说是矛盾，不如说是高代价的摩擦。即使不纠正它们，中国经济也不会因此而崩溃，只是所创造的效益会减少而已。如果说汇率低估的唯一代价是并不过度的通货膨胀，那么可以肯定的是中国的政策制定者应该被告知坚持低汇率，因为被低估的汇率可以产生其他的效益。

这就引导出了“外部矛盾说”，它坚持认为中国当前的战略是有缺陷的，因为它过于依赖出口导向型增长，而这种增长的动力主要依赖美国市场。产生外部矛盾的原因是，中国成了全球工厂，迫使美国产生大量的贸易赤字。另外，中国也对欧盟的制造业产生了压力。

总之，就业和投资的影响使美国经济有在一轮无效的扩张后步入衰退的危险。如果发生了这种情况，将会对中国经济乃至全球经济产生反作用，因为美国仍是世界经济起飞的引擎。这也是中国要以内部需求战略取代出口导向战略的主要原因。

中国的经济统计数据清楚地证明了这种出口导向型增长的存在，中国的GDP在2000年至2003年间以年均9.2%的速度增长，而同期的出口增长幅度高达22.9%。更重要的是，当2004年中国的GDP增长9.5%时，出口增长飙升至35.4%。出口导向型增长最关键的特点就在于严重依赖于国外市场的需求，出口的增长明显比GDP的增长快，证明出口在需求当中的比重已经愈来愈重要。而且，出口增长数据的飙升并不是在一个比较低的起始水平上。更严重的是，出口需求都是来自于中国经济系统之外，从而构成了对中国经济的一种需求注入。

潜在的矛盾仍然通过美国的贸易赤字表现出来，要解决这个矛盾毫无疑问需要中国的帮助。因为中国是这一贸易赤字最大的贡献者，占有非欧佩克国家贸易赤字中的30%。而且这一比重仍在不断增长。这意味着没有中国的合作，这个问题是难以得到解决的。

当前，中国的不利冲击并没有使美国经济出轨，因为美国家庭仍然在举债消费。所以中国仍能在美国经济缓慢复苏的情况下持续增长。然而，美国的贸易赤字、美国制造业基础的被侵蚀、美国家庭债务的增加以及就业机会的微弱增长，都在破坏着美国经济的结构性力量。尽管美国经济看起来还很强大，但有理由相信，它在变得越来越脆弱。美国的复苏依靠的是人们对资产的乐观的预期，尤其是房地产，从而使人们仍有信心进行消费信贷。由于贸易赤字，这种消费并没有对就业的增加产生强劲的推动，而负债的情形在增加。危险在于美国的经济可能会停滞，悬于消费者头上的债务可能使经济又陷于衰退。由于私人举债的利息已经极低，而且也没有新的资金注入，美国已经没有资源实现由消费贷款来驱动复苏。相反，债务负担将会加重衰退。假如资产贬值，衰退会因为家庭财产的被侵蚀及房地产持有者的负资产而恶化。

这对于中国的政策制定者来说是一种难于理解的情形，因为美国经济衰退对于中国的损害是间接的。中国的贸易顺差被视为一种成功的标志，对于中国式的增长模式也是至关重要的。现在，中国的政策制定者需要转变思想，并且认识到贸易顺差对中国模式来说是一种缺点。如果美国出现由消费而驱动的衰退，中国也会面临患上经济肺炎的危险。而且，由于全球经济仍依赖美国市场，美国的衰退将会损害全球经济，也终究会影响中国经济，因为全球经济的衰退将使中国的出口需求减少。

六、超越出口导向型增长：发展中国经济的内需

中国作为世界出口仓库带来了各种矛盾，解决这些矛盾的方法就在于塑造一个充满活力的中国内部市场，以此支撑国内需求导向型增长。这需要改善那些限制国内需求增长的各种制度、机制和经济关系。这是一项艰巨的任务，传统的经济发展模式没有认识到这一点，传统的视点往往关注经济的供给方面。发展经济的需求部分对于成为一个发达的经济国家非常重要，这也常常容易被忽视。

从当前的模式转向新的模式需要一个短期和长期的战略。短期战略必须注意这样的事实，中国给全球经济带来了通货紧缩的压力，如果不予以纠正，就可能导致全球经济的衰退。长期战略是使中国从出口导向型增长转向国内需求导向型增长。

短期战略：汇率重估

目前，中国最重要的短期战略就是要重估其汇率，应该升值15%至40%。这应该是一个总体性的解决方案的一部分，其他的东亚经济体如日本、韩国、新加坡、马来西亚及中国台湾地区也应该升值汇率。协调合作是最重要的，因为许多国家对这一问题的产生都有责任，如果只是一国进行调整，不会产生多大作用，还会损害该国的经济。这是因为该国的出口竞争力下降后，出口就会转移到其他继续维持低汇率的国家，这对于解决美国贸易赤字问题的作用不是很大。

汇率的重估会给中国增加成本，导致中国的出口需求的下降。那么，为什么中国必须作出这种调整呢？原因就在于中国不这么做将会加重美国的经济紧缩，这也就会损害中国的利益，而预先采取措施的话，其成本会低很多。更重要的是，现在是作出这一调整的有利时机，这对

中国也非常有利。首先，中国相对美国有大量的收支顺差，这意味着中国在进行汇率调整的时候，不会陷入支付危机；其次，重估汇率能帮助中国处理当前通货膨胀的威胁，因为通货膨胀在经济和政治两方面都是潜在的威胁；最后，重估汇率会提升中国的贸易条件，使其进口更便宜。这对中国的普通消费者是有利的。它也会减少中国的进口费用，部分地弥补因重估汇率而造成的出口方面的损失。

除了升值东亚货币外，世界需要建立一个新的类似于布雷顿森林体系的可控制的全球汇率体系。单单提高汇率不会对美国经济的可持续性复苏产生多大作用。如果这么做是为了保留美国的工厂和促进制造业的投资，那么这个新的汇率必须能够维持相当长的时间。如果投资者觉得这种汇率在近期就可能变化的话，他们不会改变他们的投资计划。投资和生产也就不会回到美国，复苏仍然非常乏力。由于没有认识到这一点，美国的政策制定者们应该遭到批评。由于上世纪 90 年代固定汇率出现了问题，他们现在推行浮动汇率。在全球一体化的背景下，这种政策不利于贸易和金融的流动，一种新的可控制的汇率价格体系亟待建立。

长期战略：国内需求导向型增长

至于长期战略，中国的发展政策需要进行巨大的调整。传统的经济学理论和政策都将注意力放在供给的扩张上。这是出口导向型增长模式的重点，它强调具有国际竞争力和依赖出口市场（这些都是那些发展中国家的政策制定者所无法控制的），以便提供需要和吸纳生产的增长。在过去的 15 年中，中国一直遵循着这一模式，通过吸引外资来增加出口供应并依赖出口市场的需求。现在中国必须开始发展自己的国内需求了。

这是一个充满困难的挑战。这是传统经济学很少强调的一个方面，因为发展经济学的主流无视需求的一方。他们假定政策制定者只要专注于供给方就行了，需求会随之而来。结果是，几乎没有人注意到发展需求方的挑战。但是，是否成功地发展起需求是发展中国家和发达国家的显著差别。

凯恩斯主义经济学确实考虑到了需求，但这是基于成熟的市场经济模式上的，在那里，需求的产生过程是已经完成的。对于凯恩斯主义者来说，需求短缺能够被政府的政策所治愈，如：调低利息和税收，这会刺激私人的需求，甚至是政府的直接消费。在一个已完成的需求产生过程中，这些政策对于暂时性的困难来说是有效的。对于发展中国家来说，困难恰恰在于如何建立这种需求。按照凯恩斯主义者的政策，发展中国家去刺激私人需求，可能会造成政府财政赤字的增加并促使产生一个过于庞大的政府部门。政府需求的增长会增加需求，但也会增加赤字，也无助于产生市场效益，而市场效益是建立可持续的需求的基础。

中国的挑战是发展可持续的非通胀的国内市场购买力。这意味着既要关注投资分配过程也要关注收入分配过程。前者对保证资源的高效分配、获取足够的投资回报和增长生产能力是非常关键的。后者则于对保证国内需求能够消化增加的产出是非常关键的。如果要发展一个有活力的消费市场，收入必须掌握在中国的消费者手中。挑战在于如何将收入以一种既有效率又公平的方式进行分配，使之能够保持对经济的刺激；同时也必须与总产出一致，以避免通货膨胀。

改革投资分配过程

中国的投资消费严重依赖于外商投资与国有银行系统的公共投资。银行系统已经被证明是低效的。由于许多资金的分配都是取决于非市场因素，投资常常不能获取足够的市场回报，因此中国的银行被大量的坏账所困扰。从宏观的角度来看，不能利用市场信号意味着投资无法突破瓶颈，还可能会加重生产能力过剩的问题。这是因为政治上得到支持的部门继续得到投资支持，即使它们的生产能力已经过剩，而不被重视的部门则无法获得资金的支持，即使它们存在瓶颈。

银行系统的改革是改进中国资本分配过程的关键，建立有效的消费信贷和抵押市场也是非常必要的，因为它们能支持家庭部分需求的产生。成功的银行部门改革将会通过改进投资分配过程而提高生产力和产出。同时，通过加强住宅消费等需求，将会刺激新的投资消费以满足那些增长的需求。

中国银行系统的私有化是改革的关键，而且有的私有化已在进行。中国模式是一种部分的私有化，只是出售小额的股份。其希望给银行系统注入私有部门的管理技巧以转变银行业，使它们的贷款能够建立在借方的信用的基础上。卖掉国有银行的部分股份会给国家带来可观的财产，而国家持有多数股份意味着中国政府也能够从银行利润的提高中获益。

但是，这种战略也是有风险的。首先，国外的投资者会被阻止进行某些必要的借贷和组织方面的改革措施，因为他们只是少数股份的持有者。其次，银行系统的改革也使政府财政的改革成为必然。因为，在目前，银行系统被用来为失败的国企提供补助以及指导资金投向政治上得到支持的客户。如果银行按照商业的借贷来进行操作，这些补助将不再存在。政府仍可以使用银行系统，但只是用来进行支出和收税。如果中国不能改革其公共财政，那么银行系统的改革也会被破坏。

最后，随着中国对其银行和财政系统进行现代化，中国必须也同时形成一种能够实施有效财政政策的结构。如果想让金融市场能够促进需求的产生，它必须是稳定的、没有腐败的并且值得投资者信任。它也必须便利于政府推行反周期的经济稳定性政策。中国必须：（1）深化债券市场，允许控制短期利率的、公开的市场货币运作；（2）透明和公正的中央银行贴现窗口政策；（3）透明有效的会计要求和谨慎的管制；（4）实行数量控制的政策工具，如利润要求、资金流动的储备金要求，这些都能减弱金融市场的正向循环趋势。

收入分配：加强工会和实行最低工资

银行和金融市场改革是国内需求导向型增长战略的必要组成部分。然而，更大的挑战是发展合适的家庭收入分配系统，这个系统也能够支持国内消费市场。投资消费是需求的一个重要来源，但由投资带来的产出必须找到买家，否则投资会终止。同样，公共部门的投资也是需求的重要来源，但私人部门的产出和收入必须随之增长，否则政府部门将会占支配地位，从而带来不利的后果。

拥有13亿人口的中国有一个巨大而富有潜力的国内市场。挑战在于使收入的分配以非集中化的公正的方式进行，即以无损于劳动和生产的激励机制的方式进行。传统的观点认为，市场会自动地解决这一问题，劳动者会获得工资，所有的收入都会被消费，这样新的需求就产生了。而且，以干预和提高工资来增加需求将会导致失业，因为这会使劳动力价格过高。

这一传统的思路与凯恩斯经济学形成了对比，凯恩斯经济学认为经济问题就是一种确保总需求与总产量一致的问题。而且，总需求的水平受到收入分配的影响，破坏收入分配会降低总需求，因为高收入家庭会倾向进行更多的储蓄。从凯恩斯主义的观点来看，市场力量不会自动产生一个合适的总需求水平。需求可能因为经济活动参与者缺乏信心而降低，因为它会使投资和消费支出都减少。需求太低的另一个原因是因为收入分配被过度扭曲，收入趋向被高收入群体所拥有。

收入分配对于总需求以及充分就业的重要性意味着劳动力市场是至关重要的。劳动力市场决定工资，而工资对收入分配和总需求产生影响。从凯恩斯主义的观点来看，问题是劳动者的议价能力可能被极度扭曲而导致工资太低。这个问题在发展中国家尤为尖锐，工会是一种矫正议价能力不平衡的重要机制，能够帮助达成合理的收入分配。

按照新古典主义经济学的描述，工会可以纠正与非平衡的议价能力相关的市场失灵，而不是对市场的扭曲。从这一点来看，工会是纠正劳动力市场失灵的良好途径，因为工会以非集中的方式设定工资。虽然工资的设定是由集中的讨价还价来进行的，但在效益好的公司仍可以比在效益差的公司得到更高的工资。这与政府以法令的方式规定工资形成鲜明的对比。

这就建议中国最优先的应该是加强工会系统的地位。正如中国正在改革公司治理结构和财政体制，改革也必须包含以工会为中心的劳动力市场改革，因为这对于以市场为中心建立一个消费者社会是必需的。除了西欧，只有美国、加拿大、日本、韩国、澳大利亚和新西兰成功地完成了向发达市场经济的转变。在所有的情况下，这种转变都是与有效建立国内工会同步的。

鼓励加强工会建设必须得到能有效实施的最低工资立法的支持。中国是一个大陆经济体，地区间的差别非常严重，发展水平参差不齐。这就意味着需要一个精确的最低工资体制，最低工资的设定必须基于不同的地区，并且考虑到不同地区间生活成本的差异。随着时间的推移，发展不断加快，落后地区也会赶上，这种设定就可以调整，最终的目标就是一个统一的全国最低工资。

最后，这种以提高工资为目标的劳动力市场改革应该与能够为家庭提供保险的社会安全网配套。这会增加家庭的信任和安全感，这样就会减少预防性储蓄的需要，鼓励家庭进行更多的消费。

适度地提升工资

这里涉及一个成本的问题。只要中国遵循出口导向型的增长战略，生产成本就极为重要。出口导向型增长的机制着眼于国际市场，这就迫使各国努力降低成本以获得竞争优势，这些给降低工资带来了系统性压力，这些压力对于保证出口导向型增长的可行性是必需的。国内需求导向型增长模式可以消除这些压力。现在，更高的工资成为需求的根源，也会增强就业市场的活力。资本仍需赚取一个适度的回报，并且吸引新的投资，但适度地提升工资会增强这个系统，而不是削弱它。

七、总　结

中国当前的发展模式面临一个外部的约束，有可能会导致中国和世界经济的硬着陆。中国已成为一个全球性的制造商，致使它的出口导向型增长战略难以为继。中国依赖美国市场，但它的出口规模在破坏美国的制造业，并且冒着令美国经济陷入衰退的危险，美国经济的衰退也意味着扣响了中国和全球经济衰退的扳机。

中国应该从出口导向型增长转向国内需求导向型增长。这意味着要着眼于培养经济的需求方面，而不仅仅是供给方面。当务之急是让货币升值以避免阻止美国经济的扩张。从长期看，中国必须提高工资和提升收入分配。在一个出口导向型增长系统中，更高的工资意味着破坏增长。在一个国内需求导向型系统中，这都不是问题。挑战在于以一种有效率的非集中的方式来增加工资，这就要求加强工会的力量。

（程仁桃 编译）

重新平衡中国的发展：一种三管齐下的解决方案*

〔美〕奥利弗·布兰查德　〔意〕弗兰西斯科·贾瓦茨

一、引　言

2005年7月21日，中国启动了重新平衡本国经济的进程。随着时间的推移，新的汇率机制将会降低向出口部门投资的动机。这对于中国而言是正确的一步，因为越来越多的迹象表明，中国经济已经过度地偏向面向出口市场的制造业，以至于国内的资源配置出现了扭曲：过多的资金投向制造业，而投入本国服务业特别是医疗服务方面的资金严重不足。

中国政府宣布将在所有的农业省份取消全国性的人头税，并且正在考虑降低这些省份的某些地方性税收。免费的初等教育以及某些免费的基本医疗服务已经开始被提供给所有的农村家庭。这些政策是正确的，原因有二：其一，中国农产品价格紧跟国际市场价格，因此人民币升值将会带来以人民币计算的粮食价格的相应下降，其结果将会降低农民收

---

* 本文来源于中国社会科学院世界经济与政治研究所与布莱克威尔出版公司合作出版的《中国与世界经济》杂志2006年7—8月号。奥利弗·布兰查德（Olivier Blanchard）是美国麻省理工学院经济学教授，弗兰西斯科·贾瓦茨（Francesco Giavazzi）是意大利大学经济学教授。

入。其二，人民币大幅度升值可能导致中国经济陷入衰退，或者至少是增长率显著下滑。因此，使用财政政策来支撑国内需求显然是合乎时宜的。因此，将扩张性财政政策的重点放在农业省份，无论是从收入分配的视角还是从宏观经济的视角来看都是正确的方案。

二、迄今为止的战略

（一）储蓄和出口

自20世纪90年代早期以来的中国经济战略，部分是深思熟虑的政策选择的结果，部分是历史的偶然。它具有两大特征：一是高储蓄和高资本积累；二是出口导向的增长。

（二）失衡

在中国经济增长的同时，出现了一系列的社会性和经济性失衡。主要体现为：省际不平衡增长；不同熟练程度劳动力之间的不平衡增长；部门之间的不平衡增长；社会保障网络被极大地削弱，投资的扭曲配置，不断扩大的宏观经济失衡。

三、改革的方向

虽然出现了一定程度的失衡，中国的经济增长依然取得了非凡的成就，因此在变动政策时应该小心谨慎。对到目前为止所采取的经济发展战略的修正，应该更多地采取弹性调整而非剧烈变动的形式。我们认为改革有三个主要方向：（1）提高居民抵御风险的能力。在当前这一阶段，中国居民面临着退休带来的严重风险、医疗支出的风险以及教育的风险。（2）降低或者重新配置投资。对制造业的投资太高，而服务业尤其是公共服务部门接受的投资太低。这意味着应该大幅提高在医疗和教育部门的公共投资，特别是在对此需求更加迫切的农业省份。（3）允许人民币升值以减少贸易盈余（其深层含义是，降低储蓄率）。

单方面讲，以上三个方向都是值得追求的。问题在于，如何将它们很好地结合起来。我们将分两步来展开下文。首先，我们将分析每一项改革的动机和效应，讨论如果这些改革只是被单独实施的话，这对于中国的宏观经济失衡而言意味着什么。其次，我们将讨论如何把这三项改革最好地组合起来。

（一）私人储蓄

中国43%的私人储蓄率是非常高的，这一点在我们意识到以下问题时尤其如此。在一个世代交叠的经济体中，总储蓄率是年轻人的储蓄和老年人的负储蓄相加的净值。这就意味着年轻人的储蓄率必定比43%更高，到底高多少呢？答案大致取决于经济增长率以及个人平均寿命。

在标准的新古典主义增长模型中，“黄金准则”储蓄率指的是能够使稳态消费最大化的储蓄率，它等于资本在国内生产总值（GDP）中所占份额。以这一标准来判断，43%的储蓄率可能太高。但是中国肯定尚未达到稳态增长，这也许能够解释转型过程中较高的储蓄率产生的原因。生命周期理论能够在多大程度上解释储蓄率，而其他理论又能在多大程度上解释储蓄率？我们从家庭储蓄、企业储蓄和政府储蓄分类进行分析是很有必要的，企业储蓄几乎占到中国储蓄率的一半，但是最突出的显然是家庭储蓄。

随着国有企业在经济中的比重下降，公共退休体系在很大程度上已经瓦解。大部分退休带来的风险，特别是与预期寿命相关的风险，现在开始为居民所承担。从上世纪90年代开始，医疗服务和教育的供给已经日益建立在一种收费体系的基础之上。其他导致高私人储蓄率的因素大多和薄弱的金融市场有关。银行也缺乏一种信贷文化，而且银行的从业者还不习惯承受风险。因此，有一些居民为买房而储蓄，有一些居民为开公司而储蓄。

提供退休保险和医疗保险显而易见是必要的。在这两个领域中，针对个体风险的存在，自我保障是一种昂贵且非常不完善的解决方案。任何想要使风险在人群中分摊的措施都将提高福利水平。对于培育抵押贷款市场，或者更多地按照项目贷款而非抵押品贷款而言，相似的论证同样成立。

部分保险能够由市场提供，为此最急需的就是法律体系的一系列改革。例如，在抵押贷款的情况下，银行需要能够更容易地取得抵押品的所有权，否则银行就不会提供贷款。在医疗服务领域，私人保险能够在某种程度上使风险分散和多元化，但是享受医疗服务的渠道的改善（特别是针对农村居民而言）几乎不能完全指望私人部门。

然而，以上所有措施都包含一种重要的宏观经济意义。它们将会降低私人储蓄率，同时同等程度地增加消费。在其他条件不变的前提下，这也可能导致经济过热以及（或者）资本积累的下降。

（二）医疗服务、税收和赤字

在我们先前列举的发展失衡中，其中之一就是服务业尤其是医疗服务的份额出乎寻常地低。有证据表明，在上世纪 90 年代，医疗服务在人均收入中所占的比例并没有上升，在农业省份中该指标甚至出现了显著下降，农村的人均医疗人员指数和人均病床指数均出现了绝对下降。农村地区的婴儿死亡率相对于城市地区也有所恶化。

在医疗服务不充足的背后，可能存在三个因素。第一个因素是医疗保险的缺乏。它一方面导致人们通过储蓄来实现自我保障，另一方面会导致人们购买更少的医疗服务。第二个因素是收入分配。在向以收费为基础的医疗体系的转变过程中，医疗服务对于很多人而言开始变得过于昂贵，以至于他们负担不起。第三个因素是医疗服务的供给不充足，特别是农村地区。随着乡镇企业的私有化，以及它们更多地关注利润而非社会保障，农村地区大部分的医疗服务基础设施已经解体。

这意味着以扩大医疗服务部门为目标的改革必须同时关注需求和供

给。在需求方面，我们已经讨论了引入一个医疗保险体系。在供给方面，从建设新的医院和诊所，到鼓励更多的人到农村地区从医，国家需要在医疗服务方面投入更多的公共开支。

我们必须承认，由于我们对医疗服务、特别是中国的医疗服务所知有限，因此很难提出更富针对性的政策建议。我们也认识到，某些论证对于其他公共投资领域（诸如教育）而言也同样适用。然而，当我们试图讨论为上述开支提供融资的财政问题时，这显然与宏观经济有关。以医疗服务为例，要扩大对医疗服务的供给，相应增加的政府开支应该通过举债还是通过征税来融资？这里有三种相关意见。

第一种以公共财政的标准原则为基础。如果支出在未来对人们有益，那么就应该通过举债而非征税来融资，在这种方式下，（用来支付债务利息而需要的）税收流（stream of taxes）能够更好地和收益流（stream of benefits）相配比。这正是所谓的公共财政的“黄金准则”。

第二种以实现内部平衡的需求为基础。在努力避免经济过热和维持宏观经济平衡的过程中，我们应该重视财政政策以及在征税和举债中作出的选择。一个相关的例子就是，在亚洲金融危机后中国的农村地区启动了电气化项目。和今天的医疗服务一样，进行电气化是必要的。当时，总需求降低，因为很多亚洲国家的货币大幅贬值，但是中国政府坚持人民币不贬值。因此通过赤字来为电气化项目融资是正确的政策。这就意味着政府应该根据环境的变化来决定到底是主要通过征税来融资还是主要通过举债来融资。

第三种意见以债务机制为基础。当中国经济的增长率远远高于中国政府需要支付的贷款利率时（这正是当前中国所面临的现实），很多关于债务机制的典型忧虑就不复存在。如果增长率能够始终高于利率，政府就能降低税收，并且可以不再考虑重新提高税收，因为债务和国内生产总值的比率持续为正，但是不会出现爆炸性增长。如果增长率最终下降到低于利率的水平（这种情况很可能发生），那么随着时间的流逝，更大的赤字只会导致债务出现小幅增长，以及长期债务负担的小幅上升。换句话说，现在更大的赤字只需要有限增加未来的最终税收。也就是说，如果赤字从宏观经济的立场来看是合理的，那么中国政府就应该毫不犹豫地使用赤字政策。

（三）人民币升值

2005 年 7 月 22 日中国停止人民币盯住美元的政策。在新的汇率机制——管理浮动汇率制之下，人民币能够以美元平价为中心在一个较小的区间内波动。在这一区间内，汇率将根据“市场的供给与需求”而波动，同时接受中国人民银行的干预。新机制的核心要素明显在于中心平价的决定。

央行宣称，在每一工作日的交易结束后，它将宣布银行间外汇市场上美元的收盘价，并且将其作为下一个工作日美元与人民币交易的中心平价。从原则上讲，如果存在对人民币的过度需求，而且干预有限的话，人民币汇率每天将达到其浮动区间的上限。该机制将转变为月度重新定值幅度为 6% 的爬行盯住制。由于中国人民银行并未排除这一可能结果，这就意味着它是汇率可能变动的最大幅度。这一可能性本身就会给人民币带来升值压力，其结果就是外汇储备的积累甚至可能超过固定汇率制下的外汇储备积累。最后中国政府也许会发现，让人民币自由浮动将是一件较容易的事情。

最后升值的幅度会有多大呢？2004 年中国人民银行积累了 2 000 亿美元的外汇储备。其中一半与贸易和外国直接投资（FDI）有关：500 亿来自贸易盈余，500 亿来自外国直接投资；剩下的 1 000 亿主要是预期人民币升值的投机资本，即组合投资、汇款和再投资利润。

在浮动汇率制下，这种单方向的投资资本流入将会消失。在自由浮动机制下，中国人民银行不会继续累积外汇储备，人民币需要重新定值来减少贸易盈余和外国直接投资的流入。升值幅度会有多大？我们对此很难判断。出口对汇率的适应性可能较低，事实上没有人知道它到底是多少。升值最可能导致的结果之一是中国相对于其他国家特别是巴基斯坦、埃及等在出口方面竞争力的丧失。在任何情况下，大幅升值的可能性都不能被排除。

为了减轻人民币升值压力，中国人民银行应该做两件事情：一是应该非对称地解除资本管制，也就是说，只解除对资本流出的管制，保留对资本流入的管制。二是继续积累外汇储备。这样做有一个潜在的理由：通过抑制升值，外汇储备的积累将会导致更大的出口，以及更高的从实践中学习的能力和劳动生产率增长。一旦人民币最终升值，外汇储备存量所发生的资本损失可能低于从更高的劳动生产率增长中所获得的产出收益。在这种情况下，进一步积累外汇储备至少在一段时间内是明智的。但条件是否成熟，显然很难评价。

现在转为分析人民币升值的宏观经济效应，效应很可能是双重的。就升值将损害中国的竞争力而言，出口将会下降，出口部门也将缩减。在缺乏配套措施的前提下，出口的下降并不会带来经济体中其他领域内的需求增加。升值对于贸易条款产生的积极效应（这是中国人民银行在解释实施新的汇率机制的理由时所使用的一项论据）很可能是有限的。为了维持内部平衡，人民币升值必须辅之以内部需求的上升。这就使得我们回到了上文中所讨论的储蓄问题上来。降低风险和降低储蓄不仅就福利方面的理由来看是合理的，正如上文中所讨论的那样，而且它作为伴随人民币升值的适宜政策也是合理的。

是否还存在其他方法，既能降低制造业出口，又能够避免人民币升值对于农民收入和不平等的不良影响？从原则上而言答案是肯定的，这些方法值得我们去探索。

四、试验性的政策组合

我们建议实施如下的政策组合：（1）消除造成高预防性储蓄率的某些不完善因素。相关措施包括设计一套更加有效的退休制度、医疗保险的供给、私人保险市场的培育、更加完善的产权制度（使得银行更多地对项目而非对抵押品发放贷款)。这些措施不仅能够直接地提升福利水平，而且能够逐步降低储蓄。(2) 允许人民币升值，从而使得更多的资源调离出口部门。逐步解除对资本流出的管制以及取消对外国直接投资的税收优惠，这将有利于缓解人民币的升值压力。其他手段也能发挥作用。例如，引入污染税将会降低投资于出口部门的动机，同时不会对农民收入产生负面影响。污染税的税率越高，需要人民币升值来重新配置资源的幅度就越小，升值对于城乡差距的负面影响也就越小。(3) 增加医疗服务和其他公共服务的提供。应该重点瞄准农村地区，因为升值将会造成收入从农村到城市的再分配。当然，最优先考虑的是避免从中央下拨到农业省份的资金因为贪污腐败而不见踪影。当然，这三项政策还需要合理搭配。

(马列展　魏华 摘译)

中国奇迹背后的神话*

〔美〕乔治·J. 吉尔博伊

中国作为一个全球贸易大国的突然崛起所引起的反响是奇特的，掺杂着敬佩与担忧。对中国经济发展繁荣前景的非理性热情促使投资者们急匆匆地去购买中国企业的股权，而很少知道这些企业究竟是怎样运作的。与此同时，对中国成就和潜力的过高估计又助长了种种担忧，说中国必将打破全球贸易和科技力量的平衡，最终会在经济、科技和军事上成为美国的威胁。这些反应都是错误的，他们忽视了中国经济奇迹背后的缺陷，也忽视了美国从中国参与全球经济的特殊方式上所获得的战略利益。

实际上，中美两国正在发展着美国战略长期以来梦寐以求的那种经济关系。中国正在参与美国半个多世纪以来一直在努力建立的自由而又有规则的全球经济体系。但是经济市场化的过程导致了两大没有预料到的严重后果。首先，中国政府实行的经济改革非常有利于国有企业，给予它们各种优惠和便利政策以获取资金、技术和进入市场。改革也有利于外国投资者，导致外国公司在中国工业出口中占有巨大份额，在中国

---

* 本文来源于美国杂志《外交》（*Foreign Affairs*）2004 年 7—8 月号。乔治·J. 吉尔博伊（George J. Gilboy）是麻省理工学院国际问题研究中心研究成员。

国内市场也赢得了有利的位置。结果是，中国工业领域充斥的是低效但又仍然庞大的国有企业、日益占据优势地位的外企以及无力在同等条件下与这两者竞争的民营企业。

其次，中国现存政治体制下固有的商业风险导致在中国的经理人当中衍生出了一种“企业战略文化”，这种文化鼓励他们追求短期利益、地域分割以及经营的过度多元化，多数中国企业都侧重于发展与官僚体系中各级官员们的私人关系以谋取特权，而不是在企业之间建立起横向网络联结，也不在技术发展和推广方面进行长远投资。中国企业依然严重依赖国外的技术和关键性元件，这些严重制约了它为单方面利益而支配其科技和贸易力量的能力。克服这些弱点的最好希望在于中国对其相关体制进行改革。而美国的政策也不应沦为短视的贸易保护主义，这样会损害目前两国关系发展的有利趋势，而应该采取一种“战略性接触”的政策。

一

最近有关中美贸易的争论忽略了以下事实，即与中国的经贸关系大体上是有利于美国的。自 1978 年中国改革开放以来，从中国进口廉价的产品为美国消费者节省了大约 1 000 亿美元。美国的波音、福特、摩托罗拉等企业通过从中国这样成本更低的国家购买零部件，每年也可以节省数亿美元的生产成本，从而提高了它们的全球竞争力，也有利于它们在本国开发新的高附加值产品。

中国不仅仅是一个出口国，它的进口额在东北亚地区也是最大的。中国用于国内消费的进口额从 20 世纪 90 年代中期的 400 亿美元上升到 2003 年的 1 870 亿美元。如果不考虑进口加工再出口贸易，中国在 2003 年有 50 亿美元的贸易赤字。在电子和制造业等高科技领域，中国 10 年来每年的贸易赤字平均数是 120 亿美元。与日、韩等美国在亚洲的其他贸易伙伴不同，中国对美国产品和投资是敞开大门的。虽然近几年美国对华出口不太景气，但是在过去的10年内美国对华出口额增加了3倍，仅在去年一年内就增长了28%（同年美国出口总额仅增长5%）。特别是，中国是美国高科技产品的一个主要市场。

中国允许外国公司投资于中国的国内市场，其规模之大在亚洲是前所未有的。自1978年以来，中国吸收了5 000亿美元的外国直接投资，是日本于1945—2000年间吸收外国直接投资总额的10倍。由于其对外国直接投资的开放，中国不能像日韩在经济高速发展时期所做的那样，保护本国市场使之只面向本国企业。相反，中国允许包括美国公司在内的外企为它们的产品和服务在中国开拓新的市场，特别是在诸如飞机、软件、工业设计、机械设备、半导体和集成电路等产品附加值比较高的领域。

由于经济开放和需要大量进口，中国可以在全球贸易与金融等多个领域成为美国的盟友。而且，中国已经表现了按世贸组织规则行事的意愿。中国现在是建立区域贸易和投资机制的倡导者，包括与东盟建立自由贸易区，以及与澳大利亚签订双边自由贸易协定。

外贸和经济发展已经促使中国在商业法规方面作了改进，注意更多地征求消费者的意见，逐渐减少官僚作风以及遵守有关安全和环保的国际标准。

二

尽管如此，美国政界和商界的领导人还是担心，中国在世界出口贸易比重的日益增长，将预示着东北亚地区另一个经济超级大国的崛起。然而，这些担心是没有根据的，这有以下三个原因：第一，中国的高科技和工业产品的出口是由外国公司而不是中国企业在主导。第二，中国企业严重依赖从美国和其他工业发达国家进口的设计、关键元件以及生产设备等。第三，中国企业几乎没有采取有效措施去吸收消化和推广它们进口的技术，从而使得它们不可能迅速成为全球工业中的有力竞争者。

我们通过仔细观察中国的出口状况——以生产企业的类型为标准——来对中国的经济增长作一个透视。去年，外资企业占中国出口总额的55%。从这个角度看，中国不同于那些具有代表性的亚洲国家和地区的成功经验。在20世纪70年代中期，外资企业只占台湾制造业出口的20%；在1974—1978年间的韩国，外资企业只占其制造业出口的25%；在泰国，外资企业的出口份额从20世纪70年代的18%下降到20世纪80年代中期的6%。

在中国，外资企业在高科技工业产品的出口方面占的主导优势更加明显。尽管在过去的10年内，中国机械工业的出口额增长了20倍（去年为830亿美元），但外资企业在其中所占的比重从35%上升到79%；电脑设备的出口额从1993年的7.16亿美元上升到2003年的410亿美元，外资企业在其中所占的比重从73%上升到92%；电子和电信产品的出口额增加了7倍（2003年为890亿美元），其中外资企业的比重从45%上升到74%。这种情形几乎存在于中国所有的高科技工业部门。

数据统计还显示出另外一种趋势，即中国对国外投资的依赖日益加深，以及外资企业和中国本国企业之间的差距日益扩大。1990年以来，中国允许另外一种外国直接投资模式出现即从中外合资转向外国独资。现在，外商独资企业占在中国的外国直接投资总额的65%，而且它们主导了中国高科技产品的出口。与合资企业相比，独资企业更不愿意向中国企业转让技术，而且独资企业也没有像外资企业那样受合同约束而必须与中国合作者分享技术。为了占据中国市场的更大份额，它们极力对自己的技术保密。

三

中国企业落后于外资企业的一个关键原因是它们没有在科学技术发展方面作长期投资。开发技术是一个困难而又不确定的过程。大量的资金投入或者现有的科技力量的集聚都不一定能确保成功。为了开发商业上可行的产品和服务，企业必须获取新知识、了解把握市场动向、对变化多端的消费需求迅速作出反应。那些与科研机构、金融家、股东、供应商以及客户保持紧密联系的企业在获取、转化新技术以及将其商业化方面就享有优势。那种水平的网络联结是获取知识、资本、产品和人才的基本渠道。

然而，中国现有的某些体制却抑制了中国企业间的横向网络联结，相反强化了垂直联系。尽管市场改革已经给中国经济带来了新的规则，在没有制衡机制以及直接监督的前提下，中共官员在界定和实施那些规则方面还有广泛的决定权。特别是在地方上，政府能够，而且经常为了追求特定的地方利益而操纵经济政策。这样常常导致全国工业企业的地区分割以及重复投资带来的浪费。

为了应对这些不确定性，在过去的20年里，中国企业发展出了一种特殊的企业战略文化。首先，针对政府的特殊政策，中国企业往往注重从政府官员那儿获得特殊待遇即进入市场或取得资源的特殊渠道，免受一些规则的制约以及一些官员的盘剥。其次，为了使特殊利益最大化，以及为了避免与别的企业及其背后支持者纠缠不清，许多中国企业之间不愿意进行合作，特别是跨地区或跨行政区域的合作。再次，它们往往置短期收益于长远投资之上。最后，中国企业为了减轻同行之间的恶性价格竞争——这是由过剩的生产能力和重复投资造成的带来的损失而倾向于生产和经营的过度多样化。

考虑到中国目前的政治结构和商业环境，上述企业战略文化是合理而实用的。但是，这种文化削弱了中国企业的竞争力，还有可能损害中国经济，使其走下坡路。大多数中国企业注重短期收益，而不去提高开发新技术的能力。十多年来，它们用于研发方面的投入还不到其销售总额的1%。

注重短期收益也影响了中国企业对技术的进口。中国企业倾向于通过购买国外的生产设备来引进技术，通常是购买诸如装配线这样的整套设备。在整个20世纪八九十年代，硬件设施占中国技术进口的80%以上，而用于获得专利使用权许可、售后服务以及咨询方面的费用则分别只占9%、5%和3%。

虽然中国近几年来开始引进“软技术”——主要是用于购买专利以利用好进口的设备，但含在这些设备里面的知识技术必须先消化、吸收和掌握即技术“本土化”，而后才能为国内创新打下坚实有效的基础。中国企业在这方面的能力还是比较薄弱的。中国大中型企业在技术本土化方面的资金投入还不到其进口设备总开支的10%。中国企业的这种情形也与上世纪七八十年代的日本、韩国在追赶西方发达国家时的支出模式不同。这些国家的企业往往用两倍或者三倍于购买设备的钱来吸收包含在设备中的技术并使其本土化。中国企业在国内也没有发展出强有力的技术供应网络。2002年，中国企业用于购买国内技术的开支还不到其科技方面总预算包括进口技术、维修现有设备以及用于研发方面的开支的1%。

企业间的合作和横向网络联结也很稀缺，使得中国企业在相对孤立的情况下进行研发。2000年的一次全国性的研发调查统计显示，在中国企业总共27亿美元的研发支出费用中，用于企业内部的支出，只有2%用于与大学的合作项目，与国内其他企业的合作费用还不到。这些研究所的任务本来是推广技术，为企业服务的。但现在的情况是，很多研究所正在成为企业的竞争对手。2003年世界银行的一份报告指出，中国很多科研机构为了自身的经济利益，已经把很多研究成果用于大规模生产和销售，而不是通过专利去推广这些技术。

考虑到挑战竞争对手及其地方保护者所要承担的政治风险，很少有中国企业在别的省份进行投资或与别的省份的企业进行联合。强烈的地方政治背景使一个地区的经济与其他地区的经济割裂开来，这有助于解释为什么中国企业往往规模比较小以及整个国家的工业企业是分割的。受地方保护主义危害最大的行业是制药业、机电、电子和运输业。其中，国企和民营企业受害最深，外资企业受害最小。

为了获得短期收益而又要避免发展区域间产品供应链所导致的困难，中国企业往往走过度多样化经营之路，其结果对企业本身也是破坏性的。很多中国最著名的企业在转向经营一些辅助性商业方面都是不成功的。

总之，中国的相关体制以及地方企业的企业战略选择都制约了中国企业开发新产品和新服务的能力。在整个20世纪90年代，新产品在中国企业销售总额中所占的比重比较低，大概为10%。这一比重在经合组织国家的工业企业中占到35%—40%。在这方面，中国甚至还落后于一些发展中国家。由于重复投资、区域分割以及企业间的联系松散，甚至那些开发出新产品的中国企业也经常发现自身正处于恶性的价格竞争之中，这使得它们不能从它们的技术创新当中获取高额回报。

因此，与其把中国视为亚洲又一个经济和科技上的“巨人”，不如把它视为一个正在出现的“正常”的工业强国，就像巴西和印度一样。由于政治文化和工业企业文化的相互影响，21世纪中国的科技和经济图景就像是一个无网络节点似的图案——有一些在科技方面比较成功的企业作为点缀。中国要成为科技和经济的超级大国，首先要在国内打好一个制度方面的基础。如果不对相关体制加以改革，中国吸收、发展和推广科技的能力仍将受到限制。大多数中国企业仍将在全球工业生产链条的低级环节上为了微薄的利润而相互竞争。

四

考虑到中国威胁全球经济平衡的潜力所受到的各种制约，美国应该抵制各种保护主义政策。相反，在认识到中国工业发展进程所带来的机遇和挑战的情况下，美国应该采取一种与中国战略性接触的政策。该政策的目的是，在维护美国科技、经济和政治的领导权的同时，帮助中国变得更加繁荣稳定，并使之融入全球经济体系中去。但美国必须接受以下事实，中国是一个正在发展的国家，它不可能在所有方面都符合发达国家制定的共同标准。

维持这种战略性接触有助于巩固和加强美国从现存中美关系中所获得的收益，确保中国持续繁荣和稳定，以及鼓励中国按全球贸易规则行事。

中国要成为一个科技和经济大国所面临的一个困境是，在中国释放使其成为一个全球有力竞争者的潜力以前，中国必须实行相关的体制改革，而不是简单地使市场更加自由开放，或者吸引更多的投资。而中国的体制改革从长远来说有利于中美双方。

（曾爱平 摘译）

海外当代中国研究丛书
Overseas Studies on Contemporary China Series

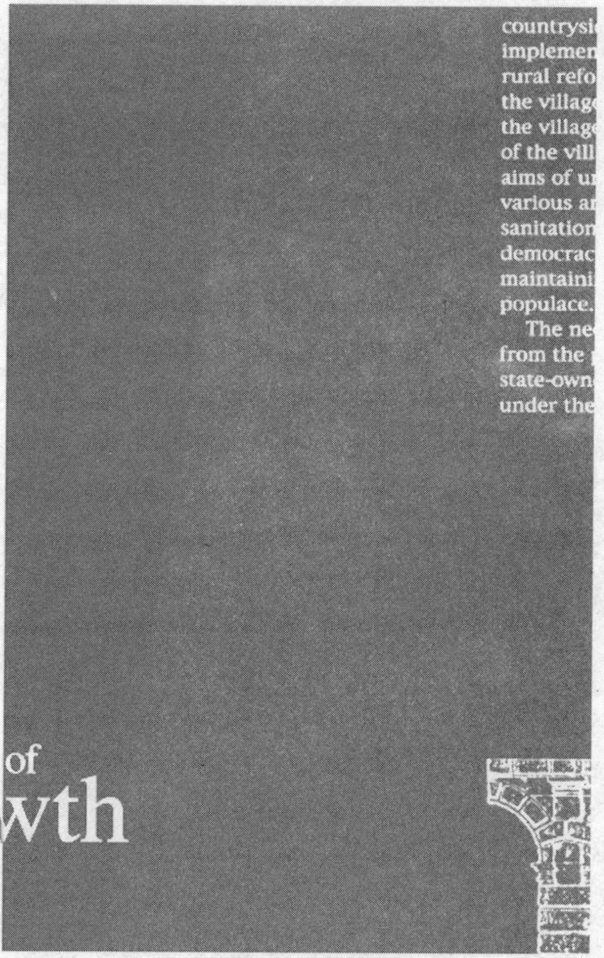

区域发展不平衡与贫富差距问题

The Myth of Growth

西部大开发运动：思想形成、中央决策制定和各省的角色*

〔德〕黑克·霍贝格

“西部大开发”政策是江泽民在1999年下半年提出的。这项中国内陆地区的社会经济发展战略旨在缩小内陆和富裕沿海地区的差距，但是我们进一步审视这一政策就会发现，它并不像看起来那么现实。很多因素形成了这一政策，因而很难在这些因素之间建立某种因果联系。待办事务的激增和发展优先权的不时变动，产生了一系列不同的目标和措施。在这项政策的实施过程中，它的地理边界不断变动，中央和地方的角色也不断改变。

一、思想形成

20世纪80年代后半期邓小平提出区域发展的“两个大局”战略。沿海地区首先得到中央支持；一旦它们达到足够的发展水平，内陆地区会得到同样的支持。通过这种地区间变动发展优先权和相互服从的逻

---

* 本文来源于英国《中国季刊》2004年6月号。黑克·霍贝格（Heike Holbig）是德国亚洲事务研究所研究员。

辑，邓小平表明中央政府将承担保障全国协调发展的重任。

来自内陆各省的压力也是邓小平形成上述战略的一个因素。20 世纪 80 年代中期，由于中央给予沿海地区发展优先权，内陆地区感到自己处于劣势，四川、云南、贵州的地方官员和学者成立了“西南部开发战略研究论坛”。西藏和广西后来也加入进来，这个论坛设法加强内陆地区各省之间的商业联系以弥补外资的不足。同时，它游说中央政府改变地区发展重点，认识到具有丰富资源和众多少数民族的西南部在经济、社会和政治上的重要性。1999 年西北各省推动的“开发西北”运动与此相似。

1992 年著名的邓小平“南巡”，再次确定了“经济改革和对外开放”政策的地位，邓小平更详细地重申了两个阶段的地区发展战略。一方面，他希望在给沿海地区更多支持的时候，内陆地区要保持耐心和服从中央政府；另一方面，他首次加上了一个时间表（尽管是试验性的），提出世纪末重点解决内陆地区的发展问题。

随着世纪之交的临近，来自各方的压力增强，内陆地区的发展问题凸显出来，成为 21 世纪中国发展战略的重要部分。

二、学术界的贡献

长期以来，关于区域发展的争论基本上主要分为两派。一些学者支持“梯度推移理论”（ladder - step theory），另一些学者反对它。“梯度推移理论”认为，中国作为一个发展中国家，应该把稀缺资源集中到沿海地区，沿海由于先天条件上的比较优势，最应该迅速攀上技术和经济进步的阶梯。由沿海地区首先引入的新技术会逐渐地推广到内陆，这样就会一步一步地刺激内陆地区的发展。这个理论预测，沿海与内陆的差距会随着不同地区经济增长率的逐渐接近而缩小。很明显，这个理论的中国版本与邓小平的区域发展战略非常一致，很好地证明了沿海地区“先富起来”的正当性。

虽然“梯度推移理论”在20世纪80年代成为学术界的主流，但它也引起了一系列反对它的理论。“反梯度推移理论”认为，前者在应用到中国时被误解了，因为这种理论所宣称的地区区别实际上是以海上贸易条件（这自然有利于沿海地区）所造成的差距为根据的。然而，把这种贸易造成的差距直接解读为一种由技术上发达、欠发达和不发达地区所构成的区域阶层结构（这是梯度推移理论的假设前提）是不合理的。实际上，西部地区资源丰富，某些地区甚至属于中国技术上最发达的地区。

反梯度推移理论家们进一步论证说，“梯度推移理论”不仅仅在理论上被误解，而且它暗含了对西部地区的整体性歧视。通过将先进技术优先引导到沿海地区，经济落后地区无法获得发展机会而被宣判为将永远处于落后地位。为了改变这种政策歧视，他们提议，无论一个地区达到哪个技术阶段，如果它需要经济发展并具备必要的发展条件，它都应该可以使用先进的技术来支持它的发展。20世纪90年代前期，在政治上对这个问题的认识开始加强，因为社会科学家所提出的统计数据表明沿海地区的增长实际上并没有扩展到内陆地区，预期的“涓滴效应”(trickle - down effect)① 没有实现。相反，统计资料显示，东西部差距明显扩大，导致了东西部之间经济增长率、收入和社会发展差距日益增大。

在众多来自学术界的声音中，胡鞍钢（清华大学国情研究中心主任）的作用在创造一个对“西部大开发”运动更有利的学术环境和形成有关的政治性言论方面是最突出的。胡鞍钢不仅仅在他的著作中，还在大量的会议和制定政策的会议上阐述他的意见和提议。毫不奇怪，可以在内陆各省的代表中发现很多他的支持者。另一方面，他的“西部大开发”政策的蓝图在中央决策者看来也是可以接受的，因为在他的分析

① 由赫希曼（Hirshman）（世界著名的发展经济学家）提出，如果一个国家的经济增长率先在某个区域发生，那么它就会对其他区域产生有利的作用。

中，中央党政机关在区域发展中要发挥特殊作用。他强调有坚固财政实力的中央政府的领导角色：应平衡区域利益和介入市场失败导致的社会不平等，胡鞍钢强烈呼吁建立一个强有力的、智慧的中央政府，这确实影响了中央的决策者。

三、加入 WTO 的挑战和机遇

1999 年 6 月 9 日，江泽民在中央扶贫开发工作会议上指出，加速中西部地区发展作为党和国家一项重大的战略任务应摆到更加突出的位置。

在中国，加入世界贸易组织（WTO）被看做是对国内经济各部门的严峻挑战。当时的各种著述认为，国内市场的开放最终会把所有的行业置于国际竞争之中，尤其会对农业和境况不佳的国有重工业形成强烈的冲击。非常明显，在此情况下，入世后这些工业主要所在的内陆地区将会遭受最严重的影响。面对工业衰落的危机和中国内陆大部分农村人口的贫困，领导层处于各省要求提供可行性应对战略的巨大压力之下。

同时，入世也被期望将产生巨大的机遇。龙永图在一篇关于西部大开发政策的学术著作中说："如果允许西部向世界开放，西部会形成足够的发展预期来吸引国际生产要素的流入，从而通过全球信息交换提高西部的整体水平。"

就像 2000 年夏季之前出版的许多官方论述和文件所说，外资狂热症占据着西部大开发政策的早期议程，导致了中西部各省争夺优惠待遇的激烈竞争。

四、目标与存在的问题

西部大开发战略的实施计划包括四个领域的措施：基础设施建设，生态保护，产业结构调整，科技、教育和人力资源的发展。2000 年 1 月之前，西部开发办公室提出了一个更详细的草图，增加“加强改革和对外开放”作为第五点。相关政策文件表明，这一议程可以被理解为一种“一石二鸟”的宏观经济战略。它预期着中央对大型基础设施项目的投入将促进西部地区与整个国家社会经济体系的一体化。

2002 年 2 月，国家发展计划委员会和国务院西部地区开发领导小组办公室完成了他们的“十五期间西部开发的总体规划”，其中他们提供了表述明确的指导方针、战略目标和政策措施。

这些文件提出了大量的经济的、社会的、生态的、政治的和意识形态的目标。但是这些目标之间某些潜在的冲突可能会在“西部大开发”政策的实施过程中恶化。这包括国家投资与市场主导的经济增长之间的冲突，大规模的基础设施建设与生态保护目标之间的冲突，强制性的地区经济发展与维持社会与政治稳定之间的冲突。目前为止，政策文件中还没有具体指出如何解决这些冲突。

“西部大开发”的区域划分从一开始就不清楚。依据邓小平的“两个大局”战略，沿海地区现在应该从属于“内陆地区”的利益，但是没有明确指明哪些省份属于内陆。看一下 20 世纪 90 年代后半期的正式的学术论述，中西部同时被提到有权享受新发展战略的好处，包括了 20 个省级行政区。

中央预算的财政紧缩可能是这个大数目不能维持的主要原因。另外，从资源配置的发展视角来看，把一个大蛋糕平均分给 19（或 20）个省也是不合理的。这样，2000 年上半年，西部大开发政策仅仅限制在狭义上讲的西部地区。中部变成了东西部之间的“桥梁”——这导致中部人大代表的强烈不满，因为这表示，他们暂时将得不到中央的任何资金和优惠待遇。

高层领导强调“西部大开发”政策的两个特殊目标。首先，强调生态方面，包括以“跨地区”方式解决问题的需要。其次，强化与少数民族地区有关的政治因素。如果少数民族不能获得更好的经济发展机会，那么社会和谐、政治稳定与国家安全将受到威胁。这样，西南部和西北部由于少数民族主要集中于此，地位自然提升起来。而中部地区，尽管同样遭受生态破坏，却被排除在外。

2002 年的经济增长数据清楚地表明这个政策使部分中国新西部地区获利：包含在西部大开发政策之内的各省的经济增长率开始有显著提高，根据国家统计局有关 2002 年国内生产总值的数据，除新疆和云南外，其他 10 个西部省份的经济增长率平均为 12.4%，比沿海省份浙江的 12.3% 还要高。但是，中部地区却成了这一场地区交易过程中的失利方，它们的平均增长率仅为 9.6%。

由上可以清楚地看到中央和各省的互动是国家决策过程内在的一部分。

结　论

“西部大开发”很难在严格的意义上被认为是如下一种被准确筹划的行动计划：其形成和实施有着明确的行为者，并预设了一套完整而一致的目标与措施。它更适合被认为是一种软政策：包括了一连串零散而多样化的议程，从中我们至少可以确定五项独立的议程：追求平等、吸引国外投资、基础设施投资、解决民族事务、可持续发展。

从中央党政机关的角度来看，这个政策是一个机会，也是一个责任。尤其是对于以胡锦涛为核心的新一代领导层来说，它不仅提供了一个拓宽他们的地区权力基点的令人欢迎的机会，也是一个提升其合法性的机会。新领导层可以把西部大开发理解为一场大规模的政治运动，而不只是“十五”规划中所勾勒的特殊领域中的发展项目，这场运动包含着如下具有吸引力的含义：负责任的中央政府、社会和经济的平衡发展以及民族的统一和现代化。

（张丽萍 摘译）

中国西部开发战略的先天条件与后天培育问题*

〔澳〕简·戈利

一、引 言

在过去的十年中，有大量的文章把中国区域差异加剧的内在原因归咎于地理的、历史的、政治的和经济的等多方面因素。本文在充分考虑这些因素的同时，把关注的焦点转向探索中国西部省份的产业发展前景方面。这些省份的发展前景取决于两个方面，一是决定产业空间布局的市场影响力的状况，另一个是政府培育或者抵消这类影响力的能力。由于西部开发战略正处于起步阶段，所以对于其已经产生了什么样的影响做出一个详细的经验主义定论可能为时尚早。因而，本文着重关注北京的决策者们所面临的挑战，同时利用这一战略实施早期的事实，来对这一战略的发展态势、欠缺点以及可能被误导之处加以提示和建议。

我们对“西部”仍按传统的划分法来界定，它包括新疆、西藏和宁夏三个民族自治区，还有贵州、青海、云南、四川、甘肃五省，以及直

* 本文来源于《中国经济与商业研究杂志》(*Journal of Chinese Economic and Business Studies*) 2007 年 7 月号。简·戈利 (Jane Golley) 是澳大利亚国立大学经济与商业系教授。

辖市重庆。

长期以来人们认为，产业发展不平衡是市场经济条件下经济发展不可避免的自然现象。米尔达尔曾描述过，“历史的偶然性”可能导致产业化在某个地方成功，而在其他地方失败。这一现象可能会引发“循环积累效应”，导致一个国家内部各地区之间的收入不平等不但不减少，反而增加。中国经济改革前20年的经验证明了这一观点。20年中，发展最快的是山东、江苏、浙江、福建和广东五个省，产业集聚是这个过程的主要特点。截至2004年，中国各省份人均GDP的水平相差悬殊，从上海的55 307元到贵州的4 215元；除中部三个传统上富裕的直辖市之外，上述东南五省位居最高层次上。与此同时，新疆是人均GDP唯一超过全国平均水平的西部省份，而其他七个最贫困省份均在西部，其人均GDP都在8 000元（1 000美元）以下。到2004年，东部地区人均GDP是西部地区的2.5倍。

米尔达尔清醒地意识到，市场影响力的本性并不能加快产业集聚和造成地区不平衡的无限加重。更确切地说，由于对周边地区产品和原材料需求的增长，以及由于集中生产所带来的成本上升，将会使产业中心的增长动力最终扩散到其他地区，使这些地区在与中心区的竞争中获得成功。赫希曼同样阐述了快速工业化地区的收益是如何通过技术更新、增加（原材料等的）输入和进行投资等方式，逐渐向本国内其他欠发达地区进行滴入式转移的。基于这些观点，“新”经济的地理模式证明了理论上所说的，在市场经济中经济发展与区域不平衡之间呈“倒U”型关系的观点，从长远来看，产业的扩散将导致收入的集聚。

区域经济学家长期关注政府的政策将如何对区域发展模式产生影响。尽管有大量可供选择的政策类别，在此我们集中讨论其中的两个主要类型的政策。

第一类是两极化政策，它们是非常明确地对特定的欠发达地区实行鼓励产业发展的措施。例如，通过把新投资集中在限定的中心地区，就有可能创造规模联动效应，以保证这些地区实现自我的可持续增长。这类投资可以通过国有企业的行为加以引导，或者在国家的掌控下得以实现，也可能通过对投资者的工资进行补贴的方式，鼓励其向指定地区的实业公司进行投资而得以实现。两极化政策的其他方式还包括：政府拨款、（政策扶持性的）软贷款、减税和为了促进指定地区经济中的特别门类发展而提供的补贴。这些两极化政策的具体形式，都需要政府在或者是地区、或者是产业中做“挑选优胜者”式的选择。

第二类是滴入式政策。这类政策可以被看成是对于促进特定地区发展、更具战略意义的措施。对电讯、交通和公共设施等基础设施进行投资就属此类政策最明显的范例。国家承担全国运输系统的开支，特别是对连接发达和欠发达省份运输系统的投入，减少了欠发达地区在这一方面的投入。同时，与这些基础设施相联系的后续项目的成本，如与区域间商业活动有关的信息、销售和维护成本，也可以通过由国家来扩展电信网络，提供计算机和互联网的使用权，组建跨地区贸易组织等方式，得到节省。减少跨区域的行政行为和其他跨区域贸易的非关税壁垒、促进区域间的贸易合作等措施，同样可能减少远距离经营的成本。在教育方面的投入是这类政策中另一种关键性的内容，正如米尔达尔指出的，滴入式政策的扩散效果不仅要通过改善交通状况来加强，而且也要通过恰当的传播方式、高水平的教育以及活跃的思想与价值观念的交流来加强。

毛泽东和邓小平时代流传下来两个政策体系，一个是在不发达的中西部地区大力促进效率高度低下产业的发展的区域战略，这是理想化的两极化政策的代表；另一个战略是极力推进相对富裕的沿海地区的发展，以滴入式经济学的方式带动国内其他地区的发展。这也为当代领导人留下了任务：改变区域间存在的严重不平衡状况。在新世纪来临之时，西部省份不仅是中国最贫困、工业化最低的省份，还是改革和市场化程度最低的省份。中央政府应该如何在最大程度上挖掘西部的发展潜力？在现阶段的选择又该是什么呢？

这些问题没有现成的答案。然而作为优先的选择，有足够的证据表明，从中长期的眼光来看，滴入式政策比两极化政策会效果更好。第一，依靠强大的国家指令来决定产业发展模式，背离近30年市场改革的思维走向。因为这30年的改革，就是中央政府对经济控制权做出具有重要意义的下放的过程。第二，面对幅员辽阔的西部地区，中央政府不可能在产业选址和选项上做到准确和高效，实现“双赢”。第三，中央政府利用产权国有、补贴和国家指令方式促进产业发展的能力，越来越受到中国融入全球经济，特别是加入WTO后所承担的国际义务的限制。从根本上说，两极化的政策在中国改革和发展进程中看起来是一种退步的方法。相反，滴入式政策从根本上是依靠市场来决定该生产什么、在哪儿生产，而不是想方设法使欠发达地区更有吸引力，来吸引企业建厂生产。简而言之，滴入式政策培育市场体系，两极化政策抵制市场。很难想象出一个理由来说明后者更适合中国在21世纪的经济发展。下面探讨中央政府当前正在具体实施的政策。

二、西部开发战略

这一部分根据中央政府迄今为止在财政支持、基础设施建设、教育、合作措施和产业政策诸方面对西部所做的努力，来展示中央政府的西部开发政策的特点。

（一）财政支持

1978年至2003年之间，东西部地区在国有单位的基建投资份额方面区域差距很大。沿海开发战略可以通过东部地区的基建投资份额所占的比例反映出来，1978年是40%，到1994年达到最高值是55%。这一比例是通过损害中西部利益的情况下达到的，例如1994年中部和西部基建投资份额所占的比例就低，分别是22%和14%。自1996年以来，西部的比例稳步上升，在2002年达到20%。虽然2003年回落到18%，但还是标志着西部地区有所改善，这说明西部的份额已经恢复到1978

年、对沿海实施倾斜政策以前的水平。

2000 年至 2003 年之间，国家对西部的财政拨款的份额从 23% 增加到 29%。然而，实际上这个时期来源于其他融资渠道的资金量都在下降。由于国家财政拨款作为投资来源所占的份额下滑，由 2000 年的 11% 下降到 2003 年的 9%，而同时应该引起重视的是进入西部的非国有来源的资金逐渐增加。令人遗憾的是，2005 年世界银行的一份报告显示非西部的省份继续成为这些市场驱动性资金的主要获得者。如果中央政府真心致力于开发西部，就需要把充分的资金直接投向西部，至少在其他来源的资金开始跟进之前应该这么办。不断努力改革国内资本市场同消除资金向西部流动的障碍，二者同样重要。

（二）基础设施建设

每一个关于西部地区政策的文献都强调加强基础设施建设的必要性。这显然是地区产业能力和竞争力的一个基本要素，也是一项非常有效的滴入式政策。毫无疑问，在过去六年中，西部基础设施建设有了长足发展，但是分配给本地区的资金的份额却没有考虑到其特定的需求倾向。例如，2002 年西部获得的用于交通基本建设、邮政和电讯的投资份额只有 14%，这一比例同 1996 年和 2000 年一样，2004 年有所改变，增加到 19%。这一切显然是以牺牲中部而不是东部地区为代价的。就竭尽全力扩大基本建设投资而言，考虑人口因素，西部地区所获得的资本份额仅仅是一个平均水平，这并没有特别体现区域开发策略中要努力加强最贫困地区基础设施建设的意图来。

（三）教育

毫无疑问西部人口的平均受教育水平比国内其他地区低。2000 年西部开发战略的启动阶段，东部地区每 10 万人中就有 5 682 人受过大专以上水平教育，相比之下，西部则只有 2 938 人。平均数字掩盖了省级间的实际差距，北京的实际数字是 16 843 人，西藏仅有 1 262 人。东部和中部初中毕业人口比例比西部高，而只受过小学教育或没有受过教育的东部人口比例则最低（比例高于中西部）。显然，中央政府当前面临的艰巨任务是提高西部教育水平。需要提醒的是当前分配给西部的教育资金不足。2000 年，东部地区获得了全国教育资金总投入的 57%，中部地区为 27%，西部仅占 17%。2003 年的比例分别是 57%、26% 和 18%，这些数据表明，从区域优先的思路上看，教育资金的投入比例并没有变化，西部地区没有被放在优先位置上。由于西部地区对政府资金相对高的依赖性和在教育水平和收入方面的明显不平等，所以政府有必要大规模增加向西部直接投入资金的份额。

（四）合作模式

国务院发展研究中心高级研究员李善同，曾和她的合作者详细描绘了四个正在形成的“经济联合带”：珠江经济带、长江经济带、陇海—兰新经济带、北京—天津—呼和浩特—包头—银川经济带。除了海南、福建、西藏、黑龙江、吉林和辽宁几省，这四个经济带把中国大陆的省份连接起来。他们相信这将会是中国各省份之间地区合作的新模式。经济联合带由跨地区的、地理上相连接的经济地区构成，它们拥有方便的运输系统、互为补充的经济结构和协作型经济关系。四个经济带的建设将会积极促进省级合作，由此开发西部最落后地区的发展潜力，因而可以防止地区间不平衡差距的进一步加大。目前正在实行中的合作计划有：“西电东送”、“西部蔬菜向东部配送”、“西部烟草向东部调配”、“西部劳动力向东部输出”。

表面看来，这些合作办法好像正是属于滴入式类型的区域政策，它提供了减少跨省界贸易的交易成本的途径。然而关键的是，这种合作是省份间自愿的、多方受益的。如果这种合作成为典范，那么中央政府的政策就有助于市场的充分发展。如果相反，政府的对其支持力度开始下降，这种地区合作就不可能长期维持。

（五）产业政策

《西部开发总体规划》的另一个主要目标是“提高市场竞争力”。但是，大量事实说明政府的规划过多地参与了确定发展哪些产业将会具有竞争力和在哪些地区发展，而且事实还说明国有产权是实现目标的重要机制（尽管这听起来很不协调）。政府好像是尝试“挑选优胜者”，这是一个经常与发展中的国家相联系的术语。

包括“西气东输”和“西电东送”在内的“西部开发战略”中的“五大工程”引起了专家们的讨论。有专家指出，由于西部自己不能生产，“五大工程”的40%左右的投资用于向国内其他地区购买设备和原料。他们的结论是，在利用这“五大工程”来促进未来产业发展方面，西部地区更像是捐助人，而非受益人。

目前在建设中的青海钾肥厂是西部开发的首批十项工程中唯一的工业项目，是青海2000年开始建设的重点项目。在青海，鼓励企业的核心产业与当地资源优势相联系。这些企业的整体经营是国有化的，要拓展到西部其他地方有一定困难。

2004年蒂姆·奥克斯的文章《创建南部贵州和国有电力的发电基地》指出：“中国维持国有发电企业的现状，将依靠体现公共政策意图的价格体系，而不是市场规则。”

很可能最有意义的经验来自于新疆生产建设兵团。2002年，新疆建设兵团的产值占全区GDP的13%。这种巨型国有企业集团直接在国务院领导下，是两极型政策成功的最典型代表。

本部分所涉及的一些现象虽然并不是最突出的例子，但总体而言反映了政府地区发展政策的特点。

三、1999 年至 2003 年的产业发展状况

产业发展开始滴入式地从东部扩展到全国其他地区的一个象征，就是东部工业产出比例开始随时间增长而下降。然而，最近的事实显示东部省份产业集聚的过程还没有出现势头减弱的迹象。

事实上在所有的分支部门中东部地区的产出份额呈现上升的趋势。从 1999 年到 2003 年，东部的工业产出从占全国总量的 67% 增长到 72%，在 25 个分支部门中除了 4 个以外，全部实现了正增长。相比之下，广东省的情况则是一个特例，1999 年至 2003 年，广东省的工业产出量总体上增长幅度很小，25 个部门中有 16 个部门的产量是下降的。广东（还有上海）的企业走出本省（市）发展，可能是产业逐渐向边远省份扩散的良好开端。

然而，西部仍然不是这个过程的受益者。西部各省 20 世纪 90 年代在工业产出份额上经历了持续损失之后，1999 年至 2003 年，又经历了更大的损失。这些累计的损失牵涉除四川以外（四川有 13 个部门比例上升）西部各省的大部分工业部门。另外，与东南各省所取得的巨大成就相比，西部没有一个省在某个部门工业产出的份额方面增加了两个以上的百分点。到 2003 年，西部仅占全国工业产出量的 9%，而东部占 68%。东部主导的工业主要部门（除 5 个部门外）的产量占全国总数的比例都超过 50%，而西部的产量低于 25%（石油、天然气开采和烟草加工除外）。西部地区工业产出量过低，影响了它的重要性，然而却很少有迹象表明这种情形将会发生转变。

四、结　论

中国共产党当前实施的多方面和长期的区域开发战略，是由政治、经济和社会等多方面因素所推动的，其中产业发展仅仅是其中的一个方

面。即便就此一方面而言，目前也不可能断言西部开发战略已经成功与否。因此，本文就前面所述观点作出如下结论。

理论上认为，市场经济条件下产业发展的空间模式预示，工业首先在某些地区集聚（随之而来的是地区收入不平衡），然后这种集聚逐渐减弱，经济增长的收益将会以滴入式经济学的方式向国内的其他地区扩散。工业从最初工业的中心扩展到更加遥远的地方，扩散的最关键原因是为了利用那里丰富的自然资源和低廉的生产成本。自由主义经济学家主张最好把这个过程留给市场，然而试图通过采用多种区域政策来培育这个滴入式扩散过程的并非仅有一个中国政府；同时，政府的各种努力被证明不具有可持续性，或者不成功的也并非只是个案。

就可持续性而言，中国中央政府的早期投资最大限度地引发了西部地区的经济的自我持续增长，但是这种持续性不是由国有工业企业促成的，而是由不断成长的非国有部门来形成的，因为这些非国有部门知道什么样的资源和技术是当地人民、中国的企业家和外国资源需要的对象。在这一前沿问题上，上述有关当前区域战略的论据可以提示我们三个关键点。第一，相对而言，中央政府的对西部的原始投资还不够充足。如果中央政府真切地希望提高西部生活水平，就应该向那里直接投入更高比例的国有资金。第二，其他渠道来源的资金与战略目标也不相匹配：2003 年这一地区只获得了投入到中国的外资中的 1.7%，这距离发展的前沿相差甚远。第三，中央政府的举措到目前为止似乎在努力控制市场（通过国家所有制和对特定部门的“激励”方式），而不是培育市场。很难有理由相信，这些两极化政策会激励民营企业家跟进，特别是当市场的影响力指向相反方向的时候。

就可行性而言，滴入性政策已经被证明是最有成效的方法，它可以促进国内外企业为了获得相对廉价的劳动力和其他优惠条件，重新部署其在西部的发展计划。本文已经对这类政策进行了实例分析，如跨省合作措施、努力降低运输成本、减少跨地区商贸与合作的壁垒、提高西部人民的教育水平等。这些对于将西部变成一个对未来工业生产具有吸引力的地区具有重要作用。只要中央选择采取扶持而不是反对市场力量的政策，到2050年出现一个“繁荣和先进的新西部”将不成问题。

（高咏梅　崔存明 摘译）

反思中国的不平等与贫困*

〔英〕大卫·皮亚肖德

中国与英国有许多共同点。至少在某种不完全的意义上，两国政府在其目标上都是提倡社会主义的。在过去的20年里，两个国家一直都在进行实质性的经济自由化。两国都长期而持续地关注不平等与贫困问题。当然它们之间也存在着巨大的差异。拥有超过10亿人口的中国与英国形成了巨大反差。英国人的平均收入水平远远高于中国人。中国仍然还是农村和农业经济占主导，而英国已经城市化和工业化，其服务业提供的就业比制造业和农业要多。

随着1997年新的工党政府的上台，对于贫困和不平等问题的关心一直在不断恢复和加强。无情的经济自由主义是撒切尔夫人的保守党政府所主张的，这一分裂的时期已经结束，取而代之的是对社会公正的关注以及为所有社会成员提供机会。最特别的是，布莱尔首相确立了在一代人的时间内消除儿童贫困的目标，而实现这一目标的政策也在制定过程中。人们的特殊利益与普遍利益都获得了提高，就业的好处的提高已经促进人们从依赖社会福利转变为为薪水而工作。那些造成长期贫困的

---

* 本文来源于《中国的社会政策改革：国内外的不同观点》(*Social Policy Reform in China: Views from Home and Abroad*, 2003) 一书，该书是牛津大学圣安东尼学院东亚研究中心举行的关于中国社会政策的研讨会的论文集。大卫·皮亚肖德 (David Piachaud) 是伦敦经济学院教授。

问题，如少女怀孕和低水平的教育，也一直在得到解决。

在这种情况下，英国对贫困与不平等问题不断加强的关注有着许多具有重要意义的特点。第一，很清楚，贫困是相对地根据其低于平均收入水平的某一比例而被界定的，最常用的界定标准就是平均收入的一半或者中间收入的60%。第二，对长期贫困的发生机制的关注日益增加。持续的贫困比起短期内的低收入应得到更严重的关注。第三，人们不断认识到了各种社会问题之间的相互关系。贫困是与低水平的教育、不良的健康状况、无工作、糟糕的物质环境以及其他许多社会不利因素联系在一起的。与此同时，低水平的教育、不良的健康状况、无工作也会导致贫困。因此，改善发展环境并不是一件只需一种政策手段的简单事情，它需要覆盖很多领域的改变。第四，人们认可有必要增加社会性投入，并认为这应该优先于减少税收。这与撒切尔夫人执政的时期形成了对比，当时公共福利事业的规模被视为一个主要问题。第五，出现了一种从强调削减贫困到努力预防贫困的转变。解决儿童贫困问题既是削减贫困，又是预防贫困，因为儿童时的贫困经历极有可能会导致其稍后在成年时期的贫困。

当然，尽管政策提议数目很大，但关于这些政策所要达到的目标仍有相当多的疑惑。贫困在多大程度上优先于不平等问题的解决？其目标是要提高收入的平等还是要提高机会的平等？对于这些问题没有一致的答案。

英国的政策制定者和政策分析家所面临的许多问题在本质上（如果在规模上不同的话）是与在中国产生的问题相似的。

文章的下面部分将围绕关信平在其重要而富有启发性的文章《适合于解决中国社会不平等与贫困问题的政策》中所提出的论证、讨论与政策议题而进行。

一、反贫困的计划

20世纪80年代中期，中国反贫困的计划旨在提高地区性的经济增长，而不是去直接地帮助单个的贫困家庭；旨在加强经济生产能力，而不只是提供社会救济。这种从重视削减贫困到重视预防贫困的转变是很值得称赞的，也是许多国家社会福利政策改革所具有的特点。从消极的劳动力市场政策到积极的劳动力市场政策的一般性转变就是这种变化的迹象之一。同样的迹象就是人们认识到社会地位，尤其是那些最贫困的人的社会地位，取决于经济状况。与由不断增加的就业和工资所导致的额外收入相比，可用于社会救济的钱在数量上是很少的。

中国最近 10 年（2001—2010）的反贫困行动具有三个主要特点：第一，把更多的资源投入到最贫困的省和县；第二，主要帮助集体和家庭提高生产；第三，更加重视社会工程。

这样一个计划比起更一般的贫困救济来有着显而易见的好处。但是英国的经验也表明，可能还是会存在一些问题。首先，在确定合适的“援助目标”方面可能会出现困难，而准确地确定援助目标所必需的材料收集与分析肯定需要付出成本。其次，援助目标的规模越大，就越有可能产生一些负面的刺激：如果省份、集体或者家庭为自己做得更多，它就会失去国家的支持。最后，在选择社会工程时，下面这一点是很重要的，就是要确定那些能够支持下去而又将有助于发展、而不只是满足当前需要的（尽管它们可能是紧迫的）工程。由于资源有限，那些疾病缠身或贫困的人的需要是急迫而诚恳的，但这些需要必须与发展社会基础设施和促进发展的需要进行一下权衡，尽管后者看起来可能没有那么紧迫并且不可能产生直接的利益。

二、经济改革

和许多国家一样，中国现在也关注赶上发达国家的步伐。为了达到这一目标，经济效率获得了优先权。从经济改革的一开始，就像关信平所说的：“经济效率应该优先于公平现在成为了官方决策的原则。”最近 50 年来，大多数的西方新古典经济学著述一直在强调效率与公平之间的冲突。他们论证说，效率与公平是相互冲突的，所以政府必须在综合考虑政治和社会福利事业的基础上来决定要在这两个目标之间达到什么样的平衡。但是，这种冲突的不可避免性现在受到了质疑。

现在人们并不怀疑某种程度上的不平等对于在经济发展中保持某些恰当的激励作用是必需的，同样，人们也并不怀疑某些收入上的不平等是公正的，因为它们是对更困难的工作或者更长的工作时间的补偿。但是，从另外一些方面来看，不平等可能会危害到效率，而减少不平等则可能会有助于效率的提高。一个能保证为所有人提供基础教育的更加平等的教育体系将能促进经济的发展。相似的，一个公平的医疗卫生体系将能增加劳动力的效率。而且，就像提高公平能够增加效率一样，那些提高效率的政策也能促进公平。更好的社会公共服务与公共产品将使穷人和富人同样地受益。通常的情况是，正是那些受较差的社会公共服务与受公共产品损害的穷人在事实上增加了不平等。

在维持收入与预防贫困方面，可能最重要的因素就是就业。这是英国政府提出的“为所有能工作的人提供工作”这一目标的基础。实现宏观经济的稳定和经济的平稳发展对于消除贫困是关键性的条件。因此英国过去的充分就业政策曾经是一项有效的反贫困战略。如果社会保险救济金设置在较高的水平，那么失业并不必然是造成贫困的原因，但是在大多数（如果不是所有的）国家里，失业的增加导致了贫困的增加。在中国，充分就业政策的结束可能会促进经济的发展，但是它有造成更严重的贫困的危险。

由于市场竞争，许多中国企业不得不让一些工人下岗。然而，这些下岗工人仍旧保有某些从原来的用人单位领取救济金的权利。与此不同，那些官方承认的失业者则得以进入到失业保险计划中。对于经济效率和贫困来说，下岗工人都是一个问题。为了提高经济效率，企业必须减少它们的用人。而为了预防贫困，这些下岗工人必须能够得到足够的收入直到他们能够找到新的工作为止。这就要求为所有的事实上的失业者提供收入保障，与此同时，也要为他们提供能有助于他们将来就业的再培训或工作计划。

就未来的贫困和不平等问题而言，似乎没有什么改变比减少由城市户籍制施加的控制更重要。关信平说：“毫无疑问，这一改变将有助于减少农村和城市居民之间的巨大差异。”然而，这样一种改变的影响并不是这么简单的。一些人受益，另一些人则受损。人口流动应该会有助于那些流动的人。在城市，不断增加的劳动力供给会导致城市工资的降低。在农村，劳动力供给的减少会导致工资上涨。这样一来，不平等在原则上应该是减少了。但是，这一分析忽略了人口流动可能对城市和农村的发展造成的影响。大量受过较好教育和最富进取心的年轻人从农村流失到了城市（就像随着自由流动经常发生的那样），这可能会推进城市的发展，而减慢农村地区的经济发展。这样，其长期的影响将是增加而不是减少不平等。

经济发展对不平等产生的影响决定性地取决于发展的模式。关信平描述了一种双轨发展模式：“一个方向将是在高科技领域与发达国家的竞争。这实际上是一场受过高等教育的专业人才的竞争，这就涉及为这些人提供比一般水平要高的收入。这样，它就参与了一场‘向顶点的赛跑’。而另一场竞争则将在国际市场中与其他发展中国家展开，其目标是为了获得更大份额的国际投资和在劳动密集型产业中获得更大的贸易额。为了赢得这场竞争，无论是中国自己的劳动密集型产业，还是其国际竞争者，都会努力保持低廉的劳动力成本。因此，这将是一场‘向底线的赛跑’。”关信平总结道，“除非未来有更多的社会保障措施得到实施”，否则“社会不平等的增加看来是不可避免的”。根据其他正在实现工业化的国家的经验来看，必须提出质疑的一点是，为了消除原初收入中不断增加的不平等，各种社会保障手段在实际中是否够用。高科技部分（该部分的薪金至少会部分地受到国际劳动力市场的影响，这一国际劳动力市场包括拥有最高技能和最具创造力的科学家、工程师、设计师和企业家）与劳动密集型部分（该部分为了拥有最低的劳动力成本而在国际上展开竞争）的共存将产生一个“高度不平等的社会”。

然而，这样一个两极分化的社会并不是不可避免的。它也是不受欢迎的。它不仅意味着一种对社会稳定的威胁，而且它作为一种获得经济效率与发展的道路也是令人质疑的。在中国这样一个发展中国家，既有反映了有形资本相对稀缺的“适当的技术”，也有反映着经济发展状况的“适当的人力资本”。不顾一切地追求最先进的高科技产品并不总是一种明智的经济措施。这一方面的例子就是英国和法国所主持的超音速协和式客机的生产。这一生产无疑是高科技的，但从任何方面来估算，它都不是一项明智的经济投资——大量的税收被用来资助那些极富的飞机乘客。进行那些只可能让少数富人受益的技术的培训可能会导致更大的不平等和人才外流，这是让穷国付出代价而让富国获利。

三、给中国社会福利政策的若干建议

关信平说到：“虽然中国的社会福利政策一直被当做政府的国内事务，但它将会越来越受到国际方面的介入。这种介入可能来自两个方面：一是其他国家的思想观念的介入；一是国际上对经济市场中‘公平竞争’的关注。”

中国的社会福利政策将受到越来越多的国际介入这一点看起来确实是极有可能的。然而，这种影响究竟来自何方并不清晰。就意识形态来讲，美国主导的“自由”经济观点受到了主流很大的关注。但是，还有一些在欧洲大陆和许多东亚国家占主导地位的思想观念形态，这些思想观念对社会福利政策的作用的限制要少得多。就国际竞争而言，一直都存在很多担忧，担心会出现一场“向底线的赛跑”，与之相随的是社会保障被削减，以便维持低成本以及保持竞争力。到目前为止，这一现象还没有普遍出现。虽然全球竞争日益增强，但各国政府并不愿意削减社会保障开支。其原因可能是国内的政治因素，如维持或提高社会保障的压力与要求。但是，这也可能是因为人们认识到了，大量的社会公共开支是一种正确的经济投资，它有利于提高人力资本与社会资本的质量。

关信平关于劳动保障标准的分析非常有趣和重要。他写到："没有哪一个发展中国家能够自己单独地维持一种较高的社会保障水平，或者在其他国家降低了社会福利措施的情况下，它还能维持其先前的社会福利制度不变。这样，能避免这一两难处境的唯一道路就是，在发展中国家之间就社会保障建立起一个基本的社会福利标准和国际协调机制。"

建立社会保障基本标准的需要是紧迫的。如果另一个贫穷国家有着更低的劳动标准，那么一个穷国如何能在国际市场中有效地展开竞争呢？事例之一就是童工问题。许多发展中国家或者缺少对儿童的法律保护，或者更普遍的情况是，不能有效地实施这些法律。这一现象经常以如下理由得到辩护，即禁止童工将恶化贫穷儿童的生活状况。因此，如果一些国家在剥削儿童，那么其他国家又如何能做到保护他们呢？所以，一种共同的国际性的社会保护强制标准看来是急需的。

更具争议性的问题是国际劳动标准应该具有何种广度。理想的情况是，任何工人都不应该在不健康或不安全的条件下工作，所有的人都应该拥有受到良好保护的就业权利以及所有的人都应该享有体面的收入水平。然而，这些理想的目标并不能仅仅通过国家的或国际的法律来实现。必须有着某些清晰的政治上和经济上的优先项。比起设立一些在实际中一无所获的覆盖领域广泛但非强制性的标准来，设立一些有着相关目标（如消除童工）、能有效实施的标准更好。一味追求最好往往会坏事，这在劳动标准方面尤其如此。

从英国的经验得出的最重要的教训是显而易见的，这也被关信平关于中国的不平等与贫困问题的讨论所证实。如果要消除贫困与不平等，社会福利政策就不能脱离开经济政策来考虑。社会福利政策通常被期待着去解决经济政策所造成的损害，这些经济政策在被提出的时候一般很少在意它们在贫困方面造成的后果。这样的一种道路可能只会导致更多的贫困与不平等以及无效的社会福利政策。如果要有效地减少不平等与贫困，那么它们在经济政策和社会福利政策当中都必须成为关注的中心。经济政策与社会福利政策之间的那种破坏性的分裂必须消除。

（周守吾 摘译　刘元琪 校）

中国城市的三类贫困*

〔英〕约翰·耐特 等

一、引 言

自1995年以来，城市贫困成为一个重大问题。亏损国有企业的改革已经产生了大量的失业人员，而私有企业和个体户得到迅速发展。“铁饭碗”和“无形的长城”出现了裂痕。在1995年到1999年期间，虽然城市人均实际收入增加了25%，家庭贫困的比例却上升了9%，用加权贫困差测量的贫困深度则上升了89%。

关于贫困的论著往往或者使用建立在收入基础上的贫困概念或衡量标准，或者使用建立在消费基础上的贫困概念或衡量标准。我们发展了三个概念：“消费而非收入”贫困、“收入而非消费”贫困和“收入和消费”贫困，这包括了所有三种衡量贫困的标准。我们探究了为什么有些家庭陷入了这三种贫困类型当中的某一种，而不是其他两种类型。用这种方法，我们不仅试图解释造成中国城市贫困的原因，而且试图分析

* 本文来源于英国刊物《发展经济学评论》（*Review of Development Ecnomics*）2006年第10卷第3辑。约翰·耐特（John Knight）是牛津大学经济系教授。

哪一类型的贫困对经济福利产生了最不利的影响，因而哪一类型的贫困在制定政策时应引起最大的注意。

二、概念、定义与假说

关于贫困的分析在原则上与经济福利或公共事业有关，但实际上往往根据收入或消费来衡量贫困。基于收入和基于消费的研究贫困的方法各有不同的优缺点。如果消费低于收入，储蓄就反映出人们偏好过去或未来的消费而不是当前的消费。如果消费超出当前收入，支出多于收入的现象就反映了人们有选择地将过去或未来的消费转移到了当前。因而当前收入表明了跨时间掌控和分配资源的能力。消费表明了当前的福利，而当前收入通常随着时间的推移而更加不稳定，可能是对当前福利的一种不实说明。

在有关贫困的文献中，标准的研究方法是区别长期贫困和短期贫困，其所使用的是根据不同时间段的平均福利（收入或消费）来衡量的永久收入（permanent income）的概念。如果一个家庭在不同时间段的平均福利降到了贫困线以下，那么该家庭就属于长期贫困。如果一个家庭的当前福利降到了贫困线以下，但它在不同时间段的平均福利没有降到贫困线之下，那么该家庭就属于短期贫困。依靠过去的信息资料进行追踪调查（panel survey）所获得的纵向数据对于评估以这种方式所界定的长期贫困而言是非常必要的。

然而，还存在另一种研究这类问题的可能方法，这种方法是值得探究的，因为它只需要有关收入和消费的抽样数据。因为其在文献中的精确含义，我们避免使用长期贫困和短期贫困这些术语，而是代之以持久贫困和暂时贫困这些术语。我们考虑三种情况（如下表）：Y 代表收入，C 代表消费，PL 表示贫困线，在表中显示了 A、B、C 三个区域。处于 A 区域——表明收入和消费均在贫困线以下——的个人或家庭属于“消费和收入贫困”；如个人或家庭处于 B 区域，则被界定为“消费而非收入”贫困；若个人或家庭处于 C 区域，则属于“收入而非消费”贫困。这三种区分不同于长期和短期的区分：这三个概念既不对应于长期贫困或短期贫困，也不对应于更宽松的持久贫困和暂时贫困。

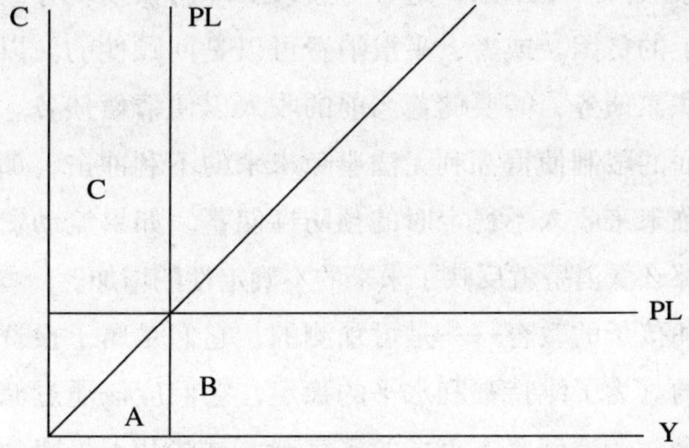

对我们所区分的这三种贫困的解释取决于消费平滑（consumption smoothing）的程度，或面临需求变化时所实施的福利平滑（welfare smoothing）的程度。根据那种认为平滑是完整的假定，消费即代表永久收入。在上表，A 区域和 B 区域的家庭被认为是持久性贫困，而 C 区域的家庭却不是。然而，如果平滑消费是不完整的，那么这种方法就会误导我们。一个家庭的收入暂时处于低水平，不能按所期望的水平维持消费。对于中国城市的许多人而言，情况很可能是如果他们的收入暂时降低，他们就完全无法让支出多于收入或者进行借贷。而根据基于消费的研究方法，他们可能会被误认为是持久性贫困的。

这三种贫困都可以有不止一种的解释。首先，考虑 A 区域，如果消费和收入均在贫困线以下，这意味着低水平的当前收入是低水平的永久收入的反映，消费是对永久收入作出的调整。这就意味着贫困是持久性的。然而，如果不存在平滑消费或者仅仅存在微弱的平滑，那么暂时的不利打击也会使收入和消费均下降到贫困线之下，这样的贫困是暂时的。对这些替代性假定的验证需要衡量永久收入而不是当前的消费。根据家庭特征所预计的家庭收入能够提供这样的衡量，虽然并不完善。

对区域 B 的解释也取决于平滑消费的范围。假使有能力随着时间的推移来平衡消费，这可能会是暂时的收入非贫困，它掩盖了永久性贫困。例如，人们对其预期的收入感到悲观，他们现在就进行储蓄用来预防未来的低收入。展望未来，这种对收入下降的预期就导致了当前建立在消费基础上的贫困。或者，平滑消费可以是回顾性的。以前收入暂时下降，导致积累债务，需要储蓄当前的收入以便清偿债务。如果信贷和流动资产方面的限制使得福利无法避免未来的不利冲击，那么低消费就反映了在面临未来收入不稳定时的预防性储蓄。如果流动资产达到了均衡的水平，那么低消费就反映了未来的不确定性的增加。一些开支——诸如住房建设和孩子的教育——是可预测的，它们是属于投资性质的而不是消费性质的。为了维持福利水平的稳定，它们应该通过储蓄或贷款的方式得到资金。考虑到资本市场的不完善，这些开支可能会在计划好的储蓄期间之前发生，因此会加重这种类型的贫困。以下四个变量表明其自身可以用来验证有关“消费而非收入”贫困的本质的替代性假说：预计收入、流动资产和债务、关于未来的不确定性（诸如失业的可能性）、未来投资性开支的可能性指标（例如孩子的出生）。

对 C 区域也可有多种解释。只要存在完整的甚至局部的平滑消费，那么，当收入暂时下降到贫困线之下时，消费仍有可能维持在贫困线之上：这样的收入贫困不会是持久性的。然而，如果收入持久地在贫困线之下，而消费只是暂时上升到贫困线之上，那么，C 区域也可能表示持久性贫困。其消费的目的可能是为了满足某种特别的需求，尤其当这种需求是未曾预料的。例如，如果福利水平长期以来维持不变，那么，医疗保健开支就会增加总开支。有关“收入而非消费”贫困的对抗性假说可以通过考察下列变量来加以区别：预期收入而不是实际收入；代表特别需求的开支，诸如医疗保健开支或教育开支；反应生命周期需求的家庭人口统计（household demographics）。

三、数据、贫困的衡量标准与背景

来自一份中国城市家庭调查的数据使我们能够考察这三类贫困的规模及其原因。该调查于2000年的春季在中国国家统计局的协助下进行，调查的主要是1999年的情况。该调查覆盖五省一市：辽宁、江苏、河南、四川、甘肃及北京，涉及4000个拥有城市户口的家庭。

家庭调查问卷上的问题是由两部分组成，一部分是关于个人的，另一部分是有关家庭的。因此这份调查数据包含了个人的信息，其中一些是有关个人特征的，如性别、年龄、教育程度、入党情况、就业状况以及健康状态，还有一些是与工作性质有关，如工作单位的性质、职业、工龄、工作单位的效益以及就业部门。个人信息中的一个重要部分是个人收入及其组成成分。家庭信息更多的是与消费、财产以及居住条件有关。

为了计算贫困的发生率和贫困的程度，为了将贫困的家庭和个人区分出来，我们需要一个划分门槛或者一条贫困线。就绝对贫困线而言，它可以建立在收入或消费的基础之上。我们借鉴了国家统计局的研究。该局研究员利用1998年全国家庭调查的数据得到了最低食品消费成本，估算出了当年中国城市不同省份的食品贫困线。

在研究贫困线之前，计算出非食品消费在贫困家庭的总消费支出中所占的份额是非常必要的。基于发展中国家恩格尔系数的平均值，中国国家统计局认为贫困家庭的非食品开支与食品开支的比率为2/3。然而，通过调查中国城市10%最贫困家庭的消费开支，我们发现在1999年非食品开支与食品开支的比率几乎高达90%。采用这个比率，我们得到了比国家统计局更高的贫困线。因此，适当的做法是根据家庭内部的经济规模来调整贫困线。

20世纪90年代的经济改革给中国城市家庭带来了巨大的变化。在1995年至1999年期间，国有企业改革造成了2400万工人下岗。除此之外，官方登记的失业人数由1990年的380万增加到了1999年的580万。同期国有企业和集体企业的城市在职员工减少了28%，从1.4亿减少到了1亿。新增失业人员无疑减少了一些家庭的收入，给他们造成了不稳定性以及不安全感。

伴随着企业改革，针对城市工人的传统的社会保障体系几乎被打破了，而新的社会保障体系尚未形成。过去企业要负责城市工人的医疗保健，但现在情况不再是如此，尤其是财政困难的企业。可以预料到的是家庭不得不越来越多地支付其医疗保健费用。大多数失业人员没有了收入来源，因为有些企业无力偿付失业保险费。我们的数据表明在1999年有49%的失业人员的收入在（人均）贫困线以下，同时，官方统计数据表明，几乎40%的下岗工人没有救济金或者其得到的救济金低于中央政府指定的金额。研究发现，失业人员及下岗工人即使再就业以后，其收入也明显下降。同时，教育改革的目标之一是要减少政府对城市教育的补贴。现在城市家庭不得不支出各种学校费用，而这些费用一直在增加。

就业保障和收入前景的不稳定性与日俱增，这些都有可能会对城市家庭的消费行为产生重大的影响。这种影响可能会因不同的群体而不同。如果人们认为收入下降是暂时的，则可能不会减少消费。但是，那些对长期的收入前景及工作保障持悲观态度的人则可能会在消费上更加慎重。

四、三类贫困的规模

在我们1999年的抽样中，因收入或消费而被界定为贫困的人口占了城市总人口的9.4%。在这个群体中，29%属于“收入和消费”贫困，20%是属于“收入而非消费”贫困，51%是属于“消费而非收入”贫困。如果使用收入定义法，则贫困率为4.6%，如果使用消费定义法，则贫困率为7.5%。无论采用哪个贫困概念，贫困率在被抽样调查的13

个城市之间存在着很大的差异。

为了弄清楚什么样的人群可能会陷入贫困，我们将估算出有着不同特征的个人会陷入这三种贫困中的某一种的预计概率，我们使用了一个多项逻辑模型。该模型包括以下解释性变量：户主的性别、年龄、教育程度、就业情况和职业；家庭成员的健康状况、医疗保险、教育和过去的经验；住房所有权、所在地和家庭成员数量。

这种多项逻辑分析得出了一些有趣的结论。户主的受教育程度与总体贫困的发生率和前述三种类型的贫困的发生率都有着密切关系：户主教育程度越高，贫困的预计概率就越低。例如，就总体贫困而言，户主是大学毕业的家庭，其成员陷入贫困的预计概率为1.4%，相反，如果户主是文盲，其家庭成员陷入贫困的预计概率为21%。户主没有受过教育的家庭收入低，消费也低，因而它们更有可能陷入“收入和消费”贫困；它们也更有可能陷入“消费而非收入”贫困，这意味着它们面临着更大的收入和就业不稳定性。其次，户主失业或下岗也明显增加了贫困的发生率。如果其户主失业或下岗，那么家庭个体成员陷入总体贫困的预计概率会比其他人高出4.4倍。而且，他更有可能陷入“消费和收入”贫困与“消费而非收入”贫困。如果户主是一名非技术工人，那么家庭个体成员也很有可能陷入“消费和收入”贫困与“消费而非收入”贫困。正如所料，私人企业主和个体劳动者有着很强的投资储蓄动机，因而其陷入“消费而非收入”贫困的预计概率会较高。在健康或教育上面临更多责任的家庭更有可能陷入贫困。例如，有病人的家庭陷入总体贫困的预计发生率比其他家庭高出60%；如果其成员中有人没有被医疗保障系统所覆盖，那么该家庭陷入贫困的概率比其他家庭高出3倍多；有上小学或中学的孩子的家庭，为了孩子今后的教育需要储蓄，那么陷入贫困的概率比没有孩子的家庭要高。住旧房或租房的家庭需要储蓄用以改善住房条件或购房，因此比住在公房的人更有可能陷入“消费而非收入”贫困。

五、低收入消费函数

我们的假说暗示家庭陷入“收入而非消费”贫困与“消费而非收入”贫困的原因与他们的消费（和储蓄）行为有关。有学者认为，贫困群体会采取与非贫困群体不同的行为。这存在多种可能的原因，包括穷人更容易回避风险，更难得到借贷以及存在一种“贫困文化”等。这一点能够说明我们有必要对相对贫困群体的独自的行为方程式（behavioral equations）加以评估。

为解释低收入家庭的消费行为，我们将详细说明以下家庭消费函数（consumption function）：C = c（S，P，I，N，Z）。

C 是家庭消费；S 是一组变量，用来衡量预计收入和金融资产相对于实际收入所能产生的平滑作用（smoothing effect）的；P 是一组衡量预防作用的变量，包括原本有工作的家庭成员陷入失业的预计概率以及生病的家庭成员的数量；I 代表着描述了投资作用的代理变量，例如教育及购房方面的开支；N 是一组衡量家庭特殊开支的变量，如医疗保健和婚嫁储蓄金；在该方程式中，实际收入取代了永久收入加暂时收入；Z 是另一组控制变量，包括家庭成员人数等。

我们通过调查统计得出了低收入家庭消费函数的系数。实际收入是一个有效系数，但却暗含着一种低的边际消费倾向（marginal propensity to consume）。预计收入作为永久收入的代理变量，是一个有效的正值系数。此外，根据家庭实际金融资产和家庭预计金融资产之间的差额所衡量的金融资产变量，也是一个有效的正值系数，这表明资产在预计水平之上则不会促进储蓄，资产在预计水平之下则会鼓励储蓄，这也表明资产往往会平滑家庭消费。

我们得出了各种与预防性储蓄相关的变量所造成的预期结果。有工作的家庭成员陷入失业的预计概率能产生直接而显著的信号（sign）：拥有一位失业家庭成员的单位概率（unit probability）会导致家庭消费减少

1042 元。引导人们储蓄的另一变量是家庭成员的不良健康状态，这是一个极其重要的负面信号。

我们采用三个变量来反映家庭投资对消费的影响。第一，包含在消费中的教育开支是一个高度有效的正值系数。第二，如果家庭成员中有私企老板或个体户，那么该家庭会为了商业投资而拥有动机来进行储蓄，从而其消费会实质性地、显著地减少。第三，住房投资开支，包括购买房屋和改善房屋条件，也会给家庭消费带来明显的负面影响。

为衡量特殊需要对家庭消费的影响，我们将以下两个变量包含在了该函数中：一是医疗保健开支，二是家庭中是否有 25—35 岁的未婚成员。第一个变量，与教育开支一样，是一个高度有效和极其大的系数。第二个与特殊需要有关的变量，虽然不显著，但也有预期的负面信号，暗示着家庭有动机来为筹办婚礼或组建新家庭进行储蓄。我们将户主的年龄包括在了消费函数中，以便于了解生命周期的影响，函数中还包括了作为控制变量的家庭成员人数。

六、对三类贫困的解释

使用低收入家庭的消费函数，我们对三类贫困群体的消费作出分析。我们将这个贫困群体的消费分成四类：（1）根据实际收入预测的消费；（2）根据该群体预计收入的平均值和实际收入的平均值之间的差额来解释的消费；（3）根据该群体的金融资产平均值与作为整体的二次抽样（sub-sample）的金融资产的平均值之间的差额来解释的消费；（4）未能解释的剩余部分。这种分析使我们能够确定对于每一种类型的贫困而言哪些变量是重要的决定因素，并且通过这种方法，我们能够验证关于贫困性质的替代性假说。

属于“收入和消费”贫困的群体几乎花费他们所有的收入：他们的储蓄率仅为 1%。为什么“收入和消费”贫困家庭的消费比我们最初预期的低呢？

用净平滑作用（net smoothing effect）的方法是行得通的：预计收入超出实际收入，但预计金融资产却低于实际金融资产。预防作用也占了很大比重，特别是相对较高的失业预计概率将导致消费的降低。最主要的解释因素是投资作用，主要因为该群体在教育上花费较少，还因为在住房上的高额投资压低了消费。

“收入而非消费”贫困的群体的实际消费平均值远远超出平均收入：其支出多于收入的比率为74%。在这种情况下，平均消费远远超出最初的预计消费，超出了20%。在这里，平滑作用是非常重要的：预计收入超出实际收入56%，而预计金融资产比实际金融资产低了将近40%。导致该群体高消费的其他两个重要因素是他们相对较高的教育开支和医疗保健开支，分别占30%和41%。

“消费而非收入”贫困家庭显示其储蓄率不低于42%。然而，假设他们的实际和预计收入均等于实际收入的平均值，并且其他解释性变量的平均值对于作为整体的低收入群体而言是一样的，那么，我们预计他们的平均消费将比实际消费超出40%多。在这一差额中，其平滑作用并不显著：预计平均收入只比实际收入低1%，但是相对较低的金融资产降低了消费水平。预防作用也并不重要。该群体消费低的关键原因就是他们在教育和医疗保健方面的低开支，分别占到被解释差额的64%和28%。

七、教育开支和医疗保健开支

我们看到教育和医疗保健开支增加了总消费开支的绝对数量，也就是说，这些开支并没有牺牲其他方面的消费。这有助于解释一种值得注意的模式：花费不同的教育开支和医疗保健开支对区分三类贫困群体起着极其重要的作用。有趣的是，贫困也许不能根据某个一致的标准来判断，而必须根据每个家庭的特殊需要来判定。为了探究造成这些差异的原因，我们计算了低收入家庭的教育开支函数和医疗保健开支函数。为此，一个重要的内在问题就是：这些开支在何种程度上是任意性的，在何种程度上是由需要所支配的，如家里有学龄孩子或者生病的家庭成员？

教育需求的最佳标志是家里有了学龄孩子。我们知道教育开支函数中的系数是有效的，并且其有效性会随着相关年龄的群体继续接受教育而持续上升。关于每个教育水平上的入学儿童数量的相应系数说明了存在任意性因素这一事实。我们对教育的边际私人成本进行了最佳评估。在强制教育阶段（13—15 岁）之后，反映可能教育的系数极大地低于实际教育的系数。还有其他迹象表明教育开支是任意性的。预计收入显著地提高了教育开支。就像所预期的那样，失业的预计概率会产生消极的作用，尽管影响并不重大。户主的教育水平也会持续产生影响。一些变量说明了医疗保健开支的必要性。处于不良健康状况的家庭成员的数量是一个极大的有效的正系数。另外，医疗保健开支也会随着户主年龄的增加而增加，群体的年龄越低，开支就越低，反之，年龄越高，开支也越高。此外，人们接受医保服务的途径的性质影响了家庭开支，对于那些享受免费医疗或者医疗补贴的人而言，此方面的开支最低。而预计收入和失业的预计概率产生的影响都不明显。因此，我们认为，在医疗保健开支上存在一种很强的非任意性因素。

在教育开支上，“收入而非消费”贫困的家庭平均比“收入和消费”贫困的家庭高出 120%，而比“消费而非收入”贫困家庭高出 135%。而且，在医疗保健开支上，“收入而非消费”贫困的家庭均比其他两类贫困家庭高 40% 和 88%。这些不同的开支表明，在分析和评估贫困时需要对消费进行分解分析。

八、结　论

运用收入和消费来衡量贫困是有益的，据此我们可以区分不同的贫困群体，并且有助于对贫困本质的理解。通过结合“收入”和“消费”

两个指标，我们将中国城市的贫困分为三类："收入和消费"贫困、"收入而非消费"贫困、"消费而非收入"贫困。

最后，我们需要考虑的是国家政策。不同的贫困类型应当采用不同类型不同强度的政策，这就意味着我们还需对中国城市的三类贫困作进一步更深入的分析研究。

（马列展　魏华 摘译）

经济改革对中国城市收入不平等的影响*

〔日〕奥岛真一郎 〔日〕内村铃木

一、中国经济高速增长与收入不平等问题的日益凸显

中国近来高速的经济发展引起了世界关注。在20世纪90年代，中国年均经济增长率达到了9%。伴随着经济高速增长同时出现的是收入不平等的显著增大，这是中国当前的一个重大问题。根据基尼系数标准，中国的收入不平等程度在1998年达到了0.403，并呈继续增长的趋势。收入不平等程度的加剧困扰着中国人民，并被中国政府视为一个严重问题。

改革优先考虑宏观经济的增长，尽管这会在一定程度上影响到收入分配和机会的均等。这一观点在邓小平的先富理论中阐述得很清楚，他说："允许一部分人和一部分地区先富起来。"这一区分出致富先后次序的理论按帕累托标准来看是合理的，因为从某种程度上来说，低收入人群也同样会从经济的发展中受益。然而，同一国家内收入差距过大会加

---

* 本文来源于2006年2月出版的《亚太经济杂志》（*Journal of the Asia Pacific Economy*）。奥岛真一郎（Shinichiro Okushima）是日本东京大学教授，内村铃木（Hiroko Uchimura）是日本亚洲经济研究所研究员。

重低收入人群（他们占国家人口中的大多数）心理上的失衡，甚至可能引发政治上的不稳定。要解决这一问题，中国面临着诸多挑战。

二、中国的相关策略演变及本文的方法与依据

中国的城市问题已经变得日益显著。政府已经开始实施一系列影响城市的政策，如城市化政策、户籍制度改革以及鼓励农村人口进城务工。这些政策旨在解决农村问题，但其结果也许只会将问题转移给城市，导致城市农民工人数的急剧增加。这也将进一步加剧一直以来随着经济改革进程而不断发展的中国城市收入不平等的严重性。

为推进经济改革进程，中国政府自 20 世纪 90 年代就实施了重大的工资与用工制度的改革。这些改革措施使影响城市职工收入的决定性因素发生了改变，从而导致了收入不平等结构的变化。换句话说，职工的自身特点，如年龄、受教育程度等因素对收入不平等的影响已经因改革而发生了变化。

这些情况的出现要求研究者重点从城市职工自身的特点出发，对收入不平等的结构进行分析，以深入考察当前中国的各种不平等问题。然而，对中国不平等问题的研究主要关注农村不平等问题以及区域性不平等问题。

本文在分析中采用中国 1988 年和 1995 年的微观数据。这些数据建立在大量的家庭调查基础之上，这些调查是由中国社会科学院经济研究所在 1989 年和 1996 年进行的。尽管对中国收入分配问题的研究相当重要，但由于数据的局限，这一研究的进展一直受到限制，对收入分配进行详细分析的研究相对较少。出于对这种情况的回应，此项调查的目的是提供涵盖中国大部分地区的可靠数据。这些数据源自国家统计局提取的大量样本（大约包括 6.5 万户农村家庭，3.5 万户城市家庭）。

由于此项研究旨在分析城市职工的个体特征与收入不平等的直接联系，因此本研究以城市个体职工为分析单位，包括自主就业者，但不包

括退休人员和学生。此项研究中的所有变量也是以个人为标准单位，包括各种个人特征，如年龄、性别以及职业。数据来自中国 10 个省份的城市，代表着不同区域及大小的城市。代表北部地区的省份为辽宁和陕西，代表东部沿海地区的省份为江苏和广东，内陆地区则以安徽、河南以及湖北为代表，西部为甘肃和云南，北京则是直辖市的代表。

数据中的城市样本数量 1988 年为 17 459 个，1995 年为 9 227 个，1988 年调查中的问题与 1995 年的并不完全一致，但 1995 年的调查涵盖了 1988 年的绝大多数问题。我们所提供的 1988 年和 1995 年的数据既具备一致性，又具备可比性。

三、各省之间以及省内收入不平等的特点与发展趋势

根据 1988 年和 1995 年 6 城市变化的洛伦兹曲线（曲线越高，不平等程度越高），1988 年的曲线完全处于 1995 年的曲线之下。因此，1988 年的收入分配要比 1995 年的平等得多（即 1988 年的分配优于 1995 年的分配）。

1988 年，除了广东，各省之间的相对收入水平没有巨大差距。然而，各省份间的差距在 1995 年显著扩大。广东省的相对收入在 1988 年就已经很高，1995 年又进一步增加。但是，大部分在 1988 年相对收入水平就低于城市平均收入水平的省份在 1995 年的地位进一步削弱。这就意味着，从 1988 年到 1995 年，那些相对收入在 1988 年就很高的省份的城市其收入要比全国平均城市收入增长得快。而且，绝大多数在 1988 年相对收入就低的省份在这段时期内发展有所停滞。这不仅意味着省份间的收入差距加大了，它还意味着各省份之间的贫富格局已经固定下来。

1988 年的省内与省份间的收入分配要比 1995 年更平等。先富理论鼓励一部分地区和一部分人先富起来。这一理论的贯彻实施为中国带来了高速的经济增长，但与此同时，也加速了省内与省份间收入差距的扩

大。更明显的是，一些省份不仅率先致富，而且其在经济方面的优势地位也已逐渐固定下来。这一时期的转变不仅显示了各省份在致富次序方面的先后差异性，还预示着各省之间经济等级地位的固定化。

四、城市收入不平等的结构特点分析

本文的这部分采用新回归解析法对 1988 年和 1995 年城市职工的收入不平等结构进行分析。分析中所研究的影响收入不平等的潜在因素分为两大类：职工的个体特征以及工作的性质。个体特征包括年龄、性别、受教育程度以及政治面貌（是否是共产党员）。对年龄、性别和受教育程度的研究被用来考察人口或个人的具体特征对收入不平等的影响，它们通常是决定收入的重要因素。政治面貌则被用来考察政治影响的重要性，这是中国社会的特点之一。工作性质包含企业所有制、所在行业以及从事的职业这几个方面。所有制反映了中国经济体制的性质。

对行业的考察则为了探究不同产业部门之间的报酬差异。同样，研究职业是否对收入不平等有重大影响也在考察范围之内，因为它代表着某一工作的地位或职责。

（一）影响 1988 年和 1995 年收入不平等的因素

我们评估了 1988 年和 1995 年的收入函数。在影响 1988 年和 1995 年收入不平等的因素中，年龄是导致整个不平等的最重要的因素，其次是所有制形式。在大部分省份，性别是影响最小的因素。此外，通过对各个省份进行测量而得出的结果有一个显著的特点，那就是 1988 年的调查结果所显示出来的各省份的不平等结构非常相似，导致不平等的决定性因素也大致相同，主要是年龄因素。到 1995 年，这一特点已经转变了，导致各省份不平等的决定性因素已趋于多样化。性别因素的影响在 1995 年有所增强，而在 1988 年它几乎不起任何作用。更重要的是，教育的影响力越来越大。以处于经济改革前沿的广东省为例，教育在

1995 年对收入的不平等产生了重大影响。与之形成对比的是，教育对不平等的影响在地处改革步伐相对缓慢的内陆地区的安徽省则相对较小。

经济改革以前，工作分配由政府（根据统一的工作分配制度）进行调控，工资标准也由中央在统一的工资标准等级基础上制定。工资等级主要由年龄决定，与劳动生产力不挂钩。因此，在中国的历史背景下，年龄对收入起着决定性影响似乎是其特征。改革以后，政府着手改变这种用工制度和工资制度，例如提升劳动力的流动性，鼓励企业自主制定薪金制度。但是，这些改革，特别是用工制度改革采取的是渐进方式。20 世纪 80 年代中期以后，“劳动力市场”一词在中国经常被提及，但它仅限于帮助人们找工作。直到 90 年代以后，政府明确设立了旨在创造和扩大劳动力市场的劳动用工制度改革目标。因此，尽管工资和用工制度方面的某些改革已经开始，1988 年的收入分配在很大程度上还是受此前一元化体制的影响。在 1988 年，导致不平等的决定因素的一致性与以年龄为基础的分配制度反映了中国经济的特征。到 1995 年，年龄对不平等的影响降低了，而教育的影响则上升了。从 1988 年到 1995 年的变化反映了劳动力市场化的结果。

（二）导致 1988 年至 1995 年不平等程度发生变化的因素分析

我们对这段时期内各种因素对不平等程度变化所产生的影响进行了量化研究，其结果显示，从 1988 年到 1995 年，在城市以及绝大多数省份里，年龄对不平等的影响减少，性别对不平等的影响加大。我们的调查结果显示，各个省份间的这些特征相似。另一个与众不同的结果是：在这一时期，教育对不平等程度的加大产生了重要影响。在作为经济改革先锋的广东省，教育是导致不平等程度加大的突出因素。总的来说，随着基于年龄的分配体制的稳步改进，年龄因素对收入不平等程度的影响逐渐减少。然而，教育因素却在这一时期不平等程度的加大过程中扮演了极为重要的角色。

1992 年邓小平发表“南巡讲话”以后，社会主义市场经济体制在中国得到正式认可，提升市场机制也得到了确认。自此以后，经济改革加快了步伐。正如前面所提到的，发展速度起初较慢的用工制度改革在20世纪90年代开始朝市场化方向前进。更确切地说，1992年成为经济改革以来的第二个转折点。本文所分析的1988年和1995年正处在1992年之前和之后。因此，在这一时期，年龄因素对不平等程度影响的日渐减少与教育对其产生的加剧作用正反映了改革的这一进程。

五、导致不平等程度的决定性因素：教育

本部分详细探讨教育因素的影响，因为在1988年至1995年期间，教育因素对不平等程度的变化起着重大作用。本部分的研究重点是不同的受教育人群在总人口中所占的份额及其相对收入，以及同一受教育人群内部的不平等程度。

首先，我们考察受教育程度在组成结构上的变化。在1988年和1995年，具有高中学历和具有初中学历的人的总和都占到了全部受教育人口的一半，但具有初中学历的人口所占的比重在1995年有所下降。具有大学或大学以上、民办学院或职业学院以及中等职业技术学校学历的人口在全部受教育人口中所占的比重在1995年有所上升。所有省份具有一个共同特征，那就是其拥有级别高于民办学院或职业学院以及中等职业技术学校学历的人口所占的比例增加了，而其学历在初中以下的人口所占的比例减少了，这就意味着中国城市职工的受教育程度大大提升了。

学历为初中以及学历为小学或小学以下的人群相对收入降低，而受过民办学院或职业学校教育的人群的相对收入增加，这一变化是显著的。具有民办学院或职业学校学历的人群的相对收入在1995年明显高于具有中等职业技能学校学历的人群。这反映了1995年受教育程度与相对收入的紧密联系。

我们的研究还表明，在受教育程度的等级与不平等程度的等级之间

存在着一种反比关系，这种关系在 1995 年变得更为明显。1988 年，在大部分省份，在那些受教育水平高于中等职业技术教育的群体中，其不平等程度比整个不平等的水平要低，而在那些受教育程度为初中以及小学或小学以下的群体中，其不平等程度比整个不平等程度要高。在 1995 年，这两个群体中存在的不平等的情况与 1988 年一致。这一结果表明，一个受过平均水平教育的人的收入会相对较高且分配平均，而受教育水平低于这一级别的人获得的相对收入较少且分配不均。

由舒尔茨、贝克尔和明舍尔提出的人力资本理论被看做是解释收入与教育这二者之间关系的最重要的理论之一。在这一理论中，教育被看做是人力资本的一项投资，因为职工可以通过受教育所得到的知识提升才干和技能，以此增加收入。从这个观点来看，教育是引发收入不平等的一个重要因素。正如前面提到过的，中国城市收入分配的变化可以被认为是通过新兴劳动力市场来反映和区分职工才干和技能的分配变化。因此，这就使得人力资本理论更适用于解释中国经济领域中教育与收入的关系。

然而，就此得出中国城市收入差距是由精英阶层造成的结论未免显得过于草率。尽管人力资本理论认为每个人在教育方面的投资额是个人所作的理性决定，然而在中国人们能否自由并理性地自主选择教育投资额是一个问题。这就引起了对中国受教育机会问题的关注。在中国，各地区以及各社会阶层在受教育机会方面存在严重的不平等。特别是获取高等教育的机会极其有限且分配不均，而高等教育的背景则更有可能带来高收入。此外，实证研究显示，在中国，家庭背景与教育程度之间存在着紧密联系。学者对 1992 年武汉的情况所作的分析和对 1997 年天津的情况所作的分析都显示出家庭背景，如家庭的社会地位或父母的受教育程度对孩子的受教育程度产生了重大影响。这些结果表明，在中国，收入分配随着受教育机会的不均等而日益变得不平等。这一问题亟待解决。

六、中国城市收入不平等程度加剧的影响

收入不平等程度的快速增加意味着中国人正被划分成一大部分的低收入人群和一小部分的高收入人群。

低收入人口占中国人口的绝大多数，他们倾向注重平等分配的政策。从他们自身利益来考虑，这是合情合理的。然而，实际政策似乎没有充分考虑到这一点，这是因为中国政府将以市场为导向的经济改革作为经济发展的首要任务。

考虑到这些问题，中国面临着严峻的挑战。中国政府有必要像20世纪的许多国家那样，确立一种再分配政策，并且在新的市场经济体制下重建社会保障体制，以进一步提高人民的机会均等。

（贺蓉　崔存明 摘译）

海外当代中国研究丛书
Overseas Studies on Contemporary China Series

能源问题

countrysi
implemen
rural refo
the village
the village
of the vill
aims of ur
various ar
sanitation
democrac
maintainii
populace.
The ne
from the
state-own
under the

The Myth of Growth

中国的战略性能源困境*

〔英〕迈克尔·T. 克拉里

中国经济社会发展的第十一个五年规划（2006—2010年）仅设定了两个具体的量化目标：人均国内生产总值（GDP）到2010年达到2000年的两倍，每单位GDP的能源投入比2005年下降20%。

在某种意义上，这些雄心勃勃的目标突出了中国决策者在今后几年中将面临的主要困境。尽管共产党领导人想稳步改善普通中国人的生活水平和生活方式，据此以保证人民对其政权的支持（或接受），但是要实现第一个目标需要大幅增加能源，他们必须以某种方式找到增加能源供应的方法。随着近期能源价格的上涨以及各方对未来全球石油存量是否充足越来越担忧，中国领导人将不得不如履薄冰般地采取行动，以协调这些相互竞争并且很艰巨的目标。

对中国领导人而言，获取实现持续发展及满足消费者需求所需的额外能源供应既要面对经济方面的挑战，也要面对政治上的挑战。经济方面的挑战源自获取额外能源供应所需的庞大的经济投入：将不得不兴建上百座也许上千座新的发电厂，同时还需要兴建无数炼油厂、天然气输

---

* 本文来源于美国刊物《当代历史》（*Current History*）2006年第4期。迈克尔·T. 克拉里（Michael T. Klare）是英国汉普郡大学教授。

送设施、煤矿和水电大坝，这些设施总价值达几十亿美元。

中国将无法仅依赖国内来源来满足其未来的能源需求，而不得不从国外获取越来越多的石油和天然气——其中许多来源地也是美国、欧洲和日本公司正急切地努力获取的目标。这一情况引发了政治上的挑战。

老牌工业国长期都在世界能源消费中占据最大的份额。至1990年，这些国家的消费量占据了全球能源使用总量的3/4。但是现在它们面临着来自亚洲新兴工业化国家的日益激烈的竞争。印度、韩国、东南亚国家和中国台湾地区已经开始像前述国家一样在全球范围内寻找额外资源——而到目前为止，在新兴国家中最大的能源消费国是中国。

由此导致的竞争正在抬高全球能源价格并使主要能源进口国之间出现剧烈的地缘政治摩擦。在某些情况下，这种摩擦表现为令人担忧的军事冲突，因为互相敌对的能源寻求国向可能成为其能源供应方的国家提供各种形式的军事援助，这种做法也加剧了地区紧张局势和武装对抗。虽然中国在这种地缘政治竞争中是后来者，它同伊朗、苏丹、乌兹别克斯坦和委内瑞拉等国之间所发展的能源和军事关系已经成为中美关系中让人非常头疼的问题。

使整个局面更为复杂的是中国的能源使用量激增对环境所产生的影响。因为中国想主要依靠国内的能源供应，使其在整个能源需求结构中占到尽可能大的份额，也因为中国拥有的唯一储量丰富的能源资源就是煤炭，所以，中国政府的未来计划的实现需要大幅增加煤炭的使用量——从2002年的14亿吨提高到2025年预计的32亿吨。如果该预测被证明是准确的，而且如果中国的公用事业部门继续使用现有的燃煤技术，那么，中国将在2025年以前超过美国成为世界上最大的二氧化碳（导致气候变化的气体）排放国。只有说服中国限制其煤炭消耗或大规模采用清洁燃煤技术，才可能扭转环境中温室气体大量剧增的局面。

中国领导人怎样权衡这些相互竞争的目标和相互冲突的利益是中国在今后多年将面临的最大考验之一。同时，中国在能源方面的行为将引起美国、欧洲、日本和世界上其他国家和地区在政治和环境方面的担忧。

总体趋势

正如人们可能预期的那样，中国由于人口众多、经济发展较快而开始陷入能源困境，尽管中国国民人均能源使用量比美国和其他高度发达国家少得多——中国的人均能源消费量相当于每年 1 吨石油。而与之相较，美国的人均能源使用量相当于每年 8 吨石油，但是，13 亿人的消费总额势必非常大。然而，比人口更重要的是中国飞速发展的经济，目前正以每年平均 9%—10% 的速度增长。每增加一项经济活动都使能源需求出现相当大的增长，使中国的能源需求总量达到更高的水平。

美国能源部提供的数据表明中国的能源需求有了惊人的增长。在 1990 年至 2002 年的 12 年间，中国的能源净使用量提高了 60%，从 2 700万亿英制热单位（BTUS）提高到 4 300 万亿英制热单位。据预测将在 2025 年时再增长 153%，增至 10 900 万亿英制热单位。为了更清楚地了解这一增长的规模和速度，让我们想一想，在 1990 年时中国的能源使用量不足西欧国家总和的一半，而预计到 2025 年则比所有西欧国家的总和还高 44%。

为了满足其大幅增长的能源需求，中国的能源供应部门不得不增加各种能源（包括石油、煤炭、天然气、水电、核能及如太阳能和风能等可再生能源）的供应量。正如我们所注意到的那样，煤炭可能在中国净能源供应量的额外增长中占最大的份额。但即使中国想要忽视大量使用煤炭作为能源在环境方面产生的后果，中国也无法仅仅依靠煤炭来满足额外所需的全部能源。出于包括交通在内的一些原因，中国也需要获取更多的石油和天然气，而整个局面也带有了地缘政治的面貌。

中国对石油的需求可能特别大。在中国，公路、航空、铁路和海洋运输系统——该国规模庞大而迅速扩张的基础设施领域中增长速度最快的部门——的主要燃料来源为石油产品。具体来说，2001 年中国公路上仅有1 450万辆登记在册的汽车在行驶；预计这一数字到2030年将猛增至1.3亿辆。为了这些新增车辆，中国每年要修建约3万英里公路。中国还在兴建和扩建机场以容纳激增的国内航空运输量。从1990年至2002年，中国乘飞机的旅客人数从2 700万增长到8 400万。

汽车数量增加、更多旅客乘飞机出行仅仅意味着一个结果：对石油产品日益增加的需求。中国石油消费的增长率为每年4.5%，目前位列全球各国之首。假设这一速度持续不减，中国的能源消费净额将从2002年的每天520万桶提高到2025年的每天1 420万桶。届时，中国的石油消费总量将超过美国以外的所有其他国家的总和。

中国曾经实现过石油的自给自足：早在1993年，中国每天的石油产量及消费量约为300万桶。但是中国的石油产量仅仅出现小幅增长，到2004年才达到每天350万桶，而石油消费量却激增。由此，每年石油生产和消费之间的缺口都变得更大——而中国能够弥补这一日益扩大的缺口的唯一办法是增加石油进口量。中国在2004年的石油进口净额为每天320万桶，占其消费总额的48%；预计到2025年，中国每天的进口需求将达到1 070万桶，占其消费量的75%。

中国的领导人和石油公司一直不断地在全球寻找新的石油来源，其目的就是为了获取国外新增的石油产量，在某些情况下，是与对方签订长期原油供应合同，在其他情况下，则是收购国外油田的股份。

寻找石油

美国的观察员不确定中国政府在多大程度上直接监督着中国石油公司并购国外石油公司的交易，据说中石油、中石化和中海油是自主经营的盈利企业，并且独立经营其国际业务。然而，中国政府在这些公司中持有很多股份，从80%到90%不等，并且这些公司的高层领导也由政府任命。国有银行向这些公司发放低息贷款，而且中国外交部门经常在这些公司就勘探和开采权与其他国家进行的谈判中给予协助。

尽管中国官员从未明确表明他们对这些大石油公司的海外业务施加影响的目的，但他们的意图很明显：使更多国家向中国提供石油和天然气，并且在可能的情况下，获得对关键的境外能源储备的直接所有权。1996 年，中国进口石油中的 70% 仅来自三个国家：印度尼西亚、安曼和也门。到 2003 年，中国已同更多的供应国建立了联系，这些国家包括沙特（提供中国石油进口量的 17%）、伊朗（14%）、安哥拉（11%）和苏丹（5%）。为了寻找其他油气来源，中国官员跑遍了全球，同巴西、加拿大、厄瓜多尔、哈萨克斯坦、尼日利亚、俄罗斯和委内瑞拉达成供应协议并向其购买开采权。

中国正在努力拓宽其获得国外能源的渠道，这一点本身并非国际关系中产生摩擦的根源。毕竟，美国、英国、法国、日本和其他石油进口国长久以来就在为获取境外石油产区的开采权而相互竞争，并且已经设法通过（相对）友好的方式瓜分了可获得的资源。中国可能是这一竞争中的后来者，但是目前的做法与其他寻求石油资源的国家也没有显著差异。实际上，乔治·W. 布什总统于 2001 年 5 月 17 日宣布的“国家能源政策”中要求美国外交官像中国官员一样，在寻求国外能源时采取同样的外交手段。

在全球石油供应国日益扩大的情况下，中国可能会动用其大量的现金储备购买所需能源。然而，这一局面会面临两个问题。首先，越来越多的迹象表明，全球石油供应的增长虽然很快，但还是不足以与日益增长的全球石油需求保持同步。其次，许多全球最丰富的能源供应来源已为西方能源公司或由生产国所拥有的国有石油公司所控制，这迫使中国到边缘地区寻求发展机遇。

竞争加剧

几十年来，世界石油供应的增长是紧跟国际需求的稳步上升的步伐的，这使得全球经济在过去的 60 年中大幅扩张，也使包括中国、印度、韩国和中国台湾在内的这些亚洲经济引擎得以崛起。但是，最近，人们对于石油工业在继续支撑全球需求方面的能力是否能跟得上石油供应的增长速度产生了严重怀疑。虽然一些能源分析师坚持认为这并不是问题，全球石油供应仍将根据需求情况继续增长，但另一些分析师认为，全球石油供应的增长速度将很快放缓并最终归零（一种被称作石油产量“峰值”的状态），随后石油供应将开始紧缩。

中国研究直到最近，大多数石油公司的管理人员和政府的能源专家都与相信石油产量达到峰值的时刻仍很遥远的人士意见一致。但是，最近，有些人明显抛弃了这种一致的意见。例如，雪佛龙公司的首席执行官大卫·奥雷里曾在刊登在主流报纸上的整版广告上签名，表示对在未来能否获得石油很担忧。广告词中说：“有一件事情很清楚，石油唾手可得的时代已经结束了。”

现在无法预测在今后几十年里究竟能获得多少石油以满足人们预期会出现的需求。美国能源部宣称，到 2025 年，市场上会有足够的石油供应以满足所预测的每天 1.19 亿桶石油的需求，比目前的水平每天增加了 3 500 万桶到 3 600 万桶。如果这一预测被证明是正确的，将有足够的石油供应来满足中国的预期需求——每天 1 420 万桶，以及美国所寻求的每天 2 730 万桶，西欧的每天 1 490 万桶和日本的每天 680 万桶。在这一令人愉快的情况下，油价将保持相对稳定而严重的石油紧缺也将得到缓解。

不幸的是，考虑到雪佛龙公司的大卫·奥雷里先生和其他持怀疑态度的人士提到的顾虑，谁也无法相信这一方案能获得成功。其实，更加谨慎的假设是：全球石油供应的增长不足以满足预期的需求；因油价将大幅上涨而产生的对任何可能的石油供应的竞争将更为激烈和尖锐。一定要在这一背景下审视中国（以及印度、韩国和其他正崛起的亚洲经济体）为获取更多的石油供应而作出的努力。

这种情况会怎样发生无法被精确地预见，可是我们已经能看到一些初期的迹象。一是价格，随着中国和印度成为已经非常拥挤的能源市场上越来越重要的参与者，石油价格的上涨速度甚至比一年前预测的速度都要快很多。在 2005 年 1 月，美国能源部预测在 2005 年至 2025 年期间，石油价格将上涨至每桶 30 至 35 美元不等。今年 1 月，它将对这一时期的预测调高至每桶 50 至 55 美元。

更令人担心的是，美国国会对 2005 年 6 月中海油收购优尼科公司（美国一家中等规模的石油天然气生产企业）的举动所作出的歇斯底里的反应。尽管中海油的投标价格比另一个有力竞标人雪佛龙公司高出了 20 亿美元，美国的立法者们却被一家中国公司可能获得对美国能源资产的控制这一事实激怒了，以至于他们在当年 8 月的投票中为中海油的收购设置了无法逾越的障碍，迫使其撤标。优尼科公司的油气储备大多数都位于亚洲，而且它在满足美国能源需求方面发挥的作用可忽略不计这一情况并没有使这些投票否决中海油竞标的美国立法者改变主意。

优尼科事件最终不会对中美关系产生重大影响，中海油继续收购其他国家（包括尼日利亚）的石油资产。不管怎样，这一事件表明国际上对石油资产的竞争的激烈程度，也突出了这种可能性，即对能源的竞争可能会使主要石油出口国之间的政治关系恶化。普樱与格斯公司（Purvin and Gertz）的分析师库尔特·巴罗（Kurt Barrow）将优尼科事件的特征总结为打响了围绕着全球石油供应而展开的“新”一轮战争。他对《纽约时报》的记者谈到：“中海油虽然在对优尼科公司的竞标中失败了，但是它将会继续收购海外的能源资产，以支持中国日益增长的能源需求。”

这种说法看起来或许过于夸张了，但是由于这对美国自己的重要能源供应构成了威胁，所以对于那些将中国热切地寻求境外石油资产的做法看做涉及“国家安全”事务的国会议员而言，这种说法并不夸张。

其他的担忧

在获取逐渐减少的石油供应方面的竞争变得日益激烈，由此引起摩擦的可能性因以下情况而变得更大：在世界上储量最丰富的油田中，许多已被西方的大石油公司或出产国的国有公司控制（如沙特阿拉伯的阿拉伯——美国石油公司和科威特石油公司）。中东地区大部分国家的石油生产由国有石油公司控制，而西方国家的公司已在其他产油地区，如非洲撒哈拉以南地区和里海盆地等地区占据了领导地位。

中国的能源官员无疑很乐意在这些地区站稳脚跟，但是因为与其竞争的公司在这些地区的业务根深蒂固而受挫。例如，中海油和中石化试图携手收购正在开发卡沙干（Kashagan）的石油储备（位于哈萨克斯坦所属的里海海域中）的财团的1/6的股份时，该财团最早的成员，包括艾克森－美孚、荷兰皇家/壳牌和科诺科－菲利浦，行使了“优先购买权”，将这两家中国公司排除在外，自己购得了这些股份。

在被以这种方式排除在许多更为诱人的产油区之外以后，中国就选择了看似唯一向自己开放的道路：到边缘地区以及像伊朗、苏丹和乌兹别克斯坦这样的国家寻求石油储备。

中国在苏丹的地位尤其值得注意。中石油目前在苏丹国内领先的石油生产企业——大尼罗河石油经营公司中拥有40%的股份，并在苏丹的其他油田持有大量股份；该公司在苏丹海上修建了一条从苏丹南部通往苏丹港的一条930英里长的管道，还在卡沙干兴建了一座炼油厂。中石化则帮助伊朗修建从里海至德黑兰的管道并且参与该国天然气储备的开发活动。

中国已经跟被认为与美国不友好的国家建立了如此紧密的联系，这一事实在华盛顿看来非常具有挑衅性。但是，在努力巩固与这些石油供应国的关系时，北京还向这些国家提供军事和外交援助，这使华盛顿更为恼火。2006年当国会下令对中国的能源政策进行审议时，美国能源部发现，“在乌兹别克斯坦、苏丹和缅甸这样的国家，中国公开支持这些由于侵犯人权、支持恐怖主义或扩散核武器而在全球范围内遭到反对的政权”，“作为长期趋势，中国在这些方面的行为是与美国的关键战略目标相对立的”。

在五角大楼于2005年对中国的战略和国力所作的题为“中华人民共和国的军事能力”的分析报告中能很明显地看出，美国的高层官员对这些活动的重视程度。该报告首次强调对能源的竞争是美中安全事务中的重要因素。该报告在题为“作为战略性推动因素的能源需求”一章中指出，“北京认为，为了保证获得能源的渠道需要这种特殊关系，这种想法将形成中国的防御战略和武力规划”，因此，很可能对美国的国家安全构成潜在威胁。

美国在中国的石油进口量仅为每天300万桶——不足美国目前进口量1/3时，就已经表示了这种担心。想象一下，到2 025年人们可能的惊恐程度，届时预计中国的石油进口量会上升至每天1 100万桶，是美国的石油进口预测量的2/3。尽管无法预测国际关系的未来走势，但完全可以有把握地假设，由对境外石油的竞争而引起的争议将在中美关系中发挥越来越重要的作用，其重要性可能会超过台湾问题和双边贸易逆差等其他令人担忧的问题。

寻找天然气的竞争

随着时间的推移，中国将不仅对石油越来越渴求，也会需要越来越多的天然气。这也能导致国际关系中出现重大摩擦。

目前，中国的天然气使用量相对较少，每年为1.2万亿立方英尺。这仅为美国的天然气使用量的5%。但是预计中国在今后会使用更多的天然气，主要是为发电厂提供能量，也把天然气作为肥料、氢和混合化工品的来源。中国越来越强烈地意识到过分依赖煤炭所产生的环境后果，而且，中国也可能越来越多地使用天然气发电，这使需求进一步增多。因此，中国的天然气使用量将以每年7.8%的速度增长——在所有大经济体中是最高的。像石油问题一样，对中国政府来讲，满足所有这些新增天然气的需求会被证明是一个重大的挑战。

中国官员会更倾向于依靠国内的来源，使其在所需的天然气中占有尽可能大的份额，并因此斥重资开发中国西部前景良好的塔里木盆地，将这里开发的天然气运送至沿海的能源匮乏地区。但这些来源不足以满足中国不断增长的需求。因此，北京不得不放眼其他地区以寻找其他的来源——这将再次引发各式各样的国际敌对情绪。

世界上天然气储备量最丰富的国家是伊朗和俄罗斯。中国寻求与这两个国家都建立供应关系——与伊朗的交易引发与美国之间的矛盾，而与俄罗斯的交易引发了与日本的争端。中石化于 2004 年 10 月与伊朗签订了为期 25 年、价值 1 000 亿美元的合同，合同包括伊朗每年向中国出口 1 000 万吨液化天然气以及中国参与修建一座浓缩天然气的工厂。尽管合同的细节仍在酝酿之中，最终的结果是又一笔资金流入伊朗，挫败了美国孤立伊朗的努力，由此妨碍了美国在伊朗核问题上的企图。

中国与日本的问题性质则不同，两国竞相成为最近被发现的大量天然气（位于俄罗斯远东地区的萨哈林岛）的输送管道的最终目的地。日本公司为这些气田的开发提供了大部分资金和技术。东京一直认为这些气田出产的天然气将通过管道向南被输送至日本。最近，中国官员正在同萨哈林开发集团进行谈判，目的在于获得该气田出产的很大一部分天然气的供应以及将天然气输送管道向西修筑使其通往中国。中国政府的做法已经引起了日本的不满。

与日本之间出现的一个更为严重的问题是在有争议的中国东海水域开发海上油田的问题。中国和日本的地理学家认为，在中国东海岸与日本最南端岛屿之间的一条深海沟中蕴藏大量天然气。日本声称其海上边界线位于该海沟附近。中国坚持认为其外部边境线延伸至大陆架的边缘，延伸至海沟更往东的地点。

最近，中海油和中石化已经在日本声称拥有主权的地带进行开采活动，从东京认为是日本领土但中国声称为中国领土的地点开采天然气。双方均定期向该地区派遣军舰，挑起了一系列具有威胁性的海上冲突。尚未有任何事件导致双方实际开火，但的确存在双方有一天实际交火的风险。

当前日本反华情绪日益高涨，而有关天然气的这一争端使这种情绪更为严重，使各方欲和平地解决争议的努力变得更复杂。

全球的两难境地

中国对进口能源的需求势必逐渐增长，而人们也越来越怀疑今后能否获得丰富的石油资源。由此，出现危机的风险以及围绕获得重要能源的渠道发生的冲突变得越来越严重。在此背景下，可能导致出现冲突的并不是“中国问题”，而是全球性问题。除非世界上现有的大国准备要陷入那种导致“一战”以及许多更轻微冲突爆发的、由资源驱动的地缘政治竞争中，否则它们必须在谈判桌上为渴求能源的中国留一席之地。将中国排除在前景良好的能源交易（像在里海的卡沙干油田及美国优尼科公司出售这类交易）以外的做法只会使各方关系恶化，并迫使北京寻求会产生不良国际影响的更冒险的安排。

同时，世界石油产量最终达到峰值以及全球依赖矿物燃料导致环境恶果这样的问题只能在国际层面上解决，这要求包括中国在内的各个重要国家的紧密合作。

因此，国际社会应该以同情的眼光看待中国在战略性能源方面所处的两难境地，这点很重要。国际社会需要同北京合作，帮助其采用更多种类的能源，并同其他各方一起，加快合作开发环保型替代能源，像清洁燃煤技术、生物燃料、风能、太阳能和水能等。

（于森 译）

中国能源政策的成效与挑战*

〔英〕菲利普·安德鲁斯－斯皮德

一、引　言

20 世纪 70 年代末，节约能源与提高能源效率首次成为中国能源政策中重要的一部分。政府认识到能源供给是制约经济增长的一个主要瓶颈。当时的经济结构、落后的技术和偏低的能源价格造成了能源的生产、转换与利用等方面的效率低下。能源在转换与终端使用中的低效现象遍及经济的方方面面——从电站到住房建设。在此后的 20 年里，尤其是 20 世纪 80 年代，中国的能源紧张状况曾大为缓解。然而，我们在研究一些资料后发现，中国能源紧张状况的缓解程度并不如一些学者所描述的那么大，不过政府所成功实施的政策还是值得大为赞赏的。

1997 年，政府颁布了《节约能源法》。政府此举可谓是为推动全社会的节能而采取的重大举措。自那时起，已经过去快六年了。尽管能源紧张状况得以不断缓解，但这是否是政府政策带来的直接结果并不是很

---

* 本文是作者出版的《中华人民共和国的能源政策与管理》（*Energy Policy and Regulation in the Peoples Republic of China*，2004）一书的第 8 章。菲利普·安德鲁斯－斯皮德（Philip Andrews－Speed）是英国邓迪大学能源、石油与矿产法规研究中心主任。

清楚。中国仍存在巨大的节能空间，但在连贯性政策的制定及有效推行方面却存在一些难以克服的障碍，而且当前所遇到的困难也与20年前大不相同。

本文是要探究中国节能政策为何于20世纪80年代与90年代早期能取得成功，而20世纪90年代末以来却又不见成效了。文中首先指出中国仍存在节能的潜力，并分析节能战略成功实施的原因。此后，本文将概述政府在厉行节能过程中所面临的现实挑战，并分析为何一段时间以来这些节能政策又举步维艰。

二、节能的潜力

目前大家普遍认可的是，中国社会经济发展中存在低效使用能源与浪费能源的几大源头，而这些源头却又为长期节能提供了巨大潜力。能源的浪费之源可以分为以下几类（尽管各类别之间会有一定的交叉）：煤炭行业、电力行业、工业的能源消耗、建筑、交通。

1. 煤炭行业

很长时间以来，煤炭在中国的主要能源消耗中所占的比例超过70%，尽管这一比重现在已降到不足70%。因此，煤炭行业所存在的能源利用的低效问题对节能而言，其意义非同一般。每年通过加强对煤炭行业的管理就可以节省出上亿吨的煤。煤炭行业的主要问题在于原煤质量低、煤炭分配的不合理、洗煤和选煤的总体水平低下。煤炭行业的这些缺陷不利于相关行业及个体消费者提高燃煤的经济效率和热效率。

煤炭还给经济造成了长期的负担，即煤需要长途运输才能从北方的矿区被输送到东部和南部的市场。因此，必须要对交通进行大规模的投资，尤其是对铁路建设的投资，而且煤炭的运输还要源源不断地消耗运输燃料。此外，由于煤炭行业自身无法完成洗煤和选煤，进而又加剧了运输负荷。

在煤炭业内还有很多方面存在节能的潜力，比如可以把固体煤加工成液化煤或气化煤，采集煤床的甲烷等。

2. 电力行业

与煤炭与石油行业相比，中国的电力行业发展较快，1980 年至 2001 年间，发电装机容量增长了约 5 倍，但华东的部分地区有时仍会出现严重的电力短缺。虽然电力短缺部分源于输电、配电的能力不足，但是电力行业固有的低效率意味着现在的电厂和设备的输电损耗太大。

火力发电厂目前普遍存在的一个问题就是每度电的耗煤量太高，因此将来通过提高发电厂的效率亦可以节约出大量的能源。尽管有些陈旧的小规模电厂效率极低，但是相当多的一些新建的、大规模的电厂却依然存在技术和设备陈旧低效的问题。发电厂的运营维修不善和自动化水平低加剧了热能利用的低效，输电和配电过程中的突出问题则是大量的电路损失和变电厂的低效率。

通过利用热电联产（co-generation）、小型水电厂、地方太阳能与风力发电等形式的分布式能源（distributed energy）也可以节约大量能源。20 世纪 80 年代末，政府正式出台一些优惠政策以促进热电联产。到了 2000 年，中国发电装机容量的 15% 属分布式能源，其中最主要的形式就是热电厂。但是，由于税收激励的取消以及电力行业政策与监管制度的模棱两可，这种增长势头停了下来。

3. 工业的能源消耗

尽管中国的经济结构正在不断发生变化，但是工业占国内生产总值（GDP）的比重仍然高达 40%，因为服务业部门的增长是以牺牲农业为代价的。在工业部门，重工业产值占该部门总产值的 50%。事实上，中国能源需求的 70% 来自工业，因此，在所有的能源终端使用者中，工业部门的节能潜力最大。

尚待改进的关键行业包括冶金业、建材业、石化及化工业等。乡镇企业的能源浪费相当严重，这些企业在 20 世纪 80 年代与 90 年代初推动了中国的经济增长与转型。中国重工业所使用的过时的熔炉与窑也是耗能高的原因所在。与发电厂的问题相似的是，重工业也存在管理不善的问题，如自动化水平低、大量废弃的热能、不恰当的工艺等。

4. 建筑

和工业部门一样，服务业部门与家庭也同样存在设备效率低下的问题。在国内的很多地方，电器、取暖与制冷系统、照明都相当落后与低效——尽管有些地方已有了显著改进。由供暖就可以节约出大量能源——约占建筑节能总量的70%。

中国北方地区每年都要经历漫长的严冬。工厂、办公室与住宅每天都需要一定时间的供暖。中国南方地区的冬季并不是太冷，但是环境温度在10℃以下，这些地区新近富裕起来的居民希望能给办公室及住所供暖。有鉴于此，在中国这个人口众多的大国，建筑的高效供暖意义重大。高效供暖涉及建筑设计与建材的材质，同时还涉及供暖系统的设计与管理。

5. 交通

中国对石油的消耗速度没有电那么快，1980—2002年间，石油的消耗增加不到3倍。但是石油需求的持续上升与国内较低的石油产量使得中国在国际石油市场上的地位发生了巨大变化：由20世纪80年代的石油出口国转变为现在的石油进口国——国内石油需求的30%不得不依赖进口。道路交通和国内工业的发展是造成石油需求不断增加的重要因素。

在交通部门同样可以节省出大量能源，如提高交通工具的燃油效率、改善公共交通的数量和质量以及统一交通规划。尽管节约出的能源对整个国家的能源消耗而言不过是杯水车薪，但是燃料的节约可以减少石油的进口。

三、政策举措及其成效

在过去20年里，中国的能源紧张状况得到了大规模的持续缓解。这种能源缓解程度和其他一些国家大体相当，如美国。这一成就在很大程度上应归结于政府所采取的一系列促进节能与提高能源利用率的举措。这些举措有指令性的和导向性的。指令性措施有：指定每个能源使用者的配额，规定装置的耗能标准，淘汰陈旧设备。长期存在的中央计划经济措施对节能起到了积极作用。导向性措施，如提供信息、培训和示范。这些措施通过遍布国内的新机构而得以实施，如能源服务公司、能源管理中心与节能中心。为这些机构提供支持的是一些实体单位，如北京能源效率中心与能源效率技术投资公司。政府的三个高层委员会——国家计委、国家经贸委以及国家科委也负责制定和实施相关的节能政策。此外，政府还针对所有能源使用者分门别类地制定了节能方案，从大型企业、发电站到节能照明与节能冰箱。

财税激励的节能效果比指令性措施和导向性措施要差一些，过去采取的财税激励措施主要有两种。首先，政府在 20 世纪 80 年代给企业提供了一系列的税收补贴以激励企业对节能进行投资，但是 1994 年税制的简化取消了其中的大部分优惠。其次，在过去的 20 年间很多能源的实际价格上涨了，煤炭的国内市场价格自 20 世纪 80 年代中期开始逐步放开。鉴于 1998 年出现了煤炭的供给过剩，政府制定了煤炭的最低价格以挽救大型国有煤矿。原油及石油产品的价格比以往更接近国际市场价格，尽管它们依然是由中央和地方政府确定。试图通过征收销售税而提高汽油与柴油的终端使用价格已遇到政治上的阻力，而且至今尚未获得批准。电价在 20 世纪 90 年代曾大幅上扬，但是自 90 年代末取消违规征税与平抑需求后又急剧下跌。

政府的干预并不仅仅局限在城市范围。虽然 1980 年至 1990 年间农村家庭人均能源消耗量随着生活水平的提高而上升，但统计数据表明，1990 年至 1995 年该数据又出现了略微下降。更为显著的变化是，农村从过去以柴禾和稻草为燃料转而使用商业性能源，如煤和电。农村的能源战略之一就是要推广使用高效生物炉。

尽管 20 世纪 80 年代能源紧张状况的缓解可以在很大程度上归功于政府的节能政策，但是不甚清楚的是近年来的节能政策是否也如此成功。针对联合国开发计划署（UNDP）所列举出的有巨大节能空间的行业（煤、电力、工业、建筑和运输），中国政府也明确赞同。但问题是政府能否制定出适当的措施与制度来达到这些节能的目标。

四、未来的挑战

在中国由计划经济向“社会主义市场经济”逐渐过渡的进程中，计划经济体制下的一些制度与政策工具渐渐失效。尽管市场机制已渐渐渗入中国的经济领域，但是政府机构在很多方面都未能调整结构与转变职能以适应新环境，而且一些经济主体也没有市场意识。因此，市场手段在节能方面所实际达到的成效比预期的要低。

政府意识到要推动节能就必须有新的举措，因此在1997年颁布了《节约能源法》，该法涉及方方面面的问题，如能源效率、再生能源、新型能源、节能与环保同步、研究与开发、教育与信息发布。2001—2005年的“十五”规划再次确认了上述目标。政府近年来的一些具体举措有：成立能源管理中心、制定绿色照明与绿色冰箱纲要、逐步规范设备的能耗标准、使用能源效率标识以及制定地方建筑法规等。

尽管有了上述举措，但政府如果想要使节能达到本文开头所提到的水平的话，那么还应在以下几个方面大力改进：制度结构、法律与监管框架、经济措施和能力不足。

1. 制度结构

现行的政府结构及一些部门的行为妨碍了连贯性节能政策的制定与实施。同时，政出多门与各部门间缺少协调也阻碍了各级政府节能政策的制定以及节能技术的研发与商业化。例如，20世纪90年代在节能政策的制定和实施方面，国家计委、国家经贸委、财政部和国家科委都扮演着重要的角色，而其他一些单位，如国家能源公司、国家环保总局以及一些科研机构，也纷纷参与其中。

目前在节能方面的一个主要制度缺陷就是，缺少一个能源部或地位相当的专门的能源机构。只有建立了此类机构，才能将节能提高到与能源生产同等重要的地位上来——如官方能源政策所言。实际上，政府在能源生产方面的投资远远超出了为节能所做出的投资。甚至在20世纪80年代时值节能有重大起色之时，为节能而花费的资金也仅占能源部门总投资额的6%。

此外，不但中央一级各部门间缺少协调，中央以下各级政府也是如此。各级政府间的利益冲突则进一步加剧了彼此间的协调失灵。地方政府极力追求短期经济效益并各自为政，这与中央政府的长期战略是冲突的。在乡村一级这类问题尤为突出。

在省级和省级以下各个地方，有必要确立新的制度框架以便找出适于当地环境的节能技术与方法，这其中应有政府机构、研究中心、企业及其他团体的参与。只有在各个机构和团体的共同参与下，才有可能制定出强有力的节能战略，如“社区节能管理”，而分布式能源的发展则将成为节能战略中不可分割的一部分。

2. 法律与监管框架

与制度问题密切相关的是法律与监管框架。政府试图借《节约能源法》而再次大力推行节能，但是在过去的五年里该法案的实施却进展缓慢。中央一级的监管实施细则尚待出台，而地方上出台的监管条例（如山东、上海、浙江等地实施的监管）又含糊不清。

鉴于能源与污染的紧密关系，有人认为加强对环境的有效监管可以推进节能政策的落实。对污染制造者的惩罚可以在诸多方面推动节能。然而，中国的环境监管也同样问题重重。这一弱点与利益的冲突阻碍了对环境污染行为的有效惩罚与征税。

就分布式能源而言，电力部门的所有监管与政策框架都是模棱两可的，以至于极少有私人投资者敢于在没有政府支持的情况下对新型发电厂进行投资。部门内在合同方面缺少稳定性这一点进一步加剧了这一弱点。事实上，有关节能的私人投资制度全都亟待改进。

3. 经济措施

目前大家广泛认可的一点是，中国相对较低的能源价格使能源使用者鲜有节能的动力。有争议的是，有人提出消费者不仅要支付能源的全部直接成本，还要支付与环境破坏和能源供给安全相关的其他外部成本。仅对能源实施完全成本定价是不够的，还应该采取一些积极的举措，如税收补贴、贷款和各类补助等以鼓励能源使用者对节能的设备与工艺进行投资。

中国当前的政治与经济状况也大大降低了经济措施的潜在效力。第一，中央和地方政府不愿意在总体物价低迷、城乡失业上升的时期将能源价格上涨的部分转移给企业、商业及居民。第二，很多国企无力也不想对能源的价格信号作出反应，因为企业缺少硬预算约束，而上级主管也缺少有效的激励。在这种情形中，更复杂的机制，如需求侧管理（Demand - Side Management，DSM）是不可能产生太大影响的。

尽管存在上述障碍，但通过建立能源服务公司（在中国被称为能源管理中心），还是在节能方面引入了一定的商业激励。由世界银行与欧盟和全球环境基金（Global Environmental Facility）所合作建立的这些能源服务公司，其职能就是与能源使用者签订合同以实现节能的目的，并与客户分享节能效益。尽管这些试点项目的成功指日可待，但在与亏损的国企或受保护的能源使用者打交道时，这些能源服务公司同样会遭遇一些经济壁垒。

4. 能力不足

资金的匮乏、间断的政治承诺以及缺少合作等导致了全国在节能方面的能力不足，主要反映在以下几方面：缺少一定的研发机构与人员；国内生产节能设备及材料的能力不足；缺少提供技术援助和培训的熟练技工，进而导致耗能产业中缺乏具备一定技能的管理人员与技术员工；缺少为能源使用者与决策者提供信息的能力；缺少从能源部门收集和处理统计信息并进行能源审计的人员；缺乏对产品进行测试、认证、标识和设定标准的能力。

五、结 论

长达20年的节能政策或许可以称得上是中国能源部门最成功的政策之一。然而，有两个问题是值得深思的：为什么节能政策是成功的？为什么成功又无法持续？

解读昔日政策成功的关键在于了解政策的执行过程。在20世纪80年代，中国经济依然以计划经济为主导，工业产出主要来自国有部门。政府的上层机构（前面提到的三个委员会）把能源节约放在了“优先地位”，并且通过行政机关和国有企业在中央和地方推行节约优先。那时的政府结构、产业结构和经济体制非常适于推行指令性的节能措施，而各地一些平级的政府机关还采取导向性措施以支持节能。

节能政策的成功还可以归结于其他一些因素。20世纪80年代的能源异常短缺，因此在能源部门内部进行利益分配以支持节能也相对容易得多。同时，节能政策得到了大量的资助，而且在很多经济部门得到了严格贯彻实施。

20世纪90年代的中国经历了巨大的变革，从而削弱了指令性节能措施的效力。首先，许多工业生产与消费都不再受计划的约束；其次，国有企业在经济中的作用逐渐降低；最后，中央政府在地方政府与企业中的权威也已下降。

随着中国经济由计划转向市场，旧的指令性措施将变得日趋无效。1997年通过的《节约能源法》及其相应的监管措施充满着各种良好的目的，但实际上几乎没有带来什么有意义的行动。只有各级政府承诺支持节能、确立相关制度以对竞争和冲突进行协调与合作、构建严格透明的法律和监管框架、设立与不断变革的经济体制相适应的经济激励机制，才有可能在全国范围内制定并不断推行新的节能政策。

尽管在一个转型国家里制定适当的财政、经济和税收措施以促进节能并非易事，但是节能的真正障碍却是各级政府缺少连续性的政治承诺。“十五”规划确立了2001—2005年间单位产值能耗下降15%—17%的目标。然而，尽管已确立了节能的目标而且节能也会带来巨大收益，但政府还是继续对能源生产而非节能给予了更多的关注和提供更多的资金。问题的关键在于两个相关的制度特点：首先，没有一个专门的机构来协调能源政策的制定与落实；其次，能源生产单位（如煤、油、气和电）在中央和地方依然享有重要的政治与经济权力。此外，一些关键的能源密集型产业（如钢铁、化工）依然由国家掌控，而且不受硬预算约束，所以较高能源价格对这些企业的能源使用战略影响不大。

毫无疑问，中国将大力推行节能，但是能源缓解的速度可能会低于其应有之速，除非有一个强有力的能源部或地位相当的机构能够确保节能与能源效率措施获得充足的资金支持。此外，只有不断发展国内能源市场，使能源使用者面临提高能源效率的强大经济激励，才能保持节能政策的有效性。

（王燕燕 译）

能源技术跨越的限制——来自中国汽车工业的证据*

〔美〕凯利·西姆斯·加拉格尔

在能源可持续发展领域里最吸引人的一个概念是能源技术跨越。戈尔登贝格（Goldenberg）和其他学者已经详细而雄辩地论述了这一概念，即发展中国家通过跨越到现有的最先进的能源技术，可以避免那种资源集中型的经济和能源发展模式，从而不必重复工业发达国家走过的能源发展道路。这种看法是极具吸引力的，因为它合理地假设，如果先进的、更清洁的技术存在，它们就能够转让给发展中国家，并被广泛地使用。

然而，能源技术跨越现象虽然确实发生过，但是只局限在某些个案里。来自中国汽车工业的证据表明，主要有三个因素制约了能源技术的跨越，它们是：（1）政策不力和不连贯；（2）国内技术能力不足；（3）除了标准所要求的技术，更先进的跨国汽车公司显然不愿意转让更清洁和更有效的技术。

本文所作的是有关中国汽车工业领域通过国外直接投资实现能源技术转让的经验研究。其研究结果基于2000—2003年间在中国和美国对政

---

* 本文来源于英国刊物《能源政策》（*Energy Policy*）2006年第34卷第4期。凯利·西姆斯·加拉格尔（Kelly Sims Gallagher）是哈佛大学肯尼迪政府管理学院贝尔福科学与国际问题研究中心（Belfer Centre for Science & International Affairs）学者。

府官员、企业代表、学者和专家所作的近90次的访谈。通过这些访谈，我们对三家中美合资汽车企业（北京吉普、上海通用和长安福特）作了详尽的个案研究。

一、对能源技术跨越的界定

存在两类与本文分析相关的技术跨越：(1) 通过跳过好几代技术而实现的跨越；(2) 不仅仅跳过好几代技术，而且更进一步跨越为该技术领域的领先者。在发展中国家还存在另外两类技术变革，它们并不必然是技术跨越，但可以导致大量地使用更加清洁的能源技术：(1) 鼓励使用现有的最清洁的能源技术，即便它们不一定要求跳过好几代技术；(2) 有意识地不选择更具污染性的技术。

弗里曼（Freeman）曾把技术创新归纳为四种类型：(1) 渐进性创新：通常表现为各领域持续不断地力图提高其质量、设计、绩效和适用性。(2) 跃进式创新：跳跃式的发明，往往是潜心研发的结果，通常导致对原有生产实践的急剧脱离。(3) 技术体系的变革：这是一系列跃进式创新的结果，是影响深远的技术变革，涉及多个经济部门。(4) 技术—经济发展范式的变革：那些或直接或间接影响整个经济体系每一个部门的技术体系变革（比如信息和通讯技术的革命）。

在汽车工业领域，什么样的技术变革才算是跨越？有人（包括中国科技部）认为，中国应该考虑采用混合动力电动技术和燃料电池电动技术。

二、中国的汽车工业

中国汽车行业存在一个独特的机会可以跨越式发展到先进的能源技术，因为这个部门只消耗了中国总能源中相对较小的一部分，尽管目前中国汽车年销售量增长非常迅速。这样，中国可以在内置燃油发动机占据汽车行业的整个基础设备以前，利用该领域的迅速增长快速地采用更清洁的技术。

在过去10年，机动车辆已成为中国城市最大的空气污染源。在北京的暖季，92%的一氧化碳排放，94%的碳氢化合物排放，68%的氮氧化合物排放来自于汽车。即便是在冬季月份里，污染物的排放也主要来自于汽车。

与美国汽车尾气排放相比，中国汽车尾气排放量相对较高的主要原因是中国在制定排放控制政策方面的不力。2000年以前，中国并没有汽车排放标准，加铅燃料仍广泛使用，汽车没有安装催化式排气净化器。从2000年起，中国才开始禁止使用加铅燃料，要求安装催化式排气净化器，要求所有的汽车都要装有电子燃料喷射发动机（electronic fuel injection engines），开始采用欧洲标准来控制汽车尾气排放。

汽车工业已经成为中国经济领域最重要的行业之一。2002年，该行业雇佣了157万工人，占中国整个制造业工人总数的5%。2002年，中国汽车工业创造的附加值占中国整个制造业附加值的6.1%，这一比重是1990年的两倍。据估计，2001年初，中国800多家与汽车相关的企业共吸收国外直接投资120亿美元。中国正在成为世界上汽车市场发展最快的国家。

三、经验证据

对中美三个主要汽车合资企业的个案研究表明，美国汽车技术的引进几乎没有导致中国汽车工业在能源或环境技术上的跨越。

（一）控制污染技术

个案研究中的每家美国汽车制造商转让给中国的汽车尾气排放控制技术相对美国的汽车技术而言都比较低效，这种情形仍将继续存在下去。没有一家美国公司转让的控制污染技术相当于卖给美国消费者的汽车里面安装的技术。美国公司转让给中国的污染控制技术在排放控制标准方面大概比欧洲、日本和美国现行的技术要晚10年。

（二）燃料效率技术

中国目前没有对汽车燃料效率作出规定，尽管燃料效率标准已经制定出来并在等待政府批准。直到2004年，中国的汽车制造商还无需报告他们的汽车燃料效率，这使得收集有效资料几乎成为不可能。

（三）为什么在中国没有发生技术跨越?

美国企业没有向中国转让更清洁技术的主要原因很简单，仅仅是因为中国没有强制性的政策激励它们这样去做。中国政府在外国投资政策方面并没有直接要求外国公司转让清洁技术。中国政府也没有在环境法规方面要求它们把清洁技术引进中国以达到中国的国内标准。而且，中方企业（都是由地方当局或中央政府所有）在签署合资协议时也没有要求对方转让更先进的能源和环境技术。最后，美国汽车公司也知道中国燃料质量很差，以至于即便它们转让了更先进的空气污染控制技术，这些技术的作用也有可能被质量低下的燃料所抵消，从而起不到什么效果。

（四）一种恶性循环?

关键问题在于中国政府为什么不制定更加强硬的措施以促进技术转让和跨越。政策和法律方面的薄弱要么可以归咎于与国内汽车企业竞争力有关的一种恶性循环，要么是因为中国政府与国外汽车企业之间的一种“权宜婚姻”。

有观点认为，中国政府不愿意对中国汽车企业强加它们不是很容易遵守的法律规定，以给本已步履维艰的中国企业再增添额外的负担。中国国内汽车工业缺少先进的环保技术，所以中国政府避免把更严厉的环保标准强加给它们，即便这些标准对合资企业来说相对容易执行。而另一种观点认为，这仅仅是中国政府与中外合资企业间的一种“权宜婚姻”而已。政府知道要重构中国汽车工业将会非常困难和痛苦，所以它就一直拖延，在制定环境和能源法规方面进展缓慢。与此同时，国外企业也不是真正要求中国政府对中国自己的企业实施更严厉的法律规定，它们也没有对其自身在中国的运作实施一套严格的标准。所以，人人安于现状，而中国的人身健康、环境质量和能源安全则受到损害。

有两个办法可以打破这种恶性循环。一是提升中国汽车工业自身的技术能力。另一个办法是中国政府只需颁布法令，同时接受一些国内企业要遭受打击的事实。无论是哪种办法，这些措施都是与中国政府的行业发展目标相一致的，因为中国政府的计划要求将中国的汽车企业合并为六个大的公司。严格的法律规定将迫使国外企业转让更先进的技术，同时也使得中国企业在与国外企业谈判时能够要求对方转让清洁技术。而如果合资企业要求加高标准，它们就会间接地对中国自己的汽车企业施加压力，而这可能是一种在更好的环境标准和不断增加的国外直接投资之间形成良性循环的方法。

（五）燃料质量

要解释为什么过时的空气污染控制技术会转让到中国，必须考虑一个重要的物质方面的制约因素：中国燃料质量的低下。大多数中国石油制品的含硫量较高。汽油中的高含硫量会限制汽车催化式排气净化器降低一氧化碳、碳氢化合物和氮氧化合物排放的能力。中国大多数进口的原油含硫量都较高。而中国的炼油厂目前又不具备降低含硫量水平的能力。

美国公司经常援引中国的燃料里面含硫量高这一事实来阻碍中国汽车采用清洁技术。它们认为，中国的燃料里面含硫量太高，以至于即使美国公司转让了清洁技术，由于燃料质量的低下，技术效果也不会明显，甚至还会受到削弱。

四、发现和结论

这份研究显示，在中国缺少更好的政策或者跨国石油和汽车企业不是比中国的法律所规定的做得更好的情况下，中国想通过国外企业的技术转让来使用一种知识积累的战略，从而在根本上跨越到清洁汽车工业的能力将受到相当的制约。这种发现并不意味着中国不应该努力向清洁汽车工业跨越。本文在此提出的一个审慎观点是：对中国的汽车工业而言，在中国政府没有采取进一步的激励措施的情况下，想通过外国企业的技术转让来实现技术跨越是充满挑战的，但并不是不可能。

如果技术创新能力可以通过边做边学而逐渐获得，那么，中国还需要投入更多的资金去提高它在生产、应用、机械工程、零部件和项目执行等方面的基本能力。如果中国想跃进到世界汽车技术的前沿而又不吸收足够多的有关传统技术的知识（很多先进的技术都是以此为基础的），中国不可能真正有效地跨越到清洁技术。

外国企业也需要强制性的激励措施，而不是仅仅受制于市场来转让技术。换句话说，中国政府必须创立一套既有激励又有惩罚的综合机制以吸引清洁汽车技术的转让，而中国到目前为止还没有这样做过。中国政府在汽车行业对相关技术能力发展方面的政策一直是不连贯的。

在考虑中国是否能够不经国外的技术转让而跨越到先进的汽车技术这一问题时，我们将想到一系列严峻的挑战。在很多人看来，中国的汽车技术能力依然远远落后于世界水平，仅就传统汽车技术而言，很难想象中国能够追赶得上工业发达国家，更不用说，在没有国外技术转让的情况下，中国能够跨越到更加先进的清洁汽车技术了。

另一个问题是，在中国，无论是政府、学界还是企业对汽车研发项目方面的投入还是非常的小，而且彼此之间互不关联，因此中国总的技术能力发展依然迟缓。最后，对中国的工程师来说，真正的挑战在于对所需技术能力的把握。因为，无论是混合式电动汽车，还是燃料电池电动汽车技术，都需要具备把所有系统整合进同一部汽车的能力，而这也许是最难获取的一项能力。

而至于中国是否会成为先进汽车技术领域的领头人这一问题更是令人质疑的，现有的经验研究还不容易回答这一问题。不过，一项相关的研究发现，美国汽车制造商向中国转让的是产品，而不是知识。基于此，美国通过产品转让而不是知识转让来帮助中国跨越几代技术看来是更加可能的。也就是说，到目前为止，还没有证据表明美国企业会教会中国同行如何开发并制造高效能的清洁汽车。美国企业不愿意培育未来世界市场的竞争对手，这是可以理解的。而且，中国汽车工业目前对国外直接投资的高度依赖可能削弱中国国内自主创新的动力。只要中国可以通过与国外企业合资的方式合理地获得现代化的产品，它就没有什么动力去投资以提高自己的技术能力，除非中国政府或中国汽车工业真正决心让自己变成汽车技术领域的领头人。

中国还必须克服影响技术跨越的市场方面的问题。首先，由于市场不太可能产生动力促使中国向清洁汽车技术跨越，因此中国政府必须出面干预。此外，如果中国决定跨越到混合式电动汽车和燃料电池电动汽车时代，还有一个基础设施的问题。对发展燃料电池电动汽车而言，中国需要建立一整套的供氢基础设施。

五、超越挑战

对中国政府和汽车工业而言，没有什么唯一最好的办法可以用来使中国跨越到清洁汽车的技术前沿，这需要将政府政策、法律规定以及非政府行动等多方面结合起来。本文得出的一个主要的结论是，要实现这样一个目标，中国政府及其相关行业需要采取连贯的、协调的、一致的和长期的努力，加上社会各界的协作。中国没能追赶上传统汽车技术的世界水平，并不是中国没有能力这样去做。事实证明，当中国想在某个领域步入世界前沿的时候，它是能够做到的。

如果中国决定实行全面跨越战略，那么它必须全方位地去实现这一目标。它需要改善它的教育体制，特别是培养汽车工程师的教育体制。它必须派遣最好的技术工人去国外学习，并且要想方设法吸引他们回来。中国政府还必须制定政策来培育对清洁汽车的市场需求，比如提高汽油价格，逐步实行日益严厉的控制空气污染和提高燃料效率的标准。中国政府必须迫使国内的汽车制造商在边做边学中逐步提高自身的能力，而不是过度地依赖国外制造商。而且，中国还必须加大对研发能力方面的投入，直到中国的汽车制造商自己掌握足够好的系统整合能力，以便充分参与创新过程——从开发到运用——从而享受“先行者”（first mover）带来的利润。

中国汽车工业缺乏环保和能源技术跨越的主要原因是中国政府没有制定和实施必要的政策。中国政府到目前为止还没有采取足够的激励措施去促使中国能源技术的飞跃。

（曾爱平 摘译）

中国的能源需求*

〔德〕海因里希·克雷夫特

中国是世界上最大的煤和钢铁的消费国，铜、石油和电的消耗量仅次于美国。中国对能源的需求不断扩大，而物美价廉的中国商品畅销全球，中国的这些发展趋势被频繁地提上美国国会的听证议程，也成为欧洲以及诸多发展中国家的政治家所关注的问题。当日本在 20 世纪 80 年代晚期试图取代美国成为世界经济的领导者时，华盛顿和布鲁塞尔方面都迅速作出了反应。而实际上，中国在经济和政治方面持续增长的影响力比起日本的野心来给现有的国际格局带来了更大的挑战。中国的兴起将在不同的方面对全世界产生影响，因此需要对其进行深入的分析。本文的目的是考察中国如何通过能源外交，保障其所需能源供给的安全，以及这对整个国际社会可能产生的影响。

一、中国能源需求的增长

中国能源需求的增长是其 25 年持续繁荣的结果。这一长期的繁荣

---

* 本文来源于美国刊物《政策评论》（*Policy Review*）2006 年 10—11 月号。海因里希·克雷夫特（Heinrich Kreft）是德国外交部政策规划司原副主任、资深战略分析家。

表现为外贸的扩展、收入的增加、人口的增长和城市化的加快。中国能源需求的增长在种类上包括了所有的类型：煤、石油、天然气、电、水力和核能。快速的经济增长步伐导致能源需求量迅速攀升，特别是对石油的需求。随着中国政府决定增加天然气产量，将来天然气在保障中国能源的需求方面可能会担当更为重要的角色。为了与燃料依赖进口的数量开始明显增加相适应，中国政府正积极努力提高能源供给的安全性。北京方面当前最大的顾虑是石油供给安全。直到最近，中国的石油还是自给自足的，20 世纪 90 年代早期，甚至还能有限地出口。中国于 1993 年首次开始进口石油，从那时起，进口量大幅上升。

为了应对这种形势，中国的领导人发起了全面的国内改革，并实施了能源全球进口安全策略。其目标是在保持东北老油田产量的同时，扩大西部油田的产量。中国东海和南海的近海油田开采受到了优先关注。中国的石油工业也不断重组，以使其更有竞争力和效率，同时依靠市场来实行更有力的价格管制。正如所有研究者所一致认为的那样，这些措施未必能导致明显的产量增加，而石油需求量和进口量的持续增加却是不可阻止的。国际能源机构（IEA）预言中国的石油进口到 2030 年将会增长五倍，从 2002 年的每天 200 万桶到 2030 年的每天 1 100 万桶。这将意味着中国石油供给的 80% 要依赖进口。中国对石油进口的依赖性在多年后会更加严重，这是中国领导人不得不面对的趋势。

最近几年，中国对电的需求也同样剧增，而巨大的煤炭储量是中国电力工业的主要支柱。2001 年至 2025 年间，煤的消耗将增加一倍，这会给健康和环境带来众多问题，也使中国要为全球 1/4 的二氧化碳排放量负责。尽管当前中国的煤炭储量巨大，尚有少量的出口，但是到 2015 年中国的煤也将需要进口。

高速增长的电能需求激发了中国扩展核动力工业的决心。在未来的 20 年间，中国计划每年投产两个核电站。新的水力发电装机容量不断增加，其他可再生能源（主要是太阳能和风能）的应用不断得到推广，然而这些还是不能满足中国的电能需求。

中国在天然气方面大体上是自给自足的。中国政府热切希望在煤消耗增加的情况下，到2020年天然气能满足中国能源需求的8%—10%。为此，中国在天然气勘探和新的天然气管道建设方面作了大量投资，新建管道将把天然气从北部和西部输送到南部和东部沿海快速发展地区，满足民用和工业用气。

虽然天然气对满足中国的能源需求意义十分重大，特别是从保护环境的角度来看。但是，这也同时增强了中国对燃料进口的依赖性。在不久的2010年，中国的国内天然气生产将不能满足本国需求。

所有这些都指向一个结论：尽管中国进行了系统性的努力来扩大国内的燃料产量，而燃料进口的依赖性不断增强的发展趋势却是不可逆转的。这种趋势以石油进口为代表，同时也表现在天然气进口上，这种依赖性在未来的几年中会迅速增加。

二、中国不断增加的能源不安全性

中国经济的增长在很大程度上依赖于它如何成功地满足不断扩大的能源需求。不断加大的对燃料进口的依赖性，在中国领导人中引起了强烈的不安全感，他们担心一旦燃料供给途径被切断，或者发生不可预见的价格上涨，经济增长都可能会受阻。他们也担心经济增长的减速会导致社会不稳定。因此，能源安全被看做与政治和经济稳定密切相关，也是保持共产党执政地位的重要因素。

从这一意义上看，燃料的供给问题在中国的国家安全议程上居于头等重要的地位。能源安全问题仅仅让市场力量来决定是远远不够的，因为那样就等于使国家的繁荣由于世界其他地区的能源供给瓶颈，或者全球能源政策中不可预见的因素而面临风险。

“9·11”恐怖袭击发生后，美国主导的反恐战争，以及美国对阿富汗和伊拉克的军事干涉都增加了中国的不安全感。中国尤为关心的是恐怖主义者对其能源基础设施的袭击或者对脆弱的能源供给线的打击，比如位于中东石油海上运输线上的霍尔木兹海峡和马六甲海峡。中国担心美国对“9·11”恐怖袭击的过度反应使本来已经相当不稳定的中东和中亚石油产区的局势更加动荡。对世界石油供给具有重要战略意义的波斯湾处在美国的控制下，通过印度洋进入东北亚的海上航线是中国主要的石油供给线，该航线也处在美国海军的控制下。所以毫不奇怪，中国所担忧的不仅仅是这一局势会如何影响到这一区域的战略平衡，它还关注这一局势对中国整个国家的经济、政治和社会稳定所带来的影响。

由于中国对石油的需求日益增加，中国认识到美国和西方的主要石油公司对全球的石油市场和石油工业发挥了过大的影响。高昂的石油价格和对全球石油短缺的关心加重了中国在能源安全方面的脆弱感。这也与中国被排除在调节世界能源供给的国际组织，比如国际能源机构之外有关，虽然中国也参加了由石油生产与消费国共同主办的国际能源论坛。

三、中国的能源外交

中国通过众多途径执行全球性的能源外交来应对挑战，其目标是增强国家的能源安全，以减少燃料短缺或价格波动导致的脆弱性。这一目标的实现首先是通过中国的三个主要石油公司购买海外的油田和气田；其次是与周边国家缔结建设能源运输管道协议，由这些国家直接向中国供给石油和天然气。北京方面通过前瞻性的能源外交，寻求与主要的石油和天然气出口国打造紧密的外交关系。这一目的主要是通过广泛的双边互访和金融、经济援助以及扩大贸易和加强军事联系实现的。这一外交策略的中心是波斯湾以及中亚、俄罗斯、拉丁美洲，最近还有加拿大。这些努力的结果是中国在过去的五年中至少同八个国家缔结了“能源战略联盟”。

中国能源外交的结果引起了越来越多的关注，在许多地区，石油价格的猛增被归咎于中国巨大而不断增加的石油需求。发生于1973—1974

年的石油危机让西方发达国家认识到，在危机时期实行关注单方利益的策略会使局面更加糟糕，因为这一策略缩小了用市场来灵活高效地调节石油短缺的余地。正是基于这一认识，它们建立了国际能源机构，以防止各国由于石油的争夺而陷入对立，从而使石油更加短缺和价格更加高昂。西方国家的战略从那时起转变为使石油生产多样化，以保证尽可能多的石油进入全球石油市场，由市场的力量调节石油的分配。

能源竞争加剧了中国同许多邻国之间原有的竞争。例如，中日两国卷入了关于一个小型近海天然气田的争端中，两国都宣称对该气田拥有主权。把这种由于能源而引起的争端看做纯粹是中国的现象则是错误的，有足够的证据表明一种不良的“能源国家主义”似乎正在亚洲广泛传播，这将引发长期的能源竞争。为了增强能源进口和供给路线的安全性，所有的亚洲经济参与者——除中国外，还有日本、印度、韩国，以及不断加入的许多东南亚国家——都面临着相同的挑战，却都选择了国家主义的政策，阻碍了合作式或市场驱动型政策的形成，该政策着眼于共同应对能源安全问题。

通过积极的能源外交，中国同许多国家建立了能源联盟。中国保证能源安全的中期计划很可能是增强它在中东的影响。这将对美国在这一地区的主导地位构成挑战，同时也使美国同这一地区的很多国家之间本来已经困难重重的关系更加复杂。很多海湾国家，包括沙特阿拉伯，也在伊朗之后加强了同中国的联系，以减轻对美国的单方面依赖。

中国能源外交的另一个焦点在俄罗斯和中亚。近年来中俄新型睦邻友好关系主要是由中国的能源需求驱动的。出于对中国在国际上不断增强的新地位和政治、经济影响的关心，以及由于中国人口的扩张对西伯利亚和整个远东地区产生的压力，莫斯科决定尽可能充分地使用手中的能源王牌。这是莫斯科决定在自己的领土上铺设石油管道把石油输送到太平洋沿岸的真正动机。这一时期，中国一直密切关注着中亚的巨大能源储量，关心中亚五国的稳定以及从这一地区进口能源的安全性，这推动着上海经济合作组织稳健发展。

四、我们应该采取的对策

中国不断增长的能源需求将会对世界环境和气候（全球变暖）造成影响，也会影响到世界经济的活力、亚洲及其他地区的和平与稳定。事实上，世界的整体秩序都将受到影响。中国在提高能源利用效率和扩大可再生能源的使用方面显然需要帮助，这是唯一能够阻止其能源消耗过快增长的途径，在这两个方面的表现不佳也是能源供给不安全感在中国普遍存在的主要原因。

从这一观点出发，重要的是寻求各种途径来鼓励中国对全球石油市场持有更大的信心，并让中国把全球石油市场当做一个展开合作的场所。同样我们也要考虑如何以最好的方式让中国成为全球集体协商石油分配份额和储备管理的成员之一。在这方面，国际能源组织扮演着关键角色。

解决亚洲在能源安全问题上的“能源国家主义”倾向的一个可能途径是培育区域能源组织，促进多边能源项目的实施和区域能源合作。现存的多个公共组织，如亚太经合组织（APEC）、东盟地区论坛（ARF）和亚欧会议（ASEM）可以为真正有意义的能源对话提供一个平台，也可以为其成员包括非本地区的参与者，如美国、欧盟提供有利条件，这对地区稳定起着关键作用。为了引导中国参与国际能源领域的合作，国际社会发起了一系列的活动，由于中国对能源的需求所产生的影响具有世界意义，所以这些活动应该尽可能快速地向前推进。

如果能源问题不能通过建设性的合作加以解决，或者合作失败，那么它会带来极高的风险，成为竞争、误解、不信任和利益纷争的根源。如果中国认为美国和其他国家把能源当做牵制中国的手段，那么它利用其日益增长的能源影响破坏西方国家的外交和稳定就不足为奇了。因此，包括中国、美国、欧洲和亚洲其他国家在内，多方共赢的选择是对彼此在能源方面的不安全感表示理解，并发展出新的合作方式。

（崔存明 摘译）

中国外交政策中的能源因素*

〔美〕查尔斯·E. 齐格勒

前 言

经济的快速发展使中国日益依赖全球经济，以期获得铁矿石、钢材、棉花、木材等原料。中国需要多种原料为经济奇迹提供动力，其中最为重要的是石油。1992 年中国的石油可以自给自足，到 2005 年，中国 1/3 以上的石油消费依赖进口。中国已成为世界第二大石油消费国，并于 2004 年超过日本成为全球第二大石油进口国，预计中国的石油进口将持续快速增加。

日益增强的能源依赖性、不断增强的经济影响力和军事力量引发了一系列问题。在能源日益依赖进口的情况下，中国的外交政策是如何变化的？中国是否会像现实主义国际关系理论家预测的那样，通过导致冲突的战略寻求能源安全？或者会像自由主义国际关系理论家认为的那样，由于能源安全易受到威胁，中国将通过参与多边组织或其他论坛的

---

* 本文来源于《中国政治学刊》（*Journal of Chinese Political Science*）2006 年第 1 期。查尔斯·E. 齐格勒（Charles E. Ziegler）是美国路易斯维尔大学政治学系教授。

途径与其他石油消费国进行合作？最后，中国的能源利益在多大程度上会导致中国与其他能源进口大国（比如日本和美国）发生冲突？

石油与外交政策

厄于斯泰因·诺伦认为，在各国政府看来，能源是政治化的商品，对经济、军事实力十分重要，因此在国家安全中占有至关重要的地位。作为对外贸易的一部分，能源的重要性远远超过其所占的价值份额。能源（尤其是石油）的重要性使其不能只由市场规律左右。

有关国际关系的著述对经济依存和冲突之间的关系作了大量论述。从康德开始，自由主义者认为，经济上的互相依赖可以减少爆发冲突的可能性。而现实主义者却认为，在无政府状态下，经济联系使一国更易受到威胁，因此会加速冲突的到来。令人惊奇的是，虽然石油具有重要的战略意义，却很少有学者关注它在外交政策中起的作用。由于石油对国家安全具有至关重要的作用，因此从逻辑上讲，无论是现实主义理论还是自由主义理论，如果通过研究能源依赖寻找理论支撑应当特别具有说服力。如果世界上正在崛起的大国采取合作而不是冲突的方式确保能源供应的话，这种选择在理论和政策制定方面会具有重要意义。

石油消费国是否容易受到威胁取决于这些国家能否在国内或者国际上获得其他形式的能源，它们可以通过多种途径减轻对石油的依赖，诉诸战争只是最为极端的方式。从国内来讲，假如一国有或者认为可能有充足的石油蕴藏，那么政府就可以采取优惠政策鼓励开采石油，增加产量，使这种努力有利可图。政府也可以采取保守性的政策以减少石油消耗。减轻战略依赖的第二种方法是用煤炭、天然气、核能、风能或者太阳能来代替石油进口。最后，各国还可以建立战略石油储备，以便减轻突如其来的供应中断造成的冲击、平抑剧烈的价格波动。

从国际上讲，石油消费国首先可以通过使进口渠道多元化的方式提高能源安全性。其次，可以组建或者加入多边组织以期有效地与石油卡特尔或主要生产商讨价还价。再次，各国可以鼓励本国主要的石油企业购买国外石油企业的股份，以期从上游控制石油生产。最后，实力强大的国家可以通过武力确保石油供应。

对已经实现工业化和正在进行工业化的国家而言，石油是实现经济增长至关重要的要素，油价与通货膨胀和经济增长率紧密相连。中国领导人十分重视社会稳定和经济的持续快速增长，物价增长过快和石油短缺都将威胁社会稳定。

由于石油对国民经济十分重要，各国的决策者都将确保以相对稳定的价格获得石油视为施政重点。军事力量弱小的进口国对国际石油市场的影响十分有限。加入石油消费国组成的组织、建立战略石油储备虽然可以减轻石油市场的波动造成的冲击，但基本上这些国家的石油供应仍然十分脆弱。如果某一石油进口国相对弱小，那么它将倾向于依赖多边合作和战略石油储备。

不过，总的来说，军事强国的选择空间更大些。首先，石油消费大国如中国或美国，往往有一家或更多的大型能源企业，即使在像美国之类的新自由主义资本主义国家，这些企业同国家的利益在很大程度上也是一致的。当然，政治领导人将经济的强劲增长和最低限度的通货膨胀视为主要施政目标，而每一个目标都与稳定的石油进口相联系。这样，石油企业就成为国家能源政策的一个有机组成部分。其次，多数大国拥有相对强大的军事力量，可以保护石油供给线路，在发生危机的时候可以独自或更有可能与其他石油进口国一起确保石油供给。无疑，作为当今的世界霸主，美国符合这种情况，但是我们也可以认为日本、德国、英国和法国在过去也是这种情况。而目前中国和印度正崛起为石油消费大国。

中国对石油的依赖

在日益依赖石油的同时，中国正崛起为一个世界大国，而不仅仅扮演地区性角色。以往在评估中国日益增强的国际影响力的过程中，相对忽视了迅速增长的能源需求对其外交政策可能造成的影响。

除非中国经济出现严重滑坡，否则其能源需求量会持续增加。国际能源署（International Energy Agency）估计，到2020年中国的初级能源需求量将占全球需求量的16%。虽然中国政府鼓励在本国开发新的油田和气田，但专家们认为，进口能源在其能源消耗中的比重会继续上升。中国的能源需求可能会增加它与其他石油进口国（最明显的是美国和日本）发生冲突的可能，同时，作为能源进口国，由于石油进口易受威胁，又可能促使中国进一步在多边组织内与其他国家进行联合与合作。

本文的观点是：(1) 中国迅速增长的能源需求与建立稳定的国际环境这一更为宽泛的目标是十分一致的，这种环境有利于发展经济，所以中国更有可能采取合作而非竞争的方式处理对外关系，至少在最近的将来是如此；(2) 虽然对国内开发和进口的重视有所差别，但中国能源政策的主要方面是为石油进口提供可靠的来源；(3) 不干涉他国内政的原则有利于中国寻求可靠的能源来源，而西方工业化的民主国家，尤其是美国，往往发现它们声称的原则与那些“专制的”、“严酷的”产油国格格不入。

中国的能源平衡

中国在21世纪的石油战略需要做到以下几点：石油进口的多样化；通过合作在对方境内开发石油、天然气（即“走出去”的战略）；建立全国性的石油储备；提高石油和煤炭的利用率；改革国家能源委员会，使其承担起确保石油安全的责任；创建国家石油基金，用于发展石油财政和石油期货；将由外国油轮承运的进口石油由现在的占全部进口量的90%降至50%。在中国，越来越多的出版物将确保石油供给视为国家安全至关重要的组成部分。

中国是世界上最大的煤炭生产国和消费国，其煤炭储藏量占全球

33%。但中国的煤大部分是含硫量高的褐煤，广泛使用导致了严重污染。

除了核电、水电，中国的石油、天然气消耗量也可能大幅增长。然而，中国的石油、天然气蕴藏量有限，其石油蕴藏量不到全球蕴藏量的2%，已探明的天然气蕴藏量仅约占全球已探明蕴藏量的1%。

近几年，中国进口石油的50%至60%来自波斯湾地区，使这一多事之地对中国至为重要。除过于依赖某一地区这一弊端外，中国尚未建立战略石油储备，容易受世界各地危机造成的石油供应和油价方面的波动的影响。同美国一样，中国也在努力减轻对中东石油的依赖，但美国在中东的战略主导地位使中国的石油供应多了一重隐患。

在能源资源方面，中国比东北亚其他大国优越得多。然而，日本的能源需求基本稳定，而中国的需求却快速增加。此外，日本和韩国的战略石油储备足够使用100天或更长时间，而中国的国有机构掌握的石油最多够用一个星期。

同大多数国家一样，中国的石油消费与运输领域密切联系。未来十年会有更多富裕起来的消费者购买私家车，中国石油消费增长的大部分将源于这些私家车。

同大多数国家一样，中国的天然气需求迅速增长。从2002年至2010年，中国能源消费中天然气的比例将从3%左右上升为8%至9%，使用煤的比例将有所降低。

综上所述，中国的能源战略要求降低煤在能源使用中的比例，增加天然气的比例，发展核电和水电，以解决经济快速增长造成的经常性电力短缺。满足能源需求成为中国政府及其国有石油、天然气公司外交努力的一个重要部分。

能源与外交

在政府支持下，中国的国有石油公司在全球范围内购买其他石油公司的资产，试图确保石油、天然气的供应。以往中国的外交政策是集中精力发展与几个特定的重要国家的双边关系，但现在中国越来越愿意通过多边组织与其他石油消费国合作。作为主要的能源消费国和进口国，在确保以合理的价格获得能源方面，中国与美国目标一致。当然，由于资源有限，中国同美国以及其他能源进口国之间也存在着竞争。此外，中国确保能源安全的努力经常与美国的国家安全利益发生冲突，比如美国将苏丹、委内瑞拉、缅甸、伊朗等石油资源丰富的国家视为“失败国家”，但中国却努力与它们改善关系。

自由主义国际关系理论认为，相互依存的增强将促使中国领导人在施政过程中避免使用武力，而通过外交、市场以及国际组织解决问题。现实主义者却强调中国日益增强的能源依赖将产生不安全因素，中国可能会发展军事力量使其能够保护至关重要的海上交通线，尤其是途经马六甲海峡的航线，因为中国进口石油中的80%要经过此地。支持现实主义观点的其他证据应当包括武力干涉石油输出国内政的意图，然而，中国并未表现出多少将军事现代化与确保能源供给相结合的倾向。或许这只是对现实的屈服，因为中国远未能在全球范围内挑战美国；这也可能是出自理性的考虑，因为和平方式更合算，成功的可能性也更大些。中国在世界范围内的行为表明，中国正利用政治、外交和经济杠杆确保通过广泛的途经获得长期的能源供给。

中　东

如前所述，中国严重依赖中东的石油。中国的石油供应面临着一系列不确定性，运输有可能被切断，价格也受中东的冲突与动荡影响。安全问题专家已经指出恐怖分子有可能袭击通过马六甲海峡的油轮或者海峡邻近地区的港口。近年来中国的海军也有所发展，但依然必须依赖美国保护这些至关重要的航道。

中国的决策者正考虑通过其他途径获得能源，不过，在不确定的将来，中东仍是其原油的首要来源地，因为中东的石油蕴藏量约占全球的2/3，开发成本也比较低。中国一方面加强与中东产油国的政治联系，同时又努力与其他不在每桶石油上附加一至二美元亚洲溢价（Asian Premium）的供应国建立友好关系。

中国需要能源，波斯湾周边国家需要技术和消费品，这提升了该地区在中国外交政策中的地位。由于中国与波斯湾各国在经济上具有互补性，双方的贸易、投资、旅游以及其他形式的经济合作会继续发展，同时中国在该地区的政治影响也会增强。但是，最近一个时期中国不大可能会真正挑战美国在中东的主导地位。

俄罗斯、中亚和高加索地区

俄罗斯和中亚的能源可以帮助中国减轻对中东的依赖，从而增加能源安全，毕竟管道要比油轮更可靠些。然而，这部分石油的开采和运输成本要比中东石油高得多。更为重要的是，俄罗斯和里海各国的石油储量占全球的储量总共不到10%。

但是，俄罗斯和中亚蕴藏的天然气占全球的37%。目前中国需要的天然气不多，但随着能源构成的变化和管道的铺设，这种情况将发生改变，俄罗斯能源在中国能源进口中的比重很可能会增加。

在获取俄罗斯石油方面，中日之间的政治竞争可能同经济上的考虑同样重要。中国在亚太地区日益增强的影响力与日本不断上升的民族主义发生碰撞，导致中日关系日趋紧张。双方的争论表明，经济上的考虑主导着俄罗斯的能源计划，而中国的能源外交更多是政治、经济的混合物。

中亚可能是比俄罗斯更具吸引力的能源来源地。近年，中国与几个中亚国家和阿塞拜疆建成了规模不同的能源项目。中国对中亚石油感兴趣也是希望促进地区经济联合，在中亚与俄罗斯之间搭建陆上通道（这比中东石油更可靠）。

中国在中亚的战略利益是保持稳定，防范恐怖主义、分裂主义和宗教极端主义，打击毒品交易，这与俄罗斯和中亚各国是一致的。对中国而言，加强与中亚国家的经济联系是使能源来源多样化的重要环节，同时又可以使可能参与新疆叛乱的力量保持中立。

亚太地区

日本和韩国也是能源依赖型国家，是中国的竞争对手。中日两国除在俄罗斯西伯利亚输油管线问题上竞争激烈外，双方在如何开发东海油气问题上也存在冲突。不过，中韩在能源方面的合作要多于竞争。近年，印度经济发展速度很快，但能源供应能力有限，因此是另一个能源竞争对手。

东南亚曾在中国的能源平衡中发挥重要作用，但是由于印尼和马来西亚的石油储藏已消耗殆尽，近年向中国出口的石油大大减少。即便如此，中国仍是印尼四大原油出口市场之一。能源合作成为消融两个亚洲大国之间几十年敌意的途径，为中国提供了发展同印尼政治、军事关系的机会。

与之形成对比的是，美国在处理同印尼的关系时，方式常常有失妥当，引起后者强烈不满。中国政府不会为人权问题所困，也不会向哪国施压要求对方实现民主化。在东南亚，各国日益将中国视为一种积极因素，一个现状维护派，而不是麻烦制造者。

共同的能源需求可能会使中国的外交政策更容易被他国接受，其中一例就是各国在南沙群岛和西沙群岛问题上的争端。现在中国虽不打算放弃对富含石油、天然气的南海海域的广泛权利，但其领导人似乎正以接触政策取代对抗政策。

非洲和美洲

中东动荡不断，俄罗斯输油管道变数甚多，因此中国企业越来越多地到非洲和拉美的产油国寻找商机。

冷战时期中国对非洲感兴趣是为了建立一种取代美苏争霸的国际关系，中国作为最贫穷的第三世界国家的利益维护者，通过一系列援助工程争取向发展中国家施加意识形态影响。邓小平领导的务实的市场经济改革开始后，中国外交政策中的意识形态因素有所减少，现在其对非洲政策更多是出于政治、经济的双重考虑。

中国在拉美的介入比较少，但不断增加。其大部分利益与拉美的原料有关，其中包括石油和天然气。中国已要求成为美洲国家组织的常任观察员。2004 年巴西石油公司邀请中石化参与巴西附近一深海油田的投标，进行石油开采。委内瑞拉是南美最大的石油生产国，中国石油天然气股份有限公司已将其视为未来七年四大石油来源国之一。

中国的石油企业甚至试图获取一些北美企业的控股权，最引人注目的是 2005 年中海油收购优尼科公司的尝试。美国国会强烈指责中海油参与竞标（中方给出 185 亿美元的标价），担心这会影响美国的能源安全。在游说美国政界方面，雪佛龙公司要比中石油积极得多，并以比中方出价几乎低 20 亿美元的价格实现成功收购，显然，政治和安全问题左右着两国领导人的决策行为。

中国的能源企业将继续奉行一种长期战略，在世界范围内收购能源资产，不过收购优尼科的经历可能会使中国主要关注那些政局不稳的石油、天然气生产国。中国与这些产油国签订协议的前景很好，但这些国家都面临着严重的国内或国际问题，这些双边关系的不确定性使中国政府在推行能源外交过程中重新审视多边组织的价值。

中国能源与多边组织

中国逐渐融入世界经济，并奉行更加积极的外交政策，这使中国政府从新的角度考虑加入国际组织。与中国能源战略关系最密切的国际组织是世界贸易组织（WTO）和国际能源署。

加入 WTO 对中国老百姓和商界有利也有弊，但却是中国外交政策的重要组成部分。该组织的开放市场条款将使中国在其优势行业（纺织、服装、食品加工、皮革制造）获得巨大利益，而其农业和大部分能源企业将受到严重打击。有人估计，中国能源行业各个环节的产量都将下降，其中受影响最大的是下游部门，许多生产效率低、技术陈旧的炼油厂将被迫停产或与外企合作，随着关税壁垒的消除，中国石油企业的零售点也将被大型跨国企业吞并。而石油、天然气生产的上游部分（包括开采和加工）受影响较小。

在 WTO 框架内减免关税意味着要想与进口商品进行竞争，中国企业必须降低生产成本。根据该组织有关规定，中国应在 2004 年年底之前逐步取消针对进口石油产品的贸易壁垒。此外，中国还应取消限制外企在中国的销售活动的规定，允许美国及其他国家的企业在华销售汽油和其他石油制品。

加入 WTO 后，贸易壁垒和关税的降低将刺激中国的石油消费。2003 年，中国已有 9650 万辆左右的机动车，其中私家车只占 20%。但是，中国富裕起来的中产阶级正以惊人的速度购买私家车。由于 WTO 成员国之间强制降低价格，中国的汽车进口还会增加。较低的价格以及政府鼓励私家车消费的政策刺激了石油需求的持续增长。

近年，通过上海合作组织进行的能源合作对中国更加重要。中国关注上海合作组织的能源合作原因有二：对中东动荡局势的担忧以及为了方便地获取俄罗斯和哈萨克斯坦的石油、天然气。俄罗斯、哈萨克斯坦和中国似乎正通过上海合作组织建立起能源和安全的三角关系。

中国不是国际能源署的成员，但它（与俄罗斯和印度一起）签署了一个与该组织合作的理解备忘录。国际能源署（1973—1974 年石油危机之后建立）寻求发展理性的能源政策，帮助其成员解决石油供应和价格混乱的问题以及使用能源引发的环境问题。中国的目标与国际能源署十分一致，包括确保石油供应安全、更有效地利用能源、采用先进技术、改革能源制度、保证环境的可持续发展以及推动生产国与消费国之间展开对话。

结　论

本文认为，关于中国为确保能源安全而奉行的外交政策，自由主义国际关系理论的解释是准确的。中国在能源领域执行的是合作性的政策，至少目前是这样。虽然中国政府批评美国的中东政策，但它显然愿意为维护中东安定与美国共同努力。中国还通过多种多边论坛积极与其他能源进口国进行合作。根据自由主义国际关系理论，能源依赖似乎对中国外交政策产生了约束性的影响，使之倾向于国际合作，但这并不排除它为保证能源供应而动用武力的可能。不过，目前中国尚不具备武力干涉产油国或保护南太平洋至关重要的运输线的能力。

目前，如何确保安全可靠而又多样化的能源供应成为中国国家安全的中心问题，今后的几十年这个问题将更加突出。作为一个能源净进口国，中国已在邻近的石油、天然气生产地进行投资，以确保国内的经济增长率和社会稳定。中国是石油消费大国，与美国、日本、韩国以及欧盟成员国等其他石油、天然气消费大国有着共同的利益，其中包括确保稳定多样的能源供应、保持稳定合理的能源价格，以及保证能源运输路线的安全。

从邓小平时代开始，坚持现代化和经济建设、关注周边地区、将民族主义作为意识形态的主流加以宣传，成为左右中国外交政策的因素。中国外交政策的核心是维护国家主权和安全。中国政府高度重视发展和稳定问题，方便地获取能源供给是保持中国经济高速增长的关键因素，也是提高中国国际地位和维护传统疆界的关键因素（即防止台湾独立）。

本文认为，对能源的需求使中国的商界精英和政府官员的眼光不再局限于国内，而转向整个亚太地区，并在中亚、非洲以及拉美地区建立合资企业以获取利润。中国崛起为影响全球能源供应的力量对世界经济产生了重要影响，这种影响在可预见的未来将继续存在。中国的能源外交对经济发展至关重要，而保持经济增长又是维护社会稳定的关键。为满足未来几十年快速增长的能源需求，中国政府正在政治和经济上进行重新定位。对能源的依赖促使中国奉行合作的、富有建设性的外交政策。

（行心明　陈靖 摘译）

海外当代中国研究丛书
Overseas Studies on Contemporary China Series

环境与粮食安全问题

The Myth of Growth

转型期中国的环境与现代化：生态现代化的前沿*

〔荷〕阿瑟·P. J. 莫尔

一、导 言

西方（尤其是欧洲）工业化国家的环保制度化已经成为社会科学家进行“生态现代化”研究的目标。生态现代化就是建构现代制度，以符合环保的利益、视角和原则。如果把环保的逻辑和视角排除在外，我们将很难理解西方的现代文化、政治甚至经济制度的发展。决策者和社会科学家也运用生态现代化的理念来解决环境方面的长期争论和冲突。从这些意义上看，生态现代化成为可持续发展理论的更具体的阐释。

从其产生一直到20世纪90年代初期，生态现代化都被视为是西方的独特理论，并且只在它诞生的有限的地理范围内有效。这种状况因为两种新的发展趋势而开始改变。首先，很多发展中国家，特别是东南亚和东亚的发展中国家和地区，都在快速地进行工业化和现代化过程。鉴于这些国家的工业化和现代化发展过程，早先认为生态现代化不适合这

---

* 本文来源于英国刊物《发展与变化》（*Development and Change*）2006年第1期。阿瑟·P. J. 莫尔（Arthur P. J. Mol）是荷兰瓦赫宁根大学研究环境政策的教授。

些国家的论调遭到了质疑。其次，全球化的加速进行有力地介入了社会科学研究的议程。就环境治理和改革而言，这就意味着经济、政治和社会发展过程以及环保改革的推动力已不仅仅局限在一个（通常指西方）国家或地区，而是插上全球化之翼扩展到了世界的其他角落。

到1995年，关于生态现代化研究议程的一个主要问题就是它所适用的地理范围。对于欧洲以外的发展中国家或正在进行工业化的国家，生态现代化观念在何种程度上是有用的？这牵涉到从经合组织国家向新兴工业化国家传播（由生态现代化所推动的）环保策略和环境治理模式的相关政策问题，也触及"多边环保协议"中的一致性与区别性问题：这个由发达国家制定并推行的多边环保协议同样适用于世界上其他国家吗？还是西方国家在多边环保协议中体现的政策原则、方法、策略和其国家、市场、社会的内在联系阻碍了多边环保协议在亚洲的新兴工业化国家的成功推行呢？

在早期发表的一篇文章中，我曾经评价和批判过那种认为全球化将自动引起环境同质化的观点。除了全球化的动力和过程，地区的具体情况、国家发展的优先考虑、国内的发展历史轨道、国家与市场的关系、权力分布以及其他的很多因素都会影响到环境的治理、环保改革实践和环保制度形成。从这一点上说，我们可以期待看到各种不同的环保改革模式。如果我们要把西方的生态现代化观念推行到西欧以外的地方，我们应该找出一种既继承这种环保改革模式的实质而又充分地体现地区色彩和地区定位的模式，这才是真正意义上的生态现代化。

在向中国推行生态现代化的过程中，我们遇到了三个主要问题：当代中国的环保改革可以被称为生态现代化吗？它的本质特点是什么？它和欧洲生态现代化模式的相同点与区别又是什么？本文首先概述了生态现代化最初形成时的基本观点；然后简要回顾了中国环境保护的历史进程，特别是关注了中国的城市和工业环境；接着调查了在当前中国可以看到的环保改革背后的主要社会、政治和经济动力；最后，文章初步总结了在全球化时期中国"生态现代化"的实质和现状以及"生态现代化”理论的适用范围。

二、生态现代化作为一项欧洲工程

从欧洲快速发展的环境社会科学著作中总结生态现代化的本质特点并不容易。作为一种新理论，其中存在着很多争议和不足，因此对它的研究尚需发展。此外，学者们对它的研究都自成体系。因此，在概括欧洲生态现代化的主要特点时，我将在这些丰富而又正在发展的著述中试图找到具有普遍性的特点，当然有时也不可避免地出现比起某些阐释来更重视另一些阐释的情况，在这里介绍的只是我自己所认为的生态现代化比较重要的具有影响力的内涵。

（一）生态现代化的中心思想

一些作者认为生态现代化的中心思想是环境保护和经济发展之间不断增长的兼容性，或者科技是任何现代环保改革的关键。尽管前一种观点出现在大量有关生态现代化的出版物中，而第二种观点则更多地出现在批判性的出版物中，但我本人认为两种观点都没有揭示出生态现代化的中心思想。

生态现代化理论的基本前提是使现代社会的社会实践和制度改革围绕着生态利益、观点和考虑来进行。正是这一点使20世纪80年代以来的主要实践和中心机构的改革成为了一个受生态激励和由环保引导的过程。这个核心思想在所有关于生态现代化的有影响的著作中都可以看到。导致欧洲学者提出生态现代化观点的关键性转变发生在20世纪80年代，这一转变使日渐获得独立性的生态视角和观念与理论合理性结合起来。正是从这一刻起，生态视角得以挑战经济合理性作为经济领域决定一切的组织原则的霸主地位。由于大多数学者都认为生态合理性与视角在生产和消费领域获得独立于经济合理性的地位是解决生态问题的关键，因此最后的这一步也是最关键的一步。这就意味着对生产与消费过程的计划和组织、分析和评价越来越需要从经济和生态的双重观点出发（尽管直到今天两者的分量还未持平），我们可以看到20世纪80年代末期以来，经合组织国家的生产和消费领域发生了一些深刻的制度变革，例如环境管理体系和环境部门广泛地出现在公司中等。

我们把这些与环境相关的变化描述为制度改革，这一事实暗示了它的半永久性。尽管环境引导的变化过程和有效性不能被看做是线性的和不可逆转的，但这些变化从某种程度上讲具有永久性而且不会轻易被颠覆。因此，尽管环保运动总是在政治舞台上起起伏伏，它却已经深深地植入了现代社会制度和社会实践中，这意味着即使在经济发展暂时停滞时，环保的成效也不会遭遇根本的突发性挫折。

（二）欧洲的动力、机制和实施者

许多研究生态现代化的学者都详细地阐述了通过吸纳环境利益和环境考虑而使社会实践和社会制度发生改变的动力、机制和实施者。欧洲的生态现代化研究特别提出了如下三个关键因素：

1. 政治现代化

现代的环保型国家在环保制度化过程中发挥了关键的作用，而且方式和过去有所不同。首先，一种非集中的、灵活的、自愿的政府管理有望取代自上而下分等级的、中央集权的、命令—控制的政府管理模式。其次，越来越多的非政府行为者介入到传统上属于民族国家的任务中来。最后，国际的和超国家的机构不断发展，从某种程度上来说，它们在环保改革中的作用已经超过了主权国家。和下一个因素一起，这些都导致了环境保护和改革过程中新的国家—市场联系。

2. 经济和市场动力以及经济参与者

与20世纪60、70年代环境的改善仅仅依靠政府和非政府环保组织来推动不同，现在，生产者、顾客、消费者、信贷组织、保险公司都参与到国内和国际的生态重建、新技术创新和改革的社会运动中来。它们利用市场、货币和经济规律来推动环保目标的实现。

3. 公民社会

在制度化形成的过程中，环保运动的定位、作用、观念和文化框架都越来越明确。它们并非把自己定位在中央决策制定机制的外围、甚至机制之外，而是积极介入国家或至少是市场的决策制定过程中。环保的标准、价值和话语通过向专业人士和非政府环保组织的支持者的传播而获得影响力，这一过程伴随着对它们的重新表述。

（三）从欧洲到中国

当以生态现代化的角度分析中国的环境改革时，很重要的一点就是把生态现代化理论的代表思想与生态现代化过程中的动力、机制及行为主体区分开来。如果说中国正在进行生态现代化，那么就应该有证据表明环境合理性和视角日益地与经济合理性区分开来，而且上面所列举的社会实践和制度发展中的生态利益、生态观念和生态视角应该相应地实现现代化。然而，主导着中国生态现代化过程的动力、机制和行为者却不同于西欧。有关欧洲生态现代化的研究告诉我们，生态现代化过程可以在国家与国家、地区与地区之间有所差别，也许在特定的环境下，某一种模式才能奏效。

三、中国作为“环保型国家”的发展

在探讨当代中国的生态现代化和环境改革时，本文毫无疑问是有所选择的。关于中国环境状况的普遍观点似乎集中在政府环保机构的不完善和日益恶化的环境质量上，而不是任何类似于生态现代化的事情。也许这么说有点片面，但在探究生态现代化的动力时，我仍然不得不有选择地关注中国环保改革的成功和进步。我们从哪里可以看到中国环保制度化的萌芽？究竟哪些环保改革的动力有潜力成为主导性的？哪些是推动中国生态现代化的关键性人物或机构？下面我先短暂回顾一下中国环保改革的历史情况以及最近十年中国环境的变化。

在从计划经济向市场经济逐渐过渡的中国，我们很自然地发现环保制度化首先发生在政府和政治体系中。中国政府深度介入环境保护是与20世纪70年代末经济体制改革同时开始的。控制污染开始于70年代早期。1974年国内环境保护办公室成立，同时各省也成立了相应的机构。1979年《环境保护法》颁布之后，中国开始系统地建立环境保护监管系统。

从体制上讲，中国的全国性监管框架是通过一个四级管理体系即国家、省、市、县四个等级由上而下实施的。后三个等级在财政和人员管理方面都直接受相应等级的政府部门管理，而中国国家环保总局则只为其运作提供技术支持。最近20年各种环保法律、措施和规定的实施也相应地提高了环保机构的政治地位和能力。

尽管大量信息失真、环保统计数据的不连贯和纵向环境数据的缺乏让我们对作出任何最终结论持谨慎态度，但这种行政上的创新举动取得的成果是无可争议的。例如，20世纪80年代末90年代初中国城市的空气悬浮微粒总量和硫黄、二氧化碳浓度都明显地下降了，考虑到同时期中国经济的巨大发展，这些变化显得尤其突出。虽然如此，这些积极的迹象并不能使我们忽略中国环境污染严重的事实：工业排泄物经常远远高于国际标准，其环境质量还很低；只有25%的城市废水在流入江河之前经过检测；生产和消费过程中的环境和资源利用率还相当低。

四、使中国的现代化计划生态化

中国开始实行环境保护时还处在计划经济时期，地方在环境保护方面的权力十分有限，政府各部门之间的配合存在问题，环保部门的权力也受到限制。中国环保改革方针的进一步发展并不是一个连贯的过程，因此，不同于经合组织国家更加稳定的现代环保体制，要理解中国在现代化道路上的环保制度化过程，我们必须追踪其目标的变化，把更多的注意力放在其生态现代化的趋势和重大发展上。我把这些趋势和发展归结为四个主要方面：政治现代化、经济行为者和市场动力、政府和市场以外的机制以及国际一体化。

（一）政治现代化

中国的政府机构在环境保护和改革中发挥的作用是极其重要的，这是由当代中国社会秩序的本质和环境作为公共产品的特点决定的。尽管环保的重要性主要通过各级环保机构地位的提高而有所体现，但国内外的环境分析家仍然对地方环保机构的体制普遍不满：它们在环保方面能力太差；它们过多依赖上级环保机构和对迫切的环保改革没有兴趣、而在为地方环保机构提供财政支持方面又扮演了核心角色的地方政府；环保信息严重不足；对地方政府的考核中环境标准不受重视，以及对政府和个人遵守环境法规缺乏财政激励。因此中国正在为改变环境政策领域的权力等级状况而进行政治现代化，尽管其特点和欧洲有所不同，但改革方向相似：更大的分权和灵活性，改变环境治理中严格的权力等级和命令、控制体系。

应当说，分权和更多的灵活性有利于环保政策，更适合地方政府的地区特点和社会经济环境。然而，分权在中国并没有自然地取得很好的环保效果，因为地方机关都把其经济增长和投资放在环保政策与严格实施环境法规和标准之前优先考虑。在公民社会和责任机制发展不完善的情况下，分权并不能奏效。因此中国政府引入了城市环境质量检测系统作为官员个人的政绩考核的一个重要指标，以此来增强地方政府环保改革的力度，同时也鼓励了公民责任体系的形成。

另一个政治现代化倾向就是国有企业与中央部委和地方政府的分离。但这并没有解决环境治理的关键性问题，因为国家环保组织还不如经济组织和其他组织那样受到重视。

尽管中国的环境治理取得了一定的成绩，但还存在一些明显的弊端。例如，环保组织尤其是地方环保组织不能和经济组织享有同等地位，有时甚至从属于经济组织，而政府内部的部门改革不具有统一性，这也导致了环保改革不能具有连续性。此外，环保法规在环境保护中的作用远不及行政干预，环保部门极少想到运用法律手段来治理环境，因此一旦行政干预不足以控制环境问题，环保将出现大的真空地带。尽管最近有迹象表明法律在处理环境问题中逐渐被重视起来，但过度依赖行政干预仍然是中国环境治理中的一大隐患。

（二）经济行为者和市场动力

随着中国向市场经济的谨慎过渡，人们期待看到经济和市场动力开始推动环保改革，而当代中国的环保逐渐在价格、市场和竞争领域实现制度化。第一，对自然资源的补贴正在逐步被取消，价格正在向成本价格转变。但是这一改进仍有其局限性，因为环境遭到破坏后修复的成本没有计算在成本价格之内。第二，政府提高了环保费并提出了环保减税措施，试图以此来影响污染企业的经济决策，然而环保费偏低而监管又很薄弱，这导致许多企业宁愿铤而走险支付环保费，也不愿意安装环保设备或者改变生产流程。第三，市场需求开始将产品和生产流程的环保和健康意义考虑进来，尤其是在中国加入世界贸易组织后，但像其他的发展中国家一样，中国国内市场的绿色或健康标志体系仍很不完善，给予环保的考虑还很不到位。

尽管市场经济改革降低了中央政府在经济决策中的作用，并提高了经济和市场行为者的自主性，但它并没有带来更多的积极提高环境利益的非政府行为者。保险公司、银行、公共事业单位、贸易协会和一般企业并没有在环保改革中发挥重要作用。这主要是因为经济行为者没有感到任何压力或者看到任何市场机会足以推动它们在它们的管理安排与日常行为中使环境利益制度化。然而，在这方面也有表现好的例子，例如在国际市场中运作的中国的大型企业、环保工业本身和相关的研究和发展协会。

（三）超越国家和市场：公民社会

在欧洲国家，环保运动、环保期刊以及日渐普遍的环保标准和价值体系的建立既是生态现代化过程的手段，也是其结果，而生态现代化过程是在所谓的公民社会中进行的。在中国，国家和市场之外的制度安排中的各种环境利益的结合则遵循着完全不同的轨迹。在中国，环保非政府组织在推动中国经济的生态现代化方面发挥的作用还很小。不过，在中国，公民社会对环保改革的贡献可以有其他的表现方式，包括政府组织的环保非政府组织的出现、地方上访活动的增加以及不成文的社会规范、规则和行为守则受到重视等。

在中国，政府组织的非政府组织，例如北京环保组织和中国环境基金会等，在环境治理中发挥着日益重要的作用。它们通过自己的专业知识和与政府决策者的紧密联系把环境利益带入到国家和市场体制中，它们这样做有助于在公民社会、环境非政府组织与政府之间架起沟通的桥梁。

中国的各级政府都建立了相关的上访制度。这些上访制度与媒体对于环境污染以及环境治理不善的日益关注，在把公民社会的环境利益与经济和政治决策者连成一体方面发挥了比非政府组织更加重要的作用。然而这种上访体系关注的是环境遭到破坏后的监管，对于预防污染则力不从心。

在中国社会，非正式的社会规范、规则和不成文的行为准则对建构人的行为有着至关重要的作用，在环保改革中也扮演着重要角色。因此，要理解中国的生态现代化动力，我们就必须了解这些非正式的制度、网络和关系是如何以及在何种程度上阐释环境合理性的。

（四）国际一体化

在评估国际力量对中国环境保护的作用时，洛克直接地指出：没有任何证据表明中国的环境污染治理政策受到了国际经济或政治压力的影响。相反，中国政府的环境污染治理计划很大程度上是由国内发展推动的，尤其是由1979年开始的经济的部分自由化和随之而来的决策的非集中化所推动的。与其他亚洲国家的国内环保政策不时受到外国压力和资助的深刻影响不同，中国不愿意接受带有苛刻的环保条件的国际援助。

不过，在争议相对较少的问题上，国际援助对于中国的环境政策和计划还是有着明显影响的。1991 到 1995 年间，中国在环境保护方面接受了 12 亿美元的外国投资。最近，中国通过了多项多边环境协议并加入多边组织，成为了相当多的国际环保基金的关注对象。

五、结论：中国的生态现代化是否正在酝酿中？

随着环境利益和考虑越来越受到重视，生产和消费的过程与行为的环保导向的重新建构正在中国发生。这一现象的首要含义是，中国政府正在通过将环保的外在因素考虑在内来拓宽其最初的单一的、科技的现代化计划，该计划可追溯到 20 世纪 70 年代末，与经济改革是同时开始的。从那时起，特别是 20 世纪 90 年代，政府推动的环境法规和计划越来越产生重要影响。但中国旨在减少现代化给环境带来的负面影响的策略和方法远不是稳定的；它一直在发展和变化。鉴于大多数的环保改革的启动都牢牢地建立在现代化过程的基础上并利用和依赖于这个过程，因此从这个意义上讲，用“生态现代化”来描述中国沿着生态之路来重建其经济的努力也是合理的。

然而，从上面的分析来看，这不是事实的全部。中国现在的经济和社会的绿色环保之路并不是完全符合西方关于生态现代化的观点的，它至少在三个重要而又相互依赖的方面有着变化：环境利益的制度化程度；政府、市场和公民社会各自在中国的“生态现代化”中的作用；中国环保改革动力体系的特点。

第一，在生态现代化理论相对短暂的历史中，大多数关于生态现代化途径的著述都强调了环保在社会实践和体制发展中的制度化过程，这些制度灵活地按照生态标准重新调整了单一的现代性制度。虽然对中国的情况的分析也表明了环保在现代化过程中的重要性日益增加，但是它也表明，到目前为止，环保的制度化最多只是得到了部分的实现。不存在任何这样的例行程序，它能够自动而完全地把环保方面的考虑包含到控制当代中国的生产和消费行为的制度中去。

第二，承担起环保任务并且按照生态标准来重建中国的各种经济制度在很大程度上与学者在欧洲社会中所发现的制度发生了偏离。在中国，很多政治制度和国家制度确实是把环保方面的考虑融入到自己的规范性运作程序和社会行为中去了，方式也和欧洲没什么差别：由环保法律、规则和标准构成的制度系统；按照法律进行治理；关于环保表现的评估系统；环保政策中的灵活性和非集中化等，这些都是证据。然而，在经济和市场机制以及公民社会方面，中国的情形与欧洲则迥然不同。

如果市场经济的引入导致市场调控价格、效率提高、补贴减少以及国际经济联系加强，那市场机制就可以推动生态改革。但更多的情形是，环保改革并不是自动地与经济效率的提高同时发生的，这样一来，经济和市场机制在推动环保方面并没有发挥实质性作用。环保在中国的价格制定、消费和顾客需求、企业研究与发展项目中被忽视的原因有很多。在国家层次上，环保所受到的重视还不足以使新兴的经济和市场的行为者与机制受到压力。此外，在中国的大部分地区，经济机制和经济参与者与政治机制还存在着复杂的依赖关系，这使它们没有获得足够的自由来把环保纳入自己的工作程序中。

第三，如果我们关注激发环保改革并推动其制度化的机制、过程和动力，那么，我们也会发现，中国和欧洲的情况既存在相似之处，又有不同之点。研究生态现代化的欧洲学者所熟悉的是提起抗议的地方性团体、“环保型国家”的出现、推动环境保护领域形成的全球性动力、像收费体系这样的经济手段、日益发展的环保工业、面向环境问题的国家研发计划的调整以及环保政策中的非集中化与灵活性。而在中国，政府组织的非政府组织、环保责任制、类似于“三同时”原则（即环境保护设施必须与主体工程同步设计、同时施工、同时投产使用）这样的政策制度、非正式网络、规定与制度的强大作用、各地方环保机构的双重责任制等都在实现当代中国经济的绿色环保型发展中发挥了重要作用，这些在欧洲并不存在。

总的来说，中国的生态现代化模式可以说是不同于得到广泛研究的欧洲模式的，而且它的发展过程还远没有结束。

（庞娟 摘译）

中国的环境：问题与政策*

〔英〕阿拉斯戴尔·麦克比恩

经济的快速增长不可能不对环境造成破坏。这是所有工业化国家的经历。中国也不例外。中国目前的增长趋势对环境的影响也威胁着它自身的未来发展。中国已经成为世界经济增长的发动机，同时也是世界温室气体排放大国。因此，中国控制环境破坏的前景必定引起世界其他国家的极大关注。

中国保护环境的手段如果没有重大的变化和改进，环境保护的前景将会很黯淡。中国的发展将难以持续下去，给中国和其他国家带来的破坏将会很严重。很难评价这种改善的前景。虽然中央政府的改进意愿明确无疑，但执行仍然是个难题。成功的前景在哪里？在当前环境破坏的趋势下，中国政府和国际社会有没有一些建设性举措来解决环境破坏给中国人民的健康、生命和生活带来的威胁？

一、中国环境的主要问题

今天，水资源短缺对中国来说可能是最棘手的难题。在过去，中国

---

* 本文来源于英国刊物《世界经济》（*The World Economy*）2007 年第 2 期。阿拉斯戴尔·麦克比恩（Alasdair MacBean）是英国兰开斯特大学管理学院教授。

南方一直有洪水问题，但在最近，即使在南方也发生过干旱。水资源短缺一直是中国北方长期存在的问题，现在日趋增加的水资源需求和多年的水资源污染又正在加剧这一问题。农业、酿造、造纸、纺织和化学品等产业是耗水大户，但其他许多制造产业在生产或冷却过程中也需要大量的水，当然水电站也需要足够的持续水流才能维持电力生产。严重的水资源短缺可能使中国的经济陷于瘫痪。

河流水流量减少和湖泊水位下降加剧了污染物的浓度。七大流域的70%都受到了严重的污染。在农村，三分之一的人缺乏安全的饮用水。100多个城市缺水，并且其中一半被认为严重缺水。中国的人均淡水资源差不多是2 000立方米，相比之下，世界人均淡水资源将近6 500立方米。中国北方许多地区的地下水位正在以每年1米多的速度下降。中国北方的水资源情况令人不容乐观，因而迫使中国采取“南水北调”这种极端而又可能破坏环境的方式来增加北方的水供应。直到1985年，中国人的用水一般是免费的。即使在现在，水价在不同的地区对不同的用户来说都是不同的，并且一般比成本低40%。在许多地区，灌溉用水要么是免费的，要么价格远远低于成本。这种较低的价格造成了用水的浪费。

按照经合组织的观点，从改革开放到2001年的20多年里，中国的环境之所以不断恶化，主要归咎于空气和水污染。世界银行估计，在世界上污染最严重的20个城市中，有16个城市位于中国。其中大部分是因为空气污染。由于收入快速增长、轿车价格下降、进口和加入世贸组织的刺激，2003年中国的轿车需求增加了75%。政府对轿车贷款的限制减少了15%的需求。在未来的几年，汽车的销售量每年有望增加10%至20%。法规执行不力、交通拥堵、燃料质量低劣、发动机保养不当和大量不可能报废的旧轿车将增加一氧化碳、一氧化氮和其他污染物的排放。

中国超过60%的能源来自煤炭，基本上来自高硫褐煤。这种煤是微粒和二氧化硫的主要来源，也是威胁中国及其邻国森林和农业的酸雨的罪魁祸首。低效率、高污染、使用煤炭的小电站一直在增加，它们被匆忙建设以满足当地的能源需求。中国大约26%的能源来自石油。更清洁的能源来源、天然气和水电站提供的能源不到10%。中国的产品单位能耗高出美国6倍。这是因为中国在制造业和服务业上的产出比很高以及钢铁和化学等能源密集型产业的制造业结构。不过，这也应归咎于煤炭和石油价格过低导致大部分产业能源利用率低下。能源密集型的生产加上高污染的能源来源使中国成为世界上最大的二氧化硫排放国和仅次于美国的第二大二氧化碳排放国。按照目前的趋势来推断，到2030年，中国的温室气体排放量可能会超过美国或欧盟。

导致环境恶化的其他主要因素包括森林滥伐、草场退化、土壤侵蚀、沙漠化以及湖泊、河流和海洋中的化肥污染。从20世纪70年代末开始改革开放起，中国加速砍伐木材，以满足工厂的原材料需求和建筑业的需求。到20世纪90年代中期，中国的报道说，有140个林业局已经砍光了它们的储备林场，并且其中的61个林业局说它们正在以无法承受的速度砍伐树木。外国木材公司加入了对木材的争夺。由于几百年来遭到火灾、战争和开荒的破坏，中国的森林承受不住这样的砍伐，森林覆盖率远低于世界平均水平。尽管采取了对森林进行可持续管理和大量植树造林等措施，以阻止森林进一步被毁坏，但非法砍伐仍在快速增长，植被恢复变得缓慢，其恶果导致生物多样性丧失、土壤侵蚀和洪水。

中国的草场同样被过度开发。这一进程自1950年开始加快，草地被用来灌溉种植水稻，由于过度耕种而退化。自1950年以来，中国的草场面积下降了30%—50%，被遗弃的草地大部分是由于过度放牧和密集使用耕作技术种植粮食而导致退化。中国国家环保总局的报告表明，这一现象仍没有得到改善。

森林滥伐和草场退化造成中国木材短缺、生物多样性丧失、土壤侵蚀、荒漠化、沙尘暴、河流淤塞、洪水以及地区气候变化。从全球范围来看，全球气候由于森林砍伐而会变暖，森林滥伐和草场退化引发的沙尘暴将穿越国境，影响邻国。

沙漠面积扩大是中国特别是西北地区的主要问题。中国四分之一的土地是沙漠。在西北，荒漠化的速度正在加快。20 世纪 70 年代，沙漠化的速度是每年 600 平方英里，而到了 90 年代已达到每年 1 300 平方英里。沙漠已逼近到距离北京 200 英里的范围内，威胁到它的生存。沙尘颗粒携带有毒物和病原体，对健康非常有害，会导致呼吸系统疾病。

也有一些争论围绕中国对外贸易和外国直接投资对环境的影响而展开。显然，对外贸易和外国直接投资是刺激和促进经济快速增长的主要因素，给中国带来出口需求，使资本、技术和管理知识进入中国。高速增长不可避免地会耗尽自然资源和产生污染。然而，真正的问题在于对外贸易和外国直接投资是否带来了更严重的环境退化。争论围绕这一问题的两个方面展开。例如，与内销商品相比，出口商品耗费更多资源，造成更多污染。但是，进口商品同样可以替代低效率、资源密集、污染型的国内产品。外国公司会被吸引到环境标准低或容易达标的国家，或者会被巨大的市场、廉价劳力、良好的基础设施以及友好的投资环境等其他因素吸引。在前一种情形中，环境会变得更加恶化，但在后一种情形，更高效的国外公司可能会使用它们在本国使用的更好的技术，从而改善环境状况。回答上述问题需要充分的经验证据，这两方面在中国都有实例支持。

就外国直接投资而言，一个强有力的政府——比如中国政府——可以通过制定和强制执行国家环境标准来约束国外投资者和合资企业。也可以通过制定一些激励机制，阻止造成环境恶化的出口，鼓励改善环境的进口，或者通过替换国内的污染物或提供先进技术来处理废弃物，提高能源和其他资源的使用效率。免除能够降低污染、提高能源使用效率的产品和设备的关税或其他贸易壁垒，是迈向这一方向的简单一步。

二、中国环境保护法律和政策存在的问题

尽管中国有大量的适用法律和政策，环保机构的官员遍布全国各

地，遵守法规的行为却很少。主要原因在于其他部门和地方政府更重视经济增长以及维持或增加就业机会。提高人均收入、增加税收和提供更多就业优先于环境保护。为今天的年轻人和下一代提供良好生活标准的可持续发展理念并没有在大多数省、市、县的官员中深入人心。

在中国各个阶层的眼中，影响环境政策执行的障碍如下：中央提出的增长目标被各级基层政府夸大；发展改革委员会、经济和贸易委员会等部委比国家环保总局拥有更大的权力和影响力；部委和地方政府的部门利益行为；法律的苍白无力以及中央政府强制命令的无效性；中国官员的普遍腐败以及官员决策的低效。

另一个经常性的批评是政府在把国家环保总局升格为国家环保总局的同时，将其人员削减了一半，从 600 人减少到 300 人。从中国的国家规模以及复杂性而言，600 人太少了，而美国环境署则有 6 000 人。与此同时，全国人大环境保护委员会被裁撤。它是考察环境政策和协调部门之间环境保护行为的最高机构，代表着大约 30 个部委。裁撤这一机构会降低国家环保总局调整高层次政策的能力。这一行为招致国内外的许多批评，因为它会延迟环境法规的通过以及导致对国家环保总局的规定的不理解和不遵守。在国家环保总局成立之后，增加了其他部委的环保责任，也冲击了国家环保总局的协调和管理能力。国家环保总局被其他部委绕开，并且国际基金以及环境保护职责经常转移到别的机构。

地方上的环境保护软弱无力。大约有 6 万人任职于 2 500 个遍布全国的环保局。如果把乡镇的保护机构包括进来，机构数和人员数将分别达到 1.1 万个和 14.2 万人。尽管同时对国家环保总局和地方政府负责，但这些机构的所有资源都依赖后者。难怪它们更多地迎合地方政府的需要，而不是国家环保总局的要求和严格的中央法规。这些机构的官员缺乏环境保护法规和方法方面的教育。就经济发展而言，中国下放决策权力是有益的，但对环境保护来说却是令人遗憾的。这样做留给地方过多的解释空间。在地方上，县级管理机构、环保局和不良企业的关系非常紧密。

法律的执行、公平的处罚和争端仲裁以及补偿要求离不开一个有效、独立、博识和客观的法律体系。中国的法院与此相差甚远。从传统上来看，法院对案件是非的解释都服从党的领导，也离不开地方政府的资金。尽管采取了一些措施来改善这一状况，但大多数法官是公务员，经常是一些只上过中学和缺乏法律知识的复员军人。

在中国很少有律师专门研究环境法。甚至上海环保局也只有三名相关律师，与之相比纽约州则有98名。尽管存在这些缺陷，许多人认为运用环境法以及诉诸法院是改善环境保护最有希望的途径。参与诉讼的律师数量一直在增加。到目前为止，中国加入世贸组织已有三年。这刺激了中国的对外贸易与投资，但是对中国环境的影响尚未作出过评估，无论怎样这都是一项非常艰苦的任务。可以尝试去判断这些影响是正面的还是负面的。

在农业方面，由于进口产品更加便宜，农民转而种植收益较高的农作物，中国谷物和豆类的产量有可能下降。谷物生产会导致大量富含氮、磷的废水排放。上述种植方式的转变可以减轻河流和湖泊的受污染程度。钢铁产业的增长由于进口会减慢，至少废水排放的增长会变缓。但是，需要大量水以及制造污染物的畜牧业和纺织业仍会增长。旅游业的增长也会增加用水需求以及废物处理的需求。快速增长的家用电器、计算机以及其他电子设备也许在制造阶段用水量较少，但是一旦安装或使用，洗衣机、洗碗机会消耗大量的水并产生大量废水。电子设备中一些不含铁的金属毒性很大，如果废物没有被谨慎处理，就有可能进入水系统。不断增长的家庭建筑以及住房质量的改善也意味着用水量的增长。这一点也可归因于中国对外贸易与投资提高而带来的额外收入增长。

由于不断进口石油和用天然气替代燃煤，空气质量得以改善，但也因为进口汽车价位更低以及相互竞争，汽车数量飞速增加。这将增加城市的空气污染，供热设备和空调的数量也会相应地增加，因为越来越多的家庭和工人要求更舒服的居家和工作条件。因此，能量需求和空气污染会随之增加。新家具、新材料所释放出的甲醛、苯等有毒物质会加剧新住房的室内空气污染。上述情形将主要影响中国增长最快的地区的城市。在空气质量方面将主要是负面影响。服务业在整个出口中比重的增加可以减缓生产过程中固体废弃物的增长，但是随着城市的扩张，家庭的固体废弃物将会增长。

中国经济在加入世贸组织后加速增长，但是很难断定哪些增长是加入世贸组织所带来的。如果木材进口能恢复森林，农业进口能降低耕种面积，中国的生态系统将会受益，土壤侵蚀、废物排放将会减少。许多关税和配额的调整逐渐发挥作用，但对于那些渴望在市场中立足的公司而言，有些方面还要作出调整。

判断外国投资对环境的实际影响究竟有多大极其困难。这种影响与进入中国的新外国公司的态度有关。它们或许会带来更高的国内标准，或许乐于在同不遵守中国法规的当地公司进行竞争时放宽那些标准。

从长远来看中国产业模式的转变可能有助于减少环境破坏。自由贸易和开放投资会稍微缓解当前的环境恶化状况，但问题依然尖锐和紧迫。中国加强环境保护已经刻不容缓，这不仅需要阻止污染的加剧，而且需要扭转这一趋势。

三、可能的措施

只有中国人自己才能解决中国的环境问题。国际社会只能通过说服的方式帮助解决问题，或者当中国造成的环境问题蔓延到国境以外，才能合法地运用外交压力。但是，工业发达国家的主要作用应当是通过商业模式或援助项目提供技术来帮助中国。许多国家的政府和国际援助机构已经正在这样做。特别是世界银行已经援助了许多水资源管理和废弃物处理项目。最近世界银行已经参与“中国视角下的清洁能源发展机制”，即提供一套系统方法评价各种项目对环境的全面影响。

中国可以采取许多众所周知的有效措施。只要政治上可行，就应该停止通过低价对水和能源使用者的补贴。所有交通燃料的征税水平应当反映包括环境的全部社会成本。含铅的汽油应当尽可能征收重税和限地区使用。轿车应当接受安全检查，包括常规性的排放测试。某些城市取缔自行车的政策应当废止，自行车道建设、自行车和公共交通应该得到鼓励。

中国已经对城市间的高速公路实行收费，但是到目前为止尚未尝试反映交通拥堵和环境破坏的路费定价。事实上，全球已经很少有地方这样做了。但不知为何中国没有从其他工业化国家的错误和它们处理这些问题的尝试中学习到适合自己的经验。中国应该鼓励各级政府建立市中心道路收费制度。在北京、上海和其他大城市，交通拥堵现象非常严重，至少北京和上海正在加速促进公共交通的发展，包括成倍发展现有的地铁系统。

最主要的就是减少火力发电厂的二氧化碳排放。现有的技术对此有很大帮助。中国正在每周建设一座火力发电厂，并打算建500座火力发电厂以满足不断上升的能源需求。未改进的火力发电厂对中国自身和全球环境的影响将会非常严重。通过在火力发电厂的排气装置中安置过滤器，有害气体的排放能够被析取、溶解，再被抽取到废弃的矿井和油田，安全地贮存在地下。国际社会应当对这些措施提供技术和经济支持。这样做既可以承认中国维持快速发展的权利，又可以减少中国的能源消费对世界其他地区的破坏。

上述建议都是一些相当普遍的措施，通过中央政府的税收、法律和规章就能够得以建立。执行这些措施的主要障碍是社会和政治因素以及各级官员缺少清晰的信念。政府已经增加了在环境保护方面的投入，但还远远不够。诸如小型水电站、风能涡轮、潮汐能装置等可再生能源装置少之又少，甚至几乎没有。

中国需要更好地协调环境政策和执行之间的关系。负责鼓励和执行环境保护的机构需要大量的人员，并且这些人员需要受过适当的培训。他们必须独立于企业和那些同环境保护有利益冲突的地方机构。

不断增长的收入增加了人们对更优良环境的需求。当地污染会带来环境破坏的意识不断在增强；通过法律途径和民事诉讼获得成功的索赔也同样增强了人们这方面的意识。地方和国际性的非政府环保组织加上活跃的媒体，将会给地方官员和企业带来改革和改进的压力，但到目前为止只有那些目标是生态和美化环境的措施才会得到官方的鼓励。对于那些造成环境破坏甚至灾难的企业的抨击在逐渐弱化。政府应该让非政府组织和媒体获得更大的自由，批评那些违反环境法律的企业和机构，从而给公民保护清洁环境的权利以更多的支持。对于那些不负责任地破坏他们健康和环境的企业和政府，公民要求赔偿的法律行动不应当受到阻止。政府应当鼓励大学培养致力于环境保护的科学家、技术人员和律师，应当制定培训职业律师和法官的项目。如果包括民事诉讼在内的法律行动更加频繁，更加成功，并且带来更重的刑罚、更高的罚款和赔偿，企业、环保局和当地政府无疑会积极地改变自己的行为。

中央政府和一些明智的省市政府的政策表明，它们愿意尽最大努力保护环境。然而，大多数的中国人缺乏提高环境质量的意愿。事实上，关闭企业和对企业罚款就会造成高失业率，从而带来政治上的风险。提高对失业工人的失业救助和开展再培训项目将会减少这种政治上的风险。无论如何，国有企业改革迫切需要上述举措。然而，在一个像中国这么辽阔和多样化的国家中，中央政府的政令难以抵达全国的每个角落。这就是非政府组织、环保积极分子、媒体和民事诉讼在未来的环境保护中将会发挥关键作用的原因所在。这些民主的制度在政治上是否可以接受尚需拭目以待。

（李平 摘译）

中国环保体系发展中的制度创新*

［英］约翰·蔡尔德 等

一、引 言

制度创新是指个人或者组织创造并发展了新的用以重新定义恰当的社会行为的制度标准和规则。这一过程往往是通过创造新的制度实体来完成的，这些实体随后又形成一个新的“组织领域”。组织领域“从总体上看，是由那些构成公认的制度生存空间的组织”所构成。以往的研究注意到，新的组织领域的出现可能是一个复杂的政治过程，因而制度倡导者们为了成功推行他们的计划，不得不寻求足够的支持和办法；而此过程的参与者为追求各自的利益通过协商和讨论而相互影响。

对于那些一直在努力探究制度形成过程的实证研究而言，环保领域作为一个新的组织领域，为其提供了一个极具吸引力的机会去探究那些形成和影响制度创新的诸因素。美国的一些研究发现，环保主义作为一个领域的形成是由公众对环境问题的意识不断提高所引发的，这反过来

---

* 本文来源于2007年10月出版的《组织研究》（*Organization Studies*）杂志。约翰·蔡尔德（John Child）执教于英国伯明翰大学。

又给政府施加压力迫使其采取行动。相比之下，目前很少有研究关注转型经济体中的制度创新，而这些转型经济体的政治、经济和社会背景是完全不同的。这是当前环保理论研究中存在的主要差距。尽管中国对于全球环境问题有着重要意义和贡献，但与美国相比，我们对中国在环境保护方面的法律、政策的制定和执行以及对污染问题的解决方案知之甚少。因此，在许多正在发生快速转型的经济体中，新的组织领域正在如何发展成一种新的制度秩序，以及我们是否需要对现有理论作出某种调整，关于这些问题，存在着一些不确定性。尽管推行了经济改革，中国的制度背景依然是：除了外资企业和私有企业，行政部门仍对企业尤其是大型企业的战略决策有着积极影响。因此，环境政策的发展在很大程度上取决于政府部门或政府部门许可的其他实体所发起的制度创新所达到的程度。本文通过研究从 1972 年到 2001 年间，中国的环保体系作为一个新的组织领域是如何建立的，来弥补现有理论研究的不足。

二、关于组织领域研究的主要理论观点

霍夫曼认为，一个组织领域“不是围绕着普通的技术或普通的产业形成的……而是围绕着一些对特定的组织集体的利益和目标而言变得重要的问题产生的”。构成一个组织领域的各个组织之间互相作用、协商和影响，谋求可行的规则、解决问题的方法、机制以及做法。这种关于组织领域形成的观点的要点是制度创新者在使他们所关注的议题在其社会中获得合法性方面占据着主导地位。

（一）组织领域形成的几个阶段

格林伍德等人通过他们对加拿大的研究指出，一个制度创新的进程包括五个阶段：原有体制基础的动摇加剧阶段、原有制度的解构阶段、新制度确立前的阶段、新制度的理论化和推广阶段，最后以制度的重构结束。大体而言，这一进程是由重大事件所引发的，这些重大事件往往

表现为较大范围内的危机、新问题或突发性的变化。

为了帮助组织领域的发展，制度创新者的主要任务是创建基本的制度要素，这些要素作为认知上的或制度上的安排发挥作用，通过这一过程，新的秩序分别得以规范并实施。斯科特认为新组织领域的关键要素是三个制度支柱体系：法规体系、规范体系和认知体系。法规体系是通过颁布各个机构必须遵守的法律、规章以及国家政策而建立的。规范体系是随着经验法则、规范化的操作程序、职业标准、日常流程、传统做法、培训计划和教育程序的完善而形成的。这些职业化和社会化的方式促使各组织接受那些道德义务和行为准则。认知体系是文化因素和文化符号的体现，这些文化因素和文化符号所设定的规则构成了现实世界的本质和事物的意义得以形成的框架。各组织根据文化上的认同或者对认知规则的顺从来采取行动，这些规则理所当然地被认为是组织成员履行其日常事务的方式。

先前一项关于美国环保主义的出现的研究发现，这三个制度支柱体系是按照法规体系、规范体系和认知体系的顺序建立的，尽管建立这些体系的任务在每一个阶段可能会有重叠和重复。在其他国家诸如中国，其环保体系的建立是否会遵循和美国相同的模式，我们对此所知甚少。这就提出了如下与研究相关的问题。

问题一：环保体系作为一个新的组织领域，在中国是如何发展起来的，这一发展进程与西方发达国家的进程是否一致？

（二）制度创新者在组织领域形成中的角色

以往的研究区分了不同的发起并推动新的组织领域产生的制度创新者。他们可能来自各个不同的部门、社团和机构。随着组织领域形成的进程，组织领域成员的构成和角色可能会发生变化。

上述考虑导致了组织领域建立过程中的参与者所扮演的角色之间的重大区别。一些参与者率先对问题进行了界定并推动组织领域的出现；而另外的一些参与者则是遵循新规则采取新的行动。前者显然是制度创新者，并可以被称为组织领域的创建者，也可以被叫做“规则制定者”、“战略性参与者”、“主力推行者”或“制度设计者”。组织领域创建者的角色与被称为组织领域接受者的其余组织领域成员是不同的，因为后者必须遵守组织领域内新出现的规则。这些考虑提出了一个更深层次的研究性问题。

问题二：中国环保体系发展背后的制度创新者是谁，他们又扮演着什么角色？

三、研究组织领域形成和发展的方法

（一）关键事件、轨迹性活动的划分与三支柱体系的形成

根据霍夫曼采用的方法，我们把 1972 年到 2001 年间促进中国环保体系建立和发展的事件和活动分为两类：关键事件和轨迹性活动。我们这么做的目的是确定使该体系中各支柱得以形成的事件发生的顺序。

我们把霍夫曼的观点融入本文的分析中，把有重大报道价值的事态发展界定为关键事件，诸如灾难或者新的立法，这些事件可以相对容易地从公共信息中加以区分出来。相比之下，轨迹性活动是指紧随关键事件所发生的一系列活动，就制度创新而言，它强化了每一阶段内新制度发展的常规路径。如果没有随后的轨迹性活动去促进进一步的发展，过渡性的关键事件自身可能无法触发一种新体系的建立。确定这些轨迹性活动是实证研究的第二步。轨迹性活动包括起草和修订相关法律、规章和政策，以及有关环境问题的培训和公众运动。轨迹性活动可以分为如下六类：（1）支持法律、规章和标准的制定；（2）通过决议、指令和通知，在政府部门之间传播官方的价值、信仰和义务；（3）明确政府部门有责任通过实地调查、现场研究、深入探究和资源分配来解决环境问题；（4）通过国内会议、工作研讨会、研究小组和培训计划来加强环保人员之间在技术和知识方面的沟通与交流；（5）通过参加国际会议、参

与国际合作项目、访问国际环保组织来关注有关环保问题的国际交流；(6) 树立公众的环保意识。最后一类活动包括大中小学的教育课程、公共展览、大众运动和地方推广，以及国家对自愿参与环保工作的人员的嘉奖。第一类活动涉及法规体系的构建，第二类至第五类涉及规范体系的建设，而第六类则关系到认知体系的建立。除了给这些活动分类，我们也确定了相关的法律、法规和规章制度，它们是作为构建法规体系取得进步的进一步信号而被颁布的。

（二）本文的研究发现：中国环保体系作为组织领域形成的几个阶段

通过考察关键事件的发生，我们可以划分出环保体系这一组织领域形成过程的各阶段。通过这一分析方法，中国环保体系这一制度领域的进程可以被分为四个阶段：（1）教育启蒙阶段；（2）法规支持阶段；(3) 专业化阶段；(4) 建立社会责任的阶段。

正是经过这四个发展阶段，中国的环保体系正在逐渐形成自己的三个制度支柱体系：法规体系、规范化体系和认知体系。2006 年官方发布的《中国的环境保护》白皮书声称，中国在减少环境污染方面取得了一系列的成功，包括在 1996 年至 2000 年关闭了 84 000 个规模小的污染企业。然而，要建立一个三支柱体系，中国还需要很长的时间，这个过程还远没有完成。

四、关于中国环保体系的探讨

这项研究着眼于两个问题：第一个问题是作为一个新的组织领域，中国的环保体系是怎么发展起来的，其发展模式是否与西方发达国家的模式相一致？第二个问题关注的是创建并发展环保体系的制度创新者的身份，以及他们在这一制度创建工程中所扮演的角色。

（一）环保体系作为一个新的组织领域的建设阶段

本研究的结果可以与霍夫曼对美国的研究相比照。在中国和美国的环保体系建立过程中，突出的问题、领域的界限、领域创建者和接受者的角色和作用自始至终都在不断地被重新界定。在中国，环境保护的定义从一个科学技术问题演变为经济发展的根本支柱，然后扩展到社会责任的高度。随着这一核心问题被界定的方式发生了这些变化，该组织领域的界限也从仅仅限于政府部门和行业内部，扩展到一系列协会，最终延伸至包括大众传媒在内的更广泛的社会。

中美环保体系发展进程中的一个最大不同是中国政府更多地介入了制度创新中。尽管两个国家都见证了某种从法规体系建立到规范体系建立再到认知体系建立的发展进程，但在美国，规范和认知方面的压力是通过非政府组织影响力的增强和不断变化的公众舆论显现出来，它们本身就促进了法规性行为的出现。在美国这一较为开放的社会中，许多法规在制定之前都经历了强大的游说活动，这种事先的游说活动似乎是规范和认知方面的先行发展所带来的。相比之下，在中国，法规的创立是自上而下进行的，而不是由非政府组织和公众的游说发起的。具体过程是，触发性事件迫使政府去解决问题，随后提出一个法规体系，此举是通过制定法律和政策来确立环境保护的合法性。然后，政府会致力于构建一个规范和认知体系。

中美环保制度中支柱体系发展的不同模式似乎也反映了两国政体的根本差异。虽然中国在其经济改革进程中把许多方面的决策权力下放给了地方政府，但在其体系中重大政策的最初建立仍旧是自上而下的，其贯彻执行也在极大程度上依赖于行政法规。与此不同，在美国社会非政府组织和其他非政府团体能够培养和反映基层民众对诸如自然环境等社会问题的关注和认知意识，在规范方面达成共识，然后形成一股强大的推动力来推动政府在法规上采取行动。在美国，自由主义传统和相对较高的教育水平相结合，这能够支持这一自下而上的进程。

虽然作为一个组织领域，中国环保体系的发展阶段与格林伍德等人提出的模式有些明显的相似之处，但也必须看到它们之间的差异。首先，有迹象表明，在中国环保体系发展的每一个阶段，即格林伍德模式中的几个阶段出现了循环反复。这一点在从理论化到传播再反过来到新的理论化的发展中尤其明显。例如，在制定和执行环境问题的相关标准时，某种理论化过程是由传播过程来推动的，而这一传播过程是依靠教育和培训完成的。随后，当工作的重点发展到建立一个认知支柱体系时，一个类似的循环出现了。这就为进一步研究提出了以下观点。

观点一：在组织领域形成的某个特定阶段内，会存在轨迹性活动的循环。

下文要进一步讨论的是另一个更为明显的区别，这一区别与加拿大和中国主要的制度创新者相关。在加拿大，制度创新者是各种专业协会。在中国，独立的专业协会得不到发展，制度创新者是政府及其各部门。这就让人联想到国家背景对于所出现的制度创新的性质和范围具有的重要意义。

（二）制度创新者的角色

在中国环保体系的发展中，国家显然是主要的制度创新者。当制度创新是一个自上而下的进程时，这可能是制度创新的独有特征。在中国最初的“教育启蒙”阶段，国务院和各部委是组织领域的创建者，支持新的领域实践者的产生，例如国务院建立的专门工作组。在第二阶段，即法规支持阶段，国家环保部门成为主要的组织领域创建者，管理部门和专业机构共同制定出新的制度法规的细节。到第三阶段，行业协会和一些跨国公司加入到国家环保部门的组织领域建设中。到第四阶段，一些政府认可的非政府组织和媒体机构加入到组织领域创建者的行列。这又提出了下面的观点。

观点二：在组织领域形成的不同阶段，制度创新者的出现和角色是各不相同的。

随着中国环保体系中制度三支柱体系的建立，组织领域创建者从最初只有政府，变为多个角色。中国政府及其法制部门完全掌控了法律、政策和法律框架的建立，因而主导了法规支柱体系的建立。然而，由于规范支柱体系的技术内容更具专业性，所以它的建立需要有关专家的参与。因此组织领域创建者的范围拓宽到政府部门之外的其他组织了。当环保政策的有效实施需要一般公众达成广泛的共识和作出响应时，组织领域的边界就进一步扩展到各传媒机构。

此外，如霍夫曼所指出的，对各种问题的界定会影响到其他政党的利益和目标，因此他们也会作为组织领域的成员参与进来。在美国的考察表明，环境保护的定义从一个纯粹的技术课题，演变为一个兼具社会和政治因素的课题。我们注意到中国也存在相似的现象。当公众日益受到污染的威胁时，他们就会成为建立环保体系的积极参与者，比如，通过公开投诉而参与其中。其结果是，组织领域创建者之间的主动性天平会从政府稍稍倾斜到公众。

我们之前提到的研究课题提出了更深入的相关理论考察。其中一项考察指出，中国新组织领域的发展体现了能够适用于其他新兴经济体的特征。在许多这样的经济体内，制度的变化可能表现出自上而下的特征，哈耶克把这一自上而下的进程描述为“人造的秩序”（made order）。中国的经验表明，这种自上而下的过程能够促进政策、法律和规章的迅速发布。另一方面，在这种体制内，新制度的合法性（它能推动规范和认知支柱体系的变革）的传播可能是比较缓慢的，因为独立的非政府组织和压力集团（pressure group）发挥作用的能力很可能受到限制。这些国家的制度安排可以被描述为一种与国家支配力紧密结合的体制，这使得法规最先出现的可能性更高。相比之下，一旦像环境污染之类的问题一开始就产生广泛的社会影响，像美国这样一种结构松散的宏观体制将更有益于形成如下这样一种情况，即法规是由形成规范和认知组织领域的活动所触发的，因为它允许更广范围内的制度创新。后者允许一定程度的“自发秩序”（spontaneous order）的存在，可能会使合法性从法律体系到规范体系再到认知体系进行平稳的过渡。这就得出了第三个观点。

观点三：参与制度创新过程的制度创新者的范围越广，法规支柱体系的发展可能就越慢，而规范和认知支柱体系的发展可能就越快。

另一项考察关系到新组织领域的运作。用托尔伯特和朱克的术语来说，中国的环保体系还处于半制度化的阶段，这因此会带来某些机能障碍问题。首先，中国向市场经济的转型在环保体系中留下了一些真空地带，因为中央计划体系内使用的模糊性语言和概念不再适用于改革时期更具分权性质的制度安排。很显然，总体上看，在中国这样一个大规模的、复杂的、多层次的治理体系中，把“国家”视为一个单一的或同质的行为主体是易产生误解的。甚至在发展法规体系时，中央政府的自主权已经从共产党和国务院转移到专门的环境保护部门。由于权力下放与中国的改革进程同时展开，因此，日渐显著的政府机构的纵向差异以及对地方政府的依赖开始妨碍环保法规的执行。这就意味着地方环保部门不得不维护它们与地方政府及地方领导的“友好”关系。如果环保法律法规的实施与地方经济的发展发生冲突，那么其实施就会受到阻碍。此外，由于地方法院服从于地方政府和地方党委，法律体系在执行环境法律方面效率低下。所以，虽然中国政府试图引入建立在市场基础上的环境保护方面的法律、政策和规则，即类似于发达国家的那套法则，但这些法律和政策的效力和效率显然是较低的。这就得出了第四个观点。

观点四：除了理论和实际资源的因素，制度确立的程度也决定了新组织领域的运作。

五、结 论

本文对与组织领域转型相关的关键事件和由制度创新者所从事的、支撑制度发展轨迹的活动进行了区分。对关键事件的关注和对轨迹性活动的关注的结合形成了对组织领域形成过程和转型经济的成就更为全面的分析。同时，这一研究的局限性为将来的研究指明了有用的思路、一些方法论方面的和其他方面的实质性问题。

我们在上文中提出了四个观点，这些观点阐明了值得进一步研究的几个实质性问题，这些问题包括：在我们的研究所界定的几个更广泛的阶段内，可能存在着制度发展的循环；在组织领域发展的不同阶段之间，主要制度创新者的身份是否会发生整体上的变化。我们的研究使人注意到这样一个问题：中国的制度创新代表了一个独一无二的案例，还是说，它有效地阐释了组织领域形成的一个普遍的模式。一个关键的问题是，当国家是最主要的制度创新者时，其制度变革的过程与主要的制度创新者独立于国家之外的变革过程是否存在不同。

（崔存明 摘译）

中国环保公众参与中的法律倡导*

〔美〕埃里森·莫尔　〔美〕阿德里亚·沃尔

公众参与的方式对于中国在处理可持续发展和进行更负责任的治理等难题方面开辟了一种新的策略。这种策略可以集思广益，同时可以让各方都来关注公众关心的问题以及潜在的环境问题，另一方面，它有利于加强公众对于一些可持续发展项目的认知及支持度，提升支持环保的公众价值，强化环保条例的实施执行。在中国当前面临严峻的环境问题的时候，这些策略可以起到关键性的作用。每年几十万人死于空气或水污染，整个国家的生态保护屈从于经济发展项目的开发，大量的环境问题威胁着公众的健康和社会稳定。另外，对环境问题的恐惧引发了许多社会事件，其发生的频率较之以前也更为频繁。2005 年，公安机关统计发生了 8.7 万起公众抗议事件，而政府统计 2006 年上半年发生了 3.9 万起扰乱社会治安的案件，这都强调了公众参与机制能够为公众提供一种合法的、有效的途径，使其能够在解决环境危机中发表自己的意见。

然而，显而易见的是，中国引入各种有效的程序需要的不仅仅是对公众参与的不断支持。合法的环保公众参与的要求与其实施还存在脱

---

* 本文来源于 2006 年伍德罗·威尔逊国际学者中心（The Woodrow Wilson International Center for Scholars）网站（http://www.wilsoncenter.org）。埃里森·莫尔（Allison Moore）与阿德里亚·沃尔（Adria Warren）是美国律师协会亚洲法律项目的学者。

节，这在某种程度上反映了公众参与目标与普遍存在的政府的担心之间的紧张关系，因为官方担心此参与过程将会打开社会秩序混乱以及不同社会团体之间冲突的闸门。要从基层开始把公众参与机制转变为政府的责任需要政府对其治理方针作出调整，包括以更宽容的态度提前发布相关信息，并让公众在计划以及冲突解决的早期阶段进行介入。

一、公众参与中国环境治理的法律框架

国家的环境治理人员正努力认识和减轻中国快速的城市化进程和发展对环境造成的影响，他们对将民间团体吸纳到其对话及治理体系中表现出迫切的意愿。这种被称为“公众参与”的观念已经被正式认为源于一系列不同的公民权利，例如，知情权、评论权、组织权、执行起诉权等。虽然中国中央政府过去已经开始就提出的政策收集非正式的、非约束性的反馈，但是将公众参与视为一项公民权利的观点还是新出现的。公众参与环境治理的法律框架的不断发展反映出这种正在进行的由非约束性的咨询机制向建立于公民权利之上的具有约束力的职责的转变。

“公众参与”包含了已经开始被引入中国的一系列实施机制，其中不仅包括政府热线和网络交流，还包含公众听证会、协调会、吹风会、调查、征求意见等。本文将着重讨论作为一种能够加强环境治理透明度和问责制的机制的公众听证会，而许多关于听证会的优点与局限的评论也适用于所有其他的机制。

中国目前重要的有关环保公众参与系统的法律包括2003年实行的《环境影响评价法》（EIA Law）和2004年实行的《行政许可法》。这些法律规定在某些情况下要实行公众参与，并且提出了一定的告知义务。但是，是选择听证会，还是选择其他公众参与的方式，例如调查或是征求意见，其决定权却留给了当地政府。其中，还有许多因为要保护“国家机密”而出现的例外情况。这些经常被认为是不恰当的程序或是不具有代表性的公民参与，这个观点将在以下讨论的例子当中有所体现。在

一项近期进行的全国性的调查中发现，中国市民普遍感到自己在环境问题决策方面的参与空间非常有限。

为了弥补这些不足，明确法律义务，加强实施力度，国家环保总局于近期在前述两项法律的指导下发布了实施办法。2004年颁布的《环境保护行政许可听证暂行办法》（ALL暂行办法）和2006年实施的《公众参与环境影响评价暂行办法》（EIA暂行办法）描述并拓展了在环境影响评价方面对于公众项目的环境行政许可的参与权利，以及对于建筑工程的准备及环境影响代理评估报告的参与。通过国家环保总局网站来征求公众意见的EIA实施办法的另一个关注焦点是信息的披露。当前，一些国际组织，例如美国律师协会等，已经开始和国家环保总局和地方环保局合作培训公众参与环境保护。

在一些案例中，市一级政府已经通过了一些措施，扩大了环保领域中全国范围内的公众参与权利。最著名的一例是沈阳地方政府通过的一项《沈阳市公众参与环境保护办法》（简称沈阳办法），其详细规定了公布信息和公众参与的要求，要求环保局在民间的环保诉讼中协助调查。环保局官员认为《沈阳办法》是地方政府的法规中在实施综合环保公众参与权利方面最早的、最好的一个例子。一些省级及自治市级政府也已经开始采取“政府信息公开”的举措（最有名的是广州和上海），鼓励开辟更多渠道让市民了解政府信息。2006年1月，至少有30项类似条款出台。

虽然相关法律框架在不断完善，但是其实施力度不够并且存在地区差异。最近由国家环保总局和一些地方环保局所进行的公众听证会的结果显示出了具体实施中的一些不足和障碍。就像它们所表明的那样，加强公众参与的作用可能会有助于解决当前存在于环保体系中的不足。

二、环境公众听证会案例研究

过去的几年中，随着有利于环保意识提升和支持扩大公众参与环保的法律改革的趋势不断发展，中国举行了第一次关于地方环境许可及环保规划听证会。2005 年，中国召开了第一次全国性的关于环境影响评估的听证会，它是关于圆明园的排水项目的。此次环境影响评估听证会引起了全国性的关注，并一致被认为是中国此类听证会的开先河者，将为今后的环保听证会树立榜样。在此前一年，由国家环保总局认可，北京市环保局还就是否通过某个高压电线建设工程项目的环境影响评价行政许可举办过一次听证会。虽然在此之前，中国的一些地方政府机构曾经举办过其他项目的听证会，但其受关注的程度远不及这两次听证会，因为这两次听证会是真正产生于民间行动并对其作出响应的地方级及国家级的听证会。

高压线方案——百旺家苑听证会

2002 年，北京电力公司提出了一项环绕北京西北部架设高压电塔的计划：西沙屯—上庄—六郎庄（也称 9950 号）工程。首都铁路科学技术研究所于 2003 年起草了这项工程的环境影响评估报告，报告指出这项高压线路工程是合理可行的，沿高压线（220 千伏）的电磁辐射符合国家相关标准（500 千伏）以及要求的安全距离（大于 5 米）。

在工程开始在居民区建设的时候，受到影响的百旺家苑的居民自发组织起来，对于该工程在环境影响方面的“安全性”提出质疑。根据《环境影响评价法》第四章，当地居民要求北京市环保局举行关于是否颁发其环境行政许可的听证会，以期阻止此项工程的进行。

随着居民不满情绪的激化以及与电力公司职工矛盾的升级，国家环保总局于 2004 年 6 月 17 日快速启动了行政许可法暂行办法，敦促北京市环保局应公众要求就百旺家苑事件举办听证会。

2004 年 8 月 13 日，北京市环保局召开了中国第一例行政许可环境影响评估听证会。许多社区居民，包括居住在百旺家苑的工程师和环境专家，受邀在听证会上发表意见，就环境影响评估的结论提出质疑，举证论述。虽然与会者都是受邀前来的，但是参与者和专家都一致同意所选的发言人具有广泛的代表性，同时听证会也允许不同的观点对政府之前所作出的决议提出挑战。

此外，这次听证会向所有感兴趣的公众开放。地方及中央媒体广泛地报道了这次组织有序的社区居民参加听证会的场面。

尽管居民在吸引大众关注环境影响问题方面取得了明显的胜利，但是在听证会后的不到一个月的时间里，北京市环保局颁布了一项决议，拒绝重新考虑对此项目之前作出的许可决议。这项决议的基础是北京市人民政府之前对这项电力建设工程的批准决议和有关电磁辐射的国家标准，而没有采用听证会所引用的那些文件中的相关证据。中国专家一致认为这是由于百旺家苑公众听证会的召开为时太晚，此时项目已经在建，无力重新采取新的方案。结果是，听证会为受影响的居民开辟了一条表达意见的途径，但居民们还需耐心等待对其关注问题的实质性回应。

三、存在的困难

（一）薄弱的体制与司法实施机制

在圆明园与百旺家苑的案例中，未能从环境影响方面对整个项目进行修改，这反映出中国环保部门的体制尚不完善。司法的重叠与混淆、管理与执法部门严重的制度缺失与财政赤字、民事强制执行机制的不完善弱化了环境影响评价法及有关大众参与的规定的实施与执行。

除国家环保总局之外，各省、市、县、镇级环保部门也担负着实施环境法律法规的任务。尽管公众观察员对环境影响评价风暴（EIA Tempest）不乏赞美之词，但其他法律分析家的个人观点均与作者一致，认为环保总局实际上缺乏法律权力来叫停某些建设项目。也就是说，按照项目类型，要求对某些地方项目进行环境影响评价的管理权可能属于当地或省级环保部门、甚至是当地或省级政府的权限。这也可能是国务院介入诸如“环境影响评价风暴”以及松花江污染事故等重大事件的原因之一。据报道，继2006年2月发布《落实科学发展观加强环境保护的决定》之后，国务院正致力于起草环境影响评价实施方案，这将把有关公众参与环境影响评价的具体规定扩展到所有相关部门。预期的法规指导原则是否能够解决导致体制内分歧的部门间、政府间协作问题，这还有待观察。正如许多评论员看到的，由于资源不足、人员紧缺、缺乏培训、扶植当地发展的政治压力、利益冲突以及腐败，环保总局与各级环保部门的管理普遍受到束缚。这类问题也影响了征求公众参与环境管理的政治意愿。根据《行政许可法》规定，相关政府权力机关（而非项目申请人或听证申请人）负责实行公众参与带来的所有成本。中央政府对于此类举动没有资金支持，这使得问题更为复杂。

如果环境方面的权利受到侵害，法律代言人在赔偿追索方面拥有的手段有限。迄今为止，各级法院在行使权力强制实施有关环保公众参与或信息公开等法律规定方面并不积极。尽管对于此类问题的私人执行在《环境影响评价法》、《行政许可法》以及相关实施办法中并无明确说明，但在理论上，根据《环境保护法》（1989）、《行政诉讼法》（1989）、《行政复议法》（1996）规定，通过向上一级机关申请复议，对复议不服可提起行政诉讼，此类规定是可以得到执行的。尽管如此，由于众所周知的政治原因及法律的执行能力问题，如：司法缺乏独立、地方对于法院的非正当影响、缺乏相关培训等，此类民间资源仍是有限的。

中国对非政府组织、律师团体、个体公民赖以寻求政策的民事执行以分担环保总局责任的途径是加以限制的，这使得政府在实施与执行方面权力薄弱的局面更为恶化。尤其是，非政府组织面临着麻烦的、独断的许可限制，在中国，非政府环保组织受到极其详细的审查。在2005年，中国的非政府环保组织被要求加入一个新的、庞大的半官方组织——中华环保联合会，并支付会费。尽管官员们声称中华环保联合会将确保更好地协调并鼓励非政府组织与政府间的沟通，但实际上这一组织也具有管理及吸纳社会民间组织的能力。

同时，法律代言人（legal advocate）也正因为试图在法律争论中承担角色而受到日益严厉的审查与处罚。在2006年5月，中华全国律师协会发布了颇具争议性的关于律师办理涉及“群体诉讼”的敏感案件的《指导意见》。该意见特别指出，在办理涉及十名以上起诉人的环境案件时，律师应：(1) 在承接此类案件之前，由律师事务所至少三名合伙人集体讨论决定是否接受委托；(2) “及时”向当地司法局及律师协会“报告”情况；(3) 在办理案件时接受当地司法权力机关及律师协会的“监督与指导”；(4) 不要劝说当事人越级上访。有些律师支持协会的意见，理由是该意见旨在为律师办理此类棘手案件提供更有力的政治与专业支持，而也有律师公开反对，指出该意见会控制并可能妨碍律师参与有关环境及其他与重大的公共利益有关的重要诉讼。

行政执行权力机构中存在的种种问题和局限也可以部分解释为何中国在处理影响极坏的环境灾难时要依靠严厉的惩罚手段。其中一个典型的例子是2004年2月四川川化集团的一家工厂在沱江地区的大规模硝酸铵排放事故受到检举。排放物导致大批鱼类死亡，简阳市停水一个月，也造成了长期的生态问题。首要的执法手段便是大笔行政罚款及强制补偿，同时对青白江区环保局副局长、区环境监测站站长、区环境监理所所长三名相关负责人提起刑事诉讼并最终定罪。在备受关注的环境事故中，往往会进行刑事起诉。

在理论上严厉的惩罚手段应该能威慑违法行为，但在另一方面这种手段也显示出缺乏长效的监测与执法标准，而通常这样的标准更能够成功预防此类重大事故的发生。其他文献也提到，各地区通常未建立适当例行机制以激励守法（比如，罚款过低，不能有效激励守法行为）。尽管以得到公众赞赏及小额现金奖励形式出现的“环保奖励”不断涌现，但这还远远不足以建立起广泛的、积极的激励体制，使当地官员因为防止了恶性环境事件的出现而得到褒奖。

此外，尽管在理论上严厉的惩罚手段可能威慑到违法行为，但令人感到讽刺的是，这些惩罚手段也使得官员因恐惧承担责任而瞒报污染事件。

（二）对群众缺乏回应与责任

百旺家苑与圆明园项目的听证会为相关公民提供了与政府官员陈述和讨论环境问题的机会，但是在这两次听证会上，受影响社区的居民所提出的问题均未得到实质性的回应。

尽管适用的法律要求环保部门“根据听证会记录”作出环境影响评价意见，并要求“许可决议要对接受或不接受听证会上的主要观点进行解释”，但是政府接受或拒绝群众意见和建议所依据的标准还不明确（在中国由于缺乏可行的先例及训练，这一问题被放大了）。

美国律师协会（ABA）有关模拟听证会的训练课程存在着这样的传闻，据说中国当代的决策者更愿意为其全盘决策提供一种总体性的合法性说明，而不愿意就是否接受个人提出的具体观点与证据进行详细的考察。这也很容易让决策者巧妙地避免了与某些争论的牵连，因此可以回避对最终决策负全责。与之相似地，在百旺家苑与圆明园项目中，北京市环保局与国家环保总局是依据其他政府权力机关的标准或决策来批准此类项目的，因此也就避免了直接面对群众的挑战与问题。

增强对于群众的责任感当然就需要更强大的法律授权——这需要中国政府官员改变对于与群众互动的理解以及互动的方式。用国家环保总局官员的辞令来说，其目的在于“使相关部门在决策过程中充分听取群众意见”。环保总局及中央政府官员充分意识到这是一项具有重大意义的工作。这需要其定位从“领导”群众转向“服务”群众；需要其思想从群众有“参与的义务”转向群众有“参与的权利”。

百旺家苑的案例研究表明新型群众参与诉求的实现常常是不完整的，这是因为当地政府官员总在一种死板的治理模式中来解读这种诉求。

即使官员们能够朝着对群众意见更负责，作出更多回应的方向重新定位自身角色，法律框架也依然需要清楚地阐明群众意见应以何种方式影响决策。听证会的目的大概并不只是为了使政府能自觉地“做群众想做的事”，更是要通过引导群众表达问题与提出建议，使决策能够以事实为依据，更加合理。

（三）不灵活的环境信息监管

圆明园和百旺家苑事件所取得的最大成功之一在于：群众运动成功地产生了有价值的环境信息。虽然《环境影响评价法》的第四条款规定，环境影响评估报告必须公开，并且环境影响评估的执行措施需要一个更系统化的、更可取的信息公布过程，但这一条款在实践中是得不到自动执行的。即使有明文规定，环保机构，其中包括国家环保总局（SEPA），仍没能使环境影响评估报告公开化成为一种通行做法，尤其是在那些环境影响比较明显并为此争论不休的领域。

最后，在非政府组织、律师和其他公民社会的代表们在揭示环境影响信息的同时，他们也在遭受着相关人员的报复行为。媒体报道中的屏蔽行为、人身检查、骚扰或逮捕等事例并不罕见。

由于许多公民社会中的机制被取消，人们希望信息公开日益制度化的主要原因还是来自政府本身。沈阳的办法就把范畴广泛的环境信息变成“公开”信息，并把公众获取某一具体范畴内的信息的权利明确化，这种明确化对于这种权利的行使是很重要的。事实上，公众逐渐在利用自己的这些权利来获得信息，据沈阳市环保局报道，在该政策作为内部规则实施的前六个月里，共收到1 000份要求获取信息的申请。政府官员引用沈阳的这一办法表明，有必要逐渐明确信息公开的要求（需附有时间限制和详细的信息范畴），从而使信息公开的责任得以履行。

最近公布的环境影响评估实施办法为环境影响评估过程中更加系统的信息公布提供了一个前提条件。从长期来看，最重要的因素还是中国对如下观念发生普遍性的态度转变（这种转变可能是由跟SARS这种与公众健康相关的突发疾病和松花江水灾等作斗争的经历引起的），即人们确实享有直接的知情权。

（四）地方政府缺乏总体的规划

圆明园和百旺家苑事件都发生在北京并非偶然。SEPA 和 ABA 在 2005 年初曾对地方的环保局（EPB）开展过一份调查，该调查发现，与城市和经济发达地区的 EPB 形成鲜明对比的是，落后地区（例如内蒙古、新疆、宁夏地区）的 EPB 缺乏评估环境影响和形成环境保护政策的科技能力。地方政府官员宣称，对于他们来说，治理问题相对于那些更基本的环保工作而言还是次要的。

那些来自相对富裕省份（比如河北）的环保官员，也对如下看法表示了怀疑，即公众参与将有助于深化环保政策和措施的实施，或者使这些政策所带来的程序负担（procedural burden）合法化。这些地方政府的忧虑在如下这种普遍意识里也得到了反映，即公众的参与不会被认真对待。比如 SEPA 官员潘岳提到，公众对政府缺乏信心是阻碍公众参与行动得以成功实施的关键因素。

政府和市民对于公众参与的情况都是不满的，而解决这一问题的一个直接的、实际的方法在于在决策成为结论之前就执行这些程序并充分考虑对公众意见的吸纳。其结果——甚至存在的问题和忧虑——无法事先确定，而这种可能性恰恰对于那些习惯于（或试图）维持社会控制的政府官员而言是极其具有冒险性的。在与作者的面谈中，那些在过去的几年里参与了 ABA 公众参与培训计划和后续活动的官员反思道，他们自己的出发点是认定政府才是最佳的环保政策制定者和执行者；而随着经验的积累和意识的提高，他们才逐渐意识到公民社会在保护环境方面能够给予政府的努力以协助。最后，公众参与的实践还需要大众和政府提升对彼此的信任。

（五）政府和公众缺乏法律技能

最后，迄今为止公众参与无法实现的部分原因在于政府机构、建设和环境影响评估部门、公众等缺乏展开公众参与的法律技能和经验。中国政府、非政府组织和多方的协助者正致力于解决这些问题。作者的经验表明，地方的训练项目首先系统地揭示了大多数地方 EPB 官员和其他环境利益相关者必须制定理论和实践上环保的基本法律框架和公众参与度。解决法律技能缺乏的有效方法在于加强对政策制定、利益相关者的培训或咨询、强化争论解决和公正过程等方面律师的作用。

四、机遇：进程中法律代言人的角色

迄今为止，中国的环保公众参与运动中，法律代言人——公共部门和私人的代理人、非政府组织、公诉人和其他政府官员、法律援助中心——发挥的作用并不大。为数不多但数目一直在增加的非政府组织和律师在环保案件中、主要是环境补偿诉讼案件中提供法律辩护；还有另一部分人以法律为武器组织起来，向工程建设施加公众压力。污染受害者法律帮助中心（CLAPV）和绿家园志愿者就是两个比较典型的例子。虽然由这些组织承担的角色的重要性没有受到低估，但法律代言人应发挥的其他多种作用没有得到足够关注，这些作用可以提升利害相关者的法律意识和权利意识，加强公众的参与权，以及更加有序地、有效地组织公众参与。以下列出了一些其中的作用。

法律代言人可为所有的环境利害相关者提供急需的培训、技术支持和指导。在起草法律和规范措施时，中央政府通常会启用法律界的法律专家，尤其依赖中华全国律师协会（ACLA）和出名的环境法学者；但是北京以外地区的地方政府需要更多能够利用这种专业的法律专家的途径。通过向公共和私人部门提供培训，以及承担为政府、企业、非政府组织提供内部法律咨询的制度化角色，法律代言人可以解决实施公众参与所引发的一系列实际的法律问题。

法律代言人可以加强提高关注度和解决争端的官方渠道，帮助公众以有效的方式来表达意愿。法律代言人可以组织争论，把争论规范在法律可以解决的方式内，引导争论进入正规的司法或行政渠道。这种角色并非限制在听证会和执行诉讼上。在武汉，环保部门通过广播节目和以《环境法》为中心的相关咨询平台网站，尝试着把法律顾问、政府与有意向的公众连接起来。

法律代言人能起到监督的作用。胡萝卜加大棒的方法——律师提供强制执法的“大棒”——在驱使地方环保部门实施国家环保政策方面是必要的。一位美国的环保律师和社会活动家说过，在美国，政府的环保部门在律师为加强公众的参与权而把纠纷提交到法院之前，也一直把公众参与看做是自愿的（即不是法律义务)。在这种情况下，经历必经的步骤（即使在强迫之下）就能够使有价值的信息得到公布，并能教育公众让其意识到自己的合法权利。

而且，一些积极的迹象表明在中国正在出现这种与公众的环境利益有关的诉讼。中华全国律师协会环境委员会和其他组织正在推动司法改革，这一改革将明确鼓励和促进非政府组织和其他机构在为了公众利益而提出采取强制性的行政行为中的作用。有趣的是，中国的检察院——公共检察机关——最近也表示了参与环境公益诉讼的兴趣。这种由公共部门和私人的“总代理人”所作出的努力将会把其他的技术专家引入到法律执行过程中来，把花费从个人转移到非政府组织和更能从整体上代表公众利益的政府机构上来，减轻对于国家环保总局的依赖。

法律代理人能够鼓励和促进信息共享。沈阳的措施、国家环保总局的环境影响评估措施以及其他独立的地方政府的决议，都在敦促政府环保机构为环保案件中的利害关系人提供环境信息。在圆明园的案例中，公众的坚持使环境影响评估报告在国家环保总局的网站上得以公开——这是许多环保非政府组织和普通民众第一次在中国阅读到此类环境影响评估报告。法律代言人能帮助公众和非政府组织意识到自己拥有提出何种权利的要求以及如何通过合理的渠道来实现自己的要求。

法律代言人能够促进尊重作为权利持有人的公民的文化。最后，法律代言人的参与能帮助创造一种尊重作为权利持有人的公民的政治和法律文化，这种公民有资格要求政府作出反应和负责。律师的参与提供了通往正义与权利的通道，为弱势群体争取了发言的权利，促进了那些相关论点的辩论。

在中国，法律代言人在支持好的管理实践上参与度不够，一部分原因是因为环境法方面的专业人才和专门的环保法规相对而言还不够成熟。虽然发展潜力与日俱增，中华全国律师协会环境法和自然资源委员会在2000年才刚刚成立。在这之前，中国几乎没有环保律师和法官可以选择的专业培训，学习环保法的机会也很少。今天，除了越来越多的培训机会外，中国的新环保法也在经历着面向“公益诉讼”的改革运动。

在法律代言人的参与不只是被看做“找麻烦”之前，他们还要做艰苦的斗争。对于中国的很多官员来说，让律师参与到组织公众提起法律诉讼中来将会加大风险，加深对群众动乱和社会冲突的焦虑。

这些对公众不满情绪及其对社会和谐和社会秩序的影响的焦虑通常会导致参与过程缺乏政治意愿和规划，但从另一些方面来看，这些焦虑也能给我们提供前进的动力。有秩序的听证会、培训、咨询、指导，鼓励使用正规的法律渠道——即把法律代言人的角色正规化和制度化——不仅有可能把公众的不满情绪引导进正规渠道，而且能够形成公众可以接受的解决方法。

五、结　论

在与作者的面谈以及在对地方政府官员和其他相关人员的培训中，国家环保总局和全国人大的官员表示说，听证会制度应该有更大的目标：（1）通过为公众意见提供程序化的反馈，并加强地方政府的责任心，来改善党在领导人民方面的民主合法性（以此来平息互联网上和其他渠道中的怨言和批评言论）；（2）加强环境保护；（3）不考虑单个建设工程的决策，收集对政策有利以及能提高政策执行的信息。在过去的两到三年里，地方政府官员已经开始实践各种方法来更好地达到这些目标。但是，一些严重的来自法律、制度以及政治上的障碍依旧为中国实现全面的、令人满意的公众参与设置了挑战。这些障碍是由于缺乏政治意愿，以及对于引发群众动乱的焦虑所导致的。

（张东昌　高华 摘译）

中国发展中的公民社会：从环境到健康*

〔美〕德鲁·汤普森　陆小青

自1949年中华人民共和国成立以来，中国共产党及人民政府在“人民民主专政”的指导下掌控着社会与经济发展的所有方面，社会各阶层和整个经济发展均需服从于政府的绝对领导。独立的社会团体是不允许存在的，但是，理论上，公民可通过政府控制的“群众路线”组织（mass-line organization），如中国妇联、共青团以及各部委领导下的各协会，如中国计划生育委员会等获得发言权。对独立社会团体及其他民间团体的限制一直到1979年才结束，当时，作为发展自由市场经济和实行政治自由化的“改革开放”政策的一部分，中央政府逐渐下放权力，减少对人们日常生活的干预，这为社会自由开辟了更广阔的空间。法律制度的全面改革，包括20世纪90年代大量法律和政策的起草，开始允许公民社会有节制的发展，并允许非政府组织在中国得以合法建立。

中国社会的快速改革促进了财富的更快积累，赋予人民更多自由，它同时也带来了许多新的健康和环境问题。这些变化促进了独立的非政府组织在多个领域的发展，并鼓励了新型的政府领导下的非政府组织

---

* 本文来源于2006年伍德罗·威尔逊国际学者中心网站（http：//www.wilsoncenter.org）。德鲁·汤普森（Drew Thompson）是中国—默沙东艾滋病基金会研究人员，陆小青是美国战略与国际问题研究中心（Center for Strategic and International Studies）研究人员。

（GONGOS）的成长，例如，中国防治性传染病及艾滋病协会、中国环境联盟等。此种发展动力以及政府领导下的非政府组织相对于其主管部门的独立性形成了一种具有吸引力的趋势，这将决定中国公民社会的发展前景。然而，本文将探讨环保非政府组织（ENGOS）是如何作为最早的公民社会团体于20世纪90年代中期形成的，以及政治环境是如何发生转变从而使卫生部门的非政府组织得以建立的，特别是那些致力于艾滋病问题的组织。这些辅助性组织在一种多变的政治环境中展开运作，这种政治环境能够促进或者阻碍其发展和成功，决定其表现，与此同时，这些组织的行为表现以及其他外部政治因素都将反作用于其运行环境。

虽然前一代的中国领导人对于“绿色非政府组织”的发展给予了监督，同时积极促成其发展，但新一代领导集体是在2003年SARS爆发之际上台的，因此投入了更多的关注与财力来改进公共卫生，包括促进卫生领域的非政府组织的发展，这已成为公民社会发展中的“第二次浪潮”。

一、非政府组织与环境保护

经济发展极大地提高了许多中国人的生活水平以及增加了扩大社会自由的机会。正如处在工业发展飞速膨胀时期的西方国家一样，中国忽视了自改革开放以来经济恣意增长所带来的环境问题。各级政府将经济发展视为当务之急，这引发了严重的空气污染和水污染以及整体生态环境的恶化。这种环境恶化状况对社会和经济发展，特别是对贫困人口和弱势群体产生了严重影响，进一步加剧了贫富分化。在个别极端案例中，恶化的环境引发了社会动荡，更宽泛地说，阻碍了经济增长。兰德公司2003年发布的一份报告显示，水污染对人们健康的危害使中国每年要花费4亿美元，该报告还援引了世界银行发布的一份估算数据，水污染每年要花费中国3.9亿美元，相当于1995年的国民生产总值的1%。

中央政府已经清楚地意识到，如果缺少有效的环境控制和保护措施，环境问题将会制约经济的发展，吸收新的工人以及那些从国有部门下岗的工人加入经济建设的各种努力将遇到障碍。若是不能持续刺激就业可能会间接引起社会动荡。

虽然中央政府不断地颁布保护环境的法律，但是地方的官员和企业管理者常常相互勾结以逃避法律责任。除了加强管理和向地方政府施压以惩治污染企业外，中央领导层中的务实主义者还考虑将绿色环保组织视为另外一种动员群众加入政府行动中去的途径。此外，政府，尤其是中央政府，看到了鼓励民众揭发当地污染制造者、提高公众意识以及参与环境影响评价（EIA）过程所带来的诸多好处。但是，那些地方官员们（他们代表的当地政府同时是制污企业的所有者）对于鼓励群众挑战自身的权威以及政府支持的工业企业缺少热情。不过，上层领导对于环境保护的承诺不断增强，逐渐地，环保领域成为公民社会组织参与其中并积极发挥作用的一个相对安全的领域。

1994年中国第一个环保非政府组织自然之友（FON）的成立标志着允许非政府组织成立的政策环境开始形成。该组织由中国著名学者梁从诫领导，是第一家在中国依法注册的公民组织社团。自那时起，政府允许众多绿色社团注册并鼓励其通过环保教育、清洁运动来提高民众的认识，并从那些不愿直接与中国政府合作的国外组织那里吸引资金及技术上的支持。民间的环保积极分子人数剧增，填补了政府提供的活动空间，并积极推进大众对于政策制定的参与。

环保非政府组织已证明其自身的务实性及灵活性，成功地与国际非政府组织及国外的援助政府建立了合作关系。这种务实性不仅表现在已注册的非政府组织的活动中，还表现在诸多未注册的绿色组织的行为上。在官方注册为非政府组织的环保社团大概有2 000家，大约有相同数量的社团注册为盈利性商业实体，但是有更多的社团根本没有注册，例如互联网、志愿者或是自然俱乐部。在中国的各大学校园里还有各种以环保为主旨的学生社团和“绿色俱乐部”。这种多样的绿色非政府组织处于真正的公民社会发展的最前沿，它在一种完全由政府控制了40多年的政治和社会体系中建立了一个官方接受并认可的非政府部门。

（一）中国环保非政府组织的作用

过去的十年里，非政府组织已经成为了支持中国政府所实施的环保努力的一个重要力量。迄今为止，一些成功的非政府组织，如自然之友、北京地球村和绿色家园志愿者等，在提倡更加有效地实施现有的环保规章制度、加强政府在环保中的责任、向大众普及环保知识等方面起着宝贵的重要作用，它们甚至在某种程度上，影响着政策方针的制定。

和西方的许多环保非政府组织与其政府的关系不同，中国的非政府组织所采取的是一种没那么具有对抗性的方式。中国的大部分环保非政府组织都切实地致力于环境的保护，并通过与政府紧密合作来实现其目标，因此，它们对公共政策以及各级政府产生了积极的影响，尤其是中央政府大力鼓励环保非政府组织参与中国的环保事业。例如，1996 年国务院《关于环境保护若干问题的决议》就鼓励公开报道和曝光违反环保法律条例的事件，并鼓励公众参与环境保护。环保非政府组织在政府批准的框架内，通过一种非对抗的方式与政府紧密合作，已经获取了一定程度的信任并得到了许多政府官员的支持，他们将非政府组织的行动视为对中国环境保护事业作出的积极贡献。

中国新兴的环保非政府组织在倡导全民行动和志愿者行动方面起到了先锋作用。通过公众动员和宣传环保事业，环保非政府组织不仅教育公民要更积极参与政策的制定，而且也有助于鼓励新闻媒体。报刊积极地报道了目前的环境状况，这有助于提高政府的责任感，尤其是当政府部门疏忽职守的时候。环保组织和新闻媒体逐渐成为了社会变革的参与者，也开始在中国建立了一种公众参与和基层行动的理念，对加强政府问责制作出了贡献。

（二）达到极限

中国的环保非政府组织无论是在规模、范围还是影响力方面都已经得到了快速稳定的发展，但是中国政府对于非政府组织的自由发展一直心存担忧，因此对其发展继续进行严格的监控和管理。导致这种忧虑的部分原因来自中国非政府组织推动的关于增加大坝建设决策透明度的全国运动。另一个加剧紧张关系的因素就是高层领导对于已经发生在塞尔维亚、格鲁吉亚、乌克兰和吉尔吉斯斯坦的“颜色革命”的关注。中国对于这些革命的研究使得高层得出了如下结论，即这些国家的反对派运动受到了一些国际组织的大力支持，这也使得政府日益重视中国的公民社会团体和国际非政府组织。

根据刊发在2005年10月《外交政策》中的一篇文章报道，中国政府已经怀疑某些国际非政府组织是对人民洗脑并鼓励政治反动势力的组织。国家环保总局（SEPA）在2006年5月公布的调查报告指出，政府的有效管理和非政府组织的严格自律是中国环保非政府组织进一步发展的两个基本要素。

在目前这种政治上受制约的时期，许多基层的“社会企业家”正在通过各种创造性的途径和方法，一面继续探索环保行动可以触及的界限，一面应付官方对他们潜在的或实际性的怀疑。政府也陷入了一种尴尬的矛盾中，一方面需要保护环境，保持经济持续增长，另外一方面又要防止过度的社会行动。但是有人乐观地预测，随着政府对环境保护问题的关注增加，非政府组织发展的政治氛围将会得到极大改善。

除了外部的政治压力，环保非政府组织部门的长期发展也受到了许多结构性因素的制约，包括有限的内部能力和获得资源的途径。许多非政府组织缺乏系统的管理知识，很少有机会获得信息和资金来进行自身的能力建设。目前这一代环保非政府组织往往在很大程度上依靠个别领导人的超凡魅力和热情。该领域的进一步发展将需要加强治理、人员配备和内部管理。也有批评认为，中国环保团体的工作多在指出环境问题，而非提出技术解决方案。在它们忙于指出问题的同时，也需要大幅度地提高技术技能，找到解决问题的办法，提供解决方案，而不是简单地提高人们的认识。此外，大多数环保团体严重依赖外国资金；在政府对外国资助的活动加强监督的情况下，中国的非政府组织将被迫越来越多地寻求其他的资金来源，尽管法律限制国内的筹款活动。

日益严重的环境问题有助于形成中国环保非政府组织发展的政治空间，这为环保领域之外的更多的社会活动奠定了更好的基础。在过去几年里，卫生非政府组织的表现尤为活跃，这是因为医疗改革和医疗领域的私有化导致了医疗卫生服务中的不平等，使得公共医疗系统在应对非典、艾滋病和禽流感等传染性疾病带来的重大危机中表现不力。

二、非政府组织与公共卫生

自中国共产党 1949 年执政以来，对医疗部门的投入极大促进了公共卫生事业的发展，衡量标准就是人民的寿命延长、婴儿死亡率降低、一些传染性疾病减少或消除（其中包括性传播疾病）。初级卫生保健和预防保健服务得到广泛普及，大多数人口能获得医疗服务和医疗保险。然而，自改革开始，医疗系统已日益私有化，保险覆盖面已大大降低，只有少数公民可以使用或有效地享受医疗保健制度。可悲的是，当医疗系统趋于衰落并主要为富人提供医疗服务时，传染性疾病目前已经向政府主导的公共医疗系统发出了突出挑战。政府认识到没有足够能力应付这些挑战，因此在控制传染病方面正在越来越多地寻求外界的支持，调动国际资源和技术支持，并呼吁“社会各界”发挥作用。

2003 年非典的爆发——它在初期并未引起政府的重视——表明了卫生系统的脆弱性。迫于国际和国内压力，政府调动了相当多的资源处理疫情，补救危机。对于中国的高层而言，这一事件凸显了一种不受控制的传染性疾病可能带来的社会和经济影响，它也刺激了中国政府决定与国际组织在对付其他传染性疾病方面展开更多的合作。而像艾滋病病毒/艾滋病（HIV/AIDS）这样的疾病在许多方面都提出了挑战。随着20世纪80年代和90年代的经济改革，人民生活水平得到提高，人员的流动性日益增加，以往社会结构对老百姓生活的诸多限制也逐渐瓦解，这些都使得HIV/AIDS日益蔓延。其他疾病，如禽流感以及全国性流感带来的危险，都对经济和社会构成了独特的威胁。及时有效的应对行动规模大，范围广，成本高，这降低了政府独自应对流行疾病的可能性。

由于其显著的社会经济影响，以及对处于生产能力高峰的年轻人的影响，HIV/AIDS备受关注。该病毒还可以通过无症状的病毒携带者进行传播长达10年。在中国，HIV/AIDS仍然集中在政府无力进行有效管理的边缘人口里，如静脉注射吸毒者和性工作者。虽然这一流行疾病集中在这些被边缘化的群体，艾滋病毒的蔓延是令人担忧的。政府最近的统计显示，中国大约有65万艾滋病病例。虽然新的估计数字低于以前的数字，但是病毒感染率仍在上升，2005年增加了7万新病例。

（一）政府对艾滋病危机的回应

为了认识到卫生非政府组织正在成为中国一支强大变革力量的潜力，考察中国的一些专门针对艾滋病的非政府组织是很有助益的。艾滋病不仅受到国内外政府的高度重视，而且全球多方面的资源也被汇聚在一起来对抗这一疾病，这些都是支持非政府组织力量的重要因素。中国的艾滋病患者仍然主要集中在静脉注射吸毒者、卖淫者以及男同性恋者中，艾滋病传播的根源在于经济因素而非单纯的医学因素，因此，政府的公共卫生体系明显不足以解决艾滋病传播的根本原因。和其他面临吸毒与艾滋病同时泛滥的国家一样，中国政府必须解决与艾滋病传播相关的非法活动。

毋庸置疑，解决艾滋病和其他疾病需要全民应对，这会远远超出单独的政府卫生体系的手段和能力。尽管政府从2003年SARS事件中得到了教训，但有关公共卫生事件的准确数据并不总能保持透明和得到及时披露。被授权解决各种健康危机的多个政府部门经常不能协调好其行动。而且，中国自上而下的行政系统缺少有效的机制为那些处于正规的经济和政治体制之外的民众提供援助。政府清楚地认识到，需要动员非政府部门来应对卫生挑战，并帮助填补政府医疗保健体系中的缺口；有效的疾病预防和控制，需要动员民间社会组织，使公私合作伙伴关系正式化。

尽管政府准许了环保非政府组织在过去 12 年来的发展，但对卫生非政府组织（特别是在艾滋病领域）而言，政治氛围只是在最近才有所改善，这突出体现在 2005 年政府官员的诸多讲话中。

在 2005 年春季，在北京举行的应对艾滋病联合峰会上，国务院副总理吴仪说，中国的反艾滋病斗争不可能单靠政府来取得成功，并说："中国已形成了政府主导，多方面合作，全社会共同参与的防治艾滋病工作的机制和社会环境。"

在 2005 年世界艾滋病日之前的新闻发布会上，中国卫生部部长高强强调，尽管防治艾滋病是政府的一项重要职责，但如果没有与非政府组织的有效合作，这一传染性疾病还是不能被有效地控制。

2005 年 6 月，卫生部常务副部长王陇德博士在美国战略和国际问题研究所（CSIS）的一次发言中承认，虽然中国政府和中国疾病控制中心针对高危人群一直在做大量的干预，但是非政府组织除了给予技术支持外还发挥了更大的作用，包括为"难以达到的"群体提供服务和预防教育。

说到非政府组织参与防治艾滋病的工作，中国官员不只是"说说"而已。中央机构正专项拨款，以协助非政府卫生组织提供社会服务，如意识教育和护理。在 2005 年，政府从全球抗击艾滋病、肺结核和痢疾基金资助的"第四轮项目"的 2 400 万美元的预算中抽出 25%，用于支持隶属政府的非政府组织和民间非政府组织。2005 年 7 月，中国疾病控制中心下属的性病和艾滋病中心与非政府组织举行会议，讨论男同性恋者问题。官员讨论了向非政府组织提供 600 万元资金对男同性恋者进行研究和预防教育的机制。中央和地方卫生官员已开始积极推动非政府组织的发展，包括一些大城市和受到严重影响的村庄中的艾滋病毒感染者及艾滋病患者的支持团体。卫生部在应对艾滋病方面对非政府组织的伙伴关系的实际回应，就如同过去环境官员与非政府组织共同努力一起动员得到整个社会的支持从而建立起他们共同的目标一样。

（二）当今中国的 HIV/AIDS 非政府组织

很像环保团体所表现出的多样性一样，中国的 HIV/AIDS 非政府组织以各种名目在进行运作——注册的社会组织、注册的商业企业和机构、未注册的民间团体、艾滋病毒感染者和艾滋病患者组成的自助团体以及学生团体。在 26.6 万个向民政部注册的非政府组织中，已知的卫生非政府组织总数仍然有限。大多数总部设在北京和遍布全国各城市社区和农村的 HIV/AIDS 组织，非常注重行动并开展了大量防治艾滋病的项目，它们通过向静脉注射吸毒者发放干净的针头，为性工作者提供安全套，对那些受艾滋病影响的居民和社区进行健康教育，从而为那些难以达到的社会边缘群体提供服务。许多非政府组织为城市和农村地区提供艾滋病预防和教育信息，另外一些组织则对处于危险和受影响的个人进行电话热线咨询服务。

这些 HIV/AIDS 组织也提供服务以增加预防知识，并帮助受影响的人接受治疗，其他一些组织则为受影响的社区提供物质上的支持，包括捐赠衣服和生活用品，资助孤儿的教育，甚至在城市青年和学生中发起“笔友俱乐部”，与农村受影响的儿童进行通信。HIV/AIDS 非政府组织进行活动的范围极其广泛。

和绿色环保组织相比，这些 HIV/AIDS 基层组织仍处于初创阶段，并且能力相对有限。它们常常规模很小，只有一两名支付薪水的雇员，或是完全依靠志愿者。许多团体预算紧、能力受限，影响了它们发挥的作用。与绿色环保组织一样，HIV/AIDS 非政府组织还面临取得稳定资金方面的种种困难。国外资金往往是短期的，因此难以支撑长期运作。此外，政府对国际非政府组织基金的谨慎态度——源于担心它们的政治动机——增加了对接受外国基金支持的中国非政府组织的疑虑。本地筹款受到政府有关禁止全国性集资制度的限制，而企业和富裕的个人很少甚至没有动力去给独立的非政府组织捐助，因为他们得不到减税，还面临被政府官员疏远的潜在风险，因为这些官员鼓励向与他们相关的政府领导下的非政府组织捐赠。

独立的 HIV/AIDS 非政府组织冒着与政府发生冲突的风险，它们不仅要作为政策的提倡者行事，同时还要作为面向受影响社区的服务提供者。非政府组织可能也会面临官方的反对，因为它们根本上是在与政府的收费服务供应商进行竞争，或者因为它们从事的某些活动被政府认为是非法的。

三、环保非政府组织与卫生非政府组织：步履维艰，休戚与共

（一）联系

在中国，环保非政府组织与卫生非政府组织的出现有很多相同的特征。中国领导层都为这两种组织在协助政府应对威胁中国经济、政治稳定及社会福利的复杂、紧迫的挑战方面创造了活动空间。不管在哪种领域，非政府组织的发展速度总是由政府决定的，政府把它们的角色定位成辅助政府应对各种危机。

这两种非政府组织也面临许多相似的挑战。作为新生事物，能力建设是其重要目标，包括管理、经营、资金筹集，以及提供服务和代表委托人与利益相关者发出倡导的技能。非政府组织不能站在政府的对立面，只有得到政府认可才能发挥实际作用。受现行的有关社会组织注册和管理的法律法规的制约，环保与卫生非政府组织有多种存在形式，这两种组织都得到了大量的国际资助，而被政府怀疑。非政府组织的活动

者们意识到，他们处在一种多变的政治环境中，因为政府的政策在如下两种情况中摇摆不定：支持解决实际问题、缓解社会冲突的非政府组织，恐惧最终可能挑战党的权威的民间运动。

（二）展望

在过去的12年里，环保组织积累了宝贵的经验，可供卫生非政府组织借鉴。环保组织除了为其他非政府组织开辟了政治空间以及建立了其作为政府合作者的信誉，它还能在能力建设方面为卫生组织提供帮助。长期来看，许多卫生组织如果遵循环保非政府组织开创的模式，协助政府、避开敏感的政治问题、动员整个社会、以非对抗性和非竞争性的方式提供服务，那么，它们是可以取得成功的。卫生组织现在所动员的公众更具有大众参与意识和志愿者意识，这些理念是由走在了前面的环保组织灌输的。尽管面临诸多挑战，卫生非政府组织已经渐渐具备了推动中国公民社会发展第二次浪潮的能力。第三次浪潮可能是这两种组织联合起来应对日益严重的由环境导致的健康问题。

2005年11月松花江危险物质排放事故生动地说明了环境管理不善对健康造成的威胁。当地政府试图掩盖排放问题并控制新闻报道，这激起了群众的愤怒。新闻媒体对于哈尔滨停水的原因进行推测，认为是上游工厂爆炸所致，后续又对政府的反应进行报道，一定程度上揭示出政府是负有责任的。哈尔滨停水可能是“敏感”事件，而在中国，污染对健康的长期影响非常显著，污染导致更多的儿童夭折、先天缺陷以及更多癌症高发地区的出现，特别是在农村地区，某种癌症的罹患率比其他地区明显要高。污染直接导致许多地区的健康水平下降，正在日益成为不稳定因素，引发受污染人群的自发性群体事件。这种民间运动并未形成一种持续的环保与卫生非政府组织，但它显示出来的各种力量将能够推动围绕环境恶化与健康危机之间关系而展开的各种行动和倡议。

环保与卫生非政府组织的未来不可避免地联系在一起。每个组织开拓的政治空间最终会使整个公民社会受益。尽管民间组织作出了积极的贡献，但各级政府对于公民社会团体的自由发展依然会保持警惕。随着卫生组织更多地联合环保组织，以非对抗性的方式使当地受益，其所处的政治环境会逐渐改善，会允许更多组织在更广的范围内开展活动。

（三）对未来的猜测

好的状况。如果非政府组织继续辅助政府的工作，不直接反对以政府为主导的现状，不涉及敏感问题——如宣扬对党的权威构成挑战的民主或法制改革，公民社会的发展前景还是乐观的。在政府认识到非政府组织在应对环境、健康问题方面的积极作用后，现有对于非政府组织严格的管理、控制也会松动。随着更多地方政府对于非政府组织积极作用的认识加深，会把后者看做是能够实现公共利益、对社会经济发展有所贡献的合作伙伴。在“十一五”规划中，政府意图通过增加对教育、医疗、环境的投入以实现“和谐发展”。政府利益与非政府组织目标的联合能够进一步推动公民社会的发展，并促进私有部门在提供政府不再能有效提供的公共产品方面的作用。此外，政府与私人组织在多方面加深合作也可能提高管理的有效性——更加公开、透明，更有责任感——并由此形成良性循环，符合政府对于更稳定发展的要求。

坏的状况。在最严重的情况下，国家与私人部门将会出现内在的对立，尤其是当中国的政治制度缺乏有效的权力监督与制衡时。政府由于效率低下、腐败等原因不能有效地提供公共服务，而且又不愿将提供公共服务的权力交出，在这样的环境下，非政府组织经常会产生不满情绪。政府部门，特别是地方政府部门会将非政府组织——尤其是在医疗卫生部门——看做是提供收费服务的竞争对手，从而压制私人组织。当公共利益与私人组织的目标发生分歧，政府很有可能对公民社会以一种建设性的、非威胁的方式展开运作的能力失去信心。非政府组织在缺少国内支持的情况下对于国外资金的依赖也会增加政府的疑虑，使后者认为非政府组织是破坏性的，企图通过“和平演变”颠覆政府。紧张关系与猜疑升级，导致限制非政府组织的注册、会员资格、资金筹措方式、活动的更为严格的政策，现有的非政府组织无从发挥作用，公民社会的发展也受到限制。

令人窘迫的状况。前面已经提到过，环保和卫生组织的未来是联系在一起的，这也可能会带来风险。"局外人"的争议性表现可能被政府解读为反映了公民社会的核心。例如：这两个领域的非政府组织均从事或只有一方从事政府认为是威胁性的活动，那么所有其他领域也会受到波及。因为环境、健康问题对个人及居住区有直接影响，这两个领域的非政府组织将发现自己处于与政府官员对立的位置，例如，它们代表受影响群体，组织民众向政府或政府扶植的企业寻求补偿。其他非政府组织可能会直接寻求政府在环境、健康问题方面负起责任，这可能会遭到政府官员的强烈反对。虽然只有一部分组织在从事直接威胁政府的活动，但各种矛盾可能会导致令人麻烦的事件，例如群众骚乱，这可能会最终带来对全部非政府组织的打压。如果政府认为足够数量的非政府组织持公开的反对立场，其反应可能使过去 12 年间积累而来的活动自由大幅削减。

四、结　论

总的来说，中国环境和卫生非政府组织已经在很大程度上避免了直接对抗政府，而专注于它们的核心任务，从而建立一个积极的运作环境。政府希望维持其在经济和社会中的主导地位，而非政府组织试图改变导致环境恶化及恶劣的公共卫生的根本的政治原因，如何解决这两者之间的紧张关系，最终将决定中国公民社会的未来。

（高华　张东昌 译）

中国的环境问题与粮食安全*

〔美〕杰瑞·马贝斯　〔美〕杰妮弗·H. 马贝斯

自古以来，许多力量影响着人类的粮食安全，尤其是自然灾难和全球人口日益增长所带来的挑战。新中国建立以来，粮食安全就是中国政府的首要任务，到21世纪初仍然是首要的国家目标。2008年，中国基本上实现了粮食自给，并且95%的粮食消费来自国内的农业生产。然而，世界粮食供应的任何巨大动荡，例如世界粮食价格的上涨，都会产生全球性的影响。中国的环境状况也直接影响了它的粮食安全。

作为一个发展中国家，中国的粮食安全和环境保护体制相对较新，也未经受过考验。正是这些因素——庞大的人口、有限的耕地、严峻的环境挑战以及处于现代化过程中的政治、社会和经济体制——的结合，促使莱斯特·R. 布朗（Lester R. Brown）于1995年出版了《谁来养活中国?》一书。布朗预测说，到2030年中国将不得不进口2亿吨粮食。这种危言耸听的预测引起了学者和政府官员关于粮食安全的争论。这场争论关注的是中国的耕地面积以及它能否足以维持主要农作物的生产。20世纪90年代末，政府的官方估计是中国大约有9500万公顷耕地，相

---

* 本文来源于《中国政治学刊》（*Journal of Chinese Political Science*）2009年第14卷第1期。杰瑞·马贝斯（Jerry McBeath）和杰妮弗·H. 马贝斯（Jenifer Huang McBeath）是美国阿拉斯加大学政治学教授。

当于人均0.8公顷，仅仅相当于全球平均水平的四分之一。自20世纪70年代末以来，中国失去了以前用于生产粮食的大量耕地。

一、耕地减少的原因

中国耕地所承受的压力来源于三个相互关联的因素：人口、城市化和经济发展。

（一）人口的增长与压力

中国是世界上人口最多的国家，而且自封建朝代以来一直如此。从1949到1999年的50年里，中国的人口增长了2倍多。只有从1979年之后，中国才实施了一种明确的人口限制战略。从目前来看，到2030年中国的人口有望达到16亿的峰值。中国人口的规模给土地带来了巨大的压力，但是这种压力并不均衡。在中国西部的沙漠地区，人口压力微乎其微；西藏也是如此。不过，东部沿海省份尽管只占中国15%的面积，但却拥有中国41%的人口。人口密度的统计数字概括了这些差异。2000年，中国的人口密度是每平方公里351.3人，并不是世界最高（孟加拉的人口密度是每平方公里1520人）。然而，江苏省是人口密度最大的地区，达到每平方公里1567人，而西藏和新疆则是每平方公里不到4人。

中国人口的增长带来了住房和居住用地的相应增长。尽管人口增长已经放慢，但仍然在继续。此外，经济状况的改善释放了对更多、更好和更大住房的被抑制的需求。不论在城市还是在农村，住房建筑都出现了明显的增长，使用了包括耕地在内的大量土地。

（二）城市化

中国快速的城市化吞噬了大量的耕地。在头20年的经济改革中，中国城市的数量从193座增长到666座。1995年，中国农村的人口达到

7.5亿的峰值，而城市人口则继续增长。到21世纪初，中国城市的人口超过了5亿。随着城市人口的增多，城市扩张到了农村，消耗了原来的农业用地。据估计，仅在“八五”规划期间（1991—1995年），城市的扩张和交通网络每年占用了140万公顷的土地。

中国城市的居民比农民拥有更多的可支配收入（一种全球模式）。日益壮大的中产阶级期望能够把闲暇时间用于娱乐活动。城镇附近的许多农田转变成高尔夫球场、公园和其他的娱乐设施。

（三）经济发展

1978年以来的经济改革推动了中国各地的经济发展，但却牺牲了耕地。工厂、办公楼、酒店和度假村以及购物中心占据了中国城市和郊区的空间。在减少耕地的数量上，它们就像住房一样重要。有人估计，因工业发展而减少的耕地数量被低估了61%。所谓的“开发区热”或许是土地减少的最明显的例子。

改革伊始，中央计划部门就在中国南方沿海地区建立了试验性的“经济特区”。计划人员在广东和福建建立了四个经济特区，1988年又宣布海南岛为“经济特区”。1989年，国家为台湾投资者在厦门建立了两个特区。1990年，“经济特区”扩大到了上海的浦东新区。随后在1994年，中国建立了“新加坡苏州工业园”。到1995年，中央政府批准了大约422个开发区。

非法征用土地涉及中国的各级地方政府。这对中国日益减少的耕地来说或许是最大的威胁。问题的根源在于农民对土地没有财产权。地方政府非法地出租土地。出租价格由于日益繁荣的土地和产权市场而不断高涨。对地方政府来说，出售和租赁土地成为一项有利可图的生意。腐败变得猖獗，因为官员们抽取佣金和为了不正当地分配土地而滥用土地使用权。

二、社会经济变革的影响

人口的增长、城市化和经济发展给中国的粮食生产也带来了一些有利的影响。当然，快速的经济增长使中国成为世界第三大经济大国，并且赚取了购买中国维持人口生存所需要的粮食的外汇。但是，我们关注的是中国国内的粮食安全，而且尤其是经济发展和工业化给粮食生产带来的主要的负面影响。

（一）土地退化

所谓土地退化，是指土地降低或失去了生长植物和维持人与动物生存的能力。土地退化的直接原因是水土流失、土壤营养均衡的变化和有毒物质对土地的污染。水土流失是大多数生态系统中的自然现象，但我们担心的是人类行为造成的水土流失，例如砍伐森林。土壤营养均衡的变化是因为天气和气候变化，但是原因也包括过度使用化肥和其他不良的耕作习惯。土壤污染的主要原因是人类的行为。

1. 水土流失

水土流失是中国生态退化的普遍问题。我们提供三个地区的例子：东北、西北和华南。东北——包括黑龙江、辽宁、吉林三省以及内蒙古的部分地区——是中国的粮仓。在过去的60年里，东北黑土层的厚度从80多厘米急剧下降到不足30厘米。土壤有机质的密度从12%下降到不足2%。大约85%的土壤缺乏足够的营养。水土流失和退化的原因包括过度耕种、滥用化肥和过度砍伐。反过来，水土流失造成了更加频繁的干旱、洪水和沙尘暴。

水土流失已经成为中国新疆自治区的一大问题，因为过度放牧和耕种超过了国家的保护努力。水土流失甚至在繁荣的广东省也是一个严重的问题，该省已经成为中国大陆第二大土地退化地区。单在“十一五”规划期间，广东出现了2 200平方公里的水土流失，而在下一个五年规划期间情况将会更加严重。就广东省而言，工业发展是破坏土壤的首要因素。

2. 砍伐森林

人口的增长和木材工业是造成森林大面积减少的主要因素。自1949年以来，中国大约一半的森林遭到了破坏。目前，中国的森林覆盖面积是1.34亿公顷，覆盖率是14%，但是仅有少量的原始森林得以保存。近年来，中国的森林以年均5 000平方公里的速度减少。采矿和砍伐破坏了山区的森林，从而造成了水土流失，减少了蓄水能力，造成了华北严重的沙尘暴。农业的发展和居民住房也是造成森林和植被面积减少的因素。

3. 荒漠化

沙漠占到中国国土面积的27%。近年来，沙漠面积的扩张急剧加速。荒漠每年增加了3 400平方公里。荒漠化造成河流和湖泊干涸（导致土壤盐碱化，因而无法种植农作物）、植被面积减少和地下水水位下降，对1亿多人构成了直接的威胁。特别是，荒漠化造成农田和牧场退化，从而造成农作物产量的下降。此外，荒漠化也对长城和莫高窟等国宝构成了威胁。

中国各地的荒漠化是因为砍伐森林以及北部和西部干旱和半干旱地区保护不够和过度利用水资源。中国某些地区的荒漠化还应归咎于农业、商业、工业和住宅的发展。草场退化是荒漠化的主要形式。草场退化不仅包括草地的退化，而且还包括土壤的退化，是对整个生态系统的破坏。由于土地开垦、放牧和砍伐木材，中国的许多草原出现了大面积的退化。

4. 土地污染

三种类型的污染困扰着中国的农田：工业废弃物、采矿活动以及化肥和杀虫剂的使用。第一，化学和其他工业设施排放出的污染物和有毒物质，减少或杀死了植物。农村工业造成的污染比城市工业更为严重。第二，中国存在大量的小矿场，尤其是小煤窑，因为中国将近70%的能源需求依赖煤炭。煤炭的废弃物——包括硫化物——以及其他的有毒化学物破坏了相邻地区土壤中的微生物群落。第三，过度使用化肥和杀虫剂也是土地污染的原因。

5. 空气污染

中国每年烧掉20亿多吨煤炭，把大约2 000吨汞排放到土壤中，这对农业生产和人类健康构成了威胁。空气污染对农田产生了严重的影响。2005年，中国三分之一的土地受到了酸雨的影响；在某些地区，全部的降雨都是酸雨。由于2005年排放出2 600吨二氧化硫，比2000年高出27%，中国成为世界上最大的二氧化硫污染国家。焦化装置和火电厂是这些二氧化硫的排放者。

大气中的污染颗粒造成中国许多地区降雨量减少，尤其是东北和西北地区。空气污染也是肺癌的主要原因，因为有毒颗粒吸入肺部，并且不可能排放出来。近年来，关于“癌症村”的报告不断增多。然而，中国政府机构2007—2008年的报告乐观地说，严重的空气污染可能有所降低。

（二）水质降低

当中国土地退化日益严重和恶化的时候，许多观察家认为，中国的水质退化也达到了危机的程度。我们首先讨论中国的水资源充足问题，然后分别讨论淡水和海洋污染问题。

1. 水资源的充足性问题

中国的水资源总量位居世界第五，但人均水平比全球平均水平低25%。未来的预测更令人担忧。到2030年，人均水资源供应量将会从2 200立方米下降到不足1 700立方米，而且这个水平将使其成为世界银行所定义的水短缺国家。中国农业的耗水量从70%增至80%，但是随着供应的紧张，工业和家庭用水的增长对农业用水构成了威胁。

中国不仅水供应量有限，而且水的利用也效率低下。在中国的灌溉系统中，许多水由于蒸发而失去。最后一个影响水供应的因素是水价。

直到最近，商业、工业和家庭用水的价格还没有充分区分开。中国许多地区和城市的水价没有按照用水量进行调整。此外，在一个仍然是共产主义的国家中，由于明确的平均主义政策目标，过渡到以市场为基础的用水体制特别困难。由于这些原因，用水体制鼓励了过度用水而不是仔细的保护。

2. 水污染

水资源专家一致认为，对中国来说，目前的问题与其说是水资源的供应量，不如说是水资源的污染。水资源的污染主要有三个来源：倾泻到河流和湖泊中的工业污染物、农田流失的化学杀虫剂与河流中的人类废弃物和垃圾。2006 年的一项研究调查了中国 30 条带着处理水入海的大河。结果显示，长江、珠江、黄河、闽江和其他一些河流排放的污染物比上一年大幅度增加。在主要的污染物总量中，化学需氧量占到 86.3%，营养盐占到 12.5% 左右，其余的则包括油污、重金属和砷。

污染对中国的地下水供应产生了越来越严重的影响。一份最新的报告发现，中国城市 90% 的地下水遭到了某种程度的污染。这构成了一个严重的问题，因为中国将近四分之三人口的饮用水依赖地下水。政府官员通过严格立法和增加检查来解决这些问题。然而，问题依旧存在，并且在发生频率和严重性上都日益加剧。

3. 海洋污染

中国的海岸线长达 1.84 万公里，主要有四大海域：渤海、黄海、东海和南海。2006 年，中国海洋的产值达到 2 700 亿美元，占到 GDP 的 10% 以上。然而，由于海洋的日益退化，沿海地区经济的蓬勃发展受到了威胁。这些威胁包括过度捕捞、毁灭性捕鱼方式、污染和沿海土地的开垦。来自工业、农业、家庭污水、石油天然气开采和渔业的污染破坏了中国的海洋环境。沿海湿地由于农业、水产养殖和开垦计划而不断缩小，这破坏了野生生物和海洋资源。一些物种已经灭绝：海象、海藻和海龟受到了威胁。现存有关污染的法律法规的执行仍然存在着问题。

三、国家对环境问题的反应

中国的耕地和水资源面临着巨大的环境挑战，而国家采取的解决办法是一般的官僚方式和大规模的计划。我们考察了中国政府解决环境问题的六种不同政策：保护耕地政策、独生子女政策、灌溉系统投资、南水北调工程、大规模造林运动和退耕还林工程。

（一）保护耕地政策

20 世纪 80 年代和 90 年代初，中央政府建立了一种关于耕地转换用途——工业、商业和居住——的管理体系。然而，这个监管体系存在一些漏洞。此外，地方官员拥有巨大的动机来避开法规，因为省、市、县从集体土地转换成商业和工业用地中获得了好处。政策的最新变化是修订和通过了土地管理法。

为了遏制耕地的减少和保护未来的粮食安全，中国政府采取了三方面的措施：（1）设定耕地红线；（2）严格土地用途转换法规；（3）寻找各种方式增加耕地面积。总之，这些措施的目的是确保近期内有足够的耕地用于粮食生产。它们似乎产生了一定的作用，例如，2007 年的耕地减少率是 2001 年以来最小的。

（二）独生子女政策

人口的压力包含在每一个环境问题中，并且是中国政府积极解决的问题。1979 年，中国实施了独生子女政策。在全球过去一代人的时间内，这是缓解环境压力的一个最重要的因素。独生子女政策首先在城市地区中实行，而且城市居民拥有少生孩子的动力。在农村地区，这项政策实际上是“一胎例外”政策。官员的强制执行通常容许家庭生育两个孩子，有时甚至三个孩子。独生子女政策也不适用于少数民族家庭。最近，这项政策作出了改变，允许双方都是独生子女的已婚夫妇生育两个孩子。重男轻女导致杀死女婴和瞒报的情况以及性别比率失调和数千万男子无法找到配偶。

（三）国家对水利系统的投资

中国之所以能够实现粮食自给，通常的解释是国家对水利基础设施的庞大投资。20 世纪 60 年代和 70 年代，水利治理的投资在农村的发展中发挥了重要作用。2000 年，政府在水利上的开支占到中国农村总支出的 30%。不论是富裕地区还是贫困地区，在灌溉系统上的开支是农业发展的最重要的形式。中国大约 51% 的耕地得到了灌溉；将近三分之二的灌溉地区使用地表水，而其他地区则使用地下水。一些关于灌溉对农作物产量和家庭收入影响的研究发现了积极的结果。

（四）南水北调工程

另一项规模非常庞大的工程是中央政府通过调入南方的水资源来解决北部和西部地区缺水问题的计划。“南水北调工程”（东线）于 2002 年底开始动工，计划于 2008 年完工。这一部分工程是容易建设的部分，因为它可以利用现存的河流和湖泊。第二阶段的工程不会这么快完成，因为路线更长，并且需要更多的新建项目。西线工程仍然处在设计阶段，并且许多观察家认为它不会进行建设。通过湄公河和其他国际河流来引入青藏高原的水资源的计划充满了极端的争议。不仅工程的规模庞大，而且遭到了诸多的反对。

（五）大规模造林工程

1998 年长江大洪水背景下的最大的造林工程不过是 20 世纪 70 年代以来不同的造林工程之一。其他的造林工程包括：“三北防护林”、长江中上游防护林、沿海防护林、平原农田防护林和间作林、太行山绿化工程和治沙工程。然而，这些造林工程存在一些问题，尤其是单一种植的发展限制了物种多样性。这些造林工程都是自上而下的运动，对地方的利益和情况照顾得不够。最后，对良好的做法缺乏长期的规划和发展，或许加剧了其他的问题，例如水土流失和物种入侵。尽管存在这些问题，但这些造林工程还是大大改善了水土流失问题。

（六）退耕还林和退耕还牧工程

最后的国家项目也是最新的保护土地项目，始于1999—2000年。由于共有400多亿美元的预算，退耕还林或许是中国最有抱负的环境保护行动，无疑也是世界最大的土地保护工程之一。这项工程的直接目标是解决水土流失问题，尤其是山地的水土流失问题。到2007年，退耕还林和退耕还牧已经恢复了2 400万公顷的森林和草场，占到中国新增森林面积的60%左右，受益的农民达1.24亿。随着耕地接近1.2亿公顷的红线，中国政府再次关注退耕还林和退耕还牧工程，并且支持把107万公顷的土地转换成森林。

四、结论：对当前粮食安全的总体影响

在改革期间，耕地面积由于人口增长的压力、城市化和超快的经济发展而持续减少。这些压力加剧了水土流失、森林砍伐、荒漠化以及土地、空气、淡水和海洋环境的污染。不过，由于农业技术和实践的改进，中国仍然能够养活自己的13亿人口。然而，中国政府密切关注耕地面积尤其粮食自足性。在2007年全国人大的会议上，温家宝总理宣布中国必须维持1.2亿公顷的耕地红线。

中国的一些科学家和政策精英担心耕地的减少。许多外国观察家——例如莱斯特·R. 布朗——发出了警告性的预测，认为中国将来无法养活自己。从对许多此类文献的解读和对农业科学家、土地资源专家和政策制定者的采访中，我们认为，目前来看中国的耕地面积是充足的，并且由于政策的适当调整，中国在近期内可以保证自己的粮食安全。然而，当2030年人口增长到16亿和中国日益达到小康水平的人口

使粮食需求增加时，如果没有重大的改变，土地资源将无法维持粮食生产。这还没有考虑到气候变化和动植物疾病问题，这些问题也会对粮食生产产生负面的影响。

（李冬梅 摘译　吕增奎 校）

海外当代中国研究丛书
Overseas Studies on Contemporary China Series

科技与知识创新问题

countrysi
implemen
rural refo
the village
the village
of the vill
aims of u
various a
sanitation
democrac
maintaini
populace.
The ne
from the
state-own
under the

The Myth of Growth

评估中国科技发展的“十五年规划”*

〔瑞典〕西尔维娅·施瓦格·泽格　〔瑞典〕白瑞楠

2006年2月9日，中国国务院提出了在未来15年里加强中国科技发展进程的规划。国内外都在迫切等待着这项规划的宣布，原因有好几方面。它不仅是中国在新世纪里第一个长期规划，而且是中国成为世贸组织成员后的第一个长期规划，同时也是胡锦涛主席和温家宝总理2003年上台后的第一个长期规划。对于国际社会而言，这项规划预示着北京将如何增强中国未来经济和技术的发展，毫无疑问这对世界其他国家有深远影响。本文将对中国的最新的科技长期规划作出批判性的评估。

一、背景：中国的研究开发

从20世纪90年代后半期开始，中国开始通过实施一系列政策，努力建设更加以市场为导向的、高质量的科学研究体系，研发经费迅速增加。中国的研发经费占GDP的比重比美国、日本和任何一个欧洲国家都增加得快。

---

* 本文刊登于《亚洲政策》（*Asia Policy*）2007年7月号。西尔维娅·施瓦格·泽格（Sylvia Schwaag Serger）是瑞典增长政策研究所（ITPS）高级顾问，瑞典隆德大学科研政策研究所高级研究员，白瑞楠（Magnus Breidne）也是瑞典增长政策研究所高级分析员。

与此同时，中国的研究开发体系进行了影响深远的结构变革。第一，企业对研发资金与运作的参与显著增加，企业在全部研发支出中所占的份额从1994年的30%增加到2004年的64%。

第二，中国传统上的大型研究机构被明显压缩。许多科研院所转制成为企业，或者合并成为现有企业的研究开发部门。1991年在中国有将近6 000个政府研究机构，雇员100万，到2004年时，研究机构只剩不到4 000个，大约56万名雇员。

第三，教育部门在近些年里发生了重大变化。自1999年开始，新生数目以平均每年24%的比例增加，毕业生也以同样的速度增加。211和985政府项目的目标在于给一部分高校特殊支持以创建世界一流的大学。根据一项估计，到2010年中国在科技方面将会比美国培养出更多的博士。

中国同时也在加强知识产权方面的立法和建立国内技术标准。政府也在花大力气吸引外国企业和它们的专门技术到中国来。北京希望通过国外直接投资以及可能与这些投资相伴随的技术转让，来增加国内的创新能力。

中国的技术政策已经在很多领域产生了令人印象深刻的结果，包括电信和纳米技术。中国向国际科技出版物的投稿和申请专利的活动也有了相当大的增加。2005年专利数目增加了大约40%。

中国吸引的国外直接投资数量排名世界第三，仅次于美国和英国。在过去5年里，外国企业在中国建立了数百个新的研发中心。据几个近期调查，多国企业的执行官们把中国列为未来在研发投资方面最具吸引力的国家。中国已经成为高科技产品的出口大国，2005年占中国全部出口总量的1/4。

中国的研究和教育体系仍旧面临着相当大的挑战。企业的研发活动增加很快，但是研发经费占新增价值的比重仍旧较低。2004年中国制造业的研发经费仅占全部新增价值的1.9%。相比之下，法国、德国、日本、韩国、英国和美国则达到7%—11%。在高科技产业，与韩国的

20%左右，日本、英国和美国的接近30%相比，中国企业的研发经费只占到开支的4.6%。在中国被分配到基础研究的研究开发经费只占总经费的6%，与韩国和俄罗斯的14%，美国和欧洲的25%相比，这个比例是很低的。

中国的大学正在努力应对公共开支维持不变甚至下降的情况下入学人数急剧增加的问题。学术腐败也是一个日益引起注意的严重问题；学术腐败与别的形式的腐败有显著不同。这种腐败是对教育和研究质量的明显威胁，而这两者都是中国未来发展和繁荣必备的先决条件。

许多指标也表明很多中国大学提供的教育与劳动力市场要求的技能很脱节。教育体系在加速制造大学毕业生——2006年中国的大学毕业生未就业人数达75万，比前一年增加22%——但尽管中国严重缺乏高技术人才，这些毕业生中仍有相当大一部分找不到工作。

最后，国内外观察者认为，中国吸引外国技术和知识的长期策略只能算部分成功。中国研发政策的一个重要目标是使国内具有制造高科技产品的能力。北京致力于把国外直接投资和理论技术专家的培养结合起来，目的在于引导中国从引进技术到消化吸收技术，再到发展出本土科技转变。许多领域仍未实现这个目标，结果中国出口的高科技产品中，大部分仍是由那些进口的高科技元件在中国组装而成。

二、规划：关键点

该规划的标题是“国家中长期科学和技术发展规划纲要（2006—2020）”。该规划最重要的方面可以总结为以下三点：

首先，中国将会增加研发经费在GDP中的比重。2020年的两个关键目标是把目前占GDP比重1.4%的研发经费增加到占GDP的2.5%，最低要达到2000年其所占GDP比重的四倍。从1996年到2006年研发经费从占GDP的0.6%上升到1.4%，但GDP每年增长接近10%。用购买力平价来衡量，中国在研究开发支出方面已经是世界上第三大国，紧随美国和日本之后。

其次，中国将会增强国内创新能力，减少对国外技术的依赖。该规划最让人感兴趣的特点是以增强“自主”或者“本土”创新为目标。

中国严重依赖外国技术，2003年中国高科技产品的出口总额中，外国投资的企业占85.4%。自20世纪90年代开始，北京就实施一项提供了相当大的经济和别的形式的激励政策，鼓励多国企业在中国进行研发活动，期望它们能将相关的知识和技术传递给中国企业，从近年的情形看来，该政策失败了，这也日益成为让中国领导层感到失望的原因。而且，学者和政策制定者们都批评了在华外资企业的行为表现，声称这些企业在收取专利许可费时，过分要价，把国内企业从高技术劳动力的市场上“挤出”来，垄断技术标准，阻挠技术转让和知识外溢。这些批评认为，外国企业控制了技术标准和技术平台，使中国企业被限制在低利润产品制造者的角色上。因此新规划的目标在于建立国内技术平台，使中国引领新技术领域的发展。这会使中国在制定消费产品的技术标准上发挥更大作用。

中国的政策制定者认为创新能力低是中国无法提升技术能力的最重要的原因，所以希望国外直接投资可以使本国制造出世界一流的产品。在华的大的外资企业在中国的专利活动占主导地位，它们2004年约占中国授权的发明专利的三分之二。该规划的很多方面就是专门为此问题而设计的，例如把对外国技术的依存度降低到30%以下为目标。

中国的领导层想减少对外国技术的依赖，部分是由于外国技术控制着战略领域（例如中央处理器和软件），同时也是为了避免支付高额的使用许可费用。例如，新浪估计，根据国际标准（MPEG－4），广播数字电视每年要花费中国超过100亿美元的使用许可费。由于缺少核心技术，中国的企业没有别的选择，只能将每一部中国制造的手机的价格的20%，电脑的30%，以及每一部计算机化数字控制机的价格的20%—40%支付给外国的专利持有方。

北京想减少对于外国技术依赖的另一个动机是本土技术的议价杠杆

作用，本土技术可用来获取别的领域的外国技术。最后，减少对外国技术的依赖也事关中国的国家声望。

第三，企业将成为创新的核心推动力。北京的规划是一个技术导向型发展策略，将会优先考虑能源、水资源供应和环境方面的科技，并且意识到知识产权和技术标准将会增强中国的竞争力。近年来，企业的研究开发经费支出显著增加，30 年前几乎不存在这种情况；从 2001 年起，企业投入的研发经费就超出了政府的投入。在新规划中，北京的目标是增加企业在决定战略领域的研发投资中的作用。为了增加中国的竞争力和创新能力，这项规划鼓励中国企业在海外进行研究开发活动。

三、规划详案

新规划确定了许多领域的优先考虑项目，例如增加能源和水资源的获取渠道和使用效率，发展环境技术，鼓励发展受知识产权保护的以信息产业和材料技术为基础的技术。在新规划中，继续得到优先发展的有生物技术、航空技术、空间技术和海洋技术。最后该规划强调需要增加基础研究尤其是在交叉学科研究上的投入。

该规划确定并详细列出了 11 个优先发展的领域：能源、水资源和矿产资源、环境、农业、制造业、交通运输业、信息技术和服务、人口与健康、城镇化与城市发展、公共安全、国防。对军事技术的投入在规划中被限制在北京所强调的军民两用技术上。

该规划列出了要实施的 16 项关键项目。确定项目的共同标准包括能够解决影响深远的社会经济问题，进一步发展中国已具相当竞争力的相关技术领域，使花费可控制，生产出军民两用的产品。关键项目还包括送一名中国宇航员上月球，发展新一代的大型喷气式客机。别的项目关注的是发展快速中央处理器和高效能集成电路，油气勘探开发，核能技术，水净化，发展新药控制艾滋病和肝炎，发展新一代宽带技术。

该规划也列举出了对于下一代高科技具有同等重要性的技术，按照重要性依次为生物技术、信息产业技术、高等材料技术、制造业技术、高等能源技术、海洋技术、激光技术和航空科技。

与以前的规划相比，实施该规划的手段要明晰得多。其中最值得一提的新方法是该规划建议对中小型企业实行税收鼓励。这些和别的经济刺激的目的在于鼓励企业投资研发并在海外进行研发活动。

四、规划实施：第一期的99项支持政策

2006年2月该规划出台，2006年6月国务院就出台了第一个“国务院有关部门负责制定的《国家中长期科学和技术发展规划纲要》配套政策实施细则汇总表”。99项支持性政策的每一项都有一个部委或者政府机构牵头负责实施。汇总表在指明领导机构外，还指明了负责帮助实施政策的机构，并指出了实施的最后期限。尽管这些政策的范围或者详细程度不同——例如有的建议吸引更多的海外精英，有的提出了一项“国家工业技术政策”，但这些政策都是为了目标得到全面实施而制定的具体的政策工具或行动规划。

实施支持性政策最多的机构是国家发改委，共29项。其次是财政部，21项，科技部有17项，教育部有9项。发改委和财政部不仅在很多支持性政策上，而且在实施该规划的一些支柱性项目上，都处于领导角色。因此，发改委要负责增强中小型企业的创新能力，也要负责为一些特定项目制定计划，以促进自主创新能力。财政部负责制定相关的财政政策，以鼓励企业的研发和创新能力，同时制定政府采购政策，以鼓励自主创新。

科技部要负责为建立和强化孵化器、科技园区调拨资金，以及实施各种支持科技研究开发的措施，这都是中国科技政策的关键领域。该规划把大量任务交付给发改委和财政部，表明新规划强调企业是中国创新体系的引擎。最新的规划表明中国正在从科技政策转向创新政策。

五、一种批判性的评估

（一）为什么规划？——中国面临的挑战推动科技发展

北京从上世纪80年代早期就决定要加强国家的知识库和创新能力，其动力来自中国面临的挑战。第二个推动因素是北京的强烈信念——技术将会帮助中国战胜这些挑战。北京希望技术发展会帮助中国战胜贫穷，能确保国家未来对于水、原材料、能源的需求，能够控制诸如禽流感或者SARS之类的流行病。最后，北京也有雄心提升国家在国际经济和政治舞台上的地位和影响。中国在空间研究上的投资是其想成为国际知识库的雄心的表现。

（二）谁的规划？——中国的新企业

谁将会执行该规划？尽管呼吁把企业置于研发活动的中心，该规划仍是政府部门的产物，且为政府部门服务。虽然提到了企业家这一概念，但该规划并没有把企业家称为规划的实施者。中国许多真正的企业家是在私营的中小企业里工作，它们中的绝大部分都不属于高科技或者技术集中型企业。这些企业——在别的国家往往是创新的重要驱动者——不大可能被这个规划影响或者提及。大型国企占了企业研发经费支出的大部分；2006年在研发经费支出最多的50家中国企业里，超过80%是国企。然而，和私企相比，国企的创新能力和吸收知识的能力常常是低下的。

与此相关的问题是，除了科学家，私企和别的企业主在制定这个规划的过程中发挥了多大作用？需要注意的是，中国企业对于该规划的态度是复杂的，并没有简单地与企业的所有权类型或规模相关。

（三）如何实施该规划？——企业发展技术的新动力

在实施中国的长期规划时，政府财政政策是一个重要的工具。财税激励，也许是最新奇的政策，目的是为了鼓励企业进行研发投入。规划提出的建议包括把研发支出扣除150%的税收，有效地给予净补贴，同时对价值30万人民币以上的研发设备实施加速折旧。政府采购也是鼓励中国企业进行创新的一个新的重要工具。该规划指示政府机构通过购买创新型企业的产品和服务来鼓励这些企业。这项更为积极的政府采购政策意味着外国企业在获得国家或者地方各级政府在诸如电信领域的订单时，要和国内企业进行竞争。

该规划也鼓励中国的企业和机构获取并进一步发展外国的技术，同时仍强调提供财政支持或者财政鼓励来发展国内创新。例如，中国发展银行就有为高科技企业提供“软贷款”（soft loan）的任务。

六、结　论

中国的科研政策在极大程度上是由需求驱动的，因为它把发展科技当成一个多目的的工具——与环境问题、传染病以及贫困作斗争；满足中国日益增加的对原材料的需求；确保国家未来的竞争力和发展；实现政府的政治雄心。中国长期规划的总体目标在于解决社会和环境问题，同时保持经济的高速增长和发展。能源、水资源和环境议题也许在技术领域的优先发展次序上排首位，但是北京想放慢速度从而保护环境的尝试迄今为止是不太成功的。某些地区和部门的高失业率使政府面临压力——既要保持增长，同时又要避免由于失业进一步增加而导致的可能的政治不稳定。而且，高经济增长也一直是各省和地方政府的最高目标。

增加中国创新能力的努力都源于一个强烈的信念，就是只要在科技上投入足够多的钱，中国就会产生有创新力和竞争力的企业。简言之，政府正在投资于世界一流的科学家，装备完善的实验室、科技园，但是仍旧忽视了“无形的要素”——比如有利的制度和机制条件，这对一个国家的创新能力有着重大影响。中国创新的环境并没有达到最理想的状态，原因有许多，其中包括风险投资不充足，大部分高校提供的技术与开发、管理各种项目、工序和知识组织所需要的技术之间存在脱节，学术腐败，社会资本欠缺。这些因素反过来又损害了那些有助于创新的联系和合作，导致资源配置达不到最理想的水平。中国面临的挑战之一是如何处理创新和现行的政治体系、教育和组织文化之间的冲突，创新在很大程度上是由创造性、批判性思维、乐于冒险和接受失败的精神所决定的，政治体系、教育和组织文化却是不鼓励争论和个人主义的。

中国的专家和政策制定者也意识到了增强中国创新能力面临的挑战。最近的一篇新闻指出了中国研发体系中的关键弱点，认为中国虽然已经是一名“出手阔绰的研发投资者”，但仍需要走较长一段路才能成为一个“科技领域的强国”。在2005年的一篇文章中，中国科学院科技政策与管理科学研究所的穆荣平指出了中国创新体系中的关键弱点。穆荣平呼吁增加市场—人民导向的创新，并呼吁为创新活动和创业企业创建一个健全的环境，他还建议政府建立一个可以培养、吸引、发展创新者的环境。国务院发展研究中心的一篇更近的文章指出，中国在发展一个强有力的国家创新体系的过程中面临许多政策挑战，包括改革教育体系以发展相关技术，改进创新融资，加强知识产权保护。文章也呼吁创新政策应该更加协调，并呼吁创新政策能较少地受科技目标和指标支配，而更多地去关注创新的经济和社会效益。

与以前的规划一样，中国新的长期规划在很大程度上是由供给驱动的，并假设创新可以“自上而下”地产生。规划并没有集中关注市场可能需要的技术、产品或服务，许多目标指定的是北京想要实现的研发数量和类型，或者是北京打算“制造”的工程师和科学家的数量。而创新过程的重要催化剂——市场和顾客却几乎没有被提及。国内许多企业也低估了顾客和市场在推动创新成功过程中的重要性。近来一篇研究中国信息技术产业创新的文章指出：国内企业落后于外国竞争者；国内企业虽然拥有必要的核心技术，但其产品开发太过于由技术驱动，而缺乏充足的市场导向。该文章指出，“技术本身并不能使中国企业成为世界一流的生产商。它们也需要建立工业链，为相关的知识、产品和服务制定策略”。

这项规划的特点还包括所谓的技术民族主义倾向。一个具体目标就是把中国对外国技术的依存度降低到30%以下。该规划强调国内创新，以减少对于国外技术的依赖；另外一些政策鼓励政府采购以加强国内企业实力。那些认为外国直接投资会损害中国企业创新能力的主张引起了在中国的外资企业的强烈反对。为此欧洲企业在中国的子公司发起了一场名为“我们也是中国企业”的运动。

这个规划的另外一个决定性特征是技术因素分析法。例如，其目标之一是创新对中国未来经济增长的贡献率应当比劳力和资本投入带来的增长多50%。

中国最新的科技发展规划在目标和工具方面并不新颖。跟以前的规划相比，新规划在出成果的雄心和决心方面（尤其是环境和能源供应方面）有了相当大的提高。最近的发展表明中国可能要从优先关注于产生世界一流的实验室和科学家的科技政策，转向旨在创造出有利于把知识和思想转化成经济和社会效益的环境的创新政策。

尽管中国仍旧按照长期规划工作，但它们也并非一成不变。用一位政府官员的话说，“我们设立了目标，但并不意味着我们不能改变它们”。该规划最好被看做是一个充满活力的工具，它允许对其的解释、实施甚至目标随时间进行调整。

七、其他国家的应对政策

中国的发展是全球性知识资源分配正在发生的深刻改变的一部分。尖端科技和世界一流的科学家不再是发达国家所特有。发展中国家不仅要求增加其在世界贸易、制造业和原材料消费中的份额，而且要求增加其在全球知识资源中的份额，包括拥有高技术的劳动力和开展合作研发。中国正在积极地为这些资源而竞争。最新的长期规划反映出北京不但渴望通过科技解决国内日益增加的社会和环境问题，而且想要成为世界的知识中心之一。

中国作为前沿科技和高技术的磁铁，甚至现在作为制造者出现，要求别的国家制定出与中国相关的研究和教育战略。尽管中国想在科学和创新领域成为一个世界领导者的诉求还面临相当大挑战，但中国为研究和教育上的互利合作、为知识密集型的商品和服务的贸易都提供了相当多的机会。中国对世界开放，优先发展科学、教育和创新，渴望掌握知识和技术，这都为国际社会提供了重要的机会和媒介去建立有关全球事务方面的合作——包括环境保护和企业社会责任问题。最后，通过与中国的合作——双边的和在国际论坛上的合作——国际社会有可能阻止其技术民族主义倾向，从而避免刺激中国走向孤立或者保护主义。对国际社会来说，中国想要成为知识中心的抱负能够成为提供机会而不是威胁的一种积极发展。

为了设计出与中国的发展相适应的建设性的战略，公私部门的决策者都需要更好地理解现代中国的政治、经济和文化。

（张玲 译）

中国的研发：高科技的梦想*

［美］凯瑟琳·A. 沃尔什

一、导　言

英特尔、微软、摩托罗拉、爱立信、诺基亚以及其他主要的跨国公司宣布，下一批新的商业研发中心极有可能将设立在中国大陆。事实上，在中国大陆地区设立研发计划被认为是在当今全球化经济中发展业务不可或缺的一部分，尤其是为了在具有重要战略意义的中国市场获得成功。因此，一项关于跨国公司的研发中心今后将设立于何处的国际调查显示，在包括发达经济体与发展中经济体的所有国家中，中国名列榜首。事实上许多公司的行政总裁今天所面临的困难抉择不是是否要在中国开展研发工作，而是在中国大陆的何处设立研发中心以及采取何种形式开展研发。

虽然在过去的十年间跨国研发中心在中国和其他几个发展中国家的数量增长迅速，然而向着这些新目的地挺进的外包和海外研发项目在最

---

* 本文来源于英国刊物《亚太商业评论》（*Asia Pacific Business Review*）2007 年第 7 期。凯瑟琳·A. 沃尔什（Kathleen A. Walsh）是美国海军战争学院（US Naval War College）中国问题研究专家。

近才引起主流媒体、行业分析家和决策者的注意。这会产生什么效果？这一关键问题依然未得到答案。换句话说，是否会出现赢家和输家？（它是一个零和游戏么？）或者说海外研发是否会给彼此带来利益，尤其是像中国这样的仍然处于发展中的经济体。这种新形式的研发投资对国内经济和技术的发展会带来什么样的影响，还是如反对意见所说的只是加强了跨国公司的资本？并且就长期而言，研发的全球化趋势会使硅谷或北京中关村的工程师的创新方式发生显著变化吗？作为一个不断地接受外国研发投资的国家和为数不多的几个在未来可与美国在同行业竞争的国家，这个议题对于中国尤为重要。

这项研究首先试图超越数据来进行分析：是什么驱使外国的研发投资流向中国？这个不断增长的投资是如何影响中国大陆长期的科技发展战略的，以及该趋势今后将会给亚太地区带来什么样的影响？

二、中国的梦想

据报道，到2005年中国大陆拥有多达750家外商投资的研发中心，这个数据显著地证明了这种类型的外国投资的迅速增长。例如，来自美国的研发投资从1994年仅有的700万美元上升到2000年的超过5亿美元，使中国在接受美国研发投资的国家中居于第11位。事实上，现在的实际数额可能会更高。

现在这些研发计划中的大多数属于外商独资企业，它们往往将研发中心设立在中国东部沿海的主要城市：北京、上海、广州、深圳及周边地区。造成这种地域偏好背后的原因是显而易见的。中国广阔的中部和西部地区在很大程度上仍然是贫困和欠发达的，而其东部沿海省份接受了前所未有的大量外商投资。在国家和地方政府投入大量资金的共同努力下，外商资本承诺投资于——在某些情况下，外资企业实际参与了——以西式风格的办公大楼和居民住宅为形式的现代化高科技基础设施的建设，扩大能源和电力供应，改善道路及运输系统，以及发展中国主要城市的光纤通信枢纽。

一些重要的因素会继续“吸引”外商研发投资流向中国（例如，大大降低的成本，庞大和技术日益熟练的劳动力）。正是国家、省市和地方各级政府对基础设施的投入使得中国成为了有别于其他发展中国家的研发地点。

中国正在努力建设类似于美国硅谷的地域性高科技创新中心。现在中国各地正在建立创新型的现代化科技发展中心（新科技园），以吸引特色鲜明的、高科技方面的投资者。跨国公司利用现成的高科技工业园区、中国松散的监管环境、优惠的税收政策及其他促进投资的有利政策进入市场，全球化促进并强化了各种国际贸易、投资、旅行和通信的发展，因此中国市场吸引了许多跨国公司资助的研发中心，这并不完全出乎人的预料。

然而，比研发中心的总数更重要的是以这种形式进行的投资和技术转移的增长。为什么突然之间有这么多的跨国公司投资于中国的研发？这与时间有关。首要的理由和推动因素是要在一个重要的和庞大的潜在消费市场建立创新型的情报信息中心。另外一个关键原因是为了满足中国官方的需要。许多外国投资者认为这样做对于深化在中国市场的长期利益来说是必要的。第三，技术的引领者走到哪里，哪里就有跟随者。因此，当做为行业巨头的英特尔、微软、摩托罗拉、通用汽车公司以及其他公司在中国投资于研发时，这引起了竞争对手、合作伙伴和供应商的注意，它们像这些公司一样在中国建立起了自己的研发投资项目。第四，向中国这样的发展中国家进行研发投资是为了在已经进行海外制造和生产的情况下，为研发寻找定位。因为在过去的十年或者更长的时间里，许多低端制造业转移到中国，而当跨国公司的理念、设计和技术已经不再适合市场的需要，要保持已有的市场份额并牵制中国竞争者就需要新的思路，重新进行设计和创新。中国决策者使这个问题变得容易，中国加入了世界贸易组织（WTO），取消了更多的市场障碍。另一个促使公司首席执行官决定向中国等地区进行研发投资的理由是中国有供应充足的熟练工程师。相对来说，中国在这方面的供应不仅充足而且日趋成熟。综上所述，外国研发中心的数量在中国的激增并不奇怪。

不幸的是，相关讨论往往到此结束，它只提供了非常少的关于这些研发投资是如何影响到中国自身发展的见解。许多学者和评论家倾向于认为这对中国的科技发展能力有着深刻而积极的影响。也有推论认为这将削弱或威胁美国自身的技术实力和领导地位。产业代表通常认为，在中国市场越来越重要的全球化时代，海外研发投资是必要的。还应当指出，虽然有些产业感到不得不融入这一趋势，但是它们依然发现这一趋势是令人不安的。有观点认为没有什么可以担忧的，他们倾向于认为这种向国外转移技术的方式没有影响到中国，因为中国本土的技术研发能力是以过去半个多世纪长期不引人注目的科技发展努力为基础的，其中也包括众多的吸收国外技术的尝试的失败（中国的导弹、核武器和空间技术的突破被这些人认为是例外）。最后，无论中国是否得益于不断增加的来自美国和其他国家的研发投资，一大批拥护者依然对美国在技术方面的潜在竞争者中保持领先地位的能力充满信心。

中国的民众对此也存在意见分歧，一些人在鼓吹国外投资带来的光明前景，另一些人则认为他们受到了外国利益集团的过度剥削（这是一个贯穿中国历史的主题）。尽管如此，他们都认为中国继续需要国外的技术和研发投资，但必须更好地利用这些投资，否则薄弱的本土创新能力将会使中国成为外国剥削的对象。事实上，中国最新的长期科技发展计划强调了有效利用外国研发投资的必要性。

关于这些研发投资是如何影响中国本土的科学和研发的，这些研究仍然只提供了非常少的见解。理论研究已经展开，主要集中于与管理相关的议题。如果美国等国家的学者要充分了解研发全球化趋势中发展中国家，尤其是中国的动态，那么就需要更系统的研究方法。与此同时，关于这一趋势在中国大陆的发展，分析家必须依靠科技进步的传统指标、独立的研究、定期调查和其他一些流传的说法。中国研发趋势的一个显著特征就是，实施的研发的类型正在发生变化。

三、中国研发的崛起

十多年来跨国公司一直以商业为导向对中国大陆进行研发投资。然而即使在很短的时间内，目前这一趋势的演变已经经历了好几个特色鲜明的阶段，每一个变化都是国内外利益集团及其动机发生变化的结果。外国研发投资起初是慢慢出现的，到了20世纪90年代中期在中国开始激增，但是到了20世纪90年代末21世纪初，随着信息技术产业的低迷，一些公司开始巩固它们在中国的研发资产，中国的外国研发投资又稍微缩小了一下规模。当外国研发投资进入中国并进行扩张已成为常规时，其他的海外投资者也设法进入中国市场。有理由相信目前的这种扩张趋势将持续一段时间。

几个关键因素都有助于推动当前海外研发在中国的扩张，并很可能将这一趋势扩展到可预见的未来。第一个因素是支持研发投资的理由发生了转变，从强调迎合中国科技以研发计划形式实现技术转移的需要（通过维持与中国官方和合作伙伴的良好关系以实现公司的长期利益），转变到对企业内部利益的重视。换言之，跨国公司在中国寻求研发投资的前提是为了实施全球经营模式。这种观念上的转变导致跨国公司在中国开展研发的方式发生了切实的变化。例如，与许多跨国企业在20世纪90年代为了满足正式或非正式的技术转移的要求而进行的不必要的“作秀式研发”不同，现在中国大多数外资研发中心进行的是真正的研发项目，主要集中于应用研究以及项目的设计和开发。

当中国的外资企业开始在中国进行真正的商业研究时，它所带来的其他变化改变了中国的外资研发的展开。例如，研发中心建立了更加严格的安全措施并采用了额外的手段以保护知识产权。跨国公司利用中国加入世贸组织的机会对其研发中心进行了改造和巩固，使其成为了外商独资公司的一部分，以减少对中国合作者的需求，因为国内外联合研发常引发更加复杂的问题。而且，向着更为实质性的研发的转化，可以使建立在中国的研发中心整合到全球研发网络中。除非有重大的政治或区域动荡，外国研发机构是不会突然终止在中国所做的努力的。另外，研发机构已经将其视野聚焦于长期努力。这再次表明，跨国公司为了获得以后的长期利益，愿意在时间、人力、培训和措施方面花费大力气。

相信在中国进行研发投资的趋势将持续下去的另一个理由是，中国的外国研发投资的增加及其实质性转变反过来也刺激了中国本土公司对研发的投资。例如，华为、联想、中兴和其他一些公司已经将更高比例的公司利润投资于研发。

另一个因素是鉴于应用研究在国内外的升温，中国官员警觉到有必要投入更多，使中国科研人员花费更多的时间、精力和开支开展基础科学研究，以确保实现中国自身长期的技术发展目标。因此重视基础研究并加大对其资金投入成为中国第十一个五年计划的一部分。中国作出了战略性的决策，将推进科技进步（科教兴国）作为中国经济的长期发展战略。而作为这个战略不可分割的一部分就是充分利用外国研发投资、国际科技合作和技术转让。

但应该看到，尽管这些计划和政策经常强调致力于提高本土的科技研发能力，使其达到国际水准，然而这些做法的目的也包括致力于使中国摆脱对外国的技术的依赖。中国的想法是寻求并加强对外国技术的引进和吸收，以实现本土科技的发展。因此，最近公布的国家科学和技术发展中长期方针要求中国对国外技术的依赖在未来 15 年内从现在的 50% 减少到 30%。

最后，国内外研发的竞争同样会使外国企业加大对研发的投入，以保持在中国这一关键市场的竞争力。这也是国外风险投资涌入中国大城市的动因。而结果也会如中国决策者所希望的那样，对研究的投入所形成的潜在的良性循环将使中国本土实现技术进步和创新。然而这种可能性也引起了新的担忧，特别是在经济竞争力和安全领域，它使中国与美国、亚洲邻国、欧盟国家以及其他国家之间的关系更加复杂。

四、影　响

第一方面，外国研发投资进入中国，将对中国的经济发展、技术进步、政治、与其他大国的安全关系这四个方面产生影响：中国如何利用外国研发投资，如何使这些努力透明化，这些努力将取得何种成功，如何迅速实现并看待这些成就。正如前面所指出的，目前中国近期和长期的科技发展战略很大程度上依赖于外国研发投资。如果上述目标实现了，它将为中国的技术转让提供巨大的潜力和机会。

第二方面，数百亿额外的研发资金增加了中国的研发资金投入，事实上，一些分析家认为中国正处于技术腾飞的关键时期，这些资金若能有效地用于技术发展，就将加快技术转型的实现。技术腾飞的实现迫在眉睫，这将会对跨国公司和它们的母国经济产生什么样的影响？

虽然从商业和贸易的角度来看，部分由外国研发投资所推动的中国潜在的科技腾飞很重要，但是它对于美国和其他区域大国的军事和安全利益而言甚至有着更重要的意义，人们已经针对其可能引起的反弹展开了争论。尤其是中国进行的军事现代化运动引起了更多的关注，五角大楼最近发布的四年防务评估报告（Quadrennial Defense Review）反映了这一担忧，该报告指出中国最有潜力成为能与美国进行军事抗衡的国家。事实上，有强烈迹象显示，中国目前的防务战略是将商业技术应用于军事领域。然而，这些不明朗因素使得跨国公司及其政府在与中国进行研发协作和投资时更加谨慎。因此中国政府在将商业科技推广到军事应用方面的目的和努力越透明，西方国家就越希望在中国进行研发投资；反之，越缺少透明性，投资者和外国政府将越谨慎，从而影响到中国的全盘努力。

第三个方面，外国研发投资影响中国大陆技术的发展的程度取决于中国在何种程度上有效地吸收了外国的技术、研究并将其应用于中国自身的科技发展，为了切实有效地开展外资研发，中国必须促进更多国内外研究机构和企业的互动，最近的研究表明中国在这方面的作为非常少。中国也必须加强自己的研究团体之间的横向联系，弥合研究人员与国内产业之间的差距。如果中国不能有效利用外资研发的投入，其技术发展将受影响，这种情况可能加剧人们对零和式结果的恐惧，在这种结果中，跨国公司的研发投资被认为正在不公平地剥削中国的人力资源和其他有形或无形的资源。

最后，如果中国成功地利用了外国研发投资，实现了其科技发展的目标，这种成功的规模和速度就成为主要问题。这种情况下，并非越快越好。中国快速上升成为发展中国家中接受外国研发投资的首要国家，这使观察家觉得惊讶和反常。此外有关人士也对中国在利用外资研发实现军事现代化方面的速度存在担忧。因此，在中国分析家中常听到的问题就是中国的外国研发中心是否在进行真正的创新，这个问题的潜台词是："什么时候我们需要担心?"

在外国研发投资进入中国十来年后，表明其在适应和创新方面的结果的证据才开始浮现出来。最近的例子包括由英特尔研究人员与中国科学院联合研发的以处理器为基础的开放源码编译器芯片的设计。

然而，像刚刚所描述的这些成就的整体水平极有可能被低估了，甚至不为人所知。原因之一是，在中国开展研发的跨国公司也未必想突出这些研发中心取得的技术进步，它害怕这会引起自己国家的反弹，其本国的一些高技术职位和低技术职位在某些地区已经明显减少，这已经使得它们国家的人们对于外包和离岸问题的关注高涨。另外，设在中国的研发团队在新产品设计或创新中可能只占了一小部分。事实上，这是全球性高科技产业中的通常情况。因此总部设立在中国的研发中心有效地隐藏了其作用。这种情况不会给双方带来好处，因此，公开这些投资对促进彼此长期的研发和创新目标的实现的作用，对双方来说是非常重要的。如果没有这方面的保证和具体的例子，怀疑会随着研发投资的增加而上升。

这些挑战不仅限于中国。外资研发向中国的涌入影响了亚太地区的局势，包括中国与日本、韩国的关系以及大陆与台湾地区的关系。中国吸引更高水准的外国研发投资的能力引起了该区域其他国家的关注，促使各国展开新的努力以增进双边甚至是三边（中国—日本—韩国）的商业研发协作。这种类型的区域伙伴关系的形成反映了其他国家惧怕落后于中国发展的紧张情绪，因此都加强了对中国的学习和合作，例如韩国。

如果这后一种趋势得到更充分的发展，它将影响到整个区域的政治和经济形势。东北亚地区的三个新兴的经济体（日本、韩国和中国）之间在经济技术方面存在的互补性使三者加强了整合和相互依存关系，但是随着时间的发展这将带来什么影响这一点依然不清晰。

有关以中国为中心的经济区域主义的全新考虑引发了这样的猜测：一个类似于欧盟的亚洲经济集团在亚太国家之间是否是可行的。按常规来讲这在短期内是不可能的，但是随着中国成为新的经济秩序中的经济引擎，这一想法对于亚洲主要的工业和高科技经济体来说是非常有吸引力的，因为它可以作为它们在全球竞争中增强集体力量的潜在手段。虽然这在短期内是不可能实现的，但中国、日本、韩国为发展全亚洲的技术和技术标准所正在进行的努力将是向着这个目标前进的第一步。

五、结　论

中国作为一个新兴的国际级研发中心的崛起开始引起了应有的重视和研究，中国有潜力站在美国国家科学院所称的“新工业秩序”的最前列，如其所述：“在日益激烈的全球霸权的争夺中，最大的赢家将是那些在人才、技术、工具的开发方面无可匹敌的国家，而不是仅仅在制造商品的速度和商品的价格上占优势的国家。”

可以明确的是中国迅速增长的外国研发投资是由许多因素的整合而形成的，其中，首要的原因是中国对外国投资的开放，对于市场需求的有效利用，特别是持续不断地吸引外国研发的努力以及对现代化基础设施建设的大量投入，这一切发生于新一轮的全球经济互动浪潮中。总之，中国正处于正确的位置和正确的时间。而现在的中国政府清楚知道，在全球化进程中，或者如某些人所说的在一种平的世界经济（flattened world economy）中，发展一个现代化的、高科技的、有竞争力的市场需要做什么。关键问题是中国是否能够有效地利用这个难得的机会，或者是否会如过去一样由于制度的弱点削弱了科技发展。同时，投资者很可能会继续在中国寻求新的研发机会，这有可能带来快速的甚至是革命性的结果。

（刘丽红 摘译）

中国的知识创新：历史遗产与制度变迁*

〔丹麦〕埃里克·巴尔克

一、引　言

胡锦涛在2006年1月国家科学技术会议上，提出了一个具有战略性任务的纲领，即建构一个以创新为方向的中国。预想中华人民共和国能够踏上一条具有中国特色的创新道路，核心就是坚持创新，在关键性的领域寻求跨越式发展，在主要的科学技术方面有所突破，重点放在知识创新与制度及政策的变革上。在这其中信息技术则是关键的核心领域，因为它不仅能够加速中国的现代化进程，而且能够创造新的工业与服务部门。

在中国的背景下，这些观点是什么意思呢？在中国能够进行创造活动与知识产出的社会机构是什么样的呢？中国的历史遗产与当代价值观念怎样才能形成创新的实践呢？专家和学者对中国的知识创新与传播所

---

* 本文来源于英国刊物《亚太商业评论》（*Asia Pacific Business Review*）2007年第7期。埃里克·巴尔克（Erik Baark）执教于香港大学社会科学系。

处的社会环境进行了进一步的研究，发现了中国创新动力与获取自然知识之间的一致性，从而勾勒出一种中国科学知识发展的内在历史。一些研究证实了政治、经济、文化等因素与中国科学知识发展的关系，特别是中国与欧洲在经济技术发展方面的潜在差别。

二、理论背景：社会认识论与机构变化

中国的知识观念的根源可以追溯到中国哲学的丰富历史，有许多方法可以分析中国的知识观念所具有的认知性或形而上学性，并且在跨文化的比较中，根据语言特性，我们可以发现中国哲学家的“真理”观念的独特性。然而，对于现在研究的目的而言，它不仅仅是中国思想中存在不同的方法论的问题，也是文化认识论关心的主要领域，而且现在研究的主要问题已经超越了人们所能看见的真实有效的知识范围而进入了社会认识论领域。在这里，权力是知识能力的表达方式，反过来知识也有助于维护或颠覆权力关系。

在分析受机构管治的知识积累和创新活动时，宝克教授认为，在中国首先应建立一个适当的环境，它包括正规与非正规的社会规范以及其他方面的限制所施加的一个社会的信仰和价值观，也包括以技术知识和条件为转移的长期性的价值观念和为知识产权制度或保护商业秘密所提供的社会及政治上的支持。他认为，非正式约束形成的研究者、创新者和企业家，构成了一个特定的文化框架。这个框架不仅有利于提供一个稳定的环境为金融市场的交易提供便利，而且它也必将影响到人的行为。正式规则则帮助建立一个可靠的委托代理关系，而它对保护现代经济运作的知识产权制度是十分必要的。

他认为，机构是由传统历史遗产塑造而成的，并且有可能持续地变化或突然地变化，因此有必要把迅速发展的机构和缓慢发展的机构作出区分。文化遗产通常缓慢、持续地发展，而政治机构则会发生突然性变化。在改革时期的中国，由传统塑造而成的机构通常会和快步发展的机

构结合在一起，而快步发展的机构在受全球化影响的同时通常与领导阶层的政治愿望相关。换言之，机构的变迁与传统历史遗产相关，也与当代的社会影响相联系。

三、传统中国的遗产

（一）知识：有效性与正统性

从专业方面考虑，很少有文明像中国传统文化那样具体一致。孔子十分关注教化上层人，并宣称："默而识之，学而不厌，诲人不倦。"（《论语·述而》）在古代，通过书本获取知识成了走向上层社会与获得政治权力的一条可取之路。官方考核评审候选人，常常以候选人的知识水准来评价其是否能进入政府为大众服务。科技知识通过印刷的方式广为流传，尤其在明朝（1368—1644），那时市场扩张尤甚。中国文人也从外国吸取知识，包括基督徒把新的数学知识与方法带到中国。

然而，中国科技知识的概念不同于西方占主导的知识观念。在古希腊，学者在学校任教、求索知识是为了扬名和生计。古希腊的学校充满无止境的辩论，人们以此成名，知识的应用排在第二位，很少有哲学家有机会在希腊统治者中施加影响，相反，中国学者积累的知识经常用于国家管理，或学者成为统治者的参谋。从以上分析中，我们得到的最重要的观点是，在中国的文明中探索知识和运用知识的观念在其形成之时就已经受到了早期的思想家和科学实践家所构建的文化和社会环境的影响。这些环境依赖于古代的一些信条，并且这些信条按照政府的意愿被加以提炼。

儒家的信条认为任何事物都应该有其存在的顺序，无论是在人类社会还是在自然界中，这种信条使统治者有责任对所有相关的事务都负有责任。它的中心是模仿先辈们的模式，即从君主那里获得无限的权力，这种模式保证了只要获得官方的承认，任何情况都会被理解。统治者与人民之间存在的义务与责任的思想，同时也存在于家庭观念中。教育的影响也是极权主义世界观形成的重要因素，教育促进了社会的责任原则，而且加速了交流与合作，使得那些杰出人物能够在一起工作，共同讨论和解决问题。教育同样促进了自律，使人们遵循先辈的美德。

（二）学习：传播和探索

在传统中国，知识的学习趋向于对已有知识的积累、传播和提炼。

知识分子社会地位的获得依赖于考试体系，这一体系已成为进入政府管理机构的关键。在汉朝就已经发生的这个重要的社会变革中，知识分子作为一个阶级就已经取代了衰落的贵族和武士阶级，成为拥有主要的经济和政治权力的阶级。中国的阶级划分强调道德知识的传习，特别是具有社会组织特征的知识的习得，而知识主要是通过传统儒学思想进行传承。

按照中国传统哲学的主流，学习也被定性为知识的开发，在一个更加思辨的层面上，学习的目的在于改变惯例并创造新知识，这包括发展惯例或者是改革惯例的能力。

（三）革新：创造性挑战

改革被界定为引进新事物的行为。这暗示了改革不仅仅是发现新事物，它也包括新事物在社会上应用的程度。在这一层面上，改革通常是有风险的，它也可能产生适得其反的效果。

中国当代社会中的“改革”概念最早来源于西方。在西方，对“新”这一词语的最先的理解被认为是启蒙思想的智慧根源。由于对中国传统思想和社会秩序的崇尚，当新方法被引入到中国时常常会受到不应有的忽视，也就是说，中国更为强调的改革形式是对过去的解释。

中国发明了许多新的科学技术，包括著名的三大发明——印刷术、火药和指南针，这些对于现代欧洲社会的发展来说都是非常重要的，但是除了这些重要的发明，中国并没有把快速的改革作为推动其经济发展的手段。

在中国，改革和科学技术的传播与农业发展有关，改革的目的主要是有效地适应自然环境或者有效地扩展资源。传统中国在接受过传统行政管理培训的掌控上层社会的学者和为了防御而应用科学技术的人员之间推行强硬政治结构的意义在于，保持中国体制的完整性和统一性。

四、中国因知识创新和传播而出现的公共组织机构

这一部分将讨论中国进行的改革对公共机构产生的影响。公共机构始终处在复杂的不断变化的不稳定状态中。正如我们之前提到的，历史遗产与公共机构之间不仅仅是简单的偶然联系。

对知识实效性的务实关注与无处不在的权力和知识的结合，导致知识经济在中国有可能出现。对于新知识的开发而不仅仅有助于发明的利用与传播，并且会形成新的主导知识产权的体制。

（一）知识与权力：合法性与实效性

第一个出现的特征是知识与权力的融合。中国已经把寻求知识放在主导社会的权力的功能之中，这也限制了“合法”知识的范畴，并且减少了革新核心元素中的多元主义。在当代中国，权力已被具有非常强烈的民族主义价值观和原则的占人口主体的大多数人所使用。这样，为中国利益服务的知识的实效性便有了高于一切的意义，如以发展知识经济或是高新技术来提高中国经济的竞争力和中国主权的防御能力，或是确保社会与政治的稳定性和避免大多数中国人所惊惧的恐慌。

（二）研究与开发：发明、模仿及普及

中国的组织机构坚持追求进入到现有的知识体系之中，以便把经济发展上去。中国的各个组织已把对各方面知识的有效运用放在了优先位置之上，而且这种优先性一直持续到现在。为了科技的发展，它发布了

众多的计划与政策来集中力量赶上国外的先进技术水平，这种优先性从基础上构成了中国的革新之路。当现存知识的传播就像从前一样对中国的经济产生不错的作用时，它可能就在事实上降低了人们去从事那种最真实的创新的意向。尽管中国政府事实上在基础科学领域创造了更广泛的保障手段，如国家自然科学基金委员会，但是很大一部分公共资金在用于研究和开发时还是被更先进的工业国家的科技成就所误导，没有取得成效。

东亚其他国家对现有知识资源的探索所具有的优势一直存在。韩国就是从仿造模仿型的阶段走上创新模仿阶段的，而好几个公司最终达到了自主革新阶段。那种高效的旨在生成新知识的努力得以成功，在其中主要应学习的就是“研发”。通过积极途径开展研发已被看成是与革新有着最紧密的联系。为了在越来越激烈的国际竞争中占据有利位置，学习和创新被看做是一个公司竞争策略最重要的部分。在经济体制改革下产生的受市场驱动影响的中国企业也极其清晰地认识到保护知识产权的重要性：它们明确地想要保护好基础知识的安全。同时，几乎没有中国的公司去急于占据研究的最前沿，事实上，大多数公司将和各式各样的国外公司或组织进行联合，以便于达到它们现有的技术水平。即使当一项研发被独立地进行了，由其他的先行者所进行的创新通常仍决定了它的目标和范围。

（三）创业精神与创造力

在一个具体的社会情境中，革新的过程由带来成功的创造与新知识的开发的行动构成。通常情况下，工艺革新的过程大都集中在知识的转化之中，这一过程常要求知识的创造以及它在某一产品生产过程中被有效地运用。不仅如此，把这种创造性与革新性嵌入社会与文化的情景中，强调创造行为带来的认知的、社会的和动机性的影响也是十分重要的。对于中国改革的考察揭示出一些在西方已经被高度重视的关于创造性的重要问题，如“创新性破坏”带来的贡献在中国并没有得到足够的重视，创造和革新行为被为了保持稳定性的现存的工业所束缚。

在研发和生产中，创业精神是一个至关重要的元素。因为创业精神和机构对创造性的培养，还有在革新网络中创造工作的联合是关键的竞争资源。在中国20世纪八九十年代的计划经济体制改革中，研发和生产的联合已经成了一个政策制定者最重要的考虑事项。然而，那些潜伏在基本的政策之中带有从前体制特点的遗留物，可能对未来造成严重制约。

中国的经济改革已经经历了由计划经济到市场经济的转变。中国现今的过渡型改革系统的特征是，在改革过程中所有企业的更大程度的参与，使中国经济从以计划经济为中心的劳动力的严格分工中脱离出来，使得更多的企业成为在改革过程中的有机组成部分。但是中国的企业改革依然是一个长期的任务，我们不仅仅要为曾经取得的社会和政治利益而欢欣鼓舞，还要对人口的分层保持清醒的态度。创造性的企业正在挑战经济和改革中已有的劳动力等级分工方式，他们试图打破传统标准，并以新的方式管理和运营他们的企业。在这种层面上，中国的改革不仅是一项意义重大的任务，同时，也是一项需要长期坚持的任务。

五、结　论

由中国传统知识积累的社会认识论所导致的一个很明显的问题，就是知识和权力的共生问题。在这方面，已经证明了中国知识分子对于知识的利用和实践价值的关注，这些知识可使他们帮助中国统治阶级统治中国。不仅如此，中国知识分子将他们的探索和对连接人与自然的宇宙的整体认识连在一起，目的是保证稳定性与一致性，而不是为了对现存体制提出改革的问题。在现在的知识研究和创新的体制中，这样的问题导致了国家对于研发的过度重视，以及对于那些与统治阶级观点不一致的知识的打压。

与知识和权力共生问题紧密联系的另一个问题就是中国的学习传

统，这一传统就是注重对现存知识，尤其是由过去知识衍生的知识进行传播、同化和改进。该问题导致了在现存的鼓励模仿而非创造的体制中知识探索与利用之间的紧张局面，尽管通过模仿和改进所达到的知识的快速传播可以帮助中国赶超其他国家，但是当国家的知识组织更接近信息前沿，当基于知识产权的竞争更加激烈时，它就有可能成为一个问题。

中国的传统观念中有一种对于创造和改革的自相矛盾的态度，尤其在改革机制的创建方面，挑战社会稳定性和经济结构被认为是消极的，即使这些改革会打破旧秩序（例如清政府皇太极时期的政府改革）并得到了下层统治者的拥护。

（刘国新 摘译）

中国向创新的转向*

〔美〕艾伦·沃尔夫

中国正在制定一项涉及多方面的方案以进入到技术前沿地带，何种因素会促进或阻碍它的各种努力呢?

许多观察家将中国看做一个正在崛起的技术大国，这肯定是中央政府及每个省和大型城市的领导人的目标。毕竟，中国是世界信息技术产品的生产地，在全球占据着很大的份额，而且这一份额在不断上升。但这些产品主要由外国公司生产并依据的是国外的设计。成为一个庞大的合同制生产基地并不是中国官员用来衡量未来经济成功前景的标准。中国将其未来的发展依托于本国的自主创新。

中国国家主席胡锦涛曾指出，他的国家必须优先发展科技自主创新，以使中国能进入到科技发展的前沿。对于一个主要贸易国家的领导人而言，这种表述并不罕见。美国前总统乔治·W. 布什在2006年国情咨文中也特别突出了同样的目标，他指明政府必须在美国帮助开创新一代的创新，创建良好的、能够使创新蓬勃发展的氛围。日本前首相安倍晋三在对日本议会所做的首次政策陈述中也号召采取类似的措施。欧盟

* 本文来源于美国刊物《科学与技术问题》(*Issues in Science and Technology*) 2007年春季号。艾伦·沃尔夫 (Alan Wm Wolff) 就职于美国杜威律师事务所，曾任美国贸易代表。

委员会提出十点计划，建议马上采取行动使其成员国国内的商业环境更有利于创新。

相比其他国家的政府高级官员而言，是什么使中国政府的表态或多或少地更引人注目或可信呢？回答该问题需要对中国就它的既定目标将采取的后续措施进行审视，对它成功实现目标的可能性进行评估。

在中国的管理体制当中，领导层的表态就在某种程度上决定了国家和地方的政策。这在其他主要贸易国家中是看不到的。在中国存在着一种在西方国家极少看到的目标的奇特性（singularity of purpose）。紧随中国政府高层领导的表态而来的常常是各级政府令人吃惊的一系列详细的政策措施。中国已经完全进入了工业化进程之中。北京下定决心要做的是“把中国由一个模仿大国转变为一个生产创新大国”，把“在中国制造”转变为“由中国制造”。

中国的领导层将创新视为国家保持经济增长，维护政治稳定，支撑先进军事力量，维持全球贸易和地缘政治力量的根本。中国国家发改委主任马凯最近对该政策作了令人信服的解释：“中国的经济增长在很大程度上依赖于原材料的进口，它的竞争优势在某种程度上基于廉价的劳动力、廉价的水及土地资源和巨大的环境污染代价，”他说，“随着原材料价格的上涨及环保措施的加强，这样的竞争优势将被削弱。因此，我们应该加强我们的独立创新能力，增强科技发展对我国经济增长的贡献率。”

简言之，对中国而言，创新是具有至高无上的重要性的一项政策。

一、创新的架构

与中国的创新计划和战略有关的最主要的文件是国务院2006 年1 月颁发的关于科技发展的中长期规划。为了实现该计划的目标，中国正在利用各种政策手段来促进、支持和奖励本国的创新技术。总体目标是到2010 年使研发支出在国内生产总值中所占的比例增加到2.5%，这将是目前比例的两倍。中国2010年的目标和美国当前支出所占的比例相当，比日本少0.6%，比欧盟多0.6%。中国预期会增加一倍的支出，伴随而来的是完成各种国家重点项目，以生产出重要的战略产品。这些项目涉及的范围和规模是巨大的。在美国，只有1945—1991年期间的向电信、太空探测、通讯、航空及能源领域的投资才能与之相媲美。

该计划确定了16个中国国家重点项目，涵盖了许多优先发展领域。这些领域包括核心电子元件、高端通用芯片、基础软件、制造超大型集成电路的技术、新一代宽带无线移动通信、高端数控机床及基础制造技术、大型油气田开发、具备先进压水式反应堆或高温气冷反应堆的大型核电站、水污染的控制和治理、转基因生物物种的开发、重要新药的开发、艾滋病和其他重大传染病的控制与治疗、大型飞机的制造、高分辨率地球观测系统、载人航天飞船的发射和月球探测项目等。

无论怎样衡量，这都是一个雄心勃勃的计划。但是这些举措都不是孤立存在的。中央政府承诺在今年实施99项计划以实现其战略计划中的一些特定政策目标。相对于其他努力而言，这些计划希望加快建立自主的“知名”中国品牌，支持中小型企业的技术创新，为具备资格的高新技术企业发行公司债券，规范对创业投资资金和初创公司融资能力的管理，对建立和完善区域知识产权提出建议，规范外资对中国重点装备制造业企业的收购，建设研究导向型大学，促进国家支持高新技术产业开发区的建设，针对风险资本投资建立规范和进行资助，建立支持初创公司发展的税收政策，建立“绿色通道”以帮助留学海外的人才归国。

二、行动蓝图

中国现在努力在做的就是期望在短期内完成相当于较发达市场经济国家在几十年甚至一个多世纪里所完成的工作。中国正在试图搭建经济、教育和法律架构，期望更大程度上依靠创新实现未来的加速发展。

即使就中国而言，新的创新政策和先前中国政府的倡议也有着显著的不同。其深度不同，因为它涉及长期技术规划而不仅限于单个部委的技术开发项目。其广度不同，因为它的实施由中央一级政府的六个部委以及省和地方各级的大量机构来分担，也因为强有力的政策手段而得以加强。

为了完成相当多的目标，中国将采取一系列的直接和间接的政策和行动。

政策手段。鉴于中国的政治历史，相对于其他许多国家而言，中国促进创新的政策将更倾向于干涉主义性质的，这不会让人感到惊讶。中国的首要政策措施是在落后于其他经济体的高端制造业和创新领域寻求外国直接投资。在这一方面，中国走了一条不同于日、韩的道路。接受外国资本和技术并不被认作和意识形态相冲突。根据中国商务部的说法，外国直接投资是“中国对外开放基本国策的一个重要部分”，是“建设有中国特色的社会主义市场经济的一次伟大实践”。为了吸引外资，中国实施了大量的税收优惠政策。一个主要目的是促进技术转让并采取措施使这些转让享受税收优惠。

中国也认识到如果希望外国投资者引进专利技术，它需要大幅度地增加对知识产权的保护力度。因此，中国制定了国家知识产权战略。国务院发展研究中心技术经济部的副总干事陆伟部分地将该政策描述如下：“针对中国的发展状况要调整战略……，我们不仅要鼓励自主创新，也要鼓励对引进技术的吸收、消化和创新。”

此外，为了吸引外国直接投资，促进外国公司的技术转让，提高本土创新能力，中国在人力资源上投入巨大。据一些新闻报道，据估计，中国在2004年培养了60万名理工科领域的大学毕业生和技术学校毕业生，而美国据估计只培养了7万名此类毕业生。尽管中国的数字有些夸大，因为它将本科毕业生、技术培训生和具有国际竞争力的研究生工程师都计算在内，但其数目确实庞大而且在不断增长，因此其人才库也在扩大。此外，中国正在为在其他国家工作的中国工程师的回国提供便利。如果硅谷和类似地区的经验是一种指标的话，那么，随着工程师变换工作，技术转让将通过这一扩散过程而达到高峰。

在介于广泛支持和特定行业干预之间所采取的政策行动中，中国正在建立高科技孵化园区，其规模和决心在其他国家是看不到的。据中国官员称，2004 年高科技园区内共有 38 565 家企业，产值达到 2 264 亿美元，基础设施方面的投资达 197 亿美元。政府表示计划到 2010 年建立 30 多个园区。特别是将重点放到吸引外资的研发机构上。15 家韩国公司在中国拥有研发中心，其中 14 个自 2000 年就已建立。三星电子和 LG 电子都各有三家，它们都专注于为中国市场开发技术和生产模型。

这类园区的一个典型例子是占地 16 平方公里的上海张江高科技园区，它致力于成为中国的硅谷和药谷。在制药领域，该园区从 42 家公司吸引了 106 亿美元的外国资本，包括罗氏、葛兰素史克和美敦力公司，并已建立了 31 家研发机构和一家用于临床试验的医院。在电子领域，园区吸引了 70 家“无厂”的计算机芯片公司（只负责设计、开发和销售其产品，但并不负责生产）、3 个工厂、2 家光掩膜制造商、12 家封装和测试公司、34 家设备供应商以及众多的系统应用公司。

对标准的需求。设立标准的过程就是一种手段，不同的中国政府官员说过他们希望通过这一手段来促进本土创新，抑制外国竞争。最近颁布的上海市政府知识产权战略就阐述了这种可能性。这一战略要求政府“积极推进具有自主知识产权的技术标准的制定和执行，并将技术优势转化为市场优势以追求知识产权利益最大化”。国家的科技发展中长期计划则更进一步，要求政府“积极参与制定国际标准，并推动将国内技术标准转化为国际标准”。

将此项政策付诸实施的一个例子是中国针对手机、笔记本电脑等产品建议强加使用国内的 WAPI 无线安全标准，而不是使用国际标准，此事引起高度争议。尽管针对国内消费强加一项标准是中国的权利，但该计划将要求外国无线电设备供应商与中国的合作公司分享它们的专利技术。作为回报，中国的合作伙伴将提供一个基本的服务中国市场所需要的加密算法（encryption algorithm）。在接收到美国高层官员的强烈表态后，中国政府将该计划无限期搁置。然而，关于 WAPI 的事并未结束。中国试图让世界知识产权组织承认和接受其 WAPI 国内标准。迄今为止，在实现该目标上，中国没有取得多少进展。

政府采购。许多国家都利用政府采购来为本国产业提供优惠和保护。世界贸易组织政府采购协议（GPA）的目的是确保成员国政府使用公开的、透明的、竞争的、公正的、突出优点的、在技术上中立的采购程序。在 2001 年，中国承诺“尽快”启动加入到该协议的谈判，在 2006 年中美商贸联合委员会的会议上，中国宣布“中国加入到 GPA 的谈判将在 2007 年 12 月底前启动”。然而，最近的中国政策文件表明中国想要其国家机构不遵守 GPA 的基本原则。例如，根据其某一文件，“省级财政部门应该与同级别的科学技术部门通力合作为形成各省的本土创新型政府采购政策而确定实施计划”。

由于中国中央集权的政府机构在国家经济中所发挥的突出作用，中央、省及地方各级政府的歧视性购买政策能为促进本土创新提供大量的保护，并对贸易产生强大的负面影响。中国国务院颁布法令说：“政府应该针对拥有自主知识产权的国内企业所开发的重要高科技设备和产品制定优先采购政策。（我们应该）对购买国内高科技设备的企业提供政策支持，通过政府采购支持技术标准的制定。”关于软件的政府采购政策一直是中国与其贸易伙伴之间的磋商主题。

进口政策。根据国际规则，相比进口而言，政府可以更加容易地管理外国投资。虽然目前还不清楚中国将如何运作，但有证据表明这个国家当前关于进口的想法。在一份有关设备制造业的声明中，国务院说，利用外资进口关键设备将经受“严格的审查和研究”，鉴于对世贸组织的承诺，为减缓不受欢迎产品的进口，能够通过直接控制合法采取的措施很少。但是什么时候，只要政府愿意的话，有极大的可能性影响特定投资者引进的进口产品的种类和数量。国务院的既定目标是在 2010 年前建立起拥有自主知识产权的有竞争力的中国设备制造业企业，以满足中国在能源、交通、原材料和国防领域的需求。

竞争政策。为了鼓励创新，中国已提出一部反垄断法，但尚未付诸实施。竞争方面的法规服务于不同的目的。在美国、加拿大、英国以及德国，这类法规的主要预设目标是保护消费者。在其他地方，经济发展、行业政策或者社会目标都可能会成为主要的政策源动力。在中国，高层决策者们很显然有一种担心：中国本土企业的知识产权的总量和贸易伙伴公司的知识产权的总量之间的不平衡已成为一个较大问题。中国社会科学院研究员王晓晔指出，跨国公司拥有资本和技术优势，使它们能够迅速占据市场。她总结道："反垄断法的实施对中国而言将成为一个重要工具，以监督跨国公司的影响力。"

一脉相承的是，国家工商行政管理总局有关公平贸易的部门在2004年发表的一份报告中称，某些跨国公司利用它们的技术优势和国际知识产权垄断了部分的中国市场。该报告特别点到了柯达、利乐以及微软公司，和其他公司一样，它们都有可能成为即将实施的反垄断法的潜在目标。更多的新闻报道显示，其他先进的技术和创新公司，如英特尔公司，也可能是该法规的目标。

2006年1月反垄断法草案公布，关于该法案的一个主要关注点是"如何界定垄断行为"，其中包括"滥用市场支配地位"。草案指出：如果一个实体在单个市场内所占的份额超过一半，两个实体的联合市场份额超过三分之二，三个实体的联合市场份额超过四分之三，那么，在"相关市场"（relevant market）内的实体就会被认定拥有市场支配地位。当然，这在很大程度上将取决于相关市场的界定。在中国，拥有强大专利总量的外国公司很容易在某种产品市场占据较大的份额。正如中国的战略计划所指出的："（我们将）防止滥用知识产权，它将不公平地限制市场公平竞争机制，阻碍科技创新，阻碍科技成果的推广和应用。"外国公司已被提出警告：新反垄断法的管理者（未定）可能在拥有强大知识产权地位的西方国家的公司中寻求潜在的目标。

直接资助。正如所有国家试图促进创新一样，直接的政府财政支持将是中国政府创新政策的一个重要部分。因此，在大多数情况下，中国和它的竞争对手步调一致。但是，当资助集中于一个或多个特定部门时，很有可能出现投资和贸易的不平衡。我们所能看到的一个例子就是，中国政府为促进国内装备制造业的发展而会采取一些措施。这些措施包括对该部门实施优惠税收，鼓励购买中国国产机械，对进口的零部件和原材料实施增值税退税，分配专项资金用于技术先进的产品，并对企业减免一定的社会责任。虽然政府没有完全确定减免企业的社会责任意味着什么，但美国汽车和钢铁企业的主管能够证实：如果这意味着减轻它们的“遗留成本”（legacy cost），包括退休职工的健康和养老费用，那么，这些措施可能意味着盈利、巨额损失甚至破产之间的天壤之别。

迄今为止，最新的关于政府资助的最引人注目的例子是两个城市的市政府公布了协议，宣布资助了一家私企所有的投资费用以吸引半导体生产线。受益人是上海中芯国际公司，一家大型半导体公司。该公司宣布它将接收成都和武汉当地政府机构建好的两条新的芯片装配线。这等于赠与了数十亿美元。据新闻报道，该公司还将收到一笔“管理费”，将来还可以选择买下工厂。该公司将保留所有利润。重庆市最近已宣布，它也将提供类似的支持，以建立起本土的半导体产业。

三、创新的动力

在中国，各种不同的因素正在促成本土创新的前景。更广泛地看，中国的国内生产总值正以令人钦佩的速度在增长。尽管这种增长在某种程度上是一把双刃剑，在快速增长的经济中，资源会变得稀少，而常规是，在前途看好的经济中，寻求创新奖励的个体更容易得到资源。

中国还拥有巨大的人才库，庞大的资源正在被投入到毕业的工程师和科学家们身上。考虑到巨大的人口基数，这一努力带来的人才绝对数量将相当于中国的几个竞争对手的总和。

中国庞大的国内市场，既刺激着本土生产，又吸引着外国直接投资。的确，这是任何全球性公司不能忽视的一个市场。中国希望从这些外国公司学到许多东西，使它能够跨越痛苦的创业早期阶段，那需要外国公司援助技术。中国市场正变得日益成熟这一事实也有助于吸引更高端的外国投资。

中国正在加强保护知识产权，但仍有许多工作要做。官方的知识产权保护在中国许多地方开展不足甚至没有，直到最近才出现转变，尤其是在北京和上海。许多官司的结果对于外国和中国的知识产权拥有者而言是令人满意的。该举措得到了本国申请专利的各种动机的鼓励，这些动机在一个正常运转的知识产权制度中形成了国内的利益共享者。

这些优势中最大的优势是政府——更准确地讲，是中央、省和市一级的各级政府——保证全面动员经济以支持创新。在省和地方一级政府中，为了实现往往很宏伟的目标，甚至出现过某种程度上的竞争。当目标很具体的时候，优先权的确立会变得尤其有效，例如信息产业部在当前的五年规划中关于集成电路的优先权。该规划号召中国“针对用于信息和国防安全的集成电路，要大力提高自给率至70%以上，用于通信和数字家电的集成电路自给率要超过30%……我们应在关键产品的供应上基本实现自给自足”。

这些不同的因素使中国能够取得一系列具体措施的成功。在过去的5年里，高科技产品的出口一直以超过40%的年增长率在不断增长。中国的研发支出在各个国家中位居第三。对成功的另一个粗略的衡量是，越来越多的国内专利被提交到国家知识产权局。在2005年，共有171 619件专利被提交，远多于2001年的99 278件专利，增幅为73%。这是否代表了真正的创新只有事后才能作出判断，因为高科技的出口产品可能主要集中由外国跨国公司和它们的中国合资企业生产，出口产品往往由DVD播放机和类似电子产品构成，一些人可能将其称作科技产品，而不是高科技产品。

四、创新的障碍

然而，在造就中国成功的因素里，有许多因素能够而且的确阻碍着创新。显然，在中国还存在着计划经济的巨大影响。制定国家和地方方案的人可能并不总是身处创新前沿，他们可能并不完全理解创新的需求。非市场因素往往会扭曲经济活动。这种模式在日本就已出现。当大家的兴奋稍微平息一点的时候，“日本奇迹”的观察家们开始注意到，日本深受裙带资本主义问题的困扰，这种资本主义将不良贷款强加给银行系统，使经济增长受挫长达十年之久。在中国，大约三分之二的经济由国家投资企业和国有企业构成。没有人将这些公司看做一个处于创新前沿的整体。尽管这些企业往往受到政府支持的青睐，总的来看它们不会成为创新的温床。

国家的影响可能是无处不在。市场力量的主导所带来的积极表现现在被复杂化了，被描述为近期共产党参与商业的复苏。判断它的影响现在还为时过早，但是它有可能会加强这种以关系为基础的、往往违背市场准则的交易模式。

中国还面临着一些紧迫的劳动力问题。在世界的其他地方——尤其是美国、欧洲、日本，也包括印度以及其他与中国竞争的国家——中国每年获得工程学学位的学生的庞大数目正在引起关注。但最近的研究发现中国，尤其是和美国之间的比较有些误导。例如，杜克大学研究人员所作的一项研究发现，在 2004 年，中国在工程学、计算机科学和信息技术领域共培养了 351 537 名毕业生——刚刚超过新闻报道中广为报导的数目的一半。此外，中国大学毕业生的质量也经常因为追求数量而被牺牲。中国教育以国家为中心和死记硬背的学习方法，非常重视理论学习和马克思主义的学习，培养出来的“脱离实际”的工程师缺少解决问题的能力和团队合作的技巧。工程学课表中也经常充斥着意识形态的课程，从而降低了加入劳动力大军的毕业生的质量，也降低了其创新能力。科技部部长以及其他的中国规划者们，不是不知道这些不足，已经公布了新的国家指导方针和意见，“进一步加强短缺人才的培养”，但是，这是一个巨大的需要克服的障碍。

加快创新的一个主要障碍是对知识产权保护得不够。这种情况的存在，部分是因为中国相对缺少保护知识产权的历史或文化，保护私有财产的历史也是最近才开始。其结果之一是，中国在全球专利中所占的份额极低。中国官员报告说，大约99%的中国企业没有专利。官员进一步认识到，许多中国专利的质量很差。这种情况可能会发生变化。国家知识产权局提供的中国专利所占份额的数字的确有所增长。2005年，外国公司在中国已公布的专利中占54%，而本国公司占27%。2002年，外国公司的数字是73%，本国公司的数字是16%。

但是，在中国贯彻知识产权在一段时间内有可能仍然是一个问题。即使有再好的想法，在中国的法律体系和公司的管理中，知识产权专家严重短缺并将持续短缺。国外的观察家也认为，中国政府在加快贯彻知识产权方面，在某种程度上面临着政策尴尬。仿冒产品远远比名牌产品便宜。鉴于拥有可自由支配收入的人们和生活在贫困之中的人们之间存在巨大的分水岭，加强知识产权的意愿和减少贫困的意愿之间的天平将轻松地偏向后者。

技术被迫转让可能会造成另一种问题，也许是更大的问题，尽管永远没有统计数据来说明这个问题的普遍性。当外国农业想要进入中国市场销售或生产商品时，它们为入境支付的价格所依照的协议是关于转让给中国公司的技术的种类和数量。这种问题不时地浮出水面，说明这种问题很普遍，很重要。其中一个例子是中国不支付DVD影碟机的专利费给日本制造商，那是一个非常庞大的细分市场。这些专利费看来是不情愿地被放弃了。一些业内人士认为中国政府就不支付专利费给予了官方行政指导。当然，政府官员作了许多次常规性的表态：只要可能，中国公司应该避免支付专利费。毫无疑问，外国公司会容忍这种违反合同承诺的行为，这是因为进入中国市场会盈利，或者期望在将来盈利。

强迫技术转让也有成本。由于对知识产权保护不够，外国投资者保留核心技术和尖端技术，这样就将技术转让更多地限定在常规技术上。也有报道说，由于担心知识产权，这些公司隐瞒了关键工序和产品部件。中国的规划者们也充分意识到了这些问题，显然，这种意识正在促使他们更加重视培育本土创新。

最后，政府颁布的一些措施联合起来的结果却阻碍了创新。中国政府远非是铁板一块，这远不只限于省和市一级政府之间的分权。一些政府官员认为，越少干预越好，在某种程度上不受约束的市场的运作就是最好的发展过程。但是其他的官员相信并实施着技术民族主义（technonationalism），实施了一些通过疏远外国公司而最终阻碍了创新的政策。

五、前方的道路

在通往苏州市区的道路上，一个大型屋顶标语用英语写着“发展是硬道理”。这口号来自中国领导人邓小平，在过去尽管它以各种其他的方式被解读，但这条口号是明白无误的，对于中国而言只有一条道路可以被接受，那就是发展经济。邓小平被誉为中国经济的“伟大舵手”。他开放了中国经济，他的经济改革成就了中国本身的经济奇迹。20 年前，亚洲研究专家经常说，在地理上讲，日本是远离中国海岸的几个小岛屿，但是在经济上讲，中国是远离日本海岸的一个岛屿。现在，没人可以那么说了。

很显然，认为中国在不远的将来不会发展成为一个主要的创新基地，那也会是一个严重的错误。当政府集中全国的资源以实现特定的行业目标的时候，它们就能成功。此外，外国公司仍然将中国视做一个庞大而重要的市场，以及视为一个主要的生产平台，以供出口。尽管外国公司在转让技术上会很谨慎，但技术转让的最高形式是人的转让，现在在外国公司工作的大量的中国工程师有朝一日，也许很快将返回中国。参与到中国新领域中会得到股票优先认购权和其他形式的经济和精神奖励，加上不断改善的生活质量和较低的生活成本，这些都极具吸引力。与此同时，美国移民政策有效地推动了在美国大学获得博士学位的中国公民返回国内。国内正变得更加诱人。

中国，尤其是它的创新能力，仍然在不断地取得进展。中国官员通过积极的干预和允许更多的不受限制的私人活动来设法促进创新。外国公司参与到中国经济中是至关重要的，它们与本土公司的对外合作也同样重要。迄今为止，结果有好有坏。关键问题是，中国是否会继续采取其当前官僚计划中所需要的那样多的国家干涉行为，以及是否会继续创建一个能诞生大量创新的市场经济。

对于中国而言，唯一可以确信的是，今天认为是正确的，一年后将变得不同，也许五年后将无法得到承认。任何在20世纪80年代前往中国旅游的人，在看到上海黄浦江对岸的浦东空旷的田野时，他是不会预见到那里现在极其繁荣的工业和科学发展的。

现在，人们在中国通常看到的是一种追求成功的强烈意愿和一种对中国经济增长潜力及科学工程前景的兴奋。这种兴奋有点让人想起19世纪上半叶美国向西部挺进的移民所拥有的那种信念。中国正在从事一项激动人心的冒险，也是当代最伟大的人类实验之一。正如绿色革命或载人航天飞行项目一样，一片广袤大陆甚至是更广大人口的经济发展是一个巨大的挑战。尽管世界还没有看到第一批占主导地位的中国的创新——Ipod播放器、特效药或Windows操作系统，但没有理由认为这些贡献不会马上到来，甚至比怀疑者的想象来得更早。中国已经吸收了高端的合同制造（contract highend manufacturing），正在进入合同设计（contract design）阶段。看空中国在创新的前沿会赢得一个受人尊重的位置，那将是一个错误。唯一的问题是时间。

（宫武 译）

中国推动创新型经济发展和知识产权法规：软件和软件服务市场取得的发展和挑战*

〔英〕保罗·欧文·克鲁克斯

一、导言

本文将考察中国国家领导人发出的持续推动创新型导向的经济的号召，并根据中国软件和软件服务行业所面临的挑战来评估这些设想。它将设法找出如下这些重要问题的答案：中国现在的技术发展有多少是建立在自主创新能力而不是进口技术的基础上？处于软件这类专业市场中的国内技术公司如何形成能够挑战国外公司主导地位的创新战略？作为引领企业在关键行业进行创新的促进因素，一种有效的知识产权制度有多重要？

我将从三个相互关联的方面来分析这些主题：首先，在国家政策层面，我们将在中国广阔的社会和经济发展背景中审查各种促进创新的号召背后的动机，还将考察创新力度在何种程度上成为了国内在以知识为

---

* 本文是其在英国中国经济学协会2008年年会上的报告。保罗·欧文·克鲁克斯（Paul C. Irwin Crookes）执教于剑桥大学。

基础的产业中所做努力的特点。第二，作为一个有用的产业案例研究，中国软件和软件服务市场的开发和增长值得进行更详细的考察。第三，中国知识产权管理的演进过程将被更新，以便探究其对软件行业的影响以及目前的实施现状是否为促进该产业在本国下一阶段的扩张提供了足够的市场刺激。

最后，本文认为，在中国建立创新经济的过程将揭露国内一些技术产业的结构中存在的许多缺陷，而纠正这些不平衡问题需要政治人物和企业参与者之间在利益、态度和结果方面达成共识。

二、广泛经济背景下的创新

中国建立创新型经济的推动力需要被放在更广泛的经济发展环境中。为了在一个广泛的议题中找到关注点，提出一些初步的问题是非常有用的：第一，促进中国创新的哪些计划已经准备就绪？第二，这些计划要努力克服什么难题和缺陷？第三，这些潜在的制约因素将如何有效地被克服？

在政治、经济和商业评论家中有一种广泛流行的观点，即中国作为21世纪工业和技术强国的快速崛起是不可避免的，而且这种崛起正在进行当中。这种观点坚持认为，“世界正在经历历史上最大的变革时期之一，即经济实力正从发达国家转向中国和其他新兴大国”。商业调查指出最近的经济和商业预测坚持认为，中国可望在本世纪上半叶，甚至早至21世纪20年代中期会超过美国成为世界上最大的经济体。现有数据的这些解释可能是对经济排名表的准确的线性预测，但它们没有充分考虑到未来经济增长推动因素的质量方面，即中国的人均国内生产总值仍然是发展中国家的水平，而显著的收入不平等将继续是民众日常生活的特点。尽管在过去实施了改革和市场开放战略的30年里，中国取得了许多巨大的社会和经济成就，但是在全球一体化供需物流网络中，仅仅提供建立在有说服力的成本基础上的制造业解决方案，很难看到国家未来成功的确定性。

此外，应该认识到，美国经济（它被中国视为在未来几十年内想要超越的对象）一直极大地受益于它在尖端技术领域促进企业活力的能力。在过去，美国人通过创造新的商业产品和建立在原创基础上的、挑战现状的突破性新服务，已成功地创造了大量财富，假设性地认为美国新的一代将无法继续这种辉煌，可能过于仓促。到目前为止，如下这一点并不清楚，即开拓颠覆性技术，发明新的商业模式，吸收一种创新导向的冒险文化，这些出现在美国的传统是否已经在中国扎下根来，以至于能够确保因此得到一种美国式的经济实力和全球创新领导地位的飞跃。

探究中国现有经济结构中的矛盾及其创新能力已成为认识中国经济在未来几年将如何发展的关键。在学者们继续指出“中国的科学和技术实力正在扩大”的同时，关于中国在高科技领域的成功的预测却不容乐观，因为“矛盾比比皆是”，事实上，中国获取、传播和应用创新的能力比其引人注目的经济实力和潜力所表现出来的要弱得多。正是这些存在争论的领域需要一种更具分析性的视野，一方面要对外部观察者进行宣传使其更好地了解中国，另一方面要帮助那些努力推动中国沿着一条新的道路前进的本国人支持创新，并将创新视为中国未来成功的基础。这些问题也是中国国内政策辩论的核心。

2007 年 10 月，国家主席胡锦涛在中国共产党第 17 次全国代表大会报告中公开承认，中国目前的自主创新能力非常薄弱，需要解决长期存在的结构性问题。他要求极大增强创新能力，使技术发展的成果能够对经济发展作出更大的贡献，促进中国成为一个创新型国家，使其成为增强综合国力的关键环节。

中国政府最新颁布的《2006 年至 2020 年科学和技术战略》（以下简称科技战略）规定了他们希望借此实现其目标的基本原则，延续了过去关于培育高科技孵化器和资助未来发展项目的各种政策的主旨。特别是，创新将以三种方式得到支持：通过原创性的科学发现和发明，通过整合相关技术来创造新的产品和服务，通过更好地吸收和利用现有的全球技术资源。

一方面，看起来存在一种促进本土企业发展的推动力，以培育能得到国际认可并且可以减少中国对国外技术进口依赖的本国知识产权。在某种程度上，这些倡导也可以被看做是本质上延续了经济开放的二元主题，即国内产业的支持和被严格控制的市场导向的改革，这是迄今为止的发展进程所特有的。然而这可能不符合所有国内企业的最佳利益，因为有些企业可能会认定一个能实现全球销售和使品牌得到国际性认可的成功战略最好是通过开发创新型产品和服务来实现，这些产品和服务符合现有的公认的国际标准，并通过海外网络渠道来销售。

另一方面，科技政策方面的声明似乎反映出官员对扩大和发展外国科技公司和中方合作伙伴之间的合作的热情，以促进进一步的技术溢出（technology spillover）的前景。这无视一些学者将迄今为止已经取得的有限成功归因于如下趋势的事实，即更多是把一些跨国公司的存在看做是公共关系的实践，而不是看做中国进行真正的研究和发展探索的框架。

中国科技战略的目标显然是建立在中国的国力和迄今已经取得的成就基础上的。经济合作与发展组织与科学和技术部最近共同发表了一份报告，该报告综合阐明了中国领导人在保障有效的科技政策落实方面面临的实力、不足和机遇。该报告肯定了中国在增强本国研发领域的承诺方面迄今取得的进展。自 1995 年以来，中国每年的国家研究开发经费增加了 19%。

然而，这些成就因为中国的信息和通信技术生产存在的结构性缺陷而必然受到影响，这一缺陷能够直接影响到中国将本国创新融入生产成果中以实现长期可持续发展的能力，这种可持续性是中国领导层在科学技术方面的抱负的核心。许多相互联系的困难必须予以考虑，然后将作为中国国家政策发展中的问题予以解决。

首先，中国作为世界技术和制造工厂的地位掩盖了外国公司在其多数产出中占据支配地位这一事实，同时外国企业的全资子公司或外国合资企业控制了中国外贸的50%还多。而且，如果更进一步地分析信息和通信技术行业的状况，那么情况更严重，高达88%的中国的高科技出口来自外国（或台湾）的企业。同样重要的是，中国信息和通信技术行业中大多数真正的本土公司却远远没有成为国际IT市场中的领导者，既缺乏管理技能，又缺少创新的眼光，拘泥于设法创造本土技术以替代已存在的国外创新这一旧有战略。

第二，中国在高科技产品生产中获得的附加值估计是有限的，估计低至10%—15%，许多学者描述中国的贡献并不比一个为了进口技术知识使用各种无差别生产流程的高效终端装配地（final assembly location）更高，这些流程因为提供了引人注目但简单明了的低成本价值定位（value proposition）而具有国际竞争力。

第三，从长远来看，如果没有沿着价值链向上发展，这种独特的专门化可能会使中国在未来面临来自能够进行这种装配工作的其他可选择地区的威胁。产生这种可能性的两个原因看起来特别明显：首先，因为海外客户而通过有效率的流线型生产程序来转移成本是可以做到的，这种生产程序已经存在并且能在不同国家被复制。此外，在经济全球化的背景下，最近几年增长的贸易一体化意味着寻求先进的加工服务的企业现在可以选择将正在进行迅速经济改革的越南或柬埔寨涵括进来作为生产地点，这跟它们选择留在中国一样容易。这可能有助于解释中国领导层对于中国目前的增长模式在未来的可持续性的关注。

然而，不论是来自中国台湾、香港，还是来自更远地区的海外华人社会的力量，至少在短期内能够缓和这种风险。这是因为海外华裔居民正在建立一种所谓的“人才回流”（brain circulation）文化，把他们的现实利益和家族忠诚（familial loyalty）依托于继续建立起进入中国大陆的桥梁。这些特性是更紧密的区域贸易一体化的一部分，可能反映了未来利用中国正在增长的国内消费模式以补充只针对来自中国大陆的出口市场的目标这一愿望。

第四，在中国，培育和维持一种促进创新型经济的推动力所需要的制度条件被发现存在不足。在许多关键领域，各种问题仍然存在，包括教育方面的不足、创新资金的短缺、中央和地方的政策举措之间缺少协调。

教育方面的缺陷仍然非常明显，它停留在一个仍然存在重大问题的总体系统内。中国坚持对于机械学习、消化事实（fact assimilation）和考试成绩的重视，这渗透于从小学至大学的各级机构，这一做法导致了诸如解决问题、发散性思维和团队建设等软技能中的缺点，一旦毕业学生进入就业市场，所有这些缺点都可能严重削弱企业层面的创新能力。新做法方面的实验是不全面的和不协调的，在没有同时改革国家考试制度和教师培训方案的情况下，很难理解如何能够做到课程设计和教学方法的变革。

在国有部门以外，要保证对创新的资金资助对于中国企业可能是困难的。风险资本的进入仍处于早期阶段，主要的银行似乎仍然拘泥于那些缺乏有效的风险管理评估的贷款标准，所有这些都可能严重限制了借款机会，尤其是对那些中小型企业而言，这些企业的积极性和研发投资水平往往处于最佳状态。

此外，在寻求国家支持援助的时候，这种制约与组织的错综复杂搅在一起。在现有的五个政府资助项目（重大科技攻关计划、星火计划、863 计划、火炬计划和 973 计划）努力将资金注入国内企业的同时，这些资金项目与不同政府部门之间的相互作用以及通过不同政府部门所实现的分发形成了一个复杂的资金分配方案，这一方案导致了如下这样一种风气：即在优先资助方面偏爱国家赞助的大型项目，而不是规模更小的企业项目。

在中国，在尊重知识产权和执法环境方面还有一些持续存在的问题，对这些问题的关注在更加广泛的国际、商业和政治社会中都有反映。

然而，尽管存在这些缺陷和政策领域的问题，国际层面的成功案例确实已在中国的高科技行业出现。这些问题的规模不应当掩盖在培育创新型企业方面重要的商业参与者已经出现这一事实，这些企业能够在国际市场上占有一席之地。华为公司和联想集团就是两个这样的例子，它们已经成为真正的全球参与者，它们表明旧的技术替代模式已经不再是中国可以遵循的唯一模式。它们说明无论是私有企业（如华为）还是公有企业（如联想），都是可以取得成功的。

在实施国家创新战略的下一个阶段中，中国的决策者面对的特殊考验是，如何从上述企业只是被援引作为单一的成功案例这种情况，发展到如下阶段，即国家能形成一种能够被更广泛的行业所采纳的创新模式，作为对新嵌入的国家行为标准（national behavior of norms）的采纳的一部分。如果没有在一些领域内的重大改革，很难看出以创新经济为基础的企业能够发展起来，这些领域包括：其复杂的筹资框架、其人力资源的培训及其有关的教育政策、在推进各项国家政策方面作为完整参与者的充满活力的私营小企业受到支持的方式。事实上，科技战略已经表明建立新的、更精简的面向中小企业的筹资机制将是一个优先考虑的事项，这很可能是一项非常受小型商业团体欢迎的发展，但这一许诺将如何以及在何种程度上很快带来进展，这仍有待观察。

显然，中国的决策者在追求建立创新导向的经济的目标时显而易见面临着重大的挑战，在中国政府设定为目标要给予特别鼓励的所有部门中，这种影响作用是明显的，这些挑战包括：促进科学发明、改进产品和服务、更好地吸收国际规范。

三、中国软件生产和服务行业的创新

软件生产和服务行业对中国大陆而言是一个重要性日益增加的行业。该行业本身有一个艰难的开始，而且即使是现在它也是中国 IT 行业中的“落后者”。与美国和印度的态度相比，中国软件行业的兴起处于硬件市场的阴影之下，并且在一段时间内，软件仅仅被视为使高科技硬件有效地发挥作用的一种机制，而不是一种拥有自身价值的增值产品。

就它的实际规模而言，尽管中国的软件业是一个价值数百亿美元的市场，但是中国的软件产业对于能够形成一个准确的估价提出了一些挑战。最近来自中国信息产业部的官方数字表明，2007 年中国软件产业的总收入刚好超过 800 亿美元，意味着比前一年增加了 20%。但是根据经合组织的统计："关于中国软件行业的收入和出口的数字变化非常大，似乎很高，但无法从官方获得。"该组织已经提出忠告，对于中国软件产业的总收入水平"必须谨慎看待"。

一项最新的报告整合了来自各种可靠来源的观点，认为 2006 年中国的纯软件和软件服务方面的收入是 123 亿美元。在海外软件外包服务方面，根据意见一致的估计，中国在这一方面规模仍然非常小，但它表现出了引人注目的增长率，未来具有潜力，似乎在中国更大范围的软件行业的出口份额中将占主导地位。

准确地估计该行业的规模和结构并不是唯一关心的问题，因为最近几年有一些公认的问题已经困扰了中国软件业。首先，它常常被描述为在技术上还不成熟。其次，该行业已经因为长期的结构不成熟而受到影响，在数量大约为 10000 家的软件及其服务企业中"只有一半的企业有能力独立开发自己的产品"。第三，它与其他创新部门一样受到人才问题的困扰，软件行业正在争取找到并留住关键项目的领导者和软件分析的技能，这些被视为突出的缺陷。第四，在核心产品领域，是外国公司而不是国内企业中的佼佼者在行业销售总额中占据统治地位。

所有这些缺陷对中国软件行业中的国内企业的发展产生了消极影响。根据国际金融公司的研究，自本世纪以来，只有五家中国企业表现出在生产专业性方面有能力挑战已站稳脚跟的国际供应商，所有企业只占有非常小的市场份额，甚至不惜与跨国供应商在产品性能和价格方面展开正面竞争。因此，今天中国的软件行业被视为与印度的软件行业形成了对照：严重依赖国内市场，外国公司占主导地位，以产品而不是服务为导向。

但是，最近几年在这个方面结构性转变正在发生，特别是在软件服务部门。中国企业正在依托日益增长的国内需求基础，以将市场扩大到海外拥有类似文化的地区，如日本和韩国，此外，中国企业也正在通过品牌发展、公司更名和网站设计演习等来提高知名度。

当它们通过建立当地的销售、客户支持和营销业务开始积极瞄准美国和欧洲，特别是英国的出口市场时，海外扩张就会进入到下一个阶段。这可能将一些中国企业推入软件服务市场与印度同行直接竞争。很明显，在其早期的某个时候，当一些中国软件服务公司在这些新兴市场上寻求巩固其日益增长的信誉的时候，诸如此类的行动似乎指向一个自信和成熟的市场战略。

因此，中国的软件服务供应商可能会通过设立海外子公司以吸引潜在客户来寻求扩大销售网络的机会，这些潜在客户对利用有竞争力的外包商业模式感兴趣，同时对提供一些最新的软件开发技能和技术以完善它们的价值定位感兴趣。这可以被看做是直接模仿印度 20 世纪 90 年代中期到末期采用的战略，它们自己的重要软件企业支持一种服务出口模式，以取代先前对劳动力出口路径的依赖，在现代互联网时代，这种劳动力出口路径不再是必要的。

驻扎在英国和美国的会讲英语的代表的存在有助于中国服务提供商在实施外包解决方案时克服当地的各种限制，特别对于小企业而言是如此，从而使更多的企业考虑与中国供应商合作的外包方式。

在软件服务方面，迄今为止还集中于国内和本地化交付模式的一些公司一旦下定决心与印度在服务领域展开竞争的话，现在就可能转向海外，这看来意义特别重大。在国内的软件产品市场，特定的本国商业市场日益放松管制可能会带来隐藏的潜在机会，如银行、保险和法律服务方面的市场，它们可提供特殊的机会，尤其那些定位于中小型企业的软件服务企业，因为这些中小型企业可能不太愿意或在财政上无力购买跨国公司的产品。

然而，在产品的国际出口方面，除电信软件领域的华为公司外，中国企业想要获得吸引力仍然是非常困难的，结果是这些公司想要获得的有效的市场渗透仍然是“几乎不存在的”。

本部分考察了中国软件产品和服务市场的一些最新趋势。它显示出伴随着不断的挑战和制约因素的是进展和扩张，同时也突出了软件服务相对软件产品所具有的不同潜力，前者看来是将自己定位为与印度直接竞争，而后者将继续为知名度而努力。

事实表明中国的软件部门正在积极处理的是中国各类创新企业共同存在的许多制约因素。国内管理的一个特别重要的方面就是知识产权方面的立法和执法的质量和效果。

四、随着中国软件行业发展而来的知识产权法规

从历史上看，中国对知识产权法规的实施是连续不成功的，具有中国为了从古代“人治”观念到现代“法治”原则转变所进行的斗争的特点。中国传统的社会法律制度中的实用主义和家长主义的本质与西方旨在立法和解决争端的公开裁决的方式是冲突的，这使得知识产权这样的西方法制观念获得吸引力变得很困难。在中国，缺少一种有利于作者和发明人对知识拥有私人权利的文化演变，这种文化演变可以对抗那些试图剥夺个人拥有的知识产权的人，这与 17 世纪欧洲出现的情况形成了鲜明对照。直到经济改革形成的 1978 年以后的时代，现代知识产权制度重获新生，其起点是 1980 年中国加入世界知识产权组织成为新成员。

因此，考虑到中国在社会、经济和政治发展过程中所面临的所有问题，最近几年知识产权法律发展的速度和程度是不同寻常的。整个法律框架都必须从头重构，最近所有的关键性立法都要按照加入世贸组织时的承诺和后来参与的国际知识产权规范被更新。2007 年，这一成就因中国加入了世界知识产权组织版权条约得到充分说明，这被视为承认和保护互联网应用系统和以电子方式提供的文化输出的衡量基准。事实上，人们认为中国立法的立场，至少就其存在于纸面上而言，是很容易达到

国际标准的。

所以，不是中国知识产权法律方面的问题，而是中国知识产权法规的执行方面的问题，将继续成为国际和国内的争论和批评的主题。更多的关注源于对如下情况的不断辩解，即一些从事盗版活动的地方企业和省级政府当局的政治人物之间持续不断的、在地方上的勾结，这往往涉及经济腐败。最近，中国成为了美国贸易谈判代表的目标，因为中国的法律中适用于侵犯知识产权者的刑事制裁被指控存在缺陷，这一事态随着美国根据WTO纠纷解决规则向中国提起诉讼而到达高潮。中国在一定程度上减少了这些缺陷，中国是《承认及执行外国仲裁裁决公约》(即《纽约公约》)的缔约国，这使得外国公司能够将仲裁条款纳入与中国合作伙伴签订的商业合同中，这样可以促进国际纠纷的解决，随之而来的是仲裁决议在国内的执行。一些中国学者认为这种仲裁方法的特点是具有特殊的优势，包括它的灵活性、可执行性、保密性和终局性（finality）。

然而，中国对传统知识产权法规的态度似乎发生了一个突变，这也许与如下事实有关，即国内的参与者越来越认为保护政策和执法透明现在是符合自己的利益的，而不是外国对手强加给他们的外来观念。以这种方式，中国可以在一系列的原则上不断取得进步，其中，最新阶段的进展的特点是本国企业为保护它们自己的知识产权所采取的防御行动不断增加，因为中国公司开始认识到品牌、产品和累积起来的商誉的价值。我们可以看到，为了保护知识产权，中国原告提起的关于专利、商标和著作权的诉讼案件几年来不断增加，这些诉讼不仅针对中国公司而且也针对外国公司。所有这些举措有可能缓慢影响国内的态度，国际机构甚至已经注意到自世纪之交以来整个中国各个层面的软件盗版现象在减少，下降至2006年的82%。虽然盗版现象本身还很多，但是趋势确实是指向进步的。

此外，世界知识产权组织认为，中国国家知识产权局（SIPO）现在是世界上新专利申请备案最活跃的五个机构之一，1995年后的十年里，本国的专利备案的增加超过500%。一些分歧仍然存在，正如观察员已经指出的，许多国内专利是按照较低水平的“实用新型”（utility model）的类别而被授予为新增创新，而不是完全的发明专利，在“发明”类别方面，海外非居民（non-residents）在专利许可数量上仍旧占据上风，虽然2006年比前几年差距更小。然而，这种进展可以被理解为国内各产业正转向越来越支持知识产权原则，这一点因为2008年上半年“中国国家知识产权战略”的颁布而得到加强。

尽管软件部门依赖于版权，而不是专利来保护产量，这意味着在缺乏更多专利许可赋予的法定保护的时候，需要培养一种真正遵守规则的文化，在这样的背景下中国已经取得了一些进步。首先，政府已要求从2006年起在中国所有的硬件解决方案中使用正版软件，国务院副总理吴仪已经花了很多精力和作出决定，推动知识产权中心政策在政府高层的实施。第二，中国宣布，2006年打算在民事法律制度框架内建立一个国家一级的知识产权司法法庭，以有助于集中和提高有关版权、专利和商标争端等侵犯知识产权案件的审理效率。这是一个有点争议的问题，因为创新地区现有的知识产权专门法庭，如上海和广州，可能不愿意看到当地的知识产权诉讼案件移送到北京交由最高法院裁判。诸如此类的内部争议可能是法院的具体管辖职责要花费一些时间予以确立的部分原因。

中国海外回国人员对改变公司知识产权政策的影响是不可低估的。这些“海归”人士被爱国主义、创业激情和政府资助奖励办法吸引回中国，他们能够将关于知识产权商业化的国际视野注入创新型高科技企业的发展战略中，并能带领整个公司通过诱导而不是强迫的方式遵守知识产权保护的原则。毫无疑问，这似乎是中国软件服务公司的领导者采纳的策略，这些领导者现在正在海外冒险，以争取新客户和发展赢利的合作关系。

无论是从政策层面的声明，还是从公司层面的举措来看，如下这一点似乎是显而易见的，即中国国内的参与者已经认识到了提高知识产权实施的力度与为基于创新的经济增长和未来的成功确立基础之间的联系。

五、结 论

推动建立一种知识驱动的创新经济现在成为了中国经济发展战略中的核心阶段。本文概述了决策者和公司参与者在努力实现胡锦涛在2007年的讲话中设立的目标时所面临的各种挑战。现在结构性缺陷在一些方面依然存在，为支持和保障创新型企业，这些方面对于形成连贯的政策是至关重要的。持续存在的缺陷在一些领域是突出的：新公司资金安排上的复杂性、教育课程和人力资源的技能开发、知识产权的保护和实施。所有这些问题都需要解决，当然在一些领域也有迹象表明取得了真正的进步，特别是知识产权领域的举措。外国公司在中国高科技行业中占据的主导地位不能仅仅通过法律命令而被消除，因为中国已经不满足于贸易上的自给自足。相反，本地企业必须通过努力形成本国的价值链来提高它们的市场地位，它不再局限于提供以成本为基础的、低价值的、制造和装配的商品。

对中国科技战略至关重要的三个领域包括提供创新的、具有较高价值的商品和服务，本文考察了软件产业的情况来衡量这一背景下的机会。因此，国内软件开发企业日益认识到了知识产权对于客户和供应商的价值和重要性，它们为了接受一种提供最新技术的离岸服务模式而作出了战略上的变动，这种战略变动与积极的海外开发政策和合作策略有关，所提出的对未来的展望是令人兴奋的。它们对中国的高技术产业中这一重要部门的潜力的看法是引人注目的。

实现变革总是困难和具有挑战性的。对中国而言，为了实现其建立一个创新型经济的政策目标，这将需要许多不同类型的利益相关者之间展开对话，这些对话方式与那种在中国的政治制度和产业扶持制度中经常看到的由上而下的决策方式不会完全契合。相反，可能需要一种更加多元化的方式，将归国人员、各地方的创新参与者和中央和省级政府的官员集合起来，为形成利益交集来解决其中的一些复杂问题。而且，考虑到中国迄今为止所取得的巨大成就，可能大多数人都会认为，这样一个包容性的战略所带来的未来潜力是非常值得努力的。

（穆美琼 译）

海外当代中国研究丛书
Overseas Studies on Contemporary China Series

前景

The Myth of Growth

中国不平衡经济增长及其对经济发展决策的启示*

〔加〕C. W. 肯尼思·肯

中国经济在过去25年中取得了年均增长超过9%的奇迹。在21世纪之初，当全球化推动世界走向成熟的知识经济之际，中国对世界政治经济的影响成为国际事务中最为引人注目的问题之一。关于中国政治经济的前景有多种观点，其中有一种观点认为，中国收入的不平等及区域发展的不平衡将会导致潜在的政治与社会不安定。本文沿着这一思路，对中国经济的不平衡增长现象及趋势进行了分析和预测，以期对中国的未来发展有所启示。

一、中国区域经济发展的前景：10个大都市经济圈的出现

中国经济的持续发展从本质上依赖于制度革新和经济的自由化。政府对经济活动干预的放松已经推动和必将继续推动中央政府对经济计划和控制权的下放。这可能已经导致了不平衡的区域经济的发展，而且将

---

* 本文来源于《当代中国杂志》（*Journal of Contemporary China*）2006年2月号。C. W. 肯尼思·肯（C. W. Kenneth Keng）执教于加拿大多伦多大学。

会进一步刺激区域化经济的出现。本研究为在21世纪前20年，大中华区（范围包括中国大陆、香港、澳门和台湾地区）将会出现10个大都市经济圈的预言提供了足够的事实和理论根据。

根据中国的历史、地理经济的特点及其在当前地区经济发展中的地位，本研究认为，到2020年，大中华区将会出现以下10个大都市经济圈。

6个沿海经济圈：辽宁（以沈阳和大连作为核心都市）、首都（北京—天津—唐山—石家庄）、山东半岛（济南—青岛）、大上海（上海—杭州—苏州—宁波）、台湾—福建（台北—高雄—厦门—福州）、珠江三角洲（香港—澳门—深圳—广州）。

4个内陆经济圈：吉林—黑龙江（长春—哈尔滨）、长江下游（南京—扬州—合肥）、中南（武汉—长沙—南昌）和四川（成都—重庆）。

这10个大都市经济圈包括了将近65%的中国人口，占有中国平原面积的75%，生产出超过80%的中国的国内生产总值（GDP）。当前这些经济圈都已经建立起相对现代化的区域内公路系统，也都依靠相对独立的产业结构建立起自己的区域性市场，或者正朝着这样的方向发展。

当中央政府放松了对区域经济决策的控制后，市场力量就会引导经济行为建立低交易成本的产业结构和市场体制。这时资源就会由于向城市中心配置而得到更好的利用，因为城市中心的基础设施和商业服务为生产单位提供了规模化生产的条件和相对于其他地区的比较优势。这种区域经济集中化和城市化的过程已经被最近50年日本的成功发展经验所证实。

二、中国的贫富不均和区域差异的实证研究及其发现

总的来说，中国的贫富不均并没有显著超过世界上人口最多的10个国家的平均水平，也没有显著超过16个发展水平与中国接近或者是可供比较的发展中国家的水平。事实上，在20世纪90年代中期，中国

的贫富不均与当时的美国非常接近。然而，中国的区域不平衡与美国或日本相比则是它们的两倍还多。中国的收入分配不均在很大程度上是由其相对较大的区域发展不平衡引起的。

（一）中国国民收入分配不均

国际上，基尼系数比较是用来衡量一个国家全部人口中收入分配不均最为通用的方法。2000 年，中国的基尼系数为 43.8%。在 20 世纪末，世界上有 10 个人口超过 1 亿的国家，在 20 世纪 90 年代中期，这些国家的基尼系数的平均值为 38.8%，标准差为 10.3%。可见中国的收入分配不均与 10 个人口大国的平均水平没有明显的不同。

（二）两分法与三分法背景下的经济区域差异现状

以省级行政区划作为基本的分析单位，我们可以将中国的区域经济总体差异（Overall Regional Economic Disparity）界定为中国 31 个省级行政区域两两形成的 465 对对子间存在的平均收入差异。用来衡量总体区域差异的区域基尼系数（Regional Gini Coefficient）则可以计算为区域经济总体差异与全国国内生产总值比率的一半。

传统上对中国区域的划分有两种流行的方法：沿海—内地两分法和东部—中部—西部三分法。研究发现，2000 年，沿海—内地的区域经济差异（314.5 美元）是中国总体区域差异（443 美元）的 71%，而沿海地区的区内差异（79.4 美元）和内陆地区的区内差异（48.7 美元）分别是中国总体区域差异的 18% 和 11%。这是从两分法的角度研究所得出的结论。从三分法的角度来看，2000 年，东部的区内差异（79.4 美元）、中部的区内差异（17.2 美元）、西部的区内差异（4.4 美元），分别是全国总差异的 18%、4% 和 1%；而东部与中部的区间差异（172.8 美元）、东部与西部的区间差异（141.8 美元）、西部与中部的区间差异（26.6 美元）分别是全国总差异的 39%、32% 和 6%。

一个非常显著但常常被忽视的事实是，沿海地区的区内经济差异

（79.4 美元）是中西部区间经济差异（26.6 美元）的 3 倍。这无疑表明，沿海—内地或东部—中部—西部的划分方法过于粗放，它没有认识到，沿海 12 个省的经济过于多样性，不能被当做一个地区来考虑。这就启示我们用 10 大经济区域的划分方法取而代之。

（三）10 大经济区域的经济差异及其变化趋势

如前所述，中国经济按照地缘邻近的关系分成 10 个部分，通过这些区域之间的差异比较，我们有如下发现：

1. 最大的区域差异不存在于最富与最穷的区域间

2000 年，中国最大的区间差异存在于东部沿海地区与中南部之间，而不是中国最富与最穷的地区之间。这一发现使我们认识到专门选取最富与最穷的区域来分析中国区域经济差异的局限性。区域差异不仅取决于区域间平均收入水平的差异，而且也与各区域的人口规模有关。当一个区域内存在着亚区域（如不同的省份），或者一个国家有众多区域的时候，区域之间的差异会非常复杂和具有多面性，这时局部的分析方法就不能全面地反映出实际情况（比如根据片面选取的几个区域，如最富与最穷的区域所进行的个案分析）。为了更加真实地描述多区域间的差异情况，我们需要对所有区域间的复杂关系作细致的研究。将中国经济划分为 10 个区域进行研究的结果这一主张提供了有力证明。

2. 10 大区域的区间经济差异变化趋势

10 大区域的总体区间差异在改革时期（1978—2000 年）呈显著扩大趋势。1983 年之前，在中国，最大的区域经济差异一直存在于东部沿海地区与北部沿海地区之间，然而从 1983 年以来，这一差异开始减小，随后被东部沿海地区和南部沿海地区之间的差异所超过，又被东部沿海地区同邻近的两个人口众多的内陆区域之间的差异所超过。从 20 世纪 80 年代中期开始，东部沿海地区与其相邻的两个人口众多的区域——中东部（河南、安徽）与中南部（湖南、湖北、江西）之间的差异显著扩大并超过了东部沿海地区与北部沿海地区之间的差异。然而，东部沿海地区与其他人口密集而不富裕的内陆区域——中西部（四川、重庆）区域之间的差异，在过去 25 年中保持了相对稳定。中国发展最快的区域——东部沿海地区与南部沿海地区之间的差异从 20 世纪 80 年代初期以来显著缩小。而东部沿海地区与西北地区之间的区域经济差异缩小幅度最大。

研究表明，在 1978—2000 年的改革开放时期，全国超过 1/3 的区域差异呈现出缩小趋势。

（四）中国经济不平衡对经济发展政策的启示

一个区域对全国总体区域差异的影响不仅取决于该区域相对的收入水平，而且也取决于其相对的人口规模。收入在中下水平但是人口众多的省份在区域差异榜上占据高位。这一事实清楚地表明，为了有效地减少中国的总体区域差异，至关重要的是提高那些中部人口大省的收入，而不是直接去救援那些大多数位于西部区域的贫穷的小省。更确切地说，中央政府有必要把减少贫困的政策与减少区域差异的政策分开来考虑。

从政策的设计和执行前景来看，减少贫穷小省的贫困可以通过相对短期内的直接转移支付实现，而减少区域差异的政策（平衡区域经济发展）则需要更为复杂和全面的谋划，也不可避免地需要长时间才能实现目标。下面我们提出一系列有关多区域经济发展的战略，以供中国政府参考。

1. 在“十一五”经济规划（2006—2010 年）开始阶段，中央政府应该对沿海区域实行全面的权力下放，让其全面自主经营，包括授予沿海区域完全的经济规划权与发展权。与此相应，中央政府应该全部停止对沿海区域基础设施建设的投资。换言之，沿海省份需要自筹资金进行投资，并依靠提高生产力来应对开放的市场竞争。沿海省份也需要贯彻自己的政策，减少城乡人口之间的经济差别和完善自己的社会福利制度。中央政府应该把自己的角色限定在协调省际政策和创建高效率的全国市场上，比如银行系统和金融市场的建设、省际运输系统（包括水路运输和空运）以及输电网络系统的建设。

2. 在接下来的10年里，中央政府应该向中部核心区域投资，以加快当地的基础设施建设、完善教育和其他公共服务体系以及社会福利体系。中部核心区域的经济发展应该是国家发展战略最优先考虑的对象。应给予优先考虑的是中东部地区（河南、安徽）、中南部地区（湖南、湖北和江西）和中西部地区（四川、重庆）。政府要特别设计有助于中部核心区域省份发展的政策，比如出口退税、有利于私人资本投资基础设施的税收和信贷政策，这些都被认为会必然加速中部核心区域的经济发展。

3. 政府应该继续实施以投资交通运输与环境保护项目为首要关注点的西部大开发政策。应该继续向国际资本竞争开放资源开发部分。另外，中央也应该通过直接转移支付的方式提升西部省份的基础教育、职业技术教育的水平。同时，高等教育体制应该对私人投资和市场竞争开放。当前行政主导式的人力资源发展政策也需要用中央政府补贴和直接转移支付方式来代替。中央政府也可以考虑增加一个新的税种（诸如西部大开发附加税）来资助大西部的经济与社会现代化。

三、中国经济发展的未来及其局限

中国经济发展的成功可归因于经济与非经济的因素。其中，政治和社会稳定、高速的人口增长和更高速的劳动力增长、持续增加的国内储蓄、渐进式的区域发展政策和制度改革以及国际政治经济环境的支持，被认为是主要因素。

（一）发展前景展望

本研究对中国未来直到2020年的经济发展可能途径提出了三种构想。这三种构想可以分为高增长、稳健增长和低增长。高增长构想的实现要以中国继续成功地执行积极进取的权力下放和自由化的政策为基础。稳健增长以继续顺应过去和现在的改革政策发展趋势为基础。低增长是假定出现了专制体制的反复。这三种构想的根据是中国官方经济计划的预测以及世界银行的预测。

在稳健增长的构想下，中国将走一条渐进的路线（摸着石头过河）。中国经济增长将达到年均5.8%的复合增长率，这样到2020年时，中国经济规模总量将是现在的3.9倍。与此相应，2020年中国人均收入将相当于当前墨西哥的人均收入水平。在低增长构想下，中国经济年均复合增长率将会是较低的4.3%。如果中国成功地加速改变经济不规范行为和实行权力下放，直到2020年，中国将可能达到7.4%的年均复合增长率，如果这变成事实，届时中国大陆的人均生活水平将达到当前中国台湾地区居民的程度。

到2020年，本文作者预言中国经济发展可能出现的结果有80%的可能性将处在高增长和低增长构想之间。换言之，本研究将说明中国经济未来的发展只有10%的机会超出高增长的构想或低于低增长的构想。世界银行的预测高于稳健增长的构想，中国官方的预测高于世界银行，而这两方面的预测都低于本文所提出的高增长构想的预测值。

（二）中国经济发展的局限

中国未来经济发展不但严重地受到人口增长率下降和劳动力人口增长率下降的影响，而且因为自然资源的匮乏，也严重地受到有效利用自然资源程度的限制。中国拥有超过世界1/5的人口，却只拥有世界7%的可耕种土地。依据资源的人均基础，中国是世界上资源最缺乏的国家。可耕种土地与可居住用地的短缺对中国未来经济发展形成了基础性的自然局限，这启示我们要超越这一基础性的局限，关键的前期工作是实现经济的区域化和城市化。

1. 人口和劳动力增长的递减

从20世纪90年代晚期以来，中国的人口和劳动力增长已经开始放缓，而劳动力增长减缓比人口增长减缓的速度要快得多。中国人口到2040年将达到15.8亿的最高峰，此后其规模将开始缩小。然而，中国的劳动力人口将在21世纪20年代的早期达到高峰。中国劳动力增长率将于21世纪头10年的中期开始落后于人口增长率，而且，从那时开始的10年内将呈现出负增长。这就可能使中国未来的发展前景黯淡：在中国总人口停止增长之前的20年（2020到2040年之间），中国将面临着越来越少的劳动力必须养活越来越多人口的情形。因此，中国在未来的发展中，为了保持经济的可持续增长，必须有效地提高劳动力的生产率，以弥补其数量的减少所带来的影响。

加速教育投资可以提高未来劳动力的平均技能水平。然而，有利于知识创新、分享与转让的制度的现代化转型对未来劳动力生产率的提高是至关重要的。中国有必要实现其制度体系，如新闻媒体、社会福利、法律体系、财产所有权和知识产权、银行和金融制度以及继续教育等的现代化，以提高其知识的创新能力。

2. 自然资源的匮乏

中国人均农业用地面积是世界平均水平的28%，人均可供放牧的草原面积不到世界平均水平的一半，人均森林及野地面积仅为世界水平的15%，人均水资源占有量约为世界平均水平的1/3，除煤外，中国的人均能源占有量也非常低。除非采取高效的利用方式（如先进技术），中国自然资源的天然缺乏将严重地限制中国未来经济的发展和人民福利的增加。虽然政府干预的减少、市场的国际化、经济结构的全球化使中国能够解决大部分自然资源贫乏的问题，但是相对较低的人均可耕种与居住用地对于中国未来的经济发展仍然是一个关键性的、持久的和难以解决的自然限制因素。

当城市化与工业化导致城市用地增加时，土地价格和土地使用价格的上涨速度可能要高于其他物价的上涨速度。高昂的可耕种土地及居住用地价格，加上政府对城市用地的限制，将会对中国经济发展所需要的（像美国那样的）现代化国家运输系统的建设形成障碍。这样，与可耕种土地和居住用地密切相关的生产成本，就对中国的资本生产力和产品的国际竞争力构成严峻挑战。

（三）制定有利的区域发展战略的必要性

平原人口总数的比率低这一自然条件的限制将促使中国的国民经济向区域多样化发展。中国经济的每一个单独区域都将基本上形成相对独立的工业结构和市场体系，以减少区域之间的陆地长途运输成本，这样就会大幅度缩减占用大量可耕种土地和居住用地的后勤和运输系统的规模，从而使通常在所有经济活动的后勤交易成本中占极大比重的运输成本大幅度降低。中国经济从总体上将会在保持相同水平的产出的情况下，使用较少的资源，这将提高整个经济的生产率。

通过对不同区域间资源配置权的下放和分散，中国将在战略意义和经济意义上双向受益。这也是保证中国未来经济持续发展的有效措施。已经有研究估计，通过这一经济区域化战略，中国到 2020 年经济生产率平均每年将提高 1.5%。

如果中国的中央政府继续实行当前以市场为导向的制度改革和坚持稳健地向地方政府下放经济权力的政策，中国将会出现多个拥有相对自主的工业结构和市场的区域经济。如果中国宏观经济战略的设计者能认识到自然资源对中国未来经济发展的限制，从而加速经济权力的下放和区域化进程，中国经济的区域化和城市化进程将会发展得更快。

假如中国经济的区域化得以实现，在未来的 10 年或 20 年，中国将出现以大都市为中心的 10 大经济区域。如果这一构想成为现实，中国经济将可能持续实现高速增长，直到 2020 年都保持超过 7% 的复合年均增长率。

（四）政治与社会改革的前景预测

虽然本研究聚焦于经济分析，但是作者从经济发展与社会进步和政治演进的交互作用出发，对中国的未来发展提供了清晰的前景预测，那就是说中国强势的经济现代化不可能同其政治改革相分离。事实上，中国的政治改革自从20世纪80年代早期，邓小平开始建设有中国特色的社会主义的时候就已经开始。中国的许多乡村已经开始自由选举。江泽民的“三个代表”论断确定了未来中国政治与社会体制改革的基础，通过务实的政策和民主途径的探索，后江泽民时代的共产党领导人可能会进一步加快制度和政治改革的步伐。对于其结果，作者乐观地预测：到2020年中国将形成有中国特色的民主制度。

（崔存明 摘译）

中国的过去、现在与未来：从半殖民地到世界大国*

〔美〕詹姆斯·彼得拉斯

一、方法论和概念的说明

在计算中国的出口、投资、生产、融资和进口等时，几乎所有的学者、记者、顾问和国际金融机构的官员都把中国企业和外资企业混在一起。此外，他们普遍忽视了如下事实：外资企业增长越快，它们占中国出口（和进口）的份额、利润和对中国经济新增长部门的控制就越强。自中国加入世界贸易组织以及深化和扩大它的自由化战略以来，这种状况尤为真实。外资企业的增长意味着中国的投资、贸易、出口、融资、定位和决策越来越由跨国公司的全球需要决定，这些公司都得到了其母国的支持。随着跨国公司的增加，它们对经济增长动力部门的影响也在增强。相反，中国国家对经济的影响力和影响范围却在逐步缩小。更重要的是，就战略增长部门与国家之间的关系而言，跨国公司的增多很可能改变国家的本质，使中国减少“中国性”和更加迎合跨国公司的

---

* 本文来源于菲律宾《当代亚洲杂志》（*Journal of Contemporary Asia*）2006年第36卷第4期。詹姆斯·彼得拉斯（James Petras）是美国著名左翼学者。

战略。

如果我们把跨国公司看做主要帝国（美国、日本和欧盟）的延伸，视为帝国嵌入中国经济中的前哨或飞地，我们就应该把它们的扩张视为帝国增长的一部分。这将降低中国经济表现的级别。

这表明，关于中国是否拥有挑战美国、欧盟和日本的实力的争论可能建立在一个错误的前提上。

中国实力的增长是建立在如下观念之上的：在金融、制造和出口等战略部门中，由中国所有和控制的经济单位比帝国的跨国公司和国际投资机构增长得更快。正如我们在下文将证明的那样，数据并不支持这样一种假设。

另一个可疑的假设是：就像美国利用英国的铁路投资来发展美国的资本主义一样，外国投资和跨国公司屈从于中国，并被用来为中国的战略目标服务。这个论证存在如下问题：

第一，由于跨国公司控制了一些部门的制高点，或者至少控制了一些关键企业的管理，因此，“利用”外国资本来为中国的发展战略服务的观念也就失去了意义。在外国投资上，中国在 21 世纪的战略与美国在 19 世纪的战略背道而驰：中国把有利可图的增长部门让给外国资本，同时中国的财政又为高成本的、长周期的、大规模的、低回报的基础设施提供资金。

第二，中国的增长成就仅仅局限于某些地区和部分劳动人口。我们几乎可以看到“两个中国”：沿海和内地。事实上，中国的生产性地区仅仅局限于与内陆矿产地区有联系的港口地区。由于全国经济缺乏一体化并且沿海与外部帝国（日本、美国和欧盟）建立了高水平的一体化，我们很难称中国为一个“民族国家的”经济体。当沿海地区几乎集中了所有的外资企业时，这种状况尤为真实。在这些有限的地区内，最有活力的企业并不属于中国。从分析上来看，所谓中国的增长毋宁说是外资城堡的扩张。

把中国作为一个无差别的实体来讨论它的经济表现，所存在的第三个问题是积累和分配过程中的阶级性问题。极少数的外国和国内资本家阶级、国家的部分管理人员及其裙带关系网控制了整个积累、再生产、集中和分配过程，并且从中受益，中国的贫富差距在短时期内迅速拉大。一些精英以中国之名来行动，但却制定与其利益相一致的发展政策。在评价中国的生活标准时，人均货币收入掩盖了5%的最上层与75%的最下层之间的巨大不平等。

二、中国发展的诸阶段：从半殖民地到革命

（一）第一阶段：从殖民地到社会主义

中国社会主义革命的成功为持续和重要的经济发展创造了最基本的政治和经济条件。革命运动在打败日本殖民主义的军事斗争中发挥了主要的作用，并且在创立民族主权的过程中结束了欧洲人的势力范围和其在沿海地区的特权。中国的社会主义革命创立了一个统一的国家。它结束了飞速的通货膨胀、极端的腐败和对公共财产和金融体系的掠夺，为稳定的货币、财政秩序和运转正常的经济奠定了基础，从而能够重建遭到战争破坏的经济。它消除了美国在朝鲜战争期间对中国边境地区的威胁。在民族国家的主权框架内，由于消除了帝国主义的控制，中国的社会主义革命实施了大规模的基础设施工程，推动了工业、农业和贸易的高速增长，结束了西方和东方帝国主义控制时期的大规模饥荒。它带来了一些战略性的变革，为长期的增长奠定了基础：它对各个阶层实施了大规模的公共教育和医疗运动，创造了一支受过教育的、健康的劳动大军，包括数百万的工程师、科学家和高素质的技术工人。同样重要的是，它把大量的农民转变成一支训练有素的城市产业劳动大军。钢铁、煤炭产业和生产资料部门的迎难而上为轻工业和廉价消费品的顺利扩大创造了基础。

然而，在社会主义共识内，发生了秘密和公开的争论。在群众中，

反对这种共识的是农村的农民和城市的小业主。在精英中，反对这种社会主义共识的最有影响的人是党的领导干部、理论家和下级职员等重要的阶层。这些力量之间的公开的阶级冲突最终导致了“文化大革命”。

从一开始，“文化大革命”挑战了对剩余农产品的“封建榨取”、苏联式的等级制度和权力的滥用以及“泰勒制的”工作组织形式。斗争重新肯定工人在社会中的优先性，因而排除了任何走向市场的可能，至少将自由化延迟了20年。在城市里，尤其是对青年的动员旨在结束公共机构和专业人员的权力滥用——这些机构和人员垄断了教育、医疗卫生、科学和文化的公共机构——以便使它们符合平等主义的规范。但大众动员由于缺乏明确的方向，导致了群众运动的衰落和幻灭。

20世纪70年代末，中国出现转折。

（二）第二阶段：改革开放初期

改革加强了喜欢市场开放的那部分官僚精英的地位，重新激活了社会主义政权所包含的资本主义残余，更重要的是，为经济学家、科学家、工程师和其他干部提供了机会。同样重要的是，毛泽东的外交政策恰好转而接受华盛顿，中国共产党重新评价了它的国际政策和世界资本主义市场的核心地位。

技术官僚、市场取向的共产党官员、雄心勃勃的私营企业主、新的政治理论家和重新获得尊重的旧资本家构成了新的权力图景。他们制定出一种分阶段自由化的战略。这种新的权力精英尽力避免对社会福利体系和集体财产的正面进攻。相反，在整个20世纪80年代，他们采取了一系列相互交错的自由化措施。他们解散集体农场，乃至那些成功的集体农场，实行“家庭联产承包责任制”，鼓励私人贸易、个人积累和渐进的土地集中。作为国家的代理人，政府精英控制着财产的转让、合同、进口许可、土地使用许可、信托、贷款。精英把这些额外利益分配给新资本家：腐败模糊了公有财产和私有财产之间的界限，尤其是当大多数新资本家是政府官员的关系户时。

新兴的资本主义因素受惠于社会主义遗留下来的一个健康、训练有素的城市产业工人阶级、基础工业和轻工业。一个有序、稳定和统一的国家能够捍卫民族主权。基础设施和这样一个国家是资本起飞的主要条件。

此时有一个关键的因素导致社会远离共产主义：20 世纪 80 年代，精英的整整一代子女受到过国内外西方自由主义经济学家的教导。他们学习市场经济模式，把“现代化”等同于资本主义自由化，并且知道跨国公司和外国投资的积极作用。他们相信，效率即盈利和私有化，不平等是“能力”（或缺乏它）的结果。受过教育的一些精英普遍地和毫不迟疑地接受了对资本主义优点的一切歌颂。

国家转型的基础是一种“原始积累过程”或对公共资源的掠夺。到 2005 年，中国出现了严重的不平等。相比之下，20 世纪 70 年代初，中国是世界上最平等的国家之一。

三、自由主义时期

在几乎所有情况下，在“推动”民族私人资本主义的发展过程中，部分政府官员的腐败发挥了重要作用，新私有企业资本从政府承包合同、政府土地赠与、税收减免、国家控制的廉价劳动力和几乎垄断的市场中（尤其是在开始）获益巨大。在这两种途径中，自由化既是市场导向的，也是国家驱动的。干预主义的国家仍然是一个关键因素，但它的角色发生了从直接投资者到私人投资促进者的剧变。

新法规（或至少是惯例）取代了限制市场活动的法规，这给予了资本家土地场所、投资刺激和对财产权利的保护。在整个 20 世纪 90 年代和新世纪之初，一个不变的情况是私人资本生产、出口、利润、投资比例的不断增加。始于 20 世纪 80 年代初的“市场开放”在接下来的 20 年里转变成种种洪流。到 2005 年左右，私人资本占非农产出的 75%。

房地产和建筑业的繁荣把门路广泛的“企业主”变成百万富翁。对国有企业的买断也促使了新产业资本家的兴起。通过不择手段、诈骗、垄断市场和对劳动力进行无限制的掠夺，新资本家们在不到20年的时间里从小企业主迅速变成企业大亨，不仅拥有多栋豪宅和奔驰汽车，还拥有情妇和海外账户。

对劳动力的高强度剥削、成百上千万的工人和农民失业以及财富在10%的上层人口中的高度集中，使国内的需求开始受到相对的限制。

由于市场的重心在海外，发展最靠近港口的沿海地区和迫使劳动力从内陆向沿海流动就是逻辑的必然了。出口市场决定了生产地点，而后者又决定了国内人口流动的方向。沿海地区的生产地点、港口、商业和银行中心也成为学术研究中心，因此也是培育新自由主义意识形态的温床。

成百上千万的工人工作在最糟糕的条件下：工作时间长、最差的安全条件、最低的报酬和不卫生的工作条件。他们创造了巨大的利润，而新的富人则由此变得越来越富有，并且炫耀性的消费也变得司空见惯。在中国乃至资本主义的历史上，从未有一个阶级在这么短的时间内积累这么多的私人财富。与生产和分配的地理集中趋势相随的是财富、消费和政治权力的阶层集中。“两个中国”观念具有了一种全新的意义：不再是指美国对中国大陆和中国台湾地区的区分，而是指由新的大资产阶级控制的沿海中国和由成百上千万农民工组成并为沿海的加工、组装、出口和赢利提供廉价劳动力、原材料和制成品的内陆中国。

四、外国资本建立前哨基地阶段

与中国资产阶级精英的发展相随的是，外国大投资者在一些关键部门中建立了制造业的前哨和据点。转折点出现在中国加入世界贸易组织之后：大规模地关闭国有企业的长期政策随之出台；与此同时，国有财产被私有化和转移到民族资本或外国资本的手里。加入世界贸易组织明确地改变了私人资本和国有资本之间的均衡和后者的意识形态优势。

私人资本在产值、出口值和提供的就业机会上都超过了国有资本。私人大公司开始从国有银行获得越来越多的贷款，而在过去它们则受到排斥或限制。在民族资本和外国资本待遇平等的幌子和保护下，日本、美国、中国香港、中国台湾地区和欧盟的跨国公司加速进入中国市场，进入到从面霜到高尔夫球场、从工厂到高技术企业的大部分经济部门。实际上，并不存在任何“禁区”。

“官僚国家主义者”（bureaucratic statists）对此采取了各种抵制行动，经常拖延和不贯彻政治决策，以此来放慢私有化的步伐。一些人是基于政治信念，而另一些人是为了榨取利益。然而，最终，国家主义者显然在步步后退。

国家资本主义模式的基础是国有资本、民族资本和外国投资的三角联盟。现在，这种模式已经被民族资本和外国资本的新双重联盟所取代。到2005年左右，民族资产阶级已经达到了权力的顶点，超过国有资本，但尚未挑战冉冉上升的外国跨国公司的主导地位。廉价劳动力储备正在减少，竞争正在加剧，对外国资本渗透的反对仍然局限于官僚部门。中国大多数人很喜欢转包合同，并且与外国资本建立伙伴关系。许多大学生试图在私人民族垄断企业和外国跨国公司中求职。国有企业的职位是一个次要的选择。由于竞争加剧和利润下降，许多中小企业开始破产，被新的更大的垄断企业取而代之。

中国不仅仅是中国资本家的“乐园”，也是全世界资本家和投资者的磁石：每一个资本家都希望对中国近乎无限的劳动力进行无限制的剥削、进入由2亿中产阶级消费者、上千万个百万富翁和数千名超级亿万富翁组成的中国市场。

五、未来：从自由主义转向新自由主义——民族资产阶级的末日？

外国投资者和跨国公司正在快速地增长，开始走出它们最初建立的前哨，不再满足于只担当某些公司的少数派股东。从现在到未来的十年里，跨国公司和外国投资银行将把触角伸入整个沿海经济的生产、分配、交通、电信、房地产和服务业部门。这一进程将通过三种方式进行：（1）对新企业的直接投资；（2）最常见的是与战略伙伴共建合资企业；（3）购买现有企业的股份。在这三种方式中，有一个明确无误的趋势：跨国公司将不断扩大它们的影响和投资，最终控制这三类企业的战略性的管理职位。

随着大城市中劳动力、租金和“创业”成本的增加，随着内陆地区出现了一个相对繁荣的资产阶级和小资产阶级，跨国公司可能把它们的活动扩大到中国内地。尽管在中国内地大多数工人、农民和失业者的生活标准很低，但却有1到2亿活跃的消费者。由于中国继续充当外国公司的组装和出口平台，外国投资和跨国公司正在向获取大量乃至绝大多数的国内市场份额转变。这是一个历史性的变化。

跨国公司已经发动了一场全方位的经济进攻，目的是：（1）控制银行和金融体系；（2）控制中高端的国内消费市场；（3）渗透到电信部门；（4）增加文化、娱乐、宣传和商业市场的份额。

在银行体系中，外国资本将获得国内巨额储蓄和并控制大中小公司的贷款途径；而且更重要的是，它们将能够用中国人的储蓄为跨国公司的投资提供资金。中国主要的银行已经在向外国投资者出售股份，而且几家国际大银行已经收购了一些地方银行。到2006年当对外资所有权的限制放松的时候，外资对银行部门接管将会加速。到本世纪20年代初，外国银行很可能控制中国经济的金融杠杆。由于贷款、信贷、再融资和投资具有杠杆作用，外国资本将能够掌控中国工业。

外国投资者倾向于控制现有的消费市场，而不是创造一个大规模的平民化市场。当前的趋势是：外国投资者的目标是市场的高端——新资产阶级和比较富裕的小资产阶级。

在不久的将来，外国投资者可能利用新的世界贸易协定来渗透中国的电信和服务部门，尤其是大众传媒、娱乐业、广告、营销渠道以及重要的零售渠道。

在接下来的十年里，20 世纪 90 年代和新世纪头五年的渐进主义接管战略将被直接的买断和对新垄断公司的直接投资取代。

在竞争激烈的劳动密集型部门中，中国的公司仍然将占据优势。然而，它们的利润将受到跨国公司转包商的更大挤压，而且破产的比例将会很高，从而为所有权的更大集中开辟道路。

外国资本家和中国资本家之间的“劳动分工”已经开始形成。跨国公司将控制营销、融资、设计、技术、研发、生产目标和海外销售。它们的中国伙伴将负责政府公关（拉关系、支付“佣金”或贿赂等等）、劳资关系、招聘工人（但不一定负责中高级职员的招聘或解雇、升职和奖励）、公共关系和运营。

在某个时候，最可能是在本世纪 20 年代，由于在金融、生产、政治和出口中权力的不断增长，跨国公司所积聚的权力将会出现一次“大跃进”。“中国的经济”将失去它的“民族身份”，进而成为外国银行和跨国公司的附属物。量的渗透将会导致经济的制高点被外资抢占，中国执政阶级将发生质的变化。中国成为一个“世界大国”的企图将会遭到失败。相反，中国将变成帝国主义大国的一个巨大代理人，而不同的帝国主义国家将利用不同的政治精英、军队、学生等来加剧对控制的争取。

中国是否会从一个发展中的世界大国转变成帝国主义大国的代理人？这个问题的答案关键在于跨国公司何时会控制关键的生产资料部门、金融部门和贸易，以及这种经济权力何时在中国的政府内得以表现出来。跨国公司日益增加的存在与中国国家日益成为“自由市场”政策的推动者之间有一种象征性的关系，其中每一方都强化另一方。当利润份额从民族资本手里转移到外国资本手里的时候，中国将完成向帝国主义经济附庸转变的“大跃进”。在 21 世纪第一个十年里，这一过程将加速进行。

中国民族资本在过去的领导地位是建立在如下两个因素之上的：官

僚控制国家和政府官员残留的反帝国主义因素。一些政府官员一直破坏和阻止跨国公司的进入，从而增加了它们进入的成本。其他的障碍是外国投资者对腐败或无能的“战略伙伴”的错误估算。在利用农村失业储备大军的大多数劳动密集型产业中，中国的民族资产阶级实力最强。当这一“储备军”消耗殆尽和城市工人要求更高工资的时候，民族资产阶级对外国资本的比较优势将会减少。它们将会日益陷入工人反抗和跨国公司更大竞争优势的双重压力之间。“民族资产阶级”的发展前景将会是集中（垄断化），走向海外寻找新的廉价地点，以进行剥削和更新它们的技术和内部组织。结果很可能是，为了保住中国市场上日益下降的份额和在更贫穷的非洲、亚洲以及拉美市场和资源飞地上的少数海外投资行动，中国的全球性大资本将寻求与实力不断增加的跨国公司妥协。

中国正在非暴力地从自由主义的资本阶段转向新自由主义的资本阶段。与之相随的是，大众对世界上最残酷的剥削状况、最任意的土地侵占、最危险的工作条件以及1%的上层和50%的底层之间最严重的不平等的抗议越来越多。另外中国自由放任的农产品进口政策正在消灭成百上千万的农民并使他们陷入绝境。2005年左右，大规模地进口得到大量补贴的美国棉花、水稻和其他农产品，已经破坏了农业的各个部门。民族私人资本与外国私人资本之间的激烈竞争导致了几万起群体性事件，涉及数百万的农民和工人；他们抗议任意的解雇、工厂关闭、养老金窃取以及毫无补偿的财产任意强占。

六、社会危机的加深

在2001年至2004年间，重大的群体性事件从每年4 000起增至72 000起，2005年增至91 000起。中国政府开始承诺要建设“社会主义新农村”。

然而，这些措施力度太小，时间太迟。首先，那些实施负面影响的群体恰恰是那些被要求实施这些变革的群体。这是一种非常靠不住的建议。其次，对8亿贫穷的农民来说，仅仅增加数百亿人民币的支出只有微乎其微的作用。自由市场政策在农村的扩展将继续导致土地所有权的集中和农村失业人数的增加。与城市的土地投机商一道，富有的农民、交通运输人员、商业中产阶级和非法放贷者在农村紧紧地控制着政治权力，并且肯定会使最贫困的农民得不到绝大部分的新农村建设资金。中国政府促进国内消费的政策要求快速地提高最低工资和调节高度有利于资本的工资利润比。这些并不属于新自由主义的议程。既然大部分制造商都迎合出口市场的需要，因此，整个生产结构必须加以调整，以便适应国内需要。当前新资本家阶级并不愿采取这种代价高昂的选择。国内消费市场的大幅度扩大意味着工资提高和商品价格下降，但这就会影响与部分官僚关系密切的新资本家的利润。政府的困境在于：要想用逐步的结构调整来遏制日益增加的社会不满，将不得不壮大工农的权力，而且将不得不限制对外国投资者的“开放”政策。

有一些迹象表明，民族私人资本和外国私人资本对战略性经济部门的快速接管已经在党内遭到了尖锐的反对。中国已经出现了激烈的意识形态争论。这些争论的重要意义在于它们凸显出中国被外国接管和快速私有化正招致知识分子和公众的明确反对。尽管如此，这些争论不可能产生深远的影响。

在将来，如果由外资完全控制中国，外国资产阶级的统治将缺乏用来迷惑工人的“民族资产阶级的文化联系”、“民族主义伪装”和所谓“世界大国”的弥赛亚主义话语；工人和资本的关系将完全围绕着金钱轴心转动。以外国掠夺为基础的社会关系将再次唤醒知识分子、学生、小商人和农民通过阶级和民族纽带凝聚起来，进而在接下来的数十年里发动一场新的反外国资产阶级的斗争。

（李冬梅 摘译）

对中国可能出现的危机的再思考*

〔美〕何汉理

常有人说中国正走在一条极其危险的道路上：它的经济依赖国外资金，它以自己特有的方式选举领导层，并且它的扩军威胁了世界。但这个泱泱大国所面临的危机远比你意识到的严重。

“中国最大的危机是经济”？

并非如此。实际上，中国最严重的危机是生态方面的，尤其是环境问题以及易遭传染病袭击方面。当然，这并不是说中国没有经济问题。没有一个国家可以游离于正常的经济周期之外。但是北京正在摸索财政和货币手段来调节经济，以便阻止这些问题的灾难性爆发。

相比之下，中国在生态和卫生方面的危机比人们所意识到的要严重很多。中国的空气污染已经影响了诸如北京、香港和上海等城市的生活质量。农村和主要城市正面临日益严重的水资源短缺现象；上海的地表水中，只有1%是可以安全饮用的。作为这类事件中较早发生的一件就

---

* 本文来源于美国杂志《外交》（*Foreign Affairs*）2007年3—4月号。何汉理（Harry Harding）是乔治·华盛顿大学教授。

是，2005 年 11 月，东北某化工厂的爆炸使得大量苯类及其他有毒物质泄入松花江，导致大工业城市哈尔滨有数百万人断水达一周。由于化学物质泄漏和有毒物质的排放而使环境危机加剧的可能性很大。中国政府已经发出警告，二氧化碳和温室气体的排放将严重损害中国的农业产量。

中国也正面临慢性传染病的威胁。到 2006 年，报告的艾滋病病例已经达到约 65 万人。联合国估计，到 2010 年将有 1 000 万中国人被感染。肝炎患者占全国人口总数的 10%。未来中国还很有可能会爆发急性传染病，例如禽流感。现在的主要问题是这种病毒的危害性究竟有多大，其扩散是否可以得到控制。由于资金短缺，农村公共卫生系统衰败，加之地方官员不愿汇报新的疾病爆发情况，这一切都使得危机加剧，使得其一旦爆发就很可能演变成一场致命的流行病。

“大规模群体性事件不可避免”？

几乎不可能。中国存在许多将引起广泛不满的问题，包括环境恶化、社保网络中存在的城乡和地域差距（尤其是医疗保险和养老金方面）、关于土地和水资源所有权的争议以及政府官员的长期腐败问题。这些不满已使民众的抗议激增。据中国政府报告，在 2005 年共发生 8 000例此类事件，其中一些颇具规模，甚至对抗相当激烈。

但是，中国政府正在采取措施来消除那些引起农民不满的情况，例如增加在农村的投入，取消繁重的农业税，并且严厉制裁欺压乡民的地方官。当抗议真正发生时，他们会努力解决导致抗议的某些具体问题。最重要的是，通过控制媒体和压制独立的政治组织，北京正在努力将这些事件控制在当地范围内。而且，在许多阶层中，尤其是在中国与日俱增的城市中产阶级中，对政府的政治支持率看来相当高。

人们真正关心的是，如果发生更大的事件，是否会将政府的这些努力化为乌有。大范围出现严重经济问题（尤其是通货膨胀和失业），或者政府在处理国内国际重大危机中遭受指责（比如环境灾难或者即将到来的2008年奥运会期间可能会发生的某个意外），都会导致全国范围的不满。如果这种不满情绪不断蔓延，以致动摇了党对媒体和网络的控制，或者造成领导层的分裂使之不能作出有效应对，那么情况将会变得非常危险。这种情形下，就有可能在几个主要城市爆发很难控制的大规模抗议。

“中国的精英政治很稳固”？

是的，但并不完全如人们所想。中国的政治已经变得越来越制度化，精英们越来越务实，最高领导层想避免给人以内部长期不和的感觉。但是胡锦涛主席一直不得不选择比他的前任更加温和的路线。

胡锦涛的第一个五年任期已经接近结束。依惯例，此时应该有一到两个潜在候选人进入政治局。显然，在今年秋天召开的共产党第十七次全国代表大会上，胡锦涛主席将不得不为确定自己的继任者作准备，以便使其在自己卸任之前，能有足够的时间来赢得人们对这一选择的支持。胡锦涛最近强调了他的立场——中国需要处理最严重的国内问题，广泛分享经济增长成果，以减少社会冲突。但是在实现这个目标的途径上仍存在争论。一方面，共产党已经把建立“社会主义和谐社会”确定为它的首要目标之一，这就意味着任何非“社会主义”的政策——比如保护私有财产或者推进民主多样性——都不会被讨论。另一方面，尽管胡锦涛在谈论可持续发展，但党的各级领导还是把经济增长放在优先地位。

“中国的银行将崩溃”？

未必。直到最近，中国的银行体系仍面临很大困难。它是维持国家高投资水平的主要机制——投资在2005年占国内生产总值（GDP）的

45%。银行面临向效能低下的国有企业发放贷款的巨大压力。结果，中国的不良贷款总量已上升至警戒线。但是银行挺过来了，这在很大程度上是由于中国储户鲜有其他可供投资的渠道。银行体系的偿付能力不是那么强，但是它有资金周转的能力。

近年来，中国公司已经成为风险系数较小的银行客户。投资正越来越多地来自银行贷款以外的其他途径，比如债券、企业利润或股票上市。对于以前的国企来说，逐渐进行的合并、收购以及私有化过程也正在增加它们的盈利能力。

同时，银行的偿付能力也提高了。中国一直在对银行进行资本重组，把不良贷款转移给管理公司，并且引进了部分外资。除此之外，通过住房抵押和收费服务，银行的资产组合也日益多样化。

中国的金融体系并没有完全摆脱风险。因为银行的高层领导仍旧从党内选派，所以银行的借贷决定仍旧面临政治压力。较小的地方银行、各种各样的投资代理公司以及保险公司的状况也不尽如人意。随着投资机会的增多——包括股票市场、房地产甚至海外对冲基金，中国的银行现在不得不担心偿付能力不足将导致资金周转问题。

尽管如此，中国低水平的外债使得政府可以控制由金融危机所导致的经济后果。

“中国太依赖国际金融”？

并不然。中国确实已经高度融入了当今的国际经济。抛弃了毛泽东时代的计划经济后，中国已经变成了贸易大国。中国出口大批纺织品、机械产品以及电子设备。同时，它进口高端技术、石油和其他的原材料。它也是外国直接投资（FDI）偏爱的目的国，这不仅是由于中国作为出口制造平台的吸引力，而且由于它国内市场的规模和活力。中国现在吸引的外国直接投资是10年前的两倍。

出口在中国GDP中所占的较高比重以及它引进外资的巨大数额已经

引发了担忧：中国太依赖于国际经济，极易受到全球经济速度下降的影响。但是这些担忧被过度夸大了。首先，1万亿的外汇储备以及高达47%的国内储蓄率，使得中国几乎并不依赖外资。它依赖的是随着外资一同进来的技术和市场网络，以便于促进出口。投资减少不会对它产生什么影响。

贸易也同样。中国是一个规模巨大的大陆经济体，贸易占GDP的64%，但是它的贸易依赖度比中国香港地区和新加坡要低得多。而且，中国出口产品的大部分价值是来自进口零件和原材料——本土资源所产生的价值较少。标上了“中国制造”的电脑可能是在中国大陆组装的，但是它的屏幕和微处理器可能来自中国台湾地区或韩国。加工和组装型产品大约占2006年中国出口总额的55%。这意味着贸易对中国经济的净贡献比看到的总数值要小。当然，如果全球经济严重衰退，或者发生一场使全球贸易瘫痪的恐怖袭击，中国经济肯定将会遭受打击。但是比起绝大多数国家来，它的抗风险能力要强得多。

“中国的民族主义正在上升”？

是的，但是不要刻意夸大其意义。自19世纪中期以来，大众化的民族主义一直是中国社会构造的组成部分。它是对那些技术比中国先进的民族发起的侵略——先是来自欧洲，后来是来自日本——所作出的反应。近来，中国共产党开始把民族主义作为维护其合法性的手段之一而加以鼓励。

但是共产党也认识到，民族主义是一把双刃剑。它可以成为其在国内的合法性的来源，也可以导致来自国外的疑惧和不信任。该教训已经多次被排外示威所证实——包括因为1999年中国驻贝尔格莱德大使馆被炸事件，以及因为2001年美国侦察机和中国战斗机相撞而引起的反美示威。尽管这些插曲并没有对中美两国关系造成持续性影响，但北京已经对抗议的热情产生了警觉，并花费一些时间才结束了这些抗议。中国的领导人知道，当他们被认为是维护了中国的利益时，民族主义可以使公众很容易就支持他们，同样，当他们被认为向外国政府“让步”了时，民族主义也可以使公众很容易就公开批评他们。

因此，在共产党寻求合法性的手段中，对于民族主义的宣扬现在所起的作用不大。在一定程度上，它已经被对“社会主义和谐社会”的诉求所取代。媒体反复强调中国将以和平的方式崛起，官员们也在努力地控制民族主义者的热情。

问题是，大众化的民族主义有其自身的动力，这个动力是不依赖于共产党领导的意愿的。但是如果没有更进一步的民主，民族主义反映的民意就不会强大到足以决定中国的外交。然而，它在一定程度上可以降低中国外交政策制定者的灵活性。如果在处理国际危机事件中，中国政府被指责没有捍卫国家利益，那么，这将成为政局不稳定的一个因素。

“中国的崛起将会导致军事冲突”？

极不可能，至少在可预见的将来是不可能的。当然，中国正在推进军事现代化，不仅在寻求更强大的核威慑力，而且也在寻求改善常规武器的力量。像任何强国一样，如果认为自己的核心国家利益受到威胁，中国也将会使用武力——尤其是在有关东中国海和南中国海的岛屿及其海下资源的纠纷、朝鲜的可能垮台以及最重要的台湾宣布“独立”等问题上。

但是中国不再是一支革命性的力量。在过去 25 年里，它从现行的国际经济和政治体系中获益颇多，因此它对这个体系并无根本性不满。而且，北京对世界其他地方的经济依赖将会阻止它的军事冒险，除非是它的核心利益受到威胁。反之，中国的崛起将会阻止其邻国来挑战自己的核心利益。北京划出了台湾海峡的警戒线——台湾从法理上宣布“独立”——这条警戒线绝不能被逾越。

因此，来自中国的挑战远比那些杞人忧天者所说的微妙。首先，虽然中国愿意加入现行的国际秩序，但它想发挥更大的作用，它希望自己成为一个规则制定者，而不仅仅是一个规则接受者。幸运的是，华盛顿当前也鼓励中国在国际体系中成为一个“负责任的利害攸关的参与者”，这一政策与北京想要发挥更大影响力的愿望相当一致。

第二个挑战源于中国企业不仅想要获得最大的国内市场份额，还想加入大规模的、有利可图的多国企业行列。中国是全球化的典型代表，但是北京的目标是看到中国的公司，而不是外国公司成为这场全球竞争的胜利者。确实，对世界来说，中国的经济民族主义将成为比中国任何其他形式的力量更大的挑战。

中国正同时在军事、经济、外交、意识形态以及文化等多方面崛起。从这个意义上说，比起20世纪30年代的日本和斯大林时期的苏联，它更像20世纪50年代的美国。中国崛起的最大风险不是北京将会使用武力去进攻别国，而是它将会利用日益增加的资源使全球力量平衡朝着有利于自己的方向转移，尤其是在亚洲。那是一个战略性转变，这一进程已经开始了。

（张玲 译）

2020 年的中国经济：第二次转型的挑战*

〔美〕彼得·伯特里尔

对过去的经济增长的理解

在 1978—2003 年之间，中国经济的表现甚至好过乐观的预期。为什么发生严重经济衰退和金融危机的预言并没有实现——至少到目前为止？为什么经济表现持续超出乐观预期？1997 年世界银行的“2020 年的中国”研究指出，中国 1995 年的 GDP 是 1985 年世行预期值的 2 倍，并认为 2001—2010 年中国的 GDP 增长会从 9.8%（1985—1995 年的平均水平）降到 6.9%。而截至 2006 年底，其实际增长率为 10%，而且没有出现马上进入快速下滑趋势的预期。很多人低估了中国发展对世界的重要性。直到 1999 年，伦敦国际战略研究所主席、中国问题专家杰罗德·西格尔还写道：“中国只是一个对世界，尤其是亚洲以外地区无甚紧要的小市场。”在那时——仅仅 8 年之前——这一观点还深入人心。

我们可以事后诸葛亮地分析出 15 年来中国产出和生产率超常规增

---

* 本文是作者发表于全美亚洲研究所会议上的论文的修改版。彼得·伯特里尔（Pieter Bottelier）是约翰·霍普金斯大学国际关系学院资深中国问题研究专家，曾任职于国际战略研究中心（CSIS）和世界银行。

长的一些因素，其中一部分因素与标准经济增长模型并不完全一致。最重要的因素如下：卓有成效的领导和大众对改革的广泛支持；始终如一的改革方向；专心致力于政治体制各层次的改革和发展；优先于所有权改革的制度建构和市场竞争；异常高的国内储蓄率；中国乐于学习国际经验，并决定在国际惯例下使经济对外国贸易和投资开放。

自20世纪90年代中期到2003年进行大规模的经济重构（包括国企改革）以来，中国的制造部门——中国经济增长的引擎——年平均劳动生产率的增长超过了20%。这种增长率足以负担高速的实际工资增长率（每年8%—10%）、扩张市场的低成本（从而有助于保证全球较低的通货膨胀水平）和合理的资本回报率。2000—2005年中国的年平均国民生产增长率达到8.7%，这是全球最快的增长之一，也是美国的增长率2.6%的3倍。不过如果中国更多关注环境问题、保护劳工权益问题和知识产权问题，其增长率可能会低些。

外国观察家总是过分关注中国的问题而低估了中国认识和解决这些问题的能力。很多权威在1989年天安门事件、1992—1995年发生高通胀、1997—1998年发生亚洲金融危机以及2003年SARS流行时都预言中国经济将陷入困境。中国的金融体系也被描述为中国经济的致命弱点，处于崩溃的边缘。尼克·拉蒂在1998年的著作《中国未竟的经济革命》中对中国银行体系问题的分析是完全正确的，但是那些引述该书内容来预言金融危机的人是错误的。很多人不仅低估了中国认识和解决问题的能力，还低估了中国达成关键目标的决心。比如1999年4月克林顿总统拒绝了中国总理朱镕基的入世申请之后，很多人担心中国入世会就此止步。不过当年年底双方便就入世条件达成了协议。中国认为会员国资格有益于其国家利益，所以即使作出让步也要加入WTO。

对现状的理解：中国第二次转型的挑战

虽然严重的宏观经济失衡、地区和部门发展问题以及日益严峻的社会不平等和农村不稳定等问题困扰着中国，但现阶段中国经济发展的条件仍然是非常好的：2003 年以来生产率保持高水平增长；城镇人口工资迅速增长；2005 年公司的盈利能力显著增强（2006 年的数据还未得到）；商业信用水平高；国际收支状况良好；中国的外汇储备超过了 10 000亿美元，其国际投资状况迅速转好；1994 年财税改革以来国家财政状况明显好转；金融改革成绩不俗；近年来农业增长稳定；城镇住房私有化（1998—2003 年）促进城镇住房建设出现前所未有的高速增长和比以往更高的劳动（和社会）流动性；低通货膨胀率；外国直接投资保持较高水平；消费支出虽然还是比较低，但在 GDP 中保持了一个稳定的比例；短期的经济预期态势良好。

现在中国人对现状并不满意。中国政府意识到了环境破坏严重、农村不安定因素增长和其他的社会危机，他们将国家发展的重心从粗放式的增长转移到建设和谐社会和可持续发展上来。中国新增长模式的目标是要更多依靠内需和自主创新，以及在全球产业链上获取更大份额的附加价值。保持高速增长新近也被加入到了核心任务中。

这个新的增长模式不亚于开启了第二次转型。1978—2003 年第一次转型的主要目的是确立市场原则、建立市场机制、最大可能地发展经济以增强国家实力并为劳动力从农村和低效的国有部门转移到非国有企业创造条件。第二次转型主要是为了提高中国经济增长的质量。人们期待这次转型能够降低低端、低附加值制造业的比重，并提高服务业和高端制造业的比重。新战略中增加的关键因素之一就是使中国经济的能源使用效率更高。于是两个主要的疑问就是：胡锦涛政府是否能兑现第二次转型的承诺，以及尝试失败会带来怎样的后果。

新的发展重心对于中国来讲是正确的，不过除非中国的政治经济体制发生重大改变，否则，这一承诺很难兑现。至少中国需要建立起使共产党和政府官员的行为与新的发展重心相一致的激励框架，并给予司法更大的独立性。实现粗放式增长比构建和谐社会和可持续增长要容易得多，尤其在这样一个自上而下的威权体系中。然而，中国政府的威信甚至是执政的合法性与实现这些更复杂、更困难的发展目标密切相关。共产党是在自找麻烦吗？它会在无意识中创造民主化的诱因吗？如果若干年之后人们没有看到在实现新目标方面取得进展，那么结果会怎样？是不是政治体制会更加独裁和压制？领导权力是否会分裂或者失去人民的信任？是否会发生一场波兰式的团结工会运动？

中国要想成功实现第二次转型，需要解决如下关键问题：减少增长对净出口和投资的依赖；降低国民储蓄率，提高消费率；加强建设社会保障体系，使之覆盖农村地区；强制执行已有的环境标准，并补充新标准；为国内外的权益人提供知识产权保护；为提高自主创新能力改革商业环境和教育体系；降低中国经济的能耗；提高司法独立性；改革财税体制，减少基层政府对预算外收入的依赖；大力降低政府对企业的影响，尤其是在金融体系内。

上届政府已经认识到了上述问题中的一些，这已经不再新鲜了。新的情况是解决这些问题已经成为衡量政府表现的众多标准中的一部分，而这个评价不仅是由国际社会，更是由中国人民作出的。

展望未来：中国能否应对第二次转型的挑战？

实现第二次转型的最大障碍可能是中国的政治化经济，其特征包括政府通过土地所有权和国有企业过多介入经济，控制金融体系，基层政府依赖于预算外收入等。如果保持这种政治化的经济体制不变，中国很难完成第二次转型。目前对共产党和政府官员的激励机制与新的发展重心并不吻合，这一点在地方政府层面尤其如此，对预算外收入的普遍依赖扭曲了发展重心，促使政府介入地方经济，导致腐败发生。政府的激励机制应该进行调整，以便于建立起对人民的责任感，而人民会受益于一个更和谐的社会、更清洁的环境和更公平的社会。为了推动真正的自主创新，需要改革教育体制和企业层面的激励机制，以鼓励和促进独创性的思考。

至此，还没有多少证据表明始于 2003 年的第二次转型已经得以实现。中国的对外贸易顺差还在增长。世行最近的一次研究显示，不仅中国的分配不平等还在继续扩大，而且 2001—2003 年期间收入最低的 10% 的人群遭遇了收入的绝对下降。积极方面，有证据显示投资增长已下降到一个更正常的水平，居民消费在 GDP 中的份额保持稳定并可能上升，而且研发投入增长显著（经合组织认为中国经济总量位列世界第二，仅次于美国），不过大部分专家认为中国真正的自主创新尚未有建树。

在第二次转型中，把握好趋势、处理薄弱环节、控制风险会因为各方面的发展而变得复杂，而政府对这些发展的控制相当有限。中国的劳动力大约在 2015 年左右将保持稳定，之后开始减少。这一变化会给工资带来更大的上涨压力，尤其是考虑到新劳动法即将出台。生产率提高可能会随着始于 1995 年的大型企业重组即将完成而下降。当这一现象出现时，在不减少工作岗位的前提下工资增长和人民币升值的空间将缩小。日益严重的土地稀缺情况会持续推高成本，尤其在东部地区。如果经济突然衰退或者资产（包括房地产）价格崩溃，那么都有可能爆发金融危机，而经济衰退可能是由外国的贸易制裁、或者某种流行性疾病、或者与环境相关的灾难导致的。国外的石油和天然气供给可能受阻。如果外贸顺差持续增长而中国的央行无法处理过剩的流动性，通货膨胀可能再次成为问题。台湾地区或者朝鲜可能会做出令人不愉快的突然之举。

如果第二次转型失败了，结果会怎样？各种不利的发展汇集在一起会导致严重的政治和经济问题，即使对政府领导能力没有争议。需要注意的几个核心经济指标是生产率、实际工资和城市就业率。生产率下降，同时实际工资和土地成本增加很快会导致大量企业破产和大规模的城镇失业，尤其在能够支撑产业向高附加值转型的自主创新迟迟没有出现的情况下。这一局面会扼杀襁褓中新生的社会保障体系。城市的不稳定会恶化农村的不稳定，从而导致严重的社会动荡。如果这些不安定因素导致群体性的反抗、镇压或者政权的分裂，最终的结局就是政治革命和严重的经济衰退。

如果第二次转型成功了，结果会怎样？这种可能性将带来一种更美好的景象：中国的领导层在改革过程中继续先行一步，并由于及时正确地调整了政治和激励机制的框架（比如对人民更加负责，更多的自主创新，更好地保护环境和知识产权，司法更加独立，贪腐现象更少）而获得广泛支持。同时，如果北京逐步推动汇率改革、加强知识产权保护、进一步实现贸易自由化、完全遵守 WTO 和其他国际组织的规则并履行义务，中国也可以避免来自主要贸易伙伴的惩罚性贸易制裁。这即使需要对政治化的经济体制作出调整，但也不必然引发全面的政治改革。如果能成功地实现第二次转型，中国将为持续稳定的经济发展，对外投资的稳定增长，并在 2020 年之后成为全球领袖占据有利地位。

有没有中间道路？第三种可能就是出现“危机管理”（crisis management）的情况：成功的第二次转型中断或拖延到 2020 年之后，这进一步加强了政治与经济之间的紧张关系。共产党政权熟练地但也越来越困难地处理着各种危机，这在某种程度上会避免动荡或者将其拖延至 2020 年之后。在这种情况下，生产率下降，实际工资增长，土地成本上升会带来挑战，但体制内的各种压力不会引发大危机。日益严重的城市不稳定和农村的不安定结合在一起，不过这个有极强适应能力的政权还是能避免一场使之陷于衰败的危机并艰难前行。

（敖文　吴剑奴 译）

中国经济调整的可能选择及其后果*

〔美〕乔治·弗里德曼

中国经济高速增长的阶段注定要结束：因为中国过去的高速增长中有太多的非理性因素。

中国很多企业在经济上是没有效率的，但是依靠大量的信贷投入或依靠国家出口补贴以极低的价格出口继续维持。结果就是资源的大量浪费和挥霍。如果利率上调和信贷收缩，那么很多中国企业可能关闭，这将会带来很多后果。首先，它将带来大量的失业。倒闭的将不只是国有企业，而且是外资投资的企业，因为如果中国考虑发展的可持续性从而执行劳工标准和环境标准的话，即使后者在经济上也是不可能再运行下去的。

其次，扩大贷款是中国维持精英阶层团结的重要手段。贷款不仅可以避免失业，而且贷款可以使经济快速增长，当蛋糕在做大时，每个人将都能得到可观的一份。但是，一旦贷款压缩，经济增长减慢，上层阶层中就会出现受损失的成员和阶层，这将导致政治不稳定。

中国有大量的储蓄，这可以使政府能继续扩大贷款而暂时不引发金

* 本文来源于2006年6月20日“战略预报”网站（http：//www.stratfor.com）。乔治·弗里德曼（George Friedman）是著名的战略预测公司Stratfor的创立者。

融危机。但是中国经济增长内在的非理性因素仍然存在，问题拖得愈久，后果将愈严重。

日本在1990年左右，东亚和东南亚在1997年左右都遇到过与中国当前类似的问题。日本当时避免采取激烈手段以引发大规模破产和失业，因此导致十多年的经济停滞。韩国由于问题并不严重加上国内冲突不是很大，经过激烈调整，几年就走出了困境。印尼缺少应对危机的资源，加上国内本来政治矛盾重重，终于引发精英内部和地区之间激烈冲突，导致大规模政治动荡。日本能用渐进办法缓慢处理危机，是因为日本是一个有纪律的、内部高度稳固的国家，共同承担痛苦被人们认为比社会动荡更可取。

中国的未来可能不是这三种中的任何一种。中国政府不再享有以前那样的道德权威，但是仍有很强大的政治权力，仍具有管理危机的力量。中国有两条路可以选择：一是重新加强中央政府的权威，这样就可以管理经济政策调整后的后果。但是，这样做面临这样的障碍：沿海地区的上层阶层已经深深卷入沿海经济圈，他们沉溺于引进外资带来的好处之中，并希望沿海的这种非理性繁荣尽可能地持续下去。与北京相比，他们和东京、纽约、伦敦的关系更紧密。而内地的上层阶层的要求可能和沿海的正相反。北京于是就面临这样的困境：同时要驾驭两匹马，而这两匹马却跑向不同的方向。北京可能因此被摔于马下。

北京的另一个选择是接受沿海和内地的分裂，这将导致北京的权威进一步削弱，地方离心趋势将愈演愈烈。

在前一种选择下，中国将在一定程度上回归毛泽东的一些发展战略，在后一种选择下，中国将逐渐分裂，并成为有外国军事政治力量支持的外国经济利益争夺的战场，而中国地方官员继续和外国人合作，以维持经济发展。但是，第二种选择可能给世界的稳定带来更大的威胁，因为外国利益集团都想维持并扩大它们的在华利益，它们之间将激烈争夺，中国将再一次成为世界问题的集中地。

中国经济进入停滞、危机阶段对美国经济的影响是什么呢？很多人认为中国将撤回在美的资金。这是不太可能发生的。当中国金融发生危机时，中国不会把钱从美国这样一个安全的避风港撤回动荡的国内。很有趣的先例是 1990 年日本金融发生危机后，日本资金大量涌入美国，使美国经济摆脱萧条。1997 年东亚和东南亚金融危机后，又有大量资金涌入美国，又一次导致美国经济繁荣。

总之，中国经济已经不可能通过经济手段得到调整，因此未来中国在政治和社会领域将面临较大的转变或危机。

（丁海 摘译）

图书在版编目(CIP)数据

增长的迷思:海外学者论中国经济发展/周艳辉主编
—北京:中央编译出版社,2011.8
(海外当代中国研究丛书/魏海生主编)
ISBN 978-7-5117-0711-6

Ⅰ.①增…
Ⅱ.①周…
Ⅲ.①可持续发展-研究-中国
Ⅳ.①X22

中国版本图书馆 CIP 数据核字(2010)第 253147 号

增长的迷思:海外学者论中国经济发展

出 版 人 和 龑
丛书统筹 贾宇琰
责任编辑 李小燕
责任印制 尹 珺
出版发行 中央编译出版社
地　　址 北京西城区车公庄大街乙 5 号鸿儒大厦 B 座(100044)
电　　话 (010)52612345(总编室) (010)52612340(编辑室)
(010)66161011(团购部) (010)52612332(网络销售)
(010)66130345(发行部) (010)66509618(读者服务部)
网　　址 www.cctpbook.com
经　　销 全国新华书店
印　　刷 河北下花园光华印刷有限责任公司
开　　本 787 毫米×960 毫米 1/16
字　　数 300 千字
印　　张 22.5
版　　次 2011 年 10 月第 1 版第 1 次印刷
定　　价 65.00 元

本社常年法律顾问:北京大成律师事务所首席顾问律师 鲁哈达
凡有印装质量问题,本社负责调换。电话:(010)66509618

中央编译局文库
Central Compilation and
Translation Bureau Literature

海外当代中国研究丛书
Overseas Studies on Contemporary China Series
丛书主编：魏海生

奇迹的建构

海外学者论中国模式

王新颖 主编

ACHIEVING THE MIRACLE

Overseas Academics on China Model

全国百佳出版社
中央编译出版社
CCTP
Central Compilation & Translation Press

总 序

近年来，随着中国的迅速崛起，海外中国问题研究急剧扩展，世界上到处都在述说着“中国故事”。2009年，英国的中国问题研究专家马丁·雅克在他的《当中国统治世界：中国的崛起和西方世界的终结》一书中为我们描绘了“可能的未来景象”，提出“世界将按照中国概念重新塑造”；与此相反，2010年，美国国际投资分析师麦嘉华、华尔街著名对冲基金经理查诺斯、哈佛大学经济学家罗戈夫等人纷纷发表文章认为，中国经济的泡沫即将破裂，中国甚至将走向崩溃。至此，关于中国的“统治说”与“崩溃说”在全球文化语境中各执一端、相持不下，这其中包含多少学理上的探究和现实中的策略尚待更进一步的讨论，然而，有一个事实不可否认：在当代全球体系下，“中国”已成为全球学者共同关注的热门词汇，“中国研究”正牵动着世界相关领域专家的问题意识。

正是在这样的背景下，中共中央编译局海外理论信息研究中心与中央编译出版社共同推出了《海外当代中国研究丛书》，力图让海外学者的视角、眼光更多地投射到我们的视界，使我们听到更多的来自世界的各种声音，而这种眼光与声音越真切清晰，越有利于我们的判断与辨析，同时也可以成为我们以多重向度理解自身的借镜。

当代世界的政治经济结构已深置于全球范围的互动关系中，各个领域的跨国化进程使本土与世界的关系显得愈加紧密复杂，作为现代性的民族国家正在以某种有别于其传统功能的方式，全面介入当代世界的关系体系。而历史上两大阵营的关系模式，以及后来的三个世界模式、中心/边缘理论等都无法诠释当代世界的复杂图景，因此，从这个意义上讲，如何建构一个更为广阔开放的参照系，多向度地反观时代，主动寻求异质文明间的对话与精神资源，既是各国经历现代性进程中的共同命题，同时，作为现代性共同体，藉此过程辨清自身的方位也更显必要。康德曾用“先验幻象”的概念指涉一种先入为主的思维定势，作为学术研究的文化使命，我们也有责任对某种封闭的执信保持警惕。今年适逢中国共产党成立90周年，在国内外一片赞誉声中，中国领导人保持着清醒的头脑，充满着强烈的忧患意识。在庆祝中国共产党成立90周年大会上的讲话中，胡锦涛同志警示全党：世情、国情、党情正在发生深刻变化，执政考验、改革开放考验、市场经济考验、外部环境考验将是长期的、复杂的、严峻的。精神懈怠的危险，能力不足的危险，脱离群众的危险，消极腐败的危险，更加尖锐地摆在全党面前。面对“四种考验”、“四种危险”，中国共产党人需要更加理性地、更加包容地听取不同的声音，关注来自国内外各方学者的思想成果。这是一种开放的胸怀，更是一种自信的表现。海外学者对中国问题的研究无疑提供了这样一重思想话语与认识维度，使我们有可能在固有的视域之外窥到自身的盲点，有助于深化我们对自身所处国家的认识；另一方面，研究方法与研究范式上的差异，也有助于我们观察和掌握不同文明视角下的内在逻辑，从而更有效地思考自身相应的策略，同时，这种认识上的互补性也可导向多种精神资源共同面对和审理对于当代世界的多层意义的解读，进而与当代全球体系达成一种良性互馈。

从某种意义上说，《海外当代中国研究丛书》的编纂既是基于现实的需要，也是当今学术研究与社会现实之间的互文关系的表征：理论探讨已越来越深入地参与到复杂的现实问题之中，并将随着现实的变迁而

更加全面地展开。在这套首批推出的丛书中，我们选取了如下四个主题：“海外学者论中国政治发展”、“海外学者论中国经济发展”、“海外学者论中国模式”、“海外学者论中国共产党的建设”。显然，书中所涉及的都是当下中国最前沿也最具现实感的重大命题，它们延伸并跨越了过去时代的震荡与沉思，同时，又面临并深入到全球互动关系的新型结构中。无论相对于自身的历史变迁抑或全球化的世界体系，转型中的中国已呈现出既断裂又重叠、既竞争又融合的复杂图景，因此，对于中国社会政治、经济的发展模式，中国共产党作为执政党的政策组织及自我建设等这些我们一向耳熟能详的范畴都需要被重新审视和界定，从而在新的历史语境和世界秩序中加以关照。

可以说，《海外当代中国研究丛书》提供的是一个多角度的理论棱镜，所折射出的不仅是海外学者对于当下中国几个重要问题领域的观察与回应，同时，也从知识论、方法论的层面带来了多元化的问题线索和认识方式。丛书所选论著的诸位专家学者来自东西方不同的国度，分属于不同的思想派别，有着各自不同的经验背景和知识背景，所秉持的理念、意识也迥然有别。因此，其观点本身既包含着深刻的见地，也存在一定的局限；在观点与观点之间，既有共识，又有对立，既有交叉点，也有相悖处。事实上，这些又恰恰反映出问题对象的当下性与可讨论性。另一方面，在对同一问题的不同看法甚至相互抵牾的结论之间，也构成了一种对话关系，而对现实问题的理论阐发也的确需要经受这样的一种检验。就当代中国的发展轨迹与复杂结构而言，很难以某种单一固定的结论将问题进行整体性化约，因此，编选这套海外学者的学术论丛，我们着力呈现的正是这种丰富多元的论证角度和对问题的探寻过程，从而在比较宽阔的视域内发掘更多的可能性。将这些不同的研究成果并置于一个开放式结构中，既是对各种思想资源的审慎和兼容，也力图为读者提供更多的参考与思维向度。

我们看到，由中国引发的世界回响仍在持续，我们的丛书也将逐步拓展领域，成为一个陆续编选、出版的系列，以期更加多元化、多层面

地展现海外专家学者的研究成果和思考语境。另外，该丛书所选文章的观点均为作者观点的客观呈现，不代表丛书编者的认识倾向。

谨序。

魏海生

2011 年 7 月 5 日于北京

目　录 >>>>

◆“中国模式”的政治维度◆

◆比较视野中的“中国模式”◆

导言 海外视阈下的“中国模式”研究

一、“中国模式”产生的背景

早在20世纪60、70年代，海外学者已经开始关注新中国发展道路问题，其中就包含了对“中国模式”的初步探讨。2002年，卡瓦吉特·辛格（Kavaljit Singh）首次将中国的发展模式称为“北京共识”①。2004年5月，乔舒亚·库珀·雷默（Joshua Cooper Ramo）在英国著名思想库伦敦外交政策中心发表了题为《北京共识：论中国实力的新物理学》的研究报告，可以被看做是西方第一次系统提出的中国发展道路理论。“北京共识”的核心思想是国家应该根据自己的特点寻求发展。中国的模式是一种适合中国国情和社会需要、寻求公正与快速增长的发展途径，主要包括三方面内容：艰苦努力、主动创新和大胆试验；坚决捍卫国家主权和利益；循序渐进、积聚能量。②“北京共识”的提出，无疑

① 庄俊举：《“北京共识”与中国模式研究》，见俞可平、黄平、谢曙光、高健主编：《中国模式与“北京共识”：超越“华盛顿共识”》，社会科学文献出版社2006年版，第168页。

② 详见乔舒亚·雷默：《北京共识》，见黄平、崔之元主编：《中国与全球化：华盛顿共识还是北京共识》，社会科学文献出版社2005年版。

是西方世界对中国崛起的一种阐释，它的重点被放在了与“华盛顿共识”对抗的功能上，但这一点没有得到主流学界的认同。更多学者很快用“中国模式”的概念取代了“北京共识”。①

“中国模式”的出现和受到关注，有它深刻的历史背景。自1978年中国改革开放以来，尤其是在苏联解体和东欧剧变后，西方国家认为接下来即将崩溃的就是中国，“中国崩溃论”、“中国威胁论”被相继抛出，继而引起全球性争论。但是，中国历经了1997年亚洲金融危机和当前的全球金融危机，而依然保持快速平稳的增长，在建国60年、改革开放30年的时间里，中国走出了一条既不同于苏联模式，也不同于西方新自由主义模式的道路；这条道路既否定苏联的完全公有化，也破除西方的极端私有化；这种“混合模式”创造了非凡的经济成就，使中国的社会经济发生了翻天覆地的变化。“中国奇迹”吸引了大量海外学者的目光，他们认为这里面的发展经验值得总结。与此同时，以“华盛顿共识”为主要内容的新自由主义政策，造成了拉美、东欧和亚洲的停滞和衰落，人们在反思资本主义固有矛盾的同时，也开始思考中国特色社会主义所创造的奇迹背后的含义，探求中国发展模式的奇特性和可复制性，研究发展中国家从中国模式中可借鉴的经验。

二、海外“中国模式”研究回顾

新世纪以来，国内学界对海外“中国模式”研究的兴趣和关注，大致始于新世纪之初。一些高校、研究机构召开了“中国模式”研讨活动，出版了一系列文章、论文集、专著。著名学者和政府官员也发表了许多关于“中国模式”的见解和评论。综合这些研究成果，我们可以看

---

① 李抒望：《独领风骚的“中国模式”——纪念新中国成立60周年》，载《济南日报》，2009年5月27日。

到，海外对中国模式的讨论主要集中在四个问题上。①

1. **是否存在中国模式?**

关于这个问题，海外主要存在三种不同看法。第一，认为中国模式是存在的，它造就了中国 30 年稳定而高速的发展。世界银行前驻中国经济学家盖保德（Albert Keidel）认为，如果承认中国经济在过去 30 年的不断扩张和现代化程度不断提高，那么就得承认中国模式的存在。第二，认为中国模式尚在形成之中，现在提出为时过早。德国杜伊斯堡－埃森大学政治学研究所、东亚研究所教授托马斯·海贝勒（Thomas Heberer）认为中国正处在从计划经济向市场经济的转型期，这一过程是渐进的、增量的，在这种条件下谈论“中国模式”为时过早。第三，认为根本就不存在中国模式，它只是东亚模式的模仿和“华盛顿共识”的翻版，30 年的成就可归结于“实用主义”。美国前副国务卿谢淑丽（Susan L. Shirk）、美国哈佛大学教授傅高义（Ezra Feivel Vogel）都持这种观点。美国布鲁金斯学会高级研究员沈大伟（David Shambaugh）也认为，中国在“中国模式”的组成部分——经济、政治、社会和外交等方面都难以找到既有独特性又有可复制性的因素，因此难以判断“中国模式”是存在的。

2. **中国模式的主要特征是什么?**

《澳大利亚人报》亚太版主编罗万·卡里克（Rowan Callick）的观点在西方具有代表性，认为中国模式的特征就是自由经济加威权政治，即“威权资本主义”。还有一些人强调“中国模式”是国家主导的资本主义，即“国家资本主义”。美国加州大学圣地亚哥分校中国问题专家

① 以下内容详见俞可平、黄平、谢曙光、高健主编：《中国模式与“北京共识”：超越“华盛顿共识”》，社会科学文献出版社 2006 年版；上海社会科学院中国模式研究子课题组：《概念、特征、影响及趋势——国外学者关于“中国模式”的争论》，载于《国外社会科学前沿》第 14 辑，上海人民出版社 2010 年版。

巴瑞·诺顿（Barry Naughton）在2006年出版的《中国经济：转型与增长》中指出政府主导是中国模式的主要特征。马丁·雅克（Martin Jacques）在《当中国统治世界》一书中总结了中国现代性的8个特征，其中特别强调的就是国家在经济发展中的关键性作用。中国模式在经济上的主要特征是市场经济，在此基础上，有人强调“出口导向型”发展战略，有人强调混合所有制及渐进改革战略。中国模式在政治上的主要特征是威权主义，在此基础上，有人强调中国传统文化的作用，有人强调学习汲取东亚、西欧、拉美的经验教训的作用，有人认为中国存在一种由政府自上而下的指令与人民自下而上的参与相结合的“纵向民主”（如未来学家奈斯比特夫妇），还有人认为中国是列宁主义与协商民主相结合的体系。

3. 中国模式是否具有可复制性?

西方存在针锋相对的观点。美国肯尼迪政府学院政治学教授约瑟夫·奈（Joseph Nye）认为中国模式为发展中国家提供了范例，甚至是另一种现代化道路；另一种观点以哈佛大学教授马丁·怀特（Martin Wight）为代表认为中国的国情特殊，而且发展过程中存在巨大缺陷，中国模式不可复制，不可推广和输出。

认为中国模式可以复制的，就认为中国模式可以替代西方的自由民主模式，因此将在意识形态上挑战西方，这是以英国剑桥大学斯蒂芬·哈尔珀（Stefan Halper）为代表的观点。认为中国模式不可复制的，则认为中国模式对西方不是威胁，例如左翼理论家乔万尼·阿瑞吉（Giovanni Arrighi）在《亚当·斯密在北京》一书中认为，中国重组当今由西方主导的国家等级体系，或许会带来国际上更大的平等，中国或许比欧美更少军事色彩，而更多和平倾向。

4. 中国模式前景如何?

西方存在三种观点。一是认为中国政治稳定、民众信任中央政府，尽管面临着政治、经济、社会、环境等方面的巨大挑战，中国仍可以克服困难，保持高速增长［持这种观点的代表人物是哥伦比亚大学政治学教授黎安友和瑞银集团亚太区首席经济学家J. 安德森（J. Anderson）］。以美国斯特拉福战略预测公司首席分析师P. 蔡汉（Peter Zeihan）为代表的另一种观点认为，中国无法解决存在的问题，改革已有心无力，未来不可持续。第三种观点认为中国模式的未来充满不确定性，无法预测其前景。

三、本文集所讨论的问题

海外对中国模式的讨论，已经非常热烈，成果也很丰富，但是观点和分歧非常大。我们想做的是对这些研究进行归纳和呈现，使国内了解海外学界对于“中国模式”的研究细节，为国内学界把握住这一话题提供帮助。因此，这些整理翻译编辑工作既有分析上的实用意义，也有政策上的重要意义，这也正是编辑本文集的原因和目的。

这部文集主要收录了2007—2010年间发表的海外政治、经济学者对中国发展模式的思考和发现。文章收录的原则首先是从学术研究的角度对中国模式、中国发展经验进行探讨的论文，短评、访谈文章不在本文集的收录范围内；第二，所选文章的作者均为国外出生的外籍学者，海外华裔学者的文章没有收录；第三，文集所选论文均来自国外公开出版物或会议论文，均为第一手资料。文集主要从内涵、经济维度、政治维度和比较研究这四个方面对“中国模式”加以阐释。

1. “中国模式”的内涵

关于“中国模式”的内涵，海外学者们主要提出了这样一些观点：“北京共识”不是对“华盛顿共识”的挑战；中国模式不是对正统经济学的挑战；中国模式基本不会对全球治理体系改革发起挑战；中国模式的定义没有任何共识，它不是简单的政府退出和自治市场领域复苏；中国模式的奇特之处在于制度创新的能力和过程；中国经验不能照搬；中国文明与西方文明差异显著；中国模式是接受全球化和社会主义，将传统与现代相结合；中国战略走向成功就是要寻找由民族和地区层面整合带来的新的认同。

印第安纳大学**斯科特·肯尼迪**（Scott Kennedy）梳理了对“华盛顿共识”的误解、修订和挑战，为理解“北京共识”观念出现的来龙去脉提供了一个批评性的背景。他认为，“北京共识”是建立在对中国政治经济的一种误导性的分析之上，中国国内大部分观点是批评“北京共识”的。有人甚至认为中国的经济改革战略依赖于“华盛顿共识”的一些构成要素，中国那些独有的要素不过是对“华盛顿共识”的补充，而不是挑战。人们对“中国模式”的定义也没有任何共识，有人认为是对威权资本主义的一种隐喻，也有人认为是中国从国家社会主义向市场经济的渐进主义转型的同义词，在中国更普遍的说法是“有中国特色的社会主义”，还有其他一些人认为，“中国模式”是东亚发展型国家的延伸。肯尼迪认为：“北京共识”和“中国模式”的提议者是想让我们相信，中国的经历直接打破了“华盛顿共识”和新自由主义的信条，但是，传统经济学的灵活程度足可以解释中国的情况，足可以与中国的情况和平地相处，它恰恰削弱了“北京共识”和“中国模式”中向正统学说提出挑战的那些原理；尽管“北京共识“和“中国模式”是作为对美国和布雷顿森林体系的对抗力量而赢得了共鸣，尽管世界的治理体系需要进行某种调整以适应中国不断增长的作用，但是全球治理体系改革的挑战，来自中国的可能性极低；那些威权主义国家不能盲目照搬中国的经验。

美国中国问题专家**巴瑞·诺顿**（Barry Naughton）考察了对于中国经验认识的两种体系：从政治意义出发的（核心是坚信成功的经济发展为政权提供了维持权力和稳定的各种资源）和从经济意义出发的（核心是坚信政府退出市场是经济成功增长的关键）两个体系，指出这两种普遍看法之间存在着重要的矛盾。他认为中国渐进的市场化不能片面地描述为简单的政府撤出和自治市场领域的复苏，相反，市场化始终都伴随着制度变革和创新的过程。这些制度变革和制度创新并不是外生的，而是出现于国家制度框架内部，它明显不适合那些体制特征完全不同的其他国家模仿。如果中国发展经验中有什么东西可以为其他发展中国家学习和效仿的话，那可能就是为制度创新创造一个积极的环境，而照搬中国的“国家制度创新体系”是没有意义的。

俄罗斯科学院研究员、中国问题研究专家 A. B. **维诺格拉多夫**在他的《中国文明发展的新阶段：起源与前景》一文中，从文明发展的视角比较了中国文明与西方文明。他认为，中国文明从一开始就以与自然界建立和谐关系，从而将其破坏性影响减到最低程度为目标。中华民族的成长遵循自然规律，从来不会为了建立使自己舒适的空间而企图直接改变外部世界。中国的宗教哲学理论并不是以建立全新社会为目的，他们的理想是尊崇古代智慧和传统。对外界环境缺乏扩张性动机决定了中国经济的性质，中国经济奉行满足数量有限的、极为节制需求的方针，而不是扩张和创造人造大自然。在这种文明基础上，中国形成了以国家负责各方面发展为基础的亚细亚生产方式。中国衡量文明程度的主要标准不是征服自然的程度，文明的基础不是扩张，而是节制。由国家建立的各种维持现有关系的机制保证了财富积累的连续性，但与欧洲方式不同，这些机制并不是要扩大再生产，而是要限制需求。在与西方文明的交往过程中，以稳定、和谐为本的中国无力抵御对其固有的历史经验来说完全陌生的外族扩张。

随后，作者分析了中国 19 世纪至今文明发展的路径：接受全球化；接受社会主义理论与实践；改革开放导致了现代与传统二者之间从冲突转向统一；从整体改革的一次性行为转变为与追求世界高水平发展类型相适应的改革，即“北京共识”。作者认为，在中国成功适应现代化的大背景下，西方还没有做好准备应对与物质文明不相关的新挑战——非法移民、内部社会文化与宗教冲突、恐怖主义等。这是对西方文明潜在的大挑战，它触及了西方文明的道德和价值基础。文明内核的脆弱性可能比扩张经验不足更为严重。西方国家正处在18至19世纪的东方国家所经历过的阶段，当时东方国家正在寻找抵御欧洲文明渗透的办法。东西方再次站到了对立面。中国对包括改革过程在内的各种稳定的生存方式进行过大量文明尝试，这使其能从全球性的文明危机中走出来，并在现代得以延续。21世纪中国能取得成功的战略是要寻找由民族和地区层面整合带来的新的认同，而不是走向全球。这一阶段，中国的主要任务是在扩张与孤立主义、普世主义与同一性之间找到平衡点。在世界历史中，扩张往往与普世主义阶段相联系，而孤立主义与同一性相联系。中国需要找到他们，首先是扩张与同一性的新的结合形式，还要为文明认同的最重要元素构建新的道德标准。如果中国在战略选择上取得成功，那么世界上其他国家同样需要适应不断增强的中国影响，寻找与其和谐相处的方式。

2. “中国模式”的经济维度

在探讨中国的经济发展经验中，学者们的主要观点是：中国模式在经济发展中具有几个与众不同的特点，它们不仅造就了中国跨越式的经济增长，也产生了诸如地区发展不平衡、收入差距拉大、阶层分化等问题。中国经济发展经验具有特殊性，它并不是提供了一种新的模式。

澳大利亚经济学家**罗斯·加诺特**分析了中国30年的改革开放历程，总结了中国发展的一般经验，还总结出了中国发展的几个特别经验：一是始于农业和广大农村地区的改革和发展进程具有突出优势；自由贸易在一个大国实现快速、国际化发展中具有重要性；渐进改革具有优势。

美国霍普金斯大学社会学教授**乔尔·安德斯**以乔万尼·阿瑞吉的《漫长的20世纪》为引线，运用马克思的概念框架，使用布罗代尔的以资本和国家关系为重点的资本主义定义，来评价阿瑞吉提出的第三个假设，即中国可能开创不同于西方的发展道路的建议。作者认为，中国或许能够带领东亚重新夺得世界上最有经济活力和最富裕地区的地位，但是照目前情况看，这个发展将只是翻新而不是超越现存的资本主义秩序。但是如果拥有庞大人口的中国实际上能够从边缘走向世界经济秩序的中心，这将大大地改变全球等级体系，这样的改变将有助于缩小在北大西洋主宰的时代国家间和地区间极度的全球不平等。这将是有历史意义的和非常积极的变化。

西方许多分析家认为，受到世界贸易组织和新自由主义的影响，中国的“社会主义市场经济”模式必然会终结，而法国著名左翼学者**托尼·安德烈阿尼**则通过对中国融入世界市场的益处、中国特色社会主义的主要特点以及面对全球化的威胁中国政府采取的应对措施进行深入的分析和评价，最后得出结论认为，中国经济与强大国家干预下的“中国模式”不可分离，尽管存在着经济、环境和社会等方面的严重问题，但是“中国模式”已经度过危险期，抵御能力会越来越强。

一些经济学家认为，中国 1978 年以来的市场改革政策带来了世界上最成功的经济发展。目前，中国有能力成为非美国主导的新的全球经济助推器，中国的改革经验证明了社会主义市场经济的可行性和合理性。美国经济学教授**马丁·哈特－兰兹伯格**对此持否定态度，提出了四点：第一，中国并非正在开创一种社会主义市场经济的新形式，而是已经恢复了一些非社会主义的事物。第二，归功于 1978 年以后经济改革的成就被过分夸大，中国改革的早期成就应主要归功于毛泽东时代所建立的经济基础。而且，随着改革进程的深入，这种经济基础正在遭到破坏。第三，经济改革使贫富差距越来越大，大量财富集中到少数人手里，这对普通劳动大众是不可接受的。第四，中国的转型并非中国的独创，在积累动力与投资和贸易的主要模式联系越来越紧密时，中国的转型只是强化了东亚经济体，而不是提供了一种新的模式。中国的积累过程依赖于跨国公司控制的生产网络的运转，所以中国不仅无力承担主导全球经济的角色，而且其自身改革实际上强化了已有的权力结构，导致全球经济失衡，政治关系紧张。因此，对于一些发展中国家而言，是否接受“中国模式”已经不仅仅是一个理论上的问题。

3. “中国模式”的政治维度

政治维度突出了对中国的社会主义性质的讨论，以及中国共产党在战略上的转变。

法国经济学家**让－克洛德·德洛奈**分析了社会主义的两种模式，一种是改良主义的社会主义，另一种是革命的社会主义，在社会关系的变化问题上，中国明确地选择了革命的社会主义。德洛奈分析了经济领域与社会主义架构，认为中国经济是一种受到国家有力影响的混合型经济。中国社会的变革是一种传统社会的变革，在这样的传统社会中，资本主义关系非常薄弱。尽管当今的变化为资本主义关系提供了发展空间，然而并不能就此认为这种经济就是一种资本主义经济。在探讨中国的政治领域与社会主义构架问题时，不能说中国已经变成了资本主义，中国距离资本主义还很远。大多数中国人向国家提出的要求，并不是人权，而是某种集体安全以及继续寻求伴随着经济开放政策而出现的个人占有的可能性。

美国的中国历史学家**阿里夫·德里克**则认为，不论是社会主义的未来还是中国的未来都处在不确定的状态之中。中国已经成为资本主义世界体系的一部分，但却继续信守社会主义的未来。自 1989 年之后的二三十年来，中国融入了日益全球化的资本主义经济，这需要抹去早年革命社会主义的最后遗迹，因而使官方的社会主义声称不如以前那样令人信服。尽管革命的历史已经被抛弃，而且还要应对当前危机所提出的挑战，可能不得不利用过去的一些重要遗产。“后社会主义”为这样的反思提供了一个富有成效的起点。

这本文集还收录了德国的中国问题研究专家**赫尔穆特·彼得斯**的《中华人民共和国——从中世纪到社会主义》著作的一章：《中国政治：在追求原有目标进程中的战略转变》。在这一章里，作者详细论述了中国在新时期所发生的战略转变，它是思想上、政策上构建中国特色社会主义理论体系的重要组成部分。作者首先分析了胡锦涛执政之初的社会问题和社会矛盾，为了有效解决这些问题，新时期的中国共产党领导集体改变了原有的发展战略，提出“科学发展观”和“和谐社会”的理念。彼得斯认为，“科学发展观”是对中国共产党的理论和实践进行的一次战略修正，这一理念绝不仅仅是对国内生产总值绝对值快速增长的片面导向的简单改变。提出构建“社会主义和谐社会”的必要性是中国共产党对两个发展趋势的回应：第一个是对日益尖锐的多个阶层利益冲突——它使中国社会面临分裂的威胁——的回应；第二个回应来源于这样一种认识，即为了实现国家的现代化，必须动员一切力量，以便抵御西方资本主义长期施加的强大经济、政治和军事压力。作者对“科学发展观”、“和谐社会”理念以及党的十七大也提出了自己的思考和疑惑。

4. 比较视野中的“中国模式”

这部文集的最后一部分比较了中国与俄罗斯、印度、越南和日本在发展模式上的异同。

俄罗斯经济学教授**弗拉基米尔·波波夫**以一个超长的千年历史视角审视中国，比较中俄发展轨迹，认为中国在鸦片战争之前和1949年解放后的非凡成就归功于其制度承继的连续性，也就是在整体主义传统的“亚洲价值观”框架中渐进发展。他认为在某种意义上，邓小平“摸着石头过河”的改革策略就是深深植根于延续千年的中国传统，也是这种制度承继的代表。在波波夫看来，中国在近500年的漫长时期中保持了传统制度和低度收入不平等，没有造成对民众的大规模剥夺。从某种意义上说，中国找到了一条更少痛苦地摆脱“马尔萨斯陷阱”的道路。

波波夫认为，1979年之后经济自由化在中国得以良好运转是基于三方面的原因：第一，是因为中国改革完全不同于“华盛顿共识”的一揽子政策；第二，1949—1976年毛泽东时代的成就为1979年之后的中国奠定了基础——强大的国家制度体系、高效的政府、改善的基础设施和充足的人力资本储备。第三，与前苏联“休克疗法”的自由化和民主化不同，中国渐进式改革方式没有毁坏改革前的所有成就，从未真正脱离得以使其保持低度的收入与财富不平等的整体主义制度。作者预测，中国的经济继续赶超下去，中国模式将是历史上第一次基于本土经济模式而非西方道路的成功。

美国卫斯理大学学者**彼得·拉特兰**对中俄的发展模式进行了系统比较。他认为，从20世纪80年代末、90年代初，中俄两国都进行了从中央计划经济向市场经济的转型。作为两国转型的结果，俄罗斯和中国以更强大、更稳定的国家形象出现在世界舞台。两国都没有完全采纳“华盛顿共识”的价值观和机制，中俄两国也没有为全球化能够促进民主这一“华盛顿假设”提供证据。俄罗斯和中国的发展模式是把市场力量与全球一体化结合在一起，反对新自由主义经济和自由民主，重新强调民族主义和主权。但是，俄罗斯和中国在过去20年的经济体制的演变过程中，从两国的初始条件、领导人的政策选择和外部经济条件看，两国的差异都非常巨大，而相似的地方很少。作者总结了2008年以来两国出现的共同特征，并预测这些趋同是否会产生一种新的发展模式——这种新的发展模式会为国际经济新秩序的发展作出贡献。

海牙社会研究学院教授**阿什瓦尼·塞斯**对中国和印度的不同发展轨迹从多个角度进行了详细的分析，指出了两者在这场发展竞赛中的不同结果，试图解释产生如此大差距的原因，并指出了印度和中国两种模式在发展过程中产生了一些相似性，也存在很多“不合理的趋同”。在探讨竞赛的意义时，塞斯提出了两个问题：一是印度的民主政治是制约了印度的发展呢，还是它仅仅成为在这场竞赛中落后于中国的一个不变的托辞和方便的借口？二是中国的社会主义是资本主义的探索者吗？他认为，中国走的是一条精力充沛的社会主义道路，而印度的道路则可以委婉地说成是“社会主义的”。现在，两国不仅都重新进入到全球资本主义秩序中，而且都成为全球增长的发动机。总体来说，凭借着卓越的财政实力、更具文化凝聚力的社会—文化结构以及强大的中央政府，中国似乎正处在一个相当良好的环境中，从而使得进一步促进社会进步的修正成为可能。而印度这个新兴的国家和经济仍然保留着它最初想要克服掉的极端不平等和排斥，在印度的政治结构中，这种修正通过排斥来强行完成。

诺贝尔经济学奖获得者**阿玛蒂亚·森**在国际社会发展联合会第15届研讨会的一次演讲中，主要提出了两点，一是经济的繁荣在何种程度上会促进人类生活水平的提高主要取决于各种社会政策，包括教育设施、医疗、社会保险、社会工作的建设，以及全社会和全世界不同人之间良好社会关系的培养；二是社会发展中的关系必须得到经验的审查。他对中国和印度在社会发展领域的经验进行了比较，认为中国在1979年前在社会发展上取得比印度更好的成绩，但是这一优势并没有很好地保持下去，不过，近些年中国又开始重视社会发展。

新加坡国立大学李光耀公共政策学院学者**姜明武**在经济增长的决定性因素和中国与越南增长差距问题上提出了重要见解。自从中国和越南启动经济改革以来（中国从1978年开始，越南从1986年开始），两国都取得了非凡的经济成就。中国和越南具有非常相似的增长模式，但是越南的增长却明显落后于中国。中越两国之间的增长差别在数量上、在质量上也是十分巨大的；而且，在两国增长加速的有利时期，两国的增长差距仍在扩大，中国表现远好于越南。一个重要的发现就是两国政府效能的差异是导致经济增长绩效差距的重要因素。本文作者提出建议，当一个发展中国家的制度质量薄弱且尚需较长时间进行完善时，加强政府效能建设是促进经济绩效和为制度绩效升级创造条件的关键步骤。

英国伯明翰大学教授**马克·比森**在对中国与日本进行比较后，对中国的发展提出了警示。他认为，尽管中国面临着深刻的发展挑战和拥有各种社会主义遗产，但是干预主义的公共政策在它最近惊人的经济增长中发挥了重要作用。从总体政策定位和发展意图上，高速增长阶段的日本与中国有许多共同之处。不过，“社会主义的”中国必须超越日本所没有的意识形态束缚。对中国来说，危险在于它可能被那些压垮日本的问题所压垮。像日本一样，中国最终可能陷入两种最坏的境地之中：旧的模式不再有效、合法和适用，而新的模式又发展得不够充分深入，难以维持未来的发展。中国还面临的一个问题是：恰恰在英美模式自身变得不稳定和不可持续之时，中国的不平等和失业水平不断增加，这清楚地表明了西方市场模式的一些负面效应。在竞争性资本主义的长期传奇中，东亚的发展主义或许仍然具有生命力。

四、如何看待海外学者对“中国模式”的评价

1. “中国模式”是不断变化、动态发展的

建国60年来，中国走出了一条非常独特的发展道路。从20世纪70年代末期开始，中国经济开始从前30年工业化发展模式中寻求新的推动力。中国并没有采用苏联东欧的“休克疗法”，而是选择采用计划体制下的“国家”与市场体制下的“企业”相结合来渐进式地实施市场化，中国因此形成了一个比较独特的国家体制，这个体制一方面有效地推动了经济的持续增长，创造了中国发展奇迹，另一方面也引发了一定的社会问题和环境危机，这就是“中国模式”的形成。“中国模式”目前还没有成型，还处在不断丰富发展、不断创新完善的发展过程，它不是一种完成式的、封闭的模式，而是处在“正在进行时”当中。

因此，对于一个动态发展的模式，海外学界的看法是复杂的，缺乏共识的，甚至国内关于“中国模式”和中国道路的认识实际上也存在很大分歧。因此，我们不能以静止的眼光来看待一个动态的过程，不能将“中国模式”定式化，在中国发展道路的理解上不可固步自封。

2. “中国模式”具有独特性，不可复制

世界上有许多政治经济发展模式，模式多样性是客观存在，各种模式都有自己的特点。中国目前取得的成功，根本原因是中国共产党的强有力的领导，这一点是其他任何国家都没有的。其他国家，不管是社会主义国家还是资本主义国家，其政治条件决定了不可能模仿或重复中国

的发展道路。同时，中国的成功也与中国的历史经验和文化传统有着深厚的联系。中国文明的一些基本因素，决定了中国有自己独特的道路，建立在文明传统基础上的很多政治模式是不可复制的。另外，中国模式虽然取得了巨大的成就，但是中国的经济、政治、社会领域的基础还很薄弱，中国的发展还面临着严峻的挑战，中国文化在包容性和普世性方面离西方文化的程度还相距甚远，还不能被普遍认同并有效影响世界。因此，中国模式不会作为挑战西方的新型价值观而被推销和复制。

3. 冷静客观看待“中国模式”的前景

从海外的视角看，“中国模式”未来的前景存在两种可能。一是悲观论，认为中国会像日本一样，旧模式失效，新模式又不完善。还有人认为，中国不仅无力承担主导全球经济的角色，而且其自身改革实际上强化了已有的权力结构，结果会导致全球经济失衡，政治关系紧张。二是乐观论，认为中国走的是一条精力充沛的社会主义道路。凭借着雄厚的财政实力、具有文化凝聚力的社会—文化结构和强大的中央政府，中国正处在一个相当良好的环境中，从而使得进一步促进社会进步的改革成为可能。前进的中国能够从边缘走向世界经济秩序的中心，大大地改变全球等级体系，将有助于缩小国家间和地区间极度的全球不平等。

我们认为，“中国模式”不像人们想象的那么完美，也不像有些人认为的那么糟糕，不要捧杀也不要棒杀，要客观冷静地看待“中国模式”。对于这个世界上最大的发展中国家来说，中国仍处在社会主义初级阶段；对于富有中国特色的“中国模式”来说，仍有待于在实践中不断发展和完善。

本部文集从选稿、翻译、编辑、校对，历时一年多时间。其间，得到中央编译局海外理论信息研究中心同仁的大力协助。海外理论信息研究中心长期跟踪“海外当代中国问题研究”的系列话题，在这些领域有一定的积累和成果，这些长期的积累对本文集的编辑工作起到了非常重要的作用。另外，中央编译局的翻译和研究人员为文集的部分翻译和校对提供了大量帮助，本书编者在此一并表示感谢。鉴于编者水平有限，在选文和编辑过程中，难免会有疏漏和错误，恳请各位读者朋友提出宝贵意见。

王新颖

2011 年 1 月 7 日

海外当代中国研究丛书
Overseas Studies on Contemporary China Series

『中国模式』的内涵

Achieving the
Miracle

北京共识的神话*

〔美〕斯科特·肯尼迪

一、介　绍

中国非凡的经济成就已经引发了关于其成功原因的争论。一些人认为这应该归功于过去30年广泛的自由化进程，这与关于经济发展的传统解释相一致。但另一些人认为，与自由化同样重要的是一个拥有强大治理能力的政府所带来的稳健的发展速度以及所实施的独特的改革程序。因此，他们认为，中国的成功对关于最合适的发展策略与政府角色的传统理论提出了挑战。2004年，一位观察员，即乔舒亚·库珀·雷默（Joshua Cooper Ramo）将他所看到的中国独特的发展道路称为“北京共识”（BC），并将其与“华盛顿共识”（WC）区别开来，后者意指一种更加传统的发展道路。

2004年，雷默在一篇长篇论文中详细阐述了他的观点。这在中国以

---

* 本文是为2008年5月30—31日在美国科罗拉多州丹佛举办的“‘华盛顿共识’与‘北京共识’：中国发展模式的可持续性”会议准备的报告。该会议由台湾大学社会科学院中国大陆研究中心和美国丹佛大学国际研究学院美中合作中心主办。作者斯科特·肯尼迪（Scott Kennedy）是印第安纳大学政治学和东亚语言文化系副教授、中国政治与商业研究中心主任。——译者注

及其他国家的学者与决策者当中引发了一场大规模的争论。[①] 我个人对雷默的解读是，他提出的“北京共识”是对中国改革经验的被误导的和不准确的总结。不仅他提出的关于中国的经验事实是错误的，而且他忽视了中国的经验和其他国家的经验之间存在的相似点和不同点，并且扭曲了中国在国际关系中的地位。不过，关于这一观点的讨论将使得我们有机会得以澄清中国改革道路的逻辑，将其置于一个更加广阔的背景中加以比较，并且评估其对其他国家的发展前景和对国际关系的意义。

本文开篇即对“华盛顿共识”进行了综述，并概述了伴随着20世纪90年代拉美和其他地区糟糕的经济表现而来的关于“华盛顿共识”的争论。对于“华盛顿共识”的支持者们而言，这一令人失望的情况表明，“华盛顿共识”被误解了，需要得到修补。但对于它的批评者们来说，这意味着“华盛顿共识”应该被直接否定，转而选择其他的道路，其中包括东亚地区国家所采取的道路，在这些国家，伴随经济成功的是政府对经济的广泛干预。随后，本文转向对“北京共识”的讨论，包括它最初的形式以及它在中国如何被人们解读和批评。“北京共识”建立在对中国政治经济的一种误导性的分析之上。人们可能会认为中国的评论者们将会欢迎这种赞美性的标签，但在中国国内大部分观点是批评“北京共识”的。本文得出结论的方式是将关于北京共识的分析所得出的见解应用到对另一个被广泛讨论的概念——“中国模式”（CM）——的分析上。然后，在以一种对传统经济理论更加灵活的理解方式反思了中国的经济政策和发展路径之后，本文考量了“北京共识”和“中国模式”对国际政治和全球治理的启示。而关于这些最初的观念，本文认为，它们所能带来的紧张与冲突将比人们预期的要少。

① 黄平、崔之元主编：《中国与全球化：华盛顿共识还是北京共识?》，社会科学文献出版社2005年版。

二、华盛顿共识

“华盛顿共识”是彼得森国际经济学研究所的经济学家约翰·威廉姆森（John Williamson）首创的。1989 年，他主持了一个会议，该会议致力于关注过去十年中拉丁美洲进行的经济改革，并想要找出拉美还需要进一步改革的领域。他在其论文中列出了一个包含十项政策的列表，“认为华盛顿的每个人或多或少都会同意，拉丁美洲的每个地方或多或少都会需要这十项政策”①。这一观点从此被命名为“华盛顿共识”。该列表（见表 1）既不是对拉丁美洲的批评，也不是一种试图进行说教或施加压力的举动。他相信这些改革已经被广泛认可为是正确的，以至于他将其视为是“十全十美的”②。

表 1　华盛顿共识（1989）

要点	后经修改或增加条件的
1. 财政纪律（fiscal discipline）	
2. 对公共支出的优先权进行重新排序，从无效益津贴转向公共产品（比如医疗和教育）	
3. 将扩大税收基础和降低边际税率结合起来的税制改革	*
4. 自由化的利率	*
5. 竞争性的汇率	*
6. 贸易自由化	*

① John Williamson, “A Short History of the Washington Consensus”, paper presented at conference, “From the Washington Consensus towards a New Global Governance”, Fundacion CIDOB, Barcelona, Spain, September 24 – 25, 2004.

② John Williamson, “Did the Washington Consensus Fail?”, Outline of speech at the Center for Strategic & International Studies, Washington, D. C., November 6, 2002.

要点	后经修改或增加条件的
7. 输入性外国直接投资的自由化	
8. 私有化	*
9. 放松政府管制，消除市场准入和退出的障碍	*
10. 有力的产权保护	*

资料来源：威廉姆森（1990，2002，2004，2006）。①

在最初的“华盛顿共识”被公布的几年后，威廉姆森不得不对他最初的声明提出了限制条件。首先，他意识到他夸大了关于两个要点的共识。人们并非一致认可竞争性汇率的好处（第5点），相反，在美国，越来越多的人支持一种“对角”政策选择，即一个国家既可以选择完全固定的汇率，也可以选择自由浮动汇率。而且，他还承认，在华盛顿关于这些国家应该以多快的速度进行对外贸易制度的自由化（第6点）方面尚存广泛争议。

威廉姆森也逐渐认识到，“华盛顿共识”很容易陷入被误解的境地之中。他以最明确具体的方式强调指出，第7点（外国直接投资自由化）有意地并未包含资本账户的自由化，因为在这一点上永远不会有共识。放松管制（第9点）只是适用于降低企业进入和退出市场的障碍，并不意味着要劝说国家放弃其在保护人民安全和环境方面的管制，也不

① John Williamson，“What Washington Means by Policy Reform”，in John Williamson（ed.），*Latin American Adjustment*：*How Much Has Happened*?，Washington：Institute for International Economics，1990；John Williamson，“Did the Washington Consensus Fail?”，Outline of speech at the Center for Strategic & International Studies，Washington，D. C.，November 6，2002；John Williamson，“Our Agenda and the Washington Consensus”，in Pedro-Pablo Kuczynski and John Williamson（eds.），*After the Washington Consensus*：*Restarting Growth and Reform in Latin America*，Washington，D. C.：Institute for International Economics，2003；John Williamson，“A Short History of the Washington Consensus”，paper presented at conference，“From the Washington Consensus towards a New Global Governance”，Fundacion CIDOB，Barcelona，Spain，September 24 – 25，2004；John Williamson，“After the Washington Consensus：Latin American Growth and Sustainable Development”，Keynote speech at the“Seminar on Latin American Financing and the Role of Development Banks”，IDB，BDMG，and ALIDE，Belo Horizonte，Brazil，March 30 – 31，2006.

意味着政府不能控制像公共事业设备之类的公共产品的价格。而对产权的关注（第10点），原本是打算设立一个能获得这些权力的非正式部门，正如德·索托（De Soto）[①] 所详细论述的那样。

更重要的是，人们总有一种印象，认为“华盛顿共识”的具体体现就是布雷顿森林体系——世界银行、国际货币基金组织和世界贸易组织（之前是关贸总协定）的观点和政策法规，威廉姆森在费力反击着这种看法。世界银行和国际货币基金组织的援助是以受援国遵循那些带有“华盛顿共识”痕迹的政策为条件的，这一点众所周知。在20世纪90年代，国际货币基金组织向受援国施加压力，要求它们开放资本账户，包括允许不受阻碍的证券投资。然而，威廉姆森指出，“华盛顿共识”并不包括跨国的资本账户开放，因为许多人认为过早开放资本账户将引发金融危机，正如20世纪90年代末期东亚、俄罗斯和拉丁美洲所发生的那样。既然在这一点上人们过去没有（现在仍然没有）形成共识，那么，根据定义，它不能被包含在“华盛顿共识”之中。

尽管如此，但最让威廉姆森困扰的是，人们经常将“华盛顿共识”和新自由主义经济学观念混为一谈。威廉姆森喜欢提出来说，他和一位著名的“华盛顿共识”的批评者——约瑟夫·斯蒂格利茨（Joseph Stiglitz）在关于良好的经济政策的实质方面确实意见一致，但是斯蒂格利茨错误地将“华盛顿共识”解读成了国际货币基金组织和新自由主义观点的政策。[②] 这一思想学派可以追溯到18世纪的亚当·斯密，并延续

① Hernando De Soto, *The Mystery of Capital: Why Capitalism Triumphs in the West and Fails Everywhere Else*, London: Black Swan, 2000.

② 也有其他人抱有这种假设，见 Charles Gore, “The Rise and Fall of the Washington Consensus as a Paradigm for Developing Countries”, in C. Roe Goddard, Patrick Cronin, and Kishore C. Dash (eds.), *International Political Economy: State-Market Relations in a Changing Global Order, Second Edition*, Boulder, Colorado: Lynne Rienner, 2003, pp. 317 – 340 和 Robert Gilpin, *Global Political Economy: Understanding the International Economic Order*, Princeton: Princeton University Press, 2001。

至“二战”结束以后倡导自由市场的“朝圣山学社”①（Mont Pelerin Society）。20 世纪 90 年代，在英国，它与玛格丽特·撒切尔（Margaret Thatcher）的政策联系最为紧密，在美国，最靠近罗纳德·里根（Ronald Reagan）的政策。然而，威廉姆森有意在“华盛顿共识”中撇开了新自由主义政策框架中的一些关键因素，其中包括货币主义、供给学派经济学以及不提供福利或不解决收入分配问题的“最小政府”观念。“如果批评家选择使用第三种观念，”他写道（2004），“那么无疑，他应该说他正在谈论一种从未在华盛顿达成共识的叫做‘华盛顿共识’的观念。”②

人们对采用了“华盛顿共识”信条的国家所取得的成绩评价不一，而对“华盛顿共识”含义的误解正与这些不同的评价紧密相连。随着“华盛顿共识”在促进拉丁美洲、非洲和前苏联集团获得持续经济增长方面的明显失败，“华盛顿共识”开始遭到严厉的批评。作为回应，威廉姆森不仅限于对最初的列表进行辩护。第一，他澄清了一些特定的基础原理。他强调，虽然私有化对促进发展是必需的，但是如何实施私有化也同样重要，几个中欧国家揭露的腐败事件说明了这一点。

第二，他和其他人根据 20 世纪 90 年代的成功和失败的经验，扩充了他们的政策方案。他建议，最初对利率自由化（第 4 点）的呼吁应该也包括对更广泛的（国内）金融自由化的呼吁。他说，越来越多的人在支持劳动力市场自由化和建立危机回避机制（比如一些在商业周期和抑制外国公司借贷方面减少波动的方法）方面正达成共识。他还建议采用各种集中的工业政策，这些政策通过教育、技术信息的传播、资助竞争前研究（pre-competitive research）、提供研发税收奖励、鼓励风险投资和

① “朝圣山学社”，1947 年由弗里德里克·哈耶克（Friedrich Hayek）和其他倡导自由市场的知识分子创立于瑞士度假胜地朝圣山，该学社致力于促进古典自由主义。

② John Williamson, “A Short History of the Washington Consensus”, paper presented at conference, “From the Washington Consensus towards a New Global Governance”, Fundacion CIDOB, Barcelona, Spain, September 24 – 25, 2004.

扶植产业群建设，来促进“国家创新体系”的完善。① 他还建议，应该就旨在通过累计税减少不平等的政策达成共识。

他对“华盛顿共识”最有益的补充是，他赞同其他人的一个观点，即“华盛顿共识”中的政策在一个强硬的政治制度背景下获得成功的机会最大。通常被称做“第二代”“华盛顿共识”的改革内容包括：拥有强有力的司法机构、高效率的公共服务、有效而审慎的金融监管、独立的中央银行、反腐败机构和社会安全网络。② 威廉姆森并没有特别将民主化包括进来作为必要条件，但是他为了促进善治而确立的这些制度确实可以被解读为与民主体系更加一致。

第三，威廉姆森还强调，“华盛顿共识”不应该被视为一种僵硬的意识形态。如果它被当做一种教条，那么“恐怕任何希望促进发展的人都不会维护它”。这意味着既要修正它其中的某些要素以适应当地的情况，还要承认“华盛顿共识”之外的其他政策对促进可持续增长来说也是必要的。因此，他写道，“在任何一套试图陈述一般性政策指导的体系之外，总还有其他一些重要的东西。而如果一个决策者认为，他（她）可以只是简单地遵从一套由其他人构想出来的政策，而无需思考其他的话，那是不负责任的。”

威廉姆森相信，他对“华盛顿共识”进行澄清、补充和赋予其灵活性的努力绝对不是对最初的列表及其基本含义的否定。他暗示，对“华盛顿共识”早期的误解和最近的经历，要求决策者们在如何实施那些拥护“华盛顿共识”的经济改革方面更加小心。

尽管威廉姆森和他的伙伴们尽了最大的努力去拯救“华盛顿共识”，但是毫无疑问，“华盛顿共识”的“名声”已经处于摧毁性的批评

① John Williamson, “A Short History of the Washington Consensus”, paper presented at conference, “From the Washington Consensus towards a New Global Governance”, Fundacion CIDOB, Barcelona, Spain, September 24 – 25, 2004.

② John Williamson, “After the Washington Consensus: Latin American Growth and Sustainable Development”, Keynote speech at the “Seminar on Latin American Financing and the Role of Development Banks”, IDB, BDMG, and ALIDE, Belo Horizonte, Brazil, March 30 – 31, 2006.

之中。[①] 威廉姆森虽然已经小心地将注意力集中在列表（以及随后的详细说明）上，但“华盛顿共识”却被解读出了比这多得多的含义。冷战结束和福山的“历史终结论”使民主和自由市场看起来成为现代化毫无疑问的孪生目标。国际货币基金组织的制约性和日本的停滞又加强了这种气氛。然而，在具体实施过程中出现的问题如此明显，就像在通往一片希望之地的道路上突然出现的意外坑洼一样，以至于让人无法忽视。批评家们谴责说，“华盛顿共识”的修订版，尤其是那些制度上的要求，并没有反映出一种更加成熟的共识，而只是不顾一切抓住其他新的可选择方案。此外，对于任何一个想要寻求发展的国家而言，那些五花八门的制度要素造成了不切实际的困难。正如奈姆[②]所指出的那样，“它的自相矛盾之处在于，任何有能力满足这些严格要求的国家，都已经是发达国家了。”因此，尽管威廉姆森竭尽全力，但是这个由他定义、并在 20 世纪 80 年代末期努力推动的“共识”，随着新世纪的来临终于崩塌了。

在这以后，分析家们一直在寻找一些新的模式去促进发展中国家的可持续增长。其中最重要的挑战在 20 世纪 80 年代势头猛增，它是由“发展型国家”的倡导者提出的，它不仅与日本、韩国和台湾的成功紧密相连[③]，而且也反映了法国、爱尔兰、以色列和其他国家的经历。[④] 观察家们集体主张说，市场经常失灵，因此，政府需要做的比做一个好的

① Moises Naim, “The Washington Consensus: A Damaged Brand”, *Financial Times*, October 28, 2002.

② Moises Naim, “Washington Consensus or Washington Confusion?”, *Foreign Policy*, Spring, pp. 87 – 103, 2000; Chalmers Johnson, *MITI and the Japanese Miracle*, Stanford: Stanford University Press, 1983; Alice H. Amsden, *Asia's Next Giant: South Korea and Late Industrialization*, New York: Oxford University Press, 1989; Robert Wade, *Governing the Market: Economic Theory and the Role of Government in East Asian Industrialization*, Princeton: Princeton University Press, 1990.

③ Chalmers Johnson, *MITI and the Japanese Miracle*, Stanford: Stanford University Press, 1983; Alice H. Amsden, *Asia's Next Giant: South Korea and Late Industrialization*, New York: Oxford University Press, 1989; Robert Wade, *Governing the Market: Economic Theory and the Role of Government in East Asian Industrialization*, Princeton: Princeton University Press, 1990; Meredith Woo Cumings (ed.), *The Developmental State*, Ithaca, NY: Cormell University Press, 1999.

④ Meredith Woo Cumings (ed). *The Developmental State*, Ithaca, NY: Cornell University Press, 1999; Robert Gilpin, *Global Political Economy: Understanding the International Economic Order*, Princeton: Princeton University Press, 2001.

调节者和提供公共产品（如基础设施和教育）要更多。发展中国家的政府除了其他事务，还要引导企业在适当的行业进行投资，鼓励它们在国内外取得成功，并在与外国的竞争中对其加以保护。在新的世纪之交，华盛顿共识的批评者们有意识地为其他几项可替代性共识发出了呼吁，包括"蒙特雷共识"（Monterrey Consensus）、"哥本哈根共识"（the Copenhagen Consensus）、"墨西哥共识"（the Mexico Consensus）和"南方共识"（the Southern Consensus）①。由戈尔②提议的"南方共识"将拉丁美洲和东亚的经验教训结合了起来，支持各国寻求与全球经济实现战略一体化，支持采用一系列广泛的工业政策以促进生产力增长，鼓励政府与企业之间进行合作，减少不平等，培育地方层面的整合与协作。

对"华盛顿共识"的误解、修订和挑战为我们理解"北京共识"观念出现的来龙去脉提供了一个批评性的背景。即使有人相信，中国在过去30年中的急剧增长不过是那些与"华盛顿共识"一致的改革要素带来的结果，所有人也都会承认，中国并没有始终如一地遵循"华盛顿共识"，无论是它最初的版本，还是扩展后的框架。中国没有毫不迟疑地接受世界银行的建议，由于国际货币基金组织的援助伴随有相应条件，中国也避免了向它寻求帮助。于是，问题变成了，考虑到中国的成功，它是否可以被当做一个可选择性前景的象征，围绕这一前景将出现一个新的共识？答案是，如果将中国的成功经历视为一种能奏效的新教条的具体实现，或者理解为类似的东西的话，那么达成一致的可能性就将难以置信地降低。接下来的章节将说明为什么先有"北京共识"，然后有"中国模式"这种情况。而从中华人民共和国的经历（即一些人所总结

① "蒙特雷共识"由联合国和前国际货币基金组织总干事迈克尔·穆尔（Michael Moore）创立，旨在消除全球贫困。"哥本哈根共识"的达成方式是询问经济学家们，如果有500亿美元和其他资源的支持，应采取哪十个步骤来促进全球福利，列第一位的是阻止艾滋病病毒蔓延。"墨西哥共识"致力于促进拉美和加勒比海地区的两性平等。见"Too Much Consensus"，2004。

② Charles Gore, "The Rise and Fall of the Washington Consensus as a Paradigm for Developing Countries", in C. Roe Goddard, Patrick Cronin, and Kishore C. Dash (eds.), *International Political Economy: State-Market Relations in a Changing Global Order*, *Second Edition*, Boulder, Colorado: Lynne Rienner, 2003, pp. 317 - 340.

的“中国经验”）中谦虚地吸取经验，对其他国家来说很可能既具有分析上的实用意义，也具有政策上的重要意义。

三、北京共识

和“华盛顿共识”一样，“北京共识”最初也是由一个人提出的。这次是乔舒亚·库珀·雷默，2004 年他在“伦敦外交政策中心”网站上发表了一篇夸张而雄心勃勃的长篇论文《北京共识：论中国实力的新物理学》。作为《时代》杂志的前编辑，在论文发表之时，他是高盛集团约翰·桑顿办公室主管合伙人，同时还是清华大学的教授。[①] 当时雷默在中国问题研究专家中基本上还默默无名，但此文一出他立刻吸引了中国学者和官方的注意力，并在这片土地上掀起了一场风暴。

如果将“北京共识”视为鼓吹中国的成功并对“华盛顿共识”的标准权威提出挑战的宣言，那么任何人都会钦佩雷默的敢想敢做和修辞华丽的散文式写作。此外，就这一标签在中国以外的地方赢得了容身之处和共鸣而言，它就可以被视为对“华盛顿共识”的挑战和中国不断增长的软实力的标志。[②] 不过，作为一种分析，“北京共识”不太连贯，在很大程度上也不太准确。

很显然，雷默选择“北京共识”这一术语是对“华盛顿共识”挑衅性的回应，但是，“北京共识”的三点原则（见表2）与“华盛顿共识”的内容并不平行对应。[③] 有一点可以明确的是，雷默致力于解释中国令

---

① 雷默目前在纽约的国际咨询公司“基辛格顾问公司”（Kissinger Associates）任常务董事。2007 年，雷默同样在“伦敦外交政策中心”发表了另一篇文章《淡色中国》（“Brand China”）。

② Joshua Kurlantzick, *Charm Offensive: How China's Soft Power Is Transforming the World*, New Haven, CT: Yale University Press, 2007.

③ 德里克（Dirlik，2006，p.9）误将这一术语的最初使用定为1995 年在北京召开的“第四届世界妇女大会”上。1996 年，在土耳其的一个会议上，联合国人口基金会执行主任纳菲斯·萨迪克（Nafis Sadik）评论说，1994 年国际人口与发展大会（ICPD）已经就实现可持续发展达成共识，第二年在北京再次对此进行了确认。（Sadik，1996）显然，萨迪克并不认为他创造了一个术语，因为当他提及“北京共识”（Beijing Consensus）时，并没有将第二个字母大写，没有将两个词用括号标注，也完全没有就在北京达成的观点的独特之处作详细说明。

人印象深刻的经济发展和不断增长的国际影响。第一个原则是，中国的现代化根植于创新和科技飞跃，它们是中国全要素生产率快速增长的原因。正如雷默所说的那样，“传统看法认为，中国的发展是放开大量廉价劳动力后所发生的情况的典范。但事实上，创新领导的生产率增长支撑着中国经济，并有助于抵消灾难性的内部不平衡。”① 第二个原则是，中国的目标不仅在于扩展经济实力，而且在于实现公正的财富分配，从而使利益实现广泛分享。他写道，中国领导人和地方官员已经将“持续而均衡的增长”作为其关注的中心点。越来越多的领导干部承诺降低增长造成的环境破坏，因此，使“环保”成为衡量经济表现更准确的标准这一做法受到欢迎。②

构成雷默“北京共识”的第三个元素是如下观点，即中国已经有能力保持对其发展政策和路径的控制，而且凭借中国作为其他国家榜样所具有的吸引力及其自身实力的增长，中国的成功正在对美国形成挑战。按照雷默所说，中国并没有被迫去严格遵从“华盛顿共识”，而是在寻找各种适合本国国情的政策。“对中国而言，最主要的参考点现在是，而且一直都是中国自己”。③ 因此，“当根据综合国力进行衡量时，中国已经在很多重要领域成为美国的竞争对手。”④ 同样重要的是，第三世界正在涌向中国，将其视为经济伙伴、政治同盟、发展榜样，而这一切正在侵蚀着美国的全球支配地位。

表2　北京共识

1	基于创新的发展
2	不是以人均国内生产总值（GDP）的增长而是以经济发展的可持续性和平等的程度来衡量经济的成功

① Joshua Cooper Ramo, *The Beijing Consensus: Notes on the New Physics of Chinese Power*, London: Foreign Policy Centre, 2004. Available online at http://www.fpc.org.uk.

② Ibid.

③ Ibid.

④ Ibid., Alvin Toffer, *The Third Wave*, New York: Bantam Books, 1980.

3	中国和其他国家相对于美国的自主性 ——反对"华盛顿共识" ——根据自己的主张参与全球化 ——依靠榜样的效力而不是武力建立起的中国影响力 ——发展不对称能力，以与美国保持平衡

资料来源：雷默（2004）。

尽管对中国开明的政治领导层极尽夸赞之辞并从策略方面进行了论述，雷默的"北京共识"还是存在几点神话。当然，中国在某种程度上确实没有严格遵从"华盛顿共识"的信条，而且它的国际影响力也确实增强了。但指出中国没有遵守"华盛顿共识"，并不能证明雷默的宏大设想是正确的。

第一，科技创新并不是中国发展的核心所在。雷默像未来学家拉尔文·托夫勒一样，提出中国可以跨越好几代的科技发展，实现这一点的基础是自身的创新。断言创新与中国的发展历程没有关系，是不准确的。毫无疑问，在不同的经济部门都存在大量的渐进式创新，尤其是在制造加工业。此外，科学家、工程师和企业家的人数也在快速增加。在过去的十年中，中国在研发中投入的资金一直在增加，尤其是各企业。这些投资的效果反映在专利权、著作权和商标权的数量急剧增加。

但是，中国人还没有成为创新的领导者。在极大程度上，中国企业制造的产品和提供的服务都是在外国设计和发明的。在高科技领域，中国最成功的企业作为其他国家设计的产品的装配商和制造商融入了全球生产网络。[①] 中国信息技术出口产品的绝大多数附加价值都来自中国以外的其他国家，而且这些出口产品中超过85%都是由合资公司或由建立

① Dieter Ernst, and Barry Naughton, "China's Emerging Industrial Economy-Insights from the IT Industry", in Christopher A. McNally (ed.), *China's Emerging Political Economy: Capitalism in the Dragon's Lair*, New York: Routledge, 2007.

在发达资本主义国家的外国全资跨国公司的分公司制造的。[①] 在最近几年，中国领导人一直在大力倡导促进“自主创新”。这一目标的核心就是在信息技术方面开发不同的技术标准，然后利用中国巨大的市场规模迫使其他国家按这一标准进行生产。但是，到目前为止，这方面的成果一直不理想。这些努力中的绝大多数没能获得商业上的成功，只有那些与外国技术相容的创新才显得比较有成功的希望。[②]

第二，没有太多证据表明，中国正在追求可持续的和公平的发展。这些最多可以被视为中国未来的目标，它们在改革时代并没有成为中国政策的主流。中国已经采取了重要措施来为环境保护建立一个管理机制，但每一次在环境和增长之间进行权衡时，总是后者获胜。[③] 雷默对胡鞍钢的绿色 GDP 的计算极感兴趣，但人们也并无惊讶地发现，尽管中国政府确实允许公布了一份基于 2004 年数据的报告，但在接下来的几年中却没再同意公布其他类似的报告。[④] 与之类似的是，不平等——而不是平等——已经成为中国发展经历中的重要印记。几亿人口已经摆脱了贫困，但是不论是按照个人、部门还是地区进行衡量，不平等都在扩大。雷默本人也承认了这一点[⑤]。最近，北京已经取消了一些对沿海地区的优惠政策，并且增加了对中国西部的投资，但沿海和内地之间的差距仍是巨大的。2008 年 5 月在四川地震中坍塌的劣质校舍、住房和办公

---

① Arthur Kroeber, “China's Push to Innovate in Information Technology”, in Linda Jakobson (ed.), *Innovation with Chinese Characteristics: High-Tech Research in China*, Hampshire: Palgrave Macmillan, 2007, pp. 37 – 70.

② Scott Kennedy, Richard P. Suttmeier, and Su Jun, “Standards, Stakeholders, and Innovation: China's Evolving Role in the Global Knowledge Economy”, Draft NBR Project Report, National Bureau of Asian Research, Seattle, Washington, May 2008.

③ Elizabeth C. Economy, *The River Runs Black: The Environmental Challenge to China's Future*, Ithaca, NY: Cornell University Press, 2004.

④ Chinese Academy for Environmental Planning, “Green GDP Accounting Study Report 2004 Issued”, September 11, 2006, available at http://english.gov.cn/2006-09/11/content_384596.htm; Joseph Kahn, and Jim Yardley, “Choking on Growth: As China Roars, Pollution Reaches Deadly Extremes”, *New York Times*, August 26, 2007.

⑤ Joshua Cooper Ramo, *The Beijing Consensus: Notes on the New Physics of Chinese Power*, London: Foreign Policy Centre, 2004. Available online at http://www.fpc.org.uk.

建筑就是这些地区差异存在的不幸证据。

雷默提出的第三个神话是，中国的经济发展战略是独一无二的。在某种意义上，这是对的。没有其他国家采用过同样的整套政策并取得同样的结果。和我一样对雷默持批评态度的诺顿（Naughton），确立了几个将中国经济与其他国家经济区分开来的有特色的元素（经济规模、巨大的劳动力储备和等级制度的威权政府）。然而，强调中国在这些方面的不同并不能说明什么。这同样可以用来形容世界上其他全部194个国家。而将任何获得成功发展的国家贴上“某国共识”的标签，毫无疑问是没有意义的。

中国的现实并没有靠近“华盛顿共识”的观念，雷默因此为这个国家的独特性欢呼。但是，如果他从一种更精确的角度加以比较，他就会发现中国的政策和发展轨迹与一系列广大的国家有着共同点和不同点，包括那些实行更加自由的资本主义统治政权的国家以及那些发展型国家。这部分是因为中国大部分经济改革的知识来源一直是其他国家的经验，中国的专家和官员们严格地考察并借用了其他地方的经验。如果雷默说中国是在追随其他发展型国家的步伐，那么他可能更接近事实。① 中国政府不断利用宏观和微观经济政策手段来干预经济，中国也明显采用了其邻国的一些政策。雷默说，中国的经济特区是印度建立经济特区的灵感来源，但中国的这一做法是从其他地方借鉴而来的。

同时，中国和其东亚邻居在一些方面也出现了差异。② 中国经济中发展最快的部分，即沿海私有经济部门，已经在没有获得中央政府鼓励的情况下取得了成功，并且不得不在竞争激烈的市场中生存下来。通过建立企业联合或使企业破产的方法来使各经济部门合理化的努力总是失败。在最近十年，中央政府努力压缩钢铁部门，但是中国现在已经有6000多家钢铁公司，比这一议程开始时多了2000多家。与日本和韩国

---

① Randall Peerenboom, *China Modernizes: Threat to the West or Model for the Rest?*, Oxford: Oxford University Press, 2007.

② 除非特别注明，本段的观点源自肯尼迪手稿的几个章节。

对外国投资和进口坚持极端的贸易壁垒不同，相对而言，中国对国际经济开放得多。在十多年的时间内，中国在发展中国家中一直是外国直接投资的最大目标国，这部分是因为外国的政治压力，部分是因为中国自身经济薄弱，需要吸引国外的管理人才和技术。① 与日本、韩国针对政府与企业之间的协商拥有高度组织化的系统不同，行业协会在中国的发展却很薄弱。中国和外国的企业确实影响了中国的经济政策，不过大多数与政府的商业联系却是通过非正式的、私人的渠道实现的，与俄罗斯和印度的政企关系更为相似。而中国社会福利体系的发展远远不如其邻国，更像那些"发展不均衡的国家"，比如南非和埃及。所有这些例子最终说明的是，对特殊性的广泛概括所模糊掉的东西远远多于它所澄清的东西。对中国经济的组成要素加以调整的对比研究将更有价值。

雷默理论中第四个有问题的方面是他假定中国政府的不同部门之间行动一致，都共同追求一个定义清晰的目标，而中国的经济表现正是这些计划的反映。这种观点赋予了邓小平及其后来的领导者在这一历程中的核心地位。虽然毫无疑问，他们是非常强势的，但是事实表明他们并不是全能的统治者，无法将他们的愿景强加给社会的其他所有人。在很大程度上，中国的统治精英不得不应对并非出于他们选择的经济和政治压力。在改革时期的最初 15 年中，许多政策都反映了中国共产党内部的自由派和保守派之间的一种妥协。② 虽然意识形态上的分歧已经消失，但是官员内部的冲突一直继续左右着政策的采用和执行。不久前，商业利益集团和社会其他成员的游说活动都已经在国家和地方层面上对政策

---

① 法洛斯（Fallows，2007）写道，"中国的行为及其公司的行为与日本的行为相比更符合标准经济学的理论。"法洛斯的观点在那些已经将注意力转向中国的日本研究专家中是很少见的。查默斯·约翰逊（Chalmers Johnson）、克莱德·普雷斯托维茨（Clyde Prestowitz）和樊以孟（Eamonn Fingleton，2008）都认为，中国是沿袭了日本的经济模式。法洛斯现在可能得出了不同的结论，因为他最近两年生活在中国。参见他的博客：jamesfallows. theatlantic. com。

② Joseph Fewsmith, *Dilemmas of Reform in China*: *Political Conflict and Economic Debate*, Armonk, NY: M. E. Sharpe, 1994.

讨论变得至关重要。[①] 中国许多最成功的政策最开始都是在地方采用的，不是被视为经中央批准的试验，而是被视为对中央政策的破坏，成功后才获得全国性的支持。[②] 结果是不同群体之间的妥协，而不是共识，才是大多数中国经济政策的来源。

雷默提出的最后一个神话是另一种类型的共识，即中国的知识分子和官方都认可其“北京共识”的准确性。写作三年后，科兰兹克[③]称，雷默的想法在中国得到了广泛认同。我本人对关于中国的争论的评论是，如果在中国存在一个共识，那就是“北京共识”是错的，它对美国和全球社会过于敌视。

一些中国评论家发现了“北京共识”的可利用之处。最重要的是，他们喜欢它对“华盛顿共识”、新自由主义和东欧与前苏联国家采用的休克疗法的批评态度。[④] 对“华盛顿共识”的批评为那种符合各国国情的发展路径进行了辩护。[⑤] 其他人认可“北京共识”是因为它承认了中国具有历史意义的经济成功。[⑥] 田春生[⑦]和卫杨春[⑧]相信，最低限度，关于“北京共识”的讨论将带来更多对中国的研究。

中国的绝大多数评论对“北京共识”是持批评态度的。一些人认

---

① Scott Kennedy, *The Business of Lobbying in China*, Cambridge, MA: Harvard University Press, 2005; Andrew C. Mertha, *China's Water Warriors: Citizen Action and Policy Change*, Ithaca, NY: Cornell University Press, 2008.

② Kellee S. Tsai, *Capitalism without Democracy: The Private Sector in Contemporary China*, Thaca, NY: Cornell University Press, 2007.

③ Joshua Kurlantzick, *Charm Offensive: How China's Soft Power Is Transforming the World*, New Haven, CT: Yale University Press, 2007.

④ “The ‘Washington Consensus’ and ‘Beijing Consensus’”, *People's Daily Online*, June 18, 2005.

⑤ 张剑荆：《“北京共识”与中国软实力的提升》，载《当代世界与社会主义》，2004 年第 5 期，第 10—14 页。王建辉：《“北京共识”：发展价值观的新境界》，载《中南财经政法大学学报》，2005 年第 1 期，第 15—19 页。

⑥ 罗月珍、肖六亿：《放权与收权的改革战略——透过“北京共识”看中国经济改革》，载《湖北财经高等专科学校学报》，2005 年第 2 期，第 10—12 页。

⑦ 田春生：《“华盛顿共识”与“北京共识”比较初探》，载《经济社会体制比较》，2005 年第 2 期，第 77—80 页。

⑧ 卫杨春：《理性看待“北京共识”》，载《文教资料》，2007 年第 1 期，第 213—214 页。

为，它不够准确，或者有些夸大其词[①]，而其他人认为，它忽视了中国经济改革中最重要的因素。[②] 许多评论家撰文指出，“北京共识”是要求宣布一种并不存在的共识。[③] 还有其他人强调说，“北京共识”低估了中国经济战略所导致的问题的严重性，也低估了那些仍然需要去克服的问题的严重性。[④] 最后，大量观察家坚持认为，中国的经济改革战略依赖于“华盛顿共识”的一些构成要素，比如自由价格、竞争、限制通货膨胀和加入世界贸易组织。因此，中国那些独有的要素不过是对“华盛顿共识”的补充，而不是挑战。[⑤]

这个国家的知识精英和政府官员们对“北京共识”缺乏共鸣，这应该是对雷默理论最后的致命一击，原本他以为中国会因为得到了这样的头衔而受益颇多。

四、结 论

中国对“北京共识”的广泛不满，并不意味着中国的分析家们没有

① 庞中英：《“中国特征的全球化”与“北京共识”》，载《当代世界与社会主义》，2004年第5期，第15—16页；刘延棠：《“北京共识”的潜台词》，载《瞭望》，2007年第42期，第102—104页。

② 邹东涛：《“华盛顿共识”、“北京共识”与中国独特的发展道路》，载《宏观经济研究》，2006年第5期，第10—14页；朱耀斌：《“北京共识”：对全球化背景下中国改革解释力的分析》，载《湖南社会科学》，2006年第6期，第101—104页。

③ 张剑荆：《“北京共识”与中国软实力的提升》，载《当代世界与社会主义》，2004年第5期，第10—13页；远山：《关于“北京共识”研究的若干问题》，载《当代世界与社会主义》，2004年第5期，第17—21页；卫杨春：《理性看待“北京共识”》，载《文教资料》，2007年第1期，第213—214页。

④ 李克钦、王慧星：《“中国模式”及其普适性初探》，载《河南科技大学学报》，2007年第2期，第36—38页；王建辉：《“北京共识”：发展价值观新境界》，载《中南财经大学学报》，2005年第1期，第15—19页。

⑤ 周春波：《华盛顿共识的破产到未成体系的北京共识》，载《现代经济》，2007年第7期，第146—148页；赵晓：《从“华盛顿共识”到“北京共识”》，载《南风窗》，2004年7月16日；远山：《关于“北京共识”研究的若干问题》，载《当代世界与社会主义》，2004年第5期，第17—21页；卫杨春：《理性看待“北京共识”》，载《文教资料》，2007年第1期，第213—214页。

看到中华人民共和国发展经验中的独特性和开拓性。尽管对“北京共识”的支持非常有限，他们却更多地信任（虽然并不是绝对地普遍认可）“中国模式”的观念。与“北京共识”一样，“中国模式”的观念面对着和“北京共识”一样的困境，它需要证明中国的发展政策和路径从分析的角度看是独特的。这一任务由于缺乏对什么是“中国模式”的一致意见，而变得更为困难。与“北京共识”有一个明确的出处不同，人们对“中国模式”的定义并没有任何共识。一些人认为，它仅仅是对威权资本主义的一种隐喻①，而其他人则将其视为中国从国家社会主义向市场经济的渐进主义转型的同义词，在中国更普遍的说法是“有中国特色的社会主义”②。接受这一观点的中国评论家们对关于“中国模式”的看法提供了相当数量的详细描述。还有其他一些人认为，“中国模式”是东亚发展型国家的延伸。但不管选择哪个版本的“中国模式”，它的特殊性都难以被认定，这限制了它在分析上的作用。此外，尽管“中国模式”观念没有明确附带着中国人之间存在某种共识这样的假设，但宣称是一种“模式”就仍然暗示了一种连贯性和与现实并不相符的指导计划。

“北京共识”和“中国模式”的提议者想让我们相信，中国的经历直接打破了“华盛顿共识”和新自由主义的信条。虽然严格地说，中国没有遵循威廉姆森的十项原则或其后的几点详细说明，尤其是关于政府制度方面。不过，两派中的原教旨主义者在中国多大程度上背离了标准

① Gideon Rachman, “Illiberal Capitalism: Russia and China Chart Their Own Course”, *Financial Times*, January 8, 2008; Ian Buruma “The Year of the ‘China Model’”, *The Nation* (Bangkok), January 9, 2008; Arthur Kroeber, “Rising China and the Liberal West”, *China Economic Quarterly*, Vol. 12, No. 1, March 2008, pp. 29 – 44.

② 布雷斯林（Breslin, 2004）更喜欢“有中国特色的资本主义”这一术语，他的意思是中国已经转向一个其指导目标是服务于资产阶级的威权体制。

经济学理论方面可能都夸大其词了。罗德里克[1]争辩说，新自由主义分析的目标不仅仅是一种政策方案。所以，他写道[2]："经济改革的广泛目标，即市场导向的激励机制、宏观经济的稳定、外向型定位，没有转化成一系列独特的政策行为。"比如，财产权能够使个人获得安全，但中国在20世纪90年代中期赋予了地方政府这种保护，而这恰恰有助于解释乡镇企业所获得的非凡成功。罗德里克没有解释为什么中国的干预没有导致在菲律宾和印度尼西亚出现的那种阻碍广泛干预的寻租现象，而是表明，这种干预可以和传统的经济学逻辑相一致。

看起来，布雷顿森林体系正在逐渐达成同样的观点。虽然他们对委托方提出的政策建议经常仍然只是或"老派"或"新派"的"华盛顿共识"，他们的分析家们还是对中国和其他那些政府在其中发挥了巨大作用的国家所获得的成功作出了妥协。[3] 本人就遇到过几个称赞中国取得的伟大成就的世贸组织官员。一个最大的讽刺是，传统经济学的灵活程度足可以解释中国的情况，足可以与中国的情况和平地相处，它恰恰削弱了"北京共识"和"中国模式"中向正统学说提出挑战的那些原理。

考虑到"北京共识"与"中国模式"存在的问题、标准经济学理论的灵活性和世界的全球化治理体系，我们应当清楚的一点是，这些观念的政治意义不应该被过分夸大。在中国，"北京共识"和"中国模式"不太可能作为"有中国特色的社会主义"与"改革开放"的意识形态补充。

国际政治出现分歧的可能性正越来越大，同时也面临着严重阻碍。

---

① Dani Rodrik, "Goodbye Washington Consensus, Hello Washington Confusion? A Review of the World Bank's Economic Growth in the 1990s: Learning from a Decade of Reform", *Journal of Economic Literature*, Vol. 45, December 2006, pp. 973 - 987; Dani Rodrik, *One Economics, Many Recipes: Globalization, Institutions, and Economic Growth*, Princeton: Princeton University Press, 2007.

② Ibid., pp. 973 - 987, 977.

③ World Bank, *Economic Growth in the 1990s: Learning from a Decade of Reform*, Washington, D. C.: World Bank, 2005.

在国际上，一些国家对学习中国的成功经验极感兴趣。① 这其中的一些国家由威权主义领袖领导，决心要在实现增长和继续一党制两个方面坚决追随中国。② 就像已经在其他地方被证明的一样，经济成功并没有一个固定公式，在中国起作用的东西很可能无法直接移植到其他环境中。那些盲目地采用了中国的政策要素的国家很可能会发现，它们和那些毫不迟疑地采用了“华盛顿共识”的国家一样，被经济危机和政治危机所困扰。

此外，一些人提出，“北京共识”和“中国模式”是作为对美国和布雷顿森林体系的对抗力量而赢得了共鸣。③ 如果真是如此，那么“北京共识”应该是新的“南北冲突”的体现。虽然世界的治理体系需要进行某种调整以适应中国不断增长的作用，也许不得不允许扩大特定环境下的政府干预，但从大的格局看，这些挑战比不上冷战期间共产主义和资本主义之间的意识形态冲突，甚至比不上全球富裕的北方和贫穷的南方之间的隔阂。全球治理体系需要进行本质上的改革，但是挑战是来自中国（它已经在灵活地适应资本主义世界）的可能性极低，而更有可能是来自那些仍然深陷于贫穷的恶性循环之中的最不发达的国家，没有任何共识能帮助它们摆脱困境，无论是华盛顿共识还是别的共识。

（王　雪　译　周艳辉　校）

① Selim Raihan, “Beyond the Washington Consensus: Lessons from China's Development Experience”, Bangladesh Centre for Policy Dialogue, Report No. 12, May 2000; Garth Le Pere, “Ties Create Options for Africa”, *China Daily*, February 27, 2008; Barry V. Sautman, “Friends and Interests: China's Distinctive Links with Africa”, Hong Kong University of Science and Technology Center on China's Transnational Relations, Working Paper No. 12, February 1, 2006; Drew Thompson, “China's Soft Power in Africa: From the ‘Beijing Consensus’ to Health Diplomacy”, *China Brief*, October 13, 2005.

② 叙利亚专家约书亚·兰迪斯（Joshua Landis）最近报告说，在他的中东之行中，当官员们寻求维持威权统治并获得持续的经济增长时，他经常听到他们对“中国模式”表达出的强烈兴趣。来源于2008年5月作者与兰迪斯的谈话。

③ Arif Dirlik, “Beijing Consensus: Beijing ‘Gongshi.’ Who Recognizes Whom and to What End?”, Position Paper, Globalization and Autonomy Online Compendium (http://www.globalautonomy.ca), January 17, 2006.

中国发展经验的奇特性和可复制性*

〔美〕巴瑞·诺顿

中国的发展实践给我们提供了什么样的经验呢？从复杂的发展经历中提取出简单的经验是危险的尝试。中国的情况非常独特，其国家规模、先天条件、政策轨迹以及历史条件等各方面都是独一无二的。但是由于中国的重要性和它取得的发展成就，人们又会不断地对中国经验的意义进行总结。但是反过来，我们却可以通过观察当前对中国经验的各种解读，通过总结当前对中国经验解读方式中所存在的不足来提取经验教训。下面我以一些简单的命题来开始我的研究。

一、导论：五个矛盾命题

（1）中国模式是一个很重要的模式，其成功发展有很多方面值得借鉴。

（2）关于这些可借鉴之处是什么根本不存在一致看法，而很多所谓的

---

* 本文刊载于《中国分析》（*China Analysis*）杂志2009年1月刊，也是提交给2009年1月3日在旧金山召开的美国经济学会（American Economics Association）会议的讨论稿，原文题目为“Singularity and Replicability in China's Developmental Experience”。作者巴瑞·诺顿（Barry Naughton），美国加州大学圣地亚哥分校国际关系与太平洋研究学院中国国际事务主席，美国著名的中国经济问题研究专家，其观点对美国政府有着较大影响。——译者注

经验教训也或者是不一致的，或者是相冲突的，或者很明显就是错误的。

（3）尽管中国有很多卓越的制度创新，但还没有任何一项具体制度可以负责任地推荐给其他发展中国家加以复制。

（4）中国的制度创新涉及修正和加强以及放弃现有的等级体系。中国的制度创新是特定于现有体制背景的，在转型的每个阶段都利用了现有的组织资本。

（5）由于任何其他国家在制度上都不具有和中国类似的先天条件，因此其他任何国家都无法采纳中国特有的发展经验。然而，就制度的本质和制度与发展过程的相互作用而言，中国制度创新的过程可以提供很多可借鉴之处。发展中国家可以通过考察中国的经验来加强自身制度创新的能力。

中国模式的效应并不表现在一些不相关联的经验上，而在于其促进了世界观的更新，也就是说，它修订了一些用于指导认识复杂经济现象的经济思想和观点。20 世纪 90 年代，随着共产主义的瓦解曾经出现过思想更新的浪潮；在面临美国金融体系崩溃的当下，另一波浪潮出现了。在对经济观点的更新浪潮中，中国的角色非常容易引起歧义。我的观点是，先通过观察人们解读中国经验最普遍的一些方法来说明中国经验的重要性。我不太关心分析性的见解，而是更关注各种不同的“普遍认识”（folk wisdoms）是如何形成的，这也是人们将中国纳入现有的世界观并在一定程度上修正和更新世界观的一些相对简单的方式。

当我们用这种方法来研究中国的影响时，我们发现关于中国经验的意义不存在任何一致意见，但当前盛行的普遍认识显然可以被归类为两组经验体系，或者两大“经验篮”（basket of lessons）。当然，这不是“北京共识”。而且很讽刺的是，甚至很难找到哪怕一个点使得诸如共识的东西能够存在。① 尽管如此，这些盛行的普遍认识还是可以被归入两

① 雷默（2004）提出了“北京共识”的说法，就像是充满了想象力的印象派油画。Joshua Cooper Ramo，“The Beijing Consensus”，London：The Foreign Policy Centre，May 2004.

大“经验篮”，也就是两个经验体系，每一个体系在汇集了很多相互兼容又尖锐的见解后在意思上都是“舒服的”。然而，这两个经验体系之间并不能舒服地共存，确切地说还在很多重要问题上相互矛盾。而从它们相互冲突的观点交锋中又可以得出一些结论。

关于中国经验的两种说法

在围绕中国经验流传开的两种普遍认识中，第一种是从政治意义出发的。它指出需要一种积极的、具有决定性的国家领导权，同时强调这是符合经济增长的，或许还是有利于经济增长的。为了使这种认识的轮廓更为清晰，我将它与在发展中国家所看到的被称为“威权主义的升级”① 或“威权主义 2.0 版”的政治过程联系起来。正是在这个领域，中国经验最强有力地反击了被视为美国所推崇的，或者说反映了美国利益的普遍流行的观念和政策，因此，这很可能是目前存在的各种关于中国的经验教训的说法中最有影响力的，尽管它在美国和其他发达国家还只具有有限的吸引力。在这种认识中，中国经验的核心因素被认为是，中国领导人成功地从一个混乱的威权体制中走出来，并创建了另一个进行了重大修正但依旧是威权主义的体制，这个体制已经在促进经济增长和将增长所带来的收益分配给广大人民方面取得了成功。我们可以把这种体制标识为一种协商式的、由发展驱动的威权主义。

在“威权主义升级”过程中，中国的适应性可以用以下几个要点来概括②：

（1）国家主权最为重要，它是国家实行国内经济改革而无需屈从于外部控制或者受到国际上不稳定形势影响的根本的前提条件。（这种认

① Stephan Heydemann, “Upgrading Authoritarianism in the Arab World”, Brookings Institution, Saban Center for Middle East Policy, Analysis Paper No. 13, October 2007. Accessed at http://www.brookings.edu/~/media/Files/rc/papers/2007/10arabworld/10arabworld.pdf.

② 我修改了 Heilmann（2008b）、Heydemann（2007）以及 Spector 与 Krickovic 的观点，他们分别提出了稍有不同但基本一致的看法。我在这里为偶尔将他们的分析简化而向这些作者道歉。

识与对全球化的解释是不同的，对全球化的解释强调的是各种国际经济力量的主导、各国政府重要性的降低或活动空间的减少。）

(2) 维持对经济核心部门的控制，同时全面实现市场经济的自由化。市场成为所有分配决定的基础，但政府所有权或与政府关系密切的代理人团体或统治团体把持的所有权仍然控制着由先天形成或政策导致的进入壁垒的各部门。

(3) 创建一种协商机制，同时限制公民社会和反对团体的自主性。建立正式的程序使社会团体能够对政策产生影响，但这种影响以接受现行政治制度结构为前提。尽力了解各种竞争性的社会议程，并积极地在这些议程中抢占先机。同时将竞争机制引入下级机构来解决政治争议。

(4) 政府投资基础设施建设和科技发展，格外重视电信系统的建立，甚至允许一个适度的、非整体的“博客世界”存在。

(5) 增进国际经济和政治联系。

对中国发展经验的这种认识在发展中国家广泛流传。从这个定义上讲，俄罗斯目前就在沿袭中国模式，还有埃及和哈萨克斯坦。这种模式在非洲和拉丁美洲的一些地方也具有广泛的影响力，例如委内瑞拉、玻利维亚、厄瓜多尔、尼加拉瓜等，尽管我们不可能说出哪个国家是实施这种模式的范例。

这种普遍认识的核心就是坚信成功的经济发展为政权提供了维持权力和稳定的各种资源。通过掌握经济改革和发展带来的各种利益，并将这些利益在民众当中进行合理和广泛的分配，一个政权才得以存活并且使自身获得稳固。这一点能够实现，只是因为事实证明了政权和公民社会都愿意妥协。这个政权必须愿意倾向于实行一种专断而又灵活多变的统治；作为对民众的服从的回报，它必须真正地倾听大众的广泛需求并且采纳符合民众利益的政策。公民社会也能够接受对自身活动的限制来换取不断改善的经济条件以及一定程度的人身安全和财产权益。当然，这种谈判并不是对称的，因为政权有更大的能力来维护这一协议，而对于公民社会团体而言，惩治政府的不当行为很困难。

对中国经验的另一种不同解读则基本是经济性的，它也可以合并成一种普遍认识。这种认识则将其关注点集中在一系列完全不同的现象上：

（1）相当重视各种市场力量的逐步扩张，将其视为经济加速增长的基本前提条件。总体来说，市场力量的扩张被视为政府稳步退出对经济直接控制的结果。

（2）政府的经济政策具有谨慎和实用主义的特征。灵活性和试验性的方法同“渐进主义”结合起来，这通常通过援引一句中国的俗语——“摸着石头过河”——反映出来。

（3）对外部世界开放，并且制定政策为外商直接投资提供便利条件，特别是出口业方面。经济特区曾经加快了这个开放过程。

（4）政府强烈而持续地重视经济增长、重视投资，将其作为实现经济增长的手段。

（5）明确顺序：市场开放优先，即使是部分开放；快速进入市场，随后进行市场监管。计划和市场双轨制可以共存。产品市场的自由化先于生产要素市场的自由化。从技术上讲，更困难的改革，例如民营化和固定资产自由化，可以从长计议，时间可以延长至数十年。

这个普遍认识的核心是坚信政府退出市场是经济成功增长的关键。经济方面的普遍认识和政治方面的普遍认识将注意力分别放到了中国发展经验完全不同的方面；事实上，我们可以说它们的方向甚至是相反的，而且在中国经验具有何种意义这一问题上它们也得出了截然不同的结论。

这两种普遍认识彼此间又有什么联系呢？当然，一个聪明的分析家可以很好地将二者融合。可以说，这两种认识都不全面，它们看到的是转型过程的不同方面，一个是政治方面，一个是经济方面，因此，从根本上讲它们是互相垂直的关系。或者还可以说它们从根本上是互补的：一个从市场经济中充分退出的政府会创造经济繁荣，经济繁荣可以转化为政治稳定和国家自主。中国发展的成功则代表着这种模式的政治方面和经济方面之间一种辩证的妥协，而政府的特殊政治形式——政治资本所创造的形式——是一种反映了政治和社会利益的主观选择。这些观点看起来合理，但它们忽视了这两种认识之间存在的更为根本性的矛盾。事实上，我认为对中国发展经验的两种看法之间存在两个重要的矛盾，而充分认识这两个矛盾能够让我们更好地洞悉这两种普遍认识各自的缺陷。

首先，“威权主义升级”的注解暗含着对发展目标——包括什么是可取的、什么是可行的两个方面——的重大修订，它直接挑战了选举制民主和不受约束的市场运行，坚持政府控制在创建稳定社会、维护国家自治、从而推进其他发展目标中扮演关键角色。相反，经济学的普遍认识模式并不要求对发展目标进行任何修订，它与那种认为伴随着民主的、规范的市场经济，发展将最终带来繁荣社会的观点相一致。两者之间的区别在决定人们对于中国经验的态度中非常重要，例如中国经验是否具有积极意义，以及复制中国经验是否应视为一件值得思考的好事。在发展中国家，20 世纪 90 年代曾经出现的对于民主和市场经济的粗略共识已经极大地被弱化了，这种现象并不仅仅存在于威权主义的领导人当中。一些人把这种变化看成一种威胁①，我们应该意识到评价标准的差异形成了对中国经验的不同理解。

政治普遍认识模式和经济普遍认识模式之间的第二个对立方面，其实是我们最关注的焦点。这种政治的模式强调对威权主义政权的结构和制度所作的有意的、有目的的修订。在政治的模式中，威权主义政府是迫于压力而尝试新的政策和组织模式来维持自身的统治寿命。换句话说，该政权是个有组织的企业。而经济普遍认识模式忽视了有意的修订和制度创新。在经济的模式中，政府撤退，市场上升。如果政治变革一定要在讨论之中的话，它们将被等同为民主化，并且被视为推迟的民主化。

---

① “随着发展中国家看到了全球金融市场中的混乱，它们就会有充分的理由认定，中国这种中央控制的发展模式比美国的完全自由的资本主义模式更具有吸引力……现在的危险在于发展中国家会转向中国管理模式，将受管制的商业主义作为最佳选择。”［塞伯（Seib），2008］

中国改革开放30年（1978—2008）为很多评论者提供了一个机会来反思整个模式，所以我们最近看到了很多经济角度的普遍认识的例子：

> 这些令世人震惊的变化得以发生的过程并不仅仅依靠机遇和试验，也依赖于宏观设计。邓小平把他的非意识形态的、渐进主义的道路比做“摸着石头过河”。其实很多所谓的市场改革也仅仅是对中国企业家已经在做的事情给予空间——常常表现为睁只眼闭只眼……中国共产党似乎已经带来了30年极其平稳的经济增长……但这常常掩盖了铤而走险的行为，因为党操控着这一杠杆，以实现其生存最终所依赖的经济发展。①

皮林的评论是从经济角度出发的普遍认识的典范，也许某种程度上有夸张的成分。这种评论把所有的注意力都集中在市场领域的扩张方面（事实上，是把它归于中国人已经在做的事情上！），并且把官方决策的特征描述为“铤而走险的行为”，似乎维持宏观经济稳定、进行税收改革以及致力于大规模的基础设施建设仅仅是所有发展中国家理所当然的偶然事情。说来奇怪的是，这种从经济角度出发的普遍认识只擅长看这样一些事实：例如中国决策者们边做边学；他们尝试了很多政策但只保留了其中的一部分；他们并没有以一个宏大的设计方案来开始改革过程。但他们似乎没有兴趣或者没有能力去涉猎那些或许已经进入政策领域的实际的学习和探索过程。无论是制度上的变革还是政策上的试验，在这种从经济出发的普遍认识中都没有扮演太重要的角色，这是极为令人遗憾的。②

---

① David Pilling, “China's ‘Warp-Speed’ Industrial Revolution”, *Financial Times*, December 17, 2008. http: //www. ft. com/cms/s/0/db443b20-cc5b-11dd-9c43-000077b07658. html.

② 当然，就中国转型政策过程还存在大量更加成熟的观点，这些观点并没有在各种研究范式中得到体现。

“威权主义升级”模式似乎夸大了中国领导人在制度改革和实现成功发展方面的作用，在这种政治的模式中，中国共产党对于正确决策的自我辩护被全部接受。但讽刺的是，由于对中国所面临的前所未有挑战的性质以及政策试验性、探索性的特征强调不足，这种政治上的普遍认识实际上并没有过多称赞中国的决策过程。为适应中国的先天条件而进行的发展战略全面改进并没有得到足够的关注，结果是，政治认识模式严重地低估了中国在规模、发展阶段以及发展的准备条件方面的独特性。很奇怪的是，政治认识模式并没有对中国决策者在经济政策制定方面的绝对明智给予赞赏。

相反，经济认识模式认可那种认为制度在中国改革和发展经验中受到过分限制的看法。面对中国特殊复杂的机制设置，很多观察家只能束手无策，他们认为从本质上讲，这个过程是以市场力量为导向的。结果，处于政治认识模式核心位置的制度创新和发现的过程被忽视了。这意味着从经济角度出发的普遍认识忘记了斯蒂格利茨经典分析中的重要经验：通过制度改革保留稀有的组织资本是渐进式转型道路的核心优势之一。但是在中国转型过程中制度创新所做的事情有可能成为其他发展中国家的模式吗？

二、有没有可能被复制的中国制度创新？

中国发展经验的显著特点是非凡的制度创新。大量独特的机构和专门术语已经逐渐出现，为国际经济关注者所知晓：乡镇企业（TVEs）、双轨制（dual-track system）以及“计划外增长”（growing out of the plan）等。中国一些特有的机构，例如国资委（State Asset Supervision and Administration Commission）、发改委（National Development and Reform Commission），已经获得了一定的知名度。但是如果我们问这些机构中有哪些可以被其他发展中国家所效仿，答案是“没有”。也就是说，在中国即兴的制度创新中，在中国为应对棘手的转型问题所设计的所有的制度解决方案中，没有一个制度或方案能够成功和强大到适用于所有环境，而能够让我们安心地推荐给其他国家。当然，在这种方式下提出的这个问题意味着狭隘地框定了中国经验的可复制性问题：我们可以推荐中国的什么制度给其他发展中国家或转型国家采用？由这个狭隘的问题，我们得到了一个干脆利落的答案：没有。

在进行进一步的讨论之前，我们首先要解决一个明显存在的例外。中国的经济特区政策难道没有在世界上被效仿么？这是个符合规则的例外。确实，中国的经济特区政策已经在很多国家成为了一种经济发展的刺激手段，其中最显著的就是印度。印度在2000年出台了经济特区政策，在2005年出台了经济特区法。但是中国并不是经济特区的首创者，事实上经济特区源于爱尔兰（1958年后）。讽刺的是，印度早在1965年在坎德拉（Kandla）甚至还建立过出口加工区，尽管最终没有成功。因此，尽管中国有充分的理由可以鼓励印度和其他地方的决策者给予经济特区新的优先地位，但这一点却很难被视为中国的创新。① 事实上，中国经济特区最具创新的地方（除了与20世纪80年代早期中国计划经济的整体不协调以外）在于其规模、其作为多种类型改革实验室的多种功能以及其开放国内经济的作用。② 印度吸收了其中的一些特点，例如要求新的经济特区面积要超过10平方公里等，但整体上印度的经济特区更像是标准的亚洲出口加工区，而不像中国的经济特区。在世界其他地方，并没有什么中国经济特区所特有的东西受到模仿。中国经济特区并不是一个可供复制的好的对象。

那么，为什么中国的制度创新没有很好地被推销出去呢？事实上这

① “‘印度经济特区’计划的提出者，工商部长马兰（Murasoli Maran）被中国经济特区的巨大成功深深吸引。”印度海关税则委员会（Indian Tariff Commission）主席阿沙科·昆德拉（Ashok Kundra）说：“经济特区：它们能发挥多大的效用？”出自《印度人》（*The Hindu*），2001年8月16日，见 http://www.hindu.com/thehindu/2001/08/16/stories/06160001.htm；也可通过 www.sezindia.nic.in 网站查看印度工商部《对印度经济特区的介绍》。

② Barry Naughton, *The Chinese Economy: Transitions and Growth*, Cambridge, Massachusetts: MIT Press, 2007, pp. 462 - 463.

是因为中国大部分重要的制度创新都是先前已经存在的制度框架和促进经济增长所必需的创新之间进行谨慎妥协的表现。创新被慎重地修改以适应已经存在的制度设计。我们可以通过三个例子来说明这一点。

第一个例子就是乡镇企业。有充分的证据证明，乡镇企业是中国成功因素中最有特色和得到最深入分析的一个因素。乡镇企业把地方公有制与市场自由进入以及企业盈利能力结合起来。正如很多分析人员已经认识到的，在企业创办阶段就给予地方政府一定的股份是一个克服官僚主义阻碍的有效的、次优的方法。① 乡镇企业依赖的是在产权方面的一种特殊的妥协。但有一点没有得到充分的重视，那就是要使这种妥协能够在中国现存的行政级别制度中变为可能，就必须不断地改革这种级别制度以使其适应新的体制。预算安排被放宽，从而使乡镇企业和它们的地方政府所有者能够保留较大部分的收益；而有人事权的上级领导也同意成功的管理者和乡镇干部能够长期保留职位，使他们能够拥有适当长度的时间来完成长期经济增长的任务。换句话说，现有的行政级别制度也要被反复调整，来提供适当的激励机制和贯彻执行政府的政策措施。同时，这些调整也考虑到了现有的权力分配结构。乡镇企业管理规则的修改是在承认地方官员的权力、但同时激励机制被转向能够获得回报的行为的基础上进行的。尽管大量的乡镇企业私有化已经过去了 10 年甚至更久时间，但是这种体制结构一直延续至今。在过去的 3—4 年里，随着农业税被废除，随着各地政府间的转移支付体系建立起来，预算规则发生了急剧的变化；甚至在乡村民主层面上也不断地发生着变化。多数村庄自行选举村干部。乡镇企业有时候被视为“非正式”的制度改革，但这是不正确的。尽管管理规则非常复杂，但它们是市场参与者这一点明确无误。在一个不断调整以适应经济增长和制度创新需要的行政

① Chun Chang, and Yijiang Wang, “The Nature of the Township-Village Enterprise”, *Journal of Comparative Economics*, No. 19, 1994, pp. 434 - 452; J. Che, and Qian Yingyi, “Insecure Property Rights and Government Onwership of Firms,” *Quarterly Journal of Economics*, Vol. 113, No. 2, 1998, pp. 467 - 496.

级别制度的环境中，乡镇企业变得非常重要。

第二个例子就是经济体制双轨制。尽管这一术语有时用来涵括一系列广泛的现象，但它最引人注目也最为典型的应用是在国有企业（SOEs）部门。一般的乡镇企业没有硬性规定的生产计划，但几乎所有国有企业都对生产计划有强制性规定。一个重要的创新就是，国有企业在完成了规定的年度生产和购买计划之后，被允许以市场价格买卖商品。这使企业有机会获得市场价格的差额，也使其开始为适应市场经济而进行定位和运营方面的诸多改革。在双轨制运行了十年之后，1993 年底，指令性计划被取消，过渡非常平稳，以至于当时几乎没有出现经济波动。当然，双轨制并不是计划经济简单撤退的结果，至少要有三种积极的政策措施来确保其运行。第一，指令性生产计划必须被弱化，或者被冻结，以便确保每个企业有足够的能力来为市场生产。第二，企业管理者应当在不断增加的利润中获得经济利益，经济激励机制方面的尝试（20 世纪 80 年代中早期）是双轨制被广泛实行的先决条件（20 世纪 80 年代中晚期）。第三，也是得到认可最少的一点，就是行政级别制度自身需要进行重构，必须设立一套新的能够与利益为导向的行为相协调的激励机制。事实上，20 世纪 80、90 年代，中国的行政体系进行了大规模的改革。① 这些改革彻底丢弃了一系列旧的激励机制和职业道路，取而代之的是一系列更加明确、更加高效、更加关注经济增长，以及和新建起来的更具有预测性的职业道路相符合的激励机制。这些改革重新调整了行政制度中官员的关注点和行为，使其与国有企业管理者的激励机制高度相容，也使得双轨制能够扎下根来并最终引导经济实现计划外的增长。再说一遍，这种行政级别制度被不断调整以满足经济增长和制度创新的需要。

关于第三个例子，我们要谈到的是中国为了创造国内高储蓄率和投

① Barry Naughton, "Market Economy, Hierarchy and Single Party Rule", in Janos Kornai and Yingyi Qian (ed.), *Market and Socialism Reconsidered (with Particular Reference to China and Vietnam)*, London: Macmillan, for the International Economic Association, 2008, pp. 135 – 161.

资率而采取的一整套制度措施。正如大多数人所知道的，过去几年里中国已经将超过40%的国内生产总值投资在新的固定资本上，随着经常账户盈余——2007年飙升到了国内生产总值的8%，国内储蓄在过去几年几乎达到了国内生产总值的50%。世界银行增长与发展委员会（Commission on Growth and Development）[①] 给出的与快速增长相关的政策列表中把高投资列在首位。他们赞许地谈到中国的投资甚至超过了国内生产总值的5%—7%，这是他们在基础设施方面所建议的投资量。但很多人没有认识到，这一巨大的投资努力并不是中国改革时代的一贯特点。在改革开始了十多年之后，中国开始缩减基础建设投资，以便在过度的社会主义投资计划进行了几十年之后给经济一个喘息的空间。至少在1990—1992年，中国对基础设施（狭义的运输、通信和电力）的投资仅仅占到国内生产总值的4%。今天我们所看到的数量巨大的储蓄者和投资者是在20世纪90年代中期以后才出现的，是成功地进行改革将近20年之后的事了。中国对（狭义的）基础设施的投资在1993—1997年跃升至超过国内生产总值的6%，又在1998年以后进一步跃升至超过国内生产总值的8%。那么，中国是如何达到这一令世人瞩目的投资力度的呢？

从本质上来说，中国大部分体制问题都服从于实现高投资和充足投资这一追求。高投资和快速的经济增长率是过去50年里中国领导人的一致目标。[②] 20世纪90年代初期的投资不足曾经使领导层对中央政府的效力下降深感忧虑。结果是，他们把制度发展的重点放在了能够加强政府、能够恢复政府领导投资项目的措施上。改革初期，中国保持着储蓄的高额回报率。通货膨胀的小插曲即便发生，也基本上能在18—24个月内得到控制，储户利益也通过通货膨胀补贴得到保护。这样做的结果

---

① Commission on Growth and Development, *The Growth Report: Strategies for Sustained Growth and Inclusive Development*, Washington, D.C.: World Bank, 2008. Accessed at http://www.growthcommission.org/index.php?option=com_content&task=view&id=96&Itemid=169.

② 增长与发展委员会注意到了国家领导人在推进经济增长中的重要性（pp. xx-yy），并且完全可以肯定，中国的特点是领导层对于这个问题有着强烈的一致意见。

是，家庭储蓄率从改革初期就在增加并持续保持高水平。中国从来没有出现过征收储蓄余额（expropriation of saving balances）这种在其他转型国家中发生过的事情。

尽管这样，投资仍被认为不够充足。为了解决这个问题，中国开始了一系列大规模的制度改革。

——税收体系在1994年进行了彻底的改革，这不仅给中国带来了更加广泛的税收基础，而且还大大增加了中央政府在税收总额中所占的比例；

——在国家基础设施中占主导地位的国有企业被允许保留税后全部利润，从而为一些基础设施投资提供了专门资金来源。

——主要的基础设施建设部门进行了重组以加强国家的主导地位，但也在2—3个主要的提供商之间提出了垄断控制下的竞争：这种竞争主要存在于电信、电力和航空领域，而铁路部门事实上一直就是垄断的。准入壁垒保证了高收益率，而竞争确保了在这些部门的再投资也能呈现高水平。

——国家银行体系中设立了政策性银行以便于系统性地引导投资流向基础设施建设。

——1998年后，中央政府发行了基础设施建设债券，增加了另一个资金来源。

然而，所有这些创新都是对中国制度设置中根本的、不断发展的特征的补充。地方政府官员长期以来一直对基础设施建设项目和生产投资项目（创收）抱有很大的热情。这一方面要归因于软预算约束——在项目中风险与回报的结构性不对称，这种不对称在大部分地方是官僚决策的特点。另一方面，在描述双轨制时所提到的加大创收活动的激励机制也会进一步增加地方政府官员的投资动力。无论是哪种情况，只要能够获得资金来源，地方政府都有很强的投资动力。这两方面都不是中国体制转型的特征。2008年11月10日，中国政府公布了一个财政刺激计划来应对全球金融危机，设想用增加1.18万亿人民币的中央政府投资支出来引出超过 2 万亿人民币的地方政府投资。事实上，在两周时间内，地方政府给出了一个令人惊讶的 18 万亿人民币（大约 2.5 万亿美元，占国内生产总值的 60%）的地方投资计划。很明显，地方政府在考虑投资支出时还是看到了软预算约束的可能性。

这三个例子说明了什么呢？这三个例子很有力地证明了中国渐进的市场化不能片面地描述为简单的政府撤出和自治市场领域的复苏。相反，市场化始终都伴随着制度变革和创新的过程。当然，制度变革与中国环境的独特性紧密相连，更具体而言，是与从经济层面到经济管理层面的权力链和代理链紧密相连的。因此，这些制度变革明显不适合那些体制特征完全不同的其他国家模仿。这并不仅仅是说中国是独特的，而是说所有国家在制度环境和先天条件方面都是独特的。

任何制度变革都涉及肮脏交易，获得收益的同时要付出代价。任何制度创新都涉及与现有掌权者之间的妥协，这种妥协并不是能让所有人满意，但是对掌权者的拉拢是确保创新成功的因素。所有这些制度创新都不是“最佳做法”，因为它们无一例外都多少接受和保留了巨大的市场扭曲，同时无法永久确立明确的产权和新的公平的管理规范。事实上，如果进一步考察，即便是中国道路本质的“灵活性”和“实用主义”也被证明与中国制度的体制特性深深地交织在一起。韩博天指出①，中国的试验被嵌入到中国的政治体系中，其特征是“等级制度阴影下的试验”（experimentation under the shadow of hierarchy）。这是现实主义的试验，它与开明经验主义的固有模式有极大的不同，但是这种经验主义模式有时也被灌输给中国的改革者们。

---

① Sebastian Heilmann, “Authoritarian Upgrading? The Innovative Potential of China’s Economic Governance”, Paper prepared for the conference “Three Decades of Reform and Opening: Where is China Headed?”, Boston University, December 8, 2008.

三、中国制度变迁的特征

既然我们寻找一个可以被其他发展中国家所仿效的、具体的中国制度的努力是徒劳无益的，那么，我们必须重构关于中国发展经验的可复制性以及吸取经验教训的问题。首先，中国经验在制度构想方面告诉我们什么？我们把中国制度创新看做从根本上是具有适应能力的，那么这种可适应的制度和经济学中普遍的制度是如何进行比较呢？制度经济学近些年来在经济学领域获得了快速发展，但就经济增长这一概念，制度经济学大部分的研究还是关注“高质量”的制度和经济增长之间的因果关系。在这种研究中，制度通常被视为一个外因。制度创新加强了财产权，延长了它们的时间范围，并且为个体的经济生产活动带来了越来越强大、越来越可靠的回报，因此，制度创新也带来了影响。更好的制度可以导致生产活动更有效率，增加投资并最终带来经济增长。符合这一理论的中国经验就很能说明这个问题。公民个体对更好的激励手段的回应结果显然是正面的。中国鼓励储蓄、投资和创业的激励机制得到了极大加强。从社会的上层到下层，公民个体对这些激励机制所作出的回应就是生产活动急剧增加。这正是市场化的核心过程的真实情况。

然而，制度经济学在解释哪些类型的制度创新在中国被采用了这一问题时，却令人吃惊地没有给出多少指导意见。显然，体制机制和制度质量既不是中国制度环境或政治体系的外因，似乎也不能保证获得最大经济效益的改革措施最先被采用。而事实上却是，制度创新只有既能保证提高效率，又被现存的掌权者所接受时，才能够被采纳。我们可以看出制度创新被采纳的一些重要方式。

第一，对现有制度进行广泛的“目标重塑”。我们在中国几乎不会看到把一个完全的新手任命到行政职能岗位这种事情。实际情况是，一些现有的组织机构受到激励而转变其任务目标，以便与市场经济更加协调。现有组织机构的提拔模式也发生改变，以反映新任务的新要求；随着时间的推移，崭新的一代人会将组织的精神发扬光大。这显然是一个渐进式的制度改革模式，这种模式也使得改革过程能够获得“维护‘块状的’社会和组织资本”带来的巨大优势。它付出的代价就是一些陈旧的处事方式，只能是随着老一辈退出历史舞台而逐渐地消失。这种组织连贯性也可抑制采纳某些移植的制度。

第二，也是部分地由于上述原因，很多制度创新在现有掌权者与对更高效的以增长为导向的政策需求之间带有了交易或者协议的性质。也就是说，制度改革能够成功是因为既得利益团体进入了新的制度设置中。它们的利益在一定程度上得到了保护。例如，这一点我们可以从政府官员进入了新成立的公司和新的监管机构看出来。从广义上我们可以说，整个转型过程都符合这样一种模式，因为共产党的领导干部在市场化过程中也成为利益相关者，从而有理由确信市场化能够给其自身和家人带来利益。如果我们把中国的改革过程设想成以增长为导向的改革者与既得利益团体之间的科斯式谈判（Coasian bargain），那么可以说，我们就几乎完整地抓住了其核心机制。经济民族主义为各种集团进行交流提供了一种共同语言，也为完善这种谈判不断扩大经济资源。

第三，整个系统出现了大量的制度创新，其中大部分都失败了。制度创新对创业精神给予了回报。创业精神在探索一种新的行为方式中发现了获利的机会。该系统正是按照政治上的创业精神是有所回报的这种方式建立起来的。从这个意义上讲，政治系统类似于经济系统：投资和创业精神会得到回报，而失败的代价则被整个系统消化了。地方政府官员有足够的机会来施展自己的“活力”，例如通过推行地方项目来得到中央政府的注意，并最终得到晋升。这引发了大量浪费性的活动，同时也成功地带来了大量的制度创新。关键是中国的国家规模及其准联邦制的政府结构为创新者提供了一个即使失败也不会造成巨大系统性伤害的可能。正如韩博天所说，地方政府的试验是在级别制度的阴影下进行的，因此，当它们出现失败或失控的趋势时常常被加以限制或取消。

第四，由于试验通常是在一个被深刻理解和广泛监督的整体制度环境中进行，因此，它们很少造成制度实施方面的灾难性失败。换句话说，新规则的颁布和施行之间很少存在巨大的分歧，或者更准确地说，这些分歧一旦出现，往往能够非常迅速地得到纠正。快速的制度变革过程中的政策不明朗时期很少出现。市场参与者不了解新规则或者大胆的违法行为带来巨大利益这样的小插曲也相对很少。我们可以在财政改革中最为明显地看到这一点。在整个 20 世纪 90 年代，中国实行了一个接着一个的财政部门改革计划，其中大部分都失败了。信托投资公司、温室股票市场（hothouse stock market）以及一系列债券类基金融资都进行过尝试，但没有一个获得全面成功，很多计划最终都彻底失败了。很多情况中，个人从失败的试验中获得了利益；而在所有情况下，最终的代价作为不良贷款表现在银行的资产负债表上。整体而言，这些尝试可以被描述为一种金融失败，从 20 世纪 90 年代末到本世纪最初几年，不良贷款最终抵消了国内生产总值的三分之一还要多。① 这种失败的试验导致了巨大的真实成本，但系统将这些成本消化了，从而没有出现灾难性的金融危机或崩溃。正如斯蒂格利茨指出的那样，代理链条恰恰在金融部门是最长的，我们可以预期到要建立一个新的运行正常的系统会遇到很多困难。中国发展的经验确实证明了这一点：今天我们看到的只是建立一个现代金融体系并使其运行的并不完全可靠的尝试。中国的经验并不在于避免这种金融试验及其失败带来的代价，而在于限制这些代价从而使其他的发展进程能够进行下去。

第五，围绕着经济增长、制度设置以及适合的战略决策等问题始终都有讨论和争议。关于中国经济选择的争论涵括一系列的选择方案，至少与美国及欧洲的类似争论一样广泛。这种讨论异常地活跃，并涉及一系列的可选办法。此外，讨论通常面向未来，并伴以“规划”产生。在中国出现了大量的规划，它们早在 30 年前经济改革刚开始时就出现了。

① Barry Naughton, *The Chinese Economy: Transitions and Growth*, Cambridge, Massachusetts: MIT Press, 2007, pp. 462 – 463.

这些规划中有很多都是不现实的，或者其目标和手段之间存在明显脱节。事实上，这些规划中很多都难以被局外人理解，因为看起来不切合实际，与时代不相符。但这些规划的实施确实意味着决策者们必须清楚自己的期望和目标。结果，失败是相对明显的。尽管政治体系很少将这些失败公之于众，但内部人士是非常清楚的。因此，政策也不断地要接受评估和再评估，中途调整也成为惯常。就像增长与发展委员会所强调的，争论的质量一直很高。

换句话说，中国发展的经验告诉我们，制度创新并不是外生的，而是出现于国家制度框架内部。也许将国家制度创新体系（national institutional innovation system）和更为公认的“国家创新体系”（national innovation system）画上等号并不合理，正如纳尔逊[①]和大部分后来的论文中所说的那样。说其类似并不准确，这是因为国家创新体系包含了一些其首要功能是进行技术创新的组织。而中国的制度创新体系中并没有类似的组织。但中国制度创新产生和评估的整体环境是相对健全的。如果中国发展经验中有任何东西可以为其他发展中国家学习和效仿的话，一般而言，那就是为制度创新创造一个积极的环境。

四、经验和结论

对中国经验的考察首先导致了对制度及其变革的本质的看法，然后是关于其对其他发展中国家提供的实践经验教训的一些假设性建议。中国的制度改革过程显示出制度的“目标重塑”所发挥的巨大作用。这很明显说明很多不同的制度形式都具有功能替换性，正如罗德里克强调的[②]，制度形式与制度功能之间不存在一对一的对应关系。能够以长效

① Richard Nelson (ed.), *National Innovation Systems: A Comparative Analysis*, Oxford University Press, New York: Oxford University Press, 1993.

② Dani Rodrik, *One Economics, Many Recipes: Globalization, Institutions, and Economic Growth*, Princeton: Princeton University Press, 2007.

激励机制协调经济增长的、可以算是好的制度形式有很多种。

这使得制度创新的内生性成为焦点。中国的制度创新通常是在奖励生产性活动的愿望和放弃对资源控制的不情愿之间实现的妥协。也就是说，对制度创新的进一步考察将揭示出它在何种程度上与政治体系以及关于权力和资源的斗争纠缠在一起，这种斗争是不可避免的，尽管也许场面上不好看。然而，这对所有制度创新而言都是存在的，因此，在我们对具体案例的探讨中有意避开它也是没有意义的。制度选择和权力及实施之间的交织关系，意味着将制度分析视为一种比较静态分析的形式，其作用是有限的。把从中央计划到市场经济的转变看做是一个相对静止的问题，也没有多大意义，这种转变的目标是从一种平衡状态转变为另一种平衡状态。真实情况也许是，存在一种向类似于资本主义市场体系聚合的长期发展趋势，但这个过程似乎只有在非常长的时期内才能展现出来。事实上，即使是发达的、受管制市场体系的变体——美国模式——似乎也依然处于不断发展变化的过程中，那么，它在发展中国家的变体就更是如此了。

尽管中国的体制非常善于创造出中国土生土长的制度创新，但它还是明显地混合采纳了很多外部的制度模式。事实上，从 20 世纪 90 年代中期开始，中国就采用了一整套所谓“最佳做法”的企业制度，至少从理论上讲是如此。国有企业甚至也采纳了现代企业组织形式，同时还采用了从理论上来讲具有独立性的管理制度。但大多数研究人员都一致认为采用这些外来制度的决定过程是缓慢而有波澜的。最重要的是，这些外来制度似乎确实没有真正发挥其最初被引入时所期待发挥的制度职能。相反，它们被穿上了传统行政等级制度的外衣，为官员提供了新的决策程序和工具，但没有改变传统的权力分配。这种不完美的制度移植伴随着中国在国内创新中的强劲表现。社会和组织资本的保留以及与现有权力结构的妥协可能更利于本土创新，而抑制外部制度的引入。

对大部分发展中国家来说，问题在于它们是否能够效仿中国经验的某些方面。这里给出的分析表明，最重要的益处就是效法中国成功转型的基石——制度创新精神（institutional entrepreneurship）。当然，照搬中国的“国家制度创新体系”是没有意义的，但中国整体的知识和制度环境的某些方面还是有效仿价值的：

第一，中国对于经济增长的全面一致认同可以为其他发展中国家借鉴。正如增长与发展委员会建议的那样，中央政府可以同时宣扬将整体上的“未来方向”和自觉的发展选择作为国家的“首要目标”。不过，这显然无法通过政府发表关于经济增长的庄严宣誓来实现，这缺乏可信度。事实上，这只能通过普遍的计划过程来实现，这种计划涉及目标的确定、方案的描述以及基准的设立。曾经试图实现一种单一的、集中的国家计划的过程失败了，这一度让计划背负了不好的名声；然而更多的计划，包括更多失败的计划，可以帮助实现共同的未来目标和实现经济加速增长所必需的制度改革过程。

第二，制度创新需要着眼于提高基础设施投资率。很多国家今天面对全球经济衰退都抛出了基础设施投资计划作为刺激手段。中国也是这些国家之一。尽管有理由担忧设计和建造拙劣的基础设施带来的代价，但这个趋势从根本上来说是可以肯定的，应当得到鼓励。发展中国家应当使其他的合法性诉求服从于加速基础设施建设的需求。现在的事态已经偏离这种政策而走得太远了。此外，对地方制度创新的重视使得在扩大基础设施建设投资的同时减少浪费成为可能；各种本土机制持续地为维持基础设施建设提供合理的激励，这些机制非常灵活。

第三，一个活跃的经济争论和政策辩论的环境也是必不可少的。中国在经济政策的几乎每个方面都享有充分而健全的讨论。这是中国的国家规模带来的优势之一：中国的学术界规模大，因为与之相关的公民的人数很庞大。健全的评估和批判在很多情况下都可以实现，这有助于通过降低不良风险来使得制度创新成为可能。

第四，出现了经济增长和制度创新过程中的一种良性循环。由于经济增长加速，人们开始转变自己的目标，因此，调整其对未来的期望变得更加容易。计划变得更为重要，而计划的质量在提高。此外，随着收入的增加，促进对新制度认可所必需的科斯式谈判变得更加容易实现。构思短期和长期制度解决方法变得更容易，而变革的过程也变得简单。中国的发展经验充分地证明了这个事实。

总体来说，赋予制度创新以更高的重要性对于发展中国家是有利的。作为目标的经济增长要求对制度变革的支持；制度变革在本土的发展规模越大，发展中国家可能会越平稳地转向快速发展之路。今天，很少有人会质疑大规模政策改革中渐进主义带来的固有好处，如果这种方式能够得以实施的话。然而，我们还提不出明确的建议来帮助那些国家进行本土的制度改革，加强整个系统的稳健性来抵制混乱，以及平稳地推行促进经济增长的制度改革。我们面临着如下难题，即每个人都在谈论中国模式——有些人甚至在谈论一种“北京共识”，尽管并不存在一个获得大部分人认同的所谓的此种共识。中国的经验极大地强化了如下这个一般规则，那就是当一个经济体系中的市场要素和非市场要素处于一种健康的互相依赖的关系时，就会发生经济增长。但中国的经验也同样支持这样的论断，那就是这种相互依赖关系的具体特征是不确定的，并没有任何单一的或简单的正确方式来处理这种关系。

因此，中国的制度创新并不存在某些可以为别国所借鉴的具体特征。然而，总有人要求将中国经验的一些关键部分简化，从而使之能够对其他国家的行为起到指导作用。作为社会学家，作为中国研究的学者，我们的责任是尽可能地提供一些可参考的经验教训，但同时也要坚持承认经济和社会发展中那些无法简化的复杂性。

（庞　娟　译　周艳辉　王新颖　校）

中国文明发展的新阶段：起源与前景*

［俄］A. B. 维诺格拉多夫

评价中国近几十年来的发展成就时，它总是被认为与中国文明的成果相关。总体而言，俄罗斯政治学界中这种并不典型的观点，不仅是俄罗斯自身意识形态定位的变化和对几乎与中国改革同时起步的“戈尔巴乔夫改革”的痛苦回忆引起的，也是对中国改革性质的敏感联想导致的。中国改革的市场化方向已经与马克思的社会主义学说的原则不相称，中国社会政治生活中的一些现象与作为社会主义思想基石的欧洲人文主义传统也不完全符合。但是中国宣称坚持走社会主义道路，坚持以适应本国特点的，甚至往往因之而变形的社会主义原则为基础长期发展，并且向保留了社会主义所有外部特征的改革新时期过渡，这些促使人们思考。在整个20世纪和21世纪初，中国的确一直遵从着一种特殊的社会发展内在规律，毕竟即使在经济范畴之内，社会发展阶段的标准通常也不是固定的。在全球化背景下，承认中国有权走独立自主发展道路是非常重要的，在日益增强的外部影响因素中社会主义思想只是其中之一。中国30年的改革与其目前的成就密切相关，这正是努力弄明白

---

* 该文是2009年5月20日俄罗斯科学院欧洲研究所召开的“继承与创新（以中国和其他文明为背景）”的学术研讨会上提交的报告。作者A. B. 维诺格拉多夫（Андрей Владимирович Виноградов）是俄罗斯科学院远东研究所研究员。——译者注

该国客观情况、仔细考察“中国奇迹”来源的合理缘由。

尤其现实的是，一般的社会理论在适应国内社会经济政治进程和国际关系变革、应对大量新的文明挑战的安排方面都经不起时间的考验。社会理论所描述的现实从过去到现在一直发生着具有重大意义的变化，这表明人类正走向一种其评价标准并不完全明确的新形态。在这方面，中国拥有极其重要的经验。在过去的整整两百年中，它经历了可能比其他任何一个国家都更多的历史曲折——从世界主要强国之一变成为半殖民地和世界上最贫穷的国家之一，如今却又坚定地展示出极高的增长速度，令人惊叹地恢复了其往日的地位。如果再把俄罗斯和印度算在内，或许不仅要讨论非西方文明复兴和评价各种现代化模式的有效性，而且可能需要关注现时代的基本趋势。在过去欧洲主导世界的几百年中，一块大陆的发展基本上决定了世界的发展道路，在此之后，文明再次成为历史的主角。

世界文明中最古老的文明为何会出现新的历史巅峰？我们习惯认为欧洲文明成就源于社会结构变革，以及由此引起的对阻碍发展的旧有内容和方法的根本性突破。有选择地“克服惯性”的能力是欧洲迅速崛起的基本条件，这使其能在短暂的历史间隙之后形成新的动态生存方式。物质进步成为衡量发展的重要标准，决定其他所有社会标准。在关键阶段，物质进步是与永久创新性能力紧密相关，这为提高变革速度提供了保障。这种历史运动的线性特征注定了，经过整整几个世纪才认识到自己的主要任务是自我保护和尽全力使自身免遭破坏与衰落的一切古老文明，必然会绝望地落后于西方。创新成为欧洲发展模式的主线，同时在东方模式背后，一些传统却依然如故，例如，人们习惯浪费时间以至于在速度竞争上败下阵来。东方模式长年积累的惯于平静，阻碍了发展模式的转变。这些品质使它们在早期就形成了封闭、完整且稳定的生存方式并创造出世界上最早的文明，但当受到充满活力的外界冲击之后，这些特点立刻变成威胁它们生存的对立物。

但是，全球化不仅迫使东方国家以革命的形式改变传统发展模式，在20世纪铸就了西方发展模式辉煌的全球化，也显示出西方模式具有难以预料的脆弱性。似乎只要存在扩张的空间，西方就会一直快速发展下去。作为西方模式发展必然结果的全球化带来了新的挑战，而应对挑战的优势却掌握在另一方手中。西方国家创造的维护稳定的动态形式（市场和民主）在空间和时间上都远不是万能的，例如，它只适用于处于特定上升期的发展状况。同时，东方保留了社会组织传统和文明规范的连续性，这在当代具有现实意义并为其打开了通往未来之路。显然时间和空间是最重要的发展资源，如果说空间上的主权可以且经常被争夺，那么时间的主权则具有连续性且向来无法争夺。已经到来的世界危机除了具有经济上的现实意义，还表明人类已经接近“校正点”，此时的主要任务是，重新审视建立在创新基础上的现代化比例与关注历史的、以稳定为取向的传统之间的关系。

一、世界历史中的文明

在研究现代中国特点之前，应当先对研究对象作一些说明。文明是一个极宽泛因而也极复杂的涉及大量现象的概念，但这些概念并不相互矛盾。这也正是到目前为止没有一个公认的“文明”定义的原因。通常它与具有类似含义的“文化”概念混淆，而后者也没有确切的定义。文明和文化具有一些共通的特点和性质。这些概念一般经常被用做近义词。[①] 例如，“开化”无疑是仅仅指高层次文化。有很多研究文明与文化及其相互关系的著作问世，其中较具有权威性的是德国学者（斯宾格勒）和汤因比，晚近的亨廷顿也在其中。然而，问题到现在仍然未能解决。这些概念受到的关注越多，其内涵就越不明确，这正是现代社会科学方法论和概念危机的一个极重要的证明。

文明是一个复杂的社会历史现象，对它的分析应当从初级层次——

① 例如 В. О. Ключевский. Соч. в 9 – ти томах. М. , 1989, т. 1, с. 34. 1。

文化——开始。从动物界开始，它就从周围环境中永久分化出来并适当地自我约束。生物学意义上的文化是基本的细胞层面的文化，或者对于复杂生物体而言是物种层次意义上的。人类是作为生物物种出现的，但是突变（目前尚无法解释的完全的改变）的结果却是人类不仅开始出现生物性差异，而且还出现了我们现在称之为社会性的差异。人类并不只是像此前的其他生物那样从周围环境中分化出来，而且还从动物界分化出来。

按照最普遍的认识，劳动创造了人，从此人类开始有力地对外部世界进行侵略性改造，创造出“第二”大自然、人造大自然。因此一般认为，物质文化是人类社会的基础，物质文化水平决定了社会整体发展程度。到目前为止，这是主流观点。根据与外部世界相互作用的不同方式，可以分出游牧文化、农耕文化、工业文化、后工业文化或信息文化等。

按照另一种说法，行为规范是人类与动物的主要区别。人类从自然界分化出来并不是由于创造了自身的物质世界，而是由于人类获得了与社会化、集体生活以及能够维持稳定性和组织性的另一种性质的形式相关的新特性。历史带有道德准则演进的性质，这创造了社会和人类文化。最早的道德准则和伦理观念与宗教关系密切，因此，直到现在人们经常把文明与宗教混为一谈。

文化的发展程度除了受其基础构成影响之外，还取决于文化与自然界、动物界的分化程度，但并不是取决于与某种文化标准的相似程度。在这方面，作为衡量某种文化与西方文化相似度的标准和规则，开化不可能成为一个公认的发展指标。与文化密切相关的是“同一性”概念，一般认为它是文化的特征、性质以及在外部世界的表现形式的综合。

自然环境和社群间竞争逐渐成为社群生存的威胁。出现了新形势——文化的竞争——不只要与自然作斗争，而且要与自己的同类斗争，这些都要求一种新的能够将物质组成和精神组成整合为统一整体的社会组织形式。物质文化和精神文化的长期结合只能保证一个巩固的中心。该中心便是社会的政治组织，当今这种组织提供了稳定社会中的最高地位。因此，出现了包括物质文化和精神文化在内的社会整体评价，它们以某种能保证二者长期共同协调发展的政治构成的形式存在。

因此，文明可以成为最广义的文化再生产方式。由此引申出它的另一个重要特性。文明是历史发展的基本主体，因为它的存在时间比其他历史主体更长，相应的，它对世界历史进程的影响也更大。从总体上看，文明是处于连续且相似状态的文化的存在形式和再生产方式。（例如，欧洲文明——古代文化、中世纪文化和现代欧洲文化。此处的前一种文化不仅是后一种文化的基础，而且其本身也以一定的分布区和形态继续存在。）于是，西方文明的基本特征——间断性、进攻性和合理性，分别在古代民主管理形式的政治结构、中世纪反对世俗权力和反对宗教神权的政治结构以及现在三权分立的政治结构中体现出来。

经济是欧洲文明的主要存在形式。形态理论描述了西方文明再生产的具体历史形式。物质文化之间存在的共性使得欧洲方式可以被用于衡量其他一切文化和文明成果。但也可能有另一种存在形式，其基础并不是物质再生产和扩张，而是文化节制和道德完善，例如，中国特有的文化。

文明是文化再生产的形式，我认为，对此最有说服力的一个论据是俄罗斯和中国并不是真正在形态上完成的国家。目前在中国，一些传统社会的特征依然存在，这被称为亚细亚生产方式。同样在俄罗斯的政治和经济生活中，也有很多苏联时期以及更早以前时代的特征。

二、世界文明史上的中国

对现代世界发展多样性的研究是通过与欧洲文明的比较来实现的，欧洲文明之所以有如此地位，并不仅仅是因为人类对它的认识相对较成熟，而且还由于它在人类走向现代化过程中作出了具有决定性意义的贡献。欧洲历史成为构建“标准的”社会发展规范理论的基石。现在对其他文明的特点及其一切历史的理解都是以欧洲历史经验为借鉴的。到目前为止，一般情况下能够被理解的通常只有那些在世界其他地区能够找到的欧洲因素，而欧洲所没有的因素则会被放弃，它们至多只能用来证明这些地区的落后性。这种情况首先出现在经济领域，西方国家在经济方面的优势明显，到目前为止，标准也是无可争议的。这种局部性优势使得欧洲文化的其他特征——价值、道德准则和政治制度——具有普遍性。

在此背景下，中华文明仍然能令人感兴趣的有意义的独特性与引起中国社会经济结构历史性发展的文化、艺术和哲学传统相关，当时，中国的经济发展整体上被评价为是一个不发达的、早期的或者甚至是原始的经济形式的变形，该经济形态曾经在西方世界存在过，但它已经失去发展能力，陷入了萧条。关于资本主义在中国内部萌芽的漫长争论正与此相关。① 中国经济的落后注定了欧洲文明在双方第一次大规模交易中占有优势。欧洲巩固了其作为世界历史火车头的地位，却使中国的独特性仅仅具有丰富民族学的意义，对当代世界不具有任何实际价值。然而，这一叙述提纲还需要探讨。在实践中，线性路线很难证明其正确性，即使这一发展路线的基础是社会生活的重要组成部分——经济。

数百年来中国是世界经济发展的主要中心，直到 19 世纪初，中国的国内生产总值占世界的三分之一，超出欧洲（27%）、印度（16%）和美国（2%）的国内生产总值。② 从古代起，中国产品就在世界各地有大量需求，直到 19 世纪下半叶中国成为半殖民地之前，欧洲商品在中国还没有被接受。19 世纪末，在中国历史上影响重大的鸦片进口使得英国改变了对中国的贸易逆差。③ 中国曾经是经济强国和世界贸易的重要

① 例如，Н. Фомина. Обсуждение проблемы «зачатков капитализма» в Китае. //Общественные науки в КНР. М. ,1986；Л. Березный. Постмодернизм и проблемы ориенталистики. Заметки об одной дискуссии синологов США. //Восток. М. ,2004，№ 2 – 3.

② Angus Maddison，*The World Economy*：*Historical Statistics*，Paris，2003. См. также，Проблемы Дальнего Востока 2005，№1，cc. 34 – 57. 美国的国内生产总值在 2007 年占世界的 20% – 30%。

③ М. И. Сладковский. Китай и Англия. М.，1980，cc. 15 – 45.

中心，但是这一切都无法帮助它抗衡西方。由此可见，中国失败并不是完全由于经济原因。

一个从混乱中走出来的世界，为了避免再次陷入混乱，在其发展的各个阶段都应该寻找一种稳定的生存方式并为此进行战略选择。中国文明从一开始就以与自然界建立和谐关系，从而将其破坏性影响减到最低程度为目标。中华民族的成长遵循自然规律，从来不会为了建立使自己舒适的空间而企图直接改变外部世界。中华民族生存的王道是对现有事物进行利用和改善，而不是按照人类的理想来改变环境。中国的宗教哲学理论并不是以建立全新社会为目的，他们的理想是尊崇古代智慧和传统。对外界环境缺乏扩张性动机决定了中国经济的性质，中国经济奉行满足数量有限的、极为节制需求的方针，而不是扩张和创造人造大自然。一些中国传统社会的社会组织基本原则逐渐形成。

第一，人类活动的主要范围是在农业领域。农业最接近自然，它也是人类与自然之间的直接联系，而且其指导方向是要同自然建立起这样一种关系，即土地的肥沃程度主要取决于人类劳动的投入，而不是依靠技术工艺的改进，后者在客观上起到了对抗自然环境的作用。为了与外界环境达到某种完美结合限制了农业的进步，实际上直到 20 世纪中期，农业仍然是保持一成不变的。

第二，劳动力的组织形式受到国家极为严格的规定限制，个人没有机会脱离当时的经济关系体系。国家对土地使用状况进行监督和调节，定期开展人口和土地总面积的普查，第一次是在公元 2 年。上述情况的后果是推迟了个体经济在中国的萌芽。因而，在中国从未出现过土地私有制。①

第三，根据既定发展战略，皇权实行国家垄断，严格监督手工业和

① 例如，А. В. Меликсетов. Социально-экономическая политика Гоминьдана，1927 – 1949. М.，1977，с. 9；А. Мугрузин. Аграрно-крестьянская проблема в Китае в первой половине XX в. М.，1994；Иванов Ю. Восток-Запад：некоторые вопросы методологии. //Проблемы Дальнего Востока，1996，№ 6，сс. 98 – 99。

商业，因为它们的个体经济性质和发展进程对受到严格限制的农村社会经济关系构成威胁。复杂的全国性官员选拔程序以及由此形成的全世界无以匹敌的高度发达的国家行政体系都是为上述目的服务的。同时，严密的经济活动规则，以及便利的交通干线和国内市场的形成，促进了手工业的高度发展和城市的成长。在宋朝时期（960—1279），中国的城市人口数量比例为 10%，但是市民没有经济和政治自由，也不能独立发展，这与最先成为行政管理中心的欧洲城市不同。全国性资源的集中导致资金都积累和集中在最重要的领域内。国家层次的主导力是中国较早出现印刷术、纸币和大吨位舰船的原因。在包括工业革命及其准备阶段在内的各个时期，科技进步都与经济发展密切相关，但它却没有在中国引起类似变革。国家集中订购导致手工业产品日臻完善，但生产工匠并不被允许脱离严格的约束框架，也不可能进行主动性实践，这限制了个人创新空间的社会性需求。当剩余产品被收回之后，百姓对皇帝的主动性和责任心也随之消失了。

第四，由于社会活动的各个领域受国家控制，官僚成为主要阶级，他们最重要的作用是维护稳定。国家控制下的统治导致对社会稳定的最大威胁来自于官僚机构的道德沦丧——贪污腐败、国家过度开支、赋税增加等，而不是经济原因——自然灾害和歉收，国家有防止这些发生的调整机能。

总体而言，中国形成了以国家负责各方面发展为基础的生存方式。相应的社会经济方式被称为亚细亚生产方式。

在古地中海文明中，社会生活的家庭关系和亲缘组织形式居于次要地位，发展取决于那些获取了破坏自然环境的权力、并经常依靠冒险行动进行对外扩张从而扩大整个社会资源基础的个人。于是便出现了所有制，它成为维持稳定的最重要因素，也使人们能够成功地战胜自然灾害和社会灾难。自古以来，所有制代表的就不是社会关系，而是人与自然的关系特征。[1] 个人的能动性强化了社会的分散性，促使产生了大量比单个个人更灵活、对变动也更敏感的联系和关系。在极力追求有限资源的个人之间产生了“一切人反对一切人的战争”的竞争关系。两千年来，西方国家一直探索在这个动态变化的世界上维持稳定的方法。最终，社会生活的分散性得以制度化——经济上实行合作和协作形式的系统性劳动分工，政治上实行分权——并转化成大量增长因素。对以合作与竞争共存为长期演进形式的成功探索，导致出现了以有效利用资源和对外扩张为导向的、日新月异的西方新世界。扩大再生产和大众性成为西方经济模式的基础。

在西方国家认知其他文明时，为占有生存资源而争斗被看做是经济发展的主要特点。根据在这种斗争中所取得的不同成就，文明被区分为发达文明和不发达文明。

然而，中国衡量文明程度的主要标准不是征服自然的程度，而是与自然和谐相处的程度，社会也被认为是自然的一部分。文明的基础不是扩张，而是节制，其中充满着精神文明的传统，并在全社会范围内受到各方面的维护。由国家建立的各种维持现有关系的机制保证了财富积累的连续性，但与欧洲方式不同，这些机制并不是要扩大再生产，而是要限制需求。

结果，中国形成了与欧洲不同的历史主体。既然对于中国人来说，任何物质进步首先都是对自然规律的破坏，有其不可避免的潜在恶果，那么正面观点应当存在于另一个范畴，即道德完善范畴。对中国来说，历史首先是在原封不动地继承先古圣贤的政治制度的同时，提升道德的过程。在 17 世纪至 19 世纪欧洲风起云涌的历史背景下，欧洲人看不到中国的经济发展、政治发展和科技进步。中国在经济和社会结构方面缺乏，甚至还长期抵制能够进行技术革新和对外扩张的制度性变革，这在

---

① А. В. Виноградов. Китайская модель модернизации. Поиски новой идентичности. М. , 2008, сс. 32-53. ; А. В. Виноградов. Восток-Запад: специфика мировосприятий. //Альманах «Вызовы XXI в. »Выпуск 3. М. , 2007, сс. 88-116.

欧洲人看来是愚昧的。同样，欧洲人忽视道德完善，并且极具危险性和破坏性地随意用技术发展和社会政治制度更替作为衡量历史的工具，也被中国人认定是野蛮行为。当时中国的文献多次指出，“西方野蛮”的主要特征是过度消费和扩张。“很明显，野蛮人本性是贪得无厌的。在其进化过程中他们永远不会满足于已经得到的东西，而总是想要走得更远。”①

在与西方文明的交往过程中，以稳定、和谐为本的中国无力抵御对其固有的历史经验来说完全陌生的外族扩张。

三、演进的特点

19 世纪上半叶，中国文化受到外部的影响，这种影响从根本上破坏了其原有制度。中国是世界文明中第一个亲身体会了全球化影响的国家，但与欧洲国家不同，中国是被动的。全球化是欧洲内部发展的必然结果，但它并未造成破坏性的影响。相反，全球化在中国采取了现代化的形式，即为适应外界影响而进行的内部转化。中国的经验尤其宝贵，一个庞大的中央集权的清帝国并没有被欧洲列强征服，它不得不独立地寻找应对西方入侵的良方。这与用几代人的时间直接吸收西方经验的印度等其他国家不同。

无论农民自发的起义，还是国家领导的变革，所有内部改革的尝试依然固守传统观念，只抓住了西方优势的表象，而没有把握住其本质核心。只有在帝国破灭后，才出现了生机勃勃的政治环境，这为改革提供了必要的动力。这种动力的实现与一种准备推动社会遵循新的社会准则和规范，即原则上实现帝国国家行政机构功能的力量密切相关。然而，1911 年之后，各个掌权的政治力量先后重新塑造了帝国管理模式的原

① Избранные произведения прогрессивных китайских мыслителейнового времени（1840—1898）. М.，1961，с. 63.

型。在一定阶段，社会各界对改革的抵制必然会习惯性地维护国家行政机构，这些机构无法突破许多世纪以来形成的管理调节机制的限制。新的组织形式并不能战胜农业和工业传统。国家仍然掌握着主动权，但是用它来捍卫文明，则会不自觉地使中国历史回到过去的轨道上。只有当时在俄国已经存在的先锋政党才能够实施一些必需的改革。所有早期中国革命者除了依靠意识形态目标，都想方设法借用的正是这种政治组织原则。

社会主义理论和实践还有一个重要的优点。那就是，它高度中央集权的体制不但承担现有的政治和社会经济任务，而且也符合中国的政治传统。社会主义理想很容易与统治王朝传统的“政权更替”体系相互协调。国内战争和抗日战争时期的“解放区”实践，在所有外部特征上更像是农民起义，而中国共产党的领导与农民领袖相比显得更加活跃，而与国民党领导相比又更贴近基层群众。因而，政治传统在国家发展战略的选择过程中依然发挥了作用。1949 年之后的社会主义改革更加彻底、更加激进，但是初期取得的一些成绩导致在体系和个人层面原有国家管理机制出现了恢复的趋势，被称为新形势下的“蜕变”。

总的来讲，20 世纪后 25 年之前的中国政党史解决了一个问题——寻找一个新的、道德完善的政权来替换保守的、丧失道德的政权。并不存在独立意义上的政权有效性，因为这是与其道德品质直接相关的。1949 年前后，领导中国共产党党内斗争的始终是毛泽东，这也促使中国政治文化中的传统冲突传至当代。克服文化模式惯性的最后尝试是“文化大革命”，它深刻动摇了中国社会的道德准则，但同时也是精神空虚开始出现的分界线。

20 世纪 70 年代中期之前，在政治强制传统下的现代化不可能成功，但是企图完全拒绝传统的做法也不会成功。必须要根据经验找到中华民族与西方国家融合的条件，为传统文化增加现代化的功能，并使其与现代生活相结合。这一任务根本上有别于欧洲那种将稳定社会的间断性进行制度化的传统。还要对西方舶来品，特别是社会主义有一种新态度。

社会主义曾在最初阶段帮助中国找到了动员国内资源的现代化形式，并使中国在外界面前变得坚强，但是却不能作为享有充分权力的主体与外部世界和谐相处。世界分成两大阵营，其中一个曾经十分强大，并且还在继续发挥决定性作用。同时，现代化成就减弱了外部危机感，这种威胁主要是以动员模式为基础的。外部威胁论曾出现过一段时间，但很快中国就明白了应对外部挑战的常规性动员准备造成了资源的极度浪费（朝鲜和古巴或许就可以看做是该战略的代表，到目前为止，亦真亦假的武装干涉危险不允许进行有效的经济改革）。中国适应了这种情况，但却没有成为世界上的发达国家。直到不久前，中国反危机动员模式的明显优势消失了。相似的历史事件朝着一个寻找系统答案的新阶段推进，要找到一种非外来强迫性压制的和非对抗性的方式。经济再次成为关注的中心。

邓小平领导的 1978 年改革对中国文明的历史功绩在于，它使由外界影响和革命活动带来的现代与传统二者之间冲突转向统一。改革以退却为起点，以恢复传统政治文化的作用为起点，其中包括新的革命传统。对社会主义“文化大革命”和“指令式管理”模式的批判并未导致对过去和对毛泽东及中国共产党在新中国历史上地位的否定。中国人巧妙地保留了对毛泽东思想的忠诚，在某些方面改变了其中的一些核心原则。这些原则已经不适用于确立政权合法性的新程序，这也为维护改革动力提供了可能。

此次改革第一次成功地突破了文明传统的框架，承认经济发展的重要性，在传统文化背景下，首先在经济领域，允许个人发挥主动性。主动权不再是国家的特权。市场竞争机制被纳入社会系统，从而在维护严格的上层中央集权的同时为下层人民发挥主动性提供了自由。实际上，这种赋予人民主动性的行为也是国家首创精神的一种表现，以此国家维护了自身在经济和政治领域的最高地位。中国允许重新建立传统的社会组织机制，使社会恢复到稳定状态。改革发端于最有代表性的农民阶层，这并不是偶然的，两三年时间内农村居民就实际上重新建立起传统的经营方式。

中国与外国在“中国特色社会主义”的制度层面存在冲突。表面看来，这超越了资本主义与社会主义在意识形态和经济领域的不相容性。具有民族特征的提法被用来修正马克思主义，但并不是从传统观点的角度，而是以现代化的立场。中国先后提出商品经济（1984 年），不再将共产主义意识形态看做是精神文化的核心（1986 年），承认了社会主义市场经济性质并认为中国最重要的战略目标是“增强国家综合实力”（1992 年），宣布了共产党是“中国人民和中华民族”的先锋队（2000 年），将新的社会目标称为“小康”社会（2002 年）。由此，新的理论发展空间建立起来。

中国决定放弃对抗并成为按经济规律运转的外部世界的一部分，这使得中国接受了外部世界建构和组织的基本规律。利用市场机制，中国企业在国际市场上的竞争优势得以凸显，中国也从中找到了自身在世界经济中的位置。中国“支付”的代价是资源——容易动员且纪律良好的众多群众、极为廉价的劳动力，劳动力过剩对于国家发展而言是很大的难题。外面的世界唤起了怠惰的人民群众的活力，促进了流动的急剧加速，将其变为在新的非对抗环境中的经济优势。

为了取得现代化的成功，必须完成下一个任务——确保前进中的稳定性，也就是要建立一种政权交接机制，既保持发展的动力，又不给政敌扼杀现代化进程的机会。中国的历史和政治经验在这个过程中发挥了非常重要的作用。

“文化大革命”减弱了社会主义理想和共产主义意识形态的作用。迷失方向后，原本封闭的社会意识只能以新的方式看待现实。“实践是检验真理的唯一标准”口号的出现是对这场意识形态和政治斗争的反应，它为主动性实践提供了可能。改革前夕，以邓小平为首的老一代领导人并没有掌握党的最高领导权，但很早就具备了较高的政治威望。无论官居何职，邓小平身上一直保留着中国政治文化的传统。这使他能够利用个人的威望强化党的机制，而不是继续损害党的机制。中国共产党准确地将意识形态与先前的政治错误分开。邓小平在保持政权连续性的前提下，并没有怀疑过现有政治体制的合法性，而是保留了在未来逐渐进行改革的可能性。为了使政治体制具有活力，必须首先进行政权的定期更替，邓小平以身作则，在年迈之际不再担任党和国家的一切职务。更多的年轻干部被吸纳到日常工作中来，他们在整个 80 年代担任了很高的领导职位。[①] 种接班制在政治连续性体制中被制度化，所有层次的领导干部终身制被彻底打破；退居二线的国家领导人的理论在中国共产党和中华人民共和国的文件中被定为典范（“毛泽东思想”、“邓小平建设有中国特色社会主义理论”、“江泽民三个代表”）；政权逐渐过渡，新领导人的理论随后会被定为典范。现代中国领导人的主要政绩在于，推动社会朝着能够找到稳定的政治体制模式的方向发展，以实现经济巨变。

此后，中国共产党的现代化政策有了新的特点，从整体改革的一次性行为转变为与追求世界高水平发展类型相适应的改革。此种机制是令人信服的，在西方它被称为“北京共识”或者“威权资本主义”，这被看做是对西方发展模式提出的严峻挑战。该机制源于过渡阶段，也保留了一些过渡阶段遗留下的类似特征，无疑，它符合过渡阶段将在相当长时期内持续发挥作用的时代特点。

在中国成功适应现代化的大背景下，西方还没有做好准备应对与物质文明不相关的新挑战——非法移民、内部社会文化与宗教冲突、恐怖主义等。干预和扩张政策的老办法对于对抗此类外部影响是无效的。因为这种外部影响已经使国家的作用和对包括经济在内的全部生活进行监督的形式得到了加强。这是对西方文明潜在的大挑战，它触及了西方文明的道德和价值基础。文明内核的脆弱性可能比扩张经验不足更为严重。西方国家正处在 18 至 19 世纪的东方国家所经历过的阶段，当时东方国家正在寻找抵御欧洲文明渗透的办法。东西方再次站到了对立面。

---

① Дэн Сяопин. Основные вопросы современного Китая. М. , 1988, c. 90.

四、中国与现代化：前景

中国为自身发展创造了最重要的条件——打破了历史上和空间上与世隔绝的状态，建成为一个现代化世界，成为其不可分割的一部分。现代化为农业带来新技术，这是对中国传统社会的彻底否定。因而，作为古代中国文明基本经济特征的高度精耕细作的劳动方式，再次焕发了生机。机械化、肥料和除草剂（中国成为世界上最大的生产国和消费国）的使用提高了农业部门的生产效率，将大量劳动力从其原籍地的农业生产中解放出来，重新分配到制造业、建筑业及国民经济的其他部门。同时，从外界获得的智力支持和自然资源使中国能够将其主要资本——传统的简单劳动力同欧洲和北美的现代化生产的高科技领域结合起来，后者缺乏的正是廉价劳动力。

总之，这使中国按购买力平价计算的国内生产总值总量排在世界第二，按汇率计算到2020—2040年中国的国内生产总值将升至世界第一位。目前中国生产5亿多吨钢材（全世界产量的37%）、25亿吨煤（世界开采量的45%）、14亿吨水泥（超过世界产量的50%），相应的，需求量为世界钢材消耗量的35%、煤的47%和水泥的60%强。中国的外汇储备共计2万亿美元，相当于美国国内生产总值的10%多。中国再次成为一个经济强国，而且似乎任何人或任何事都已经无法阻碍其成为一个经济超级大国，这一点甚至连美国也不得不承认。①

同时，经济增长并未引起尖锐的社会冲突。这是受传统的消费模式和中国共产党采取的旨在控制社会紧张状态的措施影响的结果。现在中国社会政治产生动荡的可能性最小。这是中国文明的最重要成就。对中国文明最大的威胁永远不会是物质财富的匮乏，而是对政权的不信任以及对其道德优势和解决社会问题能力的怀疑。

从积累性发展的角度看来，中国将在21世纪有辉煌的前景。但是

① Россия в глобальной политике，2008，т. 6，№ 5，сс. 190 – 218.

近几十年经济的快速增长与所有核心的发展问题产生了密切联系。20 世纪 80 年代末选择的经济模式是以总体指标的快速增长和“国家整体实力”的增长为定位的。实质上，这种工业化阶段发展模式是中国的唯一选择，因为它最大限度地利用了自身的竞争优势——廉价劳动力。中国经济的增长的确促进了中国经济总量指标处于世界前列，但技术进步的水平极低。这种“只增长、不发展”的模式一直是与手工劳动规模增长相联系的，其主要问题仍然是劳动力过剩及劳动力素质有待提高。

还需要对此补充说明的是，在中国，人与自然相处的传统模式并不会使得在其文化中形成对改造自然的后果负责任的态度，这种改造往往是极其轻微的，不会对自然造成伤害，因而也不需要制定一些特别的措施和标准来保护自然。与创新精神和责任感已经形成了上百年的欧洲不同，个人创新精神在中国的普及却导致一些消极的现象伴随而来。这样做的结果是导致效率低下，即中国的工作特点和劳动力水平造成生产废料相应增多、产品的能耗和物耗较高、环境破坏严重等，这与尚未充分机械化的农业领域的情况正好相反。

21 世纪初，中国领导层终于开始明白，虽然经历 150 年后，中国已经在世界上重新站立起来，但是整个世界正在摆脱过去那种高速但方法陈旧的增长方式。在中国共产党的第十七次代表大会上（2007 年），建立创新型经济模式的任务开始确立下来。在这一发展过程中，中国需要对一些严峻的挑战作出回应。首先需要改变现有文明资源，为其赋予新的发展价值。

作为外部世界的有机组成部分，中国不仅有可能实现其竞争优势，而且也感受到对外部世界的巨大依赖。2008 年开始的经济危机对中国造成了极其严重的后果，直接威胁到了中国出口导向型“经济奇迹”的基础。近几年中国努力采取措施，促进国内消费，但成效并不显著。传统的消费模式依然存在。根据社会调查数据显示，截至目前，中国社会的储蓄率是全世界最高的。在有关节省的意义的指数排名中，甚至在中国（指数 118，世界第一位）、香港（96、排名第二）、台湾（87.3，排名第三）、日本（80.4，排名第四）和韩国（75.5，排名第五）的年轻人当中，节省也被认为具有最重要的意义。西方国家中该指数最高的是荷兰——44 点。[①] 然而消费水平低并不是最严重的问题，因为与古代中国类似，国家在今天仍然能够牢固地掌控和监督经济的发展，特别是在危机到来之时。

克服对外技术依赖性问题更为复杂得多。中国主要经济部门的技术工艺和设备进口依赖高于50%。中国为所生产的手机支付20%的特许权费用，为计算机支付30%。虽然中国在出口额上是印度的数倍，但中国的IT产品出口在2010年前仍将落后于印度数倍。中国始终致力于解决这一问题。现在，中国的大学生数量（2000万）居世界第一位，其中包括国外留学生（100多万），科学教育在国内生产总值中所占比重逐渐增长。到2003年，中国研究人员的数量已经超过日本，但仍少于美国和欧盟，而研究资助规模却仍低于日本。作为创新过程的重要指标，对专利证的使用明显增多，但在中国并没有随之出现可比的自己的制成品。中国甚至不能在发明申请数和发明数量上排进前十名，落后于荷兰、瑞士和瑞典等国。[②]

另一个目前尚未有效解决的是人口问题。到2030年，中国的劳动力过剩将变为劳动力不足，这需要经济模式的根本改变，而此处与传统文化变革的关系变得更加密切。

2008年6月23日，胡锦涛在中国科学院院士大会上提出一个重要任务“发现和培养优秀的科研工作干部”，因为“科学技术是第一生产力”。（梅德韦杰夫在2008年11月5日向联邦会议做的国情咨文中也向俄罗斯提出了同样的想法。）

然而，要实际解决这一问题需要克服一系列困难，这就涉及文明的特点。首先，虽然财政资助增加了，但科研效率仍然非常低。部分原因

① В. Малявин. Китай управляемый. Старый，добрый менеджмент. М.，2005，с. 32.

② *China Statistical Yearbook on Science and Technology*，Beijing，2006.

在于，中国的传统文化并不具有对自然环境进行侵略性渗透的特性，而这正是西方文明所擅长的。中国人在完善人类已经拥有的一切东西方面是无人能及的大师，但他们不会创造根本上全新的、能引起大规模破坏性变化的东西。

其次，独一无二的文明——非凡生活能力的源泉，并不能使中国成为世界上能够吸引到脑力劳动者的中心，并进而在基础科学领域居领先地位。换言之，在参与全球经济之时，中国暂时还不能先迈出下一步，因而必然落后。一个典型的例子是，由于语言障碍，中国将大量重要的计算机软件市场份额让给了印度并由此导致对此进行深入研究的动力降低，尽管与中国人相比，印度程序员的粗心是公认的。

中国对包括改革过程在内的各种稳定的生存方式进行过大量文明尝试，这使其能从全球性的文明危机中走出来，并在现代得以延续。而且，对中国在新的创新型发展道路中所处阶段下结论还为时尚早，更确切地说这是明确提出该问题的重要阶段。现在这一命题愈加复杂，毕竟现代化本身遇到了来自于其缔造者——西方文明内部的难以克服的阻碍。

五、世界秩序与中国文明：变化世界中的中国

几百年来，经济发展程度是外交舞台上国家实力的最重要指标。它决定了各国在世界中的地位，对各国进行严格的等级和影响力变量的划分。实力强的大国被各国纷纷仿效，它们的权威来自于军事经济潜力或榜样的说服力。这些价值是由国际关系原则确立下来的，按照这些原则，一些国家的优势得以确认，而另一些国家能保证获得从属的、但稳定的和进步的发展。

全球化对这些概念进行了根本性的修正。国际化生产模糊了国家的边界，也超越了西方文明观念的界限。按照西方经济标准，一些国家日益增强的主体性，刺激了人文领域分化的产生。在经济普世主义阶段，全世界处于按照统一标准衡量的新状态，该阶段似乎已经接近尾声，政

治和文化领域的分化开始积累并逐渐制度化。在世界下一个发展阶段——同一性阶段，如何适应不同的外部世界并与之共存的战略意义逐渐提升，它取代了在过去几百年走向人类大同过程中采用的变革战略。阶段的变化必然导致发展标准的改变。

近两百年来，西方影响破坏着中国的独特性，这成为中国发展的主要因素。中国所处的不平等地位是为民族独立和维护平等而斗争的动员因素。同时，对个人权利的意识推动了中国争取世界领先地位的斗争。主要由历史状况决定的不同程度的救世主思想是20世纪中国所有领导人孙中山、蒋介石、毛泽东共有的特征，但他们总是被与中国精神文化的优良传统联系在一起。甚至连20世纪50年代末受到毛泽东高度评价的经济发展，也必须为精神文化优良传统的必然特征服务。

在物质财富贫乏的地方，处于生存边缘是最普遍的生存状态，与经济昌盛的大陆和岛国相比，思想和宗教在这些地方有无与伦比的巨大分量和吸引力。中国从世界一等大国沦落为二等国家的过程是中国现代化进程中极为痛苦的阶段。邓小平改革最终确定了以经济发展为方针，这一方针在中国历史上第一次赋予物质以优先地位，提出了明确的经济目标——将国内生产总值增长四倍，为了达到目标要借鉴市场主导经济的方法和西方的技术。的确，这一目标的制定为取得预期结果、使中国融入现代世界并在其中占有稳固地位提供了保证。这在道德伦理范畴内衡量社会发展的儒家传统相背离，但这看起来似乎并不显得反常，它可以被看做是中国文明危机的终结，而这也正为统一奠定了基础。

中国一旦决定改变其不平等的地位，克服文明惯性，以全面的标准衡量自己，则立刻进入了世界一等强国的行列，这也证明其较高的文明水平。在民众心目中，中国已经在经济上长期落后于世界强国，但它制定出了衡量国家在外交舞台上地位和作用的综合指标。

经济改革的成功改变了中国对外积极性程度。西方的经济管理方式使其变为一个世界贸易强国。中国再次证明了其强大的适应力，现在很明显这种适应力的最重要特征是有力但平衡地应对外部世界的挑战。截至目前，中国限制了西方渗入中国的趋势和深度。经济高速增长使中国有机会在近二三十年跃居世界第一，从而明显改变世界力量格局。

过渡阶段所特有的不确定性是以世界发展存在各种可选方案为前提的。这种状况引起了全世界，特别是西方集团的不安，它们不愿意放弃领导地位和主动权，也不愿意将这些特权拱手让出。中国模式的建立不仅仅具有强大的平衡应对力。西方所经历的危机，不只与其经济发展模式相关，而且与其世界观的核心相关。西方对当代中国的评价就很能说明问题。2008 年 10 月 7 日，中国科学院研究课题组发布的《报告》中指出："当今世界，美国在国家财富和国家力量两个方面都是名副其实的'大哥大'。但是由于其贪婪地追求经济利益和国家霸权，忽视国家道德、责任和信用，招来'次贷危机'之祸。"①

中国已经证明，它可以成为正在走向衰落的世界的有机组成部分，但它也同样明白，它从来不可能取代 18 世纪的工业化英国作为世界发展模型的地位，21 世纪的工业化中国作为即将过去的这个时代的标志能否保存下来永远都存在着风险。与上述要成功进入"工业化世界"则在战略上需要效仿和标准化的情况不同，要摆脱危机永远需要因人而异的创新战略。

强大的国家通常被认为具有历史创造性和特殊发展道路，而这种发展的成绩久而久之则成为普遍财富。现在中国有机会向世界提供另一个选择，一个传统价值可以被赋予现实意义并能得以延续的路径选择。中国共产党当年曾提出过动员型发展方式，其目的是为了追赶世界先进国家，而这些国家现在正准备重新审视中国，但其目的是为了应对新的挑战。中国文化所特有的自我克制能力，过去年代遗留下的、在西方国家几乎绝迹的物质财富匮乏，以及持续不断的在生存边缘的斗争，使得西方国家的担心日益强烈。由于未能克服消极趋势并找到应对时代挑战的

---

① 见《国家健康报告》，http：//russian. people. com. cn/31521/6512064. html。170 年来中国对西方国家的评价没有改变，仅此一点即可说明，中国的变化远比乍看之时表面的变化慢得多。

良策，为情势所迫，世界将不得不承认经济增长速度减慢并进入有限的、缓慢的历史性循环周期。但是，这将不只是新飞跃之前的速度放缓，而是将会诞生新的社会存在形式。

与外部世界多边关系范围不断扩大加强了外部因素对中国政治方针的影响力，近些年中国开始集中精力以适应新的国际关系现实。1991 年国际关系体系发生根本性变化之后，中国不得不在世界体系形成过程中寻找一席之地。这一过程相对容易，因为：其一，当时中国已经取得了经济发展第一阶段成果，并且从根本上提高了自身的经济潜力。这些年改革以来获得的“国家综合实力”使其希望在世界政治格局中占据更为显著的地位。其二，原有世界格局的崩溃使得各国能更容易地取得新的世界地位。中国不必费力去破坏原有的需要花费极高军事、政治和经济投入且必然引起冲突和紧张升级的国际关系。其三，包括美国在内的国际关系主要行为体都忙于寻找各自在世界中的新位置，这为中国领导层提供了最大程度的活动自由。

邓小平提出“和平与发展”的外交政策理念，主要目的是要为国家经济发展提供良好的外部环境。随着中国被拉入变动中的世界基本结构，它本应当采取更为积极、内容更为丰富的政策，这些政策不应仅仅保障在国际舞台上维护国家利益，而是要积极创造良好条件以促进这些利益实现和解决全新的问题。

世界历史上有两个众所周知的实现该目标的方式：以实力为基础的影响，也就是说，几百年来西方强国大量使用的方法是将经济实力转换成政治军事力量，或是建设一种考虑到同盟国利益的世界性空间格局。资源有限和历史经验在相当大程度上导致中国选择了另一种以双边关系为重点的对外政策行为模式。从 20 世纪 90 年代中期开始，中国开始确立以“伙伴型”双边关系为基础的外交政策新方针。该方针从确立之初就明确其目标不是要建立保护区和监管区，而是要建立为经济发展提供良好条件保障且不要求无偿付出或无力满足的经济条件的合作区。这种实用主义方法具有一定局限性，因为它需要付出长期、艰巨而细致的努力。此前中国理论思想学说中一贯深信的亚细亚特征，为新方针的形成提供了适当的理论和经济心理基础。

对于经常被认为是美国唯一全球竞争者和潜在超级大国的中国来说，极为重要的是实际展现出能够取代美国式扩张的另一种选择。成为牵制和抵制美国全球霸权的（不一定强大的）一极，中国有机会吸引到一些重要的外交政策资源。但是，首先它需要付出大量努力来克服意识的惯性和孤立主义综合症。在这种情况下，面对西方国家的优势，“亚细亚共同体”能够成为巩固广阔地区空间的因素，中国从自身角度能够为该地区提供来自世界大国和文明中心的支持。

21 世纪初，中国的新动向是加入大国所必需的保障稳定的国际支持的地区性组织和多边机制。利用世界经济中心向亚太地区转移的良好局面，中国有机会在区域层面加强其对外政策潜力。随着东亚、东南亚和中亚在国际政治事务中的地位提高，中国在地区层面获得了全球性意义。确保地区的领导地位，从而保障中国的自身地位与这个充满活力的地区一同提升，从而确保该地区成为中国在世界上崛起的火车头。中国在巩固其世界地位时采取了自然渐进的方式，它首先促使在上合组织和东盟框架内的地区合作和伙伴关系活跃起来。

在博鳌论坛（2003 年 11 月 3 日）大会发言中“中国和平崛起”的思想被提了出来。从 2003 年底开始，这一思想开始出现在中国高层领导人的讲话中。它成为对外政策新的风向标，标志着中国重新回到世界强国的行列。同时，它也强调没有扩张企图。其内涵可概括为三点：第一，中国虽然依赖国际环境，但主要依靠自身力量。第二，中国外交战略为中国在经济全球化条件下崛起提供保证条件。第三，中国地位的提高将是非常和平的，不会引起侵略和扩张，国内问题的解决不会依赖国际社会。

然而，表面上吸引人的思想理论观点在与实践结合方面是不甚完善的。新的外交政策口号在实践方面首先遭到了本地区各国的质疑，获得了中国在世界舞台上潜力更广泛的一致反响，引起主要世界强国的强烈不安。加入世界贸易组织后，中国经济高速增长使得中国在世界贸易中所占比重迅速提高，这导致世界担心经济潜力的急速扩大会被中国用来强力实现其在外交领域的目标。这些担心是有根据的：在中国共产党十六大上，将国际秩序称为“不公正和不合理的”，而中国的军备预算在2000年以来加速增长。

到2004年下半年，这种提法逐渐消失了，在官方用语中出现了新词——“中国和平发展”。这不仅在遣词形式上消除了不当措辞带来的担忧，而且是其内涵上的发展。中国取消了“崛起”的口号，从而重新回到平等状态。其内容上的成果更为丰富。“和平发展”只是说明中国政治的特征，而没有表明对其政治形成产生实质影响的外部世界的特点。这一提法在理论上的欠缺是很明显的。

在庆祝联合国成立60周年首脑会议上（2005年9月），胡锦涛再次强调“中国的发展不会威胁任何人”，还陈述了建设和谐世界的理念，为“和平发展”思想加入了有关中国发展所需的外部条件的说明。（很特别的是，他第一次公开提出“共同建设和谐世界”思想是当年4月在雅加达。）“建设和谐世界”的提法与中国提出的建设“社会主义和谐社会”的方针很好地结合起来。

这些口号并不只是用于对外政治宣传的工具。30年来中国取得的成就证明，中国善于在内政和外交政策中提出可供选择的社会和全球发展方案，虽然很难实现，但却不乏吸引力。21世纪中国能取得成功的战略是要寻找由民族和地区层面整合带来的新的认同，而不是走向全球。这一阶段，中国的主要任务是在扩张与孤立主义、普世主义与同一性之间找到平衡点。世界历史中，扩张往往与普世主义阶段相联系，而孤立主义与同一性相联系。中国需要首先找到扩张与同一性的新的结合形式，还要为文明认同的最重要元素构建新的道德标准。如果中国在战略选择上取得成功，那么世界上其他国家同样需要适应不断增强的中国影响，寻找与其和谐相处的方式。

（刘敏茹　译　曲延明　校）

海外当代中国研究丛书
Overseas Studies on Contemporary China Series

countrysi
implemen
rural refo
the villag
the villag
of the vill
aims of u
various a
sanitation
democrac
maintaini
populace.
The ne
from the
state-own
under the

『中国模式』的经济维度

Achieving the Miracle

中国30年改革与经济发展经验*

〔澳〕罗斯·加诺特

1978年12月22日，中国共产党第十一届三中全会召开。对于这次会议的重要性，西方世界当时并没有意识到。

今天我们意识到了十一届三中全会召开30周年的重要意义。在这次会议召开后的这些年里，中国，其人民的生活，其与世界各国的关系，以及从某种程度而言其与世界各国人民经济生活的关系都发生了改变。中国实体经济产量的增长幅度超过前30年的任何时候。曾经占世界一半的贫困人口的消费水平也在以超出一般的发展速度上升着。联合国“千年发展计划”中提出的减少世界贫困人口的目标也因为这个国家所发生的巨大变化而得以实现。30年前，中国是一个孤立的经济体，而自从20世纪90年代初开始，流入发展中国家的外国直接投资的50%被吸引到了中国。在21世纪初的几年里，中国的进出口贸易基本上构成了世界贸易增长的50%份额，而其经济产量几乎占到了世界总产量增长的一半。到目前为止，中国是满足世界一些工业原料需求增长的主力。

---

* 本文发布于北京大学中国经济研究中心2008年10月25—26日召开的“中国改革发展30年：回顾与展望”大会。原题为“中国改革与经济发展30年：面临的挑战以及如何改变世界的发展”。作者罗斯·加诺特（Ross Garnaut，中文名郜若素）是澳大利亚经济学家，现任澳洲国立大学亚太经济管理学院主任。1985—1988年，曾出任澳大利亚驻中国大使。——译者注

在20世纪90年代金融危机席卷时，中国又成为了东亚地区经济增长的稳定器。不仅我国的分析家，世界各国的分析家们都在焦急地期盼着中国能在2008年这场以美国为中心的金融危机中担当起全球经济增长的稳定器。

然而一枚硬币总是有两面的。如果不付出大量的努力来适应友好环境的建设，那么经济增长的压力将会对中国社会诸多方面产生负面影响。中国二氧化碳等导致温室效应的气体排放量已经超过了世界上其他任何国家，因此，世界正处于环境恶化的高风险中，这种恶化速度甚至比就在几年前政府间气候变化专门委员会（IPCC）的科学家和经济学家们所预料的还要快得多。由于缺乏新政策来解决目前这种温室效应气体的排放与经济增长之间的矛盾，到2030年，中国有害气体的排放量将超过世界总排放量的三分之一，相当于其他任何国家排放量的三倍多。

尽管中国开始改革对我们来说好像并不是太久的事，但我们现在讨论的其实是中国现代史中相当长的一个历史时期。改革时代目前已经比中国共产党先前实行中央计划经济时期所经历的时间还要长。中国共产党执政的时间目前已经超过了封建帝国从在第一次鸦片战争中瓦解到义和团运动中遭受屈辱的时间还要长。中国共产党的执政时间也比从义和团运动到共产党建立共和制开始执政之间的时间要长。因此，我们讨论的是一段足以实现历史转型的时期。

改革期间，中国的思维方式发生了转变。亿万中国人现在都成为国际社会思维和资讯的组成部分。这中间有些事件起到了穿针引线的作用。一个是早期大胆地推动海外留学。中国政府虽然也清醒地认识到很多学生学成后不会回国的事实，但考虑到仍然会有相当多的学生学成归来或者以其他方式为中国发展作出贡献，从而实现出国留学为国家带来的净收益，因此，还是实行了这项措施。另一个事件是实施外贸和投资的经济开放政策，以及由此带来的对开放商务和人员进出国门政策的要求。第三个事件是对中国改革决策的高度自治：包括互联网在内的技术革新使得国际资讯流通的力量急剧增长、成本降低。

中国思维方式的转变包括中国现代经济学的发展，它的理论和实践已经与西方经济学相接近，而且在与其他经济学思想的交流中越来越自信。中国经济学专业的领军人物们正致力于评价和扩展已经广为接受的经济发展理论，同时还要把中国发展中的经验教训总结出来供国际研究所用。这是中国政府、境外机构（福特基金会所起的作用不容忽视）和中国企业家（中国经济研究中心就是建立在以上各种资源贡献的基础上的）共同努力下的改革过程中一个重要而又极具吸引力的因素。

和中国思维方式转变中的各种因素一样重要的，就是对作为资源配置和收入分配重要手段的非人格化市场的重要角色的认同。这不仅是对革命后实行中央计划经济体制的变革，而且是对根植于中国历史的帝国权力模式的变革。

伴随着这些变化，通过市场环境，而非过度的国家干预下人的劳动价值和生产价值的实现，个人经济安全得到了极大的提升。而这种个人安全近些年来又得到了加强，因为劳动力变得比中国历史上任何一个历史阶段都更加紧缺和珍贵，因此，中国沿海和内陆都真真切切地经历了工资水平的大幅度上升，也就是米纳米（Minami）所说的经济发展的转折点。

中国的改革不是一个平顺、平坦的过程。每一步的改革都面临着不同的挑战，正如路途上的颠簸、兜兜转转和死胡同一样。

例如，恰逢十年一次的三个大挑战：1988年的通货膨胀导致了1989年改革进程中的一次政治风波，1998年的东亚金融危机，以及2008年的全球金融危机。这些后面还将详细论述。

30年的长途旅行

理念和政策

30年前，在中国共产党第十一届三中全会上，邓小平及其支持者们掌握了中国共产党的领导权。这就结束了邓小平曾经描述的毛泽东去世后的两年政策真空期。在这两年里，一些政策务实地接受了国内和国际市场交换具有重要作用的理念，已经在不断地和毛泽东主义者所奉行的地方和国家专制、中央计划经济、城市国有企业和农村人民公社的思想作斗争。

在这个政策真空期，也有一些重要的措施被采纳，从而为未来的发展奠定了基础。“文革”时期对正规教育的可怕摧残结束了，1978 年重新恢复了高考制度。中国的国有企业也开始尝试着从国外购买先进技术。但这时期也存在着一些交锋甚至逆流，高级决策层的意识形态斗争持续进行，下级官员因为观望中央的明确方向而使得政策能否持续下去的不确定性出现。

从 1978 年 12 月开始，就没有回头路可走了。

这并不是说邓小平及其支持者们在十一届三中全会上才获得了对全面的、新的经济政策或者说计划的全面支持。中国的经济改革和国际化并没有蓝图可循——甚至还没有 20 世纪 60 年代早期台湾和韩国持续快速的经济增长开始时那样有章可循。

但是 1978 年十一届三中全会之后，人们逐渐认同了国内和国际市场交换是国家发展战略中必要的、可接受的组成部分。人们务实地接受了这样的观点，即提升国家经济产量的机制和政策在中国具有合法地位，尽管这些机制和政策很难与社会主义中国已经建立起来的旧观念取得一致。这种务实的观点通过邓小平对毛泽东早期思想中的“实事求是”加以继承而被总结出来。这些思想细流在 1987 年中国共产党第十三次代表大会上得到了汇集，中共中央总书记赵紫阳在会上指出中国作为一个经济发展滞后的国家还处于“社会主义初级阶段”，国家的第一发展要务是加快经济发展，获得了与会代表的广泛认同。

1978 年之后见证的对外贸易、外国直接投资和各种形式的外国技术支持及资本利用，使新的政治环境成为国家政策中的合理组成部分。地方上进行新的农业生产组织形式试验也获得了合法地位，这促使随后六年从人民公社过渡到更高效的家庭联产承包责任制。在农业生产实现快速增长的过程中，市场成为重要因素。

在过去30年里，国外观察员不时地评论而且常常是批评中国欠缺全面的改革战略、经济政策的折中主义特征以及改革步伐的缓慢性。在改革的最初20年里，中国经济呈现了"四不像"的状态，是一个"半计划、半市场的混合体；非社会主义、非资本主义"。雷比（Raby）指出这种描述是恰当的，但他同时也认为这种方针对发展战略而言具有实用性优势。

这种全面蓝图的缺乏在中国的实际状况下不可避免，同时它把对环境变化的灵活反应和实践中的机会优势结合起来。

说其不可避免是因为20世纪80年代的中国没有以市场为导向的经济理论基础。决策过程的一些领导人和学者——例如，杜润生（Du Runsheng）就是其中最重要的一个代表——在吸取了1949年之前解放区的经验，50年代后期强力推行国家和集体所有制之前的社会主义经验，以及60年代初期"大跃进"和"文化大革命"期间的经济发展空白的教训后，他们已经理解了市场力量在经济发展中的重要作用。一些人已经在对其他东亚经济体（包括香港和台湾的华人社会）巨大变革的观察中总结了经验教训。但是这种思想的全面觉醒是随着改革而开始的，随着对中国发展新格局的观察以及与国外经验及思想的不断交流而出现的。

说缺乏改革的蓝图具有现实优势是因为在中国，改革中央计划经济的任何理论模式都带有严重的缺陷。在中国发起改革的十多年之后，东欧社会主义终结，国际经济学者现在更加清楚地认识到，中央计划经济的过快瓦解将会带来极高的社会紊乱风险。1978年就算有获得国际经济学者赞扬的经济发展蓝图出现，它也一定会是判断错误的，会是非常危险的，正如苏联解体后为俄罗斯和东欧提供的政策建议一样危险。

中国经济改革时代中一些伟大的力量源泉无论对中国学者还是对外国学者而言都是出乎意料的。因为从建立在标准化理论和别国经验基础上的改革程序来看，这些变化也许会被视为不恰当的。这些出人意料变化的第一条就是平稳、迅速、持续的所有制改革：20 世纪 80 年代初期出现了家庭联产承包责任制；具有巨大活力和规模的乡镇企业从人民公社的解体和残余中成长起来；20 世纪 90 年代末和 21 世纪初私有经济主导了经济增长。无论是商业形式还是它们的兴衰顺序及时机都无法用先前经验所能给出的蓝图来描述。

邓小平曾经把中国的经济改革描述为“摸着石头过河”。1986 年末中共中央总书记胡耀邦在写给澳大利亚总理霍克（Bob Hawke）的信中形容中国改革为“史无前例的尝试”。1987 年胡耀邦被免去总书记的职务后，邓小平一反常态地提到了中国的古典著作。他把中国的改革之路比做关羽作战，只有过五关斩六将才能实现改革的伟大抱负。

这些比喻暗含了重要的洞察。中国改革要求在意识形态领域、决策思想领域、法律和监管体系以及经济体制等方方面面实现转型。最重要的是它要求中国人在思想上进行新的知识积累，因为中国人要学会在经济和社会发生根本性变革的世界中对新旧事物采取不同的处理方式。

这些意识形态、观念、知识、政策、体制、法律和经验的转型是相辅相成的。它们相互加强，直到解释周围世界的新方式形成并且与中国人的理念融为一体。

在第三个十年的某些增长阶段，中国已经不再是“四不像经济”了。它已经成为一个巨大的市场经济。中国与国际贸易和投资的深度融合，通过 2001 年 11 月加入世贸组织时所进行的庄严承诺而进一步被加强。其市场资源利用中存在的大量局限性在程度和种类上都同全世界很多市场经济模式非常类似，都是由市场经济常见的担忧和现实以及缺乏公共政策目标的政治经济局限性造成的。东亚金融危机使得中国对外金融开放从程度上和速度上都变得警惕起来。这也为避免 2007—2008 年由美国引发的金融危机席卷中国提供了一定的抗体。尽管还有着对社会主义的膜拜——或者是不愿意放弃在主要领域的投资和控制——还不情愿放弃对大多数重工业和金融服务业企业的国家控制这最后一根稻草，企业所有权的私有化进程还是不可抑制地进行着。

三次危机

第一次十年一度的危机使得改革时期的经济强势增长经受了最大偏离，也对改革的继续和经济可持续增长造成最大威胁。它一开始就表现为最致命的周期性通货膨胀，伴随着由国有企业不知满足的投资需求驱动的货币扩张。而能够约束信贷增长的市场机制又完全不存在。价格双轨制中部分价格自由化也为在规范市场和自由市场之间套汇获利创造了机会，同时也为公职人员通过套汇增加个人收入创造了条件。在价格双轨制中，物资短缺又导致了自由市场中的物价飞涨。

1989年年初的几个月里，人们对于通货膨胀和腐败的担忧与更广泛的政治关切及政治表达结合了起来。1989年6月初党和国家高层人员的重新安排导致了一段时期内的政治和经济整顿。西方对“天安门事件”的反应与国内政治发展相互影响，并最终导致在相当规模的政治领导人中出现了对改革的强烈质疑。

经济整顿是通过中央对国有企业投资和其他支出的直接控制来实现的。它结束了通货膨胀，但同时也付出了沉重的代价，那就是效率、经济增长和改革势头的削减。

这是改革进程被暂缓并且遭到质疑的一个时期。但是其后再次出现了经济改革和国际化的加速，同时伴随着由邓小平所决定的通过国家强制力来维持的政治稳定。各种不利结果并不是改革和经济发展过程内生的。

第一次十年一度的经济危机从起源来说完全是源自国内的，尽管它的政治表现也影响到其他国家。而第二次和第三次危机则显然完全起源于国外，虽然我们也需要研究一下中国是否是促成当前危机的因素。

亚洲金融危机始于1997年5月和6月对泰铢的投机性打压。到了7月，资本外流已不可避免地发生了，同时在新的浮动汇率体系中泰铢大幅度贬值。在接下来的6个月里，这种现象的不断传染迫使巨量资本流入逆转为巨量资本流出。结果是所有金融资产市场价值体系崩溃、货币贬值，以及东亚市场经济体一个接一个从国内投资到经济活动的全面收缩。

人民币对美元的固定汇率意味着东亚货币贬值促成了人民币实际上的大幅升值。这又和中国主要贸易伙伴的国内需求下降同时发生。商品出口的下降只影响到了东亚而没有对整个世界发生影响。中国的外国直接投资下降。尽管对国际收支的资本账户加以控制产生了一定抑制作用，但是投机性资本流出还是对香港和中国内地都产生了重大影响。中国货币受到了强大的贬值压力。

中国对其周遭的危机采取了大胆的回应。中国政府作出了两个冒险的决定。他们决定保护人民币对美元的汇率。同时，他们还决定通过强大的财政扩张，来努力维持快速的经济增长态势——它受到出口增长停滞和外国直接投资下降的挫败。

之所以说中国政府所作的这种汇率决定具有风险是有两个原因的。首先，任何人都不能确保政府可以无限期地顶住货币贬值压力，这取决于危机持续的时间以及它对其他东亚国家的影响程度。其次，除了和美元挂钩的港币外，这种实际上的大幅升值和其他东亚国家货币贬值同时发生加剧了中国经济的衰退压力，而且如果国内的增长需求动力持续下降的话，这种稳定汇率政策无法无限期地维持下去。

这种盯住美元的汇率政策似乎与东亚其他地方的危机教训相矛盾，从东亚其他国家的经验教训可见，固定汇率增加了危机的风险，因为这种政策迟早要被放弃，而放弃得越晚，付出的调整成本就越大。东亚其他国家的金融崩溃也部分地反映了其金融机制和金融管理的结构性脆弱，而中国的银行业及其管理似乎和其他任何东亚国家一样脆弱。

财政扩张加剧了汇率压力，并最终使得政府不得不采取汇率挂钩政策。整套战略基于这样一个判断，即由于外部金融压力和国内经济下滑，在中国被迫放弃财政扩张政策或者放弃固定汇率政策之前，东亚能够恢复金融稳定和经济增长的势态。

中国在东亚金融危机中采取的“凯恩斯主义”战略得以生效，是因为中国在进入到危机时保持着宏观经济调控的强势状态，即经济低通货膨胀率，出口、投资和产出都呈现高增长势头，以及适度大量的外汇储备等。因此，中国的战略在现实中取得成功主要归因于良好的判断、稳健的政策以及政策间的衔接。现在回想起来，这又取决于中国当时正处于以中共中央总书记江泽民和总理朱镕基为核心的领导层的高度稳定时期。

中国成功避免了自身成为东亚金融危机的组成部分，而其战略同时还有助于缩短其他国家的危机时期。

东亚金融危机留下了一种中国信心论，即相信其有能力在2008年异常严峻的外部环境中同样保持经济增长势头。它同时还巩固了在重工业，包括采矿，矿产和能源加工，交通和通信以及金融部门国有控股的作用和地位，并且间接地造成了21世纪初期的巨额剩余储蓄。

和第二次危机一样，改革时期的第三次危机源头也是来自外部，或者说大部分来自外部：其核心是美国和东亚之间庞大的收支不平衡，其中中国的储备模式也许起了一定推波助澜的作用。

第一眼看来，目前的货币金融危机更像是东亚金融危机的世界版。和1998年卷入危机时的情况相比，当前中国具有更强大的对外支付能力和更充足的外汇储备，因此，它也能够有较1998年更大的信心来采取稳定的汇率政策，实施大规模的财政扩张政策。

2005年7月人民币对美元的刚性盯住被打破之后，其后的两年左右时间里美元兑人民币的汇率从8.3降至不到6.8，中国政府不再维持固定汇率。通过这次危机，中国通过全方位的财政扩张政策来维持以增长为导向的战略，使得中国处于比上次金融危机时更为有利的地位。

胡锦涛总书记和温家宝总理最近在官方政策声明中提出致力于加大农村和内陆地区发展公共开支的计划，意味着中国较1998年而言有着更成熟的基础来实行有效的财政扩张政策。

第一眼看来，2008的全球金融危机要求一个比1998年更大的战略对策。乍看来，中国执行这些政策面临的风险和十多年前的危机相比要小一些。

但是仔细分析，这次全球危机有很多方面都对中国的政策造成负面影响。2008 年金融危机最终将会对中国经济造成更大的冲击，这种冲击将比亚洲金融危机持续的时间更长。

在危机的初期，由多个国家共同采取有力的协同政策行为会起到积极作用。很有可能的是，中国出口市场的加权平均下调将会比 20 世纪 90 年代末期出口增长下滑到零更加剧烈。情况可能还要更加严峻。

中国经济中出口所占比例是非常大的：出口下滑将会对中国经济增长产生更大的影响。

中国较之于过去更具有市场经济特征。中国经济的波动更多受到私有经济起伏的影响。许多企业和国家投资工具，甚至那些国有资本占主导的企业，都在美国衰退、其他金融机构倒塌及资产价值缩水中流失了大量的资本。其后果是远远不止金融能力丧失这一项所能说明的问题。

鉴于以上种种原因，如果要保持经济强劲增长的势头，中国不得不维持比亚洲金融危机时规模更大、时间更长的财政扩张。各方面的能力都需要增长，包括汇率的灵活性、大量的外汇储备和流动账户盈余，同时也包括来自其成功应对亚洲金融危机带来的决策信心。

2008 年中国在全球经济中作用的扩大也产生了另外一个问题。中国目前占据了全球储蓄的很大比例，同时它可用于国内投资的储蓄余额比例高于国际投资的比例。因此，有一种感觉就是，从中国到美国的大量剩余储蓄流动已经救助了美国濒于零的低利率、家庭和公共预算赤字，以及更广泛而言的财政失衡状况等当今危机的源头问题。

通过扩大内需来缓解国内经济衰退压力的行为将会减少可用于国际投资的剩余储蓄量。东亚其他过剩经济体也会发生类似的情况。这和石油输出国由于油价下跌而造成盈余减少的情况同时存在。

全球储蓄总量下降到一定程度时，原料价格就会对全球实际利率产生影响。这也许会暂时地被很多国家经济衰退中的低投资率和经济低增长率抵消。当复苏开始、投资上涨，它就将变得愈发重要。这样的话，在美国不进行提高储蓄率、降低流动账户赤字的体制变革的情况下，长期降低中国的储蓄余额将会促进全球实际利率的更早增长。这种随之而来的经济恢复将会比历史经验所预测的要微弱且短暂。我们对美国官方对家庭储蓄采取措施从而避免这种结果的行为抱有强烈的兴趣。

危机没有发生

整个改革时期没有发生危机是同样重要和有趣的问题。

中国改革和增长的规模及不同寻常的体制环境抻拉着国内外的理解能力。这种不同寻常的机构设置似乎常常对市场经济改革和发展的持续性构成威胁。对这种威胁的理解有时候与意识形态及政策面临的挑战有关，有时候与政治抵制变革有关，还有时候又与快速增长和变化的经济体制中经济管理的老生常谈问题有关。

1978年之后的第一个十年里，在市场经济改革的每一步，它的可持续性都受到广泛的质疑。每一步的成功都是在很多地方实施生效后才得到认可。有时候成功的经验会超出政策范围，直到既成事实后才从务实的角度被接受、为发展战略所吸收。

在改革的第一个十年里，我提出要对中国有信心，因为很多评论员认为意识形态领域的残余力量将会阻碍中国劳动力市场的出现。这种阻碍市场经济出现的障碍最终消失了，而其消失本身也是一个重要的发展目标。人们曾经认为企业所有制改革的局限性将最终限制经济发展，但中国农民的智慧疏通了这种障碍，一种新型的集体所有制形式——乡镇企业，被认为在农村工业化进程中发挥了决定性的作用。不久后，乡镇企业体制结构中的缺陷又被指为它们曾作出过突出贡献的经济快速增长面临停滞的原因。在这种快速增长停滞到来之前，大规模的清除“红帽子”则显示出一种有利于私有制的转变。

我曾经很自信地指出，中国要动摇国有企业就业中从摇篮到坟墓的保护，或者实现农产品对外贸易的大幅开放，或者主要依赖国际市场来获取重要工业原料，从政治角度讲都是不可能的。我的这种自信建立在对别国经验的观察上，同时也来自对中国实际的充分了解。正如结果所示，当这样做的经济利益变得足够大的时候，限制就会被消除。

这种现在看来很平常的经济发展障碍在改革的第一个十年里曾经是令人生畏的。围绕着是应该先改变价格形成的基础还是先改变企业所有制和控制权的争论持续了很长时间。城市改革要想成功，需要这两个方面都得到实现，但是要两者同时进行又有很多困难，而且无论开始哪一项都会给经济稳定性带来很多问题。最终结果并不是很好，对政府的稳定性造成了一定影响。

在一个只进行了部分经济改革的环境中采取宏观经济稳定政策有特别大的难度。在大部分企业依然保留着对财政资源实施国家控制的权力，但是已经在逐渐脱离中央货币管理控制的条件下，如何控制货币扩张呢？改革时期连续商业周期的不断延长也对经济强势增长的持久性提出了质疑。

所有这些改革和发展面临的意识形态和政策挑战，政治和经济管理考验，在通货膨胀和随后1988—1989年的政治危机中得到了汇集。

危机并没有扼杀掉第二个十年（1988—1998）的改革和发展，这种危机越来越具有传统的经济和政治特征，也在不同背景的发展经验中为人们所熟悉。1989年和1990年经济发展的急速下降结束了1988年席卷而来的通货膨胀。这种结果的实现部分来自于暂时叫停大规模国内外投资。为了使通货紧缩控制在政府设定的程度上，国家对开支状况特别是国有企业的投资进行了强硬控制。这些控制增加了计划经济体制下资源配置的所有成本。邓小平1991年讲话指出，改革开放将要加快步伐和扩大规模，这也开始了新一轮高通货膨胀时期。邓小平领导下的经济繁荣时期恰逢1991—1992年间发达国家的经济萧条。20世纪90年代初中国的经济繁荣缓解了经济衰退给经合组织中一些东亚小国带来的影响——中国系列扩张步骤的第一步冲抵了世界其他地区经济活动减弱而给东亚经济发展带来的冲击。

在这十年里，国家提出在确保国有企业在重工业和金融部门主导地位的前提下，充分发挥个体和私有经济作用的政策，从而解决了所有制问题。在这个十年里，政府作出了一些关键的决定，即进一步深化中国融入世界经济的进程，同时作出种种承诺以期加入世贸组织。在这个十年里，商业周期的不断延长通过有效的银行信贷原则和更加成熟的金融管理手段得到了解决。

第二个改革十年伴随着东亚金融危机的变化不定结束了。

在十一届三中全会召开之后 20 年，中国作为金融危机受害者的风险预期是高的。

东亚金融危机期间的经济下降给中国留下了深深的阴影。7% 的经济增长，尽管和世界其他国家相比还处于高水平，但是比除了 1989—1990 年以外的其他任何改革阶段都要低。巨大而持久的财政扩张程度远远超过了改革的领导们所认为的适当水平。大量的拨款获得的收益很差。部分产量增长的结果是大量不需要的产品积压，这也使人们对经济增长的现实提出了质疑。

这种宏观调控及其他的战略对策使人们对中国金融体系的质量产生了挥之不去的担忧，同时也存在一个疑问，那就是明显存在的弱点会不会有一天也酿成中国自身的金融危机。目前，伴随着全球金融危机，中国也很容易受到西方金融机构缺陷的影响。

纵观中国改革全过程，有一个疑问始终存在着，那就是中国的政治体制能否进行充分的改革，并且改革的速度是否足以适应经济扩张和结构改革附带的不可避免的社会和经济大规模改革。对于中国政治体制能否进行充分而快速的改革来保持政治稳定性的疑问一直存在着。

中国的改革政府并没有按照传统的西方分析家们给出的路线来处理其政治改革的压力。然而他们也并非没有回应。在改革的第三个十年里，他们已经将治理改革涉及地方一级，并且更加公开地关注贫困地区的发展，关注那些没有在发展过程中成为早期受益者的人们的收入和生活水平的提高。在改革的第三个十年里，因为政治动荡而造成经济发展受到破坏是另一个没有发生的危机，至少到目前为止还没有发生。

发展将走向何方，又将在哪里结束

中国的改革和发展还有很长一段路要走，但是前进的方向对中国人和外国人而言都比以往任何时候都更加明朗。改革开始时没有人提出，改革的终点就是中国经济发展将使整个国家人民的生活水平达到发达国家的水平。这种发展空间太大而无法估算。那将意味着中国为全球产量的贡献将超过所有发达和转型经济的总产量。这给世界上每一个产品和服务市场都带来了巨大的压力，这些市场要么是中国匮乏资源的市场，要么是中国已经具有或者将发展的具有国际比较优势的市场。这将对中国和全球自然环境带来巨大的压力。

1986 年我曾经问邓小平先生，到 21 世纪中叶中国的发展将会达到什么程度。他当时回答说，到下个世纪中叶，中国人民的平均生活水平将达到当时亚洲新兴工业化经济的水平。他还补充说，他希望中国人民对这样的生活水平能够满意。

现在很清楚的是，中国经济快速增长的终点就要使人民的生活水平和人均产出及消费接近世界前沿水平。在这个终点上，中国人民将能要求和获得消除贫困的安全感，而贫困即使在先进工业社会也是常见的。在这个终点上，中国将多多少少会为发达世界的思想发展和生产创新作出适合其人口比例的贡献——而中国自身也会要求有相当程度的政治自由化。中国会对改善世界环境危害（包括温室气体的排放）作出适合其人口比例的贡献。到了那个时候，除非中国或多或少能够提供适合其人口比例的全球公共产品，包括维持经济和环境稳定以及和平与良好秩序的领导能力，否则我们将无以憧憬一个成功的国际社会出现。

21 世纪，在胡锦涛和温家宝带领下的中国政府已经在新的发展议程中提出，要逐渐地将经济增长扩展到那些很少能够享受到发展好处的地区和人们身上。

新的发展议程也越来越多地涉及中国在全球经济和政治体系中扮演

更主要的领军角色上来。其中也不可避免地存在一定滞后性，即中国在国际社会中重要性提升的现实与国内和国际对这种重要性的认可之间不同步。要想成功地应对21世纪初期所有的国际挑战，我们所有人都需要尽量缩短这种滞后性，因为缺少了中国的领导作用，经济可持续发展、和平与环境保护所必需的国际公共需求就失去了来源。

中国如何改变了全球发展理念

全球发展的一条重要经验来自于中国30年的成功发展。现代经济发展的良好进程始于西欧的沿海地区，19世纪发展到日本，然后又在20世纪50年代发展到东亚一些小国家，然而这种良好的发展势头其实可以惠及人类社会更广泛的范围。它们并不是局限于一小部分人的，也不局限于狭窄的特殊历史和文化背景下。中国的成功大大促进了这种可持续的、快速的、国际化的现代经济发展。继中国之后，其他人口众多的国家也取得了成功，这些国家和中国一起用自己的经验证明，发展所必要的条件可以在不同文化和历史的不同经济环境中得到满足。

中国的经验也肯定了对现代经济可持续发展的必要条件的传统认识。经济快速和可持续发展需要社会的一个广泛共识，即经济发展和生活水平的提高要作为首要政策目标。经济发展是具有破坏性的。它改变了收入和财富的分配，改变了基本制度，搅动了精英阶层。所有这些都导致了阻力的产生，除非社会内部对于改革有广泛的支持基础，否则没有政府会愿意直面这些阻力。即使是有着广泛的政治支持，也需要有一个有效的政府，这个政府有能力采纳发展为导向的政策，从而对抗那些不可避免产生的、认为自身利益受到改革损害的人们所进行的抵抗。

可持续的快速经济增长还需要市场在资源配置和收入分配中占据主导地位。这对于保证资源配置的有效性、资源利用的适应性来说都是必要的，只有这样才能适应各种经济活动中经济价值的变化，包括对经济发展本身的适应。随着收入的增加和经济活动更加复杂多样，这种适应性要求也与日俱增。

可持续的经济发展要求在商品、服务、资本、技术和理念的市场上实现高度的国际化。这种要求再次随着收入增长、经济复杂化而扩大。

可持续经济发展需要保持高水平的投资。为了能给长期发展提供一个稳定的基础，还需要维持高水平的国内储蓄。很多国家，包括中国和印度，得出的经验就是，高储蓄在很大程度上是可持续经济发展的内在动力，从而成为保持快速增长势头更容易实现的条件。

教育——对人类知识和技能的投资——是高水平投资中一个必要的组成部分。随着收入的不断增加，它越来越成为经济增长过程中的关键条件。

中国和其他国家的发展经验也带来了一条好消息，那就是快速发展对必要条件的不完善也具有一定的宽容性。如果条件目前处于合理水平，那么就能获得巨大的成果。

这就是中国改革和开放的一般经验，中国的现实和其他国家的成功发展经验早晚都将为世人所知。此外还有一些更特别的经验。

中国发展的一个特别经验就是始于农业和广大农村地区的改革和发展进程具有突出优势。改革初期农业领域对市场经济改革的政治支持成功地宣传了经济增长的好处，这和印度的情况形成了鲜明的对比。印度农业社会对快速增长所带来的利益明显排斥，这成为政治阻力的重要焦点。农业获得的前期巨大利益也为中国沿海农村的工业化进程提供了基础，沿海农村地区的发展也为全国的可持续快速发展提供了很多有利条件。

第二个特别经验是一般经验的一个必然结果，它证明了自由贸易的重要性。中国经验显示了快速的、国际性的发展对一个大国来说是可能实现的。1987 年中共中央总书记赵紫阳提出了“沿海战略”，这种战略建立在沿海地区劳动密集型产品出口增长的基础上。当时一些西方经济学家的一种反应就是声称中国不可能实现像台湾、韩国、香港和新加坡那样以出口为导向的经济发展模式。因为中国太大了，它具备自我贸易条件，进口国的体制改革要求会产生无法处理的贸易保护主义。

我们现在知道中国并没有大到不能进行出口扩张，也没有大到因此失去凭借专业化比较优势在发展中占主导地位的机会。可以肯定的是，中国出口价格相对进口价格低——这为很多国家都带来了极大的好处，比如很多发展中国家，再比如我自己的国家，这些国家对外贸易的比较优势和中国形成互补。贸易中的损失与更有效的资源配置及相应的动态优势所带来的收益增幅相比是很小的。可以肯定的是，保护主义确实存在——但绝不足以对未来20年中国全面出口贸易的快速增长构成障碍。可以肯定的是，为了保持出口快速增长势头，中国应该在发展中尽可能早地将出口引向资金密集型和尖端技术产品的多样化发展，而不是像东亚小国那样简单地遵循出口导向型经济发展战略。

但是中国并不是过大的。这里有一个很重要的经验。如果中国没有因为大而无法实行初步专业化与劳动密集型产品出口这些比较优势并存的国际导向发展战略，那么印度也好、印度尼西亚也好，或者任何其他发展中国家也好，它们也都不会因为大而无法实行这样的发展战略。

第三个特别经验存在于渐进改革的优势中。这是中国经济研究中心的林教授及其同事们的一项重要分析发现。这对于具有广泛影响力的西方经济学专业研究中存在的错误观点是一个很重要的矫正。很多外国分析家都低估了经济发展中制度的重要性，也忽略了成功的体制改革具有不可避免的渐进性。特别是市场经济制度基础的发展更是需要慢慢来，因为其对教育、新的文化规范积累、规章制度及人们的适应等方方面面都提出了要求。中国改革的渐进性为这些条件的成熟提供了足够的时间。

这里还有两个和改革文化紧密相关的经验。一个是给试验以足够的主导性作用。改革中有很多不可避免的风险。这些风险可以通过温和的改革步骤、扩大已经取得成功的改革措施得到降低。这有助于在改革进程中树立信心，并且避免当大的改革步伐出现惊人的或者不利后果时导致的阶段性反复。第二个经验是在有可能的时候实行改革措施以便更大程度地扩展市场资源，深化与国际市场的接轨，而不要等理想环境出现后再进行这些步骤。这都是中国的发展经验，我们可以从中吸取大量的经验教训来取得好的成果。我们完全没必要把好东西当成敌人来看待。

（庞　娟　译　王新颖　校）

中国变化的图景*

〔美〕乔尔·安德斯

在过去十年里，中国突然成了全球经济中的一个主要角色，越来越普遍的看法是中国正成为世界上的主导性大国。在这种预测性文献中，乔万尼·阿瑞吉（Giovanni Arrighi）的《亚当·斯密在北京》显得特别突出，原因有二：第一，阿瑞吉把他的分析放在探讨霸权国家先后兴衰的宏大和复杂的历史模式中；第二，尽管许多西方学者用惊恐不安的眼神看待中国的崛起，阿瑞吉则充满热情地欢迎中国。

阿瑞吉在《漫长的20世纪》（1994年）中对资本主义世界体系经过的连续霸权循环的模式进行了充分论述。这些循环依次由单一大国主导，虽然都有明显的特征，但到现在为止，它们都遵循了类似的运行轨道。当《漫长的20世纪》出版的时候，阿瑞吉已经相信全球资本积累的中心已经从北大西洋转向了东亚，当时中国刚刚开始以充分融入全球经济并成为"世界工厂"的方式实现其经济转型。如今，中国作为全球经济大国出现和美国在军事与经济上遭遇挫折给予阿瑞吉更大的信心，他预测美国霸权时代很可能被以中国为中心的东亚时代所代替。

---

* 本文选自《新左派评论》2008年11—12月号，原题为"Changing Colours In China"。作者乔尔·安德斯（Joel Andreas，中文名安舟）是霍普金斯大学社会学教授，中国人民大学社会学系访问学者。——译者注

在阿瑞吉看来，中国成为世界霸权的可能性会有三个积极的后果。第一，通过重建当今由西方主导的国家等级体系，东亚领导的时代或许带来国家间更大的平等。第二，中国霸权或许比欧美先例有更少的军事色彩和更多的和平倾向。第三，中国的崛起开创了更加平等和人道的东亚发展道路，它建立在市场交换基础上但并非资本主义制度。

阿瑞吉的乐观主义前景当然引起了相信西方文明优越论的评论家的反应，也吸引了对于西方主宰下的世界秩序不那么乐观的其他人更深刻、更积极的评论。① 他的三个后果论都值得严肃地思考。在本文中，我将主要对最后一个预测作出回应，即中国或许开创一条并非资本主义的市场体系的发展道路。

当然，你的所见所闻很大程度取决于你所使用的概念框架。阿瑞吉开始论述的资本主义模式来自于布罗代尔（Braudel）关于欧洲资本主义发展的历史叙述。布罗代尔把经济分为三个层次。底层的经济活动由自给生产和很少的市场交换构成。中层由竞争的企业家组织起来的市场为中心的活动构成。上层梯队则留给资本家，通过垄断地位并与国家权力密切联系获得利益。这是个指导许多世界体系分析的框架，阿瑞吉用它建立起分析西方和东亚发展的不同模式。在西方，资本家控制国家，把强大的经济和军事扩张结合起来，使得西方大国征服世界。相反，在东亚，强大的国家扶植市场交换，但是限制大规模的资本。这种模式在中华帝国霸权时代十分流行，它支配了该地区相对和平的国际关系体系，使这里成为 19 世纪前世界上最富裕的地方。后来随着中国的衰落，东亚在 19 世纪和 20 世纪初被纳入由欧洲列强控制的世界经济体系，日本在自己的经济中嫁接了西方资本主义模式的因素，创造了杂交的体制。

在《漫长的 20 世纪》中，阿瑞吉充满希望地认为，日本在二战后被剥夺了军事维度的经济增长或许成为一种新模式，其中经济和军事力

① Notably Mark Elvin, see "The Historian as Haruspex", nlr 52, July-Aug. 2008, pp. 83–109.

量可以分开，并最终预告“后资本主义世界市场社会”的到来。[1] 阿瑞吉在《亚当·斯密在北京》中把注意力转移到了中国，他写到，共产主义革命创造的以福利为中心的国家已经重新发现了市场的经济动力，培养并调动了城市和乡镇企业主群体的主动性。[2] 他说，随着中国将带领东亚恢复其作为全球经济上最发达地区的地位，它或者会选择一条符合西方资本主义范式的道路，或者会走出一条更加符合自身历史的不同道路。

阿瑞吉把实力和全球贸易网络、国家间竞争、几百年间经济和政治体系演化相结合，提出了规模宏大的模式。像进行世界体系范式研究的其他人一样，他更关心的是导致国际不平等而不是国家内不平等的结构问题。结果，他很少花精力分析生产关系细节。如果我们把注意力转向生产关系，重新考察最近的中国经济史的话，能看到什么呢？这就是本文的焦点，为此目的，我将使用马克思的概念框架。接着我会使用布罗代尔的以资本和国家关系为重点的资本主义定义，来评价阿瑞吉提出的中国可能开创不同于西方的发展道路的建议。

马克思和毛泽东

马克思的框架人们普遍都很熟悉，所以我只对它进行简要的回顾，以此来创建一个由三部分组成的经济组织类型，用以分析中国经济体制的变化。第一种类型是家庭生产，第二种类型是社会主义集体生产，第三种类型是资本主义雇佣劳动。

马克思写到，在资本主义出现之前，在农村和城市行会，劳动力牢固地与生产资料联系在一起，两者都是不能被买卖的。资本主义把两者分开，而且都推向市场，创造了一个建立在自由交换的雇佣劳动和生产

---

① Giovanni Arrighi, *The Long Twentieth Century: Money, Power and the Origins of Our Times*, London and New York, 1994, p. 356.

② 虽然在《漫长的20世纪》中，中国得到相对少的关注，但是在1999年阿瑞吉已经在预测“以中国为中心的世界体制”的重新出现了。请参阅 Arrighi and Beverly Silver, *Chaos and Governance in the Modern World System*, Minneapolis, 1999, pp. 286 - 289。

资料基础上的体制。在从前的体制内，生产和消费的责任在同一经济组织内部，该组织基本上是以家庭为基础的，生产的最终目的是消费。资本主义企业可以自由聘用和解聘工人，不用为工人的消费负责，相反，能把获得利益作为压倒一切的目标。这让资本主义成为充满活力的体制，在分配劳动力方面非常有效，可实现利润最大化并积累资本。虽然资本主义企业早就存在，但是雇佣工人成为生产关系的主要形式最初出现在工业革命时期的英国。资本主义生产关系的传播导致了经济活动的极端集中和阶级的极端两极化，从而使家庭劳动体制难以为继。因为资本主义的活力和效率，马克思预测这种体制将横扫这个世界，但是他也预料到，社会主义将通过把劳动力和生产资料重新结合来颠覆资本主义的所作所为。

1949年前，中国经济的大部分是围绕市场交换组织起来的，但是资本主义生产关系只发挥有限的作用。中国长期以来都是高度发达的商业社会，其中土地是可以买卖的，大众消费的粮食和常用纺织品都是可以广泛买卖的商品。即便不是大部分，也有许多农民家庭参与市场活动，他们不仅销售农产品，而且销售家庭生产的产品如自己织的布。在1949年中华人民共和国成立之前的时期，资本主义领域（也就是依赖雇佣劳动）在不断发展但仍然弱小，建立在家庭劳动基础上的小农生产仍然是经济的主体。

在1949年到1976年的毛泽东时代，家庭劳动和资本主义领域基本上被消灭，市场交换遭到严格禁止，经济活动按照社会主义路线被重新组织。整个农村人口成为集体生产队的队员，几乎所有的城市人口成为工作单位的职工（包括政府机关、医院、学校等事业单位，全民和集体企业）。工作单位的职工都拿工资，但他们是终身雇员，所以劳动力是不能自由交换的商品。像家庭一样，农村生产队和城市工作单位都不能解聘队员或者职工，它们不仅负责组织生产而且为成员提供消费品，这种体制从结构上限制了它们把利润作为压倒一切的目标的能力。[①] 马克思曾想把劳动力和生产资料重新结合起来，而中国共产党恰好做到了这些。

非资本主义市场经济

在从1976年到1992年的后毛泽东时代初期，最初的几轮市场改革创造了所谓的非资本主义市场经济。中国城市继续由公有制经济主导，虽然1978年后允许小型私有企业存在，但它们在城市中只发挥边缘性的作用。在全民所有和集体所有企业里，工作单位体制的基本特征维持下来。这两种企业都继续建立在财产公共所有和终身雇佣的基础上。虽然80年代后半期的结构改革开始要求工人签订多年劳动协议（正式取代终身雇佣），允许有些小企业破产，但当时很少有人下岗。工作单位继续为职工的生活负责，不仅包括在职职工，而且包括退休职工。

1984年后，市场交换渐渐替代了计划，政府使用经济上的刺激措施来推动企业经理提高利润率（包括让他们保留协议数量之外的利润的规定），但是企业把利润作为优先目标的能力仍然受到工作单位对职工负责的现实的限制。实际上，在80年代，随着企业被允许保留更多的利润，许多企业使用这些资金中的大部分建造职工住房，创办旨在为职工子女提供就业岗位而不是最大化利润的附属企业。甚至在市场改革10多年后，在90年代初，公有企业很难说是西方商学院称赞的靠裁员减薪产生利润的机器，相反，它们仍然是“社会主义企业”，容纳了越来越多的职工和退休工人，有生产和服务单位等累赘，如职工住宅区、保健中心、职工培训学校、日托中心、职工子弟学校、商店、食堂、文化

① 关于毛泽东时代农业生产队和城市工作单位如何组织的内容，请参阅 William Parish and Martin Whyte, *Village and Family in Contemporary China*, Chicago, 1978 和 *Urban Life in Contemporary China*, Chicago, 1984。

娱乐设施等等。①

在城市公有企业边缘地带，初步的私有经济在发展，它们主要由街道小摊点、理发店、小商店、餐馆、修理铺等组成。起初，私有企业被限制在个体户，从法律上说，不允许他们雇佣7人以上的雇员，但是在1987年取消这个限制后，个体户依然是中国城市私有经济的主体。城市社会分成两个明显不同的世界，一种“体制内”，一种“体制外”。这两个世界在工作单位门口会面，小商店和摊点集中起来向里面的人销售商品和服务。②

在中国农村，大部分人口开始了以家庭为单位的经济活动。在1984年农业的去集体化完成后，土地继续由村子所有，但是使用权被分配给农民家庭，农业生产围绕家庭劳动而开展，就像从前建立在家庭手工业、商业、运输基础上的繁荣的私有经济一样。同时，接近城市和海外市场的村庄里迅速出现了更大的工业企业。从法律上说，城镇和村办企业应该是集体所有，实际上大部分如此，虽然它们的组织方式存在很大差别。大部分集体企业主要集中在迅速发展的长江三角洲地区，其他地区当然也有。乡镇政府建立的工厂由地方官员负责，雇佣当地村民，即使当生产要求超过当地劳动力的数量而必须雇佣外来者时，当地人往往占据最好的工作岗位。

另一个极端，在东南沿海的广东和福建“经济特区”传播开来的模式中，乡镇企业的典型是香港和台湾投资者创办的企业，它们更愿意雇佣来自内地的便宜民工。虽然在经济特区之外，这样的企业必须正式注

---

① Michael Korzec, *Labour and the Failure of Reform in China*, London, 1992; Hanlin Li and Qi Wang, *Research on the Chinese Work-Unit Society*, Frankfurt, 1996; Barry Naughton, “Danwei: The Economic Foundations of a Unique Institution”, in Xiaobo Lü and Elizabeth Perry (eds.), *Danwei: The Changing Chinese Workplace in Historical and Comparative Perspective*, New York, 1997, pp. 169 – 194; Jonathan Unger and Anita Chan, “The Internal Politics of an Urban Chinese Work Community: A Case Study of Employee Influence on Decision-Making at a State-owned Factory”, *China Journal*, No. 52, 2004, pp. 1 – 24.

② Susan Young, “Wealth but not Security: Attitudes Towards Private Business in China in the 1980s”, *Australian Journal of Chinese Affairs*, No. 25, 1991, pp. 115 – 137.

册为集体企业（戴上红帽子），但实际生产关系更接近自由市场的理想。因为不管是乡镇官员管理的还是私有企业主管理的农村企业都在计划经济之外，要想成功都需要动力和技术，所以工人招聘就更不稳定、更加灵活，机器和生产设施很容易被转手。①

如果我们保持距离来看待这个国家，在1978年到1992年的这个阶段，存在两个重大的领域：基本上建立在社会主义生产关系基础上的公有经济和建立在家庭生产关系基础上的私有经济占主导地位。如果走近一些看，在城市，公有经济占主导地位，位于边缘的家庭经济欣欣向荣；在农村，家庭经济占主导地位，同时有不断增大的乡镇企业，其中容纳了社会主义和小型资本主义生产关系。这实际上是非资本主义的市场经济，虽然它在迅速变化。

民营化和利润

1992年后，更加激进的市场改革改变了一切。邓小平在1992年初期到中国东南沿海经济特区高调视察外资企业被普遍引用为关键时刻，标志着向更加激进的经济结构调整的转变。此后，中国共产党强力鼓励发展私有经济领域，10年后，中国已经基本完成公有企业的民营化过程。到了1991年至2005年之间，城市劳动力在公有企业工作的比例已经从82%下降到27%。（请参阅图1）

在90年代初期，限制私有企业规模和限制外国投资的政策被取消，各级官员被鼓励要推动两者的发展。和日本、韩国等不同，中国展开双臂欢迎外资，资本开始大规模进入中国。来自香港、台湾、新加坡等地的小规模华人企业在中国的乡镇寻找合作者，而总部设在华侨聚集地区的跨国公司以及在日本、韩国、美国和欧洲的跨国公司在更高层次上寻

① Barry Naughton, *The Chinese Economy: Transitions and Growth*, Cambridge, 2007, pp. 240 – 248, 271 – 293; Jean Oi, *Rural China Takes Off: Incentives for Industrialization*, Berkeley, 1996; Jonathan Unger, *The Transformation of Rural China*, Armonk, 2002; Andrew Walder, "Local Government as Industrial Firms: An Organizational Analysis of China's Transitional Economy", *American Journal of Sociology*, Vol. 101, No. 2, September 1995, pp. 263 – 301.

找合作者。到了2000年，中国制造业的几乎三分之一都是由附属于外国公司的工厂生产的。[①]

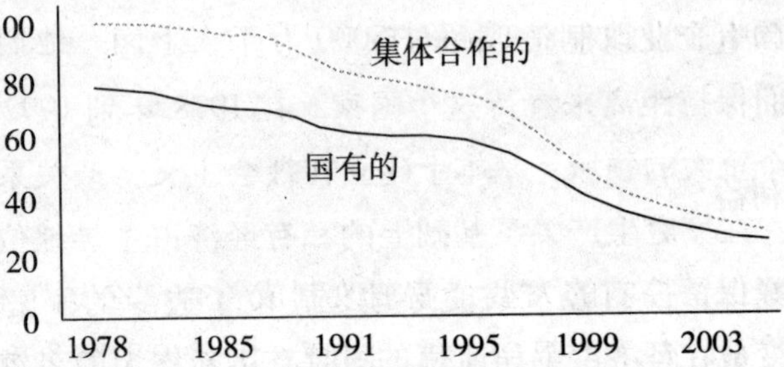

图1　城市公有部门就业的比例，1978—2005（%）

资料来源：国家统计局：《国家统计年鉴》，北京，2006，第128—129页。

取得合法性的国内民营经济也迅速增长，它们要么通过最初从体制外的乡镇企业或者个体户发展而来的成功企业家，要么通过体制内官员或者专业技术人员的“下海”而发展。这些人认为成为私人企业家的时机已经成熟了。相当成功的一类“下海”企业家是国有企业和政府官员的亲属和关系人，他们能够使用体制内的关系网获得合同、资格证、贷款、资源以及市场。[②]

在国有企业领域，中国共产党决定“抓大放小”。几乎所有乡镇企业和大部分城市国有与集体企业被全部或者部分民营化。有些工厂被卖给外来投资者，但大部分是内部的投资者。在有些情况下，股份被卖给了所有职工，但是这种模式很快就因为管理层收购的因素被抛弃了。因

① James Heartfield, “China's Comprador Capitalism is Coming Home”, *Review of Radical Political Economics*, Vol. 37, No. 2, Spring 2005, pp. 196 – 214; Naughton, *The Chinese Economy*, pp. 401 – 423; Martin Hart-Landsberg and Paul Burkett, “China and the Dynamics of Transnational Accumulation: Causes and Consequences of Global Restructuring”, *Historical Materialism*, Vol. 14, No. 3, 2006, pp. 3 – 43.

② David Goodman, “New Entrepreneurs in Reform China: Economic Growth and Social Change in Taiyuan, Shanxi”, in Heidi Dahles and Otto van den Muijzenberg (eds.), *Capital and Knowledge in Asia: Changing Power Relations*, London, 2003, pp. 187 – 197.

为经理通常情况下自己很少有资本，这通常需要创造性的金融安排。在城乡地区进行的股份制改造调查显示，大部分国有企业最终成为经理们的私有财产。[①] 许多国有和集体企业被变卖清偿债务，其他的被大幅度裁员，结果国有企业改制造成超过5000 万工人下岗，他们占国有企业劳动力的40%。[②]

控制性利益

国家选择保留控制的大型企业被改制成符合“公司”模式的企业，其资产被转变成在证券交易所上市的股票。国家保留最大和最具有战略意义的企业的控制性利益，尤其是银行、石油、钢铁、电力、电信和军工等行业。在第二级别的较小企业中，包括许多由省级或者地方政府拥有的企业，国家变成了小股东。改制后企业的经理在形式上向董事会负责，而国有企业改造则是为了管理政府资产和在公司董事会中代表国家利益。董事会成员被委派的任务就是确保经理使得股东利益最大化，甚至政府控股公司被指示把国有资产的回报率作为首要关心的内容。[③]

为了保留掌控国有企业按照党的意志行动的能力，中国共产党把关键国企的领导任命权抓在手里，政府官员继续利用控股公司来追求比企业季度利润更广泛的国家利益。但是，这些企业的结构已经发生了根本改变，所以它们被要求也能够把追求利润作为首要目标。为了实现这个目标，这些企业抛弃了从前对职工的义务。终身雇佣的保证被取消，企

---

① X. L. Ding, “The Illegal Asset Stripping of Chinese State Firms”, *China Journal*, No. 43, 2000, pp. 1 – 28; X. L. Ding, “Systemic Irregularity and Spontaneous Property Transformation in the Chinese Financial System”, *China Quarterly*, Vol. 163, September 2000, pp. 655 – 676; Hongbin Li and Scott Rozelle, “Privatizing Rural China: Insider Privatization, Innovative Contracts and the Performance of Township Enterprises”, *China Quarterly*, Vol. 176, December 2003, pp. 981 – 1005; Ross Garnaut, Ligang Song and Yang Yao, “Impact and Significance of State-Owned Enterprise Restructuring in China”, *China Journal*, No. 55, 2006, pp. 35 – 63.

② Dorothy Solinger, “Chinese Urban Jobs and the WTO”, *China Journal*, No. 49, 2003, p. 69; Naughton, *The Chinese Economy*, pp. 179 – 191.

③ Naughton, *The Chinese Economy*, pp. 297 – 326; Shahid Yusuf, Kaoru Nabeshima and Dwight Perkins, *Under New Ownership: Privatizing China's State-Owned Enterprises*, Stanford, 2006.

业不仅缩减劳动力规模，而且辞退老工人，用成本更低更顺从的年轻工人来替换。[①] 比如，国有煤矿现在聘用合同制矿工，使用民工是为了实现每吨煤的最低成本，这种体制有助于解释为什么中国煤矿成为世界上最危险的矿井。[②] 企业还关闭了不盈利的附属企业，卸掉了为职工及其家属提供住房、医疗、退休金、托儿所、娱乐、教育等服务的重担。这些企业仅部分地保留了国有的特点和社会主义性质的特征。

中国2001年加入世界贸易组织，随后更加系统地废除了限制国际贸易和投资的法律，同时加大了市场改革的力度，更彻底地让中国企业参与国际竞争。除了少数例外，所有企业都被迫降低劳动成本和推卸并不直接对创造利润作贡献的社会累赘。

作为近年来推行的激进改革的结果，中国的经济结构发生了巨大的变化。家庭劳动经济在衰落，小型企业也在衰落。资本被迅速集中：小工厂被大工厂吞并，小商店和饭店变成了公司连锁店，公共市场变成了超市和购物中心。

到现在为止，这个趋势的最大例外是农业，家庭劳动体制受到禁止个人土地销售和限制大规模生产的法律的保护。[③] 但是，这种状况正在发生变化。在高度发达的商业化农业地区，大规模的农业综合企业通过修改承包合同或者租赁土地或者雇佣工人，出现在集体土地所有权体制的周围。而且，2008年10月，中共中央委员会决定允许单个家庭出售土地使用权，其明显的目的就是集中土地所有权。虽然我们还不清楚这

---

① Ching Kwan Lee, *Against the Law*: *Labour Protests in China's Rustbelt and Sunbelt*, Berkeley, 2007, pp. 34 – 153; Dorothy Solinger, "The Impact of the Floating Population on the Danwei: Shifts in the Pattern of Labour Mobility Control and Entitlement Provision", in Lü and Perry, *Danwei*, pp. 195 – 224.

② Shaoguang Wang, "Regulating Death at Coalmines: Changing Mode of Governance in China", *Journal of Contemporary China*, Vol. 15, No. 46, 2006, pp. 1 – 30.

③ Loren Brandt, Jikun Huang, Guo Li and Scott Rozelle, "Land Rights in Rural China: Facts, Fictions, and Issues", *China Journal*, No. 47, 2002, pp. 67 – 97.

个决定到底怎么实施，但很可能打开农村家庭失去土地的大门。①

现在，在很多村庄只剩下老人和孩子，因为适合工作年龄的几代人都外出找工作，这为中国提供了大量廉价劳动力，使得中国成为以出口为主的制造业领域最可怕的竞争者。② 这种生存性农业和资本的关系让民工往家乡汇款，而且它也补贴了使用民工的用人单位，这些单位仅仅支付工资而已，而无需花费包括培养未来民工接班或者养活退休工人这些成本。③

阶层分化

中国经济出现了分化，表现在收入差距的急剧扩大。在1978年推行的第一轮市场改革后那些年到1992年激进改革前，收入不平等开始增加，但是相对来说，贫富差距还比较小。私有企业的规模受到限制，在公共部门内的干部比工人生活条件好，但不是好很多；他们的工资高一些，但是差距仍然不是很大；他们居住的房子更大，但这些房子还在同单位职工居住的生活区之内。腐败开始蔓延，但和后来的情况相比还是差多了。

接着出现了真正有钱者阶层。这个阶层包括大型私有企业主或者国有企业家，他们拥有所经营的集团公司的股票。那些掌握私有企业或者被公司化的国有企业的人，他们所积累的财富也为政府内或者非盈利公共机构的干部创造了新机会。大规模的腐败变得更加诱人和容易实施，因为很多家庭有成员同时在体制内和体制外。炫耀财富已经不再受到不

---

① Qian Forrest Zhang and John Donaldson, "The Rise of Agrarian Capitalism with Chinese Characteristics: Agricultural Modernization, Agribusiness and Collective Land Rights", *China Journal*, No. 60, 2008, pp. 25–47. On the recent changes in land transfer policies, see Jim Yardley, "China Enacts Major Land-Use Reform for Farmers", *New York Times*, 20 October, 2008.

② Dorothy Solinger, "The Floating Population in the Cities", in Deborah Davis et al. (eds.), *Urban Spaces in Contemporary China*, Cambridge, 1995, pp. 113–139.

③ See Lee, *Against the Law*, pp. 204–241.

受欢迎的关注。[①] 与此同时，公有领域的专业技术人员和经理现在可以要求更高的工资、奖金和外快，他们通过参照私有领域迅速提高的标准为自己的提薪要求作辩护。很快，他们开始放弃位于工作单位的相对寒酸的公寓，搬到大城市为成功的企业家修建的设有大门的豪华高楼居住区。

今天，中国的富豪从任何标准看都是非常有钱的。众多“富豪排行榜”在中国一个紧接着一个出现，最悠久和名气最大的排行榜是英国会计师胡润（Rupert Hoogewerf）编纂的。在2007年秋，胡润排行榜包括了中国800个富豪，他们总的资产价值达4570亿美元。在这些富豪中，他辨认出106个10亿美元以上的富翁，这个数字比美国之外的任何国家都多。[②] 在城市社会光谱的另一端，从中学毕业后就进入国营工厂工作的千百万工人现在都下岗了，他们很难有希望再找到正式的工作。幸运者得到了退休金，其他人得到微薄的生活补贴，或者一次性离职补偿金。医疗保险也随着失掉工作而没有了。他们和千百万民工成为城市底层群体。下岗工人因为突然丢掉工作而落到现在这个处境，而民工到新开放的城市劳动市场来寻找机会。

在1978年，中国的基尼系数（用来对比国际收入不平等的测量标准，0代表绝对的平等，1代表绝对的不平等）被计算出来是0.22。这是世界上最低的比率，即便是考虑到中国的庞大规模和地理上的多样性，对此观察家们的印象特别深刻。中国取得这样的成就是因为，虽然城乡收入差别、发达地区和不发达地区差别很大，但在每个具体地方内，差别都是最小的。到了不足30年后的2006年，这个数字达到了0.496，超过美国，接近像巴西和南非等世界上最不平等的国家的比

① Xiaobo Lü, *Cadres and Corruption: The Organizational Involution of the Chinese Communist Party*, Stanford, 2000.

② *Hurun Report*, available at www. hurun. net.

率。[①] 地区不平等和城乡不平等都大幅度增加，但是最激烈的变化仍然是地区内部的收入差距两极化。

在农村，虽然收入差距迅速扩大，但是其扩大量还是比城市要低，城市的收入差距被认为是急剧扩大。在 1985 年，城市最富有的五分之一家庭的人均年收入是最贫穷的五分之一家庭的三倍多；到了 2006 年，最富有的家庭的收入是底层家庭的十倍多。（请参阅图 2）而且，这些图表没能掌握收入两极化的程度，因为群体太过广泛，包括了 20% 的城市家庭，还把中产阶级的财富也折算进来了。

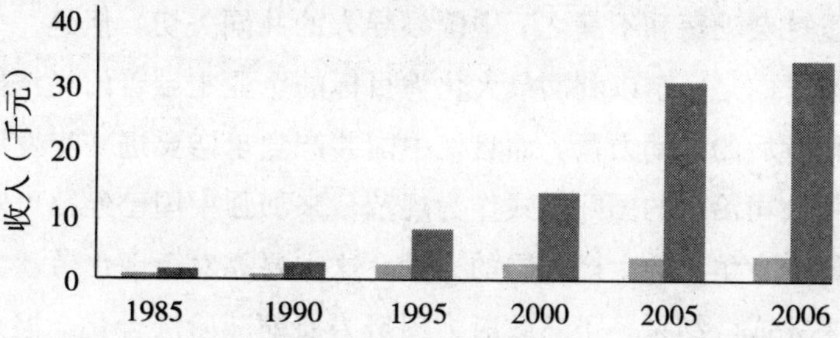

图 2　20%最富有的和最贫穷的城市家庭的均收入，1985—2006

资料来源：国家统计局城市社会经济调查司，国家统计局：《中国城市生活和价格年报》，北京，2007 年，第 14—29 页。

图 2 中的数据显示，所有城市居民，包括位于底层的那些人，现在都享受相当高的收入。但是这些数字只记录了现金收入，而掩盖了以前由国家或者工作单位而不是市场提供的商品和服务的损失，包括补贴性住房、生活品、食品、家用必需品、医疗保健和教育。使用现金收入来衡量幸福程度，其不足显而易见，如果比较一下 80 年代中期最富裕的城市家庭的收入和当今最贫穷的城市家庭就知道了。前一个群体，主要

① David Goodman and Xiaowei Zang, "The New Rich in China: The Dimensions of Social Change", in Goodman (ed.), *The New Rich in China: Future Rulers, Present Lives*, London, 2008. See also Naughton, *The Chinese Economy*, pp. 217 - 221; Shaoguang Wang, "Openness and Inequality: The Case of China", in Lowell Dittmer and Guoli Liu (eds.), *China's Deep Reform: Domestic Politics in Transition*, Lanham, 2006, pp. 251 - 282.

由管理干部和专业干部组成，生活在设施齐全的公寓里，享受相当的经济舒适和安全，虽然他们的平均年现金收入少于1400元；而后一个群体，主要由失业者或者非正式就业者组成，尽管他们的平均年现金收入超过3800元，他们生活在简陋的公寓里，生活困难。

阶层分化激起大众普遍的不满。2003年以来，政府采取了一系列实际措施试图解决中国最贫困的市民面临的困难，减轻市场改革产生的最有害的影响。① 尽管这些措施是和新的领导集体联系在一起，但是很多措施早在2003年领导人交接时就已提出，这可能反映了在经济转型造成的严重社会动荡和不满之下中国领导人的共同关切。但是，中国共产党现在掌管的是一个以利润最大化为目标的企业主导着的经济体制，它是两极化背后的推动力量。而且，中国共产党承诺要进一步发展这个体制，使用公司治理的国际模式作为规范，来加强中国已经很可观的作为世界上最有竞争力的生产大国的力量，这主要靠对于廉价劳动力更高效的剥削来完成。结果，虽然政府力图努力要缩减阶层分化，但是分化程度有增无减。

独特的东亚道路？

阿瑞吉所说的东亚模式在中国历史上不是没有现实经验支持的。不管我们用布罗代尔的还是马克思的概念框架，非常明显的是中国经济大部分是围绕市场交换组织起来的，不过不是资本主义模式下的，不论是在遥远的过去还是最近的过去。清朝促进形成了主要建立在家庭劳动体制上的以市场为中心的经济，资本主义生产关系的发展受到强大国家的抑制，资产阶级也不可能干预朝廷。80年代出现的强大的国家、活跃的家庭劳动经济与主要由小企业组成的私有经济与小规模资本主义经济这

① 这些措施包括为农民减免税，为城市退休或者下岗工人提供福利补贴。新的工会法包括保护工人不下岗的规定，但是长期的劳动法，包括给予工人代表监督（否决）企业改组的权力的法律很少得到实施，新法律也不大可能允许在任何有意义的方式上干扰资本越来越集中的权利。

种体制，被看做历史模式的基本要素的复兴是有一定道理的。

但是，中国的经济以及它的阶层结构改变后，再要维持这个模式就变得更加困难。当然，阿瑞吉对资本主义的定义取决于资本和国家权力的融合。他写道："以市场为基础的资本主义特征不是由资本主义制度和安排的存在来决定的，而是由国家权力对资本的关系来决定的"，"你可以随意在市场经济中添加很多资本家，但是除非国家从属于他们的阶级利益，否则市场经济仍然是非资本主义的"。《亚当·斯密在北京》仍然谨慎地诊断着中国政府是否正在处于变成"管理资产阶级国家事务委员会"的过程中，但是因为阿瑞吉引用的政府努力刺激竞争的证据还没有出现（这个证据造成了"看起来更像是为了国家利益无情竞争推动的斯密的资本家世界"这一结果）①，他留给我们的是这样的印象——自主的中国为了国家的发展迫使资本家相互竞争以及与更小的乡镇企业竞争。

这个印象暗示了资本和国家之间比现实更大的鸿沟。在毛泽东时代，中国共产党及其国家机器完全控制经济，此后的民营化和公司化过程是在党的严格监督下发生的。结果，大部分民营领域由重新改组的国有或者集体企业组成，掌权者大部分是体制内的人。掌握权力的党的干部，从高层到乡镇党委书记都有子女成为富有的企业主管。② 即使那些刚开始从体制外的小企业主成长为大资本家的人，要想成功也必须与体制内的人员建立密切关系才行。省级、市级和县级的党组织提供了包括地方官员和资本家在内的权力关系网。

在中国联系资本和国家的错综复杂的网络中，影响是双向的，任何试图测量资本控制程度的尝试将激发辩论——任何被包括在阿瑞吉的西方资本主义模式中的国家都会是这样。不管这种辩论的结果如何，有一点是确定的：当前中国体制的一个独有特征就是资本围绕国家机器被组

---

① Arrighi, *Adam Smith in Beijing*, pp. 331 – 332, 359.

② Joel Andreas, *Rise of the Red Engineers: The Cultural Revolution and the Origins of China's New Class*, Stanford, forthcoming, chapter 11.

织起来的程度。这当然是占据了经济的战略部门和垄断行业的大型国有企业之中的顶级权力问题。现在既然这些企业已经被改变成必须专注于盈亏的上市公司，它们就非常像布罗代尔等级体系中的各个层级。但是在中国，国家权力和资本的密切关系向下延伸到省级、市级、县级、乡镇级和村级政府，所有的级别都参与管理国有或者集体企业，与它们的私人代表保持密切关系。

两种不平等

阿瑞吉所强调的中国农村土地承包特殊体制具有重要性是正确的，这种体制限制个人出售土地，阻止了农民生存手段被整体掠夺征收。这些法律保护了农业家庭劳动体制不受资本主义的侵害，但是它们和经济上其他领域的资本主义生产关系的运作是不相容的，它们还允许了大资本家进入利润最大的农业领域。虽然许多企业家感到了这些法律是障碍，雇佣民工的单位也欢迎通过出售土地使用权使更多流动民工出现，但是80年代建立的土地承包责任制还是在为资本的更大利益服务。土地承包责任制不仅避免与大量失地人口有关的社会不稳定，而且让农业自给生产来补贴雇佣民工的单位，大量农村劳动力储备随着资本主义生产不断变化的要求而随时变化。实际上，中国共产党最近决定的推动土地使用权出售可以使得农村的资本主义繁荣起来，但它也可能会促使体制受到更大规模的冲击。

中国成为世界工厂的事实是个令人印象深刻的成就，这当然部分归功于国家推行的独特发展道路。阿瑞吉特别强调作为这个国家的社会主义的特征当然是对的：有享受相对好的教育和医疗的人口，有仍然保留土地的农民。但是这些不能改变这个事实，即发展最快和在国际市场竞争中最成功的经济领域是根据市场原则运作的。中国企业家和他们的外国合作伙伴得到强大和有效的国家支持，已经创造了——至少现在——世界上最高效的经济体制。在全球市场上让这个体制具有竞争力的特征与在中国加剧阶层分化的特征是一样的。

阿瑞吉的三个预测非常完美地结合在他的东亚模式中，但它们并不一定是相互依赖的。实际上，中国或许能够带领东亚重新夺得世界上最有经济活力和最富裕地区的地位。我们不知道中国是否能借助其工业力量在全球经济等级体系中登上更高一级台阶。阿瑞吉认为中国政府为了积累国家财富让国内外的资本家竞争，而其他人则认为中国的沃尔玛资本家和其他国家的资本家竞相通过压榨工人来用最少的代价取得最多的收益。[①] 但是如果拥有庞大人口的中国实际上能够从边缘走向世界经济秩序的中心，这将大大地改变全球等级体系。我赞同阿瑞吉的期待，这样的改变将有助于缩小在北大西洋主宰的时代所表现出来的国家间和地区间极度的全球不平等。这将是有历史意义的和非常积极的变化，因为这个原因，我很高兴看到中国在全球经济中分量的增加。但是不管当前对于全球经济秩序的重构是否真的能够消除或削弱国家间的不平等，确定无疑的是国家内部的不平等正在加剧，这在中国表现得最明显。而且，中国当前在世界市场中的高超本领和国内阶级分化的增长是联系在一起的。两者都是中国最近经济转型的结果，这个转型创造了新的体制，它比大部分其他体制都更有效率，但也累积了众多的问题。

（吴万伟　译　王新颖　校）

① Martin Hart-Landsberg and Paul Burkett, *China and Socialism*: *Market Reforms and Class Struggle*, New York, 2005.

中国融入世界市场是否意味着“中国模式”的必然终结？*

［法］托尼·安德烈阿尼

1978年，中国政府决定开始实行“开放政策”，旨在让中国走上快速发展的道路。但是该政策还有另一个目的：推进“改革”，即通过引入市场机制，在坚持公有制的同时克服计划经济的弊端。为此，中国政府决定一方面从资本主义国家借鉴有用的法律规范，另一方面迎接包括外资企业在内的私有部门的挑战，而所有这些都必须以加入世界贸易游戏为前提。在摸索中，所谓的“中国模式”逐渐成形，中国走出了一条有别于苏联模式的独特道路，它被命名为“社会主义市场经济”——这成为越南学习的典范，古巴也开始从中受到启发。30年过去了，中国的发展进程顺利，但是中国模式似乎受到了对外开放——特别是中国加入世贸组织——的强烈冲击，因为加入世贸组织为对外开放扫清了所有障碍，同时也迫使中国受到新自由主义模式的威胁。毫无疑问，新自由主

* 法国加布里埃·佩里基金会于2006—2007年组织了一系列以“市场与民主”为主题的研讨会，并于2007年夏将研究成果收录在《市场与民主》论文集中正式出版，本文即选自该论文集。托尼·安德烈阿尼（Tony Andréani）系法国政治学家，经济学家，著名左翼学者，国际马克思大会社会主义学科主席。——译者注

义模式与社会主义的任何形式都截然相反。大多数分析家认为，无论中国愿意与否，“中国模式”必然会终结。但是笔者将在本文中尝试阐明该认识并非如此简单。

一、融入世界市场的好处

1. 开放政策的目标

中国通过采取已先后在日本和“亚洲四小龙”获得成功的政策，希望促进出口。然而中国企业既没有按照世界标准（特别是质量标准）生产产品的能力，也没有足够灵活的、竞争力较强的商品化流通渠道，亦没有通过有效的方式达到上述目标的商业技术，其唯一的优势在于低廉的劳动力成本。因此，中国经过反复思量，决定鼓励外商直接投资，首先开放“特区”吸引外商投资。这一做法取得了成功：外资对出口产生了极大的推动作用，但应当指出，合资企业中的外资是联合中资共同推动出口的——这其实才是最主要的投资形式。目前，中外合资企业占中国对外贸易的58%，并且这些外资有相当一部分来源于“再循环”的中资（“循环投资”即中资往复的现象非常严重。中资离开中国之后，在香港或者某个避税天堂转一圈贴上外资的标签，再回到中国，以便轻而易举地享受大量税收优惠）。除此之外，还应注意到，中国出口产品的覆盖面不断扩大：起初仅局限于一些技术含量较低的产品或进口元件的组装产品，而现在更多地扩展到加工制造业产品和高科技产品。鼓励出口的政策不仅旨在为中国经济的发展注入新的活力，而且力求赚取外汇以增加进口。在主要的进口产品中，消费资料相对少于生产资料、技术及非物质性投资。还有一点成功之处在于（我们都知道在组建中外合资企业时中国的谈判代表是如何就技术转让问题讨价还价的），相当多的外国投资者为求在“世界最大的市场”中占有一足之地，不惜付出高昂的代价。

2. 开放政策的结果

最终，中国的贸易出现出超。中国已经超过日本，成为继美国和德国之后全球第三大出口国。这就是中国经济快速发展的秘密之一。

中国所取得的成功有一部分应归功于加入世贸组织，因为这为其贸易活动的开展提供了保障。事实上，在加入世贸组织之前，中国常遭到出口壁垒的限制（特别是纺织和服装产业存在出口配额），往往受制于进口国家的意愿：中国每年都必须就“最惠国”条款与进口国家进行谈判，这使它被迫承受许多政治压力。摆脱这种困境成为中国要求加入世贸组织的主要原因。就其本身而言，中国的开放程度不再对其发展构成过多的威胁。此外，由于出口产品的多样化，中国避开了经济发展过多依赖出口的危险。

加入世贸组织的另一个好处在于更便于外资进入中国，由此，中国的外汇储备大大增加，其总额占全球外汇储备的20%。如今，这些外汇储备的数额确实已经相当大了，大概有一万亿美元之多。拥有如此庞大的外汇储备具有两点优势：一方面，该储备可以与国际货币——美元维持平价（波动的空间较小），即使美国和其他国家一再对人民币升值施加压力（目的在于减少中国商品的竞争力）；另一方面，若需筹集大量资金，则该储备具有十分重要的作用。然而，由于开放政策（指对商品和货币的开放）的实施，中国掌握了使用货币的主动权，但同时也由此引发了一个非常重要的问题：怎样才能更好地使用这些外汇储备？

众所周知，中国政府将这些外汇储备作为一种经济和政治武器。中国政府大量购入美国国债，尽管这部分国债在国债总额中所占的比率并不算高（2%）。但是通过这种方式，中国政府能够为美国的财政赤字融资（中国是美国最大的债权国之一），并促使美国的利率维持在一个较低的水平，这为美国家庭消费的增长提供了大力支持，自然也有利于来自中国的进口产品大量涌入美国。由于中国加入了“美元体系”，它已经能够吊足美国的胃口，并在全球经济发展中发挥十分重要的作用。但是从另一个角度来看，中国由此必须依赖于美国经济的健康状况。我们不禁要问，两国之间这种心照不宣的协定最终是否会有利于中国的经济发展。外汇储备能否用作其他用途，特别是用于改善作为一个国家自我发展根基的基础设施、教育和医疗体制，并以此应对日益显著的贫富差距。

总而言之，无论是在经济发展还是在提高生活水平方面，开放政策对中国而言毫无疑问都是相当有益的。但是我们还是要提出这样的问题：开放政策会不会动摇“中国模式”的建设及其持久性？中国实行这种政策会带来什么结果？

二、中国特色社会主义的主要特点

1. 国有部门具有重要地位

从管理形式上看，尽管中国的国有企业已被授予了管理自主权，但它们依然在很大程度上依赖于中央或地方的政府部门，大部分的决定仍由这些政府部门作出。无论是从国有企业雇佣的员工数量还是从这些企业在工业生产中所占比重来看，国有部门举足轻重的地位是毋庸置疑的。但是应当认识到，很大一部分国有企业已经转变成为股份制企业，不过国家依然保留对这些企业的控制权，因为企业的资金仍全部或部分来源于国家。

然而，国有部门的阵地每年都在受到私有部门的侵蚀。正因如此，许多人都支持这样一种观点，即社会主义的“中国模式”不复存在，取而代之的是一条通向“市场经济”的中国之路。简而言之，中国在这条路上比其他前社会主义国家走得更缓慢、更渐进，掌控得更好——中国领导人对这些国家的自由主义者实行的“休克疗法”产生的不良影响抱有成见。有些人并不相信中国具有这种政治意愿，他们认为国家控制一旦放松，就会自发地、不可避免地产生经济私有化运动。笔者认为这两种论断都是不恰当的。

党的领导集体和国家的领导机构都不信奉自由主义，这不仅是信念问题，还因为他们正是从国有经济中取得了地位、政权和成功，他们的合法性是以劳动者的共识、“工人阶级”的支持为基础的。起初，他们只把私有部门视为一种有益的“补充”，这束缚了自己。但是，由于改革旨在削减冗员、减轻企业负担，他们越来越多地将私有部门作为一条吸纳无业人员和过剩劳动力的途径：从农村返城的年轻人、养老金非常少的退休人员或提前退休人员、下岗职工都受到鼓励去建立或加盟一些小型企业，但同时还保留他们与国有企业的关系，享受“单位”的某些社会福利。此外，国有企业在政府部门的鼓励下，建立了许多与自身行业毫不相关的子公司用于安置这类职工。但是不可否认，有一些管理者（一般都不是最高层的领导者）在企业自主权增加、国有化程度降低的过程中找到了中饱私囊、加官进爵的机会。因此，私有化是自下而上，而非自上而下的。直到 20 世纪 90 年代末期，根据“抓大放小”的原则，国家决定向管理者、职工团体或外商出售一部分这种类型的中小企业，以便为母公司自身补充资金或者将资金投给其他国企。不过，国家只出让“跛脚”企业。因此，通过这种方式，私有部门的发展出现了欣欣向荣的景象：它既不是经过深思熟虑的政治选择，也不是通过自发产生，而是一种自救的结果。

2. 股份制企业和混合所有制企业仍然受到国家监督

首先应该探讨一下促使中国政府将大量的国有企业转变为股份制企业的原因，而这场改革仍将继续下去。在西方国家，资本开放是私有化的前提，国家最多保留一部分资本以保证它在企业中说话时仍具有一定的分量。中国则是通过这种方式赋予企业真正的自主权，为负担沉重的企业减负，实现政企分开，因为国企往往集所有者（投资、改组、兼并和收购的领导者）、管理者（生产决策、人事政策和商业措施的制定者）、债权人和债务人（通过国有银行的介入）于一身。角色的混乱成为“万恶之源”：行政事务繁重、不透明、账目不清、财务管理松懈、各种形式的贪污。混合所有制企业至少应该找到与外国公司的共同语言，再达到筹集资金的目的，而国家面对来自方方面面的巨大需求，财政收入不足往往限制了国家出资的可能性，因此希望这些企业能够在光明正大且渠道正当的基础上，主要依靠自己筹措资金。

所有这些解释了为什么尽管中国的股市生机勃勃，但是如果真要依靠金融市场仍然会处处受限。国家的股票不可出售，而股票市场在2006年以前并没有什么生气。鼓励股市发展的主要原因在于提高政府在企业管理方面的透明度。没有任何迹象显示未来的前景会发生彻底的变化。中国当局只是想令死气沉沉的股票市场恢复生气，但根本不想将股票市场变为对企业及其相关领域运作的最高审判者和最终评判者。

当局鼓励私有部门的发展，将其视为中国经济的“重要组成部分”，并用宪法的一项条款加以保护。私有部门所占的比例当然会增大，但可以肯定，它将不会主宰整个战略部门。这便是中国自称为“社会主义市场经济”的首要原因。

社会主义？我们可以对此进行一番讨论。从某些方面来看，我们或许可以称其为国家资本主义，但是应当对两者进行明确的区分和判断。诚然，所有这种企业——无论国企还是集体企业——都是以寻求赢利为导向的，但是，它们与西方企业由于股东企盼而追求赢利截然不同，因为国家或地方行政部门并不将赢利作为唯一目标，并且计划性尚未完全消失。真正能够提出批评的地方，在于经济民主方面存在缺陷：雇佣劳动者即使具有股东身份，在企业决策中也只能发挥很小的作用。不过应该注意的是，这种民主与中国的尊重权威、等级观念、家长式管理、尊敬上级及下属忠诚、严以律己宽以待人、追求和谐等传统风尚格格不入，简言之，中国人自古奉行的价值观与行为方式与主张个人主义、个性、竞争和严格遵循法律条文等符合民主风尚的要素相去甚远。

3. 农村的社会主义面貌

如今，中国农民的情况非常特殊，其类型可谓独一无二，这是因为我们既不能称之为私有部门，也不能视其为社会主义的传统形式。因此，我在此使用了“社会主义面貌”的表述。

首先应该强调的是，农村相对于城市仍然存在差别，这不仅是毛泽东时代遗留下来的产物，还可以追溯到中国更久远的历史时期：由于没有城市户口，农民被束缚在村镇中，不能轻易离开；此外，他们遵从于祖上代代相传的根深蒂固的思想，这种思想也为他们提供了社会保障的空间。

农业部门所使用的劳动力占总人口的46%，但是生产成果仅占国内生产总值的16%。如今中国的农业既不是一种国家农业（除了几处例外），也不是一种合作农业，而是一种依靠土地集体所有制并以家庭为基础的农业，即根据家庭成员的数量定期地分配土地。农民不能出售土地，只拥有土地的使用权。这样做是为了防止大地主死灰复燃以及资本主义农业的发展，但同时也带来了负面影响：由于不可能实现土地的合并，农业经营仍然采取小农经济的方式；由于缺少大量的生产资金，生产力仍然很弱。正因如此，中国才需要大规模地从国外进口谷物等农产品，而这定会对中国的农业构成威胁。

乡镇企业继承了人民公社的工厂，往往是“集体所有制”性质的，要么以“股份合作”的名义，要么以私人参股企业的名义，在乡或镇政府的指导下运作（有的企业是由农村私营企业家领导的，但是顶着公有的“红帽子”）。大部分乡镇企业的规模较小（往往以家庭为单位），但是它们具有惊人的活力，特别是在沿海地区，乡镇企业常常为城里的大企业承担加工工作。将这些乡镇企业归入社会主义经济领域的做法似乎仍然不能得到肯定，但是这一做法并非毫无道理，因为许多乡镇企业似乎与西方国家的地方混合经济公司相去甚远。

4. 中国的经济仍然主要是负债经济

长期以来，过去计划经济体制的预算补贴已经被贷款所取代，这种贷款是由国家银行遵照政治命令发放的，目的在于分期收回款项或平稳地实现企业的股份制过渡。这符合某种社会主义道德观：可以借用家庭储蓄，同时付给储蓄账户和存款一定的利息作为报酬。时至今日，主管机关仍更倾向于控制投资的多样性。

该体制的负面作用在于，银行会因此而积累大量的债权，这一般被视为中国经济的弱点。离开行政部门的命令，银行在风险评估方面可能根本就无能为力（风险评估的前提是必须充分了解并掌握借贷方的情况），如今的做法只能是依靠一些银行管理机构内的外国专家。而对于借贷企业而言，它们往往倾向于将贷款当作补贴。当前的指导方向似乎是用大量的资金保证国企的稳定性，同时让银行对它们债权的可靠性进行检查。

所有上述负面作用尚无法从根本上对负债经济提出质疑，但有迹象表明，该问题在执政党内部已经引发了激烈的政治斗争。一些自由主义者主张实现一种充分的、完全的“市场经济”，也就是主要由金融市场来提供这部分补贴，他们往往以全球化的迫切需求作为自己的论据。还有一些社会民主主义者，他们建议通过国家调控缓和负债经济。但是，无论是在经济领域还是政治领域，“主流派”都不打算放弃信贷经济所具有的统制经济的王牌。

5. 计划性尚未消失

中国一直都会制定五年计划和十年计划。这些计划显然不再会对商业领域下达强制命令，但是会对该领域间接地发挥指导作用：在中国，国家会对企业和消费行为征收名目繁多的税，一些贷款便成为由国家补贴的减息贷款。对于某种程度上由银行或国有投资公司参与的投资活动以及重要的商业活动而言，有计划地给予批准是非常有必要的。当然，创建任何一个企业都必须获得批准，遵循一种审批管理制度，在决定是否给予批准时该制度原则上会考虑到国家计划或地区计划的指导方向。

在中国，央行是不可能完全独立的，它必须服从政府设定的经济目标。国家仍然对贷款设立诸多规范（限额），利息也是如此。经济政策主要是受新凯恩斯主义的启发，对央行指导利率的调整和预算中的公共消费部分发挥作用。

6. 基础公共事业有待完善，《劳动法》的实施缺乏力度

上述分析表明，在“中国模式”中确实存在着许多社会主义的因素，“社会主义市场经济”的表述并非一个简单的幌子。只是从基础公

共事业的水平来看，该模式尚显不足：福利国家的建设（医疗保险、失业保险、养老保险）才刚刚起步。国家财政对教育的支出只占总额的很少一部分，而学杂费名目繁多，往往只能依靠私营部门来填补空白或提供高额奖学金。医疗机构已经实现现代化，但是费用分摊不均。治疗与药物需要花费较多，因为公共医疗体系仅承担一小部分费用，并仅限于城镇居民。信息与文化部门较受重视，但是国家的控制在这些领域内呈现出众所周知的弊端。

《劳动法》并非如我们所听说的那样满是缺陷，但是该法律并没有得到严格的遵循，这主要是由于国家相关管理机构失责造成的。

至此，对中国模式的简要概述可以使我们回到最开始的问题：全球化（特别是与世界贸易组织签订的条约）会不会动摇中国模式？

三、面临全球化危险的中国模式

1. 中国与世贸组织签订的条约在哪些方面能够加强中国模式

该条约有一些有益的影响，在一定程度上能够推动中国消除计划经济残留的最消极的影响。在向社会主义市场经济过渡的时期，一个重要的缺陷在于中国仍然缺乏西方近几十年来在经济领域为解决各种冲突而实行的制度法规与司法保障：所有制形式尚未写入法典、法院受制于政治压力、法律不完善……对于社会主义市场而言，确定、透明的法律环境以及一定的司法独立都是必要条件，这不仅能够保护所有权和使用权，还能为社会权和消费者的权利提供保障。世贸组织条约在消除歧视政策方面提出的要求，会与徇私舞弊、裙带关系、贪污腐败等集权结束以来所发生的种种不良现象背道而驰。

我们还可以看到签订条约的另一个好处。中国存在着某种“灰色”经济，即非法领域：且不说诸如非法商贩之类的小业主，有许多小企业都不进行申报（这样可以不缴纳税款），当地政府对此往往睁一只眼闭一只眼。西方的商人与工业家在与这类企业打交道时可以获益，但不无风险。因此，可以料想到，已正式注册的企业会对世贸组织的条约表示欢迎，这必将推动地方行政机构采取更为审慎、警觉的态度。

中国经济的另一个缺陷是国内市场不统一，这源于权力下放所导致的地方保护主义加强。地方上设立了各种壁垒：非高速公路的道路通行税、地方的购买配额、约束性规章条例、对地方生产者的优惠贷款等。这些壁垒有时会引发真正的内部贸易战争。这种地区分裂是毛泽东时期遗留下来的，当时，各省都建立了一套完整的经济体制，但不与中央政治集权以及极具向心性的征税体制相悖。从多个角度上看，中国国内市场的统一性仍不如欧洲内部市场，但是中国特色的社会主义市场致力于发展一个同质的大市场。

最后，在统一的国内市场中，无论是在商贸领域，还是在社会和税收领域，竞争都能体现出有益的影响：产品更具多样性、价格降低、质量提高、卫生标准得以遵守，这些都是市场向中国生产商开放得更大以及国外产品带来竞争这双重刺激所产生的结果。不能相信世贸组织倡导的自由竞争是“没有受到歪曲”的竞争。减少关税壁垒（关税）与非关税壁垒（标准）的条约和进出口许可的条约对各个领域的限定方式不尽相同：跨国公司为促进其主导领域的发展而进行了大量的游说工作。这才是产生问题的关键。

2. 如何管束跨国企业

中国与世贸组织签订的条约规定，大多数部门应在2006年打开竞争之门，不分中国企业还是外国企业。中国政府希望跨国企业进入中国，但是又想遏制跨国企业的野心，最常用的方法是迫使它们以合资企业的形式与中国企业（几乎是指国有企业）平起平坐。将来，跨国企业将不受任何限制地成为百分之百的外资企业。但是，由于实力强大，跨国企业可能会轻而易举地占据大量中国小企业甚至大公司的地盘，因为尽管中国企业的数目众多，但是这些企业对于本企业的自我投资往往不够，并且由于倾向性明显的管理模式、计划经济的残余、至今仍然沉重的社会负担，它们自身就存在着许多缺陷。面对这一重大风险，中国政府曾尝试多种方法予以应对。

一种应对方法是实行拖延策略：缓慢、冗繁的行政手续使跨国公司难于起步，这就为中国企业争取了做好迎战准备的时间。在这段时间内，应对中国企业采取重组、兼并、整顿财务等措施，加强它们的竞争力。

另一种应对方法是对跨国公司的经营审批进行苛刻的规定，以使它们不敢投资政府希望保护的领域——这种做法并未阻止竞争的发生，毕竟竞争对于中国企业而言可以起到激励作用。除了我们在后文中将另行分析的农业部门之外，以下三个部门也特别受到了这类冲击的影响。

(1) 在重大工业部门，已经有几家大型的中国企业（国企或半国企）能够与外国企业相匹敌，但是其他企业仍然十分脆弱。在该领域内，各种形式的国有制便是必不可少的防线：即使这类企业是股份制公司，国家或地方政权仍掌握多数股权。这类企业应该还能对抗外来竞争。

(2) 在大的分销部门中，国家的保护作用很难发挥，因为国有批发商（特别是技术手段过于陈旧的进出口行业）越来越受到私营批发商和外国批发商的竞争，尽管外国批发商对这一领域仍缺乏足够的了解。大型的国际分销集团往往在中国进行长期投资，中国的行政约束（例如对其在中国开展业务的地域限制）无法永无止境地对它们发挥作用。

(3) 然而最危险的还要数银行和金融部门。这是最为关键的部门，经济融资在很大程度上都取决于该部门。虽然中国四大国有银行实力雄厚，但是西方一些跨国银行比它们更为强大。中国政府意欲为这类西方银行留出一定的空间以鼓励竞争，迫使本国银行实施更加透明的管理、更好地评估风险，但并不想让西方银行占领该领域。因此，中国政府规定了一些苛刻的标准用于阻止外国投资者。中国政府还以保护本国公司和储户免受意外伤害为借口，鼓励外国银行入资中国的银行，这是一种监督外国银行的方式。

3. 受保护的部门与民族龙头企业的形成

中国政府不久前规定了国家必须监控的战略部门包括：国防与武

器、能源、石油与石油化工、电信、民航、海运以及主要矿产资源的勘探。换言之，除了基础公共事业（科教文卫）和所谓的民用物资（例如自来水、工业用电和电信、公共交通）之外，中国还想保留对发展和独立而言必不可少的战略物资的控制。这并不意味着私人完全不能涉足这类领域，而是国家必将通过在股份制企业中掌握多数股权的方式在该领域内发挥举足轻重的作用。中国通过肯定这条政策，事实上相当于在这些领域内不遵循服务贸易总协定（AGCS)。众所周知，服务贸易总协定在世贸组织内酝酿多年，旨在打开公共事业领域的竞争之门（特别是为跨国企业)，包括基础公共事业。各个国家自愿作出承诺，但是一旦加入该协定涉及的某个部门，该国的相关部门则会立即受到约束。可以想见，中国将努力使世贸组织继续留给成员国自由选择的权利。中国的压力当然很大，但是这并不会对“中国模式”构成严重的威胁。

在中国业已完全开放竞争的领域中，中国政府的回击体现在创建一些有能力抗击外国跨国企业的民族龙头企业上。在作为典型战略部门的银行业中，我们就可以看到这种情况。另外，在电信、船舶建造、钢铁冶金、电脑生产、家电、汽车等领域，中国政府均采取这种做法，石油部门更是如此。为此，一些国企已经或即将合并，其中大部分转变为股份制，国家持有至少51%的股份。这些民族龙头企业通过购买外国企业，已经走上了国际化之路。

分析家对于中国的大型国企在国内市场上对抗跨国企业和在国际市场上与跨国企业竞争的能力仍然持怀疑态度，他们往往以这些国企的利润不高、生产力低下、研发能力不足、资本流动性差作为依据，并通常指责国企过于顺从国家的干涉，而这种干涉会扰乱企业的健康运营。然而，这些论据都是较为相对化甚至黑白颠倒的。

许多国企的运营状况不佳，主要是由于历史原因造成的：这些国企由于继承了旧制度而背负了沉重的社会负担，从而产生诸多缺陷，并且它们采取的一些措施只会造成社会损害，特别是在失业方面。所有这些问题大概都要依靠改革才能解决。不过，随着世贸组织条约的实施，开放所带来的冲击是一个非常危险的过程。中国立即拿起了一切可能的“保护主义”武器：保持高关税、对外国企业创建控股公司提出苛刻的条件、禁止可能会使外国投资者变成主要股东的公司合并行为等。

至于管理模式，中国政府似乎也在力图解决这个棘手的问题：给予国企真正的管理自主权，包括财务自主，但同时也不能让国企像私企一样运营。这就需要分离国家的职能，做到政企分开。时至今日，政企分开做得仍然不够彻底，董事会仍然依靠政权，将大部分职能委托给一些财务公司（这些公司往往脱胎于过去的行政办公室）或企业集团，但是无论如何，政企分开已开始实行，这的确赋予了海尔、TCL、联想等大集团真正的自主权。

如果所有这些障碍都被逐一克服，中国的国企（或半国企）就会在与跨国企业的竞争中拥有更多的王牌。首先，中国的国企交给大股东（国家）的股息可以远远低于资本主义跨国公司交给大股东的股息，使国企能够更好地进行自我投资。另一张王牌，就是国企拥有稳定的股东制，这避免了不稳定的金融波动和长期的腐败源泉在国企出现。由此，这些企业可以实施长期的投资政策。此外，自供资金越多意味着潜在的研究发展空间越大。中国国企的第三张王牌在于员工的诚信，由于一些社会原因和历史原因，中国的雇佣劳动者比西方的雇佣劳动者更具有积极性和稳定性，也更遵守规章制度。可以想见，如果民主化取得更大的进步，中国的劳动者在这些方面将会表现得更具优势，而在资本主义跨国企业中，民主化已变得不可思议。最后，国家通过增加资本的方式加大投资，这种做法不会遇到任何障碍，而在欧洲，这以畸形竞争的名义而被禁止。为了达到国际龙头企业的规模，国家向企业投资很必要的，但不会投资那些长期受到并购威胁的不稳定的企业。

4. 如何保护农业和农业系统

时至今日，中国农业基本上仍然可以保证自给自足。中国加入世贸组织后，随着开放程度的扩大，关税持续降低，生活水平的提高导致需求增加，进口量加速增长。于是，农业自给自足的手段（如国家垄断谷物贸易）面临着失效的危险。在这种情况下，面对竞争，任由农业部门发展成资本主义性质的愿望似乎越来越强烈。然而，由于耕地比重较小、地势高低不平，中国尚不具备发展扩张性农业的地理条件。另外，对于中国农民而言，农业部门变成资本主义性质不仅会再次引发不平等的现象，而且会加剧农村的失业率，因此这可能会导致悲惨的结果。还有一个非常重要的问题，农村人口向城市的迁移更会打乱原本就已受到影响的社会平衡。

中国政府已经意识到危机四伏、农民的不满情绪高涨，于是推出了多项政策用以稳固中国的农业，保证其根基不被动摇：费转税（不能超过收入的7%）、停止缩减谷物种植面积的做法、加大化肥的生产力度、促进并完善农业设备的生产……然而这些政策受到了一定的限制：土地经营面积小、在有限的家庭范围内投资不足、过多使用化肥。在这种条件下，可以重新采取农村合作制作为解决措施，推进机械化进程，加强产品的多样性，发展更加"绿色"的农业，这些做法在完善市场机制的同时也更便于出口。乡镇企业已经为农民提供了就业机会，它们的发展将会有助于解决就业不足的问题，并能够提供一定的技术经费和销售市场（农产品加工）。另一个问题是，对世贸组织作出承诺之后，在向外国企业开放过程中，中国政府无疑将会通过使用与工业部门相同的规章条例，对商业化的扩张加以控制。

5. 继续推行公共政策

公共政策顺应集体的选择，是中国模式与众不同的特点，同时也符合社会主义的传统。于是，我们可以提出这样一个关键的问题：融入世界市场不会逐渐导致公共政策被抛弃吗？

时至今日，除了公共开支方面的决策之外，对投资方向的引导主要使用两种工具：审批制度发放和贷款。开放政策是否也对这两种工具提出了质疑？

世贸组织对于中国企业和外国企业在非歧视方面的要求非常严格：除战略部门之外中国必须放弃对本民族企业的所有优惠政策。因此，中国只能在规章制度上设立一些障碍：这些障碍虽然是面对所有企业，但是至少能够维持中国企业的既得利益。复杂的审批制度可以控制投资者的性质、投资的数额以及是否符合投资领域的目标，特别是针对外国投资：获得批准需要得到二十多个机构的同意。此外，对投资的控制还通过一种决定性的手段实现，即外汇管制。事实上，尽管按照对世贸组织的承诺，在日常交易方面，外汇管制几乎已经全部被取消，但是对于以兑换外汇为前提的资本操作行为而言，这种管制仍然存在。外汇管制加上审批制度，这对于阻止投机性投资、促进稳定投资而言是非常行之有效的工具。正是由于采取了这种措施，中国才逃过了1997年那场对大部分亚洲国家的经济造成严重损害的金融危机。

另一种引导投资方向的方法是发放贷款。只有在一个颇具约束性的审批体制的框架内，才有可能从银行或者中国投资企业那里长期融资。在国家的五年计划中批准这些融资十分必要，而且政府制定的经济政策也应对其加以规定。

负债经济将不会让位于由金融市场主导的经济？中国人民银行曾经指出，2006年上半年，银行贷款占企业外来融资的98.8%，该比率比以前大大升高，股票发行仅占0.8%。中国并不愿改变现有的融资体制，因为该体制能令其控制资本的拨给。然而，这显然是以银行系统的健康运行与全面整顿为前提的（消除无出产性贷款、提高风险评估的技术和实践水平、打击挪用公款行为）。这是一项长期工作，如果国企停止亏损，就会非常有利于这项工作的开展。外国银行的竞争能起到有效的激励作用，但同时还应当经得起跨国金融企业为增加金融市场的份额而施加的巨大压力。

四、结论

研究的最后，我们能够得出这样一个结论：中国经济与“中国模式”不可分离。如果离开了涉及各个领域的强大的国家干预，中国经济就不可能实现连续超过25年的惊人增长。勿庸置疑，开放政策也起到了积极的作用，促进了进出口贸易的发展，特别在是技术领域内。有些人认为中国在贸易上的成功仅仅是由于其低廉的工资，这种观点是错误的，因为倘若这一推断成立，则所有低水平工资的国家都理应达到与中国相同的发展速度。中国的成功不仅是推行主观意志决定的贸易政策的结果，也是实施整个公共政策的结果。我们提出的问题是：所有这一切是否能够继续下去？世贸组织条约所规定的对外资的开放程度是否会破坏中国模式？

中国模式似乎已经度过了危险阶段，中国有些老话：“摸着石头过河”是说不要掉进水里，“与狼共舞”是说进入全球化的舞池中却不被跨国企业吃掉。这一切似乎表明中国模式具有较强的抵抗能力，并且随着中国在世界经济和地缘政治领域发挥的作用越来越重要，中国模式的抵御能力也会越来越强。诚然，低工资的比较优势会随着工资水平的提高而逐渐缩小，这点变化已然非常显著，但是其他的优势条件仍然存在。由于中国拥有庞大的国内市场和大量的劳动力，在未来二三十年内，中国比其他小国具有更多的自主能力。相比之下，美国由于结构性的贸易赤字、相对非工业化和沉重的军费预算，发展能力可能也不如中国。

从经济角度看，中国有三个弱点：能源和一些原材料不足（特别是石油和天然气）、银行体制不健全、耕地面积有限（占领土的12%）。中国政府目前正努力对此采取补救措施：与众多资源丰富的国家签订合作协议、入股外国石油公司、审核银行系统的账目、对农业给予充分支持。但是，参与全球化的同时必须尽可能地为这三个弱势领域采取预防措施。

然而，不单是在“经济”方面，中国模式还受到国内矛盾和环境问题的威胁。众所周知，随着改革的推进，中国的社会差距明显加大。在旧体制中，城乡双方相对平均。社会等级并不表现为收入差距过大，尽管中国人民曾经遭受过强烈的政治动荡，但是平静与安全仍然是他们生活方式的主要特点，特别是在极端贫困的群体中。如今，中国已变为贫富差距最大的国家之一，基尼系数高于日本、德国和法国。城乡差异、地区差异都比其他发达国家更大。这对于一个自称为社会主义性质的国家而言是非常消极的。就业不足的数据难以统计，但肯定也是非常严重。公共事业的发展水平仍然不高，这很容易加重不平等的问题，危及国家所倡导的社会“稳定”与“和谐”。因此，在这些领域内的改革产生了极为消极的、甚至破坏性的影响。同时，开放政策也产生了影响社会公平的结果。在社会和文化领域，“中国模式”与其初衷及理想相去甚远：在“社会主义与市场”这个复杂的方程式中，后者占了上风。在公共部门以及所有行政部门内，操纵杆仍然掌握在国家职员的手中，他们保证私人资产阶级受到监管。

除了由工人和农民斗争引起的社会矛盾的发展之外，中国模式遇到的另一个重大威胁便是环境问题。环境的破坏已然十分严重，加速发展可能会令现状都难以维持。然而，我们仍然以乐观的态度结束本文：中国政府似乎已经充分意识到了问题的严重性，针对这一点，统制经济制度比起由私人利益操控的政府要好得多。

（赵　超　译　马京鹏　校）

对中国改革经验的批判性评估*

〔美〕马丁·哈特-兰茨伯格

一、引　言

经济学家一致认为，中国1978年以来的市场改革政策带来了世界上最成功的经济发展。经合组织在一次有代表性的文件中曾这样评价：

> 自从25年前实施经济改革以来，中国经济发展迅速。在过去20年中，中国经济年均增长率达9.5%，这种势头似乎还在继续。这样的增长速度也是过去50年世界经济增长最为持续快速的经济转型案例之一。[①]

值得关注的是，许多进步的经济学家对中国经济改革的经验予以肯定。事实上，当美国经济显示出结构性弱点时，许多人认为我们可能会

---

* 本文原题为"The Chinese Reform Experience：A Critical Assessment"，载 *Review of Radical Political Economics*，November 28，2008。作者简介：马丁·哈特-兰茨伯格（Martin Hart-Landsberg），美国刘易斯和克拉克学院经济学教授，政治经济学项目主任。——译者注

① OECD（Organization for Economic Cooperation and Development），*OECD Economic Surveys：China*，OECD Economic Surveys，2005/13，p. 16.

见证美国占主导地位的国际经济秩序的瓦解，代之以更为进步的、中国主导的新的经济秩序。许多人的证据如下：中国政府作出承诺，坚持发展社会主义；中国的工业发展使进口需求增加（从东亚进口成品以及从拉美、非洲进口初级产品），这似乎带动了许多第三世界地区的经济增长。

如果这一观点准确，那真的很令人兴奋。然而很遗憾，正如我在下文加以论述的那样，事实并非如此。首先，尽管中国领导人承诺坚持社会主义，但中国并非正在开创一种社会主义市场经济的新形式，而是已经恢复了一些非社会主义的事物。

其次，归功于1978年以来的经济改革的成就被过分夸大。中国改革的早期成就应主要归功于毛泽东时代所建立的经济基础。而且，随着时间的推移，改革进程已经开始破坏这种经济基础，同时中国越来越依赖海外的投资、技术和市场。此外，经济改革使贫富差距越来越大，大量财富集中于少数人手里，这对于大多数普通劳动大众而言是不可接受的。

最后，不能割裂同全球资本主义的联系而单独理解中国经济发展。中国的积累过程依赖于跨国公司控制的生产网络的运转，这些生产网络在很大程度上为中国市场改革提供动力。所以，中国不仅无力承担主导全球经济的角色，其自身改革实际上进一步强化了已有权力结构，导致全球经济失衡，政治关系紧张。

二、结构转型

1978年以来，中国政府实施了一系列改革，这些改革措施包括逐步用市场作用代替国家计划，允许私有制经济的发展，允许外资企业和海外市场与国内企业和市场展开竞争。政府认为这些改革使经济得以持续、快速的增长，而经济的增长则证明了一种新的社会主义的成功案例，即市场社会主义的成功。

改革确实改变了中国的经济形式。例如，商品交换目前主要由市场价格所决定。零售额中价格受国家控制的份额从1978年的97%下降到了2003年的2.6%。更为显著的是，生产资料价格受国家控制的份额则从1978年的100%下降到了2003年的10%。

此外，工业领域中私营成分在显著增加。1978年，中国经济中所有工业增加值中国有企业占100%。到1998年时，国有企业的份额下降到了54.8%。到2003年时，这一数字进一步下降到了41.9%。不过，这些数字还是夸大了国有经济的份额。

鉴于许多国有企业目前存在私人利益的情况（要么通过合资企业的形式，要么通过股权的形式），经合组织认为，国有企业直接或间接地被控制，这取决于国有实收资本是否超过总资产的50%。在工业增加值中国有企业直接控制的份额1998年下降到了38.9%，2003年下降到了22.9%（2003年所占份额不足工业增加值的四分之一）。这五年期间，私营成分由27.9%增加到了52.3%。

如果我们进一步关注制造业部门（工业部门的一个组成部分，包括采矿业和公共事业设备），就会发现国营部门战略重要性的下降趋势更为明显。经合组织将中国的制造业分为两类：第一类包括五个产业，它们依然被国有企业所垄断。这五个产业包括：石油加工及冶炼业、黑色金属冶炼业、有色金属冶炼业、烟草加工业及交通运输设备制造业。[1]

第二类也是较大的一组，占制造业增加值的75%以上。它由23个不同的制造业构成，主要包括食品加工、纺织业、服装业、化工产品、医药制造业、塑料、通用设备制造业、专用机械制造业、电气设备、电信设备等。这些产业目前被私营企业及日益增长的外资企业所控制。[2]经济合作与发展组织认为：

---

① OECD (Organization for Economic Cooperation and Development), *OECD Economic Surveys: China*, OECD Economic Surveys, 2005/13, p. 119.

② Ibid., pp. 133 – 134.

1998 年，以上 23 个私营制造业中只有 5 个实现利润增值。2003 年，所有 23 个私营制造业都实现了利润增长。其中有一半私营企业实现产量增长达四分之三以上。总的来看，私营企业雇佣了三分之二的劳动力，创造了三分之二的工业增值，占出口额的 90% 以上。①

电信业为最近的发展提供了一个重要的例证。其在所有工业增加值中所占的份额从 1998 年的 6.4% 增加到了 2003 年的 9.5%，发挥的作用最大。不过，这一增长主要是外资发挥作用的结果。工业增值中外资的份额从 38% 上升到 58%，而国有份额（直接或间接的）由 45% 下降到了 25%。由于这一行业是中国主要的经济增长点之一，所以这一趋势表明，国有份额和国家控制的工业增值份额注定会持续下降。

国有企业的地位仍然举足轻重，中国政府依然控制着经济领域中的关键性部门，不过这些领域并非核心工业部门。2006 年，约 160 个最大的“国有垄断与寡头垄断的国有总资产令人吃惊地达 12.2 万亿人民币（约合 1.6 万亿美元），即约占国内生产总值的 57%”②。然而，其中一半是由三大石油巨头所创造的。事实上，“与去年同期相比，2006 年实现的 80% 的利润是由石油、石化、电力、煤炭及金属等领域的垄断企业集团或垄断公司所创造的”③。

改革进程也大大强化了外资的作用。例如，在中国全部制造业销售额中，外国制造商生产的份额从 1990 年的 2.3% 上升到 2000 年的 31.3%。更为显著的是，一份来自中国国务院发展研究中心 2006 年的报告总结到，在中国最主要的 28 个工业部门中，其中 21 个部门的大部分资产为外资拥有。国家经济研究局认为，跨国公司活动对中国经济增长

① OECD (Organization for Economic Cooperation and Development), *OECD Economic Surveys: China*, OECD Economic Surveys, 2005/13, p. 82.

② W. Lan, “China's Elite Economic Double Standard”, *Asia Times Online*, 17 August 2007.

③ Ibid.

的影响随着时间的推移越来越大。例如，在1995—2004年期间，大约30%的经济增长是由跨国公司的商务活动所创造的，这使得外资在2003—2004年期间上涨了40%以上。

这种发展态势的后果是，中国的经济增长越来越依赖于出口。约46%的外资工业生产需要依赖出口，而国内生产企业的出口率只有16%。如今，外资企业控制着中国的出口活动：它们占中国整个出口额的比例在1985年为2%，1995年达到30%，而2005年则上升为58%（在高科技产业的出口更是达到了88%）。此外，中国海外出口的比例越来越高，且全部由外国公司生产。例如，在1993—2003年期间，中国完全由外国企业生产的与计算机相关的出口份额由51%增加到了75%。正因如此，出口占GDP的比率稳定增长，由1990年的16%上升到2006年的40%多（亚洲发展银行）。

总的来看，尽管国家宏观规划及国企依旧在中国经济发展中发挥着重要的作用，但长期积累起来的国家权力目前已在很大程度上受到私有的、以赢利为目的的公司所影响，且受到国外跨国公司的掣肘。这些外国公司主要着眼于海外市场（主要是发达资本主义国家）。不论如何评价中国经济的发展状况，也很难想象这样的发展情况可被看做是在国内或国际层面上发展资本主义而奠定基础。或者可以得出结论，认为中国已经在恢复非社会主义的事物（关于这一点在下文中会进一步讨论）。

三、国家能力受到侵蚀

许多经济学家（他们大多推崇资本主义，并支持市场优化政策）充分意识到上文所强调的主要趋势，尤其是跨国公司在将中国经济转化为出口导向型经济中所发挥的关键性作用。然而，他们大多忽略了由于通过发挥市场力量（尤其是国外投资）的作用，虽然中国的技术能力得到了提高，在一定程度上带动了中国出口商品的技术水平，也带动了中国公司的发展，但是最终导致中国严重依赖出口。他们的观点也得到了当前中国政府的肯定，这激励了许多进步的经济学家在其他国家实行类似的政策。

对此观点我并不认同。首先，该观点误认为市场化、私有化及放松管制对帮助中国摆脱技术落后的境地是必要的。其理由是，中国政府承认毛泽东时期的政策是导致经济灾难的根源。事实上，尽管中国经济在毛泽东执政晚期出现了一些问题（包括决策上的过分中央集权化、过分强调发展重工业而不惜损害其他经济领域），但国家计划和生产依然给中国带来了许多显著的成就。

正如马思乐（Maurice Meisner）指出的，在1952—1977年间，中国工业产量年均增长率为11.3%，这一速度是现代世界历史上任何国家在工业化时期都无法比拟的。20世纪70年代中期，中国已经在大批量生产喷气式飞机、重型拖拉机和现代化远洋轮船。此外，中国还在生产核武器和远程弹道导弹，于1964年成功地进行了第一次原子弹爆炸试验，并于1970年发射了第一颗人造卫星。将以上成就综合起来，难怪就得出了这样的结论："在20世纪50年代初期，中国的工业基地比比利时的工业基地还小，但在毛泽东执政晚期，中国已经成为世界上最大的六个工业生产国之一了。"

同样值得注意的是，这些成就主要是依靠中国自己的努力所取得的。毛泽东时期中国与国际贸易和国际投资相隔绝，被迫发展自己的科技能力，同时摆脱了外债——这是毛泽东执政时期最令人难以置信、却不被人重视的成就。

以计算机行业为例，安德鲁·罗斯（Andrew Ross）的观点如下：

> 20世纪50年代，中国这个新的社会主义国家模仿苏联模式建立了科技研发网络，其电子领域的研究者连续研发了几代计算机，在许多方面几乎毫不落后于资本主义国家。中国的第一台计算机于1958年问世，只比日本晚一年。集成电路则于1964年研发成功，比美国的该项专利仅落后五年。1977年，中国的第一台微型计算机

问世（甚至早于 IBM 公布其个人电脑），1980 年研发出了微处理器和巨型计算机，1983 年则研发出了兼容机。①

如果对取得以上成就的时代背景进行进一步的研究，便会发现毛泽东时期中央政策的优势和局限。中国的研发活动分级别进行，并相应地提供资金。最高一级是中国科学院，它管理许多研究机构和大学。下一级是军事和政府部门管理的实验室。第三级是由地方工业局管理的研究机构组成。政府利用这种制度确保国家研究计划能够保证军事和重工业的优先权。正如上文所强调的，这种模式在发展所需的关键技术的过程中是行之有效的。

然而，这一科研制度并不重视与军事无关的研究。例如，高层研究机构和轻工业之间的联系便微乎其微。此外，在这种国家制度高度集权化的情况下，国有企业集中力量完成中央重点扶持的发展计划，与军事无关的企业则无需发展新的计算机技术和应用程序。因此，由于没有机制的激励，所以中央计划在保证了大量的技术成就得以研发的同时，也阻碍了技术的广泛传播。

有理由相信，为了解决该问题，中国政府一直在调整其科研计划的优先顺序。1972 年尼克松访华使中美关系得到了显著的改善。“不久之后，即 1974 年，中国提出了‘四个现代化计划’（即工业现代化、农业现代化、科技现代化和国防现代化），这意味着从致力于军事和重工业的结构形式转变为提高人民生活水平。”② 换言之，一旦其感到来自美国的威胁解除，中国便提出了其他方面的新的计划，旨在鼓励研究，提高日用消费品的质量和种类。

当然，这一计划能否成功目前尚不得而知。毛泽东在 1976 年去世

① A. Ross, *Fast Boat to China*: *Corporate Flight and the Consequences of Free Trade*; *Lessons from Shanghai*, New York: Pantheon Press, 2006, p. 233.

② Q. Lu, *China's Leap into the Information Age*: *Innovation and Organization in the Computer Industry*, New York: Oxford University Press, 2000.

之后不久，中国共产党新的领导层便开始了改革计划，废除了当时的政治经济制度。然而，与我们现在进行的讨论相关的事实是，中国在改革之前有着非常坚实的国家研发的基础。可以说，如果中国没有国家计划和生产优先发展的业绩，那么市场改革不太可能取得今天的成就。

另一个更为重要的原因是，尽管普通大众欢迎市场改革，但同时对市场改革又给予了批评。在一个相对较短的时期内（10到20年），早期的非集权化措施刺激了经济改革，但改革进程又缓慢而逐步地削弱了国家的技术和发展能力。这主要体现在改革以来中国高科技产业的发展方面，尤其体现在计算机行业。

从20世纪80年代初期，为了使其能够达到自负盈亏，中国政府开始减少对各种研究机构的直接拨款。针对这一情况，在政府的鼓励下，这些机构建立了新的、以盈利为目的的企业。为了提高成功的机会，这些刚刚建立的企业被给以管理上的独立性。更重要的是，它们可以免费使用上一级研究机构的研究成果。其中最成功的新的科技企业有四家电脑公司，分别是：联想、方正、长城和四通。而联想便是由中国科学院创办的。

以上这些电脑公司能够快速地扩大规模并控制中国国内电脑市场是基于以下两个相关的原因。首先，这些电脑公司的母公司从国外购买了硬件和技术，并生产出费用低廉的、能够处理中文的电脑，而这些子电脑公司则把相关的创新与其母公司所研发的汉字文字处理相结合。此外，由于国家政策限制国外电脑公司的产品直接进入中国市场，而这些国内的电脑公司则可以获得相对优惠的条件从国外电脑公司获得所需的硬件和技术。

不过，在20世纪90年代末，由于受到来自金融、通货膨胀、就业和贸易等方面的压力，并试图获得WTO的会员资格，中国政府逐步放弃了对国外电脑公司进入中国市场的限制。中国加入WTO可以促进国内更大的竞争，而国内竞争是“导致国民经济快速、健康发展的关键”①。

中国进一步的对外开放确实带来了更多的竞争，但结果表明，也给中国带来了一系列冲击。国外的电脑公司曾经将注意力关注于出口及(或)被迫以合资的形式经营，但现在他们直接瞄准了中国市场，这无疑会对中国的高科技生产商产生不利影响。

手机产业为我们提供了实例：20世纪90年代早期，当三星进入中国市场时，按照中国政府许可证的要求，它与中国企业科健公司组成合资企业。像联想集团一样，科健也是由中科院在1986年所创建。科健依靠三星的核心技术生产出了自己的手机，同时通过自己的销售网络销售部分三星手机。科健曾一度成为中国主要的手机品牌。然而，随着中国加入世贸组织，三星很快从合资企业的桎梏中解脱出来，开启了自己的全资子公司，并直接销售自己的产品，很快便赢得了科健的市场份额。

这种情况对于中国手机生产商来说越来越糟：

> 中国的手机生产商TCL和宁波波导在中国大陆市场的份额被两大手机生产商诺基亚和摩托罗拉所吞噬。电信设备制造商华为和中兴的利润幅度也萎缩了。作为生产个人电脑和电视屏幕的全国最大的液晶显示器生产商，为了支撑经济收入，京东方科技集团已经停止了主营生产业务，并试图说服政府给以救助。作为全球半导体巨头，国际半导体制造商和宏力半导体制造有限公司曾希望向台湾的半导体的地位发出挑战，但如今却步履维艰。香港代表陈先生说，“我们最大的挑战是如何使公司赢利。

① L. Branstetter, and N. Lardy, “China's Embrace of Globalization”, National Bureau of Economic Working Paper Series, Number 12373, 2006, p. 21.

内部竞争力的加剧也对中国计算机产业形成了冲击。联想（曾于2005年为IBM提供生产部件）在中国依然是最大的个人电脑销售商，但也面临着利润降低和被惠普和戴尔抢占市场的不利局面（惠普和戴尔都在快速扩展自己的经销网）；其市场份额从2006年的36%降到了2007年的29%。中国的其他计算机生产商（《商业周刊》称之为不太成功的计算机生产商）更是深陷泥坑，包括曾经在中国市场上占据第二位的方正电脑。

这些电脑生产商引领中国公司在国内市场为生存而奋斗，但他们大部分就高科技出口而言感到迷茫；正如指出的那样，在中国所有高科技出口中外国公司占大约88%的比例。计算机产业是一个恰当的例子。中国目前是世界上主要的计算机生产者，组装大约世界上80%的笔记本电脑及台式电脑。原因之一是台湾的计算机公司充当原始设计制造商，"控制全世界计算机生产，在过去五年中实际上将生产转移到了大陆。台湾的笔记本电脑生产商几乎全部在中国大陆生产。2001年，这一数字仅仅是4%"①。在中国，"有80%的顶级计算机生产商都是台湾公司提供"用无商标的计算机及其部件充当如戴尔等品牌的个人电脑"②。

中国对该出口活动的主要贡献是提供廉价土地和劳动力。"中国没有原始设计制造商，也没有为台湾原始设计制造商提供供应的重要的供应商。"中国的计算机生产商不太可能改变这一现状。正如一位产业分析师指出的那样："不可能，为时已晚。全球所有重要的计算机品牌都依赖台湾公司及供应商，而后者则控制了供应链这一部分。市场已经非常成熟，新商家想进入绝非易事。中国提供的唯一价值并非其技术，而是为电脑组装提供效率。"

联想的运营便是例证。通过购买IBM的个人电脑部件，联想迅速成为全球个人电脑市场的一个重要的角色。然而，这种购买并不能提高中

① T. Miller, "Manufacturing that Doesn't Compute", *Asia Times Online*, 22 November, 2006.

② Ibid.

国的技术能力。联想继续使用IBM先前雇佣的台湾原始设计制造商，并将总部迁到了美国，在那里雇佣美国工程师进行产品研发。“作为一个业务遍及全球的大公司，和目前中国出口经济的中流砥柱，联想的实例反映出的并非中国计算机产业的勃勃生机，相反，它恰恰反映了国内计算机产业持续的缺陷。”

透过上文列举的外国公司对中国高科技生产商的直接威胁，反映出结构上一个更深层次的问题：中国的改革进程并没有强化中国的技术基础。布兰斯泰特（Branstetter）和拉尔迪（Lardy）对此解释道：

> 中国商品出口发展快速，但商品构成似乎并未表明中国公司在技术上实现了跨越式发展，因为这些出口商品首先并不是由国内公司日益广泛的“知识储备”或创新能力所驱动的。当然，在中国国内的公司与在中国的外资企业之间也许的确存在日益加大的技术差距。这一方面是由于在中国电子信息技术领域的外资企业几乎全部是外商独资企业，而不是合资企业。前者具有强烈的保护其技术不被中国国内或国外的竞争者获得的动机，这样限制了其技术向中国企业的传播。此外，有证据表明，许多中国公司都不愿在产品研发上进行投资。①

导致改革进程没能捍卫中国高科技领域未来的最重要的原因，可能是旨在引导国际竞争的意图，使得这些中国公司，尤其是那些龙头公司，切断了与国家技术的联系。高承智（George Gilboy）是这样强调这一状况的：

> 2002年，中国公司用于购买国内技术的费用不足全部科技预算

① L. Branstetter, and N. Lardy, “China's Embrace of Globalization”, National Bureau of Economic Working Paper Series, Number 12373, 2006, pp. 40-41.

的1%（其中包括技术引进、设备更新和科技研发）。中国最好的公司与国内供应商的联系最少：国有电信公司花在技术引进上的开支每花费100美元，他们在国内商品的开支仅为1.2美元。因此，中国的技术供应商便不会得到来自国内最好的公司的“需求拉动”，从而刺激他们进行能力创新；他们只能主要为乡镇企业和竞争力不强的国有企业供货。

一些中国公司，如联想，已经成为了国际重要的竞争厂商。毫无疑问，中国还会涌现更多这样的企业。但是这样的成就并不能成为制定成功的发展政策的指标。一个更重要的指标是整个国家发展能力得到强化。但在这一措施方面，中国的改革政策似乎是存在问题的。改革时期的早期成绩——大部分成绩可能是改革前取得的——没能延续下来。所以，中国经济逐渐持续地依赖国外技术、生产和市场，这一轨道对于中国劳动人口来说可是不良的征兆。

四、破坏性的社会后果

对中国市场改革政策持批评态度的最重要的原因是，这些政策虽然带来了增长，但这一增长过程是以大多数中国人越来越差的工作、生活状况为代价的。更令人感到惊讶的可能是中国经济的快速增长没有创造充足的就业机会。国际劳工组织将城市就业分为五大类：传统正式的企业中的就业（如国有或集体企业）、新兴正式企业中的就业（如合作企业、共同所有权企业、有限公司、股份制企业和外资企业）、小规模私企、个人注册公司和非正规的就业。

从表中可以看出，也许最显著的特点并非传统正式部门中的就业呈下降趋势，因为这是改革进程合理的后果，而“新兴的”正式企业并没有提供明显的就业机会。尽管小企业、私营企业提供了一定的就业机会，然而在1990—2002年的13年期间，中国经济只增加了170万人的

“正规的”就业机会。这与劳动力供给的增长相去甚远。所以，日益增加的就业人口被迫接受非正规的就业机会；在1990—2002年期间增加了8000万就业人口，目前他们构成了最大的单一城市就业类别。中国日益增加的就业信息化与非洲、拉美的发展情况相似，那里资本主义积累停滞不前。

更令人感到震惊的是，一些就业人口离开城市劳动力市场，但仍然有大量非正规就业情况的存在；城市居民的劳动力参与率从1996年的72.9%下降到了2002年的66.5%。此外，绝对的失业依然是一个严重的问题。正式的官方数字低估了这一问题，部分原因是使用了狭义解释。国际劳工组织使用国际上更为普遍接受的解释，估计2002年城市常住居民的失业率为11%—13%。

改革进程已经给国有企业的工人带来了沉重的代价。根据中国民政部社会救助部门的统计，在1998—2004年期间，国有企业的失业人数达3000万。自从2005年6月，有超过2180万人靠政府“最低生活补助”生活。下岗工人一般可以从其以前所在的国营企业领取三个月的“基本生活补助”。如果在此期间依然没有找到工作，他们可以在未来的两年中提取失业保险金。当他们领完失业保险金之后，才有资格领取面向城市贫穷人口的最低生活补助金。根据民政部的数据，2005年6月，这笔补助金大约为每人每月19美元；相比之下，一个城市工人每月收入大约为165美元（2005年中国劳动公告）。

当然，在私营部门，尤其是面向出口的私营企业，就业机会持续增加。不过，这些企业中大多数工作工资低，工作环境差。“在2002—2005期间，中国制造业的平均工资只有每小时60美分，比较之下，墨西哥每小时则为2.46美元。”[①] 最近由美国Verite公司（该公司建议在有责任的商业惯例方面施行跨国公司）所做的就中国劳动惯例的报告发现，“中国出口工厂在支付惯例方面的体制问题往往使他们非法剥夺工

① J. S. McClenahen, “Outsourcing”, *Industry Week.com*, 1 July, 2006.

人至少15%的劳动所得”。另一个更加严重的问题是工作安全。根据政府部门的信息资源，大约有2亿工人工作在“危险的”工作环境下。“每年全国有70多万人发生工伤事故，其中13万人要求索赔。”

台湾公司富士康的雇用条件便是新的工作环境的典型。富士康是一家重要的电子设备和计算机部件的分包商，为苹果、戴尔等公司提供产品。雇佣中国大陆员工20多万人，主要在深圳（中国南方一个主要的制造中心）。深圳富士康装配线工人每周工作60小时，每周收入大约为32美元。由苹果雇佣的调查人员曾对组装iPods的富士康工厂进行调查，结果发现其管理者使用体罚惩罚员工。此外，尽管中国法律要求工人每周必须至少休息一天，但工人在四分之一的时间里曾连续工作超过六天。

能够使中国制造业在国际上具有竞争力的一个关键因素是大约70%的制造业和80%的建筑业是由民工完成的。据官方估计，过去25年里大约2亿农村劳动力涌入城市寻找工作。未来几年内这一数字有望增加1亿。尽管这些民工绝大多数合法流动，但他们要遭受极大的歧视。例如，鉴于在中国登记系统下他们依然是农村居民，他们不但必须交纳不合理的费用注册为城镇暂住居民，还无权享用为生活在城市生活的居民提供的公共服务（包括免费或资助教育、卫生保健、住房以及多数以就业为基础的社会保障福利，如退休金）。农民工的子女即使出生在城市，他们面临着同样的问题。所以，农民工变得更容易被剥削。他们往往每天工作11小时，每月工作26天。许多人得不到专门的加班费，但收入只是城镇居民的四分之一或一半。

2005年，中国公安部（其监督户籍制度）给予地方政府权力改革户籍制度，包括如果当地政府愿意，他们可以终止城市居民与农村居民的区别。但地方政府拒绝执行。理由是：对经营不利。户籍制度的变化需要更多的社会服务的改善，而社会服务则必须由更高的或新的税收来资助。提供社会保障将会提高农民工的安全，同时激励他们获得更高的收入和更好的工作环境。

最近个人消费和工资状况很好阐明了中国劳工政策的有效性（劳工政策旨在增加出口竞争力）。个人消费作为GDP的一部分，从1992年的大约47%降到了2006年的36%。这是任何一个经济体系所占的最低的比例。相比之下，同样作为GDP的一部分的个人消费在英国、澳大利亚、意大利、德国、印度、日本、法国和韩国都超过了50%，而在美国更是超过了70%。作为GDP一部分的工资也呈直线下降，从1992年占GDP的53%下降到了2006年的40%。

中国个人消费的下降并非工人储蓄增加所导致的结果。事实上，居民储蓄比率也在下降。储蓄作为个人可支配收入的一部分从20世纪90年代中期的30%降到了2006年的25%。由于公司和政府储蓄的增加，使中国国内总的储蓄率提高了。《经济学家》认为，“消费比例在GDP中的下降主要是因为进入家庭的国民收入的急剧下降（这项收入以工资、政府的转移性支出和投资收益的形式体现），但同时利润份额和政府收入增加了”[1]。事实上，《经济学家》认为，“许多国家近几年劳动力收入都下降了，但没有一个国家的下降幅度像中国这样巨大”[2]。此外，劳动者的收入越低，经济力量就会越加强中国经济的出口导向，从而刺激出台更多政策，抑制劳动者的生活水平。

当然，中国的发展和工业改革也创造了巨大的财富。这一情况表现在收入差距的拉大和新的阶层和社会关系的形成。亚洲发展银行使用基尼系数作为研究措施，对东亚发展中国家所做的研究中得出结论，中国紧随尼泊尔之后，成为该地区第二个收入差距最大的国家。考虑到仅仅统计了十年的时间（从20世纪90年代初期到21世纪初期），中国成为仅落后于尼泊尔的国家就不足为怪了。使用其他计算收入差距的统计方法，如人口中最顶端的20%和最低端的20%的人口的收入，中国是收入差距最大的国家。

① “A Workers' Manifesto for China”, *The Economist*, 11 October, 2007.

② Ibid.

这些概括性的数字不能充分反映伴随和刺激中国市场改革计划的财富集中状况。据波士顿咨询集团的调查，中国在2005年有25万个拥有百万美元的家庭（不包括主要居所的价值），总数排世界第六位。虽然这些家庭只占中国家庭总数的0.4%，但他们拥有国家70%的财富。亿万富翁（以美元为单位）的数量也在快速增长，从1999年的1个增加到了2007年的106个。中国亿万富翁的数量在全世界仅次于美国。

这批新的财富精英们一边刻苦工作，创造更多的财富，一边“享尽奢华，如打猎、赌博、开喷气式飞机或游艇”。难怪世界最大的奢侈品生产商路易威登计划每年在中国新开两到三家商店，因为他们在中国的销售额每年上涨50%。世界第二大奢侈品制造商历峰集团希望在五年内通过销售卡地亚珠宝和伯爵表，使销售额增长四倍。

游艇可能是增长最快的奢侈品。中国已经成为一个定期的游艇秀的主办国，其主办的游艇秀堪称规模最大，吸引无数参观者和参展商。此外，地方政府正在尽其所能地推广这一爱好。

坐落于中国东部太湖的美国信使俱乐部（The American Mercury Club）是中国最大的俱乐部之一。该俱乐部共有144个泊位，约400个注册会员，30艘私人游艇。基于其会员费高达13000元之多（约合15700美元），许多普通民众不大可能申请其会员资格。

地方政府正在采取措施鼓励这一新兴的项目。上海将于2010年在长江口、淀山湖和沿海岸线建成5个游船码头。到2010年，这些离市中心很近的游船码头将为大约1万艘游艇提供泊位。

长江三角洲另一重要城市南京计划沿河边地区建造游艇设施，包括一个五层的综合设施，用于游艇展览、会议及其他娱乐项目。

位于中国东南方的厦门计划建造一个国际游艇中心，能为900艘游艇提供泊位。该项目将包括娱乐设施及一家五星级酒店。

有显著迹象表明，中国共产党开始担心在这样的炫富面前，普通民众面临的困境会给公众对于恶化的就业、住房、环境、收入以及健康状况等火上浇油。然而，中国共产党内部就这一状况的争论“似乎不大可能改变中国以市场为导向的发展战略。胡锦涛总书记告诉立法代表(2006 年 3 月)，中国必须‘坚定不移地坚持经济改革’”，中国的政治专家和党员认为这是对上述争论的一个最好的回答。

尽管改革给劳动人民带来了极为不利的影响，但共产党的领导阶层中许多人坚决地推进和维护改革计划，一个明显的原因是他们属于最大的受益者这一群体。他们在关键的国营企事业单位中筹划改革进程、控制决策制定的能力使其运用国有资产满足个人利益，将家人、朋友安置到国营或私营部门收入丰厚的位置，并确保迅速发展的资产阶级利用共产党的初衷。这使得围绕共享义务的党国资本主义的融合，并继续推进具有“中国特色的”资本主义政治经济。

这一发展态势的结果显而易见：许多重要的国家垄断部门（如石油和天然气、电力、航空以及电信等垄断行业）的高端职位都被政党领袖的子女所占据。“就连国家媒体也谴责‘特权’现象的加重，以及一个‘新的国家垄断资本家阶层’的出现。因此，不同社会经济背景的人们之间的摩擦正在使社会结构面临趋于瓦解的威胁。”“在财政、外贸、土地开发、大规模工程和证券等五个工业部门中，85%—90% 的关键位置被高层领导子女所占据。”

这一情况在中国的财富统计资料上也得以体现。例如，中国最富有的 800 人中（据 2007 年名册），三分之一是共产党党员（其中包括 38 人是全国人大代表）。名单上的大多数人被描述为“第一代自力更生的企业家”，他们中的许多人“凭借长期的家庭关系”与政党和国家领导阶层建立起了关系。

中国的领导精英一直愿意与国际资本分享中国生产的成果——尽管收入分配问题变得更加尖锐，同时鉴于国际资本的参与对于中国新的政治经济体制的建立和持续发展起着举足轻重的作用，国际资本在中国的地位得到了加强。不过，中国的领导精英似乎有决心确保自己才是中国的主人。因此，“中国共产党同时开放了空前的部门，允许外资参股，当局收紧了对经济其他方面的控制。这样做会截断（如果不是萎缩）成千上万中小私有企业。中小私企将陷入要么受制于政党和国家机器，要么将陷入由高干及其子女所控制的强大的垄断和垄断寡头部门挤垮的危险境地”。

总之，那些推动中国经济战略的力量，似乎都非常成功地利用改革完成了符合自己利益的积累过程。此外，这些力量的所得是以牺牲大多数劳动人民的利益为代价的。所以，中国领导人做好面对与罢工及游行的激增的准备。根据来自中国政府的数据，大规模的“公众秩序骚乱”事件呈上升趋势，2003 年为 58000 起，2004 年为 74000 起，2005 年则为 87000 起，预计 2006 年将达 94000 起。这样的情况是否会威胁到未来的海外投资和出口生产——中国增长战略中最重要的两个支柱产业，还有待观察。也许最值得注意的事实是：劳动人民开始公开捍卫毛泽东时期的成就，并公开讨论在中国如何建立真正的社会主义。无论如何，我们很难预测进步人士想要怎样的目标，也很难预测他们将带给我们怎样的有关中国改革的经验。

五、跨国资本积累的动力

鉴于中国的庞大以及近年来政策的巨大变化，大多数分析家主要从国家因素，尤其是从国家决策方面，解释中国经济的改革经验。此外，鉴于许多人在探求中国的发展模式，所以这种情况反而容易使人们对中国资本积累的动力产生误解。除此之外，有人误认为中国可以作为一个新的全球经济支柱（非美国主导的）。

现实情况是，中国的转型不是发生在真空中，也并非中国的独创。相反，东亚经济体，包括中国，在更为广阔的跨国资本的动力作用下相互依存、相互影响。所以，中国的积累动力与投资和贸易的主要模式联系越来越紧密，从而强化了东亚经济体，而不是为东亚经济体提供一种新的模式。

东亚经济体的重塑的一个后果是，所有成员都已成为以贸易为导向的经济体，出口在拉动经济增长中起到了日益重要的作用。与2005年世界平均水平的28.5%相比[①]，该区域的出口/GDP比率从1980年的24%上升到了2005年的55%。

更为重要的是，这种改造也使地缘方向以及东亚出口型的制造业发生了深刻的变化。在1992—2003年期间，中国（包括中国内地和香港）改变了以往的以东亚，特别是以东亚发展中国家为出口对象的经济模式（不包括日本），转而以北美自由贸易区和欧盟为出口地。具体来说，中国在东亚发展中国家的出口份额从53.8%下降到了30.4%，而在北美自由贸易区和欧盟的出口份额则从33.8%上升到了48.6%。在同一时期，其他东亚国家的出口方式正好与中国相反。例如，东南亚国家在对东亚发展中国家的出口份额由28.0%增加到38.0%，而对北美自由贸易区和欧盟的出口份额则从46.9%降至34.9%。[②] 以绝对价值和相对价值计算，中国都是该地区对美国和欧盟最大的出口国。如表6所示，东亚的制造业贸易逐步从制成品向产品零部件的进出口转化。中国是除印尼外唯一一个出口产品主要以制成品为主的国家。[③]

这些发展状况表明，在以跨国公司为地区生产系统基本形式的环境下，中国的角色发生了改变，已经成为制成品的生产国。正如亚洲开发银行解释的那样，"中国欲扮演一个特殊的角色。作为跨国公司的区域供应网络的中心，推动区域内和区域间的贸易非常重要"[④]。换句话说，该地区不断增长的贸易集中在零部件和组件上，这在很大程度上是由于中国作为一个依赖进口零部件、并越来越多地出口高科技产品的结果。中国的独特地位凸显出这样一个事实，它是该地区唯一一个在零部件贸

① Asian Development Bank, *Key Indicators 2007: Inequality in Asian*, Manila: Asian Development Bank, 2007, p. 68.

② Hart-Landsberg, M. and P. Burkett, "China, Capitalist Accumulation, and Labor", *Monthly Review*, No. 59, 2007, p. 1.

③ Ibid.

④ Asian Development Bank, *Asian Development Outlook 2007: Growth Amid Change*, Hong Kong: Asian Development Bank, 2007.

易上存在贸易逆差的国家。因此，中国在美国和欧盟的贸易顺差恰恰与其在东亚的贸易逆差形成对比。①

区域间贸易的高速增长使许多分析家乐观地认为，中国的进口需求将使东亚国家（以及向中国出口的拉丁美洲和非洲的国家）“脱离”以美国为主导的国际经济秩序。然而，由于这种贸易活动主要涉及区域间零部件产品的贸易活动，而这些产品又以中国的制成品生产为基础，最终销售面向该区域之外（尤其是面向美国和欧盟）。可见，东亚反而越来越依赖于发达资本主义市场。正如亚洲开发银行所言，“尽管亚洲内部贸易的增长速度超过了亚洲与外部世界的贸易增长速度，然而全球化已经把亚洲和G3（美国，欧盟和日本）的全球主要市场更加紧密地联系在了一起”。这源于亚洲贸易的特点，以及垂直一体化的亚洲生产链驱动的亚洲区域间贸易，和亚洲与外部世界贸易中G3对亚洲制成品的需求的驱动。

该地区贸易的快速增长依赖于美国市场，以下贸易趋势更为确切地说明了这一点：东亚区域内出口和美国的非石油进口增长具有相关性。这种相关性在20世纪80年代为0.1，90年代为0.22，21世纪初则为0.63。同样，东亚的出口增长和美国的非石油进口也具有相关性：80年代为0.21，90年代为0.34，21世纪初则为0.77。

这一区域的贸易状况阐明了一个事实，不考虑其国内的因素，中国的市场化改革战略在跨国重组中陷入了困境，而跨国重组又加速了中国改革，从而使资本主义管理方式在中国得到更进一步推进。它也使我们能够更清楚地看到，中国的经济活力依赖于不稳定的支柱，同时损害了国内外普通大众的利益。

最明显的问题是，东亚的经济增长方式已越来越多地依赖该地区以外的市场需求，而不是依赖各个经济体国内的需求或东亚区域内的需

---

① Hart-Landdsberg, M. and P. Bukett, “China, Capitalist Accumulation, and Labor”, *Monthly Review*, No. 59, 2007, p. 1.

求。特别是随着中国的经济活动（以及该地区的生产）与向美国出口商品形成紧密的联系之后，美国的贸易逆差越来越大。由于无法确定美国经济是否能够一直保持对东亚大量、持续的贸易逆差，人们很难看到中国（进而东亚其他国家）能够避免痛苦的调整，包括解决低增长率、较高的失业率和进一步恶化的生活条件。

即使国际贸易不平衡状况继续持续下去，中国的经济增长动力仍然无法确定。例如，中国的跨国生产链将使进一步的技术革新更加复杂。正如联合国贸易和发展会议研究报告指出，“参与国际生产链”常常使东道国“受困于当前相对优势的境地……从而拖延了高科技生产阶段所需要的潜在的相对优势的开发”。（联合国贸易暨发展会议，2002b，p. 75）在中国加入 WTO 五年之后，中国经济学家韩德强回忆到，他曾经认为，“加入 WTO 将对中国自主控制其工业和技术发展的能力造成极大的损害。我认为，过去的五年已经完全证明了这一点。在中国，任何行业想开发自己的技术或市场，都面临越来越大的障碍”①。

一些学者认为，中国正在克服这种瓶颈；并指出，中国从其他东亚国家的进口在降低，这表明中国正在成功地发展自己落后的产业链。不过，这一论点没有得到数据上的支撑。贸易的改善似乎是暂时的，反映了国外对中国服装出口限制减弱后，外资投资在服装业方面的一次性增加。一般地说，那种认为中国已经能够用国内份额代替进口份额的观点，得不到现有趋势的支持。而另一种观点，即认为中国目前已经成为亚洲其他国家制成品货源提供商的观点，同样没有数据来证明。

更加难以确定的是，由于中国的经济增长依赖该国在明确的、竞争激烈的跨国生产网络中的参与，所以，为了维持或提高中国在这些竞争领域中的地位，政府已经承受了巨大的压力来保持较低工资和提高生产力。而且，鉴于中国的重要地位，中国的状况已成为跨国公司对其他国

① S. Philion，“The Social Costs of Meoliberalism in China：Interview with Economist Han Deqiang”，*Dollars & Sense*，July/August 2007，p. 271.

家的投资环境进行评价的基准。结果，整个东亚地区的工人相互竞争，从而赶上中国的劳动力利用率水平。除此之外，这种“竞争”加剧了对出口产品的系统偏差，从而也加剧了区域产能过剩的风险。因此，中国的改革策略对于工人来说并没有新的可能，实际上是加强了跨国积累过程，而该过程引起了严重的国内、国际范围内的不平衡和紧张局势，这些后果最终将以巨大的社会成本为代价才能得到修正。

六、结　论

中国 1978 年之后的市场改革战略仍然被绝大多数经济学家不加批评地称颂，理由是：中国的经济持续、快速地增长，有能力吸引外国直接投资，出口产品日益高端化。对于大多数经济学家而言，中国经济的经验再次证明了市场自由化的优点。对于许多支持改革的人士来说，它证明了受控制的、国家指导下的市场自由化进程的优点。一些人认为，中国改革的经验表明了社会主义市场经济的可行性和优越性。

不幸的是，如果进一步审视中国改革的经验，那些溢美之词便受到了挑战。正如上文所强调的，中国的经济转型是由经济增长过程所驱动的，这个驱动过程损害了大多数人的生活、工作条件，也损害了国家的发展能力。这一增长过程也导致跨国积累动力的加剧，从而进一步强化了整个东亚甚至东亚之外工作人口之间的竞争压力。

更加令人担忧的是，那些支持社会主义的人们也大力颂扬中国的经济改革经验。除此之外，它使人们错误地认为，可以通过市场的作用建立社会主义，也可以通过与全球资本主义积累动力实现融合。至少，这会导致对于社会主义和资本主义的本质的混淆。对于古巴，委内瑞拉，南非和巴西的一些进步经济学家而言，是否接受中国市场经济战略的优点，已不仅仅是一个理论上的问题而已。

正如上文所强调的，中国的国家政策已经决然地使中国远离了社会主义阵营。恰恰是因为中国的领导精英致力于建立具有中国特色的资本主义，中国已经无力承担协助、更不用说独立地成为新的经济制度的发动机，或创设新的国际贸易或金融关系秩序。事实上，越来越多的中国工人开始质疑国家政策，不仅是作为对他们所受到的剥削的反应，而且是因为他们对社会主义重新产生了兴趣。鉴于其经济强国地位的日益凸显和其发展模式的价值所在，中国在国际上的重要性显而易见。所以，中国绝对必须澄清自身经济改革的本质，从而为中国国内那些谋求社会主义复兴的人们提供支持，也确保其他国家不会因为对于市场和资本主义制度的威胁产生误解而放弃之前所作的努力。

（张志华　译　周艳辉　校）

海外当代中国研究丛书
Overseas Studies on Contemporary China Series

『中国模式』的政治维度

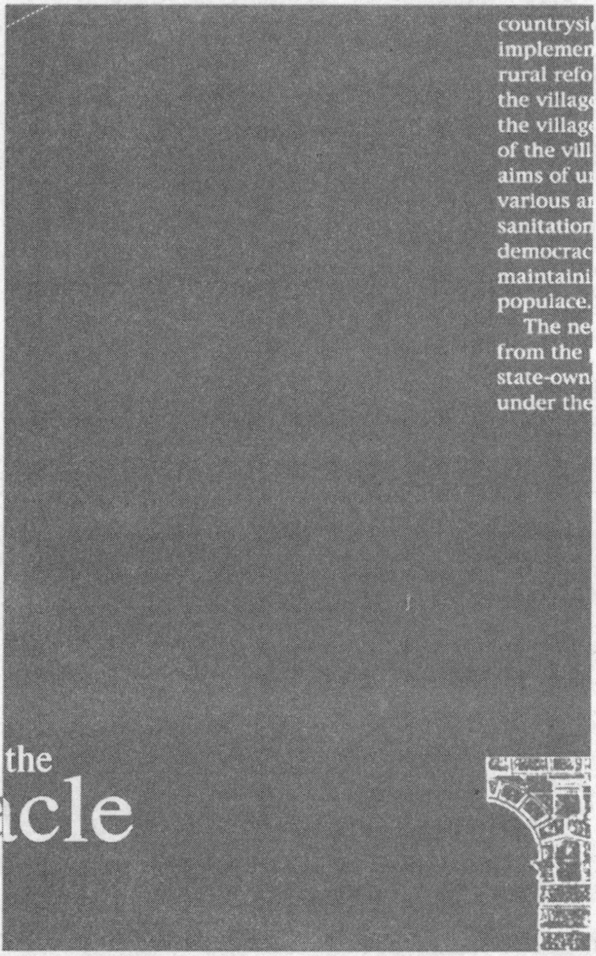

Achieving the Miracle

重访后社会主义：反思“中国特色社会主义”的过去、现在和未来*

〔美〕阿里夫·德里克

20 年前，我发表了《后社会主义？——反思中国特色的社会主义》① 一文。2009 年恰逢中华人民共和国成立 60 周年（亦是“改革开放”30 周年），我要反思这篇论文所提出的一些问题。当时，不论是社会主义的未来还是中国的未来都处在不确定的状态之中。现在也是一个不确定的时代。不过，这一次不仅涉及资本主义世界体系的未来，而且还涉及中国的未来。如今，中国已经融入资本主义的世界体系，但却继续信守社会主义的未来。1989 年，中国是一个正在褪色的过去的遗迹。

---

* 本文是作者为庆祝中华人民共和国成立60周年的特别撰稿。原文题目是“Post-Socialism Revisited：Reflections on ‘Socialism with Chinese Characteristics’，Its Past，Present and Future”。作者阿里夫·德里克（Arif Dirlik），生于土耳其，美国俄勒冈大学“耐特社会科学讲座教授”（Knight Professor of Social Science），长期致力于中国近代史尤其是中国革命史的研究，《革命与历史——中国马克思主义史学的起源》、《中国共产主义的起源》、《中国革命中的无政府主义》等著作奠定了其在西方学界的中国研究权威学者的地位。进入20世纪90年代以来，德里克更将其理论著述的领域扩展至后殖民批评与文化研究，《革命之后：警惕全球资本主义》、《后殖民氛围》等著作令其跻身当代美国社会科学界重量级学者的行列。——译者注

① Arif Dirlik，“Postsocialism? Reflections on Socialism with Chinese Characteristics”，in Arif Dirlik and Maurice Meisner（ed.），*Marxism and the Chinese Experience*，Armonk，NY：ME Sharpe，1989，pp. 362 – 384.

20 多年来，中国融入了日益全球化的资本主义经济。这需要抹去早年社会主义革命的最后遗迹，因而使得官方的社会主义声称不如以前那样令人信服。正如最近的报纸头条所说的那样，随着“资本主义的灭亡”，官方的社会主义声称需要加以反思——特别是因为那些仍然贯穿在这些声称中的历史经验，尽管革命的历史已经被抛弃，而且还因为要应对当前危机所提出的挑战，可能不得不利用过去的一些重要遗产。“后社会主义”（Post-socialism）为这样的反思提供了一个富有成效的起点。

后社会主义

《后社会主义？——反思中国特色的社会主义》一文的目的是反驳 20 世纪 80 年代对“改革开放”的简单化（和意识形态的）理解：一种理解预言说资本主义在中国即将复辟，而另一种理解则毫不怀疑地肯定社会主义。社会主义的反对者称邓小平是一个革命的领导人，准备使中国重回资本主义的老路上。中国社会主义的朋友愿意接受中国领导人提出的一切路线，声称尽管中国抛弃了革命的过去，但是“改革开放”并不意味着从社会主义的任何重大退却。

按照我当时的理解，“改革开放”表明了革命的终结，重新提出了社会主义的目标及其实现战略的问题。从 1956 年到 1978 年（从中共八大到“文化大革命”结束）的 20 多年里，社会主义过渡的革命尝试已经失败了。在经济和政治政策方面，“改革开放”类似于新民主主义的政策。新民主主义的政策不仅使中国共产党夺取了政权，而且还是建国初期社会主义改造的指南。但是，由于抛弃了向社会主义进行革命过渡的希望，这些政策获得了新的重要意义。总而言之，它们要求对社会主义进行反思。“文化大革命”在某种程度上源于对苏联式社会主义的反思。这一次，恰恰是中国社会主义的革命经验要求重新思考和提出社会主义的全部问题。只要我们想理解 20 世纪 80 年代的状况，就必须将这一反思当做起点。

“后社会主义”代表一种理解这种状况的概念努力。它来源于这样一种历史形势：

> （1）社会主义作为一种政治元理论失去了自身的统一性，这是因为社会主义信念在其历史发展中逐渐削弱，也因为社会主义国家觉得有必要把“现实存在的社会主义”与资本主义世界秩序的要求结合起来，还因为社会主义在实践中因国情不同而带有各国的特色；（2）社会主义与资本主义的结合，受到各国“现实存在的社会主义”结构的制约，这种结构是所有此类结合的一个历史前提；（3）这个前提是要对结合的过程保持警惕，确保不会导致资本主义的复辟。后社会主义也必然是后资本主义的，这并不是在经典马克思主义的社会主义是一个先于资本主义的历史发展阶段意义上说的，而是在社会主义代表一种对资本主义经验的反应和一种克服资本主义发展缺陷的尝试的意义上说的。这种对资本主义在历史上的缺陷的意识不仅决定了后社会主义自身的缺陷，也制约了它诉诸资本主义方法来消除这些缺陷的努力。因此，无论在多大程度上利用资本主义来提高“现实存在的社会主义”的表现，后社会主义都试图避免回到资本主义。由于这个原因，也是为了把“现实存在的社会主义”结构合法化，后社会主义竭力保持未来的社会主义是人类的共同目标的模糊信念，同时又否认它在当前的社会政策中具有任何内在的决定作用。①

“后社会主义”中的“后”包含两种意义，指的是历史形势的两可性：“今天的中国社会是后社会主义的，一方面因为中国虽然断言它具有社会主义的前途，但已不再从固有的社会主义思想中汲取动力；另一

① Arif Dirlik, “Postsocialism? Reflections on Socialism with Chinese Characteristics”, in Arif Dirlik and Maurice Meisner (ed.), *Marxism and the Chinese Experience*, Armonk, NY: ME Sharpe, 1989, p. 231.

方面因为社会主义作为一种社会结构，仍然可供中国选择，只要形势需要，中国就可能再回到社会主义（这就把中国社会同资本主义社会或后资本主义社会区分开来，在后者那里，这样的选择作为集体的选择和一种社会主义文化在意识形态上已经被取消）。”① 强调资本主义的因素并认为中国必定发展成为一个资本主义社会，这样做都是错误的，“因为社会主义体系融入资本主义世界秩序对资本主义本身来说意味着什么，仍然要拭目以待”②。“后社会主义”并不表示社会主义的结束，恰恰相反，它提高了“在社会主义危机期间以新的、更具有创造性的方式反思社会主义的可能性……由于摆脱了对……一个不可阻挡的未来……的迷信，就可以用一种新的方式来构想社会主义：作为想象未来多种可能性的资源，这些可能性并不是从把有待解决的未来问题推迟到未来的僵化的乌托邦中，而是从当下就要解决压迫和不平等问题的解放冲动中汲取灵感”③。

中国与全球资本主义

20 年后，中国社会主义的性质似乎更加清晰。中国的经济出现了巨大的增长。尽管中国抵制了来自美国的新自由主义政策，但它对全球经济的贡献却在很大程度上把那些政策合法化了。作为融入全球经济的结果，经济发展使中国变成了全球化的主要动力和倡导者。中国已经成为“全球工厂”的战略中心，生产出全球消费的商品，中国已经崛起成为全球经济中的主要大国，因为许多人指望它把全球经济从不负责任的新

---

① Arif Dirlik, “Postsocialism? Reflections on Socialism with Chinese Characteristics”, in Arif Dirlik and Maurice Meisner (ed.), *Marxism and the Chinese Experience*, Armonk, NY: ME Sharpe, 1989, p. 244.

② Ibid., p. 246.

③ Ibid., p. 247. 这种对社会主义的重新概念化非常类似于印度马克思主义者 Aijaz Ahmad 在苏联解体后提出的一个论述：“社会主义并不是一个确定的名称，完全否定资本主义根本的体系性矛盾和残忍，因而不论苏联的命运是否是那样，这种否定仍将是一种必然性。” Aijaz Ahmad, *In Theory: Classes, Nations, Literatures*, London: Verso, 1992, p. 316.

自由主义政策所造成的危机中拯救出来。许多人预言，中国将会恢复中华帝国在明朝曾经拥有的全球经济活动中心的地位。① 经济实力使资本咨询公司包含了政治的意义。资本主义世界经济的管理者再也不可能无视中国领导人的提议，不管他们情不情愿，只要认真思考世界的问题，就必须考虑中国领导人的建议。

中国经济的全球化还使社会发生了重大变化。广州、上海和北京等城市已经成为全球经济的都市中心。通过国民和文化产品的流动，至少是通过新通信和信息技术所提供的交往机会，中国社会已经与其他国家的社会融为一体。全国人民的生活水平大大提高。经济发展造就了一个活跃于中国和世界的新企业家阶层。像其他国家的同行一样，正在壮大的城市中间阶层加入了物质和文化商品消费者的行列。相当多的农民冒险走出农业并从事其他形式的经济活动，因而他们的生活水平提高到了官方的贫困线以上。任何到访过中国的人都会对中国社会的生机和变化留下深刻的印象。相比之下，以前的资本主义中心变成了奇怪的发展停滞遗迹。中国社会不再只是欧洲/美国文化和知识产品的接收者，而是全球新奇商品的消费者和文化产品的出口大国。当中国绷紧身体的时候，它的肌肉展现出新的政治和军事力量。它还试图在关于本国思想和文化（包括语言）的全球计划中展示自身的“软实力”。

对社会主义来说，文化是特别重要的问题。在经济和文化（在某种程度上包括社会）的全球化过程中，文化传统尤其是儒学在最近20年里出现了复兴，但在之前的100年里中国革命试图把儒学扫入通常所说的“历史的垃圾堆”。儒学的术语已经浸入了社会主义的语言，官方已经批准儒学是中国认同的标志。正是在儒学而不是社会主义的标签下，中国的“软实力”投射到全球各地（孔子学院）。具有讽刺意味的是，随着社会和经济的全球化，大众转向了“中国的”事物，但却培育出了

---

① 我所指的是这样一些著作：Andre Gunder Frank，*Re-Orient*：*Global Economy in the Asian Age*，Berkeley，CA：University of California Press，1998 和 Giovanni Arrighi，*Adam Smith in Beijing*：*Lineages of the 21st Century*，London：Verso，2007。

文化排外主义，热衷于“托福考试”的同时但却顽强地忠于革命，而革命则是力图克服的过去，尽管它并不容易克服。

然而，虽然对全球资本主义的经济、社会、文化和意识形态融入或官方和大众的本土主义复兴都存在这一证明，但是共产党的自我形象仍然保持着两可性，中国同世界之间的关系在国内外的形象也是如此。中国共产党不愿意放弃它的社会主义信念或者革命的意识形态遗产。现在，这些遗产包括邓小平“改革开放”的遗产，而这个遗产已经荣升至“马列主义、毛泽东思想、邓小平理论”之列。至少在一定程度上，这种现实的自我形象是中国与资本主义世界保持暧昧关系的因素之一。尽管中国在当代全球经济中拥有强大的地位，但是我们也可能论证它既在全球经济之内又在全球经济之外：在其内是作为一个大国而在其内，在其外是中国坚持同资本主义保持一定的距离（结果是资本主义大国对中国的持久怀疑）。南方国家也是如此。中国的革命自始至终具有双重的特征：既是一场社会主义革命，又是一种摆脱半殖民统治的民族解放斗争——这使第三世界国家对它产生了亲近感。中国的身份中目前仍然保持这种两可性：是一个发展中国家，但却逐步获得了相对于发达资本主义社会的强势地位。这种双重身份既是全球南方的亲近感（以前的第三世界），又是对南方资源进行帝国主义剥夺（参见下文的进一步讨论）嫌疑的原因。

就这些两可性而言，把中国视为一个后社会主义社会，而不单单是一个社会主义、资本主义或新儒教的社会，就会使我们获益良多。有人或许会把中国领导人的社会主义声称斥为政治权宜之计，因为中国共产党的合法性归根结底产生于夺取政权的革命。这些声称的合理性来自别处：他们准备利用社会主义革命的遗产，把他们对当代挑战的反应同领导人其他的反应区分开来。此外，我们不应当从一种不管时空变化而定义都不变的一般社会主义来理解那些遗产，反而应当把它们理解为一种为了适应具体历史环境而需要加以重组的思想。在这里，具体的历史环境就是中国长达一个世纪的革命过程。这一革命过程不仅充满了社会主义的信念，而且一再重新定义这一信念及其实现的手段。

即使在模棱两可的邓小平时代，以前理解的社会主义可能已经结束，但是由此认为它的遗产已经死亡却是错误的。我在这里并不单单是指一种集中化的、受到密切管制的经济的永久化。这就把这种社会主义同新自由主义关于无管制的市场经济的幻想区分开来，但是并不足以使这种社会主义具有一种超越资本主义视界的前景。此外，按照那种标准，在应对放纵的新自由主义所带来的危机时，包括美国在内的整个世界目前可以说处在社会主义的边缘，各国政府匆忙地管制资本的运作，即使没有接管资本的机构机器，也是在控制它们。这显然并不具有任何重要的意义，恰恰相反，顽固的新自由主义空想家们抗议说，对市场的任何干预都是走向社会主义的步伐。

更重要的是为资本主义寻找一种替代的持久冲动。即使在中国的经济融入全球资本主义之后，这种替代仍然具有生命力。这种信念的持久性可以解释一些令那些期待社会主义消亡的人感到困惑——即使不是恼怒——的矛盾。当中国的领导人试图调和这种信念的要求与融入全球资本主义的现实时，这也向他们提出了种种挑战。

革命的遗产

我们可以从两个意义上来理解中国革命的遗产。第一个意义更为明显，就是革命作为价值观念、志向和政策——它们为当前的政策制定提供了灵感和例证——的宝库的意义。此外，在这个意义上，革命的历史也是包括帝国和前帝国历史乃至非中国历史在内的更漫长历史的一部分。尽管中国的领导人和思想家为中国的闭关思维辩护，但是他们显然并不排斥利用不同的过去来解决现在的问题。中国当前的领导人就是如此，就像毛泽东等以前的领导人那样。不同的领导人或思想界利用不同的过去，这仅仅表明对当代问题的不同认识和不同的未来理想。革命历史降级为像其他历史一样的一种历史，当然意味着退出了革命，但是这既不表明否定了革命，也不表明保守地逃向革命前的儒家历史——就像国内外的儒家理论家所认为的那样。毋宁说，现在恰恰是透过革命历史的棱镜来观看之前的儒家历史。一方面，在中国人和外国人否定欧洲中心论的背景下，革命历史代表着对革命前历史的肯定；另一方面，它利用过去来为那些恰恰是革命本身的产物的志向服务。

革命遗产的第二个意义虽然与第一个意义相关，但却更为复杂，而且必定具抽象的性质。这个意义是指一种思维方式，它是中国革命过程——尤其是作为长期游击战的共产党革命——的产物。按照定义，游击战差不多包括以革命进行试验的方法。从20世纪30年代到现在，中国共产主义革命的最突出的特点之一是它不断进行的政策试验：从20世纪30年代灵活的社会和经济政策到“漫长的20世纪40年代”的新民主主义再到“大跃进”和“文化大革命”再到80年代以来的“改革开放”。毛泽东公开承认试验政策，提出了“进两步，退一步”等口号。他是一位“伟大的试验家”，但绝不是唯一的一位。邓小平同样信奉那种为了知道哪些政策是可行的政策试验，因而是毛泽东的继承者。确实，多年来，以一种有限的方式在某些地区进行政策试点，然后再最终决定政策的转变，就体现了这种对试验方法的信奉。当然，我们或许可以合理地认为，中国社会主义革命的历史是一部以社会主义和革命进行试验的历史。

从理论上说，这样的试验并不是无限制的，而是受到建立一个社会主义社会共同目标（不可避免地与富强中国的目标连在一起）的限制。然而，除了在“文化大革命”的高潮期间，这个目标并不会僵化成一个严格的乌托邦。换句话说，与“文化大革命”的宗教式乌托邦主义（也赋予了毛泽东超自然的神性），共产主义革命中的乌托邦主义大多数时候是一种世俗的乌托邦主义，以对未来的想象来指导现在，但是现在在这种终极的想象中发挥了同样重要的作用——只要对未来的想象保留了对国家的发展和独立目标的基本信念，但是这些目标经过了社会主义平等和正义理想的过滤（或者取决于意识形态的优先性）。

现在的活动与未来的目标之间的关系归根结底相当于中国马克思主义中的理论和实践之间的关系。“中国马克思主义”的最精心表述可能是毛泽东所说的马克思主义“中国化”：“马克思主义的普遍真理与中国社会的具体现实相结合”。不管毛泽东在不同时期制定的具体政策命运如何，毛泽东思想仍然是共产党意识形态的核心组成部分，这是因为它不仅代表毛泽东本人的思想，而且还代表全党的集体经验，但是，更重要的是因为它的核心冲动具有持久的意义：马克思主义与中国经验相结合。由于相同的原因，我愿意在这里表明，毛泽东思想中的马克思主义与中国经验相结合为解读后毛泽东时代的意识形态转变提供了一个重要的理论工具。

毛泽东阐述了在马克思主义中国化的过程中其马克思主义的哲学前提，并且他的马克思主义也是这一过程的一部分。他的《实践论》和《矛盾论》分别是1937年7月和8月发表的演讲，恰巧当时他呼吁共产党为了抗击日本的全面侵华而改变自己的革命战略。在最根本的具体化层面（使马克思主义具有中国作风和中国气派）上，马克思主义中国化是中国革命问题（尤其是在农业社会的中国——理论准备并不充分——进行马克思主义革命的问题）的产物；在应对这些不同于民族问题的问题的过程中，“中国化的”马克思主义的一些形成要素已经清晰地提了出来。[①] 早在1936年，民族问题作为马克思主义中的一个问题，也是中

① 确实，关于把马克思主义转换成大众语言的必要性，最早和最重要的讨论者并不是毛泽东和毛主义者，而是早期的总书记和文学理论家瞿秋白。关于对瞿秋白思想的讨论，参见 Paul Pickowicz, *Marxist Literary Thought in China: The Influence of Ch'u Ch'iupai*, Berkeley: University of California Press, 1981。关于瞿秋白和党在农民革命的初期通过文学手段来完成这一转换的努力，更直接的讨论，参见 Ellen Judd, “Revolutionary drama and song in the Jiangxi Soviet”, *Modern China*, 9 (1), January 1983, pp. 127－160。早期的实践在最近对1930年他进行的一项地方调查的公开解释（1982年）中最明显（和全面）。这篇文献刚刚翻译成英文。参见 Mao Zedong, *Report from Xunwu*, ed. with an Introduction by Roger R. Thompson, Stanford, CA: Stanford University Press, 1990。这篇论文表明，中国的一些学者把毛泽东对马克思主义“中国化”的努力追溯到1930年是正确的。参见韦日平：《十年来毛泽东哲学思想研究述评》，载《毛泽东哲学思想研究》，1989年第5期，第4—10页。

国知识分子激烈讨论的主题。[1] 然而，只有在1937年到1940年间才明确地提出和实施马克思主义中国化的计划：《实践论》和《矛盾论》对毛泽东哲学的理论阐述与1940年毛泽东在《新民主主义论》中提出的中国化马克思主义战略背后的推理之间有一种直接的联系。在这两篇论文中，毛泽东最全面地论述了他重新阐释马克思主义理论背后的哲学思考。然而，尽管具有突出的实践和策略意图，但是这两篇论文仍然试图把中国革命的问题置入到马克思主义理论之中。

矛盾概念是毛泽东思想的核心概念。这个概念之所以在毛泽东的最初论述中具有核心的地位，是因为它是以对马克思主义的重新阐释来解释中国历史形势的直接产物。各个历史时期的矛盾性以及把这种矛盾性阐释为理论和实践之间的矛盾从结构上决定了这一点。尽管民族革命的必要性与社会革命的必要性之间存在最明显的矛盾，但是在一种理论未曾预见到的社会状况中，这一问题成为更深层的革命实践问题：中国是一个农业社会，在这样一个社会中，社会主义革命不得不脱胎于那些理论没有解释的要素；革命者本身是社会形势的局外人（因而与之相冲突）。在民族斗争之外，恰恰是这种社会状况使马克思主义“中国化”成为一项总体的理论工程，因而要求从革命实践所面临的多种矛盾来重新阐释理论。

“事物的矛盾法则，即对立统一的法则，是唯物辩证法的最根本的法则。”[2] 毛泽东就这样开始了对“矛盾”的讨论。他继续说道：

> 和形而上学的宇宙观相反，唯物辩证法的宇宙观主张从事物的

① 这些讨论发表于《现阶段的中国思想运动》（1937年，一般书店）一书。

② 《毛泽东选集》第1卷，人民出版社1991年版，第299页。文中的引文皆引自该书，第299—340页。（本文作者引用的是 *Selected Works of Mao Tse-tun*, 4 Vols, Beijing: Foreign Languages Press, 1965 - 1967 Vol. 1；为了方便读者，译文皆引自前述《毛泽东选集》中文版。——译者注）Nick Knight 已经证明，这一文本是《矛盾论》解放前发表的版本（还包括1949年增添的许多段落），要不然不会质疑对这一版本中的内容。参见 Nick Knight, “Mao Zedong's On Contradiction and On Practise: Pre-liberation Texts”, *China Quarterly*, No. 84, 1980, pp. 641 - 668。

内部、从一事物对他事物的关系去研究事物的发展，即把事物的发展看做是事物内部的必然的自己的运动，而每一事物的运动都和它的周围其他事物互相联系着和互相影响着。

《矛盾论》描绘了一个以关系而不是“物”为核心的世界（及其理解方式）。这些关系是相互对立以及转化、差异和同一的关系。此外，这些关系并不会随意地共同存在，但却构成了一个被它们的许多相互作用所制约的总体，而这个总体仍然处在不断的转化状态之中，因为整体与构成它的部分之间的关系以及各个部分之间的关系不仅是功能性关系，而且还是（并且更重要的）对立的关系。矛盾观念包含着功能性和对立性（“对立面的统一”）；“矛盾”作为世界（和宇宙）的构成原则产生出一个每一事物（各个部分和整体）包含着其他一切事物的总体，然而任何事物绝不可以因此归结为其他事物。正如毛泽东在《矛盾论》中所说：

由于特殊的事物是和普遍的事物联结的，由于每一个事物内部不但包含了矛盾的特殊性，而且包含了矛盾的普遍性，普遍性即存在于特殊性之中，所以，当着我们研究一定事物的时候，就应当去发现这两方面及其互相联结，发现一事物内部的特殊性和普遍性的两方面及其互相联结，发现一事物和它以外的许多事物的互相联结。

作为一篇哲学论文，《矛盾论》致力于阐述那些包含着这些一般观念的“矛盾”的特性。矛盾的这些特性可以（用毛泽东自己的话）概括如下：

1. 矛盾是普遍的：

矛盾的普遍性或绝对性这个问题有两方面的意义。其一是说，矛盾存在于一切事物的发展过程中；其二是说，每一事物的发展过程中存在着自始至终的矛盾运动。……没有什么事物是不包含矛盾的，没有矛盾就没有世界。

2. 矛盾也是特殊的：

任何运动形式，其内部都包含着本身特殊的矛盾。这种特殊的矛盾，就构成一事物区别于他事物的特殊的本质。……人们总是首先认识了许多不同事物的特殊的本质，然后才有可能更进一步地进行概括工作，认识诸种事物的共同的本质。当着人们已经认识了这种共同的本质以后，就以这种共同的认识为指导，继续地向着尚未研究过的或者尚未深入地研究过的各种具体的事物进行研究，找出其特殊的本质……不同质的矛盾，只有用不同质的方法才能解决……［中国社会的］这些矛盾，不但各个有其特殊性，不能一律看待……我们从事中国革命的人，不但要在各个矛盾的总体上，即矛盾的相互联结上，了解其特殊性，而且只有从矛盾的各个方面著手研究，才有可能了解其总体。

3. 主要矛盾和矛盾的主要方面：

在复杂的事物的发展过程中，有许多的矛盾存在，其中必有一种是主要的矛盾，由于它的存在和发展规定或影响着其它矛盾的存在和发展。……无论什么矛盾，矛盾的诸方面，其发展是不平衡的。……事物的性质，主要地是由取得支配地位的矛盾的主要方面所规定的。然而这种情形不是固定的，矛盾的主要和非主要的方面互相转化着，事物的性质也就随着起变化。

4. 矛盾诸方面的同一性和斗争性：

同一性、统一性、一致性、互相渗透、互相贯通、互相依赖（或依存）、互相联结或互相合作，这些不同的名词都是一个意思，说的是如下两种情形：第一、事物发展过程中的每一种矛盾的两个方面，各以和它对立着的方面为自己存在的前提，双方共处于一个统一体中；第二、矛盾着的双方，依据一定的条件，各向着其相反的方面转化。

怎样又说是同一或统一呢？原来矛盾着的各方面，不能孤立地存在。假如没有和它作对的矛盾的一方，它自己这一方就失去了存在的条件。……对立的统一是有条件的、暂时的、相对的，而对立的互相排除的斗争则是绝对的。

5. 对抗在矛盾中的地位：

对抗是矛盾斗争的一种形式，而不是矛盾斗争的一切形式。在人类历史中，存在着阶级的对抗，这是矛盾斗争的一种特殊的表现。……矛盾和斗争是普遍的、绝对的，但是解决矛盾的方法，即斗争的形式，则因矛盾的性质不同而不相同。有些矛盾具有公开的对抗性，有些矛盾则不是这样。

《矛盾论》是一种革命解释学，一种阐释战略，换句话说，它的前提是“发动革命”。这揭示了一种除了马克思主义外或许还包含本土哲学内容的人生观，但是这些本土哲学内容都被归结到这个根本问题之下，并且通过它折射出来。

在某种程度上，《矛盾论》可能被简单解读为在1937年中国社会的具体环境中对革命具体问题的抽象论述。上述论述与对中国当代发展的评论交织在一起，而当代中国的发展则被用来揭示毛泽东的各种抽象。①《矛盾论》的根本目标是从理论上证明革命政策因为日本的全面侵华（这使“主要”矛盾从阶级斗争转变为民族斗争）而发生的变化。这也解释了《矛盾论》的主体部分为什么致力于讨论矛盾的“特殊性”（包括讨论主要矛盾/次要矛盾和矛盾的主要方面/次要方面）。正是在这种为政策变化提供合法性的过程中，毛泽东阐述了实践相对于理论的优先性。正如他所说：

> 教条主义者……不了解诸种革命情况的区别，因而也不了解应当用不同的方法去解决不同的矛盾，而只是千篇一律地使用一种自以为不可改变的公式到处硬套，这就只能使革命遭受挫折，或者将本来做得好的事情弄得很坏。

然而，尽管毛泽东认为实践问题具有优先性，但是把《矛盾论》简单解读为对实践问题的讨论，忽视毛泽东为实践提供的理论证明对理论所产生的后果，可能是一种还原论的做法。法国马克思主义理论家路易·阿尔都塞在讨论《矛盾论》时抓住了这个问题的重要意义：

> 毛泽东的文章是根据中国党内反对教条主义的斗争而写出的，总体上来说是**描述性**的，在某些方面是**抽象**的。描述性的：他的概

① Schram and Knight 的文本分析表明（与以前的观点相反），《矛盾论》和《实践论》以及《辩证法唯物论提纲》写作于 1936—1937 年，都代表了“一项单独的思想事业”。Knight，同上；参见 Stuart Scram，*The Political Thought of Mao Tse-tung*，New York：Praeger Publishers，1971。事实上，Wylie 认为，“马克思主义中国化”是反对党内“教条主义”的组织斗争的产物。参见 Raymond Wylie，*The Emergence of Maoism*：*Mao Tse-tung*，*Ch'en Po-ta and the Search for Chinese Theory*，*1937 – 1945*，Stanford，CA：Stanford University Press，1980。尽管这种观点具有许多合理性，但是确实需要将其放入到更广泛的革命环境之中来看。我之所以关注前两者，是因为与《辩证法唯物论提纲》（主要是摘自其他资料）不同，《矛盾论》和《实践论》代表了毛泽东的原创性贡献。此外，尽管这些论文是在日本入侵前已经进行的哲学努力的一部分，但是它们仍然是来源于对实践的思考，并且明显是为了把应对“新形势”而作出的政治政策变化合法化。

念与具体经验相适应；在某种程度上是**抽象**的：这些意义丰富的新概念主要是对一般**辩证法**的具体说明，而不是马克思主义社会观和历史观的**必然蕴涵**。[①]（黑体为原文所有）

阿尔都塞告诉我们，尽管毛泽东的阐述并不具有充分的理论化，但它们仍然具有突破性的重要意义（因而不可归结为描述性的抽象）。前者显而易见。虽然毛泽东试图对革命实践的特殊性进行理论化，但是他自觉地降低了理论的地位：“理论和实践的矛盾，实践是主要的”。这还导致了对理论地位的重新阐述：毛泽东认为理论主要是一种对革命具体实践的抽象，并且作为对社会运动“规律”的抽象表述只具有次要的地位。毛泽东没有否定理论或者理解它的必要性。设想一个听众，他认为，那些进行“本能上的”辩证活动的人并不需要读书才能理解理论。对于这样一个虚构的听众，毛泽东重新肯定了学习理论的重要性，因为不经过这样的学习，就不可能对革命面临的复杂现象进行综合。[②] 毛泽东相信列宁所说的一句话：“没有革命的理论，就不会有革命的运动。”[③]确实，就毛泽东的革命解释学而言，理论在他的思维中重新成为革命者判断革命方向的主要指南。

毛泽东赋予实践的优先性意味着，与阿尔都塞不同，他对抽象公式的理论化并没有多少兴趣。我们甚至可以认为，《矛盾论》仅仅是“部分的抽象”，因为毛泽东的历史主义（我所指的是他对具体性和特殊性的强调）并不允许超越某种程度的理论化。它所产生的是一种解释学：革命实践不再具有理论上的可预测性；毋宁说，理论变成了一种在发动革命的活动中“解读”历史形势的指南。在他赋予理论既是指南又是工

---

① Althusser, *For Marx*, The Penguin Press, 1969, p. 94n.

② Mao, “Bianzhengfa weiwulun” (Dialectical materialism), in *Mao Zedong ji* (Mao Zedong Collection), ed. by Takeuchi Minoru (10 Vols), Hong Kong: Bowen Book Co., 1976, Vol. VI, pp. 265 – 305, 302 – 303.

③ 毛泽东在这两篇文章中都引用了列宁的这句话，参见《毛泽东选集》第 1 卷，第 292 页和第 326 页。

具的双重意义上，毛泽东对理论的评价本身是“矛盾的”：革命长期方向的“指南”，直接分析的“工具”。换句话说，理论恰恰是它想要揭示和解决的矛盾的一部分。这就是毛泽东理论重组的关键。

《矛盾论》的世界是一个对抗和冲突永不停息和结束的世界。在那里，统一本身只有从每时每刻的矛盾性出发才可以理解；没有任何实体是永恒的，因为它只存在于它的矛盾以及它与其他矛盾的关系之中。整个马克思主义可能是一种根据冲突而对世界进行的概念化。但是，无论马克思主义者对冲突的结构化或对社会结构的组织化多么不同，马克思主义的大部分解释都是从数量有限的社会范畴（生产、生产关系、政治、意识形态，等等）来构想冲突的，并且它们始终有一种根据这些范畴在社会结构中的有效性来将其等级化的冲动。毛泽东提出的许多矛盾抵制了这样一种等级化，更重要的是抵制了向少数范畴的还原。在决定社会结构或历史方向时，一些矛盾比另一些矛盾更重要，但是毛泽东反对否认那些看似最微不足道的矛盾在社会动力中的作用（因而拒绝把它们消解在更广泛的范畴中），而且也拒绝在时间的基础上把它们等级化，因为就它们在结构中的地位而言，它们在互动的过程中处于不断的变化之中。对于马克思主义的主要范畴，毛泽东指出：

> 例如，生产力和生产关系的矛盾，生产力是主要的；理论和实践的矛盾，实践是主要的；经济基础和上层建筑的矛盾，经济基础是主要的；它们的地位并不互相转化。这是机械唯物论的见解，不是辩证唯物论的见解。诚然，生产力、实践、经济基础，一般地表现为主要的决定的作用，谁不承认这一点，谁就不是唯物论者。然而，生产关系、理论、上层建筑这些方面，在一定条件下，又转过来表现其为主要的决定的作用，这也是必须承认的。

在这里，因果关系是情境性的和多元决定的：社会事件和历史事件是多种矛盾共同作用的结果。对毛泽东的矛盾观念来说，关键是革命主体的作用。第一，一个“多元决定的结合”表明革命的替代是一种寓于其他可能性之中的可能性，因为这样一种形势本质上是开放的，即对解释来说是开放的。按照革命的目标来解释它是革命者的任务，这也是抽象理论作为行动指南展现出重要性的地方；因为没有理论的帮助，革命者无法作出符合长期目标的选择。第二，尽管本身是矛盾的产物，但是革命实践是矛盾结构的一部分，并且它的作用是以一种最符合革命目标的方式来对矛盾进行重新组合。革命斗争在把不利形势转化为有利形势中的作用是毛泽东矛盾分析的一部分（参见上文）；这一点在他讨论革命斗争的军事战略的其他文献中最为明显。[①]

作为《矛盾论》的姊妹篇，《实践论》从认识论的角度更直接地论述了解释是革命活动的主要内容（或者夸张地说，论述了作为解释活动的革命活动）。从表面上来看，《实践论》提出的认识论是一种经验主义认识论。正如毛泽东所说，人的认识始于感性认识，即“感觉和印象的阶段”[②]。随着感性认识重复了多次和积累下来，“人们的脑子里生起了一个认识过程中的突变（即飞跃），产生了概念。概念这种东西已经不是事物的现象，不是事物的各个片面，不是它们的外部联系，而是抓着了事物的本质，事物的全体，事物的内部联系了。”（毛泽东也把这称为“理性认识的阶段”。）于是，由此获得的认识通过现实的实践来检验它的有效性，从而在感觉—概念—实践—感觉的循环往复过程中带来更深入的感性认识、概念的修正、再实践。

然而，如果毛泽东的认识论是经验主义的，那么这是一位实践家的经验主义，他在以革命目标重组世界的过程中建构了认识。毛泽东首先讨论了感性阶段的认识，但这不意味着大脑是一张感觉可以把自身重组为概念的白纸，因为大脑已经拥有组织感觉的概念工具（暗含在知识的阶级特征中）和阐述它们的理论工具（辩证唯物主义）。进一步来说，

① 例如，参见《论反对日本帝国主义的策略》，《毛泽东选集》第1卷，第142—251页。
② 《毛泽东选集》第1卷，第285页。文章的引文都是来自这篇文章，第282—298页。

他的认识论把某些活动在获得知识过程中的作用凌驾在其他一些活动之上（生产斗争和阶级斗争），并且知识具有一个明确的目标："发动革命"。最重要的是实践的地位，而毛泽东一贯在如下意义上使用实践概念：改造世界的活动。《实践论》的目标并不是为庸俗的经验主义（"实事求是"）辩护，而是反对那种忘记了革命具体环境的理论教条主义，肯定实践在认识中的优先地位。毛泽东引述斯大林的话说："理论若不和革命实践联系起来，就会变成无对象的理论，同样，实践若不以革命理论为指南，就会变成盲目的实践。"

《实践论》可以视为对一个月后毛泽东在《矛盾论》中所阐述的革命解释学的呼唤。作为一项计划的组成部分，《实践论》和《矛盾论》在它们的互文性中揭示出了彼此。下面的一段论述表明，毛泽东把知识理解为解释，但不愿意把知识仅仅视为解释：

> 要完全地反映整个的事物，反映事物的本质，反映事物的内部规律性，就必须经过思考作用，将丰富的感觉材料加以去粗取精、去伪存真、由此及彼、由表及里的改造制作工夫，造成概念和理论的系统，就必须从感性认识跃进到理性认识。这种改造过的认识，不是［经验主义］更空虚了更不可靠了的认识，相反，只要是在认识过程中根据于实践基础而科学地改造过的东西，正如列宁所说乃是更深刻、更正确、更完全地反映客观事物的东西。

毛泽东的思维中存在一个深刻的矛盾。作为一名马克思主义的唯物论者，毛泽东相信，有一种"客观的现实"，由此可以判断各种相互竞争的知识形式的有效性；因此，他一再把认识称为世界在心灵中的"反映"。同时，正如《矛盾论》明显表明的那样，毛泽东把客观现实（或者思想的环境）本身视为矛盾的产物，使之变成解释和"重构"的对象。毛泽东对"真理"的突然讨论揭示了这一矛盾，因为他一方面主张真理——乃至革命真理——的"相对性"，另一方面相信"绝对真理"

的可能性：

> 马克思主义者承认，在绝对的总的宇宙发展过程中，各个具体过程的发展都是相对的，因而在绝对真理的长河中，人们对于在各个一定发展阶段上的具体过程的认识只具有相对的真理性。无数相对的真理之总和，就是绝对的真理。……马克思列宁主义并没有结束真理，而是在实践中不断地开辟认识真理的道路。

绝对真理与相对真理之间的矛盾表现为一个无法解决的矛盾。这个矛盾应该诉诸“实践是真理的标准”来解决。在毛泽东的思维中，实践作为改造世界的活动与矛盾观念密切相关，也就是说，改造世界是解决矛盾的过程，矛盾的解决又产生了新的矛盾，新的矛盾又带来了新的实践，如此循环往复，以至无穷。然而，这一点本身是一个问题，因为正如对“矛盾”的讨论所告诉我们的那样，实践并不会凭借自身和自动地提供历史的指南，而且除了“发挥作用”外也不会提供任何对有效性的判断。换句话说，“绝对真理”的假设变成了一种对变化的现实——这种现实并不是“客观的现实”——的意识形态封闭，但本身却是人类活动的产物。人类活动在改造世界的过程中建构了它对世界的认识：

> 无产阶级和革命人民改造世界的斗争，包括实现下述的任务：改造客观世界，也改造自己的主观世界——改造自己的认识能力，改造主观世界同客观世界的关系。

这种把世界视为正在进行的革命解释和建构的表述打破了意识形态的封闭性，并且揭露出这种封闭性是理论和实践之间以及绝对真理与相对真理之间的矛盾。只有革命的干预才可以解决这种开放性的矛盾。只有通过革命的意志和对其他解释的压制，毛泽东的马克思主义才最终能够恢复为历史的指南。

现在之中的过去

理论既是革命实践的强大工具，也是它的产物。尽管如此，但是毛泽东思想把理论转变成一种解释学，从而提出了两个具有持久意义的问题。第一，不论是否是革命的形势，任何形势都可能赞同不止一种解释（或对矛盾的解读）。如果只有解释的后果才能评判解释的有效性，那么任何一种解释的正确性都不可能有一种先在的判断方式。这样一来，解释之间的冲突容易蜕变成永无休止的斗争或对异己的暴力镇压。第二，由于同样的原因，就无从判断哪一种选择最有利于社会主义的长期目标，尤其是当社会主义作为一种乌托邦的目标已经世俗化和历史化的时候。让理论接受检验所带来的自由，迫使社会主义的意义及其实行方式付出了不确定的代价。

毛泽东思想赋予矛盾的地位表明了一种把冲突抬高为普遍存在的世界观（和宇宙观）。具有讽刺意味的是，具体历史环境下的直接目标是证明如下行为的正当性：结束同国民党之间的冲突（阶级斗争），建立一个反日本帝国主义的联盟。这使解释容易被许多人——即使不是所有人——接受，特别是党内那些不赞同篡改理论的更正统的马克思主义信徒。在随后的数年里，解释上的冲突可能变得更加严重，特别是在1956年之后，当时革命后的领导层必须对哪一条道路最适合前进到社会主义作出决断。选择似乎要么是快速发展生产力，建立社会主义的经济基础，要么是通过进一步改造生产关系来深化革命，消除中华人民共和国成立初期发展政策所带来的各种矛盾。这还有可能推动生产力的发展。正如有时所建议的那样，选择并不是在发展与革命之间，而是在不同的发展道路之间：技术的对政治的。此外，这两种选择从理论的角度上来看都有其合理性。

政治的选择对技术的选择可能主宰了后来20年的政策。在这一选择上的分歧的最终解决方法，是把冲突提升为一种注入了日常生活的形而上学原则，把革命本身乌托邦化，因而革命的主张凌驾于集体智慧和组织慎思之上。这一次，在抛弃贯穿于其中的解释的过程中，试验给社会带来了重大的损失。

1956 年所否定的选择证明了 1978 年后进行“改革开放”的正当性：快速发展生产力。与之相随的是否认深层的社会冲突——尤其是阶级斗争——是走向社会主义的必要条件。从中国的国情来看，这意味着回到指导 20 世纪 50 年代政策的新民主主义，强调阶级的联合和鼓励私人推动经济发展的行为，这也似乎需要解散以前建立的集体组织。

同样激进的行动是“开放”。“开放”意味着抛弃了之前 20 年里的自给自足政策。恰巧这时世界尤其是东亚的经济正在进行从进口替代到出口导向的重要转变。到 20 世纪 90 年代，这一转变在新自由主义的全球化中达到高潮。有效的开放——吸引外国资本的必要性——带来了进一步削弱那些与社会主义相连的集体组织。到 20 世纪 90 年代，80 年代犹豫不决的开放让位于对全球资本主义的全面融入，中国的经济将走上“全球化”的道路。

当前的中国是这些政策的产物，并且国内外基本上都认为它延续和实施了 1978 年提出的那些政策。然而，最新的研究表明，我们需要更细微地认识 1978 年后的时期。有人曾经把最近的 30 年描绘为一种走向资本主义和全球资本主义经济的必然进步（或者退却，这取决于政治立场）。我提出了一种历史分期：20 世纪 80 年代模棱两可的开放（“后社会主义”概念试图理解的东西）；90 年代的全面开放；最近 10 年重新担忧社会主义的未来。[①] 这些担忧之所以产生，是因为之前 10 年的快速发展政策所造成的生态和社会问题。这些政策如果不再加以限制的话，不仅会威胁到进一步的发展，而且还会威胁到社会主义的主张——正是从这些主张中它们至少汲取了自身的一些合法性。毫无疑问，发展使大量

---

① Lin Chun, *The Transformation of Chinese Socialism*, Durham, NC: Duke University Press, 2006.

的人口摆脱了贫困，大大提高了国家的声望和实力。但是，发展也造成了巨大的社会和地区不平等，严重破坏了环境，培育了一种（像其他处于全球资本主义下的地区一样）消费主义、不关心公共问题与似乎永远容忍不平等和不公正的大众文化——也造成了领导人自身所主张的革命文化与一般公众尤其是城市公众之间的鸿沟。1956 年，在《论十大关系》中，毛泽东分析了他认为阻碍走向社会主义的社会矛盾。① 最近 30 年的发展再次凸显了其中的许多矛盾，不过它们与 20 世纪 50 年代相比具有了稍微不同的特点。正如当前的领导人非常乐于承认的那样，解决这些矛盾是当前的主要挑战。然而，有趣的是，像在过去一样，对这些矛盾及其解决方法的解释仍然受到相同的两个替代方案的制约：这些矛盾是那种随着发展的深入而消失的落后性的产物，或者它们是发展政策的产物，因而解决它们需要社会和政治的改造。

在中国的政治和思想辩论中，有一种接受在解决这些矛盾时进行社会和政治改造的必要性的持久意愿。这种意愿是中国和其他具有类似问题的国家之间的不同之处，也证明了“后社会主义”视角的合理性。对于这样一些改造的内涵或许没有任何分歧。所思考的可能性随着对世界和过去的开放也不断增多，但是思考本身的重要意义在于揭示社会主义革命遗产的持续性。在“小康社会”、“和谐社会”、“生态文明”等术语的传播中，社会主义本身获得了新的维度。这些术语试图保持对超越过去和现在的理想主义信念的活力，但又不落入正统语言的陷阱。与这些概念创新相伴的是试验新的治理形式。同时，中国的领导人从未放弃对马克思主义的理论信奉，就像重新激起马克思主义的活力的努力所表明的那样。这些努力是通过重新解释马克思主义来应对变化的世界形势来完成的，并且得到了胡锦涛主席本人的支持。

---

① 这“十大关系”是：(1) 重工业和轻工业、农业的关系；(2) 沿海工业和内地工业的关系；(3) 经济建设和国防建设的关系；(4) 国家、生产单位和生产者个人的关系；(5) 中央和地方的关系；(6) 汉族和少数民族的关系；(7) 党和非党的关系；(8) 革命和反革命的关系；(9) 是非关系；(10) 中国和外国的关系。

按照一位理论家的观点，中国当代的政治理论和组织试验无疑是改良主义和增量的。[①] 这也预设了如下认识：社会主义并不是一种乌托邦，而是一个未知的领域；在那里，未来的东西远不如现在要加以克服的东西那样确定：上文所描绘的那种不同于宗教乌托邦主义的世俗乌托邦主义。与过去相比，对中国社会矛盾的分析目前更为复杂，这是因为中国已经融入了全球资本主义。能否解读这些矛盾以及判断哪一种解读会更符合长期抱负的困难也是更为复杂。解决这个困难的方法之一是以走向所渴望的未来的连续的短期目标来取代遥远乌托邦的目的论，同时防止解决当前危机的方法为实现所渴望的未来设置障碍。

走向未来——如果有一种未来

最后，我将对为了这个目的而需要克服的矛盾进行一些评论。我首先解释一下“如果有一种未来”这个副标题。当前的生态危机和资源危机是如此之严重，因此，我们可能想知道人类是否拥有未来。这似乎也使对社会主义或任何“主义”的讨论失去了意义，因为从人与自然的关系问题这个更广泛的视角来看，政治的事业似乎是微不足道的。恰恰相反，我认为恰恰是这一问题使对政治问题以及那种最能够促进人类生存和福利的制度的讨论变得比以前更加重要。

过去 60 年来，中国社会主义的动力既是实现国家富强和安全的相关目标，又是分配的正义。20 世纪 50 年代初，优先性给予了重工业基地建设，同时农业实施了集体化，以便增长产量和扩大农村社会的平等。在接下来的 20 年里，重点转向了激进的平等主义，与此同时又鼓励社会各个层面——包括国家——的自力更生，而国家的自力更生意味着尽可能少地接触外部的世界。所实施的政策类似于战争经济，过多地

---

① Yu Keping, “Toward an Incremental Democracy and Governance: Chinese Theories and Assessment Criteria”, in Yu Keping, *Globalization and Changes in China's Governance*, Leiden: EJ Brill, 2008, Chapter 9.

关心安全，通过为了集体利益的自我牺牲来对消费进行禁欲主义的控制。20世纪80年代，世界——政治和经济——形势开始发生的变化使“改革开放”的政策成为可能，这就把发展的方向与当代资本主义世界经济的变化密切地联系了起来。国家的福利和安全仍然是最主要的关切，但是对平等的寻求如今把以快速发展生产来消除贫困放到了优先的位置上。在这一过程中，分配的正义逐渐弱化，从而把实现社会主义远远地推向一种不明确的未来。

这种方向的变化造成了它自身的矛盾。我已经指出这些矛盾的政治、社会和文化维度。中国的领导人和知识分子都认识到了这些维度。然而，一个未曾得到充分关注的问题是“发展”观念本身。例如，“科学发展观”所提出的计划注意到了调整发展政策的重要性；走向更具有可持续性的发展带来了生态和社会问题，这些调整的目的就是缓解上述问题。但是，“科学发展观”并未怀疑发展观念本身。换句话说，中国和世界目前面临的根本问题是：19世纪尤其是1945年以来的发展观念是否是可持续的。我认为，这应当是目前所有讨论——包括社会主义的现在和未来——的起点。

在论述“科学发展观”时，胡锦涛主席指出：人是发展的根本目的。从许多方面来看，这即使不是社会主义的实践内容，也是它的理论内容：建立一个人民能够生活在幸福、正义和尊严之中的社会。但是，这是当代所要实现的发展吗？如果不是的话，我们能够希望在否定这些目标的发展计划中更接近一个社会主义社会吗？进一步来说，当对自然的破坏使我们痛苦地意识到我们说的发展具有种种生态的限制时，我们应当如何理解这些目标和实现它们的方式？

这些生态上的限制自始至终都存在。随着资本的全球化以及生产和消费实践的全球扩散，它们的威胁变得越来越清晰。对自然的破坏并非始于资本主义，但是资本所拥有的先进技术让人类“征服自然”，拓展了人类发展的物质界限，因而也使人类释放出前所未有的破坏力。由于资本的全球化及其无限物质进步的前景，这些破坏力变得更强大。

我曾在其他地方论证过，从马克思那里开始，社会主义分享了资本主义的发展主义假设。[①] 马克思清楚地意识到资本主义的破坏性。然而，他仍然迷恋人类的创造性和资本主义所释放出的生产力，并且指望它们满足作为社会主义基础的人类需要。把资本主义变为社会主义的前提，由此会证明如下观点的合理性：社会主义过渡必须等待生产力的全面发展——尽管何种发展构成全面发展和全面发达的资本主义社会是否赞同社会主义改造并不清楚。同样不清楚的问题是：在生产力的发展过程中，什么时候新的生产关系才会表明社会主义的降临。

另一方面，通过所创造的财富、克服人类问题（包括它自身的发展所带来的问题）的技术创新能力的前景以及更公平的财富分配（至少直到最近才如此），资本主义社会一直能够维持无限普遍发展的神话。这一神话还有一个合理性来源：自觉地把贫困描绘为绝望的贫困者的条件，而且还将其说成是那些得不到资本的产品、因而不必为了生存而这样做的人的条件。[②] 换句话说，资本主义的扩张不仅依靠生产出满足人类需要的物品，而且还依靠创造出对那些人类生活离不开的物品的需求。在这一过程中，资本主义掩盖了获得资本产品的机会的不平等，因为它承诺所有成功的参与者在资本的运作中都能够获得它们。我们还要补充说，不论是在国内还是在国家之间，这样一种不平等都是掩盖发展的生态限制的因素之一，而这些生态限制已经变得更为清晰可见，因为资本的全球化为那些以前被排斥的人提供了生产和消费机会。那些加入资本主义市场的国家之间的竞争导致了生产过剩。这为什么造成了资本主义世界经济目前的危机？除了偶然的因素（包括明显的盗窃和抢劫事例）外，这个问题仍需进一步研究。

---

① Arif Dirlik, *After the Revolution*: *Waking to Global Capitalism*, NH: Wesleyan University Press, 1993.

② Arturo Escobar 分析了贫困论证是发展政策的基础，参见 Arturo Escobar, *Encountering Development*: *The Making and Unmaking of the Third World*, Princeton, NJ: Princeton University Press, 1994。关于区别不同类型和不同水平的贫困的必要性，参见 Albert Tevoedjre, *Poverty*: *Wealth of Mankind*, Oxford, UK: Pergamon Press, 1979。

如果这些论证具有一定的合理性，那么我们由此得出结论说（回答上文提出的问题），那些与资本主义全球化相关的发展政策并不是可持续的，即使所谓的“可持续发展”竭力把生态的维度引入到发展之中，而不解决它提出的最根本的问题。这不仅需要反思发展的意义，而且还要反思贫困问题。这样一种反思不可能在单个国家的基础上进行，因为那些唤起这一反思的问题是全球化的产物。但是，一些国家由于它们在全球化中所扮演的角色，比其他国家处在更好的战略领先地位上。

中国就是这样一个国家。这不仅是因为它目前在全球经济中的重要性，而且是因为它努力为资本主义世界体系提供一种替代的经历。理想主义是革命的遗产，仍然出现在领导人对人是发展的目标的肯定之中。同样重要的是愿意按照新的条件来重新命名过去的努力。“和谐社会”或“生态文明”所表达的理想不仅利用了过去的社会主义信念，而且还承诺摆脱与之相关的思想和政治包袱。首先，这些理想表明了尝试为现在提供替代的持久意愿。与之形成有趣对比的是，连欧洲、北美和其他国家比较进步的领导人都不愿意怀疑资本主义社会的根本假设。

在中国领导人的纲领性陈述中的理想主义是否会实现，或者是否拥有超出现在的持久力量？这个问题仍需拭目以待。当前，中国与全球资本主义之间——不管是内部还是外部——的两可关系也可能有利于领导人为现在寻找替代的角色。当经济全球化影响到了中国社会各个方面的时候，尽管大多数人承受了全球化的后果，但是他们却没有从中获益。当前的领导人深刻地意识到并已经开始解决这一问题。具有讽刺意味的是，全球经济危机进一步推动了对改善中国人民尤其是内陆农村人口生活的投入。阻止农村人口的转移，加强农村的重建，并且国内分配全球化所带来的好处，这些或许很久才能消除全球化造成的一些不平等，也才能建立这样一种经济的基础：把人民的需要放在脱离人类生活的全球经济的需要之前。

这绝不意味着重新回到经济上的孤立。全球化下的经济“起飞”几乎实现了资本主义经济的基本前提，即交换控制地方需要，消费者脱离直接生产者，并且都服从于金融积累的需要。由此所创造的财富只惠及世界上的少数人，但却让大多数人任由资本的流动来摆布。由于资本的流动摆脱了日常的生产、消费和交换，因此，它越来越容易遭到无耻的操纵。当前的任务是把经济的基础重新建立在满足国内的需要和创造国内的经济之中。尽管这并不是要脱离世界经济，但仍然是把人民的需要和可持续的未来放在优先的位置上。

挑战不仅是经济上的，而且也是政治上和生态上的。经济的基础之所以要重建，也是要更关注人民的需要，而不是以无限消费的幻梦来操纵他们。这必须成为任何国内治理的必要起点。就像在其他地区一样，在中国，民主是一个复杂而又充满正义的问题。这一问题由于美国前总统布什这样的人将其用于政治目的而变得更加复杂。他们不仅在国外倡导民主，而且还毫不犹豫地遏制民主。中国和其他国家的一些善意的知识分子就把欧洲和美国形成的民主实践普世化的做法提出了一些严肃的问题。[①] 不仅在不同的社会中，而且即使在各个地方情况不同的同一个社会中，民主治理都必须采取不同的形式。另一方面，民主还有一个关键的功能，即建立治理者与被治理者之间的沟通渠道，因而对于遏制腐败和权力滥用发挥了重要的作用——这也是在官僚资本主义条件下的一个重要考虑因素。如果发展政策要真正地关注当地的需要和经验，就必

① 参见俞可平在论文集《民主是个好东西》，尤其是同名文章。也可参见他为《让民主造福中国》（中央编译出版社，2009）一书所写的序言。在最近的讨论中，著名作家韩少功《民主：抒情诗与施工图》（未发表）中提出了中国人是否为民主做好准备的问题。Barbara Foley 对王逢振和谢少波的访谈也讨论了这个问题及其与社会主义的诸种可能性之间的关系，参见“Crossroads：China's Future Under Debate”, published in *Science and Society*, Vol. 73, No. 2, 2009, pp. 193 – 210。印度著名知识分子 Harbans Mukhia 进行了充满思想的讨论，参见“Liberal Democracy for Asia and the World：Problems and Prospects”, Valedictory Speech to the 20th Anniversary Meeting of the International Association of Historians of Asia, Jawaharlal Nehru University, Delhi, November 14 – 17, 2008。我感谢 Harbans Mukhia，谢少波和韩少功把未发表的论文与我分享。关于地方治理试验的案例，参见《中国地方政府创新：2005—2006 年》（中央编译局比较政治与经济研究中心编，2007）。治理形式和民主实践要想奏效，就需要适应国家和地方的情况。尽管认识到这一点非常重要，但同样重要的是，就像过去百年来中国的知识分子多次论证的那样，我们必须随时提醒自己，民主的学校可能是民主实践本身。

须作出彻底的改变，动员人民来推动这样一种改变，但不是把他们当做消极的对象，而是当做积极的参与者，他们的经验必须成为政策制定的一种资源。民主也可能是这样一种转变的前提。要赋予日常生活相对于抽象前景的优先性，还要考虑到生态因素是生存的条件，而不是经济的算计。

就中国经济在全球经济中开始发挥的战略作用而言，中国经济的任何变化都会对全球产生重要的影响。我们在这些天里经常听到有人说，中国在遏制全球衰退的过程中发挥了主要的作用。通常这种说法的言外之意是中国可以帮助全球经济回到衰退前的状态：不可持续的全球资本主义。恰恰相反，我们建议，中国可以在有效地改变全球经济实践的方向时发挥重要的作用：重建全球经济的基础。中国在崛起成为经济大国的过程受益于全球化，但也推动了全球化，因为中国不仅充当了“全球工厂”，而且还提供了发达资本主义社会和全球南方无限消费的持久幻想得以可能的信贷。

中国经济实践的任何重大转变都可能迫使其他社会迫切地反思发展。在这个方面，尤为重要的可能是中国在非洲和拉美扮演的领导角色。近年来，对于中国在全球南方的密集活动，其他国家一直怀有某种爱恨交织的心情。我们会轻易地贬斥前殖民大国代表对中国的殖民主义的指责，他们憎恨中国入侵自己以前的殖民地。但是，怀有这些憎恨心情的不只是他们，还有前殖民地的国民——他们在中国的活动中合理地感觉到了一个新兴世界大国的殖民主义：不顾经济和生态后果地榨取资源，为自己价廉质劣的商品创造市场，把经济活动和政治后果分开，与冷酷无情的独裁者做生意。除了其他的事情外，消除这些感觉还需要更有力地控制企业，其中一些企业似乎对它们给其他国家人民带来的生活和经济破坏置若罔闻，就像它们在中国国内一样。

另一方面，中国也是一个发展中国家，从而为全球南方的其他国家提供了一种亲密感。同样重要的还有对欧洲殖民主义压迫和剥削的共同记忆以及以前的“第三世界”国家认同。这些共同性不仅提供了合作的基础，而且还为制定满足不同社会具体需要的替代发展战略提供了基础。中国发展观的特点是关注差异和特殊性，反对普世性的大全哲学——这种哲学指导了那些受到资本主义启发的（并且社会主义社会过去也遵循的）现代化战略。①

然而，中国和全球南方对发展的重新定义或许对美国和欧洲——尤其是前者——的影响最大。发达的资本主义社会继续直接和间接地消费更多的世界资源，成为环境退化的最主要元凶。对包括中国和印度在内的全球南方各国的生产输出造成了这些国家的资源枯竭和环境退化，至少在某种程度上也是因为它们在满足发达资本主义社会消费需要中所扮演的角色。这些国家作为不可持续的经济实践的典型和出口商也发挥了同样重要的作用。

这些国家面临着许多困难，其中最大的困难可能是如果世界经济要具有可持续性，它们就必然要降低自己的生活标准。不论是在发达国家或发展中国家中还是在各种国际论坛上，对发展的讨论总是集中于提高各国穷人和全球穷国的生活标准。二战后，欧洲近代的发展信念走向了全球。就此而言，我们似乎不得不承认，世界人口的生活水平从自然和社会的角度来看有可能提高到发达资本主义社会中产阶级（更不用说富人了）的水平上，而且尽管全球的资源压力不断加大，但是发达社会的中产阶级并不会降低自己的生活标准。已经有某种证据表明这就是目前正在发生的事情。发展的思维和政策要承认这一点，就不得不克服反思发展所存在的主要意识形态困难。

中国在此作为发展中国家也可以扮演领导者的角色，仍然有可能区分开削减贫困和对发达资本主义社会中产阶级生活的效仿。然而，要做到这一点，不仅必须质疑全球主义的幻想，而且还要批判社会主义观念

① 关于其中一些可能性的讨论，参见 Edward Friedman，“How Economic Superpower China Could Transform Africa”，*Journal of Chinese Political Science*，No. 14，2009，pp. 1 – 20。关于对中国在非洲活动的有用调查，参见 Richard Behar 的 2008—2009 年系列报告，www. fastcompany. com，这是哈佛商学院的一份网络出版物。正如该报告所言，这种活动是全球化的直接产物：中国寻找维持生产的资源，满足美国和欧洲的消费。

中那些使社会主义的可能性交付给资本主义的发展主义的历史遗产。在人类历史这个特殊的关头上，尽管社会主义继续从未来那里汲取诗意的想象，但是正如马克思所说的，它还必须从过去中寻找创造未来的线索。

（吕增奎　译　王新颖　校）

对中国特色社会主义的研究*

〔法〕让－克洛德·德洛奈

若欲推进对中国特色社会主义的研究和理解，则离不开对社会主义整体情况的思考。因此，笔者首先力求通过本文的第一部分对中国特色社会主义研究的问题构架及构建该研究将涉及的主要概念作一个全面的定义。随后，本文的第二部分将进一步探讨中国特色社会主义的本质。

第二部分中，笔者将通过对经济领域和社会政治领域的区分，具体剖析所要研究的问题，然后试着揭示出矛盾的原动力。正如大家将会看到的，中国特色社会主义可以被理解为一条轨迹，一种“转型”，只不过是在一个经济领域和政治领域之间的矛盾体系的框架内进行的。

一、对社会主义和中国特色社会主义研究的整体问题构架

一个问题的构建取决于对一个问题以及解决该问题的理论方法的阐

---

* 本文译自让－克洛德·德洛奈（Jean-Claude Delaunay）教授向中央编译局《马克思主义与现实》杂志发来的对社会主义特别是中国特色社会主义研究的研究计划及第一阶段研究成果“Projet de recherche sur la société chinoise socialiste”。作者系法国经济学家，弗朗索瓦·佩鲁理论研究中心主任，马恩河谷大学教授。——译者注

述，研究者应尽可能清晰地阐明与之相关的整个社会价值。

笔者认为，包含在社会主义概念中的问题，就是发达工业资本主义体制的成熟及其引发的机能障碍问题。使用社会主义概念的研究者首先应该研究一下发达的资本主义社会是如何运转的，然后还要提出有哪些困难（约束、矛盾和退化），还有哪些失败之处。社会主义是涉及社会、经济、政治、文化的体制，能够跨越并克服经济上相当发达的资本主义（成熟资本主义）所遇到的最为严重的困难。

马克思主义就首先为该问题提供了理论框架和概念。那么，社会主义问题涉及哪些概念呢？

1. 第一个概念是社会形态，这有别于生产方式的概念。20 世纪上半叶，马克思主义的理论化为社会主义的生产方式提供了定义，主要是以苏联经验作为考量基础的。事实上，采取这一概念是不合适的，也使人们对社会主义的理解变得模糊不清。社会主义生产方式的概念促生了这样一种想法：社会主义应该具有作为标准的主要特征，由此成为一种向共产主义过渡的模式。

马克思的理论为其使用者提供的悖论如下：社会主义在创立之初考虑的是发达的工业资本主义的问题，因此才会提出最终会超越社会主义，实现共产主义，然而 20 世纪的社会主义却是落后国家的社会主义。社会形态的概念指的是具体的社会，可以将这一悖论纳入出现在整个发达资本主义体制空间内的多种“社会主义”的多样性和相对性的思想中。

由于存在多种社会主义的范畴和级别，因此，另一个概念应运而生，并被用做社会主义轨迹。我们在分析具有既定的社会形态的社会主义时，应当根据时代背景将其作为社会主义轨迹（发展的方向、动力的目标、变动的速度、可能的逆转性）进行思考，这就需要考虑到一系列因素，笔者将在下文中明确指出具体涉及哪些因素。

接下来，在对社会主义给出一个初步的定义之后，笔者将对当今世界中的两大社会主义级别进行区分，这样做的目的在于对发达工业资本主义的早熟情况及其特有的矛盾和各种社会形态有个了解。其早熟的情况备受质疑，并且涉及两大社会形态：

（1）发达资本主义的社会形态。这些社会是从内部成熟起来的；

（2）边缘社会形态。发达资本主义以商业和金融的方式对其进行渗透，但是这些社会本身从经济上看是欠发达的，无论是从生产的角度还是消费的角度。

只要能够实现政治条件，那么，这两种情况就可以促生两大社会主义“范畴”：

一种是改良主义的社会主义，这是经济发达的社会形态所特有的范畴。尽管这种社会主义源自资本主义体制的深层矛盾，但是由于一些政治原因，该社会主义范畴更多地延续了发达资本主义及其国家政体。这种社会主义使用的是创建于资本主义框架内的政治形式，目的是对资本主义进行改造。但是一般情况下，这会造成“通过其他方式维系资本主义的生命”。当前，在资本主义国家内的社会主义运动越来越顺从于资本主义，欧洲社会主义力量的所作所为就是很好的例子。

另一种是革命的社会主义，这是经济欠发达但人民群众渴望政治独立和从技术生产进步中获益的国家所特有的范畴。事实上，由发达资本主义从外部引起的深层矛盾以一种内在的方式（商业渗透和自然资源控制）作用于一些非常落后的国家。换言之，这些矛盾源自外部（资产阶级主导的其他社会形态）。由此产生的冲击使得存在于国内外之间以及该国内部的巨大的财富差距消失了。

因此，符合这种情况的社会主义具有三重决裂：（1）与处于统治地位的外部力量彻底决裂；（2）随着时间的推移，逐渐与内部的经济落后决裂；（3）与资本主义的社会关系进行部分决裂，这一点或多或少要视情况而定。革命的社会主义的名字也就由此得来。

后一种社会形态所特有的决裂导致这样一种观点的产生：一种新的生产方式出现了。事实上，应当把这种社会主义当做成熟资本主义向另一种社会经济体制转型的模式之一进行分析。将今天的社会主义置于社会主义的普遍性中进行思考，无论对于发达资本主义国家还是发展中国家来说，都是找到上述两种情况的共同分析点的前提。

笔者在此所作的研究不仅是对这种或者那种社会形态的社会主义轨迹的研究，同时也是随着资本主义结构改变的进程，对社会主义最根本的社会关系的转型和变化的研究。根据观察，全球两大发展中国家——中国和印度，在社会关系的变化问题上，印度选择了资本主义，而只有中国明确地选择了革命的社会主义。

2. 社会现实就是劳动，其成形过程在这种变化转型和这种轨迹中是至关重要的。劳动是马克思和恩格斯理论的核心概念。[①] 我们在马恩的理论框架内对社会主义进行分析的时候，首先要谈到的就是劳动。

因此，劳动是我们为研究社会主义特别是中国社会主义而必须引入的第二个概念。社会主义旨在解决发达资本主义所产生的困难，对这一观点的陈述意味着当社会成为社会主义性质时，劳动就会以不同的方式在社会中发挥作用。

劳动必须被视为在一种既定的社会形态中进行社会主义研究的基础。这种概念上的选择似乎比价值观的选择更加稳固，从这一点看来，社会主义的本质或者说是这种社会形态的本质是很值得赞赏的。

首先，对价值观的记录构成了一份从一名研究者到另一名研究者的变化无穷的名单。此外，将“价值观”置于社会主义研究的问题框架的核心位置，意味着社会主义很可能是一种伦理选择的结果，该选择如今正趋向于同“特殊的价值观”——人权和民主——的统一。笔者在此并不是忽视人权或者民主，而是认为价值观只能够进行价值观的判断。社会主义的特点难道就是件价值观判断方面的事情吗?

3. 需要引入的第三个概念显然是社会关系的概念。只有源于矛盾和机能障碍的社会关系得到改变，才会出现持久的社会主义，至少从理论

---

① Quynh Delaunay et Jean-Claude Delaunay, *Lire le capitalisme contemporain*, *Essai sur la Société du XX*1*e siècle*, *Le Temps des Cerises*, Paris, 2007. 详见此书第1章和第6章。

上看，我们可以这么认为。当关于资本主义的这种深层改变无法发生时，资本主义制度的领导者能够（经过一段很长的凯恩斯社会主义的阶段之后，如今这种情况已经在欧洲出现）在任何时候收回以前退让出的好处，并使劳动退回到一种与过去相同甚至比过去更糟的状况中。这正是我们通常对改良主义的社会主义所进行的谴责，他们一方面想要长期改善劳动者的境遇，但另一方面却不触及最根本的社会关系。结果就是，最初的“社会关系”很快重占优势。

4. 需要引入的第四个理论要素是生产与最终消费、个人与集体之间的现有关系。这种关系可以使我们引入社会阶层及其动力的因素进行分析。事实上，一方面，社会阶层位于生产之中，它们可以从生产中提取收入。另一方面，收入也能够使它们以最终消费的名义消费物质产品、服务或者其他要素。除了个人的最终消费之外，还必须考虑集体消费。“个人消费”与“集体消费”这对概念是分析社会主义社会形态的阶层动力的首要指标。

总而言之，社会形态、劳动和社会关系的改变这三个概念，是进行社会主义研究的基本概念。笔者认为除了这三个概念之外，还应该加上对最终消费（个人和集体）中社会阶层关系的认识。

然而，为了使分析更加清晰，必须对某一个国家——比如中国——进行更为详细的研究，并展现出社会运转过程中两个相互矛盾的领域，即经济领域和政治领域。在一种经济上欠发达的社会形态的框架内，我们可以清楚地看到以下矛盾。

一方面，经济领域是一个颇具现代性的领域。然而对于中国而言，该领域是在外部因素的作用下形成的，并在很大程度上受到资本主义关系的操控。而另一方面，政治领域是以中国悠久的历史、长期的传统以及抗变化能力为基础，在内部因素的作用下形成的。不过，在国家的传统和历史的作用下形成的内部领域，必须在作为现代性载体的外部领域面前树立威望，并掌握控制权。

因此，在像中国这样的国家中，这两个领域（经济和政治）能够比较准确地反映社会主义问题的特征。这个问题的关键在于，一方面，依靠资本主义经济的外在刺激，抱着社会主义的目标实现经济现代性；但是另一反面，还要利用源自内部传统和历史的政治工具实现现代性，即使以中国为例，像共产党这样的特殊形式已经对这些政治工具进行了改造加工并加以现代化。

由矛盾总结出的问题如下：通过高效的社会主义的统领，政治工具（内部）是否能够管理、控制并改变经济现代性的工具（外部）？

二、中国的经济领域与社会主义问题构架

假设我们想要根据各国的发展程度和政治制度（社会主义制度、非社会主义制度）对所有的国家进行分类，分类的标准简单且具有二元性，我们可以通过下图表示。

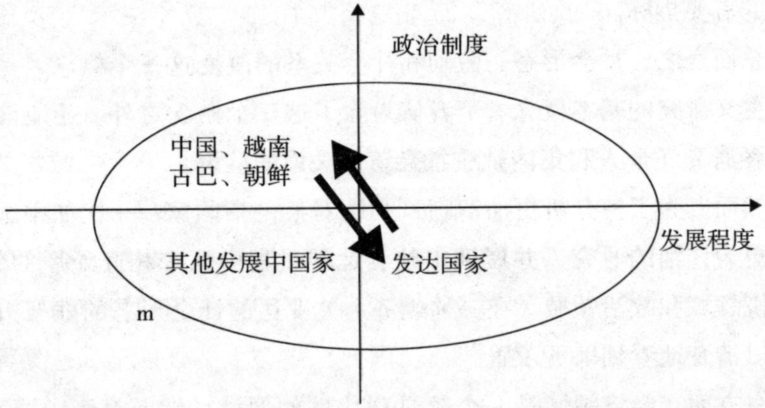

图1　通过交叉发展程度与制度性质，对不同的国家进行分类

整个椭圆代表所有国家，被分成了四个部分。右上部分是空的，这代表在革命社会主义道路上的发达国家。没有这样的国家存在。

既是社会主义又是发展中的国家有四个（中国、越南、古巴、朝鲜）。

其他的发展中国家都不是社会主义国家。换言之，从人口数量上看，社会主义的发展中国家在世界活动中占据着非常重的分量，这是由于中国归属其中。

正如图 1 所显示的内容，在社会主义国家（发展中）和发达资本主义国家之间存在着双向的经济关系。一方面，后者需要前者提供廉价劳动力、新的销路，以对抗 20 世纪 70 年代中受到资本主义经济影响的利润率下降。另一方面，中国自 1978 年起采取了对外开放政策，收益颇丰。

以图 1 为基础，我们可以作出以下几点评论。

1. 第一点涉及经济开放政策的选择。一些欧洲（法国）共产党员认为，如果向资本主义世界开放，那么中国的发展就只能是资本主义性质的。但是，一方面，中国除了"开放"别无选择，另一方面，中国如今的发展并非资本主义性质的。这是一种复杂的经济形式的组合，应该对其进行更加精确的研究，简单地将其称为"资本主义"未免过于肤浅。

中国除此之外别无选择，这很明显。自 20 世纪 50 年代起，中国就开始探求一条属于自己的社会主义道路。但是这种以完全的政治意志决定（"大跃进"和"文化大革命"）为基础的探索酿成了一场巨大的悲剧。然而，社会主义在贫困的基础上是不可能获得发展的。当代的社会主义必须以一定的发展水平或者对这种水平的追求为前提。由于社会主义想要克服发达资本主义的矛盾，因此，社会主义必须至少达到与资本主义相等的发展程度。

2. 为了在马克思的理论框架内对上一条评论进行论证，必须认识到，消费关系是社会主义实践与分析中最为重要的因素。对一个社会进行研究，我们不能仅仅考虑到生产关系。苏联的失败是由于该国的社会主义制度不能够令物质产品和服务的最终消费的需求达到当时消费模式的推广所要求的水平。集体消费也是如此。当美国（里根总统）在军事集体消费领域内（星球大战）向社会主义发动战争时，苏联在有利于资本主义的政治背景下迅速败北。苏联在医疗卫生集体消费领域内的情况也每况愈下。

3. 然而，社会主义在没有达到一定的生产水平、没有掌握最有效的生产技术的情况下，也是不可能成形并稳定下来的。由于法国共产党的成员中有相当一部分人没有经历过政治意志决定的悲剧，所以他们很难接受资本主义从过去到现在一直都是一个进步的制度这样一种观点。但是，在资本主义这样一种社会政治制度中，物质资料生产（以及个人最终消费）曾经在欧洲极度发达。资本主义相对于传统社会而言得到了飞速发展，其发展速度令人惊讶。中国共产党的领导人则通过实行经济开放政策，力求提高中国工业生产力的水平和程度，同时提高人民群众的消费能力。

4. 一些法国共产党成员由于对中国的现实情况缺乏了解，认为经济开放政策是那些对资本主义思想特别敏感的人提出来的。他们不承认“改革开放”的总设计师邓小平自 20 世纪 80 年代以来以最高领导层一员的身份参与了中国的历史。有的时候，他和同时代的人一同保证并贯彻了毛泽东主义的决策。但有时，他们也遭受了灾难性的影响。他们认识到寻找一条有别于社会主义主观意志决定道路的必要性，因为这种主观意志决定道路会使欠发展的程度加深，有时甚至会引起饥饿以及国家的混乱。

认为中国从思想上就想参与资本主义的观点是完全不合适的。对外开放的政策是在遭遇了接二连三的失败之后逐渐从现实中总结出来的必然选择。

5. 与此同时，中国可能会变成资本主义的观点仍然具有相当大的争议。早在“社会主义”之初，社会主义与市场之间的关系就已经被提出来了，特别是在苏联，原因很明显：首先，革命的社会主义国家的大部分民众是由小农组成的，但是小农惧怕社会主义。因此，农民数量至今仍占总人口近 45% 的中国，对于这一领域的经济管理采取了商品关系。其次，主导农村经济的是传统经济，而这种传统经济正在为实现现代化进程而受到强烈的冲击。市场则是达到该结果的最快的方法。

6. 随着向全球市场开放政策的实施，最初的理论问题已经得到了扩展，并且有一部分从性质上转变成为农民问题。中国的领导者认为，中国向全球市场部分开放工业和服务，相应的，中国工业（以及服务）也能够进入全球市场。于是，中国遭遇到了全球化的金融资本主义。由此可以提出两个问题：对外开放政策的整体效果如何？该政策导致了怎样的社会关系？

7. 对外开放政策的整体有效性似乎是不容置疑的，从国民生产总值就可以看出来。如果在经历了30年的改革开放之后让中国重新选择紧闭国门，这是不可想象的。尽管在向全球市场开放的过程中产生了诸多矛盾，但是中国民众对此举措普遍采取支持态度。尽管中国将重点更多地放在发展国内市场上，但是经济开放政策对于中国而言仍然是必需的，因为中国要获得原材料，出口并赚取必要的外汇用以购买大型的现代化设备，与世界其他国家建立长期互利的经济关系。

8. 我们通常会引用一些数据（市场4亿，非市场9亿）用以指出中国社会在改革开放之后所发展的程度，而这些数据如今必然又发生了变化，需要重新统计。这是为想要对中国市场进行勘察的外国企业提供服务的咨询机构作出的评估，但是这些评估仍然不能令人满意。这些评估只是进行了大致估计，仅考虑到为各种产品提供销路的可能的收入水平，而没有考虑到商品化（marchandisation）和工资化（salarisation）的真实情况。

9. 在开放政策整体上获得了成功之后，最好对矛盾和不足进行一番思考，特别是在劳动方面。应该衡量一下改革开放之后中国社会和经济所面临的巨大压力。例如，尽管中国社会从整体上看在近几十年内富足起来，但是社会领域和地方差别依然很大，这一点是非常明显的。此外，经济开放政策尽管从整体上对企业的经营管理产生了影响，但是并没有带来渴望已久的创新浪潮和技术进步。技术转让比预期少得可怜。最后，中国进入世界市场使得自然平衡受到严重损坏。因此，经济变革的实现伴随着自然、地区、社会的严重不平衡的出现。

10. 经济开放政策一定会导致资本主义吗?

首先，我们可以看到，中国经济的商品渗透与以下五个主要现象密切相关，而这些现象并不都属于资本主义的范围：

（1）与国内市场相关的农村经济的商品化，是在没有实现工资化的情况下进行的；

（2）工业经济的商品化主要集中在沿海地区，特别是长江中下游地区，其方向是世界市场（实行资本主义类型的工资化）；

（3）外国企业大量迁入（家乐福、沃尔玛、雪铁龙等）（实行资本主义类型的工资化）；

（4）在特别是从香港、台湾、新加坡等国家和地区引入资本之后（例如，超市、电子产品、旅馆）[①]，民族企业得到飞速发展（实行资本主义类型的工资化）；

（5）国有企业所实行的工资化是迫于市场的压力（这种工资化受到资本主义经营管理的影响，但是从理论上看，雇佣劳动者所受到的保护比资本主义领域内的雇佣劳动者更多）。

考虑到这种多样性，我们可以试着对均衡的情况和主要的特点进行分析，可以看出，中国经济是一种混合型经济。中国社会的变革是一种传统社会的变革，在这样的传统社会中，资本主义关系非常薄弱。因此，很显然，如今的变化为资本主义关系提供了发展空间。然而，我们并不能就此认为这种经济就是一种资本主义经济，因为还存在着其他关系以及国家干预。

其次，事实上，中国经济是一种国家在很大范围内（中央和地方）有力干预的经济。这种经济的主要特点无疑给予国家很大的空间。法国共产党观察家对中国社会的评价往往是："但是并不是说因为有了国家，中国社会就是社会主义性质的。"这种说法确实有其道理，但是如果没

① 进入中国的外国资本中，约有60%源于"华人地区"。

有国家，中国社会的社会主义程度会更低。通过国家在一些领域所发挥的作用，我们可以看出，中国经济是一种受到国家有力影响的混合型经济。

三、中国的政治领域与社会主义问题构架

首先，我们将下图作为图1的补充。

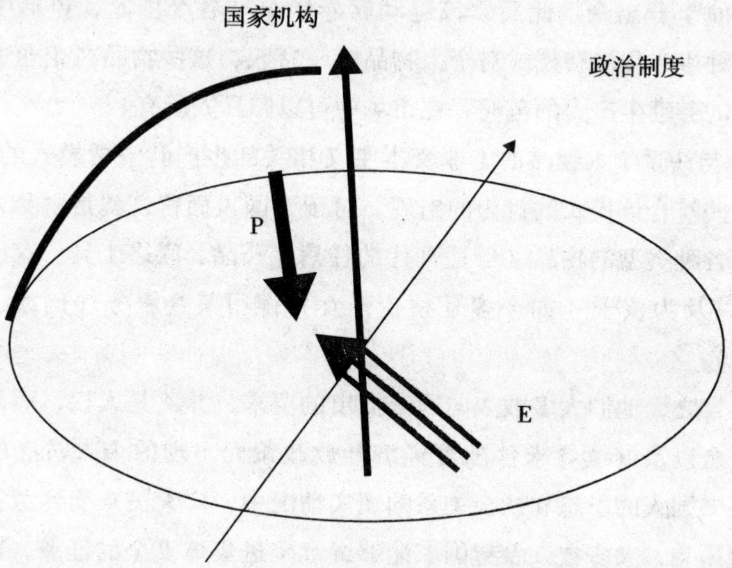

图2　在图表1中加入政治领域的内容（增加“国家机构”轴），并在特定空间内体现中国的情况

该图借助一个区域（左上部分）来代表社会主义国家（中国），并展现出如今的两股对抗力量：（1）影响到经济领域的资本主义外部力量（E）；（2）负责市场外部经济力量并使其符合中国要求的内部政治力量（P）。现有的政治制度受到一些源自历史和文化的行为的强烈影响，而这两者与西方的历史和文化截然不同。现在，让我们试着通过政治方面的分析对中国的社会主义进行一番思考。以下几点是笔者认为应该考虑

到的相关问题。

1. 首先，涉及直接影响中国社会的外部经济力量（E）。与一些观察家的观点不同，笔者认为不能说中国已经变成了资本主义。中国距离资本主义还很远。相反，使中国震荡不安的很可能是一股个人最终消费的强大潮流。从这个观点出发，中国正在顺应一个普遍性的变化趋势：在全世界范围内盛行一种较为普及的生产和消费模式，主要是个人性质的。该模式是工业资本主义存在的最后阶段，在个人物质产品和服务的生产方面十分出众。此后，该运动席卷了全球各个国家，包括中国在内。这种生产和消费模式对个人物品赋予特权，这些物品在企业中属于个体化的劳动生产力的范畴，在市场中可以归私人所有。

2. 与注重个人物品的工业资本主义相关的生产和消费模式的普及，导致一些符合该模式的行为的出现。对于中国人而言，就是以私人的名义获得各种类型的物品（舒适现代的住房、药品、联络工具、家用电器等），以及为孩子（如今多是独生子女）谋得某些服务（例如，上重点学校）。

换言之，他们大多数人向国家提出的要求，并不是人权，而是某种集体安全以及继续寻求伴随着经济开放政策而出现的个人占有的可能性。在中国人的思想和社会关系的现实情况中，广大民众受到经济开放政策的影响，大多数人希望国家能够继续推进集体安全的任务，而并不希望政治活动投入到西方的民主形式之中。同时，中国的普通民众对于获得个人物质产品具有很高的积极性，因为这对他们而言是新兴事物。

笔者的观点与法国共产党发布的文件中明确捍卫的观点截然相反。该文件认为，中国……仍然是不民主的和专制的……例如，在农村地区，经济发展和消费进步促进了某种私人生活和个体的表现。文件的作者显然在个人物品的所有和个体的民主渴望之间建立了一种西方式的关联。

笔者认为，这种关联是错误的。以现代生产今后将会占优势作为借口，要求中国的社会主义通过“人权”，这是不考虑中国社会现实情况的做法。中国从前没有经历过各种形式的个人私有制，只是从农村家庭联产承包责任制才开始了实践。相反，中国在过去很长一段时间内一直在经历集体所有制，并为国家提供“集体资料”。尽管历史学家如今的研究工作表明，“亚洲式生产方式”的假设似乎越来越应该受到批评，但是中国的所有制历史与西欧和北美国家是截然不同的。

3. 那么，我们力求更好地加以了解的中国的现实情况究竟是怎样的呢？笔者认为，经济发展的现代化与保留了传统性的思想之间的矛盾造就了中国的现实情况，其特点是这种发展即为个人物质产品生产的发展。对于现有的国家机构而言，由此产生的结果具有非常复杂的作用。一方面，我们可以看到最终消费的个人主义模式的引入。但是，这是一个非常浩大的新工程，中国人希望由此能够占有所有的商业收入，尽可能少地“与国家分享”所得，尽可能少地缴纳税款。但是另一方面，我们也可以发现，中国人要求国家继续扮演传统的角色，特别是在灾难面前以及保证集体安全时国家必须发挥的作用。然而，由此产生了悖论：中国的国家并不掌握一个现代国家必须掌握的所有资源。下面让我们对这个复杂问题的主要方面进行具体分析。

一方面，中国的政治领导者应该引入新物质产品的生产和消费（因此，也必须使劳动与由此产生的结果相适应）：

——发挥使新的需求适应中国社会将来可能的发展的作用（例如，私家车的生产与销售、价格稍低的燃油的供应、舒适住房、医药）。因此，国家的经济和政治领导者必须负责建设适应个人消费的必要的基础设施（能源政策）。

——发挥使中国的劳动适应新物质产品的生产与消费，并适应教育、求学、研究、高等级的科技和语言培训等新要求的作用。

另一方面，中国的领导者应该提供集体安全的需要，而不必掌握大量的货币资源，因为中国人对于纳税比较反感，并且中国的税收体制也不完善：

——在面对重大危险事件时发挥对人民群众的安全保障作用（洪

水、地震、冰冻、大规模的干旱）。

——发挥社会凝聚力的作用（提高就业和经济稳定的经济政策、社会保障政策、收入政策、地区政策、工业政策）。

——在各个领域内发挥推动科研进步的作用，特别是对最先进的研究领域给予关注。科研是一种保护民族产业的方式。

——发挥生态保护的作用。

——通过和平的对外政策发挥保护中国人民群众的作用。

——发挥增强民族自豪感的作用。

——发挥国库的作用（央行的美元现金库存）。

很明显，要想在保留旧的集体消费模式的同时还能引入一种新的个人消费模式，就必须付出很大的努力去适应（例如，推行一种现代税收制度）。

4. 笔者认为，工业资本主义的消费模式是需求的载体，而人权和西方民主则是需求的表达方式。由于思想发生了深刻的变革，中国人的生活状况也发生了根本改变，例如，妇女在中国社会中的地位得到了真正的改善。但是我们认为，在如今的情况下，人权的价值观并不符合中国社会运转的需求。我们也不认为民主的价值观（西方观察家所理解的意思）能够在从前未经历过个人私有制的中国社会中轻而易举地解决刚才提到的各种问题，即适应性、社会凝聚力和社会保障，而个人私有制正是民主价值观的起源。在大的危险仍然存在的情况下，即使这些危险只是潜在的、不确定的，眼下最要紧的不是着手进行选举，而是在允许个人追求物质产品的同时，更好地保证集体福祉（基础设施建设、社会秩序、社会凝聚力、集体服务、科研、和平）。

在这样的条件下，国家机构根据几个世纪以来形成的并不断调整的原则运转着，首先就是在重大灾祸或者自然灾难（中国历史上频频出现）面前保证集体安全和国家参与的原则。2008 年四川的地震、2009 年河南的干旱、当前的全球金融危机……这些都是现实的例子。国家机构在承袭它们的历史任务，实行保证社会安全的一般制度，这为它们赋予了合法性。但与此同时，从总体上看，个人对于缴纳个人税款仍然持排斥态度。一种“非正式”的思想在普通群众中比较普遍，社会中充斥着大量没有申报的小职业。然而，缴税在西方人权和公民身份的革命性要求中是处于核心地位的。在笔者看来，中国人对缴税仍然抱有反感态度的事实是一个重要的迹象，表明人权和民主问题还没有进入中国人的思想中。

对中国不尊重人权和民主的攻击似乎只是表面的，深层看来是有政治倾向性的。当地震发生时，政治学家能够承认军队的作用是很难替代的。事实证明，中国军队总是人民群众的首要保护者，他们与中国共产党紧密地结合在一起。从形式上看，刚刚袭击了全球特别是中国的金融危机具有与大地震相同的影响力和破坏力。日益衰退（特别是选举时弃权人数不断增加）的西方民主难道就是一个能够自我标榜的模式吗？与此相反，如果中国政府无法保证人民群众普遍要求的集体安全，特别是经济方面的集体安全，是会受到群众指责的。也就是说，尖锐的矛盾仍然存在。随着中国经济的现代化发展，税收基数正在发生改变。一个新的税收国家必然会出现。

5. 谈到国家的保护任务时，我们自然就会遇到这样的问题：在用传统手段处理这些问题的同时，如何寻求一种符合社会主义理想的现代解决方式？然而，笔者认为，适应现代性的前提条件是，一些行为必须在人们的思想深处消失。

例如，有些人指责中国政府迫使工会制度衰落或不能够很好地为劳动者提供保障。假设这些指责确有其事，中国的工会运动不能够完成工会应当承担的任务。但是，困难在于问题不可能仅凭捶桌大吼就能得以解决。笔者认为，我们应该对中国社会现实的各个方面进行深入了解，有待解决的困难如下。

无论是哪个国家的劳动者，都是在感到有必要的时候才会向工会求助。但是似乎在中国劳动者的思想现状中，如今占主导地位的还是用身边的关系来保护每个个体的观念。如果靠建立个人的社会关系网就足以解决许多问题，那么还要工会干什么？从外部看来，这种行为被视为等同于腐败。但事实上这与现代腐败完全不同。也就是说，如果这种思想是普遍存在的，那么我们就应该能够很容易地理解，现代工会运动在中国劳动者的头脑中还没有占据相当重要的地位。

如若改变这种情况，就必须使将个人关系作为解决劳动问题的旧形式彻底消失。这将是不可避免的。由于生产的现代化，“旧式的小腐败”不再能解决问题。如果一个劳动者对领导表现得十分顺从，认为自己就此可以免于被解雇的危险，但他最后仍然被解雇了，那么他肯定是非常惊讶的。而他被解雇的原因很简单：经济体制的规律使然，没有商量的余地。体制带给他正确的原则，但是这个过程是需要很长时间的，而且还要建立在多方面的心理元素的基础之上。中国的社会主义政府无法通过下发政令来改变这些思想观念。不过，他们正在进行大量的试验，力求深入改变这个传统社会。

四、社会主义与工资制

总而言之，我们所探究的问题，就是中国社会是否在保持其协调性的同时向着社会主义的方向发展。笔者认为，很明显，所谓的“人权”问题构架是很肤浅的。该问题可以提供价值观的判断，但不能作为学术研究。从理论上说，这个问题的目的是对政治立场进行论证。

因此，应该建立一个更稳固的问题研究框架，这正是本文试图做到的。以此为基础的研究可以让我们从一个更有保证的角度出发去认识中国的当代社会。

现实从来不是完美的。中国的领导人认为，中国还处于社会主义初级阶段。由此提出的问题是中国社会能否作为社会主义社会推进发展和稳定。

对个人消费的渴望和对不同部门内雇佣劳动者的集体消费的渴望之间的协调性，为革命的社会主义（或者“反资本主义的社会主义”）的动力提供了保证。正是由于这种协调性被打破，改良主义的社会主义社会才会失去了最初的动力，并最终仅沦为口头上的社会主义。

回到中国社会。经过简单的推理，我们可以说，劳动者或者劳动适龄者的群体可以被分为两个部分。第一个部分（中高层雇佣劳动者）所取得的工资，能满足一定的个人消费和一定的集体消费的要素。然而，这部分人追求充足的集体消费，只有国家能够提供资金，为他们提供所需的条件。此外，个人消费（例如，家用电器）在不存在集体消费（能源生产、供应网络）的情况下是无法实现的。第二个部分（低收入雇佣劳动者和从事小职业的劳动者）所取得的工资，刚好能满足个人的基本消费。因此，他们依靠国家提供工资的补充部分和一定的集体消费，特别是医疗。

当这两类雇佣劳动者互为补充时，一个社会的协调性才能够得到保证。在中国，在这两部分劳动者中就存在一种不言明的联盟，政治机构的任务在于满足这种互补性。假以时日，中国社会主义的成功将由此得到真正的检验。这种协调性主要取决于贫穷的雇佣劳动者能否就以下一点达成共识：只要拥有了他们所需要的集体消费就能继续追求个人消费。另外，与此相补充，较宽裕的雇佣劳动者已经准备在他们自己所需的范围内为集体消费提供资金。

相反，在发达资本主义社会中，我们可以看到，这种联盟关系已经破裂，由此促成了改良社会主义的成功。如今，由于改良主义的社会党拒绝干涉资本主义关系以改变这些关系的最基本的方面，他们的主要支持者就成为代表最宽裕的雇佣劳动者的一类人，这部分人是最能够从全球化的规则中获益的。然而，在此范围内，该类劳动者拒绝为集体消费提供资金，而这些集体消费往往都是必需的。一方面，他们认为他们能够在全球化的进程中很好地保障自己的个人收入（他们本身就是操控者的一部分），另一方面，他们所取得的收入足以令他们获得私人的集体消费，即教育、医疗等。

与此相反，被全球化排除在外的人尽管非常依赖以国家投入的方式获得资助的集体消费，但是很难迫使这项资助额度达到可以接受的质量水平。虽然他们的日常收入刚够维持生计，但是仍然无法使他们获得私人的集体消费，并且他们所获得的公共集体消费正日益萎缩。

因此，两类劳动者联盟关系在凯恩斯时期逐渐破裂，这种破裂是通过被我们视为普世民主和人权价值的危机表现出来的。我们可以看到一种有趣的现象，即西方最保守的人正是那些主张大幅降低赋税的人，他们事实上是在削弱人权的社会公约的基石之一，因为赋税是公民身份的基础。

如果我们对于贫穷的雇佣劳动者和富裕的雇佣劳动者之间具有联盟关系的假设成立，那么这自然也就意味着过去几年对政治马克思主义的系统阐述存在着某些理论上的错误，特别是关于“工人阶级”具有排他性的论述资料。我们可以回忆起来，有些论述提到只有工人阶级受到剥削，而雇员是不受剥削的。事实上，这类关于工人阶级（或者说是物质资料生产阶级）的理论资料为改良主义的社会民主党留下了几乎可以被视为“与生俱来的”任务，即实现不从事物质资料生产的雇佣劳动者的政治愿望。如今，这类理论已被证明是毒害很深的。工人阶级如今已经衰弱，而较富裕的雇员阶级尽管也受到了经济危机的影响，但是与大众阶级渐行渐远，甚至与大众失去了联系。

如今的许多研究忽视了新兴的且十分重要的服务业领域，并试图把注意力都集中在“信息革命”上，认为这代表了工人阶级在现代的延伸。而这些研究无疑走上了与过去的研究相同的道路。

因此，通过对社会主义的普遍性思考，我们可以认为，由于在当今中国，正在成形的不同类型的雇佣劳动者之间的联盟关系更能得到保护和巩固，所以中国特色社会主义的动力更加稳固且持久。

（赵　超　译　马京鹏　校）

中国政治：在追求原有目标进程中的战略转变*

〔德〕赫尔穆特·彼得斯

一、胡锦涛执政之初的社会问题和社会矛盾

胡锦涛在担任中共中央总书记的第一个任期里中国开始对经济战略进行修正。2001 年以来经济增长速度①的再次上升首先导致了社会问题和矛盾的进一步激化。我想举例说明这些问题和矛盾及其成因。

旨在提高国内生产总值的片面导向依然在持续。中央宏观政策的作用首先被地方政府——它们在市场上作为独立主体发挥作用——所削弱。地方政府和行业部门以传统模式的“上有政策，下有对策”来忽视或抵制“中央利益”。在地方政府中流行的趋势是先发展经济，然后处理社会问题，先生产，然后再清除工业化的废物。② 因此，贯彻宏观政

* 本文摘自《中华人民共和国——从中世纪到社会主义》（*Die VR China aus dem mittelalter zum sozialismus*）一书（2009 年出版）。作者赫尔穆特·彼得斯（Helmut Peters）是德国统一社会党社会科学研究院研究员，主持中国问题研究工作 20 年，曾作为民主德国的外交官在中国工作。——译者注

① 2001 年中国的经济增长率为 8.3%；2002 年为 9.1%；2003 年为 10%；2004 年为 10.1%；2005 年为 10.2%；2006 年为 10.7%。

② 参见《人民日报》和《中华工商时报》的评论，2004 年 4 月 29 日。

策的关键问题是克服地方干部和企业不断违反国家法律和规定的情况。

这种经济繁荣以粗放型的生产和再生产为基础，同时伴随着日益增加的负面现象。20世纪90年代中期提出的向高质量增长方式转变的方针对此没有任何改变。一如既往，中国生产的特征是投资愈来愈多，对自然资源的消耗不断增加，生产效率日益下降以及环境污染迅速加剧。为了当时大约占世界国民生产总值4%份额的生产，中国消耗了世界资源中8%的石油、10%的能源、19%的铅、20%的铜以及31%的煤。中国每单位钢铁生产的能耗比世界平均水平高出约40%。在1999年，1%的投资还能生产出1.25%的国民生产总值，到2003年，这一系数就已下降到低于0.4%。在以胡锦涛为首的新领导层于2003—2004年提出“科学发展观”理论之前，“中国的环境污染在很大程度上是‘由政府造成的污染’”，也就是说，这是一种政府允许、肯定和支持的污染。① 可以列举出2006年的几个数字：13亿人口中的7亿人没有干净的饮用水，58%的河流污染严重，已不再适合用做饮用水水源。中国北方大部分耕地（黄土）受到侵蚀和沙漠化的威胁。世界上环境污染最严重的20个城市中的16个分布在中国。这就意味着环境污染是每年60多万例死亡事件的原因。根据世界银行当时的估计，环境污染造成的损失相当于中国国内生产总值的3%—4%，官方机构的计算甚至高达10%。国家环保总局副局长潘岳这样总结这种发展：“中国改革开放20多年取得了西方100多年的经济成果，而西方100多年发生的环境问题在中国20多年里集中体现。”②

中国经济的非协调发展在农业和农村状况上反映得最为明显。直到2004年，它们始终都是作为政府的收入来源，作为工业和城市发展的积累来源而受到“压榨”。这就导致乡村背负了几千亿元的债务。国家将教育、卫生和乡村基础建设等其他部分的开支转嫁到农民身上，此外，

① 来源于同湖南环保局领导的访谈，载《南方日报》，2004年2月11日。

② 潘岳：《环境资源问题已经对建设“和谐社会”构成了严重挑战》，在《绿叶》杂志创刊15周年研讨会上的发言，人民网，2007年2月5日。

农民还不得不通过额外缴纳税费来承担日益膨胀的地方行政开支。“三农”问题中的决定性一环是极其低下的农业劳动生产率。和1949年一样，一个农民的劳动供养仍不超过1—2个人。为了完成占国内生产总值15%左右的农业生产份额，大约需要超过一半的从业人口。从1997年到2003年，农民年均收入增长4%，也就是下降到城市居民年均收入增长的一半。农民2002年的收入甚至比1997年低了大约100元左右。这就影响到农民的生产积极性和投资，尤其是在粮食种植地区。结果是，2002年的粮食种植面积下降到9930万公顷，比1997年减少1460万公顷。粮食产量下降到1984年的水平（大约4.5亿吨）。[①] 与此同时产生的后果是，占全国人口三分之二的农村居民的零售商品购买份额自90年代以来从50%下降到35%。[②] 投资不足的结果是，农村依然是国民经济发展中最弱的一环。农村的资本和壮劳力外流到中国东部和南部的城市。在不少村庄，留下来的都是妇女、儿童和老人。农村成为社会矛盾和冲突的一个尖锐化焦点。

在国内生产总值的绝对值上赶超经济发达的资本主义国家——这一政策的特征在于积累和消费比例关系的制定。经济繁荣从一开始就主要是以出口和投资为基础，而它们又在相当大程度上以外向型经济的发展为导向，这就导致投资率的持续增长。对于一种适度的国民经济发展来说，积累在国内生产总值所占的比例应该在30%左右。而这一比例在2005年已经达到了42%。[③] 结果是消费在国内生产总值所占比例下降和总收入增长迟缓。因此，以2003年为例，居民人均国内需求折算后总共只有400美元多一点。多年以来，居民人均收入的增长明显低于国内生产总值上升的速度。随着工人数量的增加，工资在国民收入分配中所

① 此外，地方政府为建设发展园区等项目而征用耕地，种植面积缩减到已经相当危险的19亿亩（大约1.266亿公顷）。

② 参见国家统计局王东华（音译）的说明，载《中华工商时报》，引自《华声报》，2003年4月30日。

③ 同上。

占的比例却在5年之内从55.1%下降到2003年的49.6%。[①] 农村居民和90年代后半期形成的城市社会弱势群体的收入停滞不前，更不用说农民或者农民工了。单方面以提高国内生产总值为导向在本质上是为了推动经济而推动经济的政策，脱离了中国共产党所倡导的提高人民生活水平的根本目标。此外，消费率的降低还同收入分配方面的社会不公相联系。基尼系数在1981年是0.288，到2003年已达0.46，超过了红线。[②] 用绝对值来说，2004年，居民中20%的最高收入者拥有城市全部可支配财产的40%。中国在一二十年之内从一个没有明显社会差别的国家转变成一个社会两极分化的国家。这种发展不仅埋葬了社会的经济稳定性，而且埋葬了社会的稳定性。社会公众的反应是针对社会不公的强烈抵触情绪和群体性事件。

中国人民银行在2003年10月27日的报告中指出，在投资与消费之间、城乡之间、各行业之间的三种经济发展不平衡之外，形成了第四种不平衡：即中国大部分地区之间发展的不平衡。[③] 尽管官方加强了西部开发的力度，东部和中部以及中部和西部之间在发展方面的鸿沟自20世纪90年代后半期以来就持续扩大。如果将人均国内生产总值的全国标准设定为100，那么中国东部地区超出这一数值两倍多，而中西部则分别为88和70。中西部是农业地区，大约90%的贫困县都分布在这一地区。

中国共产党自20世纪90年代开始推行的公共医疗服务市场化严重激化了人民共和国的社会问题。

在1978年，中国也签署了世界卫生组织（WHO）的《阿拉木图宣言》。因此，它有义务到2000年建立起一个全面覆盖的、人人都能够享受并且支付得起的公共卫生体系。这一目标目前还没有实现。在实行市场经济改革之前，卫生事业在国内生产总值中所占的部分总共仅为

① 蔡昉：《为什么劳动力流动没有缩小城乡收入差距?》，人民网，2006年12月15日。
② 人民网，2006年7月6日。
③ 新华网，引自人民网，2003年10月27日。

1.6%—1.7%。这部分资金中的84%左右投入到城市，使那里拥有了相对现代的医疗设备。通过1997年2月17日的决定，党和政府计划到2010年在农村建立起与“发达国家”居民医疗水平相当或接近的医疗卫生体系。已经规划好的是在几年之内建立起“农村合作医疗制度”。虽然中央和地方政府为推广这一制度提供了部分补贴，但结果却令人非常不满意。绝大多数农民没有接受这一制度。对于他们来说，不能接受的是性价比。① 尽管目前农村在儿童疫苗注射（几乎是100%）、有医生照料的分娩、饮用水供给等方面也取得了明显的进步，农村县城的“人民医院”，特别是下一级层面的“卫生院”在专业人员和医疗设备等方面的装备本身都不能适应农村的简单需求。随着市场经济的实施，本来就不低的医疗费用过度增长。大部分居民因此被排除在医疗护理之外。中国城乡卫生事业的公共设施在很大程度上仅限于供领导干部和富裕阶层使用。老百姓在此之外。

中国实施了9年有偿义务教育。② 在多年的争论之后，尽管1993年就作出决定，教育在国内生产总产值中所占的比例到2000年将提高到4%。到2003年，这一比例曾上升到3.2%，但2005年又再次下降到略高于2%。③ 在公共生存保障这一领域里，市场经济也发挥了与在卫生领域一样的作用。学费飞涨。此外还有其他的额外开支④，尤其是对于进入90年代后半期开始按照西方模式运作的精英大学的那些人而言。在2004—2005年，3年高中（9—12年级）的费用大约为15000元。念4年普通大学的学费一项就有4万到5万元。要知道：当时农民的平均收入大约是3200多元。这种发展趋势助长了大学生的社会选择，有利于

① 例如，在广东省的高明县，地方政府自1999年尝试推广这一制度。条件是：农民家庭作为整体参保，每年基本保费是每人10元（=1.2美元），门诊免费，在卫生院住院最高500元。

② 直到2006年才开始首先对来自贫困农民家庭的儿童上小学和初中实行免费。

③ 2006年决定，教育占国民经济总值的比例在下一年度提高到4%。

④ 例如，在1998年2月14日的教育部公报中批评了中小学，它们利用各种名义收取10种补课费用，额度达每小时80元。当时，这一比例在经济发达的资本主义国家一般是在2%—3%之间，在高技术领域达到10%。

富裕阶层。它也助长了高中毕业生的竞争，即无论如何也要选择精英大学的某个专业学习，以便毕业后自动进入国家的精英阶层。

自20世纪90年代起，中国对资本主义世界经济和国际资源的依赖也极大地加强了。中国经济的发展由于出口比例约占20%而首先依赖于美国的市场。传统的增长方式更是加剧了这种国际依赖性。因此，粗放型生产和再生产就要求迅速增加资源进口。2003年，中国石油需求中的30%就已经必须从国外进口。执着于提高国内生产总值影响了中国经济发展的质量。大中型企业中只有四分之一开展独立自主的研发工作，但其中只有五分之一是持续地开展研发工作。平均而言，研发经费在销售收入中所占的比例仅为0.24%。[①] 自主研发和进口技术的比例停滞在1∶10。即使是中国企业用于技术引进与消化吸收的投入之比也处于不均衡的1∶0.078。[②] 中国每1万家企业中只有3家拥有自主研发的关键技术。2005年，几乎所有玻璃纤维生产设备都依靠进口，同样的，85%的生产集成电路的设备，80%的石化工业设备，70%的数控机床设备，95%的医疗设备和大部分国防技术也依靠进口。

这些问题和矛盾使中国的"经济奇迹"具有了局限性。它们体现在农民、工人和其他居民对于过高的地方税费，对于拖欠工资，对于权力部门的腐败、专制和官僚作风，以及对于其他违反公民权利情形的极度不满。为了使社会发展能够重新置于稳定的基础之上，着手解决这些问题和矛盾就是不可避免而又紧迫的。

二、中国共产党的发展及其战略

新一届最高领导人胡锦涛和温家宝上任之初就追求一种新的、务实的并且透明的工作方式。他们迈出的第一步是解决贫困人口问题、农村

---

① 陈至立：《"世界工厂"呼唤原始科技创新》，在中国科协2005年学术年会上的讲话，人民网，2005年8月30日。

② 同上。

问题和经济问题。在2002年12月4日纪念宪法实施20周年的讲话中，胡锦涛强调了宪法的权威性。他讲到，全国各族人民、一切国家机关和武装力量、各政党和各社会团体、各企业事业组织，都必须以宪法为根本的活动准则，并负有维护宪法尊严、保证宪法实施的职责。

2003年2月底，中共中央委员会第二次全体会议讨论了行政管理体制改革和机构改革，其目标是继续从“计划经济政府”向“市场经济政府”转变；致力于建设“服务型政府”，其主要任务是：运用经济、法律和行政手段进行宏观经济调控，创造有利于市场和企业发展的良好环境，弥补市场缺陷，做市场做不到和做不好的事情（例如，公共支出）。① 这一提议在一个月之后的十届全国人大一次会议上获得通过。

（一）“科学发展观”

在2003年10月召开的第十六届中央委员会第三次全体会议上，中国共产党通过了《中共中央关于完善社会主义市场经济体制若干问题的决定》，内容是在前期业已存在的经济体制中扩大市场的作用，继续全面推进已经基本建立的以公有制为主体、多种所有制共同发展的制度，提高已有的对外开放的水平。决定包括成立一个特殊机构管理国有资产，确定产权变更时对国有资产评估的标准，集中精力发展现代的、具有国际竞争力的中国大公司、大企业集团。②

中国共产党的十六大之后，关于迫切的经济问题和社会问题及其解决途径的公开讨论更加全面和深入了。在如何正确地和最好地发展经济的问题上，党内的意见分歧很大。和从前一样，大多数党内领导干部持有必须首先提高国内生产总值，然后解决所有其他问题的看法。在这一背景下，媒体中的争论以此立场为开端，鉴于就业率和居民收入落后于经济的高速增长，讨论到生产的目标问题。“如果经济增长不能带动就

① 李兴山（中央党校教授）：《我国建立社会主义市场经济体制的回顾与展望》，载《解放日报》，转引自人民网，2003年10月14日。

② 这些大公司大企业集团，如已经提到的，在结构和组织上仿效了资本跨国公司。

业率的相应提高，不能拉动居民收入相应增加，我们增加生产、发展经济的目的就没有完全达到。”增长必须与发展并重。①

2003 年 10 月通过的中央委员会第三次全体会议的决定中包含这样一个段落，在没有直接提及片面提高国内生产总值这一导向的负面影响的情况下，中央委员会将在未来从整体上考虑经济发展中的社会复杂性。前面已经提到的“科学发展观”便是从中发展出的，它深刻地影响了中国共产党在 2004 年初正式公布的文本：“坚持以人为本，树立全面、协调、可持续的发展观，促进经济社会和人的全面发展”②。这就意味着把人置于中心地位，和城乡及各地区的全面发展、经济与社会的全面发展、人与自然的全面发展、国内发展与对外开放的全面发展协调一致地向前推进改革开放。从过去的发展阶段中总结出一个决定性的教训，这是党和国家的新一代领导层所采取的第一个根本性的战略修正。

在官方宣传上，这一社会发展的新起点被定义为“研究和解决当代中国社会发展问题的理论体系”，中国共产党“世界观和方法论的集中体现”和“中国现代化建设的道路、模式和战略”。它是“以经济效益、社会效益和生态效益的协调以及当前利益与长远利益、整体利益与局部利益的统一为出发点的新的发展理论”③。

环境政策是胡锦涛和温家宝领导层在社会发展问题上新起点的一个例证。今天的领导层对生态问题高度敏感。为了保障 1.08 亿农村人口的饮用水供给，（中国）自 2006 年以来投资了 238 亿元；为了净化多个湖泊和 8 条河流，向 2712 个项目提供了 510 亿元经费。到 2020 年，中国将实施一个现代化的水资源管理体制。自从《可再生能源法》生效之后，中国领导层就致力于能源行业的生态改建。仅在 2007 年就投入 108 亿元用于可再生能源的扩建。2009 年，预计用 1 亿元补贴节能灯项目。

① 王宇：《中国经济能否持续增长　需改变高增长低就业模式》，载《中国经济时报》，转引自人民网，2003 年 7 月 1 日。

② 《中国共产党十六届三中全会公报》，载《人民日报》，2003 年 10 月 15 日。

③ 黄龙保：《科学发展观：当代中国的社会发展理论》，载《光明日报》，转引自人民网，2005 年 12 月 13 日。

现在，大型建设项目都必须进行环境评估。领导层努力争取到2010年对二氧化硫排放实施严格监管和全面控制。“政府允许环境污染”已经成为过去。

中国共产党的这一新理念也开始确定了党和政府在宏观政策中要致力于完成的任务。这涉及扩大内需、降低就业压力、国家负担生存保障、加快建设社会保障体系和农村基础设施、在稳定的基础上扩大粮食种植面积、确保农民收入增长、调整生产结构、提高新兴工业产业对国民经济发展的作用以及扩大出口。这些努力的总体目标是让全社会都享有改革开放的成果，调节整体需求，保障经济的稳定增长。

中共中央政治局在2002年12月底的会议上①对党的政策实行了另一个本质性的转变。把解决好农业、农村、农民问题作为全党工作的重中之重。中央委员会和国务院在2003年12月31日发表了《中共中央国务院关于促进农民增加收入若干政策的意见》。对农民，尤其是种地农民生产积极性的物质激励重新在党的农业经济政策中占据重要地位。不过，党的政策在农业领域最大和最深刻的改变在于，农业经济不应再服务于工业化，农村不应再服务于城市，而是相反，工业应反哺农业经济发展，城市应支持农村发展。赋予三农问题的这种意义还表现在——如同中央和政府20年前曾多次所做的那样——再次于年初把中央一号文件的工作任务确定在这一领域。党的长期目标是建设社会主义新农村。

以胡锦涛为总书记的新领导层在执政第一年就已经采取措施，向前推进党的民主建设。首先是胡锦涛本人努力在党的生活中实施、确立新的民主模式。不仅通过了一系列关于开展党内民主生活、党委作用和党员权利的规章制度，而且领导层为了加强城乡基层党组织建设，还在实践中尝试让民众参与基层党委选举中的干部选拔，在乡一级直接选举书记，允许多个候选人竞争一个干部岗位并推广无记名投票。其中也包括

① 中共中央政治局会议现在是和学习中国社会发展基本问题结合在一起的，每次都由指定的学者作报告开始。

这样的试验，即让为选举地方党组织而召集的党代会在整个任期内都存在，并赋予其在自己的选区内开展党内民主生活的权利和义务。然而，事实已经证明，单是针对各级和各单位一把手权力的党内生活正常化就是极其困难的。

在2002年底的全国组织工作会议上，胡锦涛指出了党在发展新阶段的目标、方向和任务：保证党作为工人阶级和人民的先锋队的作用，确保党在中国特色社会主义建设中的领导地位，落实“三个代表”的任务，提高党的战斗力。如他所言，党必须以最严格的标准要求自己，必须发展能力，不断提高党的领导水平和执政水平，抵御腐败和控制风险。马克思主义理论的发展应该和组织建设、工作方式的发展联系起来。胡锦涛要求，党的基层组织建设必须和巩固阶级基础及群众基础、高素质军队领导干部建设、坚强的领导层建设同时进行。2004年2月到10月间，中央委员会依次通过了一系列贯彻上述方针的决定。① 为了更有效地进行纪律监督和反腐败斗争，中央纪律检查委员会和监察部在各个层面上一直独立工作的机构自2004年4月开始进行合作。

这一向关系到（无论过去还是现在）建立党内民主的制度。这一制度的基础是保障党员的民主权利，重点是党委和党代表大会制度。这一向关系到解决权力在各个层面上一直高度集中的问题。在胡锦涛和温家宝的领导下，似乎可能解决这些问题了。2003年8月，在党的领导层召开夏季研讨会讨论这一议题之前，一篇文章绝非偶然地发表在中央党校的刊物上。其中要求“从高度集权走向合理分权”②。作者认为，在过去20年里，没有成功地将集权体制转变到“合理分权体制”。党委的权力一直掌握在“主要领导者”手中。权力必须归还给党组织。作者强调“将党的领导纳入社会主义民主法制轨道，做到依法执政”这一任务的迫

① 其中包括《中国共产党党内监督条例（试行）》、《中国共产党纪律处分条例》、《党政领导干部辞职暂行规定》、《中共中央关于加强党的执政能力建设的决定》、《中国共产党党员权利保障条例》等。

② 薄贵利的文章发表在《学习时报》，转引自人民网，2003年8月3日。

切性。在这个意义上，还必须“将政府应有的管理自主权归还给政府”。

在2003年至2006年之间，媒体上发表了不少文章，其中有一些作者采用类似的方式表达了对于在党的机构中利用权威行使权力的看法，以及对党内民主匮乏的看法。一再涉及的是一把手的权力和日益蔓延的腐败之间的关联。①

对“科学发展观”的认识和问题：

1. 胡锦涛和温家宝领导层运用科学发展理念对中国共产党的理论和实践进行了第一次战略修正。

这一理念绝不仅仅是对国内生产总值绝对值快速增长的片面导向的简单改变。它首先是在抛弃这样一种政策——即在评价国民经济和社会发展时遵循资本主义方法——的方向上迈出了关键性的一步。同样重要的意义在于，这一理念一开始就宣布以人（及其需求和作为主要生产力的作用）为本。从中还可看到，这可能是改变中国传统文化中根深蒂固的观点——将人民仅仅视为群体，而不考虑其个体，将其视为个体的人民，公民的人民——的第一步。

2. 在胡锦涛和温家宝新领导层就任时，党内形势比公开发表的党的文件中所反映出来的要复杂得多。中国作者的评估——他们高度一致的叙述几乎不容置疑——当然取代不了分析。不过，他们还是在某种程度上描述了党内的现实情况。如果党内民主对于一场成功的反腐败斗争是绝对必要的，那么就可以从地方领导干部持续不断的、日益蔓延的腐败中得出结论，在很大程度上，党章中的民主规则无论在过去还是现在都没有对实际的党内生活产生影响。

3. 中国学者得出的两个结论值得思考：一是稳固确立的、持续实践的党内民主是遏制腐败的最有效保证；二是高度集权的体制是产生腐败

---

① 在以下媒体和刊物中有所报道：黄建良：《“一把手”的权力该有多大——中国水利水电第八工程局局长湛世明受贿独罪的教训》，人民网，2003年7月3日；邵道生：《怎样监督“第一把手”》，载《党建》，2004年第1期；《中纪委副书记夏赞忠就党内监督条例答记者问》，人民网，2004年2月18日。

的原因。[1] 这就是说，为了能够有效地反腐败，需要对现行政治权力体制进行改革。这一步不仅由于那些腐败的领导干部的抵制，而且也由于不允许危害到社会的稳定而变得高度困难和复杂。还存在这样的问题，即中国在既定的内外环境下，是否确实还继续需要某种程度的高度集权，以保持社会主义的导向。另一方面，迄今已表明，腐败是不能自上而下地得到控制的。

（二）“社会主义和谐社会”

胡锦涛和温家宝领导层通过科学发展观修正了经济发展中片面追求提高国内生产总值的倾向。而提出构建“社会主义和谐社会”的必要性是中国共产党对两种发展趋势的回应。

第一个是对日益尖锐的多个阶层利益冲突——它使中国社会面临分裂的威胁——的回应。社会的改变已经不仅仅使社会分裂成利益错综复杂的阶级和社会阶层。在几乎毫无约束的市场经济条件下，还形成了这样一种社会氛围，这种氛围首先是在经济发达地区由于资本状况而具有很大影响，进而使社会意识受到影响。“今天的社会主流意识，充斥着物质主义、消费主义。舆论、广告乃至家庭教育无一例外地不告诉你，人的成功、幸福就在于物的占有、物的消费，在于名房、名车、名服、名表、名鞋，在于进出五星级、挥杆高尔夫、潇洒夜总会……中国的绝大多数人不可能过这种生活……”[2]

第二个回应来源于这样一种认识，即为了实现国家的现代化，必须动员一切力量，以便抵御西方资本主义长期施加的强大经济、政治和军事压力。也许并非偶然，很长时间之后，在中国共产党公开发表的文件中重新提到从外部威胁中国的“敌对势力”。

---

① 载《人民日报》，2004年8月31日；此外参见《反腐败斗争迫切需要民主》，载《南方都市报》，2004年10月1日。

② 徐景安：《关于“以人为本”》，载《南方周末》，2007年10月11日，转引自南方报业网。

中国共产党的十六大就已经关注了这一社会问题，当时提出要使社会“和谐”地发展。进一步的内外发展迫使党的领导层作出更强烈的回应。现在已不再是关于“和谐”地塑造发展的问题，而是要从根本上发展一个“社会主义和谐社会”。2004年9月，十六届四中全会提出了这一任务。因此，关于社会进程的官方出发点也改变了。重要的是，不再按照所拥有现代化资源来区分社会阶层和社会群体的倾向，而是强调他们在“民族复兴”中的共同点。两年之后，即2006年10月11日，十六届六中全会通过了《中共中央关于构建社会主义和谐社会若干重大问题的决定》。①

中国共产党如何理解“和谐社会”，又赋予它怎样的意义呢？胡锦涛总书记称之为“应该是民主法治、公平正义、诚信友爱、充满活力、安定有序、人与自然和谐相处的社会”②。在另一篇文章中，则将“和谐社会”同“国际形势发生深刻变化和我国改革发展进入新阶段的关键时期”联系起来。“‘坚持最广泛最充分地调动一切积极因素，不断提高构建社会主义和谐社会的能力。’这对于我们整合社会力量，协调各方面的利益关系，减少社会矛盾，维护社会稳定，巩固党的执政地位，推动经济发展和社会进步，具有十分重要的理论和实践意义。”③ 在十六届六中全会的文件中，“和谐社会”被称为中国特色社会主义的本质属性，和谐被视为“国家富强、民族振兴、人民幸福的一个重要保证”。

从中国关于这一难题的各种文章中，可以得出如下的普遍结论：

1. 如同中国现在正以“社会主义和谐社会”为目标一样，中国共产党将“社会主义和谐社会”理解为核心上是一个长期稳定的社会，在这一社会中，一切社会力量都在合法的利益均衡基础上达成全国协调一致，都竭尽全力为“中华民族的伟大复兴”而奋斗。

2. “和谐”这一概念包含了矛盾的存在。它表明，这些矛盾必须得

① 新华社，转引自人民网，2006年10月16日。

② 载《人民日报》，2006年2月6日。

③ 栗战书：《努力提高构建社会主义和谐社会的能力》，人民网，2005年1月25日。

到及时有效的解决，才不会损害社会的平衡。

3. “和谐”这一概念也被应用到国际关系上。中国共产党长期致力于一个“和谐世界”。在这里，也是关于利益平衡。其中既包括对国际力量对比中对抗性矛盾的认可，也包括这样一种观点，即在力量对比发生变化的情况下，通过和平的途径使现存资本主义世界的经济政治秩序实现民主化。

尽管没有面面俱到，这一决定仍是关于到2020年建设社会主义和谐社会的一份纲领性文件。它详细研究了需要解决的各项政治、思想、社会、文化和生态任务。然而，这一社会应在怎样的经济基础之上发展则基本被排除在外。

这份文件使人们能够很好地了解中国共产党当前的社会战略，能够了解党的长期战略和政策所关注的社会问题。让我们暂时搁置一般的概念，最简要地关注一下关于如何构建和谐社会的具体论述：

1. 借助更多的国家投资，在共同富裕的情况下，发展一种符合生态的现代农业和拥有扩大了的服务业（教育、卫生事业、社会保障等）的现代化农村；保障农民土地承包经营的各项权利，发展农民的各种专业合作组织。

2. 与公共服务业发展联系在一起的协调的地区发展，发达地区对欠发达地区和民族地区的支援。

3. 通过统一的劳动力市场来保证一种相对的充分就业；保护所有劳动者的合法权利和利益；实行劳动合同制；严格执行国家的劳动标准和劳动保护标准；健全劳动保障监察体制和劳动争议调处仲裁机制；扩展职业培训和技能培训。

4. 优先资助教育，把财政性教育经费在国内生产总值中所占的比例提高到4%；发展公共教育；实行免费的九年制教育；建设学习型社会；使人人有知识，个个有技能。

5. 建立一种覆盖城乡居民的基本医疗卫生保障制度；坚持公共医疗卫生事业的公益性质，为群众提供有效、方便、价廉的公共卫生和基本医疗服务；提高重大疾病预防控制能力和医疗救治能力。

6. 文化的社会效益优先，坚持把发展公益性文化事业作为保障人民文化权益的主要途径；加快建立覆盖全社会的公共文化服务体系；在国家相关法律的基础上培育国家控股的以及非公有资本运营的文化产业。

7. 加强环境治理保护，促进人与自然相和谐；以解决危害群众健康和影响可持续发展的环境问题为重点，从源头上防控环境污染，谁污染谁赔偿。

作为和谐社会存在和发展的基本条件，社会公平正义被强调出来。为了保证公平正义，应当创建这样一种社会，即保障人民在政治、经济、文化、社会等方面的权利和利益，引导公民依法行使权利、履行义务。相关的具体论述如下：

1. 坚持党的领导、人民当家作主和依法治国的有机统一；公民有序地政治参与和管理国家事务；依法保障公民的知情权、参与权、表达权、监督权。

2. 公民在法律面前一律平等；尊重和保障人权；依法保证公民的权利和自由；依法巩固、行使和制约权力。

3. 建设公正、高效的司法制度；有人民陪审员和律师参加的公开审判；加强人民监督。

4. 加大财政在教育、卫生、文化、就业再就业服务、社会保障、生态环境、公共基础设施、社会治安等方面的投入；明确中央和地方的事权。

5. 坚持按劳分配为主体、多种分配方式并存的分配制度；加强收入分配宏观调节，着力提高低收入者收入水平，逐步扩大中等收入者比重，有效调节过高收入①；建立农民增收减负机制、健全最低工资制度。

6. 建立社会保险、社会救助、社会福利、慈善事业相衔接的覆盖城乡居民的社会保障体系；加强对困难群众和灾民的救助；发展以扶老、

① 温家宝总理2009年2月28日在人民网与网友在线交流时的论述可以被摘引。按照中国共产党的观点，只有在经济发展和逐步提高中低收入的基础上，才能缩小现在过大和不公的收入差别。

助残、救孤、济困为重点的社会福利。

7. 建立社会主义核心价值体系[1]；马克思主义作为和谐文化的基本内容，吸收马克思主义中国化的最新成果；发扬优秀传统文化，吸收人类文明的优秀成果；反对拜金主义、享乐主义、极端个人主义；培育社会道德规范。

关于规范政治权力及其政策，文件中有如下重要论述：

• 为人民服务和执政为民是党的任务，以党内和谐促进社会和谐，推进党务公开，完善党政领导干部和党代表、人大代表、政协委员联系群众制度；

• 建设服务型政府，重点是发展公共生存保障和解决公民问题；

• 建立由党和政府为主导的确定、调控和维护权益的机制，发挥所有类型的社会组织提供服务和维护公民利益的作用；

• 提高军队应对危机、避免战争和打赢战争的能力；

• 坚持独立自主的外交政策，加强对外开放，在和平共处五项原则基础上，遵循互利共赢的开放战略与世界各国交往。

中国共产党在社会保障、就业政策和其他领域已经取得一定的、部分上可观的成果。但是按社会要求来衡量，还有许多工作要做。此外还有其他问题。例如，在制定和实施《劳动合同法》过程中或在实施最低工资标准过程中遇到的困难就表明，在许多领域都存在着需要认真对待的利益冲突，这使得问题的解决变得困难。例如，2006 年 1 月 1 日生效的《劳动合同法》的核心内容是，清除 20 世纪 90 年代产生的资本主义恶性肿瘤，保障并落实工人的权利。为了确保这项规定，在《劳动合同法》中加强了工会和代表工人利益的职工代表的地位。同时也要保障资

---

① “核心价值”包括：作为指导思想的马克思主义，作为核心的有中国特色社会主义理想和爱国主义，作为核心的改革开放的时代精神和社会主义荣辱观。胡锦涛在 2006 年 3 月 4 日提出“八荣八耻”作为社会主义道德的标准：以热爱祖国为荣，以危害祖国为耻；以服务人民为荣，以背离人民为耻；以崇尚科学为荣，以愚昧无知为耻；以辛勤劳动为荣，以好逸恶劳为耻；以团结互助为荣，以损人利己为耻；以诚实守信为荣，以见利忘义为耻；以遵纪守法为荣，以违法乱纪为耻；以艰苦奋斗为荣，以骄奢淫逸为耻。

本方面的合法利益。在起草和讨论该法律文本的时候，资本方面就已经力求删除该法律的核心内容。自该法律生效以来，资本方面继续进行抵制，称该法律将过度增加劳动成本（“不可能的使命”）。由此而受到影响的是按规定签署的劳动合同以及对这种规定的遵守（例如，支付社会保险和赔偿、定期支付工资、遵守劳动保护规定）。这种抵制随着2008年秋国际金融危机和经济危机的爆发而更加强烈了。因此，珠三角地区职工参加社会保险的比例在2008年11月仅为50%。① 省劳动厅尽可能地容忍了这种情况，可能因为保持就业岗位和生产是国家的优先利益。新自由主义力量在广东反对国家制定最低工资标准的抵制活动似乎同样是不可动摇的。他们要求，让自由的劳动力市场去调节最低工资。②

对“和谐社会”的认识和问题：

1. 通过有关和谐社会的文件，胡锦涛和温家宝领导层对中国共产党的理论和实践进行了第二次战略调整。

在尖锐的社会问题和社会矛盾的推动下，中国共产党在其历史上第一次在中央全会上重点研究社会问题。其中的重点在于改善人民的生活条件，建立社会公正的收入关系，达到共同富裕。因此，《决定》超出了日常问题范畴，是具有根本意义的文件。联系中国共产党过去的社会政策和资本主义国家的发展，这份文件应当被看做是新自由主义社会政策的替代方案。以人为本的思想将要决定规范其社会关系的政策。

2. 中国共产党通过和谐社会的概念，回溯到中国传统的孔子哲学思想和儒家大同理想，即小康社会符合“和而不同”的传统中国观念。这幅传统画卷表达了天、地、人之间的和谐与统一，保证了它们之间的一种动态平衡，同时肯定了人与人之间存在的差别。

3. 显然，中国共产党建立“社会主义和谐世界”的长期战略目前

① 《珠三角就业调研：企业生存与劳工权利如何平衡》，载《21世纪经济报道》，2008年11月25日。

② 《关于“多项劳保政策不科学最低工资不该由政府定”的激烈争论，60%的互联网用户反对》，载《南方日报》，2009年2月15日。

遇到了巨大障碍和抵制。文件中“我国社会总体上是和谐的”的评价就已经和社会现实不一致。文件中提出的许多任务都是老问题。[①] 这些老问题是引发不满和抗议的动因。这些老问题的原因不能首先归结于缺乏解决问题的条件。我认为更多的是在于政策，尤其是地方的政策，不论是在过去还是现在——无论是出于什么理由——都没有或者没有充分地关心这些问题的解决。[②] 如果不从根本上改变这种实践行为，那么在实施所颁布的纲领时就会遇到巨大的困难。

4. 关于行使政治权力，这份文件包含了两种相互矛盾的叙述。一方面称党为人民执掌国家政府；另一方面又讲，要保障公民对国家、经济、文化和社会事务的领导。到目前为止，显然第一种方式是正式的。这和日本、韩国存在的“政府主导的市场经济”的观点有些类似。文件中的第二种叙述是否将在这一重要领域里实现，还需要等待。

自20世纪90年代以来，中国共产党的领导层来愈来愈多地由知识分子组成。这相当于由精英领导国家。从长远看，这种情况将不仅危害到党的阶级基础，也将固化当前的状态，即国家、机关和官僚主义过度主导了国家和公民的关系。因此，必将发生更多的紧张和冲突，社会将极大地丧失进步的动力。

5. 文件断言，中国还将长期处于发达（资本主义）国家的压力之下，敌对势力还将危及国家安全与社会稳定。我认为这种简要论述是富有启发意义的。它给人的印象是，中国共产党在最实用主义地处理与美

① 老问题就是长期没有解决的那些问题，它长期影响广大人民群众的生活，但其解决一再被推迟或进展缓慢。中国互联网用户列举了下述老问题：制约权力、保障公民权利、清除腐败和建立诚信政府、发展公正司法、保护环境、粮食安全、医疗卫生改革、创造就业岗位、解决中低收入居民的住房问题和发展教育。参见《两会要解当务之急，更要谋长远之计》，载《南方都市报》，2009年3月3日。

② 我列举几个相关的例子：例如，党政机关干部每年耗费几千亿元公款用于汽车、餐饮和国外旅行，但教育经费占国内生产总值的比例是如此之低，以至于不能全面实行免费的九年义务教育。尽管党多年在讲反腐败斗争，但腐败今天似乎比以往更强烈地侵蚀着社会肌体。尽管党多年来在文件中突出农业和农村对整体发展的意义，但却容忍农业、农村和农民生活中的社会问题和矛盾堆积与激化。

国及其他主要资本主义国家的关系时，充分考虑了中国和资本主义核心之间在战略和政策上的对立矛盾。

（三）中国共产党第十七次全国代表大会

在建设和谐社会的决定中讲到，这项事业的关键在党。为了保障和谐社会的建设，需要进行党的执政能力建设和“先进性建设”。

中央委员会在2004年9月的四中全会上已经通过了《关于加强党的执政能力建设的决定》。在这份文件中，谈到进入21世纪之后的新时期，主要涉及了国际局势发生的深刻变化、科学技术的进步、各种思想文化的相互影响、敌对势力对中国实施西化的图谋、国内社会利益关系的复杂化、不断出现的新情况新问题以及新的挑战和机遇。从中得出的结论是，党的执政能力关系到社会主义、党和国家的兴衰成败。

2005年党政干部发表的一系列文章中称，鉴于社会变化和利益分化，为了有利于巩固执政基础，党进行了转变。党必须在“巩固执政基础工作中转变理念，从‘在阶级对抗中找同盟’的思维转变到‘在阶层和谐中求共赢’的思维”。作者通过官方观点论证这种转变，即在中国“现在社会各阶层已经不是传统意义上争夺生产资料占有权的阶级关系”。在中国只有社会主义的劳动者。①②

2004年11月，在党的领导下，开展了保持党员先进性教育活动。③

作出这一决定，是以研究了中国共产党在21世纪初面临的形势为基础的。为了保障社会主义和谐社会的发展，这次活动被视为党的建设的根本事业。“先进性的建设”以加强执政能力和提高执政水平为指针。具体目标是“提高党员素质，加强基层组织，服务人民群众”。这次活动从2005年1月到2006年6月分三个阶段在7000万党员中开展。根据

① 彭心安：《社会阶层分化对党的执政基础的影响》，转引自人民网，2005年12月5日。

② 关于党的执政能力建设的激烈、批评性讨论，可参见人民网，2004年9月23日，2004年9月19日，2004年10月15日，2004年9月17日。

③ 这一决定的有点冗长的名称为：《中共中央关于在全党开展以实践“三个代表”重要思想为主要内容的保持共产党员先进性教育活动的意见》。

官方的评价，通过这些措施，能够改善马克思主义教育、党性教育和基层组织的战斗力。这就是说，党的建设中的一系列热点问题、影响广大人民群众、影响改革稳定的一些问题将“在某种程度上”得以解决。

2006年1月，推出了反对腐败蔓延的新举措。从2003年到2007年7月，披露了136570件腐败案，157569人牵涉其中。30个案件牵涉到省部级干部，腐败——西方记者在发自中国的报道中总是谨慎地避之不提——目前绝不仅是一个存在于中国的问题。在“透明国际”2007年9月26日关于国际腐败状况的报告中，中国在180个国家中和巴西、印度一道排在第72位。

2007年10月15日至20日召开了中共十七大。胡锦涛领导下的[①]党的领导层在党代表大会上提交了一份出色的、关于国家在上一个任期内发展情况的总结报告。大会的标语是“中国特色社会主义理论”和到2020年全面建成小康社会。之前中央全会关于科学发展观与和谐社会的观点在党代表大会上得到肯定，并作为指导思想写入党章。

在中央的报告中，第一次全面描述了“中国特色社会主义理论”：

> 中国特色社会主义理论体系，就是包括邓小平[②]理论、“三个代表”重要思想以及科学发展观等重大战略思想在内的科学理论体系。这个理论体系，坚持和发展了马克思列宁主义、毛泽东思想，凝结了几代中国共产党人带领人民不懈探索实践的智慧和心血，是马克思主义中国化最新成果，是党最可宝贵的政治和精神财富，是全国各族人民团结奋斗的共同思想基础。中国特色社会主义理论体

① 胡锦涛公开拒绝像他的前任江泽民那样被称做新领导层的“核心”。

② 邓小平是改革开放路线的总设计师。其理论包括社会主义初级阶段理论（在不发达国家建设社会主义的新道路）、社会主义市场经济理论（计划和市场只是经济手段，在社会主义和资本主义都可以用）、“主体社会主义”理论（此外也包括其他社会有助于社会主义发展的基本元素）和“通过学习资本主义”建设社会主义的论题。邓小平因此创造了“科学社会主义的时代发展”（载《中国青年报》，引自人民网，2004年7月15日）。但邓小平也持今天不再引用的观点，即如果利用资本的结果是导致社会极化并出现资产阶级，那么社会主义就失败了。

系是不断发展的开放的理论体系。《共产党宣言》发表以来近一百六十年的实践证明，马克思主义只有与本国国情相结合、与时代发展同进步、与人民群众共命运，才能焕发出强大的生命力、创造力、感召力。在当代中国，坚持中国特色社会主义理论体系，就是真正坚持马克思主义。①

党代表大会接受了邓小平的预测，即中国将长期处于社会主义初级阶段。在经济文化条件落后的中国，巩固和发展社会主义可能需要十几代人坚持不懈地努力奋斗。

借助科学发展观，党代表大会提出了实现2020年目标的新要求。在这段时期内，要实现中国社会经济、政治、文化、社会和生态的持续、高质、高效的发展。为了实现这种质量飞跃，要加速过渡到集约、生态和可持续的发展。

这种发展的标准不仅仅是提高国内生产总值，而是还有其他标准，诸如技术进步、高质的结构发展、制度革新、提高劳动者的质量等。②国内生产总值在2000年到2020年期间翻两番，现在是相当于每人生产4000美元。可以预见，经济发展将与社会发展有机结合起来，中国到2020年将转变成“创新型国家”。党代表大会据此认为，在这个时期内，将“在很大程度上”提高科技对国家发展的贡献。③ 通过相应地扩大消费在国内生产总值中所占的比例，努力实现经济的推动力、消费、投资和出口之间的均衡关系，从而降低国家对世界经济的依赖。④

鉴于社会陷入“分裂的社会”，党代表大会要求将改善民生作为社

① 引自中央编译局翻译的原文。

② 参见孙蚌珠：《“发展”取代“增长”：发展理念的转变》，载《中国教育报》，2007年11月13日。

③ 在一次关于科技发展的国务院会议上，科技部部长徐冠华给出到2020年的目标，即全社会研究开发投入占国内生产总值的比重提高到2.5%（2004年为1.23%）以上，力争科技进步贡献率达到60%以上。中国2006年在科技发展投入已经比美国之外的任何国家都多。党代会的文件中在制定具体目标时没有给出具体数字。

④ 在党代表大会之前，中国媒体提到应当将积累和消费比例从目前的44:55降到35:65。

会建设的重点。① 要实现“使全体人民学有所教、劳有所得、病有所医、老有所养、住有所居”。这就涉及通过社会救助、社会福利、慈善事业的支持，满足失业保险、医疗保险和养老保险等方面的“基本”需求。其中主要涉及收入在生存线或以下的社会阶层。所有人都应凭借教育和工作岗位所赋予的机会，最终自主地生活。在国民收入中，对日益增加的居民收入部分进行更加“公平公正”的分配。实行“工资正常增长机制”（还包括农民工）也在预计之中。

党代表大会宣布，随着党的领导地位的完善，要走上削减集权和建立权力运行社会监督的道路。党内民主发展要走在社会各方面民主的前面，并发挥表率作用。行政体制改革的重点是向服务型政府的过渡、扩大民主的法律制度和选举制度、农村和城市社区的基层群众自治。

党代表大会对中国社会中“错误和腐朽思想”的蔓延、日益增多的思想混乱和道德败坏的趋势作出了反应，要求发展“社会主义核心价值体系”并将其作为具有决定性意义的思想和道德在全社会贯彻实施。其核心是巩固“马克思主义作为主导意识形态”的地位并使全体公民团结在“中国特色社会主义”的共同理想之下。这一普遍任务的提出和将民族性扎根于“祖国传统文化”精华的努力联系在一起。在坚决反对“西方价值共同体”的政策方面，党代表大会对友好地、有成效地同国际文化相处表示赞成。中国将“吸收各国优秀文明成果，增强中华文化国际影响力”。②

党代表大会认为，“党的执政能力建设和先进性建设”是极为迫切的，并为完成这一任务提出了五个重点：

---

① 这意味着，“使民生、民利和民富成为发展与一切决策的根本点、根本原则和根本目标……这就是说，要正确处理效率和公平的关系，修正把利润最大化作为发展目标的思想禁忌，树立把人民生活极度富裕作为发展目标的思想”。（人民网，2007 年 6 月 4 日，中国共产党新闻栏目）

② 孔子学院是传播中国文化和语言的公益组织，它的成立就是这样一种“增强中华文化国际影响力”的途径。几年来，这个组织已经在德国的一系列学校建立起来，如柏林、汉堡、特里尔和纽伦堡－爱尔朗根。

- 加强思想建设（“坚定理想信念”）；
- 加强组织建设（造就高素质党员和干部队伍）；
- 加强工作方式建设（保证党和群众的密切联系）；
- 加强制度建设（例如，完善民主集中制）；
- 加强反腐败斗争和“弘扬新风正气”（完善惩罚制度和预防腐败）。

这项党的建设新工程的依据是“世情、国情、党情的发展变化”。明白地讲就是，社会矛盾和社会问题反映到党内，损害了党的执政能力。通过这项工程，党将会清除这些现象，并使党（的形象）得到有利维护。

中国共产党在十七大上的出发点是国与国之间相互依赖的加深。因此，为了维护和发展人类的利益，只能共同地、平等地、和平地去应对21世纪的全球挑战和地区挑战。从中国的观点来看，这个任务最终只能在一个为保障各国及整个世界的生存和繁荣而实现力量和利益均衡的世界里，即一个“和谐的世界”里完成。

对十七大的认识和问题：

1. 党代表大会的准备和召开都表明，胡锦涛总书记领导下的领导层决心推进党内民主和透明，并将其作为塑造社会各个领域的前提和表率。

2. 从大会的导向可以推断，中国在解决社会问题的进程中将对社会政策进行一种崭新的安排和布局。

3. 党代表大会上对中国特色社会主义理论的描述再次表明，中国共产党40年来常用的关于马克思主义“中国化”的一般表述——不论在具体情况下该如何评价它——都被视为党在中国的条件下，在各个发展阶段应用马克思主义的普遍努力。

然而对于我来说，大会对这个理论的描述仅限于指出其运用马克思主义的源泉和特点。它还没有包含这个社会主义相对于其他“社会主义”的国家特殊性。这在客观上也不可能，因为还不存在能从中得出这一理论的实践。

4. 在我看来，中国共产党在中国的现实情况下也不是连续地、简单发展地运用马克思主义。毛泽东和邓小平在这个问题上有着根本性的断裂，有着完全不同的另一种理解——无论是关于马克思主义的普遍原则还是对中国国情的估计。即使是邓小平和今天的中国共产党之间，在这个问题上也不仅仅只有连续性。鉴于涉及社会主义理论和实践的新领域，此外还是在特别的复杂的环境下，在尝试错误法的意义上，我认为这些断裂基本是正常的。因此，承认这种不连续性也并不意味着“丢脸”。

（张文红　译　刘建设　校）

海外当代中国研究丛书
Overseas Studies on Contemporary China Series

比较视野中的『中国模式』

Achieving the Miracle

广阔视野下中国与俄罗斯的转型比较*

〔俄〕弗拉基米尔·波波夫

引　言

在众多的经济史之谜中，最为重要也最令人着迷的是起始于16世纪并一直延续至20世纪中期的西方国家与发展中国家差距扩大的“大分化”（Great Divergence）。尽管20世纪70至80年代苏联出现了停滞趋势并在随后的90年代再次拉大了与西方国家的差距，但苏联在20世纪30—60年代成为了第一个成功实现赶超式发展并缩短与西方差距的非西方国家；之后的20世纪50至80年代，只有日本、韩国、新加坡、中国台湾和香港成功地赶上了西方国家进入了发达国家和地区行列。近几十年来，东南亚和中国正在经历着类似的赶超进程；它们与印度以及另一些发展中国家的增长表明，我们已经触及了“大分化”的关键转折点。

---

* 本文选自弗拉基米尔·波波夫的工作论文集，原文题目为“Why the West Became Rich before China and Why China Has Been Catching Up with the West since 1949: Another Explanation of the ‘Great Divergence’ and ‘Great Convergence’ Stories”，NES/CEFIR Working paper # 132，October 2009. 作者为中文版的出版对原文进行了修改。弗拉基米尔·波波夫，俄罗斯著名经济学家，莫斯科新经济学院教授，加拿大卡尔顿大学欧洲、俄罗斯和欧亚研究所客座教授。——译者注

从现在开始，世界将逐步进入全球性差距收敛的“大融合”（Great Convergence）阶段。本文意在为“大分化”与“大融合”提供一个非技术层面的解释，在回顾已有文献的基础上提出一个不同的解说。

西方国家通过废除传统制度走出了人口增长快于生产增长的“马尔萨斯陷阱”；尽管伴随这一进程出现了收入不平等扩大乃至预期寿命缩短，但却通过牺牲消费实现了有利于储蓄和投资的收入再分配。但这一模式应用到深受殖民主义影响的拉丁美洲、撒哈拉以南非洲地区国家以及前苏联之时，导致的是传统制度的破坏和收入不平等的扩大，恶化了其赶超式发展的起始条件。而东亚、印度和中东与北非等受殖民主义影响较小的发展中国家，设法保留了传统制度体系，奠定了现代经济增长的良好起始条件；缓慢的技术进步最终使这些国家找到了一条更少痛苦地摆脱“马尔萨斯陷阱”的道路，收入增长实现了投资在 GDP 中份额的提高，同时又避免了收入不平等大幅度提高和预期寿命缩短。

中国惊人的长期发展绩效根植于世界上最古老的中华文明传奇般几无损伤的承继。一种观点认为，继承传统制度比以所谓先进的外来制度代替传统制度更有利于经济增长，东亚、印度以及中东和北非地区与拉丁美洲、前苏联以及撒哈拉以南非洲地区经济增长绩效的差异支撑着这种认识。作为对西化失败的反应，1949 年中国与 1917 年的俄罗斯一样重建了整体主义（collectivist）制度体系；而与 1991 年之后的俄罗斯不同，中国在 1979—2008 年期间保留了遵从公共利益优于个人利益这一“亚洲价值观”的制度体系。但自 1985 年开始迅速扩大的收入不平等是中国整体主义制度体系削弱的信号——这是对中国经济持续高速增长最重要的威胁。

西方国家何以致富：文献回顾

公元 1500 年之前，所有国家的人均 GDP 水平大致相同——以 1985 年价格水平估算大约为 500 美元。而 1900 年时，现在称之为发达国家与发展中国家之间的差距已增至6∶1；到2000年，二者之间的总体差距仍然大致保持在同一水平之上。尽管日本、韩国、新加坡、中国台湾和香港等发展中国家和地区在20世纪下半叶成功地加入了“富国俱乐部”，东南亚、中国以及最近的印度等发展中国家也成功地大幅度缩小了与富裕国家的差距；但如撒哈拉以南非洲、东欧和前苏联等其他地区的国家，或者被甩落在后，或者未能缩小与西方的差距。

为什么一些国家比其他国家更为富有？关于这一经济史上有关国民财富本质与原因的最古老、最重要的问题至今仍然存在广泛的争议。迄今为止对这一问题至少有两种解读模式：一种强调历史进步的演化性和社会发展的逻辑，另一种则主要关注事件的偶然性和运气的作用，将发展的成败归因于地理条件或历史机遇。

依照第一种解读，D. 兰德斯（David Landes）、J. 莫基尔（Joel Mokyr）等现代进化论者认为，西方国家在1500—1900年期间通过经济增长成为世界上最富有的国家，是这一时期社会变革的必然结果。许多相互关联的社会变革被认为是至关重要的：废除农奴制与保障人权、宗教改革与新教伦理、英国大宪章的颁布以及欧洲启蒙运动、思想的开放交流和技术革新，最终导致了工业革命并推动了快速的经济增长。R. M. 索洛（Robert M. Solow）指出：“得到道格拉斯·诺斯（Douglass North）为代表的众多经济史学家支持的普遍观点是：一系列相互关联的法律、经济和社会制度对持续的经济增长是必要的，至少是有特别推动意义的。最重要的是法治、对产权的保护、相对自由的市场以及一定程度的社会流动。它们减少了储蓄、投资、创业活动的不确定性，强化的激励促使有能力的人们从暴力与祈祷中抽身转而投入经济活动。当这些条件史无前例地同时具备之时，爆发了工业革命；英国是最迅速最完全地具备这些条件的国家。”

而J. 戴蒙（Jared Diamond）、K. 波梅兰茨（Kenneth Pomeranz）、王国斌（Wong，Roy Bin）等另一派学者则质疑这种社会力量引发的进化逻辑。这一学派特别重视那些看似无足轻重、非常偶然的幸运或不幸的历史事件，认为这些历史事件决定着不同国家和地区几个世纪的发展命运。1997 年戴蒙曾经提出，相比于缺少可驯化野生动物资源的前哥伦布时代美洲、非洲和澳大利亚，丰富的野生动物资源给予了欧亚大陆巨大的优势。或许对发展起源的比较可追溯至欧亚大陆的气候和环境条件，这样的条件使其获得了更高的农业生产率以支撑高密度的人口数量这一技术创新扩散与快速经济增长的必要前提条件。

R. 芬迪（Ronald Findlay）和 K. H. 奥鲁尔科（Kevin H. O'Rourke）认为，英国海军对工业革命的积极作用不亚于17 至 18 世纪的技术发明，英国纺织品新市场的开辟为技术发明转化为创新提供了机会，这一机会反过来又使其帝国疆土的扩张成为可能。但他们却没有解释为什么罗马、拜占庭、唐宋时期的中国、蒙古以及哈里发王国这些更早的著名帝国没有实现类似的突破性进展。

波梅兰茨提出，即使在 18 世纪，中国支撑技术创新与大规模资本积累的技术与社会结构也不逊于欧洲；中国没有像欧洲一样成功很大程度上纯属偶然。中国曾与欧洲一样缺乏大量的煤炭矿藏，二者的铁矿石存量相当，也都没有向外迁徙的移民。在 15 世纪初郑和这个比哥伦布更早的最优秀的旅行家发现马达加斯加、非洲角和沙特阿拉伯后，明朝皇帝下令禁止制造大型船只，随后中国经历了四个世纪的自我封闭。波梅兰茨的观点是，欧洲大量的向外移民在由“马尔萨斯增长”向现代增长转变过程中发挥了至关重要的作用。由于增长率下降的人口转型尚未发生，19 世纪技术进步加速肇始之时欧洲较高的人口增长还在继续提高——1820—1870 年期间年增长速度为 0.6%。而大规模迁往北美的移民缓解了资源与土地稀缺的压力，避免了报酬递减。

与这一思路类似，土地稀缺被认为是促进城市化和工业化的一个因素。华裔学者文贯中（Wen，Guanzhong James）指出：“尽管中国宋朝在人口达到峰值时向外来游牧部落割让了大量耕地，但那时的中国有着较高的城市化水平、更为繁荣的商业和国际贸易，并出现了大规模的技术发明和制度创新。但是，宋代之后显著改善了人口—土地比率的中国却发现自己被深深诱致到农业陷阱之中，造成了城市化下降、对外贸易萎缩、劳动分工退化和技术停滞的局面。”

而这种理论应用于国际比较则会面临诸多困境——欧洲人均耕地并不稀缺，更不用说澳大利亚和北美；但其城市化水平至少在几百年前就超过了日本、中国和印度。

还有若干解释集中于人口问题。G. 克拉克（Gregory Clark）提出，中世纪英国家庭养育能力差异十分突出，富有家庭的子女生存率更高；因而受到良好教育的阶层得以更快地在社会上传播他们的知识；P. 图尔钦（Peter Turchin）还曾提出了一个基于精英人口攀升以及过度膨胀的帝国兴衰模型。

一些研究者还坚持认为，地理位置不仅是间接地、而且也直接地对经济增长与发展有着重要的影响。J. 萨克斯（Jeffrey D. Sachs）与 A. M. 沃纳（Andrew M. Warner）在一系列文章中指出，资源富饶在高估实际汇率导致的“荷兰病”① 以及其对制度质量的腐败冲击机制下，会对经济增长形成负面作用。“资源富饶的国家易于成为高物价的经济体；或许因为这样的原因，他们失去了出口导向增长的机会。”

萨克斯、M. L. 法耶（Michael L. Faye）、J. W. 麦克阿瑟（John W. McArthur）、T. 斯诺（Thomas Snow）等人将经济绩效不同归因于内陆国家的入海通道、运输成本、气候以及疾病等地理位置带来的直接影响。在与 D. 阿西莫格鲁（Daron Acemoglu）、J. A. 约翰逊（James A. Robinson）和 J. 罗宾逊（James Robinson）争论中，萨克斯提出，1820 年左右英国士兵在世界各地的死亡率与人均 GNP 水平高度相关，这一事实恰好是疟疾对经济长期发展直接致命阻碍的表现。

萨克斯认为，过去的 20 年之中发展中国家基本上分为三类：第一，

① 20 世纪 60 年代，已是工业制成品出口主要国家的荷兰发现大量天然气并在政府大力推动下出口剧增，国际收入大量顺差，本币升值，经济显现繁荣景象；但蓬勃发展的天然气产业严重打击了荷兰制成品的国际竞争力。20 世纪 70 年代，荷兰通货膨胀上升，制成品出口下降，经济增长下降，失业率增加。这种资源产业繁荣导致的问题被称为“荷兰病”。

制度、政策和地理位置都相当有利的国家和地区，如东亚沿海地区——中国沿海省份和几乎整个韩国、中国台湾和香港、新加坡、泰国、马来西亚和印度尼西亚；第二，地理位置相对较好，但由于历史原因治理和制度体系较差的国家，如地理上毗邻西欧但在社会主义体制下并未从中获益的中欧国家；第三，地理位置不佳的贫困地区，如撒哈拉以南非洲的大部分地区、中亚、安第斯山脉大部分地区和中美洲高地地区，这些地区的国家近来经历了最严重的经济失败，收入水平起点低、人口数量少、国内市场容量小、远离海岸线，并且背负着疾病，特别是艾滋病、肺结核和疟疾的沉重负担。萨克斯强调，最后一类国家“由于无力满足吸引私人资本流入必需的市场条件，已经完全陷入贫困之中”。

亚洲价值观与西方价值观

对于西方国家何以走上致富的道路，传统的观点强调其在起点上终结传统整体主义制度的意义。这种观点假设这样的终结释放了个体的企业家精神从而刺激了技术进步。

并非因为这种解释不够完美我们才需要一种新的解释，而是因为这种传统的解释有其局限。如 J. A. 戈德斯通（Jack A Goldstone）质疑的：“风俗习惯、社会结构、制度体系、语言、地理、畜牧技术等庞杂的变量怎么会不对长期的经济增长产生影响？为什么这种（前工业化经济）模式被突然打断变形使至少稳定了上万年的经济增长率在一个世纪内突变为两个数量级？”值得深思的是，如果传统体制瓦解能够引发如此之快的经济增长，为什么更早之前没有发生？为什么没有出现在希腊、罗马、拜占庭或中国？更无法解释的是，为什么古希腊拥有个人与思想传播的自由以及企业家精神，却没有成就他们自己的工业革命并从中摆脱“马尔萨斯增长陷阱”？

导致“马尔萨斯增长陷阱”的原因是从低收入人口中汲取储蓄能力不足。储蓄与投资的不足无法提高资本—劳动比率，因为居高不下的人口增长率致使所有投资都用于为新增人口创造工作岗位，资本—劳动比率提升再无空间。此外，人口增长率取决于人均产出的生产率；所以当技术进步提高了生产率时，人口增长率就会增加，从而将技术进步推动的生产率提高全部侵蚀。

在向现代工业增长转变前的马尔萨斯增长社会中，任何原因形成的生产率与人均GDP的增长都会被不断提高的人口增长率迅速吸收，人均收入必然随之下降。由于不同国家的生产率大致相同，竞争则在人口数量上展开——国家的实力取决于其境内人口数量以及战争时期可以动员的士兵数量。就如鸦片战争之前的中国那样，技术进步成功带来的是人口增长而不是人均收入的提高。

人口增长与人均GDP之间存在着清晰的负相关关系；事实上，这种关系是对经济增长实证研究揭示出的最稳定关系之一。因为需要投入更多的储蓄或投资为新增加的劳动力创造工作岗位，于是可用于提高资本—劳动比率的资本就会更少，进而压制了生产率提高。在与工业革命伴生的人口转型之前的“马尔萨斯增长”体制中还存在一个负相关的关系：人均GDP对人口增长率的动态影响。马尔萨斯曾在其著作的第一版中提出，较低的收入将导致死亡率增加；而在之后的修订版中他则强调了收入与出生率的联系。斋藤手冢（Osamu Saito）对前统计学时期人口变动的重新修正，特别是根据16—19世纪英国教区记事录作出的修正，为这种关系提供了新证据。斋藤指出，导致经济困苦时期人口增长率下降的原因并非死亡率上升这类所谓的“积极性抑制”，而是源自养育能力不足的“预防性抑制”；研究表明，实际工资率与死亡率无关但与出生率有关，这种关联中具有决定意义的是婚姻年龄——恶劣的经济时局之中更多的人会选择独身和推迟结婚，导致出生率下降。斋藤还指出，饥荒经由多种机制造成养育能力下降，“不论在历史上还是在当代，并非是饥荒本身造成了大规模的人口死亡；饥荒形成的是一种间接效应——无论饥荒的严重性如何，它都会降低怀孕的数量”。

试图打破马尔萨斯恶性循环的尝试进行了不止一次——希腊、罗马、拜占庭；但所有的尝试全部在与外敌入侵的战争中以失败告终。尝试终结整体主义制度将个人利益置于社群共同利益之上的国家，经历了收入与财富不平等的扩大；这种做法增加了储蓄和投资，但代价是社会的两极分化和对人口增长的伤害，而人口增长对于维持这些帝国的军事力量是具有决定意义的。当人均收入水平大约为500美元（1985年美元）之时，收入不平等的扩大将过多的人口推至最低生活保障水平之下从而导致了死亡率增加。这种低收入水平下的尝试或许偶然成功；前提是，在两到三个世纪收入不平等不断扩大的大规模社会重构之中，既没有弱势群体的暴乱也没有遭遇外敌的入侵。只有16至19世纪的西北欧巧遇了这一机会。

西方国家以终结传统整体主义制度的方式率先走出了“马尔萨斯陷阱”。赋予个人权利与自由神圣不可侵犯的地位，增加了储蓄和投资，提高了资本—劳动比率，从而摆脱了更多人口才会有更高收入的二维马尔萨斯世界制约；但也导致了收入不平等扩大和死亡率上升。

相关统计数据显示了英国在16—19世纪向现代增长转变的高昂代价——圈地政策与工业革命急剧扩大了收入不平等，导致了死亡率提高和制度的弱化。1500—1800年期间，英国生产率增长以大约年均0.2%的幅度提高，在此期间英国人均GDP提高了一倍以上——以1990年“国际元”[①]衡量，1500年英国人均GDP为714元，到1600年、1700年和1820年分别提高到974元、1250元和1706元；但工人的生活水平却没有改善。戈德斯通指出，“最为清楚的重要事实是，没有证据显示1830年以前哪个国家普通工人的物质生活水平显著上升”；斋藤指出，工人的实际工资在1500—1800年期间实际上在下降。这印证了提高收入不平等促使财富向少数人集中，进而提高储蓄率与投资率的模式——O.

① “国际元”（International dollar）是在特定时间与美元有相同购买力的假设通货单位，以1990年或2000年作基准与其他年份作比较。这一概念由罗伊·C. 吉尔里（Roy C. Geary）于1958年提出并由萨利姆·汉纳·哈米斯（Salem Hanna Khamis）于1970—1972年发展而成，因而又被称为“吉尔里—哈米斯元”（Geary Khamis dollar）。

盖洛（Oded Galor）考证，英国投资率在工业革命期间由1760年的6%增加到了1831年的12%。另一与此相符的事实是，18世纪中国的生活水平堪比甚至超过欧洲；按照波梅兰茨的说法，中国当时在公共健康与卫生、医药、热量摄取、预期寿命和国内消费等方面与欧洲的水平大致相同。

1500—1800年间欧洲与中国的分化不在于消费而在于收入不平等、储蓄、积累和投资。波梅兰茨统计，到1800年英国三分之二的劳动力成为了无产者，而中国只有10%。R. 伯伦纳（Robert Brenner）和C. 依赛特（Christopher Isett）指出，中国长江三角洲地区那种以超经济手段占有佃农和租金的方式在英国已经基本绝迹；英国的绝大部分经济主体已经被迫与生产资料分离；特别是佃农，尽管他们还拥有工具、牲畜，但已经与土地分离。

对农户平均土地规模变化的记录显示了这种大规模的财产再分配状况。英国的农场规模从13世纪的14英亩提高到1600—1700年的75英亩，1800年达到了151英亩；而在中国，农户平均土地规模从1400年的4英亩降到了1650年的3.4英亩，1800年再跌至2.5英亩；长江三角洲地区则从1400年的4英亩分别降到了1600—1700年期间的2英亩与1800年的1英亩。中国农村不断增长的人口以分割土地所有者土地存量的方式获得了土地，而英国被剥夺土地的农民则成为无产阶级。这样，英国城市人口比例从1600年的6%提高到1700年的13%，1800年再增至24%；而中国城市人口的比例则从13世纪的20%以上降低到19世纪初的5%。

换言之，英国以及之后的其他西方国家能够成功摆脱“马尔萨斯陷阱”向现代增长转型，并非因为技术进步加速和生产率增长提高。这种转型的必需要件是终结整体主义制度，通过扩大收入不平等增加储蓄与投资，使物质资本积累得以超越人口增长，提高资本—劳动比率。这种转型的高昂代价是，扩大的收入不平等、表现为高谋杀率的制度能力削弱以及预期寿命下降。资料显示，1560—1730年，英国的预期寿命从

35—40 岁下降到了 30—35 岁，年均人口增长率在达到 18 世纪的 0.9% 和 19 世纪的 0.8% 之前，从 1000—1500 年的 0.7% 降至 16 世纪的 0.4% 和 17 世纪的 0.3%；其他 29 个西欧国家对应年份的数据分别为 0.8%、0.3%、0.1%、0.5% 和 0.7%。

而当时包括如中国这样的最发达国家在内的世界上其他地区仍然处在另一条不同的发展轨道之上；中国保留着“亚洲价值观”，GDP 与人口共同缓慢增长。现在我们只能推测在人口规模是竞争主要决定因素的条件下，这种发展轨道会产生怎样的结果，因为西方的殖民扩张打断了沿着这种轨道发展的逻辑。

制度的植入是个错综复杂的过程。制度演进中的路径依赖，不总是给引入者带来利益，即使引入的制度更加优越。发展中国家引进西方制度体系基本上会产生两种后果，一种是在东亚、南亚、中东和北非地区，他们在西方制度影响不断扩大过程中努力保留住了传统制度体系；另一种是在拉丁美洲、撒哈拉以南非洲和俄罗斯等地区，他们的传统制度体系在很大程度上遭到破坏的同时，植入的西方制度体系也没有正常运转。

这里用衡量收入不平等的基尼系数区分传统的整体主义制度体系与现代的个人主义制度体系；用谋杀率衡量制度能力——国家是暴力垄断者，犯罪率或者有准确记录的谋杀率能够说明有多少人没有遵守国家的法律法规。此外，用影子经济在整个经济中的比例衡量国家的制度能力——这一指标基本上可以显示多少企业与个人没有遵守国家的经济法规。在我看来，谋杀率和影子经济在国民经济中的比率这两个指标，比法治、政府效率、腐败以及投资环境等专家估算的指标更能够客观地反映国家能力。

简单地说，发达国家起始于传统整体主义社会的转型，是一个收入不平等先扩大而后改善的过程；英国在 1967 年基尼系数达到峰值时超过了 0.6。发展中国家的基尼系数随着殖民主义时期西方制度的引入开始上升；然而那些在很大程度上保留了传统制度体系的国家，收入不平等的扩大在很大程度上得到抑制，谋杀率至今从总体而言也处于较低的水平；而那些传统制度体系遭到毁坏的地区的收入不平等急剧扩大，这些国家目前的谋杀率高居世界之首。拉丁美洲、撒哈拉以南非洲和部分前苏联国家，在处于更高的收入不平等的同时，谋杀率毫不意外地同样处于更高的水平。

殖民主义当然还通过各种其他渠道影响着发展中国家的经济增长；其兜售的发展中国家提供原材料换取发达国家工业制成品的所谓“专业化大分工”的影响尤甚。芬迪将工业革命称为“浮士德与魔鬼的交易”，他认为奴隶般的苦役、资源专业化分T、19世纪的“大分化”以及20世纪的资源耗尽与污染，全部是西方国家工业化模式的必然结果。而我的一个较为平和的认识是，殖民主义在发展中国家处于低收入水平时期毁坏了发展中国家的传统制度体系，由此形成的收入不平等扩大导致了大规模的贫困和饥荒；殖民主义也打断了许多南方国家的制度发展轨迹，削弱了它们的制度能力，不可避免地对这些国家经济增长形成负面影响。

“西方国家致富”的解读假定，终结整体主义制度形成的收入不平等扩大能够带来更高的储蓄和投资率，进而在两个方面推动了增长——既提高了资本—劳动比率又促进了技术进步。尽管这一解读没有否认技术进步的作用，但却假定技术进步的加速是更多的研发、创新和更大规模资本投入的产物而不是企业家才干和人类创造力释放的结果。

粗放型增长模式是注定坠入“马尔萨斯陷阱”恶性循环的根源。对西方国家何以致富的传统解释认为，这些国家实现了由粗放型增长向集约型增长的转变。在我看来，技术进步只有在非凡的资本积累努力之后才会发生。借用保罗·克鲁格曼解释亚洲经济奇迹的原因所用的词汇——亚洲经济奇迹是大规模资本投入“苦干”（perspiration）而不是全要素增长率提高“巧干”（inspiration）的结果，西方国家成功的原因同样是“苦干”而非“巧干”。更准确地说，西方国家的成功是大规模残忍推动的结果——只有扩大收入不平等才可能促进资本积累；而在低人均收入阶段收入不平等的扩大将大部分人口置于了最低生活保障水平线下的痛苦牺牲之中。

自1500年开始这样的致富方案就被并非自愿复制西方殖民主义制度的南方国家实施。撒哈拉以南的非洲、拉丁美洲以及部分前苏联国家不得不接纳了西方的制度发展道路，重蹈了西方国家收入和财富不平等扩大、制度能力削弱的覆辙，这些国家最好的结果是长期跟在西方国家之后亦步亦趋，无法实现对西方国家的追赶。而东亚、南亚、中东和北非地区的国家，没有贸然引入西方制度，保持了其传统的体制体系，也就没有导致收入不平等和谋杀率的毁灭性增长。尽管直到20世纪中期，这些国家的人均GDP还处于落后的位置，但一旦缓慢提高的收入水平达到了在大部分人口摆脱贫困条件下允许储蓄提高的临界点，更有效率的制度体系使其具备了比其他发展中国家更为优越的经济增长起始条件。这是曾经的东亚、随后的印度以及今天的中东和北非地区能够成功追赶西方国家的原因。

中国的制度承继

尽管19世纪中叶鸦片战争失败后中国沦为西方国家的半殖民地接近一个世纪，但严格意义上中国并不是一个殖民地国家。事实上，19世纪初的中国毫无疑义地是马尔萨斯增长框架下最成功的国家；尽管技术进步提高的生产率全部被不断增长的人口数量蚕食而没有推动人均GDP的提升，但技术进步推动了人口数量的提高——中国占世界人口的比例由长期以来的22%—26%增加至18世纪的37%，这是一个以前工业化标准衡量的骄人成就。

换句话说，中国是“马尔萨斯增长体制”中突出的成功范例。中国历史上人口数量曾几番增长到1—1.5亿后无一例外地下降，而到1800年之时其人口数量已经接近4亿。杉原薰（Kaoru Sugihara）对此评价道：“这毫无疑义地是世界人口发展的里程碑，其对世界GDP的影响远大于工业革命之后的英国——1820 年英国在世界 GDP 中的份额不足 6%。”世界人口似乎朝着将全世界人口划分为中国人与非中国人两个部分的方向发展。这一点通过与西欧国家的对比显示得非常清楚：从公元元年到 1500 年，中国人口增长到比西欧人口多两倍以上；到 1820 年，中国人口已比西欧人口多 3 倍以上。

尽管中国在 19 世纪早期生产率比西方国家低 2 倍，但中国占据了世界三分之一以上的人口总量和大约三分之一的 GDP 与工业产量。中国显然将自己视为自给自足的世界的中心，对于外部“蛮夷”世界与其建立联系的企图毫无兴趣。“永矢恭顺”，这句在 18 世纪大半个时期统治着中国的乾隆皇帝于 1792 年对英国国王乔治三世提议发展贸易合作作出的规劝，清晰地表明了中国的这种认识。

但问题是世界经济的游戏规则改变了。西方国家生产率不断提高，马尔萨斯增长体制终结；军事力量更多地由技术决定而不再是人口规模。中国与西方国家对抗的失败不可避免：令中国蒙羞的两次鸦片战争使其不得不屈服于西方国家的条件。19 世纪初，中国的人均 GDP 相当于美国的 50%，到 1950 年下降到不足 5%；同期与西欧国家相比则从 2∶1下降到 1∶5。

而随后中国的发展也不同于其他殖民地和半殖民地国家。这个前工业文明时代最大、最强盛的国家，更好地保留了传统制度体系。从某种意义上说，英国被称为传统国家是错误的；中国才是世界上保持传统价值连续性最成功的国家。历史上的中国曾分别被蒙古族和满族征服，但即使在此期间外来者也迅速被中国文化同化。1949 年解放后，中国共产党在 1949—1979 年为免受外国影响实施的暂时性保护政策，使传统的制度体系得以在延续千年的轨道上不断壮大和发展。

这种发展并非没有先例；日本、韩国、新加坡、中国台湾和香港几个主要基于中国传统的国家和地区，确保了传统价值并成功实现了对西方的赶超。毫无疑问，中国的成功赶超将会对世界产生更为深远的影响。这首先是因为，先前所有的成功赶超基本上全部得到了西方国家的支持，这种赶超甚至被冠以“邀请式发展”（development by invitation）的名号；但中国的崛起从任何意义上都不是被邀请的结果。其次，作为一个幅员辽阔、人口众多的大国，中国的成功赶超就不能再以特殊性或例外来解释；一旦中国获得成功，就会成为制度承继优势最根本的和最有说服力的证据。

20 世纪中国与俄罗斯的经济增长对比

中国自 1949 年开始的赶超式发展令人印象深刻——不仅仅在于 1979 年改革之后的强于其他地区的高速经济增长，即使在改革之前，除了“大跃进”和“文化大革命”期间的短暂下滑，中国的发展也是十分成功的。1950 年中国人均 GDP 大约为印度的 70%，1958—1959 年赶上了印度；尽管在“大跃进”与“文革”期间两次下降，但都分别在 1966 年和 1978 年再次赶上印度；而到 2006 年，中国人均 GDP 已经比印度高出两倍以上。

世界银行 2005 年估算，中国自 1960 年起 5 年移动平均数的经济增长率一直高于印度；20 世纪 70 年代末期中国改革之前，人均 GDP 仅为印度的一半，到 2002 年已经超过印度接近 2 倍。1950 年，中国的平均寿命仅为 35 岁，到 20 世纪 70 年代末提高到 65 岁的人均寿命比印度高 13 岁，到 2002 年中国 73 岁的平均寿命比俄罗斯和印度高 7 岁。

所以中国发展的成功不仅表现在始于 1979 年的改革之后，自 1949 年中国解放开始，中国的发展都是成功的——尽管在“大跃进”和“文革”期间出现过短暂的倒退。

而截至到 20 世纪 70 年代之前，苏联的赶超式发展同样令人印象深刻。20 世纪 30 年代至 60 年代，苏联和日本是仅有的两个成功缩小与西方国家差距的发展中国家。

苏联最高的劳动生产率增长不是出现在 20 世纪 30 年代（3%/年），而是出现在 50 年代（6%/年），其全要素生产率增长在 20 世纪 30 年代至50年代的几十年内从0.6%提高到2.8%；之后增长率直线下降直到20世纪80年代变为负数。所以20世纪50年代的10年才是苏联经济增长的“黄金时代”（见图3）。增长核算分析表明，苏联20世纪50年代的增长模式非常类似于20世纪50—70年代的日本和20世纪60—80年代的韩国与中国台湾——快速增长的劳动生产率平衡了资本生产率的下降，推动了全要素生产率显著提高。而不同的是，苏联的经济高速增长只持续了10年，而东亚地区保持了30—40年的高速增长，使日本、韩国和中国台湾得以跻身发达国家和地区的行列之中。

在导致前苏联20世纪60—80年代经济增长率下降的众多因素之中，中央计划经济无力保证替代固定资本损耗的足够资本注入量是最关键的。由于更新固定资本与实现计划指标的短期目标冲突，苏联的计划制定者更倾向于扩大产能的新投资。这样，苏联20世纪30年代的大规模投资，在大约20年的使用年限到期、需要大规模资本更新之前实现了最高生产率。之后，开始迅速老化的固定资本致使资本生产率锐减，进而降低了劳动生产率和全要素增长率。

如果这个解释正确，在大规模投资推动下30年的高速增长之后，计划经济必定要经历一个增长放缓阶段。就此而言，中国相对较短的中央计划经济经历与苏联相比就是一个优势。这是人们相信假如苏联在20世纪60年代开始向市场经济转型将会更为成功的原因之一。

选择正确的时间向市场经济过渡是必要的，但这也不是保证赶超式发展获得成功的充分条件；经济自由化也不是放之四海而皆准的灵丹妙药。

让我们仔细考察中国的转型。认识到这一点十分重要——改革启动之后中国的快速赶超发展不仅仅依赖经济自由化和市场导向的改革。中国过去30年成功的前提条件，主要是在1949—1976年这段时期奠定的。毫不夸张地说，没有毛泽东执掌中国时取得的成就，1979年开始的市场化改革和赶超就不会展现出如此令世人瞩目的成就。从这个意义上说，始于1979年的经济自由化只是赤壁之战中的东风；促进中国成功的其他要素——其中最重要的是强大的制度体系和充足的人力资本在毛泽东时代已经准备就绪。没有相应的辅助要素，单纯的自由化没有在任何国家的任何时期取得过成功，有时还会如同20世纪80年代的撒哈拉以南非洲那样适得其反。

中国1979年以来的市场化改革能够促进经济增长加速，是因为解放后中国共产党建立了几个世纪以来效率最高的政府。通过深入到村落的党组织，身处北京的党和政府能够比自秦始皇以来的任何皇帝更有效率地将规章制度贯彻到全国各地——1912—1949年统治中国的国民党政权无法望其项背。中国中央政府税收占GDP的比率在19世纪末为3%（明治维新后的日本为12%），国民党统治时期不过提高至5%；而毛泽东移交给邓小平率领的改革团队的国库收入是GDP的20%。中国的犯罪率在20世纪70年代处于世界最低水平，影子经济也几乎无存；1985年“透明国际”声称中国是腐败程度最低的发展中国家；经过被联合国教科文组织称为“世界史上最伟大的大众教育实验”之后，中国的识字率由1949年的28%提高到20世纪70年代末的65%，而此时印度的识字率为41%。

1958—1962年期间的大跃进和1966—1976年的文化大革命被认为是中国发展进程中的两大败笔。大多数研究者或许会同意，给中国带来重创的大跃进本可避免，因为从某种意义上说，大跃进脱离了中国社会主义模式的根本逻辑。而不能确定的是，文化大革命是否会被排除在随后的一揽子政策之外——因为这种群众运动非常符合社会主义的发展目标，最有可能阻止在其他共产主义国家不可避免形成的政府机构官僚化。但这里我们强调的是，即使不排除这两个时期，中国在1949—1979年期间的发展也比世界其他大多数国家好得多，这种发展为中国改革之后极其突出的成功奠定了基础。是这一基础与更为强大的国家机构，而不是西方的民主让中国的市场经济改革与先前的苏联和今天的俄罗斯的改革展现了迥然不同的结果。

而看似完美无瑕的中国发展道路面临一个严重的威胁——不断增长

的收入分配不平等。与1979—1985年期间的改革初期不同，从20世纪80年代中期开始的收入分配不平等已经超过日本、韩国甚至俄罗斯，接近拉丁美洲和非洲国家的水平。中国亿万富翁的人数也在快速增长。《福布斯》统计，在2008—2009年经济衰退前的2007年4月，中国身价超过10亿美元的富豪人数为20人，在股票价格崩溃前的2008年4月这一数字翻番达到了40人。尽管仍然分别低于俄罗斯的53人和美国的87人，但按照这一趋势继续发展，中国可能会重蹈俄罗斯“国家私有化”的覆辙。

结　论

以一个超长的千年历史视角审视，中国在鸦片战争之前和1949年解放后的非凡成就归功于其制度承继的连续性——在整体主义传统的“亚洲价值观”框架中渐进发展；在某种意义上，邓小平“摸着石头过河”的著名改革策略深深植根于延续千年的中国传统，也是这种制度承继的代表。

中国的成功并不局限于1949年之后人均GDP的赶超式增长。能够成为我们这个星球上人口最多的国家，而且即使在1500—1950年人均GDP落后于西方的漫长时期里仍能够继续保持，也是中国成功的另一个标尺。以GDP总量衡量，今日中国是最成功的发展中国家；再经过10年左右的时间，中国或许是全世界最成功的国家。

从某种意义上说，中国找到了一条更少痛苦地摆脱“马尔萨斯陷阱”的道路。西方国家在16—18世纪发展水平较低之时打破了传统整体主义制度，在有利于富人的收入再分配的痛苦之中，提高了储蓄与投资在收入中的份额和资本—劳动比率，促进了生产率上升；代价是低收入水平上的高度收入不平等、制度质量恶化和死亡率上升。与西方国家不同，中国在技术进步允许收入有更大份额用于投资和生产率提高之前，在近500年的漫长时期中保持了传统制度和低度收入不平等，没有造成对民众的大规模剥夺。

1979 年之后经济自由化在中国得以良好运转出于这样几个原因。首先，中国改革完全不同于“华盛顿共识”的一揽子政策——中国循序渐进而不是立即取消了价格管制，没有进行大规模私有化，实施着有力的产业政策和高外汇储备下的低估汇率政策；其次，1949—1976 年毛泽东执掌中国期间的成就为 1979 年之后的中国奠定了基础——强大的国家制度体系、高效的政府、改善的基础设施和充足的人力资本储备；再次，与前苏联休克疗法的自由化和民主化不同，中国渐进式改革方式没有毁坏前述的所有成就；最后，或许是最重要的，中国在 19 世纪 40 年代至 1949 年短暂的西化尝试夭折之后，至今从未真正脱离得以使其保持低度的收入与财富不平等的整体主义制度。如果中国成功的赶超式发展继续下去，将会成为世界经济的转折点——不仅由于中国的国家规模，更因为这将是历史上第一次基于本土经济模式而非西方道路的成功。

（陈　弘　译　王新颖　校）

后社会主义国家与新发展模式的变化：俄罗斯与中国的比较*

〔美〕彼得·拉特兰

一、导　言

伴随着20世纪80—90年代开始的全球化进程，中俄两国进行了从自给自足的中央计划经济向贸易主导的市场经济的转型。中国领导层自觉地接受全球化，将其视为发展的机遇而非威胁。而俄罗斯的反应则截然不同，在整个20世纪90年代，俄罗斯似乎都处在全球化冲击所带来的痛楚之中。一些观察家甚至认为，全球化本身就是苏联崩溃的原因。但是，最近十年间，这幅图景发生了改变，在加大力度推行与全球经济融合的政策之下，俄罗斯重新获得了政治上的稳定和快速、持续的经济增长。

俄罗斯和中国在转型过程中以更强大、更稳定的国家形象出现了。

* 本文系作者于2008年11月提交印度新德里尼赫鲁大学“全球化与欧亚”研讨会的论文，原文题目是“Post-Socialist States and the Evolution of a New Development Model: Russia and China Compared”。作者彼得·拉特兰（Peter Rutland），美国卫斯理大学教授。——译者注

两国都没有完全采纳“华盛顿共识”——的价值观和机制——认为最好的经济政策就是实行贸易自由化、货币自由浮动、解除政府管制和国有企业私有化。同时，中俄两国也没有为全球化能够促进民主这一“华盛顿假设”提供证据。[①] 俄罗斯和中国的发展模式是把市场力量与全球一体化结合在一起，反对新自由主义经济和自由民主，重新强调民族主义和主权。

文章通过比较俄罗斯和中国在过去 20 年的经济体制的演变过程，发现两国的差异巨大，而相似的地方很少。主要探讨：初始条件，决定转型结果的领导人的政策选择，以及外部经济环境。文章的最后部分总结了 2008 年以来两国出现的共同特征，并预测这些趋同是否会产生一种新的发展模式——这种新的发展模式会为国际经济新秩序的发展作出贡献。

二、俄罗斯和中国两种不同的转型

俄罗斯和中国都是历史悠久的独立大国。两国都在 20 世纪建立了共产主义制度，先后走上与全球资本主义制度背道而驰的道路。在此之前，两国历史上都是位于欧亚大陆中心的陆地大国，这为两国留下作为泱泱大国的独特性和合法性的遗产。与此相应的是，两国公民社会的传统都很薄弱。外部世界被看做是敌意和威胁，在与外部世界的相互关系中国家充当着保卫者。19—20 世纪，两国都遭受过军事失败，丧失过领土。在第二次世界大战中，两国都蒙受了巨大的人员伤亡，但最后都取得了战争的胜利。俄罗斯和中国都有着独特的文化，追根溯源，各自都保持着与欧洲文化不同的特性。但是，俄罗斯与欧洲的相互关系更加紧密，它是一个与强大的欧洲元素相结合的混合体，这一点与中国不同。

① Nita Rudra, “Globalization and the Strengthening of Democracy in the Developing World”, *American Journal of Political Science*, Vol. 49, No. 4, October 2005, pp. 704 – 730.

长期以来，两国精英都把自己看成是比西方经济体落后的国家（中国是从 19 世纪初期开始，而俄罗斯则是从 16 世纪开始），“现代化”一词是两国领导人谈论目标时的常用词。

在共产主义体制下，两国的公有制、中央计划经济有许多共同特征，这些特征与西方式的民主资本主义完全不同。但是到了 20 世纪 90 年代，两国都放弃了这种模式的诸多要素。首先，它们似乎被引领到相反的方向：俄罗斯走向了与西方一体化和市场民主的道路，而中国则竭力维持它的威权制度，有限地向外资开放。俄罗斯在戈尔巴乔夫时代经历了快速的政治自由化，随后经历了体制崩溃和苏联解体。中国进行了“可控的转型”，保持住了中国共产党的领导地位。1989 年之后有些人确信，共产主义中国正在经历苏联那样的深层次矛盾，但是中国的政治体制并未因此而受到损害，那些资本主义必将导致民主的期望也破灭了。①

中国的转型从总体来说是成功的，而俄罗斯的转型总体上被认为是失败的。中国的国内生产总值每 10 年就翻一番，使 4 亿人摆脱了赤贫。几个关键的发展指标，如电话、网络、预期寿命、高科技出口，都与俄罗斯越发接近。这些经济成就可以解释中国国际地位的上升。2008 年奥运会的成功举办成为中国崛起的标志。与之相对的是，在失去了一半领土和人口之后，俄罗斯联邦勉强维持它作为世界强国的地位。1991 年后，俄罗斯遭受了经济衰退、犯罪激增和法律缺失、出生率下降和死亡率上升以及车臣战争。中国领导人试图从莫斯科的错误中汲取教训。他们仔细研究了苏联的发展过程，并相应地调整了政策。② 他们认为，不仅要使用调控手段，还要进行改革以提高国家的治理能力，并提高政权在人民心中的合法性。与此相反的是，没有什么证据显示俄罗斯的领导

① Andrew Nathan, “Authoritarian Resilience”, *Journal of Democracy*, Vol. 14, No. 1, 2003, pp. 6 – 17.

② Christopher Marsh, *Unparalleled Reforms. China's Rise, Russia's Fall and the Interdependence of Transition*, Lexington Books, 2005.

人从中国的成功中汲取经验。

（一）初始条件

俄罗斯和中国开始转型的初始条件非常不同，而且两国领导人追求的是完全不同的转型战略。尽管两国开始转型的起点不同，指导方针也不同，但是在当前面对全球共同性的挑战和机遇时，两国都趋向于采纳相似的国家主导发展这一模式。

20 世纪 80 年代末，俄罗斯已经拥有了以受过教育的城市劳动力为主体的成熟的工业经济，同时它是一个与美国实力相当的军事强国。而中国在 20 世纪 70 年代末的转型初期，还是一个以农业为主的国家（农民占人口的 80%，而俄罗斯的农业人口数量只占 15%），工业基础和科技能力都很薄弱。中国努力解决有限土地与人口众多的问题，但同时这也说明中国有大量的廉价劳动力可供使用。而俄罗斯面临着人口数量下降和长期的劳动力短缺问题。但是俄罗斯资源丰富，而中国的资源相对匮乏。

俄中两国不仅经济条件不同，自 20 世纪 80 年代以来的政治变化也迥异，尽管两国精英都认识到改革的必要性。在经历了“文化大革命”（1966—1976）对党的组织协调能力、执政能力和合法性的严重破坏之后，中国共产党进行了自身的重建。苏联在勃列日涅夫时代度过了 20 年的稳定时期，但是这个时期却造成腐败加剧、官僚体制僵化、经济停滞以及一系列外交政策冒险行为（入侵阿富汗、与美国重启军备竞赛）。

在民族问题上两国也有很大的不同。中国的民族具有同质性，90% 的人口为汉族，而前苏联的民族却差异性很大。俄罗斯族只占苏联人口的 53%，占俄联邦的 80%。应该说，民族的同质性使得中国更容易引进民主制度。

（二）不同的路径

俄中两国转型的初始条件不同，两国领导人选择的发展战略也不同。人们经常会认为，两国最关键的区别在于改革的“先后顺序”；戈尔巴乔夫的最大错误就是先进行政治自由化后实施经济改革；而中国领导人没有犯同样的错误。戈尔巴乔夫对此辩解说，从20世纪50年代开始，苏联历任领导人也尝试了持续的、没有政治改革的经济改革，在1985—1987年间他也试图再次进行这种经济改革，但是早期的这些经济改革因为顽固的官僚势力而失败，迫使他不得不去尝试政治改革。

西方学者曾经预言，政治自由化会导致社会主义阵营的经济改革问题。随后的事件证明他们的预言是对的，但是他们搞错了政治途径。亚当·普热沃斯基（Adam Przeworksi）1991年的畅销书《民主与市场》认为，东欧民主化会赋予那些工人权利，使他们能够动员起来保护自己的就业。[①] 因此，政治改革将使社会主义经济所产生的利益集团阻碍激进的经济改革。

但这样的结果并没有发生。民族主义而非工人骚动最终决定了欧洲共产主义国家的命运。在波兰，清除苏联影响、融入西方、接受资本主义的民族主义计划将工人卷入其中。在俄罗斯，1989—1993年间国家经历了严重的政治动荡，工人在政治上被中立化，无法阻止叶利钦总统接受自由市场改革。接着发生的事情同样出人意料：有利于叶利钦执政的强大的寡头集团的出现，阻碍了自由派所期待的第二波改革浪潮。

两国的改革步伐有所不同。传统观点认为，中国采取渐进式改革，而俄罗斯则在1992年采取了休克疗法。中国人被一个世纪以来失败的激进改革努力所伤，因此更信奉渐进主义哲学。[②] 与之相反，俄罗斯在几十年里都在尝试渐进的改革，而1992年早期的危机状况似乎使得叶利钦也别无选择，只能采取激进变革。[③] 这也反映了叶利钦的顾问们所坚信的教条，即打破中央计划的唯一手段就是执行严格的预算，并且把

① Adam Przeworksi, *Democracy and the Market: Political and Economic Reforms in Eastern Europe and Latin America*, Cambridge University Press, 1991.

② Joseph Fewsmith, *China Since Tiananmen. The Politics of Transition*, Cambridge University Press, 2001, pp. 80 – 83.

③ Yegor Gaidar, *Days of Defeat and Victory*, University of Washington Press, 1999.

保证市场供求平衡的价格作为综合方案的一个部分。改革家们也创造了一个普热沃斯基式的关于政治机会之窗的讨论，就是在反改革力量联合起来动用民主程序推翻叶利钦之前，叶利钦不得不在1992年早期动用他的权力进行了改革。而中国共产党领导层摆脱了民主派发起的进攻，因此得以实施渐进式的改革。

1. 转型政治

回过头来看，问题的关键既不是改革的先后顺序，也不是改革的速度，关键问题是个基础性的问题，即需要保持政治权力和国家能力。经济改革优先政策使得中国政府保持了对改革进程加以控制、对产生的错误和不平衡加以修正的政治能力。但是裴敏欣（Minxin Pei）却认为，这也有消极的一面，它为政治精英提供了用来维护其统治制度的资源。[①]与此不同的是，戈尔巴乔夫放弃了那些可以被用来提升经济改革的工具和方法。戈尔巴乔夫的改革破坏了共产党组织的凝聚力，直接侵蚀了它的意识形态合法性。[②] 他的改革毁灭了党和国家。在争权夺利的斗争中，戈尔巴乔夫和叶利钦都采用了分而治之的战略来瓦解精英和破裂的政治机构。

中国领导人似乎在设法避免这种分歧，是因为在历史上中国领导人比苏联伙伴受这种宗派主义的折磨更多。中国人从“文化大革命”中吸取了教训，同时也从苏联的分崩离析中接受了教训。尽管在政策上也有分歧[③]，但是他们努力在公开场合维护统一战线。他们进行了两次比较平稳的领导人权力交接，而没有经历任何政治危机。[④] 1999年12月，叶利钦任命普京作为继任者，虽然伴随着第二次车臣战争，但是个相当平稳的过渡。从普京到梅德维杰夫的过渡暂时还没有看到分裂。

---

① Minxin Pei, *China's Trapped Transition*, Harvard University Press, 2006, p. 19.

② Shiping Hua, "The Deng Reforms and the Gorbachev Reforms Revisited", *Problems in Post-Communist Politics*, Vol. 53, No. 3, May 2006, pp. 3 - 16.

③ Liang Zhang, Andrew Nathan and Perry Link (eds.), *The Tiananmen Papers*, Public Affairs, 2001.

④ Nathan 2003, *op. cit.*

回顾以往，我们可以看到一个令人惊讶的模式。无论是俄罗斯还是中国，最高层次的民主讨论都出现在20世纪80年代末期，也就是国家领导层讨论不同改革路径的试验初期。随着时间的推移，当经济改革最终确立，持不同政见者的空间被压缩了。这与现代化理论所得出的预期正好相反。现代化理论认为，社会经济发展会创造新的、要求在决策中有发言权的选民（工人、中产阶级、商人）。①

1989年中国出现政治风波后，有人可能担心中国的前途。但是，邓小平1992年的南方讲话为增速经济改革作出了历史性的决定——希望建立中国共产党新的合法性基础，避免重蹈1989年覆辙的危险，而这种危险由于1991年苏联的崩溃而被夸大。随后，中国进行的政治改革有限地扩展到村镇选举，以及加强国家和地方立法机构的监督作用，逐步地加强法治和反腐败斗争。② 所有这些措施都没有侵害到中国共产党的权威。中国共产党还在一定程度上进行了组织改革，加强党组织的有效性，最明显的例子就是允许私营企业家加入中国共产党。③

颇为讽刺的是，俄罗斯的民主质量在苏联的最后一年——1990年至1991年达到最高。1992年至1996年，俄罗斯政治处于改革派总统和反对派主导的议会之间的对峙。1996年之后，双方的对抗程度在多次选举中逐渐被削弱。

最广为人知的民主指标是由“自由之家”（Freedom House）编制的，将政治权力和公民自由的水准分为7个档次，1—2是“自由的”，6—7是“不自由的”。“自由之家”认为新的俄罗斯联邦是“部分自由的”，1993—1997年之间将公民权利划为3，将公民自由划为4。1999

---

① Minxin Pei，“China：Can Economic Growth Continue Without Political Reform?”，*Strategic Asia*，*2006*，National Bureau for Asian Research，2006，pp. 303 -32.

② 裴，同上，第2章；傅士卓，同上。即便是这样，全国人大常委会在28年里只有三次否决政府提案。统计数字显示，2002年有21%的诉讼是针对政府官员。裴，同上，第60、67页。

③ Bruce Dickinson，“Threats to Party Supremacy”，*Journal of Democracy*，Vol. 14，No. 1，2003. 有25% -35.20%的企业主是党员，但是在150万家私营企业中党支部不到1%。

年，俄罗斯的这两个指标分别降到 4 和 5，而2000—2003 年分别为 5 和 5。2004 年，两个指标分别为 6 和 5，因此被划归为“不自由”，这种划分一直持续到 2008 年。[①]

在中国，指数变化不大，尤其是 1989 年之后。“自由之家”对中国这两个指标的划分为：在 1972 年分别是 7 和 7，到 1977 年上升到 6 和 6，1989 年又重新滑落到 7 和 7，一直到 1998 年都是 7 和 7。1998 年的公民自由指标为 6，政治权利为 7。这一标准一直延续到 2008 年。

中俄两国都有一党执政的传统，这在文化上会对多元化产生敌意，多元化政治被看成是“赢者通吃”的游戏。自由主义关于多元化的论据是，你不能保证永远是赢者，最好是和别人分享权力，将权力授予所有政治参与者。但是两国精英都不会接受这样的思想，它们都以侍从型网络（clientilistic networks）为基础来维护一党制，在这种结构中，排他主义代替多元主义主宰着政治生活的原则。

2. 转型经济

俄中的经济转型战略有很多不同。俄罗斯政府在 1992 年发动了仓促组合的激进改革。中国的改革并非自上而下，而是始于中间——中央鼓励并允许基层创新，地方企业家和政府官员顺应了这种创新，最恰当的一个说法就是“摸着石头过河”[②]；而俄罗斯改革家喜欢的格言则是：“深渊不能分两步跨过”[③]。最关键的是，中国共产党维持它的执政能力，监督改革的实施，并根据需要对改革措施进行调整。当中国人商量如何“制订计划”时，俄罗斯人已经有效地“推翻了计划”。[④]

1992 年俄罗斯启动了经济的“休克疗法”，但是政府没能控制住货

---

① Robert W. Orttung, “Russia”, *Nations in Transit 2005*, Freedom House, 2005, at http://www.freedomhouse.org. 这使得俄罗斯的政治体制低于阿富汗、巴林和布基纳法索。

② Fewsmith, *op. cit.*, p. 83.

③ George Taber, “Rx for Russia: Shock Therapy”, *Time Magazine*, 27 January, 1992. 塔伯写道，著名顾问杰弗里·萨克斯“经常引用俄罗斯的一个格言——深渊不能分两步跨过”（you cannot cross a chasm in two jumps）。

④ Barry Naughton, *Growing Out of the Plan: Chinese Economic Reform, 1978 - 1993*, Cambridge University Press, 1995.

币和财政赤字，造成了高通胀和宏观经济不稳，直到1999年经济才稳定下来。私有化计划被紧密勾结在一起的内部人小集团所绑架，留给俄国民众的是上当受骗的感觉和空空的国库。外国投资者被排除在经济"皇冠的宝珠"——石油天然气和金属领域之外。到1999年，尽管市场经济的基本结构已经建立，但是自由进入仍然受到限制，寡头垄断的寻租程度高，效率和投资水平低。2001年，全国最大的23家公司的产值占俄罗斯GDP总量的30%，而这些公司实际是被仅仅37个人所控制。[①]除了国家寡头，许多区域市场也被地方垄断者所控制。

普京在2000年3月当选俄罗斯总统后，对寡头展开了有力的斗争，削弱他们的政治影响力。普京巩固并重新开启了市场改革。一方面，他创建了一个更加坚实的法律基础，提高了税收，此后8年俄罗斯经济以6%的年增长率增长；另一方面，他加强国家对重点企业的控制，塑造出了一个新的国家法人体系。这个由前克格勃官员队伍组成的后苏联国家官僚体系，维持了对新崛起的资本主义寡头的统治。

中国于1978年开始改革，通过家庭联产承包责任制使农民摆脱了计划的束缚。这不仅提高了农业的产量，而且还为工业释放了劳动力。地方政府被允许开办营利性的乡镇企业。国有企业同样被允许发展更多的企业精神。1986年开始实施第七个五年计划的时候，鼓励沿海地区为海外市场进行生产装配。从1978年到2003年，中国的年均增长率达到9.4%，人均收入从1978年的150美元上涨到2005年的1700美元。中国最初通过预算补贴，而后通过四家国有银行的软贷款，来维持国企部门的社会保障功能。私有部门的快速增长使得国有部门所拥有的产业劳动力份额从1978年的80%降到2000年的29%。[②] 中小国企从1994年开始实施私有化，即"重组"或"资产转移"。1997年启动的一项重要的国企重组计划导致了大量的拖欠工资和下岗。政府用了3年时间，通过

---

① World Bank, *From Transition to Development*, April 2004, www. worldbank. org. ru.

② Pei, *op. cit*, 2006, p. 3. 国有企业的工业产值比重从78%下降到41%。

支付原工资60%的遣散费缓解了这一矛盾。从总体上看，政府在推行这些改革时显示出了谨慎性和灵活性。例如，粮价管制在1993年被取消，但是在引发粮食短缺和价格欺诈之后于1995年被重新恢复。2001年，在粮食消费区，粮价管制再次放松。①

农业是中国改革的最初驱动力，而在俄罗斯，改革几乎没有触及农业生产组织。在银行业改革方面，两国的改革步伐也有很大差别。在中国，国家对银行系统加以管制，而俄罗斯则对银行系统放松控制，一下就冒出来了1500家私有银行，这些银行大多在1998年8月的金融危机中倒闭。俄罗斯的大规模私有化计划将国有企业转变为法律上独立的公司，这与强调法治社会明晰产权具有重要性的西方理论相一致。中国追求的是不同的路径：没有大规模私有化，国有企业和乡镇企业的发展是一种含混的模式，表现为追求利润，但产权不够清晰。这些企业被深深嵌入到地方网络甚至是家庭网络之中。② 1998年党和军队与企业分离的决定是重要的一步。实际上，俄罗斯的改革路径并没有达到改革者所宣称的目的，没能建立起透明和牢固的产权。有成千上万个案例表明，有组织犯罪集团强力攫取了对企业的控制权，也有很多案例表明，政府官员通过抓住企业拖欠税款和其他手段攫取企业。普京在2003—2005年整肃顶级私有石油公司“尤科斯”，以及2006年12月壳牌公司在萨哈林岛二号开采项目中被迫出售多数股份，都是产权应变政治的鲜明例子。

总的看来，产权的弱点是俄中案例的共同之处。俄中两国政府都没有放弃对重点战略部门如通信、电力的控制③，两国都在提升这些部门竞争力上作出了一定努力，并创建了现代管理规范，但是在实践中政治统制还是具有决定性的。两国还有一个相似特点，就是中央政府的征税能力曾经一度下降，在后来的改革时期又有所回升。在中国，政府财政

---

① Pei, *op. cit*, 2006, pp. 97 - 102. 国有企业的工业产值比重从78%下降到41%。

② Shu-Yun Ma, “Understanding China's Reform”, *World Politics*, Vol. 52, No. 4, 2000, pp. 586 - 603.

③ Margaret Pearson, “Institutions and Norms of the Emerging Regulatory State: The Business of Governing Business in China”, *World Politics*, Vol. 57, No. 2, 2005, pp. 296 - 322.

收入占 GDP 的比重从 1978 年的 31% 下降到 1995 年的 10.7%，到 2001 年又恢复到 17.1%。[①] 与之相似的是，俄罗斯联邦预算收入到 1998 年下降到 9.2%，到 2001 年恢复到 17.1%。[②] 2001 年之后，两国出现了分化，中国政府财政预算继续收缩到 10%，而俄罗斯依靠石油经济的繁荣上升到 28%。

两国的改革都产生了一个相同的结局：地区和社会不平等加剧。在俄罗斯，基尼系数从 1992 年的 0.29 上升到 1997 年的 0.4，并且一直到 2008 年保持在 0.4。中国从 1978 年的 0.28 上升到 2000 年的大约 0.45。[③] 俄罗斯的财富更多地集中在新寡头手里，这一点中国的程度较轻。这个结果是私有化不受控制的特性、司法机关的软弱以及以资源为基础的经济性质共同造成的。2006 年《福布斯》杂志报道俄罗斯有 33 位亿万美元富翁，而中国"只有"8 位。[④] 到 2008 年，俄罗斯的这个数字上升到 87 位，成为仅次于美国的第二位。1993—2000 年，寡头实际上控制了俄罗斯的政治体系，而与之不同的是，中国的企业巨头处在政治影子中，他们与地方政治官员联合在一起，但却回避任何可能直接挑战国家的事情。[⑤]

腐败问题在两国都是个侵蚀性的问题，它拖累了效率，使外商投资步入歧途。[⑥] 不论是高层次还是低层次的腐败，行贿受贿和食客主义似

---

① Dali Yang, "State Ccapacity on the Rebound", *Journal of Democracy*, Vol. 14, No. 1, 2003, pp. 43 - 50.

② OECD, *Economic Survey*: *Russian Federation 2004*, OECD, 2004.

③ Rosstat, www. gks. ru; Pei, *op. cit.*, 2006.

④ 印度被列出了 23 个亿万富翁。《福布斯》，2006 年 4 月，http://www. forbes. com/billionaires/。

⑤ 例如，与俄罗斯案例不同，他们缺席国家立法，见 Margaret Pearson, *China's New Business Elite*: *The Political Consequences of Economic Reform*, University of California Press, 1997, p. 111; Bruce Dickson, *Red Capitalists in China*: *The Party*, *Private Entrepreneurs*, *and Prospects for Political Change*, Cambridge University Press, 2003。

⑥ 根据以国际商人调查为基础的透明国际的清廉指数，2005 年俄罗斯位列 159 个国家的第 126 位，在满分 10 分中得 2.4 分；而中国被认为比俄罗斯腐败程度轻，在 159 个国家中列第 78 位，得 3.5 分。见 www. transparency. org。

乎都与政治体系黏合在一起。[①] 1992 年之后，由于市场化的实行以及“关系”作用的降低，中国的腐败特征发生了变化。[②] 俄中领导人都宣称反腐败是首要任务，但是却没有在这个问题上打开缺口。中国逮捕了上千名高官。[③] 俄罗斯的行动很少是决定性的：普京的反腐败斗争只涉及很少几个高级私人企业主和一些警察。

（三）外部整合

俄中两国都是以外部整合作为本国经济转型的关键动力。但是在这个方面，两国实践又各有不同。中国贸易额每10年增长3倍，占世界贸易的份额从1978年的0.8%上升到2005年的7.7%。[④] 由于90年代的经济衰退，以及经济互助委员会贸易集团的衰落，俄罗斯在世界贸易中的份额从1990年的3.4%下降到2000年的1.5%，直到2005年才缓慢恢复到1.8%。中国经济的复兴是由沿海地区众多的生产装配工厂带动的：进口零部件和原材料，向海外市场出口制成品，并挖掘取之不尽的廉价劳动力资源。[⑤] 俄罗斯既没有劳动力储备，也没有靠近全球海运航线的港口；既没有创业精神，也没有接受这种出口制造业带动经济增长的政治愿望。

中国在不依赖证券投资时，依靠的是大量流入的外资。从1985—1995年，中国每年平均吸引120亿美元的外资，到2006年达到780亿

---

① Pei, Transitions, *op. cit.*, 2006, ch. 4; Yan Sun, *Corruption and Market in Contemporary China*, Cornell University Press, 2004.

② Sun, ibid. 孙的数据显示，在90年代案例并没有大幅增加，尽管作者自己并没有特别强调这一点。

③ 孙雁（Yan Sun）提供了一个1986—2004年的官员名单——同上，第49页。

④ Martin Wolf, “China Should Risk Bolder Trials”, *Financial Times*, 6 June, 2006; Giorgio Navaretti, “Patterns of Trade and Protection”, World Bank, May 2004; WTO, “World Trade 2005”, 11 April, 2006.

⑤ Shang-jin Wei (ed.), *The Globalization of the Chinese Economy*, Edward Elgar, 2002; Peter Nolan, *Transforming China: Globalization, Transition, and Development*, Cambridge University Press, 2004; Nicholas Lardy, *Integrating China into the Global Economy*, Brookings Institution, 2001. 到2007年，工资成本上升，使沿海地区的增长受限。

美元。[①] 俄罗斯在1985—1995年年均吸引外资只有13亿美元，2006年达到125亿美元，但是俄罗斯每年资本外流远远超过这些数字。2006年，中国累计外商直接投资达到2070亿美元（占总资本量的15%），而俄罗斯只有170亿美元。[②] 为了促进外资的流入，中国创建了经济特区，实行税收优惠政策和创造优惠管理条件，这一进程受到香港和台湾的中国资本家的极大推动。[③] 虽然外商投资受到鼓励，但是他们通常被要求组建占有50%股份的合资公司。

中国对资本流入控制严密。人民币在经常账户中可兑换，但是不能在资产账户中兑换。1995年之后人民币与美元挂钩，汇率相当于购买力平价的25%（2005年汇率转向一篮子货币）。由于这些控制手段，中国保持了廉价劳动力优势，避免了其他发展中国家所遭受的投机资本出入所带来的打击。中国几乎毫发未损地度过了1997年的亚洲金融危机。

与中国不同，俄罗斯的改革者很大程度听从了西方的建议，追求外部自由化——部分是因为国际货币基金组织的贷款是以这些政策为条件的。[④] 在1992—1994年间，俄罗斯对大量资本放松管制，导致美元大量充斥，20世纪90年代的多数时间形成平行货币。当用来支付政府大量财政赤字的400亿美元投机资本进入国内时，这种轻率借贷导致了1998年的金融崩溃，这是继1997年亚洲金融危机后石油价格暴跌导致的危机。1998年8月卢布贬值75%，政府大量拖欠外国贷款，金融寡头资产大量缩水。具有讽刺意义的是，这场危机打破了以通过增加俄罗斯食品和产品同进口商品竞争来使经济得以恢复的假象，更重要的是，它通过对政治和金融寡头的致命打击恢复了国家权力。

---

① UNCTAD, *World Investment Report 2005*, www. unctad. org.

② Yasheng Huang, *Selling China*: *Foreign Direct Investment during the Reform Era*, Cambridge UP, 2003.

③ Brunson McKinley, "Migration Is Here to Stay, So Get Used to It", *International Herald Tribune*, 24 June, 2005.

④ Randall Stone, *Lending Credibility*, Cornell University Press, 2004.

（四）未来前景：稳定与不稳定

根据西方传统的关于政治和经济自由主义一致性的假设，俄罗斯和中国当前的状况都是不可持续的。在两国，经济体制更符合市场导向，因而比政治体制更多元化。“市场的不可抗拒力量符合党坚定不移的目标，在一定程度上应该给予肯定。”① 自由主义者认为，民主上的突破在这两国都是有可能且有必要的。悲观主义者期望国家能够采取更多措施控制市场：监禁商人、对私人企业国有化、设立保护主义壁垒。

中国政治精英的范畴扩大到了工商界这一变化暴露了体制内部保持马列主义信条与接受资本主义之间的矛盾。毛泽东时代社会保障网络的消失，与无休无止的反腐败斗争，都加剧了人们对中国模式长期存续能力的怀疑。中国非常容易受到外来的和周期性的冲击——房地产泡沫的破裂，亏损国有企业三角债，制造业出口需求的减退，医疗保健危机和生态灾难。② 因此，有人指出，没有民主改革，经济增长将会停滞，制度将会面临一系列内部挑战③，虽然这种悲观主义并非为所有中国观察家所接受。④ 适合中国以出口为导向这一增长模式的国际环境不会持续下去：2008 年的全球金融危机或许就很好地说明了这一点，美国消费者通过向中国、日本和石油国家借贷而驱动的增长已经结束。

就在世界上充满了失败国家和正在走向失败的国家时，中国却始终看起来相当高效。它始终能够认清问题并且解决问题，完成诸如三峡工程、建设哈萨克斯坦石油管道这样的大规模项目。即便它制造了一个有效的互联网审查体制，在一定程度也可以说是它的技术和政治成就。⑤

---

① Martin Wolf，“An Autocracy of Bureaucrats Can Only Crush China's Growth”，*Financial Times*，31 May，2006.

② Gordon Change，*The Coming Collapse of China*，Random House，2001.

③ Pei，*op. cit.*，forthcoming 2006.

④ Andrew Nathan，“Present at the Stagnation”，review in *Foreign Affairs*，Vol. 85，No. 4，July 2006，pp. 177 – 182.

⑤ Pei，*op. cit.*，2006，pp. 84 – 88.

但另一方面，2008 年毒奶粉事件中监管机关令人沮丧的行为失败，以及很多抗议非法强占土地的行为，却对国家能力构成了挑战。

在俄罗斯不久的将来，也存在着发生危机的可能。20 世纪 90 年代的政治和经济开放并没有使俄罗斯有所收获。直到石油价格从 1997 年每桶 12 美元涨到 2005 年每桶 60 美元，商品市场繁荣起来，俄罗斯才享受到全球一体化带来的利益。2000—2008 年，俄罗斯石油和天然气收入占到总出口收入的 60%、政府财政收入的 1/3。2008 年金融泡沫的破裂和全球经济衰退导致世界石油价格从 7 月份最高价格每桶 147 美元下降到 10 月份每桶 80 美元，这使得俄罗斯未来的经济增长前景变得暗淡。

三、"受管制的市场"共识

俄罗斯和中国不同的轨迹说明，全球化对单个国家的影响是不可预测的。两国虽然都面临着全球经济竞争的压力，但是领导人的选择和历史演进的偶然性还是起着作用。中国和俄罗斯为全球化理论家提供了一条普遍的经验，那就是，世界并不是"平的"，强大的国家可以在新的世界经济秩序中找到合适的角色。

两个国家现在看来在向一种受管制的市场模式（a regulated market model）中趋同，在这一模式中，市场多元化因素被嵌入到后共产主义的威权主义制度和实践中①（这有时被称为"北京共识"②）。这种新的受管制的市场模式有哪些要素呢?

---

① See Wei-Wei Zhang, "The Allure of the Chinese Model", *International Herald Tribune*, 1 November, 2006; and the debate between Professor Wu Shuqing and Cheng Enfu, "Washington Consensus and Beijing Consensus", *People's Daily*, 18 June, 2005 (online). Harley Balzer uses a more neutral term, "managed pluralism", to describe the Russian-Chinese convergence, "China in Comparative Perspective", ch. 12 in Peter Hays Gries and Stanley Rosen (eds.), *State and Society in 21st-century China*, Routledge, 2004.

② "北京共识"的概念是由高盛公司顾问乔舒亚·雷默提出来的，他的文章《北京共识》于 2004 年 5 月发表在英国外交政策中心的网站上。见 http://fpc.org.uk/fsblob/244.pdf。雷默认为中国接受了新自由主义的范式，但是他忽视了本章概述的中国政策独特的政治特性。

第一，领导人致力于维护国家主权和民族认同的统一，这就意味着防止外国领导人和机构强迫俄罗斯和中国政府作出政治和经济决策，参与国际经济一体化不能要求以国家主权作为交换。批评意见认为，这种对主权的坚持仅仅是证明领导人控制权力正当性的一个幌子。而辩护者则认为，这是一种基于关切本国人民福祉的原则性姿态，他们的历史已经证明容许外国人侵入领土的可怕后果。

民族主义是领导人的修辞，但是他们并不想让它失去控制而引发破坏稳定的群众运动，或威胁到与重要贸易伙伴的关系。① 在俄罗斯和中国，随着两国向国际市场的不断开放，民族主义看来都在明显加强，这与全球化必然引起“身份和制度的不断碎片化”的观点正好相反。②

第二，领导人把经济增长视为主要目标。在其他意识形态方面的正当性辩解遭受侵蚀的时候，经济增长在一定程度上会促进国家安全，提升制度的合法性。经济增长也扩大了领导干部个人致富的机会，同时也令人遗憾地把他们的注意力从人的发展的问题上转移开了。

第三，不论是国内经济还是国际经济，市场机制都是经济增长最有效的工具。国际贸易对所有参与者都是一种双赢的手段。③ 每个国家都必须接受比较优势的逻辑，在国际分工中寻找到最合适的位置。在中国，这意味着通过以出口为导向的制造业剥削大量廉价劳动力。在俄罗斯，这意味着出售国家的矿产资源。两国领导人都希望通过发展更多的资本和技术密集型产业来走向食物链的上游。在接受全球化逻辑方面，中国超过了俄罗斯。中国甚至比美国的老盟友日本更愿意降低贸易

① Peter Hays Gries, “Popular Nationalism and State Legitimation in China”, in Gries and Rosen, *State and Society in 21st-century China*, Routledge, 2004, ch. 9.

② Philip G. Cerny, “Globalization and the Erosion of Democracy”, *European Journal of Political Research*, 1999, Vol. 36, No. 5, pp. 1 – 26, 20.

③ *China's Peaceful Development Road*, State Council Information Office, 22 December, 2005. http: //www. chinadaily. com. cn/english/doc/2005 – 12/22/content_ 505678. htm.

壁垒。①

第四，市场有其局限性，必须受到政府的监管。那些侵蚀国家合法性和能力、激发不受控制的社会抗议的市场力量必须得到纠正。国家必须出面提供公共产品——从对基础设施进行投资，对改革失意者进行补偿，一直到制定规制框架。政治精英对经济行为者的思想脱离自己的控制感到不安。所以，新出现的政治经济体具有政治权力和经济权力杂交的特征。这或许没有政治和经济相分离更为有效，但是它的好处（对领导人来说）是保证政治阶级不可或缺。

第五，自由民主并非是最适宜的和最必要的，执政政治精英之间的公开对抗要保持在最低限度。中国领导人毫不含糊地反对自由民主范式，正如黎安友（Andrew Nathan）所指出的："民主化、自由和人权会导致一种更真实的稳定的论点——正如世界上的民主人士所确信的——对于中国领导人来说已经没有吸引力。"② 他们甚至有胆量发布批评美国人权的报告来回应美国国务院的中国人权纪录报告。③ 俄罗斯的立场更加微妙：领导人正式接受民主价值，并被写进 1993 年宪法。但俄罗斯的实践明显偏离民主理论。克里姆林宫的思想家们在一定程度上认识到这一点，提出了"可控民主"和"主权民主"等说法来弥合俄罗斯与西方理念之间的实际差距。④

第六，经济繁荣所造就的中产阶级是这个受管制市场体制的一个社会基础。这与西方自由主义者的期望相反，他们在传统上把中产阶级视为民主的可靠旗手。傅士卓（Joseph Fewsmith）认为，在 1989 年之后，中国社会契约的基础是"以政治停滞来交换经济繁荣"。埃德·弗里德

---

① William H. Overholt, RAND Corporation, "China and Globalization", testimony to the U.S.-China Economic and Security Review Commission, 19 May, 2005. http://www.rand.org/pubs/testimonies/CT244/.

② Nathan, 2003, *op. cit.*, p. 16.

③ "The Human Rights Record of the United States in 2004", issued by the State Council of the People's Republic of China, *People's Daily*, 3 March, 2005. http://english.people.com.cn/200503/03/eng20050303_175406.html.

④ Vladislav Surkov, "Nationalization of the Future", *Ekspert*, 20 November, 2006.

曼（Ed Freidman）认为，“中国城市新的中产阶级往往会把民主想象成一种赋予大多数人——农村穷人——权利的制度”①。中国的中产阶级也被苏联解体后的混乱吓坏了，因此更愿意支持威权主义的技术官僚领导人。②

在俄罗斯，正如民意调查和选举结果所证明的，职业人士受到90年代经济休克带来的创伤，欢迎普京的铁腕所带来的稳定。在中俄两国，中产阶级已经彻底接受消费主义和“资产阶级个人主义”，并将它与汪晖所说的“消费民族主义（consumer nationalism）”中的政治融为一体。③

四、结　论

这种“受管制的市场”路径真的可以被认为是一种理论上和实践上前后一致的范式吗？或者说，它是一种思想和政策的矛盾混合体，是不同趋势的一种暂时重合，而在未来几年就会分岔吗？

20世纪60—80年代，从巴西席卷东亚的一波威权主义发展浪潮于90年代平息。这波浪潮的背景与当前是完全不同的。不论是国际上（全球共产主义），还是国内（强大的工会），都存在一种真正的对资本主义的威胁。国家需要保护市场，以便免遭市场反对者的诋毁。当冷战结束，这些市场反对者的力量受到削弱时，威权主义的理由就不复存在了。但是受管制的市场模式根植于一种不同的世界秩序中，根植于不可能很快消失的全球化的世界秩序中。国家的作用被看成是为市场力量履行其职责提供稳定的政治环境，管制性的干预就是要保证国际贸易和投资有利于东道国，而不仅仅是有利于外国伙伴。冷战后，在这两个前社

① Ed Friedman, *The Rise of China and Its Impact on the World*, International Political Science Association, Fukouka Japan, July 2006.

② Gongqin Xiao, “The Rise of the Technocrats”, *Journal of* Democracy, Vol. 14, No. 1, 2003, pp. 60 – 65.

③ Wang Hui, *China's New Order*, Harvard, 2006.

会主义大国的迫切生存需要中，受管制的市场似乎体现了一种切实可行的组织上的反应。

这种现象为全球发展的新阶段打开了大门，在这个阶段，游戏规则可能并不为西方强国所独断。俄罗斯和中国希望在国际舞台上成为规则的制定者，而非仅仅是规则的接受者。但是两国的发展道路是可持续的吗？如果是可持续的，它们是否可以与其他大国就一套与现行价值观不同、将塑造下一个十年全球政治和经济制度的新价值观达成一致？巴西、印度、南非、印尼等国也在接受国际融合，并经历着快速的增长。但是与俄罗斯和中国不同，它们是稳固的民主国家。所以，全球化了的世界并不是“平的”：这里有多种多样的、切实可行的模式在应对其挑战中出现。

（王新颖　译　郤继红　校）

中国与印度：不同绩效的制度根源*

〔印度〕阿什瓦尼·塞斯

一、发展竞赛

自从1947年印度取得独立和1949年中国获得解放，亚洲两个大国的经济表现就引起了人们强烈的对比兴趣。中国展示的是在共产党的中央指令下建设革命式的社会主义，而印度追求的是一种“社会的社会主义模式”，标榜议会民主。两者之中谁会胜出呢？在冷战的后殖民主义时代，在从20世纪的殖民主义中解放的前夕，世界各国和人民都在关注这场竞赛。两个大国也在观察，不仅仅是下赌注或者为了获得窥伺性的利益。

美国国务卿约翰·福斯特·杜勒斯在其1953年的亚洲之行后，发表了他对中国和印度的看法：“这两个国家之间正在进行一场竞赛，来验证自由方式和警察国家方式到底哪一个能实现更好的社会进程。这个

---

* 本文编译自“China and India: The Institutional Roots of Differential Performance”，原载《发展与变革》（*Development and Change*），2008年第39卷第5期，第723—757页。作者阿什瓦尼·塞斯（Ashwani Saith），荷兰海牙社会研究学院教授，伦敦政治经济学院和新德里人类发展学院客座教授。——译者注

竞赛直接影响着这两个国家的8亿人口。长远地来说，竞赛的结果将会影响到整个人类社会，包括我们自己。”① 印度总理贾瓦哈拉尔·尼赫鲁在1954年也同样直率地写道：“现在我最感兴趣的国家是印度和中国。我们的政治和经济结构显然不同，但是我们实际面临同样的问题。未来将会证明，哪个国家、哪种治理模式将在各方面取得更大成功。”②

半个世纪后，印度现任总理曼莫汉·辛格在独立日讲话中，回答了尼赫鲁关于未来的提问：“从独立到现在已经大约60年了。60年只是古老的文明史的一个短暂瞬间，但对于一个年轻的国家来说却是漫长的。在这60年中，世界发生了翻天覆地的变化。欧洲的帝国消失了。新的力量在亚洲出现。看看日本的今昔。看看中国的今昔。当看它们的时候，我在怀疑我们是否发挥了自己的所有潜能。”③

在睦邻友好和平共处的协议和反对帝国主义的一致论调之下，中印两国在地区和国际层面的政治经济竞争不断升级。两国都希望实现制度现代化和兼顾公平的长期迅猛发展。但是按照它们自己的观点说，两匹马跑向不同的、独立的竞赛方向。印度更多的是和自己的过去对比，用殖民时代的苦难和凋敝对比新生独立国家的成就。相对于一个静止的客体，这并非一个难以取胜的比赛。第二个尺度是内部与其通过的计划目标作比较——当然，这些目标制定了，但是通常没有实现。而中国从未认真地与自己喜马拉雅的邻居比成绩。中国超过印度根本就不是一个问题，赶超西方才是中国真正的挑战。1958年，中国共产党提出了“十五年超英赶美”的口号。④ 中国把自己的目标设定到真正的世界性高度。

中印两国之间上下波动的关系经历了几个周期阶段。最初，两国都

① Chester Bowles, *Ambassador's Report*, London: Gollancz, 1995, p. 229, cited in Ghosh, 2002.

② Francine Frankel, *India's Political Economy*, 1947 - 1977: *The Hradual Revolution*, Princeton, NJ: Princeton University Press, 1978, p. 120, cited in Ghosh, 2002.

③ Manmohan Singh, "Independence Day Address to the Nation", 15 August, 2006. http://www.hindu.com.nic/independence.htm.

④ Mark Selden, *The People's Republic of China*: *A Documentary History*, New York: Monthly Revivew Press, 1979, p. 78.

怀着对独立和解放的民族和社会自豪感，接受社会结构转型的宏大目标，这是两国兄弟关系的阶段，“印中是兄弟”这一口号，强调了两国在那一历史时刻的共同行动。周恩来1956年冬访问印度是中印兄弟情谊的顶峰。但其后几年，形势急转之下。殖民时期的后患显现出来，边界争议发展成摩擦和冲突，最终在1962年演变为战争。对于印度来说，中国兄弟突然变成了中国龙，两国兄弟情尽、分道扬镳——“印中再见”。其后，两国都经历了复杂的、历时两代的社会和经济动荡。直到1988年，尼赫鲁的外孙拉吉夫·甘地访华，两国才迈出了关系正常化和解决长期矛盾的第一步。接下来一个时期，两国高层领导人几次互访：2001年李鹏总理访印，2003年瓦杰帕伊总理访华，与这些互访同时发生的是，强调市场引导、国家管制的制度在两国出现，导致了相似的意识形态取向，两国都具有强烈的民族愿望和高度不平等的消费型经济。中印进入了当前可能的和解关系，或许可以称之为“印中商贸”。

两个经济体始于相似的基础和发展水平，其后的发展发生分化，中国在各项发展指标上达到了全面领先。在过去十年里，印度的宏观经济加速发展，印度精英因而欢欣鼓舞；同时这个变化还引发了印度能否赶超中国的猜想。如果两个经济体日趋靠近，那么印度超越中国并不是天方夜谭。①

二、棋逢对手？

这场竞赛的结果可能不受对手间悬殊基础差别的影响吗？两者在起跑线上是否势均力敌呢？

---

① 例如，见 Goldman Sachs，“Dreaming with BRICs：The Path to 2050”，Global Economics Research Paper No. 99，2003，http：//www2. goldmansachs. com/ideas/brics/book/99-dreaming；Huang Yasheng，“China Could Learn from India's Slow and Quiet Rise”，*The Financial Times*，27 January，2006；Huang Yasheng，and Tarun Khanna，“Can India Overtake China?”，*Foreign Policy*，No. 137，July-August 2003，pp. 74 – 81，以及 Tushar Poddar，and Eva Yi，“India's Rising Growth Potential”，Glodma Sachs Global Economics Paper No. 152，2007，http：//portal. gs. com。

（一）殖民遗产和体制特征

经济并不能成为一个重要对比的唯一标准，其他标准还包括初始条件，具体说来就是殖民传统和体制特征。

两国的初始条件有广泛的相似点。两国都继承了封建劳作制度下乡村大范围贫困的经济。瓦尔特·马洛（Walter Mallory），洛佩·托尼（R. H. Tawney）和约翰·鲁星·巴克（John Lossing Buck）证实了中国农民的结构性脆弱，而达达艾·纳奥罗吉（Dadabhai Naoroji）、威廉·迪格比（William Digby）和罗梅什·杜特（Romesh Dutt）及其他反殖民斗士同样证明了印度农村凋敝的地区性特征。两个社会都带有深刻的父权制社会烙印，充斥着丑陋的性别暴力和压迫：虐杀女婴、束足、童婚等。

然而，有证据证明，两个社会都产生过具有一定科技水平的、成熟的非农业经济。拉达·辛哈（Radha Sinha）和马克·艾尔文（Mark Elvin）提出了高度均衡陷阱的概念来解释中国解放前的经济停滞，而包括伊尔凡·哈比（Irfan Habib）、塔潘·雷朝杜里（Tapan Raychaudhuri）、阿米亚·巴格奇（Amiya Bagchi）、拜平·钱德拉等（Bipin Chandra）等许多历史学家却认为，殖民主义下的非工业化打断了资本经济发展中的处于萌芽状态的、可以自行发育的进程。在实现独立的时候，两国都深受农业体系的困扰，两国都有巨大的经济剩余潜能，但是都缺乏一个有效促进现代经济增长的经济机制的制度框架，这种不平衡也使两国深受困扰。

在这些共同点之外，两者之间也存在着一些重要的差别。一个重要差别是在社会和文化上，中国是一个民族国家，是一个汉族达到人口的90%、占据统治地位的社会。整个国家只存在一种通用语言——汉语。这种文化同质性为满足中国发展的特别需要提供了一个重要的、可能的环境，为政权结构提供了广泛的拥护和合法性基础，保证了社会文化定位和利益的公共性，也为我称之为“全民动员的转型模式”的实现提供了重要保证。而在这方面，印度和中国存在天壤之别：印度文化和语言呈多样化，种姓结构、阶级分化敏感而复杂，宗教矛盾尖锐。① 中国的特点保证了它能在如此之短的期限内进行如此激进的体制和经济转型；而印度社会的复杂性可能使快速转变的过程更加艰难，并充满火药味。

印中两国在未来状态的形成、转型发展的首要任务以及日程方面都受到了殖民历史的深刻影响。但是两者之间也存在众多的不同特点，这些不同特点伴随了它们的发展，并且解释了两者各自不同的发展轨迹。

两个独立后的政府继承的都是破败而衰落的农业体系，在这个体系中贪婪掠夺而没有任何投入的地主阶级霸占了大部分农业剩余，尽管这样，两者也还是存在着一个明显的不同之处。地主阶级在中国的社会主义革命中消亡了，而在印度，作为胜利集团的组成部分，地主阶级仍然保持了强大的势力。在国家赢得独立后，地主阶级受到执政党的保护和庇护，而且能阻挠任何进一步的再分配改革和集体土地改革。

殖民渗透在中国和印度都相当深刻和全面，即使是沿海地区。英国殖民政府不仅通过直接机制对印度实行统治，而且还通过那些将伍德（Wood）和麦考利（Macaulay）的殖民政策深深植入思想中的印度人操纵的管理机器，完成对地方统治者的操纵和安排。一个带有官僚主义和买办性质的新的中间阶层出现了，关于这些人，麦考利有一句名言：除了肤色的区别，他们完全就是英国人。这些人就是日后印度国大党的主要支柱，而这个党就是未来印度国家形成的先行者。这一大批中间阶层的后继者，他们受过良好的英语教育，将尼赫鲁所强调的现代科技教育（通过当前被大肆标榜的印度科技教育体系）与印度缓慢增长的经济相结合，形成了数量巨大的高素质、低工资的生产力供应。这些因素的偶然接合，至少在部分上为印度软件信息业的成就奠定了初步的基础，而

① 当前的民族志显示有4694个社区（Singh，2000）。2001年，印度语言中的13种语言，每种语言使用人数超过1000万；还有29种语言，每种语言使用人数超过100万；另外还有122种语言，每种语言使用人数最少1万。28个省中只有10个省接受印地语作为官方语言。印度大约有10种完全不同的语言作为主要语言在使用。

软件信息业引导了当前服务业带动的加速增长。与之不同的是，中国相对降低的单位劳动力成本和相对较高的人类发展水平，使中国形成了制造业带动的增长的刘易斯式（Lewisian-type）环境。

两种制度在国家政权构成上存在着根本的不同，这个区别是在摆脱殖民主义、实现国家独立过程中不同政治力量和政治进程的不同产物。在中国，权力集中到以工农为基础的革命的共产党手中，也就是说，政权掌握在穷人和他们的直接代表手中。用珀金斯（Perkins）的话来说，穷人被授以权柄。直到1978年以前，甚至之后的一段时间，大众对这个革命政权的接受，再加上高度的文化同质性，形成了全民动员的生产模式的基础。反对殖民者和本国阶级压迫的革命和军事斗争清除了旧的遭到排斥的权力结构。

相比之下，印度独立运动的控制权基本上掌握在中上阶层和种姓手中，因此，伴随独立而形成的包括国家结构在内，虽然在语言和一定程度上体现了民族主义，但基本仍是实现有产阶层和种姓广泛利益的工具，而有产阶层和种姓就是当时印度国大党的中坚力量。甘地的非暴力主义虽然在本质上值得称赞，但同时它在关键时刻也是投机性的，它阻止了本国精英在潜在的群众运动中丧失领导权和控制权。例如，20世纪20年代期间自发的草根运动Eka（或称为“统一”）。[①] 日本殖民主义的暴力侵略进一步激发并加剧了中国革命，而老奸巨猾的英国统治者念念不忘的是，独立后印度的政权应保留在“听话”的印度精英手中。

（二）起步状态：1950年相似的经济结构

虽然中印两国有着各自的特点，但在1950年，两国在结构上的相似性却十分明显。威斯克普夫（Weisskopf）对中国和印度的人均国民生

① 有关的背景分析，见Ashwani Saith，“Agrarian Structure，Technology and Marketed Surplus in the Indian Economy”，PhD dissertation，University of Cambridge，UK，1978，Ch. 2；关于熟练的解构，见Shahid Amin，*Chauri Chaura，1922 - 1992*：*Event*，*Metaphor*，*Memory*，Berkeley，CA：University of California Press，1995；关于1939年的有力检控，见D. D. Kosambi，*Exasperating Essays*：*Exercises in Dialectical Method*，Poona：People's Book House，1957。

产总值的评估分别为65和62美元（1960年美元的价格）。从劳动力分配来看，中国的农业劳动力比例为77%，印度的农业劳动力比例为72%；中国的工业劳动力比例为7%，而印度的工业劳动力比例为11%；中印其他产业的劳动力比例分别为16%和17%。1952年，中国的农业占总产出的48%，而印度1950年农业占总产出的51%。中国的大规模制造业和公共事业占总产出的9%，而在印度，它们的比例为6%。中国的小规模制造业和建筑占总产出的9%，而印度的比例为10%。

这对竞争对手在起跑线上势均力敌，两者的社会和经济结构有着强烈的相似性；但在政体和制度上，两者有着同样巨大的差异。这场竞赛的结果，取胜的范围和方式，凸显了这些不同特征所发挥的作用。

三、谁在发展中领先？

1950年以来，根据物质的、经济的和社会的各项指标的表现进行比较，中国无可争议地超过了印度。[①] 两国从1950年大体一致的起步水平出发，到2003年，中国的人均收入是印度的两倍，无论使用何种计算方法，中国的贫困人口总数都远远低于印度；中国的平均人口预期寿命为71岁，比印度人的平均数长6年；中国成人识字率是91%，而印度仅为65%；中国的人均医护人数是印度的两倍以上；5岁以下儿童体重未达标比例只有8%，无体重过轻现象，而印度体重未达标或过轻儿童比例高达47%；中国有轻度或重度发育障碍的儿童比例只有14%，而印度的此项指标高达46%。

在起步阶段，中国的人均耕地较少[②]，所以发展高产密集种植，当

① 本节参阅了2002—2005年的各种数据，来源于国家和国际的官方统计资料，包括国家统计局资料。

② 1965年，中国的农业人口人均耕地面积是0.18公顷，而印度是0.46公顷，参见Ashwani Saith, "Reflections on South Asian Prospects in East Asian Perspective", issues in Development Discussion Paper 7, Development and Technical Co-operation Department, Geneva: ILO, 1995, p. 34, table 4。

时中国的人均农业产出和印度的水平并没有太大差异。到1978年，中印农业状况出现了明显的差异，中国优异的表现使两者在社会指标上的差距激增。到了世纪之交，生产率指标的差距呈交错分布。2003—2005年期间中印的农作物产量（公斤/每公顷）分别是：小麦，印度2688公斤，中国4155公斤；油菜/芥菜，中国约是印度产量的两倍，为1778公斤，而印度仅为909公斤；稻米，中国是印度的两倍多，为6223公斤，而印度为3034公斤。1990—2005年的十几年间，印度的油菜/芥菜产量年增长率为0.6%，而中国为3%，而中印稻米的年度增长率分别为2.1%和1%。两国不仅在这些指标上有高低之分，而且一些主要作物上的指标水平都出现了差距。

再看看其他方面。人均用电量是一个重要指数，中国的人均用电量为893千瓦时，而印度为378千瓦时；中国的水泥年生产量为6.5亿吨，而印度是1.09亿吨；中国的钢铁年产量为1.63亿吨，而印度为0.29亿吨。工业生产占中国国内生产总值的53%，而在印度只占26%。但是服务业产值在印度的国内生产总值中所占比例高达52%，而中国的比例仅为32%，当然，这种比较是受到质疑的——它反映的到底是一个成熟的服务部门，还是一部分的服务部门呢？但是无论如何，中国工业、农业和服务业的增长率全面超过了印度。

有些人可能会强调印度信息产业的强劲表现，但是值得一提的是，中国2003年每1000人中，固定和移动电话的使用人数为424人，而印度为71人；互联网用户数量，中印分别为63人和17人，而个人电脑的使用人数分别为28人和7人（2002年数据）。还有人会对中印贸易中印度的贸易顺差念念不忘，但是如果仔细审查中印贸易的结构，就会冷静地发现，50%印度对中国的出口为铁矿石，而中国对印度的大宗出口为机械设备。

差距在中途已经显现

观察家往往关注1978年中国经济改革后增长所带来的影响，他们也会关注一个事实，即印度在若干年之后，才开始了新自由主义改革。[1]然而，即便我们忽略这一点，也有一个至关重要的事实就是，在1978年的时候，两者不同表现之间的差距已经相当明显了。

印度1960—1980年的国内生产总值的年均增长率为3.6%，1970—1990年为4.7%；1985—1990年间，升至6.2%。这种年均增长率的加速度上升是伴随着投资率的上升和增量资本——产出率的下降。[2]1961—1970年之间，印度人均农业生产平均年增长率为-0.4%，而中国为3.7%；1971—1980年的十年间，印中这个数据分别为0.4%和1.5%。[3]

到了1980年，中国的工业在国内生产总值的比例飙升到48.5%，而印度只有21.9%；2003年，中印两国的这个数据分别为53%和26%。很明显，从1980年两者之间的差距进一步拉大，并且一直保持至今。另一方面，1980年，中国的农业占国内生产总值的比例下降到了30.1%（而同年印度农业占国内生产总值的比例为42.8%），到2003年，这个比例进一步下降到15%（而印度当年的比例为23%）。但是印度的服务业产值比重相比之下一直居高，1980年为35.3%（中国为21.4%）；2003年为52%（中国为32%）。[4] 就是这些比较使许多人认为，中国是世界工厂，而印度是世界写字楼。

从1950年前后相同的起点出发，在其后30年的计划发展中，中国强劲地超过了印度，乡村变迁也卓见成效；在之后以市场为导向的第二个竞赛阶段中，中国更加遥遥领先（大部分物质和人类发展指数显示）。

① 印度经济表现的转折点时间本身就是一个问题。从1990年算起过于简单化，这会把转折时间与印度官方宣布经济政策取向混为一谈，但现任政府经济学家和政治家都习惯这样做。尽管如此，有相当的证据能够证明，新自由主义的改革进程始于20世纪80年代。

② Ashwani Saith, "Reflections on South Asian Prospects in East Asian Perspective", issues in Development Discussion Paper 7, Development and Technical Co-operation Department, Geneva: ILO, 1995.

③ Ibid.

④ Thomas Weisskopf, "Patterns of Economic Development in India, Pakistan and Indonesia", in Robert F. Demberger (ed.), *China's Development Experience in Comparative Perspective*, Cambridge, MA: Harvard University Press, 1980, pp. 38 -90.

对于谁是竞赛的胜者这个问题，结论已经无可争议。在竞赛开始的60年之后，胜者领先的幅度实际上已经令人大为惊诧。

四、为什么会有如此大的差异?

为了明确两者之间的对比，有必要对那些在前半途中活跃因素的活动进行分析。[①] 对于中国来说，需要对1978年后取得经济成绩的集体主义发展时期的贡献进行谨慎的评估。

(一) 概述

中印两国早期发展战略的思想和意图十分接近，但是实施和结果却不尽相同。在制定意义深远的第二个五年计划时，印度计划经济的理论先驱马哈拉诺比斯（Mahalanobis）曾经倡议土地改革和建立土地军队，在建设农村基础设施的同时，为失去土地的农村人口提供巨大的就业机会；他提出了需要农村或传统小规模工业的理念，并认为这一部分能够调节现代工业中就业的预期赤字，因此应该得到一定的保护。中印之间关键的区别不仅仅在于农业等计划战略的某些方面，而是在于两者经济、社会、政体和国家的性质，也就是说是在现实的结构方面的区别。

应该对具有可比性的两者进行更深入的分析。在中印两个经济体中，国家主导的、公共部门为基础的工业化进程是发展的驱动力。两个政府都没有对农村发展给予重大投资。印度对农村精英进行保护和补贴，而中国为了发展现代工业从农业和农民中汲取剩余。但是，中国的农村和农民明显好于印度，为什么呢？这个局面是怎么形成的呢？在集体主义战略之下，中国现代工业汲取了农村剩余。但是农村和农民并没有被抛弃，虽然工业化加速发展拉大了内部差异，他们仍然被统筹到了国家发展的框架内。

---

① 由于这个原因，其后，农业部门而非正式的工业部门被给予了更多关注和待遇。

有人认为，中印的经济体制结构不同，特别是农业部门的结构不同，是回答上述问题的答案。在中国大部分地区，通过农业和农村工业的结合、通过为巨大的劳动积累创造激励机制和自我融资基础来提升土地生产率和形成农村工业的上下游联系、通过推动社会发展水平强劲的上升趋势，农村集体化成为经济积累的动力源。这些又带来了训练有素的、更成熟、竞争力强而且成本低廉的充足劳动力。[①] 这些发展的推动力就是我所说的全民动员转型模式，它依赖于大量人力投入。这又把解释的方向转移到了能够释放这种巨大的劳动力投资的思想激励因素。中国农民是集体制度的主人，他们从自己的劳动中直接受益。印度的农村则完全不存在这些因素。中印相似的宏观经济战略，在农业部门会产生完全不同的结果。在以后的阶段，这个差异可能意味着，中国的加速增长将能在巨大的本国市场获得越来越大的空间，而印度的可持续发展可能由于萧条的国内农村市场而受到阻碍，其发展进程很可能比中国更具排斥性。

（二）体制因素：鼓励变革还是限制变革

中印两国的发展轨迹显然都是复杂因素作用的结果，不可能简单地归结为几点解释。在此，我想强调某些特定的制度和政策因素的重要性；特别要指出，在 1978 年之前，在许多重要方面，两个经济的发展轨迹是基于不同的结构性基础，这其中农业部门的角色是关键所在；两者在制度、增长和分配方面的鲜明对比在这里得到了凸显。印度的制度框架是印度的环境刚性（contextual rigidity）和发展羁绊，而中国社会主义发展状况能把制度框架变成首要目标变量——用工具进行重塑，优化其加速增长进程的功能。这种维度提供了一个基本的统一思想，它在中国贯穿了 1949 年以来的整个时期。

---

① 更全面的讨论，见 Ashwani Saith，“Reflections on South Asian Prospects in East Asian Perspective”，issues in Development Discussion Paper 7，Development and Technical Co-operation Department，Geneva：ILO，1995，pp. 15 - 21。

本文中“制度”这一术语具有极广泛的含义，它涵盖个人、公共、商业领域，包括价值观、信任、信仰体系；是得到广泛认同和传播的关于美好生活的规范和观念；是引导行为的规范；是融于社会结构和组织形式中的活的文化；是公民的法典，惩戒体系，宗教规范；以及融于林林总总的社会结构、组织形式和关系网络的规范，比如：家族、婚姻、家庭、社区、集体、公司、职业阶层和种姓选民团体、邻里、民族和宗教组织、民族，也就是地方、国家和全球公民社会。① 这些制度的维度，通常对社会经济和政治交易以及社会安排发挥巩固和稳定的作用，它们是聚合个体的黏合剂，为社会的动态演变提供参数，通常它们有高度的路径依赖，像黏土一样致密地胶合着，成为具有高度惯性的整个系统的坠物。它们没有突兀的变化，其连续性被镌刻在了进化的轨道中，渐进的趋势取代了革命的突破。或许就是制度继承性的累积力量，在数个世纪的打造和复制下，激发了这样一种对印度增长率或者说对印度的比喻性的描述：印度就像一只记忆冗长、行动迟缓的庞然巨象。毫无疑问，旧中国也曾激发过同样的联想。但是，中国革命打破了沿袭的封建模式，并强力建设了一个能够促进社会主义经济和社会建设的制度架构。

在印度，制度框架是政策制定的大环境和限制的体现；相比之下，在中国，制度框架本身是一个优先的目标变量，是政策的客体。在印度，制度框架的构建是基于一个一成不变的、顽固的环境，同时它成为发展的束缚。它是变革的主语，但是这种变革是一种不情愿的、缓慢的进化。但是中国不同，中国的制度构架没有造成环境约束，而是成为了政策左右下、服务于发展战略的催化工具。传统的制度构架被一扫而去，新的制度在极短暂的时间内被设计和建造完成，随即又被更新的、更符合国家发展战略需要的制度模式所代替。对此小岛敏锐地描述道：中国人不懈地追求能够寻求、释放并探索潜在的积累和增长资源的体

① 为了使下面的论述不失去解释力，在特定的背景和过程参数中，制度维度的确定和使用具有更大的特殊性。

制，完全无视时代意识形态的修辞。这种持续的努力来源于对物质进步和增强国力的基本共识和动力。①

（三）解决李嘉图式限制：土地改革进程的对比

早在第二个五年计划时期，包括多布②和卡莱斯基③在内的众多经济学家指出，需要解决李嘉图式的限制，否则印度经济会受到阻碍，进行一场兼顾公正和高效的土地改革是首要任务。但是这个问题最后却没有得到解决。印度曾经进行过旷日持久的农业改革。独立之前就曾经政策不明地削减过旧领主和地主的土地和势力。④ 这一过程在北部印度达到了顶峰，《柴名达尔取消法案》（Zamindari Abolition Act）确定了领主和地主属下从事耕种劳作的、主要的高级佃户的所有权。国大党是这些受益人强有力的代表，很大程度上也正是由于这个原因，以合作为方向的、进一步的再分配改革和激进的土地改革失去了动力。这之后的几次土地改革着力于巩固所有权，以及西孟加拉佃户的登记权。在复杂而封闭的土地市场中，通过对土地所有权进一步分配，大部分土地改革流产了，农业结构显示出分崩离析的严重迹象，结果是出现了地方性的地荒，土地所有边缘化、破碎化，没有经济效益可言，以及大量生活在基本生存水平线下的人口。在这种情况下，区区商业化农业没有任何能力

① Kojima Reiitsu, "Accumulation, Technology and China's Economic Development", in M. Selden and V. Lippit (eds.), *The Transition to Socialism in China*, New York: M. E. Sharpe, 1982, pp. 238 – 265.

② M. H. Dobb, "Some Aspects of Economic Development: Three Lectures", Occasional Paper, Delhi: Delhi School of Economics: University of Delhi, 1951.

③ M. Kalecki, "Financial Problems of the Third Plan: Some Observations", in M. Kalecki, *Essays on Developing Economies*, Hassocks: The Harvester Press, 1976, pp. 147 – 156. (Originally published 1964.)

④ 关于这个问题的讨论，见 Ashwani Saith, "Agrarian Structure, Technology and Marketed Surplus in the Indian Economy", PhD dissertation, University of Cambridge, UK, 1978, Ch. 2; Eric Stokes, "The Structure of Landholding in Uttar Pradesh", *Indian Economic and Social History Review*, 12 (2), 1975, reprinted in Eric Stokes, *The Peasant and the Raj: Studies in Agrarian Society and Peasant Rebellion in Colonial India*, Cambridge: Cambridge University Press, 1978, pp. 205 – 227。他们就 1860—1948 年间农业结构解裂的长期趋势提供了一个经验性的描述。

创造就业机会，普遍立足于生产的战略从结构上触及不到农村的贫困人口。在北方邦（Uttar Pradesh）第一部重要的土地法案制定一个多世纪以后，解决结构问题应该是达到了前所未有的紧迫程度，但几乎没有迹象可以表明，在可预见的未来能够发生逆转。如果印度土地改革进程更加深入，如果土地改革能够与新的发展进程同步，印度的经济故事在一些关键方面很可能会全然不同。值得一提的是，所有东亚成功的案例中，深刻而平等的土地改革都是先决条件。①

中国提供了一个完全不同的案例。从最初同样分散而艰难的农业结构②，通过以生机勃勃、立足发展、提倡平等的人民公社代替低效、不平等的封建土地制度，中国的发展战略有效地克服了李嘉图式的限制。土地改革带来的一系列重大成果使中国胜过、超出了裹足不前的印度。中国1949—1952年初步的土地改革在很大程度上遗留下了财产不均的问题，这个问题在后来通过建立初级以及高级的生产合作社得到了讨论，并在1958年9月覆盖了98%的中国乡村的第一次大规模人民公社运动中达到了顶峰。这个变革的最后一个阶段持续了不到三年。③ 从1962年到集体化解体，经过重组的小型三级公社制度成为了农村体制的模式。这些人民公社的结构特征经过了广泛的剖析，它的制度特征为全民动员转型模式、劳动力积累计划、农村工业化、按照传统路径进城打工的农民、开发经济深度和广度以及作为基本权利的健康、教育和食品安全的社会全面保障提供了可能性。

中国的第二次改革同样极端严峻。政府不动声色地在试点地区借助

① 关于合作社和集体这两种农村制度安排的作用，已经被广泛强调，例如，琼·罗宾逊（Joan Robinson，1979，p. 135）所述：一些合作社的或集体的资产（土地和生产资料）成为一种构架的必要因素，在此构架之中，现代化可以一直持续，而不必经受贫富分化之痛，它至今仍适用于全部第三世界。

② Carl Riskin，"Surplus and Stagnation in Modem China's"，in Dwight F. Perkins（ed.），*China Modern Economy in Historical Perspective*，Stanford，CA：Stanford University Press，1975，pp. 49－84.

③ Mark Selden，*The People's Republic of China*：*A Documentary History*，New York：Monthly Review Press，1979，p. 79，Table 6.

各种契约体系尝试打破集体化的模型：包产到组，包产到户，包干到户，目的在于采用一种更好的配置在全国范围内代替人民公社。决策一出，体制急速转型。1978 年的时候，公社制度基本上还完好如初。到 1980 年 1 月，只有 0.02% 的计算单位——也就是说几乎为零——实行了包产到户合同，即后来广为人知的家庭联产承包责任制。到 1980 年底，这个比例只有 5%，但到了 1981 年 10 月，数字上升到了 38%，而 1982 年 12 月，比例达到 70%，并且还有 22% 在进行另外两种改革体系的实验。在如此之大的中国，在一个令人窒息的空间里，在仅仅两年的时间内，革命性的集体化改革实际上就回复到了农民持股状态。

人民公社被清扫出去，分地到户成了保险栓和缓震器，预防了新战略的左右摇摆；而失去了来自繁荣的公社和社队企业的劳动机会和经济剩余，农民们又成了保险栓的依赖者。二次土地改革的资产负债表十分复杂，它再次展示了这个体系重塑其根本制度来适应任何发展战略定位需要的能力。这与印度的局面形成了天壤之别。

（四）中国集体劳动积累与印度农村公共工程

仔细观察 1962—1978 年高度集体主义时期中国农村的人民公社是十分有益的。[①] 毛泽东有他特有的思想智慧，他提出了劳动积累的概念，来对应资本积累。主要来说，他提出在一个人口众多的贫穷的农业经济体中，通过以农民劳动力向积累项目投资的形式——劳动力积累（LA），可以建立与土地相关的农村基础设施。中国掀起了劳动浪潮，

---

① 中国改革前后经验的详细分析，见 Ashwani Saith，“Contrasting Experiences of Rural Industrialisation: Are the East Asian Duccesses Transferable?”，in R. Islam（ed.）*Rural Industrialisation and Employment in Asia*，New Delhi: ILO/ARTEP1987，1987，pp. 241 - 304；Ashwani Saith，“Chinese Rural Industfialisation: Some Lessons for Reforming and Developing Economies”，ARTEP-ILO Working Paper，New Delhi: ILO，1993；Ashwani Saith，“From Collectives to Markets: Restructured Agriculture-Industry Linkages in Rural China，Some Micro-level Evidence”，*Journal of Peasant Studies*，22（2），1995，pp. 201 - 260；Ashwani Saith，“From Village Artisans to Industrial Clusters: Agendas and Policy Gaps in Indian Rural Industfialisation”，*Journal of Agrarian Change*，1（1），2001，pp. 81 - 123，90 - 94.

形成了农村发展的双引擎之一，就在这个时期，众所周知，依据国家政策，跨部门的资源流动对农业部门进行倾斜，这种劳动积累就对中国广大地区的农业生产力产生了重要影响，并且对供求两面都产生了刺激，因而触发了公社内部的强劲增长过程。[①]

农村发展的另一个引擎是公社内部的工业化。这也动用了集体内部的剩余劳动力，并且产生了大量财政盈余，被用于四种主要用途：集体内非农业活动组合进一步多元化；农业发展项目；为集体成员提供社会消费基础以及进一步加强地方政府的能力。虽然农民在农村非农业活动中促进了生产力的发展，且艰苦的体力劳动进入到劳动积累中，但是严格以工资等级按工分领取报酬，而工资等级则和集体农民家庭消费的平均水平相挂钩。其结果是农村非农业（RNF）企业所创造的财政盈余自动积累起来，而且不断地乘上创造了地区平等增长的动态增加值。

很多人天真地将劳动积累计划作为一个强迫且无偿劳动的例子来加以批评。这显然是不正确的。因为一旦项目完成之后，收益流就开始出现，在每一年里，家庭对有收益项目的劳动投资都会获得回报，而且这些收益会在所有共同拥有这一项目的成员范围内积累起来。尽管仍然存在着一些空白领域，尽管无可否认在许多有问题的计划上面浪费了一些精力，但是在这段时期中，每位严谨的学者或是中国农村田野观察家们都会注意到全国范围内的复兴型运作所产生的显著影响。它催化并开启了农村发展过程。从农户的立场来看，这份附加工作所带来的额外收入

① 劳动积累在高度集体化时期的作用，以及改革之后作用下降的讨论见塞斯（1995a, pp. 212 - 217）。早期的劳动积累对农村的发展是影响广泛的，有时也是有问题的。关于这方面的文献，可参考Liu Minquan, "Commune, Responsibility System, and China's Agriculture", Paper presented at the Rural Development Research Seminar Series, Institute of Social Studies, The Hague, 20 February, 1991; James E. Nickum, "Labour Accumulation in China and Its Role since the Cultural Revolution", *Cambridge Journal of Economics*, 2 (3), 1978, pp. 273 - 286; K. N. Raj, "Agricultural Growth in China and India: Role of Price and Non-price Factors", re-published in Ashoka Mody (ed.), *Inclusive Growth: K. N. Raj on Economic Development*, Hyderabad: Orient Longman, 1983/2006, pp. 255 - 272; E. B. Vermeer, *Water Conservancy and Irrigation in China: Social, Economic and Agrotechnical Aspects*, Leiden: Leiden University Press, 1977。

不仅来自于劳动积累计划本身，也源于这一计划所促成的农村工业化的间接回报。当工业化促进了总的生产率时，工业化进程就开始了。而且由于收益是被共同分享的，所以劳动替代也不再是问题。正如我们曾提到过的，尽管在微观层面的合作社单位中存在着周密且符合当时发展阶段的经济逻辑的合作支付系统，但是转型的群众动员模式基本上是被思想的热情和献身精神所鼓舞的。由于这个过程基本上是由地方自筹资金，因此，可以避免政府在投资之前进行节流约束。上述特性使得这个过程既可以持续较长一段时间，又能够在全国范围内进行复制。

我们很难想象，在一个不平等的农业结构中，国家退出和单纯开放市场信号会引发这样大规模的农村投资和转型。事实上，这正是南非经历的惨痛经验。在印度，目前针对所谓的接受全民就业保障计划的财政约束所进行的讨论就为我们提供了一个很好的范例。这一计划必须有资金作为前提，而政府却从未真正如此严格地考察过它们的生产率。即使这一计划所创建的基础设施是有收益的，但是政府不能得到资源集合网中增加的那部分收益。由于融资障碍的确存在，因此，就不存在一种将回收的收益用于过去劳务的支付、将回收的投资用于未来扩张的自动的内部循环过程。正因如此，当启动这种创造就业的农村公共工程（RPW）计划时，需要来自国家的财政拨款。

仔细研究这些计划是如何未能起到反贫困干预的功能也是必要的。由于在实际中存在着评价和批准这种干预措施的基本盲点，所以这导致了对发展效果的严重误解。农村公共工程想要提升农业生产率并产生乘数效应。在这些工程的建设时期，尤其是在运行阶段，这些工程的大部分都被当地非目标集团和地主集团所限制了。

在适用于这些计划的评价方法中，目标效率的评价标准与项目建设阶段目标集团受益人的百分比有关，因此，这会忽略了该计划在未来几年中为目标集团所带来的直接效益流的影响模式。一项关于孟加拉国的研究数据[1]使我们深入了解到，这种方法在相当程度上掩盖了为农村贫困人口所进行的公共投资的真实受益人的真实性和身份。这些计划的总收益率的底线表明，这些计划产生的总收益的四分之三是作为意外所得而流向了非目标集团！这一结果很令人吃惊，更何况这些计划是以穷人的名义推行的。

这些计划为穷人所累积实现的工资福利还远远不够，甚至对于那些能够参与其中的家庭来说，这些福利也只是零散的、变动的、暂时的收入来源。但是，包含了支付给非目标集团收益的总收益流却是相当可观的，尤其是在这些计划富有成效的时候。那么我们的问题就是：如何使得贫困人口不受限于断断续续的收入流，反而能够利用包含着更多巨额收益的大的资金池呢？按照现在的情况看，那些受雇于这类计划的贫困人口已处于不利地位。在这些计划中，从事辛苦的体力劳动所获得的每日收益要比为赚取这些收益所耗费的能量还要更低，可能大约低至一半左右。这一结果还表明，即使假定在印度农村地区的法定最低工资的基础上实现了充分就业，但是一般的农业劳动家庭仍然不能够达到与贫困线相当的收入水平。[2]

很清楚，我们需要新式的合同制度。通过这些新的合同形式，那些受雇并创造了这些公共资产的贫困人口也能够索要某一类别的所有权或者租赁权，从而使得他们对这些基础设施所产生的附加值中的非工资部分拥有正当的权利。这样的制度安排必须有直接和间接的金融工具与策略作为补充。这类工具与策略通过当地的或者更加间接的较高层的财政循环，从已获取额外收益的地主或其他集团那里征收费用。因此，这就需要在利益相关者之间实行新式合同。现有的制度安排导致了低数量、低品质的资产，但它对各方都是有利的：获得知名度的政治家、从低品

① 关于更详细的讨论和原始资料，请参考 Ashwani Saith, *The Rural Non-Farm Economy: Processes and Policies*, Geneva: ILO, 1992, Ch. 4。

② K. P. Kannafi, "Linking Employment Guarantee with Human Development", Paper presented at the international conference on "Employment and Income Security in India", Insitute for Human Development, New Delhi, 6 – 8 April, 2005, pp. 2 – 3.

质的建设中获利的承包商、公务员、不劳而获的地主，以及至少从中获得一点微薄收益的穷人。项目计划的质量和长期持续并没有严重影响到各个利益相关方，而这在当时也并不令人感到意外。权宜之计下的项目计划吞噬掉资源。但还存在着其他的可能性。①（相关部门）会有定期的关于在农村公共工程计划实施过程中地方腐败的报告。而最近批准通过的《印度国家农村就业保障法案》（NREGA）质疑：究竟这些旨在减少贫困人口的农村就业干预（政策）是计划还是骗局？这一点在报告中也有涉及。②

（五）生产力与就业的权衡

下面将通过两个例子来说明，在中国农村是如何从制度上解决了这对让人烦恼而又无处不在的取舍关系，而在印度农村对这一问题的权衡却遭遇了失败。

技术变革引起劳动替代从而使生产力增强的情况证明了土地所有权的集体体制安排的力量。它可以在从整地到播种、灌溉、收割和脱粒等劳动密集型生产中采取机械化的形式。在印度，这种制度安排导致了劳动力替代，而且下岗工人失去了工资收入。而在中国，所有工人共同分

① 正如中国的情况一样，（如果种植者有足够全年消费的食物，他们就会有一段空闲期）充分利用种植业者的空闲时期来改善灌溉、检查腐蚀情况和修建道路等等，从技术上来说是有可能的。但是由于存在谁会从这些资产中获益的问题，因此，土地中的个人产权对这类计划而言是障碍，参见 Robinson，Joan and John Eatwell，*An Introduction to Modern Economics*，London：McGraw-Hill，1973，p. 328。

② 有丰富经验证据证明了在针对各种扶贫计划中存在着大量流出，参考塞斯（Saith，2005）。调查性的媒体报道通常强调地方性腐败和对 NREGA 项目的不善管理。这些研究结果不断累积，最终导致了对 NREGA 项目国家投资组合的官方审计。官方报告的结果是一串令人震惊的行为与不行为的目录，读后令人沮丧。报告发现，相当数量的州、地区或者村务委员会都严重违背了几乎每一级的正式要求。而总体的新闻报道也令人失望：该方案登记了 38100100 户家庭；其中只有 55% 的家庭接到过工作，而登记的家庭中仅有 2200000 户家庭（约占 5.8%）每户就业 100 天的充分权利，参见 GOI，“Performance Audit of Implementation of National Rural EmplOyment Guarantee Act，2005”，Draft Report，NREGA，Office of the Principal Director of Audit，Economic and Service Ministries，New Delhi：Government of India，2007，p. 9。此外，民间社会组织的调查人员经常遭遇到当地政治黑社会势力的暴力行为。

享劳动生产率提高的收益，并且这些工人现在能够将释放出来的一部分时间用在其他的生产、闲暇或活动中。因此，尽管中国和印度都存在严重的剩余劳动力问题，但是中国在采用广泛的农业机械化的同时，还强调劳动力累积工程。在中国的集体制中，机械化的私人利益与社会利益之间的差距并不相关。但是由于在印度出现了被替代的农业劳动力遭受收入损失的情况，因此，印度机械化的私人利益与社会利益之间的差距是很大的。

农村民营工厂是说明体制变革重要性奠定了中国农村现代化基础的另一个有力证据。① 在人民公社形成时期，零散的传统低生产率和低技术的农村手工业与制造业都集中于联营体制下，并作为合作社企业而得以合理化和现代化。在毫无竞争力的农村手工业部门中，以手工业为生计的贫困人口不存在任何的风险，因为在必要的情况下，被替代的劳动力可能会进入到其他农业部门。无论如何，农村需求的增加限制了对这种重新布局的需求。而且这些企业都设在公社内，由农民而非富裕的地主所有。因此，在这些农村手工业工厂中，工艺流程、.产品升级以及使用机械化实现劳动替代的现代化都能够实现，并且同时不会出现农村手工业者迫于贫困而迁移的典型流动。一面是通过劳动替代而实现的较高的生产率，一面是创造就业和分配的结果，这二者之间的矛盾是资本主义体系所特有的。而改变了博弈性质的制度变革预先化解了这对矛盾。

成功的劳动积累过程的前向与后向联系促进了这些农村工业企业，而这本身就构成了农村投资和增长的动力。它类似于一种农业内部部门的刘易斯式的积累过程的工作方式，也类似于在人民公社的集体主义体制框架中的增长过程。在集体所有的农村工厂中工作的农民赚工分，当他们回到自己的农业小队时，他们按照以大约相当于一个农民平均分配

---

① Ashwani Saith, "Contrasting Experiences of Rural' Industrialisation: Are the East Asian Successes Transferable?", in R. Islam (ed.), *Rural Industrialisation and Employment in Asia*, New Delhi: ILO/ARTEP, 1987, pp. 241 – 304; Ashwani Saith, "Chinese Rural Industrialisation: Policy Perspectives and Emerging Problems", in G. K. Chadha and Ashwani Saith, *Rural Industrialisation in Post-Reform China: Issues and Policy Perspectives*, New Delhi: ILO-SAAT, 1996, pp. 29 – 59.

到的收入的兑换比率将工分兑换成现金。农场和企业之间的生产率差距仍然由企业维持着，然后企业根据一个议定的方案，将一个相当大的部分重新用于农业投资。与从合作社中的非农部门所赚取收入相比，农民的消费水平与农业部门的生产率更加密切相关。在那些非农企业繁荣的地区，合作社成为强大的农村积累的内部代理人。而在发展中世界的其他地区，包括在印度农村，明显缺乏这样的合作社。

与此相反，在印度，农村的工匠和手工业无法与现代制造业持续竞争下去，不断遭受着连续的侵蚀。几十年来，印度农村的传统制造业部门实际上已经消失了，只有小范围的非贸易商品和服务幸存下来。通过农村的生产活动所获得的收入在农民收入中所占的份额在稳步下降，取而代之的是各种其他形式的劳动和为贫困所迫而参与的非技术类的自营职业活动。即使当农业企业有利润时，他们也不会将盈余重新投资于农村发展、减少贫困中，或者用在农业部门的基础设施和长期积累中去。企业的所有者愿意将盈余投资于城市贸易和房地产中，这就导致了农村部门更加萎缩，并因此加剧了人口迁移的压力。①

（六）克服信息二分法

文化同质性与社会主义国家的领导，以及权力被普遍接受的战略价值结合在一起，在经济及其制度的重建中起到了很大的作用。中国政府利用产生于农村的新的制度和组织形式来解决信息二分法的现象。在这个二分法中，中央的计划者和领导人对发展目标以及各目标之间的权衡有很好的整体认识，而零散的地方单位在分散的微观层面仍然保持其适宜性、适用性以及成本和约束的下游认识。然后，包含了必要的地区差异性的国家政策可以通过反复的信息流动来实现。正是通过这种中央和人民公社之间的配合——这构成了最低等级的政府——以及在合作社层

① 当然，这一总的趋势存在地区差异，可能还有一些例外情况。关于宏观和村级的一个分析性概述，请参考 Ashwani Saith，“From Village Artisans to Industrial Clusters：Agendas and Policy Gaps in Indian Rural Industrialisation”，*Journal of Agrarian Chancre*，1（1），2001，pp. 81 – 123。

面上生产大队和生产小队中的公社领导者和农户之间的配合，政策才得以迅速地制定、重新定位或者微调。这两个例子都能够说明在中国农村是如何绕开制度二分法的：一个是与新技术的产生和传播有关，另一个是设计适当的体制变革。

尽管大部分现状都可以被理解为上百年来中国和印度农业技术不变的本质，但是在1950年之后的短暂时期，这种状况发生了剧变。尽管绿色革命为更多的地主阶级引进了新技术，但是印度的农民阶级并不是主要行动者或主要受益人。它的扩散过程是断断续续而又毫不普及的。这与中国的情况形成对照。在中国，可以利用具体的体制特征来实现在更大规模上快速而高水平地传播与采用新技术。美国代表团在其1977年为研究农业技术和农村产业而访问中国农村①时所作的报告中认为，中国农村处处存在着价格竞争，从而确定出了最适合当地条件的水稻种植和收割技术。这鼓励了局部的、地区的乃至全国范围的创新。在经过广泛的科学评估之后，这些设计被精心挑选出来，然后通过以快速的信息双向流、问答双向流以及指导和行动双向流为特点的金字塔形的政府结构，在全国范围内进行传播。

其次，在一般情况下运用制度实验。是应该根据家庭规模和结构还是应该根据所赚取到的工分来分配粮食？什么才是在社会主义条件下家庭自留地分配使用的最优政策？应如何改革工分制度？在人民公社解体之后，什么样的土地占有和合同制度才是最优的？哪种参数适用于地方一级的人口控制政策？各单位应如何参与到劳动力积累也就是农村基础设施发展的过程中？或许，对此最有力的解释就是在20世纪80年代早期人民公社倒闭之后开始迅速传播的家庭联产承包责任制，即包干到户。

因此，制度框架成为一种强有力的工具，它不仅应用于国家政策的

① American Rural Small-scale Industry Delegation (ARSID), *Rural Small-Scale Industry in the People's Republic of China*, Berkeley, CA: University of California Press, 1977.

制定和实施或者创新的传播，还应用于体制框架本身的试验与重新制定。在社会主义框架内，这种制度弹性确保了快速增长的需求结构方面的功能。而且与印度农村中黏性的、停滞的制度结构进行对比，差别是很大的。唯一有意义的试验是印度村务委员会，而且这种“地方”农村政府的形式只不过是试图表示与重现那种不平等的继承式的、等级式的所有权和权力结构。当然，印度盛产非政府的民间组织和活动家发展组织，并且拥有巨大的累积经验。然而，在向地区一级升级或传播的第一道关卡中，这些就都趋于失败了，更不必说上升到国家一级了。同时，在农业计划中，尤其是在减少贫困计划中，国家援助的主要作用是通过地方政府来表现的。而我们可以预料，地方精英或多或少地控制了这一过程和结果。

（七）转型的全民动员模式

中国在农业合作社的形成中所取得的惊人的成就震惊了中国内外的所有人。对于一个习惯于个人耕作的印度人而言，中国的成功并不只是一个奇迹。很自然的，每个人脑海中的第一个问题就是：在如此短暂的时间内，这些成就是如何取得的？①

珀金斯②正确强调了以集体制转型为基础的劳动的作用：

> 与其他最不发达国家（如印度）不同，中国的城乡人口全年都在辛苦工作。其中大部分都是一些生产率非常低的工作。比如，那些从附近的山坡上取土来建水坝或增加一小块耕地面积的农民正在用辛勤的劳动来换取农作物产量的微弱增加。不管他们是否自愿，中国已经从劳动力资源中成功调动了数十亿劳动力的日工作量，而

① GOI，“Agrarian Cooperatives in China and Japan：Report of an Indian Visiting Delegation”，New Delhi：Government of India Planning Commission，1956，p. 86.

② Dwight H. Perkins，“The Central Features of China's Economic Development”，in Robert F. Dernberger（ed.），*China's Development Experience in Comparative Perspective*，Cambridge，MA：Harvard University Press，1980，p. 127.

这些劳动力资源在大多数不发达国家中仍然处于闲置状态。

但是如何实现这样的群众动员呢？用毛泽东的话来说，答案就是“释放群众的热情”。在这种转型中，反社会主义者常常会完全地驳回（或者质询）任何自愿主义的断言。那么，看一看同一时期来访的印度官僚和政治家代表团在这一问题上的反应将会是很有意思的：

> 胁迫是对热情的否定。我们无法从一个被强迫加入合作社的人那里看到热情的能量迸发出来。在他们中我们注意到一股伟大的爱国热情，它使我们想起了在20世纪30、40年代我们的人民所怀有的爱国心。而对中国农民而言，收入增加和生活改善只是生产者合作社的一个方面。不断有人告诉我们，他们加入合作社是为了努力工作，从而实现国家发展和社会主义改造的目标。①

在群众动员模式中，一个关键的作用机制就是响应党发起的号召的运动。这种运动可能是针对革命敌人的政治行动，可能是一场在文化领域或者经济领域改善团体行为的一次干预，又或者是一场催化特定的投资、发展和环境变化的形式的行动。② 通常而言，政府都会树立起一个成功的榜样用于模仿，比如大寨。

几个潜在而活跃的因素共同构成了成功利用转型的群众动员模式的前提。第一，在近乎全国范围内存在文化同质性；第二，群众对国家具有强烈的主人翁感和认同感；第三，群众呼吁国家干预一些主要的农村政策，诸如土地改革、农村工业以及农村社会—经济保障政策；第四，具有支持信息双向流的有效率的组织结构；第五，拥有一个强大而统一

---

① GOI，“Agrarian Cooperatives in China and Japan：Report of an Indian Visiting Delegation”，New Delhi：Government of India Planning Commission，1956，p. 95.

② 作为一种政治形式的“运动”在日期上要早于中国革命。Lu Caizhen，“Who is Poor in China? A Comparison of Altemative Approaches in Rural Yunnan”，PhD project，Institute of Social Studies，The Hague，2008.

的指挥结构；第六，利用农村群众的思想动机；最后，成功本身就是维持过程的润滑剂——经济成就的收益得到广泛分享，并且大多数人都能够感受到，因此，看起来努力工作是正确且值得的。

（八）劳动的尊严：旧与新

毛泽东的集体主义学说也强调，尽管在工业化的初期阶段社会主义盈余的提取是不可回避的现实，但是经济发展的需求首先直接反映在农民的生活水平上。为了攻击旧有的剥削与异化形式，社会中存在着一股持续的动力，从而对社会主义劳动和工作形成一种新的社会主义认同感和尊严。海报宣传、电影、音乐、戏剧等都塑造了一种社会主义劳动尊严的新文化：社会主义的工人和农民是革命英雄；人民解放军战士们也耕地。在合作社中任何劳动在本质上都不会被看做是低贱的。过去由妇女“包办”的处理每日粪便垃圾的负担现在越来越多地由家庭中的男性来分担。城镇附近的生产队通过收购合同从城市设施中收集粪便，并将它运回农村作为肥料来处理。印度和印度人也同样重视劳动的尊严，但是，有一点不同：即尊严作为某些人的特权而被获得并保持着，但原始劳动作为一种义务却注定要由一部分人向另外一部分人提供。

（九）结构上的效果

在发展的最初几十年，两国都在发展战略中借鉴了一种以工业化为主导的过程，农村小规模的经济领域的作用在于填补由资本密集型工业化进程中可能出现的就业差距。这一战略在中国农村取得了完全的成功，但在印度却未成功。

大多数印度的经济观察家都为所谓的总增长率的趋同所迷惑，反而忽视了农业部门的困境。无论是积极的结构变化、创造就业、产出增长、投入要素的使用和生产率等指标，还是出口和投资，几乎在各个方面，农业部门已经远远落后于中国农业部门所达到的水平。在1996—1997年和2003—2004年之间，印度粮食产量增长率很糟糕地下降到每年0.6%，而谷物实际每年下降0.1%。在1984—1985年和1995—1996年的十年间，净国内农产品增长率的趋势是3.62%；在接下来的十年间，非农业的增长率达到高峰，而农业增长率却下降到1.85%；同样在这一时期内，多达15个州出现了年增长率在2%以下的记录。按实际值计算的农村资本投资也下降了。农村就业情况变坏。官方统计的农村收入贫困率下降，但除了一个不完善的贫困线方法之外，没有其他令人信服的证据来说明其可信性。随着公司、跨国公司和金融企业进入到农村市场，“飞地”中的农业出现了商业化和资本化的迹象。虽然这些企业对公司股东而言可能是有盈利的，但是农村民众却从中得不到任何收益。而且在任何情况下，即使出现了一些增长，这些也都是资本家的获利范围。鉴于最近商品作物贸易的下降、进口增加以及来自于重补贴的经合组织（OECD）国家的竞争，这种前景发人深省。由于缺乏选择，农村的贫困正越来越多地向城市部门输出。一些严谨的印度观察家提出了国家农业危机的说法。而在过去十年内，全国［包括最富裕的马哈拉施特拉邦（Maharashtra）和旁遮普（Punjab）］有超过10万农民自杀就是证明。很明显，农业部门没有能力作为农村民众剩余劳动力就业或谋生的来源。

这种现象令人十分担忧，但是没有任何迹象表明非农经济的高增长率正在转变成为显著提高的劳动力吸收能力。这里的高增长率几乎没有产生任何制造业的就业机会。毫无疑问，服务业繁荣了，但这种繁荣更多的是产出方面，而非就业。我们还不清楚在服务业部门中，穷人迫于贫困和生存而努力拼搏的工作占有多大的比例。信息技术的繁荣并未给穷人带来就业，除非是通过有限的间接影响。刘易斯的劳动力转移过程停顿下来。农村土地所有权进一步细分的必然过程表明，只有一小部分农户拥有足够多的土地，从而能够仅靠农业生产来维持着相当于贫困线水平的收入。这表明，传统的再分配土地的改革作为一种通用解决方法，其可发挥的政策空间有限。而实际上农村人口的土地权利还受到很多威胁，例如，非农经济活动扩张，城市化，以及原先共同持有的财产和环境资源事实上的和正式的私有化。随着私有化的进行，提高健康和教育水平的法案加重了生存负担。平均来说，印度的农业绩效不佳；当农村两极分化已被列为重要因素时，大多数人的生活状况甚至比一般水平还要差。正是由于这一原因，演说和政策看起来都已经转向次一级别的财政再分配机制。

中国的情况为我们提供了一个对照。非农部门较高的增长率是以包含中小企业（SMEs）在内的制造业为基础的，而制造业会吸收更多的劳动力；在中国出现的一股强大的建设高潮也有力地创造出就业。而农业部门则继承了平均主义的、以家庭为基础的土地改革。它在生计方面提供了社会—经济的缓冲。当然，区域和下一级地区的情况各不相同，而且尽管中国的农业和农民一直以来都远远落后于中国爆发式增长的城市受益者，但是中国整体的农业部门情况与印度形成了鲜明的对比。的确，根据最新的农村收入的调查数据，目前有人推测，中国劳动力市场可能正在接近刘易斯拐点。在经历了农村内部收入差距扩大的时期之后，最近的研究结果发现，中国农村收入差距变小，这主要是因为工资收入差距减小，转到转移收入（主要是移民汇款）以及逐步增加的财政转移支付（意味着国家政策的作用）。[①] 中国农村确实需要中国政府在一些重要的经济和社会政策领域内采取有效而迅速的行动；然而，中国农村的发展是非常杰出而成功的。这与印度绝大多数农村人口的经验没有太多相似之处。

五、印度正在赶超吗？

在过去的十年间，印度经济公布的高增长率引发了这样一个问题：印度正在赶超中国吗？虽然在增长率方面，这一问题的答案是明确的，

① A. R. Khan，“Inequality and Poverty in China in the Post-Reform Period：An Overview”，2005. http：//www. azizkhan. net/ChinaBagchiFest. pdf.

但是这一比较还有其他相关方面。

（一）保留分歧

在一些关键领域，印中之间存在着保留差距的迹象。在农业、创造就业和减少贫困等方面，印度继续大幅落后。尽管有更多的迹象表明，中国服务业赶超的程度要高于印度在制造业领域的进展，但是作为增长动力的制造业和服务业在两国经济中维持着其各自的相对比例。大体来说，饥饿在中国已经成为一个褪色的记忆，但在印度，饥饿仍然是许多人每天要面对的现实。中国的民主政治仍然有待加强；而一个富人版的印度议会民主也仍然保留着。中国的社会主义在自由的政治权利方面还需要完善；而印度的社会主义道路和新自由主义道路也都没能在物质和人的发展方面造福群众。在这方面，两国都没有明显的渗透融合。

（二）一些相似性

那么，是否有积极趋同的迹象呢？尽管变革的速度的确变得接近了，但是对中国而言，其发展水平仍然较高。这意味着，就所实现成就的绝对水平而言，印度几乎不可能赶上或者超过中国。尽管印度的人均GDP增长率计划在2020—2025年超过中国，但是在2050年印度的人均收入仍然只有中国人均收入的55%。[①]

由于较年轻的印度人口带来了人口抚养比下降的事实，因此，所谓的人口红利受到反复强调。这与中国计划生育政策的结果相反。然而，这是一个有争议的问题。较多的人口是经济的机会还是负担，这关键取决于人口的质量，以及经济体系是否有能力为新进入的劳动力实现就业匹配。由于持续的低收入、个人发展的低水平，以及低素质和低技能，印度很容易在需求和供给方面都遭遇到这些人口发展趋势的负面效应，

---

① Sachs Goldman, "Dreaming with BRICs: The Path to 2050", Global Economics Research Paper No. 99, 2003. http://www2.goldmansachs.com/ideas/bricsPoook/99-dreaming.pdf.

除非正在进行中的过程和政策发生了实质性的逆转。这就破坏了这种作为趋同机制所假定的人口红利的潜在力量和自动性。

当然，在某些方面必然会出现相似之处，例如，识字率和教育，这是因为未来两国将在小学和中学教育实现最大程度的覆盖。但是即使在教育方面，以每个学生的素质或者资源作为重点的其他指标可能会无法趋同。与此同时，卫生保健的质量可能会继续保持偏离的趋势，并且偏离会越来越大，到时候中国政府最终会愿意承担建立普遍负担得起的高质量的医疗保险制度的责任。但是，也有迹象表明，一些印度的传统优势可能开始丧失了。现在的中国教育十分重视语言，印度所享有的英语优势可能很快就会结束了。印度在信息技术领域还能保持多久的先发优势也是一个悬而未决的问题。在大多数以前印度比中国有优势的领域，中国现在甚至做得更好了，因此，很可能会继续存在差异而非积极的趋同。

（三）许多“不合理的趋同”

“不合理的趋同”是指两国经济和社会互相效仿彼此的一些负面特征。的确，存在着源源不断的大量的有力证据来证明这种不合理的趋同，主要是中国开始表现出一些印度社会—经济和政治治理方面的负面特征。很明显的，这种现象十分广泛：妇女的地位，包括强烈的性别劣势、色情和可怕的出生性别比的倒退；环境状况；贪污盛行；作为改革的一部分而加以征收的无力负担的费和税使得广大的农村人口越来越难以享受到医疗和教育，由此引起地方性的农村社会—经济不安定因素膨胀；在两个国家中都出现了不平等加剧的现象，而中国的情形则更快地恶化，并且也许会在某些不好的方面超过印度。那些把保留民主制度和价值观作为印度经济状况更加恶化的理由、借口或者托词的人们需要注意到，国家公共生活质量在持续地消耗退化，尤其包括明目张胆的腐败渗透、犯罪，以及进入政治体的地方自治主义。在这些不合理的地方，两国的确正在趋近。而且很难说是否社会主义社会的价值观的损失要比印度民主的、“有社会主义特点的”准则和行为方式的损失更大、更具破坏性。在两国的体系中，公共利益已被严重私有化了。这就提出了一个问题：是否我们过度关注于错误的竞赛？

中国在减少贫困方面的成就已经被农村人口的社会—经济脆弱性的急剧上升所削弱，这主要是因为这群人无力支付起日益昂贵的医疗和教育系统费用。可以这样说，改革后的教育政策造成了明显的教育和社会排斥，并导致童工广泛出现。因此，这为中国贫穷的、未受教育的人群所构成的新的下层社会的出现奠定了基础。医疗政策的趋势也同样是倒退的。尽管中国人与健康相关的指标水平仍然遥遥领先于印度，但是令人苦恼的是，绝大多数的人口享有的医疗服务的范围和质量出现了收缩的迹象。从一个几乎普遍覆盖的系统中可以看到，尽管存在不同的医疗质量水平，但是医疗服务的范围和质量在过去的 20 年中呈现出萎缩趋势。

尽管中印两国的总体的性别比例比较接近，处于每 1000 名男性对 930—945 名女性的一个不甚乐观的区间内，但是令人震惊的是，在出生性别比方面出现了新的趋势和水平。两国都出现了惨痛的结果，这证明了这样一个事实：在印度，重男轻女的偏见仍然存在；在中国，性别领域的偏好在革命之后倒退回传统的重男轻女观念占据家庭主导的时代。在这里，不合理的趋同结果是惨痛的，并且迅速地出现。

集中体现于高层次腐败的治理问题也变得日益重要起来。透明国际的清廉指数表明中国和印度的状况正在恶化。尽管印度在这方面一直都表现不好，但是中国很快就赶上了。印度的政党、司法、警察、议会和立法机构在国际清廉指数中得分最差；这一指标不是仅仅考察民主是否在形式上存在，而是更加注重民主的质量。在中国，大公司的高管进入共产党上层并介入各级政府的领导层，这也许消除了企业家为影响政治家的决策而进行行贿的需要；这种讨好党和企业的趋势为一种嵌入式政府的概念提供了新的维度。奥威尔的《动物庄园》中的情景必然会浮现在读者脑海中。[①]

最后是不平等。不平等的程度曾经在印度偏高而在中国曾经相当低，而现在不平等在中国急速飙升，并且在某些方面似乎已经超过了印度。[②] 例如，印度在1992—2002年的十年间，40%的下层民众占有21%的收入，而20%的上流社会占有42%的收入。中国在1993—2003年的十年间的对应的份额分别为14%和52%。

在地区不平等方面，改革之后中国的趋势也突然向更坏的方向转变。中国一贯表现出由结构的和土地的特点造成的地区之间、省份之间的差异性的特征。在20世纪70年代初期，城市人均消费的地区差异降低，这体现了支持内陆省份的工业布局政策。自从1978年以来，在地区差异方面，城乡不平等明显变大了。[③] 自改革开始，所有证据都表明地区不平等的程度在极度加剧。这部分是由于教育差距的累积效应，部分是由于农村工业化的长期不平衡的影响（农村工业化偏爱具有较好的先决条件和较佳的地理位置的地区），但主要还是由沿海地区外国直接投资的过度集中造成的。印度在改革开始之后也出现了令人忧虑的先进和落后联邦之间的鸿沟扩大的相似迹象。

在趋同性的问题上没有一个结论是能够得到认可的：存在一些正面趋同的证据，主要表现在印度增长率已经上升到接近中国的水平。然而，两国之间仍然将继续存在差距，即使这种差距将会缩短。另一方面，存在极度的不合理的趋同，即伴随增长而产生的消极方面。比如，中国越来越多地表现出印度所独有的负面的社会—经济特征，又比如，在不平等性、排斥、性别歧视、环境压力以及政府赤字等方面，恶化程

---

① George Orwell, Animal Farm, *London: Secker and Warburg*, 1945.

② 关于印度不平等趋势的证据的述评，请参考 Pal, Parthapratim and Jayati Ghosh, "Inequality in India: A Survey of Recent Trends", DESA Working Paper No. 45, ST/ESA/2007/DWP/45, New York: United Nations, 2007；关于中国趋势的分析，请参考 Wan Guanghua (ed.), *Understanding Inequality and Poverty in China*, Basingstoke: Palgrave-Macmillan, 2008。

③ Ashwani Saith, "Chinese Rural Industrialisation: Some Lessons for Reforming and Developing Economies", ARTEP-ILO Working Paper, New Delhi: ILO, 1993, table 1.

度加剧。

六、竞争的重要意义

(一) 印度的民主政治：赢得多少欢呼声?

那么，印度最有价值的经验是什么呢？是它特有的杰出特征，还是它的民主政治？印度的民主政治是制约了印度的发展呢，还是它仅仅成为在这场竞赛中落后于中国的一个不变的托词和方便的借口？来看看斯瓦米[①]是如何提出这一难题的：

> 在中印比较的背景下……如果最终证实中国的增长率仅比印度高0.5个百分点，那么我们会问：这半个百分点值得中国付出的大量社会人力与物力的成本吗？或者说，如果最终是印度比中国高出半个百分点，那么这值得印度以可能出现的严重的不平等性为代价吗？

尽管斯瓦米承认，他“无法对该问题作出确定的回答”，但是对印度改革及其成果的一种普遍被接受的狂热的观点是显而易见的：“民主的确使我们的发展减速……但是，如果它成为一种权衡，我认为在印度没有人会为了增长率高两个百分点而放弃民主政治。我们等了3000年才等到这个消除了贫困的时代，如果需要的话，我们愿意再等20年，用民主来实现这一目标。”[②]

这种论调使得这一议题变得不重要了；我们不能天真地将民主定义

① Subramanian Swamy, "Economic Growth in China and India, 1952 – 1970", *Economic Development and Cultural Change*, 21 (4), 1973, Part II, pp. 1 – 84.

② Gurcharan Das, "Preface", in Guy Sorman, *Year of the Rooster*, New Delhi: Global Full Circle, 2007. http://ccs.in/gdas/?page_id=72.

为一个能够与GDP的增长率在数轴上进行对照的简单变量。有些人可能会赞成这样的民主：它确实在半个世纪内真正履行了宪法的指导原则；穷人和被排斥群体可能将它视为一场定期演出，其中充满着他们为了表现生活没有发生多大改变而发出的呐喊和愤怒；因此，在印度选举中也几乎无一例外地抛出所谓的“任职因素”，这表明全体选民的永久选举权存在更加象征性的而非真实的选择权利。

将民主看做经济增长的积极促成力量的思想现在已经时过境迁了。尽管在与社会主义中国竞争的背景下最初的宣传和预期是乐观的，但是早期得到的发展经验是发人深省的。它导致了一个平静的拐点，在这个转折点上，有各种形式的假说来论证以较慢增长为代价来换取民主的实现。① 接下来，这种公认的（或者说是“老的”）观点（即民主和发展之间权衡）在解释近来印度增长速度加快的问题上遭遇到困难：毕竟，在印度的增长加快之前，印度一直以来都是民主的、有“印度特征的”，而且这与“印度的”增长速度的概念或者其他消极的取舍不相符。毫不奇怪，这一切引起了另一场有关民主与发展的简化理论的大转变。② 根据这一简化理论所作的预测显示，印度很快就会有比中国更好的经济表现。为了体现这一结构，它强调了由来已久的司法机关、行政机关与立法机关的三位一体，也强调了其优越的公司治理和包括证券交易所在内

① 岗纳·缪达尔（Gunnar Myrdal）的“软状态”概念，米哈儿·卡莱斯基（Michal Kalecki）和K. N. 拉吉（Raj）的“中间政体”，拉·巴格瓦蒂（la Bhagwati）的民主与发展之间的“残酷的取舍”，拉吉·克里希纳（Raj Krishna）所谓的“印度增长速度”，或者是迪帕·拉尔（Deepak Lal）的“印度均衡”，这些都被用来与主导东亚增长过程的强有力的“发达状态”相对比。然后这种所谓的取舍就成为对中国和印度之间不同的经济表现的一种默认解释。

② 贾格迪什·巴格瓦蒂（Jagdish Bhagwati）介绍了一种“新的”关于发展的思想，这一思想基于“在适当的情况下”，民主与发展之间存在一种良性的协同作用的可能性；阿玛蒂亚·森（Amartya Sen）认为“功能民主”和印度的“新闻自由”是其没有经历饥荒的原因；阿图尔·科利（Atul Kohli）较早地论证了，出于策略最优的考虑，现任政府会在下次选举之前发起减少贫困计划，在这个意义上可以说印度民主为贫困人口提供了一些福利；普兰纳布·巴德汉（Pranab Bardhan）和T. N. 斯瑞尼瓦桑（T. N. Srinivasan）各自论证了印度的民主政治使地方性的政治冲突的解决成为可能，而中国在这方面则远远落后于印度。

的金融管理。[①] 然而，仍然存在严肃的方法论和经验方面的原因，令我们对这些简化了的、常常重复的“假说”持很大的怀疑。

（二）中国的社会主义：资本主义的探索者？

对这两个伟大文明的发展经验的比较反思不能真的沦落成一个多项选择的资金平衡表，或者被当做资本主义优于社会主义的试验证据。在对经济竞赛的数字的全面关注中，我们忽视了社会动力庞大而复杂的进化过程的更深层次的含义和线索，也忽略了作为变革催化剂的印度民主政治和中国社会主义的历史意义。

在度过了漫长的封建时代和殖民时代之后，两国都在同一历史时刻打破了这些束缚。虽然在不同程度上它们仍脱离于世界体系，但是它们都采用了自主而非闭关自守的、有计划的策略来实现快速、平等的发展，从而克服了殖民时代遗留下来的社会惰性和经济赤字。用汤因比（Toynbee）的术语可以将这一突破称为挑战—反应；或者也可以用格申克龙（Gerschenkron）对国家作用的分析来说明这种突破，他认为国家的作用就是克服历史性落后的变革的推动剂；或者还可以用马克思主义的分类方法和生产方式的动力来解释这一突破。尽管每种方法都强调这种变化的非连续性质，但是没有一种方法能够令人满意地解释这种变革时机的选择，也没有一种方法能够预测之后的过程以及它的持久或者消散。尽管两国使用不同的词汇来表达，而这些词汇所蕴含的极大的本质差异部分地被早期印度计划语段中的激进词汇所掩盖，但是它们都是与以市场为基础的资本主义变化相对立的计划。中国走的是一条精力充沛

---

① 参考 Goldman Sachs，“Dreaming with BP/Cs：The Path to 2050”，Global Economics Research Paper No. 99，2003. http：//www2. goldmansachs. com/ideas/brics/book/99-dreaming. pdf；Huang Yasheng，“China Could Learn from India's Slow and Quiet Rise”，*The Financial Times*，27 January，2006；Huang Yasheng and Tarun Khanna，“Can India Overtake China?”，*Foreign Policy*，No. 137，July-August 2003，pp. 74 – 81，以及 Poddar，Tushar and Eva Yi，“India's Rising Growth Potential”，Goldman Sachs Global Economics Paper No. 152，2007. http：//portal. gs. com。德怀特·珀金斯（Dwight Perkins）和马丁·沃尔夫（Martin Wolf）支持这个新共识。（引自 Srinivasan，2006，p. 38，41）

的社会主义道路，而印度的道路则可以委婉地说成是“社会主义的”，奥斯卡·兰格（Oskar Lange）将它形容为“全国革命模式”的变化。印度政府不顾它的有产阶级基础而提出了控制印度经济的制高点，并重新管理由国家领导的、为实现社会目标的发展过程。它的背后隐含着一个符合宪法所渴望的想象中的共同体和国家。在两个国家中，这个基于共同的社会价值观的现实（在中国）或者概念（在印度）的最初的改革计划仅仅持续了30年，之后两国就出现了引进资本主义增长方式的新的改革时代。在现阶段，虽然两国都强调经济现代化，但是存在一种初始社会主义理想的萎缩，而这一初始理想为第一届独立政府提供了社会动力和存在原因。

现在，尽管两国都重新进入到全球资本主义主导的秩序中，但它们并不是充当无用的角色，而是成为全球增长的发动机。计划已经走向两国发展方式的反面了。这在两国都引起了对国家领导的非资本主义的（或者社会主义的）干预的历史意义的质疑。是否可以将其理解为在经济体制和物质消费、社会地位和政治权利的极端不平等方面，对无效率的进化累积所作的全面的、革命性的修正？如此看来，中国在经济发展和人的发展方面已经明显出现了一个历史性的大的成功；而且政治民主化的议程主宰着未来。而印度的修正远没有这么剧烈，并且这个新兴的国家和经济仍然保留着它最初想要克服掉的极端不平等和排斥。迄今为止，总体来说，中国在政治上的民主体系未能实现经济上的民主效果。凭借着卓越的财政实力、更具文化凝聚力的社会—文化结构以及强大的中央政府，中国似乎正处在一个相当良好的环境中，从而使得进一步促进社会进步的修正成为可能。而在印度的政治结构中，这种修正通过排斥来强行完成。在印度，新老精英阶层统治国家和社会，而且他们成功阻止了任何重大的重新分配形式的尝试，却没能阻止由恐惧和每几年必须赢得选举的必要性所产生的施舍。

在历史性变革的较长范围内，与帝国主义和殖民主义相比，中国的社会主义转变和印度的有计划的发展已经成为两国更有效率的社会制度的先锋。正如印度为自己的政治民主制度给养，从而实现包容性的可持续增长和平等，中国也需要为它巨大的经济收益增添有意义的政治权利。

（谷晓静　别　曼　译　王新颖　校）

社会发展中的和谐与不和谐：中国与印度的经验比较*

〔印度〕阿玛蒂亚·森

经济发展和国民生产总值增长的重要性已经得到世界范围内的广泛认可，但是，是社会发展而非仅仅经济发展才是人类进步的核心这一共识还有待提高。事实上，单从经济指标本身的增长来评估人类生活水平的提高也是非常有局限性的，一些社会焦点问题如医疗保健、学校教育、充足而负担得起的住房、基本社保等也对我们生活水平的提高有着巨大的影响。进而言之，我们在社会中彼此怎样相处对于拥有自由幸福的人类生活来说尤为重要。

当然，“只抓经济发展是不够的”这一说法并不新鲜。事实上，亚里士多德在两千多年前就注意到了财富和幸福是完全不同的两个概念。在《伦理学》的开篇，他对此就有了深刻的见解：“很显然财富不是我们所追求的善，它只是有用的东西，并以他物为目的。”经济发展固然是我们实现社会进步的重要手段，但是我们必须首先搞清楚两个方面的问题：一是人类生活的根本性价值，二是经济发展与繁荣所具有的工具性价值与派生价值，经济的发展与繁荣能够促进社会生活的发展，但其

---

* 本文出自国际社会发展联合会第15届研讨会上的演讲。演讲人阿玛蒂亚·森（Amartya Sen）系英国剑桥大学三一学院院长、诺贝尔经济学奖获得者。——译者注

本身是没有价值的。我们有理由追求财富，但这只是因为它能使我们的生活更好，而并不是因为它本身有多么重要。对于人类来说，最重要的是自由和能力，即我们必须过一种有理性的生活。

就像香港几十年来所呈现出的，以及中国大陆自 1979 年实行经济改革后所展现出的，好的经济政策一定会带来经济的高速增长与发展。经济发展的成果又可以带来更多其他的成就，尤其是能让人民的生活更加舒适和富足，摆脱长久以来的清苦生活。中国目前生活在贫困线下的人口与28 年前实行经济改革之初的贫困人口相比只是很小的一部分，这在很大程度上要归功于经济的高速增长，首先是农业，其次是工业的增长。然而相比之下，在其他一些国家和地区尤其是拉美国家，人均收入的增长却并未能使贫困相应地减少。我们当然有充足的理由追求经济增长，但这并不是因为它本身，而应该像亚里士多德所说的那样，是“以他物为目的”，也就是说，是为了人类生活的进步。我们不能仅仅局限在发展经济上，还要将眼光放长远一些。比起单单经济发展本身所能提供的前景来，社会发展所带来的前景更全面、影响更深远。作为一名经济学家，我认为，在本次讨论社会发展的重大会议的开幕式上将此阐明，是我应尽的责任。

一

必须将经济发展的重要性视为条件性的或伴随性的还有另一个原因（可能从运作角度来讲是更重要的原因）。经济的繁荣在何种程度上会促进人类生活水平的提高极大地取决于各种社会政策，包括教育设施、医疗、社会保险、社会工作的建设，以及全社会和全世界不同人之间良好社会关系的培养。即使在收入水平较低的情况下，好的社会政策也能让人们的生活更加长久、富裕和充足。另一方面，如果我们没有对社会发展给予足够的重视，那么极高的经济增长率所达到的效果也是远远不及有针对性的社会政策和实践所能达到的成果。

中国在这两方面的经验就给我们上了有趣而又重要的一课。就拿医疗来说吧，中国向我们充分地证明了，即使一个国家相对贫困，也能通过良好的社会医疗和社会分配政策来极大地提高人民的健康和寿命。战争年代，中国的人均寿命只有40岁，但30年后就不同了，即使是在1979年实行经济改革之前，人均寿命估计也接近70岁了。那时，从经济上讲中国还是比较贫困，但也就是从那时起，它就开始在卫生医疗成就方面与比它富裕得多的国家相竞争了。事实上，它向世界证明了，卫生医疗成就的取得并非离开了经济手段就没有希望，即使经济手段非常有限。中国早期发展进程中的一系列重大成就告诉我们：人民的生活很大程度上取决于社会政策，而不仅仅是经济发展。

当然，这些都发生在改革开放以前，那时的经济与后来相比要相对滞后。实行经济改革之后，中国的经济实现了史无前例的飞跃，这在世界上也是令人瞩目的。然而，奇怪的事情发生了，中国的人均寿命增长速度奇迹般地缓慢下来了！我们不禁纳闷，这究竟是怎么回事呢？

当然，我们首先应该注意到的是，中国的人均寿命在逐步接近85岁（世界人均寿命的最高限）时，人均寿命出现增长放缓的趋势也是正常。但事实上，中国的人均寿命（1979年68岁，现在72岁）与日本、西欧国家，甚至是与香港相比都属于中等水平。考虑到这些问题，我们的注意力不得不转到导致增长减缓的社会原因上来，而不是将这种减速视为将要达到所谓的最高限的迹象。尽管中国在经济发展方面取得了辉煌的成就，但在四分之一多的世纪里，人均寿命只增长了四岁，这一事实警示我们，必须以极大的精力来重新审视和检讨我们所实施的社会政策！

去年我在北京大学的一次研讨会上也提出了这一观点，我从随后的热烈讨论中注意到了这个问题在中国的确已经被广泛意识到了，不管是普通群众，还是政策制定者。在那次会上，我很荣幸地聆听了中国卫生部副部长的一席谈话，他从社会层面就这些问题明确提出了很多看法，这些问题是中国想要保持它过去以来一直取得的成功地位所必须面对的。之后，我也有机会阅读到了关于中国正在进行的内部讨论的一些资料，比起过去 20 年来，社会发展的重要性现在所得到的关注要多得多。

在这种情况下，我们应该注意哪些社会政策呢？其中非常重要的一项政策与医疗保险的覆盖面有关。也许，在解释中国在卫生医疗成就方面发展速度减慢的原因时，核心问题与中国在 1979 年经济改革后所实施的医疗保险私有化有关。当然，经济改革在解放农村生产力，建立灵活的工业经济方面取得了巨大的成就，同时，也使中国在经济发展和有效利用全球贸易和商业机会方面成为世界的领先者。但是，经济发展所带来的社会福利（虽然一般而言是巨大的，包括贫困线以下的人口数量减少）却是大幅度下降，这很可能是由于突然废除全民性的公共医疗保险造成的。在改革前的年代里，虽然卫生医疗的质量通常会存在较大差异，但无论如何，每一个人都会被某一类医疗所覆盖，即使是在偏远的农村地区，它们依靠的是公社经济体制运作所提供的医疗。人均寿命增长速度减缓在时间上几乎与废除全民性的医疗保险的时间是一致的，同时与经济改革所带来的自费购买医疗保险的实施时间相吻合。

当然了，社会政策的变化是可逆的，许多迹象表明这些问题在中国的公开讨论和政策分析中正得到极大的关注。还有其他一些社会政策问题值得我们在中国的国情下重新审视，这个国家几十年来在公共政策制定方面拥有丰富的经验。这次研讨会所关注的某些特殊问题，比如社会工作的作用、社会教育的重要性、对所谓的“社会资本”怎样进行运作的理解、面向较为贫困的借贷者的小额信贷体制的运转，对于这个世界上人口最多的国家来说尤其重要，从很多方面来讲，就研究政策而言，中国也是世界上最令人兴奋的地方。

二

对中国适用的经验有时对其他国家也适用，有时结果会更好。就拿对全民医疗保险的需求来说，它是一个普遍性的需求。请允许我简单地介绍一下我们印度的一些经验。在中国实行经济改革的1979年，印度的人均寿命大概只有54岁，也就是说比中国的68岁少了14岁。事实上，印度从1979年起，人均寿命的增长速度为中国的3倍，而在这一时期，中国在人均寿命上相对于印度的优势减少了约一半，即印度的为65岁，中国的为72岁，印度的一些时事评论员对此深感骄傲。直到1979年，印度的发展速度仍然远远落后于中国，但1979年以后，当一系列政策导致中国人均寿命的增长速度放缓时，印度却还大致保持着先前的速度，这就使得印度的人均寿命增长速度由慢变快，赶上了中国。中印地位的相对变化主要不是因为我们引进了什么新的社会保险和社会改革的政策，而是当中国人均寿命增长速度变缓时我们印度却在缓慢而持续地增长。

由于印度经济发展速度突飞猛进（这通常是因为直接受到中国经验的启发而改变经济政策所带来的），它也必须比以前更深入地来解决社会发展方面的问题。在印度，不同的邦采取截然不同的社会政策，各邦之间的差异仍旧相当大。比如，有着3000万人口的喀拉拉邦是印度发展最好的邦。就像中国还未实施改革开放的时候一样，喀拉拉邦实行了全民医疗保险。即使后来随着经济的发展，50%以上的医疗保险需要通过自费医疗方式获得，但该州每位居民仍能从政府那儿得到可靠的医疗保险。1979年，喀拉拉邦的人均寿命是67岁，中国是68岁，但是现在它已远远超过了中国（人均寿命大概是75岁），这很大程度上是由于全民医疗保险在喀拉拉邦被保留了下来，中国某些保留了同样做法的地区也取得了类似的良好成就（甚至比一些大城市的情况还好），但整个中国的情况并非如此。

如果我们考察死亡率的高低，特别是在最易夭折的年龄段的死亡率，我们能发现更加鲜明的对比。1979年，中国与喀拉拉邦的婴儿死亡率（在安全条件下出生）都差不多，大概是3.7%左右，但是现在，在喀拉拉邦农村与城市加起来的全部人口中，婴儿死亡率只有大约1.2%（它在1%与1.4%之间变动），大大低于中国的数字（现在仍然约为

2.8%）。如果这能代表社会医疗保险的积极作用，那么通过考察印度其他那些根本没有实施社会医疗保险，或者不具备良好公共医疗的邦，我们也就能发现其负面的后果。比如，在印度中央邦，婴儿死亡率竟达到7.6%，奥立沙邦、印度北方邦和比哈尔邦的数字与此非常接近。事实上，印度的婴儿平均死亡率是5.8%，比中国的2.5%高得多。造成这一结果的原因是，有些邦做得远远好于印度的平均水平，但有些邦的表现却比整个国家的平均水平差很多，喀拉拉邦1.2%的婴儿死亡率与印度中央邦的数字完全属于两个极端。

我很荣幸能够为迈克尔·马默特（Micheal Marmot）教授所领导的、世界卫生组织建立的健康社会决定因素委员会工作。

马默特领导的委员会一直在从两个方面关注健康的发展，一方面是社会的各项成就和各种自由的整体情况，另一方面则是这些成就和自由权利在大众中的分配公正性问题。在委员会中出现的争论告诉我们：仅仅从医疗权利的角度来理解人们的健康权利是不够的（虽然医疗作为影响健康成就的重大因素，和其他因素一起都是很重要的），而应该从分享健康成就的权利或能力这一更加广泛的角度来看待人们的健康权利（即这种权利在何种程度上属于社会杠杆的范围之内），应该把所有对健康产生影响的因素都考虑其中，这不仅包括医疗，还包括收入和社会地位的差异、受教育水平的高低以及对追求健康、收入等的方法方式的认知的不同。

从马默特和其他人的早期著作中我们已经得知：不平等是一切问题的中心，这体现在两个不同的方面。不仅健康成就的不平等是个道德问题（这在评估一个国家或团体时是必须考虑的），而且经济状况和社会自由本身的不平等对健康成就也有负面影响。处于等级制度的底层，被那些所谓的特权阶级呼来喝去的状况使得死亡率明显提高，虽然在某种程度上，这是由于这些“失败者”的放肆行为所致（如酗酒或过度吸烟）。危害健康的做法看起来与在等级制度底层工作的不自由（即无力感）有着部分联系，但这种联系是重要的。由此产生的社会影响属于社会发展的主旨的一部分，从它对人们的健康和寿命的影响来看，它的重要性是巨大的。因此，社会不平等的出现对总体的健康成就及其在人们当中的分配都是不利的，而这两者也都是社会发展中的重大问题。

三

从其所带来的经验教训及其所具有的重要性来看，广阔的社会发展领域是如此的影响深远和内涵丰富，以至于我可以继续谈论许多与之相关的不同领域。但是为了给大家留足讨论的时间，我在结束我的讲话前将选择性地谈一个社会发展中的重大问题。让我简要谈一下犯罪在世界范围内的蔓延，现在有不少的研究正在围绕这个问题而展开。贫困和犯罪之间的联系确实得到了大量探究。我支持这种关注，也赞成详细地讨论一下这种关系的本质、所达到的程度以及它可能的形态。

近几年来，从贫困与犯罪之间的因果关系出发来解决贫困问题得到了越来越多的关注，这是好事。我们当然有理由强调这种关联，因为贫穷的确能使一个人感到愤怒并绝望，这种不公平的感觉则是反抗甚至是血腥的反抗所滋生的温床。这种强调往往把经济因素说成了社会犯罪失控的原因，许多社会评论家在想要不局限于只探究犯罪背后直接且显而易见的原因时，也喜欢用这种方式。当然，在探究犯罪的“根本原因”时，的确也包括经济上的贫困和不平等。因此，这种认为造成社会不满和混乱的根源必须从经济贫困中寻找的想法得到了社会分析家的广泛追捧，他们试图透过表面的和显而易见的现象去寻求原因。

这种看法还有另一个好处，那就是在为了消除贫困而采取大众性的协同行动时，它可以被用来发起人性化的——实际上是非常人性化的——政治和道德倡议。世界上那些致力于与贫困作斗争的工人倾向于从暴力与贫困之间显而易见的因果关系中寻求支持，甚至还试图从那些过于麻木而对贫困自身带来的痛苦无动于衷的人那儿寻求帮助。事实上，近几年有一种趋势日益增强，那就是以如下理由来支持各种消除贫困的理由，即消除贫困才是防止政治混乱和斗争的最可靠的方式。很明显，那些一般的身体暴力行为比社会不公平和对他人的剥夺（甚至是极端的剥夺）更惹人生厌和令人畏惧，特别是对那些上层人士而言。因此，如下做法是具有吸引力的，即能够告诉大家，包括富人阶层和上层人士，严重的贫困是会滋生恐怖暴力事件的，是会威胁到所有人的生命的。考虑到战争和骚乱的关注度以及大众对此的担忧，近几年为消除贫困辩护的间接理由——不是为了其自身，而是为了追求和平与宁静——已经成为我们与贫困作战的宣传辞令的一部分，其方式就是援引社会发展的需要。贫穷和暴力之间共生和共存的关系使得我们非常自然地提出如下问题：贫困是否可以两次致人于死地——第一次是通过经济上的贫困，第二次是通过政治上和经济上的屠杀？

我们在此需要讨论的是：这种关系是否强大到必须因为贫困与犯罪的联系而充分利用这一方式来提倡消除贫困呢？我必须说，从这一方面来看，整个情况是相当模糊不清的，至少有时在那些因果推理中假定的直接性就是模糊不清的。那种把犯罪和暴力的原因都归结于贫穷的观点是将经验方面的联系过于简单化了，这些联系远远不具备这种普遍性。这种关系也取决于其他许多因素，例如政治、社会和文化环境，而这些因素使得我们生活于其中的世界更加复杂得多。更一般地说，经济还原论并不是研究社会问题的好方法。

在此，请允许我再一次阐明我的观点。去年 3 月，我在纽约城市大学做刘易斯·芒福德讲座（Lewis Mumford Lecture），题目是“加尔各答的文明”，这次讲座让我有机会对如下引人注目的事实进行了评论，即加尔各答算得上是印度甚至是世界上最为贫穷的城市之一，但令人惊奇的事实是，这里的犯罪率却出奇的低，事实上它算得上是印度犯罪率最低的城市。它以相当大的差距在印度所有城市的犯罪率排名中占据着最低的地位，它的谋杀发生率尤其低。在印度，平均每个城市（包括所有的 35 个城市）的谋杀率达十万分之二点七，德里达到十万分之二点九，但在加尔各答，该比率低至十万分之零点三，同时，加尔各答各种触犯刑法的暴力事件（包括对妇女的犯罪事件）的发生率也是非常的低。

考虑到加尔各答出奇贫穷的状况，如果说这一切显得有多么神奇的话，那它所反映的是我们思想的局限，而不是现实世界的自相矛盾。必须强调的是，加尔各答在消除贫困和改善物质生活上还有很长一段路要走，而并不是有低犯罪率就万事大吉了。不过，值得庆幸的是，离开政治运动以及社会和文化之间的相互作用，贫困并不是不可避免地会滋生出暴力。

是什么使得贫穷的加尔各答的一般犯罪率，尤其是谋杀率如此之低呢？解释犯罪对于经验概括而言不是一个简单的问题，但是存在一些看起来有启发性的合理联系，这些联系将社会发展与经济繁荣分离开来。我一直倾向于认为，加尔各答从如下事实中获益颇多，它的种族实现彻底融合的历史相当悠久，在那里，邻里之间不存在其他城市——无论是印度还是其他国家的城市——所具有的那种种族隔离的特征。毫无疑问，在理解贫困与犯罪之间的关系时，许多其他的社会和文化因素也是至关重要的。比如说，我今年 4 月去了南非，在考察南非的高犯罪率时，有一点是很清楚的，其中一些犯罪活动与当地种族隔离政策的历史产物有关，不只是种族对抗的遗留物，还包括那些隔离开的邻里关系以及因经济原因而分裂的家庭所带来的糟糕后果，这些都与种族隔离政策并存。但是，这仍然不能解释为什么在实行了种族混合生活制度后，混合生活区还是会直接导致犯罪的发生。我本人也对巴西如此高的谋杀率感到很困惑，要知道，在这座城市里，精彩的狂欢节把人类的爱表现得淋漓尽致。

不可否认，尽管我对加尔各答异常低的谋杀率和犯罪率是有一些推测，但是我其实很清楚经验联系的复杂性及其脆弱性（fragility）和稳健性（robustness），以至于我完全无法确定什么是真正的因果关系。非常清楚的是，在贫穷和暴力之间寻找一种普遍而直接的联系这一倾向是很难维持的。这看起来像是对社会发展的一种简单概括，但经验事实并没有证明它的准确性。

当然，承认这一点并不等同于否认贫穷和不公平与冲突和斗争有着深远的联系，但这些联系还需要通过我所谓的“经验的刚性”（empirical strongmindedness）的调查和评估。事实上，为了对社会发展作出有效的概括，经验的刚性是绝对必要的，我们不应该被引诱而放弃它，不应该被那些建立在理论基础之上的看似合理的联系所鼓动。就像谋杀和其他犯罪活动的发生率所表明的，鼓吹我们所谓的“经济还原论”这样的诱惑是极具误导性的。还有，即使断言它们之间的这种联系能帮助我们消除贫困，我们也不能因为要倡导正义的事业而利用这些没有得到经验支持的假设性的联系。社会发展作为一项课题需要比这更加确切的标准。

更概括地说，我们有理由认为不平等和贫穷带来的非正义会让人忍无可忍，而贫困带来的苦难也会让人恼火和愤怒。显而易见，我们有理由认定暴力与贫穷之间存在一种关系。举个例子，很难想象法国2005年秋季爆发的政治暴力事件与这个国家某些地方遭到经济和社会权利被剥夺的人们没有关系，那些人一般居住在巴黎和其他城市的郊区，感觉自己待遇差，被人忽视。但是如果仅仅把这次暴力事件看成是由贫穷引起的那就大错特错了。在法国，穷人和富人之间通常由经济来划分，但经济差异和与文化和移民有关的社会及种族差异之间存在着对应关系。

对于贫困研究而言，探求不同范畴，例如经济、文化、种族之间的一致是极其重要的。亚当·斯密早在1776年就率先这么做了，他在《国富论》中谈到了社会环境与社会不同群体所拥有的那种被剥夺感之间的关系。在我们探寻社会发展的重要性的时候，我们有理由继续亚当·斯密两个半世纪前所说的：捷径已不再适用了。

四

今天，我一方面提出了有必要认识到社会发展的意义，另一方面又提到了有必要深入考察那些使得社会发展变得如此重要的联系。我们要避免两种危险的假设，哪怕是暗含性的假设，一是经济发展最终决定着人类生活和自由的发展，二是社会发展中的各种关系显而易见到无需经验检验就可以被引用。关于后者，我们必须做好准备为看到对社会关系寻根究底的研究的成果而感到惊讶。事实上，经验的刚性对于审视社会发展与对于研究经济发展和进步一样重要，而更多关于这方面的探讨已经在进行中了。

我先前所提到的关于社会发展重要性的观点又使得进行寻根究底的经验性审查的必要性显得尤为重要。在前面的讲话中我就说过，这个世界从过多关注经济发展而脱离社会发展中没有得到太多好处，因此在制定政策和促进社会关系发展的时候，我们必须有所改进。但这种改进需要比以前更多的经验性审查和评估，这一差距必须得到填补。我相信，我所阐明的关于健康、长寿、犯罪和谋杀等问题的观点一定会适用于更广泛的社会领域。

（丁启红　译　周艳辉　校）

经济改革与绩效：中国与越南的比较研究*

〔越南〕姜明武

一、引　言

过去50年，东亚地区上演了诸多赶超发展的好戏。世界银行认可了八个表现最佳的亚洲经济体，即日本、“四小龙”（香港、新加坡、韩国和台湾），以及三个新兴工业化经济体（NIEs）——印度尼西亚、马来西亚和泰国。[①] 虽然“四小龙”和新兴工业化经济体在经济增长和发展上取得了引人瞩目的成就，但是其增长速度和效率却着实存在差距。[②] 而且，新兴工业化经济体与“四小龙”相比，在1997年亚洲金融危机中恢复得更慢，这表明两组经济体在其经济绩效背后的基本要素上具有

* 本文选自《中国：国际杂志》（*China: an International Journal*）2009年9月刊。作者姜明武（Khuong M. VU），新加坡国立大学李光耀公共政策学院学者，哈佛大学肯尼迪政府学院技术与经济政策项目官员。——译者注

① World Bank，“The East Asian Miracle：Economic Growth and Public Policy”，*A Policy Research Report*，New York：Oxford University Press，Washington，D. C.，1993.

② 根据世界银行的研究，1960—1985年间，四小龙在人均GDP与TFP增长上明显优于新兴工业化经济体。

显著的差异。[1]

自从中国和越南启动经济改革以来（中国从1978年开始，越南从1986年开始），两国取得了非凡的经济增长。中国和越南具有非常相似的增长模式，但是越南的增长却明显落后于中国。而且，越南人均GDP的增长路径看起来追随了印度尼西亚（从200美元的水平）和泰国（从400美元的水平）的路径。

应该注意到，除了中国，印度自从1991年启动改革以来也取得了加速的经济增长，在2004年超过了越南，并且在当前全球经济危机中，印度和中国预计将比越南具有更强的适应能力。

这些观察表明，中国与越南在经济绩效上的差距并非仅仅是特定时期经济增长在量上的不同。[2] 本文的主旨就在于探析经济绩效上的差距及其背后的因素。

二、越南与中国的经济改革：相似与不同

中国从1949年开始建设社会主义经济，而越南的社会主义经济建设在北越始于1954年，对于统一后的国家来说始于1975年。中国与越南都是从农业主导的经济体开始其经济发展的，并且在改革之前的年代，建设苏联式经济的尝试都遭遇了失败。

1978年12月，中共中央十一届三中全会开启了中国的经济改革。

---

① 与1996年相比，2000年的GDP，台湾为125%，韩国为116%，但是泰国只有97%，印度尼西亚只有96%。参见Asian Development Bank，“Key Indicators 2001”，ADB，2001。

② 关于越南快速的经济增长，参见Van Arcadias，Brian and Raymond Mallon，*Vietnam：A Transition Tiger?*，Canberra：Asia Pacific Press，2003，p. 8。他们指出，“强大的外部因素”，比如“越南的区位和区域经济的轨迹（trajectory），自然资源（石油）的开采安排，越南企业家的活力，大规模长期的移民群体，以及和平的开始”。另一方面，Dollar观察到，“越南是20世纪90年代增长最快的经济体之一，然而按照许多传统标准衡量，越南却有着糟糕的经济政策”。参见David Dollar，“Reform，Growth，and Poverty in Vietnam”，World Bank Policy Research Working Paper No. 2837，2002，p. 1。这些发现表明，比较越南和中国的经济增长可以为探寻两国经济绩效背后的因素提供宝贵的洞见。

这次会议上，邓小平成为中国共产党的领导“核心”。八年之后，1986年12月，越南共产党第六次全国代表大会启动了越南经济改革，这被称作“Doi Moi”（革新）。

虽然两国经济改革的启动时间相差近十年，它们却具有突出的相似特征。这些相似之处表现在以下几个方面：导致改革的环境，初始的社会经济发展条件，以及改革与经济管理的方式。

（一）导致经济改革的因素上的相似性

中国与越南的经济改革都始于一种为变革提供了接纳能力、危机和机遇三个重要因素的环境。

接纳能力：改革之前的年代（在中国指1949—1978年；在越南指1954—1986年），两个国家为建设社会主义经济付出了非凡的努力，但是却经历了失败而非成功。中国因灾难性的“大跃进”和“文化大革命”而贫困，而越南经济被土地集体化、私有工商业的国有化以及社会主义意识形态所推动的行动所破坏。

经过将近30年年增长率为2.7%的经济发展，1978年中国人均GDP仅为164美元。[①] 黎安友（Andrew J. Nathan）形容中国在改革初期，“农业停滞不前，工业生产处于低水平，人民生活水平20年没有改善”。[②] 1986年，越南位居世界最贫穷国家之列，人均GDP为203美元。人均GDP增长率在1976年正式统一后的十年中只有1.4%，并且国家严重依赖于苏联的经济援助。[③]

令人沮丧的经济发展情况引起中国和越南人民对政府改变其经济管理方式的极度渴望。1986年在越南，对变革的接纳能力由于中国经济改革初期取得的成功而进一步增强。

---

① 按照Penn World Table（PWT）1952—1978年数据计算。

② Andrew J. Nathan, *China's Crisis*, New York: Columbia University Press, 1990, p. 200.

③ General Statistics Office, *Statistical Yearbook 1996*, Hanoi: Statistical Publishing House, 1997.

危机：两个国家所面临的严峻困境使得改革更为急迫。1976 年和 1977 年，中国农业部门先后缩小了 1.8% 和 2.2% 。[①] 越南遭受了严重的粮食短缺、恶性通胀与援助削减。年人均粮食产量从 1985 年的 304 公斤（水稻当量）下降到 1986 年的 301 公斤，进而到 1987 年的 281 公斤。[②] 通胀率极高：1985 年为 90%，1986 年为 455%，1987 年为 361%，1988 年为 374% 。[③] 越南所获得的年人均援助下降超过 50%，从 1978—1982 年的 6 美元下降到 1983—1987 年的 2.6 美元。

机遇：内外部因素使得改革在两个国家成为可能。对中国来说，1976 年毛泽东去世为邓小平成为为党的领导核心铺平了道路。对越南来说，1985 年米哈伊尔·戈尔巴乔夫在苏联启动的激进改革计划，在某种程度上给越南领导者以启迪——当时苏联不仅是越南主要的援助者，而且是越南经济发展的模范。并且 1986 年，支配政治体系长达数十年的党的总书记黎笋（Le Duan）去世，这促进了越南向改革阶段过渡，改革的标志就是 1986 年 12 月召开的越南共产党第六次全国代表大会。

如上所述，在中国和越南导致改革的相似环境正是两国改革“经济多于政治”这一事实——正如弗德（Fforde）与维勒德（Vylder）所观察到的那样——的背景。[④]

（二）改革启动之时发展条件上的相似性

经济改革启动之时，中国与越南在许多方面处于相近的发展水平，包括基本的人力资本、经济与基础设施。

关于人力资本，两国具有差不多的识字水平和营养水平。虽然在中

① 本文所有数据，除特别注明外，均来自于世界银行发展指标（World Bank Development Indicators，WDI）的在线数据。

② General Statistics Office，*Statistical Yearbook 1996*，Hanoi：Statistical Pubrishing House，1997.

③ 见国际货币基金组织世界经济前景资料库（2008 年 10 月 15 日）。

④ Adam Fforde and Stefan De Vylder，*From Plan to Market*：*The Economic Transition in Vietnam*，Boulder：Westview Press，1996，p. 304.

国期望寿命值稍高，但是越南在成人识字率和人口平均年龄方面略占优势。中国与越南经济在改革启动之时都不发达，中国的人均 GDP 为 165 美元，越南为 203 美元。[①] GDP 结构方面，在中国，工业部门处于优势（48.2%），而在越南，农业是最大的部门（38.1%）。这一差别对两国早期经济改革既有裨益又有不利。对中国来说，庞大的工业部门——主要是国有的——为工业化提供了更为强大的基础，但是其严重的低效、冗员问题，以及市场导向的缺乏，要求代价高昂的努力和坚定的政治决心才能推动改革。[②] 对越南来说，相对更大的农业部门能使越南随着新的工业发展项目的建立而产生“蛙跳”。然而，相对较小的工业部门同样意味着国家很难找到熟练工人，并在工业化初期建立起支柱产业的框架。

关于农村经济，两国都有 80% 的人口居住在农村，并且单位公顷谷物产量也差不多（中国为 2802 公斤，越南为 2715 公斤）。中国和越南不仅在基础设施方面严重不足，而且开放水平很低。两国出口占 GDP 的比重均为 6.6%。电话普及率（每千居民）在越南为 1.3 部，在中国为 2.0 部。[③]

（三）改革方式与实行上的相似性

虽然中国和越南的改革始于经济上的绝望，以及对找到新出路来建设经济的迫切要求所带来的压力，但是两国领导者极度关心的是保持政治稳定性以及共产党的统治权力。因此，为了保证政治制度的合法性，两国都选择了“渐进主义的”方式进行改革，并特别关注经济增长。

表 1 列出了改革的里程碑与中国和越南在改革时期所采取的主要举措，体现出了惊人的相似性：

---

① 以 2000 年美元不变价值衡量。

② 中国的出口导向、劳动密集型制造业的发展在很大程度上并不依赖于早期奠定的工业化基础。这意味着，初始工业化的基础并不是出口导向型工业化取得成功的先决条件。参见 J. Riedel, “Vietnam: On the Trail of the Tigers”, *World Economy*, Vol. 16, No. 4, 1993, pp. 401 – 422。

③ 进一步比较，1978 年在菲律宾，这一数字是 8.2。

• 改革的启动是共产党新的领导集体具有重要意义的决定。

• 解除农业部门的束缚（该部门的劳动力在两国都占 80% 以上）：两国都采用“家庭联产承包责任制”。这一举措使家庭转变为生产单位，激励农民全力生产。此项改革在中国正式产生于 1980 年，在越南是 1988 年，即在两国启动改革约两年之后。

• 使私营部门的形成与增长合法化。在中国，这一目标通过 1982 年宪法修正案而实现，赋予私营部门“社会主义经济组成部分”的地位。越南于 1990 年也照此执行，颁布了《私营企业法》。

• 国有企业与“公平竞争环境（level playing field）”改革分三个阶段进行。第一个阶段（在中国是 1979—1984 年，在越南是 1987—1994 年），集中于赋予国有企业更多的自主权，消除指令性经济而使国有企业更多地受市场引导。第二个阶段（在中国是 1985—1993 年，在越南是 1994—1998 年），目标在于重组国有企业并为国有企业在市场经济中运行建立法律体系。第三个阶段（在中国是 1994 年以后，在越南是 1999 年以后），寻求为所有经济参与者建立公平竞争环境，并加速私有化。

• 融入全球化，推动外商直接投资和出口。两国都积极主动地融入全球化，努力吸引外商直接投资并推动出口。为吸引外商直接投资，两国还在改革启动之后为此制定了法律。

• 金融改革。两国的金融改革都始于银行部门改革，将专业化的主要国有商业银行从中央银行分离出来，并将其与股份制和私营银行一起，置于更为严格的商业基础之上。从改革启动到第一家股票交易所建立，两国都用了超过十年的时间。

表 1 同样表明，越南加速了其改革步伐以追赶中国。与中国相比，越南相似的改革事件或举措在时间上的滞后越来越短。比如，越南在 1990 年使私营部门合法化，落后于中国八年时间，但是越南在 1999 年通过一部统一的企业法建立了公平竞争环境，只比中国落后了五年，并且越南与中国同在 2006 年修订了企业法。越南还在 2005 年通过了投资法，在根本上为经济部门创造了公平竞争环境，然而在中国还没有通过

相似的法律。这一观察表明越南在推动经济改革，特别是在法律体系领域，变得越来越积极和独立。所以，两国的关键区别并不在于改革的意愿，而可能在于其他关乎领导能力的因素，比如洞察力、承诺以及执行的效力。

表1　改革里程碑：中越比较

	主要事件，政策文件和时间		
改革倡议	中国（CN）	越南（VN）	中越的时间间隔
启动改革	1978年12月中国共产党召开十一届三中全会，邓小平进入党的领导集体的核心，正式宣布中国开始进行四个现代化建设，发起了中国的改革	1986年12月，越南共产党召开第六次代表大会，选举了有自由主义特征的新的领导集体，并启动了越南称之为“革新”的经济改革	8年
I基本变革			
全国推广家庭联产承包责任制	1980年，进一步加强家庭联产承包责任制	1988年，越南共产党政治局决议进行农业部门管理改革	8年
对私有部门进行立法	1982年修订宪法，承认私营经济是“社会主义公有制的补充”	1990年通过“私营企业法”	8年
II国有企业和“公平竞争环境”改革			
第一步：通过削弱指令经济体系，逐步给国有企业以自主权；进行私有化实验	1979—1984	1987—1993	8年

	主要事件，政策文件和时间		
第二步：重组国有企业，为国有企业建立在市场经济下运行的法律框架	1985—1993 1985 年，为加强大中型国有企业的活力国务院颁布了"暂行规定"	1994—1998 根据 1996 年政府令，"部分国有企业转变为股份制公司"	10—11 年
	1986 年，国务院颁布"深化改革和搞活国有企业的规定"	1995 年出现第一部《国有企业法》	7 年
	1988 年，颁布第一部《国有企业法》		
第三步：改善公平竞争环境，加速私有化	1994 年颁布第一部《公司法》	1999 年颁布第一部《企业法》	5 年
	2005 年修订《公司法》，2006 年 1 月 1 日生效	2005 年修订《企业法》，2006 年 1 月 1 日生效	0 年
		2005 年颁布《投资法》，2006 年 1 月 1 日生效	
III 接受全球化			
吸引外资	1979 年颁布《中外合资企业法》	1987 年颁布《外国投资法》	8 年
		1994 年颁布了《工业加工和出口加工特区法》	
与美国签订多边贸易协定	1979	2000	21 年
加入 WTO	2001	2006	5 年
IV 金融改革			
银行部门改革	1993 年颁布国务院《关于金融体制改革的决定》	1997 年颁布《国有银行与信贷机构法》	4 年

	主要事件，政策文件和时间		
引入增值税	1993年颁布《中华人民共和国增值税暂行条例》	1997年颁布《增值税法》	4年
统一企业所得税代码和降低公司所得税税率为25%	2007年颁布（新的）《企业所得税法》，2008年1月1日实施	2008年推出	1年
开放证券市场	1990年建立上海证券交易所	2000年建立胡志明市证券交易所	10年
第一家主要国有银行上市	2006年中国工商银行上市	2007年越南商业银行上市	1年

（四）差 异

两国具有明显的差异，比如人口规模、历史特征以及领导效力。规模与历史因素赋予每个国家以某种优势，这将对经济绩效产生显著影响。中国庞大的规模使它不仅作为熟练与非熟练劳动力的来源，而且作为市场具有非凡的吸引力。中国相对更长的和平发展时期使其政治制度相对更少地被战争遗留问题所占据，并且更能促使国家的发展进步。

另一方面，越南较小的规模或许使它更为敏捷。并且越南具有“后发”优势，这使它得以研究和学习中国的改革经验而无需支付实验的成本。中国的崛起还使越南成为极具吸引力的外商投资地，这是由于外国投资者尽力按照“中国加一”（China plus one）的规则来使投资多样化。

因此，两国都能从其自身特点发挥一些重要的优势以促进经济绩效。然而，领导效力看起来对国家利用其所固有的优势，并将优势转化为出类拔萃的绩效的能力，具有至关重要的作用。

三、经济绩效的差异

越南的经济改革可以上溯20年，中国为30年，两国增长的比较分析则可以建立在长时段的基础上。用于分析的第一个时段是改革最初的20年（在中国是1978—1998年，在越南是1986—2006年），其间两国经历了相似的改革与发展阶段。第二个时段是过去20年（1986—2006），其间中国和越南都处于相同的外部环境之中。

（一）最初20年的改革（越南：1986—2006；中国：1978—1998）

在最初20年的改革中，越南经历了两次温和的持续增长加速阶段（SGAE，Sustained Growth Acceleration Episode）①。一次从第6年到第11年。与此同时，中国经历了两次快速的持续增长加速阶段。

越南和中国的两次持续快速增长阶段在时间上相当接近。第一次SGAE始于改革之后不久，其实现主要依靠使旧体制中配置失当的资源由市场力量主导而对其加以更有效的利用。第二次SGAE始于改革启动仅仅13到14年之后，它是改革时期新投资的结果。所以，第一次SGAE的规模依赖于此前配置失当的严重性，以及改革领导的坚定性，而第二次SGAE取决于改革的深度和持续性，这为更长时期的增长奠定了基础。

有趣的是，越南的两次持续快速增长阶段，几乎和两次增长差异阶段（GDE，Growth Divergence Episode）在时间上相一致，在这两个时期出现了有利于中国的增长差异。这意味着，越南与中国的增长差异并非发生于越南增长减速时期，而是两国加速增长时期。实际上，越南增长了，但是速度慢于中国。这一事实意味着，两国的增长差异在好的时期

① 这一定义受到Hausmann，Pritchett以及Rodrik的启发。参见Ricardo Hausmann，Lant Pritchett and Dani Rodrik，"Growth Accelerations"，*Journal of Economic Growth*，No. 10，2005，pp. 303 –329。

比坏的时期更为显著。

更具体地说，改革最初20年，中国平均GDP增长率为9.8%，超出越南7.1%的增长率2.7个百分点，并且在这20年的四个五年跨度的时期中，两个国家之间也存在显著的差距。经过20年的改革之后，中国的GDP扩大了6.5倍，而越南仅增长了4倍。

（二）过去20年（1986—2006）

过去20年，中国经历了快速的持续增长加速阶段（1991—2006），几乎涵盖了整个时期，而越南经历了两次温和的持续增长加速阶段，即（1991—1997）和（2000—2006）。并且1991—2006年的持续增长加速阶段还是增长差异阶段，其间中国的增长率远高于越南。结果，从1992年开始，相对于越南，中国GDP的增长开始起飞。实际上，1992年是中国发生显著飞跃的决定性的一年。下文中还将进一步讨论这一点。

1986—2006年，中国GDP平均增长率为9.7%，超出越南7.1%的增长率2.6个百分点，并且在每个五年跨度的时期中，两国增长都具有显著的差距。1986—2006年间，中国的GDP增长了将近6倍，而越南仅增加了4倍。

（三）增长效率上的差距

越南不仅在量上，而且在质上落后于中国。下文所讨论的全要素生产率（TFP，Total Factor Productivity）的增长，农业部门生产率增长，以及部分发展指标表明了这一点。

TFP增长

1986—2006年间，中国的TFP增长显著高于越南。应该注意，1986—1996年间，当越南处于改革的第一阶段，该国的TFP增长率相当高（4.4%），并接近于中国（5.6%）。然而，1996—2006年间，越南的TFP增长率急剧下降到1.8%，而中国仍然保持4.5%的高增长率。TFP增长的减速和越南与中国之间不断扩大的差距表明，越南经济增长的效率显著下降。

（四）农业部门的生产率增长

改革之初，中国和越南的农业部门非常相似，特别是在部门的就业人数比重和每公顷可耕地的平均产量方面。

改革过程中，两国的农业部门都经历了高速增长。但是，二者的增长模式在效率方面有所不同。首先考虑产品产量，越南在两个时间段内的表现都好于中国，这表明越南在该部门拥有明显的潜在竞争优势。但当考虑以人均增值衡量的农业部门生产率时，两个时间段内中国的增长速度明显地快于越南。

两国在农作物产量（越南领先）和生产率（中国领先）增长绩效方面的巨大反差表明了两国增长效率存在显著差距。

（五）发展指标的对比

比较中国和越南的社会发展指标是一项复杂的工作。在人类发展的基本指标方面，越南对中国表现得具有较高的竞争力。但是，和中国的其他指标诸如研究生产率、艾滋病传播率和交通事故发生率等相比，越南就处于明显的劣势。

（六）基础人力资本指标

在预期寿命和学生注册人数方面，越南已经赶上中国，并在儿童死亡率（2000 年开始）、互联网普及率（2004 年开始）和学生留学美国比率（2006 年开始）几个指标上明显地超过了中国。

1. 研究生产率

一国的研究生产率可以在以下指标的基础上获得：本地或美国专利局的专利申请率，以及科学与技术类期刊论文发表率。

在这些指标的总量及增量上，越南远远落后于中国。例如，中国当地专利局的专利申请率（每百万人口）从 1991 年的 6.4 上升到 2000 年的20.1，2005年这一数据刷新为71.4；而在越南，1991年这一指标为0.55，2000年则为0.44。① 中国与越南在科学与技术类期刊论文发表率（每百万人口）方面的差距巨大且仍在扩大，从1991年的5.4:1.0（5.4倍）扩大到了2005年的31.9:2.7（11.8倍）。

2. 艾滋病和交通事故导致的死亡率

相对中国而言，在越南，由艾滋病和交通事故导致的死亡率（每10万人口）更高而且增长速度更快。这里我们有必要指出，由于中国和越南在面积和地理环境方面存在的巨大差异，我们在判断两国在这两个指标上的差距时应持谨慎态度。但是，我们必须认真对待两国在这两个指标上日益扩大的差距，因为这反映了政府效能的差别。

• 在越南，艾滋病导致的死亡率从2003年的10.9（每10万人口）激增到2005年的15.7（增长44%）；在中国，该数据分别为2.0和2.4。2003年越南艾滋病导致的死亡率是中国的5.5倍，2005年则增加到6.5倍。

• 1998年，越南交通事故死亡率为7.9，2003年为13.9，相比增长了176%；而1998年中国交通事故死亡率为6.2，2003年为8.1，相比增长131%。1998年越南的交通事故死亡率为中国的1.3倍，2003年则增加到1.7倍。

四、根据增长模型的决定因素解释增长差距

巴罗（Barro）关于经济增长的开创性的文献为我们揭示了可用于解释各国经济增长绩效差异的因素。② 这些因素可被归纳为四组相关的类别。

• 初始收入水平被认为对增长具有反向的影响。即一个收入水平较

① 世界银行发展指标（WDI）数据中从2001年至今的越南的相关数据丢失。

② Robert J. Barro, "Economic Growth in a Cross Section of Countries", *The Quarterly Journal of Economics*, Vol. 106, No. 22, 1991, pp. 407 - 443.

低的国家将以比收入较高国家更快的速度增长，其结果是所有国家的收入水平最后趋于一致。这被称为条件收敛效应。①

• 基础人力资本可由几个不同变量表示，如教育（例如，注册学生人数，受教育年限）和健康（例如，出生时预期寿命）。这些因素对增长具有积极影响。②

• 反映制度质量的变量包括法治③、产权④、腐败⑤和政治不稳定性⑥。根据这些研究，对于法律规则和产权的有效维护可以发挥积极作用，而腐败和政治不稳定性对增长则会产生消极影响。

• 政府相关因素涉及一系列的层面，其范围从领导层关于改革的承诺到政府效能。豪斯曼（Hausman）、普利切特（Pritchett）和罗德里克（Rodrik）分析了36年间（1957—1992）110个国家的增长加速模式和支撑这些模式的因素，并发现了维持经济增长持续加速的最重要的决定因素是“经济政策的重大改变”⑦。他们的研究成果表明，对于像越南和中国这样的转型经济体，领导层在决定实施深化经济改革的战略性转变时所体现的决断力、开拓性和所作承诺，以及政府实施改革政策的有效性，对于推动和维持国家经济的高绩效具有至关重要的作用。

---

① Barro, "Economic Growth in a Cross Section of Countries"; and R. Barro and Salai-Martin, *Economic Growth*, New York: McGraw-Hill, 1995.

② Barro, "Economic Growth in a Cross Section of Countries"; and Robert J. Barro, *Determinants of Economic Growth: A Cross-Country Empirical Study*, Cambridge, MA: MIT Press, 1997.

③ Barro, "Economic Growth in a Cross Section of Countries"; and Dani Rodrik, Arvind Subramanian and Trebbi Francesco, "Institutions Rule: The Primacy of Institutions Over Geography and Integration in Economic Development", *Journal of Economic Growth*, Vol. 9, No. 2, 2004, pp. 131 - 165.

④ Stijn Claessens and Luc Laeven, "Financial Development, Property Rights, and Growth", *The Journal of Finance*, Vol. 58, No. 6, 2003, pp. 2401 - 2436.

⑤ Paolo Mauro, "Corruption and Growth", *The Quarterly Journal of Economics*, Vol. 110, No. 3, 1995, pp. 681 - 712.

⑥ John Luke Gallup, Jeffrey Sachs and Andrew Mellinger, "Geography and Economic Development", NBER Working Paper, No. W6849, 1998.

⑦ Hausman, Pritchett and Rodrik, "Growth Accelerations", pp. 303 - 329.

（一）初始收入水平

1986年越南的人均资本收入比中国低两成至三成（越南：203美元，购买力平价为1031美元；中国：311美元，购买力平价为1289美元）。[①] 这意味着初始收入水平或条件收敛效应有利于越南，因此，这并非解释中国快速增长状况的因素。

（二）基础人力资本

与其说基础人力资本是受政策影响，不如说它本质上是由社会因素造就的。由于地缘、文化和历史的相近，越南和中国在人力资本禀赋上具有令人惊讶的相似程度。[②] 实际上，如上所述，在人力资本的基本指标方面，越南对中国具有强有力的竞争力，即教育程度、卫生保健和信息技术普及率。这表明，基础人力资本并不是造成中国和越南之间经济增长差距的因素。

（三）制度

中国和越南在制度上存在的差别是由一系列变量造成的，包括政治稳定性、发言权与责任（反映民主的一个指数）、法律规则和管理质量。上述一系列变量由考夫曼（Kaufmann）等人编纂、世界银行治理指数提供。[③] 中国和越南的各指标的平均值和中位数在下表中列出，用以比较从而揭示哪个国家相比另一国占据优势（见表2）。[④]

① 见世界银行发展指标数据库，2008年10月15日。

② Brantly Womack, *China and Vietnam: The Politics of Asymmetry*, Cambridge: Cambridge University Press, 2006.

③ 这组数据包括212个国家和6个治理的维度：（1）发言权和责任；（2）政治稳定；（3）政府效力；（4）管理质量；（5）法治；（6）对腐败的控制。每一组指数的范围是-2.5到+2.5（越高越好）。1996—2006年的数据，参见 http://www.govindicators.org（2008年10月10日）。见 Daniel Kaufmann, Aart Kraay and Massimo Mastruzzi, "Governance Matters VI: Governance Indicators for 1996-2006", World Bank Policy Research Working Paper, No. 4280, 2007。

④ 这项指标只有1996—2006年期间的数据。

表 2　中国和越南的制度指数

因素	对增长的影响	中国	越南
		治理指数 *	
政治稳定性	+	-0.23（-0.24）	0.29（0.31）	V
法治	+	-0.40（-0.40）	-0.54（-0.53）	C
管理质量	+	-0.27（-0.29）	-0.57（-0.58）	C
发言权与责任	+/?	-1.52（-1.53）	-1.45（-1.47）	V

注：* 以上所有指数均为 1996—2006 年间可获得数据的平均值。括号中的数为中位数

资料来源：世界银行发展指标（WDI）

1. 政治稳定性

考夫曼等将政治稳定性定义为“政府不会被非制度的或包括恐怖主义在内的暴力手段破坏其稳定的可能性”①。在政治稳定性方面，越南明显地处于比中国更为有利的位置。越南以平均得分（随时间推移）+0.29居于正得分区域，而中国则处在负得分区域（-0.23）。由于政治稳定性对于投资和经济增长有重要影响，因此，这个因素可以被视为越南相比中国在影响经济增长方面的一个加分项。

2. 民主

考夫曼等将民主或“发言权与责任”定义为“一国公民除了言论自由、集会自由和新闻自由外参与政府选择的程度”。② 在此项指标方面，中国和越南都很薄弱，因为两国的指数都远远低于0。中国（-1.52）在该环节相对越南（-1.45）更为薄弱。另一方面，巴罗（Barro）指出：“一个人无法（从经验证据中）得出结论认为或多或少的民主对于经济增长是一个决定性的因素。”③ 因此，民主也并非解释中越两国经济

① *Kaufmann et al.*，“Governance Matters VI：Governance Indicators for 1996 -2006”.

② Ibid.

③ Barro，*Determinants of Economic Growth：A Cross-Country Empirical Study.*

改革成果差异的要素。

3. 法治

法治被考夫曼等定义为“政治代理人对社会规则的信心及遵守程度，这些社会规则包括合同执行质量、产权、警方与法院以及发生犯罪和暴力事件的可能性”①。中越两国都处于负得分区域（低于平均国家水平）并且越南在这方面略微逊于中国（-0.54:-0.40）。由于“法律规则”对经济增长具有较强影响，因此，该因素必定对中国和越南的增长绩效差异发挥了一定的作用。

4. 管理质量

考夫曼等给管理质量下的定义是“政府提供健全的政策和规章以保证并促进私人部门发展的能力”②。在管理质量指标上，两国都显得较为薄弱，均处于负得分区域。但相对而言，中国比越南更占优势(-0.27:-0.57)。这项观察成果表明，管理质量在某种程度上也是导致中越两国增长绩效差异的一个因素。

总的来说，管理质量之间的差距和法律规则的细微差别是中国相对越南更具优势的两个制度因素。但越南在政治稳定性方面相对中国有明显优势。基于两国在上述指标中优、劣势的相互抵消，制度似乎并非解释两国之间差距的决定性因素。

（四）领导层和政府效能

两国领导层关于改革的承诺的差距可在两项证据的基础上进行衡量：经济改革关键时刻制定战略性决策的决断力和为精简政府机构所作的努力。

1. 经济改革关键时刻制定战略性决策的决断力

如上所述，中越两国增长过程中有几个时期可明确显示出两国间的

① Kaufmann *et al.*，“Governance Matters VI：Governance Indicators for 1996 - 2006”.

② Ibid.

明显差异，尤其是在工业和服务业部门。这些关键时期分别是 1991 年中国经济的突飞猛进及 1999 年越南经济增长的下滑。

改革的第一个十年后，中国和越南都摆脱了经济困难并进入了一个更加宽松的发展阶段，但在该阶段要制定决定性的和复杂的决策则更为困难。经济改革使得中国与越南偏离了社会主义意识形态。这也可能使领导层中一些有重要影响的成员遭受到严重的挫败感，他们手中的权力来源于人们对他们过去而不是未来成就的忠诚。

上述两股力量将中国（20 世纪 90 年代初）和越南（20 世纪 90 年代末）推向了政治僵局和战略性政策制定犹豫不决的危险边缘。在这种情况下，诸如远见、决断力和执行能力等领导能力相关要素就在果断推动经济改革继续前进中发挥了至关重要的作用。

中国在 1991 年的时候，陈云和他的支持者们对改革发动了一系列抨击，其中包括要求废除经济特区。① 面对这些重大挑战，邓小平并没有妥协，相反，他决定采取先发制人的手法，1992 年 1 月，邓小平开始了中国南方之行以寻求支持加速改革。

尽管“经济状况轮廓尚未明晰”，但邓小平的南方之行被认为是“对中国政治和经济发展产生了短期和长期的影响”。② 中国的经济增长速度从 1978—1991 年的 9% 跃升至 1991—1996 年的 12%，外商直接投资流量从 1978—1991 年的 233 亿美元激增至 1991—1996 年的 1560 亿美元。③

在越南，1995 年之后经历了改革成效的滑坡，这些因素积累并最终引发 1999 年越南拒绝与美国签署贸易协定。正如一位涉及此事的美国贸易行政人员所述，“当你将这一切同中国为推进贸易谈判所作的努力

① Suisheng Zhao, “Deng Xiaoping's Southern Tour: Elite Politics in Post-Tiananmen China”, *Asian Survey*, Vol. 33, No. 8, 1993, p. 745.

② John Wong, “The Economics of the Nanxun”, Chapter 3 in *The Nanxun Legacy and China's Development in the Post-Deng Era*, John Wong and Zheng Yongnian (eds.), Singapore: Singapore University Press, 2001, p. 43.

③ Ibid., p. 44.

进行比较时……你就会从中看出越南对开放是多么的不信任”①。珀金斯（Perkins）描述道：

> 越南一开始拒绝同美国签署贸易协定，而谈判恰恰是由越南官员发起的，这明白无误地表明越南的许多官员，甚至是高层领导，在接受对于他们国家再适合不过的产业政策问题上的不情愿。②

但必须指出的是，在2000年7月，在距离最初拒绝不到一年之后，越南最终签署了该贸易协定。同样是在1999年，仅在中国通过自己的企业法五年之后，越南通过了企业法，这标志着越南在创造商业部门公平竞争环境上的重要转变。这些例子说明了尽管缺乏深谋远虑和制定战略性决策时的决断力，越南的领导层在形势需要时还是愿意并且有能力作出重大调整。

2. 精简政府机构

中国和越南都负担着庞大且人浮于事的公共部门，这也成为各种繁文缛节、腐败、不称职和无效率问题的主要原因。因此，精简公共部门机构也是深化政府改革承诺的一个有利信号。在这方面所作的努力中，中国和越南走向了两个截然相反的方向。中国始终如一地、大刀阔斧地进行改革，对公共部门聘用人员占就业人员总数的裁减幅度1995—2000年为27%，2000—2005年为22%；而越南却增加了其公共部门就业人口占总体的比重，1995—2000年增加了1.3%，2000—2005年则增加了9.3%。

---

① Thomas Crampton, “Politburo Is Hesitating on Pact, Official Says: U. S. Aide Is Pessimistic On Hanoi Trade Accord”. See *International Herald Tribune* at 〈http://www.iht.com/articles/1999/09/11/viet.2.t_0.php〉 [11 Sept. 1999].

② Dwight Perkins, “Industrial and Financial Policy in China and Vietnam”, in *Rethinking the East Asian Miracle* (World Bank Publication), Joseph E. Stiglitz and Shahid Yusuf (eds.), World Bank and Oxford University Press, 2001.

（五）政府效能

除了领导层关于改革的承诺之外，政府效能对于国家的绩效也是十分关键的。在世界银行关于政府效能的测算中，1996—2007 年越南明显地低于中国。更值得警惕的是，当中国得分增加时，越南却在下降，两国间的差距从 2005 年开始仍在扩大。①

两国政府效能的差距从国有企业部门的改革步伐、对腐败的控制、能源消耗模式和对外开放的效能中也不难看出。

1. 国有企业部门的改革步伐

中国和越南的国有企业部门都存在不少问题，但越南在国有企业改革方面远远落后于中国。帕金斯指出，相比中国对国有企业部门进行的改革，越南更少地依靠市场力量。②

> 中国和越南都经历了股份制……在越南，截至 1998 年，只有少数几个国有企业实行了公司制改革，然而这个数据在中国则是数以千计。股份制可以成为公司董事会保证经理人专注于获取利润而非讨好党政领导的工具。③
>
> 尽管政府的角色仍然相当重要，但在中国发生的企业并购已经开始具备市场经济的特征。（同时），效仿日本和韩国模式，越南政府主导的建立国有联合大企业的做法看起来只不过是对原有企业进行重新包装，并没有改变其经营行为。……很难看出这些新成立的、规模更大的企业会为越南的国际竞争力作出什么贡献。④

---

① 世界银行指出，越南有作决定缓慢、透明度效率不高的名声。见 World Bank，“Vietnam—Implementing Reforms for Growth and Poverty Reduction”，*Country Development Report*，2002，p. 6。

② Perkins，“Industrial and Financial Policy in China and Vietnam”.

③ Zhao，“Deng Xiaoping's Southern Tour：Elite Politics in Post-Tiananmen China”，p. 269.

④ Ibid.，p. 272.

如果考虑私有化，那么中国也比越南显得更有效。以占 2000 年中国 GDP 比重来衡量，1990—2005 年间由私有化获得的收入价值为 4.8%，每笔交易涉及的平均金额为 2.52 亿美元，与泰国、印度尼西亚、马来西亚和菲律宾等邻国接近。而越南的两个相关数据则小得多，分别为 1% 和 300 万美元。

2. 对腐败的控制

制度（如透明度、民主）和政府效能（如强有力的领导层、执行能力）在控制腐败方面发挥着主要作用。正如上文讨论的，中国和越南的制度建设仍然十分薄弱。因此，两国的腐败问题十分严重，而控制腐败的成效仍十分有限。但正如透明国际指数所体现的差距，中国所作的努力使其排名始终保持在越南之前。中国在控制腐败上得分较高主要归因于其效能较高的政府。实际上，中国和越南在处理关于高层官员丑闻问题的方式上差别非常大。在处理这些情况时，中国领导层表现出他们的强硬和决心，而越南领导层则往往显得不愿意下决心进行解决。最值得注意的事件就是 2008 年 12 月日本决定终止对越南的发展援助，以向越南政府施压，促使其采取强硬措施应对腐败。①

3. 能源消耗模式

能源正日益变得紧缺并成为战略性资源。因此，降低一国经济发展中需要的能源强度体现了智慧和战略性思维。中越两国的能源消耗模式表明在这个问题上，中国相对越南更具战略有效性。

以每 1000 美元 GDP 所耗千克石油衡量，1990 年中国经济的能源强度为 1.95，远高于越南（1.62）。但中国坚决地将此强度由 2000 年的 0.94 降低到 2005 年的 0.91，而越南该指标 2000 年为 1.2，2005 年为 1.15。

此外，根据从 1990—2005 年的观察数据，中国的电力消耗强度下降

---

① "Vietnam Aid Loans Suspended", *Strait Times* at 〈http://www.straitstimes.com/Breaking-per cent2BNews/Money/Story/STIStory_ 310286.html〉［4 Dec. 2008］.

而越南则上升。从整体经济水平上看，中国 GDP 增长率和电力能源消耗增长率之间的差距为 +0.4，而越南为 -6.5。从工业部门来看，中国为 +3.3，而越南为 -3.4。

4. 开放的效能

开放对于经济增长具有重要的积极作用。① 以两个广泛使用的开放程度度量标准——贸易总量占 GDP 比重和加权平均关税衡量，越南比中国更加开放。② 自 1986 年改革启动至今，越南以更加开放的姿态面向世界。因此，这些简单的开放度量标准并不能解释为何在增长绩效方面，越南落后于中国。

我们需要结合两国融入世界经济的程度来深入考察其开放效能。很明显，两国在出口和进口上都实现了快速增长。但中国的出口增速高于进口，而越南则恰恰相反。

此外，越南在技术进步方面也落后于中国。2000—2005 年，越南低技术和农产品所占比例在 57%—58% 之间浮动且下降幅度非常之小（仅为 0.6 个百分点），从 2000 年的 58.1% 下降到 2005 年的 57.5%。与此同时，中国的此项数据下降了 12.9 个百分点，从 2000 年的 44.9% 下降到 2005 年的 32%。另一方面，越南的高技术产业占其出口比重很小且增长缓慢（仅为 1.8 个百分点），从 2000 年的 5.8% 上升到 2005 年的 7.8%，而中国的此项数据大幅增长，从 2000 年的 28.9% 猛增到 2005 年的 41.3%，增长幅度为 12.3%。特别需要指出的是，中国有效地抓住了信息与通信技术（ICT）市场的繁荣并扩大了出口（中国 ICT 产业占出口比重上升了 9.0 个百分点，从 2000 年的 15.3% 增长到 2005 年的 24.2%），而越南在这方面收效甚微（从 2000 年的 2.8% 增加到 2005 年的 3.9%）。

---

① Jeffrey Sachs and Andrew Warner, "*Economic Reform and the Process of Global Integration*", *Brookings Papers on Economic Activity*, Economic Studies Program, The Brookings Institution, Vol. 26, No. 1, 1995, pp. 1 - 118.

② 2000 年，越南的商品贸易占 GDP 比重为 87.9%，中国为 44.6%，两国的平均关税则分别为 15% 和 20%。

需要注意的是，2000—2005 年中国经历的进口增长的驱动力是高技术产品，同时其占出口比重从 2000 年的 31.3% 上升到 2005 年的 37.6%；此时越南则在中低技术和矿产品（石油和天然气）的推动下实现进口增长，该部门进口所占比重从 2000 年的 28.7% 上升到 2005 年的 36.2%。

这个研究成果表明，中国在卓有成效的加快技术进步的推动下，在进出口方面更具战略性眼光。在开拓由中国带动的亚洲市场的快速增长中，越南落后于许多东亚经济体。1990—2006 年期间，越南向亚洲输出的出口总额从 39.2% 下跌到 36.5%，这一时期韩国（34% 上升到 51%）、台湾（38.2% 上升到 64%）、新加坡（47.1% 上升到 63.4%）、香港（42.3% 上升到 61.9%）、泰国（37.8% 上升到 53.3%）和菲律宾（34.8% 上升到 64.9%）则经历了高速增长。①

以上分析揭示了中越两国在开放效能方面的巨大差距，而开放效能与各国政府实施产业政策的效能是紧密相关的。该分析同样说明了简单的诸如贸易占 GDP 比重等开放度量指标并不是能够有效解释增长差距的因素。

五、结　论

本文在经济增长的决定性因素和中国与越南增长差距问题上提出了重要见解。两国启动经济改革的经济与社会条件相似，并采取了类似的改革和经济管理方式。自改革开始，两国的增长绩效取得了引人瞩目的成就。但两国的增长模式存在重大差别。中国在增长步伐和效率方面将越南远远甩在了后面。这与以韩国和台湾为代表的“亚洲四小龙”和以印度尼西亚和泰国为代表的东南亚国家联盟经济体之间的差距类似。

本文研究发现，不仅在数量上，中越两国之间的增长差别在质量上

① 亚洲发展银行“2007 主要指数”（ADB，2007）。

也是十分巨大的；而且在两国增长加速的有利时期，两国的增长差距仍在扩大，中国表现远好于越南。一个重要的发现就是两国政府效能的差异是导致经济增长绩效差距的重要因素。本文建议，当一个发展中国家的制度质量薄弱且尚需较长时间进行完善时，加强政府效能建设是促进经济绩效与为制度绩效升级创造条件的关键步骤。

本文同样表明，尽管中国在政府效能方面具有优势，但与越南类似，其制度基础仍然薄弱。诸如贸易占 GDP 比重等衡量开放程度及测算人力资本的教育年限等简单指标并非解释经济增长差异的有效工具。

（蔡万焕　齐　昊　译　王燕燕　王新颖　校）

东亚的发展型国家：中国与日本的经验比较*

〔英〕马克·比森

一、引　言

数十年来，东亚经济吸引了学者们和决策者们的注意。尽管如此，一些观察家对“亚洲奇迹”即便不厌烦，也可能感到腻歪了。日本和近年来中国的崛起是世人瞩目、史无前例、令人乐观的，具有长期的、深远的地缘政治意义。然而，中日两国的经济增长及其增长方式都广受关注。让这两个最成功的东亚经济体与众不同，以及在经济发展和公共政策争论中受到广泛关注的地方，是政府在经济中所发挥的作用。日本所开创的、东亚其他国家不同程度所效仿的“发展型政府”①，已经成为东亚经济快速增长的同义词和独特经济管理方式的象征。②

无论是在日本还是在其他国家，发展型政府在加速经济增长或“深

---

* 本文选自《亚洲视角》(*Asian Perspective*) 2009 年第 2 期，原文标题为“Developmental States in East Asia: A Comparison of the Japanese and Chinese Experiences”。作者马克·比森 (Mark Beeson)，英国伯明翰大学教授。——译者注

① 英文为 developmental state，有不同语境下使用国家或政府。——译者注

② Alice H. Amsden, *The Rise of "The Rest": Challenges to the West from Late-Industrializing Economies*, Oxford: Oxford University Press, 2001.

化”工业化中的作用仍不明确，富有争议。这表明我们对这样一些过程的理解仍然不够。① 然而，即使一些观察家承认强大的国家机构可能在管理和指导日本战后经济复兴的过程中发挥了重要作用，但人们也普遍认为在国际经济日益一体化的时代，国家的这样一种角色最好时是一种时代错乱，最坏时则不利于进一步的发展。日本从20世纪90年代到新世纪较为乏力的经济表现似乎证实了这样一些观点：不仅日本经济表现不佳，而且日本的决策者似乎找不到摆脱困境的方法。更糟糕的是，日本的政治体制和官僚体系似乎加剧了问题的严重性，因而遭到了广泛的批评。②

在这样的环境下，一些观察家认为日本的发展型政府不可能持续下去，更遑论其他国家效仿了。③ 然而，现实恰恰相反：日本“干预主义”国家的遗产不仅仍然存在，继续影响它的公共政策，而且其他国家也试图复制“日本模式”的各个方面。在这些潜在的效仿者中，最重要的是中国。为了加速实现自己的崛起，中国已经尝试复制日本模式的一些因素。因此，要研究当代发展型国家的持久性和长期魅力，中国是一个重要的个案。

二、发展型国家的概念

（一）国家能力（state capacity）

由于查默斯·约翰逊（Chalmers Johnson）对日本战后经济重建的开

① Charles Kenny and David Williams, “What Do We Know About Economic Growth? Or, Why Don't We Know Very Much?”, *World Development*, Vol. 29, No. 1, 2001, pp. 1 – 22.

② T. J. Pempel, *Regime Shift*: *Comparative Dynamics of the Japanese Political Economy*, Ithaca, N. Y.: Cornell University Press, 1999.

③ Andrew MacIntyre and Barry Naughton, “The Decline of a Japan-Led Model of East Asian Economy”, in T. J. Pempel (ed.), *Remapping East Asia*: *The Construction of a Region*, Ithaca, N. Y.: Cornell University Press, 2005.

创性分析，发展型国家变成了一个被广泛了解和运用的概念。① 按照约翰逊的分析，发展型国家具有许多特征，其中最重要的就是能干的政府机构和精心制定的产业政策。这些特征使政府在日本的经济重建过程中发挥了决定性的作用。日本之所以变成发展型的国家，关键在于它对发展过程的规划，而不是依靠市场力量来决定资源的最佳配置。不像只关心制定经济游戏规则的"市场理性"国家，"计划理性"的国家试图制定和实现"大量的社会和经济目标"。由于国家的能力和国外的有利条件，日本常常能够实现这样一些目标。日本的战后发展计划取得了空前的成功，使发展型国家理论对其他的发展中国家具有不可思议的魅力，并在快速发展的比较政治经济学领域的争论和分析中获得了特殊的地位。

偶然条件的性质决定了国家公共政策的质量和影响。不同的国家能力是对发展型国家的理想化描述的核心。由于日本似乎正在失去国家能力，中国也从未充分地发展出它的国家能力，因此，应当阐明所谓的国家能力是什么。在某种意义上，可以把国家能力简单界定为：国家制定和实施政策的能力。然而，这带来了一系列更深层的问题：究竟是哪些特性使一些类似的国家能够或多或少有效地制定和实施政策，而另一些国家则更难以做到呢？再者，这种定义上的"国家能力"似乎过于简单直接，是不同国家的"国家性"或"力量"程度的功能。例如，正是明显缺乏这样一些品质，非洲的发展才出现了令人失望的结果。相比之下，正是政府的实力，或者说是政府对其所处的社会进行"渗透"和"动员"的能力，才是东亚崛起的关键所在。

挑战总是在于获得彼得·埃文斯所描绘的"嵌入式自主性"② 的确切程度。换句话说，官僚机构不仅要能干、协调，而且要充分接近社会

① Chalmers Johnson，*MITI and the Japanese Miracle*：*The Growth of Industry Policy 1925 – 1975*，Stanford，Calif.：Stanford University Press，1982.

② Peter Evans，*Embedded Autonomy*：*States and Industrial Transformation*，Princeton，N.J.：Princeton University Press，1995.

和经济的行动者，这样才能实施政策和“指导”发展。危险的是，这些机构过于亲近特殊利益集团，成为后者的“俘虏”和奴仆。这种可能性正是所谓的“裙带资本主义”，被视为造成东亚金融危机的部分原因。

（二）发展型国家

比较分析的优势之一在于它揭示了其中一些要素赖以实现或达到的方式。不过，从一开始就应该重视几个一般性的问题。第一，本文所采用的发展型国家概念指的是国家的一般政策倾向，而不是一系列具体的政策行动或官僚政治实践。关键的一点是，这样一种行动主义倾向从根本上不同于那种与英美经济相关的、理想化的、小政府、市场中心的新自由主义模式，因此，这仍然是我们思考东亚与其他地区之间重大差别时的一个有用起点。采用一种新的政策范式不可避免地造成赢家和输家，这有助于解释东亚对新自由主义改革的持续抵制。[①] 第二，这样一种倾向揭示自身的特殊方式会由于各国的国情而有所不同，乃至持续到对这样一种路径的原初“需要”明显消失之时。

日本和中国的情况都反映出了这一点。与此同时，它们还表明，尽管拥有极为不同的民族历史、国家能力和融入全球经济的方式，它们的一般经济治理模式还是具有相当多的共同之处，从而可以为它们贴上发展型国家的标签。然而，它们之间也有一些重要的长期差异。荒谬的是，差异和相似基本上都可以由国内的政治以及一系列复杂的经济力量和地缘政治力量塑造，以及它们随之作出回应的方式来解释。

尤其是在19世纪，中日两国精英极为不同的反应清楚地表明，国家政策对长期的发展结果具有决定性的影响。由于不再是东亚政治秩序的中心，中国发现自己难以应对欧洲的经济和政治扩张。相比之下，日本对西方——尤其是美国入侵——的反应却更为不同。像中国的精英一

---

① Mark Beeson and Iyanatul Islam, “Neoliberalism and East Asia: Resisting the Washington Consensus”, *Journal of Development Studies*, Vol. 41, No. 2, 2005, pp. 197 - 219.

样，日本的精英最初对调整适应外部的压力感到耻辱和痛苦，但是，19世纪中期，日本在美国“强迫”下的开放带来了一场深刻的社会变革。同样重要的是，由于中国和日本的政治历史和文化，强大的国家干预主义思想在这两个国家中比在英美受到更少的质疑。

面对美国所施加的改革压力，日本的政治和经济制度之所以能够存续下去，是因为这样一些压力随着冷战的开始和稳定所有资本主义盟友的需要而消失。更明确地说，冷战斗争的要求和巩固日本作为抵制苏联扩张的成功堡垒和地区经济复兴典范的需要，意味着美国不得不接受一个基本上没有重组的日本发展型国家。冷战的地缘政治环境不仅为发展提供了强大的外部动力，而且为实施政府主导的发展战略提供了异常宽松的意识形态环境。至少这是美国盟友的状况。

对像中国这样不同意识形态的国家来说，发展的前景是相当的黯淡。当然，容易被人忽视的是，中国是一个相对孤立、遭到恐吓的“社会主义发展型国家”，在异常不利的条件下从薄弱的基础上实现了工业化和现代化。[①] 因此，非常悖谬的是，冷战时期与中国发展和国家生存的迫切性至少部分地使中国当前对全球经济的政府主导的一体化成为可能。但是，中国所面临的条件完全不同于日本，并且没有后者所拥有的优势。

三、日本：仍是发展型国家吗？

目前普遍认为，无论作为发展型国家的日本曾经拥有什么样的优势，它目前充其量是处于停滞状态，而在最坏的情况下则处于长期的衰落之中。然而，由于路径依赖、制度惯性和一些行动者的继续支持，发展型国家的一些因素仍然继续存在。

① Gordon White, “Developmental States and Socialist Industrialisation in the Third World”, *Journal of Development Studies*, Vol. 21, No. 1, 1984, pp. 97 - 120.

（一）日本的成功发展史

最重要的或许在于日本复兴的条件与中国极为不同。日本拥有两个特别有利的外部条件。第一，美国目前的霸权对日本来说是积极的支持而不是"遏制"。美国对日本新重商主义发展战略的容忍，是日本能够繁荣发展的宽松环境的重要组成部分。第二，二战后，美国推动建立了一个广泛的"自由"世界秩序，最终带来了更大程度上的国际经济一体化——即我们今天所说的"全球化"。无论如何，在这一过程的前期，日本享受到了双重的好处：一方面，日本能够利用快速扩张的国际经济，较为自由地进入欧洲和北美的重要市场，但却不必开放本国的市场；另一方面，它能够控制国内的金融体系。①

日本的官员在实施他们的工业重生计划时拥有一些特殊的优势。在日本，强大的国家干预主义思想拥有在英美经济体中所没有的、一定程度的合法性。此外，日本的官员不仅拥有相当高的声望，而且还拥有实际的权力：日本政治制度的性质意味着通常允许由官僚来管理经济。当发展型国家的权力达到高峰时，国家的官僚能够利用各种"嵌入的自主性"。由于与日本强大的企业集团之间的密切联系，公务员的"校友关系网"能够协调产业政策。②

这样一些关系是旧秩序的根本要素。现在看待它们的不同方式表明了日本的实际变化和折射出它们的思想棱镜。不过，在思考这些变化之前，简要地指出"日本模式"的其他一些重要因素非常重要。例如，"企业集团"网络拥有相当大的竞争优势，部分原因是它们嵌入在一系列更为广泛的制度化的社会关系中，而这些关系则有助于日本"追赶"其他工业化的世界；"企业集团"网络还使日本独特的社会调节模式具

---

① Kent E. Calder, *Strategic Capitalism: Private Business and Public Purpose in Japanese Industrial Finance*, Princeton, N. J.: Princeton University Press, 1993.

② Ulricke Schaede, "The 'Old Boy' Network and Government-Business Relationships in Japan", *Journal of Japanese Studies*, Vol. 21, No. 2, 1995, pp. 293 - 317.

有很大的稳定性和灵活性。日本劳资关系体系的特征是“终身雇佣”和集体追求公司的目标。日本的经济和社会制度也使它们比其他经济体更具有竞争优势。

（二）日本政府导向型经济的瓦解

从20世纪90年代开始，日本的增长纪录引起了对其发展经验和发展型政府作用的重要反思。尽管这种反思可以理解，但是或许我们还要思考日本模式形成的地缘政治环境。其中至关重要的因素是冷战的缓和与美国要求日本开放国内市场的越来越大的压力。中国目前恰恰正面临着相同的压力，因为它已经取代日本成为美国贸易赤字的主要来源。像美日一样，中美不可能解决两国关系中的根本问题。然而，它们确实让人想起具体地缘政治环境的变化、重要性和可能产生的意外后果。

日本目前的许多问题要么是20世纪80年代末形成的“泡沫经济”所造成的，要么表现为“泡沫经济”。泡沫经济已经得到了广泛的分析，因此，这里只要指出几点一般性看法就够了。大多数分析通常忽视的是，日本对美国的战略依附和不可协商的安全关系意味着，地缘政治环境的变化可能容易影响到日本。20世纪80年代，本国的经济地位日益成为美国的重中之重，因而使它越来越不愿意承担那些与仁慈霸权相关的成本，并且降低了它对具有战略重要性的盟友的需要。当美国人要求日本配合它对汇率重估的管理时，日本的决策者只能被迫服从。

1985年所谓的“广场协议”在短期内可能降低了美元对日元的汇率，但是却带来了一系列未曾预见和令人厌恶的后果。[①]“广场协议”对日本产生了两个重大影响。第一，为了补偿日元升值而放松了国内货币政策，使房地产和股市形成了投机泡沫。第二，日元的升值和商业成本的增加使日本大多数具有竞争力的出口导向型企业转移到海外，并且越来越依赖（和需要保护）国内“效率低下的”的部门。在更长的时期

① R. Taggart Murphy, *The Weight of the Yen*, New York: W. W. Norton, 1997.

内，面对日益激烈的国际竞争，日本基本的政治动力和经济体系无力提供持续的高速增长。这造成了来自日本内部、尤其是外部的改革压力。①

金融自由化放松了日本金融部门和产业部门之间的关系，并且削弱了财务省等机构可以使用的政策工具。尽管如此，改革进程并不是像“大爆炸”一样的过程。日本财务省不但努力抵制变革，而且还通过控制那些应该限制其影响的改革来扩大权力。尤其值得注意的是，日本金融监管的基础是“政府监管者与金融机构之间的非正式纽带”②，以及依靠任意的而不是基于规则的程序。因此，要改造政策网络和发展型国家中的政治理性，日本需要的不只是简单地重构监管框架。

日本金融部门活动的融合和进化已经超过了全球化的其他方面，因而可能对国内监管结构产生重大的影响。就此而言，日本有限的金融部门改革特别具有启示意义。日本许多人在旧体制中拥有强大的利益，因而几乎没有谋求变革的动机。结果，日本所面临的问题是：尽管政治力量和社会适应的结构可能仍然基本适度，但是政策工具以及发展型政府的效力遭到了严重的弱化。

发展型国家在战后日本的复兴中发挥了至关重要的作用。尽管这一点显而易见，但同样明显的是，发展型国家变得越来越功能失灵。即使在它的巅峰时期，发展型国家也没有成功地逃脱特殊利益集团的控制。日本政治体制的弱点和特点表明，日本几乎没有促进重大改革的兴趣和政治能力。③ 因此，日本发现自己好像陷入了发展型地狱。不过，尽管“日本模式”目前存在诸多问题，但是它继续为包括中国在内的其他东亚国家提供启发和富有裨益的比较基准。

---

① Pempel, *Regime Shift*; Leonard J. Schoppa, *Bargaining with Japan*: *What American Pressure Can and Cannot Do*, New York: Columbia University Press, 1997.

② Jennifer A. Amyx, *Japan's Financial Crisis*: *Institutional Rigidity and Reluctant Change*, Princeton, N. J.: Princeton University Press, 2004, p. 29.

③ Gerald L. Curtis, *The Logic of Japanese Politics*: *Leaders*, *Institutions*, *and the Limits of Change*, New York: Columbia University Press, 1999.

四、中国：不完全是发展型国家？

过去30年来，中国的经济和政治发生了深刻的变化。但是，它是否是像日本一样的发展型国家呢？虽然与日本存在一些重大的差异，但是中国最终能够乃至可以变得更像日本。至少，与日本经验的比较突出了东亚成功故事的主要因素，而这些因素对东亚及其之外的地区来说可能具有持久的意义。

首先，应当指出两个一般性的问题。第一，像日本一样，中国的发展计划深受地缘政治环境的影响。当然，这一直是中国的主要劣势之一：在美国主导的日益一体化的国际政治经济中，中国发现自身在政治和经济上处于边缘化的状态。① 在这样的条件下，难怪中国的领导人最初“倒向”它的意识形态盟友——苏联。第二，尽管中国的政治和经济体制完全不同于日本，但是中华人民共和国政府从成立之日起就是一个发展型国家，不过初期是一个社会主义的发展型国家。② 事实上，它几乎不可能是其他的形式：国家只可能像在中央计划体制下那样是干预主义的和指令性的。

但是，20世纪50、60年代，中国自力更生的局限性和脱离全球经济力量的劣势变得越来越明显。这并不是说中国在改革前没有取得重大的发展。事实上，中国大陆取得了重大的发展，但是与东亚地区的其他地方——尤其是台湾地区——的快速发展相比却相形见绌。即使在中国政府作出改革开放的决策之时，从计划到市场的转型能否成功仍不明朗。同样重要的是，这种转型对中国共产党的影响也不清楚。③ 尽管日本有一些抵制全盘经济自由化的强大势力，但是政策变化在中国具有一

① John K. Fairbank, *The United States and China*, Cambridge, Mass.: Harvard University Press, 1983.

② Gordon White, *Riding the Tiger: The Politics of Economic Reform in Post-Mao China*, Stanford, Calif.: Stanford University Press, 1993.

③ Tony Saich, *Governance and Politics of China*, 2nd ed., Basingstoke: Palgrave, 2004.

种意识形态的意义，可能不只是简单的特权利益问题。执政精英协调各种潜在冲突的政治和经济规律的能力削弱了本已有限的国家能力。

（一）中国：发展型国家的悖论

就中国最近前所未有的增长势头而言，我们可以认为中国政府的行动必定是正确的。然而，许多中国专家认为中国的发展是功能紊乱的①，或者警告说，使中国成为一个发展型国家可能只反映出中央政府的官方抱负，而不是党政机构内部的经验现实。② 我们如何调和这个明显的矛盾？在某种意义上，中国的经济最终一定会在正确的时候处在正确的位置上，但是这仍然带来如下问题：中国政府对指导或管理这一过程应当担负多大的责任？至少邓小平的“改革开放”决策是一项政治行动，堪比日本百年前的开放。就日本而言，有一项重要的共识，即无论日本经济目前出现什么问题，国家干预和指导的历史模式在高速增长期间发挥了决定性的推动作用。中国缺乏类似的国家能力，因而对政府指导发展的能力的怀疑，使对发展过程的解释变得更模糊可疑。事实上，恰恰是国家能力的缺乏和政府由此缺乏命令或推动服从其政策行动的能力，才使得市场导向的发展变得更具吸引力。

许多因素似乎使中国无法像日本一样扮演广泛而又有效的国家角色。当然，其中最明显的因素是：中国幅员辽阔、人口众多，是社会主义国家，贫困落后，无法对外进行殖民化。这些显然都是长期的障碍。但是，中国政治关系和经济结构的性质意味着偶然的力量塑造了发展的路线。即使在毛泽东之后的时代，这些偶然的力量仍然限制着中国的政

① Shaun Breslin, “China: Developmental State or Dysfunctional Development?”, *Third World Quarterly*, Vol. 17, No. 4, 1996, p. 689.

② Kellee S. Tsai and Sarah Cook, “Developmental Dilemmas in China: Socialist Transition and Late Liberalization”, in Saadia M. Pekkanen and Kellee S. Tsai, eds., *Japan and China in the World Political Economy*, London: Routledge, 2005, p. 61.

策选项。中国国家能力的核心是所谓的“分散的威权主义”① 或“功能分散的责任体系”，从而使中国的决策行为充满了争论，连贯性也不如日本。在日本，政治、意识形态乃至军事力量的竞争中心对官僚的制约比中国更少。

权力下放过程似乎进一步削弱了中央政府使用权力和指导发展的能力。然而，像中国其他的发展时期一样，权力下放的影响和现实产生了相当激烈的争论。一方面，一些人认为中国近期的惊人增长与权力下放无关，声称国家仍然是高度集权和威权主义的，因而支撑最近发展的关键改革早在20世纪70、80年代就已经存在了——完全发生在权力下放之前；另一方面，所谓“中国式的联邦主义”对中央政府的自由裁量权施加了相当多的限制。② 一种更为细微的中间立场强调各种机构在中央与各省之间的持续互动中进行重组的方式。因此，地方的行动者为了它们的利益而主动地操控正式的机构。③

中央与地方之间的博弈继续展开，没有产生明确的结果。然而，越来越明显的是，中国的体制中所暴露出的一些问题和特点不同于日本。尽管几十年来日本腐败和“金钱政治”盛行，至少在它的发展型国家高峰时期是如此，但是官僚体制基本上未遭到削弱，而且腐败也没有对发展计划构成多大的威胁。相比之下，在中国，腐败已经成为大众抗议的根源，潜在地侵蚀了国家的合法性。④ 然而，令人矛盾的是，腐败是接受和成功融入资本主义社会关系的核心因素。⑤ 经济的增长和转变及其

---

① Kenneth G. Lieberthal, "Introduction: The 'Fragmented Authoritarianism' Model and Its Limitations", in Lieberthal and David M. Lampton (eds.), *Bureaucracy*, *Politics*, *and Decision Making in Post-Mao China*, Berkeley, Calif.: University of California Press, 1992, pp. 1–30.

② Gabriella Montinola, Yingyi Qian, and Barry R. Weingast, "Federalism, Chinese Style: The Political Basis for Economic Success in China", *World Politics*, Vol. 48, No. 1, 1995, p. 50.

③ Kellee S. Tsai, "Adaptive Informal Institutions and Endogenous Institutional Change in China", *World Politics*, Vol. 59, No. 1, 2006, p. 129.

④ Bruce Gilley, "Legitimacy and Institutional Change: The Case of China", *Comparative Political Studies*, Vol. 41, No. 3, 2008, pp. 259–284.

⑤ Yan Sun, "Reform, State, and Corruption: Is Corruption Less Destructive in China than in Russia?", *Comparative Politics*, Vol. 32, No. 1, 1999, pp. 1–20.

相关的激励结构不仅使资本主义变得更有吸引力，而且还从根本上重构了官僚的地位。"非正式的私有化"过程不仅模糊了阶级的界限，而且还对国家及其角色产生了影响。

这一过程的两个方面尤其值得注意。在中国，政府偏离了在日本所扮演的"自主"领导者角色，一部分原因是一些党员一直对私有部门持怀疑态度①，一部分原因是一些官僚所扮演的企业主的逐利角色②。换句话说，在一些官僚接触新私有部门的地方，他们常常腐败和追逐私利；倘若不是如此，他们实际上就缺乏有效地执行政策的沟通能力。这些潜在的问题由于如下一点而加剧：资本家自身的矛盾地位。就中国日益壮大的资本家阶层来说，关键在于它威胁不到当前的统治精英。恰恰相反，中国共产党和私人资本的利益之间出现了越来越多的一致性。③ 因此，正在壮大的资产阶层没有这样的积极前景：扮演它在欧洲所扮演的历史角色。

但是，中国独特的政治包容性与日本具有一些明显的差异和相似性。日本在它的发展巅峰时期也是一个法团主义国家，而且"全球性的"改革压力至今仍然难以明显影响到其政治行动者和经济行动者之间的关系。然而最突出的是，与日本不同，中国的统治精英已经能够利用外国直接投资来真正地强化他们的政治权威和控制。应该强调的是，尽管与日本相比，中国的经济更加开放和更加依赖外商直接投资，但是它的政治精英还是设法在一定程度上控制了可能的政治影响。问题是：这样一些实践对发展过程的性质产生了什么样的影响？它们在未来是否仍然有效？

① Jude Howell, "Reflections on the Chinese State", *Development and Change*, Vol. 37, No. 2, 2006, p. 288.

② Xiaobo Lu, "Booty Socialism, Bureau-Preneurs, and the State in Transition: Organizational Corruption in China", *Comparative Politics*, Vol. 32, No. 3, 2000, pp. 273 – 343.

③ Bruce J. Dickson, "Integrating Wealth and Power in China: The Communist Party's Embrace of the Private Sector", *China Quarterly*, Vol. 192, 2007, pp. 827 – 854.

（二）发展成果

就中国经济的结构及其所产生的政治约束而言，实际上值得注意的是如何有效地控制发展主义的矛盾性动力。毕竟，中国的执政精英陷入了两难境地：既需要扶持不盈利和没有竞争力的国有企业，却又面对一个日益由私人部门和外国跨国公司控制的、出口导向的经济。与日本形成鲜明对比的是，中国具有竞争力的出口部门的形成严重依赖外国投资，因此，随之而来的经济活动并不容易控制，也未必有利于长期的发展和进一步的工业化。

于是，就中国的发展计划来说，最常见的批评之一是工业化过程的质量和深度，将其比做东南亚的“伪资本主义”并无不恰当之处。随着关于权力下放争论的展开，中国发展的证据是混乱繁杂的，并且常常是矛盾的，尽管中国经济总体上出现了明确的快速增长。其中的部分原因是中国像日本一样形成了一个“二元经济”。[①] 这种“双轨制”是从计划转变到市场的部分意图，最明显的表现是毫无竞争力的国有企业继续占据着重要的位置。尽管国有企业的数量及其在经济活动总体中的份额急剧下降，但是前总理朱镕基及其“抓大放小”战略表明了国家对国有企业和私有化的一般态度。这种态度的意图是维护对经济“制高点”的控制，同时允许小企业在市场化的经济环境下繁荣发展。

无论日本对产业发展和国家安全的态度具有何种优点，中国的政治精英面临的是一种完全不同的国际环境。不仅更广泛的国际经济一体化在最近数十年里成为常态，而且国际监管机构也提高了自身的影响和干预。其中最明显的现象莫过于中国加入 WTO 了。结果，中国无法有效地利用“后发”发展和追赶战略的一些潜在优势。同样重要的是，国际生产的结构和根本逻辑发生了深刻的变化，突出了中国经济目标和政治

---

① Shaun Breslin, *China and the Global Economy*, Basingstoke: Palgrave, 2007; Jenn-hwan Wang, “China's Dualist Model on Technological Catching Up: A Comparative Perspective”, *Pacific Review*, Vol. 19, No. 3, 2006, pp. 385 -403.

要求之间的紧张。

近年来，国际经济活动组织化比较重要的发展之一是制造过程的模块化和新跨国生产网络的形成。像中国这样的后发工业化国家必须努力融入这样一些网络。中国决策者面临的困境是：模块化的生产网络为中国带来了巨大的机会，使之能够融入快速扩张、超级竞争的公司结构；但是这样一些过程可能难以控制，并且发生在不利的条件下。对中国来说，结果基本上是工业化过程仍然相当缓慢，技术转移受到限制，二元化的趋势依然存在，因为高度国际化和竞争的部门对其他经济部门的现代化并无多大推动作用。①

产业升级和技术转移之所以没有成功，不是因为国家能力的缺乏，就是因为权力下放的影响以及国内公司之间或者外国企业与本地企业之间由此所缺少的生产网络和有机联系。然而，当中国的决策者要真正地控制或指导所希望的工业发展时，中国国家的倾向和志向仍然是发展型的。日本"商业现实主义"或者一体化的发展、战略和外交政策的特征之一，是清楚地意识到技术优势在国家经济发展和军事安全中的重要性。对于采取一种"全面的"技术升级、安全和发展道路，中国即便没有类似的能力，也有类似的决心。②

事实上，即便是在金融领域这个最"全球化"的经济部门中，中国国内的金融结构和实践仍然保持惊人的独特性，不受影响。中国银行体系的健康——尤其是不良贷款率——遭到了广泛的批评和警告，但是中国的银行继续向国有企业提供贷款。其中的原因不难看出，这明确地提醒我们注意到国内政治的重要性和制度的黏性。

① Edward S. Steinfeld，"China's Shallow Integration：Networked Production and the New Challenges for Late Industrialization"，*World Development*，Vol. 32，No. 11，2004，p. 1974.

② Adam Segal，"Chinese Technonationalism：Autonomy and Security in the World Economy"，in Saadia M. Pekkanen and Kellee S. Tsai（eds.），*Japan and China in the World Political Economy*，London：Routledge，2005，pp. 205 - 222.

（三）中日差异会持续存在吗?

在没有出现重大危机或冲击的情况下，制度的惯性或黏性可能带来对政策框架和其中的基本权力构架的路径依赖。即便如此，随着一些特殊观念的影响增加，政策趋同的过程可能变得更普遍。毕竟，许多公共政策研究的文献指出政策学习和转移的可能性，也有较多的批评性研究强调跨国阶级力量在鼓励——即使不是强迫——新自由主义改革时的巨大作用。我们有许多理由相信，对英美资本主义形式的抵制实际上可能会加剧。

许多人预测，中国的崛起将会对权力和影响在国际体系中的分配产生重大的影响。[①] 此外，各种观点对中国经济发展的可能影响并不相同。但是，简单地来看，它们分为两类：（1）中国的崛起将会带来不可避免的霸权竞争和冲突；（2）由于日益积极、深入地参与各类国际机构，中国的政治和经济精英正在被社会化，将会展示出合作行为。无论如何，中国的崛起具有重大的意义，并且拥有影响它所加入的体系的潜力。因此，作为新近崛起的大国，中日之间存在明显和值得重视的差异。

日本当初开拓地区霸权的企图带来了灾难性的后果，以失败和美国的占领而告终。随后，日本外交政策的最突出特征是“反应性”、消极性和无效性：对美国的战略从属地位意味着日本无法发挥与其实力相匹配的国际政治作用。相比之下，尽管中国不存在这样的禁制，但是也没有证据表明中国可能放弃目前较为保守的路径，采取一种试图颠覆而不是适应或试图改革当前国际秩序的宏大战略。[②] 不过，虽然中国的决策者可能对目前广阔的地缘政治活动范围较为满意，但是这并不意味着他

---

① Mark Beeson, “Hegemonic Transition in East Asia? The Dynamics of Chinese and American Power”, *Review of International Studies*, Vol. 35, No. 1, 2009, pp. 95 – 112.

② Avery Goldstein, *Rising to the Challenge*: *China's Grand Strategy and International Security*, Stanford, Calif.: Stanford University Press, 2005, p. 211.

们不会试图朝着有利于自己的方向对其加以改造。

在物质因素和思想因素的相互作用下，有两项发展尤为值得注意，并且可能促使东亚的差异持续存在。第一，中国日益成熟的外交正在加强其日益增长的物质存在，并且正在推动“北京共识”取代“华盛顿共识”。[①] 中国突出的发展记录可能使“北京共识”具有内在的吸引力，而它的“实用主义”公共政策路径和对威权主义的容忍使之对那些发展停滞或失败的国家更具有吸引力。第二，中国之所以具有惊人的思想影响力，是因为一系列影响其主要竞争对手的问题：美国的经济地位和实力出现了急剧的下降，不仅正在削弱美国霸权的物质基础，而且正在改变对美国的认知方式。

数十年来，强大的经济一直是美国军事领先的支柱。当然，东亚的传统智慧和日本外交政策的主要约束之一是如下假设：东亚的发展取决于能否持久地进入北美市场。然而，由于美国经济最近出现的混乱，它的思想地位也发生了改变，甚至它的物质地位也出现更为明显的转变。美国最大的银行不得不向中国新的主权财富基金乞求紧急筹资。这一事实突出了国际经济实力均衡所发生的快速变化。对美国的一些评论家来说，中国式“国家资本主义”的崛起意味着20世纪80年代撒切尔和里根所掀起的自由市场时代即将结束。取代消除管制和私有化的是，政府努力重新控制它们的经济并借此提高它们的全球影响。

新自由主义模式由于危机而遭到毁灭，由于怪诞而突出。不论是否赞同这一点，不可持续的不平等都是一个争论不休的问题。重要的是，由于新自由主义的英美资本主义日益下降的声誉和表现，它在从不同发展模式获益的东亚地区不可能赢得新的崇拜者。恰恰相反，即使新自由主义的优等生如今也担心思想影响力的平衡可能正在改变。在这样的条件下，独特的东亚政治经济拥有国家干预主义和怀疑新自由主义的传

---

① Joshua C. Ramo, *The Beijing Consensus*, London: The Foreign Policy Centre, 2004; Joshua Kurlantzick, *Charm Offensive: How China's Soft Power Is Transforming the World*, New Haven, Conn.: Yale University Press, 2007.

统，实际上会持续存在下去，这一点不单单是一种可能。完全有可能的是，与破败的和声誉扫地的西方竞争对手相比，东亚国家实际上会越来越具有吸引力。

五、结　论

东亚国家是否仍然是发展导向的？或者政府是否继续影响经济活动？在最宽泛的层面上，提出这样的问题似乎是多余：所有的政府都参与提供任何经济活动得以进行的监管和社会环境。尽管同腐败和最近的效率低下不无关联，但是发展型国家的各个方面在制度上仍然嵌入在东亚地区。因此，如果我们把东亚的发展主义理解为公共政策和国家角色的总体定位，那么尽管面对沉重的结构和机构改革压力，东亚独特的政治和经济组织形式显然会持续下去。

尽管中国面临着深刻的发展挑战并拥有各种社会主义遗产，但是干预主义的公共政策在它最近的惊人经济增长中发挥了重要的作用。在总体政策定位和发展意图上，高速增长阶段的日本与中国有许多共同之处。不过，“社会主义的”中国必须超越日本所没有的意识形态束缚。正如丹尼·罗德里克（Dani Rodrik）所指出的，虽然国家干预推动了中国工业化的速度和方向，但是工业政策成功的恰当标准并不是应当只选择赢家，而是应该听任输家破产。① 就国有企业强大的政治关系及其在劳动力市场中的持久重要性而言，这并不是一项轻松的任务。

对中国来说，危险在于它可能被那些压垮日本的问题所压垮。像日本一样，中国最终可能陷入两种最坏的境地之中：旧的模式不再有效、合法和适用，而新的模式又发展得不够充分、深入，难以维持未来的发展。中国还面临的一个问题是：恰恰在英美模式自身变得不稳定和不可

① Dani Rodrik, “What's So Special About China's Exports?”, *China & World Economy*, Vol. 14, No. 5, 2006, p. 17.

持续之时，中国的不平等和失业水平不断增加，这清楚地表明了西方市场模式的一些负面效应。尽管如此，在竞争性资本主义的长期传奇中，东亚的发展主义或许仍然具有生命力。

（刘智利　译　王燕燕　校）

图书在版编目(CIP)数据

奇迹的建构:海外学者论中国模式/王新颖主编
—北京:中央编译出版社,2011.8
(海外当代中国研究丛书/魏海生主编)
ISBN 978-7-5117-0690-4

Ⅰ.①奇…
Ⅱ.①王…
Ⅲ.①社会主义建设模式-研究-中国
Ⅳ.①D616

中国版本图书馆 CIP 数据核字(2010)第 249678 号

奇迹的建构:海外学者论中国模式

出 版 人 和 龑
丛书统筹 贾宇琰
责任编辑 侯天保
责任印制 尹 珺
地　　址 北京西城区车公庄大街乙 5 号鸿儒大厦 B 座(100044)
电　　话 (010)52612345(总编室)　(010)52612341(编辑室)
(010)66161011(团购部)　(010)52612332(网络销售)
(010)66130345(发行部)　(010)66509618(读者服务部)
网　　址 www.cctpbook.com
经　　销 全国新华书店
印　　刷 河北下花园光华印刷有限责任公司
开　　本 787 毫米×960 毫米　1/16
字　　数 320 千字
印　　张 23.25
版　　次 2011 年 10 月第 1 版第 1 次印刷
定　　价 68.00 元

本社常年法律顾问:北京大成律师事务所首席顾问律师　鲁哈达
凡有印装质量问题,本社负责调换。电话:(010)66509618